上海市人文社科基地华东政法大学外国法与比较法研究院建设项目
国家重点学科华东政法大学法律史学科建设项目

比较法文丛
何勤华 主编
41

# “《现行律》民事有效部分”集解四种

沈尔乔　熊飞　史文　郑爰诹 编辑
陈颐 点校

法律出版社
LAW PRESS·CHINA

# 总　序

自1978年改革开放以来，我国在外国法或西方法的研究方面取得了重大成就。这方面的系列丛书可谓琳琅满目，其中，影响较大的有：商务印书馆的“汉译世界学术名著丛书”（法学部分，1981年）及“法学译丛”（2004年）、中国大百科全书出版社的“外国法律文库”（1991年）、中国政法大学出版社的“当代法学名著译丛”（1990年）及“美国法律文库”（2001年）、北京大学出版社的“比较法学丛书”（1998年）、中国法制出版社的“西方法哲学文库”（2001年）、清华大学出版社的“比较法学丛书”（2001年）、上海人民出版社的“世界法学名著译丛”（2001年）、北京大学出版社的“外国法与比较法文库”（2008年），等等。

然而，在上述众多的系列丛书中，真正冠以“比较法”字样的丛书还不是很多。的确，在20世纪80年代到90年代，我国也先后出版了诸如：茨威格特和克茨的《比较法总论》（贵州人民出版社1992年版）、勒内·达维德的《当代主要法律体系》（上海译文出版社1984年版）、梅利曼的《大陆法系》（知识出版社1984年版）、大木雅夫的《比较法》（法律出版社1999年版）等比较法方面的经典。但是，出版这些著作大多都是当时一种零星的、偶尔的出版行为，并非系统策划的比较法系列丛书。

众所周知，21世纪的中国已步入法制建设的攻坚阶段。今后，对于外国法的吸收、借鉴和移植将是我国一项大量的、经常性的任务。要顺利完成这一任务，离不开发达的比较法研究。而当下我国比较法著作缺乏出版途径的现状已严重制约了比较法研究的繁荣和发展。因此，加强比较法方面的研究和出版，成为我国学界和出版界一项刻不容缓的工作。

鉴于此，法律出版社高瞻远瞩，勇挑重担，与华东政法大学共同策划、出版一套《比较法文丛》，以期为我国比较法的研究和出版开辟一个新的途径。本文丛以扶植中青年学者，尤其是法学博士、博士后，为这些法学新秀提供一个出版的平台为目的。为此，特选择一批国内最新且富有特色的比较法著作进行出版，同时，也可容纳部分纯粹的外国法方面的译著、专著。

本文丛的主要原则和特色是：在百花齐放、百家争鸣的前提下，坚持质量第一，宁缺毋滥，不定期出版的原则。具体将体现为以下三点特色：第一，本文丛的著作，应属国内学术界没有涉及的课题，具有填补法学研究空白的特色；第二，本文丛的著作，应是国内学术界都很感兴趣，但还没有系统研究或未及时挖掘的课题；第三，本文丛的著作，应具有比较高的文献史料价值，能为学术界进一步研究提供基础性的资料。我相信，《比较法文丛》的出版，一定会为我国比较法研究的进步与发展作出新的贡献。

本文丛的出版，得到了法律出版社沈小英分社长的全力支持和帮助，也得到了华东政法大学外国法与比较法研究院的建设经费资助。在此，特表示诚挚的谢意。

何勤华

于华政人可居

2010 年 9 月 19 日

# 总　目



## 《现行律》民事有效部分(附《户部则例》)

律师　沈尔乔　编辑

## 《现行律》集解

史　文　编辑



## 《现行律》民事有效部分集解

郑爰诹　编

## 《现行律》民事有效部分新解释

郑爰诹 编

## 附录一　编定、颁行《大清现行刑律》上谕、奏折等



## 附录二　民国政府关于确认《现行律》民事部分效力相关文献



## 附录三　《大清现行刑律》有关民事部分

## 附录四　《〈大清现行刑律〉案语》、《核订〈现行刑律〉》有关民事部分



## 附录五　大理院判例、解释例要旨(《现行律》民事有效部分相关)汇辑(附检索表)

## 附录六　各种"《现行律》民事有效部分"文献汇录

## 附录七 民国纪年与公元纪年对照表

## 索 引

# 前　言

“《现行律》[①]民事有效部分”在近代中国法律史上是一个古怪的存在。

按理，清末修律引入了全套西洋近代的法律国家体系，这一法律国家体系无疑与民初共和政体更为贴近，清末修律的成果应该被民初政权全部接纳才对（当然“除与民国国体抵触各条应失效力”外）。然而，在北洋时期，旧律的核心部分以“《现行律》民事有效部分”之名存续至北洋政府垮台。

“《现行律》民事有效部分”的条款不算多。据笔者统计，整个北洋时期最高司法当局大理院的判例与解释例中援引的《现行律》律文不过20条，条例不过26条，与《大清现行刑律》全部389条律文、1327条条例相比，所占比例不过才5.14%与1.96%。[②] 但恰恰是这些为数极少的条文，构成了旧律的核心部分。

中国旧律与中国传统社会政治秩序高度契合，其核心落足于“三纲五常”。三纲之中，“君为臣纲”无疑是传统政治秩序的核心，也是旧律绝大部分规则的依托；而“父为子纲”、“夫为妻纲”则是这一政治秩序所依托的社会秩序的核心。虽然由于国家统治结构与能力的限制，“父为子纲”、“夫为妻纲”所主导的日常社会秩序规范的大部分并未能纳入以刑罚管控为基本手段的律典的范畴，而是隐没于堂皇的

---

① 所谓《现行律》即《大清现行刑律》，民国时期多径称为“现行律”、“现行律例”，大理院各判例、解释例中通常也直接使用“律”字来指称。

② 对律文的统计未进一步统计律文各节的引用情况，如果统计律文各节引用情形，则实际引用的比重会更低。

庙堂之下的晦暗的乡土之“理—礼”[①]之中，但律典中残留的部分（以传统所谓“户婚田土”为核心的律条）无疑是这一社会秩序规范的中枢。

《大清新刑律》——《暂行新刑律》废止了“君为臣纲”；“君为臣纲”所依托的“父为子纲”、“夫为妻纲”虽然在《大清民律草案》中大部分被废止了，但初建的民国政府并未承继《大清民律草案》的事业，而是继续维持“《现行律》民事有效部分”的效力，颇令人诧异。[②]

同样令人诧异的是，尽管大理院三番五次确认了《现行律》民事部分的效力，[③]但究竟《大清现行刑律》中哪些律文、条例属于“《现行律》民事有效部分”，则从未见大理院官方说明过。[④]

此外，大理院既然确认了《现行律》民事部分的效力，在立法未曾变更之前，自当严格适用《现行律》有关各条，然而实际情形并不如此。大理院有时强调严格遵从《现行律》，有时又刻意回避乃至明确排除《现行律》的适用，有时又明目张胆地歪曲《现行律》，但大理院同样并未给出究竟司法该如何适用《现行律》的明确说明。[⑤]

以上种种，足见所谓“《现行律》民事有效部分”之混乱。为尽可能呈现作为北洋时期民事司法首要法源的“《现行律》民事有效部分”，遂有本书之汇辑。

本书汇辑编者所见民国时期关于“《现行律》民事有效部分”著述四种［沈尔乔、熊飞编辑《〈现行律〉民事有效部分（附〈户部则例〉）》，杭州武林印书馆1918年版；史文编辑《〈现行律〉集解》，上海共和书局1919年版；郑爰诹编《〈现行律〉民事有效部分集解》，上海世界书局1928年版；郑爰诹编《〈现行律〉民事有效部分新解释》，上海法政学社1929年版］，以期呈现时人对于“《现行律》民事有效部分”的理解与解读。同时附录清末编定、颁行《大清现行刑律》上谕、奏折，民国政府关于确认《现行律》民事部分效力相关文献，《大清现行刑律》服制图、服制以及户役、田宅、婚姻、钱债4门全部律例及相关其他各门律例（同时附载参与《大清现行刑律》编定的吉同

---

① 这是笔者杜撰的词，庙堂之下的规范很大程度上来自宣导的礼制秩序，这一礼制秩序与朴素的“天理人情”纠缠在一起，构成了庙堂之下生活世界规范的核心，但与其说这一“理—礼”的规范世界是规则式的，不如说是情境化的、个案式的。

② 此一问题牵扯甚多，须另拟专文详述，此处不赘。

③ 大理院确认《现行律》民事部分效力的判例、解释例，参见本书附录二第三部分。

④ 1919年5月《司法公报》第90期“考镜”栏目刊载的奉天民商事习惯调查会编印的《〈现行律例〉关于民事有效部分》，很难视为大理院“《现行律》民事有效部分”的官方版本。且该版本多有错误，如“同姓为婚”条已删而未奏复但仍予列入等。参见本书附录六·1“《现行律例》关于民事有效部分（奉天民商事习惯调查会编印）”。

⑤ 大理院只是很无奈地在统字第五七六号（1917年）解释例中称：“现在民法尚未颁行，该律（即《现行律》）民事部分，虽属有效，而适用之时，仍宜酌核社会进步情形以为解释，不得拘迂文义，致蹈变本加厉之弊”。

钧的解说),修订法律馆《〈大清现行刑律〉案语》以及宪政编查馆《核订〈现行刑律〉》有关民事部分,与《现行律》民事有效部分相关的大理院判例、解释例要旨,以及编者所能获见的11种《现行律》民事有效部分律例汇编(为免繁琐,与已著录文献择取律例相同者,仅存其目,不录全文),以呈现《现行律》民事部分之来龙去脉。

本书得以完成,得益于诸多师友的慷慨相助。厦门大学法学院吴旭阳教授、中国社科院近代史研究所李在全研究员、华东政法大学法律史研究中心孙晓鸣老师、华东政法大学图书馆王丽老师、上海社科院法学所孟祥沛教授、华东政法大学龚汝富教授、复旦大学法学院韩涛老师、上海师范大学法政学院汪强老师、华东政法大学法律古籍整理研究所王沛教授、王捷老师、中国政法大学马龙君博士、中国人民大学法学院徐奕斐博士等诸位师友协助寻找复制了本书诸多文献;华东政法大学法律史研究中心何勤华教授、李秀清教授、龚汝富教授、洪佳期教授,华东政法大学法律学院戴永盛教授,中国社科院近代史研究所李在全研究员、浙江省高级人民法院黄寒法官、上海师范大学法政学院汪强老师、英国曼切斯特大学法学院卢然博士、华中科技大学法学院俞江教授等师友为本书汇辑的文献线索、汇辑体例提供了巨大的帮助;法律出版社沈小英社长、解锟博士、陈妮编辑、刘晓萌编辑的倾力相助,使本书得以面世。业师何勤华教授慨然为这一无助于学术GDP的项目提供出版资助,并于百忙之中审读全稿,尤令弟子铭恩在心。当然,书中所有错漏,均当由我本人承担。

陈 颐

二〇一五年八月

# 凡　例

一、本书系沈尔乔、熊飞编《〈现行律〉民事有效部分（附〈户部则例〉）》（杭州武林印书馆 1918 年版），史文编《〈现行律〉集解》（上海共和书局 1919 年版），郑爰诹编《〈现行律〉民事有效部分集解》（上海世界书局 1928 年初版）、《〈现行律〉民事有效部分新解释》（上海法政学社 1929 年版）四书编校再版。原书内容，除广告页外，悉数辑出，有文必录。

二、原文为繁体字、竖排版的，改为简体字、横排版。

三、原文所用繁体字、异体字，改为简体字和正体字。如改动有损原意，则予以保留。原文表述如"如左"、"如右"统改为"如下"、"如上"。但直接引用者，仍保留"如左"、"如右"表述。

四、原文中的无法辨识的字符，以方框□标明。可填补者，则另在其后的方括号〔　〕内注明。

五、原文中的错字，仍予保留，但加上圆括号（　），用下标格式排版。校正的字则在该字后以方括号〔　〕标明。

六、原文中的衍字，仍予保留，但加上圆括号（　），用下标格式排版。

七、原文中的漏字，在方括号〔　〕内增补。

八、一些不易在正文中以前述符号标明的错误，则在脚注中予以注明或说明。所有注释一律采脚注，每页重新编号。所有注释皆为编校者所加，不另注明"——编校者注"等字样。

九、原文中使用年号纪年、民国纪年的，均在方括号〔　〕

内标明公元纪年;[①]为免繁琐,书中民国大理院判例、解释例等的文号及公布日期中使用民国纪年的,不再另行标注,可参看附录七《民国纪年与公元纪年对照表》。

十、原文无标点或标点不合现代汉语使用规范者,一律依据现代汉语阅读习惯和规则标点、改订。原文未使用书名号的,现统一增加书籍书名号;除少量法律、法规全称酌加书名号外,简略表达的法律、法规等不增加书名号。

十一、本书所有《大清现行刑律》条款,均以中宋字体标明;本书所有民国大理院判例、解释例,最高法院判例、解释例,司法院解释例等,均以仿宋字体标明,以示显目。

十二、本书所有《大清现行刑律》条款,均据海南出版社 2000 年影印宣统二年〔1910 年〕七月仿聚珍版《钦定大清现行刑律》校订;本书所有《户部则例》条款,均据同治十三年〔1874 年〕校刊本校订;书中所有民国大理院判例、解释例要旨均据大理院编辑处编《大理院判例要旨汇览》(三卷本,大理院收发所 1926 年订正再版)、大理院编辑处编《大理院判例要旨汇览续编》(大理院 1924 年版)、大理院编辑处编《大理院解释例要旨汇览》(第 1 卷,大理院收发所 1919 年版)、郭卫编《大理院解释例全文》(上海法学编译社、会文堂新记书局 1931 年第 6 版)、朱鸿达主编、郑爰诹编辑《现行法有效大理院解释例全集(1913—1927 年)》(世界书局 1933 年版)、郭卫编《大理院判决例全书》(上海法学编译社、会文堂新记书局 1932 年第 3 版)校订,但各判例、解释例的提要系各编纂者所加,故不予统一。其余参校文献,随文另行出注。

十三、本书所有《大清现行刑律》条款均标明编校者制作的序号,以便检索、参照。条款序号编排方式参见附录三“《大清现行刑律》有关民事部分”的“说明”。

十四、本书各部分原书所录大理院判例、解释例同时使用“《现行律》、《现行刑律》、《现行律例》、《现行例》”等词指称《大清现行刑律》,本书不予统一,但一律加上书名号;使用“现行法例”一词指称《大清现行刑律》的,则不加书名号。

十五、本书各部分原书所录大理院判例、解释例在引用《大清现行刑律》条款时,“门”、“条”二词使用混乱,有以“门”指“条”的,有以“条”指“门”的,均不予统一。

十六、本书各部分原书所录大理院判例、解释例,最高法院判例、解释例,司法院解释例的文号详略不一,现径行予以统一,不再专门标明。[②]

---

① 因民国之前采阴历月日,该公元纪年与公元纪年绝对年份或有出入。

② 大理院、最高法院判例原书有称“判决例”者,因恐涉及大理院、最高法院判决性质的理解问题,不予更动。但本书编校者则统一使用“判例”一词。

# 《现行律》民事有效部分

## （附《户部则例》）

律师　沈尔乔　编辑[①]

日本法学士　金泯澜　鉴定

磻　庐　题签

① 本书封面、内封均署"律师沈尔乔编辑"，版权页印有"律师沈尔乔版权所有"的印章，文中各部分标题下均署"萧山沈尔乔编"。另，陆咸在"序"中亦仅言"旧雨沈尔乔先生之《〈现行律〉民事有效部分》一书，杀青已竣，来索弁言"。惟书前有熊飞所作"序"，其中提及"因与沈子〔尔乔〕于公务之暇，将季清宪政编查馆修改之《现行律》中，关于民事有效各条，勒为一编"；另据沈尔乔"自序"，沈尔乔先以《核订〈现行刑律〉》抉出民事有效部分，并撮辑大理院判旨，都为一集。熊飞见之，建议印行，因而参与其事，重加编纂，一月而成。另在版权页"编辑者"项下，则署"萧山沈尔乔、杭县熊飞"。综上可知，是书创稿之功在沈尔乔，而熊飞则参与了后期部分编辑整理工作。

# 序

浮海者以桴，涉山者以樏。苟无其具，则浮天无岸何以涉，则另险巇何以登。谓能如列子之御风而行者，未之闻也。共和肇造，亦既有年。奚以新民，佥曰法治。乃立法者尚不遑致力于根本之务，执法者即无以审阅于两剂之平，受法者复昧于都鄙间象魏之观。章制纷歧，佥莫知其所守。刑法一部，犹有专书；民事綦繁，仅传草案。乃不得不就胜朝《现行律》一书，择其适用者，赓续秉为绳墨。然其间刑民混沌，动有抵牾，辨析或不明，争竞即以赜。欲其惬于心而了于目，使治民、治地、治功、治挚诸约，按籍可索，无羼杂淆惑之病，非将适用之《现行律》各部一一抉摘，勒为专书不为功。然仅录其条文，则简约数言，实赅众理，讲贯之误，协中为难。又非将前书注释，择善采入，不足以广其用。然仅采其旧注，则代异时易，情伪百变，一家学说，或邻以偏。而判例成规，全国圭臬，又非将大理院解释、谳词，依类列入，不足极融会贯通之妙。咸廷平无状，倏阅五稔。每陈两比而考律令，辄发此编纂成书之愿望。人事飙忽，牒牍旁午，迟今未举。而旧雨沈尔乔先生之《〈现行律〉民事有效部分》一书，杀青已竣，来索弁言。考其抉录之当、征引之详，较蚩伫私臆，尤美备而益善焉。斯诚浮海之桴、陟山之樏，而予言法治者之漆室炬光也。受读之后，忘其固陋，距跃而书其简端。

时中华民国七年〔1918 年〕一月中浣

鉴湖　陆　咸

# 序

处于今日而无适当之法律，以供吾人参证之资料者，其何能保吾人之权利耶！盖吾人一举手、一投足，无刻不在法律范围之内。欲保障吾人一举手、一投足之权利，非法律不能以抵御之。非适用适当之法律，断不能得明确抵御之方法。虽然，法律有公法焉，有私法焉。吾人日常之间，莫不以个人对国家间之一种关系，或个人对个人间之一种关系。所谓吾人对国家间之一种关系者，公法也。对个人间之一种关系者，私法也。规定公、私法之精细区别，虽或不仅此，而其大端不外乎是。公法姑置不论。兹就私法言之，欲保吾人对个人间之权利关系，非适用一种最明晰、最切近吾人之法律，以资参证不可。欲适用斯种之法律，非先以民事有效各部分以与今日适用之《现行律》无相抵触者，为吾人参证之资料不可。此本书之所以急于编纂，以贡于世也。沈子尔乔，余窗友也，尝以法律之学相切磋。鉴夫我国自晚清末叶，倡(三鼎权立)〔三权鼎立〕之制，窃谓中国从此具有法治国之精神，而文明所胚胎也。洎乎建元改造，端重法规，迄今七载，不特司法不能完全独立，并无完备之法规，以应社会之适用，是可憾焉。因与沈子于公务之暇，将季清宪政编查馆修改之《现行律》中，关于民事有效各条，勒为一编，以为法律过渡时代之津梁。书既成，遂付剞劂，还冀法学家有以匡其不逮，云则余之幸。

是为序。

民国七年〔1918 年〕戊午秋

杭县凌霄　熊飞　识

# 自　序

予生十有八年，即就法校学。于旧时名法，初未涉猎。而时当辛亥鼎革之秋，国人方造共和，改弦更张。不维法治革新，抑且学制丕变。缘是校中所授法课，多灌输西方之学说，或绍述东瀛之成规。其于民法的研究，不外德国法系、法国法系。于吾国旧有律例，固已敝蓰视之。盖当时心理，群蕲乎新法之完全施行也。乃时事多艰，国会屡蹶，民治之法规，迄今不克完成。于是不得不就胜清《现行律》一书，择其适用各条认为有效。此固司法上之缺点，然其有法的效力，应遵守不背则一也。予自弱冠卒业，数年来从事法律上之职务，因实用之要求，始有志于《现行律》一书。然坊间所售，多《大清律例增修统纂集成》等书，陈腐而不适用。欲求清光宣间宪政编查馆之善本，渺不可得。岁丁巳〔1917年〕，依金泯澜夫子从事律师职务，案牍繁伙，需要弥殷，乃由图书馆借得《核订现行〔刑〕律》一书，欣喜过望。顾以全书浩繁，其中关于刑事、行政处分及礼教等不适用者居多，开卷援用，往往有披沙简金之劳。且公共书籍，未便久假。于是择其民事有效各门，如承继、分产、婚姻、田宅、钱债等，抉而出之。并撮辑大理院判旨，借资参证。都为一集，置之案头，以自备稽阅而已。同学熊君凌霄，勤事而敏学，与予寓庐衡宇相望。一日过从，见之曰："法律者，人类社会所赖以维持，与吾人息息相关，不可少离。吾国刑律，已有专书，民事则尚付阙如。吾侪既感此缺点，研索烦劳，则同此困难者，谅复不少。曷不印行，以供献于法界。"因是暇辄与予重加编纂，寒窗风雨，不一月而(褎)〔裒〕然成帙。编辑既竣，武林印书馆来索印，尚虑不免讹误，因请于金师为之鉴定而付梓焉。惭予小子，不学无术，撦摭旧籍，何足以言述作，聊为阅者省抄录校雠之劳尔。

是为序。

中华民国七年〔1918 年〕秋

太素 沈尔乔 序于养吾庐

# 凡　例

一、本书系采辑前清宣统二年〔1910年〕宪政编查馆修改之《现行律》中关于民事各条，勒为一编。凡与国体及嗣后颁行成文法相抵触之部分及民事无关引用者，概置勿录，以省繁重。

一、凡“服制图”，与有效之民事各条在在有关，爰为弁冕简端，以便检查。

一、吾国现在法规尚未完备，惟资最高法院判例及解释以为法律之补充。本书撮辑大理院判例及法令解释之与《现行律》各条例相关者，附列顶格，[①]以资参证，并便适用。

一、前清《现行律》法文简要，易滋疑义，本书择律中《辑注》[②]之适当者，附载各门之后，以为本书之释义。

一、前清《户部则例》与《现行律》有效部(文)〔分〕继续并用，为应适用之便，特将《则例》摘要，另为一集，附载本书。欲求详备，异时当另编《〈户部则例〉有效部分》一书，以饷阅者。

一、本书仓卒出版，不及校阅，误漏之处在所不免。倘蒙法家指正，再版谨当改正。

中华民国七年〔1918年〕秋

编者　识

---

① 原书大理院判例、解释例排在相应《现行律》律文、例文顶格，现一律挪至相应《现行律》律文、例文之后。

② 《辑注》为清初名幕沈之奇的《大清律辑注》，沈氏《辑注》问世后，历经重新整理、删节、编排，据沈尔乔自序，本书所使用的《辑注》，应为《大清律例增修统纂集成》所附载之《辑注》。

# 现行〔律〕民(律)〔事〕有效部分总目

# 服制图

<table>
<tr><td colspan="4">0.0.1 丧服总图</td></tr>
<tr><td colspan="4">斩衰<br>三年</td></tr>
<tr><td colspan="4">用至粗麻布为之，不缝下边</td></tr>
<tr><td colspan="4">齐衰</td></tr>
<tr><td>五月</td><td>杖期</td><td>不杖期</td><td>三月</td></tr>
<tr><td colspan="4">用稍粗麻布为之，缝下边</td></tr>
<tr><td colspan="4">大功<br>九月</td></tr>
<tr><td colspan="4">用粗熟布为之</td></tr>
<tr><td colspan="4">小功<br>五月</td></tr>
<tr><td colspan="4">用稍粗熟布为之</td></tr>
<tr><td colspan="4">缌麻<br>三月</td></tr>
<tr><td colspan="4">用稍细熟布为之</td></tr>
</table>

## 0.0.2 本宗九族五服正服之图

| | | | | | | | | |
|---|---|---|---|---|---|---|---|---|
| 凡嫡孙父卒，为祖父母承重，服斩衰三年。若为曾、高祖父母承重，服亦同。 | | | | 高祖父母 齐衰三月 | | | | 凡姑、姊妹、女及孙女在室，或已嫁被出而归，服并与男子同。出嫁而无夫与子者，为兄弟姊妹及侄皆不杖期。 |
| | | | 曾伯叔祖父母 缌麻 | 曾祖父母 齐衰五月 | 曾祖姑 在室缌麻 出嫁无服 | | | |
| | | 族伯叔祖父母 缌麻 | 伯叔祖父母 小功 | 祖父母 齐衰不杖期 | 祖姑 在室小功 出嫁缌麻 | 族祖姑 在室缌麻 出嫁无服 | | |
| | 族伯叔父母 缌麻 | 堂伯叔父母 小功 | 伯叔父母 期年 | 父母 斩衰三年 | 姑 在室期年 出嫁大功 | 堂姑 在室小功 出嫁缌麻 | 族姑 在室缌麻 出嫁无服 | |
| 族兄弟 缌麻；族兄弟妻 无服 | 再从兄弟 小功；再从兄弟妻 无服 | 堂兄弟 大功；堂兄弟妻 缌麻 | 兄弟 期年；兄弟妻 小功 | 己身 | 姊妹 在室期年 出嫁大功 | 堂姊妹 在室大功 出嫁小功 | 再从姊妹 在室小功 出嫁缌麻 | 族姊妹 在室缌麻 出嫁无服 |
| | 再从侄 缌麻；再从侄妇 无服 | 堂侄 小功；堂侄妇 缌麻 | 侄 期年；侄妇 大功 | 长子 期年；长子妇 期年；众子 期年；众子妇 大功 | 侄女 在室期年 出嫁大功 | 堂侄女 在室小功 出嫁缌麻 | 再从侄女 在室小功 出嫁无服 | |
| | | 堂侄孙 缌麻；堂侄孙妇 无服 | 侄孙 小功；侄孙妇 缌麻 | 嫡孙 期年；嫡孙妇 小功；众孙 大功；众孙妇 缌麻 | 侄孙女 在室小功 出嫁缌麻 | 堂侄孙女 在室缌麻 出嫁无服 | | |
| 凡男为人后者，为本生亲属孝服皆降一等，本生父母亦降服不杖期。父母报服同。 | | | 曾侄孙 缌麻；曾侄孙妇 无服 | 曾孙 缌麻；曾孙妇 无服 | 曾侄孙女 在室缌麻 出嫁无服 | | | 凡同五世祖族属在缌麻绝服之外袒免亲。遇葬则服素服，尺布缠头。 |
| | | | | 元孙 缌麻；元孙妇 无服 | | | | |

## 0.0.3 妻为夫族服图

夫为祖父母及曾、高祖父母承重者，并从夫服。

夫为人后，其妻为本生舅姑服大功。

| | | | | | | | | | |
|---|---|---|---|---|---|---|---|---|---|
| | | | | 夫高祖父母 缌麻 | | | | | |
| | | | 夫曾伯叔祖父母 无服 | 夫曾祖父母 缌麻 | | 夫曾祖姑 无服 | | | |
| | | 夫族伯叔祖父母 无服 | 夫伯叔祖父母 缌麻 | 夫祖父母 大功 | | 夫祖姑 在室缌麻 出嫁无服 | 夫堂祖姑 无服 | | |
| | 夫族伯叔父母 无服 | 夫堂伯叔父母 缌麻 | 夫伯叔父母 大功 | 舅姑 斩衰三年 | | 夫亲姑 小功 | 夫堂姑 在室缌麻 出嫁无服 | 夫族姑 无服 | |
| 夫族兄弟 无服 | 夫再从兄弟 无服 | 夫堂兄弟及妻 缌麻 | 夫兄弟及妻 小功 | 妻为夫 斩衰三年 | 夫为妻 齐衰杖期 父母在不杖 | 夫姊妹 小功 | 夫堂姊妹 缌麻 | 夫再从姊妹 无服 | 夫族姊妹 无服 |
| | 夫再从侄 缌麻 | 夫堂侄 小功<br>夫堂侄妇 缌麻 | 夫侄 期年<br>夫侄妇 大功 | 长子 期年<br>长子妇 期年 | 众子 期年<br>众子妇 大功 | 夫侄女 在室期年 出嫁大功 | 夫堂侄女 在室小功 出嫁缌麻 | 夫再从侄女 在室缌麻 出嫁无服 | |
| | | 夫堂侄孙 缌麻 | 夫侄孙 小功<br>夫侄孙妇 缌麻 | 孙 大功 | 孙妇 缌麻 | 夫侄孙女 在室小功 出嫁缌麻 | 夫堂侄孙女 在室缌麻 出嫁无服 | | |
| | | | 夫曾侄孙 缌麻 | 曾孙 缌麻 | | 夫侄曾孙女 在室缌麻 出嫁无服 | | | |
| | | | | 元孙 缌麻 | | | | | |

### 0.0.4 妾为家长族服之图

| | | | | |
|---|---|---|---|---|
| 嫡孙、众孙为庶祖母，小功五月。 | | 家长祖父母 小功 | 《家礼·仪节》载：妾为其父母降服期年，为其私亲如路人；庶子为其母之父母、兄弟姊妹皆无服；庶子之子为其父之生母止服不杖期。① | |
| | | 家长父母 期年 | | |
| | 家长 斩衰三年 | | 正妻 期年 | |
| 家长众子 期年 | | 家长长子 期年 | | 为其子 期年 |
| 家长众孙 无服 | | 家长嫡孙 无服 | | 为其孙 大功 |

① 此段注文，见于《大清律例增修统纂集成》（陶东皋、陶晓赏增修，上海：文渊山房光绪三十二年〔1906年〕版），《大清律例》、《大清现行刑律》皆不载。

## 0.0.5 妻亲服图

| | | | | |
|---|---|---|---|---|
| | | 妻祖父母 无服 | | |
| | 妻伯叔 无服 | 妻父母 缌麻 | 妻之姑 无服 | |
| 妻外祖父母 无服 | 妻兄弟及妇 无服 | 己身 为婿缌麻 | 妻之姊妹 无服 | |
| | 妻兄弟子 无服 | 女之子 缌麻 | 妻姊妹子 无服 | |
| | | 女之孙 无服 | | |

| 0.0.6 三父八母服图 | | | |
|---|---|---|---|
| | 同居继父 齐衰三月 自己亦有伯叔兄弟之类 两有大功亲谓继父有子孙、 | 期年 己身亦无伯叔兄弟之类 两无大功亲谓继父无子孙、 | 《家礼》云：同母异父之兄弟姊妹，各服小功五月。① |
| 不同居继父 齐衰三月 先曾与继父同居，今不同居 | 无服 自来不曾随母与继父同居 | 从继母嫁 齐衰杖期 谓父死继母再嫁他人随去者 | |
| 养母 斩衰三年 谓自幼过房与人 | 嫡母 斩衰三年 谓妾生子女称父之正妻 | 继母 斩衰三年 谓父娶之后妻 | 慈母 斩衰三年 谓所生母死，父令别妾抚育者 |
| 《家礼》：女子已适人者，乃服大功；母为女报服；子为父后者，不服；前夫之子从已嫁者，服不杖期。② | 嫁母 齐衰杖期 谓亲母因父死，再嫁他人 | 出母 齐衰杖期 谓亲母被父出者 | 按：慈母抚育恩重，与生母之服同。据《会典》，或生母子多，或系有病，父令别妾抚育，亦为慈母，不必泥于“母死”二字。③ |
| 庶祖母④ 小功五月 众孙及女之在室者 谓祖有子女之妾、嫡孙、 | 庶母 嫡子众子齐衰杖期 所生子斩衰三年 谓父有子女妾 | 乳母 缌麻 谓父妾乳哺者，即奶母 | 《家礼》：为子降服不杖期。子为后者，则不服。女适人，为出母乃服大功；母为女亦报服。⑤ |

① 此段注文，见于《大清律例增修统纂集成》（陶东皋、陶晓筼增修，上海：文渊山房光绪三十二年〔1906年〕版），《大清律例》、《大清现行刑律》皆不载。

② 此段关于嫁母服制注文，见于《大清律例增修统纂集成》，《大清律例》、《大清现行刑律》皆不载。

③ 此段关于慈母服制注文，见于《大清律例增修统纂集成》，《大清律例》、《大清现行刑律》皆不载。

④ 庶祖母服制，见于《大清律例增修统纂集成》，《大清律例》、《大清现行刑律》“三父八母服图”皆不载。

⑤ 此段关于出母服制注文，见于《大清律例增修统纂集成》，《大清律例》、《大清现行刑律》皆不载。

## 0.0.7 出嫁女为本宗降服之图

| | | | | |
|---|---|---|---|---|
| | | 高祖父母<br>齐衰三月 | | |
| | | 曾祖父母<br>齐衰五月 | | |
| | 祖兄弟<br>缌麻 | 祖父母<br>期年 | 祖姊妹<br>在室缌麻<br>出嫁无服 | |
| 父堂兄弟<br>缌麻 | 伯叔父母<br>大功 | 父母<br>期年 | 父姊妹<br>在室大功<br>出嫁小功 | 父堂姊妹<br>在室缌麻<br>出嫁无服 |
| 堂兄弟<br>小功 | 兄弟<br>大功 | 己身 | 姊妹<br>在室大功<br>出嫁小功 | 堂姊妹<br>在室小功<br>出嫁缌麻 |
| 堂侄<br>缌麻 | 兄弟子<br>大功 | 兄弟女<br>在室大功<br>出嫁小功 | | 堂侄女<br>在室缌麻<br>出嫁无服 |

## 0.0.8外亲服图

| | | | | |
|---|---|---|---|---|
| 妻为夫外亲服降一等。 | | 母祖父母<br>无服 | 为外祖父母，《礼部则例》载，继母多则服在堂继母之党。[①] | |
| | 母之兄弟<br>小功 | 外祖父母<br>小功 | 母之姊妹<br>小功 | |
| 堂舅之子<br>无服 | 母舅之子<br>缌麻 | 己身 | 两姨之子<br>缌麻 | 堂姨之子<br>无服 |
| | 舅之孙<br>无服 | 姑之子<br>缌麻 | 姨之孙<br>无服 | |
| | | 姑之孙<br>无服 | | |

① 此段注文，见于《大清律例增修统纂集成》（陶东皋、陶晓篔增修，上海：文渊山房光绪三十二年〔1906年〕版），《大清律例》、《大清现行刑律》皆不载。

# 服　制

## [0.1.1]斩衰三年

[0.1.1.1]子为父母。女在室并已〔许〕嫁者，及已嫁被出而反在室者，同。子之妻同。

[0.1.1.2]子为继母、为慈母、为养母。子之妻同。继母，后妻；父之慈母，谓母卒父命他妾养己者；养母，谓自幼过房与人者。

[0.1.1.3]庶子为所生母、为嫡母。庶子之妻同。

[0.1.1.4]为人后者为所后父母。为人后者之妻同。

[0.1.1.5]嫡孙为祖父母及曾、高祖父母承重。嫡孙之妻同。

[0.1.1.6]妻为夫。妾为家长同。

## [0.1.2]齐衰杖期

[0.1.2.1]嫡子、众子为庶母。嫡子、众子之妻同。庶母，父妾之有子女者。父妾无子女，不得以母称矣。

[0.1.2.2]子为嫁母。亲生母父亡而改嫁者。

[0.1.2.3]子为出母。亲生母为父所出者。

[0.1.2.4]夫为妻。父母在不杖。

## [0.1.3]齐衰不杖期

[0.1.3.1]祖为嫡孙。

[0.1.3.2]父母为嫡长子，及嫡长子之妻，及众子，及女在室，及子为人后者。

[0.1.3.3]继母为长子、众子。

[0.1.3.4]前夫之子，从继母改嫁于人，为改嫁继母。

0.1.3.5 侄为伯叔父母，及姑、姊妹之在室者。

0.1.3.6 为己之亲兄弟，及亲兄弟之子女在室者。

0.1.3.7 孙为祖父母。孙女在室、出嫁同。

0.1.3.8 为人后者，为其本生父母。

0.1.3.9 女出嫁，为父母。

0.1.3.10 女在室，及虽适人而无夫与子者，为其兄弟姊妹及侄与侄女在室者。

0.1.3.11 女适人，为兄弟之为父后者。

0.1.3.12 妇为夫亲兄弟之子及女在室者。

0.1.3.13 妾为家长之正妻。

0.1.3.14 妾为家长父母。

0.1.3.15 妾为家长之长子、众子与其所生子。

0.1.3.16 为同居继父，而两无大功以上亲者。

**0.1.4 齐衰五月**

0.1.4.1 曾孙为曾祖父母。曾孙女同。

**0.1.5 齐衰三月**

0.1.5.1 (玄)〔元〕孙为高祖父母。(玄)〔元〕孙女同。

0.1.5.2 为同居继父，而两有大功以上亲者。

0.1.5.3 为继父，先曾同居今不同居者。自来不曾同居者无服。

**0.1.6 大功九月**

0.1.6.1 祖为众孙。孙女在室同。

0.1.6.2 祖母为嫡孙、众孙。

0.1.6.3 父母为众子妇及女已出嫁者。

0.1.6.4 伯叔父母为侄妇及侄女已出嫁者。侄妇，兄弟子之妻也；侄女，兄弟之女也。

0.1.6.5 妇为夫之祖父母。

0.1.6.6 妇为夫之伯叔父母。

0.1.6.7 为人后者，为其兄弟及姑、姊妹之在室者。既为人后，则于本生亲属服皆降一等。

0.1.6.8 夫为人后，其妻为夫本生父母。

0.1.6.9 为己之同堂兄弟、姊妹在室者。即伯叔父母之子女也。

0.1.6.10 为姑及姊妹之已出嫁者。姑，即父之姊妹；姊妹，即己之亲姊妹也。

0.1.6.11 为己兄弟之子为人后者。

0.1.6.12 出嫁女为本宗伯叔父母。

0.1.6.13 出嫁女为本宗兄弟及兄弟之子。

0.1.6.14 出嫁女为本宗姑姊妹及兄弟之女在室者。

## 0.1.7 小功五月

0.1.7.1 为伯叔祖父母。祖之亲兄弟。

0.1.7.2 为堂伯叔父母。父之堂兄弟。

0.1.7.3 为再从兄弟及再从姊妹在室者。

0.1.7.4 为同堂姊妹出嫁者。

0.1.7.5 为同堂兄弟之子及女在室者。

0.1.7.6 为祖姑在室者。即祖之亲姊妹。

0.1.7.7 为堂姑之在室者。即父之同堂姊妹。

0.1.7.8 为兄弟之妻。

0.1.7.9 祖为嫡孙之妇。

0.1.7.10 为兄弟之孙及兄弟之孙女在室者。

0.1.7.11.1 为外祖父母。即亲母之父母。〇0.1.7.11.2 为在堂继母之父母；庶子嫡母在，为嫡母之父母；庶子为在堂继(父)〔母〕之父母；庶子不为(人)〔父〕后者，为己母之父母；为人后者，为所后母之父母。以上五项，均与亲母之父母服同。外祖父母报服亦同。其母之兄弟姊妹服制及报服，亦与亲母同。姑舅两姨兄弟姊妹，服亦同。为人后者，为本生母之亲属降服一等。再，庶子不为父后者为己母之父母服一项，若己母系由人家所生女收买为妾及其父母系属贱族者，不在此列。

0.1.7.12.1 为母之兄弟姊妹。兄弟即舅；姊妹即姨。〇0.1.7.12.2 其义服详载为外祖〔父〕母条下。

0.1.7.13.1 为姊妹之子即外甥。〔及女之在室者〕。〇0.1.7.13.2 其义服详载为外祖〔父〕母条下。

0.1.7.14 妇为夫兄弟之孙即侄孙。及夫兄弟之孙女在室者。即侄孙女。

0.1.7.15 妇为夫之姑及夫姊妹。在室、出嫁同。

0.1.7.16 妇为夫兄弟及夫兄弟之妻。

0.1.7.17 妇为夫同堂兄弟之子及女在室者。

0.1.7.18 女出嫁为本宗堂兄弟及堂姊妹之在室者。

0.1.7.19 为人后者，为其姑及姊妹出嫁者。

0.1.7.20 嫡孙、众孙为庶祖母。女在室者，同。

0.1.7.21 生有子女之妾，为家长之祖父母。

## 0.1.8 缌麻三月

0.1.8.1 祖为众孙妇。

0.1.8.2 曾祖父母为曾孙、元孙。曾孙女、元孙女同。

[0.1.8.3]祖母为嫡孙、众孙妇。

[0.1.8.4]为乳母。

[0.1.8.5]为曾伯叔祖父母。即曾祖之兄弟及曾祖兄弟之妻。

[0.1.8.6]为族伯叔父母。即父再从兄弟及再从兄弟之妻。

[0.1.8.7]为族兄弟及族姊妹在室者。即己三从兄弟姊妹所与同高祖者。

[0.1.8.8]为曾祖姑在室者。即曾祖之姊妹。

[0.1.8.9]为族祖姑在室者。即祖之同堂姊妹。

[0.1.8.10]为族姑在室者。即父之再从姊妹。

[0.1.8.11]为族伯叔祖父母。即祖同堂兄弟及同堂兄弟妻。

[0.1.8.12]为兄弟之曾孙及兄弟之曾孙女在室者。

[0.1.8.13]为兄弟之孙女出嫁者。

[0.1.8.14]为同堂兄弟之孙及同堂兄弟之孙女在室者。

[0.1.8.15]为再从兄弟之子及女在室者。

[0.1.8.16]为祖姑及堂姑及己之再从姊妹出嫁者。祖姑，即祖之亲姊妹；堂姑，即父之堂姊妹。

[0.1.8.17]为同堂兄弟之女出嫁者。

[0.1.8.18.1]为姑之子。即父姊妹之亲子。○[0.1.8.18.2]其义服详载为外祖父母条下。

[0.1.8.19.1]为舅之子。即亲母兄弟之子。○[0.1.8.19.2]其义服详载为外祖父母条下。

〔[0.1.8.20.1]为两姨兄弟。即亲母姊妹之子。○[0.1.8.20.2]其义服详载为外祖父母条下。〕

[0.1.8.21]为妻之父母。

[0.1.8.22]为婿。

[0.1.8.23.1]为外甥男。女同。即女之子女。○[0.1.8.23.2]其义服详载为外祖父母条下。

[0.1.8.24]为兄弟孙之妻。即侄孙之妻。

[0.1.8.25]为同堂兄弟之子妻。即堂侄之妻。

[0.1.8.26]为同堂兄弟之妻。

[0.1.8.27]妇为夫高、曾祖父母。

[0.1.8.28]妇为夫之伯叔祖父母及夫之祖姑在室者。

[0.1.8.29]妇为夫之堂伯叔父母及夫之堂姑在室者。夫之堂姑即夫之伯叔祖父母所生也。

[0.1.8.30]妇为夫之同堂兄弟姊妹及夫同堂兄弟之妻。

[0.1.8.31]妇为夫再从兄弟之子。女在室同。

[0.1.8.32]妇为夫同堂兄弟之女出嫁者。

[0.1.8.33]妇为夫同堂兄弟子之妻。即堂侄妇。

0.1.8.34 妇为夫同堂兄弟之孙及孙女之在室者。

0.1.8.35 妇为夫兄弟孙之妻。即侄孙之妻。

0.1.8.36 妇为夫兄弟之孙女出嫁者。

0.1.8.37 妇为夫之曾孙、（玄）〔元〕孙及曾孙女、（玄）〔元〕孙女之在室者。

0.1.8.38 妇为夫兄弟之曾孙。即曾侄孙。曾孙女同。

0.1.8.39 妇为夫之小功服外姻亲属。

0.1.8.40 女出嫁，为本宗伯叔祖父母及祖姑在室者。

0.1.8.41 女出嫁，为本宗同堂伯叔父母及堂姑在室者。

0.1.8.42 女出嫁，为本宗堂兄弟之子，女在室者同。

# 户　役[①]

## 4.62私创庵院及私度僧道

4.62.0 凡寺、观、庵、院，除现在处所先年额设外，不许私自创建、增置，违者，处十等罚，僧、道、尼僧、女冠还俗。地基、材料入官。若僧道不给度牒，私自簪(雉)〔剃〕者，处八等罚。若由家长，家长当罪。寺观住持及受业师私度者，与同罪，并还俗。

**条　例**

4.62.(1) 一、民间子弟，户内不及三丁，或在十六以上而出家者，俱照不应重律治罪，并罪坐所由。僧道官及住持知而不举者，各罢职，还俗。

4.62.(2) 一、僧、道招徒，〔除〕应付、火居等项，不准滥行收受外，其非应付、火居，而为例应招徒之僧、道，亦须年逾四十，方准招徒一人。若所招之人，无罪犯而病故者，准其另招一人为徒。如有年未四十，即行招受，及招受不止一人者，照违令律治罪。若招受之人，身犯奸盗重罪，伊师亦不准〔再行〕续招；其有复行续招者，亦照违令律治罪。僧道官容隐者，罪同。地方官不行查明，交部照例议处。所招生徒，俱勒令还俗。

4.62.(3) 一、僧道犯罪，该还俗者，查发各原籍安插。(或)〔若〕仍于原寺〔观〕、庵院或他寺观、庵院潜住〔者〕，并照不应(者)重律治罪，照旧还俗。其僧道〔官〕

---

① 各部分之前皆有"《现行律》民事有效部分"、"萧山沈尔乔编"字样，为免繁琐，皆略而不录，特此说明。

及住持知而不举者，照违令律治罪。

4.62.(4) 一、僧道如有为匪不法等事，责令僧纲、道纪等司，随时举报。倘瞻徇故纵，别经发觉，犯系逆案者，将该管僧纲、道纪，照知情故纵逆犯本律，分别已行、未行定罪。若止失于觉察者，照不应重律治罪。

## 4.63 立嫡子违法

4.63.0.1 凡立嫡子违法者，处八等罚。其嫡妻年五十以上无子者，得立庶长〔子〕。不立长子者，罪亦同。俱改正。○4.63.0.2 若养同宗之人为子，所养父母无子所生父母有子。而舍去者，处十等罚，发付所养父母收管。〔若〕所养父母有亲生子，及本生父母无子，欲还者，听。○4.63.0.3 其乞养异姓义子以乱宗族者，处六等罚。若以子与异姓人为嗣者，罪同。其子归宗。○4.63.0.4 其遗弃小儿，年三岁以下，虽异姓，仍听收养，即从其姓。但不得以无子，遂立为嗣。○4.63.0.5 若立嗣，虽系同宗，而尊卑失序者，罪亦如之。其子亦归宗。改立应继之人。○4.63.0.6 若庶民之家，存养良家男女为奴婢者，处十等罚，即放从良。

**辑注**① 凡立嗣者，先尽嫡长子，不与庶子论长幼。所谓"立子以(不)贵不以长，立嫡以长不以贤"也。若嫡子有故已有子者，以嫡长孙承重，不得立次嫡子与庶出子也。

**辑注** 无子而立应继之人，亲疏远近有一定次序。此条首节但言"立子"，而不言"无子立后"者，第二节"养同宗之人"但论听去不听去之之法，第五节立嗣虽系同宗，但论尊卑失序之罪，俱不指出应继次序，盖非有官员袭荫之事，则应继之法稍宽故。后条例既著昭穆相当承继之例，复又择立贤能及所亲爱之例，所谓"礼顺人情"也。

**辑注** 不曰"立嗣"，而曰"养同宗之人为子"，则所养之子未必即应立嗣之人也。但既自幼抚养，恩义为重，所养父母尚未有子分当奉事，不得即舍去耳。

**辑注** 若"有亲生子，及本生父母无子"是两项，或所养有子，或本生无子，并得听还。非谓必所养有子而又本生无子也，观及字义可见。《指南》诸书皆谓"欲还者听"兼三件说，一则所养父母有亲生子，欲将其子送还；一则本生父母因无别子欲讨还其子；一则为子者因所养有子、本生无子自欲还也。否则二处父母欲还者，何以断之耶！此说可谓推原入微。但本文"欲还"字与上"舍去"字对照，"舍去"者径情决

---

① 本书全部"注"、"辑注"、"全纂"等皆据《大清律例增修统纂集成》(陶东皋、陶晓筼增修，上海：文渊山房光绪三十二年〔1906年〕版)校订。

绝之词,“欲还”者,不敢自专之词,实则皆指为子者言之。若二处父母欲还,亦可引断。

**辑注** 三节重在改姓乱宗上。若但养为义子,不从姓、不为嗣者,固所不禁也。别律多有言“乞养异姓子孙”者,后附例亦有“义男为所后之亲喜悦者,听其相为依倚”之文,其义可见。

**辑注** 四节收养遗弃小儿。《笺释》谓“四岁以上,不报官收养,以收留迷失子女论”,非也。遗弃者,父母舍置以去,听其死生不顾。三岁以下,尚不能言语饮食,无人收养,必致填于沟壑。许令收养者,重在全其生也,与收留(失)迷〔失〕之义大相悬绝。但四岁以上,或能自言其姓氏、里居,应当报官追查。若遂收养,亦无大过,岂可照收留迷失论?假如收养四五岁遗弃小儿,即科以杖、徒重罪乎!“遗弃”必是小儿,然亦有不止三岁;“迷失”必非小儿,然亦或有小儿者。总之,遗弃与迷失不同,收养与收留亦异。收养遗弃意在哀其死,收留迷失意在利其人。

**辑注** “虽异姓”云者,谓遗弃小儿大概不知其姓。然亦有书留姓氏、年岁者。虽知是异姓,亦听收养从姓。

辑注收养遗弃小儿,虽许〔即〕从其姓,而注谓“不得为嗣”,盖收养遗弃与乞养异姓相等,皆可以为义男者,养育之恩同也;皆不可以继嗣者,宗族之派不容乱也。

**辑注** 此例是无子立嗣之法,所以补律之未备也。

**辑注** 宗庙之礼,父昭子穆。昭穆相当,谓尊卑不失其序也。

**辑注** 承继之法,由亲而疏。若应继之房当出继、不当出继,须依大宗小宗法议之。小宗可绝,大宗不可绝也。

**辑注** 应继次序,既有一定之法,而继子不得于所后之亲,又听择贤能亲爱者别立。至于义男、女婿为所后之亲喜悦,听其相倚,不许继子逼逐。曲体人情,至此可谓仁至义尽矣。

**〔大理院判例、解释例〕**①

**● 族人与异姓义子不同**

三年五月十五日上字第三一〇号判例

名为义子实系族人,则承继自应有效。②

**● 异姓乱宗之告争权**

三年十二月十八日上字第一二三六号〔判例〕

异姓乱宗,惟同宗而与承继有关系之人,始有告争之权。

---

① 原书大理院判例、解释例排在相应《现行律》律文、例文顶格,现一律挪至相应《现行律》律文、例文之后。

② 因该书所录大理院判例,大多系摘要,非严格依据判例摘抄,不改。

**● 嗣子归宗**

三年十二月二十二〔日〕上字第一二一二号判例

出嗣子〔不〕忍因为人后而户绝其父后,情愿归宗,即无以侄承继拒绝亲子归宗之理。

**● 立嗣无效**

二年七月五日上字第六四号〔判例〕

异姓乱宗实为现行法规所禁止,此种行为即属当然无效,审判衙门自应径予宣告。

**● 〔养子不适用相续法理〕①**

大理院判例②

养子不得误为嗣子,并不适用相续法理。

**● 养子未依法归宗,则其继嗣问题,本宗之人不能干涉。养子无子,则应立养家同姓之子**

五年九月四日统字第四八五号〔法令〕解释

径复者:准贵厅第七九四号函开。案查本厅前以异姓不得乱宗为立继之原则。设有张甲自幼给予李乙为义子,立有契约,永不归宗。李乙并为张甲娶妻。李乙后生子李丙。因张甲无子,遂邀同亲族公议,以李丙之子为嗣子,书立继单。当时张甲本宗人等并无异言。事过十余年,张甲死后,忽有张甲之本宗弟张丁出头干涉,谓当以与张氏卑属为嗣。此案张甲虽未从李姓,而自幼抱养于人,约不归宗,本宗已绝关系,张丁有无干涉其立嗣之权?若其明系张氏子孙,当然不得以李氏为子,则改立张氏卑属为嗣以后,当时在养父家所分得之财产,该承继人有无承受之权利,此其一也。遗弃三岁以下小儿,已从收养家之姓,及无子,准为立嗣,择立养家,则非其血统之亲父家,则久失其姓氏。在例亦并无明定。此案应如何解决,又其一也。甲父为养子(自幼给养,年龄不可考),甲祖无子遂以为子,族众未有异议。甲祖死,甲祖母又与甲伯祖母平分祖遗财产,使甲父承受,无异词。甲父死,甲继承财产,计六十余年间,该族中仍无一人告诉其为义子。今岁忽有甲远族人提出该族谱碑一张,谓修谱勒碑之年,甲父已十余岁,而碑文甲族名下缺载生子某某;又讣帖一张,谓甲族死时之讣闻载螟蛉子某(即甲父名)等语,告诉甲义孙霸产等情。此案告诉人虽对甲义孙乱统之诉,而实际不能不根究其甲父之为义子。惟是,甲父虽系义子,然生前已取得为人之子资格,甲又继承多年,乃于数十年后追夺死者之人及生者之财产,揆之天

---

① 因该书著录大理院判例、解释例较为粗糙,判例、解释例提要缺失较为严重。凡缺失提要者,编校者自行酌拟添加下文不再一一注明。

② 本条仅写明“大理院判例”,未著文号,未能寻得具体出处,特此说明。

理人情，均有匆当，而于社会公益理由，亦多未合。此案究竟如何解决，又其一也。以上问题，均系本厅悬案待决之件。敬恳贵院迅赐解释，俾得遵循等因前来。查所询第一问题，张甲既未依法归宗，则立嗣之事，张姓族人则无干涉之余地。第二问题，遗弃小儿既久失姓氏，已从养家之姓，则无子立嗣自可择其养家同姓之子为后。至第三问题，甲父纵系异姓，亦非依法应继甲祖之人且证明承继开始当时所以不告争之理由（证明并未抛弃承继权），对甲不得告争。关于第一、第三两问题，因本院早有相类之判例在前，故搁置未复。兹据函催前来，相应函复，并希转饬遵照可也。此复。

**条　例**

4.63.(1) **一、无子者，许令同宗昭穆相当之侄承继。先尽同父周亲，次及大功、小功、缌麻。如俱无，方许择立远房及同姓为嗣。若立嗣之后，却生子，其家产与原立子均分。**

4.63.(2) **一、无子立嗣，除依律外，若继子不得于所后之亲，听其告官别立。其或择立贤能及所亲爱者，若于昭穆伦序不失，不许宗族指以次序告争，并官司受理，若义男、女婿，为所后之亲喜悦者，听其相为依倚，不许继子并本生父母用计逼逐，仍酌分给财产。若无子之人家贫，听其卖产自(瞻)〔赡〕。**

4.63.(3) **一、无子立嗣，若应继之人平日先有嫌隙，则于昭穆相当亲族内，择贤择爱听从其便。如族中希图财产，勒令承继或怂恿择继，以致涉讼者，地方官立即惩治，仍将所择贤爱之人，断令立继。其有子婚而故，妇能孀守；已聘未娶，媳能以女身守志；及已婚而故，妇虽未能孀守，但所故之人业已成立；或子虽未娶，而因出兵阵亡者，俱应为其〔子〕立后。若支属内实无昭穆相当为其子立后之人，而其父又无别子者，应为其父立继，待生孙以嗣应为立后之子。其寻常夭亡未婚之人，不得概为立后。若独子夭亡，而族中实无昭穆相当，可为其父立继者，亦准为未婚之子立继。如可继之人亦系独子，而情属同父周亲，两相情愿者，取具阖族甘结，亦准其承继两房宗祧。**

4.63.(4) **一、妇人夫亡无子守志者，合承夫分，须凭族长择昭穆相当之人继嗣。其改嫁者，夫家财产及原有妆奁，并听前夫之家为主。**

4.63.(5) **一、凡乞养异姓义子，有情愿归宗者，不许将分得财产携回本宗。其收养三岁以下遗弃之小儿，仍依律即从其姓，但不得以无子遂立为嗣，仍酌分给财产，俱不必勒令归宗。如有希图资财，冒认归宗者，照例治罪。**

4.63.(6) **一、因争继酿成人命者，凡争产谋继及扶同争继之房分，均不准其继嗣，应听户族另行公议承立。**

**全纂**　世俗每有“长房无子、次房不得有子”之说，即汉《小戴〔礼记〕》所谓“大宗不可绝，族无庶子，则当绝父以后大宗也”。例又有“独子不准出继”之说，今已不载。此条承继两房,则恩义兼尽。《通典》所谓“以长子后大宗,则成宗子。礼,诸父无后,祭于宗家,后以其庶子还承其父”是也。然则承继两房,专为长房无子、次房只有一子者,曲为两全。俟其子复生子,则以其次者还继次房。是又法外之意,吻合典礼者也。若次房无子而以长房之子两承,虽同父周亲、两相情愿,然大小宗之别,究应斟酌轻重于其间,不可以一例论。至阵亡之人、孀守之妇,向例准继。独子者,尤应变通,类推办理。

收养三岁之义男,成人后生父告认,问以冒认良人为子之罪,不准断还。盖自幼不顾婴儿之生死,恩义已绝。议者谓,“子无绝亲之礼,不必问法可矣。”若四岁以上,生父告认,则准给领回。若年已四岁,不必乳哺,已能行动,非(是)〔如〕应乳哺之婴儿也,若非遗弃,乃系走失,则养父应送官而不送官,养父合问以收留迷失子女之罪。

嗣后凡独子两祧者,查明如系小宗独子兼承长房大宗,则大宗不可绝,应仍照向例令子承祧父母丁忧三年,所生父母降服期年。其同属小宗,而以独子兼承两祧,自应仍以所生为重,应比照长房独子兼承次房之案,为其所生父母丁忧三年,子兼承宗祧之父母持服期年。期年内不准应试、出仕。其平日考试、报捐,三代仍填所生父母姓名。庶情义兼尽,于风俗人情,均有裨益。①

**〔大理院判例、解释例〕**

**●立继失序**

三年六月八日上字第三八九号判例

立继如系昭穆失序,则审判衙门不得不以职权无效之宣告。

**●承继不限年龄**

三年六月二十三日上字第四四七号判例

昭穆既属相当,则无论承继人是否年长于被承继人,均不得〔谓为〕违法。

**●养子立嗣**

三年十月上字第八六五号判例

养子年老无子,律无必须立嗣之明文。

**●立嗣后生子**

三年七月二十四日上字第五六八号判例

凡无子而依法择立嗣子后却又生子者,苟非法律表示废继之意思或就其财产为特别之处分,则其原立嗣子并不退继,而所有财产亦应均分。

**●立嗣后,失亡之子生还**

三年七月二十三日上字第五六一号判例

---

① 本段非《全纂》内容,应为嘉庆二十年〔1815 年〕五月新例。参见《大清律例增修统纂集成》(陶东皋、陶晓篔增修,上海:文渊山房光绪三十二年〔1906 年〕版)卷八“户律·户役·立嫡子违法”条。

独子失亡立嗣后,失亡之子却生还者,如果被承继人于生前或以遗言自行立嗣者,其后所生之子复生还,自无排斥嗣子之理。如被承继之人死后为宗祧计,始由亲族会议或审判衙门判断为立嗣者,所生子归来,自难援立嗣后生子之例,谓原立子应与所生均分家产,毋庸归宗,尚得酌给财产。

**●〔非有应继资格而在最先顺位者,无权告争不法承继〕**

六年一月十七日统字第五六四号法令解释

族人非有应继资格并在最先顺位者,对于他人之不合法承继无告争权。

**●立继须依顺位**

三年十二月二十九日上字第一二四九号判例

立继顺序在法律上原有一定,亲族会议实行立继程序时,应依此一定顺序择立,顺位最先之人不得有所违背。

**●胞侄对其出继之伯叔不得为同父周亲**

四年十一月二十一日统字第三六三号法令解释

江西高等审判厅鉴:支电。甲既出继,乙子对之自不得仍为同父周亲。大理院号印。

**●不得径行立孙**

三年九月十四日上字第七七九号判例

得立为嗣子者,本于昭穆相当之侄,断不容以无子径行立孙。

**●〔承继两造须无嫌隙〕**

三年上字第三五四号判例

承继关系之成立,以两造和平无嫌为要件。

**●〔废嗣别立须经告官〕**

三年上字第八八号判例

废嗣别立,非经告官程序,不为有效。

**●长支长孙不禁出继**

三年八月四日上字第六一〇号判例

长支长孙出继他支,在现行律例,实无禁止明文,在习惯上,亦(得)〔无〕□〔何〕等之限制。

**●为未婚子立继**

三年十月二十日上字第九三号判例

凡族中有可继之人,而因与立继之妇积不相得,致无可立为嗣者,则即为夭亡之子择昭穆相当之人以为嗣,亦不得指为违法。

**●废继之限制**

二年八月十六日上字第八八号判例

被承继人虽有逐帖,然无废除继子之意,且未经告官废立程序,守志之妇对于该承继孙更未具备法定废立条件,履行告官程序,亦未有废继之主张,则其继承为有效,尤不待烦言而可断。

**● 废继**

三年十二月八日上字第一一五号判例

承继事实虽经认定属实,然因承继人与被承继人不相得,依法准予废继。

**● 废继之子无要求酌分财产之权**

三年七月十四日上字第五三〇号〔判例〕

废继之子对于所后之亲决无要求酌分财产之权。

**● 亲族会废继**

三年五月八日上字第六五号判例

所后之亲故后,废继原因发生,应否由亲族会主持,现行法上并无明文,似不能概援立继之例而行使废继之权。然果有重大废继之原因,如其所后之亲尚在亦必从事于废继者,条理上自应认亲族会能代为请求审判衙门以裁判宣告废继。审判衙门审查此项请求,若认为不当,仍应予以驳回。

**● 承继告争权限于应继者及其代理人**

五年六月二十日大理院解释统字第四五五号

查本院判例,自己及直系卑属无承继权者,无论现亲之人是否异姓,均不得对之告争。丁若非应继又非应继人代理,自可驳斥。

**● 裁判上之陈述**

三年六月二十三日上字第四四七号判例

有择继权者,其关于承继问题在裁判上之陈述,决非无效。

**● 亲族会议不能为无效之立继**

三年八月六日〔上字〕第六一八号判例

若被承继人在生前之时,与承继人家□〔先〕有嫌隙,则亲族会议亦自不能违反例文规定,无效之立继。

**● 择贤择爱**

(二)〔三〕年上字第二四二号

择继应及次第,自以服族之亲疏远近为准。而出于择贤择爱,则只以昭穆伦序不失,即不拘于亲疏远近。同一伦序之中不许以先后相争。

**● 亲族会择贤择爱**

二年九月十七日上字第一〇九号判例

被承继人及守志之妇俱已丧亡,按照现行法例,即由亲族会公议立嗣,亦非禁阻,惟是否择贤择爱之例,亦属准用,则尚属待解决之问题。

**● 未有子不得立孙**

三年二月二十日上字第七〇号判例

例载“为子立后”各条，皆以有子〔为〕前(题)〔提〕，被承继人既未有子，则嗣之说自无从成立。

**● 夭亡未婚之人不应立后**

二年上字第五八号判例

寻常夭亡未婚之人，依律实不应为之立后。

**● 待生孙之限制**

三年七月十日上字第五一一号判例

无子立嗣，自应以亲服之亲疏远近为准。若近支无人承继或不愿承继，则不能不择立远房。若族中既有昭穆相当之人，实无为父立嗣俟生孙以嗣应为立后之子之理。

**● 虚名待继**

三年四月六日上字第一八六号判例

现行法惟对于父有别子者准为虚名待继。

**● 立继待嗣不得以疏先亲**

三年四月六日上字第一八六号判例

为父立继待生孙以嗣不得以疏先亲。

**● 待生孙**

三年九月二十八日上字第八四七号判例

子婚而故、妇能孀守之独子，依律虽应为立后，而支属内若无昭穆相当可为其子立后之人，而其父又无别子者，应为其父立继，待生孙以嗣应为立后之子，亦为现行律文所明定。

**● 兼祧撤销之限制**

三年四月六日上字第一八六号判例

独子除兼祧外，不得过继他房。

**● 大宗独子兼祧小宗**

三年十二月十日上字第一七五号判例

《现行律例》固无“绝大宗以后小宗”之谓，然大宗独子兼祧小宗，则本例所不禁。

**● 还承本宗**

(三)〔二〕年上字第四八号

独子虽出承长房大宗，如合于兼祧条件，亦得还承本宗。

**● 独子承继以补充为合法**

三年十月十二日上字第八九九号判例

被承继人病没后,承继人已经入继,在当日即令果系独子,而涉讼已在次子出生后,则承继人已非复独子,其承继应次子之出生而补充为合法。

**● 妇承夫分**

三年七月二十日上字第四八四号判例

妇未改嫁,即得承受夫分。

**● 妇之私产**

三年一月二十日上字第七号判例

妇人亡故,所遗私产均归其夫承受管业。

**● 同父周亲之子出继或兼祧**

三年十二月二十九日上字第一二四九号判例

同父周亲有子主张出继,或系独子而具备法定条件主张兼祧,均为法之所许。

**● 再兼祧**

(同上)

兼祧一房之后,再行兼祧,亦非法所禁止。

**● 孀妇对于夫家财产**

三年五月十八日上字第三九号判例

孀妇对于夫家财产及原有妆奁已因改嫁而失其效力。

**●〔孀妇承继夫之财产〕**

二年上字第五〇号判例

妇人夫亡□〔无〕子,于继嗣未定前,得当然承继夫之财产。

**● 守志之妇死后立继顺序**

三年上字第三〇〇号判例

守志之妇死亡无后,应即时为之立嗣,其立继顺序即以死亡时为根据。

**● 亲族会不能概援立继之例而行使废继之权**

三年上字第二八五号〔判例〕

本院查:例载"继子不得于所后之亲,听其告官别立"是废继之原因,在现行法上本取概括主义。其原因之有无,必经裁判上之审定,而并不以其所后之亲之主持为已足。至其所后之亲故后,废继原因发生,应否由亲族会主持,现行法上并无明文,似不能概援立继之例而行废继之权。然果有重大废继原因,如其所后之亲尚在亦必从事于废继者,条理上自应认亲族会能为代请求审判衙门以裁判宣告废继。

**● 守志之妇立继权**

三年十二月十八日上字第一九八号判例

守志之妇合承夫分,有自主立□〔继〕之权。

**● 族长不得径自立继**

三年十二月十日上字第一一六〇号判例

族长或其他亲族不得守志之妇之同意而径自为其夫立继者，其所立之嗣非经守志妇之合法追认，于法当然不生效力。

**● 族长不为凭证之时**

三年十月二十日上字第九三四号判例

择继之权在守志之妇而以族长为凭证，并非谓族长即有代守志之妇择继之权。至族长意存偏向，故意不为凭证者，则得请求审判衙门代之。

**● 守志之妇指正妻而言**

三年七月二十一日上字第五五四号判例

《现行律》所谓“夫亡无子，守志之妇人”系指正妻而言，即为夫立继之权惟正妻有之。

**● 立继权何时行使**

三年五月十二〔日〕上字第三〇〇号〔判例〕

被承(无)〔继〕人之立继权应于何时行使，在被承继人固有绝对之自由。及其死亡，由守志之妇行使立继权，法文则有“须凭族长”之语，是虽无时间（如被承继人死亡时）之限制，要不能由其妇任意延宕。至守志之妇亦亡，而被承继人之直系尊属或亲族会议行使立继权，则一切立继顺序及当否问题，皆应以守志之妇死亡时为根据而解决之。

**● 守志之妇为承继人**

三年十二月十八〔日〕上字第一一九八号〔判例〕

守志之妇既无不为其夫立后之意思，自应承受其夫应继之遗产。

**● 族人不得废继**

三年三月三日上字第九九号〔判例〕

守志妇有代夫择继之权，继子一经立定，除不得于所后之亲，准由所后之亲告官别立外，断非其他族人所得干涉。

**● 妾之立继权**

三年十二月一日上字第一一九号〔判例〕

妾于家长、正妻均故后，若欲立继，亦仅能请凭亲族会议为之主持，准于议时，虽无正妻择继之全权，尚得占重要地位。

**● 亲族会议代孀守之妇立继**

三年上字第七七九号〔判例〕

孀守之妇已故，依至当之条理，其立继权自应由亲族会议代行之。

**●亲族公同保管之责任**

三年九月上字第七七〇号〔判例〕

承继人夫亡妇存者,承继财产固应由守志之妇管理。至妇亦亡者,由其适当之亲族公同保管,均不得私擅处分。一俟亲族会议依法酌定继嗣后,即行如数交出,由其承继人管业。

**●继承事件,须已或自己直系卑属依法有承继权而未抛弃者,始得告争,否则审判衙门应为驳回请求之判决。**

五年十二月十三〔日〕大理院复甘肃高审厅函 统字第五五三号〔法令解释〕

(上略)查丁之承继无效既经判决确定,自应另为丙妇之夫立嗣。惟承继事件,非自己或自己直系卑属依法有承继之权而未经抛弃者,始得告争。否则既无告争之权,而他人之承继及占有遗产是否合法可以不问,审判衙门仍应为驳回请求之判决。本院久已著为判例,祈即查照办理可也。

**●母依法管理继产**

二年五月二十四〔日〕上字第三□号判例

凡父亡,其子应继受之家产未开始承继,或遗留私产与赠与家产未经分割以前,并于未成年之子应得继产,皆由母依法管理。

**●〔族长择立并非妇人立继要件〕**

六年三月二十四日统字第五九九号法令解释

《现行律》载"妇人夫亡无子,须凭族长择立"云云,不过以其为凭证之义,并非立继行为之要件。

**●〔"嫌隙不继"的解释〕**

六年二月十八日统字第七〇九号〔法令解释〕

律载"嫌隙不继",系就被承继人或其守志之妇与应继人间之关系而言。

**●积嫌之人不能加入亲族会议**

三年八月六日上字第六一八号判例

争继积嫌之人,当然不能加入亲族会议。亲族合(负)〔员〕如有故意作难,有所希冀者,得请求审判衙门调查其(议)〔拟〕定之人合法后,即以裁判代之。

**●领受酌给财产之权限**

二年上字第六一号〔判例〕

酌分财产,凡收养三岁以下遗弃之小儿,固得有领受之权利。其为所后之亲喜悦者,无论所后之亲或存或亡,均得领受之。

**●义子不得携财产归宗**

三年五月十四〔日〕上字第三〇四号〔判例〕

所养异姓义男,虽不得立以为嗣,而无论是否三岁以下,即予收养,不得勒令归宗。不过，以自己意思情愿归宗之养子，除法律有禁止专条外，尚有不得携所分财产归宗之禁令。

**●收养弃儿**

三年二月十九日上字第六五号〔判例〕

收养遗弃小儿即从其姓者，按照《现行律》，应以三岁以下为限。

**●亲属会协议酌给**

三年四月十六〔日〕上字第二一〇号〔判例〕

被承继人已故，承继人应受财产中如何酌给异姓养子之处，得由亲属公平协议之。

**●〔同姓义子之承继有效〕**

三年上字第三一一号〔判例〕

义子如与其先祖为同姓族人，则承继自应有效。

**●义子酌给财产**

三年十月十二〔日〕上字第八九八号〔判例〕

异姓义子不得以无子遂立为嗣。惟养子与养母相依多年，本于该当事人之意思，即认为义子，亦非不□〔当〕，而另择同宗昭穆相当之人立继，其酌给财产，由养母于承继财产内自行主持。

**●义子归宗**

三年七月二十四〔日〕上字第五六七号〔判例〕

异姓义子若不为所后之亲喜悦，则所后之亲自有令其归宗之权。

**●酌给财产之条件**

元年十二月十一〔日上字〕第二一号〔判例〕

酌给财产必须具有条件，准情之所至，非得强制与嗣子均分。

**●酌给为赠予行为**

三年七月二十四〔日〕上字第五六七号〔判例〕

酌给财产，原属赠予行为。

**●异姓义子财产只能酌给非均分**

三年六月五日上字第三八〇号〔判例〕

异姓义子财产只能酌给，不能与亲生子或继子均分。

**●托孤**

二年七月五日上字第六四号〔判例〕

托孤果必限于同宗，由最后行亲权者之意思而定其效力，恒强于他人之推选行为。

## 4.64 收留迷失子女

4.64.0.1 凡收留良人家迷失道路乡贯子女，不送官司，而卖为奴婢者，徒三年；为妻、妾、子孙者，徒二年半。被卖之人不坐，给亲完聚。〇4.64.0.2 若收留在逃子女，不送官司。而卖为奴婢者，徒二年半；为妻、妾、子孙者，徒二年。被卖在逃之人，各减一等。若在逃之罪重者，自从重论。〇4.64.0.3 其自收留为奴婢、妻、妾、子孙者，罪亦如之。暂时隐藏在家〔者〕，不送官司。并处八等(罪)〔罚〕。〇4.64.0.4 若买者及牙保知情，减犯人罪一等，追价入官。不知者，俱处八等(罪)〔罚〕，追价还主。〇4.64.0.5 若冒认良人为奴婢者，(徙)〔徒〕三年；为妻、妾、子孙者，徒二年半。

**辑注** “娶逃走妇女律”，“凡娶犯罪逃走妇女为妻妾，知情者，与同罪”，又“出妻”条内，“妻妾背夫在逃，因而改嫁，窝主及知情娶者，各与同罪”，如收留在逃妇女系犯罪与背夫者，或卖人或自留为妻妾，与买者知情，又当参(议)〔拟〕从重论。

## 4.66 禁革主保里长

4.66.0.1 凡各处人民，每一百户内，议设里长一名、甲首一十名，轮年应役，催办钱粮，勾摄公事。若有妄称主保、小里长、保长、主首主管甲首。等项名色，生事扰民者，徒二年。〇4.66.0.2 其合设耆老，须于本乡年高有德、众所推服人内选充，不许罢闲(吏)吏卒及有过之人充应。违者，处六等罚；革退。当该官吏，处四等罚。若受财枉法，从重论。

## 4.67 点差狱卒

4.67.0 凡各处狱卒，于相应惯熟人内，点差应役，令人代替者，处四等罚。

## 4.69 别籍异财

4.69.0 凡祖父母、父母在，子孙别立户籍、分异财产者，处十等罚。须祖父母、父亲告乃坐。若居父母丧，而兄弟别立户籍、分异财产者，处八等罚。须期亲以上尊长亲告乃坐。或奉遗命，不在此律。

**注** 祖父母、〔父母〕在，子孙不得有私财，礼也。居丧则兄弟犹侍乎亲也，若遂别立户籍、分异财产，均为不孝，故有处十等罚、处八等罚之罪，仍令合籍共财。注曰

“须祖父母、〔父母〕亲告乃坐”，若系祖父许令分析，则祖父必不自告；曰“期亲以上尊长亲告乃坐”，若系祖父遗命分析，则尊长亦必不告，所以通人情也。告则坐〔罪〕如律，所以教人孝也。

**辑注** 别籍、异财是两项，或别籍而财未分，或异财而籍未别，并坐罪。故《唐律》云“别籍异财不相须”。

**辑注** 祖父在而别籍异财，恶其有离亲之心也。父母亡，兄弟虽许分析，然三年之丧未满而即别籍异财，恶其有(妄)〔忘〕亲之心也。亲告乃坐之。

**条 例**

4.69.(1) **一、祖父母、父母在者，子孙不许分财异居。**此谓分财异居，尚未别立户籍者。有犯，亦处十等罚。**其父母许令分析者，听。**

**大理院判例、〔解释例〕**

**● 子妇准用《现行律》关于子的规定**

三年上字第五六号〔判例〕

前清《现行律》中关于子之规定，对于子妇自应准用。

**● 裁判上之分家**

三年八月四日上字第六一六号判例

孤子之于继母，庶子之于嫡母，或孀媳之于舅姑，其情陌路，势难复合者，犹故意不许分析者，审判衙门斟酌两造情形，自可依请求以裁判代母若舅姑之许可，听其分析。

**● 分财析居**

三年二月十三〔日〕上字第五六号判例

凡未经父母允许，擅认家产为分属于一己之财产，及异居后强欲同居者，均所勿许。

**● 异居后之析产**

三年六月二日上字第三六六号判例

族人当两造同居时，如彼造果有相当财产，则此造现在之致富苟无特别原因，即(因)〔应〕认为原产所滋生，而令其子孙按股分受。倘其毫无财产，则此造先人之收养已属，自不得于此造承认给予之限度以外，更为请益。

**● 守志之妇请求析产**

二年六月十四〔日〕上字第五〇号〔判例〕

守志之妇对于承继财产即有管理之权，于必要时更有处分之权；其属于共有者，亦得依法请求分析。

**● 异财析居之限制**

(二)〔三〕年上字第三四号

应继财产自应归继之人承受。惟父亡母在者,应继之人不能反乎其母之意思,与之异财析居。

● **均分母之私产**

二年五月二十四〔日〕上字第三二号〔判例〕

母之私产,除其母得自由赠与或遗赠予他人外,母亡而后,当然归于其所生之子。若无所出,即应归于其夫之他子均分,而皆由其父管理。父死之后,若并无继母,子始得完全管理处分之。

● **兄弟析产**

三年十二月二十五〔日〕上字第一二三四号〔判例〕

兄弟分析财产,只(安)[按]人数均分,何得适用长子主祭之惯例!

● **家产不许重分**

三年九月二十四〔日〕上字第八三五号〔判例〕

分析家财,一经证实已有其事实,不问原分有无分书及是否公允,即不许当事人以重分告(事)[争]。

● **〔与亲生子或嫡子均分家产之限制〕**

二年〔上字〕第一五九号判例

得与亲生子或嫡子均分家产之限制。①

## 4.70 卑幼私擅用财

4.70.0 **凡同居卑幼,不由尊长,私擅用本家财物者,十两,处二等罚;每十两加一等,罪止十等罚。若同居尊长应分财物不均平者,罪亦如之。**

**条　例**

4.70.(1) **一、嫡庶子男,分析家财田产,不问妻、妾所生,止以子数均分。奸生之子,依子量与半分;如别无子,立应继之人为嗣,与奸生〔子〕均分;无应继之人,方许承继全分。**

4.70.(2) **一、户绝财产,果无同宗应继之人,所有亲女承受。无女者,听地方官详明上司,酌拨充公。**

**〔大理院判例、解释例〕**

● **卑幼私擅处分尊长财产**

三年八月十二日上字第六四五号判例

① 本条应为判例要旨提要,对应的判例要旨应为"据《现行律例》,得与亲生子均分家产者,只以先立之继子为限。其得与嫡子均分家产者,亦以妾所生之庶子为限。"

卑幼私擅处分尊长财产，其捐田契约为无效。

**●卑幼私擅处分父兄之财产者，无论对手人是否善意，得撤销之**

四年四月一日统字第二二八号解释

敬启者：接准贵厅函电所询各件，分别解答如下：一、查本院对于“卑幼私擅用财”条例之解释，据历来判例，凡（一）卑幼私擅处分其父兄财产者，与处分他人财产同，无论契约之相对人是否善意（即是否知情），其物权移转契约为无效（但代理关系时，不在此限。又，债权契约非无效契约，当事人仍可依债权法则办理）。（二）如父亡母存，家产已传诸其子，而其子已达成年者（《现行律例》以年十六岁为成年），无论其家财系由自己或其母管理，非得其母之同意，不得私擅处分家财。违者，其母苟未追认，有撤销之权（非当然无效）。（三）若其子年幼，应分之家财由母（母亡而另有家长、保护人时亦同）代行管理。而其子未得有其母许处分或管理及处分之财产，私擅处分时，当然可适用未成年人为负担义务行为之民事法条理办理。（四）反是，卑幼得有私财，为现行法律所不禁，除仍应适用上述第三种限制外，已达成年之子均可自由处分。（下略）

**●出继之人无权分受本支财产**

三年上字第三四四号判例

凡已出继之人，无分受本支财产之权。

**●卑幼请求分析**

三年八月四日上字第六一六号判例

祖若父就所有家财可自由处分外，其余尊长有所偏向，则卑幼据以请求分析。

**●先立之继子与庶子**

二年十一月二十九日上字第一五九号判例

据《现行律例》，得与亲生子均分家产者，只以先立之继子为限。其得与嫡子均分家产者，亦以妾所生之庶子为限。

**●分书**

三年八月三十一日上字第七二一号判例

分析家产并不以分书为要件。故苟有其他证据足以证明已经分析清楚者，断令照旧管业，不许告争。

**●私生子应继之分**

三年九月十四日上字第七七九号判例

奸生〔子〕外无应继之人，方许承继全分。

**●户绝财产之(妇)〔归〕属**

三年八月二十一日上字第六八三号判例

无应继人之户绝财产，查明属实，或归亲女承受，或酌拨充公，决非同宗之人以亲属资格即可以主张管业。

**● 亲女不得遽主张承受遗产**

三年十二月十四日上字第一一七九号判例

被承继人所遗财产,断不以亲〔女〕遽主张有承受之权。

**● 绝家**

三年八月二十一日上字第六八三号判例

户绝□〔财〕产,查明属实,或归亲女承受,或酌拨充公,决非同宗之人以亲属资格可以主张管业。①

**● 经认知之同宗奸生子,如无他应继之人,得有告争权**

五年三月十六〔日〕大理院法令解释统字第四一八号

上海地方审判厅鉴:勘电悉。据《现行律》"卑幼私擅用财"条例类推解释,经认知之同宗奸生子,如他无应继之人,亦得告争。

① 本号判例原书重复著录,不改。

# 田　宅

## 5.72 欺隐田粮

5.72.0.1 凡欺隐田粮，全不报户入册。脱漏版籍者，一应钱粮，俱被埋没，故计所隐之田，一亩至五亩，处四等罚；每五亩加一等，罪止十等罚。其脱漏之田入官，所隐税粮，依亩数、额数、年〔数〕，总约其(纳)数征纳。◯5.72.0.2 若将版籍上自己田土，移丘方圆成丘。换段、丘中所分区段。挪移起科等则，以高作下，减瞒粮额，及诡寄田粮，诡寄，谓诡寄于役过年分，并应免人户册籍。影射脱免自己之差役，并受寄者，罪亦如之。如欺隐田粮之类。其减额、诡寄之田改正，丘段收(归)〔归〕本户起科当差。◯5.72.0.3 里长知而不举，与犯人同罪。◯5.72.0.4 其还乡复业人民，丁力少而旧田多者，听从尽力耕种，报官入籍，计田纳粮当差。若多余占田而荒芜者，三亩至十亩，处三等罚；每十亩加一等，罪止八等罚；其田入官。若丁力多，而旧田少者，告官于附近荒田内，验力拨付耕种。

### 条　例

5.72.(1) 一、凡宗室置买田产，管庄人恃强不纳差粮者，该管官察实，将管庄人等比依功臣欺隐田土律问罪。宗室知而纵容者，交该衙门察议。仍追(惩)〔征〕应纳差粮。若该管官阿纵不举者，听督抚参奏，交部议处。

5.72.(2) 一、将自己田地应纳钱粮，洒派别户者，按数计赃，准枉法论。田地入官。〔其洒派〕钱粮，照年分、亩数追征，还给代纳之户。

5.72.(3) 一、各乡里书，飞洒、诡寄税粮二百石以上者，问拟流二千五百里。

5.72.(4) 一、州县征收粮米之时，预将各里、各甲花户、额数的名填定联三版串：一给纳户执照，一发经承销册，一存州县查对。按户征收，对册完纳，即行截给归农。其未经截给者，即系欠户，该印官查摘追比。若遇有粮无票、有票无粮等情，即系(书)〔胥〕吏侵蚀，严比治罪。

## 5.73 检踏灾伤田粮

5.73.0.1 凡部内有水旱霜雹及蝗蝻为害，一应灾伤应减免之田粮，有司官吏应准告而不即受理申报上司、亲行检踏，及本管上司不与委官复踏者，各处八等罚。若初、复检踏有司、承委官吏不行亲诣田所，〔及〕虽(谊)〔诣〕田所，不为用心从实检踏，止凭里长、甲首朦胧供报，中间以熟作荒、以荒作熟，增减分数，通同作弊，瞒官害民者，各处十等罚，罢职不叙。①若致枉有所征免有灾伤当免而征，曰“枉征”；无灾伤当征而免，曰“枉免”。粮数，计赃，重者坐赃论。枉有所征免粮数，自奏准后发觉，谓之“赃”，故罪重于十等罚，并坐赃论。里长、甲首，各与同罪。受财官吏、里、甲受财检踏，开报不实，以致枉有征免者，并计赃，以枉法从重论。〇5.73.0.2 其检踏官吏及里长、甲首原未受财，止失于关防，致使荒熟分数有不实者，计不实之田，十亩以下，免罪。十亩以上至二十亩，处二等罚；每二十亩加一等，罪止八等罚。官吏系公罪，俱留职役。〇5.73.0.3 若人户将成熟田地，移丘换段，冒告灾伤者，计所冒之田一亩至五亩，处四等罚；每五亩加一等，罪止十等罚。其冒免之田合纳税粮，依额数追征入官。

**条　例**

5.73.(1) 一、凡被灾地方，米船过关，果系前往售卖，免其纳税，给予印票。责令到境之日呈送该地方官钤盖印信，回空查销。如有免税米船，偷运别省，并未到被灾地方先行粜卖者，将宽免之税，加倍追出，仍照违制律治罪。

5.73.(2) 一、凡沿河沙洲地亩，被冲坍塌，即令业户报官，勘明注册。遇有淤涨，亦即报官查丈，照原报之数拨补，此外多余涨地，不许霸占。如从前未经报坍，不准拨给。至隔江远户，果系报坍有案，即将多余涨地，秉公拨补。若坍户数多，按照报坍先后，以次照拨。倘补足之外，尚有余地，许召无业穷民认垦，官给印照。仍令各属按数造报，统俟五年大丈，再行履勘，造册送部，以定升除。其报坍报涨在两县接壤之处者，委员会同两邑地方官，据实勘验，秉公拨补。如有私行霸占，将淤洲入官，该户照盗耕官田律治罪。地方官不查丈明确，以致拨补舛错，查出，照官吏不用心从实检踏律，分别议处。

5.73.(3) 一、赈济被灾饥民，以及蠲免钱粮，如有官员侵吞入己，数在一千两以

① 本句原文作“……瞒官害民者，系官罢职，吏处十等罚，仍罢役。”现据《大清现行刑律》改。

上者，照侵盗钱粮例，拟绞监候；其数逾巨万，实在情罪重大者，仍照例拟绞监候，该督抚临时酌量，具奏请旨定夺；其入己之数虽未至千两以上，而巧立名色、任意克扣，及有吏胥串弊、绅董分肥情事，即照侵盗钱粮例，加一等治罪。督、抚、司、道、府、州失于查察者，俱交部议处。

〔大理院判例、解释例〕

● (地)滨川淤〔地〕归国有

三年十二月十七日上字第一一九五号〔判例〕；又(三)〔二〕年上字第八六号

凡滨川河塌后淤复之地，除依法拨补因坍塌所失之地外，多余淤地即为官产，其业主现管四至外未坍新淤之地亦属官产。

## 5.74 功臣田土

5.74.0 凡功臣之家，除朝廷拨赐公田免纳粮当差。外，但有自置田土，从管庄人尽数报官入籍，照额一体纳粮当差。违者，计所隐之田，一亩至三亩，处六等罚；每三亩加一等，罪止徒三年；罪坐管庄之人。其田入官，仍计递年所隐粮税，依亩数、年数、额数征纳。若里长及有司官吏阿附踏勘不实，及知而不举者，与管庄人同罪；不知者，不坐。

## 5.75 盗卖田宅

5.75.0.1 凡盗他人田宅卖、将(自)己不堪田宅换易及冒认，他人田宅作自己者。若虚写价钱实立文契典买，及侵占他人田宅者，田一亩、屋一间以下，处五等罚；每田五亩、屋三间，加一等；罪止徒二年。系官田宅者，各加二等。○5.75.0.2 若强占官民山场、湖泊、茶园、芦荡，及金、银、铜、锡、铁冶者，不计亩数。流三千里。○5.75.0.3 若将互争不明及他人(因)〔田〕产，妄作己业，朦胧投献官豪势要之人，与者、受者，各徒三年。○5.75.0.4 盗卖与投献等项田产及盗卖过田价，并各项田产中递年所得花利，各应还官者还官、应给主者给主。○5.75.0.5 若功臣有犯者，照律拟罪，(禀)〔奏〕请定夺。

**辑注** “争竞不明”，即所谓“互(事)〔争〕”也。“卖过”者，虽系己业，既卖于人，即所谓“他人田产”也。民间起科，系其开垦之业；寺观田地，非僧道己物；祖坟山地，非子孙一人可专者，亦犹“他人田产”也。私捏文契，即所谓“妄作己业”也。子弟受人投献，必由家长纵容；而奸徒投献，不能自达，必有管庄人招致引进，故罪坐家长并及管庄人，亦《春秋》“诛乱贼必绝其党”之义。

**辑注** 屯田系给卫军耕种之业，各有定额，亦官田也。强占、典卖必至五十亩以上,又不纳子粒者,方依此例问发。

## 条　例

5.75.(1) 一、各省丈量田亩及抑勒首报垦田之事,永行(禁)〔停〕止。违者,以违制律论。

5.75.(2) 一、凡人民告争坟山,近年者,以印契为凭。如系远年之业,须将山地字号、亩数及库存鳞册,并完粮印串,逐一丈勘查对,果相符合,即断令管业。若查勘不符,又无完粮印串,其所执远年旧契及碑谱等项,均不得执为凭据,即将滥控侵占之人,按例治罪。

5.75.(3) 一、军民人等将争竞不明,并卖过及民间起科,僧道将寺观各田地,若子孙将公共祖坟山地,朦胧投献王府及内外官豪势要之家,私捏文契典卖者,投献之人依律问拟。其受投献家长,并管庄人,参究治罪。直隶各省空闲地土,俱听民尽力开种,照年限起科,若有占夺投献者,亦照律治罪。

5.75.(4) 一、凡子孙盗卖祖遗祀产,并义田,及历久宗祠者,俱照盗卖官田宅律定拟,罪止徒三年。知情谋买之人,各与犯人同罪。房产收回,给族长收管;卖价入官。不知者,不坐。其祀产、义田,令勒石报官,或族长自立议单公据,方准按例治罪。如无公私确据,借端生事者,照诬告律治罪。

5.75.(5) 一、凡(家奴)〔雇工〕、庄头人等,因伊主外出,私自盗卖所遗田产,至五十亩者,流三千里;不及前数者,照盗卖官田律治罪。盗卖房屋,亦照盗卖官宅律科断。谋买之人,与串通说合之中保,均与盗卖之人同罪。房产给还原主,卖价入官。其不知者,不坐。倘不肖之徒,借端讹诈,照诬告律治罪。

5.75.(6) 一、用强占种屯田,五十亩以上,不纳子粒者,照数追纳完日,照强占官民山场律,流三千里。其屯田人等,将屯田典卖与人,至五十亩以上,典主、买主各不纳子粒者,俱照前问拟。若数不满五十亩,及上纳子粒不缺,或因无人承种而侵占者,照侵占官田律治罪;典卖与人者,照盗卖官田律治罪。管屯等官,不行用心清查者,参奏,依违制律治罪。

5.75.(7) 一、凡租种山地棚民,除同在本山有业之家,公同画押出租者,山主、棚民均免治罪外;若有将公共山场,一家私召异籍之人搭棚开垦者,照盗卖官田宅律治罪,租价入官。承租之人,罪亦如之。为从,并减一等。父兄子弟同犯,仍照律罪坐尊长。族长、祠长失于查察,照不应重律科罪。至因召租、承租酿成事端,致有抢夺杀伤者,仍各从其重者论。

### 〔大理院判例、解释例〕

**● 告争坟山之要件**

三年六月十九日上字第四三七号判例

山地字号、亩数相符及持有完粮印串,为告争远年坟山必要之条件。

**● 盗卖坟地不发生效力**

三年十二月十一〔日〕上字第一二六五号〔判例〕

盗卖坟地，在民事法上所为之物权契约，当然不能发生效力。

**● 茔地典卖之限制**

三年十二月十八日上字第一二〇一号判例

公共明(茔地)〔堂〕，虽无祖先禁止典(售)〔卖〕遗训，子孙亦无有以自己名字私税新契、擅行典与他人之权。

## 5.76 典(卖)〔买〕田宅

**5.76.0.1 凡典(卖)〔买〕田宅，不税契者，处五等罚，仍追契内田宅价钱一半入官。不过割者，一亩至五亩，处四等罚；每五亩加一等，罪止十等罚。其不过割之田入官。○5.76.0.2 若将已典卖与人田宅，朦胧重复典卖者，以所得重典卖之价钱，计赃，准窃盗论，追价还后典买之主。田宅从原典买主为业。若重复典(卖)〔买〕之人及牙保知其重典卖之情者，与犯人同罪，追价入官；不知者，不坐。○5.76.0.3 其所典田宅、园林、碾磨等物，年限已满，业主备价取赎。若典主托故不肯放赎者，处四等(限)罚。〔限〕外递年所得多余花利，追征给主。仍听依原价取赎。其年限虽满，业主无力取赎者，不拘此律。**

**注** “税契”者，典(卖)〔买〕之契当报官照价纳税，印发存照也。“过割”者，典(卖)〔买〕之后当报官，彼户推出，收入此户，纳粮当差也。凡典买田宅不税契，则亏损官课，故罪轻罚重，不论多寡，止处五等罚，追田宅之价一半入官。典买田宅不过割，则混淆版籍，故罪罚皆重，计亩科罪，一亩至五亩处四等罚，至三十五亩以上罪止处十等罚，其田入官。宅则止科其罪。《笺释》谓“宅无粮差，故不言过割、不过割之罪”，非也。“典(卖)〔买〕田宅”四字总冒不税契、不过割两项而言。罪与罚，律文原是两层。论罪则承上“典(卖)〔买〕田宅”论，罚则另言。故“不税契”下亦有“田宅”二字，非但曰“价钱一半”也，“不过割”下则止曰“其田”，文义甚明。宅虽无差役，亦有地粮，岂得不过割耶！○田宅已经典卖与人，即是他人之业矣。若朦胧重复典卖，与盗何异！故以所得价钱为赃，准窃盗论。追价还后典买之主，田宅听从原典买之主管业。在重复典(卖)〔买〕之人，被其朦胧，多系不知情。若知情，则与典买者通同矣，故与同罪。牙保亦然。其价即系彼此俱罪之赃，例应入官。不知不坐。○其所典田宅、园林、碾磨等物必先议明年限，开载契中。限满后，业主备价取赎，若典主托故不放，则有占护其利之心，故处四等罚。业主既已备价，即同赎回，故限外递年所得花利，俱应追给也。业主无力取赎，则非典主之故，仍听管业，故曰“不拘此律”。

**辑注** 《笺释》谓“‘不税契’主买者言，‘不过割’主卖者言”，又云“不过割，多由卖主留根作难,故买主不坐”,非也。本律明言“典卖”,原无分别。若谓卖者留根作难,则买者何罪而受入官之罚乎?盖不税契者,虽亏课程,止损于官,其罪小;不过割者,故留粮差遗累于民,其罪大,故罪罚有轻重。律意皆指典买之人言。若有典卖者留难不放过割,自当酌拟不应,不得概引此律,将其田入官也。

**辑注** 必税契所以杜异日假捏之弊也,必过割所以清各户赋役之籍也。

**辑注** 重复典卖,犹盗卖也。而盗卖他人田宅,罪止八等罚,徒二年。此准窃盗论,则罪止十等罚,流三千里。其法反重。谓既得其价,仍夺其产,设心犹为不善,且人情易犯,故立法加严。

原典房屋契载物件,至回赎时,或有塌倒、损坏,照原价酌减。〔典〕当田房契载年限,至多以十年为率。倘多载年分,一经发觉,追交税银,照例治罪。(见《户部则例》)凡典契而原主不愿找〔赎〕、卖契而现业主不愿找贴者,均听原主别售,归还典卖本价。至典契并原卖听赎之产,现业主果有急需,原主不能回赎,亦听现业主转典。倘有冒称原主之原主,隔手告找、告赎,或原主于转典未满年限以前,强行告赎,及限满而现业主勒赎者,均治其罪。(见《户部则例》)

民人佃种旗地,地虽易主,佃户仍旧,地主不得无故夺佃争租。如佃户实系拖欠租银,仍许地主呈官另佃。或地主实欲自种,佃户虽不欠租,亦应退地。若并无前项情事,而庄头、地棍串唆夺佃、增租者,审实严加治罪。〇地主因欠租撤地或自种退地,而地内旧有佃户所建房院并葬坟占用地基,应丈明丈尺亩数,令原佃照上等地交租,地主不得勒令迁移及额外需索,违者治罪。凡佃户欲于现种纳租地内盖房、葬坟,地主允从者,听。(见《户部则例》)

**附录《大清律例汇辑便览》户律田宅门“典买田宅”条辑注**

乾隆十二年〔1747 年〕例:凡典产延烧,其年限已满者,听业主照依原价(典价)减半取赎。如年限已满而业主不能取赎,典主自为起造,加典三年。〔年〕限满足,业主仍依原价,加四取赎。

上例为典产烧毁、业主与典主负担损失之标准。大理院于三年上字第三五三号判例援用。

**〔大理院判例、解释例〕**

**● 重复典卖之归属**

三年七月二十四日上字第五七一号判例

重复典卖之田应归先买之人管业。

**● 二重买卖**

三年十月二十日上字第九三八号判例

田宅所有人以田宅为二重买卖者,最初之买卖如已合法成立,则仅最初之买主取得其田宅所有权。嗣后所缔结之买卖契约,无论其买主是否善意,要不过发生债权法上之关系。

**● 业主遵限取赎**

三年九月八日上字第七六二号判例

典主依限催赎者，自无独许业主不遵期限取赎之理。

**● 清理不动产典当办法**

民国四年〔1915 年〕十月六日司法部呈奉大总统批准公布

第一条 民间所有典卖契载不明之不动产，远至三十年以前，并未注明“回赎”字样，亦无另有佐证可以证明回赎者，即以绝产论，不准回赎。其未满三十年、契载不明之不动产，概以典产论，准其回赎。但契载(以)〔已〕明者，不在此限。

第二条 典产自立原约之日起已经过六十年者，不论其间有无加典或续典情事，概作绝产论，不许原业(之)〔主〕再行(争)告〔争〕。其未满六十年之典产，不论原典是否定有回赎期限，如未经找贴作绝，另立绝卖契据，或别经合意作绝者，仍准原业主回赎。但在本办法施行以前，典主久视典业为绝产，〔经〕业主相安无异者，或原契内载有“逾期不赎，听凭作绝”字样，业主于满期时并未依约回赎者，均以有合意作绝论。

第三条 未满六十年之典当，无论有无回赎期限及曾否加典、续典，自立约之日起算已逾三十年者，统限原业主于本办法施行后三年内回赎。如逾限不赎，只准原业主向典主告找作绝，不许告赎。其找价由双方协定。若协议未调，由审判衙门断定之。

第四条 依照本办法得以回赎之典业，或向典主告找作绝，或别卖与他人，或赎回自行管业，均听原业主自行选择，不许典主借端勒措。

第五条 凡准回赎之典业，若经典主添盖房舍、开渠筑堤及为其他永久有利于产业之投资，原业主回赎时，应听典主撤回。〔其有不能撤回〕或因撤回损其价格，或典主于撤回后无相当用途者，由双方估价，归原业主留买。若协议未调，由审判衙门断定之。

第六条 凡准回赎之田地，若经典主管领耕种满二十年，及现时(价)地〔价〕确有增涨者，原业主于回赎时，除备原典价外，应加价收赎。其增加之额，由双方协议〔定之。如协议〕未调，由审判衙门依照本办法第七条之规定〔断定〕之。其未满二十年之田地，或已满二十年之房屋，仍照原价回赎。

第七条 所有应行加价回赎之田地，得由该管地方行政长官酌量地方情形，商同司法部订定应加等差。地方情形有不同时，得分别区域定之。其未经该管行政衙门颁定应加等差以前，审判衙门除令业主备原价外，应调查原典价与现时价值相差之率，以不过该率十分之五之范围内，酌量(审)〔处〕断。田地之时价，以一年租金额二十倍为率。

第八条　嗣后民间置买产业,应仍照前清《现行律》,务须注明"绝卖"或"不准找赎"字样。如系典业,务须注明回赎年限。设定典当期间,以不过十年为限。违者,一届十年限满,(听)〔应〕准业主即时收赎。业主届限不赎,听凭典主过户投税。不满十年之典当,不□〔准〕附有到期不赎、听凭作绝之条件,违者虽经逾期,于自立约之日起十年期限内,仍准业主随时告赎。

第九条　本办法所定各节,各省已另有单行章程或习惯者,仍从其章程或习惯办理。

第十条　本办法自奉批准之日施行。司法部分咨各省巡按使、各特别行政区域都统及京兆尹饬行,各地方官出示通告,用资遵守。所有京外诉讼未结案件,自施行日起,悉依本法处断。

**条　例**

5.76.(1) **一、告争家财、田产,但系五年之上,并虽未及五年,验有亲族写立分书已定、出卖文约是实者,断令照旧管业,不许重分、再赎,告词立案不行。**

5.76.(2) **一、卖产立有绝卖文契,并未注有"找贴"字样者,概不准贴赎。如契未载"绝卖"字样,或注定年限回赎者,并听回赎。若卖主无力回赎,许凭中公估找贴一次,另立绝卖契纸。若买主不愿找贴,听其别卖,归还原价。倘已经卖绝,契载确凿,复行告找、告赎;及执产动归原先尽亲邻之说,借端掯勒,希图短价;并典限未满,而业主强赎者,俱照不应重律治罪。**

5.76.(3) **一、民间置买产业,如系典契,务于契内注明"回赎"字样;如系卖契,亦于契内注明"绝卖、永不回赎"字样。如有混行争告者,均照不应重律治罪。**

5.76.(4) **一、凡州县官征收田房税契,照征收钱粮例,别设一柜,令业户亲自赍契投税。该州县即粘司印契尾,给发收执。若业户混交匪人代投,致被假印(诳)〔诓〕骗者,照不应重律治罪,责令换契重税。倘州县官不粘司印契尾,侵税入己,照例参追。该管之道、府、直隶州知州,分别失察、徇隐,照例议处。**

**集注**　重在"契载不明"四字。谓契内既无"绝卖"字样,又无"找赎"字样,含混不明,故以三十年为断。若契载"绝卖",即不论年月久近矣。若契有"找赎"字样,即三十年以外,尚非绝业也,照例分别找赎,即前条所谓"并听回赎"及"无力回赎,公估找贴"云云也。

凡租屋失火,例不赔偿。凡典产延烧,其年限未满者,业主、典主各出一半,合起房屋,加典三年;年限满足,业主仍将原价取赎。如年限未满,〔大主〕无力合起者,典主自为起造,加典三年,年限满足,业主照依原价加四取赎;如年限未满而典主无力合起者,业主照依原价减四取赎。如年限已满者,听业主照依原价减半取赎;如年限已满而业主不能取赎,典主自为起造,加典三年,年限满足,业主仍依原价加四取赎。

活卖房屋与典产原无区别，如遇火毁，一例办理。其或被火延烧，原、业两主均无力起造，所有地基公同售价，原主将地价偿还业主三股之一。起造典屋，其高宽丈尺、工料、装修俱照原屋，以免争执。至租屋出有顶首银两，如火系租户自起，则既累业主起造，其顶首银两不应给还；如延烧者，业主起造后，或另租他人，所有顶首银两，量偿三股之一。

**〔大理院判例、解释例〕**

**●告争家财之时期**

三年二月九日上字第四七号〔判例〕

《现行律》条例于告争家财以期间之长短为区别。

理由绎释条例，于各争家财与告争田产，应别为二事。而于告争家财，则又以期间之长短为区别。(一)凡分产期间未及五年，当事人只须证明系争之物为分书上分得之分，则不问原分是否公允，相对人即无告争之余地。(二)该条例所谓“但系五年之上，不许重分”者，盖指分家无分书而以其他方法可证明有分家事实及所争财产又确曾分析者而言。此项分析财产，若经过五年，亦不许以不应分受为告争理由。

**●〔典卖产回赎适用《现行律》〕**

二年上字第二〇二号判例

回赎典卖产案适用前清《现行律》。

**●业主不得强主张加绝找贴**

三年九月八日上字第一三八号判例

典主不愿找贴、业主无力取赎者，例许其另卖归价，而不许业主强主张加绝找贴。

**●先买权人不得抑勒**

三年十月十四日上字第九一二号判例

原业主及亲邻尽先置买田宅之权，虽非不认，而借此抑勒，则禁例綦严。

**●典契并非绝卖**

三年十二月二十八日上字第一二四一号判例

典契并非卖契，立契人如能备价取赎，买主自不能以已经绝卖抗辩之理由。

**●典契之解释**

三年十二月二十二日上字第一二一九号判例

卖契之注明回赎年限者，即明系律文之所谓“典契”。

**●典当房地契约如载明回赎年限，至期业主不愿回赎，典主不愿得业时，得由典主别卖，如所得不及典价，仍可向业主补足**

四年四月一日统字第二二六号法令解释

径启者：准贵厅元字第八九四〇号函。窃查典当房地契约载明年限回赎，典限已满,标的物价额低落不及典价,业主不愿回赎,典主不愿得业,关于此项低落之损失,究应归何方负担,既无明文可为依据,尤(惯)无习〔惯〕堪以采用。惟查继续有效之《现行律例》载有"契未载'绝卖'字样或指明年限回赎者,并听回赎。若卖主无力回赎,须凭中公估找贴一次,另立绝卖契。若买主不愿找贴,听其别卖,归还原价"等语,此项例文本可通用于典当房地定期回赎之契约。但细绎"买主不愿找贴,听其别卖,归还原价"文义,只限定买主不愿找贴,始听业主别卖,责令业主归还典当原价,而于业主不希图找贴、典主不愿得业,应否责令业主别卖,至于别卖所得价额不及原典价额,是否仍责令业主于卖价之外补足原价,实未详细规定。窥立法之意,原系根诸当半之习惯,预料典物必超过典价之倍,万无典物不及原价之理,故法意只虑及此。现因时势变迁,发生此标的物陡落之事实,例文简略,实无相当之条文暂资引用。究应如何解释,未敢悬断。为此函请钧院核示遵行等因到院。本院按,《现行律例》"若买主不愿找贴,听其别卖,归还原价"之规定,于典主不愿得业时,自应准用。盖买主、典主微有不同,为不愿得业则一,故不能适用同一之规定。至别卖所得不及原价,自应责令业主补足。盖典当之标的物不过为典当之担保,不能即充典价之清偿,而令典主受意外之损失也。相应函复,贵厅查照可也。

## 5.77 盗耕种官民田

5.77.0 凡盗耕种他人田园土地者,不告田主,一亩以下,处三等罚;每五亩加一等,罪止八等罚。荒田减一等。强者,不由田主。各指熟田、荒田言。加一等。系官者,各通盗耕、强耕,荒、熟言。又加二等。仍追所得花利官田归官、民田给主。

## 5.78 荒芜田地

5.78.0 凡里长部内已入籍纳粮当差田地,无水旱灾伤之故荒芜,及应课种桑麻之类而不种者,计荒芜不种之田地,俱以十分为率,一分,处二等罚;每一分加一等,罪止八等罚。县官各减里长罪二等。长官为首,一分减尽无科。二分方处一等罚。加至六等罚罪止。佐职为从。又减长官一等。二分者减尽无科。三分者方处一等罚。加至五等罚罪止。人户亦计荒芜田地,及不种桑麻之类,就本户田地,以五分为率,一分,处二等罚;每一分加一等;追征合纳税粮还官。应课种桑枣、黄麻、(苧)〔苎〕麻、棉花、蓝靛、红花之类,各随乡土所宜种植。

## 5.79 弃毁器物稼穑等

5.79.0.1 凡故意弃毁人器物,及毁伐树木稼穑者,计所弃毁之物,即为赃,准窃盗论。

照窃盗定罪。罪止流三千里。官物加准窃盗赃上二等。若遗失及误毁官物者，各于官物加二等上减三等。凡弃毁、遗失、误毁，并验数追偿。还官给主。若遗失、误毁私物者，偿而不坐罪。〇5.79.0.2若毁人坟茔内碑碣、石兽者，处八等罚。毁人神主者，处九等罚。若毁损人房屋、墙垣之类者，计合用修造雇工钱，坐赃论。一两以下，处二等罚。罪止徒三年。各令修立。官屋加二等。误毁者，但令修立，不坐罪。

## 5.80 擅食田园瓜果

5.80.0 凡于他人田园，擅食瓜果之类，坐赃论。计所食之物价，一两以下，处一等罚；二两(二)处〔二〕等罚；计两加等，罪止徒一年。弃毁者，罪亦如之。其擅将挟去及食，之者。系官田园瓜果，若官造酒食者，加二等。照擅食他人罪，加二等。主守之人给与，及知而不举者，与同罪。若主守私自将去者，并以监守自盗论。至四十两，间杂犯，准徒五年。

## 5.81 私借官车船

5.81.0 凡监临主守将系官车船、店舍、碾磨之类，私自借用，或转借与人，及借之者，各处五等罚。验日，追雇赁钱入官。不得过本价。若计雇赁钱，重于五等罚者，各坐赃论，加一等。

# 婚 姻

## 6.82 男女婚姻

6.82.0.1 凡男女定婚之初，若或有残废或疾病、老幼、庶出、过房、同宗。乞养、异姓。者，务要两家明白通知，各从所愿，不愿即止，愿者同媒妁。写立婚书，依礼聘嫁。若许嫁女已报婚书，及有私约，谓先已知夫身残疾、老幼、庶养之类。而辄悔者，女家主婚人处五等罚；其女归本夫。虽无婚书，但曾受聘财者，亦是。〇6.82.0.2 若再许他人，未成婚者，女家主婚人处七等罚；已成婚者，处八等罚。后定娶者男家知情，主婚人与女家同罪，财礼入官；不知者，不坐，追还财礼。给后定娶之人。女归前夫。前夫不愿者，倍追财礼给还，其女仍从后夫。男家悔而再聘者，罪亦如之，仍令娶前女，后聘听其别嫁。不追财礼。〇6.82.0.3 其未成婚男女，有犯奸盗者，男子有犯，听女别嫁；女子有犯，听男别娶。如定婚，未曾过门，私下奸通，男、女各处十等罚，免其离异。不用此律。〇6.82.0.4 若为婚而女家妄冒者，主婚人处八等罚，谓如女有残疾，却令姊妹妄冒相见，后却以残疾女成婚之类。追还财礼。男家妄冒者，加一等，谓如与亲男定婚，却与义男成婚；又如男有残疾，却令弟兄妄冒相见，后却以残疾男成婚之类。不追财礼。未成婚者，仍依原定。所妄冒相见之无疾兄弟、姊妹及亲生之子为婚，如妄冒相见男女先已聘许他人，或已经配有室家者，不在仍依原定之限。已成婚者，离异。〇6.82.0.5 其应为婚者，虽已纳聘财，期约未至，而男家强(取)〔娶〕，及期约已至，而女家故违期者，男、女主婚人，并处五等罚。〇6.82.0.6 若卑幼或仕宦或买卖在外，其祖父母、父母及伯叔父母、姑、兄姊，自卑幼出外之后为定婚，而卑幼不知。自娶妻，已成婚者，仍旧为婚。尊长所定之女，听其别嫁。未成婚者，从尊长所定。自定者，从其别嫁。违者，处八等罚。仍改正。

**注** 男女为婚,必须两家情愿。残疾则非完人,老幼则年不相称,俱非人情所愿。庶出则妾婢所生子也,过继则本宗别房子也,乞养则异姓义子也,虽与残疾老幼不同,终与嫡子、亲子有异,男女或亦有不愿者。定婚之初,如有上项,不许隐瞒,务要男女两家明白通知,各从所愿,写立婚书,依礼娶嫁。此残疾等项,定婚之法也。若女家已经许嫁,或报过婚书,或立有私约,或曾受聘财,而辄悔者,处五等罚,仍令为婚。此言但悔而未再许他人者也。○虽有悔婚之心,尚未再许或犹未定也,若再许他人,则其盟已悖而悔心决矣。虽有再许之事,尚未成婚,则犹可改也。若已成婚,则其身已失而悔事成矣。故分处七等罚、处八等罚,坐罪有差也。其后为婚之男家,若知其悔婚之情,定而未成婚者,亦处七等罚;娶而已成婚者,亦处八等罚,其罪同也。财礼即系彼此俱罪之赃,故入官。不知者不论,已、未成婚,皆不坐罪,追还财礼。女虽已嫁,仍归前夫。前夫不愿娶者,照原定财礼加倍追还,其女仍从后夫完聚。以上皆言女家悔婚及后定娶人之罪也。若男家悔者,罪亦如之。此“悔”字包再定、娶在内。悔者亦处五等罚,再定他人女亦处七等罚,已娶成婚亦处八等罚。其罪不在女家,故不追财礼。本律不言发落之事,注内补出,仍令娶前女,后聘听其别嫁。然止曰“后聘”,不曰“已娶”,与前注“后定娶”不同,则止指未成婚者言也。若已成婚,难以断离,仍娶前女。盖女家悔而再许已成婚者,其女前夫不愿,听从后夫。此男家后娶之女既已失身,无所归着,其事不同也。若必离异别嫁,不惟非人情,亦非律意矣。未成婚,则断娶原聘,听后聘者另嫁;已成婚,则断与后娶完聚,听原聘者另嫁,俱不追财礼,则情法两尽矣。○其婚姻已定、尚未成婚之男女,有犯奸、盗者,各听别娶别嫁,不在无故悔婚之限,故曰“不用此律”。盖奸、盗系不齿于人之事,非残疾等项之比也。○(冒)妄〔冒〕者,假借欺诳之谓。冒妄之情不一,注但举一二端以例,余可类推,非必如注所云始为妄冒也。男女同一妄冒,(如)女家处八等罚,男家加一等者,女虽妄冒,其男可以再娶,男若妄冒,其女遂致失身,情更重也。其财礼一追还一不追者,女家得受财礼,而男家受诳自应追还,女家受诳自不追还也。未成婚者,减已成婚罪五等,仍依原定,即与(冒)妄〔冒〕相见之人为婚,从所愿也。其男女或(以)〔已〕聘(取)〔娶〕,自听别为婚配,故注曰“不在仍依原定之限”。已成婚者离异,不得因已成婚即听完聚,而遂好为之愿。若女子不愿别嫁,亦应免其离异。○男女既无妄冒等故,(干)〔于〕律亦无违戾之处,其应为婚者,虽已纳过聘财,而男可娶、女可嫁,自有其期。原经约定,若期未至而强娶,期已至而故违,主婚人并处五等罚。○卑幼婚姻必由祖父、尊长为主。若卑幼出外之后,尊长为之定婚,而卑幼在外不知,自又定娶,已成婚则不可改矣,故仍旧为婚;未成婚则自应从尊长所定者为婚,违者处八等罚。若祖父(母)、尊长出外,卑幼在家,两有聘定者,亦依此断。律文简严,义可互见也。

**辑注** 婚姻适两家之好,必从所愿。男女有残疾等项,若不通知而隐瞒为婚者,即同妄冒矣。因此而悔婚者,不在此限。其不通知者,照妄冒科断。

**辑注** 按《周礼》有媒氏以司婚姻之事。古制男女定婚后,即〔立〕婚(立)书报于所司,其不报者,即私约也。今不行此法。解者谓,有媒(人)〔妁〕通报写立者为婚书,无媒妁私下议约者为私约。

**辑注** 聘财不拘轻重,但同媒妁言明、纳送礼仪者方是。若相见为贽之物,如巾帕之类,不得即为聘财。

**辑注** "依礼聘嫁"以上兼男女两家言,谓"有残疾"等项者,必须如此也。"若许嫁女"以下,乃泛言女家悔婚之事,非止承上文而言也。

**辑注** 女归前夫,前夫不愿,其女即从后夫,此指已成婚者言之。若未成婚,不得听其不愿,而即断从后夫也。悔由主婚,女固无罪,既已失身于后,不得复归于前。若再离异,使无所归矣。听从后夫,所以全其节也。

**辑注** 男家悔者,罪亦如之,不追财礼。注曰"仍令(取)〔娶〕前女"云云,乃一定之法。〔若〕其中有情事不同者,亦当分别断之。如男家虽悔犹未再聘,断其婚娶不待言矣。若已再聘他人,原聘女家仍愿为婚,则断娶原聘之女;不愿为婚,则断娶后聘之女。男家既已悔婚,女家又复不愿,强之使合,非人情矣。至于已成婚者,自不得断离复娶。盖原聘之女尚是完人,可以另嫁,后娶之女既已失身,难以别配,与女家悔者自不同也。故本律但云"不追财礼",谓其罪独在男家,或应娶原聘,则不追后聘之财礼;或听婚后聘,则不追原聘之财礼也。其后许婚之女家,亦与后定娶之男家不同。律不言知情不知情之法则,概勿论矣。若亦曰"后许婚者知情,亦同罪,财礼入官",则何止言不追财礼乎!

**辑注** 犯奸盗者,男止言盗,女兼奸盗。或曰"奸盗分贴男女,女止言奸",非也。后"出妻"条"七出"内,盗居其一,已娶尚应出,况未成婚者乎!然律止称"奸盗",若犯别罪,不在此限。

**辑注** 妄冒者,注内独指以人妄冒之事为例,以后有"仍依原定"之法也。然亦有不以人妄冒者,如本尚幼小而诈言长,本已老迈而假言壮,本有隐疾而讳言无,及系庶、养、过房之子而指为亲子、嫡子之类,亦是。即以本人妄冒与指他人妄冒,其情一也。

**辑注** 婚姻当正。其始妄冒相见之人,亦属非正,何以未成婚者,仍依原定?盖在此虽为妄冒,在彼实愿为婚,乃不正中之正也。

**辑注** "仍依原定"谓曾相见之人,男女情愿也。若妄冒之人,除女已聘、男有室者外,或非本家男女,其门第不同、贫富各异,有不情愿者,亦当听之,不得据此强断也。

**辑注** 律不(曰)〔言〕妄冒相见人之罪,以事由主婚,罪当独坐,应勿论也。

**辑注** 祖父母、父母及伯叔父母、姑、兄姊、外祖父母,皆应主婚之人也。若其余尊长亲属,不在此限。

**辑注** 已受聘未娶之女与夫亲属犯奸,应依凡论。或谓“即依亲属者”,非也。礼必成〔婚〕,庙(婚)见之后,始得称妇。未成婚者,固不得以妇道责之也。

**辑注** 媒人知男女残疾等项,不通知明白,及知妄冒之情者,照(依)〔后〕嫁娶违律法各减犯人罪一等。不知不坐。

《据会》云:“官职定妻,女家悔嫁他人已婚,止倍追财礼,女从后夫,以封诰不加于再醮之妇也”。又曰:“媒人同去抢夺,方问充军。”

祖父母、父母在两处,各不知情,而两许其女,当从先许者。后许之家,听其别娶。若后许已成婚者,则当从后。可比依卑幼在外律。

**辑注** 余亲当仅伯叔、父母、姑、兄姊、外祖父母,如无,则从余亲尊长。其卑幼不得为尊长主婚也。

**〔大理院判例、解释例〕**

**●《现行律》婚姻门所称“疾病”,以生活上有碍或常情所厌恶而不易治疗者为限;至“残废”,系指五官、四肢、阴阳之机能有一失其作用者而言**

四年八月九日统字第三一二号法令解释

径复者:准贵厅第五十号函开。查与国体并无抵触、继续有效之前清《现行律》关于婚姻门内载“男女定婚之初,若有残疾”等语,“若”字下律注加“或”字、“残”字之下律注加“(非)〔废〕或”二字、“疾”字之下律注加一“病”字,合律注而言,适成“若或有残废或疾病”□□〔一语〕,据律文解释,“疾病”二字当然指残废以外之疾病而言,但“疾病”二字包括甚广,究以何种疾病为限并达于如何程度为标准?如花柳、梅毒、肺痨是否可认为本律所称“疾病”之一种?又外国名为精神病及白痴是否即中国所谓癫狂、痴□〔騃〕之类?此种精神病是否包含于本律所称“疾病”之中?又本律“残废”二字,如生殖机能有窒碍失其效力时,又如身体有《暂行刑律》第八十八条“笃疾”所列各款、“残废”所列第一至第四各款时,是否亦包含于本律“残废”之内?统乞解释示遵等因前来。本院按:该律称“疾病”者,谓依现在医术其程度达于不易治疗而于生活上有碍或为常情所厌恶之疾病。如于定婚之初,不将其通知,得彼造之情愿,应准解约。至“残废”二字,指人五官、四肢、阴阳之机能有一失其作用者而言,与《刑律》第八十八条“笃疾”、“废疾”之范围不能尽同。相应函复,贵厅查照可也。

**●〔定婚后发生残疾亦应通知;如相对人不愿,应许解约〕**

六年三月七日统字第五八八号法令解释

定婚后,女患疯癫重病,可查照判例〔四年〕上字第二三五七号办理。

**●天阉系属残疾,如定婚时未明言者,当准其离异**

四年四月二十日法令解释统字第二三二号

《现行律例》"男女婚姻"条载"男女定婚,若有残疾,务要明白通知,各从所愿",又"妄冒,已成婚者,离异"各等语,天阉系属残疾,其初若未通知,自应准其离异。

**● 离婚条件**

三年九月十日上字第七六五号〔判例〕

离婚涉讼,同二二二号(同旨)。①

**● 离婚之制本为现行法律所认,惟须具一定条件者,始予许可②**

三年上字第三七二号判例

定婚须有婚帖或曾授受财礼,始为有效。

**● 夫妇离异其子女原则上应从父,但特别约定者,亦得从母**

四年三月三十一日统字第二二五号法令解释

夫妇离异,其亲生或抱养子女,原则应从父。但有特别约定时,亦得从母。不能听子女自愿。

**●〔女臂受伤不能为解约原因〕**

三年上字第一七七号判例

女臂受伤,在定婚后及女家故违期约者,不能为解约之原因。

**●〔智识不完全不为离婚理由〕**

二年上字第三号判例

请求离异婚姻,不能以智识不完全为唯一之理由。

**● 再许婚**

三年九月廿五日上字第八三八号判例

凡女子已与人定婚而再许他人者,无论已成婚与未成婚,及后定娶者知情与不知情,其女应归前夫。

**● 抑勒童养媳卖娼,准其离异**

四年十月二日统字第三五八号法令解释

查抑勒妻妾与人通奸,准其离异,律有明文,于童养媳自应准用。

**●〔和同被人鸡奸可为解除婚约原因〕**

六年四月十四日统字第六〇九号法令解释

和同被人鸡奸者,可为解除婚约之原因。

**● 未成婚男子有犯奸盗者,应许其妻悔婚另嫁**

---

① 查未见文号为"二二二号"相关之判例、解释例,或为前段统字第二三二号解释例之误。另查,三年上字第七六五号判例要旨为:"离婚之制,本为现行法律所认,惟许具备一定条件者,始予许可。"

② 查未见"三年上字第三七二号判例";本条提要更符合三年上字第七六五号判例。另,大理院统字第三七二号解释例亦有相符之处,该解释例末段云:"至其婚姻,苟具备法定要件,即属有效。与管理财产与否,毫无关系。"而本条内容所谓"定婚须有婚帖或曾授受财礼,始为有效",则系三年上字第五四七号判例内容。

五年九月四日统字第四八三号〔法令解释〕

查悔婚再许,《现行律》“男女婚(约)〔姻〕”门本有禁止明文,第未成婚男子有犯奸盗者,听女别嫁。此案丙既因犯窃盗被处徒刑,其已聘之甲女,自应许其悔婚另嫁。

**●纳妾为法所许,不能以未婚前纳妾持为解除婚约之原因**

五年十二月二十九〔日〕大理院复四川高等分厅电,统字第五五九号〔法令解释〕

四川高等审判分厅鉴:青电悉。查纳妾既为法所许,自不能以未婚纳妾持为解除婚约之原因。

**●离婚后子女之监护**

三年五月十九日上字第三二四号〔判例〕

夫妇离婚时,得以协议定子女之监护方法。如未有协议时,则应由其父任监护之责。夫妇未离婚,关于其子女之监护已有合议之订定或已有裁判上选定监护人者,则自不能以前例论。

**●妾被废时子女之监护**

三年五月四日上字第二六九号〔判例〕

妾生子女,当妾被废,去其父家时,除其父仍委令监护者外,当然应由其父监护。惟其亲生母(出母)子之关系固不能认为全绝,即其父亦断不能无故加以禁阻,令其永远勿能顾问。

**条 例**

6.82.(1) **一、男女婚姻各有其时,或有指腹、割衫襟为亲者,并行禁止。**

6.82.(2) **一、嫁娶皆由祖父母、父母主婚。祖父母、父母俱无者,从余亲主婚。其夫亡携女适人者,其女从母主婚。〔若〕已定婚未及成亲,而男女或有身故者,不追财礼。**

6.82.(3) **一、招婿须凭媒妁,明立婚书,开写养老或出舍年限。止有一子者,不许出赘。其招婿养老者,仍立同宗应继者一人,承奉祭祀,家产均分。如未立继身死,从族长依例议立。**

6.82.(4) **一、凡女家悔盟另许,男家不告官司强抢者,照强娶律减二等。〔其〕告官断归前夫,而女家与后夫夺回者,照抢夺律,徒三年。**

**〔大理院判例、解释例〕**

**●〔未生子不许先行抱媳〕**

三年上字第一二一号判例

未生子前先行抱媳,法所不许。

**●定婚无效**

三年三月十二日上字第一二一号判例

生子以前先行抱媳,此等婚姻预约,法律上自始不能有效。

**●〔父母为子女定婚无须本人同意〕**

大理院判例〔三年上字第四三二号〕

父母为子女定婚,不得本人同意,亦为有效。

**●凡未经过合法之婚姻仪式,法律上不受其拘束**

四年二月一日统字第二〇七号法令解释

法律认为,无效之法律行为自无拘束当事人之效力。甲妇与乙男既无合法之婚约,法律上当然不受其拘束,故其现在拒绝与乙为婚,自无不可。

**●随母改嫁女〔之〕主婚人**

三年六月十九〔日〕上字第四三二号判例

父亡随母改嫁抚育之女,应由其生母主婚。

**●独子不得出赘**

三年十月二十三日上字第九四八号判例

入赘人之父母只有一子,则虽具备法律条件,仍不得认为有效。

**●赘婿**

三年九月十五日上字第七八七号〔判例〕

养老赘婿不得承继宗祧。

**●不能以族长资格主张立嗣**

二年九月十七日上字第一〇九号判例

承继律上不能以族长之资格主张立嗣,不过召集亲族会议成立,然亦须依据法定顺序。

**●〔后夫对于前夫之母仍为姑媳关系〕**

五年十二月七日大理院复广东高等审判厅电,统字第五五〇号〔法令解释〕

寡妇招赘,后夫对于前夫之母仍为姑媳关系。

## 6.83 典雇妻女

6.83.0.1 凡将妻妾受财立约出典、验日暂雇与人为妻妾者,本夫处八等罚;典、雇女者,父处六等罚;妇女不坐。○6.83.0.2 若将妻妾妄作姊妹嫁人者,处十等罚;妻妾处八等罚。○6.83.0.3 知而典、娶者,各与同罪,并离异,女给亲,妻妾归宗。财礼入官。不知者不坐,追还财礼。仍离异。

**注** 以价易去,约限赎回,曰"典",此仍还原价者,如典田宅之类也。计日受值,期满听归,曰"雇",此不还原价者,如雇佣工之类也。本夫将妻妾典雇与人为妻妾,己则无耻,而驱之失节,实败伦伤化之甚者,故处八等罚。父母典雇女与人为妻妾者，处六等罚。虽陷其女失身，而天性至重，不得与夫之妻妾同也，故轻二等。专制在本夫、父母，非妇女之所得已，故不坐罪。〇若将妻妾妄作姊妹嫁人，既失人道之正，兼有欺骗之情，重于典、雇，故处十等罚。妻妾亦处八等罚者，为其同情欺罔，甘心失节也。〇其典雇人之妻妾与女者，及知人以妻妾妄作姊妹之情而娶为妻妾者，各与同罪；典雇人妻妾同。本夫处八等罚，典雇人女同其父母处六等罚。娶人妄(诈)〔作〕姊妹之妻妾同本夫处十等罚，并离异。不但典雇与娶之人应离异，而典雇与嫁之本夫亦不得完聚，女给亲，妻妾归宗。如女已许聘，应归原夫。原夫不愿娶者，听别嫁。若妻妾，则本夫义绝，故不得复令完聚。原典雇与嫁之财礼入官。其娶者，不知情不坐，追还财礼。典雇原无妄冒之情，应无不知之理，盖典雇以为妻妾，即属违例之事，应同犯人之罪，与知情娶者不同。本文虽冠“知”字于上，典、娶并言，而知不知则止指娶者言，典无不知可言也。典雇之价，亦称“财礼”者，典雇以为妻妾，亦即财礼也。

**辑注** 妇人义当从一而终，和同本夫妄作姊妹嫁人，则夫妇之伦已灭绝矣。后夫不能正其始，前夫不能正其终，故并离异。至于典雇者，妻妾虽无罪，而忽去忽来，犹得称夫妇之正乎！故亦离异。

**辑注** 必立契受财，典雇与人为妻妾者，方坐此律。今之贫民将妻女典雇与人服役者甚多，不在此限。

**〔大理院判例、解释例〕**

**● 价卖为娼**

三年六月十九日上字第四三三号〔判例〕

本夫抑勒其妻价卖为娼者，自在应离之列。即图卖未成，确有证据者，亦为义绝，自可据以离异。

**条 例**

**6.83.(1) 一、将妻妾作姊妹，及将亲女并姊妹嫁卖与人作妻妾、使女名色，骗财之后，设词托故，公然领去者，照本律加一等，徒一年，赃罪重者，仍(照)〔从〕重论；若瞰起程，中途聚众行凶，邀抢人财者，除实犯死罪外，余俱流二千五百里。媒人同谋邀抢者，罪同。**

## 6.84 妻妾失序

**6.84.0.1 凡以妻为妾者，处十等罚。妻在，以妾为妻者，处九等罚，并改正。〇6.84.0.2 若有妻更娶妻者，亦处九等罚，后娶之妻离异。归宗。**

**注** 妻(在)〔者〕，齐也，与夫齐体之人也；妾者，(接)〔接〕也，仅得与夫接见而已。贵贱有分，不可紊也。以妻为妾，则压贵为贱；以妾为妻，则升贱为贵，皆悖伦蔑礼之事，故处十等罚、九等罚之罪。“妻在”云者，谓妻尚在而复以妾为妻，所以别于妻亡者也,(故)〔并〕改正。○有妻更娶妻,并耦匹嫡,有乖正义,故亦处九等罚,后娶之妻离异归宗。

**辑注** 以妻为妾,则贱辱之矣。其义虽绝,其恩未离,故仍改正而已。

**辑注** 妻在以妾为妻,是妻仍为妻也,故比以妻为妾之罪稍轻。有妻而更娶妻,与妻在以妾为妻,其情同也,故其罪亦同。

**〔大理院判例、解释例〕**

**● 前清时因兼祧双娶,后(妻)〔娶〕之妻应认为妾**

五年四月十二日大理院法令解释,统字第四二八号

兼祧后娶之妻应认为妾。

**● 妾无废继立继之权**

三年八月四日上字第六一〇号〔判例〕

妾未取得妻之身分,即不得谓为继子所后之亲,实无立继废继之权。纵使有亲族等扶为正妻之事,在《现行律》上不能发生效力。

**● 守志之妇指正妻而言**

三年七月二十一日上字第五五四号〔判例〕

《现行律》所谓"夫亡无子,守志之妇人"系指正妻而言,即为夫立继之权惟正妻有之。

**● 后娶之妻不得承受夫分**

二年九月三日上字第一〇〇号判例

后娶之妻应离异归宗,并不能取得妻之身分,即不能有承受夫分及择立继嗣之权。

**●〔误以前妻死亡再娶,后娶之婚姻应准撤销〕**

六年四月二十八日统字第六一七号法令解释

误以前妻为死亡再娶者,虽不成立重婚罪,但后娶者应准其请求予以撤销。惟后娶者自愿为妾,亦可准许。

**● 以妾为妻,如妻已亡者,本为律所认许,且仅须行为,并不拘于形式**

六年五月一日统字第六二四号法令解释

径启者:接贵厅六年〔1917 年〕函字第五零四号函开。案据道县知事余文鹄电称,有以妾升妻一案。妻及长子早死,妾生子女且有德,愿夫升正。查与该族谱例相合,可否婚姻自由,任取习惯,悬案待决,乞电示遵等情。据此事关解释法律,敝厅未敢擅专,相应函请查核见复,以便转令遵照等因到院。查前清《现行律》中现在继续有效之部分关于定婚等项,曾经明晰规定,限制綦严,而"妻妾失序"门内复称"妻在以妾为妻者,处九等罚,并改正"等语,则该律关系认许以妾为妻,不过对于妻在时为此项行为者,乃加禁止,认其无效。至以妾为妻,除成婚时应守各律条亦应遵守外,关于定婚专有之律例自不适用,故仅须有行为,并不拘于形式。相应函复,即希转饬

查照可也。此致。

## 6.85 逐婿嫁女

6.85.0 **凡逐已入赘之婿嫁女，或再招婿者，处十等罚，其女不坐。如招赘之女，通同父母，逐婿改嫁者，亦处十等罚。后婚男家知而娶或后赘者，同罪。未成婚者，各减五等，财礼入官。不知者，亦不坐。其女断付前夫，出居完聚。**

**注** 此条指入赘之婿言。谓无故逐离赘婿，或将女另嫁他人，或再招他人为婿者，并处十等罚。其女不坐，谓事由父母专制，非其罪也。若女通同父母以逐婿改嫁者，则其情重，亦处满罚，终以其父母为主也。至后为婚之男家知有逐婿之情而娶者，同处十等罚；不知者不坐。其女断付前夫，听其出居完聚。翁婿之义虽绝，夫妇之恩未离也。

**辑注** 曰“嫁女”，曰“再招婿”，则但逐婿而其女未许嫁、未再招者，当酌科不应，不在此限。

## 6.86 居丧嫁娶

6.86.0.1 **凡男女居父母及妻、妾居夫丧，而身自主婚嫁娶者，处十等罚；若男子居父母丧而娶妾，妻、居夫丧。女居父母丧，而嫁人为妾者，各减二等；若命妇夫亡，虽服满。再嫁者，罪亦如之，亦如凡妇居丧嫁人者拟断。追夺，敕诰。并离异。知系居丧及命妇而共为婚姻者，主婚人各减五等。财礼入官。不知者，不坐。仍离异，追财礼。若居祖父母、伯叔父母、姑、兄姊丧，除承重孙外。而嫁娶者，处八等罚，不离异。妾不坐。○6.86.0.2 若居父母、舅姑及夫丧，而与应嫁娶人主婚者，处八等罚。○6.86.0.3 其夫丧服满，妻妾果愿守志，而女之祖父母、父母，及夫家之祖父母、父母强嫁之者，处八等罚。期亲加一等，大功以下又加一等。妇人及娶者，俱不坐。未成婚者，追归前夫之家，听从守志，追还财礼。已成婚者，给与完聚，财礼入官。**

**〔大理院判例、解释例〕**

**● 居丧嫁娶及出妻、义绝各问题之解释**

六年一月三十一日统字第五六七号法令解释

查《现行律》丧服制度既未废止，则该律居丧嫁娶之规定自应继续有效。惟此等公益规定，自非私人所能借以告争，审判衙门亦不能径行干涉。

**条 例**

6.86.(1) 一、孀妇自愿守志，其期亲以下卑幼，谋占资财，贪图聘礼，用强抢卖尊属、尊长，已成婚者，均拟绞监候。以本妇服制为断。非孀妇亦同。如系祖父母、父母，夫之祖父母、父母，图财抢嫁，照强嫁本律加一等定拟；有服尊属、尊长，照强嫁本律加二等定拟。未成婚者，各减已成婚一等。若中途夺回，及娶主自行送回，未被奸污者，均以未成婚论。如并非为图财、图产起见，但因家贫不能养赡，或虑不能终守，辄行强嫁者，祖父母、父母，夫之祖父母、父母，及亲属人等，仍照强嫁本律治罪。倘妇女不甘失节，因而自尽者，不论已、未被污，系图财案内，期亲以下卑幼，均仍拟绞监候；系强嫁案内，缌麻卑幼，流三千里；小功卑幼，发极边足四千里安置；大功卑幼，发烟瘴地方安置；期亲卑幼，拟绞监候；祖父母、父母，夫之祖父母、父母，照强嫁本律加二等问拟；有服尊属、尊长，照强嫁本律加三等问拟。娶主知情同抢者，减正犯罪一等；不知者，不坐。若亲属别无主令改嫁之人，而用强求娶，逼受聘财，致令自尽者，流二千五百里，仍追埋葬银两。其因强抢而取去财物，及杀伤人者，各照本律例，从其重者论。

6.86.(2)一、孀妇自愿改嫁，由夫家祖父母、父母主婚；如夫家无祖父母、父母，但有余亲，即由母家祖父母、父母主婚；如母家亦无祖父母、父母，仍由夫家余亲主婚。倘夫家主婚受财，而母家统众强夺；及夫家并无例应主婚之人，母家主婚改嫁，而夫家疏远亲属强夺者，均处八等罚。

〔大理院判例、解释例〕

**●孀妇有子招夫，仍有代理其子管理财产之权**

四年十二月二十日统字第三七二号法令解释

本院按：妇人夫亡有子，为养子招夫者，如系得夫亲同意，对于夫家，虽因再醮而断绝关系，而对于其子仍可认为夫亲所设定之监护人，自有代理其子管理财产之权。如无子而招夫者，关于前夫家之财产，自应由夫家作主，该妇人自不能再行干涉。至其婚姻，苟具备法定要件，即属有效，与管理财产与否毫无关系。

**●孀妇改嫁**

三年九月十一日上字第七七二号判例

孀妇自愿改嫁，翁姑主婚受财。

**●孀妇改嫁之主婚权，以律内夫族服图内之尊亲为限。至童养媳未成亲而夫死，其择配权亦准此**

四年五月二十六日统字第二五三号法令解释

查律例所谓“夫家余亲”者，系以该律“妻为夫族服图”内之尊亲为限，服外族曾祖当然不包含在内。孀妇夫家既无余亲，推亲亲之义，母家胞婶，服图大功，由其主婚，自属允当。童养媳未及成亲而夫死，虽与孀妇改嫁有别，然关于主婚权，自以准用该条例为宜。但已解除关系回归母家者，不在此限。至养女、抱养当事人间，并无特别意思表示者，应由养父母主婚。苟无特别情事，自无本生母家容喙之余地。

**●婚姻须重当事人意思**

四年十二月二日大理院复河南高审厅，统字第三七一号〔法令解释〕

径复者:准贵厅函开。径启者:今有某甲有二女。长女嫁某乙为妻,次女现年二十一岁,尚未许人。长女适乙后生有二子,乙因时常外出,即与其妻寄住甲家。乙妻临终,□〔虑〕二子年幼,托甲次女(招)〔照〕顾。乙于妻故后,即自回籍,其二子仍留甲家,由甲次女为抚养。乙感其抚养之义,央媒乞续弦于甲。甲次女亦颇情愿,私自达意于父,甲固拒之,亟将次女另许于丙。甲次女虑其志之终不能遂也,乃携乙二子逃于乙家,因此涉讼。经人调处,某丙始愿退婚,旋即反悔,而甲坚执不可,当庭愿将次女领回,听其一死,再三开导,牢不可破。而甲次女谓先以私就某乙,必欲从一而终。欲重父命,则恐因伤节以轻生;若竟遂女志,又虑与社会心理不合。现当新旧法律过渡之时,应如何依据,以求适当,贵院有统一解释法律之权,敬祈从速核示等因前来。本院查民法原则,婚姻须得当事人之同意,现行法律虽无明文规定,第孀妇改嫁须由自愿,则室女亦可类推。以定律言,婚姻固宜听从亲命,然苟乖乎礼教,背乎人情,审判衙门仍有裁判之权。此案甲之次女就乙,系因伊姊临终嘱托抚养二子,与苟合不同,甲坚执欲夺其志,另许于丙,殊无理由。女子以名节为重,应仍令归乙,以符从一之义。此复。

●〔**夫亡再嫁,前夫财产及妆奁归前夫之家所有**〕

三年上字第三一九号判例

夫亡再嫁,对于前夫财产及原有之妆奁,概归前夫之家所有,不得自行处分。

## 6.87 父母囚禁嫁娶

6.87.0 **凡祖父母、父母犯死罪被囚禁,而子孙自嫁娶者,处八等罚。若男娶妾、女嫁人为妾者,减二等。其奉囚禁祖父母、父母命而嫁女、娶妻者,不坐,亦不得筵宴。违者,依父母囚禁筵宴律,处八等罚。**

## 6.88 尊卑为婚

6.88.0.1 **凡外姻有服或尊属或卑幼,共为婚姻,及娶同母异父姊妹,若妻前夫之女者,各以亲属相奸论。○**6.88.0.2 **其父母之姑舅两姨姊妹,及姨,若堂姨;母之姑、堂姑;己之堂姨及再从姨;己之堂外甥女;若女婿及子孙妇之姊妹,虽无服。并不得为婚姻。违者,男、女各处十等罚,并离异。妇女归宗、财礼入官。**

**注** 按:服制图〔外姻〕有服之亲除外祖父母、外孙之外,尊属卑(幼)〔属〕共为婚姻,惟母舅与外甥女、母姨与姨甥耳,及娶同母异父姊妹与娶妻前夫之女,此四项皆有关伦理,故各以亲属相奸律论罪。娶母之姊妹者,绞。娶外甥女及同母异父姊妹、妻前夫之女,并处十等罚,徒三年。〇其外姻无服尊属,一曰父母之姑舅姊妹,一曰父母之两姨姐妹,一曰父母之姨,一曰父母之堂姨,一曰母之姑,一曰母之堂姑,一曰己之堂姨,一曰己之再从姨,以上凡八项。其外姻无服之卑亲,一曰己之堂外甥女,一曰女婿之姊妹,一曰子孙妇之姊妹,以上凡三项。虽无服制,俱有尊卑名分,并不得为婚姻,违者各处十等罚。〇若己之姑舅两姨姊妹,虽不系尊卑,而亲属未疏,犹有服制,故亦不得为婚姻,娶之者处八等罚。〇通前外姻违律,各亲属并离异归宗,其罪男女同坐,财礼入官。盖亲属则无知不知之别也。

**辑注** 前二节所言皆尊于己、卑于己者,其"幼"字带言之耳。

**辑注** 外姻有服尊卑之亲,尊则母舅、母姨,卑则外甥、姨甥,此二项皆小功服。同母异父,犹姊妹也;妻前夫之女,犹女也,此二项虽无服而情重,有为婚姻者,渎乱已甚,故直以奸论也。

**辑注** 父母之姑舅两姨姊妹,己之表姑表姨也;己之堂姨与再从姨,即母之堂姊妹、〔从姊妹〕也,此皆尊于己一辈者。父母之姨与堂姨,即己之祖姨也;母之姑与堂姑,即己之外祖姑也,此皆尊于己两辈者。己之堂外甥女,若女婿之姊妹及子妇之姊妹,此皆卑于己一辈者。孙妇之姊妹,则卑于己二辈者。外姻无服,名分尚存,论凡奸则失之轻,依有服则失之重,故折衷处十等罚也。

**辑注** 己之姑舅两姨姊妹,指亲姑亲姨所生者,故注曰"有缌麻之服"。此外等辈无服外姻,〔固〕不在禁限也。

**〔大理院判例、解释例〕**

**● 前夫之子女与后夫前妻之子女婚配,无血统关系,不在禁止之例**

民国五年六月十四日统字第四五四号法令解释

(上略)本院查同母异父姊妹尚有血统之关系,依前清刑律,当然禁止为婚。若前夫之子女与后夫前妻之子女,与同母异父有间,在前清旧律虽有治罪专条,业于宣统二年〔1910年〕删除。至主婚一层,查例载"夫亡携女适人者,其女从母主婚",丙女如未归宗,而其母又在,则戊之主婚自属无效。又定婚亦须得当事人同意,若定婚(来)〔未〕经得丙女同意,今丙女既诉请解除婚约,亦无强其成婚之理。(下略)

**条 例**

6.88.(1) **一、男女亲属尊卑相犯重情,或干有律应离异之人,俱照亲属已定名分,各从本律科断,不得妄生异议,致罪有出入。其(间)情犯稍有可疑,揆于法制似为太重,或于名分不甚有碍者,听各该原问衙门临时斟酌拟奏。**

**一、前夫(之)〔子〕女,与后夫(之)〔子〕女苟合成婚者,以娶同母异父姊妹律〔条〕科断。**①

① 该例文不见于《大清现行刑律》,《核订〈现行刑律〉》标明"拟请删除"。

《示掌》云：“如前夫子女与后夫子女异父异母者，若从尊长主婚，毋概拟离，应援大分不甚有碍例科之。”

**辑注** 前夫子与后夫女成婚，则子之母乃女之继母，女之父乃子之继父也。以前夫女与后夫子成婚，则子之父乃女之继父，女之母乃子之继母也。然愚民不知礼法，鳏夫再娶、寡妇再嫁，往往有将子女苟合者，故特著此例。

## 6.89 娶亲属妻妾

6.89.0.1 **凡娶同宗无服**（姑、侄、姊妹）**之亲，**（同宗，谓同宗共姓，不论支派之远近、籍贯之同异皆是。）**及无服亲之妻者，**（男、女）**各处十等罚。若娶**（同宗）**缌麻亲之妻，及舅甥妻，各徒一年；小功以上，**（之妻。）**及收父、祖妾者，各以奸论。**（自徒三年至绞。）**其**（亲之妻）**曾被出，及已改嫁，而娶为妻妾者，**（无服之亲及伯叔母、兄弟妻不与。）**各处八等罚。○**6.89.0.2 **妾**（父、祖妾不与。）**各减**（妻）**二等。**（被出、改嫁者，递减之。若原系妻，而娶为妾，当从妻论；原系妾，而娶为妻，仍从妾减科。）**○**6.89.0.3 **若娶同宗缌麻以上姑、侄、姊妹者，亦各以奸论。○**6.89.0.4 除（厅）〔应〕死外。**并离异。**

**注** 同姓不得为婚，况同宗乎！无服之亲所包者广，凡五服之外，谱系可考尊卑长幼，名分犹存者皆是，所谓袒免亲也。“亲”指女言。娶无服亲之女及夫亡娶其妻者，各处十等罚。缌麻之服虽轻，本宗之义则重；舅甥之姓虽异，外姻之亲最近，故娶缌麻亲之妻及舅甥妻者，各处六等罚，徒一年。小功、大功、期亲之妻，则名义尤重矣，渎乱无纪，故各以奸论。期亲内，除伯叔母、兄弟妻下文另论外，惟兄弟子妻一项，小功内惟从祖祖母、从祖伯叔母二项，各绞，其余各处十等罚，徒三年。其无服有服各亲之妻，有先曾为夫所出及夫亡改嫁后夫又亡而娶之为妻妾者，各处八等罚。以与前夫义绝，故不复分别，而概得从轻也。○若收父祖妾、伯叔父母、兄弟之妻，则灭绝伦常，非复人类矣，故不曰“娶”，而曰“收”，各斩、各绞，皆立决。注曰“不问被出、改嫁俱坐”，其情至重，不得以此原之也。○若娶同宗缌麻、小功、大功、期亲之姑及侄女、姊妹者，渎伦甚矣，故亦各以奸论。期亲内姑、姊妹、兄弟之女，各斩；大功内从父姊妹，小功内从祖祖姑、从祖伯叔姑，各绞；其余各处十等罚，徒三年。曰“姑侄姊妹”，则本宗之女尽矣。上之祖姑、曾祖姑并姑也，下之侄孙女、曾侄孙女亦侄也。○“(亦)〔并〕离异”通承上言，财礼俱入官。

**辑注** 此条专言娶同宗无服、有服亲之女及妻妾之罪。内舅甥在外姻中为至亲，故不入前条“尊卑为婚”内，而于此带言之。若其他异姓之亲，则前条备矣。

**辑注** 舅甥妻者，舅娶甥妻、甥娶舅妻也。

**辑注** 被出、改嫁与前夫已义绝矣，故止照凡奸处八等罚罪坐之。

**辑注** “被出、改嫁”通承上各亲之妻言。既已义绝，则非亲之妻矣，故特末减。若亲属之女被出、改嫁，但义绝于夫家，在本宗犹是姑侄姊妹也，岂得同论乎！

〔**大理院判例、解释例**〕

● **同宗为婚**

三年七月三十一日上字第五九六号判例

禁同宗相互间婚姻成立。

●〔**废继应依律例办理**〕

六年一月二十日统字第五六九号法令解释

叔嫂缔婚,不能成立婚姻关系。至若□〔废〕继,应依律例办理。

## [6.90]娶部民妇女为妻妾

[6.90.0]凡府、州、县亲民官,任内娶部民妇女为妻妾者,处八等罚。若监临内外上司官娶见问(官娶)为事人妻妾及女为妻妾者,处十等罚。女家主婚人并同罪。妻妾仍两离之,女给亲。两离者,不许给与后娶者,亦不给还前夫,令归宗。其女以父母为亲,当归宗;或已有夫,又以夫为亲,当给夫完聚。财礼入官。恃势强娶者,各加二等;女家不坐,妇还前夫,女给亲。不追财礼。若为子孙、弟侄、家人娶者,或和或强。罪亦如之,男、女不坐。若娶为事人妇、女,而于事有所枉者,仍以枉法从重论。

## [6.91]娶逃走妇女

[6.91.0]凡娶自己犯罪已发在官,而逃走在外之妇女为妻、妾,知逃走之情者,与同其所犯之本罪。妇人加逃罪二等,其娶者不加罪。至死者,减一等。离异。不知者,不坐。若无夫,又会赦免罪者,不离。一有不合,仍离。

## [6.92]强占良家妻女

[6.92.0]凡豪强势力之人,强夺良家妻女,奸占为妻妾者,绞;监候。妇女给亲;妇归夫,女归亲。配与子孙、弟侄、家人者,罪归所主。亦如之;所配男、女不坐。仍离异,给亲。

**条　例**

[6.92.(1)]一、强夺良家妻女奸占,为从之犯,应照为首绞罪减一等,流三千里;如被逼诱随行,止于帮同扛抬,照未成婚减绞罪五等,徒一年半。其中途夺回,及尚未奸污,为从者,审系助势济恶,减为首流罪一等,徒三年;如被逼诱随行,止于帮同扛抬,各照不应重律治罪。

[6.92.(2)]一、强夺良家妻女,中途夺回,及尚未奸污者,照已被奸占律减一等定拟。若本妇羞忿自尽,不论已、未被污,均拟绞监候。若强夺良家妻女,其夫或父母羞忿自尽者,流三千里;致亲属自尽者,徒三年。

6.92.(3) 一、强夺良人妻女，卖与他人为妻妾，及投献王府并勋戚势豪之家者，俱拟绞监候。

6.92.(4) 一、凡聚众伙谋抢夺路行妇女，或卖，或自为妻妾、使女，及被奸污者；并聚众伙谋，入室抢夺妇女，一经抢获出门，即属已成；审实，不分得财与未得财，为首，绞立决；为从在场(动手)帮抢者，皆绞监候；并未帮抢者，发烟瘴地方安置。知情故买者，减正犯罪一等；不知情者，处八等罚。如图抢入室，尚未抢获，首犯发新疆当差，为从流三千里。至因伙众抢夺妇女，拒捕杀人者，无论已成、未成，下手杀人之犯，斩立决；帮殴成伤从犯，不论手足、他物、金刃，均拟绞监候；其并未帮殴首、从各犯，仍分别已、未抢获妇女本例问拟。其有并非伙众，但强卖与人为妻妾者，拟绞监候；如有拒捕杀伤人者，照抢夺杀伤人例办理。

6.92.(5) 一、凡聚众伙谋抢夺兴贩妇女，已成者，为首拟绞监候，为从发烟瘴地方安置，同谋未经同抢之犯流二千里；如图抢未成，为首发烟瘴地方安置，为从流三千里，同谋未经同抢之犯徒三年。其有并非聚众，但将兴贩妇女抢夺，已成者，为首发极边足四千里安置，为从徒三年，同谋未经同抢之犯徒二年半；若图抢未成，为首徒三年，为从徒二年半，同谋未经同抢之犯徒二年。如拒捕，杀伤兴贩之犯，以凡论；若系本妇及本妇之有服亲属，均依罪人拒捕律科断。

6.92.(6) 一、凡聚众伙谋抢夺曾经犯奸妇女已成，无论在途、在室，首犯发遣新疆当差，为从帮抢者流三千里，同谋未经同抢之犯徒三年；如图抢未成，首犯流三千里，为从帮抢者徒三年，同谋未经同抢之犯徒二年半。其有并非聚众，但将犯奸妇女抢夺已成者，为首流三千里，为从徒三年，同谋未经同抢之犯徒二年半；若图抢未成，为首徒三年，为从徒二年半，同谋未经同抢之犯徒二年。如妇女犯奸后已经悔过自新，确有证据者，仍以良人妇女论。

## 6.93 娶娼妓为妻

6.93.0 凡文武官并吏娶娼妓为妻者，处六等罚，并离异。归宗，财礼入官。若官员子孙应袭荫者。娶者，罪亦如之，注册候荫袭之日，照应袭本职上，降一等叙用。

## 6.94 僧道娶妻

6.94.0.1 凡僧道娶妻妾者，处八等罚，还俗。女家主婚人同罪。离异。财礼入官。寺观住持知情，与同罪；以因人连累，不在还俗之限。不知者，不坐。〇 6.94.0.2 若僧道假托亲属或僮仆为名求娶，而僧道自占者，以奸论。以僧道犯奸，加凡人和奸罪二等论。妇女还亲，财礼入官。系强者，以强奸论。

**注** 僧道不应娶妻妾,女家不应嫁〔与〕僧道,住持不应纵容其娶,故俱同处八等罚之罪,其女离异归宗。娶者既已不守戒律,不当仍为僧道,勒令还俗。住持止是知情,非本身自犯,故注曰“不在还俗之限”。不知者不坐。

**辑注** 或谓“假托而娶者,应如男女婚姻律内妄冒之法,即将女断与所假托之人”,此说亦是。但律文言“假托”而不言“妄冒”,亦微有不同,既无正文“当归宗”为是。

## 6.95 出妻

6.95.0.1 **凡妻于七出无应出之条及于夫无义绝之状,而擅出之者,处八等罚。虽犯七出,**无子、淫佚、不事舅姑、多言、盗窃、妒忌、恶疾。**有三不去,**与更三年丧、前贫贱后富贵、有所娶无所归。**而出之者,减二等。追还完聚。**○6.95.0.2 **若犯义绝,应离而不离者,亦处八等罚。若夫妻不相和谐,而两愿离者,不坐。**情既已离,难强其合。○6.95.0.3 **若**夫无愿离之情,**妻**辄**背夫在逃者,徒二年,听其离异;**其妻**因逃而**辄自**改嫁者,加二等。其因夫**弃妻。**逃亡,三年之内不告官司而逃去者,处八等罚;擅**自**改嫁者,处十等罚。妾各减二等。**有主婚、媒人,有财礼,乃坐。无主婚人,不成婚礼者,以和奸、刁奸论。○6.95.0.4 **若**(婢)〔立契议雇之**使女〕背家长在逃者,处八等罚,**(因而)**给还家长;因而嫁人者,处十等罚。**追缴未满工值,免其离异。○6.95.0.5 **窝主及知情娶者,各与**妻妾、使女**同罪。**财礼入官。**不知情者,**主娶者言。**俱不坐。**财礼给还。○6.95.0.6 **若由**妇女之**期亲以上尊长主婚改嫁者,罪坐主婚;妻妾止得在逃之罪。余亲主婚者,**余亲谓期亲卑幼,及大功以下尊长、卑幼,主婚改嫁者。**事由主婚,主婚为首,男女为从;事由男女,男女为首,主婚为从。**

**注** 七出三不去,皆《家礼》所载也。于七出之中,又有三不去之义,乃所以存厚也。义绝者,谓于夫妇之恩情礼意乖离违碍,其义已绝也。律中未曾备详其事,而散见于各条之中。其所指义绝者,亦复不同。有于法应离不许复合者,(加)〔如〕所云“离异归宗”、“仍两离〔之〕”之类,即本条“应离不离”亦是也。有其事可离,犹许复合者,如所云“愿留者听”、“愿离者听”之类,即本条从夫嫁卖亦是也。凡出妻者,惟犯七出与义绝耳。若于七出无犯,则无应出之条;及无义绝之状,则无当出之罪。而无故擅出之者,其夫处八等罚;虽犯七出,而于三不去之中有一焉,则亦无可出之理,而径情以出之者,减二等,处六等罚,并追还完聚。○若所犯义绝之事,既系法在必离,义无可合,而不离异者,亦处八等罚。若夫妻不相和谐,两愿离者,其情不洽,其恩已离,不可复合矣,虽无应出之条、义绝之状,亦听其离,不坐以罪也。○妇人义当从夫,夫可出妻,妻不得自绝于夫。若背弃其夫而逃走出外者,处十等罚,从夫嫁卖;因在逃而辄自改嫁者,绞。夫为妻纲,弃夫从人,人道绝矣。其因夫逃亡在外,音信不通,不知去向生死,亦须待三年之外,明告官司,为之判理。若三年之内,不告官司而逃去者，处八等罚；擅改嫁者，处十等罚。此因夫逃亡不归，则与背夫者不同。然在逃犹或可归，改嫁则已终绝，故罪有轻重之差也。若妾犯上项罪者，各减妻罪二等。背夫在逃则处八等罚，因而改嫁则处十等罚，徒三年，亦从夫嫁卖。因亡夫逃而逃去者，处六等罚；擅自改嫁者，处八等罚。〇若婢背家长在逃之，罪与妾同，处八等罚；而婢改嫁，则止处十等罚，减妾五等。妾、婢与家长名分相同，恩义则异，故逃罪同科，而独轻于改嫁也。

**辑注** 夫妇之伦，联之以恩，合之以义，持之以礼，三者备而后正始之道无愧焉。七出者，礼应去之也；三不去者，礼应留之也。义绝必离，姑息不可也；恩绝听离，强合不能也。不应离而离，则悖于礼；应离而不离，则害于义，其违律一也，故其罪同。若背逃改嫁，则恩绝义绝礼绝矣，岂复有人道乎？故即坐重典所以维风化也。

**辑注** 或曰："古有因蒸梨叱狗之故而去其妻者，岂必拘七出三不去之礼与义绝之状乎！"曰：否。此古人忠厚之道也。君子交绝，不出恶声，况于妻乎！与吾敌体之人，非有犯于礼义，岂得轻出！

**辑注** 义绝而可离可不离者，如妻殴夫及夫殴妻至折伤之类。义绝而不许不离者，如纵容、抑勒与人通奸及典雇与人之类。

**辑注** 七出乃礼可以出者，非谓必应出也，与义绝不同，故次节但曰"义绝应离"也。

**辑注** 出妻但出之使归耳，观三不去中"有所娶无所归"之义可见。若妻有犯(失)〔夫〕义绝之状，律不曰"从夫嫁卖"者，但可出而不卖也。卖者依卖休买休律。

**辑注** 不相和谐，止是情意不合，恩绝非义绝也。曰"不坐"者，听其离耳，妻止归宗。如出妻者，非谓"听其别嫁"也。若妻思别嫁而不和谐，则岂得听之哉！

**辑注** 妻固无自绝于夫之理，夫亦不得憎厌其妻而无故出之，故必两愿离者，始不坐。

**辑注** 已出之妻与犯事离异从夫嫁卖之后，有与夫族亲属相犯者，皆以凡论。

**辑注** 若夫贫不能养赡，愿离其妻，及逋欠无偿而卖妻者，虽非得已，亦问不应，仍断归完聚。

**辑注** 注曰"夫无愿离之情"，止言其无故背夫耳，非夫有愿离之情便可背逃不论也。

**辑注** 改嫁者，必有主婚以司其事，媒人以通其情，纳送财物，以成其礼。明白嫁娶者，方坐此改嫁之罪。若淫奔苟合，不得谓之改嫁也。被人收留苟合者，自有收留在逃律。因奸被人拐去者，自有刁奸和奸律。

**辑注** 夫逃亡者，谓或因犯罪或遭兵乱或值凶荒等事。若(谓)〔为〕别事，如出外贸易、访亲之类，不得谓之逃亡，虽年远不归，不在此限。

**辑注** 本夫逃亡不回，其妻无所依倚。夫之生死不知，归期无望，必令终守，则非人情所堪;许令改嫁,则非法令所宜。特于此(微)〔微〕示其意,曰“三年之内”,则三年之外不同矣;曰“不告官司而逃去”,则其告官司必有所以处之矣;曰“擅改嫁”,则当有非擅改嫁之法矣。后“逃亡三年不还,许告官改嫁”之例,可谓善体律意矣。

**辑注** 必因夫逃亡不归不能(成)〔存〕立,别无他故者,方合此律。

**参注** “义绝”谓“殴妻祖父母、父母及杀妻外祖父母、父母、(但)〔伯〕叔父母、兄弟、姑、姊妹,若夫妻祖父母、父母、外祖父母、伯叔父母、兄弟、姑、姊妹自相杀,及妻殴伤夫之祖父母、父母,杀夫外祖父母、伯叔父母、兄弟、姑、姊妹及与夫之缌麻以上亲,若妻母奸及欲害夫者,虽会赦亦义绝。妻虽未入门,亦从此令”云云。

**〔大理院判例、解释例〕**

**●离异后之妆奁**

二年十二月十七日上字第二〇八号判例

嫁女妆奁,无论携自母家,抑由夫给与,均应(权)〔归〕妇女所有。其有因故离异,无论何种原因离去者,自应准其取去,夫家不得而阻留之。

**●出妻及义绝各问题之解释**

六年一月三十一日统字第五七六号法令解释

妻犯七出而无三不去之理,自应认夫有出妻之权。其有三不去,系犯奸者,亦同。并(未)〔依〕本律“犯奸”条,愿否离异,仍应由本夫主持。至义绝应离,固在强制离异之列。然本为夫妇,在未经官判断以前,其夫妻关系,自仍存在。《现行律》义绝律文采用《唐律》,则义绝之事例,自可援据《疏议》,并非限定律文内离异各条。又该律第一节系指妻对于夫言,次节兼指双方。“犯义绝应离不离”一语谓事实发生、经官处断而故违者,方予科罪。寻绎前后用意,疑义(白)〔自〕明。

**●〔离婚后,子女之监护如未议及者,应由父任之〕**

民国三年上字第二六九号判例

夫妇离婚时,得以协议定子女之监护方法。如并未议及,则应议归父任监护之责;而其去家之母,即毋庸兼顾。不过其亲生母子之关系,并不因而消灭。

**●〔离异须具备一定条件〕**

三年四月上字第二二三号判例

夫妻不相和谐而两愿离异者外,必须具备一定条件方准离异。

**●《现行律》婚姻〔门〕“出妻”条所称“无子”之义,系指为人妻者达到不能生育之年龄,而其夫除另娶,无得子之望者而言**

〔六年统字第五九一号法令解释〕

查《现行律》婚姻门“出妻”条所称“无子”之义,系指为人妻者达到不能生育之年龄,而其夫除另娶外,别无得子之望者而言。盖该律在于得子以承宗(祧)〔祧〕,故凡夫已有子(如妾或前妻已生子或已承继有子之类)或虽不另娶妻亦可有子者,当然无适用该条之余地。其不能生育之原因,仍须在妻,更无待言。至不能生育之年龄,诚如来函所述,应准用“立嫡子违法”条内所定五十以上之岁限。又妻虽具备无子之条件,而有三不去之理由者,仍不准其夫离异,此律所明定也。

**● 误会夫亡改嫁者,(夫)〔妇〕还仍负有从前夫之义务,但不能强制执行**

五年十月三日统字第五一一号法令解释

径启者:准贵厅第八三号函称:案据太平现知事龚橡奎详称,案查前清《现行律》现在仍继续有效,其婚姻门“男女(定)婚〔姻〕”条载“若再许他人,未成婚者,处七等罚;已成婚者,处八等罚。后定娶者知情,与同罪,财礼入官。不知者不坐,追还财礼。女归前夫。前夫不愿者,倍追财礼给还,其女仍从后夫”,又“出妻”条载“其因夫逃亡三年之内,不告官司而逃去者,处八等罚;擅改嫁者,处十等罚”各等语。今有一案,其夫于宣统元年〔1909年〕十月间出门,其妻因传闻其夫已死,即于宣统三年〔1911年〕腊月间改嫁。现经其夫告诉,照前项律文规定,后之婚姻,娶者虽不知情,除财礼外,其妻当然撤销,断还前夫。如前夫不愿者,倍追财礼给还,其妻仍从后夫。又,查此案发生在民国三年〔1914年〕三月十日以前,不在不准免除条款以内,当免除其罪,均属毫无疑义。惟兹因前夫愿受其妻,而其妻以改嫁之故,对于前夫义断恩绝,强不依从。此时如先行责付其母,好为劝导,而其母又系与后夫串同一气,势必至将女领回,仍送后夫。如此非独法律不能保其威信,且恐为前夫者亦必心不甘服。又若强交前夫领回,又恐有意外之虞。因此,现将此女暂行管押。究应如何执行之处,理合具文详请,仰祈鉴核训示遵行,实为公便等情。据此,查本案其妻不愿跟随前夫,可否强制执行,不无疑义,相应函请钧院解释函复,以便饬遵等因到院。查来函所述情形,该女自负有从前夫之义务,系属于不可代替行为之性质。在外国法理,概认为不能强制履行。盖若交付人身,直接强制,事实上仍未必能达判决之目的,即不至(议)〔酿〕成变故,亦徒促其逃亡,曾无实益之可言。况若法律上夫对于其妻并无监禁或加暴力之权,而刑法就不法监禁及各种伤害之所为,且有明文处罚,则交付转足以助成犯罪,殊失国家尊重人民权利之本旨。我国国情虽有不同,而事理则无不一致,此项办理,未可独异。至前清《现行律》所定婚姻条文,虽仍继续有效,而各项处罚,早因《新刑律》施行而失其效力。又民事拘押及收局工作,依《拘押民事被告人暂行规则》第十一条及《试办章程》第四十二条,均只限于财产执行之事件,并不能适用于上开之人事关系。是现行法上以罚金、管押等为间接之强制,亦有所不可。计惟有由该管执行衙门以平和之方法,勤加劝谕。除此以外,实无强制执行之道。本件既经该知事实施管押,已属过当,现在亟应还其自由,加以晓谕。相应答复,即希贵厅转饬查照可也。

**●〔离婚后携女改嫁,女之主婚权属于母〕**

六年四月七日统字第六〇四号法令解释

离婚后听妇携女适人,其女之主婚权应由妇行使。

**● 甲走失后,乙善意娶其妻为妇,甲归后毋庸强之归甲。童养媳之夫远出不归,可准用"出妻"条改嫁**

四年十月二十一〔日〕统字第三五〇号法令解释

(1)甲走失后,乙善意娶甲妻为妇,毋庸强之归甲。(2)合定婚条〔件〕之童养媳,准用律例"出妻"条"夫逃亡三年不还,听其改嫁"之例。事前虽未告官,如逃亡别有证明,即仍有效。

**● 夫逃亡时之改嫁**

三年十二月十一日上字第六七号判例

女子如实因夫逃亡三年以上不还因而改嫁者,经审判厅认其逃亡属实而年限又属合法者,纵未具备先告领有执照条件,其改嫁仍属有效。

**● 夫逃亡三年,妇请别嫁,得以决定判准否即登报或揭示公告**

五年十一月六日统字第五三四号法令解释

夫逃亡三年,妇请别嫁,自系特别程序。经调查明确后,以决定判准否即登报或揭示公告。惟嗣后夫若出诉,即应(男)〔另〕案判决。

**条　例**

6.95.(1) 一、妻犯七出之状，有三不去之理，不得辄绝。犯奸者不在此限。

6.95.(2) 一、期约已至五年，无过不娶，及夫逃亡三年不还者，并听经官告给执照，别行改嫁，亦不追财礼。

## 6.96 嫁娶违律主婚媒人罪

6.96.0.1 凡嫁娶违律，若由男女之祖父母、父母、伯叔父母、姑、兄姊及外祖父母主婚者，违律之罪独坐主婚。男女不坐。余亲主婚者，余亲谓期亲卑幼，及大功以下尊长、卑幼主婚者。事由主婚，主婚为首，男女为从。得减一等。其以奸论至死者，除事由男女，自当依律论死。其由主婚人，并减一等。主婚人虽系为首，罪不入于死，故并减一等。男女已科从罪，至死亦是满流，不得于主婚已流罪上再减。○6.96.0.2 其男女被主婚人威逼，事不由已，若男年二十岁以下，及在室之女，虽非威逼。亦独坐主婚，男女俱不坐。不得以首、从科之。○6.96.0.3 未成婚者，各减已成婚罪五等。如绞罪减五等，徒一年半。余类推减。○6.96.0.4 若媒人知情者，各减男、女主婚犯人罪一等；不知者，不坐。○6.96.0.5 其违律为婚各条称"离异、改正"者，虽会赦，但得免罪。犹离异、改正。离异者，妇女并归宗。○6.96.0.6 财礼，若娶者知情，则不论已、未成婚，俱追入官；不知者，则追还主。

**条　例**

6.96.(1) 一、凡绅衿庶民之家，如将使女年至二十五岁，不行婚配者，照不应重律治罪，即(行)〔令〕择配。

6.96.(2) 一、凡嫁娶违律，应行离异者，与其夫及夫之亲属有犯，如系先奸后娶，或私自苟合，或知情买休，(强)〔虽〕有媒妁、婚书，均依凡人科断。若止系居丧嫁娶，或有妻更娶，或将妻嫁卖，娶者果不知情，实系明媒正娶者，虽律应离异，有犯，仍按服制定拟。

6.96.(3) 一、八旗、内务府三旗人，如将未经挑选之女，私行许(配)〔聘〕者，将主婚之人，照违制律治罪。

## 附：犯奸门

### 25.324 犯　奸

25.324.0.1 凡和奸，处八等罚；有夫者，处九等罚；刁奸者，无夫、有夫。处十等罚。○25.324.0.2 强奸者，绞；监候。未成者，流三千里。凡问强奸，须有强暴之状，妇人不能挣脱之情；亦须有人知闻，及损伤肤体、毁裂衣服之属，方坐绞罪。若以强合，以和成，犹非强也，酌减为徒二年；妇女不坐。如一人强捉，一人奸之，行奸人问绞；强捉，问未成，流罪。又如见妇人与人通奸，见者因而用强奸之，已系犯奸之妇，难以强论，依刁奸律。○25.324.0.3 奸幼女十二岁以下者，虽和，同强论。○25.324.0.4 其和奸、刁奸者，男、女同罪。奸生男女，责付奸夫收养。奸妇给付本夫，听其离异。若嫁与奸夫者，奸夫、主婚之人，各处八等罚；妇人仍离异；财物入官。○25.324.0.5 强奸者，妇女不坐。○25.324.0.6 若媒合、容止人在家通奸者，各减犯人和、刁。罪一等。○25.324.0.7 如人犯奸已露，而代私和奸事者，各减和、刁、强。二等。○25.324.0.8 其非奸所捕获及指奸者，勿论。若奸妇有孕，奸妇虽有据，而奸夫则无凭。而罪坐本妇。

〔大理院判例、解释例〕

●〔奸生子女令奸夫收养〕

五年十二月十九日大理院法令解释，统字第五五六号

奸生子女责令奸夫收养。

### 25.325 纵容妻妾犯奸

25.325.0.1 凡纵容妻妾与人通奸，本夫、奸夫、奸妇，各处九等罚。抑勒妻妾及乞养女与人通奸者，本夫、义父，各处十等罚；奸夫，处八等罚；妇女不坐，并离异归宗。○25.325.0.2 若纵容抑勒亲女及子孙之妇妾与人通奸者，罪亦如之。○25.325.0.3 若用财买休、卖休，因而和同娶人妻者，本夫、本妇及(卖)〔买〕休人，各处十等罚；妇人离异归宗；财礼入官。若买休人与妇人用计逼勒本夫休弃，其夫别无卖休之情者，不坐；买休人及本妇，各徒一年；妇人给付本夫，听其离异。妾，减一等。媒合人各减犯人买休及逼勒卖休。罪一等。其因奸不陈告，而嫁卖与奸夫者，本夫处十等罚；奸夫、奸妇，各尽本法。

〔大理院判例、解释例〕

●舅姑抑勒子妇与人通奸，其本夫亦知情者，得许其离异

五年五月四日大理院法令解释,统字第四三七号

舅姑抑勒子妇与人通奸,如其夫亦知情而不阻止,可认为有义绝情状者,自应许其离异。

**● 抑勒通奸**

三年七月九日上字第五〇五号〔判例〕(离婚涉讼一件)

夫抑勒其妻与人通奸者,当然可离异。

**● 妓女于所养人关系**

三年十一月五日上字第九九九号判例

妓女对于所养人若有不愿共同□〔营〕度之意思,即听其他适,所养人不得拘束。(因律文"义父",其意赅括义母而言。所养人即义母,故得援用)

**● 因贫卖妻,可为离婚之原因**

四年十月十四日统字第三四二号法令解释

甲因贫卖妻,乙知情故买为妻。改嫁数月,甲隶返还,妻请与甲离异。此等情形,可为离婚原因。乙不能论罪。

**● 〔抑勒子孙之妇卖奸,不能为离婚之条件〕**

三年上字第三二九号判例

抑勒子孙之妇卖奸,不能为离婚之条件。

**● 卖妻为人妻妾,照《现行律》办理**

六年一月二十日统字第五六六号法令解释

查《现行律》买休卖休和娶人妻者,妇人离异归宗。

### 25.332 买良为娼

25.332.0 凡娼优,买良人子女为娼优,及娶为妻妾,或乞养为子女者,处十等罚。知情嫁卖者,同罪。媒合人,减一等。财礼入官,子女归宗。

**条 例**

25.332.(2) 一、私买良家之女为娼,及设计诱买良家之子为优者,俱徒三年。知情卖者,与同罪。媒合人及串通说合之中保,减一等。奸宿者,照抑勒妻女与人通奸奸夫律治罪。子女不坐,并发归宗。

## 附:斗殴门

### 20.276 妻妾殴夫

20.276.0.1 凡妻殴夫者,但殴即坐。处十等罚,夫愿离者,听;须夫自告乃坐。至折伤以上,各验其伤之重轻,加凡斗伤三等;至笃疾者,绞;候,入于秋审情实。死者,绞;故杀者,斩。兼魇魅蛊毒在内。〇20.276.0.2 若妾殴夫及正妻者,又各加妻殴夫罪一等;加者,加入于死。但绞不斩。于家长则监候,入于秋審情实;于正妻仍照常监候。若笃疾者、死者、故杀者,仍与

妻殴夫罪同。〇[20.276.0.3]其夫殴妻，非折伤勿论；至折伤以上，减凡人二等。须妻自告乃坐。先行审问夫妇，如愿离异者，断罪离异；不愿离异者，验所伤应坐之罪收赎。仍听完聚。至死者，绞。监候。故杀亦绞。殴伤妾至折伤以上，减殴伤妻二等；至死者，徒三年。妻殴伤妾，与夫殴妻罪同。亦须妾自告乃坐。过失杀者，各勿论。盖谓其一则分尊可原，一则情亲当矜也。须得过失实情，不实仍各坐本律。〇夫过失杀其妻妾，及正妻过失杀其妾者，各勿论。若妻妾过失杀其夫，妾过失杀其妻，当比用殴期亲尊长律。“过失杀”句，不可通承上二条言。〇[20.276.0.4]若殴妻之父母者，但殴即坐。徒一年；折伤以上，各加凡斗伤罪二等；至笃疾者，绞；监候。死者，亦绞。监候。故杀者，并绞。

〔大理院判例、解释例〕

**● 殴打折伤**

三年八月四日上字第六一一号〔判例〕（离婚涉讼一件；）同〔三年上字第〕五二四号、〔三年上字第〕五一八号〔判例〕（同旨）。

殴打必致折伤以上，始听其离异。

**● 虐待离异后之养生费**

〔三年〕上字第四二〇号〔判例〕

凡妻因其夫虐待离异并请求损害赔偿者，审判衙门依当事人之请求准予离异外，判令其夫给与养生费，其费额之多寡恒以当事人之财力、地位及生活程度为标准。

## [20.280]殴祖父母父母

[20.280.0.1]凡子孙殴祖父母、父母，及妻妾殴夫之祖父母、父母者，皆绞；杀者，皆斩；其为从，有服属不同者，自依各条服制科断。过失杀者，流三千里；伤者，徒三年。俱不准收赎。〇[20.280.0.2]其子孙违犯教令，而祖父母、父母，不依法决罚，而横加殴打，非理殴杀者，处十等罚；故杀者，无违犯教令之罪，为故杀。徒一年。嫡、继、慈、养母杀者，终与亲母有间。殴杀、故杀。各加一等；致令绝嗣者，殴杀、故杀。绞。监候。若祖父母、父母，嫡、继、慈、养母，非理殴子孙之妇，此“妇”字，乞养者同。及乞养异姓子孙，折伤以下无论。致令废疾者，处八等罚；笃疾者，加一等；子孙之妇及乞养子孙，并令归宗；子孙之妇，笃疾者。追还初归（家）〔嫁〕妆；①乞养子孙，笃疾者。拨付合得所分财产养赡；②至死者，各徒三年；故杀者，流

---

① 此处原文保留原《大清律例》律文“仍给养赡银一十两”8字，《大清现行刑律》不载。

② 此处原文律文有“如无财产亦量照子孙之妇给银”13字，该13字不见于《大清现行刑律》。《大清律例》中该处为律注，其文为“不在给财产一半之限。如无财产，亦量照子孙之妇给银”；《〈大清现行刑律〉案语》、《核订〈现行刑律〉》均删去律注“不在给财产一半之限”，但仍保留律注“如无财产，亦量照子孙之妇给银”。

二千里。其非理殴子孙之妾，各减殴妇罪二等。不在归宗、追给嫁妆之限。①○[20.280.0.3]其子孙殴骂祖父母、父母，及妻妾殴骂夫之祖父母、父母，而祖父母、父母，夫之祖父母、父母，因其有罪，殴杀之，若违犯教令，而依法决罚，邂逅致死，及过失杀者，各勿论。

## [20.283]妻妾殴故夫父母

[20.283.0]凡妻妾夫亡改嫁，殴故夫之祖父母、父母者，并与殴舅姑罪同。其旧舅姑殴已故子孙改嫁妻妾者，亦与殴子孙妇同。妻妾被出，不用此律，义已绝也。

① 此处原文为“追给嫁妆、(赡)〔赡〕银之限”，其中“赡银”为《大清律例》律注原有，《大清现行刑律》不载。

# 钱 债

## [9.124]违禁取利

[9.124.0.1]凡私放钱债，及典当财物，每月取利，并不得过三分。年月虽多，不过一本一利。违者，处四等罚。以余利计赃，重于四等罚者，罪止十等罚。○[9.124.0.2]若监临官吏于所部内举放钱债、典当财物者，不必多取余利，有犯即处八等罚。违禁取利，以余利计赃，重于八等罚者，准不枉法论。并追余利给主。兼庶民、官吏言。其负欠私债违约不还者，五两以上，违三月，处一等罚；每一月加一等，罪止四等罚。五十两以上，违三月，处二等罚；每一月加一等，罪止五等罚。百两以上，违三月，处三等罚；每一月加一等，罪(至)〔止〕六等罚。并追本、利给主。○[9.124.0.3]若豪势之人，于违约负债者，不告官司，以私债强夺去人孳畜产业者，处八等罚。无多取余利，听赎不追。若估所夺畜产之价过本、利者，计多余之物，罪有重于八等罚者，坐赃论；罪止徒三年。依多余之数追还。主。○[9.124.0.4]若准折人妻妾、子女者，处十等罚。奸占加一等论。强夺者，加二等。徒一年半。因强夺而奸占妇女者，绞。监候。所准折、强夺之人口给亲，私债免追。

**注** 放债典当以通缓急之用，取利之中有相济之义，然必有乘人之急而罔利无度者，亦必有迟欠违约、负赖不还者，故立此禁限也。凡民间私放钱债及典当财物者，每月取利并不得过三分。如借当银一两，每月止许出利银三分。年月虽多，不过一本一利。如借银一两，按每月三分取利，积至三十三个月以外，则利钱已满一两，与本银相等，是谓“一本一利”。虽年月之多，不得复照三分算利，即五年、十年，亦止还一本一利。此债、当取利之禁限也。○总承两节言之，既已违禁,即属取与不和,故并给主。其民间私债,必有归还期约,其负(其)〔欠〕私债有故违原约之期不还,未至(二)〔三〕月(勿)〔弗〕论;至三月者,以所欠多寡分三项论罪,每一月加一等。五两以上处一等罚,罪止处四等罚;五十两以上处二等罚,罪止处五等罚;一百两以上处三等罚,罪止处六等罚。三项皆至六个月以上为罪止之限,并追本钱并应得之利给主。〇若豪强势要之人私放钱债,因其违约不还,不告官司而恃强夺去欠债人之孳畜产业者,处八等罚。若估所夺畜产之价过于应还本利之数者,计所多余之物,坐赃论。如至七十两,则重于处八等罚,应从赃论,依所多之数,照追还主。不言"准折孳畜产业"者,所欠本利,原应偿还,畜产价值相当,彼此情愿,自(勿)〔弗〕论也。〇若欠债人之妻妾子女,则非畜产之比可以准折还债者。若豪势以私债而准折欠债人之妻妾子女,虽非强夺,亦必有逼迫不得已之情,故处十等罚;强夺者,加二等,处七等罚,徒一年半;因强夺而奸占妇女者,绞。"人口给亲,私债免追",此二句承上"准折"、"强夺"而言。

**辑注** "年月虽多,不过一本一利",谓本、利皆未还而积至年月久远者也。若年年纳利,本钱未还,不得统计已还之利而算一本一利也。

**辑注** 一本一利犹名例,债钱虽多,不过其本价之意。

**辑注** 强夺畜产者,即估计所值,不及应还本利之数,亦处八等罚,恶其强夺也。畜产之价未过本利,则无余利可追。然本利应偿而畜产不应强夺,故注云"听赎不追"也。

**辑注** "准折人妻妾子女"节,承上"豪强之人"而言。"准折"者,谓将他物准照其数而折作钱债以还之,系两相和同之事,非由逼勒也。然在他物(各)〔如〕畜产之类则可,至准折妻妾子女,其人甘于离散骨肉,则豪势之声势可以想见。虽曰"和同",必非本心;虽无逼勒,必非得已也。

**辑注** 律不曰"以妻妾子女准折还债",而曰"准折人妻妾子女",其义可见。故既坐罪,给亲而债亦免追,以倍罚之也。

(注)**辑〔注〕** 强夺者,亦为准债而夺,非谓奸占而夺也,故止加准折罪二等。观下"奸占妇女者"有"因而"两字,其义甚明。奸者,奸宿;占者,占为妻妾或配与子孙弟侄家人,皆是占也。

**〔大理院判例、解释例〕**

**● 利不过本**

三年九月二十五日上字第八四三号判例

应付欠利不得超过原本。

**● 约定利率**

三年九月十五日上字第七九三号判例

凡约定利率未超过三分者,不得为无效。

**● 一本一利应除去已付利息**

三年六月十二日上字第四〇九号判例

《现行律》所载“私债不过一本一利”之规定，所谓“一利”，原除已付之利息而言。

**条　例**

9.124.(1) 一、监临官吏于所部内举放钱债，典当财物者，即非禁外多取余利，亦按其所得月息，照将自己货物散与部民、多取(加)〔价〕利，计赃，准不枉法〔论〕；强(夺)〔者〕，准枉法论；不枉法，各主者，折半科罪律，减一等问罪。所得利银，照追入官。至违禁取利，以所得月息，全数科算，准不枉法论；强者，准枉法论，并将所得利银追出，余利给主，其余入官。

9.124.(2) 一、佐领、骁骑校、领催等，有在本佐领或弟兄佐领下，指扣兵丁钱粮放印子银者，照官吏于所部内举放钱债违禁取利律，加一等治罪。伙同放印子银者，以为从论，减一等。如非在本佐领下举放重债，勒取兵丁钱粮，及民人违禁向八旗兵丁放转子、印子、长短钱，扣取钱粮者，照私放钱债本律，加一等治罪，利银均勒追入官。佐领、骁骑校、领催等，代属下兵丁指扣钱粮保借者，照不应重律治罪。其指米借债之人，照不应为律科断。自行首出者，免其治罪，所欠债目，并免着追。失察之该管文武各官，俱交部分别议处。八旗佐领，每月仍将有无放债之人，出具印结，呈报该参领，按季加结，呈报都统查核。

9.124.(3) 一、听选官吏人等借债，与债主及保人同赴任所取偿，至五十两以上，借者革职，债主及保人照不应重律治罪，债追入官。

9.124.(4) 一、放债之徒，用短票扣折，违例巧取重利者，严拿治罪，其银照例入官。受害之人，许其自首免罪，并免追息。

## 9.125 费用受寄财产

9.125.0 凡受寄他人财物、畜产而辄费用者，坐赃论，以坐赃致罪律，减一等。罪止徒二年半。诈言死失者，准窃盗论，减一等；罪止徒三年。并追物还主。其被水火、盗贼费失，及畜产病死，有显迹者，勿论。若受寄财物而隐匿不认，依诓骗律；如以产业转寄他人户下，而为所卖失，自有诡寄盗卖本条。

**注**　凡受人寄托之财物、畜产而辄擅费用者，犹有偿还之心，非遂干没之也，故坐赃论，减一等。若诈言畜死财失者，欺骗而隐匿之，有盗之心矣，故准窃盗论，减一等。盖受寄之物，原在其家，与取(之)〔诸〕外者，稍有不同，故坐赃、准盗，皆减一等。“并追物还主”承“费用”及“诈言死失”两项言。其所寄财物、(寄)〔畜〕产若被水火、盗贼费失及病死，各有显迹可据者，勿论，不坐罪，亦不追赔。事出不测，非受寄者之过也。

**辑注**　言“有显迹者”，所以别于“诈言”也。

**集注** 费用犹欲补偿，若诈言死失，则欺罔更甚，故罪有轻重。

〔大理院判例、解释例〕

● 寄托物之赔偿责任

三年八月二十五日上字第七〇三号判例

普通寄存物件如系被劫，受寄者无赔偿之责任。

**条 例**

9.125.(1) 一、凡典商收当货物，自行失火烧毁者，以值十当五，照原典价值计算，作为准数；邻火延烧者，酌减十分之二；按月扣除利息，照数赔偿。其米麦、豆石、棉花等粗重之物，典当一年为满者，统以贯三计算，照原典价值，给还十分之三；邻火延烧者，减去原典价值二分，以减剩八分之数，给还十分之三；均不扣除利息。至染铺被焚，即着开单呈报地方官，逐一估计，如系自行失火者，饬令照估赔还十分之五；邻火延烧者，饬赔十分之三。均于一月内给主具领。其未被焚烧及搬出各物，仍听当主、染主照号取赎。倘奸商、店伙人等，于失火时有贪利隐匿、乘机盗卖等弊，即照所隐之物，按所值银数，计赃，准窃盗论，追出原物给主。若只以自己失火为邻火延烧，希图短赔价值者，即计其短赔之值为赃，准窃盗为从论，分别治罪。如典商、染铺及店伙人等，图盗货物，或先有亏短因而放火故烧者，即照放火故烧自己房屋盗取财物，及凶徒图财放火故烧人房屋，各本律例，从重问拟。

9.125.(2) 一、典铺被窃，无论衣服、米豆、丝棉、木器、书画，以及金银、珠玉、铜、铁、铅、锡各货，概照当本银一两，再赔一两；如系被劫，照当本银一两，再赔五钱；均扣除失事日以前应得利息。如赔还之后，起获原赃，即给与典主领回变卖，不准原主再行取赎。染铺被窃，照地方官估报赃数，酌赔十分之五。如系被劫，酌赔十分之三。均令于一月内给主收领。如赔赃之后，起获原赃，给与该铺具领，由地方官出示晓谕，令原主归还所得赔赃之资，将原物领回，仍查明已染、未染，分别付给染价。倘奸商、店伙人等，于失事后，有贪利隐匿、乘机盗卖等弊，即照所隐之物，按所值银数计赃，准窃盗论。若只以窃报强，希图短赔价值者，即计其短赔之值为赃，准窃盗为从论，分别治罪。

〔大理院判例、解释例〕

● 寄托物之赔偿责任

三年八月二十五日上字第七〇三号判例

寻常铺户存置债务人财物以为质信而被劫者，虽非典铺，而事理相同，自应准用典铺赔偿之例。

● 质物被劫之责任

三年八月二十五日上字第(七三)〔七〇三〕号判例

质物被劫之赔偿，准用典铺赔偿之例。

## 9.126 得遗失物

9.126.0.1 凡得遗失之物，限五日内送官。官物尽数还官。私物召人识认，于内一半给与得物人充赏，一半给还失物人；如三十日内无人识认者，全给。五日限外不送官者，官物，坐赃论；罪止徒三年，追物还官。私物，减坐赃二等，其物一半入官，一半给主。若无主，全入官。〇9.126.0.2 若于官、私地内，掘得埋藏无主之物者，并听收用。若有古器、钟鼎、符印、异常之物，非民间所宜有者。限三十日内送官。违者，处八等罚，其物入官。

# 户部则例[①]

## 户　　口

### 民人继嗣

一、民人无子，许立同宗昭穆相当之侄为嗣。先尽同父周亲，次及五服之内，如俱无，方准择立远房。若继子不得于所后之亲，听其告官别立。其或择立贤能及所亲爱者，于昭穆伦序不失，不许宗族指以次序告争。凡继立不以同姓乾隆三十九年〔1774年〕户部郎中杨嗣曾因伊父幼继徐姓为嗣，徐姓现无疏属可继，呈请仍从伊父嗣续徐(侄)〔姓〕。户部据呈具奏，降旨令原籍地方官查明徐姓实无嫡派近支、亦无产业，特恩准其改嗣徐姓在案。及尊卑失序者，贪图财产将独子出继与人者，独子借称已经出继不(愿)〔顾〕本生者，本生父母有子、所后之亲无子而舍去者，均照律治罪。若〔所〕养父母有子、所生父母无子，欲还者，听。孀妇准继独子，谕旨：一道及分别为其子、父立继条，均详见八旗户口〔类〕。

一、义男、(如)〔女〕婿为所后之亲亲爱者，听其相为依倚，酌给财产。若招婿养老者，仍立同宗应继一人承奉宗祀，财产均分。

一、乞养异姓义子，愿归宗者，不许将所得财产携回本族。其收养三岁以下遗弃小儿，即从其姓，但不得以无子遂立为嗣，仍酌分财产，不得勒令归宗。至抱养之子，除初生抛弃者不准捐考外，如果在周岁以后非初生、暧昧不明，准其应考报捐，即用养父三代。

---

① 据同治十三年〔1874年〕校刊本《钦定户部则例》校订。

# 田　　赋

## 开垦事宜

一、各直省实在可垦荒地，无论土著、流寓，俱准报垦。一地互报，尽先报者。凡报垦，必开具界址、土名，听官查勘，出示晓谕后，五个月如无原业呈报，地方官即取结给照，限年升科。贫者酌借牛、种，升科后带还。每于岁底，州县将岁垦荒地填用司颁印照各数，造册申司，汇报督抚具题，仍于升科时核实奏销。倘垦户将实有业户之地串通捏垦、朦官给照及指他人承垦之地冒认己业者，均依隐占他人田宅律治罪。垦户不请印照，以私垦论。官勘不实，并予议处。至承垦后或实在垦不成熟，仍准报官勘明，销照退业。凡垦荒值有古冢，周围四丈以内不得开垦。

一、各直省开垦荒地，仍从民便，地方官不得稍涉抑勒，或以少报多、以多报少，或以熟报垦、以荒报熟，或飞(洒)〔洒〕钱粮、捏报升科，或抑勒首报，或托名清厘田粮、无故查丈，致滋扰累者，均予严究，从重处分。

一、各直省荒地，州县官册报开垦，该督抚即另委隔属贤员履亩丈勘，所垦与所报之数果属相符，取结送部，分别年分入额起科。倘丈勘不符，将原报官议处。如委勘之员，(初)〔一〕时朦混，日后发觉，将委查出结官一并查议。至将届升科时，该督抚按年委员复加查核。如有坍塌、更改之处，据实具题，请豁其成，熟田地仍分(则)〔别〕升科。如有应行改正而互相徇隐者，照荒熟地亩不分晰明白例议处。

一、奉天旗民垦种余地，予限二年。令自首报，地方官登入册〔档〕，于秋末春初查丈确实，造具城界、地段、亩数、花名册籍，先行送部。即自查办之年为始征租，每亩征租三分。如二年限满，不自首报者，准地邻首发，虽所垦系私产旁地，亦即撤出，入官召佃。

一、奉天旗民自首私垦余地，如系红册地旁滋开之地，准业户作为己产，(昭)〔照〕例纳租。售卖听其自便。若系另段私开及纳租余地边开出之地，仍交原佃承种。照例纳租。如无力耕作，报官另行召佃，不准私行授受。

一、盛京、吉林等处流民垦种输粮地亩，如民户回籍他往，地亩拨给旗人耕种纳粮，不许旗人私行租与民人，违者一律治罪，失察各官，查参议处。

一、养息牧河厂地亩，锦州属领荒三十三万亩，广宁属领荒三十三〔万〕亩，义州属领荒六万亩，苏鲁克三营牧丁领荒十二万亩，设立总管官一员、由广宁、义州佐领内拣派。界官二员，由(八)省城〔八〕旗防御内选拔。一切事务，界官呈报总管官申详将军衙门核办。均以三年更替。三年内经理妥协，遇缺升用，倘有过犯，随时参办。派马兵二十四名、步兵九十五名以资差委。三年无过，由总管官保送将军衙门记功，以该旗应选之缺坐补。如滑懒滋事，随时责惩，呈明将军衙门，令各该旗更换，以示惩劝。

一、养息牧河厂试垦地亩，准雇用民人开垦，或租与民人耕(租)〔种〕，及与民人伙种分粮，均听其便。仍着落该旗丁查明来历，出具的实保结备案，以凭稽考。并将该旗民等照边内地方编设保甲门牌，拣派保正、甲长稽查，按月结报。如所管村屯地亩有私开、盗典、兑佃、压租、包揽等事，立即报明该管佐领究办。该佐领每于年终加具“并无典兑等弊”印结，送将军衙门备查。

一、养息牧河厂地亩开垦成熟，照奉天伍田升科之例，每亩征银四分，责成该管官征解盛京户部充饷。其完欠分数考成，亦照伍田租银之例办理，造入余地考成案内，具题查核。

一、养息牧河厂地亩遇有水旱等灾，按成灾分数分别蠲缓，毋庸给账。如有水冲沙压不能垦复者，准呈明该管官勘明报部除租，将地亩封禁，以杜影射。

一、直隶省官旗荒地偶被沙压，州县官随时查勘，毋庸酌定年限，遇有成熟，即行议租。其盐碱沙碛及傍山濒河并草根盘结之地，定限十年，如稍带盐碱并非傍山濒河之地，定限八年。俟限满时，地方官勘明情形，量其收成，酌定租数，分别征收。旗地给还原主，仍令垦地之佃民承(租)〔种〕。

一、直隶省乾隆五十年〔1785年〕间查明不堪开垦民荒地九千七百三十七顷有奇，各州县随时查勘，如水涸、沙扬、泥淤、碱退，即行召佃垦种，于每届年终奏报备核。

一、山西省和林格尔、托克托城、善岱、清水河、昆都仑、归化城、萨拉齐等处流民认垦荒地，令开具籍贯，自觅(欠)〔久〕业。垦户作保，仍取具同垦连名互结，方准借领籽种、银两。如有抛荒、拖欠，其银两于保结人名下追赔。

一、江南通州、崇明、昭文沿海沙地佃垦工力为多，官造鱼鳞册，以佃户姓名为主，业主姓名旁附，业户虽换，佃仍世守。若佃户得受顶垦，另更令随时将顶契报官，更正册籍，每年奏销前，造册报部。

一、浙江沿海新涨沙涂，孤悬海外者封禁，附近内地者，官为丈勘，以百亩为一号，十号为一甲，挨次编册，出示召垦。承垦者，照依示内号数具呈。无论民、灶，以先报者为准，注册给照。灶则移场经理，民则归县官办。并令各垦户将所承号数自立界石。承及十号，印官亲诣点验，于十甲内择老农专司教导。六年后，著有成效，从优加奖。

一、陕西招垦无业荒地，每一壮丁平衍地以五十亩为率，山冈地以百亩为率。父子兄弟均系壮丁，量准增垦。官给执照，限年升科。其有业荒地，业主自垦，不必勒限。力不能继，亦准报官招垦，地即永给垦户。垦户他去，别为招垦。日后先垦之户，不得更争。凡该省荒地必须全无别项出产，方准招垦。其现可割漆、砍竹、采取构皮木耳等项者，悉听民便，地方官不得目为荒地，强民垦种，亦不得因现获微利勒报升科。

一、甘肃有业民田，如初系佃户开荒，借绅衿出名报垦，立有不许夺佃团约者，准原佃子孙永远承耕，业主不得无故换佃。佃户有(竟)〔意〕抗租至三年以后者，准告官驱逐，田归业主。其偶有逋欠，止许控追租粮，不许借词夺佃。若业主将田别售，令将原垦〔佃〕户姓名并租粮数目于契内一一注明，悉仍其旧。业主或欲自种，应合计原地肥瘠，业佃均分，报官执业。如非开荒，原佃子孙借端告讦者，依律究拟。

一、甘肃流民认种地亩，本户转徙抛荒，经里长召佃承种、认办粮差后，本户及其子孙归索原产，必须执有契据，始准查办。如外出一、二年者，即令召种之人收获现年籽粒，承办本年粮差，于次年地归本户。若本户外出在三年以外至五年者，准收回原地十分之七，五年至十年者，准收十分之六，以次递减，至二十五年以外三十年以内者，准收十分之二。至三十年以外，虽系本户子孙，亦不准控争。凡分地必肥瘠相间，不许偏枯。其另召之户，承种如过三年，即于赤书内作为现户，并附注老户姓名。三十年后，即将老户开除。如现户隐漏赋粮，查出治罪。

一、广东沿海沙坦出水后，方准(举)〔具〕报承垦。每人不得过一顷，多者分承协筑。仍先由图总呈报土名，绘具图册，官勘给单。每坦限三年筑就，分别独承、共承，验给县照。起征之年，换给司照执业。其逾限不筑，与筑而未成，及参差推诿者，追出原单，另召垦筑。如工成后，不愿承管者，报官召民管业，酌令偿还工本，不许私相售受。凡官勘承垦，务须查有家室能耕之人，责令邻保结报。其本籍绅衿、富豪、地棍、衙蠹，及流寓寄庄、捏名冒承者，概行禁止。

一、四川省峨眉县境内蛮归冈至太平堡一带荒地，以官料河、冷碛关东北为现垦官地，西南化林坪、〔米〕麻林为未垦余荒，此外迤西为夷人之界，明定疆址，不时察勘。如有奸民私行侵占，滋生事端，即行查明严办。

一、京旗出卖东省地亩，如系红册地边滋生余地，全数出卖者，以一半留交带地(报)〔投〕充之领名庄头，仍令给主交差，其余一半准地主出卖。如系另段纳租，余地全数退领者，亦以一半留交该庄头，仍旧给主交差，其余一半准地主出租退领。若二项兼有，总以地(亩)〔数〕多者为率，若二项相等者，从一酌留。其非带地(报)〔投〕充领名庄头，及虽系带(报)〔投〕、地亩并非全数出卖退领者，仍不准酌留。

一、京旗出卖东省地亩，领名庄头酌留余地后，所留余地均不准典卖。如地主典卖，将地主治罪，地亩查撤入官，仍交原领庄头承种。如庄头典卖，将庄头治罪，地亩撤交业主，另行派人承领。均追价给还置主。置主知情，追价入官。

一、京旗(东)出卖〔东〕省各项地亩，均由盛京户部于取结咨文内声明某人出卖之地系属何项地亩，如系庄头带(报)〔投〕之地，声明领名庄头系属何人，并将该庄头原管某项地共若干逐一〔分〕晰(分)。若系全数出卖者，将应留庄头养赡地亩照前条定数，即予分别酌留。如系陆续出卖者，每卖一次，俱令将该庄头原管地数共若干、先后卖出若干、尚存若干随案声叙，咨报京旗存案备查。除册地毋庸议外，如余地已卖至十分之五，即(行)〔应〕按照原地数目酌留，不得任听该业户以并未全卖为词，将酌留地数避多就少。

一、置主承买地亩后，如新庄头续有滋生余地，咨部有案者，遇置主复行典卖时，由盛京户部查明滋生月日，果在新庄头承领以后，仍准按数酌留。若部中并无滋生案据，置主卖地时始行呈报者，不准酌留。

## 坍涨拨补

一、新涨沙地四面临江，附近无应补坍户，谓之江心突涨，应归公召变，令州县官丈明顷亩。若地处两邑，会同查勘，秉公定价，通详召变，该司以具呈。缴价在先者，准其认(卖)〔买〕。

一、河南省沿河堤外滩地，编列区号，以五顷四十亩为一区，植树为界，每区各择一人，专司查丈造册，遇有(坍涨)〔塌长〕，随即升除。

一、浙江海宁州属南沙地亩，改隶萧山县管辖，如有涨阜新沙，查系原坍涨复，仍归海宁州原业认升，若系天涨新沙，准归萧山县民认升，均不得妄行争执。

一、江南省濒临江海沙地报坍后，如有新淤，无论与坍剩之地毗连与否，但在旧坍界内，谓之故土复生，准其查明，报坍拨补。其江心突涨四面临江及小港之内新涨沙地不在坍户界内者，应归公召变，令民灶各户自行具结承买，毋许一人承领包揽。

一、陕西省朝邑、华(除)〔阴〕二县，山西省永济一县，滨临黄河滩地，乾隆十六年〔1751年〕勘明。以六分给山西、四分给陕西，分界耕种。每亩征谷一斗，归各本省地丁案内，另款报销。如河流迁徙坍涨，照分定界限，随时报勘升除。

## 牧厂征租

一、盛京查出各城旗可垦马厂地三十八万九千八百七十四亩，听各城旗开垦，不准另招旗民垦种，仍令按照开垦年分，据实报部起科，每亩征银四分。嘉庆五年〔1800年〕定例。嗣后该处地亩升科，如系自行首报者，(准)〔均〕着每亩征银三分；系查出者，均着每亩征银四分。

一、大凌河西牧厂东界开垦地共十一万五千八百余亩，每亩征租银四分，按年征收，存库备用。

吉林八旗马厂，除官庄拨给两红旗厂地外，其余六旗厂地，募夫开垦，(候)〔俟〕五年起租，存储公所，作为官兵费用。

一、直隶宁河县七里海入官马厂地四十五顷十三亩九分，每亩租银三分，每年征租银一百三十五两四钱一分七厘，内除拨给保定驻防不敷马乾银六十六两外，余银六十九两四钱一分七厘按年入册报拨。

一、山西大青山迤北牧厂东南交界，开垦空地四千余顷，每(顷)〔亩〕征收租银二分一厘五毫，共征银九千余两。地方官照数催征，责成归绥道承催，(承)〔存〕储绥远城同知库内支领公用。

一、山〔西〕宁远(听)〔厅〕开种牧厂地五千八百一十七顷七十余亩，每亩征银一分四厘。共征银八千一百四十四两有奇，每(征)〔正〕银一两，征耗银五分。除倾销支用外，共征余耗银一百四十四两有奇。内每年解部分赏银五百五十两五钱四分有奇。

一、山西省丰镇厅经征五宇图庙并相连之赛拉马克特卜黑余剩空地三百三十六顷二十六亩，每亩征银一分四厘，共征〔租〕银四百七十两七钱六分四厘，每正银一两，随征耗银五分，共二十三两五钱有奇，除拨用支销外，解储司库，造入拨册报部。

一、山西省新平口外入官地二千五百六十四顷二十一亩八分，每亩征银一分四厘，共征租银三千五百八十九两九钱五厘，遇闰每银一两加增银三分。又摊征庄头原交差银，每亩征银一厘六毫有奇，共征差银四百十七两，每正银一两，征耗银五分。除倾销支用外，共征耗银八十二两八钱有奇，均解交绥远城将军衙门存储充饷。

一、山西省朔平粮捕同知经征助马口各庄头，每年实征粮折银二千二百四十五两五钱九分，收储厅库充饷。

一、丰镇、宁远二厅征收太仆寺牧厂地二万一千五百五十五顷七十余亩，每亩征银一分四厘，共征银三万八百五十余两，每正银一两，征耗银五分。除倾销起解支用外，实征耗银七百九十九两有奇。除原留支用，余解交直隶藩库并察哈尔都统衙门充饷。

一、绥远城粮饷同知经征(运)〔浑〕津、黑河牧厂地五百九十九顷零，每年额征米二千六百十六石八斗七合八勺，除(一)〔二〕次奏准(城壤)〔碱坏〕地亩豁免米石外，实征米一千七百二十四石三斗有奇。

一、归化城大青山后开垦拨补浑津、黑河豁除粮石厂地七百九十顷五十余亩，每亩征银二分一厘五毫，每年额征租银一千六百九十九两五钱八分六厘，存储厅库，以备采买兵粮，遇有动用，报部查核。

一、浙江钱塘江南岸昌泰、丰宁、盛盈、六围牧厂内涨复新沙地亩，查明垦熟地六万九千七百四十余亩，每亩征租钱三百文，又未垦地六万六千九百二十余亩，每亩征草租钱六十文，共计新旧已未垦地亩每年征收租钱二万四千九百四十余串，除拨给满营用费外，余俱解司充公。

一、江西南昌、新建二县征收马厂，招民开垦，租银九十九两五钱有奇，解储司库支用，按年造册报销。

一、(江西)〔西安〕满营马厂租地四百八十顷，丈出余地一顷九亩零，每亩征租银一钱二分至一钱六分不等，又丈出余地一百二十六顷零，内可种地一百顷，每亩征租银一钱，每银一两折制钱一千文。每岁折征制钱八千五百一十三串八百(另)〔零〕，径解满营交纳。所需运费，酌定兴平县租地每亩各出制钱十二文，武功县租地每亩各出制钱十五文。按年造册，报部查核。仍令不时查勘，遇有可垦余地，招垦升租，如有冲坍，随时报部核办。

一、陕西延绥镇马厂地一十四顷三十亩，拨兵耕种，每年收成在七八分以上者，以二百石为定额，如丰年多收，尽数造报，收不足数，着落经征之员赔补。偶遇灾歉，委员履勘被灾分数，核实查办，并将每年征收粮石除给籽种口粮外，其余照数造册报销。

一、四川成都满营马厂开垦山坡地(亩)〔亩〕，每年征收租银四百七十六两五钱，按年造入支款册报查核。

一、江宁驻防旧置八卦官洲芦地，每年征租制钱一万一百串，将每年应刈割柴十一万八千八百六十五束，除放兵柴六万九百六十束，旗营自行办理，以作该旗营失缺甲兵、无依眷口养赡炊爨，按年造册报销，余柴变价以作洲租。

一、山西省大青山后沙拉穆楞等处实垦熟地一千零二顷余亩，每亩租银二分一厘五毫，由归化城同知征收，每年提银三百两作为官兵巡费，其余租银解交副都统分给喇嘛七成、蒙古三成。倘经征官催征不力，照大同、朔平二府征收粮石例议处。诺门罕垦熟地四百六十九顷，地租令喇嘛自行收取，其余七百九十四顷由归化城同知征租分给喇嘛、蒙古。以上地亩每月派参领稽查，如有私押、〔私〕租，即将地亩租银追出，入官治罪。倘该官兵疏懈、贿纵，严参重处。

一、四川中营马厂官地松茅草坝下田三亩一分二厘五毫，每亩征粮银三分(二)〔七〕厘五毫。中地三亩六分二厘五毫，每亩征粮银一分二厘五毫。共征条粮银一钱六分九厘七毫，入于征收地粮册内，报部查核。

一、湖北省荆州旗营马厂坐落石首等县。开垦地二万二千一百三十一亩一厘九毫，每年征租银三千五百四十三两零，由荆州府会同理事同知督率各该县征解荆州府，转解将军衙门支放新增防兵月饷，盈余存留旗库，作为遇闰兵饷，并补给荒歉租项之用。年终造册报销。

## 寺院庄田

一、各省丛林古刹、旧经报官入册斋田，不许私相售卖，违者治罪。凡有续置，亦令报明地方官，申报上司，载入清查册。其庵观、茶亭、社庙、净室等处产业，令该住持开具数目，赴州县呈明立案。

一、盛京实胜寺等七庙庄地、园地共二万六千五百三十余亩，每亩征银八分，作为各庙喇嘛每岁应支口粮之用。各界官经征完欠考成并遇灾蠲缓，均照(章)〔奉〕天加征余地例，一律办理。

一、盛京实胜寺等七庙喇嘛自置私产并香火地一万三千八百(三)〔二〕十亩，令该喇嘛自行召佃取租。倘有苛求夺佃等事，随时(征)〔惩〕办。

一、盛京实胜寺等七庙各庄丁、园丁名下领种地亩，拨出十分之一交该管之庄头、园头，随缺管业，官给执照，载明顷亩数目、坐落村庄，仍按亩交银八分，不准私行典卖，违者究治。

## 撤佃条款

一、民(田)〔佃〕官赎旗地，官给印照，开写地亩及应征租银各数，于秋成后征收解司，汇解部库。佃民遇有事故，准其报官具退，听官招佃，不得私相授受。倘有典卖，照盗卖〔官田〕律治罪，仍撤地另佃。遇灾按照分数分别蠲缓。如有荒瘠应行除租，令该管道员亲勘，加结出具印文，申报总督衙门咨部。

一、民人佃(租)〔种〕旗地，地虽易主，佃户仍旧，地主不得无故夺佃、增租。如佃户实系拖欠租银，许地主撤地另佃。倘佃〔户〕措霸，呈官勒退。或地主实欲自种，佃户虽不欠租，亦应退地。若并无前项情事，而庄头、地棍串唆夺佃、增租者，严加治罪。

一、民佃地亩或因欠租，或因自(租)〔种〕，原业撤回地亩之内，如(有)佃户已盖(屋)〔房〕建坟占(有)〔用〕地基，即丈明亩数，令原佃照上等地交租，地主不得勒令迁移及额外需索，违者治罪。凡佃户欲于现种纳租地内盖房葬坟，地主允从者，听之。

一、民人佃种八旗入官地亩应纳官租，准照原业所收租数，每银一两减纳银一成三分，交官报解，地方官不得多收。其银两随解藩库，分季汇册解部，每年另册奏销。各官经征督〔催〕不力，指名参处。

一、民佃地亩，业户因建坟茔占地若干，准其撤地。其余地亩，仍租给原佃承(租)〔种〕。如撤地后，并不立坟，另行招佃者，照夺佃例办理。

一、大粮庄头及旗人看坟管地家奴，如系在屯居住，实无养赡，呈请撤地承种者，查系庄头、亲丁以及在档家奴，与本村居住在十里以内者，准将该地按亩撤给三成。其撤地原佃如将地亩全行撤出，准其在于未曾撤地各佃名下照前成数拨补。如该庄头、家奴等撤地后，承种一二年，另佃与人，一经控发，照夺佃例另详专条。断给原佃承种，仍治以应得之罪。

一、内务府庄头、园头拖欠钱粮革退后，亲丁、另姓、孤户等三限无人接充，内务府定例，亲丁四个月期限、另姓及孤户均三个月期限内代完钱粮，准其接充。派令现充庄头、园头就近认领，计亩交差。若庄头、园头不愿认领，责成地方官照每亩交租银一钱八九分之数按年交纳。六月交纳三成，十月交齐。由内务府派委员役前往各州县牌取，以备差需。

一、革退庄头地亩无人接充，准令现充庄头并无拖欠钱粮者具呈，先交现年钱粮整分者，撤领官地九顷，原领官地十八顷者为整分，今准更领半分官征地九顷。半分者，撤领官地十八顷，原领官地九顷者为半分，今准更领整分官征地十八顷。按额加差交粮。其陈庄头如有愿领加地者，止准撤领半分。倘有拖欠，一体查抄，备抵治罪。

〔大理院判例、解释例〕

● 违反强行法规

二年七月十二日上字第六九号〔判例〕

凡违反强行法规缔结之契约，不待当事人之声明，审判衙门当然应宣告无效。

理由《户部则例》中有效之"撤佃条款""庄头不准夺佃"之规定，佃户之承佃权(有)〔不〕因地主或庄头之易人而消灭，于法定条件内当然继续其关系。

● 〔旗地撤佃适用《户部则例》〕

大理院判例二年上字第九六号〔判例〕

旗地撤佃通用前清《户部则例》。

### 滩地征租

一、山西荣河县滩地一百一十三顷六十亩，内中地二十顷，每亩征租谷五升，下地九十三顷六十亩，〔每亩〕征租谷三升。岁征租谷三百八十石八斗，照该县市价粜银，解司报拨，按年造册，送部核销。

一、浙江省萧山县南沙境入官沙地一万一千七十五亩，每亩征银一分四厘，按年造册，题报查核。

一、山阴县充公沙地一千八百亩，每亩岁征租银钱三百文，解司充公备用。

一、富阳县新涨沙地一十九亩八分九厘六毫，每亩征官租钱一百五十文，共征官租钱二千九百八十五文，所征钱文除易银批解地丁正耗外，余息列作官租名目，提解司库，于奏销案内造册另详咨部。

一、陕西韩城县滩地三百四十二顷九十四亩九分五厘，内试种杂粮地一百六十六顷六十亩，〔每亩〕征租谷五升，又(支)〔丈〕出堪种荒地一百七十六顷三十四亩九分五厘，每亩征租谷三升，共征租谷一千三百六十二石四升八合五勺，每石折银一两二钱，岁征折色租银一千六百三十四两四钱五分八厘零，解司报拨，按年造册，送部核销。

一、广东四会县征收六箇草塘租银一千八百两，又官塘租银九百七十七两七钱六分，除支用外，余银一千六百六十余两，于奏明充公册内报部查核。

一、江南崇明县有沙无田，岁征沙课，向有常额，涨不报升，坍不豁赋，统归三年大丈于原额课摊增摊减。其余各属凡有坍没沙洲，均令地方官随时勘明，即将课赋详咨豁除，不准留粮待补。如有新涨洲地，无论子母相生、江心突涨，一概归公，责成沙总呈报，由地方官勘明定课，议租召佃承种，免其交价。或有转则升科之处，均随时专案报部，仍统于大丈案内汇题。州县岁收租息，批解藩库，该藩司在租息内按数扣出课银，归入每年奏销造报。其余租息，留为水利之用，每年仍造具四柱清册，送部备查。其从前报坍留粮待补处所，俟有新涨洲地，果与原坍处所相连，俟出水后，照案拨补。

一、江苏省书院、善堂、学租，及旗丁济运、武营调剂兵丁，并缉捕经费等项，充公芦洲定额内。如有坍缺，即行豁除。涨有新滩，与现业地亩相连者，仍准按数拨补，另行升科。寺院公产向系官为经理者，照此办理。其余私业，不得援引。

一、江苏省归公滩地租息，概收折色。上则每亩征银七钱二分八厘，分作八成，以一成完课，六成解司，一成作为公费。其余各照科则重轻，分别增减，由各厅州县设立三联版串，填明佃户姓名、征租银数，每年十一月初一日启征，令各佃户自行交纳，尽征尽解，限次年五月全完。如有未完，照杂项钱粮例核计处分。倘有侵蚀，即照亏缺帑项例参办。

一、江苏省归公洲地生有芦草，即行升科起租完课。应完课银由地方官于租息内划款批解，遇灾蠲缓，遇坍报豁，与民洲一律办理。

一、江苏省沙洲租息，遇有兴修水利津贴，由藩司确勘缓急情形，详核动放，仍将一年收支数目汇报督抚备核。至动支公费，准照依时价由两藩司各开四柱总册详咨报部。其工程细数，毋庸造送，亦毋庸逐案咨部。

# 《现行律》集解*

诸暨　史　文　编辑
上海沉益书社　校阅

* 民国八年〔1919 年〕五月出版，上海共和书局印行，群学书社、共和书局发行。原书目录页页首、正文第一页首部均题作“最新现行律集解”。

# 弁　言

查前清《现行律》，虽以“刑律”标名，然非一种单纯之刑法，乃集合诸种法典之有制裁者而成。其关于民事各条例，除与国体抵触及制裁部分外，自属继续有效。惟散见各编，检阅匪易。不佞乘公余之暇，裒集成书，定其名曰《现行律集解》。中分律文、（小注仍旧。）例文、律例意、（一篇主旨。）笺释、（纂取吉同钧氏京师法律学堂《现行刑律讲义》。）解释、（大理院法令解释。）判例、（大理院民事判决例。）余论（比较新、旧法律，附以己意。）七门，无者从缺。诖误之处，知所不免，改正补订，俟诸异日。

编者识

# 目　录

# 户　役

## 4.63 立嫡子违法

**律　文**

4.63.0.1 其嫡妻年五十以上无子者，得立庶长子。

4.63.0.2 若养同宗之人为子，所养父母无子（所生父母有子。）而舍去者，发付所养父母收管。若（所养父母）有亲生子，及本生父母无子，欲还者，听。

4.63.0.3 其乞养异姓义子以乱宗族者，若以子与异姓人为嗣者，其子归宗。

4.63.0.4 其遗弃小儿，年三岁以下，虽异姓，仍听收养，即从其姓。（但不得以无子，遂立为嗣。）

4.63.0.5 若立嗣，虽系同宗，而尊卑失序者，其子亦归宗。改立应继之人。

4.63.0.6 若庶民之家，存养（良家男女为）奴婢者，即放从良。

**例　文**

4.63.(1) 无子者，许令同宗昭穆相当之侄承继。先尽同父周亲，次及大功、小功、缌麻。如俱无，方许择立远房及同姓为嗣。〔若〕立嗣之后，却生子，其家产与原立子均分。

4.63.(2) 无子立嗣，除依律外，若继子不得于所后之亲，听其告官别立。其或择立贤能及所亲爱者，若于昭穆伦序不失，不许宗族指以次序告争，并官司受理。若义男、女婿，为所后之亲喜悦者，听其相为依倚，不许继子并本生父母用计逼逐，仍酌分给财产。若无子之人家贫，听其卖产自赡。

4.63.(3) **无子立嗣，若应继之人平日先有嫌隙，则于昭穆相当亲族内，择贤择爱听从其便。如族中希图财产，勒令承继或怂恿择继，以致涉讼者，仍将所择贤爱之人，断令立继。其有子婚而故，妇能孀守；已聘未娶，媳能以女身守志；及已婚而故，妇虽未能孀守，但所故之人业已成立；或子虽未娶，而因出兵阵亡者，俱应为其子立后。若支属内实无昭穆相当为其子立后之人，而其父又无别子者，应为其父立继，待生孙以嗣应为立后之子。其寻常夭亡未婚之人，不得概为立后。若独子夭亡，而族中实无昭穆相当，可为其父立继者，亦准为未婚之子立继。如可继之人亦系独子，而情属同父周亲，两相情愿者，取具阖族甘结，亦准其承继两房宗祧。**

4.63.(4) **妇人夫亡无子守志者，合承夫分，须凭族长择昭穆相当之人继嗣。其改嫁者，夫家财产及原有妆奁，并〔听〕前夫之家为主。**

4.63.(5) **凡乞养异姓义子，有情愿归宗者，不许将分得财产携回本宗。其收养三岁以下遗弃之小儿，仍依律即从其姓，但不得以无子遂立为嗣，仍酌分给财产，俱不必勒令归宗。**

4.63.(6) **因争继酿成人命者，凡争产谋继及扶同争继之房分，均不准其继嗣，应听户族〔另行〕公议承立。**

**律　意**

明伦序以重宗祧也。

**笺　释**

首节言立嗣之法。二节言无子立嗣之法。三节言不得以异姓为嗣，重在改姓乱宗。若但养为义子，不从姓、不为嗣，所不禁也。四节言不得以收养小儿为嗣。五节言立嗣不得乱昭穆之序。六节言不得养良为贱。若非压良为贱，不在禁限。律外又补设条例，济律所未备，更为曲体人情、仁至义尽，应一并合参。

**解　释**

查承继开始，现行法令既无明文，而本院判例，凡承继事件，非自己或自己直系之卑属有承继权者，不得告争。（统字第六五四号，六年六月复苏高）

承继事件，非自己或自己直系卑属依法有承继之权而未经抛弃者，始得告争。否则，即无告争之权。而他人之承继及占有遗产是否合法，可以不问。审判衙门仍应驳回请求之判决。（统字第五五三号，五年十二月复陇高）

据《现行律》“卑幼〔私擅〕用财”条例类推解释，经认知之同宗奸生子，如他无应继之人，亦得告争。（统字第四一八号，复沪审厅，五年三月）

据本院判例，本于“立嫡子违法”条例第一条末段之类推解释，遗留分须与得处分之遗财不失均衡。（统字第七三二号，复吉高，六年六月）

为人妾者，由其家长承受之赠与及遗赠，依照律例，自须为其已故家长守志，始

能继续享有。(统字第七三二号,复吉高,六年六月)

查《现行律》所谓"所后之亲"自指被承继人——即继父母而言。至"不得",须有不得之事实,审判衙门认为达于废继之程度者,始能许可。(统字第七六八号,复浙高,七年三月)

自己及直系卑属无承继权者,无论现继之人是否异姓,均不得对之告争。(统字第四五五号,复苏高,五年六月)

查律载"嫌隙不继",系就被承继人或其守志之妇与应继人间之关系而言(尊亲属于被承继人及守志之妇亡故时,依法自行立继者,亦同)。姑于守志之妇立继之时,虽有不予同意之权,仍应本于正当理由,不得借口所立之人与有嫌隙,而概予拒绝。所谓"正当理由",姑媳间苟有争执,审判衙门自可秉正裁断,必令陈述具体事实,为之调查认定。如果所立之人克尽厥职,必无害于家室之和平,而其姑因有蔽惑,坚执不予同意,即可裁判允许以为之代。本院于为人后者,迫于势须分财异居之情形,而其父母仍无故不予允许,及被继、承继果系同父周亲,均已协意兼祧,而同族因有希冀,坚执不肯具结等事例,均准审判衙门查明其有无正当理由酌以裁判为代。盖不如是,即无以济其穷。而推究立法之本旨,亦惟欲此类有同意权之人正当行使权利,使行为者不致不当侵损其利益。(统字第七〇九号,复赣高,六年十二月)

无承继〔权〕之族人,不能以乱宗为理由,告争承继。惟得于修谱发生争议时,提出拒绝登谱或请求削谱之诉。如不因修谱涉讼,自应认为无确认身分关系之实在利益,予以驳斥。(统字第五九一号,复赣高,六年三月)

查律例,妇人夫亡无子守志者,立继之权本在于该妇。若上无直系尊属,且可专行。至律称"须凭族长"云云,不过以其为凭证之义,并非立继行为成立之要件。故亲族或族长决不能借口干预或更为之代立,亦不能另为其亡夫之父立继,致蹈侵权之嫌。来函所称亲族立丁为甲后,待丁生子以为乙(甲之子)嗣一层,若非出自丙(乙之妻,守志之妇)意,丙自可主张其无效。即令丙曾预闻,明示同意,而查照律例,虚名待继,限制綦严。"立嫡子违法"门内载称"若支属内实无昭穆相当为其子立后之人,而其父又无别子者,应为其父立继,待生孙以嗣应为立后之子"等语,如果待继之约未备该律所定各要件,即非依法成立,自不能有强当事人以必须履行之效力。(统字第五九九号,复浙高,六年三月)

**张甲自幼给予李乙为义子,立有契约永不归宗;李乙并为张甲娶妻。李乙后生子丙。因张甲无子,遂邀同亲族公议,以李丙之子为嗣。张甲死后,忽有张甲之本宗弟张丁出头,谓当以张氏卑属为嗣。**(原文)张甲既未依法归宗,则立嗣之事,张姓族人即无干涉之余地。(统字第(四五八)〔四八五〕号,复鲁高,五年九月)

**遗弃三岁以下小儿,已从收养家之姓。及无子,准为立嗣,择立养家,则非其血统之亲,父家则久失其姓氏。**(原文)遗弃小儿既久失姓氏,已从养家之姓,则无子立嗣,自可择其养家同姓之子为后。(统字第(四五八)〔四八五〕号,复鲁高,五年九月)

甲父为养子(自幼给养年龄不可考),甲祖无子遂以为子,族众未有异议。甲祖死,甲祖母又与甲伯祖母平分祖遗财产,使甲父承受,无异词。甲父死,甲承继财产。计六十余年间,该族中曾无一人告诉其为义子。今岁忽有甲远族人提出该族谱碑一张,谓修谱勒碑之年,甲父已十余岁,而碑文甲族名下缺载生子某某;又讣帖一张,谓甲祖死时之讣闻载“螟蛉子某某”(即甲父名)等语,告诉甲义孙霸产。(原文)甲父纵系异姓,亦非依法应继甲祖之人,且证明承继开始当时所以不告争之理由(即证明并未抛弃承继权),对甲不得告争。(统字第(四五八)〔四八五〕号,复鲁高,五年九月)

独子苟具备兼祧条件,自应准其兼祧。嗣子既取得子之身分,即应一律办理。(统字第五〇二号,复鄂高,五年九月)

亲属会立继,应守顺位条文,先亲后疏。故除应继之人平日与被继之人确有嫌隙,自可准照例文不立为嗣外,不得任意择斥,以杜朋争。盖律例立继原应依照法定顺序,而例外则有择贤择爱之条。此种例外,本非为亲属会而设,当然无援用之余地。若虑所立之子年幼不能维持家务,尽可依照习惯择立保护之人(监护人)。(统字第五〇二号,复鄂高,五年九月)

关于承继案件之确定判决是否有拘束一般人之效力,固不具论,而族人非有应继资格并在最先顺位者,对于他人之不合法承继无告争之权。(统字第五六四号,复桂高,六年一月)

查律载“应继之人先有嫌隙”自指应继之本人而言,但嫌隙本毋须有具体之事实,故被承继人如与承继人家积有嫌怨,因而憎恶应继之人者,亦许另择贤爱。本院六年上字第六一八号判决盖即此意。(参照“判(决)〔例〕”栏)(〔统字第八四六号〕,复蜀高,〔七年八月〕)

甲、乙、丙兄弟三人,丙出继他房,生有三子两孙,其本支甲、乙各生二子。嗣因甲死,其子丁、戊亦相继亡故,均未有子。戊死在先,已由戊妻立丙某之孙为嗣。丁死在后,丁之妻已因与丙某之子挟有讼嫌,欲立乙某之孙为嗣。惟乙某虽有二子,现尚无孙,丁之妻已遂援虚名待继之例,经凭亲族,书立继约,丙以己非法立继告争。(原函)查函述情形,虚名待继固属不应许可,但承继开始,现行法上既无明文规定,守志之妇自得于适当之期间内,俟有适当应继之人再为立继,不得以素有嫌隙之人强令立以为嗣。(〔统字第八四七号〕,复江西高审厅,〔七年八月〕)

**判　例**

立继顺序在法律上原有一定,亲族会议实行立继程序时应依此一定顺序,择立顺位最先之人,不得有所违背。(三年上字第一二四九号)

母不忍其子之无后,确曾立有遗嘱,则依家务统于一尊之义,应认为有效。(三年上字第一二四九号)

同父周亲有子主张出继,或系独子而具备法定条件主张兼祧,均为法之所许。(三年上字第一二四九号)

**理由**　兼祧条件有四:(一)须可继之人为独子;(二)须可继之人为同父周亲,

(三)须被继及承继双方均情愿。如被继一方已无人可为情愿之表示,则根本上已无适用法律之事实,此条件自可不问;(四)取具同族甘结。如已备他条件而族人仍故意抗违,有所希冀,不为具结,应继之人自可请求审判衙门于调查是否具备他条件后以裁判代之。

兼祧一房之后再行兼祧,亦非法所禁止。(三年上字第一二四九号)

异姓乱宗,惟同宗而与承继权有关系之人,始有告争之权。(三年上字第一二三六号)

**理由** 律所以设异姓乱宗限制者,无非为尊重血统、保护同宗起见。故违反此种规定,亦惟同宗等有告争之权。否则审判衙门自不能以违背强行法规之故,遽为过度之干涉。

守志之妇合承夫分,有自主立继之权。(三年上字第一一九八号)

**理由** 律载"妇人夫亡无子守志者,须凭族长择昭穆相当之人继嗣"。

出嗣子不忍因为人后而自绝其父后,情愿归宗,即无以侄承继拒绝亲子还宗之理。(三年上字第一二一二号)

**理由** 《现行律》载"养同宗之人为子,所养父母若有亲生子,及本生父母无子,欲还者,听",又载"无子立嗣,如族中希图财产,勒令承继或怂恿择继,以致涉讼者,地方官立即惩治"等语,寻绎律意,对于承继一层,规定綦严,而于嗣子之还宗,则但使所嗣父母有亲生子,或本生父母于子之出嗣后他子皆亡,出嗣子不忍弃其所生,情愿还者,法律不设何种之限制,即容许之。诚以吾国嗣子制度重在血祀,故法律于承继则严以防争,于还宗则宽以顺人情。此至当之理也。

族长或其他亲族不得守志之妇之同意而径自为其夫立继者,其所立之嗣,非经守志之妇合法追认,于法当然不生效力。(三年上字第一一九八号)

**理由** 按:条例载"妇人夫亡无子守志者,合承夫分,凭族长择立昭穆相当之人继嗣"等语,寻绎法意,其夫生存时,既有立继专权,及其亡故,则守志之妇承其夫分,亦得行立继之权。惟其夫得径自立继,而守志之妇因受以上条文限制之结果,其实施择继之权,原则上应以族长为凭行使之。

承继事实虽经认定属实,然因承继人与被承继人不相得,依法准予废继。(三年上字第一一五号)

**理由** 律载"继子不得于所后之亲,准其告官别立",细核立法精神,本为保持家庭之和协。

妾(与)〔于〕家长、正妻均故后,若欲立继,亦仅能请凭亲族会议为之主持,惟于会议时,虽无正妻择继之全权,尚得占重要地位。(三年上字第一一九号)

**理由** "守志之妇"是否妾亦包含在内,当先问父妾是否亦得称为"所后之亲"。查《现行律》"服制"载"为人后者,为所后父母服斩衰三年。嫡子、众子为庶母服斩衰杖期",可知亲子关系当然限于所后父母,而父妾之生有子女者,虽应称"庶母",为之服期,不过仅有家属关系故。"妾为家长族服图"称嫡子曰"家长长子"、众子曰"家长众子",其称谓显然与所生子有别,则其对于因入继而取得嫡子身分者,不得称为"所后之亲",彰彰明甚。妾非"所后之亲",则其结论应如本例。

同父周亲虽为《现行律》独子兼祧法定条件之一种，但已经该亲族会合意并行使择继之权而亦无告争之人，乃遽因亲族会中一人之悔议及无告争权者之请求断令撤销，自属不合。（三年上字第九八六号）

**理由** 《现行律》所以设此种限制者，无非保护其他有承继权利之人。盖独子既不许出继，而不合条件者并不许再祧，则承继权利当然属于其他可继之人。若违反此种规定，即系侵害其他有承继权者之权利，故亦惟此种有承继权者，即在承继顺序中之人，始有告争之权。

择继之权在守志之妇，而以族长为凭证，并非谓族长即有代守志之妇择继之权。至族长意存偏向，故意不为凭证者，则得请求审判衙门代之。（三年上字第九三四号）

凡族中有应继之人，而因与立继之妇积不相得，致无可立为嗣者，则即为夭亡之子择昭穆相当之人以为嗣，亦不得指为违法。（三年上字第九三四号）

**理由** 律载“若继子不得于所后之亲，听其告官别立。其或择立贤能及所亲爱者，若于昭穆伦序不失，不许宗族指以次序告争。若独子夭亡，而族中实无昭穆相当可为其父立继者，亦准〔为〕未婚之子立继”等语，本此法律之真意类推解释，如本条之例。

被承继人病殁后，承继人已经入继，在当日即令果系独子，而涉讼已在次子出生以后，则承继人已非复独子，其承继因次子之出生而补充为合法。（三年上字第八九九号）

养子年老无子，律无必须立嗣之明文。（三年上字第八六五号）

**理由** 律载“无子者，许令同宗昭穆相当之侄承继”，律意所谓“许令者”，实非无子者即有立嗣之义务，故与“妇人夫亡无子守志者，须择人继嗣”之文，显有区别。

继书在现行法上并无以此为承继成立之要件。（三年上字第八四七号）

子婚而故、妇能孀守之独子，依律虽应为立后，而支属内实无昭穆相当可为其子立后之人，而其父又无别子者，应为其父立继，待生孙以嗣应为立后之子，亦为《现行律》文所明定。（三年上字第八四七号）

孀守之妇已故，依至当之条理，其立继权自应由亲族会议代行之。（三年上字第七七九号）

得立为嗣子者，本限于昭穆相当之侄，断不容以无子径行立孙。（三年上字第七七九号）

若被承继人在生之时与承继人家先有嫌隙，则亲族会议亦自不能违反例文规定，为无效之立继。（三年上字第六一八号）

争继积嫌之人，当然不能加入亲族会议。亲族各员如有故意作难，有所希冀者，得请求审判衙门调查其拟定之人合法后，即以裁判代之。（三年上字第六一八号）

三次承丧引柩并书主奉嗣，足以证明其承继关系之成立。（三年上字第六一〇号）

妾既未取得妻之身分，即不得谓为继子所后之亲，实无立继、废继之权。纵使有亲族等扶为正妻之事，在现行法上不生效力。（三年上字第六一〇号）

兼祧以两相情愿为条件。若双方父母生前既已表示不愿或择立他人之意思者，则与两相情愿之条件不符，自不在兼祧之列。（三年上字第五八四号）

凡无子而依法择立嗣子后，却又生子者，苟非依法表示废继之意思，或就其财产为特别处分，则其原立嗣子并不退继，而所有财产亦应均分。(三年上字第五六八号)

独子失亡立嗣，后失亡之子却生还者，如果被承继人于生前或以遗言自行立嗣者，其后所生子复生还，自无排斥嗣子之理。如被承继人死后，为宗祧计，始由亲族会议或审判衙门判断为立嗣者，所生子归来，自难援立嗣后生子之例，谓原立子应与所生均分家产，毋庸归宗；惟尚得酌给财产。(三年上字第五六一号)

**理由** 按《现行律》关于独子失亡立嗣，后失亡子却生还，原立子应否归宗，并无明文规定，自应比附其他条例，为类推之解释。例载"若立嗣后却生子，其家产与原立子均分"等语，是立嗣在先者，后虽生子，仍与所生子同视，既均分家产，则并不令其归宗可知。则凡因所生子失亡立嗣后，所生子却生还者，似可援照此例，不令归宗。惟立嗣生子者，其立子当然在被承继人生前，无论择贤择爱，本于被承继人之自由意思，故其后不能以生子而复弃原立之子。失亡而立嗣者亦然。若被承继人死后始由亲族会议或审判衙门判断为之立嗣者，则立嗣之始，已未合乎被承继人之意思，盖被承继人于生前所以始终并未立嗣者，无非期所生子之生还耳。虽由上述方法为之立嗣，而一旦所生子归来，则宗祧既不虚悬，亦未反乎被承继人之意思，自难援立嗣后生子之例。惟《现行例》于乞养义子者，虽不许为嗣，亦尚准酌给财产，则因所生子生还而令嗣子归宗者，其应酌给财产，尤属当然。

《现行律》所谓"夫亡无子、守志之妇人"系指正妻而言，即为夫立继之权，惟正妻有之。(三年上字第五五四号)

**理由** 《现行律》载"有妻更娶妻者，后娶之妻离异归宗"，则后娶之妻不能取得妻之身分，即无为夫立继之权。

寻常夭亡未婚之人，依律实不应为之立后。(二年上字第五八号)

无子立嗣，自应以族服之亲疏远近为准。若近支无人承继或不愿承继，则不能不择立远房。若族中既有昭穆相当之人，实无为父立嗣俟生孙以嗣应为立后之子之理。(三年上字第五一一号)

有择继权者，其关于承继问题在裁判上之陈述，决非无效。(三年上字第四四七号)

昭穆既属相当，则无论承继人是否年长于被承继人，均不得[谓]为违法。(三年上字第四四七号)

**理由** 《现行律》就无子择继，仅令不失次序、昭穆相当，并无限制年龄之规定。

立继如系昭穆失序，则审判衙门不得不以职权为无效之宣告。(三年上字第三八五号)

被承继人之立继权应于何时行使，在被承继人固有绝对之自由。及其死亡，由守志之妇行使立继权，法文则有"须凭族长"之语。是虽无时间(如被承继人死亡时)之限制，要不能由其妇任意延宕。至守志之妇亦亡，而以被承继人之直系尊属或亲族会议行使立继权，则一切立继顺序及当否问题，皆应以守志之妇死亡时为根据而解决之。(三年上字第三〇〇号)

理由以被承继人之直系尊属或亲族会议行使立继权者，则用当然解释，不许任意延宕，更无可疑。且尤有进者，妇在尚有承夫分之人，妇亡则遗产无所归属。于此立继，应于守志之妇故后即时为之，始可杜绝各种弊端。

所后之亲故后，废继原因发生，应否由亲族会议主持，现行法上并无明文，似不能概援立继之例而行使废继之权。然果有重大废继之原因，如其所后之亲尚在，亦必从事于废继者，条理上自应认亲族会能代为〔请求〕审判衙门以裁判宣告废继。审判衙门审查此项请求，若认为不当，仍应予以驳回。(三年上字第六五号)

**理由** 例载“继子不得于所后之亲，听其告官别立”，是其原因之有无，必经裁判上之审定，并不以所后之亲主持为已足。

择继应及次第，以服族之亲疏远近为准。而出于择贤择爱，则只以昭穆伦序不失，即不拘于亲疏远近，同一伦序之中不许以先后相争。(三年上字第二四二号)

支房长子出继，现行法上既无禁止之明文，习惯上亦无何等之限制。(三年上字第二三五号)

独子除兼祧外，不得过继他房。(三年上字第一八六号)

为父立继待生孙以嗣，不得以疏先亲。(三年上字第一八六号)

**理由** 按该条例例文所谓“为其父立继，仍应按照条例第一条所定亲疏之顺序，①不得以疏先亲”，故在最先顺位者如有数人，均非独子，或同一顺位之人有非独子，可毋庸令独子兼祧者，本无疑义。若系独子，而在同一顺位者，并无他人，自应适用该条例第三条第六例②兼祧承嗣。

现行法惟对于父有别子者，准为虚名待继。(三年上字第一八六号)

**理由** 按现行法例有“待生孙”之条，又从前惯例，已死之人亦可因辈次关系立为人后，而以其子作为嗣孙。观此二例，似《现行律例》通认虚位待继。然如前例于最后所欲立之继，虽尚虚无，可认为一种虚名待继；而于接续被承继者，则有现存之人，此接续之人亦为一种之承继人。法文“为其父立继”云云，即属此意。后例则接续之人虽已虚无，而真正欲立之继，则亦现存之人，已取得嗣孙名义，更无所谓待继。是皆与全然虚拟、并无现存之人为之承继者不能无别。现行法认虚名待继之范围，应以《现行律》中“立嫡子违法”条例内第一条(即“无子者，许令其同宗昭穆相当之侄承继”云云之例)所谓“如俱无”及第三条中第四段(即“若支属内实无昭穆相当为其子立后之人”云云之例)所谓“实无”二字之解释如何而为断定之标准。通观二条例之意，现行法惟对于父有别子者，准为虚名待继，即依条例第一条，无论立继者何人，得于被承继人有别子时，为应为立后之子虚位待继，其在最先之承继顺位人苟于事实上犹有希望其可以出生之状况时(如其父健在

① 所谓“条例第一条所定亲疏之顺序”应指《现行律》“立嫡子违法”条第一则例文[4.63.(1)]“先尽同父周亲，次及大功、小功、缌麻。如俱无，方许择立远房及同姓为嗣。”

② 所谓“该条例第三条第六例”应指《现行律》“立嫡子违法”条第三则例文[4.63.(3)]末句“如可继之人亦系独子，而情属同父周亲，两相情愿者，取具阖族甘结，亦准其承继两房宗祧。”

时),可以虚立为继。(若其父至死不生时,便应如何,此问题与本案无涉,暂置不论。)反是,其父并无别子时,则应以现实之人(胎儿同论)为嗣,方始合法。故最先顺位之人,非已出生即为胎儿,否则应由次顺位之人承继,不得以最先顺位虚拟之人待继。简言之,第一条"如俱无"三字,除有第三条第四段情形外,当解释照上开说明听其虚名待继;第三条第四段中"实无"二字,则无论何时,必为现实之人与胎儿也。不过立继之人如为已故,宗祧承继人之父可以自由意志悬待所欲立之人出生后,始为立继行为,实不受法文拘束耳。其理由有二:(一)通观《现行律例》之精神,凡父无别子者,不欲其宗祧有中断之虞,致与宗祧根本存在之本意相背,故不得不采以上之解释。(二)最亲近间能发生过继关系,尤于家族和平可臻圆满。

守志妇有代夫择继之权,继子一经立定,除不得于所后之亲准由所后之亲告官别立外,断非其他族人所得干涉。(三年上字第九九号)

例载"为子立后"各条,皆以有子为前提。被承继人既未有子,则嗣孙之说自无从成立。(三年上字第七〇号)

《现行律例》固无绝大宗以后小宗之谓,然大宗独子兼祧小宗则本例所不禁。(三年上字第一七五号)

被承继人及守志之妇俱已丧亡,按照现行法例即由亲族会公议立嗣,亦非禁阻。惟是否择贤择爱之例外亦属准用,尚属待解决之问题。(二年上字第一〇九号)

**理由** 《现行律例》例意,应继次序本有一定,惟例外许其择贤择爱,不依次序,然仍必以继子不得于所后之亲或应继之人平日先有嫌隙者为条件,此在被承继人及守志之妇所当遵守者也。至择继之权,本属于被承继人,其代行此权者,则为守志之妇。例载"凭族长择相当之人继嗣"云者,系以族长为凭证之谓,非即谓族长亦有择继之权。

继承律上本不能以族长之资格主张立嗣,不过召集亲族会公议承立,然亦须依据法定顺序。(二年上字第一〇九号)

独子虽出承长房大宗,如合于兼祧条件,亦得还承本宗。(二年上字第四八号)

异姓乱宗实为现行法规所禁止,此种行为即属当然无效,审判衙门自应径予宣告。(二年上字第六四号)

被承继人虽有逐帖,然无废除继子之意,且未经告官废立程序;守志之妇对于该承继孙更未具备法定废立条件,履行告官程序,亦未有废继之主张,则其承继为有效,尤不待烦言而可断。(二年上字第八八号)

守志之妇既无不为其夫立后之意思,自应承受其夫应继之遗产。(三年上字第一九八号)

母之后夫及同母异父之子所有财产,如系独有,则无论其母之嫁或因招赘、抑因下堂,均不得主张分析。反之,如系共有,或虽非共有而其一部分为所应有,则自有主张之权利。(三年上字第一一〇八号)

**理由** 《现行律》所谓"招婿养老,家产均分"系指无子之人一面招婿养老、一面仍立同宗应继者承奉祭祀之时而言;所谓"情愿归宗,不许携回分得财产"系指乞养义子而言。若赘夫非养老之婿可比;异父之子亦非乞养义子,无所谓归宗。

异姓义子不得以无子遂立为嗣。惟养子与养母相依多年,本于该当事人之意思,即认为义子,亦非不当;而另择同〔宗〕昭穆相当之人立继。其酌给财产,由养母于承受财产内自行主持。(三年上字第八九八号)

养老赘婿不得承继宗祧。(三年上字第七八七号)

异姓义子若不为所后之亲喜悦,则所后之亲自有令其归宗之权。(三年上字第五六七号)

**理由** 条例文内虽有“乞养异姓义子,不必勒令归宗”之语,然此乃对于律文“其乞养异姓义子以乱宗族者,其子归宗”一语所设之例外规定。谓“乞养义子为所后之亲所喜悦者,许其相为依倚”,不必仍依律文强其归宗,即非根本的废止归宗之律文。

酌给财产原属赠与行为。(三年上字第五六七号)

废继之子,对于所后之亲,决无要求酌分财产之权。(三年上字第五三〇号)

**理由** 《现行律》立嗣之后生子,既令家产与原立子均分,而义男女婿等亦令酌分财产,独与废继之子并无酌给财产之规定,则可知律意所在。继子既不得于其所后之亲而别立,即恩义两绝,所后之亲自无酌给财产意思。

妇未改嫁,即得承受夫分。(三年上字第四八四号)

**理由** 《现行律》户役门有“改嫁者,夫家财产及原有妆奁,并听夫家为主”。

异姓义子,财产只能酌给,不能与亲生子或继子均分。(三年上字第三八〇号)

名为义子,实系族人,其承继自为有效。(三年上字第三一〇号)

所养异姓义男,虽不得立以为嗣,而无论是否三岁以下,即予收养,不得勒令归宗。不过以自己意思情愿归宗之养子,除法律有禁止专条外,尚有不得携所分财产归宗之禁令。(三年上字第三〇四号)

酌分财产,凡收养三岁以下遗弃之小儿,固得有领受之权利。其为所后之亲喜悦者,无论所后之亲或存或亡,均得领受之。(二年上字第六一号)

分给财产之标准,虽无一定,当然以其侍奉所后之亲及尽力于所养之家之实在情形为标准。当事人间若有争执,审判衙门要当为公平之判断。(二年上字第六一号)

被承继人已故,承继人应受财产中如何酌给异姓义子之处,得由亲属公平协议之。(三年上字第二一〇号)

收养遗弃小儿即从其姓者,按照《现行律》,应以三岁以下为限。(三年上字第六五号)

后娶之妻应离异归宗,并不能取得妻之身分,即不能有承受夫分及择立继嗣之权。(二年上字第一〇〇号)

**理由** 《现行律例》一夫不得有二妻,故有妻更娶,实为强行法规所禁止。此种婚姻,在现行法上,其缔结之始,即当然无效。即相婚者,虽已丧亡,应视其婚姻早不存在。审判衙门应本于前示法则,径予宣告,断不能以之为他种权义关系发生之渊源。

酌给财产,必须具有条件,准情之所至,非得强制与嗣子均分。(元年上字第二一号)

**理由** 酌给之条件:一则为所后亲喜悦;二则收养为三岁以下遗弃小儿。盖以二者恩谊既深，不比寻常。

继母之特有财产，除其生养死葬费用外，若有剩余，即应归承继人承受。（三年上字第三一八号）

财产承继与宗祧承继虽（分）〔非〕绝对不可分离。惟依一般习惯，除被继人及其守志之妇有特别意思表示外，其遗产自应由承继人全部承受。（二年上字第二三五号）

**理由** 择继权之人如有特别意思表示者，则仍应从其意思。

承继财产之取得应自其有效为承继人后，始生效力。（三年上字第四五号）

**理由** 被承继人死亡后，依承继顺序立于得承继地位之各人，于承继财产，自属绝对无权处分。

妇人亡故，所遗私产，均归其夫承受管业。（三年上字第七号）

承继财产不能与未出继之人成立共有关系，即无强求分析遗产之权。（二年上字第一〇一号）

承继争执中遽行处分遗产，与他人缔结买卖契约，应认为无效。（三年上字第一一七五号）

**理由** 承继争执中，其承继身分既未确定，即当然无取得财产之权原，自不得有处分继产之权。故一方与第三人缔结之买卖契约，即属无权处分，不能认为有效。

出继他宗之子不得与其本宗同父兄弟分析本生父家财，亦不许同父兄弟分析出继兄弟之承继财产。〔（三年上字第八三五号）〕

本宗及出继他宗之兄弟协议将本生父之遗产及出继人所得之承继财产合而为一，仍按人数均分者，则为法所不禁，仍属有效。〔（三年上字第八三五号）〕

守志之妇对于承继财产即有管理之权，于必要时更有处分之权；其属于共有者，亦得依法请求分析。（二年上字第五〇号）

承继人夫亡妇存者，承继财产固应由守志之妇管理；至妇亦亡者，由其适当之亲族公同保管，均不得私擅处分。一俟亲族会议依法酌定继嗣后，即行如数交出，由其承继人管业。（三年上字第七七〇号）

已婚之子，其妻孀守，妻未及为夫立嗣而卒，则其遗产断非族人可以亲族资格任意剖分。（三年上字第五八九号）

出继子之财产，自不能反于该出继子之意思，遽与本生父之财产同视，或以充作清偿债务之用，或丧失其请求偿付之权。（三年上字第一七一号）

无子立嗣，苟无同族之人，虽择立同姓，亦为法所允许。（六年上字第一一三三号）

守志之妇有为夫立继之权，其直系尊亲属不得反于守志之妇之意思，代为立继；必守志之妇与承继人俱亡时，始有立继专权。唯依家务统于一尊之义，守志之妇亦非得其夫之直系尊亲属之同意，不得立继，否则该尊亲属得以主张撤销。然如果实已得同意，则其立继行为自系合法，不得无故翻悔。（六年上字第一一三三号）

独子固不许出继，但兼祧则为例所明许。既为兼祧，即为兼承两房宗祧，自无后此绝彼之可言。（六年上字第一二九七号）

按《现行律例》，无子者，除生前自行立嗣外，择继之权属于其守志之妇。律文所称“须凭族长立嗣”云者，不过谓立嗣应以族长为凭证而已，并非以族长同意为立嗣之要件。（六年上字第二四四号）

继书并非立继要件。（六年上字第一〇二八号）

**余 论**

嗣子者，法律拟制之子也。嗣子与所嗣父母，本无亲子关系，法律模拟自然亲生子，假定其为所嗣父母之子也。嗣子因所嗣父母有立嗣行为而生亲子关系。立嗣行为者，使非自然亲生子与自然亲生子生同一亲属关系之法律行为也。立嗣制度，发源最古。吾国不必论。即在欧西，亦于罗马时代，即已盛行。近世各国，除英、美、荷兰不采此制外，若意、若比、若德、若日本，无不有之。惟欧西立嗣精神，与我稍异，其注意惟在慰藉孤独、救护贫困、扶助遗孤、奖励战士，而于继续宗祀一层，则殊非所重。我国《礼经》，即有“为人后”之文。古重宗法，大宗为一尊之统，大宗无后，族人应以支子后大宗，[1]故惟大宗得立后，而小宗则不立，支庶更不论矣。子夏传曰：“为人后者，孰后？后大宗也。”又曰：“大宗者，收族者也，不可以绝。”何休云：“小宗无后当绝”。[2] 孔子曰：“凡殇与无后者，祭于宗子之家。”[3]由是观之，中国古昔立嗣制度，实与宗法制度、祭祀制度切切相依而不可分离，决非欧制所能比拟。自三代以后，封建废，世禄绝，无大宗，无小宗，人各亲其亲，各称其称。暮年失子者，既不能听其孤独零丁无所依倚；身后有遗产者，更不能任其货财、房屋无所归属，故立嗣精神不能尽与古合。《现行例》“无子者，许令同宗昭穆相当之侄承继。若立嗣之后，却生子，其家产与原立子均分”。曰“无子者”，则凡无子者皆是，无大宗、小宗及为嫡、为庶之区别也；曰“其家产与原立子均分”，则于承嗣之外，尤注重家产之处置也。《民律草案》则折衷古制，参酌今义，分别规定于“亲属”、“继承”两编，不具述。

凡立嗣必有立嗣行为。立嗣行为之要件有二：一为实质上之要件，一为形式上之要件。形式上之要件，本律无规定，应释为非要式行为。实质上之要件，即为嗣父母及为嗣子所必需之资格也。我国习惯，立嗣之意重在为嗣父立后，但使为嗣父之要件具备，即得立嗣；而嗣父之妻，即为嗣母。故为嗣父者，须具有必需之要件：

（一）非成年人不得为嗣父。我国嗣子制度精神，与外国异。外国嗣子重在养生，我国嗣子重在慰死。重养生，则立嗣为慰藉之具，而年龄之限制不得不严；重慰

---

① 《仪礼·丧服》“大宗者，尊之统也。大宗者，收族者也，不可以绝。故族人以支子后大宗也。”（汉）郑玄注，（唐）贾公彦疏：《仪礼注疏》，彭林整理，王文锦审定，北京大学出版社2000年版，第668页。

② 子夏“传曰”、何休所云，分别见（汉）郑玄注，（唐）贾公彦疏：《仪礼注疏》，彭林整理，王文锦审定，北京大学出版社2000年版，第668、669页。

③ 《礼记·曾子问》。（汉）郑玄注，（唐）孔颖达疏：《礼记正义》，龚抗云整理，王文锦审定，北京大学出版社2000年版，第715页。

死，则立嗣为(似)〔嗣〕续之计，而年龄之资格不妨稍宽。本律寻常夭亡未婚之人，不得概为立后。又所故之人业已成立，俱应为其立后。所谓"夭亡"，究以若干岁为限，意义不明。据《户部则例》以二十岁上下为限，则犹古人长殇之义(《礼》年十七至十六为长殇，十五至十二为中殇，十一至八岁为下殇)；且以夭亡与成立对举，男子成立至速亦在二十岁上下。《民律草案》以明文规定成年男子已婚无子始得立嗣，较为醒豁。

(二)非男子不得为嗣父。现今认嗣子制度之国，得立嗣者，初无男女之别。即未嫁之女，亦得立嗣；已嫁之妇，不为其夫立嗣而为自己立嗣。征诸我国习惯，则大不然。不独未嫁之女无立嗣之条；即已嫁之妇，亦不得为自己立嗣。盖妇人从夫不从身，立后后宗非后己。因其夫有后而己亦有后，不得第使己有后而令其夫(有)〔无〕后。我国专用男统，不用女统，其结果不得不然。既不认女统，故女子不得离男子而有嗣子。故非男子，不得立嗣。本律于此层无禁止及容许明文，盖理所当然，故不另设明文也。

(三)非已婚之男子不得为嗣父。得子为婚姻结果，欲子而婚，人之常情。若不婚亦可得子，启壮男不婚之弊，有人口减少之虞。且世风日薄，乡曲细民每以立嗣为分析财产之计，但使无子者有屋数楹、有田数亩，族党即群起争执，强欲以其子弟为嗣。故限制不得不严。本律载明未婚之人不得(载)〔概〕为立后，诚慎之也。

清乾隆三十八年〔1773 年〕江西按察使胡季堂请定〔承〕继条规，辨明例称"无子者"系指已经成立并娶有妻室者而言，是已经成立而未娶有妻室者亦不得立嗣也明矣。

(四)非无子者不得为嗣父。无子者，无男子之谓也。故有女子者，仍不妨立嗣。盖先已有子，更以他人之子为子，既有害于先有之子之权利，更足以酿家庭之变故。且立嗣之制，所以济人事之穷，本出于不得已。有子而更立嗣子，于义何居？亲爱之人不笃，自私之念大胜，己则多子而不恤之人之无子，悖理灭情，孰甚于斯！《唐律疏议》"依(月)〔户〕令：'无子者，听养同宗于昭穆相当者'"，[①]本律"无子者，许令同宗昭穆相当之侄承继"，敦彝伦，弥祸源，防微杜渐，用意甚深，故《民草》从之。

为嗣父者，须具备上述四条件固已。虽然吾国情形，不能纯以法律相绳。《礼》"不孝有三，无后为大"，《传》曰"名德之后，必有达人"，若其人既已成立，或且执干戈以卫国家之难，不为置后，无以劝贤，无以教忠。至若丁单族薄、独子夭折，又或穷嫠守志、誓不再嫁，不为置后，何以继绝，何以全贞！故本律于此种人死亡后，均许为其立嗣。

---

① 《唐律》户婚"养子舍去"条"疏"议，见(唐)长孙无忌等撰：《唐律疏议》，刘俊文点校，中华书局 1983 年版，第 237 页。

次述为嗣子之要件。

(一)非男子不得为嗣子。我国嗣子制度重在承祀,且又专重男统,不用女统,女子不能承嗣——即不能为嗣子,此理之至明者也。

惟是民间习惯,亦有养女,《现行例》亦无禁止养女明文。《唐律》违法收养异姓男子者,徒一年,而收养异姓女子者,不坐。养女制度久已为我国习惯及法律所公认。然养女制度,害多利少。民间养女,考其目的,不外三种:一预养童媳,俟长大之后以为子妻,而未成婚以前,为其养女;二因己无子女,养他人女,备日后招婿养老之图;三购买贫女作为养女,教以歌唱,使其从事贱业。童养媳流弊至大,断宜废止;第二种亦非必需,盖法无子者得立嗣子,自不必舍男子而养女子;至第三种实即买良为娼,尤干例禁,故不如竟废此制之为愈也。(广州习惯,民间多蓄养女,待其长成,以备他人侧室之选,而从中获取厚利,虽缙绅大家犹不能免,宜乎粤人多妾而风俗乃至不堪闻问也。噫!)

(二)非同宗或同姓不得为嗣子。我国嗣子制度重在承祀。鬼犹求食,须求所归。立嗣精意,实基于此。《传》曰“神不歆非类,民不祀非族”,①诚以血不相属,则气不相通;气不相通,则祭无由格。虽曰迷信,亦仁人君子之用心,未可厚非者也。外国立法例无此制限。以彼此素无瓜葛之人,一经立约呈报,即生父子关系,朝为路人,暮为骨肉,不无可议。惟异姓为嗣,自唐迄明,皆干例禁,本律亦然,故以同宗同姓为限。然考之载籍,古人以异姓亲属承嗣者,不可胜计。见于史者,如魏陈矫本刘氏子,出嗣舅氏;吴朱然本姓施,以姊子为朱姓后。本律旗人实无同父周亲及五服、远房、同姓等得立为嗣之限制。近世民间习惯以二姓兼称者,更仆难数,大抵皆以异姓亲属为嗣。诚以寻常异姓,本属路人,无骨肉之亲,以其为嗣,诚大不可。至异姓而为至近亲属,则微有不同。论血脉,则彼此姻娅,同根一本,较同宗之人或犹近也;论情谊,则往来亲密,自幼团聚,较宗亲或犹亲也。宗亲同宗俱可承嗣,而异姓亲属独断断然以为不可,似非人情所近。故《民律草案》明定专条,许以异姓亲属为嗣,而仍严定范围。一为姊妹之子。以其有似昆弟之子侄可承伯叔,甥亦不妨承舅也。二为婿。其妻为亲生之女,究较他人为亲也。三为妻兄弟姊妹之子。自妻言之,为以侄承姑,亦有血族关系也。三者之外,仍不许滥行为嗣。于变通之中,仍寓限制之意。虽将来能否成为法律,尚属悬问,不可谓非立法之进步也。

(三)非亲族中昭穆相当之人不得为嗣子。宗庙之礼,父昭子穆,“昭穆相当”谓尊卑不失其序。盖辈分不相当之人,若得为嗣子,极其弊,必至伯侄可以易位,昆季可互相为后,亲等变乱,名分乖违,而一切亲属关系,悉混淆而不知所极。故无论古

① 狐突语,见于《左传·僖公十年》。(周)左丘明传,(晋)杜预注,(唐)孔颖达正义:《春秋左传正义》,浦卫忠等整理,杨向奎审定,北京大学出版社2000年版,第416页。

今中外，皆不之许。

（四）非有兄弟者，不得为嗣子。即独子不能出嗣。《礼》曰“适子不得后大宗”，①明乎绝父以后人之不可也。独子而出嗣，自嗣子言之，是不忍于人之父母而忍于己之父母，不孝之尤也；自所嗣父母言之，是夺人之子以为子，不忍于己之不祀而忍于人之不祀，不仁之甚也！故不许焉。但兼祧不在此限。

## 4.69 别籍异财

**律 文**

4.69.0 **凡祖父母、父母在，子孙别立户籍、分异财产者，“处罚”。若居父母丧，而兄弟别立户籍、分异财产者，“处罚”。**奉遗命，不在此律。

**例 文**

4.69.(1) **祖父母、父母在者，子孙不许分财异居。其父母许令分析者，听。**

**律 意**

惩薄俗、敦孝弟也。

**笺 释**

祖父母、父母在而别籍异财，恶其有离亲之心也。父母亡而兄弟虽许分析，然三年之丧未满而别籍异财，恶其有忘亲之心也。例文足补律文所未备，当合参之。

**判 例**

应继财产，自应归应继之人承受。惟父亡母在者，应继之人不能反乎其母之意思，与之异财析居。（三年上字第三四号）

凡未经父母允许擅认家产为分属于一己之财产，及异居后强欲同居者，均所勿许。（三年上字第五六号）

例载“祖父母、父母在，子孙不许分财异居。其父母许令分析者，听”。按：夫妇本属一体，例中虽只就于子规定，而对于子之妇，自应准用。（三年上字第五六号）

**余 论**

人死而继承之事以生，本为古今中外所从同。惟我国向有祖父母、父母在许令分析家财、别籍异财之例，故凡未经许可，擅自分财别居者，不得不有禁止之规定。又考各国法律，概重个人权利，继承人既有继承财产之权利，则法律上权利所在，他人不得干涉，即母子之间亦然。故若欲分财产，得以自由意思而定。然其法不能无弊。盖继承人不必皆贤，倘其中有一人焉，平日浪费无度，不知自立，父在或严其教

① 语出《仪礼·丧服第十一》。参见（汉）郑玄注，（唐）贾公彦疏：《仪礼注疏》，彭林整理，王文锦审定，北京大学出版社2000年版，第668页。

训,不敢过肆,一旦继承起始,若听其分析,遗产则或归其所有,后竟自消费净尽,变为饿莩。是欲重其权利,反失所以保护之道,非法之善也。惟与其母以允许之权,其子而贤,尽可听令分析,各谋独立;其子而不肖,亦可不允所请,别筹善法以为保全。矧吾国习惯,有母在者,遇有重大之事,本应奉命而行。母子至亲,对于其子利益,自能保护周至。故现行判例及《民律草案》均许母以允许之权,于礼教风俗均为切法。若夫父有遗命,许其分析,则父命先于母命,自以先从遗命为宜。再居丧嫁娶,虽于礼教有亏,然此乃公益问题,非私人所能据以告争,且制裁部分又因《新刑律》之颁行而失其效力,尤宜注意。

## 4.70 卑幼私擅用财

**律　文**

4.70.0 **凡同居卑幼,不由尊长,私擅用本家财物者,“处罚”。若同居尊长应分财物不均平者,“罪亦如之”。**

**例　文**

4.70.(1) **嫡庶子男,分析家财〔田产〕,不问妻、妾所生,止以子数均分。奸生之子,依子量与半分;如别无子,立应继之人为嗣,与奸生子均分;无应继之人,方许承继全分。**

4.70.(2) **户绝财产,果无同宗应继之人,所有亲女承受。无女〔者〕,酌拨充公。**

**律　意**

为居家用财者立法,所以教民孝弟慈爱也。

**笺　释**

父辈曰“尊”,而祖辈同;子辈曰“卑”,而孙辈亦同;兄辈曰“长”,弟辈曰“幼”。家政统于家长,而家财则系公物。虽为公共之物,但卑幼得用之,不得自擅也;尊长得掌之,不得自私也。若卑幼不禀命而私用,是谓专擅;尊长当分散而不公平,是谓利己,厥失维均也。

此律可与“立嫡子违法”律及婚姻门“招婿养老”与“继子均分家产”例参观。

**解　释**

卑幼私擅处分其父兄之财产者,与处分他人财产同。无论契约之相对人是否善意(即是否知情),其物权移转契约为无效。(但有代理关系时,不在此限。又,债权契约非无效契约,当事人仍可依债权法则办理)(第一)如父亡母存,家产已传诸其子,而其子已达成年者(《现行律例》以十六岁为成年),无论其家财系由自己或其母管理,非得其母之同意,不得私擅处分家财。违者,其母苟未追认,有撤销之权。(非当然无效)(第二)若其子年幼,应分之家财由母(母亡而另有家长、保护人时亦同)代为管理,而其子将来得有其母特许处分或管理及处分之财产,私擅处分时,当然可适用未成年人负担义务行为之民事法条理办理。(第三)反是,卑幼得有私财,为现行法律所不禁。除仍应适用上述第三种限制外,已达成年之人,均可自由处分。(第四)前述第一至第三情形,纵有时其子具备法理准禁治产之条件,尚无必待宣告之必要。惟在前述第四情形,及父母均故,成年人之于承继财产(家产)或因浪费等事,有以宣告为宜者。然现行法令关于此事虽无明文规定,如实际因心神耗弱,或为聋、为哑、为盲及浪费等情,本置有保护人或向由其同居近亲任保护之责者,则虽未宣告准禁治产,苟无保护人之同意与追认,对于恶意(知情)之契约相对人,当然可由其保护人等准用民事法准禁治产之行为得撤销之例办理。即因有万不得已情形,声请审判衙门为之立案者,审判衙门似可酌用准禁〔治〕产条理予以立案。第应否准用此项程序,准其立案,仍应斟酌各该地方习惯办理。且于立案之后,契约相对人如能证明实因正当事由而不知者,亦除有惯例外,仍难认其有对抗之效力。(统字第二二七号,复鄂高,四年四月)

妇人夫亡有子,为养子招夫者,如系得夫亲同意,对于夫家虽因再醮而断绝关系,而对于其子仍可认为夫亲所设定之监护人,自有代理其子管理财产之权。如无子而招夫者,关于前夫家之财产,自应由夫家作主,该妇人自不能再行干涉。(统字第三七二号,复浙高,四年十月)

父在,子不得为家财之主体。故子所欠之私债,除就其私财(即子之特有财产)执行外,无就于祖产执行之理。(统字第四八四号,复苏高,五年九月)

被承继人如非户绝,已无同宗应继之人,其女不得承受遗产。惟在承继人不明或未定之间,审判衙门得依利害关系人之请求,选任其女为遗产管理人。(统字第九三六号,复鲁高,六年十月)

**判 例**

父死,承继其父财产之人为其子之全体。对于故父生存中所负之债务,应由其子全体负偿还之责。故在未分析财产以前,自可以其子一人为全体代表;若在已分析以后,则非分别判断不可。(三年上字第九号)

**理由** 父债子还,已为现行法例所明认。

奸生子外无应继之人,方许承继全分。(三年上字第七七九号)

祖若父,就所有家财可自由处分外,其余尊长有所偏向,则卑幼据以请求分析,即不得谓违法。(尊长与卑幼同居共财者,所有家财,卑幼固不得自专,而尊长亦不得将应分家财有所偏向。)(三年上字第六一六号)

为人子者,非得其尊长同意,不得私擅处分其尊长之财产。(三年上字第一一六五号)

尊长关于财产权,当然得代表卑幼(家政应统于家长)。(三年上字第七六六号)

兄弟分析财产,只按人数均分,何得适用长子主祭之惯例!(三年上字第一二三四号)

直系尊亲属对于卑幼之财产所为处分行为，以有正当理由者为限，应认为有效。(如清偿债务)(三年上字第三一一号)

户绝财产查明属实，或归亲女承受，或酌拨充公，决非同宗之人以亲族资格可以主张管业。(三年上字第五八九号)

得与亲生子均分家产者，以先立之继子为限。其得与嫡子均分家产者，以妾所生之庶子为限。(“立嫡子违法”门参照)(二年上字第一五九号)

**余　论**

古来政教不分，凡分析祖父遗产等事，悉听之习惯。苟有兄弟让产者，历史且著为美谈。晚近世风俗衰薄，始有嫡庶子男分析家财不问妻妾所生止以子数均分之例。惟世界进步，个人之自由意思要有不能不尊重者，故《民律草案》有遗嘱处分遗产之规定。然苟漫无制限，则或以赠与等法尽付他人，而继承人反至无所凭借，不能自立于社会，亦与公益有害。故《民草》又有特留财产(必留其遗产若干以与继承人)之规定，亦新旧法律思想不同之明征也。故揭其大概于此，以资考镜。

本律于嫡子、庶子外，又有奸生子——即苟合为婚所生之子也。盖婚姻之制度，实夫妇之权舆。若因两相慕悦之私，致有感于情欲之事，则是失其婚姻之正，不得被以夫妇之名。既隳男女室家之防，遂为父母国人所贱。准之于礼则已悖，揆之于情则应离，故其所生之子亦复不能与诸子齿。各国法例，于此等奸生子待遇严苛，几欲屏于人群之外。虽于惩创邪僻不无裨益，而于尊重人权大相违反。何则？人受天地之中以生，故天地之性，以人为贵。既已含生负气，同居覆载之中，岂得挫折摧残，等诸蠕蠉之列。共此知觉，共此食息，奸生之子亦犹之人。特不幸而其父母不顾名誉，弁髦礼法而为苟合；又不幸而为苟合者之子，方将哀怜之不暇，而乃鄙夷之、轻贱之。返诸天理之流行，推诸人情之慈善，必有戚然不安者。即谓其所生非正，亦只其父母自作之孽，初非其子之过；又况计较太明，或有生而不举者，尤足以开残忍之风而干造物之忌，甚非所以保存生命也。本律“卑幼私擅用财”条例，奸生之子亦得依子量与半分，如别无子，立应继之人为嗣，与奸生子均分，可谓仁至义尽矣！

# 田　宅

## 5.72 欺隐田粮

**例　文**

**5.72.(2) 将自己田地应纳钱粮，洒派别户者，其洒派钱粮，照年分、亩数追征，还给代纳之户。**

**例　意**

清赋役也。

**余　论**

此亦侵权行为之一种，在近世民事法上，为发生债权之一重要原因。特本律以明文规定而已。

## 5.73 检踏灾伤田粮

**例　文**

**5.73.(2) 凡沿河沙洲地亩，被冲坍塌，即令业户报官，勘明注册。遇有淤涨，亦即报官查丈，照原报之数拨补，此外多余涨地，不许霸占。如从前未经报坍，不准拨给。至隔江远户，果系报坍有案，即将多余涨地，秉公拨补。若坍户数多，按照报坍先后，以次照拨。倘补足之外，尚有余地，许召无业穷民认垦，官给印照。其报坍报涨在两县接壤之处〔者〕，据实勘验，秉公拨补。如有私行霸占，将淤洲入官。**

**例　意**

杜霸持隐占之弊也。

**判　例**

沿河各地之业主，不能以淤涨之原因，遂谓子母相生，当

然为子地之取得。故在我国现行民事法上,沿河土地权者,已无主张添附之余地。(二年上字第八六号)

凡滨川河塌后淤复之地,除依法拨补因坍塌所失之地外,多余涨地即为官产,其业主现管四至外未塌新涨之地,亦属官产。(三年上字第一一九五号)

**余　论**

日本民法许土地之附合(添附)为取得所有权之原因,本律则不认之,应注意。

## 5.75 盗卖田宅

**律　文**

5.75.0.1 **凡盗(他人田宅)卖、(将己不堪田宅)换易及冒认,(他人田宅作自己者。)若虚(写价)钱实(立文)契典买,及侵占他人田宅者,“处罚”。**

5.75.0.4 **(盗卖与投献等项)田产及盗卖过田价,并(各项田产中)递年所得花利,各(应还官者)还官、(应给主者)给主。**

**例　文**

5.75.(2) **凡人民告争坟山,近年者,以印契为凭。如系远年之业,须将山地字号、亩数及库存鳞册,并完粮印串,逐一丈勘查对,果相符合,即断令管业。若查勘不符,又无完粮印串,其所执远年旧契及碑谱等项,均不得执为凭据。**

5.75.(3)(凡) **军民人等将争竞不明,并卖过及民间起科,僧道将寺观各田地,若子孙将公共祖坟山地,朦胧投献王府及内外官豪势要之家,私捏文契典卖者,投献之人“依律问拟”。其受投献家长,并管庄人,“参究治罪”。〔直隶〕各省空闲地土,俱听民尽力开种,照年限起科,若有占夺投献者,“亦照律治罪”。**

5.75.(4) **凡子孙盗卖祖遗祀产,并义田,及历久宗祠者,房(屋)〔产〕收回,给族长收管;卖价入官。**

5.75.(5) **凡雇工、庄头人等,因伊主外出,私自盗卖所遗田产(者),房产给还原主,卖价入官。**

**律　意**

禁诈伪,抑豪强,使民各守己业也。

**笺　释**

“盗卖”谓私将他人田宅作为己产而盗卖与人也。“盗换易”谓以己之瘠薄朽坏换人之膏腴完好也。盗卖与换易言欺业主之不知而卖之、易之,皆为盗也。“冒认”谓妄冒他人之田宅认为己业,欺业主之不在而妄冒之也。“虚钱实契”谓实立典卖文契,未交价钱,虚填数目,或出于逼勒,或被其诓骗,非业主之得已也。“侵占”谓因彼此亩宅相连而侵越界限,占为己业也。投献而曰“朦胧”,谓不明告其情也。

**判 例**

山地字号、亩数相符，及持有完粮印串，为告争远年坟山必要之条件。（三年上字第四三七号）

祭田本系共有财产之一种，虽得协议分析，而要以得有共有人之同意为限。（三年上字第一五六号）

仅保管他人所有物，未经其所有主授以处分之权限，而擅行表示处分该物之意思者，则其物权并不因而移转。（三年上字第七一七号）

未得他人同意处分他人所有物，既无正当权原，一旦该所有人出而主张，则买主对卖主虽仍得为债权法上之主张，要不能发生物权法上之效力。（三年上字第四〇八号）

系争土地确在契据四至之内，他人侵占人地私擅出卖之行为，断不能对抗所有人而碍其权利之行使。（三年上字第七四号）

公共明堂虽无祖先禁止典卖遗训，子孙亦无有以自己名字私税新契、擅行典与他人之权。（三年上字第一二〇一号）

**余 论**

按：禁止盗卖、盗换、冒认他人田宅，为所有权效力所生之当然结果。其盗卖过田价及各项田产中递年所得花利，追征给主，亦与近世侵权行为之损害赔偿相当。中外法理固无二致也。

告争远年坟山，必备如许条件，所以安坟茔、杜纷扰。否则仍归现实占有之人继续管业，可推而知。

子孙盗卖祀产，庄头、雇工私擅变售主人物业，不能发生物权法上效力固已。惟卖价入官一层，与近世法律思想不合，现行判例亦无有采用之者。

## 5.76 典买田宅

**律 文**

5.76.0.2 若将已典卖与人田宅，朦胧重复典卖者，追价还后典买之主。田宅从原典买主为业。若重复典买之人及牙保知其重典卖之情者，追价入官；不知者，不坐。

5.76.0.3 其所典田宅、园林、碾磨等物，年限已满，业主备价取赎。若典主托故不肯放赎者，限外递年所得多余花利，追征给主。仍听依原价取赎。其年限虽满，业主无力取赎者，不拘此律。

**例 文**

5.76.(1) 告争家财、田产，但系五年之上，并虽未及五年，验有亲族写立分书已定、出卖文约是实者，断令照旧管业，不许重分、再赎，告词立案不行。

5.76.(2) 卖产立有绝卖文契，并未注有“找贴”字样者，概不准贴赎。如契未载

**“绝卖”字样，或注定年限回赎者，并听回赎。若卖主无力回赎，许凭中公估找贴一次，另立绝卖契纸。若买主不愿找贴，听其别卖，归还原价。倘已经卖绝，契载确凿，复行告找、告赎；及执产动归原先尽亲邻之说，借端掯勒，希图短价；并典限未满，而业主强赎者，“治罪”。**

5.76.(3) **民间置买产业，如系典契，务于契内注明“回赎”字样；如系卖契，亦于契内注明“绝卖、永不回赎”字样。如有混行争告者，“治罪”。**

**律 意**

明交易也。

**解 释**

按《现行律例》“若买主不愿找贴，听其别卖，归还原价”之规定，于典主不愿得业时，自应准用。该买主、典主微有不同，为不愿得业则一，故不能不适用同一之规定。至别卖所得不及原价，自应责令业主补足。盖典当之标的物不过为典价之担保，不能即充典价之清偿，而令典主受意外之损失也。（统字第二二六号，复晓高，四年四月）

**判 例**

田宅之所有人以田宅为二重买卖者，最初之买卖如已合法成立，则仅最初之买主取得其所有权。嗣后所缔结之买卖契约，无论其买主是否善意，要不过发生债权之关系而已。（三年上字第九三八号、三年上字第一二九号、三年上字第一二七号）

重复典卖，应归先买之人管业。（三年上字第五一七号）

典契载有回赎期限，如果仅空言声明回赎，而实未备价，虽在期限以前声明回赎，亦为无效。若已备价，在期限以前声明回赎，而因归责于典主之事由不能交价者，则迟延之责，当然由典主自任其咎。（三年上字第六一二号）

转典人因未收足原价，不将典契交出，典质权人不能对之主张违约。（三年上字第七三一号）

质权人（即典主）因担保债权，管有债务人之不动产者，则除地方有特别法令外，无论管有至若干年，原业主（即债务人）概不失其回赎之权，质权人亦断无径自取得该质权标的物所有权之理。（三年上字第一二四八号）

**理由** 禁止流质契约。

前清《现行〔例〕》载，关于典当或活卖之不动产，非经找价作绝，或契载有“绝卖”字样，均不准作绝。（三年上字第一二四八号）

就民事条理而言，凡缔结不动产质权契约之质权人，仅能占有特定不动产，以为债权之担保。至担保标的物之所有权，仍存于债务人。（债务人）〔质权人〕于质权关系继续存在之时，非别有法律取得之原因，断无占有时效之可言。（三年上字第一二四八号）

典主先买特权虽有拘束第三人之效力，若表示不愿承买之意思，或虽愿而掯价不允，是无异自抛弃其先买特权，即不得再为争执。（三年上字第九〇七号）

定期回赎契约，原业主于期满无力回赎，冀得找贴者，其催告之责自在原业主。反是，原业主至期不赎，而买主即欲照约收归己有，则催告之责应转而由买主担负。故原业主逾期不催，则失其找价之权利，而仍得请求回赎；买主逾期不催，则失其主张绝卖之权利，而自其告知相当期间实行催告后，卖主仍逾期不赎时，亦得为绝卖之主张。特为当事人便利起见，当事人双方逾期未为催告，若系对于相对人有表示愿找价或作为绝卖或有别卖意思之事实时，亦应以有催告论。（二年上字第二〇二号）

**余　论**

查从前契载不明之产，依清乾隆十八年〔1753 年〕定例，本有以三十年内外分别听其找赎及不许找赎之办法。迨宣统元年〔1909 年〕修订法律馆以时隔百年，应无契载不明之产，当将年限节删，遂至援用失据。① 然经济状况变态不常，土地价值时有低昂，如因律无明文，无论年限远近，概许回赎，殊与社会生活安宁大有妨碍。故民国四年〔1915 年〕十月有《清理不动产典当办法》之刊布，其详当参阅全文，兹不赘述。

## 5.77 盗耕种官民田

**律　文**

5.77.0 **凡盗耕种他人田园地土者，（仍）追所得花利官田归官、民田给主。**

**律　意**

田地各有其主，必承佃而后可耕也。

**余　论**

盗种者，欺业主之不知，取其花利也，故与强占不同。占则据为己有，种则止取花利，故大有间。

① 乾隆十八年〔1753 年〕定例、修订法律馆删改理由均见本书附录四"《〈大清现行刑律〉案语》、《核订〈现行刑律〉》有关民事部分""典买田宅"条。

# 婚　姻

## 6.82 男女婚姻

### 律　文

6.82.0.1 凡男女定婚之初，若或有残废或疾病、老幼、庶出、过房、同宗。乞养、异姓。者，务要两家明白通知，各从所愿，不愿即止，愿者同媒妁。写立婚书，依礼聘嫁。若许嫁女已报婚书，及有私约，谓先已知夫身残疾、老幼、庶养之类。而辄悔者，其女归本夫。虽无婚书，但曾受聘财者，亦是。

6.82.0.2 若再许他人，后定娶者男家知情，财礼入官；不知者，追还财礼。给后定娶之人。女归前夫。前夫不愿者，倍追财礼给还，其女仍从后夫。男家悔而再聘者，仍令娶前女，后聘听其别嫁。不追财礼。

6.82.0.3 其未成婚男女，有犯奸盗者，男子有犯，听女别嫁；女子有犯，听男别娶。如定婚，未曾过门，私下奸通，免其离异。不用此律。

6.82.0.4 若为婚而女家妄冒者，谓如女有残疾，却令姊妹妄冒相见，后却以残疾女成婚之类。追还财礼。男家妄冒者，谓如与亲男定婚，却与义男成婚；又如男有残疾，却令弟兄妄冒相见，后却以残疾男成婚之类。不追财礼。未成婚者，仍依原定。所妄冒相见之无疾兄弟、姊妹及亲生之子为婚，如妄冒相见男女先已聘许他人、或已经配有室家者，不在仍依原定之限。已成婚者，离异。

6.82.0.5 其应为婚者，虽已纳聘财，期约未至，而男家强娶，及期约已至，而女家故违期者，“处罚”。

6.82.0.6 若卑幼或仕宦或买卖在外，其祖父母、父母及伯叔父母、姑、兄姊，自卑幼出外之后为定婚，而卑幼不知。自娶妻，已成婚者，仍旧为婚。尊长所定之女，听其别嫁。未成婚者，从尊长所定。自定者，从其别嫁。违者仍改正。

**例　文**

6.82.(1) **男女婚姻各有其时，或有指腹、割衫襟为亲者，并行禁止。**

6.82.(2) **嫁娶皆由祖父母、父母主婚。祖父母、父母俱无者，从余亲主婚。其夫亡携女适人者，其女从母主婚。若已定婚未及成亲，而男女或有身故者，不追财礼。**

6.82.(3) **招婿须凭媒妁，明立婚书，开写养老或出舍年限。止有一子者，不许出赘。其招婿养老者，仍立同宗应继者一人，承奉祭祀，家产均分。如未立继身死，从族长依例议立。**

**律　意**

婚姻之道，宜谨始也。

**笺　释**

按：《周礼》以媒氏以司婚姻之事。古制男女定婚后，即立婚书，报于有司。其不报者，即私约也。今世不行此法。而律所谓"私约"，解者谓"无媒妁，两家私下议约也"。若男女采兰赠芍，不得谓之"私约"矣。聘财不拘轻重，但同媒妁纳送礼仪者皆是。若相见为贽之物，如巾帕之类，不得即为聘财矣。至于成婚、离异，亦不可拘。若女子不愿改嫁，男子不愿别娶，则亦不在离异之限。若未成婚者，仍依原定，亦谓相见之人，男女惟愿者也。若妄冒之人，或非本宗男女，其门第不同，贫富各异，有不情愿者，亦当听之，不得据此强断也。又妄冒相见男女，先已聘许他人者，不在仍依原定之限。凡断婚姻离异之案，固须根据法律，亦要参酌情理。若舍情理而拘泥法律，每致酿成意外之变，均须慎之。

**解　释**

纳妾既为法所许，自不能以未婚纳妾持为解除婚约之原因。（统字第五五九号，复川高，五年十一月）

丙既因犯窃盗被处徒刑，其已聘之甲女自应许其悔婚另嫁。（统字第四八三号，复皖高，五年九月）

《现行律》"男女婚姻"条载"男女定婚，若有残疾，务明白通知，各从所愿"，又"妄冒，已成婚者，离异"各等语，天阉系属残疾，其初若未通知，自应准其离异。（统字第二三二号，复浙高，四年五月）

夫妇关系之成立，专就(形)〔刑〕法上解释，须具备形式上之要件，即以举行相当礼式之日（例如旧礼式之迎娶、入赘，新礼式之举行结婚）作为夫妇关系成立。（统字第一五号，复京地检，二年五月）

法律认为无效之行为，自无拘束当事人之效力。甲妇与乙男无合法婚约，法律上甲妇当然不受其拘束。故其现在拒绝与乙为婚，自无不可。（统字第二〇七号，复豫高，四年二月）

民法原则，婚姻须得当事人之同意。《现行律》虽无明文规定，第孀妇改嫁须由自愿，则室女亦可类推。以定律言，婚姻固宜听从亲命，然苟乖乎礼教、背乎人情，审

判衙门仍有裁夺之权。(统字第三七一号,复豫高,四年十二月)

《现行律》称“疾病”者,谓依现在医术,其程度达于不易治疗,而于生活上有碍,或为常情所厌恶之疾病。如于定婚之初,不将其通知,得彼造之情愿,应准解约。(统字第三一二号,复桂高,四年八月)

**定婚后,女患疯癫,屡医不愈,未婚夫能否据以撤销婚约?(原文)**查疯癫程度如系重大,自可查照本院四年上字第二三五七号就于律例类推解释之判例办理。(统字第五八八号,复浙高,六年三月)

《现行律》“男女婚姻”门载“其未成婚男女有犯奸盗者,不用此律”,又“犯奸”门载“男子和同鸡奸者,亦照此例办理”,是和同被人鸡奸,自民事方面言,亦系犯奸之一种,自可为解除婚约之原因。(统字第六〇九号,复皖高,六年四月)

**甲因犯强盗罪判处无期徒刑,家贫,妻乙无人扶养,甲母丙独意主婚,将乙改嫁丁。婚姻业经成立,某甲始行告诉。(原文)**来函所述情状,如甲对于其妻本无遗弃之意思,自以第二说(甲虽被刑,乙不能因贫遽行改嫁。丙虽为母,未得甲同意,亦不能单独为乙主婚。乙、丁婚姻非判撤销不足以维风化)为是。(统字第六九六号,复鄂高,六年十一月)

甲与乙离婚后,既听乙携女适人,则其女之主婚权自应由乙行使。(统字第六〇四号,复赣高,六年四月)

《现行律》“男女婚姻”门“残废”二字,指人五官、四肢、阴阳之机能有一失其作用者而言,与刑律第八十八条“笃疾、废疾”之范围不能尽同。(统字第三一二号,复桂高,四年八月)

**判　例**

婚书固为婚姻成立要件之一,但已有媒证、曾受聘财,即无婚书,亦不得谓无效。(三年上字第九七八号)

婚姻于具备一定条件时可以有效:(一)写立婚帖;(谓有媒妁通告写立者。无论报告有案或系私约皆可)(二)受聘财。此二要件具备其一,定婚之效力即可发生。(三年上字第五四七号)

入赘人之父母只有一子,则虽具备法定条件[入赘之法定条件:(一)须凭媒妁;(二)须经明立婚书;(三)须将养老或出舍年限明白开写],仍不得认有效力。(三年上字第九四八号)

凡女子已与人定婚而再许他人者,无论已成婚与未成婚,及后定娶者知情与不知情,其女应归前夫。(三年上字第八三八号)

男女定婚系要式行为,若仅互给小孩见面礼,并未依礼纳过聘财,且主婚人不由女之父母而由其叔伯,已非合法。就令女之父母对于此项婚约事前情愿,事后追认,亦难认为定婚有效。(三年上字第五一二号)

父亡随母改嫁抚育之女,应由其生母主婚。(三年上字第四三二号)

定婚而未成婚,更与他人成婚者,不能以重婚罪处断。(三年上字第四三二号)

**理由**　婚姻成立,必经习惯上一定之仪式。其经一定仪式而成婚者,乃《新刑律》重婚罪成立之要件。

定婚即不得本人同意,亦难谓为无效。(三年上字第四三二号)

已定婚,除未及成亲而男女或有身故者,不追财礼外,其他如有不能履行此项预约,则悔婚之一造应负相当之责。其定婚而更与他人成婚者,依《新刑律》虽不以重婚罪论,而其定婚决非无效,纵不能照定婚之本旨执行,应有代替之方法。(三年上字第四三二号)

**理由** 定婚之家主人即预约之当事人,本于预约,自应使其子女与他一造子女成婚。

当事人对于缔婚之事件有争,自应根据各方面习惯以定婚约是否成立之标准。(三年上字第三二六号)

定婚婚帖应否填写年庚八字,法律并无明文,不得认为法定之要件。(二年上字第二一五号)

女纵有许字夫兄之事实,并不能遽认为婚姻撤销之原因。(二年上字第一八号)

**理由** 新、旧《刑律》奸兄妻者构成犯罪,实指婚姻成立后而言。

生子以前先行抱媳,此等婚姻预约(定婚),法律上自始不能有效。(三年上字第一二一号)

理由婚姻预约(定婚)虽于具备法定要件时可以有效,而于指腹、割衫襟为亲者,则在禁止之列。此项定婚,自属当然无效。若先抱养媳,较之指腹为婚,于法更不应许可。

婚姻预约(定婚)如具备一定条件时,自系有效。及其成立,除当事人双方有合意外,苟具备一定原因者,亦得解除之。惟关于男女之残疾,以定婚之初并未预告或系出于妄冒等情为限,始得谓其无完全之效力。(三年上字第一七七号)

**理由** 吸食鸦片在现行法上尚不得谓解除婚约之原因。若夫故违期约系在定婚时,或定婚后本有期约而故违者,是否可为解约原因,尚属待决问题。

《现行律》载"男家妄冒"系指本与甲男定婚而令与乙男成婚之类。(三年上字第一七七号)

该女右臂受伤既在定婚以后,自难遽予解约。(三年上字第一七七号)

男女定婚实系要式行为,必须写立婚书或曾受聘财方为有效,不许辄悔。如果夫身有残疾、老幼、庶养而未能明白通知,先有私约者,则虽写立婚书,亦不禁其追悔。若各地习惯有与此项成文法规定显相抵触者,即非适法,不为有效。(三年上字第五一二号)

**余 论**

《易》称"有天地,然后有万物;有万物,然后有男女;有男女,然后有夫妇;有夫妇,然后有父子君臣",《中庸》亦曰"君子之道,端乎夫妇",第质实言之,则曰"夫妇",而法律之规定则曰"婚姻"。婚姻者,固组织社会之根本,而于秩序风俗大有影响者也。男女以正,婚姻以时,王化所基。婚姻礼废,夫妇道苦,昔贤所薄。故关于婚姻之事,各国多设为重重之制防,以维持善良之风俗。统观古今中外婚姻之状态,约分五种：一曰掠夺婚；二曰买卖婚；三曰聘娶婚；四曰允诺婚；五曰自由婚。掠夺者，专用暴力掠夺他人妇女据为己妻之谓也。征诸古代历史及近代野蛮人中，尚多有此习俗。第此可以力掠(者)得〔者〕，彼亦可以力劫回。彼此扰攘，有害社会和平。故掠夺婚之风衰，而买卖踵之。买卖婚者，以金银财帛送给女之父母因而买得其女之谓也。夫男女婚姻而出于买卖，文化发达社会均鄙其非，于是买卖婚废而行聘娶婚。聘娶婚者，明知以妇女为卖买，大背乎人道，遂易金钱卖买为礼物聘娶，妇女之父母以得礼物，故遂将妇女许配之是。妇女终身婚姻大事尚专由父母主持，嗣因文化进步而允诺婚以起。允诺婚者，礼物略备与否，尚非所问，必不可少者，须男女两造情愿与父母同意之谓也。近世泰西诸国，虽行允诺婚居多，然抱社会主义者，于允诺婚尚未为满足，谓允诺婚虽已注重于两造之意思，然关于婚姻之成立及效力与夫撤销等事，均由法律规定，不许夫妇以自由意思为变更，终多未便，于是盛倡自由婚之说。自由婚者，凡关于婚姻，专由当事人契约而定，不用国家与教会干涉。考泰西诸国，婚姻制度在今日已为允诺婚而进于自由婚时代。至吾国现今社会婚姻实际之状态，于掠夺婚一种，早已悬为厉禁；而买卖婚一种，陋习尚未能尽除，往往两家议婚时，有计较聘金多寡者。若中流以上之社会，则两家议婚，只言聘礼，不言聘金；且聘礼多寡，从不计较，但求备而已足。似聘娶婚一种，已为吾国社会所公认。且考之古礼，只有纳采、问名、纳吉、请期等礼，并不言及财物。《文中子》曰“婚姻而论财，夷虏之道也”，可知以财物为结婚之要件，是夷礼，非古礼。本律虽屡言财礼，然非以此为婚姻成立之唯一要件，故其精神仍采聘娶婚。特《民律草案》于专认聘娶婚外，兼采允诺婚主义，不可谓非立法之进步也。兹将新、旧律(《新民律草案》、旧《现行律例》)关于本章规定互异之点，略志如下：

**(甲)及婚年龄**

旧律无明文规定，惟例中有云“男女婚姻，各有其时”。正当解释，应参照历来惯例办理。

民草男十八岁、女十六岁。

**(乙)婚姻制度**

旧律采聘娶婚。

民草采聘娶婚兼采允诺婚。

**(丙)当事人无为婚姻之意思**

旧律许撤销。

民草无效。

**(丁)婚姻预约**

旧律有明文规定其效力。

民草无之。

## 6.83 典雇妻女

**律 文**

6.83.0.1 凡〔将〕妻妾受财立约出典、验日暂雇与人为妻妾者，“处罚”；典、雇女者，“处罚”。

6.83.0.2 若将妻妾妄作姊妹嫁人者，“处罚”。

6.83.0.3 知而典、娶者，离异，女给亲，妻妾归宗。财礼入官。不知者，追还财礼。仍离异。

**律 意**

重廉耻,以正风化也。

**笺 释**

约期取赎曰“典”,计日受值曰“雇”。典雇妻妾,犹明言为妻妾也。妄作姊妹,又有诈冒之情。典雇与人犹暂也,嫁人则永离矣。

**余 论**

此为婚姻撤销原因之一。至撤销效力,依民事法例,不溯既往。本律虽无明文规定,有当然者。

## 6.84 妻妾失序

**律 文**

6.84.0.1 凡以妻为妾者，“处罚”。(凡)妻在，以妾为妻者，〔并〕改正。

6.84.0.2 若有妻更娶妻者，后娶之妻离异。归宗。

**律 意**

正名分以齐家也。

**笺 释**

妻者,齐也,与夫齐体之人也。妾者,接也,仅得与夫接见而已。以妻为妾、以妾为妻,皆悖伦蔑礼之事。至有妻更娶,并耦匹嫡,更有乖乎正义,皆所不许。若独子承祧两房者,止应娶嫡妻一人,不得两房均为娶妻。盖礼无二嫡,后娶之妻应以妾论。惟系希冀生孙延嗣,毋庸照有妻再娶律离异。乾隆十九年〔1754 年〕、道光二年〔1822 年〕均有成案,可与此律合参。

**解 释**

前清《现行律》中现在继续〔有效〕之部分关于定婚等项,曾经明晰规定,限制綦严,而“妻妾失序”门内称“妻在,以妾为妻者,处罚,并改正”等语,则该律显系认许以妾为妻,不过妻在时为此项行为者,乃加禁止,认其无效。至以妾为妻,除成婚时应守各律条亦应遵守外,关于定婚专有之律例,自不适用。故仅须有行为,并不拘于形式。(统字第六二四号,复湘高,六年五月)

兼祧双配,所娶均在《新刑律》施行前时,不为罪。若在《新刑律》施行后者,以重婚论。至妻亡有妾,现仍娶妻者,不得以重婚论。(统字第四二号,复陕高,二年七月)

在前清时,兼祧后娶之妻应认为妾。(统字第四二八号,复川高,五年四月)

**甲原娶乙为妻,乙被贼掠去,失踪年余,传闻已因不屈遇害,甲遂正式娶丙为妻。未几,乙自贼中逃归。**(原文)甲妻外出仅年余而归,既别无消灭身分(由婚姻关系所得妻之身分)之原因,则仍然为甲之妻,了无疑义。至甲后娶丙,在刑事重婚罪纵或不能成立,而民事则就其已成之事实言之,仍然为二个之婚姻。现行法既不许一人二妻,丙与甲之婚姻自应准其请求予以撤销(以重婚为理由)。惟在判准撤销或自(以)〔行〕离婚以前,其与甲之婚姻关系亦尚存在。此种现象,普通犯重婚时往往有之。若其自愿改妻为妾,于法尤无不可。(统字第六一七号,复苏高,六年四月)

## 6.85 逐婿嫁女

**律　文**

6.85.0 **凡逐已入赘之婿嫁女,或再招婿者,“处罚”。后婚男家知而娶或后赘者,未成婚者,财礼入官。其女断付前夫,出居完聚。**

**律　意**

重伦常也。

**笺　释**

赘婿虽不合婚娶正礼,然既招婿在家,则夫妇之伦已定,其女仍断归被逐之婿,使其出外另居,夫妇完聚。盖翁婿之情已绝,夫妇之恩未必离,另居始得相安也。

**余　论**

吾国之赘婿,即日本之“入夫”,《民草》无此规定。

## 6.86 居丧嫁娶

**律　文**

6.86.0.1 **凡男女居父母及妻、妾居夫丧,而身自主婚嫁娶者,“处罚”;若男子居父母丧而娶妾,妻、居夫丧。女居父母丧,而嫁人为妾者,“各减二等”。若居祖父母、伯叔父母、姑、兄姊丧,除承重孙外。而嫁娶者,“处罚”。不离异。**

6.86.0.2 **其夫丧服满，妻妾果愿守志，而女之祖父母、父母，及夫家之祖父母、父母强嫁之者，未成婚者，追归前夫之家，听从守志，追还财礼。已成婚者，给与完聚，财礼入官。**

**例　文**

6.86.(1) **孀妇自愿守志，其期亲以下卑幼，谋占资财，贪图聘礼，用强抢卖，“分别治罪”。此节应删。①**

6.86.(2) **孀妇自愿改嫁，由夫家祖父母、父母主婚；如夫家无祖父母、父母，但有余亲，即由母家祖父母、父母主婚；如母家亦无祖父母、父母，仍由夫家余亲主婚。**

**律　意**

维风化也。

**解　释**

《现行刑律》丧服制度既未废止，则该律居丧嫁娶之规定自应继续有效。惟此等公益规定，自非私人所能借以告争，审判衙门亦不能径行干涉。(统字第五七六号，复浙高，六年二月)

律例所谓“夫家余亲”者，系以该律“妻为夫族服图”内之尊亲为限，服外族曾祖不包含在内。孀妇夫家既无余亲，推亲亲之义，母家胞婶服属大功，由其主婚，自属允当。童养媳未及成亲而夫死，虽与孀妇改嫁有别，然关于主婚权自以准用该条例为宜。但已解除关系，回归母家者，不在此限。至养女、抱养当事人间并无特别意思表示者，应由养父母主婚。苟无特别情事，自无本生父母容喙之余地。(统字第二五三号，复赣高，四年五月)

**判　例**

孀妇自愿改嫁，翁姑主婚受财。(三年上字第七七二号)

**理由**　若财礼由孀妇于改嫁花费、还债，而该债为每日生活所必要之需，则翁姑不能令其返还；否则，孀妇自仍有返还之责任。

**余　论**

按：《民律草案》对于妇女，有于前婚解销之日起非逾十个月不得再婚之限制，而无禁止居丧嫁娶之规定。盖此防制血统之混乱而设，彼为奖励守节、维持风纪而设，用意各有不同。故有若于十个月内分娩，不在此限之例。然居丧嫁娶虽有背于礼教，然非法律之力所能遏止。大理院虽解为继续有效，然仍谓非私人所能借以告争，又非审判衙门所能径行干涉；而检察官代表公益，又须有明文之规定（院解释），则本章居丧嫁娶各规定，犹仍具文耳。

---

① “此节应删”4 字原文所有，未知具体所指。

## 6.87 同姓为婚

**律　文**

**凡同姓为婚者，离异。**妇女归宗，财礼入官。

**律　意**

同姓为婚，其生不繁也。

**笺　释**

此修订法律馆修改之律文，经宪政编查馆删除。宣统二年〔1910年〕二月二十八日，奉旨：修订法律大臣沈家本等奏《议复御史崇芳奏“同姓为婚，未可弛禁”》一折，“着依议，钦此”。是“同姓为婚”之律文，又经奏复矣。①

**余　论**

各省习惯，有虽系异姓而系同源者，亦在禁例。《民律草案》解释“同宗”二字，亦取广义，从俗也。

## 6.88 尊卑为婚

**律　文**

6.88.0.1 **凡外姻有服**或**尊属**或**卑幼，共为婚姻，及娶同母异父姊妹，若妻前夫之女者，各以亲属相奸论。**

6.88.0.2 **其父母之姑舅两姨姊妹，及姨，若堂姨；母之姑、堂姑；己之堂姨及再从姨；**己之**堂外甥女；若女婿及子孙妇之姊妹，**虽无服。**并不得为婚姻，违者，〔并〕离异。**妇女归宗、财礼入官。

**律　意**

重伦序也。

---

① 《清实录·大清宣统政纪》卷三十，宣统二年〔1910年〕正月下：又谕：御史崇芳奏“同姓为婚未可弛禁”一折，着修订法律大臣复核具奏。寻奏：“折衷众说，当以同宗为断。凡受氏殊者，不在禁限。拟请‘同姓为婚’一条，仍照宪政编查馆之议删除。至原奏所称‘同姓莫辨’各节，查后条本有‘娶同宗无服’之律，毋庸过虑。惟律文简易，每易误会，拟于‘娶亲属妻妾’律文‘同宗无服之亲’句下，增注‘同宗，谓同宗共姓，不论支派之远近、籍贯之同异皆是’二十一字，以示限制。”从之。参见《清实录》（第60册），中华书局1987年影印版，第547页。宣统二年〔1910年〕四月初七日宪政编查馆会奏《呈进〈现行刑律〉黄册定本请旨颁行折》所附《〈现行刑律〉修改各条清单》据此修改“娶亲属妻妾”律文，而“同姓为婚”律文仍予删除。参见《政治官报》第924号（1910年4月19日），第16～17页。

**笺 释**

前夫子女与后夫子女，异父异母者，若从尊长主婚，则于名分不甚有碍，毋概拟离异。说见《示掌》，可备参考。①

**解 释**

查同母异父姊妹尚有血族之关系，依前清刑律，当然禁止为婚。若前夫之子女与后夫前妻之子女，与同母异父有间，在前清旧律，虽有治罪专条，业于宣统二年〔1910年〕删除，自属不在禁例。（五年统字第四五四号）

**余 论**

近亲结婚之禁止，中外所同，惟界限不一。现例又设有"两姨姑舅姊妹为婚，听从民便"之条，以其虽有缌麻之服，并无尊卑之分也。《民草》仍之。

## 6.89 娶亲属妻妾

**律 文**

6.89.0.1 **凡娶同宗无服**（姑、侄、姊妹）**之亲，及无服亲之妻者，〔若〕娶**（同宗）**缌麻亲之妻，及舅甥妻，小功以上，**（之妻。）**及收父、祖妾者，各以奸论。其**（亲之妻）**曾被出，及已改嫁，而娶为妻妾者，**（无服之亲及伯叔母、兄弟妻不与。）**"处罚"。**

6.89.0.3 **若娶同宗缌麻以上姑、侄、姊妹者，亦各以奸论。**

6.89.0.4 **并离异。**

**律 意**

重伦序而防血统之紊乱也。

**笺 释**

奸者，淫邪不正之称。婚娶非礼，犹之奸也。旧律同姓且不可为婚，况同宗乎！无服之亲所包甚广，凡五服之外谱系可考、名分犹存者皆是。《唐律》所谓"袒免亲"是也。

**解 释**

叔嫂缔婚，依律大不合法，夫妇关系当然不能成立。（丑说。）（原文）从丑说。（统字第五六九

① 《大清律例》"尊卑为婚"条原例"前夫子女，与后夫子女苟合成婚者，以娶同母异父姊妹律条科断"，《大清现行刑律》已删除。宪政编查馆《核订〈现行刑律〉》提出的删除理由谓："前夫子女与后夫子女成婚，究与同母异父有间，且并无服制，雍正八年〔1730年〕既有'姑舅两姨姊妹，听从民便'之例，自应一律弛禁。此条拟请删除。"《示掌》之说（"如前夫子女与后夫子女异父异母者，若从尊长主婚，毋概拟离，应援大分不甚有碍例科之"），参见陶东皋、陶晓篔增修：《大清律例增修统纂集成》卷十，文渊山房光绪三十二年〔1906年〕版。

号,复鄂高,六年一月)

**判 例**

禁同宗相互间婚姻成立。(三年上字第五九六号)

**理由** “同宗无服”之解释,应不拘于支派之远近、籍贯之异同,但使有谱系可考其尊卑长幼之名分者,于法即不能不谓“同宗”。

**余 论**

上章专就外姓姻亲而言,本章指同宗之妻妾而言。

## 6.92 强占良家妻女

**律 文**

6.92.0 **凡豪强势力之人,强夺良家妻女,奸占为妻妾者,妇女给亲;妇归夫,女归亲。配与子孙、弟侄、家人者,仍离异,给亲。**

**律 意**

重惩势豪奸占,以全良善也。

**笺 释**

豪势谓富强有力者。律意重在强夺,不重豪势。其曰“良家妇女”者,所以别于娼家与卖奸之家,非良贱有分别之谓也。(倡)〔娼〕家、卖奸之家而外,其余一应妇女皆同。妾犹妻也,婢亦女也,奴之妻亦妻也。

**余 论**

胁迫为婚,英、法、德、日诸国均认为撤销婚姻之原因,以既被胁迫,则意思之自由全缺也。本律则强制离异,其义较英、法等国法制更深一层,亦吾国以礼教立国之特征也。

## 6.95 出 妻

**律 文**

6.95.0.1 **凡妻于七出无应出之条及于夫无义绝之状,而擅出之者,“处罚”。虽犯七出,无子、淫佚、不事舅姑、多言、盗窃、妒忌、恶疾。有三不去,与更三年丧、前贫贱后富贵、有所娶无所归。而出之者,“减等”。追还完聚。**

6.95.0.2 **若犯义绝,应离而不离者,“处罚”。若夫妻不相和谐,而两愿离者,不坐。情既已离,难强其合。**

6.95.0.3 **若夫无愿离之情,妻辄背夫在逃者,听其离异;其妻因逃而辄自改嫁者,其因夫弃妻。逃亡,三年之内不告官司而逃去者,擅自改嫁者,“处罚”。**

6.95.0.4 若立契议雇之使女背家长在逃者，给还家长；因而嫁人者，追缴未满工值，免其离异。

**例　文**

6.95.(1) 妻犯七出之状，有三不去之理，不得辄绝。犯奸者不在此限。

6.95.(2) 期约已至五年，无过不娶，及夫逃亡三年不还者，并听经官告给执照，别行改嫁，亦不追财礼。

**律　意**

夫妇以义。背义之罪，各有轻重也。

**笺　释**

"义绝"之说，现律无据。考之《唐律疏议》，曰"义绝，谓殴妻之祖父母、父母，及杀妻外祖父母、伯叔父母、兄弟姊妹；若夫妻之祖父母、父母、外祖父母、伯叔父母、兄弟、姑、姊妹自相杀；及妻殴詈夫之祖父母、父母，杀伤夫外祖父母、伯叔父母、兄弟、姑、姊妹及夫之缌麻以上亲；若妻母奸，及欲害夫者，虽会赦，皆为义绝。妻虽未入门，亦从此令"云云，此解义绝之状详悉无遗。而《明律》注疏谓"义绝专指自得罪于夫者而言，如殴夫及欲害夫之类，非谓殴姑舅等项也"云云，其说虽较《唐疏》为略，然《唐疏》亦有难行之处，须善会之。盖夫妇为五伦之一，联之以恩，合之以礼，又必待之以义，三者备，而后正始之道无愧焉。"七出三不去"之说，载于《家礼》。三不去，礼应留之也；七出者，礼应去之也。义绝必离，姑息不可也；恩绝听离，强合不能也。不应离而离，则悖于礼；应离而不离，则害于义，其违律一也。若背逃改嫁，则恩、礼、义三者俱绝。《辑注》云"义绝而可离可不离者，如妻殴夫及夫殴妻至折伤之类；义绝而不许不离者，如纵容、抑勒与人通奸及典雇与人之类"，此可见义绝原无定论，当随事酌夺。七出者，乃礼可以出，非谓必应而出也，与义绝必应离者不同，不可不知。

**解　释**

舅甲强奸童养媳乙，经乙告发讯实。乙复诉称因此始则虐待，继又逐回家。甲子丙与乙之婚姻应否离异？（原文）甲对于乙虐待，果属有据，且系非理殴打，致陷乙于废、笃疾时，自应准乙与丙离异。又妇为子之父强奸者，院例亦准离异。（统字第八一三号，复桂高，七年七月）

妻犯七出而无三不去之理由，自应认夫有出妻之权。其有三不去，系犯奸者，亦同。并依本律"犯奸"条，愿否离异，仍应由本夫主持。至义绝应离，固在强制离异之列，然本为夫妇，在未经官判离以前，其夫妇关系自仍存在。（统字第五七六号，复浙高，六年二月）

《现行刑律》义绝律文采用《唐律》，则义绝之事例自可援据《〔唐律〕疏议》，并非限定律文内离异各条。又，该律第一节系指妻对于夫言，次节兼指双方。犯义绝"应离不离"一语，谓事实发生，经官处断，而固违者，方予科罚。寻绎前后用意，疑义自明。（统字第五七六号，复浙高，六年二月）

查《现行律》婚姻门"出妻"条所称"无子"之义，系指为人妻者达到不能生育之年龄、而其夫除另娶外别无得子之望者而言。盖该律主旨在于得子以承宗祧，姑凡夫已有子（如妾或前妻已生子或已承继有子之类），或虽不另娶亦可有子者，当然无适用该条之余地。其不能适用之原因，仍须在妻，更无待言。至不能生育之年龄，诚如来函所述，应准用“立嫡子违法”条内所定五十以上之岁限。又，妻虽具备无子之条件，而有三不去之理由者，仍不准其夫离异，此律所明定也。（统字第五九一号，复赣高，六年三月）

抑勒妻妾与人通奸，准其离异，律有明文，于童养媳自应准用。（统字第三五八号，复苏高，四年十一月）

合定婚之条件之童养媳，准用律例“出妻”条“夫逃亡三年不还，听其改嫁”之例。事前虽未告官，如逃亡别有证明，即仍有效。（统字第三五〇号，复闽高，四年十月）

**甲出洋八年无信，甲母将甲妻赘乙为夫。经四年，甲归。乙婚可否撤销？（原文）**甲走失后，乙善意娶甲妻为妇，毋庸强之归甲。（统字第三五〇号，复闽高，四年十月）

夫妇离异，其亲生或抱养子女，原则应从父。但有特别约定时，亦得从母。不能听子女自愿。（统字第二二五号，复滇高，四年四月）

甲（夫）与乙（妻）离婚后，既听乙携女适人，则其女之主婚权自应由乙行使。（统字第六〇四号，复赣高，六年四月）

**某甲与妻离婚，妻适乙家。甲有子五岁，约明归妻抚养六年后准甲领回。甲子在乙家抚养时期之中，甲子与乙可否认为有亲子关系？（原文）**甲子与乙并无亲子关系。（统字第六三一号，复鲁高，六年六月）

**判　例**

离婚之制，本为现行法律所认，惟（许）〔须〕具备一定条件者，始予许可。（三年上字第七六五号）

**理由**　《现行律》“男女婚姻”条载“凡男女定婚之初，若有残废、老幼、庶出、过房、乞养者，务要明白通知，各从所愿。如有妄冒，已成婚者，离异”，又“妻妾殴夫”条载“夫殴〔妻〕，非折伤勿论”，必至折伤以上，夫妇如愿离异者，离异。

离婚无一定之方式。事实上已为离婚之协议，确有实据者，自不得谓为无效。（三年上字第四〇六号）

别居与离异系属两事，何得以别居之结果为离异之推定。（三年上字第四〇六号）

**理由**　别居在事实上夫妇不同居，而婚姻关系依然存续，与离异之消灭夫妇关系不同。

凡妻因其夫虐待离异而请求损害赔偿者，审判衙门依当事人之请求准予离异外，判令其夫给予养生费。其费额之多寡，恒以当事人之财力、地位及生活程度为标准。（三年上字第四二〇号）

嫁女妆奁，无论携自母家抑由夫给与，均应归妇女所有。其有因故离异，无论何种原因离去者，自应准其取去，夫家不得而阻留之。（二年上字第二〇八号）

**余 论**

《语》云,“妻者,齐也”。一与之齐,终身不改。离异之说,诚非君子所忍言。故虽犯“七出”之条,仍有“三不去”之理,所以维风化也。惟夫妇究由人合,本殊于天属之亲。时处其常,固不容有仳离之叹;事逢其变,亦难保无情意之暌。于是乎,离婚之制,因之而起。考各国从来关于离婚之制度有三:一自由离婚;二呈诉离婚;三禁止离婚。日本、丹麦、挪威认呈诉离婚,兼认两愿离婚;狭义的自由离婚。奥、比等国认两愿离婚;英、法、德、俄、瑞典等国认呈诉离婚,不认两愿离婚,但英、法、德诸国兼认别居制度,俄国、瑞典则不认之。本律则兼认呈诉离婚与两愿离婚,与日、丹诸国同,观“出妻”门规定各条可知。《民草》亦同。

**注** 自由离婚者,即许以当事人之意思自由离婚之谓。此制度又分为二:(甲)广义的自由离婚。即许以配偶者一造之意思即可离婚。罗马时及犹太教中许之。晚近文明各国,均不认此种制度。(乙)狭义的自由离婚。即所谓两愿离婚者是也。呈诉离婚又名制限离婚,虽认婚姻得以解除,然必合于法定之原因,经官核准,始得离异。禁止离婚者,两愿离婚固所不许,即呈诉离婚亦所不认。此制度惟西历千八百八十四年以前之法国①及葡萄牙、意大利之属于加力特教②者行之。

或曰婚姻之撤销与离婚,其性质上不甚差异,既认婚姻之撤销,似无规定离婚制度之必要,不知此两者中显有区别:(一)婚姻撤销之原因须于结婚时已经存在,而离婚之原因则须于结婚后发生。(二)婚姻之撤销,婚姻当事人以外之人亦可呈请;而离婚则惟两造得呈请之。

本律于离婚之效力缺焉勿详,院判、解释足补律例所未备,当一并参之。

## 6.96 嫁娶违律〔主婚媒人罪〕

**律 文**

6.96.0.5 **其违律为婚各条称“离异、改正”者,虽会赦**但得免罪。**犹离异、改正。离异者,妇女并归宗。**

6.96.0.6 **财礼,若娶者知情,则**不论已、未成婚,俱**追入官;不知者,则追还主。**

**例 文**

6.96.(1) **凡绅衿庶民之家,如将使女年至二十五岁,不行婚配者,即令择配。**

---

① “千八百八十四年以前”或为“千八百四年以前”之误,1804年《法国民法典》第1编第6章“离婚”规定了“呈诉离婚”;而1884年法国并无改革离婚制度的记载。

② “加力特教”,天主教(Catholicism)之音译。

**律　意**

补诸律之未备，如各律之有名例也。

**笺　释**

凡曲在男，则不追财礼；曲在女，则追财礼；男、女俱曲，则入官。

**余　论**

本律“离异”包含离婚与婚姻之撤销两义，当随事酌夺。

自《新刑律》颁行后，追征须有明文。本律“财礼入官”一语，恐难适用，判例亦无有援用之者。

善夫大理院七年统字第七七四号之解释曰“如不知情，可依不当利得之原则，向受者提起民事诉讼，要求返还；如系知情，则为不法原因之给付，自无请求返还之理”，当合参。

# 仓　库

## 7.119 隐瞒入官家产

### 例　文

7.119.(4) 凡亏空入官房地内，如有坟地及坟园内房屋、看坟人口、祭祀田产，俱给还本人，免其入官变价。

# 钱 债

## 9.124 违禁取利

### 律 文

9.124.0.1 凡私放钱债，及典当财物，每月取利，并不得过三分。年月虽多，不过一本一利。

9.124.0.3 若豪势之人，（于违约负债者，）不告官司，以私债强夺去人孳畜产业者，（无多取余利，听赎不追。）若估（所夺畜产之）价过本、利者，计多余之物，依（多余之）数追还。（主。）

### 例 文

9.124.(4) 放债之徒，用短票扣折，违例巧取重利者，其银照例入官。受害之人，并免追息。

### 律 意

禁盘剥也。

### 笺 释

"不过一本一利"之法，则系采用元制，指积久本利未还者而言。若年年纳利，本钱未还，不得统计已还之利而算一本一利，即本名例所谓"赁钱虽多，不得过其本价"之意。借债原以通缓急之用，即取利之中亦有相济之义。然乘人之急而罔利无度与迟欠违约、负赖不还，均非正道，故立此禁限，以剂其平。

### 判 例

应付欠利，不得超过原本。（三年上字第八四三号）

凡约定利率未超过三分者，不得谓无效。（三年上字第七九三号）

若债务人别无不同意之反证，自不能否认债权人之滚息

为本。(三年上字第七一八号)

**理由** 按《现行律例》关于利息除规定"利率之多,不得过三分"外,并无何等之制限。惟每月息上加息,其结果必至超过三分利率,故依该律之类推解释,自属不应许可。但法律既未绝对禁止利息不得改作本额,则为经济流通计,使具备一定条件得以滚作母金。

有期限债权,债务人至期不能清偿本利;无期限债权,其利息积至一年以上;或商人定有营业年度者,至其年度不能清偿时,债权人得要求债务人之同意,将其利息滚入母本。(三年上字第七一八号)

《现行律》所载"私债不过一本一利"之规定,所谓"一利",原除已付之利息而言。(三年上字第四〇九号)

**余 论**

利率分法定利率、约定利率两种。前者基于法律之规定,后者基于当事人意思之表示。约定利率少于法定者,可以自由;多于法定者,则有多少之制限。大别之有三主义:(甲)绝对限制主义。国家为定利息制限之法,当事人虽有特约,超过其制限即为无效。其理由以为富不仁之徒往往乘债务人之穷迫为重利盘剥之计,或欺其无思虑,或欺其无经验,居为奇货,贪过当之利息,大有害善良之风俗也。法律为保护债务人计,不能不出示一定之制限。本律即采此主义者也。(乙)自由主义。任当事人之约定,国家绝对不干涉者也。此主义近今立法例多不采用。(丙)相对制限主义。不为利息之制限,于某期限之上,得自由清偿之法例也。既不背契约自由之原则,又不致使债务人有过度之负担,准情酌理,最合公平。德国民法采之,我国《民律草案》亦有同样之规定,特期间彼六月、我一年耳。

**《民草》第三三一条** 债务人约明周年百分之六分以上之利率,支付利息一年后,得随时将原本清偿。此权利不得以契约除去或限制之。第二项略。

关于此条规定,在法理上,原无可批难。惟际此风俗奢靡、人心浇薄、道德堕落之秋而欲行最高之学理,适见其高利贷日益跋扈、愚民相率而入于沟壑也。后之修律者,尚其加之意哉!

## 9.125 费用受寄财产

**律 文**

9.125.0 **凡受寄他人财物、畜产而辄费用者,〔并〕追物还主。其被水火、盗贼费失,及畜产病死,有显迹者,勿论。**

**例 文**

9.125.(1) **凡典商收当货物,自行失火烧毁者,以值十当五,照原典价值计算,作**

为准数；邻火延烧者，酌减十分之二；按月扣除利息，照数赔偿。其米麦、豆石、棉花等粗重之物，典当一年为满者，统以贯三计算，照原典价值，给还十分之三；邻火延烧者，减去原典价值二分，以减剩八分之数，给还十分之三；均不扣除利息。至染铺被焚，即着开单呈报地方官，逐一估计，如系自行失火者，饬令照估赔还十分之五；邻火延烧者，饬赔十分之三。均于一月内给主具领。其未被焚烧及搬出各物，仍听当主、染主照号取赎。

9.125.(2) 典铺被窃，无论衣服、米豆、丝棉、木器、书画，以及金银、珠玉、铜、铁、铅、锡各货，概照当本银一两，再赔一两；如系被劫，照当本银一两，再赔五钱；均扣除失事日以前应得利息。如赔还之后，起获原赃，即给与典主领回变卖，不准原主再行取赎。染铺被窃，照地方官估报赃数，酌赔十分之五。如系被劫，酌赔十分之三。均令于一月内给主收领。如赔赃之后，起获原赃，给与该铺具领，由地方官出示晓谕，令原主归还所得赔赃之资，将原物领回，仍查明已染、未染，分别付给染价。

**律　意**

寄托财产，不可私费欺隐也。

**笺　释**

凡受人寄托之物而费用，犹有偿还之心，非遂干没也。若所寄之物被水火、盗贼及病死有显迹者勿论，不坐罪，亦不赔偿，以其事出不测，非受寄者之过也。律外又有典商失火、被窃、被劫酌赔之例，《读例存疑》谓其“赔偿之法极为平允，所以昭划一而息争讼，此例文之最不可少者也”。

**判　例**

受托人为保存他人寄托物所支出之费用，应由寄托人担负。（三年上字第八四二号）

普通寄存物件，如系被劫，受寄者无赔偿之责。若寻常铺户存置债务人财物以为质信而被劫者，虽非典铺，而事理相同，自应准用典铺赔偿之例。（三年上字第七〇三号）

通常特定物之寄托，如因不能归责于受寄人之事由，致其受寄财产灭失毁损者，受寄人无赔偿之责。至若其寄托系令受寄人负担给付金钱或代替物之债务人（消费寄托），则受寄人之资力虽因不能归责于己之事由顿行灭(杀)〔失〕，亦不得主张减免。（三年上字第四〇三号）

**余　论**

寄托者，当事人之一造约明向相对人领得某物为其保管之契约也。保管物者，谓之受寄人，其相对人，谓之寄托人。寄托之标的物是否以动产为限，抑无论动产、不动产皆可寄托，各国立法例未能一致。《民律草案》认动产、不动产皆可为寄托之标的物。本律虽无明文规定，然“财物”二字，从论理解释，亦应采同一见解为是。又，寄托为要物契约，以领收其标的物始能成立。观本律“受寄”二字，其义自明。既经受寄，即须妥为保管。苟有费失，即须赔偿。至因不可抗力而灭失者，自不在此限。

典当商为贷金业之一种，染业商为加工业之一种，均非本律之所谓寄托，为便宜计，特附于此，不可不察。

## 9.126 得遗失物

### 律　文

9.126.0.1 **凡得遗失之物，限五日内送官。官物**尽数**还官。私物召人识认，于内一半给与得物人充赏，一半给还失物人；如三十日内无人识认者，全给。**五日**限外不送官者，官物，**追物还官。**私物，〔其物〕一半入官，一半给主。**若无主，全入官。

9.126.0.2 **若于官、私地内，掘得埋藏**无主**之物者，并听收用。若有古器、钟鼎、符印、异常之物，**非民间所宜有者。**限三十日内送官。违者，其物入官。**

### 律　意

官、私失物，不可苟取也。

### 笺　释

凡遗失之物，必有其主，得之必须送官。若匿而不送，虽非窃取，究属义不当得。至得埋藏之物，既无主人，若责其送官，恐启冒认妄争之端，故与上得遗失无主之物并听收用。若古器、异常之物，非民间所得私有，则必令送官。即《周礼》"凡藏货贿，告于上司，大者公之，小者庶民私之"之遗意也。

### 余　论

遗失物者，物之占有人无抛弃占有之意思，又非被侵夺，而偶然失其占有、所在不明之动产也。埋藏物者，永年埋没(之)〔于〕他物之中，不知其所有人之动产也。《民律草案》关于遗失物之拾得、埋藏物之发见若何取得所有权，因关于行政者甚多，特让诸特别法令规定。本律因混合礼教民刑而成，无一定系统组织之可言，故其规定独详。

# 市　廛

## 10.129 把持行市

**例　文**

**10.129.(3)京城官地井水，不许挑水之人把持多家，任意争长价值，及作为世业私相售卖。违者，“照律治罪”。**

**例　意**

禁豪强把持,以固市利也。

**解　释**

民事继续有效之《现行律》载“京城官地井水,不许挑水之人把持多家,任意争长价值,及作为世业私相售卖”等语,兹就民事言,该律例对于以官地井水营业者,明禁其有分段专售之权,以此比例类推,私地井水,虽所有者可以自由营业,而把持售卖,则为〔贯彻〕律例保护一般市民之精神,亦当然应认其同归禁阻。是法有明文,即令习俗相安,亦未便显然悖反,此种惯行,即不能认为权利,而予以积极之保护。(统字第六七七号,复京高,六年九月)

**余　论**

饮水为人生要需,未可一日或缺。苟听把持,于保护市民之道,未为周至。院释更推至私地井水,其用意尤为深远,足补例文所未及,当并参考。

# 礼 制

## 12.155 丧　葬

### 律　文

12.155.0.1 凡有尊卑丧之家，必须依礼定限安葬。若惑于风水，及托故停柩在家，经年暴露不葬者，“处罚”。其从尊长(避)〔遗〕言，将尸烧化，及弃置水中者，“处罚”；从卑幼，“并减二等”。若亡殁远方，尊长、卑幼不能归葬而烧化者，听从其便。

### 律　意

定丧葬之礼，以正风俗也。

### 笺　释

人死以葬为安，故谓之“藏”。不藏者，为“暴露”。惑于风水，托故不葬，将尊长已朽之骨博儿孙未来之福，是信祸福而弃亲也。从尊长遗言以烧化，是遵乱命也；从卑幼遗言而烧化，是听其非理之言，不由正理也。没远方而化尸携骨，此事出从权，可以听从其便也。

### 余　论

吾国葬礼，以土葬为原则，火葬为例外，水葬则绝对禁止，观律意自明。

# 厩 牧

## 16.198 宰杀马牛

**律 文**

**16.198.0.2 若故杀他人马、牛者，追价给主。若伤而不死，不堪乘用，及杀猪、羊等畜者，各追赔所减价钱。还官、给主。其误杀伤者，〔但〕追赔减价。**

**16.198.0.4 若官、私畜产毁食官、私之物，因而杀伤者，追赔所减价。还畜主。畜主赔偿所毁食之物。还官、主。**

**16.198.0.5 若故放官、私畜产损食官、私物者，各赔所损物。还官、主。**

**16.198.0.7 若畜产欲触抵踢咬人，登时杀伤者，〔亦〕不赔偿。兼官、私。**

**律 意**

畜产不可擅杀也。

**笺 释**

故杀与盗杀不同。盗杀是利其所有，先盗而后杀；故杀是与畜生有隙，而故加杀伤，非有利而为之，亦非因盗而杀之也。放失畜产损食人物，损食是一事，谓因食而致损，与上"毁食"不同，故一曰"赔偿所(损)〔毁〕食之物"，毁与食兼言；一曰"赔所损物"，以"损"赅"食"也。"登时"二字，其势急迫，情非得已，杀伤所以御害耳。若已经避祸而追恨杀伤，则是故杀伤矣。

**余 论**

本律于近世民法法理不法行为之加害者，应负损害赔偿之责,及自卫行为不负法律上责任之旨,暗相吻合,深堪玩味。

## 16.199 畜产咬踢人

**律　文**

16.199.0.2 **若故放犬，令杀伤他人畜产者，追赔所减价钱。**给主。

**律　意**

诛心也。

**笺　释**

畜产杀伤他人畜产,过在畜主不善控制,故应赔偿。止言犬而不及牛马,以犬善于噬人故也。若非故放而犬自杀伤他人畜产,则当依《唐律》,止偿其减价而已。

《唐律》〔卷第十五·厩库·犬伤杀畜产〕诸犬自杀伤他人畜产者,犬主偿其减价。余畜自相杀伤者,偿减价之半。

**余　论**

《清律》导源于《唐律》。《唐律》为母法,《清律》为子法。《清律》所未载,自可参酌《唐律》办理。

# 贼 盗

## 18.239发 冢

### 律 文

18.239.0.6 **平治他人坟墓为田园者，**虽未见棺椁，**“处罚”。**仍令改正。**于有主坟地内盗葬者，勒限移葬。**若将尊长坟冢平治作地，得财卖人，买主知情，则坐不应重律，追价入官；不知情，追价还主。

### 律 意

重坟墓也。

### 笺 释

考之葬法,高者曰“坟”,封者曰“冢”,平者曰“墓”,足供考证。

### 余 论

此律亦与近世民事法理加损害于他人者责令赔偿(回复原状亦损害赔偿之一种)之旨相合。

# 斗　殴

## 20.276 妻妾殴夫

### 律　文

20.276.0.1 **凡妻殴夫者，夫愿离者，听。**

20.276.0.3 **〔其〕夫殴妻，至折伤以上，先行审问夫妇，如愿离异者，断罪离异；不愿离异者，验所伤应坐之罪〔收赎〕。仍听完聚。**

### 律　意

正夫妇之伦也。

### 笺　释

妻以夫为天，妻而殴夫，是自绝于天也。治罪而外，即当离异。然离者，法；不离者，情。既缘情以立法，不容执法以违情。故离否、听否自便，不必绳以定法也。但妻殴夫，则曰“夫愿离异者，听”；〔夫殴妻〕，不曰“妻愿离者，听”，而曰“先行审问夫妇，愿离者，断罪离异；不愿离者，收赎完聚”。盖夫为妻纲，妻当从夫。妻殴夫，离合听夫可也；夫殴妻至折伤，夫虽犯于义绝，而妻无自绝于夫之理，故必审问夫妇，俱愿，仍听离异；如夫愿而妻不愿、妻愿而夫不愿，皆不许离。至于夫妻有“愿离”、“不愿离”之文，而妾无之者，缘妾本微贱，与夫妻敌体不同。妻非犯七出之条，不得擅离；妾则不然，爱则留之，恶则遣之，无关轻重，不得同妻论也。

### 判　例

殴打必至折伤以上，始听其离异。（三年上字第六一一号）

**理由**　夫妇离异之规定，除夫妇不和谐而两相情愿者准其离异外，其他以虐待等事为理由者，非合于法定条件不可。

夫虐待其妻，致令受稍重之伤害，如愿离异者，亦准离异。（与折伤条略异）（三年上字第六一一号）

**余　论**

按文明各国法例，夫妻在法律上之地位相等，有相犯者，各以凡论，本律规定似太悬绝。且照律文解释，夫纵殴妻至折伤以上，苟非两愿，犹不准离，则于法律尊重人命、身体健康之谓何善！夫判例曰“夫虐待其妻，致令受稍重之伤害者，愿离听离”，不可谓非补全救偏之良法也。

# 犯　奸

## 25.325 纵容妻妾犯奸

**律　文**

[25.325.0.1] **凡纵容妻妾与人通奸**(者)**，抑勒妻妾及乞养女与人通奸者，妇女〔不坐〕，〔并〕离异归宗。**

[25.325.0.3] **若用财买休、卖休，因而和同娶人妻者，妇人离异归宗；财礼入官。若买休人与妇人用计逼勒本夫休弃，其夫别无卖休之情者，妇人给付本夫，听其离异。**

**律　意**

戒淫风也。

**笺　释**

纵容、抑勒，情异而事同，然皆通奸也。卖休、买休，事异而情同，非奸而同于奸也。夫妻妾固有淫行，本夫不禁制而反纵容，则败坏风化之罪大矣！妇女本无淫心，本夫、义父反抑勒与人通奸，则寡廉鲜耻极矣！纵容固失夫纲，抑勒尤干法纪，义不可以令合，故并离异。若卖休、买休，不曰“奸妇”而曰“本妇”，不曰“奸夫”而曰“买休人”，可见与犯奸者不同。然卖休者自弃其妻，既失夫妇之伦；买休者谋娶人妻，亦失婚姻之正，有类于奸，故与通奸并列一条。卖休、买休按律虽应离异，然亦有不可拘泥者。据《会典》云“家贫将妻不告而嫁卖与人者，问不应；妇人仍归后夫”，又《辑注》云“因贫卖妻，本夫既不能养赡，或无宗可归，势必又将失节改嫁，不如仍归后夫，免追财礼”云云，二说虽与律不合，均足补律之未备，当合参之。又如义女，纵容养女，与纵容抑勒乞养子孙妇妾，及正妻纵容抑勒妾犯奸，律皆不言，当参酌比拟。

**解　释**

舅姑抑勒子妇与人通奸，如其夫亦知情而不阻止，亦可认为有义绝情状者，自应许其离异。(统字第四三七号，复赣高，五年五月)

甲缘残弱，无力养赡，将妻乙凭媒丙价卖于丁为妾，乙居丁家一年有余。乙来案起诉，请仍归前夫。(原文)查《现行律》载“买休、卖休和娶人妻者，妇人离异归宗”，来文所询情形，苟其事实与该律相当，固应许其离异归宗。若乙与甲协议离异在前，再嫁与丁为妾，则无许其翻异之理。(统字第五六六号，复吉高，六年一月)

**判　例**

夫抑勒其妻与人通奸者，当然可离异。(三年上字第五〇五号)

本夫抑勒其妻价卖为娼者，自在应离之列。即图卖未成，确有证据者，亦为义绝，自可据以离异。(三年上字第四三三号)

**理由**　价卖为娼，较之抑勒通奸、典雇为妻妾及卖休之情形，尤不可恕，依当然之条理类推之解释，自在应离之列。

**余　论**

按《民律草案》“夫妇之一造受彼造不堪同居之虐待或重大之侮辱者，得提起离婚之诉”，夫抑勒妻犯奸，即属重大侮辱之一种，但须在结婚后发生，自不待言。

## 25.326 亲属(犯)〔相〕奸

(例文)〔律注〕

25.326.0.5〔惟〕同宗奸生男女，不得混入宗谱，听随便安插。

**律　意**

正当之族规，不可不予保护也。

**余　论**

此为我国家族主义之特色，各国法律(显)〔鲜〕有明文规定，将来修订民律时，似宜略加注意，于世道人心，不无稍裨。

## 25.332 买良为娼

**律　文**

25.332.0 凡娼优，买良人子女为娼优，及娶为妻妾，或乞养为子女者，财礼入官，子女归宗。

**律　意**

绝娼优之源也。

**笺　释**

娼优最为下贱，不齿于平民。若买良人为娼优，而将子女嫁卖者，是徒知贪利而陷其子女、辱其家门。禁止买良为娼，正所以遏绝娼优之源，正风俗而端风化，用意良深。现在仿照外国之法，娼寮一概收捐，虽系因时变通，然古法从此荡然矣。

**余　论**

自五族共和，《约法》颁行，人民在法律上地位相等，无种族、阶级、职业、宗教之分，娼优亦国民生计之一，本无所谓卑贱。惟良家子女一入个中，其苦殆难言状；以言职业，斯为下矣，本律禁之宜也。特恐官吏奉行不力，冥冥之中，不知堕落多人耳，噫！

# 河　防

## 30.388侵占街道

**律　文**

30.388.0 **凡侵占街巷道路，而起盖房屋，及为园圃者，各令拆毁。修筑复旧。**

**律　意**

官地不可侵占也。

**笺　释**

凡城市通行之地曰“街巷”，郊野通行之地曰“道路”，均系官地。若有侵占，无论盖为房屋、治为园圃，均令拆毁复旧。

**余　论**

本律“侵占”二字，与《新刑律》侵占罪之“侵占”意义迥殊。盖此仅为搀越，彼则含有欺罔恐吓、使人将所有物交付于己之义，不可不知。又，俗语有“借天不借地”之说——临街筑楼跨出街面是也。在现行警律①并此不许，是较本律为更深一层矣。

---

① 此处所谓“现行警律”似指民国四年〔1915年〕十一月七日公布的《违警罚法》。该法第三十五条规定：“有下列各款行为之一者，处五日以下之拘留或五元以下之罚金。（一）于私有地界外建设房屋、墙壁、轩楹等类者。……”

# 《现行律》民事有效部分集解

杭县　郑爰诹　编

# 编辑大意

一、本书系就《现行律》中近时适用各条,详加注释,并附以大理院历年判决、解释各例,故名曰《〈现行律〉民事有效部分集解》。

一、本书辑入之院判、解释,各依其义类,分别列入各条,以期便于参证。

一、自民国二年〔1913 年〕起至十六年〔1927 年〕止,所有大理院判决、解释各例,凡系关于《现行律》者,概行辑入。

一、判决或解释遇有前后互异时,则以后者为准。故本书按照年号先后依次排列,庶遇有变更成例时,不难一览而知。

# 序

我国民法尚未颁布，历来各级法院受理民事案件，均依《现行律》判断。考《现行律》成立于宣统二年〔1910年〕，关于刑事部分已因《新刑律》施行而失效，其继续有效者，仅限于民事部分而已。光复后，国体变更，先总理在临时大总统任内，曾颁明令，“除与国体抵触各条应失效力外，余均行援用”，①此所以民事部分至今犹继续有效也。顾当时既未将有效各条一一抉出，纂辑成书，则何者有效，何者失效，援用时，仍不免滋生疑义。即坊间所售各本，亦复取舍互异。嗣经大理院庭长余棨昌、李祖虞及司法部次长余绍宋诸先生合辑是编，②由是，适用时始有依据。本书系就诸先生合辑之编，分列章节，加以注释，处处以《民律草案》理由及判例、解释为依归，绝不敢参以己意，只期便于适用而已。

中华民国十七年〔1928年〕正月　编者　谨识

---

① 此处有误，1912年3月10日颁布“有关从前施行之法律及《新刑律》，除与民国国体抵触外，余均暂行援用”临时大总统令的临时大总统并非先总理孙中山，而是该临时大总统令颁布当日宣誓就任临时大总统的袁世凯。

② 应指余绍宋、李祖虞、余棨昌合辑的《实用司法法令辑要》（中册）（《司法公报》发行所1919年版）所载《〈现行刑律〉关于民事有效部分》。其全文见本书附录六·4。

# 现行律民事有效部分集解目录

# 第一章　婚　姻

男女婚姻律文 6.82.0.1 **凡男女定婚之初，若**或**有残**废或**疾**病**、老幼、庶出、过房、**同宗。**乞养、**异姓。**者，务要两家明白通知，各从所愿，**不愿即止，愿者同媒妁。**写立婚书，依礼聘嫁。若许嫁女已报婚书，及有私约，**谓先已知夫身残疾、老幼、庶养之类。**而辄悔者，**女家主婚人**处五等罚；**其女归本夫。**虽无婚书，但曾受聘财者，亦是。**

**释　义**

本节系关于定婚要件及定婚仪式的规定。定婚之要件唯何，即男女两家之合意是也。盖定婚亦系一种法律行为，以双方合意为基础。故男女之一方，如系残废，或有人所厌恶及医学上不易治疗之疾病，或男女两人之老少悬殊，或其人系庶母所出，或系承继，或系螟蛉，均须通知他方，得其同意，然后举行定婚仪式。倘事前不通知，而他方于定婚后始知有此种情形，则可据为撤销婚约之理由。若于成婚后始知有此种情形，亦可据为离婚之理由。盖要件不具备，虽举行定婚仪式、成婚仪式，亦不能认为有效也。然若女家明知男家有此种情形，而竟行许嫁，即不容其再行翻悔。盖既已知之而复许之，即属同意的表示，不能再因他方不通知而任其悔婚耳。

定婚仪式为凭媒写立婚书。盖定婚系要式行为，以交换婚书为必要，故婚书为定婚的形式上要件。然若双方不立婚书，而交付聘财，亦不能谓为不备定婚仪式。因双方既有授受聘财行为，与交换婚书无以异也。

定婚仪式，已如上述。至于成婚仪式，本律未有规定。依大理院解释，则以举行相当礼式为成婚仪式。所谓“相当礼式”者，如旧礼式之迎娶、新礼式之结婚是也。

**判决例**

定婚之有效与否，在现行法上，若果男女自初即有残、疾、老幼、庶出、过房、乞养情事，其前提要件：第一，须两家明白通知；第二，须写立婚书或经收受聘财为情愿之意思表示。若仅空言许婚，其婚约自非有效成立。（四年上字第二三〇五号）

《现行律》内载“其男女定婚之初，若有残疾者，务要两家明白通知，各从所愿”等语，原认为男女有残疾在定婚之后者，无变更婚约之效力。惟兹经详释律意，男女一造之残疾，在定婚之初，既明认为重要，必须通知相对人，为所甘愿，始可有效订立婚约。则残疾之生于定婚后者，亦须通知相对人，为所甘愿，始可使婚约继续有效。盖为婚约重要内容之当事人，其身体上嗣后既有重大变动，即与订约时当事人之意思不能符合，故亦更须明白通知。若为相对人所不愿，亦许解除婚约，不得以无故辄悔之例相绳。（四年上字第二三五七号）

《现行律》“男女婚姻”条所谓“残废”云者，指凡人身五官、四肢、阴阳之机能，有一失其作用者而言。（七年上字第九一〇号）

《现行律》“男女婚姻”条所谓“疾病”云者，当然别乎残废言之。凡依现在医术，其程度达于不易疗治，而于生活上有碍，或为恒情所厌恶之疾病，皆应包括在内。（四年上字第一二二三号）

定婚前吸食鸦片，虽未通知，在《现行律》上，亦不得为撤销婚约之原因。（三年上字第一一七号）

所谓“依礼纳送”者，必凭媒送礼仪。若贽物、巾帕，与夫私债折合，自不得谓为合法。（四年上字第二四七号）

婚书应否填写年庚八字，法律并无明文，不能认为婚书之要件。（二年上字第二一五号）

男女两家分执之婚书，不问是否出于同一代笔人之手，但系凭媒写立，即为适法。（五年上字第五〇四号）

婚书于法律上虽无一定之方式，然必就书据自身可认为有婚约关系者（如习惯上通行之方式，以男女两造年庚并列一柬，或于柬内直接或间接表示允婚之意旨者是），始为适法。若仅以片纸开列一造年庚，而于其开列之原因如何，并不能有确切之证明者，自难认为合法之婚书，即不能持此以主张定婚契约之成立。（四年上字第三七九号）

聘财之种类及其轻重厚薄，无一定之限制。（四年上字第六一一号）

《现行律》载定婚之形式要件有二：（一）有婚书。即谓有媒妁通报写立者。无论报官有案或仅系私约皆可；（二）聘财。此二要件，苟具备其一，即发生定婚之效力。（二年上字第二一五号）

男女定婚之初，必须写立婚书或曾受聘财者，其婚约方能合法成立。否则各地方虽有特别习惯，而苟与此项成文法规显相抵触，即不能认为有效。（四年上字第四三二号）

定婚系要式行为，其形式要件有二：（一）婚书；（二）收受聘财。二者具备其一，即为合法。苟其形式业已具备，即或其后媒证亡故，亦无碍于其婚约之效力。（四年上字第一四一七号）

订立婚书，受授聘财，必须出自订婚人两方之合意，该婚约始能成立。（七年上字第一三六五号）

婚约之成立、不成立，应以是否具备定婚要件为衡。故使未合法定婚，纵事实上已经成婚，而由主婚权人提起确认婚姻不成立之诉，仍非法所不许。（七年上字第一〇一八号）

婚姻当事人已有结婚之合意，并曾践行一定方式（订立婚书或收受聘财），又无其他无效原因者，其婚姻即系合法成立。虽未经父母或其他有主婚权人之同意，亦仅足为撤销原因。（四年上字第二一八八号）

定婚为成婚之前提。据现在继续有效之前清《现行律》载，"男女定婚，写立婚书，依礼聘娶"；又载"虽无婚书，但曾受聘财者亦是"等语，是婚姻必备此要件之一，始能认为有效。苟无一具备，虽已成婚，于法律上仍不生婚姻之效力。（四年上字第一五一四号）

定婚之方式有二：（一）婚书；（二）曾受聘财。此项要件，必具备其一，始发生定婚之效力。故聘财在现行法上不过定婚之一要件，婚姻一经成立，则聘财之效用即完。除有法定追还财礼之明文或事出诈欺者外，自无因离婚之故，概予追还之理。（五年上字第五六号）

订婚之形式要件，只须婚书或聘财有一具备。苟已由女家收受聘财，其数量即不成问题。本件既据张芝供认曾收受聘财三千吊，即令其余之七千吊，曾为媒人所使用，而在该上诉人苟未能确实证明两造曾有必须交钱一万吊始能定婚之特约，则两造婚约，自应认为已经合法成立。（十五年上字第六六三号）

上诉人等诉请撤销婚约，其主张庶冒嫡一层，不过谓被上诉人马廷夔说媒时，系称为被上诉人马福如正室沙氏所生，过继于正室张氏，现查为朱氏妾所生，系冒为嫡子等语。按《现行律》规定，"庶子定婚，应明白通知"，系属就通常注重嫡、庶子身分者而言。兹查上诉人等于民国十四年〔1925 年〕六月二十四日在第一审具状明称，张氏系福如宠妾，而犹愿其抚抱伊婿为子，则于嫡、庶子身分，本不甚注重，自不容再行借口争执。（十五年上字第一四六二号）

冒长年龄一层，按《现行律》所称，"老幼定婚，应行通知"，系指年龄相差甚远者而言。查马廷夔实在年龄，据上诉人等于民国十四年〔1925 年〕六月二十四日在第一审状称，亦仅相差一岁，并无一老一幼之情形，又何能为撤销婚约之原因。虽据称路朵姑对于婚姻未经同意，然查路朵姑于民国十四年〔1925 年〕九月十五日在原审供称，马福如之妻至伊家会亲，曾收过见面礼两块钱，何得空言指为未经同意。（十五年上字第一四六二号）

**解释例**

天阉系属残疾，定婚之初，若未通知，应准离异。(四年统字第二三二号)

《现行律》婚姻门内所称之“疾病”，谓依现在医术，其程度达于不易治疗，而于生活有碍，或为常情所厌恶者而言。如于定婚之初，不将此通知，得彼造之情愿者，应准解约。至“残废”二字，指人(生)〔身〕五官、四肢、阴阳之机能，有一失其作用者而言。与《刑律》第八十八条“笃疾、废疾”之范围，不能尽同。(四年统字第三一二号)

定婚须得当事人之同意。若定婚当时，未得女之同意，其女诉请解除婚约，亦无强其成婚之理。(五年统字第四五四号)

定婚后，女患疯癫，其程度如系重大者，可查照本院民国四年上字第二三五七号就律例类推解释之判例办理。(六年统字第五八八号)

婚姻须先有定婚契约。(但系以妾改正为妻者，不在此限)定婚系以交换婚书或依礼交纳聘财为要件，即为要式行为。但婚书与聘财，并不拘于形式及种类。至定婚后成婚，亦须经习惯上一定之仪式。故原则上系合定婚与成婚仪式，为婚姻成立之要件。(参照本院《判例要旨汇览》第一卷“民法”第一四〇页三年上字第四三二号判例)若夫婚姻之呈报，与婚书之纳税，系属行政事项，与私法上之婚姻效力无涉。(九年统字第一三五七号)

希查照本院《判例要旨汇览》第一卷“民法”一三二页四年上字第一四一七号及同年上字第三七九号，毋庸再行解答。(**附原文：婚姻预约，在法律上系要式行为，一婚书，二聘礼。例如，先通过年庚八字，并未纳过(婚)〔聘〕礼，嗣后或男家或女家，有一方不欲缔结，而为婚姻预约通过拒绝，缘是兴讼。此年庚八字，可否认为系属婚姻预约之一种**)(十年统字第一四七一号)

查定婚须凭媒妁，写立婚书，或依礼收受聘财，始为有效。不得仅有私约。本院早有判例。律载“私约”，系指对于特别事项之约定而言，即残疾、老幼、庶养之类，须特别告知，双方合意。一经合意，并立婚书或受聘财之后，自系不许翻悔。若事故在前，定婚时未经特别告知，经其同意，则虽已立婚书、交聘财，或并已成婚，亦准撤销。至若定婚后成婚前，一造身体上发生重大之变故，自可查照本院四年上字第二三五七号判例，令其再行通知。如有不愿，应准解除。若业已成婚，则应适用一般无效撤销及离异之法则。(参照历来判例解释)如依各该法则，均所不许，自无再准主张之余地。(九年统字第一二四八号)

查所询情形，自系残废，应查照《现行律》“男女婚姻”各条办理。(**附原文：今有甲、乙，自幼凭媒聘定婚姻，互传婚柬，并无财礼，已逾十余年，尚未过门成亲。兹因乙发现甲之子丙系属天阉残人，意在离婚另配，免误乙女终身，诉请官厅传验证实判断。当经验明甲子丙，现届成丁十六岁，躯干魁伟，茎物、肾囊俱全，惟茎物须用手按，仅露寸许，确异常人。而甲、丙反对离异。应否认为残人，颇属疑问**)(八年统字第一〇三一号)

如果乙女经依法鉴定，确系无法可治，自以丑说为是。惟此种案件，似以设法调处,较为妥协。(**按:丑说系根据统字第二三二号解释类推,无法可治之实女,得照男子天阉例办理**)(九年统字第一二〇八号)

已成婚后发生之恶疾,不能为离异原因。(九年统字第一四二四号)

男女之一造,于定婚后若罹残疾,其婚约应否解除,当各从相对人所愿。依本院四年上字第二三五七号判例论之,其不愿者,断无强令继续之理。来函情形,罹疾之一造,既违背通知之义务,自不能以他造未经声明解除,仍请履行婚约,而禁其别字。(十年统字第一五八四号)

依民事法理,凡买卖为婚,并无婚书或财礼,亦与以妾为妻不同者,均不生婚姻效力。(八年统字第一〇五〇号)

买卖为婚,既无婚书、财礼,又与以妾为妻不同者,虽不能认为婚姻成立,其有以为妾之合意者,应认为妾。若其后双方补立婚书,或履行以妾为妻之礼式(并无定式,得从习惯)者,仍可认为有婚姻关系。(九年统字第一二〇一号)

男女婚姻律文6.82.0.2 **若再许他人,未成婚者,**(女家主婚人)**处七等罚;已成婚者,处八等罚。后定娶者**(男家)**知情,**(主婚人)**与**(女家)**同罪,财礼入官;不知者,不坐,追还财礼。**(给后定娶之人。)**女归前夫。前夫不愿者,倍追财礼给还,其女仍从后夫。男家悔**(而再聘)**者,罪亦如之,**(仍令娶前女,后聘听其别嫁。)**不追财礼。**

**释　义**

本节为关于悔婚再许及再聘之规定。女家于定婚之后,悔婚再许,如果其女尚未与后许之人成婚,则应断归前许之人,以符原约。若其女已与后许之人成婚,此际应视前许之人的意思为从违。倘前许之人仍愿与此女结婚,则亦断归前许之人,而追还后许财礼,以给还后许之人;倘前许之人不愿与此女结婚,则倍追前许财礼,以给还前许之人,而使其女与后许之人完聚。盖女子以贞操为重,既已失身于后夫,则前夫恒不愿与之成婚,故倍追财礼,以示悔婚之制裁,而使其女仍从后夫,所以符从一之义也。若男家于定婚之后,悔婚再聘,则亦为尊重原约起见,仍令其与前聘之女成婚。其后聘之女,则听其别嫁。并不许其追还后聘财礼,以示悔婚之制裁。至于男家悔婚再聘之后,已与后聘之女成婚,此际应如何处置,本律未有规定。

**判决例**

《现行律》载有"再许他人,未成婚者,处罚;已成婚者,处罚。后定娶者知情,与同罪,财礼入官;不知者,不坐,追还财礼。女归前夫"等语,是凡女子已与人定婚而再许他人者,无论已、未成婚,及后定娶者知情与否,其女应归前夫。(三年上字第八三八号)

《现行律》关于男女定婚后再许他人之规定,系一面维持婚约,欲其践行;一面因违约而已与后定娶人成婚者,仍准女从后夫。(不过应以前夫不愿领回为条件)(四年上字第六三八号)

《现行律》凡女家悔婚者,如前夫不愿再要,应令女家赔还财礼。至于因悔婚发

生其他之损失，虽无明文规定，自应适用通常损害赔偿之原则办理。（四年上字第一七七〇号）

许嫁女再许他人，已成婚者，依律虽以仍归前夫为原则，然法律为维持家室之和平并妇女之节操计，尚希望其女得以终事后夫，故于律文末段，特附以“前夫不愿者，倍还财礼，女从后夫”之规定。律意所在，彰然甚明。则审判衙门遇有此项诉讼案件，自应体会法律精意之所在，先就此点，尽其指谕之责。（五年上字第一〇四八号）

《现行律》载“若再许他人，已成婚者，处罚；后娶者知情，与同罪，财礼入官；不知者，不坐，追还财礼。女归前夫。前夫不愿者，倍追财礼给还，其女仍从后夫。男家悔者，罪亦如之”等语，是就该律类推解释，男家毁约另聘，已成婚者，如前女仍愿与为婚姻，自应令娶前女，而后聘者令其别嫁；如不愿与为婚姻，自应准其解除婚约，是不待言。又此种解除婚约之原因事实，一旦发生，即可据以请求，自不容男家事后以一方之意思，补正事实，拒绝其请求。（六年上字第八四五号）

本院历来判例，许嫁女再许他人，已成婚者，虽以仍归前夫为原则，而为维持家室和平及妇女节操计，尚希望其女得以从一而终。故法院遇有此项悔婚另嫁之件，应以和平方法，尽力劝谕前夫，听其解除，而专就因他造悔约所生之损害，请求赔偿，转为两造利益。（十五年上字第六六三号）

**解释例**

娶有夫之妇而不知情者，所交财礼，可依不当利得之原则，向收受者提起民事诉讼，要求返还。如系知情，则为不法原因之给付，自无请求返还之理。（七年统字第七七四号）

娶已经许字他人之女者，除劝谕前夫倍追财礼，女归后夫，照《现行律》“男女婚姻”门第二段办理外，未便以裁判强令前夫仅受赔偿。（七年统字第八七〇号）

查违背婚约，将女另嫁，虽志在得财，但不得谓为诈欺，自不成立诈财罪。至判决之效力，与判决之能否强制执行，本不应合为一谈。婚姻案件，虽不能强制执行（参照统字第五一〇号、第五一一号解释），然判决之效力，固仍存在。受确定判决之人，本得对于违背判决另定之婚约，请求撤销，或另求赔偿以代原约之履行。如果提起撤销重订婚约之诉，审判衙门尚可斟酌情形，加以晓谕，适用律例“男女婚姻”门律条第二载“前夫不愿，倍追财礼”之语，妥善办理。（八年统字第九八六号）

男女婚姻律文 6.82.0.3 **其未成婚男女，有犯奸盗者，**男子有犯，听女别嫁；女子有犯，听男别娶。如定婚，未曾过门，私下奸通，男、女各处十等罚，免其离异。**不用此律。**

**释　义**

定婚之后，男女一方有犯奸或盗，不适用上述律文处断，而使他方得据以解销婚约。盖奸盗行为，非特为家门之玷，即社会亦认为罪恶，而于他方名誉，损害实甚，故直许其另娶另嫁。所谓“盗”者，兼赅强盗、窃盗而言。而所谓“奸”者，在男子则包括强奸和奸两种；而在女子则以和奸为限。故女子被人强奸，男子不得据以解销婚约。

于此有应注意者,因奸解销婚约,其理由无非以其违反贞洁义务。夫贞洁义务,男女双方,均应遵守。一方违反此义务,他方即得行其解销权。故本节之所谓犯奸,专指与他人奸通而言。若系未婚男女自相奸通,与贞洁义务无关,除有强奸情形外,不得为解销婚约之理由。

**判决例**

《现行律》载"未成婚男女,有犯奸盗者,不用此律"等语,注称"男子有犯,听女别嫁;女子有犯,听男别娶",至所称"盗"之意义,当然包括窃盗而言。而窃盗行为,应作何解,又当根据于《暂行新刑律》之律条,亦无可疑。据《刑律》第三百八十一条称,"于直系亲属、配偶或同居亲属之间,犯第三百六十七条(律文为'意图为自己或第三人之所有而窃取他人所有物者,为窃盗罪'等语)及第三百七十七条第一项之罪者,免除其刑"等语,则是直系亲属、配偶、同居亲属之间,犯所列窃盗罪者,仅得免除其刑,其行为要仍不失为犯罪。则为保护相对人之利益,自应许其请求撤销婚约。(六年上字第七三五号)

男女有犯奸盗者,依律固得为撤销婚约之原因。第其所谓男女,乃专指定婚男女而言。故其犯奸或盗者,若仅属于定婚男女一方之父母,并非与定婚男女有何关系,则在他方,自不能以此主张撤销婚约。(六年上字第一〇八一号)

《现行律》纵规定"未成婚男子,有犯奸盗,听女别嫁;女子有犯,听男别娶",然因吸食鸦片烟及施打吗啡等犯罪者,律例并无准许对造解除婚约之明文。(六年上字第一三八四号)

**解释例**

悔婚再许,《现行律》"男女婚姻"门本有禁止明文;第未成婚男子有犯奸盗者,应听女别嫁,亦有明文规定。(五年统字第四八三号)

查《现行律》载,"其未成婚男女,有犯奸盗者,不用此律",又"犯奸"〔条〕内载,"男子和同鸡奸者,亦照此例办理",是和同被人鸡奸,自民事方面言,亦系犯奸之一种,自可为解除婚约之原因。(六年统字第六〇九号)

《现行律例》载"其未成婚男女,有犯奸盗者,男子有犯,听女别嫁;女子有犯,听男别娶",又载"期约已至五年,无过不娶,及夫逃亡三年不还者,听经官告给执照,别行改嫁"各等语,是凡犯有破廉耻之罪,与奸盗相类似,或被处徒刑在三年以上而经开始执行者,依律文类推解释,均应许男女之一造请求解约。来函所述情形,各被处徒刑在三年以上,已经开始执行,自应许其诉求解除婚约。(十一年统字第一七四四号)

男女婚姻律文 6.82.0.4 **若为婚而女家妄冒者,**主婚人**处八等罚,**谓如女有残疾,却令姊妹妄冒相见,后却以残疾女成婚之类。**追还财礼。男家妄冒者,加一等,**谓如与亲男定婚,却与义男成婚;又如男有残疾,却令弟兄妄冒相见,后却以残疾男成婚之类。**不追财礼。未成婚者,仍**

**依原定。**所妄冒相见之无疾兄弟、姊妹及亲生之子为婚，如妄冒相见男女先已聘许他人、或已经配有室家者，不在仍依原定之限。**已成婚者，离异。**

**释　义**

本节与第一节不同之点有二：其一，第一节专指定婚而言，本节则指成婚而言；其二，第一节不过男女一方违反通知义务，本节则有积极的欺罔行为。此其异也。

婚姻以双方合意为要件，妄冒成婚，因未得他方同意，自应作为无效。故不问男家妄冒或女家妄冒，均在离异之列。虽然，苟妄冒相见之人，尚未聘许，不妨使其成婚，以符原定。若其人先已聘许，或先已成婚，此际别无可以转圜之地，故许其离异。

**判决例**

《现行律》载“有为婚而女家妄冒者，处罚，追还财礼。男家妄冒者，加一等，不追还财礼。未成婚者，仍依原定。已成婚者，离异”，（中略）是离婚之制，本为《现行律例》所认许，不过须具备一定之条件而已。（三年上字第八六六号）

定婚之初，果有妄冒情事，即已成婚者，依律尚许离异。若仅有婚约，自无不许其撤销之理。（四年上字第一〇〇七号）

冒为他人之子而定婚者，得为彼造请求撤销之理由。（五年上字第八七〇号）

诈称地位与人定婚者，如果相对人确因深信其有此地位始允与定婚，非此即不允许者，则其诈称地位之事实，即于婚约效力不为无关。（七年上字第一三六五号）

男家家属为不正营业，除可认为妄冒外，不得据为撤销婚约之原因。（七年上字第一三五六号）

**解释例**

查所询情形，丙本无与乙结婚之意，因与甲串通，故向乙伪为表示。乙受其欺，承诺为婚，自系被诈欺而为婚约，虽已为婚，乙可请求撤销。乙在未经撤销婚约以前，法律上尚为丙妇，与甲并无婚姻关系。（九年统字第一三二六号）

本于诈欺之定婚，许其撤销，并非当然无效。至撤销只以意思表示为之，亦非必须诉求。（参照本院《判例要旨汇览》第一卷“民法”第一三七页至第一三八页四年上字第一〇〇七号、五年上字第八七〇号及七年上字第一三六五号判例）（九年统字第一三五七号）

男女婚姻律文 6.82.0.5 **其应为婚者，虽已纳聘财，期约未至，而男家强娶，及期约已至，而女家故违期者，**男、女主婚人，**并处五等罚。**

**释　义**

本节为使男女双方遵守期约而设。所谓“应为婚者”，指已经定婚而言。盖定婚之人，即应为婚之人也。定婚后附有嫁娶期约，双方均负遵守之义务。期约未至，男家不得要求提前；期约已至，女家不得任意展限。故男家期前强娶或女家临期故违，均为法所不许。然此种规定，亦泛指普通情形而言。其有特别情形者，则又当作别论。所谓特别情形，如因居丧而要求展限，或因父母囚禁而要求展限，皆其实例也。

惟应注意者，本节规定，非有强行的性质。故男女双方合意变更期限，即无遵守此规定之必要。

**判决例**

《现行律》载“其应为婚者，虽已纳聘财，期约未至，而男家强娶，及期约已至，而女家故违期者，并处罚”等语，是未至期约而强娶者，除制裁部分已失效力外，别无离异之规定，尚不成为离异之原因。（三年上字第一〇七七号）

出妻条例 6.95.(2) **一、期约已至五年，无过不娶者，并听经官告给执照，别行改嫁，亦不追财礼。**

**释　义**

本节规定男家逾期不娶之制裁。凡定婚已定迎娶期限，男家不得期前强娶，前节律文，已有明白规定。若男家逾期不娶，必使女家久待，亦非人情。故本节斟酌情形，定为五年无过不娶，听女家告官另嫁，借以保护女家之利益；并不许男家追还财礼，以示逾期不娶之制裁。惟所谓期约已至五年无过不娶者，乃指已届预定之迎娶期日又复经过五年者而言。其逾期未满五年者，自不能适用此种规定。故此五年之期限，当从已届迎娶之日期起算，不从定婚之日起算。又本节规定，重在“无过”二字，其不娶确有正当原因者，应作别论。

**判决例**

《现行律》载“期约已至五年，无过不娶”等语，寻绎律意，“期约”二字，系指所定成婚之日期而言。参观男女婚姻律载“其应为婚者，虽已纳聘财，期约未至，而男家强娶，及期约已至，而女家故违期者”等语，其意自明。故律载“五年无过不娶，听告官改嫁”者，必其定有成婚日期者，始能适用，不能遽以定婚之日起算。（四年上字第八一〇号）

男女婚姻律条 6.82.0.6 **若卑幼或仕宦或买卖在外，其祖父母、父母及伯叔父母、姑、兄姊，**自卑幼出外之**后为定婚，而卑幼**不知。**自娶妻，已成婚者，仍旧为婚。**尊长所定之女，听其别嫁。**未成婚者，从尊长所定。**自定者，从其别嫁。**违者，<u>处八等罚</u>。**仍改正。

**释　义**

卑幼出外，尊长在家，两不相谋，以致各自定婚，究以何人所定之婚为有效，应视卑幼与其所自定者已否成婚为断。如果卑幼已与自定之女成婚，则应视为有效，而使尊长所定之女别嫁；若卑幼尚未与自定之女成婚，则应视尊长所定为有效，而使卑幼自定之女别嫁。前者所以保全其女之贞洁，后者所以重尊长之命也。然若卑幼尚未与自定之女成婚,而必欲与之成婚;或尊长许其与自定之女成婚,而强尊长所定之女别嫁,均为法所不许。即使实行结婚,亦应在改正之列。盖本律规定,有强行的性质,决不容其故意违反也。

**解释例**

查依家政统于一尊之义,甲妻乙为丙主婚,未经通知取甲同意,诚属不合。惟丙既已情愿与戊成婚,为维持社会公益计,自可准照《现行律》“男女婚姻”门所载“卑幼出外,其父后为定婚,卑幼不知,自娶之妻,仍旧为婚”之法意,类推解释,认该件主婚仍为有效。(八年统字第一一四〇号)

男女婚姻条例 6.82.(1) **一、男女婚姻各有其时,或有指腹、割衫襟为亲者,并行禁止。**

**释　义**

本节为定婚时期之限制。定婚以有婚姻当事人之存在为必要,若婚姻当事人尚未出生,则其定婚无效。故凡指腹为婚或割衫襟为婚,均在禁止之列。

定婚时期之制限,已如上述。至于成婚时期。本律例未有制限明文。各国法制,大都规定及婚年龄。未达此年龄而结婚者,其婚姻可以撤销。此种规定,无非为防遏早婚而设。惟各国所定及婚年龄,迟早不同。其最早者,如日本之男满十七岁、女满十五岁是也。其最迟者,如德意志之男满二十一岁、女满十六岁是也。就我国而论,《礼·内则》云“男子二十而冠,三十而有室;女子十五而笄,二十而嫁”;《家语》孔子曰“夫礼言其极耳,不是过也。男二十而冠,有为人父之端;女十五许嫁,有适人之道;”《朱子家礼》云“男子年十六至三十,女子年十四至二十,乃可成婚”,此见于《礼经》者也。《通典》唐贞观元年〔627 年〕诏曰“男年二十、女年十五以上,并须申以婚媾”;明洪武元年〔1368 年〕制曰“男年十六、女年十四以上,并听婚娶”,此见于法令者也。虽各朝微有不同,而大要则以男十六以上三十以下、女十四以上二十以下为适格。其未达此年龄者,均受礼法之限制。是我国之不许早婚,早已垂为令典,固无庸律例为之规定也。

**判决例**

《现行律》载“男女婚姻各以其时,或有指腹、割衫襟为亲者,并行禁止”等语,依律文所称,可知男女约婚,虽于年龄上并无限制,而当男女未出生前之婚约,则自属根本无效。(四年上字第五三六号)

依《现行律》,凡有子未经出生者,尚不许定婚,其是否有子,在不可知之列,仅悬拟一格,预为定婚,抱媳童养者,其婚约之不能有效,尤属显然无疑。然此等婚约,固属无效,若俟女长大,另与女家议明,得女家及该女之同意,新定合法婚约,则当然本于新约之效力,认其得为婚姻。要非以当初婚约,遽能拘束当事人。(六年上字第一三六号)

**解释例**

来函所述情形，以丑说为是。（附丑说：甲女与乙成婚时，虽系未成年，惟既已成婚，则除合于法定离婚条件外，无翻异之余地）（十四年统字第一九一九号）

《现行律例》仅载"男女婚姻各有其时"，至法定年龄，别无明文可据。惟现律以十六岁为成丁，成丁之人，即应有完全行为能力，婚姻亦系法律行为之一，故男子当以十六岁为有婚姻之能力。（十四年统字第一九五〇号）

男女婚姻条例6.82.(2) **一、嫁娶皆由祖父母、父母主婚。祖父母、父母俱无者，从余亲主婚。其夫亡携女适人者，其女从母主婚。若已定婚未及成亲，而男女或有身故者，不追财礼。**

**释　义**

本节为关于主婚权之规定。吾国婚姻，素重父母之命，结婚须由父母允许。盖婚姻为男女终身之大事，非寻常契约可比，理宜慎重。然年轻子女，阅历未深，血气未定，往往有只顾目前不计及将来之利害而卒贻后悔者，故法律予父母以允许权。以父母爱子之情，必能为子女熟权利害也。况家属制度，子妇于结婚后，仍多与父母同居，则姑媳间之感情，亦宜先行筹及。但父母允许者，须经父母双方均行允许。若只得夫或母允许，仍不得结婚。然其母若为嫡母或继母，则有例外。即继母或嫡母，虽亦有允许权，若故意不为允许时，子得经亲属允许而结婚。以继母或嫡母，对于非己所亲生之子，难保无故意阻挠其结婚之事也。若其不允许实有理由者，不得援用此例。

以上所述，为关于允许权的通例。至于允许权的实现，即主婚是也。盖就定婚之初言之，谓之允许；而就结婚之时言之，谓之主婚。主婚权属于祖父母、父母。如俱无，则由余亲行之。余亲者，即亲等内之旁系亲是也。

父亡而母改嫁，如其母未携女同往，其女之主婚权，仍由祖父母行之；无祖父母者，由其余亲行之。若其母改嫁而携女同往者，其主婚权属于母。

主婚为婚姻成立之条件。未经有主婚权人为之主婚，终使事实上已经成婚，而有主婚权人可以此为撤销婚姻之理由。然若有主婚权人，无理由而拒绝主婚，则又当作别论。

定婚之后，男女之一方死亡，不得追还财礼。盖婚约依于死亡而消灭，不能与违约者同论也。

**判决例**

后夫对于妻前夫之女，依法当然不能有主婚之权。（四年上字第三九六号）

主婚一层，在现行法上，并无特别之形式规定，苟依相当证据方法，足以证定婚之际，已由合法主婚人之同意，则即令其事未经记明婚书，于该婚约亦无何等影响。

(五年上字第一〇四八号)

《现行律》载“嫁娶皆由祖父母、父母主婚。俱无者,从余亲主婚”等语,是无祖父母与父之女,当然由母为之主婚。(五年私上第二八号)

依《现行律》“嫁娶皆由祖父母、父母主婚”之规定类推解释,凡养母之翁姑,对于养女,当然亦有主婚权。(六年上字第一一七六号)

聘财在现行法上,与婚书同为定婚要件。虽由主婚人受财,而嫁女所需妆奁等费用,亦应由此受财之主婚人担负,并非以受财为有主婚权者应享之权利。(六年上字第一二五一号)

《现行律》男女嫁娶之主婚并举祖父母、父母者,所以别于余亲而言。若祖父母、父母俱在,而又系同居者,则按之条理,自应由父母主婚。惟依家政统于一尊之义,亦应得祖父母之同意,否则祖父母得以撤销婚约。(七年上字第二九八号)

《现行律》,男女嫁娶,固应由(租)〔祖〕父母、父母主婚,惟虽有祖父母、父母,而由余亲主婚之时,其祖父母、父母确经同意或事后追认,即与自行主婚无异,自不能概谓为无效。至民国三年本院民事上字第五一二号判决内称“主婚人不由女之父母而由其叔,已非合法,就令上告人(女之父)对于此项婚约事前情愿、事后追认,然既未订立婚书,又未受过聘财,依上开法例,亦难认为定婚有效”等语,系释明未经订立婚书及受过聘财之婚约,既欠缺法定要件,则虽经同意追认,亦不能有效,非谓余亲主立之婚约,不能因同意追认而生效力。(七年上字第八八八号)

养女之主婚权,苟无特别情事,自应归于养父母,无本生父母家争执之余地。(七年上字第一九五号)

《现行律》“嫁娶应由祖父母、父母主婚。祖父母、父母俱无者,从余亲主婚”,是婚姻不备此条件者,当然在可以撤销之列。(二年私上第二号)

《现行律》载“夫亡携女适人者,从母主婚”等语,是父亡随母改嫁抚育之女,依律自应由其生母为之主婚。(三年上字第四三二号)

《现行律》载“嫁娶皆由祖父母、父母主婚。祖父母、父母俱无者,从余亲主婚。其夫亡携女适人者,其女从母主婚”等语,按照条文正当解释,其夫亡适人而为携女,其女又无祖父母者,则该女应从余亲主婚,自无疑义。至于未嫁女所私生之女,其主婚之权,应属何人,《现行律例》虽无明文规定,然依前项条例类推解释,则该私生之女,除经其父认知,或其母不复适人,又或适人而经携去者,其主婚之权,仍分别各有归属外,若其父既未经认知,而其母适人又未携去者,自应依无祖父母、父母之例而援用从余亲主婚之规定。(五年上字第六一四号)

依《现行律》,“夫亡携女适人,其女由母主婚”,其夫之弟,自无干涉之余地。(七年上字第二九〇号)

协议离婚,夫妻恩义,虽已断绝;而妻对于所生之女,其母女名分,固依然存在。则离婚时,以契约定女之主婚权,使专属于妻,即难谓该契约为无效。(七年上字第三〇四号)

《现行律》内载“夫亡携女适人，其女从母主婚”等语，是妇人夫亡改嫁者，固须携同其女，方有为其女主婚权。但如果并未适人，或虽拟适人，而尚无改适之事实，则依嫁娶由父母主婚之规定，自不能因其曾有适人之意思，而遂丧失其固有之主婚权。（七年上字第三四四号）

养亲依乞养关系，对于所乞养之子女，固应有监护及主婚之权。惟此种权利，应专属于养亲个人之身分，苟养亲已经死亡，其关系即当然消灭，在养亲之家族，自不得继续主张其有此权利，此至当之条理也。（十四年上字第一七八七号）

**解释例**

乞养女，在抱养当事人间并无特别意思表示者，应由养父母主婚。苟无特别情事，其母家亦无容喙之余地。（四年统字第二五三号）

婚姻以当事人之意思为重，主婚权本为保护婚姻当事人之利益而设。故有主婚权人，并无正当理由，拒绝主婚者，当事人婚姻一经成立，自不能借口未经主婚请求撤销。至其拒绝理由是否正当，审判衙门应衡情判断。（七年统字第九〇九号）

甲虽为乙之余亲，可以主婚。如甲只因争取财礼，为不利于乙之主张，审判衙门自可衡情准其为婚。（八年统字第一〇四六号）

查祖父母、父母俱在，而又同居，其主婚权在父母，惟须得祖父母之同意，本院早有判例。（参照本院七年上字第二九八号判决）至祖父母并无正当理由不予同意，本得请由审判衙门斟酌情形以裁判代之。（八年统字第一〇五一号）

如乙对甲仅为余亲，则依律自应由丙主婚受财。丙对婚姻，如未主张撤销，可仅判归财礼。**（按原文：甲为孀妇，乙为甲夫家之余亲，丙为甲之生母）**（八年统字第一〇二五号）

父母之主婚权，非可滥用。如父母对于成年子女之婚嫁，并无正当理由，不为主婚，审判衙门得审核事实，以裁判代之，本院早有前例。（统字第三七一号）甲之为丙主婚，姑无论是否合法，但丙既愿嫁戊，乙若无正当理由，更不能事后主张撤销。（九年统字第一二〇七号）

查《现行律》“男女婚姻”门条例所载“余亲主婚”，并未指明卑属不应在内，亦无必须同居之限制，故余亲中究应何人主婚，其在婚嫁之子女已达成年者，自应凭其自由择定。无论以何人为主婚人，但系成年余亲，他人不得告争。若婚嫁子女未及成年，则由余亲之充保护人（即监护人）者主婚。保护人有失权原因时，由其关系较亲之成年亲属主婚，不问伦次尊卑。至所谓关系之亲密，应斟酌各该实际情形定之，如照顾、同居及服制等，均应酌及。惟主婚权人，如有嫌隙、虐待、故意抑勒阻难或其他不正当行使主婚权之事实者，均应认其丧失权利。所询情形，婚嫁之男女，业已成年，应查询其自己之意思。倘未成年，又无保护人，或其同居胞兄即为保护人，且别无失权原因时，自应准其请求，撤销婚约，胞叔即在不得告争之列。至孀妇改嫁，律无明定者，上述条例，亦可准行。**（注意补正四年统字第二五三号解释例）**（九年统字第一二

六六号)

祖父母、父母俱在,而又系同居者,应由父母主婚,本院早有判例。(七年上字第二九八号判决)同居者主婚权既尚属父母,则随从父母寄居他乡之子女,尤应由父母主婚。若祖父母在家所定之婚约,父母不同意者,自得撤销。(十年统字第一四七一号)

查主婚在法律上与证婚之性质不同,而慈善机关之收育与养亲关系性质又不同,除法令有特别规定外,不能认其有主婚权。(十年统字第一四七四号)

律载“夫亡携女适人者,其女从母主婚”,如携以适人之女,未经归家,而其母又在者,则前夫堂弟之主婚,自属无效。(五年统字第四五四号)

甲与乙离婚后,既听乙携女适人,则女之主婚权,自应由其行使。(六年统字第六〇四号)

查乙婚约所注“随母过姓”、“子母”、“婆媳”字样既属伪造,而丙又系如约实行离母归宗,乙即失其主婚之权。丙之嫁己,由戊主婚,是否合法,已非甲、乙等所能过问,审判衙门亦无过事干涉之余地。(按:甲为丙之后父,乙为丙改嫁之生母,戊为乙本夫之余亲。原事实:系乙改嫁时,婚约定十年后丙须归宗)(九年统字第一二三九号)

所称情形,(甲在育婴堂抱女婴乙,声明俟其长成,为其堂侄丙妻。甲将死,嘱其堂弟丁收养。丁死,丙捏冒丁弟庚出帖,将乙许配戊子己,并送至戊家为养媳。己右手有残疾。堂董及丁子辛控戊抢亲。丙逃戊死。戊妻壬诉请维持婚约。究竟堂董及丁子辛有无撤销婚约之权,其主婚权是否属于丁子辛)乙与育婴堂早已脱离关系,堂董自无权过问。惟乙既由丁家收养甚久,实际上已为丁家家属,丁死后,如系其子辛为家长,自得向戊家诉请交人。丙既无主婚权,其与戊家代乙妄冒许婚,自应许辛主张无效。(十五年统字第一九六三号)

养女之主婚权,属于养父母。教堂因乙女原系由保赤会收养,以特约保留同意权,尚非无效。惟乙女现既成婚,教堂虽有同意权,而苟无正当理由,仍不得仅以其未经同意而主张撤销。(十五年统字第一九八一号)

男女婚(姻)〔姻〕条例 6.82.(3) **招婿须凭媒妁,明立婚书,开写养老或出舍年限。止有一子者,不许出赘。其招婿养老者,仍立同宗应继者一人,承奉祭祀,家产均分。如未立继身死,从族长依例议立。**

**释 义**

本节规定招婿之要件:第一,须凭媒妁;第二,须立婚书;第三,须开写养老或出舍年限。缺此要件之一,则招婿即非合法。其无子而招婿养老者,仍须立继,不得即以赘婿为嗣。盖异姓乱宗,为本律之所严禁也。至于财产,则许赘婿与继子均分。若招婿之后,尚未立继,而本人身死,应由族长为之立继,以重宗祧。

以上所述,为招婿之要件。至于出赘之人,亦须具备一种要件。要件唯何?即要非独子是也。盖独子于父母生存时,则应以奉养为重;于父母死亡后,则又以宗祧为重。背弃其亲而出赘,非法所许也。故独子出赘,虽已备招婿要件,仍非有效。

**判决例**

律载“招婿须凭媒妁,明立婚书,开写养老或出舍年限。止有一子者,不准出赘”等语,可见入赘之法定要件,一须凭媒妁;二须经明立婚书;三须将养老或出舍年限明白开写。非将此项要件一切具备,不能认为合法。若出赘人之父母,止有一子,则虽具备前开要件,仍不得认为有效。(三年上字第九四八号)

《现行律》载“招婿养老者,仍立同宗者一人,承奉祭祀,家产均分。如未立继身死,从族长依例议立”。此项条例,系为贯彻不许异姓乱宗之精神而设,亦当然属于强行法。(四年上字第一六八号)

招以养老之赘婿,在现行法上,本有与应继之人均分财产之权。(四年上字第二二七四号)

招婿养老之人,仍须另立同宗应继者为嗣。诚以我国嗣子制度,重在宗祀。凡异姓养婿,可以依倚养老,而于祭祀,不克承奉。故不问该承继人之意思如何,不能不于同宗应继之人中,另择一人入继。可见法规许令招婿养老,均分家产,虽欲以顺人情,而仍须另立同宗,以全宗祧,则为强制之规定。寻绎律意,极为明晰。(五年上字第一二四七号)

所谓“族长”,依判例解释,应为亲族会,“族长”不过其代称。(七年上字第二五〇号)

**解释例**

戊、己虽为异姓乱宗,不能认婚约此点为有效。而如果庚曾于甲立己为嗣孙之时,当场并无异议,或平日与甲家实有嫌隙,自不得再行告争。即或庚子在应承继之列,亦应由亲族公同议定,或以其子为甲嗣,或更依律择立他人。且戊既系甲所招养老之婿,仍应依《现行律》婚姻门“男女婚姻”条规定,均分财产。(八年统字第一〇九八号)

《现行律例》上有一子不得出赘之规定,继子虽亦应援用,但出赘当时,既无人出而争执,其承继关系,即不能因出赘谓为当然消灭。使别无离去本宗之意思,其子若孙,就被承继人公产之持分,自有告争之权。(十一年统字第一七三五号)

男女婚姻条例 6.82.(4) **凡女家悔盟另许,男家不告官司强抢者,照强娶律减二等。其告官断归前夫,而女家与后夫夺回者,照抢夺律,徒三年。**

**释　义**

女家悔盟另许,其女仍应断归前夫,已为律所明定。然必须男家诉请判断,决不许其以腕力救济。若经断归前夫之后,而女家与后夫将女夺回,尤为本条例所不许。此在科罪部分,虽已失效,而条例严禁抢夺行为,已属显然。

**判决例**

女家悔盟,男家不告官司强抢者,在《现行律》上,虽有处罚之条,究不足为解除婚约原因。(五年上字第二九六号)

**解释例**

抢婚本属于有干例禁，惟依律尚难据为撤销婚约之原因。如果抢婚行为外，依律并有可认为强奸之行为者，应准离异。（七年统字第九〇六号）

抢亲如别无义绝情事，自不能仅据为离异之原因。惟察其情形，已难相处，自可妥为劝谕，即如谕知此种婚姻事件之判决，不能强制执行；而男子一方，反因此不能再娶，实际上于彼实有害无益。无以职权径予判离之理。（八年统字第九三七号）

查抢亲不能为解除婚约之原因，本院早有判例。（参照本院《判例要旨》一卷民法一三九页）至民教结婚，纵使有违教规，而依律要无许其离异之理。（九年统字第一四一二号）

典雇妻女律文 6.83.0.1 **凡将妻妾受财**立约出**典、**验日暂**雇与人为妻妾者，**本夫**处八等罚；典、雇女者，**父**处六等罚；妇女不坐。**〇 6.83.0.2 **若将妻妾妄作姊妹嫁人者，处十等罚；妻妾处八等罚。**〇 6.83.0.3 **知而典、娶者，各与同罪，并离异，**女给亲，妻妾归宗。妻**财礼入官。不知者不坐，追还财礼。**仍离异。

**释　义**

将妻妾典雇与人，或将妻妾冒作姊妹嫁人，均系违反善良风俗，为本律所严禁。故不问典娶之人知情与否，均在离异之列。离异后，妻妾应使其归宗。所以不给本夫完聚者，盖认为义绝也。若将女典雇与人，不问受典之人知与不知，亦应离异，其女给亲。所以不给其父领回者，盖认其亲权已经丧失也。惟在受典人不知情之场合，尚应追还财礼，盖因不知情而受其典雇，或因不知情而娶人妻妾，究与故意违犯者有别也。若受典人确系知情，则其财礼，依不法给付的原则，不能请求返还。

典雇妻女条例 6.83.(1) **将妻妾作姊妹，及将亲女并姊妹嫁卖与人作妻妾、使女名色，骗财之后，设词托故，公然领去者，照本律加一等，徒一年，赃罪重者，仍从重论；若瞰起程，中途聚众行凶，邀抢人财者，除实犯死罪外，余俱流二千五百里。媒人同谋邀抢者，罪同。**

**释　义**

典雇妻女，及将妻妾妄作姊妹嫁人，律文已有明定。本例于典雇外，另悬嫁卖之禁；并于妻女外，增入姊妹；而于典嫁与人作妻妾外，复增入卖作使女名色，盖就律文而类推之也。

按买卖为婚，为文明国家所不许，而卖作使女名色，尤乖人道主义，故均悬为厉禁。

妻妾失序6.84.0.1 律文 **凡以妻为妾者，处十等罚。妻在，以妾为妻者，处九等罚，并改正。**

**释　义**

男女以正,王化所基。妻之名分既定,决不容任意变更。若以妻为妾,及妻在时以妾为妻,冠履倒置,律所不许,故应在改正之列。虽纳妾非现行法所禁,而名分所在,决非可以干犯也。

**判决例**

《现行律》载“妻在,以妾为妻者,处罚,并改正”等语,细绎律意,原以妻在时,不得以妾为妻,妻若不在,其夫有以妾为妻之意思表示,即不在禁止之列。(六年上字第八九六号)

查妾于原配死后,扶正为妻,虽不必经一定之仪式,亦必其家长确有扶正之表示而后可。陈张氏不能证明序清确有扶正之表示,单以寻常称谓,为其立证方法,亦不能即采为据。(十四年上字第二六五二号)

**解释例**

查前清《现行律》中现行继续有效之部分关于定婚等项,曾经明晰规定,限制綦严。而“妻妾失序”门内,复称“妻在,以妾为妻者,处九等罚,并改正”等语,则该律显系认许以妾为妻,不过于妻在时为此项行为者,乃加禁止,认其无效。至以妾为妻,除成婚时应守各律亦应遵守外,关于定婚专有之律例,自不适用,故仅须有行为,并不拘于形式。(六年统字第六二四号)

妻妾失序6.84.0.2 律文 **若有妻更娶妻者，亦处九等罚，**后娶之妻**离异。**归宗。

**释　义**

本节为禁止重婚而设。现行法采一夫一妻制度,一人不得有二妻,故有妻更娶妻,应使后娶之妻离异。虽然,“有妻”云者,系指有正式之妻而言。若有妻而并非正式之妻,例如未备定婚仪式及成婚仪式之类,事实上虽已有妻,而非正式婚姻,要不得以有妻论。因此本律后妻离异的规定,亦不能适用。

按各国法制,有妻再娶,谓之“重婚”,重婚可为离婚之原因。然各国之所谓“离婚”者,系指前妻与其夫离异而言。故凡有前妻而更娶后妻者,前妻可以重婚为理由,提起离婚之诉。若后妻之婚姻,本属无效婚姻,不生离异之问题也。本律明定后娶之妻离异归宗,是仅认后妻之婚姻无效,而于前妻可否主张离婚,则未有规定。就通例言之,夫既与人重婚,则前婚之愿否继续,当依前妻之意思而定。故于夫与人重婚之场合,应认前妻有诉请离异之权。此在《民律草案》虽有此规定,特非本律所许耳。

此外有应注意者,因重婚而离婚,于夫妇双方均适用之。故有妻再娶,前妻可以诉请离异；而有夫再嫁，前夫亦得诉请离异。各国法律，规定皆同。我国《刑律》第二九一条“有配偶而重为婚姻者，为重婚罪”，①是亦兼赅男女而言。本律仅定“有妻更娶，后妻离异”，而于其他，则均未规定，是本律不以重婚为离婚之原因，已属显然。故遇有夫妇一方重婚之场合，除双方自愿离异外，要不得据此为离婚之理由。

**判决例**

《现行律》“妻妾失序”门内载“若有妻更娶妻者，后娶之妻离异、归宗”等语，是已有妻室之人，如果欺饰另娶，其后娶之妻，自在应行离异之列。（五年上字第一一六七号）

若在许婚当时，实已明白通知已有妻室，则其后娶之妻，在法律上仅为妾之身分，即不得谓为欺饰而遽令离异。（五年上字第一一六七号）

有妻更娶，既干例禁，则兼祧并娶，亦属显违科条。良以并耦匹敌，有乖正义，不容借口兼祧，以违夫妻齐体之义。（五年上字第一一六七号）

前妻已经离异，其夫妇关系，早已失其存在，则因而更娶，自无不法之可言。此后娶之妻，即不适用“有妻更娶，应行离异”之规定。寻绎律意，自极显然。（五年上字第五五六号）

依律，后娶之妻绝不能更有妻之身分，则被上告人请予更正名义一节，显难照准。即应本于其不愿作妾之主张，依律判令离异。（六年上字第六六二号）

《现行律》既无准许兼祧子得娶数妻之明文，兼祧子虽兼祧数房，其正妻若尚生存，后娶之妻，自不能取得正妻之身分。（六年上字第八五二号）

《现行律》载“有妻更娶者，后娶之妻离异”等语，是后娶之妻，于法本不能取得妻之身分。（七年上字第八四号）

**解释例**

甲妻外出，仅年余而归，既别无消灭身分（由婚姻关系所得妻之身分）之原因，则仍然为甲之妻，了无疑义。至甲后娶丙，在刑事重婚罪纵或不能成立，而民事则就其已成之事实言之，仍然为二个婚姻。现行法既不许一人二妻，丙与甲之婚姻，自应准其请求，予以撤销。（以重婚为理由）惟在判准撤销〔或〕自行离婚以前，其与甲之婚姻关系，亦尚存在。此种现象，普通犯重婚时，往往有之。若其自愿改为妾，于法尤无不可。（六年统字第六一七号）

兼祧后娶之妻，得本于后(娶)〔妻〕之意思，认其为妾，本院早有判例。乙女既曾纳有聘财，过门童养，应视为订婚之妻。现乙女、丙女均不请求离异，审判衙门自无判离之必要。惟丙女如以自己被欺重婚为理由请求离异，亦应照准。（八年统字第九三九号）

丁既不能重为婚姻，应准撤销，将女乙断归己。丁之聘金，依不法给付原则，不

---

① 此处《刑律》指民国元年〔1912年〕四月删改《大清新刑律》颁行的《暂行新刑律》，其第二百九十一条全文为：“有配偶而重为婚姻者，处四等以下有期徒刑或拘役。其知为配偶之人而为婚姻者，亦同。”

能请求返还。若女乙自初即愿为丁之妾,则前约可认为聘妾之约,并非订婚,尚属有效。又或女乙并无此意,而与己之订婚,亦未经甲取其同意,则与(已)〔己〕之婚约,仍应依例准其撤销。(九年统字第一一八八号)

逐婿嫁女律文6.85.0 **凡逐已入赘之婿嫁女,或再招婿者,处十等罚,其女不坐。**如招赘之女,通同父母,逐婿改嫁者,亦处十等罚。**男家知而娶**或后婚或后赘**者,同罪。**未成婚者,各减五等,财礼入官。**不知者,〔亦〕不坐。其女断付前夫,出居完聚。**

**释 义**

本节为禁止逐婿再婚而设。所谓"婿"者,包括已成婚、未成婚而言。盖招婿须凭媒妁,明立婚书,婚书成立后,苟已经入居女家,则其招赘关系,即已存在。虽实际上尚未成婚,亦应认为有效也。逐婿之后,或将其女另嫁他人,或另行招赘他人,如果其女尚未与婿成婚,则是违背婚姻预约;倘其女已与婿成婚,则又有重婚之嫌,均为律所不许。故不问后娶或后赘之人知情与否,其后娶、后赘之婚姻,法律上均认为无效,仍应将女断付前夫完聚。所以必使之出居者,盖因女之父母,既有逐婿之行为,自不堪再与同居也。

居丧嫁娶律文6.86.0.1 **凡男女居父母及妻、妾居夫丧,而身自主婚嫁娶者,处十等罚;若男子居父母丧而娶妾,妻、**居夫丧。**女**居父母丧,而**嫁人为妾者,各减二等;若命妇夫亡,**虽服满。**再嫁者,罪亦如之,**亦如凡妇居丧嫁人者拟断。**追夺,**敕诰。**并离异。知**系居丧及命妇**而共为婚姻者,**主婚人**各减五等。**财礼入官。**不知者,不坐。**仍离异,追财礼。**若居祖父母、伯叔父母、姑、兄姊丧,**除承重孙外。**而嫁娶者,处八等罚,**不离异。**妾不坐。**

**释 义**

本节为禁止居丧嫁娶而设。盖丧服未满而行嫁娶,有违礼教故也。《礼》曾子问于孔子曰:"婚礼既纳币,有吉日,女之父母死,则如之何?"孔子曰:"婿使人吊。如婿之父母死,则女之家亦使人吊。父丧称父,母丧称母。父母不在,则称伯父〔世〕母。婿已葬,婿之伯父致命女氏曰:'某之子有父母之丧,得嗣为兄弟,使某致命。'女氏许诺而(勿)〔弗〕敢嫁,礼也。婿免丧,女之父母使人请,婿弗(许)〔取〕而嫁之,礼也。女之父母死,婿亦如之。"由斯以言,服内不许嫁娶,《礼》有明文。故本律特设居丧嫁娶之禁,计有七种:(一)男女居父母丧而身自主婚、嫁娶;(二)妻妾居夫丧而身自主婚、嫁娶;(三)男子居父母丧而娶妾;(四)妻居夫丧而嫁人为妾;(五)女居父母丧而嫁人为妾;(六)命妇夫亡再嫁。以上六种,为本律所严禁,即使成婚,亦属无效,故均在离异之列。此外如居祖父母、伯叔父母、姑、兄姊丧而嫁娶,则与男女居父母丧及妻妾居夫丧服制轻重不同,不在离异之列。然其人若系承重孙,则又与居父母丧无别，仍应离异也。

**解释例**

《现行律》丧服制度尚未废止，该律居丧嫁娶之规定，自应继续有效。惟此等公益规定，非私人所能借以告争，审判衙门亦不能径行干涉。(六年统字第五七六号)

律载“居丧嫁娶，应行离异”，不以身自主婚为要件。至统字第五七六号解释所谓“私人”，包含本人在内。(七年统字第八二九号)

居丧嫁娶律文 6.86.0.2 **若居父母、舅姑及夫丧，而与应嫁娶人主婚者，处八等罚。**

**释 义**

本节为禁止居丧主婚而设。所谓“与应嫁娶人主婚”者，即对于他人之婚姻，自己以余亲之资格而为之主婚也。于此场合，婚姻虽为有效，而主婚则属无效。

居丧嫁娶律文 6.86.0.3 **其夫丧服满，妻妾果愿守志，而女之祖父母、父母，及夫家之祖父母、父母强嫁之者，处八等罚。妇人及娶者，俱不坐。未成婚者，追归前夫之家，听从守志，追还财礼。已成婚者，给与完聚，财礼入官。**

**释 义**

本节为禁止夺志而设。妇人夫亡，以节操为重。果系自愿守志，无论何人，不得强使改嫁。故凡女之尊亲属或夫之尊亲属强嫁之者，均为本律所不许。倘强嫁之后，尚未成婚，仍应追归夫家，听从守志，所以保全其节操也。倘强嫁之后，已经成婚，则已无节操可言，故给与后夫完聚。

**判决例**

孀妇未经表示情愿之婚姻，得由其请求撤销。(四年上字第一八一二号)

按《现行律》载妇人“夫丧服满，果愿守志，而其祖父母、父母，及夫家之祖父母、父母强嫁之者，如未成婚，追归前夫之家，听从守志。如已成婚，给与完聚”等语，是凡由有主婚权人强嫁孀妇，其婚姻关系，究能成立与否，应视事实上已未成婚为断。(五年上字第一一一七号)

**解释例**

乙妇如果实系自愿改嫁，其改嫁又实为正式婚姻，并非被卖，则按照《现行律》，孀妇夫家无祖父母、父母者，固得由母家祖父母、父母主婚。但即未得同意，擅自与人为婚，亦只为民事得请求撤销之原因，不得谓无婚姻关系，亦不得谓为犯罪。(八年统字第九八三号)

甲、丙之婚姻，果系被乙强迫，未曾表示情愿，其后与丙同居，亦系屈于势力，不得自由，未能认为追认，自应许甲请求撤销，向乙索还财礼。是否困难，即可毋庸议及。反是，甲曾经自愿，事后翻悔，别无离异原因，则为法所不许。但此种婚姻事件，依例不能强制执行，仍以说谕丙调处息事为要。且孀妇改嫁，如夫家无祖父母、父母，但有余亲，应由母家祖父母、父母主婚。甲之嫁丙，如夫家亦无祖父母、父母，而未经丁之主婚，并未由其明白表示追认，亦无行为可以推定，仅只暂守沉默态度者，亦应准其请求，予以撤销。（九年统字第一二七八号）

居丧嫁娶条例 6.86.（2）**一、孀妇自愿改嫁，由夫家祖父母、父母主婚；如夫家无祖父母、父母，但有余亲，即由母家祖父母、父母主婚；如母家亦无祖父母、父母，仍由夫家余亲主婚。倘夫家主婚受财，而母家统众强夺；及夫家并无例应主婚之人，母家主婚改嫁，而夫家疏远亲属强夺者，均处八等罚。**

**释　义**

本节定孀妇改嫁主婚权行使之次序。凡孀妇不愿守志，而愿改嫁，其主婚权，依下列次序行之：

第一，夫家祖父母、父母；

第二，母家（租）〔祖〕父母、父母；

第三，夫家余亲。

依上列次序，可知夫家有祖父母、父母者，主婚权属于夫家之祖父母、父母；若夫家无祖父母、父母，但有余亲，而母家有祖父母、父母者，其主婚权属于母家之祖父母、父母；倘母家亦无祖父母、父母，则其主婚权属于夫家余亲。此为一定之顺序。盖孀妇改嫁，关于主婚权之行使，容易发生争执，此本例之所以规定顺序也。违反此顺序而主婚者，有主婚权之人，可据为撤销婚姻之理由。然若无正当理由而故意拒绝主婚，则又当作别论。

**判决例**

《现行律》虽有孀妇改嫁先尽夫家祖父母、父母主婚之规定，但有特别情形，（例如孀妇平日与其夫家祖父母、父母已有嫌隙）其夫家祖父母、父母，难望其适当行使主婚权者，则审判衙门判令由其母家祖父母、父母主婚，或令其自行醮嫁，亦不得谓为违法。（四年上字第五三六号）

孀妇改嫁或童养媳出嫁，未经有主婚权人主婚者，除有主婚权人得请求撤销婚姻外，并准孀妇或童养媳撤销。但当事人于改嫁缔婚时，如达于成年而表示情愿者，则不得自行主张撤销。盖主婚之制，本为尊重尊长权并保护当事人之利益而设。自尊长权言之，如未经其主婚，应认其有撤销之权，自不待言。而自当事人之利益言之，主婚之人概系关系较为亲密之人，主婚既有一定，自可借以杜绝希图分产者之干预嫁事，而得保全其孀守或择良改嫁之志愿，故当然应认主婚人能有撤销之权。惟当事人如果已达成年，改嫁缔婚，确系出自情愿，并无受人诱胁之事实，而主婚之人，又并未主张撤销，固无准当事人撤销之必要。（四年上字第一九〇七号）

孀妇改嫁，除夫家有祖父母、父母者外，应由母家祖父母、父母主婚。此项条例，在妾于家主死后适人者，自可比照援用。（五年上字第七一号）

父母对于孀守之媳，得其同意，或令改嫁，或为招婿，苟与立嗣问题毫无关涉，则应听其自由。其族人无论有无承继权，均不得过事干预，以之告争。（四年上字第一九三七号）

孀妇之夫家无祖父母、父母，而母家有祖父母、父母者，其改嫁即须由母家之祖父母、父母主婚，而非夫家之余亲所可容喙。律文前段之“但有余亲”一语，正系定明夫家虽有余亲，亦应由母家之祖父母、父母主婚；且为后段“仍由夫家余亲主婚”一语之引笔，并非认由母家之祖父母、父母主婚时，夫家之余亲，别有监督之权。（五年私上第二八号）

《现行律》丧妇改嫁主婚权人之次序，自系就普通情形而言。若有特别情形，例如夫家之祖父母、父母对于该孀妇有虐待情事，其主婚权自应丧失。依法定顺序，即应归母家之祖父母、父母主婚。（五年上字第六九二号）

孀妇改嫁，必须出于自愿。（六年上字第八六六号）

童养媳之改嫁，比照孀妇之规定。其主婚权虽应先属于养家祖父母、父母，然苟已具备婚姻要件，而养家父母、祖父母，有所希冀，故意不为主婚者，自可请求审判衙门以裁判代之。（七年上字第九五号）

童养媳未及成亲而夫死，若养家欲令其改嫁，自应准用孀妇改嫁之条例，须其情愿，其婚约始能完全有效。（七年上字第九五号）

凡童养媳未及成亲而夫死，虽与孀妇有别，然苟非解除关系回归母家者，则其改嫁，自应准用《现行律》所载孀妇自愿改嫁之例，先由养家祖父母、父母主婚。（七年上字第二九七号）

孀妇改嫁，夫家父母依律应先于母家父母有主婚权。若未得夫家父母之同意，母家父母擅为孀妇主婚改嫁者，自非适法。（七年上字第一二四八号）

孀妇自愿改嫁，夫家祖父母、父母或余亲，如果故意抑勒，不为主婚改嫁者，得由审判衙门以裁判代之。（七年上字第一三七九号）

《现行律》内载“孀妇自愿改嫁，由夫家祖父母、父母主婚；如夫家无祖父母、父母，但有余亲，即由母家祖父母、父母主婚；如母家亦无祖父母、父母，仍由夫家余亲主婚”等语，是孀妇当自愿改嫁时，其主婚权人之顺位，应以夫家祖父母、父母为先，业有明白之规定。（六年上字第九六九号）

无主婚权人擅行主婚者，除经主婚权人表示同意或追认外，自为可以撤销之婚姻。（五年上字第一五二八号）

婚姻事件，有撤销原因者，除当事人及其直系尊属与同居最近亲属，暨代表公益之检察官，得诉请撤销外，其余族人，不得妄行干涉。（七年上字第一五二七号）

主婚一层，在现行法上并无特别之形式规定。苟依相当证据方法，足以证定婚

之际，已由合法主婚人之同意，即令其事未经记明婚书，于该婚约亦无何等影响。(五年上字第一〇四八号)

**解释例**

所谓“夫家余亲”者，系以该律妻为夫族服图内之尊亲为限。服外族曾祖，当然不包含在内。孀妇夫家既无余亲，推亲亲之义，母家胞婶，服图大功，自应由其主婚。(四年统字第二五三号)

童养媳未及成婚而夫死，虽与孀妇改嫁有别，然主婚权自以准用该条例为宜。但已解除关系，归其母家者，不在此限。(四年统字第二五三号)

查民法原则，婚姻须得当事人之同意；《现行律例》虽无明文规定，第孀妇改嫁，须由自愿，则室女亦可类推。以定律言，婚姻固宜听从亲命。然苟乖礼教、背乎人情，审判衙门仍有裁夺之权。甲之次女，因伊姊临终，嘱托抚养二子，情愿归姊夫乙，且先已私就，甲坚执欲夺其志，另许于丙，殊无理由。女子以名节为重，应仍令归乙，以符从一之义。(四年统字第(七三一)〔三七一〕号)

查律例，孀妇改嫁应由夫家祖父母、父母主婚。若未得该主婚权人同意，遂为婚姻者，则主婚权人得请求撤销；惟并非当然无效。其撤销效力，亦自不能溯及既往。又，孀妇若不仅与祖父母、父母离居，并已与其家断绝关系者，不应再适用此项主婚之规定。且依律应有主婚权人恃权阻难，并无正当理由，亦可依本院统字第三七一号解释办理。其孀妇甲与丙间之婚约，既有正式媒证，虽其姑乙不同意，在未经乙合法请求撤销以前，尚系有效，其行为即非法律所禁止，并无犯罪可言。(六年统字第七三五号)

查婚姻以当事人之意思为重，主婚权本为保护婚姻当事人之利益而设。故有主婚权人，并无正当理由，拒绝主婚时，当事人婚姻一经成立，自不能借口未经主婚，请求撤销。至其拒绝理由，是否正当，审判衙门应衡情公断。(七年统字第九〇九号)

孀妇如事实上本无可主婚之人，其婚姻自不在准予撤销之列。(七年统字第九〇九号)

母家祖父母、父母及夫家余亲，为孀妇主婚，自应由其受财。惟主婚人所受之财，本以供孀妇置备妆奁及因改嫁所需之费用，并非给主婚人以特别之利益。(七年统字第九〇九号)

如乙对甲仅为余亲，则依律自应由丙主婚受财。丙对婚姻，如未主张撤销，可仅判归财礼。(原文：甲为孀妇，乙为甲夫家之余亲，丙为甲之生母)(八年统字第一〇五二号)

丁赘甲家，虽不能有承继人之效力，惟丁及其直系卑属，要为甲家之家属。援照养亲养子关系之例，戊妻改嫁，如其母家无祖父母为之主婚，自应由甲家余亲主婚。(原文：甲生子乙，甲即病故。其妻丙，乃招异姓丁某入赘，又生子戊。乙、戊即为同母异父之兄弟。嗣后乙、丙、丁相继亡故。乙之子庚，自幼至长，均与戊同居。戊又物故，戊之妻己，居孀改嫁，甲与丁之余亲，互争财礼)(八年统字第一〇五二号)

丙与丁纵未成婚，然既因交有聘金，发生童养关系，自应援孀妇再醮之例，由甲主婚。（原文：甲自幼领乙女丙，为子丁之童养妻。成年未及婚而丁故，丙须另许。其主婚权，是否仍属于乙？抑因丙为〔甲〕抚养多年，先又出有聘金，应属其权于甲？如权属乙，另许之财礼，应否令乙前受之聘金，返还于甲？）（八年统字第九三七号）

父母囚禁嫁娶律文 6.87.0 **凡祖父母、父母犯死罪被囚禁，而子孙自嫁娶者，处八等罚。若男娶妾、女嫁人为妾者，减二等。其奉囚禁祖父母、父母命而嫁女、娶妻者，不坐，亦不得筵宴。**违者，依父母囚禁筵宴律，处八等罚。

**释　义**

父母囚禁嫁娶，本律无离异规定，与居丧嫁娶不同。

尊卑为婚律文 6.88.0.1 **凡外姻有服或尊属或卑幼，共为婚姻，及娶同母异父姊妹，若妻前夫之女者，各以亲属相奸论。**〇6.88.0.2 **其父母之姑舅两姨姊妹，及姨，若堂姨；母之姑、堂姑；己之堂姨及再从姨；己之堂外甥女；若女婿及子孙妇之姊妹，**虽无服。**并不得为婚姻，违者，**男、女**各处十等罚，并离异。**妇女归宗、财礼入官。

尊卑为婚条例 6.88.(1) **男女亲属尊卑相犯重情，或干有律应离异之人，俱照亲属已定名分，各从本律科断，不得妄生异议，致罪有出入。其情犯稍有可疑，揆于法制似为太重，或于名分不甚有碍者，听各该原问衙门临时斟酌拟奏。**

**释　义**

本节为禁止外姻尊卑为婚而设。凡外姻有服而尊卑悬殊，或虽无服而有尊卑辈分可稽，均不许结婚。其虽非外姻，而有切近之尊卑辈分者，亦同。盖已定之名分，不容紊乱也。违反此禁止而为婚者，其婚姻无效，故在强制离异之列。惟外姻中之辈分相同，例如姑之子女、母舅之子女，及两姨之子女或妻之姊妹，虽亦在旁系亲属中，因现在社会，实际上互相结婚者颇多，盖习惯所在，而又无碍于名分，自非本律所禁也。

按姻族结婚之禁，中外所同，而界限不一。罗马法所禁止者，以直系姻族为限；寺院法之所禁止者，以直系姻族及三亲等内之旁系姻族为限。本律不设此界限，而一以辈分为标准。

**解释例**

丙、丁虽属尊卑为婚，《现行律》既未列入禁止之条，自不能遽认为无效。（八年统字第一〇〇三号）

《现行律》“尊卑为婚”及“娶亲属妻妾”两条，系用列举方法，不当漫为比拟。其中外甥女一项，系以“堂”为限，而不及“再从”，则舅甥妻之不能推及于“再从”可知。且与堂外甥女为婚姻者，只处十等罚，则虽已失效，而就原文观察，既系后者重于前

者,则舅甥妻并不包括“堂”及“再从”在内,尤属显然,自不能与再从姨之律有明文者,相提并论。(十一年统字第一六七八号)

查前夫之女嫁后夫之子,律所不禁。其婚约同时记载于乙再醮婚书之后,亦非无效。(九年统字第一四〇五号)

娶亲属妻妾律文 6.89.0.1 **凡娶同宗无服**(姑、侄、姊妹)**之亲,**(同宗,谓同宗共姓,不论支派之远近、籍贯之同异皆是。)**及无服亲之妻者,**(男、女)**各处十等罚。若娶**(同宗)**缌麻亲之妻,及舅甥妻,各徒一年;小功以上,**(之妻。)**及收父、祖妾者,各以奸论。其**(亲之妻)**曾被出,及已改嫁,而娶为妻妾者,**(无服之亲及伯叔母、兄弟妻不与。)**各处八等罚。**○6.89.0.2 **妾各减**(妻)**二等。**○6.89.0.3 **若娶同宗缌麻以上姑、侄、姊妹者,亦各以奸论。**○6.89.0.4 **并离异。**

**释 义**

本节为禁止同宗结婚及娶亲属妻妾而设。关于同宗结婚之禁止,分为两种,即:(一)娶同宗无服之亲;(二)娶同宗缌麻以上姑侄姊妹是也。关于娶亲属妻妾之禁止,计有五种,即:(一)娶同宗无服亲之妻;(二)娶同宗缌麻亲之妻;(三)娶舅甥妻;(四)娶小功以上之妻;(五)收父祖妾是也。其亲所既出之妻,及已改嫁,亦同在禁娶之列。

以上所述禁止的规定,皆为维持公益而设。违反此禁止而娶之者,其婚姻无效,以其背公益也。

按各国法律,同宗结婚,为撤销婚姻之原因。本律规定离异,其趣旨与各国法律同。而于同宗结婚之外,增入娶亲属妻妾一层,规定似较完备。

**判决例**

《现行律》载“凡娶同宗无服之亲或无服亲之妻者,各处罚”等语,律意所在,无非重伦序而防血系之紊乱。故同宗无服之解释,不拘于支派之远近、籍贯之异同,但使有谱系可考其尊卑长幼之名分者,于法即不能不谓为同宗,而禁其有相互间婚姻之成立。(三年上字第五九六号)

《现行律》载“凡娶同宗无服之亲及无服亲之妻者,各处罚”,是但使其人已为同宗亲之妻,即无论其亲或为小功或属缌麻,又或推而至于无服,依法均不许娶。(四年上字第一一七四号)

《现行律》内“凡娶同宗无服之亲及无服亲之妻者,各处罚。若娶缌麻亲之妻,及舅甥妻,各徒一年;小功以上,各以奸论。其曾被出,及已改嫁,而娶为妻妾者,各处罚”等语,是同宗亲之妻,依法均不许娶。至曾否被出,及有无改嫁情事,原非所问。明文规定,意极显然。(四年上字第二四〇一号)

娶同祖兄弟之妻者,其婚姻依律自应撤销。(七年上字第三八七号)

**解释例**

同母异父姊妹，尚有血族关系，依前清刑律，当然禁止为婚。若前夫之子女，与后夫前妻之子女，与同母异父有间，在前清旧律，虽有治罪专条，业于宣统二年〔1910年〕删除，自属不在禁例。（五年统字第四五四号）

叔嫂缔婚，依律自属大不合法，夫妇关系，当然不成立。（六年统字第五六九号）

同姓不宗之婚姻，既不违反律意，自属有效。（参照三年上字第五九六号判决例）（七年统字第九〇九号）

赵甲嫁钱乙有年，并生女丙。嗣后钱乙病故，赵甲带女丙，再醮孙丁为妻。旋孙丁因家贫休妻。赵甲带丙，又嫁钱戊，生子己、庚二人。查《现行律》“娶亲属妻妾”门曾被出及已改嫁而娶为妻妾者统归离异，钱戊娶赵甲，自非有效婚姻。如果族谱并无准其载入之惯例，族人自可拒绝其入谱。（参照四年上字第一二七一号判例）（七年统字第九一七号）

庚、丙之婚姻，于《现行律》并无抵触，自应认为有效。（原文：设有张甲之妻李乙，生女张丙、张丁。甲死，乙携女丁，改适孙戊为继室；女丙寄养外家李氏。孙戊原配无子，曾继胞侄庚为子，娶媳某氏早卒。乙因取得甲母同意，凭媒将丙许配庚为继室。戊及乙之生母李，均无异言。惟乙之弟李辛，独以为不可，谓虽非同姓之亲，然事实上以女作媳，名分实有未当，提起婚姻取消之诉。在李辛所持异议，固有正当理由。惟孙庚系继嗣之人，非李乙所生，且并非李乙改适孙氏所立之嗣。设张丙于孙庚未承继之先，婚姻既已成立，势不能强李乙不改适孙戊，亦不能强孙戊不立继孙庚。是双方诉讼，各有理由，难得正确之解决）（八年统字第九二三号）

同宗为婚，无法律上利害关系之族人，不得告争。审判衙门审理诉讼，不能不告而理。故除此项事实经合法成讼得以职权调查裁判外，自难为无诉之审判。（九年统字第一二六六号）

查同宗为婚撤销权之所属，本院已有判例。（附后）所询情形，既系无撤销权之族人妄行告争，审判衙门自可仅依法驳斥其请求。（九年统字第一四二〇号）

**附判例**：婚姻事件，有撤销原因者，除当事人及其直系尊属与同居最近亲属，暨代表公益之检察官，得诉请撤销外，其余族人，不得妄行干涉。（七年上字第一五二七号）

娶部民妇女为妻妾律 6.90.0 律文 **凡府、州、县亲民官，任内娶部民妇女为妻妾者，处八等罚。若监临官娶为事人妻妾及女为妻妾者，处十等罚。女家并同罪。妻妾仍两离之，女给亲。**两离者，不许给与后娶者，亦不给还前夫，令归宗。其女以父母为亲，当归宗；或已有夫，又以夫为亲，当给夫完聚。**财礼入官。强娶者，各加二等；女家不坐，不追财礼。若为子孙、弟侄、家人娶者，罪亦如之，男、女不坐。**

**释　义**

本节为禁止官员任内娶部民妇女而设。所娶如系有夫之妇，则应两离，使其妇归宗;若系未婚之女,离异后给亲。

娶逃走妇女律文6.91.0 **凡娶犯罪逃走妇女为妻、妾，知情者，与同罪。(致)〔至〕死者，减一等。离异。不知者，不坐。若无夫，(曾)〔会〕赦免罪者，不离。**

**释　义**

娶犯罪逃走妇女,不问娶者知情与否,均须离异。若妇女犯死罪者,娶之之人不应与同死,故减一等。若其女本系无夫,而其罪又经赦免者,不在此限。

强占良家妻女律文6.92.0 **凡豪强势力之人，强夺良家妻女，奸占为妻妾者，绞；妇女给亲；**妇归夫，女归亲。**配与子孙、弟侄、家人者，罪**归所主。**亦如之；**所配**男、女不坐。**仍离异，给亲。

**释　义**

强夺良家妻女,不问其系自己占为妻妾,抑系配与子孙弟侄家人,均属无效,故在强制离异之列。按掠夺婚,征诸古代历史及近代野蛮人中,本有此习俗。第此可以力掠得者,彼亦可以力劫回,彼此扰攘,有害社会之和平,故文明各国,均悬为厉禁。我国现时所行者,为聘娶婚,所以本律特设掠夺婚禁止的规定。但本节之所谓"强夺",系指男女两家并无婚约者而言。若两家本有婚约,基于别种原因而抢亲者,不在本节规定范围之内。

僧道娶妻律文6.94.0.1 **凡僧道娶妻妾者，处八等罚，还俗。女家**主婚人**同罪。离异。**财礼入官。**寺观住持知情，与同罪；**以因人连累，不在还俗之限。**不知者，不坐。**○6.94.0.2 **若僧道假托亲属或僮仆为名求娶，而僧道自占者，以奸论。**

**释　义**

本节为禁止僧道娶妻而设。违者亦在强制离异之列。

出妻律文6.95.0.1 **凡妻**于七出**无应出**之条**及**于夫无**义绝之状，而**擅**出之者，处八等罚。虽犯七出，**无子、淫佚、不事舅姑、多言、盗窃、妒忌、恶疾。**有三不去，**与更三年丧、前贫贱后富贵、有所娶无所归。**而出之者，减二等。追还完聚。**

出妻条例6.95.(1) **一、妻犯七出之状，有三不去之理，不得辄绝。犯奸者不在此限。**

**释　义**

本节规定得行出妻之情形,并严定擅出之禁。得行出妻之情形有三,即:(甲)应出;(乙)义绝;(丙)犯奸是也。分述如下。

(甲)应出"应出"者,谓具备可出之条件也。其条件有七:(一)无子;(二)淫佚;(三)不事舅姑;(四)多言;(五)盗窃;(六)妒忌;(七)恶疾,是谓"七出"。妻苟具此七出之一,法律认许其夫有出之之权。若未备此条件而擅出之,即非本律所许。虽然,妻犯七出之一,而苟有三不去之理,仍不许出。所谓“三不去”者,即:(一)与更三年丧;(二)前贫贱后富贵;(三)有所娶无所归是也。有此种情形之一,则夫之出妻权,即受其制限。若强出之,即属违法,仍应追还完聚。

(乙)义绝夫妇义绝,为强制离异之原因,故亦在应出之列。至义绝之事例,应根据《唐律疏议》,并非限定律文内离异各条。举实例言之,如受不堪同居之虐待是也。

(丙)犯奸犯奸为任意离异之原因。妻有犯奸情事,虽有三不去之理,仍系可出。

按出妻制度,为我国之特例。世界各国法制,止规定离婚,无所谓出妻。然就出妻之效果而论,则全与离婚无异,是两者名异而实同也。矧各国法律所定离婚之原因,除通奸外,不外重婚、谋杀、虐待、重大侮辱、恶意遗弃。凡此种种,要无不可以认为义绝。惟七出之条,为各国法律所不认,此外则无稍差异。是本律所认为出妻原因,亦即各国所认为离婚之原因,特其范围有广狭之不同耳。

**判决例**

《现行律》载“妻犯七出之状,有三不去之理,不得辄绝。但犯奸者不在此限”,是妻对于其夫有不贞洁之行为者,当然可为离异之原因。惟对于此类行为,其夫实已故纵在前(并非仅因保全名誉为事后之掩饰)者,则妻之责任,即已解除,夫不得以业已故纵之行为,请求与其妻离异。(四年上字第三三一号)

《现行律》载“凡妻于七出无应出之条及于夫无义绝之状,而擅出之者,处罚。虽犯七出(无子、淫佚、不事舅姑、多言、盗窃、妒嫉、恶疾),有三不去(与更三年丧、前贫贱后富贵、有所娶无所归),而出之者,减二等。追还完聚”等语,是出妻于律有一定之条件。与条件不相合者,即不容擅出。(四年上字第一七九三号)

按《现行律》七出之条,虽列有不事舅姑一项,然细绎律意,所谓“不事舅姑”,系指对于舅姑确有不孝之事实,并经训诫,怙恶不悛者而言。若因家庭细故,负气归家,其夫家遂拒而不纳,致不得事舅姑者,尚不在应出之列。(六年上字第九四七号)

《现行律》所谓“不事舅姑”,系指不孝舅姑而言。与出外不告舅姑,自是有别。(六年上字第八五号)

妇人无子,虽为七出之一,然系指为人妻者已达不能生育之年龄,而其夫除另行娶妻而外,别无得子之法者而言。(七年上字第二六四号)

夫犯奸,通常固不可与妻犯奸并论,而径许离异。但若已因犯奸处刑,则情形又有不同。为保护妻之人格与名誉计,自应援用《现行律》“未婚男犯奸,听女别嫁”之规定,许其离异。(十五年上字第一四八四号)

**解释例**

妻犯七出,而无三不去之理,自应认夫有出妻之权。其有三不去,系犯奸者,亦同。并依本律“犯奸”条,愿否离异,仍应由本夫主持。(六年统字第五七六号)

《现行律》婚姻门“出妻”条所称“无子”之义，系指为人妻者达到不能生育之年龄，而其夫除另娶妻外，别无得子之望者而言。盖该律主旨，在于得子以承宗祧。故凡夫已有子（如妾或前妻已生子，或已承继有子之类），或虽不另娶亦可有子者，当亦无适用该条之余地。其不能生育之原因，仍须在妻，更无待言。至不能生育之年龄，应准用“立嫡子违法”条内所定五十以上之岁限。又，妻虽具备无子之条件，而有三不去之理由，仍不准其离异。（六年统字第五九一号）

查《现行律》所谓“不事舅姑”、“不孝”之义，即指虐待及重大侮辱而言。如果查明所称事实，确已达于虐待或重大侮辱之程度，始得判令离异。（八年统字第一一三四号）

孀妇犯奸，如已确实有据，得令退居母家，仍参照本院四年上字〔第〕一五六二号判例。惟孀妇如确已同意，并得令其大归。（八年统字第一一六二号）

出妻律文6.95.0.2 **若犯义绝，应离而不离者，亦处八等罚。**

**释　义**

本节规定强制离异之原因。其原因唯何？即义绝是也。《唐律》“诸(凡)〔犯〕义绝者离之，违者，徒一年”，“疏”议曰“夫妻义合，义绝则离。违而不离，合得一年徒罪”，又谓“官司判为义绝者，方得此坐，若未经官司处断，不合此科”，是《唐律》之所谓“应离”，盖指经官判离而言。详言之，即事实发生，经官处断，而故违者，方予科罪之谓也。本律义绝律文，采用《唐律》，则义绝之事例，亦应根据《唐律疏议》，不以律文内离异各条为限。盖义绝应离，绝而不离，于义有乖，故设此强制离异之规定，所以为礼教设防闲也。

**判决例**

夫妇之一造，经彼造常加虐待，至不堪同居之程度者，许其离异。（五年上字第一四五七号）

本院判例所谓夫虐待其妻，致令受稍重之伤害者，实以伤害之程度较重，足以为虐待情形最确切之证明之故。如其殴打行为，实系出于惯行，则所受伤害，不必已达到较重之程度。既足证明实有不堪同居之虐待情形，即无不能判离之理。（五年上字第一〇七三号）

夫妇之一造，如果受他造不堪同居之虐待，虽应准许离异，惟因一时气忿，偶将他造致伤，而事属轻微者，自不能遽指为不堪同居之虐待。（七年上字第二六四号）

夫妇之一造，因受他造重大侮辱，而提起离婚之诉者，一经查明实有重大侮辱之情形，自应准其离异。（五年上字第一〇七三号）

凡妻受夫重大侮辱，实际有不堪继续为夫妇之关系者，亦应准其离婚，以维持家庭之和平，而尊重个人之人格。至所谓重大侮辱，当然不包括轻微口角及无关重要之詈责而言。惟如果其言语行动，足以使其妻丧失社会上之人格；其所受侮辱之程

度，至不能忍受者，自当以重大侮辱论。如对人诬称其妻与人私通，而其妻本为良家妇女者，即其适例。（五年上字第七一七号）

夫之于妻，如有诬奸告官之事实，则行同义绝，并非轻微口角及无关重要之詈责可比，应认为有重大侮辱，准其妻请求离异。（六年上字第一〇一二号）

夫妇不睦，以致涉讼，在涉讼中互相诋毁，虽故甚其词，究不能据此指为重大侮辱。（六年上字第一一三八号）

夫对其妻之父母虐待，或加以重大侮辱者，应认为义绝，亦应准其离异。（七年上字第一五〇号）

按《现行律例》，夫妇有义绝之状，请求离异者，准其离异。依此类推解释，凡定婚当事人，彼此有义绝之状者，当然可以准用该律规定，准其解除婚约。（六年上字第九二二号）

夫对于妻，有嫁卖显著之事实，仅以他种原因，未遂所为者，得予离异。若其夫仅以空言声称嫁卖，而并无真实嫁卖之意思者，即不得认为已有义绝行为，率请离异。（七年上字第七八七号）

因虐待舅姑或为重大侮辱而应离者，若经舅姑明白表示宥恕者，不得再以之为请求离异之原因。（五年上字第七四二号）

有夫之妇，因犯奸义绝于夫，依《现行律》之规定，固得由其夫请求离异。惟若夫无愿离之情，而其舅姑私擅卖之者，当然不能生效。（五年上字第八七二号）

**解释例**

舅姑抑勒子妇与人通奸，如其夫亦知情而不阻止，可认为义绝情状者，自应许其离异。（五年统字第四三七号）

义绝应离，固在强制离异之列。然本为夫妇，在未经官判离以前，其夫妇关系，固仍存在。（六年统字第五七六号）

舅甲强奸童养媳乙，经告发讯实后，乙复诉称，因此始则虐待，继又被逐回家。查甲对于乙虐待，果实有据，且系非理殴打，致陷乙于废笃疾时，自应准乙与丙（甲子）离异。（七年统字第八一三号）

妇为子之父强奸者，院例亦准离异。（七年统字第八一三号）

查妻受夫不堪同居之虐待，应认义绝，准予离异，本院早有判例。（七年统字第八二八号）

戊既卖乙，应准乙与之离异。乙之嫁辛，是否合法，戊固不能过问。（八年统字第一〇四六号）

妻自己或助人诬告其夫，确实有据者，自可认为义绝，准其离异。（九年统字第一二〇三号）

妻受夫不堪同居之虐待，自可对夫请求离异，并应许其拒绝同居。（参照本院《判例要旨汇览》第一卷“民法”第一四二页七年上字第一〇〇九号、第一四四页五年上字第一四五七号判例）（九年统字第一三五七号）

甲胜诉后，自制木狗私刑，将乙钉锁，自可认为不堪同居之虐待，许乙再行诉请离异。(九年统字第一四〇八号)

《现行律例》义绝律文，采用《唐律》，则义绝之事例，自可根据《〔唐律〕疏议》，并非限定律文内离异各条。又该律(《唐律疏议》)第一节系指妻对于夫言；次节系指双方犯义绝；"应离不离"一语，谓事实发生，经官处断，而故违者，方予科罪。总之以上三端，皆旧律为礼教设防闲。遇有此类案件，仍宜权衡情法，以剂其平。在民律尚未颁行，该律民事部分虽属有效，而适用之时，仍宜斟酌社会情形以为解释，不得拘牵文义，致蹈变本加厉之嫌。(六年统字第五七六号)

出妻律文6.95.0.2 **若夫妻不相和谐，而两愿离者，不坐。**情既已离，难强其合。

**释　义**

本节为两愿离异之规定，即所谓协议离婚是也。夫妇之伦，合之以义，而实联之以情。情已离者，不能强之使合，即强合之，亦无益而有害，自不如许其离异之为愈也。故在两愿离异之场合，不问其有无离异之原因，法律均许其离异。但所谓"两愿"者，系指夫妇两造之同意而言。若一造欲离婚，他造不愿意时，则虽不相和谐，亦不得离婚。所以然者，盖结婚既本于两造之情愿，则离婚亦须本于两造之情愿。若许以一造径情为之，足长离异之风，非法律不得已之意也。

按英、法、德、俄、瑞典、荷兰等国，但认裁判离婚，不认协议离婚。而奥大利〔奥地利〕、比利时及日本，于裁判离婚外，兼认协议离婚，所以期简捷而免繁重之手续也。本律于婚姻之成立，须经过一定之仪式，而于协议离婚，则无方式的规定，只须两造表示愿离之意思而已足，与奥大利〔奥地利〕、比利时、日本等国之规定暗合。

**判决例**

现行惯例，关于离婚，无一定之方式。有作成休书者，有立契赎身者，又有仅由言词声明者。是故虽未经一定之方式，而事实已为离婚之协议，确有实据者，自不得谓为无效。(三年上字第四六〇号)

别居与离异，系属两事。别居者，事实上夫妇不同居，而婚姻之关系，依然存续，与离异之消灭婚姻关系者不同。(三年上字第四六〇号)

夫妇离婚时，得以协议定子女之监护方法。如并未议及，则应归其父任监护之责。而其去家之母，即无庸兼顾。不过其亲生母子之关系，仍然存在，并不因而消灭。至于妾生子女，当妾被废，去其父家时，除其父仍委令监护者外，当然应由其父监护，则更无庸论及。(三年上字第二六九号)

《现行律》载"夫妻不相和谐，两愿离异者，不坐"，又载"嫁娶皆由祖父母、父母主婚"各等语，可见离婚一事，原非法律所禁。而妇人一经依法离异，即与夫家断绝关系，应否改嫁，即应归母家主持，决非夫家所得干涉，自更无前夫家族凭空置喙之

余地。(四年上字第二一三号)

协议离婚,为《现行律》所准许。(五年上字第一四七号)

夫妇关系,一经合法成立后,非确合于法定离婚原因,不得由一方任意请求离异。(五年上字第一〇二八号)

婚姻解消之效力,原不及于所生子女。无论离婚以后,子女归何造监护,而于监护范围以外,于父母之权利义务,并无何等影响。故离婚后归母监护之女,其嫁资仍应由父支给。(五年上字第四〇九号)

据《现行律》载“嫁娶皆由祖父母、父母主婚;祖父母、父母俱无者,从余亲主婚”,又载“夫妻不相和谐,两愿离异者,不坐”各等语,是男女婚姻之主婚权,虽属于祖父母、父母等,而协议离婚,则因有明文规定,必出于为夫妻者之两相情愿而后可,自不得牵引主婚之律条以为口实。(六年上字第七三五号)

余亲及族人,就男女之协议离婚,不容妄有争执。(六年上字第一二六一号)

离婚之妇,无论由何原因,其妆奁应听携去。(六年上字第一一八七号)

夫妇协议离婚,原为《现行律例》所认许,故于夫妇两愿离异时,关于离婚后子女之监护方法有所协定者,自应认为有契约之效力。(六年上字第一一九四号)

夫妇协议离异,应由自身作主,他人不能代为主持。而妾与家长协议解除关系,当然应予准用。(七年上字第一三二号)

**解释例**

夫妇离异,其亲生或抱养子女,原则应从父。但有特别约定时,亦得从母。不能听子女自愿。(四年统字第二二五号)

《现行律》“夫妻不相和谐,两愿离异者”,准其离异。甲既提起离异之诉,乙在审判上复明白表示承诺,即属两愿。虽未裁判,亦应发生效力。乙在其后改嫁,既非重婚,并无许甲翻异之理。至财礼服饰,已经归其妻者,其后离异,亦毋庸返还,此层本院早有解释。(九年统字第一二三一号)

婚姻关系之当事人为夫妇两造。协议离婚,应由该夫妇为之。父母为子女所订离婚字据,除认子女已有合意外,自属当然无效。如来函所述,姑无论尚有强迫情形,而丁既不知情,即属未经合意。甲为其子另行娶妻,自得判令离异归宗。(十五年统字第一九九三号)

出妻律文6.95.0.3 **若**夫无愿离之情,**妻**辄**背夫在逃者,徒二年,听其离异;**其妻**因逃而**辄自**改嫁者,加二等。**

**释　义**

本节规定,为任意离异之一种。其应否离异,悉依夫之意思而定,是谓任意的离异。盖妻背夫在逃,系害其夫一人之私益,要非违反公益者可比,自不在强制离异之列。故离异之权,专属于其夫。若其夫不愿离异,则仍应追还完聚。其愿离者,则可以在逃为理由,提起离婚之诉。

按本节系指妻在逃时夫无愿离之情者而言。若其夫本有愿离之情,而其妻在逃者,则可适用两愿离异之法则,无另行规定之必要也。

**判决例**

背夫而逃,在现行法虽为离异原因之一,然律文所谓“在逃”云者,必其出于一去不返之意思。非谓其妻偶有所适,未经预先告知其夫,即谓为“背夫在逃”。(五年上字第五九八号)

出妻6.95.0.3 律文 **其因夫(弃妻。)逃亡,三年之内不告官司而逃去者,处八等罚;擅(自)改嫁者,处十等罚。妾各减二等。**(有主婚、媒人,有财礼,乃坐。无主婚人,不成婚礼者,以和奸、刁奸论。)

出妻6.95.(2) 条例 **夫逃亡三年不还者,并听经官告给执照,别行改嫁,亦不追财礼。**

**释　义**

本节为对于妻因夫逃亡而改嫁之规定,亦为任意离异之一种。夫逃亡后,是否死亡,是否恶意遗弃,均未可定,法律对于妻之一方,既未便许其擅自改嫁,亦未便强令永远坚守,故特设年限,以为两全之道。其逃亡未满三年者,不许其妻改嫁;若逃亡已满三年,即非死亡,亦推定为恶意之遗弃,许其告给执照,别行改嫁。第此三年之期限,其在夫离家后绝无书信之场合,则自离家之日起算;若离家而有书信者,则应自接到最后书信之日起算。盖既有书信,即不能推定为死亡,亦不能推定其有遗弃之意思也。唯有应注意者,本节规定,所以保护妻之利益。详言之,无非使妻取得一种改嫁的权利,而究愿改嫁与否,仍属于妻之自由,此其所以为任意的离异也。

按各国法例,夫妇之一造,逾三年以上生死不明者,得为离婚之原因,与本律规定相符。惟在各国,不问为夫之一造,或妻之一造,均须三年以上生死不明,方许他造提起离婚之诉。而在本律,对于夫之逃亡,定为三年,而对于妻之逃亡,则不定年限,(参照前节)此其不同之点也。

**判决例**

若其夫因贫赴外谋生,常有银信寄家者,与《现行律》所载“夫逃亡三年,准妻告官别嫁”之条不合。(三年上字第三二九号)

《现行律》载“若再许他人,已成婚者,女归前夫。前夫不愿者,倍追财礼给还。其女仍从后夫”,又例载“夫逃亡三年不还者,并听经官告给执照,别行改嫁”等语,寻绎立法本旨,女子本以不许重复婚嫁为原则,但夫若逃亡多年,不知下落,使女久待,亦非人情,故以许其改嫁为例外。其必经官告给执照者,无非令官署得以调查其逃亡不还之事实是否真实,及其年限是否合法,以凭准驳,而防后日之争议。故女子如实因夫逃亡三年以上不还而始改嫁，虽当时未经告官，领有执照，而事后因此争执，经审判衙门认其逃亡属实，而年限又属合法者，其改嫁仍属有效，不容利害关系人更有异议。(三年上字第一一六七号)

《现行律》夫妻除不相和谐两愿离异者外，非有合法条件，不能离异。遗妻不养，虽合法定离异之条件，惟其夫系因赴京应试而离家，并无无故遗弃者，亦自不足为请求离婚之根据。(四年上字第一四三三号)

《现行律》载“夫逃亡三年不还者，并听经官告给执照，别行改嫁”等语，其经官告给执照，无非使官署得有机会以便调查，并非改嫁之条件。苟有夫逃亡属实，并已经过三年者，则其改嫁，仍属有效。惟所谓“逃亡”，须确有失踪不返之情形。若有所在可以探知，音信常通者，虽离家较久，亦自不得以逃亡论。(七年上字第一三八一号)

**解释例**

甲走失后，乙善意娶甲之妻为妇，甲归，无庸强之归甲。(四年统字第三五〇号)

童养媳合于定婚条件者，准用律例“出妻”条“夫逃亡三年不还，听其改嫁”之例。事前虽未告官，如逃亡别有证明，其改嫁仍属有效。(四年统字第三五〇号)

某甲虽被判处无期徒刑，果在监守法，将来尚可假释，其妻乙不能因贫遽行改嫁。如甲对于其妻，无遗弃之意思，丙虽为甲母，未得甲之同意，不能单独为乙主婚。无论执行如何困难，乙改嫁某丁婚姻，非判撤销，不足以维风化。(六年统字第六九六号)

查妇女因夫逃亡三年以上不还而改嫁者，原为律所允许。丙既出外八载，生死不明，如其生死不明确已三年以上，则甲之改嫁，自无不合。乙除明知字据所载生死不明确尚未满三年应论罪外，亦不得谓有犯意。(九年统字第一四一五号)

〔(一)〕《现行律》婚姻门“出妻”条“夫逃亡三年不还者，并听经官告给执照，别行改嫁”，至经官告给执照，本为防止后日争执起见。故如当时虽未告官，而事后争执，审判衙门认其确系逃亡有据——即出走后始终毫无踪迹音信，其年限又属合法者，改嫁即属有效。(参照本院《判例要旨汇览》第一卷“民法”第一四七页)甲如果合于上开条件，丙因无人赡养，自愿改嫁，殊非无效。惟甲如未死，或未逃亡三年，则有夫重婚，夫应有请求撤销之权。而买卖为婚，亦为法所不许，当然无效。且孀妇(或逃亡者之妇)改嫁，有主婚权人于未经同意之婚姻，亦得以正当理由，主张撤销。丙、辛间之婚姻，有一于此，即尚难谓为合法，应分别核准请求，并无赔偿可言。否则，婚姻即令完全有效，辛如果自愿听丙仍归前夫，与丙离异，亦属可许。甲若允其条件，自应听之。至甲女丁、戊之许婚，依《现行律》，母有主婚之权，甲果逃亡合于前开条件，丙实为之主婚，自系有效。(二)甲与乙如果并无各愿离异之明确表示，亦不合于上开逃亡之条件，自应准其请求，认乙、戊间本无合法婚姻。而因戊弟己主婚所成立之乙、庚间之婚姻，亦以有重婚关系，应准撤销；甲不任赔偿损害之责。否则，婚姻若系完全有效，庚情愿追乙归甲，亦可准许。甲若允给费，仍应听之。惟己之主

婚,若有不合,庚自可向之请求返还财礼。均须分别情形,公平办理。(九年统字第一三六二号)

《现行律例》载"未成婚男女,有犯奸盗者,男子有犯,听女别嫁;女子有犯,听男别娶",又载"期约已至五年,无(故)〔过〕不娶,及夫逃亡三年不还者,听经官告给执照,别行改嫁"各等语,是凡犯有破廉耻之罪,与奸盗相类似,或被处徒刑在三年以上,而经开始执行者,依律文类推解释,均应许男女之一造请求解约。来函所述情形,各被处徒刑在三年以上,已经开始执行,自应许其诉求解除婚约。(十一年统字第一七四四号)

妻妾殴夫律文 20.276.0.1 **凡妻殴夫者,处十等罚,夫愿离者,听;**须夫自告乃坐。○20.276.0.2 **若妾殴夫及正妻者,又各加一等。**

**释　义**

本节规定,为任意离婚之一。其应否离异,应视夫之意思而定。盖妻殴其夫,所侵害者,系夫个人之私益,故惟夫有诉请离异之权也。

按各国法制,夫妇之一造,受他造不堪同居之虐待,得提起离婚之诉。所谓"虐待",当然包括殴打在内。本律亦以妻殴夫为离异之原因,与各国法意相同。至于夫殴其妻,则于次节定之。

妻妾殴夫律文 20.276.0.3 **其夫殴妻,非折伤勿论;至折伤以上,减凡人二等。**须妻自告乃坐。**先行审问夫妇,如愿离异者,断罪离异;不愿离异者,验罪收赎。**仍听完聚。**殴伤妾至折伤以上,减殴伤妻二等。**

**释　义**

本节为对于妻诉请离异的规定,要亦任意离异之一种。但其离异之原因,则与前节轻重不同。盖妻殴其夫,虽未成伤,其夫即得诉请离异;而夫殴其妻,必至折伤以上,其妻始得诉请离异。因吾国旧习,男尊女卑,故有此男女不平等之规定也。且律文于妻殴其夫,则曰"夫愿离者,听",是夫可以一己之意思离异;而于夫殴其妻,则曰"先行审问夫妇,如愿离者离异",是妻必须得夫之同意,方可离异。试思妻被殴至折伤以上,而离异尚须得其夫之同意,则其不利益孰甚!依大理院之见解,谓"妻被殴至折伤而诉请离异,应即准许,毋须得夫之同意"云云,盖亦认律文之保护未周,故设此新例。此后关于本节律文之解释,不能拘泥于文字,从可知已。

**判决例**

《现行律》载"夫殴妻,至折伤以上,先行审问夫妇,如愿离异者,断罪离异(中略)"等语,是离婚之制,本为《现行律例》所认许,不过须具备一定之条件而已。(三年上字第八六六号)

查《现行律例》,惟本夫抑勒妻妾与人通奸,及夫殴妻至折伤以上者,始得离异。

若尊长殴伤卑幼，及抑勒子孙之妇妾与人通奸者，除本夫系属知情参与或致令废笃疾者外，不得认为离异原因。盖殴伤抑勒，咎在尊长舅姑，而于本夫之义，究未断绝也。（四年上字第三七八号）

夫殴妻已至折伤以上之程度，其妻请求离异，应即准其离异，无再须得夫之同意之理。（六年上字第六三四号）

《现行律》“妻〔妾〕殴夫”条载“夫殴妻妾，（中略）至折伤以上，（中略）先行审问夫妇，如愿离异者，断罪离异”等语，又“殴祖父母父母”条载“若非理殴子孙之妇，致令废疾（中略）笃疾者，（中略）并令归宗”等语，是妻为其夫或祖父母、父母所殴者，如按其情形，不能认为不堪同居之虐待，则非至折伤或废笃疾，不得请求离异。（六年上字第一八号）

**解释例**

舅甲强奸童养媳乙，经告发讯实后，乙复诉称，因此始则虐待，继又被逐回家。查甲对于乙虐待果实有据，且系非理殴打，致陷乙于废笃疾时，自应准乙与丙（甲子）离异。又，妇为子之父强奸者，院例亦准离异。（七年统字第八一三号）

犯奸律文 25.324.0.4 **奸妇给付本夫，听其离异。若嫁与奸夫者，奸夫、主婚之人，<u>各处八等罚</u>；妇人仍离异；<u>财物入官</u>。**

**释　义**

本节前段为对于本夫与奸妇离异之规定，后段为对于奸夫与奸妇离异之规定。前者为任意的离异，后者为强制的离异。盖妻与人通奸，所侵害者系夫一人之私益，其愿离与否，应任其夫之意思，倘其夫不愿离异，仍应给领完聚，此所谓任意的离异也。若奸妇与本夫离异之后，径行嫁与奸夫，则是害及公益，应认其婚姻为无效，故在强制离异之列。盖若许其与奸夫结婚，则是溃廉耻之防而长邪淫之风也。

按各国法制，对于妻与人通奸，认为离婚之原因；而对于与相奸者结婚，则认为撤销婚姻之原因。虽与本律微有不同，而结果无甚差异。

**判决例**

《现行律》所称“嫁与奸夫者，妇人仍离异”等语，系专指因奸而被离婚之妇而言。此外因奸成婚，法律虽无认许明文，而若经有主婚权人之许可，则仍无碍于婚姻之有效。（七年上字第四九一号）

纵容妻妾犯奸律文 25.325.0.1 **凡纵容妻妾与人通奸，本夫、奸夫、奸妇，<u>各处九等罚</u>。抑勒妻妾及乞养女与人通奸者，本夫、义父，<u>各处十等罚</u>；奸夫，<u>处八等罚</u>；妇女<u>不坐</u>，并离异归宗。**

**释　义**

纵容有事前、事后之别。事前纵容，谓尚未成奸之际，可以禁止而不加禁止也。事后纵容，谓知有奸情而置诸不问也。其因受压力而不敢阻止者，要不得谓为纵容。抑勒者，谓妻妾本无与人通奸之愿意而强之通奸也。抑勒之程度，或用暴行胁迫，或用其他手段，均无区别。纵容通奸，或抑勒通奸，均系有害公益，故得为强制离异之原因。而在抑勒通奸之场合，并认其妻有诉请离异之权。盖以其本无通奸之意思，故许其提起离婚之诉也。

按各国法制，夫妇之一造，受他造之重大侮辱，得提起离婚之诉。本节所称抑勒通奸，解释上当认为重大侮辱之一种。是律意与各国法意，完全相同。

纵容抑勒乞养女与人通奸，因其本无婚姻关系，无所谓离异，故仅得判令归宗。

**判决例**

《现行律》载"（中略）抑勒妻妾与人通奸者，妇女不坐，并离异归宗"等语，是离婚之制，本为《现行律》所认许，不过须具备一定之条件而已。（三年上字第八六六号）

《现行律》载"抑勒乞养女与人通奸者，义父处罚；妇女不坐，并离异归宗"等语，所谓"义父"，其意义自系赅义母而言。（三年上字第九九七号）

本夫抑勒其妻价卖为娼者，较之抑勒通奸、典雇为妻妾及卖休之情形，尤不可恕。依当然之条理，类推之解释，自在应离之列。即图卖未成，确有证据者，亦为义绝，自可据以离异。（三年上字第四三三号）

妇于为娼之始，并无被勒情事，与《现行律》所载"（中略）抑勒子孙妇妾与人通奸，一体禁止"（解释亦得离异归宗）之条，全不能适合。（三年上字第三二九号）

妻妾自愿为娼，其夫虽经纵容，并无抑勒情事者，不得据以请求离异。（七年上字第九四六号）

**解释例**

抑勒妻妾与人通奸，准其离异，律有明文，童养媳自应准用。（四年统字第三五八号）

前清《现行律》，夫抑勒妻妾与人通奸，准其离异归宗。（五年统字第五五五号）

纵容妻妾犯奸律文 25.325.0.2 **若纵容抑勒亲女及子孙之妇妾与人通奸者，罪亦如之。**

**释　义**

前节为对于本夫纵容抑勒之规定，本节为对于尊亲属纵容抑勒之规定。凡夫之祖父母、父母，纵容抑勒子孙之妇妾与人通奸，其情虽与本夫纵容抑勒无异，但不能为离异之原因。盖婚姻为夫妇双方之关系，夫之尊亲属，虽有纵容抑勒情事，究系咎在尊亲属，而于本夫之义，尚未断绝也。然若尊亲属有抑勒情事，而本夫实系知情参与，或知情而不阻止，仍得为离异之原因。

按各国法制，受夫之直系尊亲属重大侮辱，得提起离婚之诉。本律不认尊亲属抑勒通奸为离异原因，与各国规定不同。

纵容抑勒亲女通奸，本律仅有处罚规定，以其无归宗之可言也。

**判决例**

妇于为娼之始，并无被勒情事，与《现行律》所载“（中略）抑勒子孙妇妾与人通奸，一体禁止”（解释亦得离异归宗）之条，全不能适合。（三年上字第三二九号）

查《现行律例》，惟本夫抑勒妻妾与人通奸，及夫殴妻至折伤以上者，始得离异。若尊长殴伤卑幼，及抑勒子孙之妇妾与人通奸者，除本夫系属知情参与或致令废笃疾者外，不得认为离异原因。盖殴伤、抑勒，咎在尊长舅姑，而于本夫之义，究未断绝也。（四年上字第三七八号）

**解释例**

舅姑抑勒子妇与人通奸，如其夫亦知情而不阻止，可认为义绝情状者，自应许其离异。（五年统字第四三七号）

纵容妻妾犯奸律文 25.325.0.3 **若用财买休、卖休，因而和同娶人妻者，本夫、本妇及买休人，<u>各处十等罚</u>；妇人离异归宗；<u>财礼入官</u>。**

**释　义**

买卖婚姻，为文明国家所不许。《文中子》曰“婚姻论财，夷虏之道”，盖以其近于买卖也。夫男女婚姻出于买卖，且为礼所不许，则凡买卖有夫之妇，为法律所严禁，更属当然之事，故本律特设买休卖休之禁。其有因买休人妻而为婚者，应在强制离异之列。离异后，其妇应使归宗。所以不给本夫完聚者，盖亦认为义绝也。

**判决例**

用财买休卖休和娶人妻者，其妇人依法自应离异归宗。（五年上字第六五四号）

妻之改嫁，无论是否由于其夫之诈欺、胁迫，抑或出于合意，但如果系用财买休卖休者，依律自应令与其夫离异。（六年上字第一〇六八号）

夫对于妻，有嫁卖显著之事实，仅以他种原因，未遂所为者，得予离异。若其夫仅以空言声嫁称卖，而并无真实嫁卖之意思者，即不得认为已有义绝行为，率请离异。（七年上字第七八七号）

按民事继续有效之前清《现行律》内载“若用财买休卖休，和娶人妻者，妇女离异归宗”等语，系指妇女不愿与买休人为婚，亦不愿复归本夫时而言。若妇女听其本夫卖休，愿与买休人为婚，则与自愿卖休之本夫显已协议离异，自不容本夫以买卖无效为理由，主张自己与该妇女之婚姻关系犹未消灭。（十四年上字第二五〇一号）

**解释例**

甲缘残弱，无力瞻养，将妻乙凭媒丙价卖与丁为妾，立有婚书，并甲、乙之兄弟戊、己,亦同具名签押。年余,乙、(已)〔己〕来案起诉。查《现行律》载"买休卖休,和娶人妻者,妇人离异归宗",上开情形,苟其事实与该律相当,固应离异归宗。若甲与乙协议离异在前,再嫁与丁为妾,则无许其翻异之理。(六年统字第五六六号)

戊既卖乙,应准乙与之离异。乙之嫁辛,是否合法,〔戊〕固不能过问。(八年统字第一〇四六号)

纵容妻妾犯奸 律文 25.325.0.3 **若买休人与妇人用计逼勒本夫休(妻)〔弃〕,其夫别无卖休之情者,不坐;买休人及本妇,各徒一年;妇人给付本夫,听其离异。妾,减一等。媒合人各减犯人罪一等。**

**释 义**

本夫无卖休之情,而买休人与妇人用计逼勒本夫休妻,则与前节所述本夫自愿卖休者有别。此际买休人与妇人之婚姻,仍应离异。离异后,妇人应给本夫。其愿与妇人离异与否,一听本夫之自由。盖本夫无卖休之情者,不能认为义绝也。故此种情形,买休人与妇人之婚姻,系属强制离异;而本夫与本妇之婚姻,系属任意离异。

**判决例**

用财买休卖休,和娶人妻,原为《现行律例》所禁止。若其夫别无卖休之意,而买休人用计逼勒本夫休弃者,则尤法所严禁,自难认其买休之契约为有效。(五年上字第六五六号)

买良为娼 律文 25.332.0 **凡娼优,买良人子女为娼优,及娶为妻妾,或乞养为子女者,处十等罚。知情嫁卖者,同罪。媒合人,减一等。财礼入官,子女归宗。**

买良为娼 条例 25.332.(2) **私买良家之女为娼,及设计诱买良家之子为优者,俱徒三年。知情卖者,与同罪。媒合人及串通说合之中保,减一等。奸宿者,照抑勒妻女与人通奸奸夫律治罪。子女不坐,并发归宗。**

**释 义**

本节为禁止倡优买娶而设,其目有三:(一)买良人子女为倡优;(二)娶良人之女为妻妾;(三)乞养为子女。不问其系私买、诱买,亦不问卖者知情与否,均应判令归宗。

**判决例**

买卖人口为妻妾,现行法令,本有禁止明文。则凡以此等禁止事项为标的之契约,依法当然无效。(七年上字第四二七号)

收留迷失子女 律文 4.64.0.1 **凡收留(良)人家迷失(道路乡贯)子女,不送官司,而卖为奴婢者,徒三年;**

**为妻、妾、子孙者，徒二年半。被卖之人不坐，给亲完聚。○[4.64.0.4]若买者及牙保知情，减犯人罪一等，追价入官。不知者，俱处八等罚，追价还主。**

**释　义**

收留迷失子女，应送官查明结领。若收留后，并不送官，径行卖为奴婢，或作为妻妾，或作为子孙，均系本律所禁，仍应给亲完聚。因此可知收留迷失之女为妻妾，亦在强制离异之列。

# 第二章 承 继

## 第一节 宗祧承继

立嫡子违法律文 4.63.0.5 **若立嗣，虽系同宗，而尊卑失序者，罪亦如之。其子〔亦〕归宗。改立应继之人。**

**释 义**

“立嗣”云者，乃对于无亲子关系之人，使其发生亲子关系之一种法律行为也。因立嗣而取得嗣子之身分者，谓之“承继人”；因立嗣而取得嗣父之身分者，谓之“被承继人”。（“所后之亲”）立嗣制度，发源最古。中国不必论，即在欧西，亦于罗马时代即已盛行。近世各国，除英、美、荷兰不采此制外，若法、若意、若比、若德、若日本，无不有之。惟欧洲立嗣制度精神，与我国稍异，其注意惟在慰藉孤独，救护贫困，辅助遗孤，奖励战士，而于继续宗祀一层，殊非所重。我国《礼经》，即有为人后之文。古重宗法，大宗为一尊之统，大宗无后，族人应以支子后大宗，①故惟大宗得立后，而小宗则不立，支庶更无论矣。子夏传曰：“为人后者孰后？后大宗也。”又曰：“大宗者，收族者也，不可以绝。”何休云：“小宗无后当绝。”②孔子曰：“凡殇与无后者，祭于宗子之家。”③由是观之，中国古昔立嗣制度，实与宗法制度、祭祀制度切切相

---

① 《仪礼·丧服》“大宗者，尊之统也。大宗者，收族者也，不可以绝。故族人以支子后大宗也。”参见（汉）郑玄注，（唐）贾公彦疏：《仪礼注疏》，彭林整理，王文锦审定，北京大学出版社2000年版，第668页。

② 子夏“传曰”、何休所云，分别见（汉）郑玄注，（唐）贾公彦疏：《仪礼注疏》，彭林整理，王文锦审定，北京大学出版社2000年版，第668、669页。

③ 《礼记·曾子问》。（汉）郑玄注，（唐）孔颖达疏：《礼记正义》，龚抗云整理，王文锦审定，北京大学出版社2000年版，第715页。

依而不可分离,决非欧洲所能比拟。自三代以后,封建废,世禄绝,无大宗,无小宗,人各亲其亲,各称其称;暮年失子者,既不能听其孤独零丁,无所依倚;身后有遗产者,更不能任其货财房屋无所归属,故立嗣精神,不能尽与古合。然其重在绵血统,承祭祀,要无所或异。此近世宗祧承继之法则所由昉也。

本节规定立嗣要件,谓凡为嗣子者,必具此要件而后适格也。要件有二:(一)同宗;(二)辈分相当。分述如下:

(一)同宗我国嗣子制度,重在承祀。鬼犹求食,须求所归。立嗣精义,实基于此。传曰:“神不歆非类,民不祀非族。”①诚以血不相属,则气不相通;气不通,则祭无由格。虽曰迷信,亦仁人孝子之用心,未可厚非也。外国立法例,无此制限。以彼此素无瓜葛之人,一经立约呈报,即生父子关系。朝为路人,暮为骨肉,不无可议。本律以同宗为限,则异姓不得立以为嗣,显然可见。

(二)辈分相当同宗有尊属亲、卑属亲之别。尊卑有序,不可凌乱。嗣子为法律拟制之子,立嗣行为发生效力后,父子之名义遂定。若辈分不相当,亦得为其嗣子,极其弊,必至叔侄可以易位,昆季可以互相为后,亲等变乱,名分乖违,而一切亲族关系,悉混淆而不知所极。故无论古今中外,皆不之许。僖公以兄继弟,《公羊传》只以臣继君犹子继父之说况之,不敢竟以僖公为闵公子也。② 本律特设尊卑失序之禁,故立为嗣子者,以辈分相当为限。

违反本节规定者,其立嗣无效,应勒令归宗,改立应继之人为嗣。所谓“应继之人”者,谓有承继权之人,而又居于最先顺位者是也。参照后节释义自明。

**判决例**

在《现行律》上,非同宗同姓,不得承继宗祧。其异姓义子,仅得于一定条件之下,从所后之亲之姓,相依分产。定例綦严,毫无假借。(三年上字第三一〇号)

异姓乱宗,为《现行律》所不许。故因族中无可继之人,择立异姓姑表兄弟之子为嗣,其择立之行为,自始不能有效。(五年上字第八七七号)

同宗应继,不限于服制之有无。(四年上字第一七八五号)

无子立继,以不失昭穆伦序为唯一要件。若夫年龄,则并非法律上所要求之事项。故嗣子之年,长于嗣父母,或其年与嗣父相等者,若在生前立嗣,或不免有长幼失序之嫌,其应否有效,固属疑问;而在死后立嗣,于法既无明禁,即不能谓为无效。(四年上字第二九二号)

---

① 狐突语,见于《左传·僖公十年》。参见(周)左丘明传,(晋)杜预注,(唐)孔颖达正义:《春秋左传正义》,浦卫忠等整理,杨向奎审定,北京大学出版社2000年版,第416页。

② 《公羊传·僖公》云:“公何以不言即位?继弑君,子不言即位。此非子也,其称子何?臣子一例也。”参见(汉)公羊寿传,(汉)何休解诂,(唐)徐彦疏:《春秋公羊传注疏》,浦卫忠整理,杨向奎审定,北京大学出版社2000年版,第232页。

律载"若立嗣,虽系同宗,而尊卑失序者,其子亦归宗。改立应继之人"等语,是无子立嗣,其所立之人,原须合乎尊卑之序。若违反此项规定,虽同宗之子,亦得令其归宗,改立应继之人,而不许即以此尊卑失序之人,竟立为嗣。(八年上字第三七一号)

立嗣之合法与否,于被承继人之亲子或嗣子或族中有承继权之人,均有直接利害关系。如被承继人已有亲生子或嗣子,而又违法另以他人为嗣者,其亲子或嗣子,或亲子、嗣子守志之妻,得主张异议。(九年上字第一三号)

无子立嗣,苟系有权立嗣者所择立,虽属违法,亦非当然无效,非经有告争权人提起确认无效或撤销之诉,得有确定判决,不得否认其立嗣之效力。(十二年上字第一五六一号)

无承继权之人,对于他人之承继,无论其是否合法,依法固不能告争,但亦止于告争不应准许而已,并非不合法之继嗣,因此即可认为合法。(十二年上字第一六五六号)

立嫡子违法条例4.63.(1) **无子者,(须)〔许〕令同宗昭穆相当之侄承继。先尽同父周亲,次及大功、小功、缌麻。如俱无,方许择立远房及同姓为嗣。**

**释　义**

本节规定承继之顺位,即何人有最先承继权是也。本节所定承继顺位,以亲等之远近为标准,先尽亲等最近之人,由近及远,以次递推。近亲无人,始许择立远房。故其第一顺位为同父周亲,即承继人之父与被承继人为同父之兄弟是也。无同父兄弟,或虽有同父兄弟而无可以出继之子,则以次及于大功,再次为小功,又其次为缌麻,均以后列"本宗九族五服正服之图"为标准。如果大功、小功、缌麻均无可继之人,则递推至于远房。"远房"者,同宗无服之亲也。远房无人可继,则递推至于同姓。同姓虽非同宗可比,而亦许其承继者,以其源出一本,气类相属也。若其人本系异姓,以特种关系而从其姓(例如,收养三岁以下遗弃之小儿依律从收养人之姓),或以特种关系而二姓兼称,(例如,习惯上之赘婿并称二姓,或过继亲戚之子并称二姓)不得以同姓论。

以上所述,为承继的法定顺位。违反此顺位者,其承继虽非无效,但可以为撤销之原因。然此种规定,亦仅指普通情形而言。其有特种原因而不依此顺位者,则又当作别论。所谓特种原因者,如被继人之择贤择爱是也,参照后数节规定自明。

**判决例**

长支长子出继他支,在《现行律例》既无禁止明文,在习惯上亦无何等限制。(三年上字第六一〇号)

小宗之嫡长子出继大宗,既为习惯所常有,亦为法律所不禁。即本生父母已故,曾为奉祀承祧者,苟领有次子,可承本房宗祧,在《现行律》上,亦无禁其出继之理。(三年上字第一八一号)

长房之子能否兼承次房,在《现行律》虽无明文规定,而按之旧例,固所不禁,不过于服制稍示区别而已。(嘉庆二十年〔1815年〕例载“嗣后凡独子两祧者,如系小宗兼承长房大宗,应仍照例,承祧父母,丁忧三年,所生父母,降服期年;其同属小宗,自应仍以所生为重,应比照长房独子兼承次房之案,所生父母,丁忧三年,兼祧父母,持服期年”等语)(四年上字第二〇七一号)

《现行律》,无子立嗣,固应先尽同父周亲,次及大功、小功、缌麻。然此项规定,本所以保护现有承继权人之利益,而杜无益之争端。故立继时,如近支无人可继,自不得不立亲等较远之侄,而一经立定之后,其身分关系,即已确定。近支虽生有可继之人,亦不得更主张其承继为无效,率行告争。(四年上字第二四一〇号)

立继之次序,固宜以近支为先。惟于近支实无昭穆相当之人,自不得不推及远房以至同姓。盖所以救近支继嗣之穷也。(四年上字第二一二五号)

世俗“大宗不可绝,小宗可绝”之说,出于汉《小戴》,即“族无庶子,当绝父以后大宗”之谓。姑无论《现行律》内并无此条,即依其说,而于同宗有人可继之际,亦难因其序属次房,必听其绝嗣。(五年上字第一一一六号)

出继人之子,于本生父之兄弟,固不得为同父周亲。若仅兼承他房宗祧者,则与本生父之亲子关系,并未消灭,即于本生父其后所生之兄弟,仍不失为同父周亲,与普通出继他房之子,不得视同一律。(五年上字第一二五四号)

世俗有“大宗无子,小宗不得有子”之说,然姑无论是否可以采用,即就此说言,其意亦不过谓小宗之子,宜以之后大宗,并非必绝小宗之祀。故小宗若有数子,自可以其一子为大宗后;若小宗亦仅一子,则除兼祧外,无强制出继之理。(五年上字第八九六号)

依《现行律》,被继人及守志之妇俱已亡故时,虽得由亲属会公议立嗣,然须依法定次序,择立位次最先之人。而择贤择爱之例外,不得辄行援用。(五年上字第一四四五号)

《现行律》载“无子者,许令同宗昭穆相当之侄承继。先尽同父周亲,次及大功、小功、缌麻。如俱无,方许择立远房及同姓为嗣”,又“无子立嗣,除依律外,若继子不得于所后之亲,听其告官别立。其或择立贤能及所亲爱者,若于昭穆伦序不失,不许宗族指以次序告争”,又“无子立嗣,若应继之人平日先有嫌隙,则于昭穆相当亲族内,择贤择爱听从其便”各等语,是无子立嗣,自以依照法定次序择立应继之人为原则。而例外虽许择贤择爱,然仍须具备相当之条件,且须为被继人或守志之妇,乃能有此选择之权。若被承继人及守志之妇俱已亡故,而由亲属会议立时,则在原则上并不能有此项选择权。苟非本于被承继人或守志之(父)〔妇〕生前已有择立贤爱之明确表示(如遗言等是)而代为执行,即不能违背法定次序而援用择继之例,抑置位次在先之人而不立。(五年上字第六八二号)

无子立嗣,苟无同族之人,虽择立同姓,亦为法所允许。(六年上字第一一三三号)

大宗无子者,亦只得依照通常立继程序为之立继,而不得强制小宗之子必出为

大宗之后。尤不得于数世而后,忽在支属内追认一承继大宗之人。(六年上字第一二七八号)

无子立嗣者,限于现在昭穆相当之侄始能入继。若已故之人,既不能为权利主体,即当然不能有应继权。惟被继人死亡后,若因争继涉讼,而应继人于诉讼进行中亡故者,则因现行法例上,无论立嗣迟早,其继承关系,均应于被承继人亡故时生效。故本院判例,认其应继资格,不因亡故消灭。若于被承继人生存中,应继之人业经亡故者,自不得援以为例。至前清部案,虽有准许以已故之侄为嗣子者,然亦限于昭穆相当侄辈内绝无应继之人,始得为之;且事非数见,而嗣后历经修改律例时,复未纂为例文,自不能认为有法律之效力。(五年上字第二七九号)

自己或其直系卑属并无承继权之人,不能告争承继,即亦不能主张他人之承继为无效或可以撤销,而拒绝交付其占有之承继财产。故他人之承继,如果系有权立继之人所立,则其是否合于法定次序,或有无异姓乱宗,及具备兼祧条件与否,均非其所得过问。(六年上字第八一〇号)

亲属会议立继,应遵守法定次序,先尽同父周亲,次及大功、小功、缌麻。除应继之人与被承继人先有嫌隙,或有其他丧失承继权之原因外,不得任意变更其次序。(七年上字第四三六号)

立继次序,原以服制之远近为先后。至择贤择爱之例外,则惟被承继人及其守志之妇或直系尊亲属始有此权。若由亲族会议公同立继之时,则除有特别情形外,自应依据一定次序择立位次最先之人,无许其择贤择爱之余地。(七年上字第七四六号)

被承继人及守志之妇均已亡故,而又无直系尊亲属者,立继行为,自应由全体亲属或各房派遣代表公同会议,取决多数,依例议立,否则不能有效。(七年上字第一三一号)

无子立继,除被承继人及其守志之妇已依法择立者外,均应由亲属会议按照法定位次择立。如果亲属中有故意不为择立者,虽得由应继人首告,即由审判衙门以判决代亲族会议之决议。而在未经亲族会议以前,审判衙门究不能遽以判决代为择立。(七年上字第七二四号)

大宗立嗣,先尽嫡长。在《现行律》固无此项明文,而条例上亦不容有此项限制。(八年上字第一七六号)

《现行律》"无子立嗣,不得紊乱昭穆伦序"之规定,原为保护公益而设,应属强行法规。其与此项法规相反之习惯,当然不能有法之效力。(八年上字第二一九号)

《现行律》内所谓"昭穆相当"者,原指尊卑不失序而言。(九年上字第九五号)

无子之人,应于何时立继,现行法上并无明文限制。故亡故之后,虽历多年,仍得为之立继。(九年上字第七六一号)

无子立继,若因近支无昭穆相当之侄,择立远房,是否应有一定之限制,先亲后疏,在《现行律》尚无明文。惟查《现行律》就近支立继,既以服之亲疏为次序,而择立远房,又须在近支无人可继之后,则远房确有亲疏可查者,自亦应以其亲疏为择立

之先后。(十年上字第八六一号)

依《现行律例》,立继顺序,只以服制之亲疏远近为应继之等差。至于房次、年龄,并无限制。(十一年上字第一六七二号)

现行承继法,系注重宗祧之不绝,而不仅在遗产之虚悬,故关于无子应行立嗣之条文,均属强行法规。凡无子之人,生前果否即行立嗣,虽属其人之自由,而以遗言表示死后不立嗣,则显与立法之意旨不符,自难认为有效。(十二年上字第八九五号)

《现行律》“立嫡子违法”条例虽规定“无子者,先尽同父周亲,次及大功、小功、缌麻。如俱无,许择立远房及同姓为嗣”,惟其所谓“同姓”,亦须确系共同始祖所生。若仅姓氏之文字相同,而自初并非一系者,即不得以该律例之所谓“同姓”论。(十二年上字第一〇六一号)

子原应承继父之宗祧,在父出继他房时,其子通常亦应随同出继。但出继房之宗,与本房之宗,并非不可并存。当父出继时,苟与其继父有反对特约,不许携同其子出继,即难谓为无效。该未随同出继之子若孙,自仍仅承继本房之宗祧,而非当然承继该出继房之宗祧。(十五年上字第一〇八三号)

**解释例**

亲属会立继,应守顺位条文,先亲后疏。故除应继之人平日与被继之人确有嫌隙,自可准照条文不立为嗣外,不得任意择斥,以杜朋争。该律例立继原应依照法定顺序,而例外则有择贤择爱之条,此种例外,本非为亲属会而设,当然无援用之余地。若虑所立之子年幼,不能维持家务,尽可依照习惯,择立保护之人(监护人)。(五年统字第五〇二号)

关于承继案件确定之判决,是否有拘束一般人之效力,姑勿具论。而族人非有应继资格并在最先顺位者,对于他人之不合法承继,无告争之权。审判衙门自可本此理由,予以驳斥。(六年统字第五六四号)

甲故无子,又无依法为其择继之人,即应由亲族会议(利害关系人均可请求族长召集)依照法定次序为其立继。继定后,甲女即应由其抚养。(九年统字第一四〇八号)

依法成立之继嗣,固不得因其后情事变迁,复行变更既成之关系。若承祧本非合法,而于其生存中,有应继之人出而主张承继权,自与立继当时不出告争可以认为抛弃者不同,其告争自属合法。(十一年统字第一六六八号)

《现行律》所谓“同父周亲”,以同父之兄弟为限。若本系同父,而业经出继他房者(兼祧除外),于本生父之兄弟,即不得为同父周亲。(十一年统字第一七七八号)

来函第一疑点,(**已成婚成年之人无嗣,亦无尊亲属,临终表示不愿立嗣,将遗产归入家庙。现有人告争承继,应否尊重其意思,不为立继,抑必须立继?**)本院已有先例,参照十二年上字八九五号判决例。(十三年统字第一八六〇号)

立嫡子违法条例4.63.(2) **无子立嗣，除依律外，若继子不得于所后之亲，听其告官别立。**

**释 义**

本节规定废继别立之条件。依律立嗣，其行为本系有效，非可任意撤销。然若立嗣之后，嗣子不得于所后之亲，此际不能不认嗣父母有废继别立之权。盖立嗣制度，无非使双方发生亲子关系，务宜亲爱逾恒，恩情无间，方足以享家庭之幸福。且生前立嗣重在养生慰老，而立嗣之后，嗣父母与嗣子大都同居相依，若嗣子不为嗣父母所喜悦，或竟不克尽孝养之道，则在嗣父母一方，非特不足以娱晚景，抑且徒增无形之痛苦，此所以许其告官别立也。依此规定之结果，则是废弃首先顺位之承继，另以他人承继，前节所定承继顺位之原则，遂因此而生一例外。

**判决例**

《现行律》载"若继子不得于所后之亲，听其告官别立。其或择立贤能及所亲爱者，若昭穆伦序不失，不许宗族指以次序告争"、"若独子夭亡，而族中实无昭穆相当，可为其父立继者，亦准为未婚之子立继"等语，是立继若于昭穆伦序不失，当尊重本人之意思，而非宗族之所可争执。而未婚之子夭亡，族中并无可继其父之人，亦许立继。本于法律之精意，为类推解释，凡族中有可继之人，而因与立继之妇积不相得，致无可立为继嗣者，则即为其夭亡之子择昭穆相当之人以为嗣，亦不得即指为违法。(三年上字第九三四号)

《现行律》载"继子不得于所后之亲，听其告官别立"，是立法之精神，正在使被承继人去其不相得之继子，而另立能相得者。"别"也者，去其旧而代以新之谓。然称"别立"，即含废继在内。(四年上字第五八五号)

《现行律》载"继子不得于所后之亲，听其告官别立"，所谓"所后之亲"者，自指父母双方而言。父所立之继子，父在，(毋)〔母〕固不得擅废；父死，则母当然有废继别立之权。(四年上字第五八五号)

所谓"不得于所后之亲"，固当然限于所后之父母，但所后之曾祖父母、祖父母为之承重者，亦应认为可以准用。(四年上字第二〇二五号)

妾不能有废继之权。(四年上字第一九七三号)

《现行律》"立嫡子违法"门载"无子立嗣，若继子不得于所后之亲，听其告官别立"，又载"若养同宗之人为子，所养父母有亲生子，及本生父母无子，欲还者，听"各等语，按照律文正当解释，凡继子以不得于所后之亲为限，被承继人有告官别立之权。夫被承继人之对于承继人，尚须受此种限制，其他宗族，尤无许妄行告争之理由。(四年上字第一四一六号)

《现行律》立继之制，本系公益规定，其精神在保持宗祧之不斩，而维持家族之平和。故凡依法业经成立之继嗣，除合法定条件与被承继人以废继之权外，不许任情撤废。若第三人，则尤无干涉撤废之余地。(四年上字第五〇〇号)

按《现行律》载,所后之亲自系兼括父母言。所谓“不得”者,即不相得,不能与所后之亲圆满生活之谓,自无疑义。惟是例文既明定有告官之条件,则其不得之事由何在,及不得之程度如何,应否别立,自应由审判衙门裁量。若纯以所后父母偶然之感情,即予废继,则例载告官之条件,直等于无,是岂立法之本意!夫告官以求官厅之许可,与存案以备日后之稽考,其事本不相同。绎释律意,本极显然,不容曲解。(四年上字第一六〇八号)

《现行律》所谓“不得于所后之亲”者,须客观的不能与所后之亲圆满相处,不得纯以所后父母偶然之感情,即予废继。且律文既称“继子不得于所后之亲”,则不得之原因,必出于继子本身者,始能告官别立,毫无可疑。(五年上字第一四二四号)

承继人如已成年,固有管理承继财产之权,但于处分之时,须得其母之同意。如未得同意,擅自处分,并因此处分认为足以危及其母之生活,(例如,屡为擅自处分之行为,或处分极贵重之财产)自属不得于其所后之亲,其母得以主张废继。(六年上字第八〇三号)

夫亡之后,继子果不得于守志之妇,固准该守志之妇举出证凭,告官别立。立继之权,应属于其夫。苟继子不得于其母,而得于父者,非其母得以片面之主张告官别立。(六年上字第七七号)

《现行律》载“继子不得于所后之亲,准其告官别立”,若改嫁之妇,对于前夫之嗣子,既非复所后之亲,其不得行使废继别立之权,自无可疑。(六年上字第六五五号)

所后之父或母,苟无废继之意思,其直系尊属,不得强之废继。(七年上字第七五三号)

《现行律》废继须经告官程序之规定,系指继子不得于所后之亲,由所后之亲一方主张废继而言。若双方合意解除承继关系者,则即无经过告官程序之必要。(七年上字第三三九号)

《现行律例》“继子不得于所后之亲,听其告官别立”,所谓“不得于所后之亲”者,即指与所后之亲不能为圆满生活而言。其不能为圆满生活,究因何种事由及其程度如何,依例载告官之条件,自应经审判衙门之裁量,以定其有无废继之原因,并不以所后之亲之主张为已足。故凡继子为其所后之亲诉请废继者,审判衙门应就事实上实施调查程序,认定其废继原因是否成立。如果其所后亲所主张之废继原因,确系应归责于继子之事由,而察其事由,又确于家庭之和协有重大之妨碍,且双方恩义不能复冀保全,固应准予废继。否则,已定之承继关系,即不容辄徇其请,轻易废除。(七年上字第九七一号)

凡被废之继子,对于其从前被承继之人已无承继权,故对于其后承继者之为何人,及其承继财产之应归何人,皆不得过问。(五年上字第七五二号)

继子之身分与所继之财产,有不可分离之关系。继子一经废继,则其所继之财产权,当然随之丧失,而移于此后应继之人。(四年上字第五八五号)

律载“继子不得于所后之亲，听其告官别立”，而废继之后，应否酌给财产，虽无积极规定，而该律于立嗣之后生子既令家产与原立子均分，而义男女婿等亦令酌分财产，独于废继之子并无酌给财产之规定，则可知律意所在。继子既因不得于其所后之亲而别立，即属恩义两绝，所后之亲自无酌给财产之意思。故律准乎情，不令酌给。其愿酌给者，虽不加以干涉，而废继之子对于所后之亲，决无要求酌分财产之权。(三年上字第五三〇号)

已经立定之继子，虽亦得由所后之亲主张废继，然非确已践行废继程序者，则其承继关系，仍不能否认其存在。(六年上字第七九〇号)

嗣父母诉请废继，而其嗣子为保全身分计，出头应诉，本属当然之事。与因素日不睦，争讼成仇，而曲在嗣子者，显有不同，自不能据为废继别立之原因。(八年上字第五六九号)

《刑律补充条例》第十二条规定系指妾若触犯各该条之罪名，准用妻或有夫妇所应负之刑事责任。若被承继人之妾，依法本不能为所后之亲，即无废继之权，不能因有《刑律补充条例》而谓其身分有所变更。(九年上字第二四六号)

《现行律》“立嫡子违法”条例所谓“继子不得于所后之亲”，其情形固有种种。若仅以不能圆满相处为理由，诉求废继，审判衙门于被承继人所称废继之原因，查明属实，自应准予解除继承关系，以图家室之和平。惟应行被废之人，如在诉讼中亡故，则被承继人请求废继之目的即属欠缺，继子与嗣父母今后不能圆满生活之事实已无从发生，其亡故承继人所已取得之嗣子身分，毋庸予以变更。(九年上字第一二四六号)

“继子不得于所后之亲”虽得告官别立，然以继子生存及继子之自身为限。若继子生前并未被废，自不能对于继子所生之子，更为废继之主张。(十二年上字第一五四八号)

**解释例**

查《现行律》所谓“所后之亲”，自指被继人即继父母而言。至“不得”须有不得之事实，审判衙门认为达于废继之程度者，始能许可。本院早有判例。(参照本院四年民事判决上字第一六〇八号)(七年统字第七六八号)

查所询情形(独子之寡妇乙被继子丙暨继姑丁虐待)，乙自可请求给与养赡财产，或证实丙不孝事实，提起废继，并请返还继产。因乙夫既系独子，初无析产可言，如果丁自愿设定养赡财产，与乙犹有争执时，自可审酌遗产价额及其家境况，为之公平核定。又乙欲另行立继，亦应得丁同意。丁无正当理由，不得遽行拒绝。在未经立继以前，乙只能管理家财，若于生活上有急迫情形，亦得处分自赡。(九年统字第一二三〇号)

立嫡子违法条例 4.63.(2) **其或择立贤能及所亲爱者，若于昭穆伦序不失，不许宗族指以次序告争，并官司受理。**

**释 义**

前节为对于立继后废继之规定，本节为对于立继时择继之规定，要亦为承继顺位之例外。盖依照承继顺位，须先尽亲等最近之人，由近及远，以次递推。近亲无人，始许择立远房。夫亲等最近之人，为数无几，而欲得贤者、能者及所亲爱者为嗣，又为人之常情。既许择立矣，而又以最近亲等为限，设最近亲等者只一二人，虽至不肖，亦不能不以其为嗣，揆诸情理，尚未尽协。故本节规定择继，只以昭穆伦序不失为唯一要件。择继时，苟能遵守昭穆伦序，即可不受承继顺位之制限。换言之，即使择继不依顺位，亦不能指为违法也。法律所以规定择继权者，因嗣子之贤能与否，于家政之兴废、家业之盛衰有重大关系，而嗣子为嗣父母所亲爱，又于家庭和平幸福有重大关系。若予立嗣人以自由选择权，不肖者既不能主张应继之权利，而立嗣人亦得以其财产授于贤能或其所亲爱之人，匪独一家之福，抑亦国家之利。《传》曰：“德均以年，年均以卜。”①亦此意也。

**判决例**

《现行律》载“若继子不得于所后之亲，听其告官别立。其或择立贤能及所亲爱者，若昭穆伦序不失，不许宗族指以次序告争”，“若独子夭亡，而族中实无昭穆相当，可为其父立继者，亦准为未婚之子立继”等语，是立继若于昭穆伦序不失，当尊重本人之意思，而非宗族之所可争执。而未婚之子夭亡，族中并无可继其父之人，亦许立继。本于法律之真意，为类推解释，凡族中有可继之人，而因与立继之妇积不相得，致无可立为继嗣者，则即为其夭亡之子择昭穆相当之人以为嗣，亦不得即指为违法。（三年上字第九三四号）

《现行律例》内载“无子立嗣，其择立贤能及所亲爱者，若于昭穆伦序不失，不许宗族指以次序告争”等语，故应继之人，若因涉讼之嫌，为被承继人或守志之妇所不愿择立，依律自不容违反其意思，而勒令其承继。（四年上字第一五三一号）

立继之人，得于昭穆相当亲族内择贤择爱。故所立之人，亲等虽远，而经合法立定之后，则虽亲等较近之房，亦不得再行告争。（四年上字第二四三三号）

无子立嗣，自以依照法定次序择立应继之人为原则。而例外虽许择贤择爱，然仍须具备相当之条件。且须为被承继人或守志之妇，乃能有此选择之权。若被承继人及守志之妇俱已亡故，而由亲属会议立时，则在原则上，并不能有此项选择权。苟非本于被承继人或守志之妇生前已有择立贤爱之明确表示（如遗言等是）而代为执行，即不能违背法定次序，而援用择继之例，抑置位次在先之人而不立。（五年上字第六八二号）

无子立嗣，律虽定有先亲后疏之次序，而择贤择爱，究从其便，次序在先者，自不

---

① 《春秋左传·昭公二十六年》王子朝语。参见（周）左丘明传，（晋）杜预注，（唐）孔颖达正义：《春秋左传正义》，浦卫忠等整理，杨向奎审定，北京大学出版社2000年版，第1700页。

容勒令承继。至所继人夫妇俱亡，而尚有直系尊亲属存在者，亦应认其直系尊亲属有择贤择爱之权，与亲属会议之专应依亲疏次序者，自不相同。（六年上字第三〇九号）

立继次序，原以服制之远近为先后。至择贤择爱之例外，则惟被承继人及守志之妇或直系尊亲属，始有此权。若由亲族会议公同立继之时，则除有特别情形外，自应依据一定次序，择立位次最先之人，无许其择贤择爱之余地。（七年上字第七四六号）

《现行律》“无子者，许令同宗昭穆相当之侄承继。先尽同父周亲，次及大功、小功、缌麻。如俱无，方许择立远房及同姓为嗣”，又载“其或择立贤能及所亲爱者，若于昭穆伦序不失，不许宗族指以次序告争”等语，是立继次序，固以服之亲疏远近为准。而出于择贤择爱者，则只以昭穆伦序不失，为唯一条件。至前例所称“若俱无，方许择立远房及同姓为嗣”者，本系指寻常立继之次序而言，并非于立继权人择立贤爱时，加以先尽近支之限制。细绎后例“不许宗族指以次序告争”之语，其意本极显明。故无论近支有无可立之人，及其人是否有不能承嗣原因，而有立继权之人，皆得就远房内择立贤爱。（七年上字第九三九号）

**解释例**

甲某早故无子，并无同父兄弟，甲妻拟立素所钟爱之丙为嗣。丁以丙之五世祖系姊妹之子出嗣舅氏，戊以自(巳)〔己〕服制较近，均不承认。查丙祖之承继，如历久未经告争权人主张其无效，消灭其身分，则丙对于甲，即不得谓为异姓。甲妻乙择爱立以为嗣，自非丁、戊所能告争。本院就此早有解释。（参照统字第八一四号）（七年统字第八五三号）

被承继人及守志之妇自行立继，如于昭穆伦序不失，不许族人以次序告争，律有明文。乙、丙涉讼，如系甲或其守志之妇甘愿择立，自无许丁再行告争之理。（九年统字第一二〇一号）

立嫡子违法条例 4.63.(3) **无子立嗣，若应继之人平日先有嫌隙，则于昭穆相当亲族内，择贤择爱听从其便。如族中希图财产，勒令承继或怂恿择继，以致涉讼者，地方官立即惩治，仍将所择贤爱之人，断令立继。**

**释　义**

前节所谓“不得于所后之亲”，系指立嗣后所发生者而言；本节所谓“嫌隙”，系指未立嗣时先已存在者而言。生前立嗣，原以养生慰老为唯一之目的，则嗣子与嗣父母相互间，务使感情融洽，方足以保家庭间之和平。若应继之人，平日先有嫌隙，即使立以为嗣，亦决不足以养生慰老。故法律许其于昭穆相当亲族内，有自由行使选择之权利。于是无子者，得舍其所应继之人，而另择贤爱之人为嗣。前节关于承继顺位之规定，至此遂无可适用，故本节亦为对于承继顺位之例外。

**判决例**

“无子立嗣，若应继之人平日先有嫌隙，则于昭穆相当亲族内，择贤择爱听从其便。如族中希图财产,勒令承继或怂恿择继,以致涉讼者,地方官立即惩治,仍将所择贤爱之人,断令立继”等语,可见一有嫌隙,应继人即当丧失其应继之资格。无论被承继人于昭穆相当亲族内钟爱何人,皆属自由,决不许族中有勒令承继之事。(四年上字第五五号)

承继之顺序,虽以亲等之远近为先后,而尤当首先尊重被承继人之意思。故平日与被承继人先有嫌隙者,虽其亲等最近,而不能主张承继之权利。即就其所择立之人是否合法,亦无告争之余地。(四年上字第一六九三号)

律载“应继之人平日先有嫌隙,亦准另继”云云,原则自就应继人本身与所继人有嫌隙而言。(四年上字第一七五三号)

立继之人,得于昭穆相当亲族内择贤择爱。故所立之人,亲等虽远,而一经合法立定之后,则虽亲等较近之房,亦不得再行告争。(四年上字第二四三三号)

《现行律》载“无子者,许令同宗昭穆相当之侄承继。先尽同父周亲,次及大功、小功、缌麻。如俱无,方许择立远房及同姓为嗣”,又载“无子立嗣,若应继之人平日先有嫌隙,则于昭穆相当亲族内,择贤择爱听从其便。如族中希图财产,勒令承继或怂恿择继,以致涉讼者,地方官立即惩治,仍将所择贤爱之人,断令立继”等语,是无子立继,其应继之人虽有法定次序,但其所应继者若果平日先有嫌隙,则无论择贤择爱,诚使昭穆相当,均属择继人之自由,即无族中置喙之余地。(四年上字第二四二三号)

《现行律》载“无子立嗣,若应继之人平日先有嫌隙,则于昭穆相当亲属内,择贤择爱听从其便”等语,所谓“嫌隙”及“贤爱”云者,俱不必有客观之事实,只依立嗣本人主观之意思定之。故凡由本人立嗣者,苟于昭穆伦序不失,即不许其他宗族指以次序告争。(五年上字第三七五号)

守志之妇为夫立嗣,若具备立子不得于所后之亲或应继之人平日先有嫌隙之条件,固许其择贤择爱,不依次序。(五年上字第一四四五号)

立继之权,本属于被承继人及其守志之妇。被承继人与其妻均经死亡,又无直系尊亲属者,则其权自属之亲属会议。若被承继人生时,与争继之人先有嫌隙,亲属会议固不应许其加入协议,亦不得不尊重被承继人等之意思,而立该争继积嫌之人为嗣。(六年上字第二三二号)

律载“若应继之人平日先有嫌隙”者,本纯由被承继人或守志之妇之主观,不必有客观嫌怨之事实。(六年上字第三九四号)

法文所谓“先有嫌隙”者,原即被承继人不愿其人承继之意,并无须别举嫌隙事实以为证明。(六年上字第七三〇号)

应继之人,如与被承继人及其守志之妇或直系尊亲属,生前先有嫌隙者,为尊重被承继人等之意思起见,亲属会议自不能不舍之,而别于昭穆相当亲族内择立次序在后之人。(六年上字第一三〇一号)

与本宗已脱离亲族关系之人，应如何立继或抚养义子，自应听其自行处置，本宗人不得干涉。（八年上字第一〇〇号）

被承继人之父为直系尊亲，于现无守志妇可行使择继权之时，自亦有为其子择继之权。既非如守志妇之择继须以族长为凭，亦非如亲属会之择继必依律定之顺位。苟其择贤择爱，于昭穆伦序不失，自不许亲族指以次序告争。（八年上字第六五四号）

素有嫌隙之人，固不得主张承继权利。惟被承继人或守志之妇，如已宽其既往而立为嗣子者，其立继行为，即非无效。（八年上字第七七一号）

无子立嗣，依律既许择贤择爱，应继人自无强其必立之理。至所谓“嫌隙”者，本无须具体之事实。如被承继人或其守志之妇，与应继人之直系尊属积有嫌怨，因而憎恶应继之本人，揆之律意，亦应许其另择贤爱。（八年上字第一一八八号）

应继之人，因与被承继人素有嫌隙，不愿与之承继，推阐律意，亦不得强令其入继。（九年上字第七六六号）

被承继人及其守志之妇均已亡故，其直系尊属自有立继权。如直系尊属之上，尚有直系尊长，则其行使立继权，亦应得其同意。惟该立继权人所立之继，于法苟无不合，自不许任意撤销。（十一年上字第一六七二号）

被承继人虽兼承三房宗祧，而至其死后，所现存之直系尊亲属，既仅有被上诉人（被承继人之母）一人，则代该被承继人立继之权，应专属于被上诉人。（十二年上字第三八四号）

上诉人屡以有仇不继为攻击，苟被上诉人包庚新父子，对于上诉人之外祖父母舅父母积有嫌隙，为尊重被承继人及其尊亲属之意思起见，在亲属会，亦应舍之别立。（参照本院六年上字第二三〇一号判例）（十五年上字第一二七〇号）

**解释例**

查律载“应继之人先有嫌隙”者，自指应继之本人而言。但嫌隙本毋须有具体之事实，故被承继人如与承继人家积有嫌怨，而憎恶应继本人者，亦许另择贤爱。（七年统字第八四六号）

守志之妇虽应为夫立嗣，但承继之开始，现行法上既无明文规定，自得于适当之期间内，俟有适当应继之人，再为择立。不得以素有嫌隙之人，强令立以为嗣。（参照〔统字第〕五九九号解释）（七年统字第八四七号）

律载“嫌隙”专指应继人与被继人而言。乙既系甲妾，立嗣会议，占重要地位，自应尊重其意思。惟主张是否正当，法院自可查明情形，定其准否。（七年统字第九〇三号）

查甲子祧乙，纵非合法，惟丁、戊父子，生前与乙既确有嫌怨，即应丧失其应继之权，自无许其告争之理。（八年统字第一〇〇六号）

亲属会议虽无择贤择爱之可言，而体察死者之意思，根据从前之事实，如承继最先顺位，本因其先代之关系，确系与之素有嫌怨，则立次顺位者，亦无不可。（八年统字第一〇四一号）

立嫡子违法条例4.63.(3) **其有子婚而故，妇能孀守；已聘未娶，媳能以女身守志；及已婚而故，妇虽未能孀守，但所故之人业已成立；或子虽未娶，而因出兵阵亡者，俱应为其子立后。若支属内实无昭穆相当为其子立后之人，而其父又无别子者，应为其父立继，待生孙以嗣应为立后之子。**

**释 义**

本节规定，为承继法上之变例，即对于有特别情形之人，虽未备为嗣父之要件，而亦应为之立后也。其情形有四，即如下：

（一）子婚而故，妇能孀守者此指未成立夭亡者而言。承继原则，未成立之人，不得为之立后。但其人虽未成立而已成婚，即与寻常夭亡有别。矧其人身故后，而其妇又能孀守，尤不可无以慰藉孤独。故出于例外而为之立后。

（二）已聘未娶，媳能以女身守志者承继法则，未婚之人，不得为之立后。但其人生前已有所聘，虽未迎娶，究与未婚有别。况其人身故后，而其所聘之妻，又能以女身守志，则为奖励其贞操起见，尤不能不许其立后。故此条规定，亦为承继法上之例外。

（三）已婚而故，妇虽未能孀守，但所故之人业已成立者立后以成立、成婚为要件。未成立之人，虽已成婚，尚须具备妇能孀守之条件，方许为之立后。若其人既已成立，又已成婚，则是两种要件均已具备，虽其妇不能孀守，亦应为之立后。

（四）子虽未娶，而因出兵阵亡者未婚不能立后，为承继法上之原则。惟对于出兵阵亡之人，出于例外而许其立后，此盖为奖励战士而设。人当临阵之际，固有忠义性成，奋死不顾，自甘为国效力者，然因嗣续之重，不能不恝焉忧之。故国家对于此可敬可爱之军人，予以特别待遇，使无后顾之忧。举凡出兵阵亡之人，虽未备成婚要件，概许为之立后。鲁汪踦年幼战死，依礼，年幼而死谓之殇，殇无为人父之道，孔子曰：“能执干戈以卫社稷，可无殇也。”①此本节所以有例外之规定也。

以上所述，为对于有特别情形者立后之规定。至应以何人为后，则以支属内昭穆相当之人为限。若支属内实无昭穆相当之人，而其父尚有别子者，则可虚立为后，待别子生孙，即以其孙承继。此即所谓“虚名待继”也。倘其父并无别子，即无生孙之望，此际应先为其父立继，待继子生孙，然后以孙承继。至为其父立继时，仍应遵守承继顺位之规定，自不待言。

**判决例**

《现行律》载“有子婚而故，妇能孀守；已聘未娶，媳能以女身守志；及已婚而故，

① 语出《孔子家语·卷十·曲礼子贡问第四十二》，参见陈士珂辑：《孔子家语疏证》（丛书集成初编本），商务印书馆1939年版，第266页。《礼记·檀弓下》作“能执干戈以卫社稷，虽欲勿殇也，不亦可乎？”参见（汉）郑玄注，（唐）孔颖达疏：《礼记正义》，龚抗云整理，王文锦审定，北京大学出版社2000年版，第349页。

妇虽未能孀守,但所故之人业已成立;或子虽未娶,而因出兵阵亡,俱应为其子立后。其寻常夭亡未婚之人,则不得概为立后”等语,是在《现行律》上,凡子婚而故,妇能孀守;及已聘未娶,媳能以女身守志者,虽属夭亡,仍应为之立后。又或子婚而故,业非夭亡者,虽其妇未能孀守,亦应为之立后。又或子尚未娶,而因出兵阵亡者,无论夭亡与否,均应为之立后。惟无此项特别情形,而子系夭亡,并未婚者,乃不得立后。苟夭亡已婚,或未婚而已成立,虽无上述特别情形,仍在应为立后之列。(四年上字第三七〇号)

《现行律》载“有子婚而故,妇虽未能孀守,但所故之人业已成立,应为其子立后”等语,故妇虽改嫁,而死时业已成立,原则自应为之立后。(四年上字第五三七号)

依《现行律》规定“子婚而故,妇能孀守者”虽应为其子立继,然此项规定,一面在保全亡子之禋祀,一面在保护应继人之利益。故立继时,虽有违反此项规定之事,亦必孀守之妇及应继之人始有告争之权。(五年上字第二五八号)

《现行律》所谓“出兵阵亡”,系包含一切因战身死者而言,不必以成丁入伍者为限。(六年上字第九四六号)

《现行律》认许虚名待继之范围,应以《现行律》中“立嫡子违法”条例内第一条(即“无子者,许令同宗昭穆相当之侄承继”云云之例)所谓“如俱无”三字、第三条中第四段(即“若支属内实无昭穆相当可为其子立后之人”云云之例)所谓“实无”二子之解释如何为断定之标准。通观该二条例之意,《现行律》惟对于父有别子者,准为虚名待继,即依条例第一条。无论立继者何人,得于其父有别子时,为应为立后之子虚名待继。其在最先之承继顺位人,苟于事实上犹有希望,在可以出生之状况时(如其父健在时),自可虚立为继。反是,其父并无别子,则应以现实之人(胎儿同论)为嗣,方始合法。故最先位次之人,非已出生,即为胎儿,否则应由次位之人承继,不得以最先位次应拟之人待继。简言之,第一条“如俱无”三字,除有第三条第四段情形外,当解释为可照上开说明听其虚名待继;第三条第四段中“实无”二字,则无论何时必为现实之人与胎儿也。不过立继之人,如为已故宗祧承继人之父,可以自由意思,悬待所欲立之人出生后,始为立继行为(参照后段说明),实不受法文拘束耳。此项断定,其理由有二:(一)通观《现行律》之精神,凡父无别子者,不欲其宗祧有中绝之虞,致与宗祧承继根本存在之本意相背(祀祖主义),故不得不采以上之解释。(二)最近亲间能发生过继关系,尤于家族和平可臻圆满。此在条例第一例先亲后疏之规定,亦已表示法意。故除有特别理由应加限制外,断无禁绝虚名待继之理。法律纵无明文,当然可本于法意,为条理上至当之解释。故对于条例第一条之真意,更不能不为以上之解释。(三年上字第一八六号)

《现行律》载“若支属内实无昭穆相当可为其子立后之人,而其父又无别子者,应为其父立继,待生孙以嗣应为立后之子”,是法文含有二条件:(一)须支属内实无昭穆相当可为其子立后之人;(二)须其父又无别子者而后可。至依该法文为其父立继，仍应按照条例第一条所定亲疏之顺序，不得以疏先亲，自不待言。故在最先位次者如有数人，均非独子，或同一位次之人有非独子者，其毋庸令独子兼祧，本无疑义。若系独子，而在同一位次者并无他人，自应用该条例第三条第六例兼子承嗣（可依照上文兼祧条件说明办理），以符法律亲亲之义。或谓条例第三条第四段应与前段通同作一段读，如法文称“若支属内实无昭穆相当可为其子立后之人”，即系贯上文各项应立后之子而言，法文又称“以嗣应为立后之子”，即指上文各项而言。然即用此说，其于法文之适用及解释之结果，亦不能有所差异。盖子亡妇存（兼孀守及已聘未嫁而以女身守志，又妇未能孀守而其子业已成立者言）及子虽未娶而因出兵阵亡者，尚应适用该项法文，为其立后，若子亡而妇亦先后亡者，则用当然解释，断无不能适用该项法文分别情形为其立继之理。其说不同，其义则一也。（三年上字第一八六号）

《现行律》载“若支属内实无昭穆相当可为其子立后之人，而其父又无别子者，应为其父立继，待生孙以嗣应为立后之子”等语，就此条详为解释，其应为立后之子，若父无别子，犹可择立嗣子，待生孙以为嗣。则依当然之推论，其父有别子时，自无不可待生孙以为嗣之理。按之亲亲之义，尤当如是。故其父无别子者，应以现存之人（胎儿同论）为其父嗣，以期宗祧之无中断（祀祖主义）；若其父有别子时，则宗祧不虞中断，本于亲亲之义，自得待别子生孙，以继应为立后之子。是则虚名待继，限于特别情形，仍为《现行律》所认许。（三年上字第二二六号）

遗嘱所定之虚名待继，如非有《现行律》所定之特别情形，则为法所不许。（四年上字第一九七三号）

应为立后之子，除支属内实无可为其子立后之人，许为其父立继，待生孙以嗣应为立后之子外，自应为子立后。不应使应行有后之子无后，而径为其父立嗣。（五年上字第一三九六号）

依《现行律》，凡立为他人嗣子（兼祧亦同）之人，虽身故无子，而并非夭亡未婚者，仍应为之立继。不得因其无子，遂谓承继关系消灭，而为其父别立继子。（五年上字第一四三六号）

成年之子如系小宗而未成婚者，与有守志之妇必须立嗣者究有不同。如果其直系尊亲尚有别子可以承继宗祧，已经表示不为其小宗未婚子立嗣之意思者，则嗣后族人，不得强为立嗣，希图承继其应分之遗产。（七年上字第七八三号）

《现行律例》禁止以孙祢祖，乃所以维持我国固有之礼教，事关公益，应有强行效力，不容反对习惯之存在。（八年上字第三九四号）

父有别子，依律自许虚名待继。若非有相当根据，可认被承继人之胞兄弟已无生子之希望，即不容族人遽为被继人立嗣。（八年上字第六七七号）

未出生之胎儿，关于承继，应与现实之人同论。故守志妇如有以胎儿为嗣之表示，即与立现实之人无异，不能与单纯之虚拟待继同视。（九年上字第八一九号）

法律行为之无效,乃属确定性质。苟具有无效原因,不问行为人在行为当时是否知悉,均应许行为人得以主张。故立嗣而违背法定条件,即令初为立嗣人或同意立嗣之人所明知,而既属根本无效,自亦得于事后主张。(十五年上字第四九〇号)

**解释例**

夭亡未婚配,不得为之立后。故夭亡而已婚,或未婚而已成年(十六岁),均准立后。本院早已著为判例。(参照六年上字第一一八九号判例)(七年统字第九一三号)

查死者不能立为人后,以孙称祖,即非合法。(八年统字第一〇〇三号)

查虚名待继,与以孙(继)〔称〕祖不同,判例所称"依律认虚名待继为有效",尚未准令已故之人得以出继。(八年统字第一〇三二号)

立嫡子违法条例 4.63.(3) **其寻常夭亡未婚之人,不得概为立后。**

**释　义**

本节所谓寻常夭亡未婚之人,盖指无前节所述之特别情形者而言。详言之,即夭亡而又未婚者是也。盖已婚而未成立,不在禁止立后之列;已成立而未婚,亦不在禁止立后之列。惟既未成立,又未成婚,是与前节所述各种特别情形,无一相合,故不许为之立后。

于此有应注意者,未成立而死,谓之夭亡。夭亡究以若干岁为限,意义殊不明瞭。据《户部则例》继嗣门所载"子虽未婚娶,业已成立当差,年逾二十身故者,亦准予立继",此例见于同治十二年〔1873 年〕修纂之本,既未经《现行律》采入,自不得再行援用,此在民国六年上字一一八九号判例著有明文。是《户部则例》以二十岁为成立之旧例,业已失效。现在解释夭亡意义,依三年上字七九七号、五年上字八三三号判例,暨七年统字八六一号、八年统字九四二号解释例,应以《现行律》成丁之规定为标准。查《现行律》户役〔门〕"脱漏户口"律,以十六岁为成丁。而所谓"十六岁"者,依五年上字八三三号判例,系指已届十六岁而言,毋庸扣足计算,一届十六岁,即为成丁。故条例所称"夭亡",应以未届十六岁为限。所以不许为之立后者,盖即殇无为人父之道也。

**判决例**

《现行律》载"寻常夭亡未婚之人,不得概为立后",所称"夭亡未婚",系以未及成丁而亡故,且未经婚娶者为限。(六年上字第一一八九号)

**解释例**

第八项所开《现行律》各条解释,本院早经著有判例。参照六年上字一一八九号判例。(附判例。按《现行律》"立嫡子违法"条载"寻常夭亡未婚之人,不得概为立后",所称"夭亡未婚",系以未及成丁而亡故,且未□〔经〕婚娶者为限。若已婚而夭亡,或非夭亡而未婚,皆不在禁止立继之列。(中略)又按《现行律》户役〔门〕"脱漏

户口”条载“十六岁以上为成丁”，故必未及十六岁而亡故者，始得称为“夭亡”）（七年统字第七五九号）

夭亡未婚配，不得为之立后。故夭亡而已婚，或未婚而已成年（十六岁），均准立后。本院早已著为判例。（七年统字第九一三号）

立嫡子违法条例 4.63.(3) **若独子夭亡，而族中实无昭穆相当，可为其父立继者，亦准为未婚之子立继。**

**释 义**

本节系承上文而言。“独子”云者，父无别子之谓也。独子夭亡，应为其父立继，本无为独子立后之必要。然若族中无昭穆相当之人可为其父立继，此际不便使其宗祧中绝，致与宗祧承继根本存在之本意相背。故对于未婚夭亡之独子，于具备一定条件时，亦许为之立后。条件唯何，即其父无可继之人是也。

按前节所定之原则，未婚夭亡，本不许为之立后。然其人若系独子，即与寻常未婚夭亡不同。而其父又别无可继之人，更有为独子立后之必要。故本节对于前节所定之原则，特设此例外规定，要亦为承继法上之一种变例。

**判决例**

“寻常夭亡未婚之人，不得概为立后。若独子夭亡，而族中实无昭穆相当之人可为其父立继者，亦准为未婚之子立继”等语，是夭亡未婚之人须系独子，且须族中实无昭穆相当之人可为其父立继者，方准立后，否则即在不准立后之列。（五年上字第六四四号）

《现行律》载“若继子不得于所后之亲，听其告官别立。其或择立贤能及所亲爱者，若昭穆伦序不失，不许宗族指以次序告争”，“若独子夭亡，而族中实无昭穆相当，可为其父立继者，亦准为未婚之子立继”等语，是立继若于昭穆伦序不失，当尊重本人之意思，而非宗族之所可争执。而未婚之子夭亡，族中并无可继其父之人，亦许立继。本于法律之真意，为类推解释，凡族中有可继之人，而因与立继之妇积不相得，致无可立为继嗣者，则即为其夭亡之子择昭穆相当之人以为嗣，亦不得即指为违法。（三年上字第九三四号）

《现行律》载“寻常夭亡未婚之人，不得概为立后。若独子夭亡，而族中实无昭穆相当，可为其父立继者，亦准为未婚之子立继”等语，所谓“已婚、未婚”，系指生前而言。凡寻常夭亡未婚之子，原则上不许立继，而例外亦许立嗣，但须具备二条件：（一）夭亡者为独子；（二）族中实无昭穆相当，可为其父立继之人。若欠缺其一，即无准许立继之余地。（八年上字第八六号）

习俗上所称冥配，不得谓为已婚。（八年上字第六五三号）

立嫡子违法条例4.63.(3) **如可继之人亦系独子，而情属同父周亲，两相情愿者，取具阖族甘结，亦准其承继两房宗祧。**

**释　义**

独子不得出继，为承继法上之原则。本律虽无禁止独子出继之明文规定，而自沿革言之，《大清律例》时代，曾以明文禁止，不得过继他房，后因种种必要，始有准许兼祧之特例，因之规定兼祧条件，而删除原有之法文。则律意自系以兼祧之具备法定要件者为限，始准以独子兼承他房，而其不许独子过继他房，其义至显。

独子不得出继之理由何在？《礼》曰“适子不得后大宗”，[①]明乎绝父以后人之不可也。独子出继，自嗣子言之，是不忍于人之父母，而忍于(已)〔己〕之父母，不孝之尤也；自所嗣父母言之，是夺人之子以为子，不忍于(已)〔己〕之不祀，而忍于人之不祀，不仁之甚也，故不许焉。

独子不许出继，以所生之必不可弃也。然有时所生虽不可弃，而长房或他房，亦不可无后，于是有兼祧之例，所以济礼之穷，而重绝人之祀也。然兼祧制度，究为不得已而设，若不设种种限制，虑有滥行兼祧，以破坏独子不得出继之原则者。故本节既设兼祧之例，复严定兼祧条件，使之遵守。条件唯何？即：

(一)须可继之人为独子苟非独子，即可出继，毋庸兼祧；

(二)可继之人须为同父周亲即独子之父，与被继人为亲兄弟；

(三)两相情愿，即须得被继人与承继人双方愿意；

(四)须取具阖族甘结盖因此外是否确无可继之人，应借甘结为凭证，以免启他日之争。

合于上述条件，方许兼祧。惟第一、第二两条件，为必要条件，缺其一，则兼祧无效；第三、第四两条件，为任意条件，在特种场合，虽不具此条件，亦可许其兼祧。何则？第三条件之两相情愿，以双方均尚生存为前提。若被继人一方已经死亡，则是无人可为情愿之表示也。第四条件之取具阖族甘结，如必强其遵守，深恐族人中有因嫌隙而不肯具结者，有因要挟未遂而不肯具结者，亦有因觊觎遗产而不肯具结者。故遇有此种情形而不能具此条件时，司法衙门可以裁判代之。

于此有应注意者，兼祧之后，独子之本生父又生子，是独子之事实消灭，即兼祧之条件消灭，此际应以出继论。

更有应注意者，本节所谓“承继两房宗祧”，系合本房及他房而言，非谓兼祧以两房为限也。申言之，“承继两房”云者，非谓除承本房外，止许兼承一房也。故甲房独子，兼承乙房，又兼承丙房，亦系合法。

---

① 语出《仪礼·丧服第十一》。参见(汉)郑玄注，(唐)贾公彦疏：《仪礼注疏》，彭林整理，王文锦审定，北京大学出版社2000年版，第668页。

**判决例**

《现行律》关于独子不准出继，虽无明文规定，然自沿革言之，前《大清律例》时代，曾以明文禁止不得过继他房，后因种种必要，始有准许兼祧之特例，嗣后以兼祧条件，定入条例，而删除原有之法文，则律意自系以兼祧之具备法定要件者为限，始准以独子过继他房，其义至显。新法未布，《现行律》民事规定既系有效，即应通观大体，本其精神，以为判断。《现行律》意，为人子者，以养事本生父母承本宗之祧为根本原则，故律有“为他人养子者，若本生父母本有子而亡故，虽所养之亲亦无子，而得舍去即归本家”之条。[1] 若本生父母仅只一子，断未有擅许继入他家之理。兼祧已属从权，自难再予扩充。由是言之，独子除兼祧外，不得过继他房，洵可断言。(三年上字第一八六号)

独子不得出继，为承继法上之一大原则；至兼祧之制，则属例外。律载“如可继之人亦系独子，而情属同父周亲，两相情愿者，取具阖族甘结，亦准承继两房宗祧”云云，是兼祧者，必以同父周亲为条件之一，其限制甚严。若非然者，只可依照“无子者，许令同宗昭穆相当之侄承继”之例，由五服以内，递推而至于远房及同姓者，择立为嗣。(三年上字第一四九号)

律文所谓“亦准其承继两房宗祧”者，乃谓承继本房兼继他房之意，自不能仅摭拾“两房”二字，即解为不能承继三支。(三年上字第四八五号)

兼祧以两相情愿为条件，其两方父母生前未经表示情愿与否，而死后无从得悉其真意者，固可不具备此项条件，而本于亲亲之义，许以兼祧。若生前既已表示不愿之意思，或已表示择立他人之意思者，则两相情愿之条件，显不相符，自不在准许兼祧之列。(三年上字第五八四号)

《现行律》兼祧条件有四：(一)须可继之人为独子；(二)可继之人须为同父(同)〔周〕亲，即其父与被承继之父为亲兄弟是；(三)须被承继人及承继人双方均属情愿。如被继之一方，已无人可为情愿之表示，则因根本上已无适用法律之事实，此条自可不问；(四)须取具阖族甘结。如于已具备他种兼祧条件，而族人仍故意违抗，有所希冀，不为具结，应继之人，自可请求审判衙门，于调查是否具备他条件后，以裁判代之。(三年上字第六一八号)

按《现行律》，独子不许出继，而兼祧则须具备种种条件。其所以特设此种限制者，无非为保护其他有承继权利之人。盖独子既不许出继，而不合条件者，并不许其兼祧，则承继权利，当然属于其他应继之人。若违反此种规定，即属侵害其他有承继权者之权利。故亦惟有此种承继权者，即在承继位次中之人，始有告争之权。(三年上字第八四七号)

---

① 《现行律》户役门“立嫡子违法”条，原文为“若养同宗之人为子，所养父母无子(所生父母有子)而舍去者，处十等罚，发付所养父母收管。若(所养父母)有亲生子，及本生父母无子，欲还者，听”。

查《现行律例》，兼祧固应具备一定之条件，而兼祧承继人之后，是否仅立嗣一人，即当然可以接续兼祧承继人所承两房以上之祧，抑必按照所承房数，依律例所定择立数人，或由具备兼祧条件之人以承其祧，此在《现行律例》并无明文规定。本院据“立嫡子违法”条“立继”及“兼祧”诸例文解释，认为兼祧承继人之后，毋庸更为所承数房立嗣。仅有合格之人，为该兼祧承继人之后，即已完足。故兼祧承继人如有数子，以之分承各房，固听其便。若只一子，即当然可接承数房之祧。若系无子，则有权立继之人，除依其自由意思外，不能强制其必立数人，或以具备兼祧条件之人承继。盖《现行律例》第一条，[1]立后系以无子为条件，则有子一人，即可不发生立后问题。兼祧条件，又以同父周亲及两相情愿为条件，而为兼祧承继人之后者，即为绝对不能具备此两条件之人以祧承继人。通常系以独子兼祧二房以上，既曰“独子”，即无兄弟，则所谓“同父周亲”及“两相情愿”者，即无从发生。（四年上字第三八〇号）

兼祧不备条件，则为不合法。现有承继权之人或其直系尊属，即得出而告争。但现有承继权之人或与被承继人先有嫌隙者，仍无告争之权。（四年上字第一八七六号）

兼祧之子是否应随侍承祧父母，抑仍与本生父母同居，《现行律》上亦无明文。惟以一子而承两房之祧，则于两房父母，皆宜恪供子职。故两房父母如有不能同居之情形者，其子自宜分别侍奉两房，方为合法。（五年上字第八六九号）

如非独子，即无禁止出继远族之理。纵令期服伯叔亦复乏嗣，然若自愿舍亲支而继远族，不得谓为违法。（五年上字第一一三九号）

出继人之子，于本生父之兄弟，固不得为同父周亲。若仅兼承他房宗祧者，则与本生父之亲子关系并无消灭，即于本生父其后所生之兄弟，仍不失为同父周亲，与普通出继他房之子，不得视同一律。（五年上字第一二五四号）

守志之妇为夫立嗣，若具备继子不得于所后之亲或应继之人平日先有嫌隙之条件，固许其择贤择爱，不依次序。而独子则除兼祧外，当然不得出继他房。法定兼祧各条件，尤以可继之人同父周亲为最要。如未备此要件，即不得借口贤爱，遂许其兼承两房宗祧。（五年上字第一四四五号）

《现行律例》，独子以属同父周亲者为限，始准其兼祧两房。若本系同父周亲，而业经出继远房者，不能仍为同父周亲，即不得再准其回而兼祧。（六年上字第五一号）

独子兼祧两房，除兼祧当时已有特别之订定外，凡兼祧子所生之子，亦当然兼承其父所兼祧各房之后。绝不能谓兼祧效力，仅限于一代；兼祧子所生之独子，应专承本生一房宗祧，而为兼祧之房另行立嗣。（六年上字第一六二号）

独子出继，如具备兼祧条件，而其本生及所后父母又显无不愿兼祧之意思者，即应认为兼承本宗之祧。（六年上字第八六五号）

---

① 指《大清现行刑律》户役门“立嫡子违法”条例文第一。

《现行律例》，独子不许出继，只准兼祧。寻绎律意，原系禁其绝本宗以为人后。故凡独子承继他人，无论当时是否作为兼祧，若其后本宗终无别子可以为后，其父母生前亦未另行立继，而承继他人之子，又本合于兼祧条件者，自应仍由其兼祧本宗。（六年上字第一一二七号）

承继人于入继时虽系独子，而嗣后其本生父又生他子者，则其为独子之事实既已消灭，其承继自应认为合法，他人即不能再以此借口告争。（六年上字第一二九六号）

《现行律》兼祧两房，以可继之人亦系独子为要件。而律所载“独子”，又系指父无别子之情形而言。若父有别子，虽已故，而生孙有后者，即不得以独子论，依律只许出继，而不得兼祧。其有误用兼祧之名义者，则为贯彻法律之趣旨，符合当事人之真意起见，苟具备立继之其他条件，自应仍认其承继为有效。（六年上字第一三一四号）

嗣子苟已取得子之身分者（即继嗣已经确定者），若具备法定兼祧条件，固应一律准其兼祧。然在嗣子尚未立定以前，自不得遽以待继之嗣子，预拟兼祧他房，而排斥他人之承继。（七年上字第四四号）

律载“独子”，自非专指亲子而言，嗣子亦包括在内。故嗣子具法定之条件，自亦许其兼祧两房。（七年上字第三二四号）

兼祧两房之独子，若无子立嗣，可否并立二子，分承两房宗祧，《现行律》内虽无明文规定，惟查前清道光九年〔1829年〕礼部奏准案内称“独子之子，分承两房宗祧，应各为祖父母服齐衰不杖期。父故嫡孙承重，俱服斩衰三年”等语，并曾经附纂通行，是独子亲生之子，既许分承两房宗祧，可知两房宗祧，并不因兼祧而并合。故若独子身故无后，亲族因其特别情形，为之择立二人，以分承两房宗祧，自与寻常并继不同，仍应认为有效。（八年上字第七六号）

将同父周亲之侄，合法兼祧为子，更于兼祧子所生之诸子中择立一孙，分承自己一房为嗣孙，于法并无不合。（八年上字第一八一号）

独子出继之惯例，因法律既另有明文，自不得援引。（八年上字第二三四号）

兼祧两房独子所生之子，令其分承两房宗祧，非《现行律》所不许。（八年上字第二六七号）

兼祧之取具阖族甘结，亦不过以防族人之争执。若早经兼祧，事历多年，上告人当时既无异议，亦未经族人争执，即不得以其并无甘结，主张为无效。（八年上字第五三八号）

无子立继，先尽同父周亲，次及大功、小功、缌麻，依律原有一定之顺位。若同父周亲之侄，系属独子，尚许兼祧两房宗祧，则其承继之顺位，仍应在大功服侄之先。（八年上字第七六八号）

兼祧之人无子立继者，除择立时别有分别承继之表示外，当然由一嗣子承祧。（八年上字第一二五三号）

独子兼祧，并不以同宗别无可继之人者为限。（八年上字第一二九二号）

告争承继人，于起诉时虽非独子，而于诉讼进行中成为独子，其父之别子，又系

未婚夭亡、不能立后者,除具备兼祧要件仍得主张兼祧外,不得再行主张过继他房。(九年上字第一四一四号)

法律行为之无效,乃属确定性质。苟具有无效原因,不问行为人行为时是否知悉,均应许其得以主张。故立嗣而违背法定条件,即令初为立嗣人所明知,既属根本无效,自亦得于事后主张。本件查阅卷宗,被上诉人系属独子,为其所不争。而依《现行律》规定,独子本不得出继。则无论被上诉人所称上诉人丁戴氏立上诉人丁德松为嗣时,曾并立伊为嗣一节,是否真实,该立被上诉人为嗣之行为,既属违反强行法规,而根本无效,则依上开说明,上诉人等诉请确认,要应认为正当。(十五年上字第四九七号)

**解释例**

独子苟具备兼祧条件,自应准其兼祧。嗣子既取得子之身分,即应一律办理。(五年统字第五〇二号)

有甲故无后,甲母以与甲同祖兄弟之子丙兼祧。事隔二十余年,丙亦已故。现有应继之人丁(当兼祧时,丁尚未出生)出而告争其兼祧不合法(非同父周亲)。查终丙之身,丁既未出而告争,自无于丙死后再许其告争之理。(七年统字第八九八号)

查《现行律》,同父周亲,曾许兼祧。本院判例,亦尚无扩张解释。(七年统字第九一三号)

继子如合于兼祧条件,亦许兼祧。(八年统字第一〇四一号)

查非自己或自己之直系卑属有承继权,对于他人之承继是否合法,不得告争,本院早有判例。戊继丁,仍兼承三门。如无合法告争之人,本可不予置议。况兼祧之子,更无所谓兼祧。故除择立时别有分别承继之表示外,当然由一嗣子承祧。(八年统字第一一一一号)

兼祧之独子,其本生父后又生子者,独子事实即已消灭,当以完全出继论。参照本院六年上字第一二九六号判例。(十年统字第一五八六号)

依法成立之继嗣,固不得因其后情事变迁,复行变更既定之关系。若承祧本非合法,而于其生存中,有应继之人出而主张承继权,自与立继当时不出告争可以认为抛弃者不同,其告争自属合法。(十一年统字第一六六八号)

## 第二节　遗产承继

卑幼私擅用财条例4.70.(1) **嫡庶子男,分析家财田产,不问妻、妾所生(之子),止以子数均分。奸生之子,依子量与半分。**

**释　义**

本节系规定亲生子应继之分。承继遗产者,必系其人之亲生子。而亲生子又有嫡、庶与奸生之别,妻所生之子为嫡子,非妻(即妾)所生之子为庶子,由苟合或无效婚姻所生之子为奸生子。西洋各国,无所谓庶子,即嫡出与奸生二者,其辨别亦綦严。故不惟无庶子之承继，即私生子亦无承继之权利。日本法虽稍宽，然其所得之分，不过嫡子二分之一。是盖尊重正当婚姻，凡系正妻以外所出者，法律不与以完全权利也。吾国习惯，承继遗产，无嫡、庶之分。故自一夫一妻之制言之，妾非正当之配偶，则妾子自应有别。然法律既无不许置妾之明文，则妾子又不当歧视。故本节明定不论嫡、庶，均按子数平分。至奸生子，虽较诸庶子为暧昧，然既经其父认领，自无听其失所之理，故本节定为“量与半分”。法律不与以平等待遇者，盖以其子之身分有不同也。

**判决例**

母为人妾者，其子固为庶子。即母非人妾，而在其人生前，曾经认知，亦发生父子之关系。故父子关系之是否存在，自以有无认知为准。（三年上字第七二九号）

适用习惯，必须法律无明文规定者而后可。家产应按子数均分，《现行律例》既有明文，自无主张习惯之余地。（三年上字第一一八九号）

分析家产，依律无论妻、妾所生，虽应按子数平分，但若遗产无多，而因诸子中一人或数人之特别勤劳，显有增加者，则当分析之际，自可酌量情形，对于其人从优分给。（四年上字第四八号）

嫡、庶子男分析家财田产，不问妻、妾所生，只以人数均分。苟系庶子，就共有祀产，自能主张均分收益之权利。（四年上字第二六二号）

按照《现行律》“分析家财田产，奸生之子，依子量与半分”之条例，自与义子之仅得酌给财产者不同。（四年上字第一五四七号）

夫虽立据与妻约定，对于妾子，不问多少，只分与家产三分之一，然显背律例“应依子数均分”之条，碍难认为有效。（四年上字第一四五八号）

出继他宗之子，不得与其本宗同父兄弟分析本生父家财，亦不许同父兄弟分析出继兄弟之承继财产。（三年上字第八三五号）

出继他宗之子，不得分析本生父家财。惟本宗兄弟情愿分给本生父遗产者，即无不予听许之理。（五年上字第六二八号）

出继他宗之子，虽不得主张分受本生父之家财；本生同父兄弟，亦无许主张分受出继兄弟之承继财产之理。惟出继子于未出继以前，业已分得之产，则已为其个人之私产，自不能强令归还本宗。又，出继子当未出继前，如已约定将继产与本生同父兄弟均分者，迨出继之后，亦不能任其随意翻悔。（七年上字第三二一号）

出继他房之子，固不得有与本房同父兄弟分析本生父遗产之权。但经其本生父或本房同父兄弟协议，许其带产出继者，则为法所不禁。本房兄弟即不能将出继他房兄弟已带出之本房财产，收回再分；亦无因此强令其提出承继财产，与本房兄弟均分之理。（七年上字第七一二号）

母未为父妾以前，与父所生之子，自可于母取得父妾之身分时，亦取得庶子之身

分。(八年上字第一四〇一号)

亲女为亲所喜悦者,其母于父故之后,得以遗产酌量给与,但须较少于应分人数均分之额。在本院迭经著有先例。(十四年上字第三四四七号)

本院判例所谓"处分时必得继子同意"或"处分后得继子追认"者,系指嗣母于特别情形代嗣子处分财产而言。若对于喜悦之亲女酌给财产,则为其母在法律上应有之权利。苟其酌给之数额,并未轶出法定范围,即无庸得嗣子之同意或追认。而其酌给时间,亦无一定之限制。在继子已经入继,或亲女出嫁以后,均得为之。(十四年上字第三四四七号)

**解释例**

查俗所称"长孙"者,应指长房嫡出年长者而言,所谓大宗是也。该县如无反对习惯,自应以此为准。惟分析家财,除当事人明白表示合意或该地方有特别习惯足资解释应多给长房外,应依《现行律》"卑幼私擅用财"条例,自应依子数一体均分。(八年统字第一一六四号)

查丙既有精神病,其所分财产,又向由甲管理,自可认甲为丙之保护人。甲以丙保护人资格,为丙子分析家产,自属有效。至分析家产,除各该地方有长子因特种费用(如别无祭资,应由长子负担之类)得酌量分多以资抵补之习惯外,依律自应按子数均分,不得偏颇。己、庚既已分财异居,戊为生母,如别无过误,将因管理而危及庚之财产,自应仍由戊管理。甲遽收归自管,亦未尽合。又戊(妾)为所生子之分产,出而告争,亦属有权。(九年统字第一二九五号)

查亲生子分析遗产,不问妻、妾所生,止以子数均分。养子为所后之亲喜悦者,所后之亲死后,仍应酌分财产。此在《现行律》户役门设有规定。亲女应否酌分,《现行律》虽无明文,而就关于义男女婿之规定,类推解释,苟为亲所喜悦,即无论其亲或存或亡,亦得酌量分给。至养子、女婿、亲女酌分标准,在《现行律》无可依据,而依条理言,自应较少于应分人数均分之额。又妻(即守志之妇)于夫死后,得就其自己生活情形及遗产状况,请求养赡财产。(十三年统字第一八八七号)

卑幼私擅用财条例 4.70.(1) **如别无子,立应继之人为嗣,与奸生子均分;无应继之人,方许承继全分。**

**释　义**

本节承上文而言,系规定奸生子与嗣子应继之分。盖依前节所定,奸生子固不得与嫡、庶子等。然至无子而立嗣,据名义而论,奸生子出于苟合,而嗣子实为正名定分之后人;据血统而言,嗣子原非亲生,而奸生子实出于本身之血统。法律若如嫡、庶之例,不使其与嗣子等,恐人情厚其所爱,一旦生前处置此遗产,或反刻薄嗣子,偏向奸生,而于事理不得其平,适以启家庭之变故。所以特许其与嗣子均分,体人情，亦所以弥家衅也。至亲属无可继之人，则其家为绝户，与奸生子以全分，亦不为过。

**判决例**

《现行律》载“奸生之子，依子量与半分。如别无子，立应继之人为嗣，与奸生子均分；无应继之人，方许承继全分”，又“祖父母、父母在者，子孙不许分财异居”各等语，是奸生子之认知，法律虽无明文规定，然既许奸生子得承继财产，则条理上自应认认知制度，以确定其关系。惟奸生子一经本人认知，即与本人发生父子关系；既有父子关系，则依照前示“祖父母、父母在，子孙不许分财异居”之例文，虽奸生子亦应与认知之父同居，与嫡、庶子男无异，自不待言。（五年上字第一八九号）

《现行律》上，惟妻、妾所生之子，乃得为亲生子。若无亲生子，而仅有奸生之子，则依律尚须立应继之人为嗣，是可见奸生子并不得以亲生子论。寻绎律意，自极显然。（五年上字第九二五号）

立嫡子违法条例 4.63.(1) **若立嗣之后，却生子，其家产与原立子均分。**

**释　义**

无亲生子而立嗣子者，其遗产通常属于嗣子。故嗣子一方为宗祧承继人，一方又为遗产承继人，此为承继法上之定则。然此项定则，限于立嗣后被继人始终无子之场合，方可适用。若被继人于立嗣之后，却又生子（包括遗腹子在内），则无子之事实消灭，即不能适用此种定则，而应别定办法，以剂其平。本节衡情酌理，许嗣子与亲生子均分遗产，盖对于既定之嗣子，不许任意动摇，而对于亲生之子，又未便令其向隅，此本例之所由设也。虽然，嗣父母生子，而本生父母无子（本生父母先有数子，及出嗣后，数子皆亡），依照通例，嗣子得请求归宗。设遇嗣子归宗之场合，其所分授之家产，能否携归本宗，律例均无规定。

**判决例**

《现行律》载“无子者，许令同宗昭穆相当之侄承继”、“若立嗣之后，却生子，其家产与原立子均分”等语，是故凡无子而依法择立嗣子后，却又生子者，苟非依法表示废继之意思，或就其财产为特别之处分，则其原立嗣子，并不退继，而所有财产，亦应均分。（三年上字第五六八号）

《现行律》关于承继各条例，于独子失亡立嗣之后，失亡之子却生还者，原立子应否归宗，并无明文规定，自应比附其他条例，为类推之解释。例载“若立嗣之后，却生子，其家产与原立子均分”等语，是立嗣在先者，后虽生子，仍与所生子同视，既应均分家产，并不令其归宗，可知凡因所生子失亡立嗣之后，所生子却生还者，似可援照此例，不令原子归宗。惟按立嗣后生子者，其立嗣当然在承继人之生前，无论择贤择爱，悉本于被承继人之自由意思，故其后不能以生子而复弃原立之子。所生子失亡而立嗣者，亦然。如果被承继人于生前或以遗言自行立嗣者，其后所生子即复生还，自无排斥嗣子之理。若至被承继人死后，始由亲族会议或审判衙门判断为之立嗣者，则其立嗣之始，已未必合乎被承继人之意思。何则？被承继人于生前所以始终并不立嗣者，无非期所生子之生还耳。虽其死后，为宗祧计，亲族会议或审判衙门裁判时，不能不代为立嗣。而一旦所生子归来，则宗祧既不致虚悬，并无反乎被承继人意思另为立嗣之必要。于此情形，自难援立嗣后生子之例，谓原立子应与所生子均分家产，毋庸归宗。(三年上字第五六一号)

典(卖)〔买〕田宅条例5.76.(1) **告争家财、田产，但系五年之上，并虽未及五年，验有亲族写立分书已定、出卖文约是实者，断令照旧管业，不许重分、再赎，告词立案不行。**

**释 义**

本节规定重分家产之制限。凡分析家产，因各人之身分关系，各有其应得之分，已如前数节所述。其尊长应分财物不平均者，有罚，亦于“卑幼私擅用财”律内有特别规定。(参照第五章)则凡分产不依应得之分，致生不均平之结果者，自得请求重分。然若漫无制限，则法律关系，势必陷于永久不确定之状态，殊非所宜。故本律规定重分之制限：(一)分产在五年以上者，不许重分。(二)分产虽未及五年，验有亲族写立分书是实者，亦不许重分；其分产未及五年，若已定出卖文约是实者，亦不许以重分之故，再行回赎。所以设此规定者，盖分析关系、买卖关系，不可无确定之日也。

**判决例**

《现行律》载“告争家财、田产，但系五年之上，并虽未及五年，验有亲族写立分书已定、出卖文约是实者，断令照旧管业，不许重分、再赎，告词立案不行”等语，本院(解)〔绎〕释上开条例，于告争家财与告争田产，应判为二事。而于告争家财，又以期间之长短为区别：(一)凡分家期间未及五年，当事人只须证明讼争之物为分书上分得之物，则不问原分是否公允，相对人即无告争之余地；(二)该条例所谓“但系五年之上”不许重分者，盖指分家无分书而以其他方法可资证明有分家事实及所争财产又确曾分析者而言。此项分析财产，若经过五年，亦不许以不应分受为告争理由。(三年上字第四七号)

分析家财，虽无分书，亦得由当事人用他种方法，以证明其事实。(三年上字第一六九号)

分书并无一定之形式，如因其记载能辨别分析之意思，即不能以其包含于继书内而否认其效力。(三年上字第八七〇号)

分产应用何等方式，现行法上并无明文规定。故苟有方法，足以证明其分析属实，审判衙门认证之结果，亦复得有确信，则此项证据，即不能不据为判断之基础。(四年上字第四九四号)

族长公亲之在场作证，虽为分单订立之常规，要非分单订立之要件。(四年上字第二〇六四号)

由本宗及其他出继兄弟之协议，将本生父之遗产及出继人所得之承继财产合而为一，仍按人数均分者，则亦为法所不禁，仍属有效。经如是分析后，出继人或其同父兄弟，如尚有未分之家财，而原分当事人间亦未预定分析办法，或订结特种合约者，究应如何处置，审判衙门当就调查所得关系事实，推定当事人之真意，以为判断之标准。此项家财，若原分时因遗漏不知致未分析，或实际上不能即时分析者，(例如原分析当时，财产所有权虽仍属于当事人，而使用收益权则寄诸第三人者)则为贯彻原分当事人之意思起见，自应仍令依照原定办法分析。若原分时并非不能分析，则当事人间同时彼此不同其处置，是明明有特订办法之意思，审判衙门自难以其对于一部分财产所为混合分析之办法，即推定其对于所保留未为混合之财产亦同此办法，则关于此项未混合之财产，即不能合并分析。(三年上字第八三五号)

一造所隐匿之财产，始终并未依法分析者，虽立有分书，要不在不许告争之列。(四年上字第二六七号)

家产之分析，果由当事人之同意，则虽系重分，亦非无效，而即应依其后之所分为准。(四年上字第一五九六号)

分产后复行伙度，则前次已析之产，自可推定其已经合意归并。此后复行分析，应就现有财产之全部计算，按股均分，毫无可疑。自不能将前经分过之产，另行提出，不予一并重分。(五年上字第九八二号)

分析家产，一经证明有其事实，除遗漏未分之部分仍得由当事人请求分析外，不问原分有无分书及是否公允，均不许当事人以重分告争。(七年上字第一〇三七号)

**解释例**

查《现行律》“告争家财，但系五年以上，并虽未及五年，验有亲族写立分书是实者，断令照旧管业，不许重分”云云，系指已分之家财而言。至未分之家财，无论若干年，均无禁止请求分析之理。惟所询情形，如果认为已有舍弃(消极意思表示)，自得斟酌情形，根据证据办理。(八年统字第一一一八号)

《现行律》“告争家财，(中略)验有亲族写立分书(中略)是实者，断令照旧管业，不许重分”，丙为午及子、丑等分析家产，如果业经亲族在场，立有分单，午之承认亦别无诈欺或胁迫情事，自不许午再行告争重分。否则无论庚之合同是否属实，午既指定分承长房，自应得分家产二分之一。惟应调查当初承继时，两房所有财产之确数，及其现有之财产是否原财产所滋生，以定均分之标准。(九年统字第一四〇八号)

立嫡子违法条例 4.63.(2) **若无子之人家贫，听其卖产自赡。**

**释　义**

凡无子者，本应立嗣，以重宗祧。而为保全承继人之利益，又应酌留承继财产。

故无子之人，将其财产处分净尽，不为承继人稍留余地，当然为法所不许。然若无子之人家贫，非卖产不足以自赡，如必强其酌留继产，致使其人无资生之术，未免戾于人情。本例许无子家贫之人卖产自赡，盖亦权衡轻重而为此规定也。

**判决例**

依《现行律》之解释，妇人承受夫分，须择人继嗣，继受财产，苟非由于生活上之必要（即嫁女妆奁、清理遗产费亦在内），自不容擅行处分。（六年上字第二六六号）

依《现行律》解释，守志之妇处分其夫遗产，虽须确有生活上之必要，然对于其处分，须于遗产有权利之人，始得告争。（七年上字第一〇七二号）

妇人合承夫分者，关于其夫遗产，除因生计上有必要情形外，不得为有效之处分。故守志之妇，本有为夫立继之义务，不得置其夫之继嗣于不顾，而以遗产全部概行捐施于他人。（七年(统)〔上〕字第一〇四六号）

**解释例**

在未经立继以前，乙（孀妇）只能管理家财。若于生活生有急迫情形，亦得处分自赡。（九年统字第一二三〇号）

立嫡子违法条例 4.63.(4) **妇人夫亡无子守志者，合承夫分，须凭族长择昭穆相当之人继嗣。其改嫁者，夫家财产及原有妆奁，并听前夫之家为主。**

**释　义**

本节规定无子守志之妇人，有承受其夫遗产之权利。所为“夫分”者，即其夫应行分受之财产是也。例如，夫有兄弟二人，尚未分析，则其总财产之半数，即为“夫分”。所以使守志之妇承受者，盖以守志之妇，有代夫择继之权，而于承继未定之时，自应认其有代承继人承受遗产之权也。唯承受遗产后，仍应凭族长依照承继顺位立嗣，或择立贤爱，以承宗祧。所(请)〔谓〕“凭族长”云者，不过以之为凭证之意，并非认族长有代守志妇择继之权，亦非谓守志妇之择继应以族长之意思为从违也。立继之后，其遗产应授之承继人。故守志妇之承受夫分，实不过于承继未定时，代将来之承继人行使财产管理权。除生活上必要费用外，不得任意处分其财产。如系家贫，则前节卖产自赡之例，当然可以援用。虽然，妇人承受夫分，以守志为唯一条件，若一经改嫁，则其承受权即行消灭。至妇人原有之妆奁，在未嫁时，固可认为妇之所有；迨已嫁后，则应认为遗产之一部，故应听前夫之家作主。

**判决例**

《现行律》载“妇人夫亡无子守志者，合承夫分，须凭族长择立昭穆相当之人为嗣”等语，就此条文义解释，则择嗣之权专在守志之妇。如有尊长在，则事实上卑幼择嗣，自应得尊长之同意始可。然法律上尊长决不能有代守志之妇择嗣之权。（三年上字第二二六号）

《现行律例》,对于被承继人之立继权应于何时行使,并无明文规定。则在被承继人,固有绝对之自由。及其死亡,由守志之妇行使立继权,法文则有“须凭族长”云云之语,是虽无时期(如被承继人死亡时)之限制,要不得由其妇任意延宕,则无可疑。至守志之妇亦亡,而以被承继人之直系尊属或亲族会议行使立继权,则其情形尤不相类。依当然解释,自更不许任意延宕。诚以妇在,尚有承夫分之人;妇亡,则遗产无所归属,应于守志妇故后即时为之,始可杜绝各种弊端,而保全宗祧之不斩。故一切立继位(置)〔次〕及当否问题,皆应以守志之妇死亡时为根据而解决之。(三年上字第三〇〇号)

《现行律》载“妇人夫亡无子守志者,合承夫分,须凭族长择昭穆相当之人继嗣”,又载“无子立嗣,除依本律外,若继子不得于所后之亲,听其告官别立”等语,律意是否妻、妾同论,本属解释问题。惟据本院判例,认为立继及废继之权,惟有妻之身分者,得完全享有;至仅有妾之名义者,则此权不属。盖查上开例载“守志妇人”是否包含妾在内,当先问父妾是否亦可称为所后之亲。按为人后者为之子,即取得嫡子身分,故为所后父母服斩衰三年,则亲子关系,当然以所后父母为限。其对于父妾生有子女者,虽依律应称“庶母”,为之期服,然不过仅有亲族关系。参照“妾为家长族服图”,嫡子曰“家长长子”,众子曰“家长众子”,显与其所生子有别,实为明证。则妾对于入继之嫡子,即不得称为“所后之亲”,彰彰明甚。夫既非所后之亲,则不特不能行使废继之权,即家长、正妻均故,妾欲为家长立继,亦仅能请亲族会议为之主持。妾自身于会议中只占重要地位,并无正妻择继全权。盖立嗣关系重大,除妻得代行择继权外,自应取决于亲族会议,而不容妾私擅行之。(三年上字第三八五号)

《现行律》载“妇人夫亡无子守志者,合承夫分,须凭族长择昭穆相当之人继嗣”等语,寻绎法文,其夫生存时,既有立继专权;及其亡故,则守志之妇,承其夫分,亦得行择继之权。惟其夫得径自立继,而守志之妇,因受以上条文限制之结果,其实施择继之权,原则上应经由族长行使之。至若族长或其他亲族,不得守志之妇之同意,而径行为其夫立继者,其所立之嗣,非经守志之妇追认,于法当然不发生效力。(三年上字第一一六〇号)

《现行律》载“妇人夫亡无子守志者,合承夫分,须凭族长择昭穆相当之人继嗣”等语,寻绎律意,不过谓无子守志之妇人,于立继以前,得代应继之人承受其夫应分之财产而管理之,并非即认守志之妇为遗产承继人。(四年上字第五六七号)

《现行律》载“妇人夫亡无子守志者,合承夫分,须凭族长择昭穆相当之人继嗣”等语,寻绎律意,凡死而有子者,无论为亲生子、为嗣子,遗产归子承继;如死而无子,则归守志之妇承受立嗣。如无守志之妇,则由亲属公同立嗣,承继遗产。(四年上字第六一四号)

例载“妇人夫亡无子守志,应凭族长择昭穆相当之人继嗣”云者,系以族长为凭证之谓，而择立之权，则固属之守志之妇。故族长即因故不与闻，而其所立之人，苟于昭穆伦序不紊，立继事实又有确切之证凭者，则亦不得以未凭族长之故，即谓为无效。（四年上字第六八七号）

律文所谓“须凭族长”云者，本不过谓妇人择嗣，须凭族长之证明，以昭大公。故所择何人，苟于昭穆伦序无失，即族长不得横加干涉。而族长意存偏向，不为凭证者，尤得请求审判衙门以裁判代之。（四年上字第一二一一号）

《现行律》载“妇人夫亡无子守志者，合承夫分，须凭族长择昭穆相当之人继嗣。其改嫁者，夫家财产，听前夫之家为主”等语，寻绎律意，是死而无子，妇又改嫁者，应由亲族公同立嗣，继产遗产。（四年上字第一四五七号）

《现行律》载“妇人夫亡无子守志者，合承夫分，须凭族长择昭穆相当之人继嗣”等语，是父亡而有子者，遗产即应归子继产。如子尚未成年，其继产应由母代为管理。若子已成年，则除其子自愿以继产之全部或一部奉权于母代为管理，或有其他法律上理由外，管理继产之权，固在子而不在母。（四年上字第一七一〇号）

妾之身分，非妻所可同论，故律载“妇人夫亡无子守志，合承夫分”之条，不能遽予援用。（四年上字第一九八八号）

无子守志之妇，固有为夫立嗣之权。惟依家务统于一尊之义，被承继人如尚有直系尊亲属存在者，非得该尊亲之同意，则该尊亲自得主张撤销。（四年上字第二四三三号）

律称“须凭族长”云者，乃以族长为凭证之谓，并非认族长有代守志之妇择继之权。（五年上字第五六六号）

守志之妇为夫立继者，固应得尊长同意，而同意之方式，则不必限于画押，即以言词或其他动作为之，亦无不可。（五年上字第五六九号）

夫亡无子之妇，但能守志，即为合承夫分，应有自主立继之权，并无孀守应至若干年始得适用该律之限制。（五年上字第五八四号）

《现行律》载“妇人夫亡无子守志者，合承夫分，须凭族长择立昭穆相当之人继嗣”等语，寻绎律意，所谓“守志之妇人”，系指正妻而言，即为夫立继之权，惟正妻有之。（五年上字第六四四号）

子亡而有守志之妇者，立继须由守志之妇为主，其翁仅有同意之权。故凡由翁作主立嗣，而守志之妇并未对之表示情愿之意者，当然不生效力。（五年上字第八五〇号）

《现行律》载“妇人夫亡无子守志者，合承夫分，须凭族长择立昭穆相当之人继嗣”等语，是守志之妇，须为亡夫择人继嗣。其生前表示不愿立嗣之意思，自难认为有效。若守志之妇亡故后，尚未择嗣，则应由亲族会议择立亲等最近昭穆相当之人，亦不容因守志之妇生前尚未择立，遂听其绝嗣。（五年上字第一一一六号）

亲族会公议立嗣，原为法所许，惟必以被承继人及守志之妇俱已亡故为前提。若被承继人虽经死亡，而守志之妇尚生存者，则自应由守志之妇为夫行使择继之权，

决非族人所得干涉。(五年上字第一一三二号)

妇人行使立嗣权者,照《现行律》为夫立嗣之例,虽应以族长为凭证,而族长之到场画押,究非立嗣要件。不得以其未经画押,遂谓为无效。(五年上字第一四八九号)

寻绎律意,所谓“夫亡无子守志之妇人”,自指正妻而言,故亦惟正妻始可承受其夫应得之分,妾则当然不在此限。(六年上字第一八四号)

守志之妇,依律合承夫分,为其未成年继子管理遗产。其属于共有者,并得依法请求分析。(六年上字第二二二号)

妇人夫亡无子守志者,择继之时期,虽不容任意延宕,而要不容族人勒令必于何时择立。(六年上字第二五四号)

《现行律》载“妇人夫亡无子守志者,合承夫分”等语,是无子守志之妇人,对于夫之继产财产,当然有管理之权。且于必要时,更有处分之权。其属于共有者,亦得依法请求分析。(六年上字第四七四号)

《现行律》被承继人亡故之后,如有守志之妇,其立继之权自在守志之妇。惟其直系尊属,苟因不忍其子之无后,指定某人入继,立有遗嘱,而守志之妇亦已表示同意者,则自应认该遗嘱为有效。(六年上字第一三八三号)

夫亡守志之妇,本有代夫择继之权,故立嗣当时,苟未经守志之妇在场同意,日后亦未经其追认,则此项立继,自难谓为合法有效。反是,若议立之初,守志之妇虽因故未曾预议,迨后于所订立之继书已亲笔签押表示赞同,或更有他项事实足以证明其确已追认者,即不能不谓为继嗣关系之已经合法成立,自不容更于日后复行翻异。(七年上字第二二二号)

妾虽守志,亦不能有专行立继之权,惟于亲属会议中应占重要地位。故有所择立,应经其同意或追认,始能完全生效。倘该妾主张显有未当,亲属会议亦得请求审判衙门审核裁判。否则该妾对于未经同意之继嗣,准其请求撤销。(七年上字第三八六号)

守志之妇为其夫立继之时,如尚有翁姑在堂,固应秉承翁姑,得其同意。但若翁姑意存偏向,不予同意,而无正当理由者,审判衙门得以裁判允许以为之代。(七年上字第五三五号)

妇人合承夫分者,关于其夫遗产,除因生计上有必要情形外,不得为有效之处分。故守志之妇,本有为夫立继之义务,不得置其夫之继嗣于不顾,而以遗产全部概行捐施于他人。(七年上字第一〇四六号)

守志妇择立之嗣,于法既无不合,则其尊亲属无正当理由,自不得拒绝同意。(七年上字第一二五四号)

《现行律》载“妇人夫亡改嫁者,夫家财产及原有妆奁,听前夫之家为主”等语,绎释律意,是夫家财产及原有妆奁,改嫁之妇不得擅行携去。但前夫之家,允许其携去者,则当然不在禁止之列。(四年上字第八八六号)

《现行律》载"妇人改嫁，夫家财产，听前夫之家为主"等语，系概括为人妻者由其夫家承受之财产而言。故无论其形式出于赠与或其他之权利设定行为，均应一体援用。妾于家长故后改嫁，自应一律准用该条。(七年上字第一四七号)

《现行律》载"妇人改嫁，夫家财产，听前夫之家为主"等语，其立法之精神，在使改嫁之妇不能继续享有夫(妾则为家长)家财产，以杜绝弊端而奖励守志。故其正当之解释，凡妇人由其夫家承受之赠与及遗赠财产，若于生活上有必要时，固得于其必要限度内自由处分，无须得承继人之同意；反是，如并无生活上之必要，或则超过限度处分此项财产，嗣后即行改嫁者，当然应准承继人向其诉追全价或超过部分之价额。若系始终守志，并无改嫁事实，则此项财产，自可完全听其处分，毫无限制之必要。此与养赡财产不同之点。(七年上字第一四七号)

守志之妇，纵令所择嗣子为不合法，亦应由其改立昭穆相当之人为嗣，究不得遂由亲属会为之另立。(八年上字第三八九号)

亲属会之立继，对于居重要地位之人，应通知其到场预议，并尊重其意见。(八年上字第四七五号)

议继时，若族人已受通知而无故不到场预议，或择继占重要地位之人并无正当理由而表示异议者，审判衙门自得裁判其决议为有效。(八年上字第四七五号)

被承继人亡故，又无守志之妇及直系尊亲属者，其继嗣应由亲属会依法代为议立。如果亲属会故意不为议立，则有承继权人固可请求审判衙门以裁判代其议决。然此项请求，依法应以亲属会各员为相对人，而不得仅对于亲属中之一人提起。(八年上字第五八九号)

被承继人不得舍弃被继之权，以其财产全部遗赠于人。(八年上字第七三七号)

《现行律》既载"妇人夫亡无子守志者，合承夫分，须凭族长择立昭穆相当之人继嗣"，自不容以永不立继之意思，而就遗产为生活上不必要之处分。故将遗产赠与合族轮流管业扫祭夫坟者，其处分应认为无效。(八年上字第九二八号)

妇人夫亡有子，为抚养其子而招夫者，如系得夫亲之同意，则对于夫家虽因再醮而断绝关系，而对于其子，仍可认为夫亲所设定之监护人，有代理其子管理财产之权。(虽无子，而有应受家财之女者，亦同)如无子而招夫，或虽有子而未得夫亲同意，或其子于招夫后亡故，关于前夫家之财产，自应由其夫家作主，该妇不能再行干涉。惟此项遗产，于再醮妇丧失管理权后，本应由其直系尊属代为管理。若无直系尊属，即应由亲族会选任管理之人，不容仅以同族或族长之资格告争管理。(八年上字第九五七号)

亲属会之择继，于亲等相同者有数人时，则被承继人生前之意思，足为议立标准之一。(八年上字第一二一五号)

被承继人亡故后，无人代为立继者，其亲女得邀集亲族依法立继，并为保全继产

起见，对于无权占有遗产之人可以主张收回。（八年上字第一二一六号）

被继人死亡无子，并无守志之妇及尊亲属时，固得由亲属会为之立继。惟被继人仅系出外未归，其是否死亡及有无子嗣尚属不能明瞭，则亲属会自无遽予立继之理。（八年上字第一二八三号）

媵妾虽无自行代家长立继之权，若请凭亲属会为嫡子立继，则非法所不许。（九年上字第一〇三号）

妇人夫亡后，招赘他人为夫者，其前夫之财产，应由前夫之家作主，该妇人不得再行过问。即或招赘之时，已得前夫亲属同意，可认为夫亲为其子女所设定之监护人，亦仅能为其子女代管遗产，而不得自为处分。（九年上字第五七二号）

承继人系由亲属会议立，而该亲属会并未依法成立，则利害关系人，得否认该承继人所取得之身分。（九年上字第一一九二号）

亲属会立继，除各房各推代表外，不能仅由辈分居长者列席议决。（十年上字第三六一号）

亲属会之组织，若比较最为切近之人业经到场与议，其所择立之继子，在同一亲等之人并无何项反对，即非比较疏远之人以未经到场与议之故所得借词推翻。（十二年上字第三四八号）

承继人未成年时，关于承继财产之管理方法，未经被承继人遗嘱指定者，依法固应由被承继人守志之妻或其直系尊亲或同居家长代管。如俱无，即应由亲属会议选任管理人。惟在该管理人尚未选任以前，为承继人利益计，自应许被承继人死亡时之同居家属已届成年者暂行管理，以维现状。其承继人之本生尊亲及亲属，并非当然有代管之权。（十四年上字第二六五二号）

被承继人死亡后，其遗产应由承继人承受。承继人如未成年，即由其法定代理人为之管理。祖母虽均得为子孙之法定代理人，而其顺序，则以亲等最近者为先。至庶母对于嫡子，虽有时亦得为其管理遗产，而嫡子苟有祖母在堂，自应由其祖母管理。若被承继人先于其母死亡，且仅有义子而无亲生子，仅有妾而无妻，则于嗣子未定以前，被承继人之母，因正当用途，自得以处分遗产，而无庸得遗产人之妾或义子之同意。若其处分遗产，并无正当原因，则遗产人妾，以家属一员之资格，其义子，以有酌给财产之关系，亦得请求撤销。此本院认为至当之条理也。（十五年上字第五一〇号）

**解释例**

《现行律例》，妇人夫亡无子守志者，立继之权本在于该妇；若上无直系尊属，且可专行。至律称“须凭族长”云云，不过以其为凭证之义，并非立继行为成立之要件。故亲族或族长，决不能借口干预或代为之立继，亦不能别为其翁立继。若亲族擅为其翁立继，并议待生孙以嗣其夫者，该妇人自可主张其无效，拒绝交出所管遗产之一部。即令曾经预闻，明示同意，而查照律例，虚名待继限制綦严。“立嫡子违法”门载“若支属内实无昭穆相当可为其子立后之人，而其父又无别子者，应为其父立继，待生孙以嗣应为立后之子"等语,如果待继之约,未备该律所定各要件,即非合法成立,不能强当事人以履行,斯时亦无交出遗产之义务。又或预约(明示或默示)须生子过继后始交出遗产之一部者,亦属有效,自亦得据以拒绝交产。(六年统字第五九九号)

姑于守志之妇立继之时,虽有不予同意之权,仍应本于正当理由,不得借口所立之人与有嫌隙而辄予拒绝。至所谓正当理由,姑媳间苟有争执,审判衙门自可秉公裁断。必令陈述具体事实,为之调查认定。如果继立之人,必无害于家室之和平,而其姑因有蔽惑,坚执不与同意者,可以裁判许之。本院于为人后者,迫于势须分财异居之情形,而其父母无故不予允许,及被继、承继果系同父周亲,情愿兼祧,而同族因有希冀不肯具结等事例,均准审判衙门酌以裁判代之,以济其穷。盖立法本旨,亦惟欲此类有同意权之人,正当行使其权利,使行为者不致不当侵损其利益而已。(六年统字第七〇九号)

查夫亡守志之妇生存者,立嗣应由其作主,族亲不得干涉。戊之嗣丙,如只因族亲公议,并未经乙同意,本不能谓为合法。其对于甲许给报酬,托其说乙,始得应允。则甲若别无欺罔恐吓之行为,自不得认为诈财。此项酬劳,别无不法原因,戊固有履行之义务。如果伪造之失票,足证对甲义务消灭之事实,在甲既不免因而受害或有受害之虞,戊之伪造并行使,自应依行使伪造文书罪量情科处。惟甲若有罪,即不得主张期票之债权,则戊伪造失票,又无庸论罪矣。(九年统字第一三二八号)

查乙既与甲订有合法婚约,移住甲家后,又确愿为守志之妇,自应准其为夫择继,并接替丙代管之产,为甲或其嗣子保管。(九年统字第一三五三号)

被承继人亡故,而守志妇尚生存者,应由守志妇行使立继之权。若系守志妇伯母及兄弟等出名所立抚约,守志妇自得主张其无效。(十一年统字第一七七八号)

《现行律》载有"妇人夫亡无子守志者,合承夫分"等语,来函所述甲之遗金,依该律文类推解释,在未立继以前,自应归其妻丙管有,惟丙亦不得滥行处分。(十一年统字第一七八〇号)

孀妇乙随身之珍珠、银镯、衣服等,可否认为私财,系事实问题,不能一概而论。惟依《现行律》"立嫡子违法"门所载改嫁之项,以夫家财产及原有妆奁为限,应归夫家作主。妇私自利得及承受之产,即为私产,不在此限。(七年统字第九〇九号)

妇人于夫亡后,被处和奸罪刑,除夫之直系尊亲属以为品行不检请求宣告丧失管理财产权外(参照本院三年上字第六一六号、〔六年〕上字第四六〇号判例),如于夫家犹未脱离关系,则《现行律》上守志妇之权利,尚不丧失。(十年统字第一五二五号)

卑幼私擅用财条例 4.70.(2) **户绝财产,果无同宗应继之人,所有亲女承受。无女者,听地方官详明上司,酌拨充公。**

**释 义**

本节规定亲女有承受遗产之权利。吾国习惯,女子无承继财产之例。若非父母特别给与遗产，为女子者，不得主张财产承继权。故例文不曰“承继”而曰“承受”，谓其非正当之承继人也。曰“户绝”，曰“无同宗应继之人”，谓苟非户绝，或尚有应继人者，女子犹不得承受财产也，可知女子对于父母遗产，除由父母特别遗赠外，非具备户绝及同宗无应继人两条件，当然不得承受。

**判决例**

户绝财产，果无继嗣可立，由亲女承受。如并无亲女，则应归国库。(三年上字第三八六号)

《现行律》载“义男、女婿，为所后之亲喜悦者，听其相为依倚，不许继子并本生父母用计逼逐，仍酌分给财产”等语，是义男、女婿为所后之亲喜悦，犹许酌分财产，则依当然类推之解释，亲女苟为亲所喜悦，应酌分财产，毫无疑义。惟酌分之标准，《现行律》内既未载及，则依习惯及条理，自应依父母之意思定酌分之标准。若父母生前俱未表示意思，而亲属会协议分产又未允洽，则由审判衙门斟酌两造情形及遗产状况，为之核定。(三年上字第六六九号)

无子立嗣者，其所遗财产，应由嗣子承受。若生前虽未立嗣，而死后尚有可为立嗣之人者，仍应依《现行律》“立嫡子违法”各条例，由有择继权人立嗣承受。若无人行使择继权，则应由亲属会议代为立嗣。必同宗无应继之人，始得依《现行律》“卑幼私擅用财”条例，使亲女承受。(三年上字第一一七六号)

已经出嫁之女，除其母家为绝户外，在法无承继母家遗产之权。(四年上字第八四三号)

《现行律》载“户绝财产，果无同宗应继之人，所有亲女承受。无女者，听地方官详明上司，酌拨充公”等语，是户绝财产，依律亲女既有承受之权，则对于无权占有遗产之人，自可出而告争。(四年上字第一三一二号)

亲女为亲所喜悦者，其母于父故之后，得以遗产酌给，但须较少于应分人数均分之额。(七年上字第七六一号)

《现行律》载“户绝财产，果无同宗应继之人，所有亲女承受”等语，寻绎律意，是死而无子者，苟同宗有可继之人，亲族即应为之立嗣，承受遗产。在立嗣以前，其遗产应由亲属公同筹议管理方法。(四年上字第三三二号)

守志之妇，虽得于遗产中酌提一部分给予亲生之女，然揆诸“酌给”之义，其所给予者，自不得超过嗣子所应承受之额数，且不得因而害及嗣子之生计，自不待论。(五年上字第六六一号)

无子之人，未立嗣而故，其同宗虽有可立之人而已舍弃承继权利者，核其情形，实与无可立之人者相同。所有遗产，即应由亲女承受。其已舍弃承继权之人，即不得再行告争。(八年上字第一〇七一号)

**解释例**

查《现行律》“户绝财产，果无同宗应继之人，所有亲女承受”，则户者，自系指一家而言。丙、丁如非甲应继之人，并已依法承继于甲，要无将赎产找价作绝之权利。惟应继在最先顺位之人，对于已将满限不得再赎之典产，得为保存行为。（八年统字第九五三号）

查《现行律》载"户绝财产，果无同宗应继之人，所有亲女承受"等语，是亲女能否承受遗产，须视能合法定条件与否。如其有权承受，则对于无权占有遗产之人，自可出为告争。（十年统字第一四七五号）

绝产应归国有，律有明文。而继承人未确定之遗产，应归何人管理，则毫无规定，自应依"律无明文适用习惯，无习惯适用条理"之原则，以资解决。按中国家族主义发达之结果，此种遗产，自有其家长、家族或亲戚为之管理，实际上不生争论，自乏习惯可资依据。而以条理言，此等财产，本系所有人暂时不明之产，除法律有明文外，亦无当然应认其为法人之理。惟若任其散失，不独有害其应继人及利害关系人之利益，而且影响于国家之经济，地方官厅本于其保护人民之职责，此项遗产，自应依利害关系人之声请，或径以职权自行保管，或以自己责任派人管理。至此项财产，既未便即认为法人，则在此保管期内，只能为一切保存行为。若径予处分及起诉、受诉，自属无权。（七年统字第七九四号）

林来喜亦系原告之一，其诉之声明（即判令被告悦航米拉交付李浩生遗产之请求），似系请求判令被告将该遗产之占有移转于该原告，由其代哈哪庆仙管理。究竟此项请求，是否正当，除养亲身份属于事实问题应另由受诉法院依法解决外，自应以李浩生两次遗嘱为准。若其遗嘱均已合法成立，且各不相抵触，则依前之遗嘱，林来喜虽有权为哈哪庆仙利益管理遗产；而依后之遗嘱，李浩生又已选定遗嘱执行之人二人。现据被告悦航米拉称，伊管理遗产，不但系由德领委任，且曾受遗产执行之委托。如果属实，则德领有无选任管财人之权，固应为之审究；而在该遗产执行人职务尚未终了以前，该遗产之占有及管理权，本尚在遗嘱执行人。现时林来喜是否即得向被告请求移转占有，亦应依法予以调查解决。（十四年统字第一九〇六号）

立嫡子违法条例 4.63.(2) **若义男、女婿，为所后之亲喜悦者，听其相为依倚，不许继子并本生父母用计逼逐，仍酌分给财产。**

**释　义**

本节规定义男、女婿有分得财产之权利。义男、义女为义父母所喜悦，或婿为岳父母所喜悦，虽不得立以为嗣，然不可不听其互相依赖。纵令另立继子，亦不许继子用计逼逐，并不许本生父母（继子之本生父母）用计逼逐，且应于遗产中酌给一部分。盖其人虽无承继之权利，而恩谊所在，无异骨肉，故本例许其承受一部分遗产，亦曲体人情而为此规定也。然酌给究非承继可比，在义男、女婿，既不得主张与继子均分，而酌给之数，亦必较少于继子应得之数，此属当然之事。惟有应注意者，本节所称之“婿”,不包括招赘养老之婿在内。盖招赘养老之婿,得与继子均分遗产,律文另有规定,参照“男女婚姻”条例自明。

**判决例**

《现行律》载“如义男、女婿,为所后之亲喜悦者,听其相为依倚,不许继子并本生父母用计逼逐,仍酌分财产”等语,是义男、女婿苟为所后之亲所喜悦,无论所后之亲或存或亡,均有分受遗产之权利。(三年上字第三〇四号)

义男、女婿酌分财产之标准,《现行律》内既未载及,则依习惯及条理,自应依父母之意思定酌分之标准。若父母生前俱未表示意思,而亲属会协议分产又未允洽,则由审判衙门斟酌两造情形及遗产状况,为之核定。(三年上字第六六九号)

义男之酌给财产,但以所后之亲喜悦为条件,初无年龄之限制。(四年上字第一七六号)

义子得酌量分其所后亲之财产,本无疑义。所谓“酌分”者,盖谓审量义子与其所后亲平日之感情,略给财产,非有所谓“均分”之意。按之律载,其义甚明。(四年上字第一五三四号)

《现行律》载“义男、女婿,为所后之亲喜悦者,(中略)仍酌分给财产”,其“亲”字意义,既系包括父、母在内,故所后之亲,即系兼指所后之父与母。(五年上字第一二四七号)

妇人所私抱之子,在男子并无收养之意思者,不能为义子。即在律例上,自无当然给与财产之理由。(五年上字第三八五号)

《现行律》虽有异姓养子亦准分给财产之例,然查该律所载“异姓养子”,当指抚养在家已脱离其本宗者而言,自与习惯上所称干父干儿之性质不同,不能即视干儿为义子。(五年上字第一一二三号)

《现行律》“立嫡子违法”条例载“义男、女婿,为所后之亲喜悦者,听其相为依倚,不许继子及本生父母用计逼逐,仍酌分给财产”等语,是酌分财产,本属继子或其父母与义男、女婿之关系,在未经立继以前,须有承继权人或有直系卑属可以出继之人,始得告争。(六年上字第一二二〇号)

酌给义子财产,极其最高限度,亦不得超过继子应承财产之数额。(六年上字第九九九号)

《现行律》义男女婿须为所后之亲喜悦者,始得酌给财产。故应负酌给义务之人,如经证明义子为所后之亲所厌恶,即可毋庸给与。(六年上字第一二二〇号)

《现行律》关于所后之亲与义男、女婿间之法律关系,业有明文规定。所谓“义男、女婿”,当然包括养女在内。必谓乞养义女,为法律所不容,殊有未当。(七年上字第一九五号)

依律义男、女婿酌分财产,虽应较少于嗣子所得之分,但其酌分之标准,要当就承继财产之总额及该女婿平素相为依倚之情形,(即该婿与岳氏之感情厚薄及尽力于岳家之程度)依相当之比例定之。(七年上字第二八三号)

义男、女婿为所后之亲喜悦者，照律本有分受遗产之权，惟须较少于应分人数均分之额。（七年上字第六一一号）

《现行律》凡以异姓养子为嗣，在所明禁。至养亲逐令养子归宗，虽无明文规定，而考之律文，对于嗣子，则有“继子不得于所后之亲者，听其告官别立”之条；对于义男，则有“为所后之亲喜悦者，听其相为依倚，不许继子并本生父母用计逼逐”之条，是义子如果不得于所养之亲者，应准养亲逐去。夫以继子被废之时，依律尚无应分财产若干之规定，则养子被逐，亦应听养亲之意思，酌给财产，不得指定应给之额，强其给与。（四年上字第一七六九号）

《现行律》载“义子酌分财产”，应以为所后亲喜悦并相为依倚为条件。且既称曰“酌分”，自应许养亲或法院自由裁量。（十五年上字第(五七四)〔五七三〕号）

酌给义子财产，于不害亲子应承财产之限度内，养亲原有裁量之自由，非他人所得代为划定，即审判衙门亦毋庸过事干涉。若养亲生前并未表示其酌给之准据，由审批衙门判定数额时，则应究明遗产总数若干，斟酌其养亲喜悦之程度，于不害亲子应承财产之限度内，以为判断。（八年上字第七〇五号）

义子于其义父应得之祀产，固非有承受之权。而义父或其后嗣，若依契约，将应得祀产之收益，划出一部给予义子者，其契约内容，既不背于强行法规，而于社会公益亦无妨害，依契约自由之法规，即不应认为无效。（八年上字第七五〇号）

《现行律》义男酌给财产，以为所后之亲喜悦为条件，自系本于所后亲之意思，与嗣子之自为赠与者有别，不能以普通赠与之法理相绳。（八年上字第九八八号）

立嫡子违法条例 4.63.(5) **凡乞养异姓义子，有情愿归(族)〔宗〕者，不许将分得财产携回本宗。**

**释　义**

本节为禁止义子携产归宗而设。义子归宗，本为律所明许。至其分得财产，实根据于义父义子之关系。一旦归宗，则其关系消灭，故不许其将分得之产携回本宗。

**判决例**

《现行律》载“凡乞养异姓义子，有情愿归宗者，不许将分得财产携回本宗”等语，是义子归宗者，原则上所分得养父母之财产不许携回。惟义子与其义父伙置产业，而以共有人之资格，分得共有财产之一部，自与律载义子之分得财产不同，不应适用不许携回之规定。（三年上字第一二五五号）

收养义子，于法本毋庸得族人之同意。（八年上字第二八三号）

一人是否得为数房义子，现行法令虽无明文，然义子之于义父，纯以情义结合，并无宗祧关系，以一人而兼为数房义子，应在不禁之列。至法律关于兼祧特设种种限制，原所以保护宗祧及族人承继之利益。义子既无宗祧承继权之关系，则该项限

制，当然无准用之余地。(八年上字第五〇七号)

《现行律》“立嫡子违法”条例载“凡乞养异姓义子，(中略)如有希图资财，冒认归宗者，照律治罪”等语，未归宗之义子，既不得冒认为业经归宗而希图本家(所生之家)资财，则其以希图承继得产之故，而于承继开始后，临时主张归宗者，依该条例之类推解释，自在不应许可之列。故已为异姓义子及其子孙，除事前已合法归宗者外，于其本家之承继，即不能有争执之权。(八年上字第一三六八号)

立嫡子违法条例4.63.(5) **其收养三岁以下遗弃之小儿，仍依律即从其姓，但不得以无子遂立为嗣，仍酌分给财产，俱不必勒令归宗。如有希图资财，冒认归宗者，照例治罪。**

**释　义**

本节规定收养遗弃之小儿有分得财产之权利。其不许以之立嗣者，以血统之不容乱也。而许其分给财产者，以养育之恩无所靳也。然收养之时，必在年三岁以下。盖抚养既久，则恩谊自不比寻常。而例以“酌给”为文，其家业不必与嗣子均分，亦可无争产之虑，盖亦曲体人情之意也。

本节所云“俱不必勒令归宗”，包括上文义子而言。归宗与否，应听本人之自由意思，均不许他人强迫。本例恐族人觊觎遗产，难免有勒令归宗情事，故设此禁止的规定。

**判决例**

查《现行律》载“其乞养异姓义子以乱宗族者，(中略)其子归宗”，又“义男、女婿，为所后之亲喜悦者，听其相为依倚，不许继子并本生父母用计逼逐，仍酌分给财产”，又“凡乞养异姓义子，有情愿归宗者，不许将分得财产携回本宗。(中略)俱不〔必〕勒令归宗”等语，其条例文内，虽有“不必勒令归宗”之语，然此乃对于律文“乞养异姓义子以乱宗族者，(中略)其子归宗”一语所设之例外规定，谓“乞养异姓义子，为所后之亲喜悦者，许其相为依倚”，不必仍依律文强其归宗，而非根本的废止归宗之律文。是故异姓义子，如不为所后之亲喜悦，则所后之亲，自有令其归宗之权。(三年上字第五六七号)

《现行律》载“凡乞养异姓义子，有情愿归宗者，不许将分得财产携回本宗。其收养三岁以下遗弃之小儿，仍依律即从其姓，但不得以无子遂立为嗣，仍酌分给财产，俱不必勒令归宗”等语，例文既明载“俱不必勒令归宗”字样，是明明兼承上文“乞养异姓义子”与“收养遗弃小儿”两者而言。(四年上字第一六〇八号)

《现行律》载“义男、女婿，为所后之亲喜悦者，听其相为依倚，并得酌给财产”，又载“凡乞养异姓义子，有情愿归宗者，不许将分得财产携回本宗。其收养三岁以下小儿，仍依律即从其姓，但不得以无子遂立为嗣，仍酌分给财产，俱不必勒令归宗”等语，寻绎律意，异姓乱宗，固为法所不许；而对于遗产，未尝无酌分之权。且生前既许相为依倚，则殡葬之事，自应得以与闻。（四年上字第二七〇号）

《现行律》“立嫡子违法”条例载“凡乞养异姓义子，（中略）如有希图货财冒认归宗者，照律治罪”等语，未归宗之义子，既不得冒认为业经归宗而希图本家（所生之家）资财，则其以希图承继得产之故，而于承继开始后，临时主张归宗者，依该条例之类推解释，自在不应许可之列。故已为异姓义子及其子孙，除事前已合法归宗者外，于其本家之承继，即不能有争执之权。（八年上字第一三六八号）

《现行律》载“凡乞养异姓义子，有情愿归宗者，不许将分得财产携回本宗。其收养三岁以下遗弃之小儿，仍依律即从其姓”。是凡非三岁以下之小儿为人收养而从其姓者，于法即乏根据。本身或其子孙，得自由回复其本宗之姓。至财产之不许携回，既以由养家分得者为限，则以自己独立经营之财产，携回本宗，自非法所不许。（十一年上字第八四三号）

# 第三章　亲　属

称期亲祖父母律文 1.32.0 **凡律称期亲及称祖父母者，曾、高同。称孙者，曾、(玄)〔元〕同。嫡孙承祖，与父母同。称子者，男、女同。**

**释　义**

律文规定,有不可专就文字解释者,苟不明示准绳,容易滋生误会。本节特明揭之曰,律称“期亲”,不以期服亲为限;律称“祖父母”,亦不以祖父母为限,凡曾祖父母、高祖父母(皆非期亲,参照“服制图”)均包括在内。律称“孙”者,曾孙、玄孙亦包括在内。称“子”者,兼赅男子、女子而言。嫡孙承祖,即所谓“承重孙”也。嫡子死亡,而以嫡孙承重,则嫡孙对于祖父母与对于父母同。“服制图”载“凡嫡孙父卒,为祖父母承重,服斩衰三年。若为曾、高祖父母承重,服亦同”,此其一例也。

**判决例**

一经出嗣,则其亲等之关系即经变更,自难仍计算本生之亲等。(四年上字第六五〇号)

庶祖母,在现行法上,不得为直系尊亲属。(四年上字第二九二号)

**解释例**

查《现行律》载“称子者,男、女同”,女于同居继父,应一律持服。惟“服图”既无女出嫁降服明文,出嫁女自应无服。

又于同居继父，依《刑律》虽未在第八十二条第三项亲属之列，[①]既曾与同居，受其抚养，于民法上仍应以亲属论。（七年统字第七七八号）

称期亲祖父母律文 1.32.0 **其嫡母、继母、慈母、养母，** 有犯 **与亲母** 律 **同。** 改嫁、义绝，及殴杀子孙，不与亲（父）〔母〕同。

**释 义**

妾所生之子女，称父之正妻曰“嫡母”；前妻所生之子女，称父所后娶之妻曰“继母”；自幼过房与人者，称其抚养之母曰“养母”；所生之母死亡，父令别妾抚育者，称抚育之母曰“慈母”。凡此四母，或因名分所关，或因鞠育恩深，均应与亲生之母同视。故对于嫡母、继母、慈母、养母有犯，其律与亲母同。“服制图”载，为嫡母、继母、养母、慈母，服均斩衰三年，此即与生母同视之一例也。然若父死而母改嫁，或父虽未死，而母与父已经义绝（义绝见婚姻章），则子女对之，不应与亲母同。盖亲母改嫁或被出，其服为齐衰杖期，则嫡母、继母、养母、慈母有改嫁或义绝情事，自不能较重于亲母也。至于殴杀子孙，当然视为恩绝，故亦不与亲母同视。

称道士女冠律文 1.36.0 **凡** 律 **称道士、女冠者，僧、尼同。若于其受业师，与伯叔父母同。其于弟子，与兄弟之子同。**

**释 义**

凡道士、僧、尼，其师、弟相互间之名分关系，法律上自有明定之必要，故设本节规定。

---

① 《暂行新刑律》（1912年4月删改颁行）第82条规定如下：

“称尊亲属者为下列各人：

“（一）祖父母。高、曾同；（二）父母。

“妻与夫之尊亲属与夫同。

“称亲属者，为尊亲属者及下列各人：

“（一）夫妻；（二）‘本宗服图’期服以下者；（三）‘外亲服图’小功以下者；（四）‘妻亲服图’缌麻以下者；（五）‘妻为夫族服图’期服以下者；（六）‘出嫁女为本宗服图’大功以下者。”

# 第四章　亲　子

## 第一节　嫡　子

立嫡子违法 律文 4.63.0.1 **凡立嫡子违法者，处八等罚。其嫡妻年五十以上无子者，得立庶长〔子〕。不立长子者，罪亦同。**俱改正。

**释　义**

本节规定立嫡子之要件。正妻所出为嫡,非正妻所出为庶,其间名分不同。故有嫡子在,万无以庶为嫡之理。若仅有庶子而无嫡子,此时应立庶子为嫡子。一经立嫡后,其庶子即取得嫡子之身分。但立嫡须具备两种要件,即(一)嫡妻年逾五十(二)嫡妻无子是也。本节所谓"立嫡子违法",盖指立嫡未备此要件而言。详言之,凡嫡妻年未五十而立嫡子,或嫡妻有子而另立庶子为嫡子者,皆违法也。立嫡之权,属于夫。"得立"云者,谓立嫡为夫之权利,并非夫之义务。惟其为权利,故嫡妻对于夫之立嫡,不得阻挠。惟其非义务,故庶子与庶子之母,无要求立为嫡子之权。若夫庶子有数人之场合,应立何人为嫡子,亦有明定之必要。本律规定得立庶长,则凡舍长立幼,亦应认为违法。律注所谓"俱改正"者,谓各种违法所立之嫡,均应取消,而使改为适法也。故凡立嫡时,嫡妻年未五十者,则取消其立嫡行为;嫡妻有子而另立庶子为嫡者,则取消其所立之嫡子,而以嫡妻所生之子为嫡子;舍长立幼者,则取消其幼而别立其长。

**解释例**

《现行律》户役门"立嫡子违法"条载"嫡妻年五十以上者,得立庶长子"等语,妻无嫡子,既得立庶长子为嗣,则嫡子已经出继,而本房只有庶子者,其庶长子之承继权,自与嫡

长子无异。(十年统字第一五八六号)

## 第二节 庶 子

(见承继章)

## 第三节 嗣 子

(见承继章)

## 第四节 奸 生 子

犯奸律文25.324.0.4 **奸生男女，责付奸夫收养。**

**释 义**

奸生子之范围,就广义言,凡非正式婚姻所生之子,统谓之"奸生子"。(妾所生之子除外)所谓非正式婚姻者:(甲)无效婚姻(当事人无结婚之意思)。(乙)其婚姻犯本律强制离异之规定者。(丙)其婚姻已经撤销者(怀胎在婚姻撤销之后)。此种婚姻,法律上不认其夫妇关系之存在,故亦不认其子为嫡子,而应认为奸生子。惟本节所称"奸生男女",其范围甚狭,专指有夫之妇与人通奸所生之子女而言,(不问其为未婚通奸或已婚通奸)观律文后段"奸妇给本夫,听其离异"(见婚姻章)一语自明。奸生男女,所以必须规定收养责任者,因有夫之妇犯奸,其愿离异与否属于本夫之自由,本夫不愿离异,其不容奸妇收养奸生男女,自属意中之事。设法律不明定收养责任,将无以保全奸生男女之生命,故本节明定责付奸夫收养。盖其事虽出于暧昧,要不可谓非奸夫之子女也。

**解释例**

前清《现行律》关于民事有效各条例(如"奸生男女,责令奸夫收养"之例)自可援用。(五年统字第五五六号)

丁娶甲妻,撤销后,甲妻在丁处怀胎所生之子,如丁不为认领,自仍由甲妻收养。(七年统字第七七四号)

查子因父母之正式婚姻即取得嫡子之身分,所询情形,自不能仍以奸生子论。(八年统字第一〇二九号)

亲属相奸律注25.326.0.5 **惟同宗奸生男女，不得混入宗谱，听随便安插。**

**释　义**

“同宗”,谓同宗共姓,不论支派之远近、籍贯之同异皆是。其虽系异姓,而系出同源者,亦以同宗论。同宗之男女相奸,其所生男女,非可与寻常奸生男女同视。故寻常奸生男女,律例无禁其入谱之明文,而同宗奸生男女,则明定为不得入谱。

**解释例**

据《现行律》“卑幼私擅用财”条例类推解释,经认知之同宗奸生子,对于异姓乱宗之案,如别无应继之人,亦得告争。(五年统字第四一八号)

赵甲嫁钱乙有年,并生女丙。嗣后钱乙病故,赵甲带女丙再醮孙丁为妻。旋孙丁因家贫休妻,赵甲带丙又嫁钱戊,生子已、庚二人。查《现行律》“娶亲属妻妾”门,曾被出及已改嫁而娶为妻妾者,统归离异。钱戊娶赵甲,自非有效婚姻;如果族谱并无准其载入之惯例,族人自可拒绝其入谱。(参照本院四年上字第一二七一号判例)惟已、庚要不得谓非钱戊之子,不应拒绝入谱。(七年统字第九一七号)

## 第五节　养　　子

立嫡子违法律文 4.63.0.2 **若养同宗之人为子,所养父母无子**所生父母有子。**而舍去者,<u>处十等罚</u>,发付所养父母收管。〔若〕**所养父母**有亲生子,及本生父母无子,欲还者,听。**

**释　义**

本节所定同宗养子,与嗣子略同。其所以异者,嗣子须经过立嗣行为,而养子则仅有抚养之关系者也。惟因其自幼相依,则恩谊自不比寻常,在所养父母无子之场合,即应始终依倚,俾娱晚景。苟非所生父母无子,不许任意舍去。故本节规定养子得还之情形有二:

(一)所养父母有亲生子　所养父母既有亲生之子,自无禁止养子还家之必要。故欲还与否,听养子之自由意思。此际养子之本生父母是否有子,可以不问。

(二)本生父母无子　养子之本生父母并无别子,则为重宗祧起见,应许养子还家。此际所养父母是否有子,亦可不问。

**判决例**

《现行律》内载“养同宗之人为子,所养父母若有亲生子及本生父母无子,欲还者,听”,又载“无子立嗣,如族中希图财产,勒令承继或怂恿择继,以致涉讼者,地方官立即惩治”等语,寻绎律意,对于承继一层,规定綦严。而于出嗣子之还宗,则但使所嗣父母有亲生子,或虽无,而本生父母于子之出嗣后,他子皆亡,出嗣子不忍弃其所生,情愿还宗者,法律不设何等之限制。诚以我国嗣子制度,重在血祀,故法律于承继则严,以防讼争,于还宗则宽,以顺人情,此至当之理也。(三年上字第一二一二号)

归宗条件，惟以本人意思及其本生父母无子为主，别无时期或何等之限制。（三年上字第一二一二号）

《现行律》立嫡子违法律文内载“若养同宗之人为子，（中略）本生父母无子，欲还者，听”等语，是凡合法立为他人继子者，于本生父母无子时，是否归宗，应听自择，断无强制归宗之理。（四年上字第六三号）

抱养之子，若原系同姓同宗，则当就各项证据，以审究抚育时其父母意思之何属。如别无证据可资认定，则审究其父母之意思，即不得不以当时之情形，为推定之根据。如当时尚无亲子，则其抚育人子为己子者，当然可认其有立为嗣子之意思；如当时已有亲子，无须更行立嗣，即可推定其仅有抚为义子之意思。（四年上字第三八六号）

律载“养同宗之人为子，若有亲生子及本生父母无子，欲还者，听”等语，寻绎律意，凡养同宗之人为子者，若所养父母有亲生子，或本生父母无子，则所养之子得与所养父母离异。且依此条例离异，非要式行为，又非双方行为，只以所养子明示或默示之意思表示而生效力，毋庸所养父母之承诺。观律文“听”字之义，自属明了。（四年上字第六一〇号）

已有亲生子之人，虽不准立他人为嗣子，而收养他人为养子，（一称“义子”）则固为法所不禁。（四年上字第一九七一号）

《现行律》于乞养义子者，虽不许其为嗣，亦尚准酌给财产，则因所生子生还而令嗣子归宗者，其应给财产，尤属当然。至其标准，虽可以裁判定之，但不能援立嗣后生子之例，均分财产；则酌给之程度，至多即不得逾三分之一。（三年上字第五六一号）

依《现行律》“立嫡子违法”条例，义男、女婿为所后之亲喜悦者，虽属异姓，尚得给产，况上告人本戈增荣族孙，与戈刘氏相为依倚，已十有余年。刘氏虽未曾立以为孙，而考其警署所具甘结，则平素所以待上告人者，殆与亲孙无异，则适用类推解释之原则，自在应行酌给财产之列。（三年上字第七七九号）

父子关系，除继子、养子有时因废继、归宗解除关系外，若亲生之子，则不能任意主张脱离关系。（五年上字第一〇二八号）

立嫡子违法 4.63.0.3 律文 **其乞养异姓义子以乱宗族者，<u>处六等罚</u>。若以子与异姓人为嗣者，<u>罪同</u>。其子归宗。**

**释　义**

本节所谓“乞养异姓义子”，亦养子之一种，然与前节养子不同。盖前节为同宗之子，而本节则异姓之子也。养同宗之子，在无人承继之场合，可以养子为嗣子。若养异姓之子，即使本宗无人承继，亦不许以之为嗣。盖异姓乱宗，为本律之所严禁也。故养父母以所养异姓之子为嗣，及其本生父母以其子与他人为嗣，均非本律所许，且应勒令归宗。至于养子得酌给财产，在承继章内已有特别规定。

**判决例**

《现行律》载“乞养异姓义子以乱宗族者，处罚”，又“义男、女婿，为所后之亲喜悦者，听其相为依倚”，又“收养三岁以下遗弃之小儿，依律即从其姓，但不得以无子遂立为嗣，仍酌分给财产，不必勒令归宗”各等语，是在《现行律》上，非同宗同姓，不得承继宗祧。其异姓义子，仅得于一定条件下，从所后之亲之姓，相依分产。定例綦严，毫无假借。（三年上字第三一〇号）

《现行律》载“凡乞养异姓养子以乱宗族者，处罚”云云，此项法规，为强行法规，不容当事人以意思或习惯擅为变更。寻绎该条文语意，至为显著。（三年上字第七〇九号）

异姓乱宗，为《现行律》所不许。故因族中无可继之人，择立异姓姑表兄弟之子为嗣，其择立之行为，自始不能有效。（五年上字第八七七号）

异姓乱宗，《现行律》所以悬为厉禁者，无非为尊重血统保护同宗起见。故若有违反此种规定者，亦惟同宗而其承继权之人，始能有告争之权。否则审判衙门自不能以其违背强行法规之故，遽为过当之干涉。（三年上字第一二三六号）

律禁止异姓乱宗，故不许以异姓养子为宗祧承继人。故为祭祀而设定之祭产，异姓之养子，自不能承继其权利。（四年上字第九二九号）

异姓义子可否附葬祖茔，查《现行律》内纵无明文规定，异姓养子，依律既生前得从所养父母之姓，可以相为依倚，不得勒令归宗，则类推解释，死后同葬一茔，自无不可。（四年上字第一三〇三号）

《现行律》凡以异姓养子为嗣，在所明禁。至养亲逐令养子归宗，虽无明文规定，而考之律文，对于嗣子，则有“继子不得于所后之亲者，听其告官别立”之条，对于义男，则有“为所后之亲喜悦者，听其相为依倚，不许继子并本生父母用计逼逐”之条，是义子如果不得于所养之亲者，应准养亲逐去。夫以继子被废之时，依律尚无应分财产若干之规定，则养子被逐，亦应听养亲之意思，酌给财产，不得指定应给之额，强其给与。（四年上字第一七六九号）

我国家族旧制，注重血统，故凡乞养异姓义子以乱宗族者，《现行律》悬为厉禁。即收养在三岁以下者，虽依律得从其姓，而不得立以为嗣，即不能与有血统关系之同宗视为一体。族长在现行法上，应以何种资格充当，虽无明文规定，而按之现行律意，为维系宗系勿使紊乱起见，自非异姓子之后人所能充当。（四年上字第一九三九号）

《现行律例》关于乞养异姓义子以乱宗族者有罚，其收养三岁以下遗弃小儿，亦不得以无子遂立为嗣。是异姓义子，不得承继宗祧，取得嗣子身份，已无疑义。而充当房长，主持祭祀，乃本于宗祧承继所生之权利，自非义子所可争执。（五年上字第七七八号）

《现行律》载“其乞养异姓义子以乱宗族者，处罚。若以子与异姓人为嗣者，罪同。其子归宗”，又载“招婿养老者，仍立同宗应继者一人承奉祭祀”等语，是异姓不能乱宗，赘婿不得承继宗祧，均律有明文。故入赘时，虽有与律例相反之约定，亦不

能认为有效。(五年上字第九八八号)

异姓子紊乱宗祧，非因兴修宗谱或主张自己或直系卑属有承继权者，不得告争。(八年抗字第五六四号)

立嗣虽为违法，而当时有承继权之人不出告争，且事历多年，相安无异者，应认为已抛弃其承继权，不得再行告争。本件上诉人以外甥嗣舅父，原属有违例禁。惟据称自二岁即入继舅家，由其外祖母抚养成人、娶妻生子，迄今事历三十余载，相安无异，并提出种种入继证凭为据。苟其所称入继系属实情，当时族人亦无异议，是其承继关系，已不能不认为早经确定，即令当时有承继权之人，不得于嗣后再行告争。(十五年上字第一二七〇号)

**解释例**

查判例，自己及直系卑属无承继权者，无论现继之人是否异姓，不得对之告争。(五年统字第四五五号)

甲父纵系异姓，非依法应继甲祖之人，证明承继开始当时所以不告争之理由(即证明并未抛弃承继权)，对甲不得告争。(五年统字第四八五号)

无承继权之族人，不能以乱宗为理由，告争承继，惟得于修谱发生争议时，提出拒绝登谱或请求削谱之诉。如不因修谱涉讼，自应认为无确认身份关系之实在利益，予以驳斥。至此种无承继权之族人，所以许其为此种诉讼者，盖正当之谱规(或有明文，或依习惯)亦不可不予以维护。此种诉讼，即所以解决谱规上之争执也。(六年统字第五九一号)

以异姓子为嗣，虽为律所明禁，但历久未经告争人主张其无效，消灭其身分，则甲姓出继乙姓所生之子孙，仍系乙姓之后，自可出继乙姓他支。(七年统字第八一四号)

有异姓入继子孙，族中曾准其点派总理干首各项执事，并准入祠主祭，旧谱载有姓名。新谱增修凡例，永远不准派充执事及入祠主祭。查异姓子孙，依该族惯例，既已取得权利，族人非得其同意，自不能率予剥夺，此与统字五九一号并不抵触。(七年统字第八五一号)

有某乙之祖母丁，招某甲之伯叔祖丙为后夫。丙某无子，其父兄弟有七，人丁寥落，族亦式微。丙将丁前夫所生之二、三、四三子(即乙某之父若叔)带归甲姓，承祀长、二、七三房，由甲姓族房订立继书，已二十余年，相安无异。后甲借口乙兼顾其本宗，将乙所奉甲姓木主搬去。经起诉，甲谓乙异姓乱宗。查本院例，非自己或自己直系卑属有承继权，对于异姓乱宗，不得告争。所询情形，既系以孙称祖，自为无权告争。(七年统字第八九七号)

查义子不得于所养父母，果有具体事实可资考按，自可援照废继规定，由所养父母解除关系。又义子归宗，不许将财产携归本宗，律有明文。义子之子孙，亦应同论。如果有不孝事实，自应许甲废除。惟据称业已给付财产，分居各处，是否有不孝事实即应查明情形，斟酌办理。(八年统字第一一二五号)

立嫡子违法律文4.63.0.4 **其遗弃小儿，年三岁以下，虽异姓，仍听收养，即从其姓。**但不得以无子，遂立为嗣。

**释　义**

收养三岁以下遗弃小儿,许其从收养人之姓。该他人遗弃之小儿,年又在三岁以下,无从察知其姓氏,若不许从收养人之姓,必致为无姓之人也。其不许立以为嗣者,盖亦防血统之紊乱。至其得酌给财产,在承继章内,亦有特别规定。

**解释例**

遗弃小儿,既久失姓氏,则无子立嗣,自可择其养家同姓之子为后。(五年统字第四八五号)

# 第五章　家　制

别籍异财 律文 4.69.0 **凡祖父母、父母在，子孙别立户籍、分异财产者，<u>处十等罚</u>。若居父母丧，而兄弟别〔立〕户籍、分异财产者，<u>处八等罚</u>。**〔或〕奉遗命，不在此律。

别籍异财 条例 4.69.(1) **祖父母、父母在者，子孙不许分财异居。**此谓分财异居，尚未别立户籍者。**其父母许令分析者，听。**

**释　义**

凡同隶于一户籍者为一家。一家之尊而主持家政者为家长,其下为家属。家长与家属,以同居共财为必要。祖父母(包括高祖父母、曾祖父母在内)、父母尚生存,若子孙别籍异财,非特有乖孝道,抑且大伤亲心。故律文前段,于祖父母、父母生存时(不问其为全体生存或仅一人生存),特设别籍异财之禁。若父母既亡,(高、曾祖父母,祖父母均不在)丧服未满,而兄弟别籍异财,亦违三年无改之义。故律文后段,特设居丧时别籍异财之禁。惟于此有一例外,即奉有遗命者,许其于居丧中别籍异财是也。盖遗命于丧服未满时别籍异财,其中必含有特种原因,法律自不必反乎死者之意思而从事干涉也。

子孙于祖父母、父母生存中,并不别立户籍,而为单纯的分财异居,此虽与分财而又别立户籍者不同,然离尊亲属而自立,究非所宜,故亦设为禁例。惟于此亦有以例外,即父母许其分析是也。

**判决例**

《现行律》载"祖父母、父母在者,子孙不许分财异居。其父母许令分析者,听"等语,是子孙之分财异居,非经父母许可,即为违法。然人情常有所偏,父母每多爱憎,若孤子之于继母、庶子之于嫡母,或孀媳之于舅姑,其情同陌路而势难复合，犹故意不许令分析者，则审判衙门斟酌两造之情形，自可依请求用判决以代母、姑之许可，而听其分析。（三年上字第六一六号）

凡未经父母允许，擅认家财为分属于己之财产，及于异居后强欲同居者，均为《现行律》所勿许，可推而知。（三年上字第五六号）

凡为人子者，未经父母许可，或得有审判衙门代其许可之裁判，不得擅自分产异居。律文甚明，不容滋疑。子尚不能别立户籍分异财产，则夫妇一体，媳自不能独异。（三年上字第一〇九二号）

《现行律》内载“祖父母、父母在者，子孙不许分财异居。其父母许令分析者，听”等语，是祖父母、父母对于子孙之分财异居，有允许与否之权。（四年上字第九五一号）

子孙当祖父母、父母在日，尚不许别籍异财，子孙之妻妾，自不能出于此禁例之外。（四年上字第一八三七号）

祖父母、父母不在者，子孙原得分财异居，其父母在而得许可者亦同。合承夫分之妇人，苟具备上述条件，亦得代其继子主张分析。（四年上字第五六七号）

“祖父母、父母在者，子孙不许分财异居。其父母许令分析者，听”等语，是子孙当祖父母、父母在日分财异居，原则上虽为法所不许，但如果业经许令分析，则亦不在禁止之列。（五年上字第七二号）

父亡，兄弟间应各分析遗产，自应以守志之母是否许令分析，及兄弟中有无因必要情形有请求分析之理由者为断。（五年上字第五三号）

《现行律》载“若居父母丧，而兄弟别立户籍、分异财产者，处罚”，其注载“或奉遗命，不在此律”，又载“祖父母、父母在者，子孙不许分财异居。其父母许令分析者，听”各等语，详绎律意，凡为子者，居父母丧，苟奉有遗命，即许分异财产。而其父或母尚有一方生存，经其许令分产者，亦无论何时，皆得分析。（六年上字第一一〇〇号）

媳之于姑，如别无异居正当之原因，或未得其姑之特别允许，自应同居，不得率请分异。（七年上字第一四一八号）

翁之于媳，如果确有逼奸、勒卖为娼情事，致其媳不能与之同居者，固得请求审判衙门以裁判准其异居。（七年上字第一四七四号）

《现行律例》虽规定“祖父母、父母在，子孙不能分析家财”，然无禁止子孙不得蓄有私财之明文，故子孙以自己之劳力所得之财产，未经提作公有者，不能作为一家之公产。至子孙亡故，又无子嗣者，其所遗之私有财产，自然依“妇人无子守志，合承夫分”之条，类推适用，应由其妻承受。（三年上字第一一四〇号）

《现行律》所称“遗命”，即遗嘱、遗言之谓。（三年上字第八五〇号）

卑幼私擅用财 4.70.0 律文 **凡同居卑幼，不由尊长，私擅用本家财物者，十两，处二等罚；每十两加一等，罪止十等罚。若同居尊长应分财物不均平者，罪亦如之。**

**释 义**

本节前段,为禁止卑幼私擅处分家财而设。"私擅"云者,未奉有尊长命令之谓也。其得尊长允许者,自不在内。"本家财物"者,乃一家所有之财物。详言之,即非卑幼私有财物之谓也。本家财物,惟尊长有处分权。若卑幼之私擅处分,不生物权法上之效力。尊长对于其处分行为,得行使撤销权。惟此种规定,限于卑幼与尊长同财共居者,方能适用。倘卑幼与尊长已经合法的分财异居,则其处分行为,自不受此规定之制限也。

本节后段,为禁止尊长分财不均而设。尊长分与卑幼之财物,应以均平为主。但所谓"均平"者,乃法律上均平之谓,并不指事实上之均平而言。法律上之"均平"者,即就各人应得之分而分给之之谓也。依照条例,分析家财,不问妻妾所生,止以子数均分;奸生子依子量与半分;嗣子与奸生子均分,是谓应得之分。(参照遗产承继)尊长分给财物,如不依此规定,即属不均平,卑幼得请求重分。但此规定,亦仅适用于与卑幼同居共财之尊长。若从前已经合法的分财异居,而此后尊长以其特有财产,授与卑幼,纵有不均,亦不能执此规定以相绳。

**判决例**

为人子者,不能专擅处分其父未给与继承之财产及其尊长之养赡财产。故无论为典、为卖,断无即生物权法上效力之理,债权人亦仅能向其相对人自身请求偿还借款。其尊长及父,无代为负担之理。(三年上字第一七八号)

《现行律》载"凡同居卑幼,不由尊长,擅用本家财物者,处罚。(中略)若同居尊长应分家财不均平者,罪亦如之"等语,是尊长与卑幼同居共财者,其家财固不得由卑幼自专,而尊长亦不得将应分家财有所偏向。由此推论,除祖若父就所有家财可自由处分外,其余尊长有所偏向,则卑幼据以请求分析,即不得谓为违法。(三年上字第六一六号)

《现行律》载"凡同居卑幼,不由尊长,私擅用本家财物者,处罚"等语,是卑幼私擅用本家财物,固为法所不许。惟细绎律意,此项规定,本所以维持家庭共同生活之关系,故其所禁止者,本系指卑幼与外人之处分行为足使家财外溢者而言。若家属中之一人,以自己私有之产,让与他人者,其所处分既非家财,即不在应禁之列;又或一家之中,遗产共同承继人,就应受分配之财物,互相让与其受分权利者,虽经处分,而财不外溢,亦与卑幼私擅用本家财物有别,除别有法律上原因外,不得即指为无效。(四年上字第一四五九号)

凡成年之子,未得其母之同意,私擅处分家财者,仅其母有撤销之权。其子及第三人,均不得主张撤销。(四年上字第二三八五号)

承继人于被承继人生存中,处分被承继人之财产者,其处分行为,不能发生效力。(四年上字第二三一八号)

卑幼典卖尊长提留之产,无论其相对人(即典卖主)是否善意,均不能生物权法上之效力。即令典卖主实不知情，亦仅能向擅卖得价之人，要求返还契价，自不得遂谓该田产已适法移转所有。(四年上字第二〇二九号)

父之财产，其子私擅处分者，固不生物权法上之效力。惟嗣后经其父之表示追认者，仍应认为有效。(五年上字第一一八八号)

若子已成年，则应由子得母之同意，处分遗产。(三年上字第六六九号)

卑幼固不能私擅处分家财，但管理家务之卑幼，与寻常卑幼不同，其处分财产，当可推定其已得尊长之同意。(五年上字第三一〇号)

《现行律》“卑幼不得私擅用本家财物”之规定，其所谓“本家财物”，系指物权之标的而言。若与人出立担保字据，则仅属自己负担债务，不能解释为当然包括在内。(五年上字第八三三号)

《现行律》“卑幼私擅用财”条所谓“同居”，乃对于分财异居者而言，并非仅以事实上居所同一者为限。故凡不与尊长同一居所之卑幼，苟非为法律所许已经分财异居，则其关于处分本家财物，仍应受此项规定之限制。(五年上字第一二八一号)

父在，子虽不得私擅用财，惟父以管理家务委诸其子者，则子以代父管理家务之资格，即当然有处分家财之权。(六年上字第一一二五号)

《现行律》载“分析家财、田产，不问妻、妾所生，只以子数均分”，又载“同居卑幼，不由尊长，私擅用本家财物者，处罚。若同居尊长应分家财不均平，罪亦如之”等语，是尊长与卑幼同居共财者，家财卑幼固不得自专，而尊长亦不得将应分家财有所偏向。由此推论，除祖若父就所有家财可自由处分外，其余尊长有所偏向，则卑幼据以请求分析，不得谓为违法。(七年上字第一二五四号)

妻通常于日常家务，即得代理其夫，以为法律行为。若于夫常川外出，代为主持家政时，则其代理权限，自应更为扩展。苟属必要范围，虽就其夫财产为重大处分，亦不得不认为有效，此至当之条例也。(十五年上字第九二号)①

**解释例**

对于“卑幼私擅用财”条例之解释，据历来判例，凡(一)卑幼私擅处分其父兄之财产者，与处分他人之财产同。无论契约之相对人是否善意(是否知情)，其物权移转契约无效；(但有代理关系时，不在此限。又债权契约非无效，契约当事人仍可依债权法则办理)(二)如父亡母存，家产已付诸其子，而其子已达成年者(《现行律》以十六岁为成年)，无论其家财系由自己或其母管理，非得其母之同意，不得私擅处分家财。违者，其母苟未追认，有撤销之权；(非当然无效)(三)若其子年幼，应分之家财，由母(母亡而另有家长、保护人时，亦同)代行管理。而其子未得有其母特许处分或管理及处分之财产，私擅处分时，当然可适用未成年人为负担义务行为之民事法

① 此条判例原书列入下文“解释例”项下，现挪至“判决例”项下。

条理办理；(四)卑幼得有私财，为现行法律所不禁，除仍适用上述第三种限制外，已达成年之子，均可自由处分。至前述第一至第三情形，纵有时其子具备法定准禁治产之条件，尚无必待宣告之必要。惟在前述第四情形及父母均故，成年人之于承继财产(家产)或因浪费等事，有以宣告为宜者。(四年统字第二二八号)

父在，子不得为家财之主体。故子所欠之私债，除就其私财(即子之特有财产)执行外，无就祖产执行之理。(五年统字第四八四号)

家财父死后应归子有。处分行为，虽应得母之同意，但因营业负债，致其家财被执行，与"卑幼私擅用财"之条无关。(八年统字第九二二号)

本院历来判例，就《现行律》解释，以一届十六岁为成年。凡成年之人，即有完全行为能力，得独立以法律行为负担义务。除《商人通例》关于商人能力别有规定外，在继续有效之《现行律》，尚有"卑幼不得私擅用本家财物"一条。但此条规定，原以家财与私财有别，家财非经同居尊长同意，不得私擅处分。至于卑幼自有私财，则该卑幼有完全之自由，不受何种限制。(十四年统字第一九一一号)

出妻律文6.95.0.4 **若立契议雇之使女背家长在逃者，<u>处八等罚</u>，给还家长；因而嫁人者，<u>处十等罚</u>。追缴未满工值，免其离异。**

**释　义**

使女若系立契议雇，则其对于家长之关系，为雇佣关系。倘使女于雇佣期限未满，背家长在逃，自应给还家长。若在逃后，已与他人成婚，则仅追缴未满工值，免其离异。盖其婚姻虽不违反公益，而未满工值，系属不当利得，自有追还之必要也。

**判决例**

查现行有效之《禁革买卖人口条(例)〔款〕》内载"嗣后贫民子女不能存活者，准其议定年限，立据作为雇工，先给雇值多少，彼此面订；雇定之时，不问男女长幼，总以扣至本人二十五岁为限。其限满后，女子如母家无人，并无至近亲属者，由主家为之择配"等语，①是雇女限满择配，除其母家有人或有至近亲族外，应由主家为之。(七年上字第七七六号)

立嫡子违法律文4.63.0.6 **若庶民之家，存养良家男女为奴婢者，<u>处十等罚</u>，即放从良。**

**释　义**

奴隶制度，各国早已废止，以其违反人道主义也。婢女与奴隶同，亦应在废止之列。虽本律仅禁止庶民存养奴婢，而就近世文明制度言之，社会上既不容有奴隶的阶级存在，即无论何人不许蓄养奴隶。此盖因文化进步之结果，当然应如此解释也。

---

① 系指《禁革买卖人口条款》(清宣统元年十二月二十一日〔1910年1月31日〕公布)第4条。

# 第六章　财　产

## 第一节　不　动　产

欺隐田粮条　例5.72.(2) **将自己田地应纳钱粮，洒派别户者，按数计赃，准枉法论。田地入官。其洒派钱粮，照年分、亩数追征，还给代纳之户。**

**释　义**

本节为对于不动产上粮税之规定。关于处罚部分,已经失效。其有效者,仅追征还给之规定而已。

**判决例**

粮银系随地亩为转移,地亩归属于何人,即粮银应由何人负完纳之义务。故粮银应否过割,实以地亩所有权有无移转为断。(二年上字第五三号)

检踏灾伤田粮条　例5.73.(2) **凡沿河沙洲地亩，被冲坍塌，即令业户报官，勘明注册。遇有淤涨，亦即报官查丈，照原报之数拨补，此外多余涨地，不许霸占。如从前未经报坍，不准拨给。至隔江远户，果系报坍有案，即将多余涨地，秉公拨补。若坍户数多，按照报坍先后，以次照拨。倘补足之外，尚有余地，许召无业穷民认垦，官给印照。仍令各属按数造报，统俟五年大丈，再行履勘，造册送部，以定升除。其报坍报涨在两县接壤之处者，委员会同两邑地方官，据实勘验，秉公拨补。如有私行霸占，将淤洲入官。**

**释　义**

本节为对于沙地坍涨报勘拨补之规定。例文甚明,毋庸解释。惟应有注意者,关于沙地之坍涨,各省间有另定单行章程者，应照单行章程办理，盖以其为单行法也。

**判决例**

寻绎法意，凡有河淤，先尽拨补坍户，余悉由官召垦。果系报坍有案，虽隔江远户，亦得以多余涨地抵拨。此外尚有余地，应仍听官处分，不许自由占据。故在现行法上，沿河各地之业主，不能以淤涨之原因，遂谓子母相生，当然取得其子地。(二年上字第八六号)

凡沿河塌后涨复之地，除依法拨补因塌倒所失之地外，多余淤地，即属官产。其业主现管四至外，未塌新淤之地，亦属官产。(三年上字第一一九五号)

沿河多余涨地，依律系属官地，不许霸占，更何能于未涨以前，以私人间之契约预定业主！(四年上字第五二五号)

《现行律》田宅门载"凡沿河沙洲地亩，被冲坍塌，即令业户报官，勘明注册。遇有淤涨，亦即报官查丈，照原报之数拨补，此外多余涨地，不许霸占。如从前未经报坍，不准拨给"等语，按照例文，冲没沙洲，应由原业户报官，方准回复。惟依本院解释及判例，如确有不能报官情由，或与报官有同一功效之动作者，亦得准其回复管业之权。(四年上字第八四六号)

淤涨地之拨补，除报坍有案者外，须以别有确实证凭为前提，否则即无准其强请拨补之理。(四年上字第二四〇八号)

《现行律》"检踏灾伤田粮"门虽有将淤洲入官之例，然此系对于私行霸占者之一种行政处分，而在审判衙门，不能不待代表国家之机关讼争，而遽引此例判归国有。(五年上字第七七号)

淤地之归谁拨补，固不能仅以当事人所持契据记载之地名为衡，而应审究两造当日坍塌之业究有若干，嗣后淤复已经恢复之业(即可视同拨补)又有若干，以定孰应拨补，并拨补若干。如两造皆已不应拨补，则惟调查历来管有事实，以维持占有原状。对于无告争权者，应驳回其请求，无庸于案外为所有权归属之判断。(七年上字第二五三号)

沿河淤涨之地，应先尽坍户拨补。虽隔江远户，果系报坍有案，亦许将多余涨地拨补，固不限定拨补之地须在原契所载坐落地点。(七年上字第一〇七〇号)

**解释例**

《现行律》田宅门"检踏灾伤(钱)〔田〕粮"条例关于沿河沙洲地亩，既有明文规定，即应依照办理，自无许渔户得以渔课飞占土地之理。(十一年统字第一七三六号)

盗卖田宅律文 5.75.0.1 **凡盗**他人田宅**卖、**将己不堪田宅**换易及冒认，**他人田宅作自己者。**若虚**写价**钱实**立文**契典买，及侵占他人田宅者，田一亩、屋一间以下，处五等罚；每田五亩、屋三间，加一等；罪止徒二年。系官**田宅**者，各加二等。○5.75.0.2 若强占官民山场、湖泊、茶园、芦荡，及金、**

**银、铜、锡、铁冶者，**不计亩数。**流三千里。○**5.75.0.3**若将互争**不明**及他人田产，妄作己业，朦胧投献官豪势要之人，与者、受者，各徒三年。○**5.75.0.4 盗卖与投献等项**田产及盗卖过田价，并**各项田产中**递年所得花利，各**应还官者**还官、**应给主者**给主。**

**释　义**

本节所规定者，计分八种：（一）盗卖他人田宅；（二）将自己不堪田宅与他人换易；（三）冒认他人田宅作自己；（四）虚钱实契之典卖；（五）侵占他人田宅；（六）强占；（七）将互争不明之产投献；（八）将他人田产冒作自己投献于人。以上八种，均属无效。除刑事部分已经失效，应依刑法处断外，其田产、田价并递年田产内所得之花利，统应追还。所谓“还官给主”者，谓如系官产则还官，如系私产则给主是也。

**判决例**

无权限人与人约定，绝卖他人之产者，在债权法上，该契约当事人间虽可有效发生权利义务关系，而于他人物权之取得，则非由诺约人先取得其物权后再为有效之物权移转契约不可。（三年上字第四五号）

若卖他人所有之物或不确定之物，则其债权契约，虽属有效，然不能即发生移转物权之效力。（二年上字第八号）

无所有权之第三人，私擅将他人不动产出卖者，此项行为，无论买主是否知情，当然不发生物权移转之效力。买主有因此已缴买价，或受其他损害者，只可径向冒称业主之卖产人请求赔偿，而不得以此为由，对抗真正之所有权人。（四年上字第九五号）

**解释例**

私擅售卖他人所有物者，不问买主是否知情，其卖约为无效，即应将原物交还物主。如因买卖无效受有损失（在此案如迁坟等费），得因买主之请求，查明，责令擅卖之人赔偿。（六年统字第六六三号）

查善堂公置义地，被人盗卖，如未经合法代表善堂之人依法追认，则无论该地已否葬有坟墓，买受人是否知情，并是否涉及外人，其买卖无由认为有效。（七年统字第八五六号）

甲强占乙地，建筑房屋，尚未竣工，而被乙拆毁者，甲应有回复原状交地之义务。乙之拆屋，如已超过回复工事所必要之程度，以该部分之损害为限，应予调查赔偿。（七年统字第八九〇号）

盗卖田宅条例 5.75.(3) **军民人等将争竞不明，并卖过及民间起科，僧道将寺观各田地，若子孙将公共祖坟山地，朦胧投献王府及内外官豪势要之家，私捏文契典卖者，投献之人依律问拟。其受投献家长，并管庄人，参究治罪。**

**释　义**

本节系就律文所设投献之禁。推广言之，计分五种：（一）将争竞不明之田地投献于人；（二）将卖过田地投献于人；（三）将民间起科田地投献于人；（四）僧道将寺观田地投献于人；（五）子孙将公共祖坟山地投献于人。凡此五种，其授受行为，亦为无效。

**判决例**

茔地为公同共有性质。非遇有必要情形，经派下各房全体同意，或已有确定判决后，不准分析让与，或为其他处分行为。违者，其处分行为无效。（四年上字第二二六七号）

凡寺院产业，由施主捐助者，即为公产。该寺院之代表人（住持），对于此种产业，仅有管理之权，而不能任意处分。（三年上字第三三号）

凡施主捐助之产，其所有权属之寺庙。住持非得原施主或其后人之同意，并经该管行政衙门核准后，不得私擅变更捐施之目的而为处分。（四年上字第二〇四号）

寺院产业，由施主捐助者，即为公产。该寺院之住持，对于此种产业，仅有管理之权，而不能任意处分。若由住持私置之产业，则其所有权即属之该住持，该住持当然有完全处分之权。（六年上字第一〇〇九号）

由施主捐助之庙产，纯为宗教公产。其所有权，不属于原施主，亦不属于住持，而专属于该寺庙。故其住持管理不当，或有他种情弊，施主虽可出而干涉，要不能擅行收回管理。（五年上字第二五五号）

**解释例**

在某庙住持，将该庙产业盗当、盗卖，经人告发，由该管地方官署，依照《管理寺庙条例》第十条及第二十五条，①将所盗当盗卖之庙产一部收回充公益事项，该盗当、盗卖之受主，不服该管地方官署之处分，提起上诉于司法官署。查地方官署，依《管理寺庙条例》，固有收回盗卖庙产之权，惟该条例所以赋予此项权限者，乃使其以代表公益之资格，为私权救济之行为。住持盗卖庙产，在私法上本属无效行为，原施主各得依法主张。不过原施主及其后人，因有种种原因，未必即能出而过问，地方官署则可随时监视，适宜办法。其收回行为，虽以行政处分出之，而该项买卖之效力，不能因此脱出私法之支配。卖主若主张正当理由，（如证明该卖业确非庙产，或已得官署允许及施主同意，并非盗卖等理由）谓卖约有效，而提起诉讼，司法衙门自不能斥为行政事项，不予受理。且为此收回处分之官署，在诉讼法上，即应为被告官厅，未能拒不应诉。（下略）（六年统字第七二六号）

---

① 《管理寺庙条例》（四年〔1915 年〕十月二十九日教令第 66 号）：

“第十条　寺庙财产不得抵押或处分之。但为充公益事项必要之需用，禀经该管地方官核准者，不在此限。”

“第二十五条　违背第十条规定抵押或处分寺庙财产时，由该管地方官署收回原有财产或追取原价给还该寺庙，并准照第二十三条规定办理。”

“因而得利者，并科所得总额二倍以下之罚金。若二倍之数未满三百元者，并科三百元以下之罚金。”

盗卖田宅条例5.75.(4) **凡子孙盗卖祖遗祀产，并义田，及历久宗祠者，俱照盗卖官田宅律定拟，罪止徒三年。知情谋买之人，各与犯人同罪。房产收回，给族长收管；卖价入官。不知者，不坐。其祀产、义田，令勒石报官，或族长自立议单公据，方准按例治罪。如无公私确据，借端生事者，照诬告律治罪。**

**释　义**

本节亦就律文盗卖之禁。推广言之，凡祀产、义田、宗祠，均有保存之必要，故例文亦设禁止盗卖之规定。违者，除刑事部分应依刑法处断外，其盗卖行为，应认为无效，仍予收回。

**判决例**

祭田设定之方法虽有种种，而其管业权，应自亡人死后，即归属于后嗣共同享有。若因不得已情形，得由共同协议处分之。（二年上字第八号）

尝田系属其子孙共同享有，其权利性质，法律上本为一种之共有关系。故非经共同享有人之同意，无论何人，不得就该祭田对他人擅为永佃关系之设定。（二年上字第一一九号）

共有财产，除有特别法令或习惯法则外，非得共有人全体之同意，不得处分。祖先祭产，为子孙所共有，其非一部分子孙所得私擅变卖，固不待言，即系当日创置此项祭产之人，一经捐出，亦已退处于共有人之地位，不能复有特别处分之权。（四年上字第六六九号）

祀产系共产性质，其所有权属于同派之各方。自其维持祖先祭祀之宗旨言之，原期永远保全，不容擅废，故凡设定祀产字据内例有“永远不得典卖”等字样。然查我国惯例，此等祀产，遇有必要情形，（例如，子孙生计艰难，或因管理而生重大之纠葛）得各房全体同意时，仍得分析典卖或为其他之处分行为。此种惯例，并无害于公益，亦不背于强行法规，即《现行律》关于盗卖祀产之规定，意亦仅在禁止盗卖。所谓盗卖者，以无出卖权之人而私擅出卖之谓。如未经各房同意，仅由一房或数房主持出卖，固在盗卖之例；若已经各房全体同意，自不得以盗卖论。（四年上字第七七一号）

族人处分祖遗祭田，以共有物之常规言之，自当以得族人全体之同意为有效要件。惟依地方旧有之习惯或族中特定之规约，各房房长可以共同代理全体族人以为处分，抑或各房房长集众会议，可依族人多数议决以为处分者，则依该习惯或规约之处分行为，虽未得族人全体同意，亦应认为有效。（四年上字第九七七号）

祀产系共有(姓)〔性〕质，其所有权属于同派之各房。自其设定之宗旨言之，本期永远保全，不容擅废。（四年上字第一七七一号）

公同共有之祖茔山地，各共有人能否进葬，应以向来有无进葬事例或特别规约为断，与通常处分公同共有物概须他共有人同意之情形，原不相同。（十五年上字第九六三号）

盗卖田宅条例 5.75.(5) **凡雇工、庄头人等，因伊主外出，私自盗卖所遗田产，至五十亩者，流三千里；不及前数者，照盗卖官田律治罪。盗卖房屋，亦照盗卖官宅律科断。谋买之人，与串通说合之中保，均与盗卖之人同罪。房产给还原主，卖价人官。其不知者，不坐。**

**释　义**

本节亦就律文所设盗卖之禁。推广言之，除刑事部分已经失效，应依刑法办理外，其盗卖田宅行为，亦为无效。不问买者知情与否，均应追回田宅，给还原主。

盗卖田宅条例 5.75.(2) **凡人民告争坟山，近年者，以印契为凭。如系远年之业，须将山地字号、亩数及库存鳞册，并完粮印串，逐一丈勘查对，果相符合，即断令管业。若查勘不符，〔又无完粮印串，〕其所执远年旧契及碑谱等项，均不得执为凭据，即将滥控侵占之人，按例治罪。**

**释　义**

本节规定告争坟山之要件，分为近年、远年两种。近年之山，其契据大都存在，故以印契为必要。远年之山，恒不能提出契据，故以字号、亩数、鳞册、粮串之符合为必要。若字号、亩数与鳞册不符，又未执有粮串，则虽提出远年旧契及碑谱等物，均不足凭信。盖不动产是否确未移转于人，要非旧契碑谱所能证明也。

**判决例**

查例载"人民告争坟山，近年者，以印契为凭。如系远年之业，须将山地字号、亩数及库存鳞册，并完粮印串，逐一丈勘校对，果相符合，即断令管业。若查勘不符，又无完粮印串，其所执远年旧契及碑谱等项，均不得执为凭据"等语，是山地字号、亩数相符，及持有完粮印串，为告争远年坟山必要之条件。(三年上字第四三七号)

《现行律例》载"人民告争坟山，近年者，以印契为凭。如系远年之业，须将山地字号、亩数及库存鳞册，并完粮印串，逐一丈勘查对，果相符合，即断令管业。若查勘不符，又无完粮印串，其所执远年旧契及碑谱等项，均不得执为凭据"等语，寻绎律意，诚以远年坟山，并非不许告争，惟代远年湮，不免以旧契碑谱，借为影射之具。故如一造执有完粮印串，其山地字号、亩数及库存鳞册，均能查勘相符，而他一造仅有远年旧契及碑谱等项，自不得执为管业凭据。若两造均无完粮印串，亦无山地字号、亩数及库存鳞册可以查勘，即应汇集其他证据，斟酌认定。如旧契碑谱等项，亦得为认定事实之资。盖各处山地，情形不一，倘必以律例所载认为法定证据，凡属告争远年坟山，均须山地字号、亩数相符及持有完粮印串，则未有山地字号、亩数及不须完粮之处，即无异绝对禁止其告争，按诸立法之意旨，殊不无背戾。此本院认为至当之解释，业经民庭总会决议而变更先例。(十五年上字第九五九号)

坟之与地,本非绝对不可分离,非二者间特有相为连锁之证明,未便遽认坟主为地主。所谓连锁之证明者,即其证据,于证明坟主关系之外,对于地主关系,亦有相当之证明力。此在本院已著为判例。(十五年上字第九五九号)

**解释例**

如原告不能证明该墓为其所有或占有,自无禁止他人祭扫之理。(八年统字第九二一号)

所询情形,如其人不能证明该古冢未经合法移转,且其自己有管理该冢之合法原因,自不许其对地主请求标管。(十一年统字第一七四一号)

如甲并非代理丙起诉、受诉,自不能为丙争执祖坟。惟甲之主张,如系谓地为己有,坟则丙有,以之为对乙主张祖坟之抗辩时,尚非无权告争。(九年统字第一二八八号)

关于坟之一点,已有互认,并无争执时,则虽所争之地,即在坟旁,仍为专争土地所有权之诉。(九年统字第一二八八号)

两造讼争山场,以坟立证,如并就坟内尸骨为先决争执,自系有诉或反诉,应仍认为亲属事件。所争是否有服先祖,在所不问。(九年统字第一二九四号)

已绝旁系尊亲属之坟及坟地被人侵害,如该旁系子孙在继承法上立于应继之地位,或该坟地向归其管理,虽未依律继承,而亦应认其有告争之权。(十五年统字第一九九号)

典(卖)〔买〕田宅律文5.76.0.2 **若将已典卖与人田宅,朦胧重复典卖者,以所得**重典卖之**价钱,计赃,准窃盗论,追价还**后典(卖)〔买〕之**主。田宅从原典买主为业。若重复典买之人及牙保知**其重典卖之**情者,与犯人同罪,追价入官;不知者,不坐。**

**释　义**

本节规定重复典卖之无效。一产两典,谓之“重典”;一产两卖,谓之“重卖”。其既卖而复典者,亦同;若既典而复卖,则不包括在内。盖典产无禁其出卖之理由也。重复典卖,其后典、后卖无效。所典卖之产,应仍属于先典、先买之人,并应追还后典、后卖之价,给还后典、后买之人。盖先典卖之契约,既有效成立,则后典卖之契约,自应认为无效也。

**判决例**

律载“若将已典卖与人田宅,朦胧重复典卖者,追价还主。田宅从原典买主为业”等语,是在现行法上,不动产之所有人,以一不动产出卖,如其买卖业经合法成立,则仅最初之买主取得其不动产之物权。至价钱之交付,系买卖契约之履行,并非买卖契约成立之要件。故买主不依约支付价金,虽可为买卖契约解除之原因,而未经解除以前,其最初买卖,仍属有效。决不能因此遂复以裁判令第三人取得该物所有权,致以一不动产而有两重之买卖。(四年上字第三二五号)

不动产之所有人,以一不动产为二重买卖者,其嗣后所缔结之买卖契约,无论其

买主是否善意,要皆不过发生债权法上之关系。(四年上字第二二五九号)

按《现行律》田宅门“典(卖)〔买〕田宅”律文载,“若将已典卖与人田宅,朦胧重复典卖者,追价还主。田宅仍从原典买主为业”云云,其所谓“典卖于人”者,自系指设定移转不动产之契约(物权契约)业经合法成立者而言,非仅缔结买卖之债权契约者所可遽行援用。但现在登记制度,尚未颁行,而依向来惯例,则移转不动产所有权之物权契约,通常以作成契据为其成立要件。(除有特别习惯法则外)故经合法作成契据,一经交付之后,其标的物之所有权即移转于让受人。倘原所有人有重复典卖情事,则后典后买之人,即使确系善意,亦仅能对于原所有人请求返还价金及赔偿因此所生之损害,而不能取得典权或所有权。(五年上字第二〇八号)

就同一不动产上先后设定之物权,若均为不动产典权,则依《现行律》中禁止重复典卖田宅之明文,自不能不认其后之典约为无效。(五年上字第八八七号)

《现行律》所谓“不得重复典卖”者,系指既典之产不得重典、既卖之产不得重卖而言,非谓既典之产,即应归典主先买,意极明了。故该产曾经典主受典与否,要与其应归何人承买无关。(五年上字第八九七号)

买主就同一标的物为二重买卖,在前之卖约仅发生债权关系,而后之卖约已发生物权关系者,即令后买主缔结卖约实有恶意,其对于前买主,亦仅发生是否侵害债权及应否赔偿损害之问题。前买主对于后买主,不能就该标的物已经发生之物权关系,主张其为无效。(十年上字第七〇四号)

买卖预约,其效力仅足使当事人间发生缔结正式契约之债务。故就不动产为买卖之预约,该预约之买主,在未与卖主正式立约以前,尚无从主张物权之取得。此因不动产物权之设定或移转,均以订立书据为成立之要件也。(十四年上字第三七九二号)

不动产之所有人,以不动产为二重买卖者,依《现行律》关于“朦胧重复典卖田宅,从原主为业”之规定,自应由最初成立买卖契约之人,取得该不动产之所有权。(十四年上字第三七九二号)

**解释例**

就同一物重复典当,在后者,依法无效,自无告争回赎可言。(六年统字第六〇六号)

查重复典卖,其后典、后卖为无效,继续有效之前清《现行律》定有明文。甲最先将住房典乙,如果属实,则其再典与丙、丁,均不能有效。故无论甲是否濒于破产,只乙就该房优先受偿。有余,始能比例平均分还丙、丁。所引本院二年上字四六号判例,不无误会。(八年统字第一一三九号)

如来电所述情形,(按原文:执行地亩,已经裁判上确认有第三人典权存在。惟典产系于第三人依拍卖期限声明后,由执行处发给权利移转书据,交声请执行人收受。第三人提起执行异议之诉时,已经执行程序终结,碍难就异议之诉,为合法停止执行之裁判。于判决内谕知应另行提起损害赔偿之诉,以资救济。第三人待其判决确定后，遵判起诉，至是发生主体与责任问题）该第三人之典权，仍应继续存在，对于声请执行人，自可依法行使，不别生主体与责任问题。（十三年统字第一八八六号）

典律(卖)〔买〕田宅律文 5.76.0.3 **其所典田宅、园林、碾磨等物，年限已满，业主备价取赎。若典主托故不肯放赎者，<u>处四等罚</u>。限外递年所得(多余)花利，追征给主。(仍听)依(原)价取赎。其年限虽满，业主无力取赎者，<u>不拘此律</u>。**

**释　义**

本节为关于典产回赎之规定。典产不定年限者，业主随时可以回赎，典主亦得随时要求业主回赎。若定有年限，双方均受契约之拘束。年限未满，业主不得要求回赎；年限已满，典主亦不得措不放赎。惟回赎为业主之权利，而放赎为典主之义务。故本律对于典主之不肯放赎，特设追征花利及仍依原价取赎等规定；而对于业主之无力取赎，则不另定何种办法，一任当事人之意思定之。（或展限，或续典，或转典，或找绝）盖义务不容违反，而权利之行使与否，属于权利人之自由也。

年限已满，方准业主备价回赎，纯然为保护典主之利益。但此种规定，非有强行的性质。故典主舍弃年限的利益，允许业主于限内回赎，即无遵守此种规定之必要，盖私权固以自由处分为原则也。

于此有应注意者，关于典产之回赎，曾经前北京司法部订有《清理不动产典当办法》，于民国四年〔1915 年〕十月六日呈奉批准施行。嗣后关于典产回赎事件，应依该办法之规定办理。该办法无规定者，方可适用本律。

**判决例**

《现行律》载“其所典田宅、园林、碾磨等物，年限已满，业主备价取赎。若典主托故不肯放赎者，处罚。限外递年所得花利，追征给主。依原价取赎。其年限虽满，业主无力取赎者，不拘此律”等语，是民间取赎田亩，双方均须遵守约定之期限。若典主不依期限放赎，于法固有一定制裁。其典主依限催赎者，自无独许业主不遵期限取赎之理。（三年上字第七六二号）

典产原约定有每年一定日期以前回赎之制限者，必须依期声明回赎，并实已备价。否则，即令依期声明回赎，亦为无效。若已备价，在日期前声明回赎，而因归责于典主之事由，不能交价者，则迟延之责，当然由典主任之。（三年上字第六一二号）

凡典当不动产，原立典契未载明典当年限者，即可认为无期限收赎之契约。除应受现行《不动产典当办法》之拘束外，业主随时自行备价请求回赎，典主于法并无可以拒绝之理。（五年上字第一二九六号）

**解释例**

乙、戊之转典，既经甲事前明白否认，并已提议取赎，戊自无对甲主张转典、拒绝

交房之理。(九年统字第一二七二号)

查"回赎"云者,系备价请求收还典当物之意,并不以向审判衙门告争为限。(十年统字第一五〇一号)

典(卖)〔买〕田宅条例5.76.(2) **卖产立有绝卖文契，并未注有"找贴"字样者，概不准贴赎。如契未载"绝卖"字样，或注定年限回赎者，并听回赎。若卖主无力回赎，许凭中公估找贴一次，另立绝卖契纸。若买主不愿找贴，听其别卖，归还原价。倘已经卖绝，契载确凿，复行告找、告赎；及执产动归原先尽亲邻之说，借端掯勒，希图短价；并典限未满，而业主强赎者，俱照不应重律治罪。**

**释　义**

本节为关于卖产贴赎之规定。例定甚明,无俟解释,惟应查照《清理不动产典当办法》之规定办理。

**判决例**

不动产之移转,在现行法上,自当以契据为重要之证凭。故凡告争田产,而原业主实已绝卖,契载确凿者,即应由现业主管业。原业主不得凭空争执,借词回赎。(二年上字第一七一号)

《现行律》内载"卖产立有绝卖文契,并未注有'找贴'字样者,概不准贴赎。如契未载'绝卖'字样,或注定年限回赎者,并听回赎。若卖主无力回赎,许凭中公估找贴一次,另立绝卖契纸。若买主不愿找贴,听其别卖,归还原价"等语,是文契苟未载"绝卖"字样,并听回赎,不问其为典、为买。惟所谓"绝卖"字样,亦不得拘泥于文字,盖即永久让与断绝关系之意义。苟契内未注明回赎,而实表示有永久让与之意思者,即应作为绝卖论。若其契内文义,让与之久暂,未能明晰,自应审究当时立契情形,以解释当事人之意思。如当事人原有回赎之意思者,则虽契内有"买卖"字样,仍须听其回赎。(三年上字第七五一号)

《现行律》内载"卖产如契未载'绝卖'字样,或注定年限回赎者,并听回赎。若卖主无力回赎,许凭中公估找贴一次,另定绝卖契纸。若买主不愿找贴,听其别卖,归还原价"等语,是可见典主不愿找贴,业主无力取赎者,例许其另卖归价,而无容许业主强行主张加绝找贴之理。(三年上字第七六二号)

《现行律》内载"卖产立有绝卖文契,并未注有'找贴'字样者,概不准贴赎。如契未载'绝卖'字样,或注定年限回赎者,并听回赎。若卖主无力回赎,许凭中公估找贴一次,另立绝卖契纸。若卖主不愿找贴,听其别卖,归还原价",又载"民间置买田业,如系典契,应于契内注明'回赎'字样;如系卖契,亦于契内注明'绝卖、永不回赎'字样"等语,绎释上开条例,凡典卖产业,定期回赎者,原业主(即卖主或出典主)于期满后无力回赎,冀得找贴者,其催告之责自在原业主;反是,原业主至期不赎,而买主或典主即欲收归(已)〔己〕有者，则催告之责，应转由买主或典主负担。故原业主逾期不催，则失其找价之权利，而仍得请求回赎；买主、典主逾期不催，则失其主张绝卖之权利。而自其告知相当期间实行催告后，原业主仍逾期不赎时，亦能为绝卖之主张。特为当事人便利计，当事人双方逾期未为催告，若系对于相对人有表示愿找价或作为绝卖或别卖意思之事实时，则亦以有催告论。(四年上字第二一〇号)

《现行律》“卖产立有绝卖文契，并未注有‘找贴’字样者，概不准〔贴〕赎。如契未载‘绝卖’字样，或注定年限回赎者，并听回赎”等语，寻绎律意，是卖产虽定有绝卖文契而注有“找贴”字样者，及契未载“绝卖”字样，或契内虽载有“绝卖”字样而注定年限回赎者，均准回赎。律文虽简略，而其意则至明晰。(四年上字第一九五〇号)

《现行律》“卖产立有绝卖文契，并未注有‘找贴’字样者，不准贴赎”之规定，原为保护买主之利益而设。若买主自愿抛弃此项利益，而与卖主订立找贴契约，自非法所不许。该契约如果属实，即应发生法律上之效力。(七年上字第五七六号)

《现行律》载“典限未满，业主强赎者，照不应重律治罪”等语，除关于治罪一节不适用外，依照律文，典产自不许业主于典限未满前强行告赎。(七年上字第一〇〇六号)

典限未满，业主请求找贴作绝，原典之权利毫无损失，自为法所不禁。若典主不愿找贴，则业主别卖，但使其原设之典权关系，买主情愿继受，则于典主之权利仍属毫无影响，典主自不得加以阻止。(七年上字第一〇〇六号)

转典契约，如其范围逸出原典约外，或加入原典约所不存在之条件，均不能对于原出典之业主而为主张，即业主可仍照原立典约赎回其所典之物。(三年上字第二七二号)

凡典主于其权利之存续期间内，得以自己之责任，径行转典于人。然转典权之范围，应以原典当权之范围为准，转典人亦仅能于该范围内行使其权利。苟典主于原典范围以外，更指定该典产为他项债权之担保，或加价转典者，其责任即应由典主负担。而设定典权人，即业主，只须备齐原价，即能直接向转典人取赎，消灭其物上之负担。(五年上字第一二九号)

不动产典主，就典权之标的物，所为转典行为，若依契约内容，并非完全为典权之让与，仅于原典权之范围内，以自己之责任，更行转典于人，则其对于该典当标的物之权利关系，即属仍然存在。故业主有时为消灭其物上之负担起见，虽得备齐原价，直接向转典权人将该典当之标的物赎回，然关于找价作绝之行为，则仍应向原典主为之。除有特约或特别习惯外，断不能不经原典主同意，即直接向转典权人为找绝行为，致令原典主对于该典产应有之权利受其损害。(五年上字第一二八〇号)

卖业先尽亲房之习惯，既属限制所有权之作用，则于经济流通上及地方之发达均有障碍，即难认为有法之效力。(四年上字第二八二号)

《现行律》虽载“卖主无力回赎，许凭公估找贴，另立绝卖契纸”，然此系专指自初并未绝卖，或已注定赎回至后(续)〔赎〕回无力者而言。苟其始即已绝卖，无复(续)回

〔赎〕之意，自无另行立契之必要。而其所谓“绝卖”，只须当事人间之原约有可认为绝卖之意思表示，并非限于契纸字面上之注明。（四年上字第一〇七七号）

地邻先买权之习惯，不能认为有法之效力，固为本院判例所明认，惟不动产抵当权人对于其抵当物，如于习惯认其先买权者，则因别种理由，尚不在应行拒斥之列。（六年上字第八八六号）

亲房拦产之习惯，既经《现行律》明示禁止，且仅足长亲房把持措勒之风，于社会经济殊无实益，自难认其有法之效力。（六年上字第一〇一四号）

**解释例**

《现行律》“典(卖)〔买〕田宅”门内“若卖主不愿找贴，听其别卖，归还原价”之规定，于典主不愿得业时，自应准用。盖买主、典主，虽微有不同，其为不愿得业则一，故不能不适用同一之规定。至别卖所得，如不及原价，自应责令业主补足。（四年统字第二二六号）

应行作绝之产，如典主仍允找价，即系当事人舍弃时效之利益，应为有效。本院八年上字第六八五号判例与统字第一七〇二号解释，并无抵触。（十一年统字第一七一六号）

所询情形，系附买回期限之卖契，依其性质，自为典契之一种。惟逾期不赎，以合意作绝论。《清理不动产典当办法》已有明文规定，希即查照办理。（十一年统字第一七四六号）

查原典主以其典权移转于人，所立契约，并未注明“回赎”字样者，自与转典不同，不得许其再行回赎。如来函所述文水县习惯，原典主（文水县原呈所称“转典主”应系“原典主”之误）得足典价，即全行脱离关系与永无回赎权，自应认为当事人意思在移转典权。纵用“转典”字样，亦不能以转典论。（十三年统字第一八八一号）

查来电所述情形，（**按原文：活卖契内，载“价若干、利几分”，批明“原价回赎”，已经过六十年，系绝产，抑系债务？**）如由卖主给付利息，该不动产并不交归买主使用收益，则虽名为“活卖”，实为抵押，自无适用《清理不动产典当办法》之余地。如因卖主积欠利息，该不动产交归买主使用收益，可认当事人之意思已改为典当，即应适用《清理不动产典当办法》，由此时起算该办法所定回赎期限。（十三年统字第一八八五号）

如来电所述情形，（**按原文：执行地亩，已经裁判上确认有第三人典权存在。惟典产系于第三人依拍卖期限声明后，由执行处发给权利移转书据，交声请执行人收受。第三人提起执行异议之诉时，已经执行程序终结，碍难就异议之诉，为合法停止执行之裁判。于判决内谕知应另行提起损害赔偿之诉，以资救济。第三人待其判决确定后，遵判起诉，至是发生主体与责任问题**）该第三人之典权，仍应继续存在，对于声请执行人，自可依法行使，不别生主体与责任问题。（十三年统字第一八八六号）

典主之推吐据，如可认为系属更新典约，而其订立又在《清理不动产典当办法》施行以前，则自立据时起算，苟未逾该办法第二条及第三条之期限，自应许其回赎。

否则仅为续典，依照该办法第二条规定，自无许其回赎之理。（十五年统字第一九七一号）

典卖田宅条例5.76.(3) **民间置买产业，如系典契，务于契内注明“回赎”字样；如系卖契，亦于契内注明“绝卖、永不回赎”字样。如有混行争告者，均照不应重律治罪。**

**释　义**

本节为关于卖契典契方式的规定，应参照《清理不动产典当办法》之规定办理。

**判决例**

《现行律》“典卖田宅”条之规定“凡绝卖之产，均须注明‘作绝’字样”（或与“作绝”有同一效力之字样）。其不注明者，自应以活卖论。（四年上字第二四五〇号）

盗耕种官民田律文5.77.0 **凡盗耕种他人田**园土地**者，**不告田主，**一亩以下，处三等罚；每五亩加一等，〔罪〕止八等罚。荒田减一等。强者，**不由田主。**各加一等。**仍追所得**花利**官田**归官、**民田**给主。**

**释　义**

本节为禁止盗耕种他人田地而设。不问其为私自耕种，或用强耕种，同在禁止之列。惟处罚规定，已经失效；其有效者，仅追给所得花利之部分而已。

**解释例**

甲旅居于外，甲有荒地，乙既以甲之户名报粮耕种，自系为他人管理事务。其因耕种所得花利，苟无反证，自可认为为甲占有。均应依民事法则，分别办理。（七年统字第八九五号）

侵占街道律文30.388.0 **凡侵占街巷道路，而起盖房屋，及为园圃者，处六等罚，各令**拆毁。修筑**复旧。**

**释　义**

本节为禁止侵占街巷道路而设。按于私有地界外，建筑房屋、墙壁、轩楹等类，《违警罚法》已有明文禁止，本律所有效适用者，仅拆毁、修筑复旧之部分而已。

**判决例**

依民事条理，行使权利，若非图自己之利益，而专以损害他人为目的者，谓之“权利之滥用”，不在法律保护之列。是故占有人于其占有土地所建筑之房屋，土地所有人虽得请求拆去，然依其情事，可认土地所有人依占有人请求偿以相当费用而将房屋收归己有实与请求拆去房屋可得全然同一之利益者，若土地所有人必使占有人拆去房屋，以损其价格，自不得谓非权利之滥用。（十五年上字第六一〇号）

## 第二节 动 产

得遗失物律文 9.126.0.1 **凡得遗失之物，限五日内送官。官物尽数还官。私物（招）〔召〕人识认，于内一半给与得物人充赏，一半给（遗）〔还〕失物人；如三十日内无人识认者，全给。五日限外不送官者，官物，坐赃论；罪止徒三年，追物还官。私物，减二等，其物一半入官，一半给主。若无主，全入官。**

**释 义**

按遗失物之拾得，为取得动产所有权之原因，但以私物为限。若官物，则不能以无主论也。所得之遗失物，如系私物，尚须送官招认。限内有人认领，则令得物人与失物人平分；若限内无人认领，则归得物人具领。此于得主、失主双方均受保护，盖亦得情理之平也。

**判决例**

《现行律》"得遗失物"门规定"凡拾得遗失之物，限五日内送官。若系私物，应召人认识，于内一半给予得物人充赏，一半给还失物人；如三十日内无人认识者，全给。若于官、私地内，掘得埋藏无主之物者，并听收用"等语，此项规定，依本院历来判例，自应继续适用。（三年上字第二九二号）

得遗失物律文 9.126.0.2 **若于官、私地内，掘得埋藏无主之物者，并听收用。若有古器、钟鼎、符印、异常之物，非民间所宜有者。限三十日内送官。违者，处八等罚，其物入官。**

**释 义**

按埋藏物之掘得，亦为取得动产所有权之原因，但以无主者为限。其有主者，则应归还原主，不能听其使用也。又其物若非民间所宜有之物，则亦应送官。

**判决例**

前人窖藏之物，一时失灭所在，而经发现者，自应准用遗失物规定，予以判断。（三年上字第二九二号）

# 第七章　钱　债

违禁取利 9.124.0.1 律　文　**凡私放钱债，及典当财物，每月取利，并不得过三分。年月虽多，不过一本一利。违者，处四等罚。以余利计赃，重者，罪止十等罚。**

**释　义**

本节为关于利息之规定。各国法律，大都规定利率；我国《民律草案》，亦定每年利率百分之五。本律只规定利息之最高限度。在此限度以内，一任当事人自由约定。苟不超过三分，其约定均为有效。若债务之年月过多，其本利均未偿还者，以利息不超过原本为最高限度。然此系指现在所欠之利息而言，其从前已纳之利息，不得计算在内。

**判决例**

凡约定利率未超过每月三分者，不得谓为无效。（三年上字第七九三号）

《现行律例》原有"应付欠息不得超过原本（即一本一利）"之禁令。（三年上字第八四三号）

金钱债权，苟未逾一本一利之限制，则其债权关系存在一日，即应负一日之利息。（四年上字第一〇六五号）

《现行律》载"一本一利"之规定，其已经偿还之利息，自不得合并计算。（四年上字第一四六四号）

两造原立借约既定为五分利率，按诸《现行律》"月息不得过三分"之规定固有不合，惟原约所不合法者，仅以其已超过三分，则在三分之限度内，自不能不认原约之效力。（六年上字第七〇〇号）

《现行律》所谓"私放钱债，年月虽多，不得过一本一利"者，原系一般强制之规定，即钱庄放款，亦不能独异。（六年上字第一〇二号）

金钱债权之利息,依照现行通例,固应以清偿之日为计算之终结期。但计算结果,如利息之额数(除已付之利息而言)实已超过原本,则因"私债不过一本一利",《现行律》有规定明文,即应受其限制。(七年上字第二七七号)

民事条例,利息为原本使用之对价,固应依一定之比例,应于原本债权之额而为给付。惟当事人于订立债权契约之初,如将应行给付之利息而约定预为给付,于法并非不能准许。(十四年上字第三五六三号)

债务人履行迟延时,对于债权人,应赔偿其损害。若其债务系金钱债务,固应依通行利率,以定损害额数。但约定利率,超过通行利率者,则依约定利率计算。(十四年上字第三五六三号)

《现行律》载"私放钱债,每月取利,不得过三分。年月虽多,不过一本一利",此为强行规定。故逾期延欠之利息,虽得依当事人合意或当地习惯,滚入原本,但不得逾越该项限制。如逾限制,应认逾越部分为无效。即令当事人间已另立新约,苟系同一原本,仍应同一论之。(十五年上字第五七五号)

迟延利息,固所以填补债权人之损害。而在利息债务之履行迟延,只得于具备一定条件之时,主张滚利作本,而不得请求迟延利息。盖以迟延利息,每日得以发生,苟在利息债务履行迟延,亦许债权人得以请求,不免常生重利之结果,殊为法所不许。(十五年上字第一五五四号)

查民事条理,有期限债权,债务人不能如期清偿;无期限债权,至利息积至一年以上;或商人定有营业年度,而至其年度不能清偿者,债权人得债务人之同意,得以滚利作本。若债务人不为同意,并无正当理由,得由裁判允许以为之代。在该地商场,有此项特别习惯者,纵未经债务人同意,亦得推定其同意之存在。但《现行律》规定"每月取利,不得过三分",此于滚利作本,仍应受其限制。(参照本院民国八年上字第六七号判决)(十五年上字第一五五四号)

**解释例**

一本一利,为《现行律》之强行规定。如执行名义,仅载付息至执行终结之日,则执行衙门,就利息执行,以至原本之数为止。(十年统字第一六三一号)

查利息应否与原本同一种类,依从来学者之主张,本有积极、消极二说。惟就中国情形观察,以甲说为当。至利谷之计算,应以订约时之市价为标准。(附原文:陕省习惯,每有金钱债务约定每年交谷作利者。此项利谷,是否适用《现行律》"每月取利,不得过三分。年月虽多,不过一本一利"之规定?甲说:此种利谷,当事人间已均认为使用原本金钱之对价,习惯上并久与普通利息同视。纵其为物,非与原本同其种类,亦应受《现行律》"每月取利,不得过三分。年月虽多,不过一本一利"之拘束。否则债权人必故意与债务人约定,以与原本异种类之物作息,巧为盘剥,《现行律》禁止重利之规定,将成具文矣)(十二年统字第一八四七号)

查《现行律》钱债门所谓“利”，不独填补利息，即有损害赔偿性质之迟延利息，亦应包含在内，均受一本一利之限制。（十三年统字第一八七七号）

约定以元豆付利，固应依约履行。惟月利不得过三分，乃为强行规定。原约年利元豆二十四石，如按时价，实超过月息三分之限制，自应折减至三分为止。（十五年统字第一九七九号）

算利标准，如原本江钱已因毛荒跌价，亦应按照当时钱价折合银洋计算。（十五年统字第一九七九号）

违禁取利9.124.0.2 律文 **违禁取利，以余利计赃，重者，准不枉法论。并追余利给主。**

**释 义**

本节规定违禁取利之制裁。前节所述“每月取利，不得过三分。年月虽多，不过一本一利”，为本律之强行规定，不容任意违反。其有违此禁令者，应将余利追还给主。所谓“余利”，即超过最高限度所得之额数是也。

**判决例**

《现行律》钱债门“违禁取利”条载“私放钱债，每月取利，不得过三分。年月虽多，不过一本一利”，又“违禁取利，追余利给主”各等语，是取利苟过月利三分或一本一利，即属违禁，应许借主得请求返还。如设定担保权者，就该违禁部分，并应许借主主张无效。（十四年上字第二五二九号）

违禁取利9.124.0.2 律文 **其负欠私债违约不还者，五两以上，违三月，处一等罚；并追本、利给主。**

**释 义**

本节系对于债务人违约不还之规定，为保护债权人而设。凡有约定期限之债务，债务人有依约偿还之责任。其违约不还者，应将本利并追，给还债权人。盖重利盘剥，固法所不许；而合法之本利，自应追还也。

**判决例**

有期限之债务，债务人虽得于期前为给付，而不得过期不为给付。（三年上字第四六三号）

有确定期限之债务，期限到来，债务人即须清偿。苟非得债权人同意，不得主张延期。（三年上字第九一九号）

债务已至清偿期者，审判衙门自应依债权人请求，判令债务人即时清偿。如果判决确定后，开始执行，而债务人现有资力不敷清偿，或就债务人财产执行而他债权人声述异议者，执行审判衙门固得另求公平之分配。要不能预期债务人无力清偿，遽对于债权人为不利益之裁判。（三年上字第一〇七〇号）

债权人允许债务人展缓债务履行之期，而并未定有展缓之期间者，则经过相当期间后，债权人再向之请求履行时，债务人即须应其请求以为履行。不能以曾经允许展缓，即可拒绝其请求。（三年上字第八七八号）

定期债务，已至履行期者，债务人应负即行清偿之责。至期满后犹不能清偿，则债权人自可随时请求清偿。（四年上字第一七一二号）

凡有确定期限之债务，期限到来，债务人即须清偿。苟非得债权人同意，不得主张延期。审判衙门亦不得反乎债权人之意思，判令债权人延长期限。（四年上字第三四五号）

金钱债务之定有期限者，届期应如约履行。除得债权人同意，或依照特别法令外，不容以不履行之原因出于事变为借口，而请求缓期或分期偿还。（四年上字第一三六四号）

凡定期债务，并未附有何等条件者，一经到期，债务人即应负清偿之责任。不能以契约当时所不存在之条件，为拒绝或延缓履行之抗辩。（四年上字第三三四号）

债务清偿之展期，本纯属债务人之利益，故债权人无论在审判上或审判外，苟表示允与展期之意思，则不待债务人之承认，自可发生效力。（四年上字第一九六八号）

金钱债权，不容有履行不能之观念。故债务已至清偿时期者，除有特别法令或债权人曾有特别之意思表示外，债务人不得以丧失资力为展缓之请求。（四年上字第三六五号）

债权法上，于金钱债权，不能发生给付不能之观念。债务人若因一定事由，致无力清偿债务，应认为执行不能或执行有窒碍，在执行法上，自有一定之办法。故或因事故不克履行者，惟债务人得债权人之同意时，可免除其义务之全部或一部，或展缓偿还之期限。否则不得以裁判及行政处分，强制债权人受其亏损。（四年上字第一〇二六号）

债务人于尚未宣告破产以前，向债权人为止利缓期之要求者，苟非该地方有习惯法则可据，断不能因多数债权人有允可止利缓期之事，遂以此强制其他债权人。（五年上字第一一五号）

分期归还之债款，固不得以未到期以前，请求清偿全部。惟债务人若虽未到期，而丧失资力，濒于破产，则为保全债权起见，应使债务人丧失期限之利益。（五年上字第二〇六号）

凡已达清偿期之金钱债权，经当事人改约分期归还者，如至分还之期，债务人仍不履行，自应准债权人声明解约，使得仍为全部履行之请求。但苟债务人因不能按约归还，设有分期归还之担保（保证人或物上担保），则届期如债务人不照约归还，债权人自可行使其担保权，而不得即向债务人声明解约。惟其担保已经消灭或减少，而债务人又不能设定其他相当之担保以代之者，债权人固仍得解除契约。（五年上字第五二一号）

债务已至清偿期者，债务人负即时清偿之义务。所有利息，亦应依约定利率，计至清偿之日为止。纵令其间债务人因不可祛避之事故，致资力受损，亦不得反于债权人之意思，而要求展缓清偿或减免利息。（六年上字第一二二七号）

已达清偿期之金钱债权，经(当人事)〔当事人〕改约分期归还者，如至分还之期，债务人仍不履行，自应许债权人声明解约，而使其得仍为全部履行之请求。但苟债务人若就分期应偿之债设有担保者，则债权人尚可行使其担保权，即不得谓债务人未经按期履行，而遽主张解约。至其担保物，如系担保分期各债之全部，而属于不可分割时，债权人因行使担保权利之故，自不得不使其以后各期之债，提前统受清偿。惟若因分期附有利息者，债权人自不得仍要求各该期之利息。(七年上字第六〇八号)

近来全国情形，系以银元为主币，铜元不过辅币之一。且容量较重，其授受之数，自不能超过于一元主币。在当事人于订立契约时，纵或表明钱数，而日后债务人履行债务，仍应按照订约时主币折合以为给付。盖铜元价值时有变迁，苟不以主币为准，无论铜元价值低落至若何程度，均得尽数以铜元给付而免其债务，殊于公平交易之原则不能维持，而立约当事人之真意亦不能符合也。(十五年上字第四一五号)

违禁取利 律文 9.124.0.3 **若豪势之人，**(于违约负债者，)**不告官司，以私债强夺去人孳畜产业者，<u>处八等罚</u>。**(无多取余利，听赎不追。)**若估**(所夺畜产之)**价过本、利者，计多余之物，<u>坐赃论</u>；依**(多余之)**数追还。**(主。) ○9.124.0.4 **若准折人妻妾、子女者，<u>处十等罚</u>。强夺者，<u>加二等</u>。因**(强夺)**而奸占妇女者，<u>绞</u>。人口给亲，私债免追。**

**释　义**

本节为禁止债权人非法行使权利而设。债务人违约不还，债权人应依正当手续，诉请官厅追偿。若不告官司，强夺债务人之孳畜产业，估计所夺之物价，如不超过本利，则应听债务人取赎；倘物价超过本利，则应将多余之数追还。其因债而准折人口者，亦应将人口给亲，并免追本利，以示制裁。至于强夺畜产行为，及准折人口、强夺人口、奸占妇女行为，应依刑法办理，故本律关于处罚之规定失效。

**判决例**

国家关于民事诉讼已有设备，则个人关于私权上之争执，尽可请求国家机关以公力救济。苟非真有急迫之情事，无须个人自为保全之行为。(三年上字第七七八号)

债权人如遇急迫情形，致其债权有不能受清偿之虞者，于必要限度内，固得以自力扣取债务人所占有之财产而保留之，以保卫其债权。(三年上字第五八〇号)

按《现行律》“违禁取利”门内规定“若豪势之人，不告官司，以私债强夺去人孳畜产业者，处罚。若估价过本、利者，计多余之物，坐赃论；依数追还”等语，寻绎立法本意，债权人恃强夺人财产，于法虽应严禁，然使债务人违约不为清偿，而债权人竟不能借自力以救济之，亦非情理之所应有。故凡债权人夺取债务人财产，而曾经将其事告于官司，即为适法行为。推而广之，则其时其地，在实际上已无官司可告，为保全债权起见，有不能不以自力救济者，虽债权人以私债取人财产，亦不得谓为违

法。(三年上字第八四二号)

《现行律》载"若豪势之人,不告官司,以私债强夺去人孳畜产业,(中略)若估价过本利者,计多余之物,(中略)依数追还",是即返还不当利得之法理。(五年私上第三九号)

《现行律》"违禁取利"条载"准折人妻妾、子女者,处罚。人口给亲,私债免追"等语,是"私债免追",仅指准折人妻妾子女者而言,与妓女自愿借钱为营业资本者,显然有别,自不能遽行援用。(五年上字第一二一六号)

违禁取利条例 9.124.(4) **放债之徒,用短票扣折,违例巧取重利者,严拿治罪,其银照例入官。受害之人,许其自首免罪,并免追息。**

**释 义**

利息之制限,为本律之强行规定,决不许任意违反。非特约定三分以上之利息,应认为无效,即用其他方法巧取重利者,亦同在禁止之列。本节所称"短票扣折",在名义上虽不超过三分,而实际则在三分以上,故亦予以严禁。

**判决例**

关于利息,除规定利率至多不得过三分外,并无何等之制限。惟每月息上加息之办法,其结果必间接超过三分利率,故依该律例之类推解释,自属不应许可。(三年上字第七一八号)

《现行律例》载"凡私放钱债及典当财物,每月取利,并不过三分",又载"放债之徒,用短票扣折,违例巧取重利者,治罪"等语,寻绎律意,凡利用其他方法,实系违例取利者,均在禁止之列。故就滚利言之,如当事人预为滚利之约,或债权人一方任意滚利入本,借收重利者,均为该律所不许。(四年上字第九三〇号)

凡以违背法律中禁止规定之事项为标的者,其法律行为为无效。如债权人乘债务人之急,故违现行法上"放债利息不许过三分"之规定,索取重利,而又巧避重利之名,将利息写成原本,则该借约关于违禁取利之部分,自属无效。(五年上字第四五七号)

# 第八章　买　卖

把持行市律　文 10.129.0.1 **凡买卖诸物，两不和同，而把持行市，专取其利；及贩鬻之徒，通同牙行，共为奸计，卖已之物以贱为贵，买人之物以贵为贱者，处八等罚。○10.129.0.2 若见人有所买卖，在旁混以己物，高下比价，以相惑乱而取利者，虽情非把持，处四等罚。○10.129.0.3 若已得利物，计赃，重者，准窃盗论。**

**释　义**

本节为禁止把持行市而设，计分三种：（一）买卖两不和同，而把持行市、专取其利者；（二）贩鬻之徒，通同牙行，共为奸计，卖物以贱为(买)〔贵〕，(贵)〔买〕物以贵为贱者；（三）见人有所买卖，在旁高下比价，以相惑乱而取利者。

把持行市条　例 10.129.(1) **各处客商辐辏去处，若牙行及无藉之徒用强邀截客货者，不论有无诓赊货物，依本律处八等罚。如有诓赊货物，仍勒追完足发落。**

**释　义**

本节系就律文推广言之。盖牙行及无藉之徒，用强邀截各货，其情与把持行市无以异也。

把持行市条　例 10.129.(3) **京城官地井水，不许挑水之人把持多家，任意(增)〔争〕长价值，及作为世业私相售卖。违者，许该户呈首，将把持挑水之人，照把持行市律治罪。**

**释　义**

本节亦就律文推广言之。盖官地井水，非私人所能专利也。

**解释例**

民事现在继续有效之《现行律》载"京城官地井水,不许挑水之人把持多家,任意增长价值,及作为世业私相售卖"等语,兹就民事言,该律例对于官地井水营业者,明禁其有分段专售之权。以此类推,私地井水,虽所有者可以自由营业,而把持售卖,则为贯彻律例保护一般市民之精神,亦当然应认其同归禁阻。是法有明文,即令习俗相安,仍未便显然悖反。此种惯行,即不能认为权利,而予以积极之保护。(六年统字第六七七号)

把持行市条例10.129.(5) **大小衙门公私所需货物,务照市价公平交易,不得充用牙行,纵役私取。即有差办,必须秉公提取,毋许借端需索。如有纵役失察,<u>交部分别议处</u>。所得赃、私货物,<u>分别给主</u>、<u>入官</u>。**

**释　义**

官厅向人民买卖货物,即立于私人地位,与人民之买卖无异,故设本节规定。

**解释例**

查国家在法律上原有两种资格,一为公法上之国家,一为私法上之国家。(学者特称之为"非司库司",①以别于公法上之国家)公法上之国家,对于人民,为权力服从关系,于一定限度内,固可用其强力。而私法上之国家,则与普通人同,其与人民间之权利义务,本属对等关系,无所用其强力。(中略)行政处分,乃国家本于其行政权之作用,对于人民命其为一种作为或不作为,或对于人民为一种许可或免除,又或对于人民付与一种权利,或剥夺其所与之权利,纯为国家在公法上之地位始能有之动作。至于国家与人民私法上之关系,自不容以强权侵害人民(契约相对人及第三人)之利益。不能以其为国家之故,遂可无一不特异于常人也。(七年统字第七五四号)

① "非司库司",系德语 Fiskus(国库,国家资产)之音译。17、18 世纪产生于德国的国库理论(Fiskustheorie)认为,在主权措施之外,君主被视为独立的、私法上的法人,即国库。参见[德]哈特穆特·毛雷尔:《行政法学总论》,高家伟译,刘兆兴校,法律出版社 2000 年版,第 15～16 页。

# 第九章　损害赔偿

律文 弃毁器物稼穑等5.79.0.1 凡故意弃毁人器物，及毁伐树木稼穑者，计赃，准窃盗论。官物加二等。若遗失及误毁官物者，各减三等。并验数追偿。还官给主。若遗失、误毁私物者，偿而不坐罪。

**释　义**

本节为关于毁弃动产追偿之规定。不问其为官物、为私物，亦不问其为故意毁弃、为过失毁弃，均应照数追偿。

**判决例**

因精神身体之状况需人监督者，若加害于第三人时，其法定监督人，除并未疏懈或虽加以相当之注意仍不免有发生损害之特别情事外，于法原应负赔偿之义务。（十五年上字第八七八号）

赔偿标准，于法原应以实际上所受之损害为限。（十五年上字第八七八号）

坟地系属公同共有，无论其全部或共有部分，均非经共有人全体同意，不得处分，已经本院著有先例。至坟地内之树木，在未与坟地分离以前，乃为坟地之成分，自亦当与坟地同论。苟出卖坟树，仅系廿数共有人出名，而无代理他共有之权限，则该契约即属根本无效，不但不得对抗他共有人，即在当事人间，通常亦不发生履行或赔偿损害之问题。不过该出卖人有使买主确信其有代理权之情形时，应适用无权代理之法则，仍许买主请求赔偿损害而已。（十五年上字第九〇三号）

被用人自身所负侵权行为之责任，固不因使用主之负有责任而减轻；而使用主所负责任，亦不因被用人自身之尚有责任而受影响。故被害人之请求赔偿，或向使用主为之，或向被用人为之，有选择权。惟使用主已为赔偿之后，对于被用人，自不妨行使求偿权。此皆本院所认为至当之条理也。

(十五年上字第一九五七号)

**解释例**

甲强占乙地建筑房屋,尚未竣工,而被乙拆毁者,甲应有回复原状交地之义务。乙之拆屋,如已超过回复工事所必要之程度,以该部分之损害为限,应予调查赔偿。(七年统字第八九〇号)

坟山既属供公用厝葬,自无问题。其将人已置空棺掘弃,在律尚无相当条文可以援用,亦不为罪。惟在民事方面,如有损失,应依不法行为之例,判令赔偿。(八年统字第一〇八九号)

弃毁器物稼穑等5.79.0.2 律文 **若毁人坟茔内碑碣、石兽者,处八等罚。毁人神主者,处九等罚。若毁损人房屋、墙垣之类者,计合用修造雇工钱,坐赃论。各令修立。官屋加二等。误毁者,但令修立,不坐罪。**

**释　义**

"修立"云者,谓所毁如系碑碣、石兽,则令重立;所毁如系房屋、墙垣,则令修复是也。

费用受寄财产9.125.0 律文 **凡受寄他人财物、畜产而辄费用者,坐赃论,减一等。诈言死失者,准窃盗论,减一等;并追物还主。其被水火、盗贼费失,及畜产病死,有显迹者,勿论。** 若受寄财物而隐匿不认,依诓骗律;如以产业转寄他人户下,而为所卖失,自有诡寄盗卖本条。

**释　义**

受寄他人财产畜物,受寄人负善良管理之责。若受寄人将财物擅自费用,应予追偿。但物之费失,系被水灾、火灾、盗贼,及畜产确系病死者,不能归责于受寄人,故不在赔偿之列。

**判决例**

律载"凡受寄人财物、畜产,其被水火、盗贼费失,显有形迹者,勿论"云者,系指费失之原因确能证实其非人力所能抵抗者而言。若虽遭水火盗贼,而受寄之人,力足抵抗,因其怠为相当之注意,以致费失者,仍应负赔偿之责。(七年上字第九一号)

以侵权行为占有他人所有物,因不能返还而应赔偿价额者,如其价额在侵权行为实施之后有涨落不定,应以其最高价额为赔偿标准。盖苟无侵权行为,所有人原得将该物以最高价额出售,此项利益,即可认为其所受之损害也。(十五年上字第一六〇〇号)

费用受寄财产9.125.(1) 条例 **一、凡典商收当货物,自行失火烧毁者,以值十当五,照原典价值计算,作为准数;邻火延烧者,酌减十分之二;按月扣除利息,照数赔偿。其米麦、豆石、棉花等粗重之物,典当一年为满者,统以贯三计算,照原典价值,给**

还十分之三；邻火延烧者，减去原典价值二分，以减剩八分之数，给还十分之三；均不扣除利息。至染铺被焚，即着开单呈报地方官，逐一估计，如系自行失火者，饬令照估赔还十分之五；邻火延烧者，饬赔十分之三。均于一月内给主具领。其未被焚烧及搬出各物，仍听当主、染主照号取赎。倘奸商、店伙人等，于失火时有贪利隐匿、乘机盗卖等弊，即照所隐之物，按所值银数，计赃，准窃盗论，追出原物给主。若只以自己失火为邻火延烧，希图短赔价值者，即计其短赔之值为赃，准窃盗为从论，分别治罪。如典商、染铺及店伙人等，图盗货物，或先有亏短因而放火故烧者，即照放火故烧自己房屋盗取财物，及凶徒图财放火故烧人房屋，各本律例，从重问拟。

**释　义**

本节为关于当铺、染铺被烧后赔偿之规定。其赔偿责任，因被烧原因而有轻重之不同。在自行失火，其责任重，故赔偿额较重；若系邻火延烧，其责任轻，故赔偿额亦较轻。盖一则有过失，一则无过失也。

于此有应注意者，本节规定典商之赔偿责任，专指当铺而言，其他关于民事上之典当（例如典当房屋）不包括在内。故普通典产烧毁，不能依本节规定办理。盖典商以收当货物为营业，其保管责任，理应加重，自非普通典产所能一律援用也。参照四年上字六五三号判例自明。

**判决例**

《现行律》“费用受寄财产”条例载“凡典商收当货物，自行失火烧毁者，以值十当五，照原典价值计算，作为准数；（邻火延烧者，酌减十分之二）按月扣除利息，照数赔偿”等语，是典商因失火烧毁收当之货物者，本应按值赔偿。其计算标准，既以当五作为值十（即按当加倍计算），则其赔偿之数，除将当本扣抵外，应再照当本赔足十成（即当本一元再赔一元），不过得按月扣除利息。（四年上字第二〇八三号）

凡怠于业务上应尽之注意，致侵害他人权利者，为侵权行为。对于被害人，自应负赔偿之责任。（三年上字第九五七号）

费用受寄财产条例 9.125.(2) 典铺被窃，无论衣服、米豆、丝棉、木器、书画，以及金银、珠玉、铜、铁、铅、锡各货，概照当本银一两，再赔一两；如系被劫，照当本银一两，再赔五钱；均扣除失事日以前应得利息。如赔还之后，起获原赃，即给与典主领回变卖，不准原主再行取赎。染铺被窃，照地方官估报赃数，酌赔十分之五。如系被劫，酌赔十分之三。均令于一月内给主收领。如赔赃之后，起获原赃，给与该铺具领，由地方官出示晓谕，令原主归还所得赔赃之资，将原物领回，仍查明已染、未染，分别付给染价。倘奸商、店伙人等，于失事后，有贪利隐匿、乘机盗卖等弊，即照所隐之物，按所值银数计赃，准窃盗论。若只以窃报

**强，希图短赔价值者，即计其短赔之值为赃，准窃盗为从论，分别治罪。**

**释　义**

本节系就当铺、染铺被窃或被劫，分别规定其赔偿额，并定赔偿后起获原赃之办法。

放火故烧人房屋律 26.340.0.1 文 **凡放火故烧自己房屋者，处十等罚。若延烧官民房屋及积聚之物者，徒三年。**〇26.340.0.2 **若放火故烧官民房屋及公廨、仓库、系官积聚之物者，皆绞。**监候。须于放火处捕获，有显迹证验明白者，乃坐。〇26.340.0.3 **并计所烧之物减价，尽犯人财产折锉赔偿，还官、给主。**除烧残见在外，其已烧物，令犯人家产折为银数，系一主者，全偿；系众主者，计所故烧几处，将家产锉为几分，而赔偿之，即官、民，亦品搭均偿。若家产罄尽者，免追。赤贫者，止科其(罚)〔罪〕。

**释　义**

本节规定放火之赔偿责任。因放火而烧毁他人房屋及其他财物，不问为直接的、为间接的，（放火故烧他人财物，为直接的；放火故烧自己财产，因而延烧他人财产，为间接的）概应赔偿。盖以故意损害他人权利者，当然负赔偿之义务也。赔偿方法，亦有明定之必要，故本律特设减价折剉等规定。

**判决例**

因故意或过失侵害他人之权利而不法者，于因侵害所生之损害，应负赔偿之义务。（三年上字第一〇一一号）

侵权行为之赔偿责任，其构成要件，一为加害人之故意或过失，二为被害人之损害，三为故意或过失与损害之因果联络。三者有一不备，斯赔偿之责任无由成立。（四年上字第四号）

凡以侵权行为损害他人之权(别)〔利〕者，应负赔偿之责。至其赔偿之标准如何，则不外由审判衙门查其实际上之损害，并其事由是否须归责于加害人，衡情以定其数额之多寡。（三年上字第四四八号）

侵权行为人，对于受害人，自应有赔偿损害之义务。惟此项赔偿义务，仅侵权行为人本人所负担。其妻当时既不知情，现又未占有其夫财产，自不能令其负以私财代夫偿还之责。（三年上字第二九〇号）

失火律文 26.339.0.1 **凡失火烧自己房屋者，处四等罚；延烧官民房屋者，处五等罚；因而致伤人命者，**不分亲属、凡人。**处十等罚；罪坐失火之人。**

**释　义**

本节对于失火之人，仅有处罚规定，而无赔偿规定，则凡因失火而延烧他人财产者，似可不任赔偿之责。但就条理及习惯言之，凡因过失而损害他人财产者，均应负赔偿义务。虽失火与其他过失，不能相提并论，但失火情节，轻重不同。在轻微过失，固不应责令赔偿；而重大过失，应有赔偿之必要。此在《民律草案》亦有同样之规定。观第一二五八号解释例自明。

**判决例**

侵权行为之构成，除行为人系有故意外，凡应注意并能注意而不注意者，为有过失，亦认为赔偿损害之原因。（五年上字第一〇一二号）

租房由租户失火，若系出于故意或重大过失者，失火之租户，对于被害人，应负赔偿之责；而由于通常过失者，则否。但各地方如有特别习惯者，仍应从其习惯。（六年上字第四三八号）

典产年限已满不赎，而典产延烧，典主未为起造新屋者，应由业主依照原典价减半取赎。即对于焚烧之屋，典主须负担原典价半额之损失。如系由典主自行失火，并非故意者，则其责任，亦须分别过失之等次（重大过失、普通过失、轻微过失），稍与加重。应听业主不付典价，消灭典权；（重大过失）或以原典价四分之一，（普通过失）或三分之一（轻微过失）赎取。即典主负担之损失，在重大过失时，为全典价；普通过失时，为四分之三；轻微过失时，为三分之二。此其分配，较为公平。惟此项条理，必限于该地方并无特别习惯法则，方能援用，否则即应先适用该地方之习惯法则。（四年上字第一七六〇号）

典主于典产烧毁时所出之修造费用，应按过失之有无及其轻重，分别定其负担。（五年上字第一四五号）

**解释例**

所询情形，自以第二说为当。（附原文：查甲某之房屋一所，共计四间。甲自己居住一间，余均当与乙某居住。嗣甲因吸烟失慎，将床上铺草燃烧，延及楼窗板壁，致甲、乙两人居住之房间，及两人所有之衣物、家具，均被烧毁净尽。乙某旋以损失之衣物、家具，约值一千余元，呈诉到县，请求判甲赔偿。（只言衣物、家具，未言当价）于兹有两说：第二说，谓失火延烧，应否赔偿，应以过失之等次为断。依大理院三年第三五三号判例，失火可以分为重大过失、普通过失、轻微过失三种。普通及轻微过失，不任赔偿之责。若重大过失，则不得不量予赔偿。观该号判例所载，如典主自行失火，应听业主不付典价，消灭典主债权。（重大过失）可知典价系作为赔偿之资，并非无故消灭，即凡因重大过失而延烧他人房宇、财物者，不能不负赔偿之责，已可类推得之，且按之法理，亦有依据。如《民律草案》第九百四十五条第一项“因故意或过失侵害他人之权利，而不法者于因加侵害而生之损害，负赔偿之义务”，又第二项“前项规定，于失火事件不适用之。但失火人有重大过失者，不在此限”；又如日本明治三十二年〔1899年〕法律第四十号载“凡失火者，非因重大过失而贻害他家者，不任赔偿之责”各等语，则重大过失，应有赔偿义务，尤为至当之条理也。虽《现行律》内无赔偿明文，然依“法律无规定者适用习惯，无习惯者适用条理”之原则，上项条理，尤属不能不予采用。且就人情立论，如祭扫坟墓，不戒于火，延烧邻近房屋，而该房屋所有人，又极贫寒，无力起造，若不令其赔偿，更于良心上有所未安。至加害人（失火之人）有无赔偿损害之能力，系事实问题，与适用法律无关。况《现行律》“放火故烧人房屋”〔条〕，既载明“并计所烧之物减价，尽犯人财产铧折赔偿”，又注载“若家产罄尽者，免追”，则失火亦未始不可以援用。盖放火与失火，在刑法上有轻重之分；而在民法上，则同为侵害他人财产，且加侵害之行为，固无轩轾于其间也。故甲之失火，如为重大过失，即应赔偿乙之衣物、家具；如为普通及轻微过失，则无赔偿之责。但究为何种过失，应调查事实，衡情论断。）（九年统字第一二五八号）

畜产咬踢人 16.199.0.2
律　文 **若故放犬，令杀伤他人畜产者，处四等罚，追赔所减价钱。**给主。

**释　义**

本节规定，以故意为要件。其出于过失者，不负赔偿责任。至于赔偿数额，以所减价钱为限。盖畜产虽被杀伤，就普通情形而论，当然存留一部分的价值，非可与全部灭失者同论也。

给没赃物 1.18.0.1
律　文 **若取与不和，用强生事，逼取求索之赃，并还主。**谓恐吓、诈欺、强买卖有余利、科敛及求索之类。

**释　义**

本节所揭之赃，均应还主。设其物已经费失，应予追价赔偿，自不待言。

# 第十章　礼　制

十恶律文[1.2.7] **七曰：不孝。**谓告言、咒骂祖父母、父母，夫之祖父母、父母；及祖父母、父母在，别籍异财，若奉养有缺；居父母丧，身自嫁娶，若作乐、释服从吉；闻祖父母、父母丧，匿不举哀；诈称祖父母、父母死。

**释　义**

不孝之事例，律注内已经列举。所以设此规定者，盖为礼教设防闲也。所称“祖父母”，包括高、曾在内。

子孙违犯教令律文[22.299.0] **凡子孙违犯祖父母、父母教令，及奉养有缺者，<u>处十等罚</u>。**谓教令可从而故违，家道堪奉而故缺者。须祖父母、父母亲告<u>乃坐</u>。

**释　义**

本节所称“祖父母”，亦包括高祖父母、曾祖父母在内。违犯教令，本得请求惩戒，《暂行刑律补充条例》第十一条已有明文规定；①奉养有缺，如已达于遗弃之程度，亦应依《暂行新刑律》遗弃罪处断，故本节关于处罚的规定失效。

僧道拜父母律文[12.150.0.1] **凡僧、尼、道士、女冠，并令拜父母、祭祀祖先。**本宗亲属在内。**丧服等第，**谓斩、衰、期、功、缌麻之类。**皆与常人同。违者，<u>处十等罚，还俗</u>。**

**释　义**

僧、尼、道士、女冠等人，其对于父母祖先之生事葬祭及丧服等第，不可不以明文规定，俾资遵守。此本节之所由设也。

---

① 《暂行刑律补充条例》（三年〔1914年〕十二月二十四日公布）第十一条：“行亲权之父或母，得因惩戒其子，请求法院施以六个月以下之监禁处分。但有第一条第一款情事者，不在此限。”

丧葬律文12.155.0.1 **凡有尊卑丧之家，必须依礼安葬。若亡殁远方，尊长、卑幼不能归葬而烧化者，听从其便。**

**释　义**

本节为关于丧葬之规定。

乡饮酒礼律　文12.156.0 **凡乡党叙齿，及乡饮酒礼，已有定式。违者，处五等罚。**乡党叙齿，自平时行坐而言；乡饮酒礼，自会饮礼节而言。

乡饮酒礼条　例12.156.(1) **乡党叙齿，士农工商人等平居相见，及岁时宴会，揖拜之礼，幼者先施；坐次之列，长者居上。如佃户见田主，不论齿叙，并行以少事长之礼；若亲属，不拘主佃，止行亲属礼。**

乡饮酒礼条　例12.156.(2) **乡饮坐叙，高年有德者居于上，高年纯笃者并之，以次序齿而列。其有曾违条犯法之人，列于外坐，不许紊越正席。**

**释　义**

乡党平时行坐及宴会，或应尚齿，或应尚德，或应从其固有之名分，均不可不以明文规定。此本节之所由设也。

# 附:服　制

### 0.1.1 斩衰三年

0.1.1.1 子为父母。女在室并已许嫁者，及已嫁被出而反在室者，同。子之妻同。

0.1.1.2 子为继母、为慈母、为养母。子之妻同。继母，父之后妻；慈母，谓母卒父命他妾养己者；养母，谓自幼过房与人者。

0.1.1.3 庶子为所生母、为嫡母。庶子之妻同。

0.1.1.4 为人后者为所后父母。为人后者之妻同。

0.1.1.5 嫡孙为祖父母及曾、高祖父母承重。嫡孙之妻同。

0.1.1.6 妻为夫。妾为家长同。

### 0.1.2 齐衰杖期

0.1.2.1 嫡子、众子为庶母。嫡子、众子之妻同。庶母，父妾之有子女者。父妾无子女，不得以母称矣。

0.1.2.2 子为嫁母。亲生母父亡而改嫁者。

0.1.2.3 子为出母。亲生母为父所出者。

0.1.2.4 夫为妻。父母在不杖。

### 0.1.3 齐衰不杖期

0.1.3.1 祖为嫡孙。

0.1.3.2 父母为嫡长子，及嫡长子之妻，及众子，及女在室，及子为人后者。

0.1.3.3 继母为长子、众子。

0.1.3.4 前夫之子，从继母改嫁于人，为改嫁继母。

0.1.3.5 侄为伯叔父母，及姑、姊妹之在室者。

0.1.3.6 为己之亲兄弟，及亲兄弟之子女在室者。

0.1.3.7 孙为祖父母。孙女在室、出嫁同。

0.1.3.8 为人后者，为其本生父母。

0.1.3.9 女出嫁，为父母。

0.1.3.10 女在室，及虽适人而无夫与子者，为其兄弟姊妹及侄与侄女在室者。

0.1.3.11 女适人，为兄弟之为父后者。

0.1.3.12 妇为夫亲兄弟之子及女在室者。

0.1.3.13 妾为家长之正妻。

0.1.3.14 妾为家长父母。

0.1.3.15 妾为家长之长子、众子与其所生子。

0.1.3.16 为同居继父，而两无大功以上亲者。

### 0.1.4 齐衰五月

0.1.4.1 曾孙为曾祖父母。曾孙女同。

### 0.1.5 齐衰三月

0.1.5.1 (玄)〔元〕孙为高祖父母。(玄)〔元〕孙女同。

0.1.5.2 为同居继父，而两有大功以上亲者。

0.1.5.3 为继父，先曾同居今不同居者。自来不曾同居者无服。

### 0.1.6 大功九月

0.1.6.1 祖为众孙。孙女在室同。

0.1.6.2 祖母为嫡孙、众孙。

0.1.6.3 父母为众子妇及女已出嫁者。

0.1.6.4 伯叔父母为侄妇及侄女已出嫁者。侄妇，兄弟子之妻也；侄女，兄弟之女也。

0.1.6.5 妇为夫之祖父母。

0.1.6.6 妇为夫之伯叔父母。

0.1.6.7 为人后者，为其兄弟及姑、姊妹之在室者。既为人后，则于本生亲属服皆降一等。

0.1.6.8 夫为人后，其妻为夫本生父母。

0.1.6.9 为己之同堂兄弟、姊妹在室者。即伯叔父母之子女也。

0.1.6.10 为姑及姊妹之已出嫁者。姑，即父之姊妹；姊妹，即己之亲姊妹也。

0.1.6.11 为己兄弟之子为人后者。

0.1.6.12 出嫁女为本宗伯叔父母。

0.1.6.13 出嫁女为本宗兄弟及兄弟之子。

0.1.6.14 出嫁女为本宗姑姊妹及兄弟之女在室者。

### 0.1.7 小功五月

0.1.7.1 为伯叔祖父母。祖之亲兄弟。

0.1.7.2 为堂伯叔父母。父之堂兄弟。

0.1.7.3 为再从兄弟及再从姊妹在室者。

0.1.7.4 为同堂姊妹出嫁者。

0.1.7.5 为同堂兄弟之子及女在室者。

0.1.7.6 为祖姑在室者。即祖之亲姊妹。

0.1.7.7 为堂姑之在室者。即父之同堂姊妹。

0.1.7.8 为兄弟之妻。

0.1.7.9 祖为嫡孙之妇。

0.1.7.10 为兄弟之孙及兄弟之孙女在室者。

0.1.7.11.1 为外祖父母。即亲母之父母。○0.1.7.11.2 为在堂继母之父母；庶子嫡母在，为嫡母之父母；庶子为在堂继母之父母；庶子不为父后者，为己母之父母；为人后者，为所后母之父母。以上五项，均与亲母之父母服同。外祖父母报服亦同。其母之兄弟姊妹服制及报服，亦与亲母同。姑舅两姨兄弟姊妹，服亦同。为人后者，为本生母之亲属降服一等。再，庶子不为父后者为己母之父母服一项，若己母系由人家所生女收买为妾及其父母系属贱族者，不在此列。

0.1.7.12.1 为母之兄弟姊妹。兄弟即舅；姊妹即姨。○0.1.7.12.2 其义服详载为外祖父母条下。

0.1.7.13.1 为姊妹之子即外甥。〔及女之在室者〕。○0.1.7.13.2 其义服详载为外祖父母条下。

0.1.7.14 妇为夫兄弟之孙即侄孙。及夫兄弟之孙女在室者。即侄孙女。

0.1.7.15 妇为夫之姑及夫姊妹。在室、出嫁同。

0.1.7.16 妇为夫兄弟及夫兄弟之妻。

0.1.7.17 妇为夫同堂兄弟之子及女在室者。

0.1.7.18 女出嫁为本宗堂兄弟及堂姊妹之在室者。

0.1.7.19 为人后者，为其姑及姊妹出嫁者。

0.1.7.20 嫡孙、众孙为庶祖母。女在室者，同。

0.1.7.21 生有子女之妾，为家长之祖父母。

### 0.1.8 缌麻三月

0.1.8.1 祖为众孙妇。

0.1.8.2 曾祖父母为曾孙、(玄)〔元〕孙。曾孙女、(玄)〔元〕孙女同。

0.1.8.3 祖母为嫡孙、众孙妇。

0.1.8.4 为乳母。

0.1.8.5 为曾伯叔祖父母。即曾祖之兄弟及曾祖兄弟之妻。

0.1.8.6 为族伯叔父母。即父再从兄弟及再从兄弟之妻。

0.1.8.7 为族兄弟及族姊妹在室者。即己三从兄弟姊妹所与同高祖者。

0.1.8.8 为曾祖姑在室者。即曾祖之姊妹。

0.1.8.9 为族祖姑在室者。即祖之同堂姊妹。

0.1.8.10 为族姑在室者。即父之再从姊妹。

0.1.8.11 为族伯叔祖父母。即祖同堂兄弟及同堂兄弟妻。

0.1.8.12 为兄弟之曾孙及兄弟之曾孙女在室者。

0.1.8.13 为兄弟之孙女出嫁者。

0.1.8.14 为同堂兄弟之孙及同堂兄弟之孙女在室者。

0.1.8.15 为再从兄弟之子及女在室者。

0.1.8.16 为祖姑及堂姑及己之再从姊妹出嫁者。祖姑，即祖之亲姊妹；堂姑，即父之堂姊妹。

0.1.8.17 为同堂兄弟之女出嫁者。

0.1.8.18.1 为姑之子。即父姊妹之亲子。○0.1.8.18.2 其义服详载为外祖父母条下。

0.1.8.19.1 为舅之子。即亲母兄弟之子。○0.1.8.19.2 其义服详载为外祖父母条下。

0.1.8.20.1 〔为两姨兄弟。即亲母姊妹之子。〕○0.1.8.20.2 〔其义服详载为外祖父母条下。〕

0.1.8.21 为妻之父母。

0.1.8.22 为婿。

0.1.8.23.1 为外甥男。女同。即女之子女。○0.1.8.23.2 其义服详载为外祖父母条下。

0.1.8.24 为兄弟孙之妻。即侄孙之妻。

0.1.8.25 为同堂兄弟之子妻。即堂侄之妻。

0.1.8.26 为同堂兄弟之妻。

0.1.8.27 妇为夫高、曾祖父母。

0.1.8.28 妇为夫之伯叔祖父母及夫之祖姑在室者。

0.1.8.29 妇为夫之堂伯叔父母及夫之堂姑在室者。夫之堂姑即夫之伯叔祖父母所生也。

0.1.8.30 妇为夫之同堂兄弟姊妹及夫同堂兄弟之妻。

0.1.8.31 妇为夫再从兄弟之子。女在室同。

0.1.8.32 妇为夫同堂兄弟之女出嫁者。

0.1.8.33 妇为夫同堂兄弟子之妻。即堂侄妇。

0.1.8.34 妇为夫同堂兄弟之孙及孙女之在室者。

0.1.8.35 妇为夫兄弟孙之妻。即侄孙之妻。

0.1.8.36 妇为夫兄弟之孙女出嫁者。

0.1.8.37 妇为夫之曾孙、(玄)〔元〕孙及曾孙女、(玄)〔元〕孙女之在室者。

0.1.8.38 妇为夫兄弟之曾孙。即曾侄孙。曾孙女同。

0.1.8.39 妇为夫之小功服外姻亲属。

0.1.8.40 女出嫁，为本宗伯叔祖父母及祖姑在室者。

0.1.8.41 女出嫁，为本宗同堂伯叔父母及堂姑在室者。

0.1.8.42 女出嫁，为本宗堂兄弟之子，女在室者同。

## 附：服制图

<table>
<tr><td colspan="4">0.0.1 丧服总图</td></tr>
<tr><td colspan="4">斩衰 三年</td></tr>
<tr><td colspan="4">用至粗麻布为之，不缝下边</td></tr>
<tr><td colspan="4">齐衰</td></tr>
<tr><td>五月</td><td>杖期</td><td>不杖期</td><td>三月</td></tr>
<tr><td colspan="4">用稍粗麻布为之，缝下边</td></tr>
<tr><td colspan="4">大功 九月</td></tr>
<tr><td colspan="4">用粗熟布为之</td></tr>
<tr><td colspan="4">小功 五月</td></tr>
<tr><td colspan="4">用稍粗熟布为之</td></tr>
<tr><td colspan="4">缌麻 三月</td></tr>
<tr><td colspan="4">用稍细熟布为之</td></tr>
</table>

## 0.0.2 本宗九族五服正服之图

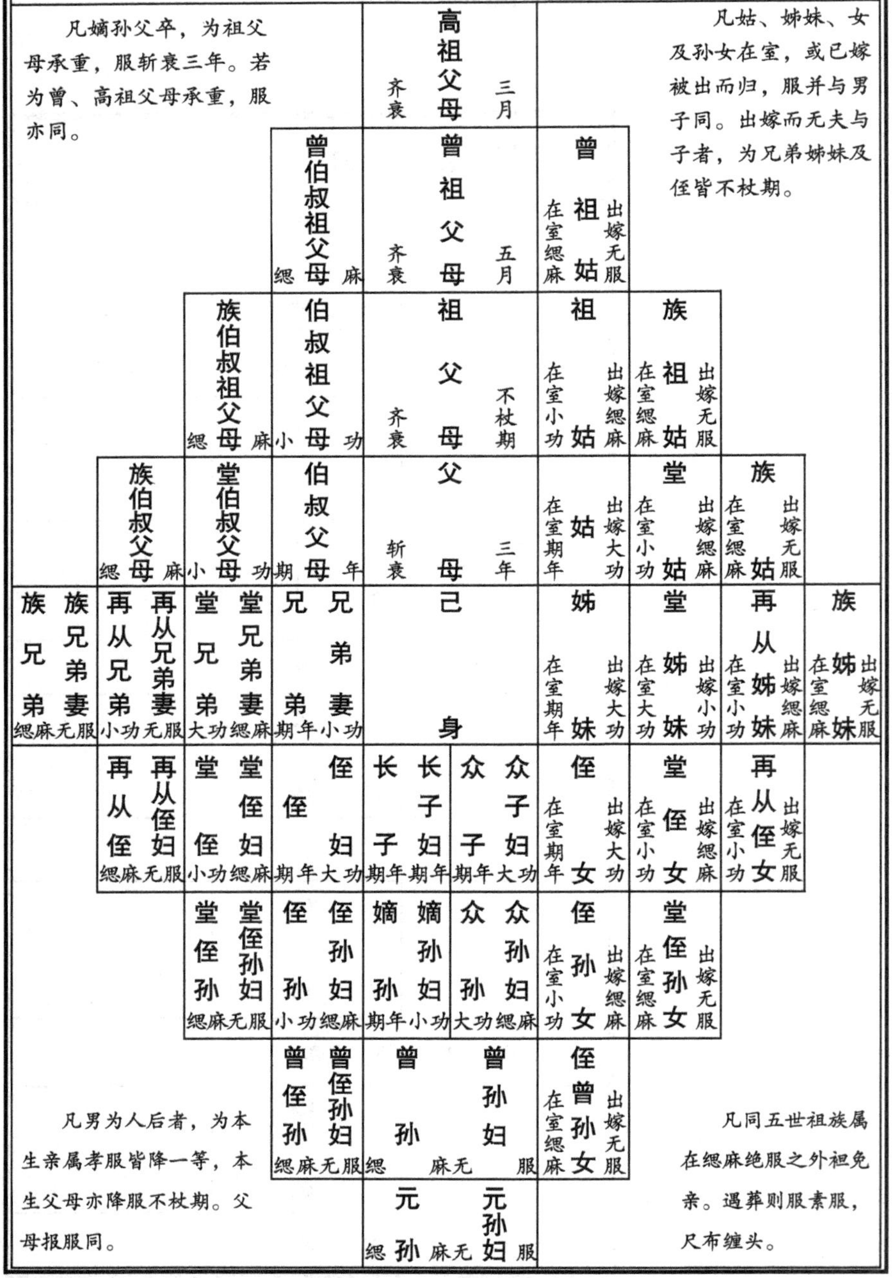

## 0.0.3 妻为夫族服图

| | | | | | | | | | |
|---|---|---|---|---|---|---|---|---|---|
| 夫为祖父母及曾、高祖父母承重者，并从夫服。 | | | | 夫高祖父母 缌麻 | | 夫为人后，其妻为本生舅姑服大功。 | | | |
| | | | 夫曾伯叔祖父母 无服 | 夫曾祖父母 缌麻 | | 夫曾祖姑 无服 | | | |
| | | 夫族伯叔祖父母 无服 | 夫伯叔祖父母 缌麻 | 夫祖父母 大功 | | 夫祖姑 在室缌麻 出嫁无服 | 夫堂祖姑 无服 | | |
| | 夫族伯叔父母 无服 | 夫堂伯叔父母 缌麻 | 夫伯叔父母 大功 | 舅姑 斩衰三年 | | 夫亲姑 小功 | 夫堂姑 在室缌麻 出嫁无服 | 夫族姑 无服 | |
| 夫族兄弟 无服 | 夫再从兄弟 无服 | 夫堂兄弟及妻 缌麻 | 夫兄弟及妻 小功 | 妻为夫 斩衰三年 | 夫为妻 齐衰杖期 父母在不杖 | 夫姊妹 小功 | 夫堂姊妹 缌麻 | 夫再从姊妹 无服 | 夫族姊妹 无服 |
| | 夫再从侄 缌麻 | 夫堂侄妇 缌麻<br>夫堂侄 小功 | 夫侄妇 大功<br>夫侄 期年 | 长子妇 期年<br>长子 期年 | 众子妇 大功<br>众子 期年 | 夫侄女 在室期年 出嫁大功 | 夫堂侄女 在室小功 出嫁缌麻 | 夫再从侄女 在室缌麻 出嫁无服 | |
| | | 夫堂侄孙 缌麻 | 夫侄孙妇 缌麻<br>夫侄孙 小功 | 孙 大功<br>孙妇 缌麻 | | 夫侄孙女 在室小功 出嫁缌麻 | 夫堂侄孙女 在室缌麻 出嫁无服 | | |
| | | | 夫曾侄孙 缌麻 | 曾孙 缌麻 | | 夫侄曾孙女 在室缌麻 出嫁无服 | | | |
| | | | | 元孙 缌麻 | | | | | |

## 0.0.4 妾为家长族服之图

| | | | | |
|---|---|---|---|---|
| 嫡孙、众孙为庶祖母，小功五月。 | | 家长祖父母 小功 | | |
| | | 家长父母 期年 | | |
| | 家长 斩衰三年 | | 正妻 期年 | |
| 家长众子 期年 | | 家长长子 期年 | | 为其子 期年 |
| 家长众孙 无服 | | 家长嫡孙 无服 | | 为其孙 大功 |

## 0.0.7 出嫁女为本宗降服之图

| | | | | |
|---|---|---|---|---|
| | | 高祖父母 齐衰三月 | | |
| | | 曾祖父母 齐衰五月 | | |
| | 祖兄弟 缌麻 | 祖父母 期年 | 祖姊妹 在室缌麻 出嫁无服 | |
| 父堂兄弟 缌麻 | 伯叔父母 大功 | 父母 期年 | 父姊妹 在室大功 出嫁小功 | 父堂姊妹 在室缌麻 出嫁无服 |
| 堂兄弟 小功 | 兄弟 大功 | 己身 | 姊妹 在室大功 出嫁小功 | 堂姊妹 在室小功 出嫁缌麻 |
| 堂侄 缌麻 | 兄弟子 大功 | | 兄弟女 在室大功 出嫁小功 | 堂侄女 在室缌麻 出嫁无服 |

## 0.0.8 外亲服图

| | | | | |
|---|---|---|---|---|
| 〔妻为夫外亲服降一等。〕 | | 母祖父母 无服 | | |
| | 母之兄弟 小功 | 外祖父母 小功 | 母之姊妹 小功 | |
| 堂舅之子 无服 | 母舅之子 缌麻 | 己身 | 两姨之子 缌麻 | 堂姨之子 无服 |
| | 舅之孙 无服 | 姑之子 缌麻 | 姨之孙 无服 | |
| | | 姑之孙 无服 | | |

## 0.0.5 妻亲服图

| | | | | |
|---|---|---|---|---|
| | | 妻祖父母<br>无服 | | |
| | 妻伯叔<br>无服 | 妻父母<br>缌麻 | 妻之姑<br>无服 | |
| 妻外祖父母<br>无服 | 妻兄弟及妇<br>无服 | 己身<br>为婿缌麻 | 妻之姊妹<br>无服 | |
| | 妻兄弟子<br>无服 | 女之子<br>缌麻 | 妻姊妹子<br>无服 | |
| | | 女之孙<br>无服 | | |

## 0.0.6 三父八母服图

| 名目 | 服制 | 说明 |
| --- | --- | --- |
| 同居继父 | 齐衰三月 | 自己亦有伯叔兄弟之类两有大功亲谓继父有子孙、 |
| 同居继父 | 期年 | 己身亦无伯叔兄弟之类两无大功亲谓继父无子孙、 |
| 从继母嫁 | 齐衰杖期 | 谓父死继母再嫁他人随去者 |
| 不同居继父 | 无服 | 自来不曾随母与继父同居 |
| 不同居继父 | 齐衰三月 | 先曾与继父同居，今不同居 |
| 慈母 | 斩衰三年 | 谓所生母死，父令别妾抚育者 |
| 继母 | 斩衰三年 | 谓父娶之后妻 |
| 嫡母 | 斩衰三年 | 谓妾生子女称父之正妻 |
| 养母 | 斩衰三年 | 谓自幼过房与人 |
| 出母 | 齐衰杖期 | 谓亲母被父出者 |
| 嫁母 | 齐衰杖期 | 谓亲母因父死，再嫁他人 |
| 乳母 | 缌麻 | 谓父妾乳哺者，即奶母 |
| 庶母 | 嫡子众子齐衰杖期<br>所生子斩衰三年 | 谓父有子女妾 |

# 《现行律》民事有效部分新解释

郑爰诹律师　编

# 凡　例

一、本书系就《现行律》中近时适用各条，依据国民政府政纲及法案加以注释，故名曰《〈现行律〉民事有效部分新解释》。

一、《现行律》处罚部分属于刑事范围，已因《刑律》施行而失效，本书特就其已经失效者，旁加直线，①以促注意。

一、本书所列章节，不以《现行律》之门类为准，而以律例之性质为准，以期便于检阅。

一、本书解释律例，分列注解、理由、按语三种。注解所以疏明律例之文义；理由所以阐明立法之本旨；按语则依据政纲及法案，以揭明该条之是否有效适用。

一、本书搜集前大理院暨最高法院历来判决例及前大理院暨最高法院、司法院解释例，各依其义类，分别列入各条，以期便于参证。

一、本书所列前大理院判决、解释各例，间有与现行法令不相容者，然以其足供参考，故仍行列入。

一、判决、解释各例，遇有前后互异时，则以后者为准。故本书按照年号先后，依次排列，庶遇有变更成例时，不难一览而知。

一、本书所采判决、解释各例，每则均摘录眉批，以便阅者检查。

一、判决、解释各例，各依年号排列，故属于大理院者列

---

① 原书并未就"《现行律》处罚部分……已经失效者旁加直线"，现据作者所著《〈现行律〉民事有效部分集解》（世界书局 1928 年 6 月初版）一书所加直线补充完整。因版式由原书竖排现改为横排，直线相应改为下划线。

前,属于最高法院者次之,其解释之属于司法院者,又次之。并各于其末注明“以上大理院判决例”、“以上大理院解释例”、“以上最高法院判决例”或“解释例”、“以上司法院解释例”字样。

# 叙

《现行律》成立于宣统二年〔1910年〕，关于刑事部分已因《新刑律》施行而失效，其有效援用者，仅限于民事部分而已。光复后国体变更，先总理在临时大总统任内，曾颁明令，"除与国体抵触各条，应失效力外，余均行援用"，①此所以民事部分至今犹继续有效也。我国民法尚未颁布，关于民事案件仍依《现行律》判断。不佞前辑《〈现行律〉民事有效部分集解》一书告成于丁卯〔1927年〕之春，其阐明律意，纯以旧法之原理、原则为根据。现在国民革命成功，法律方面之原理、原则为之一变。如婚姻制度、承继制度、亲属之范围、利息之限度，在在均有变更。法律之适用，既因时而异，则法律之解释，亦不能不因时而异。故续辑是书，处处以政纲及法案为依归，以期无背于近时法律方面之原理、原则。顾属稿匆促，知多谬误，幸法学方闻之士，(有以士)有以纠正之。

中华民国十八年〔1929年〕四月(日)　　编者谨识

---

① 此处有误。1912年3月10日颁布"有关从前施行之法律及《新刑律》，除与民国国体抵触外，余均暂行援用"临时大总统令的临时大总统并非先总理孙中山，而是该临时大总统令颁布当日宣誓就任临时大总统的袁世凯。

# 《现行律》民事有效部分新解释目录

# 第一章　婚　姻

男女婚姻律文6.82.0.1 **凡男女定婚之初，若或有残废或疾病、老幼、庶出、过房、**同宗。**乞养、**异姓。**者，务要两家明白通知，各从所愿，**不愿即止，愿者同媒妁。**写立婚书，依礼聘嫁。若许嫁女已报婚书，及有私约，**谓先已知夫身残疾、老幼、庶养之类。**而辄悔者，**女家主婚人**<u>处五等罚</u>；**其女归本夫。**虽无婚书，但曾受聘财者，亦是。**

**注　解**

“残”、“残废”，指五官、四肢、阴阳之机能，有一失其作用而言。“疾”、“疾病”，指医术上不易治疗而于生活上有碍，或为恒情所厌恶之疾病而言。寻常疾病，不赅于内。“老幼”，谓男女两人之老少悬殊。“庶出”者，妾子也。“过房”者，继子也。“乞养”者，异姓子也。“通知”云者，谓由有此种情形之一方，将其情形告知于他方也。此项通知，应于定婚之先行之。若于定婚后始行通知，即与不通知无异。“明白通知”云者，谓通知之方法，必须使他方达于了解之程度也。若含糊或隐约其词，使他方不易了解时，即不得谓为已有通知。“各从其愿”者，谓双方各自表示其愿意也。但愿意的表示，必须积极的；而不愿的表示，则无须积极的。虽消极的不表示，亦得谓为不愿。“婚书”，□□婚之书据也。“礼”，婚礼也。“已报婚书”，谓婚书已交换也。“有私约”者，谓先知他方有此种情形而与订婚也。“虽无婚书，曾受聘财者，亦是”，谓婚书与聘财二者，非必兼备，有其一而已足也。残、疾、老幼、庶出、过房、乞养情形，均足为异日发生争议之原因，故使负通知之责。若双方均有此种情形之一（例如一系乞养、一系残疾），则双方互负通知之责。经通知后，得其愿意，方可定婚。若事前不通知，而他方于定婚后始知有此种情形,则得据以撤销婚约。若于成婚后始知有此种情形,亦得据以请求离婚。惟既经通知而愿与订婚者,即不许再行翻悔。其虽未通知,而女家先已知男家有此种情形,与之订婚者,亦不许再行翻悔。定婚固以婚书为必要。然若不立婚书,而双方授受聘财,其定婚亦为有效。至婚书之方式如何,聘财之种类及多寡如何,法律上均不限定。

**理　由**

本节系关于定婚要件及定婚仪式的规定。定婚的实质上要件,为男女两家之合意。盖定婚系法律行为之一,以双方合意为基础。故规定通知义务,以询取他方是否合意。其所以专就有此种情形而为之规定者,盖以有此种情形,将来易生争议,尤有得其愿意之必要。非谓无此情形者,可以不得其愿意也。定婚的形式上要件,为婚书或聘财。盖定婚系要式行为,故原则上以凭媒写立婚书为必要。然若不立婚书,而双方授受聘财,亦与有婚书无异。故例外以聘财与婚书同视,均得为定婚的形式上要件。至成婚要件(仪式),本律未有规定,以各地习惯为准。

**按　语**

吾国嫁娶,例由祖父母、父母主婚,定婚亦然。本节所谓"各从所愿",向系解为祖父母、父母之愿意。惟现时离婚、结婚,绝对自由。依历来解释,绝对自由云者,系指男女婚姻行为应绝对出于本人之自由意思,不受任何第三人之干涉。依此解释,是祖父母、父(每)〔母〕已无代本人表示愿意与否之余地。即使本人尚未成年,由祖父母、父母代为定婚,而于成年后,仍得自行斟酌其愿否。因此"各从所愿"一语,在现行法制之下,应解释为本人之愿意,方合于婚姻自由之原则。又本节关于悔婚之制裁,仅就女的方面规定,而于男的方面,独付缺如。虽刑事部分之处罚,业已失效,然禁女悔而不禁男悔,此种重男轻女之积习,显违男女平等之原则,在现行法制上,自不能认为有效。因此后列判决解释各例,孰为有效,(就)〔孰〕为失效,亦当本此两种原则以解决之。

**判决例**

婚书、聘财具备其一,即生定婚效力　《现行律》载定婚之形式要件有二:(一)有婚书。即谓有媒妁通报写立者。无论报官有案或仅系私约皆可。(二)聘财。此二要件,苟具备其一,即发生定婚之效力。(二年上字第二一五号)

年庚八字非婚书要件　婚书应否填写年庚八字,法律并无明文,不能认为婚书之要件。(二年上字第二一五号)

吸食鸦片不得为撤销婚约原因　定婚前吸食鸦片,虽未通知,在《现行律》上,亦不得为撤销婚约之原因。(三年上字第一一七号)

依礼纳送,谓凭媒送礼仪　所谓"依礼纳送"者,必凭媒送礼仪。若贽物、巾帕,与夫私债折合,自不

得谓为合法。(四年上字第二四七号)

婚书必须可认为有婚约关系,仅开列一造年庚,不能认为合法婚书 婚书于法律上虽无一定之方式,然必就书据自身可认为有婚约关系者(如习惯上通行之方式,以男女两造年庚并列一柬,或于柬内直接或间接表示允婚之意旨者是),始为适法。若仅以片纸开列一造年庚,而于其开列之原因如何,并不能有确切之证明者,自难认为合法之婚书,即不能持此以主张定婚契约之成立。(四年上字第三七九号)

违反定婚律例之习惯无效 男女定婚之初,必须写立婚书或曾受聘财者,其婚约方能合法成立。否则各地方虽有特别习惯,而苟与此项成文法规显相抵触,即不能认为有效。(四年上字第四三二号)

聘财之种类、厚薄并无限制 聘财之种类及其轻重厚薄,无一定之限制。(四年上字第六一一号)

疾病达于一定程度,即应通知 《现行律》"男女婚姻"条所谓"疾病"云者,当然别乎残废言之。凡依现在医术,其程度达于不易疗治,而于生活上有碍,或为恒情所厌恶之疾病,皆应包括在内。(四年上字第一二二三号)

媒证亡故,不碍于婚约效力 定婚系要式行为,其形式要件有二:(一)婚书。(二)收受聘财。二者具备其一,即为合法。苟其形式业已具备,即或其后媒证亡故,亦无碍于其婚约之效力。(四年上字第一四一七号)

婚书、聘财无一具备,不生婚姻效力 定婚为成婚之前提。据现在继续有效之前清《现行律》载,"男女定婚,写立婚书,依礼聘娶";又载"虽无婚书,但曾受聘财者亦是"等语,是婚姻必备此要件之一,始能认为有效。苟无一具备,虽已成婚,于法律上仍不生婚姻之效力。(四年上字第一五一四号)

合意婚姻并践行方式,其婚姻即系合法成立 婚姻当事人已有结婚之合意,并曾践行一定方式(订立婚书或收受聘财),又无其他无效原因者,其婚姻即系合法成立。虽未经父母或其他有主婚权人之同意,亦仅足为撤销原因。(四年上字第二一八八号)

通知后必须有立婚书或受聘之愿意表示,不得以空言主张有效 定婚之有效与否,在现行法上,若果男女自初即有残、疾、老、幼、庶出、过房、乞养情事,其前提要件:第一,须两家明白通知;第二,须写立婚书或经收受聘财为情愿之意思表示。若仅空言许婚,其婚约自非有效成立。(四年上字第二三〇五号)

定婚后发生残疾亦应通知,若相对人不愿,应许解约 《现行律》内载"其男女定婚之初,若有残疾者,务要两家明白通知,各从所愿"等语,原认为男女有残疾在定婚之后者,无变更婚约之效力。惟兹经详释律意,男女一造之残疾,在定婚之初,既明认为重要,必须通知相对人,为所甘愿,始可有效订立婚约。则残疾之生于定婚后者,亦须通知相对人,为所甘愿,始可使婚约继续有效。盖为婚约重要内容之当事人,其身体上嗣后既有重大变动,即与订约时当事人之意思不能符合,故亦更须明白通知。若为相对人所不愿,亦许解除

婚约，不得以无故辄悔之例相绳。（四年上字第二三五七号）

聘财为定婚一要件，不能因离婚而追还 定婚之方式有二：（一）婚书。（二）曾受聘财。此项要件，必具备其一，始发生定婚之效力。故聘财在现行法上不过定婚之一要件，婚姻一经成立，则聘财之效用即完。除有法定追还财礼之明文或事出诈欺者外，自无因离婚之故，概予追还之理。（五年上字第五六号）

婚书止须凭媒写立，不必出于同一人手笔 男女两家分执之婚书，不问是否出于同一代笔人之手，但系凭媒写立，即为适法。（五年上字第五〇四号）

残废之解释 《现行律》“男女婚姻”条所谓“残废”云者，指凡人身五官、四肢、阴阳之机能，有一失其作用者而言。（七年上字第九一〇号）

事实上已经成婚，非婚姻成立要件 婚约之成立、不成立，应以是否具备定婚要件为衡。故使未合法定婚，纵事实上已经成婚，而由主婚权人提起确认婚姻不成立之诉，仍非法所不许。（七年上字第一〇一八号）

订立婚书、收受聘财，须双方合意 订立婚书、受授聘财，必须出自订婚人两方之合意，该婚约始能成立。（七年上字第一三六五号）

入赘亦得有聘财 入赘亦系通常婚姻，自无不能有聘金之理。（八年上字第二二六号）

婚书、聘财无须两备 婚书与聘财，固同为法定之婚姻成立要件。惟法律上仅要求其一，无须兼备。（八年上字第二二七号）

定婚具备形式要件外，更须两造有一致之意思 订立婚约，于写立婚书、交付聘财之形式要件，虽仅须具备其一，而依一般契约之通例，要须定婚两造有一致之意思表示。否则虽具备形式要件，亦难认其婚姻为已成立。（八年上字第二八四号）

以聘财不交为婚约解除条件之特约有效 以聘财逾期不交为婚约之解除条件，不得遂谓其为无效。（八年上字第五〇三号）

指女抱男字据，即为婚书 《现行律》关于婚书，并无一定之形式。而上告人为被上告人所立之指女抱男入赘抱约，既显有关于婚姻之记载，即无别立婚书之必要。（八年上字第六八七号）

纳妾用财礼名称，不能视为法律上定婚之财礼 纳妾所出资财，在习俗并无一定之名称，有时即用“财礼”等名称，亦不能视为法律上定婚之财礼。（八年上字第九二三号）

定婚须收受聘财之规定，不因法令禁止买卖人口而失效 《现行律例》，男女定婚，收受聘财，原依定立婚约所应践行之方式，与用财买卖人口不能同论。此项规定，自不因法令禁止买卖人口而失效力。（八年上字第一〇九八号）

出具财礼、凭媒聘娶，不得谓为价买 买卖人口，虽为现行法令所不许，但当事人一造，出具财礼，凭媒聘娶，仍属适法行为，自不得谓为价买。（九年私上第一四号）

聘财不以金钱为限 所谓聘财，非必金钱，苟交有金钱价格之物，以为定婚之用者，即可认为聘

财。(九年上字第六四号)

成婚后发见一造有残废者,得请求离异《现行律》载,"男女定婚,若有残疾,务须明白通知,各从所愿",则定婚当时,未经通知身有残疾,至结婚后,男女之一造发见对造身有残疾者,自可为请求离异之原因。(九年上字第二九一号)

成年男女订婚时,不同意,不得强其履行婚姻之实质要件,在成年之男女,应取得其同意。苟非婚姻当事人所愿意,而一造仅凭主婚者之意思缔结婚约,殊不能强该婚姻当事人以履行。(十年上字第一〇五〇号)

父母为未成年子女所订婚约,子女成年后不同意,不得强其履行父母为未成年子女所定婚约,子女成年后,如不同意,则为贯彻婚姻尊重当事人意思之主旨,对于不同意之子女,不能强其履行。(十一年上字第一〇〇九号)

已收受聘财,其数量即不成问题订婚之形式要件,只须婚书或聘财有一具备。苟已由女家收受聘财,其数量即不成问题。本件既据张芝供认曾收受聘财三千吊,即令其余之七千吊,曾为媒人所使用,而在该上诉人苟未能确实证明两造曾有必须交钱一万吊始能定婚之特约,则两造婚约,自应认为已经合法成立。(十五年上字第六六三号)

老幼(系)指年龄相差甚远而言冒长年龄一层,按《现行律》所称,"老幼定婚,应行通知",系指年龄相差甚远者而言。查马廷夔实在年龄,据上诉人等于民国十四年〔1925 年〕六月二十四日在第一审状称,亦仅相差一岁,并无一老一幼之情形,又何能为撤销婚约之原因。虽据称路朵姑对于婚姻未经同意,然查路朵姑于民国十四年〔1925 年〕九月十五日在原审供称,马福如之妻至伊家会亲,曾收过见面礼两块钱,何得空言指为未经同意。(十五年上字第一四六二号)

庶子定婚应通知,系指〔通〕常注重嫡庶子身分而言,其本不注重者,不容借口上诉人等诉请撤销婚约,其主张庶冒嫡一层,不过谓被上诉人马廷夔说媒时,系称为被上诉人马福如正室沙氏所生,过继于正室张氏,现查为朱氏妾所生,系冒为嫡子等语。按《现行律》规定,"庶子定婚,应明白通知",系属就通常注重嫡、庶子身分者而言。兹查上诉人等于民国十四年〔1925 年〕六月二十四日在第一审具状明称,张氏系福如宠妾,而犹愿其抚抱伊婿为子,则于嫡、庶子身分,本不甚注重,自不容再行借口争执。(十五年上字第一四六二号)

婚姻为要式行为,非践行一定仪式,即不能成立正式婚姻我国婚姻之成立,虽仅以婚姻契约是否成立为衡,即系采事实婚主义,但该婚姻契约,即成婚行为,究为要式行为,非行习惯上一定仪式,即不能成立正式婚姻。有主婚权之人提起确认婚姻不成立之诉,仍非法所不许。(十六年上字第一五九四号)

**以上大理院判决例**

残疾未经通知得其同意者,应许撤销或离异《现行律》载,"凡男女定婚之初,若有残废疾病者,务要两家明白通知,各从所愿",是男女之一造,苟于定婚时已发生残废疾病,未经明白通知相对人，得其同意，其婚姻自难完全有效。无论已未婚娶，为尊重人道及谋家室之和平起见，应许相对人请求撤销或离异。寻绎律意，甚为明了。（十七年上字第二三号）

婚约未经同意，不能强制履行 未同意之婚约，不能强制履行。（十七年上字第二四六号）

未成年时由父代订婚约，成年后得解除 该女原未成年，其婚姻系由伊父代定。兹于成年后，表示不愿与王阿全结婚。原审为婚姻应重当事人意思起见，将其婚约解除，并无不当。（十七年上字第二七五号）

**以上最高法院判例**

**解释例**

天阉系残疾 天阉系属残疾，定婚之初，若未通知，应准离异。（四年统字第二三二号）

疾病及残疾之意义《现行律》婚姻门内所称之“疾病”，谓依现在医术，其程度达于不易治疗，而于生活有碍，或为常情所厌恶者而言。如于定婚之初，不将此通知，得彼造之情愿者，应准解约。至“残废”二字，指人(生)〔身〕五官、四肢、阴阳之机能，有一失其作用者而言。与《刑律》第八十八条“笃疾、废疾”之范围，不能尽同。（四年统字第三一二号）

定婚未得女同意，女得诉请解约 定婚须得当事人之同意。若定婚当时，未得女之同意，其女诉请解除婚约，亦无强其成婚之理。（五年统字第四五四号）

定婚后患疯癫，应再通知，如他方不愿，得解约 定婚后，女患疯癫，其程度如系重大者，可查照本院民国四年上字第二三五七号就律例类推解释之判例办理。（六年统字第五八八号）

天阉即残废 查所询情形，自系残废，应查照《现行律》“男女婚姻”各条办理。（附原文：**今有甲、乙，自幼凭媒聘定婚姻，互传婚柬，并无财礼，已逾十余年，尚未过门成亲。兹因乙发现甲之子丙系属天阉残人，意在离婚另配，免误乙女终身，诉请官厅传验证实判断。当经验明甲子丙，现届成丁十六岁，躯干魁伟，茎物、肾囊俱全，惟茎物须用手按，仅露寸许，确异常人。而甲、丙反对离异。应否认为残人，颇属疑问**）（八年统字第一〇三一号）

买卖婚无效 依民事法理，凡买卖为婚，并无婚书或财礼，亦与以妾为妻不同者，均不生婚姻效力。（八年统字第一〇五〇号）

买卖婚如系合意作妾，应认为妾；其后补立婚书或履行礼式，仍可认为婚姻 买卖为婚，既无婚书、财礼，又与以妾为妻不同者，虽不能认为婚姻成立，其有以为妾之合意者，应认为妾。若其后双方补立婚书，或履行以妾为妻之礼式（并无定式，得从习惯）者，仍可认为有婚姻关系。（九年统字第一二〇一号）

实女系残疾 如果乙女经依法鉴定，确系无法可治，自以丑说为是。惟此种案件，似以设法调处，较为妥协。（**按：丑说系根据统字第二三二号解释类推，无法可治之实女，得照男子天阉例办理**）（九年统字第一二〇八号）

私约之解释 查定婚须凭媒妁，写立婚书，或依礼收受聘财，始为有效。不得仅有私约。

本院早有判例。律载“私约”，系指对于特别事项之约定而言，即残、疾、老、幼、庶养之类，须特别告知，双方合意。一经合意，并立婚书或受聘财之后，自系不许翻悔。若事故在前，定婚时未经特别告知，经其同意，则虽已立婚书、交聘财，或并已成婚，亦准撤销。至若定婚后成婚前，一造身体上发生重大之变故，自可查照本院四年上字〔第〕二三五七号判例，令其再行通知。如有不愿，应准解除。若业已成婚，则应适用一般无效撤销及离异之法则。（参照历来判例解释）如依各该法则，均所不许，自无再准主张之余地。（九年统字第一二四八号）

定婚与成婚仪式，为婚姻成立要件 婚姻须先有定婚契约。（但系以妾改正为妻者，不在此限）定婚系以交换婚书或依礼交纳聘财为要件，即为要式行为。但婚书与聘财，并不拘于形式及种类。至定婚后成婚，亦须经习惯上一定之仪式。故原则上系合定婚与成婚仪式，为婚姻成立之要件。（参照本院《判例要旨汇览》第一卷“民法”第一四〇页三年上字第(二四三)〔四三二〕号判例）若夫婚姻之呈报，与婚书之纳税，系属行政事项，与私法上之婚姻效力无涉。（九年统字第一三五七号）

恶疾生于成婚后者，不能离异 已成婚后发生之恶疾，不能为离异原因。（九年统字第一四二四号）

仅开列年庚，不能认为合法之婚书 希查照本院《判例要旨汇览》第一卷“民法”一三二页四年上字第一四一七号及同年上字第三七九号，毋庸再行解答。（附原文：婚姻预约，在法律上系要式行为，一婚书，二聘礼。例如，先通过年庚八字，并未纳过(婚)〔聘〕礼，嗣后或男家或女家，有一方不欲缔结，而为婚姻预约通过拒绝，缘是兴讼。此年庚八字，可否认为系属婚姻预约之一种）（十年统字第一四七一号）

定婚后罹残疾，如违背通知义务，不能以他造未声明解约而请履行 男女之一造，于定婚后若罹残疾，其婚约应否解除，当各从相对人所愿。依本院四年上字第二三五七号判例论之，其不愿者，断无强令继续之理。来函情形，罹疾之一造，既违背通知之义务，自不能以他造未经声明解除，仍请履行婚约，而禁其别字。（十年统字第一五八四号）

**以上大理院解释例**

买卖出银具有财礼性质，其婚姻有效 买卖人口，久已悬为厉禁。果如来函所述，妇女说与人为妻，苟经双方合意，虽出银若干，而实具有财礼之性质者，其婚姻自应认为有效。否则仅假托婚姻之名，而行辗转买卖之实，无论地方有无此习惯，仍为法所不许。（十七年解字第一六一号）

**以上最高法院解释例**

**男女婚姻 6.82.0.2 律文** **若再许他人，未成婚者，女家主婚人处七等罚；已成婚者，处八等罚。后定娶者男家知情，主婚人与女家同罪，财礼入官；不知者，不坐，追还财礼。给后定娶之人。女归前夫。前夫不愿者，倍追财礼给还，其女仍从后夫。男家悔而再聘者，罪亦如之，**

仍令娶前女，后聘听其别嫁。不追财礼。

**注 解**

“再许”者，谓定婚后女家悔约而另许也。已、未成婚，指已、否嫁与后许之人而言。“后定娶者”，指后许之男家而言。“定”，谓甫经定婚；“娶”，谓已迎娶。“知情”者，谓后许之男家，明知女家有悔婚情事也。“男家悔者”，谓定婚后，男家悔约而另聘也。第一次之定婚，既经合法成立，故女家另许，谓之“再许”；男家另聘，谓之“再聘”。若第一次定婚，并未合法成立，则无再许、再聘之可言。在女家悔婚再许场合，如果其女尚未与后许之人成婚，则应使其仍从前许之人，以符定婚原约。若其女已与后许之人成婚，此际应征询前许之人的意思。倘前许之人，仍愿与此女结婚，则亦使其仍从前许之人，并照追后许财礼，以给还后许之人。若前许之人，不愿与此女结婚，则倍追前许财礼，给还前许之人，而使其女与后许之人完聚。在男家悔婚再聘场合，如果男家尚未与后聘之女成婚，则亦为珍重定婚原约起见，仍令其与前聘之女成婚，而使后聘之女别嫁。其后聘财礼，不许追还。若男家已与后聘之女成婚，本律并未定有处置方法。除后娶之女，自已不愿与其完聚，或其婚姻另有无效及强制离异之原因（例如重婚、尊卑为婚、亲属为婚之类）外，其结果惟有出于损害赔偿之一途。

**理 由**

本节为禁止悔婚而设。盖定婚契约，一经成立，有强制双方遵守之效力。法律欲维持婚约之效力，不能不设禁止违约之规定。故对于再许，则使从前许；对于再聘，则使从前聘，皆所以珍重婚约也。对于再许，则追还财礼；对于再聘，则不追财礼，皆所以示违约之制裁也。对于再许已嫁之女，虽为重视贞操起见，许其与后定娶者完聚，以符从一之义，然以前夫之愿否为从违，是仍以立约人之意思为本也。

**按 语**

依现时婚姻自由之原则，结婚须经婚姻当事人同意，则定婚亦须得其同意。未经同意之婚约，不能强当事人遵守。成年时之定婚无论矣。即未成年时，由父母代定之婚，亦须于成年后，始终不表示反对之意思，方有使其遵守之效力。故本节规定，限于该婚约确系当事人同意时，方能适用。此外应注意者，本节规定，非有绝对的强行性质，法院遇有此项案件，惟有尽力劝谕和解。盖婚姻事件，依例不能强制执行，即使判决确定，仍不能达其目的，不若劝谕和解之为愈也。

**判决例**

女子定婚后再许人者，仍归前夫 《现行律》载有“再许他人，未成婚者，处罚；已成婚者，处罚。后定娶者知情，与同罪，财礼入官；不知者，不坐，追还财礼。女归前夫”等语，是凡女子已与人定婚而再许他人者，无论已、未成婚，及后定娶者知情与否，其女应归前夫。（三年上字第八三八号）

定婚后另嫁而前夫不愿领回者，仍准女从后夫 《现行律》关于男女定婚后再许他人之规定，系一面维持婚约，欲

其践行;一面因违约而已与后定娶人成婚者,仍准女从后夫。(不过应以前夫不愿领回为条件)(四年上字第六三八号)

因悔婚发生其他损害,应由悔婚人负赔偿之责《现行律》凡女家悔婚者,如前夫不愿再要,应令女家赔还财礼。至于因悔婚发生其他之损失,虽无明文规定,自应适用通常损害赔偿之原则办理。(四年上字第一七七〇号)

因悔约另嫁而请求撤销后夫之婚姻者,法院应尽指谕之责许嫁女再许他人,已成婚者,依律虽以仍归前夫为原则,然法律为维持家室之和平并妇女之节操计,尚希望其女得以终事后夫,故于律文末段,特附以"前夫不愿者,倍还财礼,女从后夫"之规定。律意所在,彰然甚明。则审判衙门遇有此项诉讼案件,自应体会法律精意之所在,先就此点,尽其指谕之责。(五年上字第一〇四八号)

男家悔婚另聘,前聘之女得解除婚约《现行律》载"若再许他人,已成婚者,处罚;后娶者知情,与同罪,财礼入官;不知者,不坐,追还财礼。女归前夫。前夫不愿者,倍追财礼给还,其女仍从后夫。男家悔者,罪亦如之"等语,是就该律类推解释,男家毁约另聘,已成婚者,如前女仍愿与为婚姻,自应令娶前女,而后聘者令其别嫁;如不愿与为婚姻,自应准其解除婚约,是不待言。又,此种解除婚约之原因事实,一旦发生,即可据以请求,自不容男家事后以一方之意思,补正事实,拒绝其请求。(六年上字第八四五号)

法院遇悔婚另嫁案件,应尽力劝谕许嫁女再许他人,已成婚者,依律虽以仍归前夫为原则,然为维持家室之和平并妇女之节操计,尚希望其女得以从一而终,故《现行律》特附以"前夫不愿者,倍追财礼,女归后夫"之规定。又按:结婚义务,原有不可代替执行之性质;一般法理,概认为不能强制履行。盖以交付人身,直接强制,非酿成变故,即促其逃亡,事实上仍不能达到判决之目的。故订婚之女,如果执意不从,其最后之结果,仍不出于损害赔偿之一途。况法律上,夫对于妻,并不能加以强暴或监禁之行为,则一时强使结婚,而于既婚之后,其女如有逃亡,该女家除有串谋情事外,对于男家,并无责任可言。是在男家,反或因强制结婚而更受损失。故审判衙门遇有此项悔婚另嫁之件,应以和平方法,尽力劝谕当事人:与其不能达强制执行之目的,孰若听其解除,而就其因他造悔约所生之损害,依法要求赔偿,转为得计。(九年上字第六一五号)

对于悔约另嫁之案,应劝前夫解约、要求赔偿按本院历来判例,许嫁女再许他人,已成婚者,虽以仍归前夫为原则,而为维持家室和平及妇女节操计,尚希望其女得以从一而终。故法院遇有此项悔婚另嫁之件,应以和平方法,尽力劝谕前夫,听其解除,而专就因他造悔约所生之损害,请求赔偿,转为两造利益。(十五年上字第六六三号)

**以上大理院判例**

## 解释例

禁止再许之规定,于男子犯奸盗时不适用之悔婚再许,《现行律》"男女婚(约)〔姻〕"门本有禁止明文。第未婚

男子有犯奸盗者，应听女别嫁，亦有明文规定。（五年统字第四八三号）

能否追还财礼，以是否知情为断 娶有夫之妇而不知情者，所交财礼，可依不当利得之原则，向收受者提起民事诉讼，要求返还。如系知情，则为不法原因之给付，自无请求返还之理。（七年统字第七七四号）

悔约另嫁，未便判令前夫仅受赔偿 娶已经许字他人之女者，除劝谕前夫倍追财礼，女归后夫，照《现行律》“男女婚姻”门第二段办理外，未便以裁判强令前夫仅受赔偿。（七年统字第八七〇号）

背约另嫁，虽志在得财，不成立（作）〔诈〕财罪，应倍追财礼给还 查违背婚约，将女另嫁，虽志在得财，但不得谓为诈欺，自不成立诈财罪。至判决之效力，与判决之能否强制执行，本不应合为一谈。婚姻案件，虽不能强制执行（参照统字第五一〇号、第五一一号解释），然判决之效力，固仍存在。受确定判决之人，本得对于违背判决另定之婚约，请求撤销，或另求赔偿以代原约之履行。如果提起撤销重订婚约之诉，审判衙门尚可斟酌情形，加以晓谕，适用律例“男女婚姻”门律条第二载“前夫不愿，倍追财礼”之语，妥善办理。（八年统字第九八六号）

再聘财礼，依不法给付原则，不能请求返还 丁既不能重为婚姻，应准撤销，将女乙断归已。丁之聘金，依不法给付原则，不能请求返还。若女乙自初即愿为丁之妾，则前约可认为聘妾之约，并非订婚，尚属有效。又或乙女并无此意，而与已之订婚，亦未经甲取其同意，则与已之婚约，仍应依例准其撤销。（九年统字第一一八八号）

**以上大理院解释例**

父为子所结婚约，如曾得子之同意，不得借口兼祧，再与他人重订婚姻 同姓不宗之婚姻，固为现行法律所不禁。惟甲为其子乙与丙之女所结婚约，如曾得乙之同意，自不得借口兼祧，再与戊重订婚姻。（十八年院字第八号）

**以上司法院解释例**

男女婚姻律文 6.82.0.3 **其未成婚男女，有犯奸盗者，**男子有犯，听女别嫁；女子有犯，听男别娶。如定婚，未曾过门，私下奸通，男、女各处十等罚，免其离异。**不用此律。**

**注　解**

“未成婚”，谓已定而未嫁娶也。“犯奸盗”，谓其所犯为奸或为盗，非谓既犯奸而又犯盗也。不适用前节禁止再许再聘之规定，故曰“不用此律”。男犯奸盗，女得再许；女犯奸盗，男得再聘，均不得以悔约论。惟所谓“奸”者，在男子，兼赅强奸和奸而言，不问所犯为强奸为和奸，均听女别嫁；而在女子，则以犯和奸为限，始准男子别娶。若系被人强奸，即不许男子别娶。所谓“盗”者，兼赅强盗、窃盗而言。惟有应注意者，本节所谓犯奸，专指与他人奸通而言。若系未婚男女自相奸通，仍须受前节再许、再聘之禁止。然，如有强奸情形，又当别论。

**理　由**

本节系承上文而言，为前节之例外规定。盖奸盗行为，非仅为家门之玷，且影响于配偶者之名誉,如仍禁其再许再聘,未免戾于人情。此本律之所以设例外规定也。

**按　语**

现时法制,离婚止问有无理由,不须具备何种条件。婚约之应否解除亦然。婚姻关系,无非欲使双方得为圆满的共同生活,一方既有奸盗行为,已陷于不能圆满的共同生活之状态,故直许其别娶别嫁,盖视其婚约为当然解除也。

**判决例**

男女犯奸盗者,得解除婚约　查《现行律》载"未成婚男女,有犯奸盗者,不用此律"等语,注称"男子有犯,听女别嫁;女子有犯,听男别娶",至所称"盗"之意义,当然包括窃盗而言。而窃盗行为,应作何解,又当根据于《暂行新刑律》之律条,亦无可疑。据《刑律》第三百八十一条称,"于直系亲属、配偶或同居亲属之间,犯第三百六十七条(律文为'意图为自己或第三人之所有而窃取他人所有物者,为窃盗罪'等语)及第三百七十七条第一项之罪者,免除其刑"等语,则是直系亲属、配偶、同居亲属之间,犯所列窃盗罪者,仅得免除其刑,其行为要仍不失为犯罪。则为保护相对人之利益,自应许其请求撤销婚约。(六年上字第七三五号)

父母犯奸盗,不能为解除婚约之原因　查男女有犯奸盗者,依律固得为撤销婚约之原因。第其所谓男女,乃专指定婚男女而言。故其犯奸或盗者,若仅属于定婚男女一方之父母,并非与定婚男女有何关系,则在他方,自不能以此主张撤销婚约。(六年上字第一〇八一号)

吸食鸦片、施打吗啡等罪,非解除婚约之原因　《现行律》纵规定"未成婚男子,有犯奸盗,听女别嫁;女子有犯,听男别娶",然因吸食鸦片烟及施打吗啡等犯罪者,律例并无准许对造解除婚约之明文。(六年上字第一三八四号)

已成婚犯奸盗,不为离异原因　男子犯奸盗,依律虽为解除婚约之原因,惟律文既明载"未成婚"字样,则已成婚者,自不能据此请求离异。(八年上字第七五三号)

**以上大理院判决例**

**解释例**

未成婚男子犯奸盗者,听女别嫁　悔婚再许,《现行律》"男女婚姻"门本有禁止明文;第未成婚男子有犯奸盗者,应听女别嫁,亦有明文规定。(五年统字第四八三号)

未婚夫和同被人鸡奸,可为解除婚约之原因　查《现行律》载,"其未成婚男女,有犯奸盗者,不用此律",又"犯奸"〔门〕内载,"男子和同鸡奸者,亦照此例办理",是和同被人鸡奸,自民事方面言,亦系犯奸之一种,自可为解除婚约之原因。(六年统字第六〇九号)

犯破廉耻之罪,与奸盗相类似或被处徒刑三年以上开始执行者,亦许诉求解除婚约　《现行律〔例〕》载"其未成婚男女,有犯奸盗者,男子有犯,听女别嫁;女子有犯,听男别娶",又载"期约已至五年,无过不娶,及夫逃亡三年不还者,听经官告给执照,别行改嫁"各等语,是凡犯有破廉耻之罪,与奸盗相类似,或被处徒刑在三年以上而经开始执行者,依律文类推解释,均应许男女之一造请求

解约。来函所述情形，各被处徒刑在三年以上，已经开始执行，自应许其诉求解除婚约。(十一年统字第一七四四号)

**以上大理院解释例**

男女婚姻律文 6.82.0.4 **若为婚而女家妄冒者，**主婚人**处八等罚，**谓如女有残疾，却令姊妹妄冒相见，后却以残疾女成婚之类。**追还财礼。男家妄冒者，加一等，**谓如与亲男定婚，却与义男成婚；又如男有残疾，却令弟兄妄冒相见，后却以残疾男成婚之类。**不追财礼。未成婚者，仍依原定。**所妄冒相见之无疾兄弟、姊妹及亲生之子为婚，如妄冒相见男女先已聘许他人，或已经配有室家者，不在仍依原定之限。**已成婚者，离异。**

**注　解**

“为婚”，兼赅定婚、成婚而言。“妄冒”者，谓用欺罔手段而为假冒之行为也。欺罔之结果，要使人陷于错(语)〔误〕。假冒之前提，要必有二人存在。例如，本欲为有残疾者定婚，恐他方不允，先使无残疾者出而相见，其后却使有残疾者成婚是也。他如以老冒少、以幼冒长、以庶冒嫡、以乞养冒亲生，其中均有二人存在。若实际上并无二人，仅系有疾诓称无疾、年老诓称年少、年幼诓称年长、庶出诓称嫡出、乞养诓称亲生，均不得谓为妄冒。为婚而有妄冒情形，如果尚未成婚，则应使其仍依原定。例如，妄冒相见者为无残疾之人，则他方所与定婚者，亦即无残疾之人，应使与无残疾者〔定〕婚。若妄冒后已经成婚，应使离异。例如，已与有残疾者成婚时，此际不能仍依原定，使其再与无残疾者成婚，故只能使其离异。于此有应注意者，本律所谓“仍依原定”，限于原定人自己尚未聘许时，方能适用。若原定人先已聘许他人，自无使其舍先就后之理。于此场合，惟有出于解约之一途。

**理　由**

本节为禁止妄冒为婚而设。女家妄冒，追还财礼；男家妄冒，不追财礼，所以示制裁也。未成婚者依原定，所以贯彻立约本旨。若已成婚，则立约本旨，无由澈贯，故使离异。

**按　语**

依婚姻自由之原则，结婚离婚，须出于婚姻当事人之自由意思，不许第三人干涉。故凡一方妄冒为婚，未成婚时，应否使依原定；已成婚时，应否离异，均须以他方之意思为从违。如果未成婚而他方愿与成婚，则不必强使其依前定；如果已成婚而他方不愿离异，则不必强使离异，否则即违反不干涉之原则也。

**判决例**

妄冒为婚，律许离异 按《现行律》载，“有为婚而女家妄冒者，处罚，追还财礼。男家妄冒者，加一等，不追还财礼。未成婚者，仍依原定。已成婚者，离异”，(中略)是离婚之制，本为《现行律例》所认许，不过须具备一定之条件而已。(三年上字第八六六号)

定婚有妄冒情事者，得撤销婚约 定婚之初，果有妄冒情事，即已成婚者，依律尚许离异。若仅有婚约，

自无不许其撤销之理。(四年上字第一〇〇七号)

冒为他人之子而定婚者,他造得撤销 冒为他人之子而定婚者,得为彼造请求撤销之理由。(五年上字第八七〇号)

定婚时诈称地位,与婚约是否有关,以他造意思为断 诈称地位与人定婚者,如果相对人确因深信其有此地位始允与定婚,非此即不允许者,则其诈称地位之事实,即于婚约效力不为无关。(七年上字第一三六五号)

男家家属为不正营业,非撤销婚约原因 男家家属为不正营业,除可认为妄冒外,不得据为撤销婚约之原因。(七年上字第一三五六号)

妄冒为婚经追认者,不得再行撤销 妄冒为婚后,而经有撤销权之人追认者,不得于追认之后,复请撤销。(八年上字第五六三号)

年龄妄冒之婚约,应许撤销 定婚之初,男女年龄之老幼,须明白通知,各从所愿。违者,即属妄冒为婚,应许撤销。(八年上字第七八〇号)

妄冒年龄,惟因此陷于错误者,始得离异 定婚时年龄纵有妄冒,亦惟上诉人因此陷于错误,始得据为离婚之原因。(十一年上字第一五一九号)

**以上大理院判决例**

**解释例**

因诈欺而成之婚约,得请求撤销 查所询情形,丙本无与乙结婚之意,因与甲串通,故向乙伪为表示。乙受其欺,承诺为婚,自系被诈欺而为婚约,虽已为婚,乙可请求撤销。乙在未经撤销婚约以前,法律上尚为丙妇,与甲并无婚姻关系。(九年统字第一三二六号)

撤销婚约,只须意思表示,不必诉求 本于诈欺之定婚,许其撤销,并非当然无效。至撤销只以意思表示为之,亦非必须诉求。(参照本院《判例要旨汇览》第一卷"民法"第一三七页至第一三八页四年上字第一〇〇七号、五年上字第八七〇号及七年上字第一三六五号判例)(九年统字第一三五七号)

**以上大理院解释例**

男女婚姻 6.82.0.5 律文 **其应为婚者,虽已纳聘财,期约未至,而男家强娶,及期约已至,而女家故违期者,**男、女主婚人**并处五等罚。**

**注 解**

"应为婚者",指已经合法定婚之人而言,即并无如前两节所述之情形者也。"期约"者,双方约定嫁娶之期限也。期限既经约定,即有互相遵守之义务。在男家既不得要求提前,在女家亦不得任意展限。故期前强娶及临期故违,均非本律所许。然此亦指普通情形而言。在特种场合,本律非特不禁其展限,且有严禁其不展限者。举其实例,如居丧期内不许嫁娶、父母囚禁中不许嫁娶,此皆本律有特别规定者也。

**理 由**

本节为使双方遵守契约而设。嫁娶日期,既系双方约定,自有共同遵守之责。

若一方任意违反,转足引起无谓之纠纷。此本律之所由禁止也。

**按　语**

嫁娶日期,既系双方合意约定,不能不许双方合意变更。盖遇有特种情事,必须变更日期,如果其变更确系双方合意时,法律即不得而干涉之。故本节规定,限于双方对于日期之变更有争执时,方能适用。

**判决例**

期前强娶,不得为离异原因《现行律》载,“其应为婚者,虽已纳聘财,期约未至,而男家强娶,及期约已至,而女家故违期者,并处罚”等语,是未至期约而强娶者,除制裁部分已失效力外,别无离异之规定,尚不成为离异之原因。(三年上字第一〇七七号)

男女均达成年,可随时要求履行婚约《现行律例》,除原定有契约者,男家未至期强娶、女家故违期者,有禁止之规定外,其关于应履行婚约之时期,并未有明文规定。依条理解释,男女之一造,于彼此均达成年后,自可随时要求对造履行婚约。(九年上字第五四一号)

**以上大理院判决例**

出妻条例 6.95.(2) **一、期约已至五年,无过不娶者,并听经官告给执照,别行改嫁,亦不追财礼。**

**注　解**

“期约”,即双方约定嫁娶之日期也。“已至五年”,谓期约到来后已经过五年也。“无过不娶”,谓女家并无过恶而男家不娶也。“经官给照,别行改嫁”者,谓不许擅自改嫁也。擅自改嫁,易生争议,故以经官给照为必要。而官厅于给照之先,应审查男家逾期不娶有无正当原因,以决定女家改嫁之应否准许,此属当然之事。

**理　由**

嫁娶期约,大都由双方斟酌男女年龄而定。若男家逾期五年,犹复不娶,而使女家久待,殊非人情所宜,故许改嫁,所以保护女家之利益也。然必具备逾期五年及无过不娶两要件,方得许其告官改嫁。其逾期未满五年,或虽满五年而非无过不娶者,均在不许改嫁之列。此又为保护男家而设。至于女家改嫁,不许男家追还财礼,所以示逾期不娶之制裁也。

**按　语**

婚姻事件,男家事前强娶之事例甚鲜。而男家逾期不娶,及女家故违期约,事所常有。本律对于女家之故违期约,已有明文规定。而对于男家之逾期不娶,则未有规定,故设此例以补充之。惟此例于女家要求准许改嫁时,方能适用。若女家任听男家逾期,并不主张改嫁,即不能适用此例。又给照办法,现时已不实行,法院遇有此种案件，大都以裁判行之，实际上与撤销婚约无以异也。

**判决例**

五年无过不娶，指定有成婚日期者而言《现行律》载，"期约已至五年，无过不娶"等语，寻绎律意，"期约"二字，系指所定成婚之日期而言。参观男女婚姻律载"其应为婚者，虽已纳聘财，期约未至，而男家强娶，及期约已至，而女家故违期者"等语，其意自明。故律载"五年无过不娶，听告官改嫁"者，必其定有成婚日期者，始能适用，不能遽以定婚之日起算。（四年上字第八一〇号）

**以上大理院判决例**

男女婚姻律 6.82.0.6 条 **若卑幼或仕宦或（价）买〔卖〕在外，其祖父母、父母及伯叔父母、姑、兄姊，**自卑幼出外之**后为定婚，而卑幼**不知。**自娶妻，已成婚者，仍旧为婚。**尊长所定之女，听其别嫁。**未成婚者，从尊长所定。**自定者，从其别嫁。**违者，处八等罚。**仍改正。

**注　解**

"卑"，卑属，对于祖父母、父母、伯叔父母及姑等尊长而言。"幼"，年幼，谓年龄较轻，非未成年之谓，乃对于兄及姊等年长者而言。"出外"，谓卑幼出门在外也。出外之原因，或系仕宦，或系价买，均无区别。"价买"，即经商之谓。"后为定婚"，即尊长于卑幼出外之后为之定婚也。"卑幼自娶妻"，谓卑幼不知尊长有定婚情事，因而在外自行娶妻也。卑幼出外，尊长在家，两不相谋，以致各自定婚，究以何人所定之婚为有效，应以卑幼是否已与自定者成婚为断。如果卑幼已与自定之女成婚，则应视其成婚为有效，而使尊长所定之女别嫁；如果卑幼尚未与自定之女成婚，则应使其与尊长所定之女成婚，而使卑幼自定之女别嫁。若卑幼违反此规定，必欲与自定之女成婚；或尊长许其与自定之女成婚，而强尊长所定之女别嫁，均非本律所许。即使实行结婚，亦应予以改正。改正者，取消其与自定者之结婚行为，而使与尊长所定者成婚也。

**理　由**

吾国家政，统于一尊，婚姻之事，例由尊长主之。故卑幼与尊长各自定婚之场合，原则上应以尊长所定者为有效。而于定婚之孰先孰后，则非所问。惟例外于卑幼已与自定之女成婚时，则为保全妇女贞操计，许其仍旧为婚，盖出于不得已而设此变例也。

**按　语**

定婚之有效与否，应以是否出于本人之意思为断。尊长所定之婚，既非出于卑幼自己之意思，当然不生效力。而卑幼自定之婚，系本于自己之意思者，尤非尊长所能加以干涉。若不许其与自定之女成婚，而强使其与尊长所定之女成婚，即与婚姻自由之原则相背驰。故本节规定，在现行法制之下，已不适用。

**解释例**

母主婚，得子同意，虽未通知其父，其主婚仍有效 查依家政统于一尊之义，甲妻乙为丙主婚，未经通知取甲同意，诚属不合。惟丙既已情愿与戊成婚，为维持社会公益计，自可准照《现行律》“男女婚姻”门所载“卑幼出外，其父后为定婚，卑幼不知，自娶之妻，仍旧为婚”之法意，类推解释，认该件主婚仍为有效。（八年统字第一一四〇号）

**以上大理院解释例**

男女婚姻条例 6.82.(1) **一、男女婚姻各(以)〔有〕其时，或有指腹、割衫襟为亲者，并行禁止。**

**注　解**

“男女婚姻”，指定婚而言。“各(以)〔有〕其时”，谓定婚必须在相当时期。详言之，谓不许于男女未出生时相约为婚也。吾国旧时，有指腹、割襟为亲之陋习，虽非律所明禁，而定婚不以其时，自有禁止之必要。

**理　由**

婚姻以有当事人之存在为前提。若婚姻当事人尚未出生，便相约为婚，非特事非必要，且足酿成异日纠纷。虽事不常见，究非良俗。此本例之所由禁止也。

**按　语**

禁止指腹、割衫襟为婚，无非认男女未出生时之定婚为无效。若于男女未出生时，指腹、割衫襟相约为婚，而于男女出生后，补行定婚仪式，则本于新定之婚约，仍可认为有效。非谓一经触犯指腹、割襟之禁令，此后即不许其结婚也。

定婚时期之制限，已如上述。至于成婚时期，本律例未有制限明文。各国法制，大都规定及婚年龄。未达此年龄而结婚者，其婚姻可以撤销。此种规定，无非为防遏早婚而设。惟各国所定及婚年龄，迟早不同。其最早者，如日本之男满十七岁、女满十五岁是也。其最迟者，如德意志之男满二十一岁、女满十六岁是也。就我国而论，《礼·内则》云“男子二十而冠，三十而有室；女子十五而笄，二十而嫁”；《家语》孔子曰“夫《礼》言其极耳，不是过也。男二十而冠，有为人父之端；女十五许嫁，有适人之道”；《朱子家礼》云“男子年十六至三十，女子年十四至二十，乃可成婚”，此见于《礼经》者也。《通典》唐贞观元年〔627年〕诏曰“男年二十、女年十五以上，并须申以婚媾”；明洪武元年〔1368年〕制曰“男年十六、女年十四以上，并听婚娶”，此见于法令者也。虽各朝微有不同，而大要则以男十六以上三十以下、女十四以上二十以下为适格。其未达此年龄者，均受礼法之限制。是我国之不许早婚，早已垂为令典，固无庸律例为之规定也。（《民律草案》规定男未满十八岁、女未满十六岁不得成婚）

**判决例**

男女未出生前之婚约无效《现行律》载"男女婚姻各以其时，或有指腹、割衫襟为亲者，并行禁止"等语，依律文所称，可知男女约婚，虽于年龄上并无限制，而当男女未出生前之婚约，则自属根本无效。(四年上字第五三六号)

定婚时子女虽尚未出生，而于出生后新为定婚者，其新定约自属有效依《现行律》，凡有子未经出生者，尚不许定婚，其是否有子，在不可知之列，仅悬拟一格，预为定婚，抱媳童养者，其婚约之不能有效，尤属显然无疑。然此等婚约，固属无效，若俟女长大，另与女家议明，得女家及该女之同意，新定合法婚约，则当然本于新约之效力，认其得为婚姻。要非以当初婚约，遽能拘束当事人。(六年上字第一三六号)

**以上大理院判决例**

**解释例**

未成年人既已成婚，除合于离婚条件外，不许翻异来函所述情形，以丑说为是。(**附丑说：甲女与乙成婚时，虽系未成年，惟既已成婚，则除合于法定离婚条件外，无翻异之余地**)(十四年统字第一九一九号)

男子以十六岁为有婚姻能力《现行律例》仅载"男女婚姻各有其时"，至法定年龄，别无明文可据。惟现律以十六岁为成丁，成丁之人，即应有完全行为能力，婚姻亦系法律行为之一，故男子当以十六岁为有婚姻之能力。(十四年统字第一九五〇号)

**以上大理院解释例**

男女婚姻条例6.82.(2) **一、嫁娶皆由祖父母、父母主婚。祖父母、父母俱无者，从余亲主婚。其夫亡携女适人者，其女从母主婚。若已定婚未及成亲，而男女或有身故者，不追财礼。**

**注　解**

吾国家政，统于一尊。男女婚姻，例由尊长主之，是谓"主婚"。凡定婚未经有主婚权人之同意，其婚约不为有效；结婚未经有主婚权人之允许，其婚约可以撤销。主婚权之行使，祖父母、父母生存时，属于祖父母、父母；若祖父母、父母俱亡，则由余亲行其主婚权。余亲者，即亲等内之旁系亲也，如伯叔父母等皆是。若夫亡而妻改嫁，如果妻携女偕往，女之主婚权，属于女之母；若改嫁时未携女偕往，则女之主婚权，仍属于女之祖父母或其余亲。至定婚后成婚前，男女二人中有一人死亡，均不许追还财礼。

**理　由**

本节为关于主婚权之规定。吾国婚姻，素重父母之命，结婚须由父母允许。盖婚姻为男女终身之大事，非寻常契约可比，理宜慎重。然年轻子女，阅历未深，血气未定，往往有只顾目前不计及将来之利害而卒贻后悔者，故法律予父母以允许权。

以父母爱子之情，必能为子女熟权利害也。况家属制度，子妇于结婚后，仍多与父母同居，则姑媳间之感情，亦宜先行筹及。但父母允许者，须经父母双方均行允许。若只得(夫)〔父〕或母允许，仍不得结婚。然其母若为嫡母或继母，则有例外。即继母或嫡母，虽亦有允许权，若故意不为允许时，子得经亲属允许而结婚。以继母或嫡母，对于非已所亲生之子，难保无故意阻挠其结婚之事也。若其不允许实有理由者，不得援用此例。

以上所述，为条例规定主婚权之理由。凡嫁娶未经有主婚权人为之主婚，则有主婚权人可以此为撤销婚姻之理由。然若有主婚权人无理由而拒绝主婚，则不许撤销。至改嫁之母，对于其与前夫所生之女，仍有主婚权者，盖以母之改嫁，既系携女偕往，则其受护亲女，自较常人为周，必能为亲女熟权利害也。男女一方死亡，不许追还财礼者，盖因死亡而婚约当然消灭，非可与违约者同论也。

**按　语**

吾国婚姻，素重父母之命，故条例规定嫁娶以主婚为必要。历来判例、解释，对于婚姻未经有主婚人为之主婚者，均认为可以撤销。而依现时婚姻自由之原则，结婚只须当事人之合意，不以主婚权人之允许为必要，虽实际上犹沿用主婚习惯，然亦不过为结婚时之一种仪式，即使不为主婚，亦无碍于婚姻之成立。在有主婚权人，既不得以未经自己主婚而主张撤销，则历来认为可以撤销之判例、解释，亦因之失效。

**判决例**

嫁娶须由祖父母、父母或余亲主婚　《现行律》“嫁娶应由祖父母、父母主婚。祖父母、父母俱无者，从余亲主婚”，是婚姻不备此条件者，当然在可以撤销之列。(二年私上第二号)

随母改嫁之女，由母主婚　《现行律》载“夫亡携女适人者，从母主婚”等语，是父亡随母改嫁抚育之女，依律自应由其生母为之主婚。(三年上字第四三二号)

后夫不能为前夫之女主婚　后夫对于妻前夫之女，依法当然不能有主婚之权。(四年上字第三九六号)

无祖父母与父者，当然由母主婚　《现行律》载“嫁娶皆由祖父母、父母主婚。俱无者，从余亲主婚”等语，是无祖父母与父之女，当然由母为之主婚。(五年私上第二八号)

当事人合意或依法解除婚(条)〔约〕，父母无权禁止　父母虽有主婚之权，至于已成之婚约，经当事人双方合意解除或一方于法律上有可以解除之事由者，断无反乎婚姻当事人之意思，可以强其不准解除。(五年抗字第六九号)

私生女现无父母者，从余亲主婚　《现行律》载“嫁娶皆由祖父母、父母主婚。祖父母、父母俱无者，从余亲主婚。其夫亡携女适人者，其女从母主婚”等语，按照条文正当解释，其夫亡适人而为携女，其女又无祖父母者，则该女应从余亲主婚，自无疑义。至于未嫁女所私生之女，其主婚之权，应属何人，《现行律例》虽无明文规定，然依前项条例类推解释，则该私生之女，除经其父认知，或其母不复适人，又或适人而经携去者，其主婚之权，仍分别各有归属外,若其父既未经认知,而其母适人又未携去者,自应依无祖父母、父母之例而援用从余亲主婚之规定。(五年上字第六一四号)

**主婚并无一定形式** 主婚一层,在现行法上,并无特别之形式规定,苟依相当证据方法,足以证定婚之际,已由合法主婚人之同意,则即令其事未经记明婚书,于该婚约亦无何等影响。(五年上字第一〇四八号)

**未经主婚权人之主婚者,主婚权人得撤销** 无主婚权者擅行主婚,除经主婚权人表示同意或追认外,自为可以撤销之婚姻。(五年上字第一五二八号)

**养母之翁姑对于养女有主婚权** 依《现行律》"嫁娶皆由祖父母、父母主婚"之规定类推解释,凡养母之翁姑,对于养女,当然亦有主婚权。(六年上字第一一七六号)

**主婚受财者,须负担嫁资** 聘财在现行法上,与婚书同为定婚要件。虽由主婚人受财,而嫁女所需妆奁等费用,亦应由此受财之主婚人担负,并非以受财为有主婚权者应享之权利。(六年上字第一二五一号)

**养女之本生父母,不得争执主婚** 养女之主婚权,苟无特别情事,自应归于养父母,无本生父母家争执之余地。(七年上字第一九五号)

**改嫁妇为所携女主婚者,前夫之弟无权干涉** 依《现行律》,"夫亡携女适人,其女由母主婚",其夫之弟,自无干涉之余地。(七年上字第二九〇号)

**父母为男女主婚,须经同居祖父母同意** 《现行律》男女嫁娶之主婚并举祖父母、父母者,所以别于余亲而言。若祖父母、父母俱在,而又系同居者,则按之条理,自应由父母主婚。惟依家政统于一尊之义,亦应得祖父母之同意,否则祖父母得以撤销婚约。(七年上字第二九八号)

**出母可依特约为其女主婚** 协议离婚,夫妻恩义,虽已断绝,而妻对于所生之女,其母女名分,固依然存在。则离婚时,以契约定女之主婚权,使专属于妻,即难谓该契约为无效。(七年上字第三〇四号)

**妇人夫亡,虽拟改嫁而尚未嫁者,仍有为其女主婚之权** 《现行律》内载"夫亡携女适人,其女从母主婚"等语,是妇人夫亡改嫁者,固须携同其女,方有为其女主婚权。但如果并未适人,或虽拟适人,而尚无改适之事实,则依嫁娶由父母主婚之规定,自不能因其曾有适人之意思,而遂丧失其固有之主婚权。(七年上字第三四四号)

**余亲主婚,经祖父母、父母同意,亦为有效** 按《现行律》,男女嫁娶,固应由祖父母、父母主婚,惟虽有祖父母、父母,而由余亲主婚之时,其祖父母、父母确经同意或事后追认,即与自行主婚无异,自不能概谓为无效。至民国三年本院民事上字第五一二号判决内称"主婚人不由女之父母而由其叔,已非合法,就令上告人(女之父)对于此项婚约事前情愿、事后追认,然既未订立婚书,又未受过聘财,依上开法例,亦难认为定婚有效"等语,系释明未经订立婚书及受过聘财之婚约,既欠缺法定要件,则虽经同意追认,亦不能有效,非谓余亲主立之婚约,不能因同意追认而生效力。(七年上字第八八八号)

已成年男女同意之婚约，不得由主婚权人解除 婚姻之当事人，本为男女两造，若有主婚权人之许婚，已在男女本人成年之后，得其同意者，此后该婚约，自不得反于本人之意思，由主婚权人任意解除。（七年上字第九七二号）

父母为子女主婚，如尊亲属不予同意，得以裁判代之 父母为子女主婚，如尚有直系尊亲属在堂，固应禀承其同意，惟该尊亲属，苟无正当理由而故意不予同意，则审判衙门得以裁判代为许可。（八年上字第二三六号）

同居近亲之主婚权，先于别居之远族 《现行律》载“祖父母、父母俱无者，从余亲主婚”等语，其于余亲主婚之顺序，虽未明定，然依据条理，其与定婚男女同居而服制最近者，较别居之远祖，自应尽先有主婚之权。（八年上字第三二一号）

远族主婚，经有主婚权者之嘱托或同意，亦属有效 远族主婚，而实系由于现有主婚权者之嘱托或经其同意追认，即与现有主婚权人之主婚，生同一之效力。（八年上字第三二一号）

随母改嫁之女归宗后，可由女之本宗余亲主婚 随母改嫁，应由其母主婚。而于其母亡故后归宗者，自可由其本宗余亲之胞兄主婚。（八年上字第七三〇号）

携女适人后，母亡而女未归宗者，后父有主婚权 《现行律》载“夫亡携女适人者，其女从母主婚”等语，依此项规定，固应认母有主婚权，但其母如已亡故，而女又未归宗，则应认后父有主婚之权。（八年上字第一一九一号）

定婚仅由母主婚，其父得撤销 男女嫁娶，仅由母主婚，而未得父同意者，其父自得撤销。（八年上字第一三八八号）

父母俱存，母不得反于父之意思为子女主婚 《现行律》载“嫁娶应由父母主婚”，而父母俱存时，其主婚权应由父行使，本院已有判例，故母自不得反于父之意思而为子女主婚。（九年上字第七七六号）

祖父母主婚，而父母事前不知者，得撤销婚约 《现行律》载“嫁娶应由祖父母、父母主婚”，而祖父母、父母俱存时，主婚之权，应由父母行使，本院已有判例。故祖父母为之主婚，而父母事前不知者，自得撤销其婚约。（九年上字第七七六号）

主婚人同意，非要式行为 主婚人之同意，并非要式行为。凡证明其主婚属实者，即属有效。（九年上字第八三一号）

父母俱存时，许女为妾，应由其父主持 《现行律》载“男女嫁娶，应由祖父母、父母主婚”，此在许女为妾，应可比照援用。故凡父母俱存之时，应由其父主婚者，在许女为妾，亦应由其父主持。（十二年上字第九三一号）

养亲对于乞养子女之主婚权，因养亲死亡而消灭 养亲依乞养关系，对于所乞养之子女，固应有监护及主婚之权。惟此种权利，应专属于养亲个人之身分，苟养亲已经死亡，其关系即当然消灭，在养亲之家族，自不得继续主张其有此权利，此至当之条理也。（十四年上字第一七八七号）

成年女子自定之婚，主婚权人不得以未经同意而主张撤销 子女定婚，通常固应经有主婚权人同意，但子女苟与主婚权人素有嫌怨或其他情事，事实上不能得其同意者，则该子女如已成年，亦应许其自行定

婚。该有主婚权人,不得以未经同意为理由,而就其已成之婚姻主张撤销。(十五年上字第九六二号)

以上大理院判决例

## 解释例

养女由养父母主婚,除有特约或特别情事外,母家不得过问 乞养女,在抱养当事人间并无特别意思表示者,应由养父母主婚。苟无特别情事,其母家亦无容喙之余地。(四年统字第二五三号)

随母改嫁之女,前夫堂弟之主婚无效 律载"夫亡携女适人者,其女从母主婚",如携以适人之女,未经归家,而其母又在者,则前夫堂弟之主婚,自属无效。(五年统字第四五四号)

离婚后携女改嫁,女之主婚权属于母 甲与乙离婚后,既听乙携女适人,则女之主婚权,自应由其行使。(六年统字第六〇四号)

主婚权人无理由拒绝,不得于成婚后主张撤销 婚姻以当事人之意思为重,主婚权本为保护婚姻当事人之利益而设。故有主婚权人,并无正当理由,拒绝主婚者,当事人婚姻一经成立,自不能借口未经主婚请求撤销。至其拒绝理由是否正当,审判衙门应衡情判断。(七年统字第九〇九号)

余亲因争财礼为不利于当事人之主张,得由法院准其为婚 甲虽为乙之余亲,可以主婚。如甲只因争取财礼,为不利于乙之主张,审判衙门自可衡情准其为婚。(八年统字第一〇四六号)

父母主婚,而祖父母无理由不同意者,得以裁判代之 查祖父母、父母俱在,而又同居,其主婚权在父母,惟须得祖父母之同意,本院早有判例。(参照本院七年上字第二九八号判决)至祖父母并无正当理由不予同意,本得请由审判衙门斟酌情形以裁判代之。(八年统字第一〇五一号)

孀妇改嫁,由母主婚,非夫家余亲所能过问 如乙对甲仅为余亲,则依律自应由丙主婚受财。丙对婚姻,如未主张撤销,可仅判归财礼。**(按原文:甲为孀妇,乙为甲夫家之余亲,丙为甲之生母)**(八年统字第一〇二五号)

父母无理由不为主婚,得以裁判代之 父母之主婚权,非可滥用。如父母对于成年子女之婚嫁,并无正当理由,不为主婚,审判衙门得审核事实,以裁判代之,本院早有前例。(统字第三七一号)甲之为丙主婚,姑无论是否合法,但丙既愿嫁戊,乙若无正当理由,更不能事后主张撤销。(九年统字第一二〇七号)

随母改嫁之女既经归宗,母无主婚权 查乙婚约所注"随母过姓"、"子母"、"婆媳"字样既属伪造,而丙又系如约实行离母归宗,乙即失其主婚之权。丙之嫁已,由戊主婚,是否合法,已非甲、乙等所能过问,审判衙门亦无过事干涉之余地。**(按:甲为丙之后父,乙为丙改嫁之生母,戊为乙本夫之余亲。原事实:系乙改嫁时,婚约定十年后丙须归宗)**(九年统字第一二三九号)

余亲主婚,不限于尊属,亦不限于同居 查《现行律》"男女婚姻"门条例所载"余亲主婚",并未指明卑属不应在内,亦无必须同居之限制,故余亲中究应何人主婚,其在婚嫁之子女已达成年者,自应凭其自由择定。无论以何人为主婚人,但系成年余亲,他人不得告争。若婚嫁子女未及成年，则由余亲之充保护人（即监护人）者主婚。保护人有失权原因时，由其关系较亲之成年亲属主婚，不问伦次尊卑。至所谓关系之亲密，应斟酌各该实际情形定之，如照顾、同居及服制等，均应酌及。惟主婚权人，如有嫌隙、虐待、故意抑勒阻难或其他不正当行使主婚权之事实者，均应认其丧失权利。所询情形，婚嫁之男女，业已成年，应查询其自己之意思。倘未成年，又无保护人，或其同居胞兄即为保护人，且别无失权原因时，自应准其请求，撤销婚约，胞叔即在不得告争之列。至孀妇改嫁，律无明定者，上述条例，亦可准行。（**注意补正四年统字第二五三号解释例**）（九年统字第一二六六号）

随父母居他乡之子女，由父母主婚；祖父母在家所定婚约，父母不同意者，得撤销 祖父母、父母俱在，而又系同居者，应由父母主婚，本院早有判例。（七年上字第二九八号判决）同居者主婚权既尚属父母，则随从父母寄居他乡之子女，尤应由父母主婚。若祖父母在家所定之婚约，父母不同意者，自得撤销。（十年统字第一四七一号）

收育之慈善机关无主婚权 查主婚在法律上与证婚之性质不同，而慈善机关之收育与养亲关系性质又不同，除法令有特别规定外，不能认其有主婚权。（十年统字第一四七四号）

抱养女已与育婴堂脱离关系，堂董无主婚权，应由养家家长主婚 所称情形（**甲在育婴堂抱女婴乙，声明俟其长成，为其堂侄丙妻。甲将死，嘱其堂弟丁收养。丁死，丙捏冒丁弟庚出帖，将乙许配戊子己，并送至戊家为养媳。己右手有残疾。堂董及丁子辛控戊抢亲。丙逃戊死。戊妻壬诉请维持婚约。究竟堂董及丁子辛有无撤销婚约之权，其主婚权是否属于丁子辛**），乙与育婴堂早已脱离关系，堂董自无权过问。惟乙既由丁家收养甚久，实际上已为丁家家属，丁死后，如系其子辛为家长，自得向戊家诉请交人。丙既无主婚权，其与戊家代乙妄冒许婚，自应许辛主张无效。（十五年统字第一九六三号）

教堂对于收养女，虽得于出抱时以特约保留许婚同意权，但不得于其成婚后主张撤销 养女之主婚权，属于养父母。教堂因乙女原系由保赤会收养，以特约保留同意权，尚非无效。惟乙女现既成婚，教堂虽有同意权，而苟无正当理由，仍不得仅以其未经同意而主张撤销。（十五年统字第一九八一号）

**以上大理院解释例**

主婚惯例，以不妨害结婚自由方能适用 结婚如得本人同意，主婚人与本人意思并不相反，即不妨害结婚自由。此种惯例，自应听其适用。（十七年解字第三五号）

**以上最高法院解释例**

男女婚(约)〔姻〕条例 6.82.(3) **招婿须凭媒妁，明立婚书，开写养老或出舍年限。只有一子者，不许出赘。其招婿养老者，仍立同宗应继者一人，承奉祭祀，家产均分。如未立继身死，从族长依例议立。**

**注 解**

“招婿”,即赘姻。就女家言,谓之“招婿”;就男家言,谓之“出赘”;就婿之本身言,谓之“入赘”,其实一也。“媒妁”,男女媒也。“婚书”,即赘书。“出舍”,指婿回本宗而言。“止有一子,不许出赘”,谓必有数子,方得以一子为人赘婿;独子不得入赘于人也。“同宗”,指招婿者之同族而言。“应继者”,谓有承继权也。“家产均分”,谓招婿者之遗产,应由赘婿与继子平分也。“未立继身死”,谓招婿后、立继前,招婿者死亡也。“族长”,指亲属会而言。“依例议立”,谓亲属会议立继,须依条例(见承继章)所定之顺序也。招婿亦婚姻之一,以凭媒写立婚书为必要。其定有养老年限者,婚书内应开写养老年限;其定有出舍年限者,婚书内亦应开写出舍年限。若无子者招婿养老,不得即以婿为子,仍应于同族中立应继之人为子。所有遗产,应由赘婿与继子均分。在招婿者,既不得将遗产全部授与一人;在赘婿及继子,亦均不得主张承受遗产全部。若招婿者,于招婿后未立继而身死,应由亲属会议代为立继。其立继之顺序,先尽同父周亲,次及大功、小功、缌麻;如俱无,方许择立远房及同姓。此条例有明文规定者也。

**理 由**

本节规定招婿之要件有三:第一,须凭媒妁;第二,须立婚书;第三,须开写养老或出舍年限。所以设此规定者,盖防异日之争议也。惟第一、第二两要件,为必备的要件;而第三要件,则非必备的。盖未定有养老或出舍年限者,即无开写之必要也。招婿养老,不许以婿为子,所以防异(性)〔姓〕乱宗也。故仍使其立同宗应继之人为子,以重宗祧。虽招婿者身死尚未立继,亦应由亲属会为之议立,以示宗祧之不宜遽绝。惟于遗产则许赘婿与继子均分,此为酌乎情理而设之规定。

招婿之要件,已如上述。至于出赘之人,亦须具备一种要件,即出赘者要非独子是也。独子不得出继,为承继法上之原则。既不许其出继于同宗,即不应许其出赘于异姓,故设此禁止之规定。盖独子于父母生存时,则应以奉养为重;于父母死亡后,则又以宗祧为重。舍其亲而出赘,非法所许也。故独子出赘,虽已备招婿要件,在法律上仍非有效。

**按 语**

现行法制,女子有财产承继权。虽出嫁女子,不得主张与兄弟分产;而赘姻女子,与夫家不发生亲属关系,依历来解释,仍有承继遗产之权利。是在现行法制之下,与继子均分遗产之权,不属于赘姻之婿,而属于赘姻之女矣。

**判决例**

不备要件之招婿,不能认为合法。独子出赘,虽备要件,亦非有效 查律载“招婿须凭媒妁,明立婚书,开写养老或出舍年限。止有一子者,不准出赘”等语,可见入赘之法定要件,一须凭媒妁,二须经明立婚书,三须将养老或出舍年限明白开写。非将此项要件一切具备,不能认为合法。若出赘

人之父母，只有一子，则虽具备前开要件，仍不得认为有效。(三年上字第九四八号)

招婿者，须另立继之规定，系强行法规《现行律》载“招婿养老者，仍立同宗者一人，承奉祭祀，家产均分。如未立继身死，从族长依例议立”。此项条例，系为贯彻不许异姓乱宗之精神而设，亦当然属于强行法。(四年上字第一六八号)

赘婿有均分财产权招以养老之赘婿，在现行法上，本有与应继之人均分财产之权。(四年上字第二二七四号)

入赘时，以婿为嗣之约定无效《现行律》载“其乞养异姓义子以乱宗族者，处罚。若以子与异姓人为嗣者，罪同。其子归宗”，又载“招婿养老者，仍立同宗应继者一人，承奉祭祀”等语，是异姓不能乱宗，赘婿不得承继宗祧，均律有明文。故入赘时，虽有与律相反之约定，亦不能认为有效。(五年上字第九八八号)

招婿者仍须立继，系属强制规定招婿养老之人，仍须另立同宗应继者为嗣。诚以我国嗣子制度，重在宗祀。凡异姓养婿，可以依倚养老，而于祭祀，不克承奉。故不问该承继人之意思如何，不能不于同宗应继之人中，另择一人入继。可见，法规许令招婿养老，均分家产，虽欲以顺人情，而仍须另立同宗，以全宗祧，则为强制之规定。寻绎律意，极为明晰。(五年上字第一二四七号)

族长为亲属会之代称所谓“族长”，依判例解释，应为亲族会，“族长”不过其代称。(七年上字第二五〇号)

**以上大理院判决例**

**解释例**

立婿为嗣虽属无效，但得均分财产戊、己虽为异姓乱宗，不能认婚约此点为有效。而如果庚曾于甲立己为嗣孙之时，当场并无异议，或平日与甲家实有嫌隙，自不得再行告争。即或庚子在应承继之列，亦应由亲族公同议定，或以其子为甲嗣，或更依律择立他人。且戊既系甲所招养老之婿，仍应依《现行律》婚姻门“男女婚姻”条规定，均分财产。(八年统字第一〇九八号)

继子出赘，无人告争，则承继关系不因出赘而消灭，自得告争被继人之公产《现行律例》上有一子不得出赘之规定，继子虽亦应援用，但出赘当时，既无人出而争执，其承继关系，即不能因出赘谓为当然消灭。使别无离去本宗之意思，其子若孙，就被承继人公产之持分，自有告争之权。(十一年统字第一七三五号)

**以上大理院解释例**

男女婚姻条例 6.82.(4) **凡女家悔盟另许，男家不告官司强抢者，照强娶律减二等。其告官断归前夫，而女家与后夫夺回者，照抢夺律，徒三年。**

**注　解**

“女家悔盟另许”，谓定婚后女家悔约，将女另许与他人也，即律文所谓“辄悔”与“再许”是。“男家不告官司强抢者”，谓男家因女家之悔盟另许，并不告官而行强抢女也。“其告官断归前夫”者，谓男家并不强抢，但以女家悔盟另许之事，诉经官厅判令将女仍与前夫成婚也。"女家与后夫夺回"者,谓其不遵判断,彼此串通,夺该女于男家之手而置诸自己支配力之下也。女家悔盟另许,在男家本应告官;不告官而强抢,即非本条例所许。若经男家告官,将女断归前夫,女家与后夫,本有遵守之义务;不遵守而夺回,亦非本条例所许。此在处罚部分,虽已失效,而抢夺行为,究非法所许也。惟因男家强抢而夺回者,则属正当防卫,非条例所禁。

**理　由**

本条为禁止抢夺而设。女家悔约再许,未成婚者,仍归前夫;已成婚者,如前夫不愿,则倍追财礼给还前夫,而使女从后夫,此在律文已有明定。惟对于男家不告官而强抢,或女家不遵断而夺回,律文未有规定,故设此例以补充之。

**按　语**

婚姻自由之精义,在于不许第三人干涉。定婚之是否有效、结婚之应否实行,始终以当事人之意思为准,故本条规定在适用上不无斟酌之余地。

**判决例**

抢婚不能为解除婚约之原因 女家悔盟,男家不告官司强抢者,在《现行律》上,虽有处罚之条,究不足为解除婚约原因。(五年上字第二九六号)

**以上大理院判决例**

**解释例**

抢婚有强奸行为,准离异 抢婚本属于有干例禁,惟依律尚难据为撤销婚约之原因。如果抢婚行为外,依律并有可认为强奸之行为者,应准离异。(七年统字第九〇六号)

抢婚案件应妥为劝谕,不得以职权判离 抢亲如别无义绝情事,自不能仅据为离异之原因。惟察其情形,已难相处,自可妥为劝谕(即如谕知此种婚姻事件之判决,不能强制执行;而男子一方,反因此不能再娶,实际上于彼实有害无益),无以职权径予判离之理。(八年统字第(九三八)〔九三七〕号)

抢婚及民教结婚,均不足为离异原因 查抢亲不能为解除婚约之原因,本院早有判例。(参照本院《判例要旨》一卷民法一三九页)至民教结婚,纵使有违教规,而依律要无许其离异之理。(九年统字第一四一二号)

**以上大理院解释例**

**典雇妻女律文** 6.83.0.1 **凡将妻妾受财(立约出)典、(验日暂)雇与人为妻妾者,(本夫)处八等罚;典、雇女者,(父)处六等罚;妇女不坐。○6.83.0.2 若将妻妾妄作姊妹嫁人者,处十等罚;妻妾处八等罚。○6.83.0.3 知而典、娶者,各与同罪,并离异,(女给亲,妻妾归宗。)财礼入官。不知者不坐,追还财礼。(仍离异。)**

**注　解**

本节所禁者有三:(一)本夫将妻妾典雇与人;(二)父将女典雇与人;(三)本夫将妻妾冒作姊妹嫁人。前二者,均以受财为要件。其不受财产者,则为单纯的纵奸,非典雇也。第三种之所谓“嫁人”,谓嫁而非卖也。其卖者,本律另有规定,不在本节范围。“知而典、娶”者,谓受典人明知其为妻妾及娶之者明知其将妻妾冒作姊妹也。“并离异”者,谓不问其为典、为娶,均应在离异之列也。此种离异,于典娶人之知情与否,无所区别。惟于典娶人不知情之场合,许其追还财礼而已。若系知情,则其财礼,依不法给付之原则,不能要求返还。

**理　由**

将妻妾或女典雇与人,或将妻妾妄作姊妹嫁人,均违反善良风俗,故不问受典娶者知情与否,均应离异。在本夫将妻妾典雇与人,或将妻妾妄作姊妹嫁人场合,离异后,应使妻妾归宗。所以不给本夫完聚者,盖认为义绝也。在父典雇其女场合,离异后,应将女给亲。亲者,其他亲属之谓。所以不给其父领回者,盖认为亲权已经丧失也。此皆为维持公益而设。

**按　语**

典雇女者,律注以父为限,解释上应包含其他尊亲属在内。又“女”之一字,不限于亲女,即养女亦赅于内。

**判决例**

典雇妻妾为离异原因,不能视为业经离异　《现行律》载“凡将妻妾受财典雇与人为妻妾者,处罚;妇女不坐。知而典娶者,各与同罪,并离异”等语,原谓妇女被夫典雇,得据为请求离异之原因,并非一有典雇事实,即当然视为业经离异。(八年上字第四一一号)

**以上大理院判决例**

**解释例**

娶有夫之妇能否要求返还财礼,以是否知情为断　娶有夫之妇而不知情者,所交财礼,可依不当利得之原则,向收受者提起民事诉讼,要求返还。如系知情,则为不法原因之给付,自无请求返还之理。(七年统字第七七四号)

**以上大理院解释例**

典雇妻女条　例 6.83.(1)　**将妻妾作姊妹,及将亲女并姊妹嫁卖与人作妻妾、使女名色,骗财之后,设词托故,公然领去者,照本律加一等,徒一年,赃罪重者,仍从重论;若瞰起程,中途聚众行凶,邀抢人财者,除实犯死罪外,余俱流二千五百里。媒人同谋邀抢者,罪同。**

**注　解**

本条所禁止者有二,即(一)以嫁卖为名,骗财后,设词托故,公然领去;(二)以嫁卖为名，骗财后，瞰其起程，中途聚众行凶邀抢人财是也。其所嫁卖者，或系亲女，或系姊妹，或系将妻妾妄冒作姊妹，均无所区别。至买娶者，或以之作妻妾，或以之作使女，亦无所区别。

**理　由**

前节律文，仅悬典雇冒嫁之禁，而于借嫁卖为名骗财领回及中途邀抢情形，未有规定，故设此例以补充之。

妻妾失序6.84.0.1 律　文 **凡以妻为妾者，<u>处十等罚</u>。妻在，以妾为妻者，<u>处九等罚</u>，并改正。**

**注　解**

"以妻为妾"者，谓本为妻而降为妾也。"妻在，以妾为妻"者，谓妻未死而又以妾作妻也。由前而言，则妻妾易位；由后而言，则一人二妻，均非本律所许。惟禁止以妾为妻，以妻在为必要条件。若妻已死亡，即不禁其以妾为妻。盖妻已死亡者，妾本可以扶正也。

**理　由**

妻之名分既定，决不容任意变更。故以妻为妾，或妻在时以妾为妻，均在改正之列。虽现行法无禁止纳妾明文，而名分所在，决非可以干犯也。

**判决例**

妻不在时，即不禁其以妾为妻《现行律》载"妻在，以妾为妻者，处罚，并改正"等语，细绎律意，原以妻在时，不得以妾为妻，妻若不在，其夫有以妾为妻之意思表示，即不在禁止之列。（六年上字第八九六号）

妾于别无正妻时，即得扶正妾于其家别无正妻，并其家长有尊为正妻之表示，即得认为扶正。除有特别习惯外，无须何种之仪式。（八年上字第三八九号）

扶正必须家长有扶正之表示查妾于原配死后，扶正为妻，虽不必经一定之仪式，亦必其家长确有扶正之表示而后可。陈张氏不能证明序清确有扶正之表示，单以寻常称谓，为其立证方法，亦不能即采为据。（十四年上字第二六五二号）

**以上大理院判决例**

**解释例**

妻故后，不禁其扶正。扶正除应遵守成婚律□〔例〕外，不适用定婚专有之律例查前清《现行律》中现行继续有效之部分关于定婚等项，曾经明晰规定，限制綦严。而"妻妾失序"门内，复称"妻在，以妾为妻者，处九等罚，并改正"等语，则该律显系认许以妾为妻，不过于妻在时为此项行为者，乃加禁止，认其无效。至以妾为妻，除成婚时应守各律亦应遵守外，关于定婚专有之律例，自不适用，故仅须有行为，并不拘于形式。（六年统字第六二四号）

**以上大理院解释例**

妻妾失序6.84.0.2 律文 **若有妻更娶妻者，亦处九等罚，**后娶之妻**离异。**归宗。

**注 解**

“有妻”云者，乃有正式之妻之谓，即具备定婚要件，依成婚仪式而娶之妻也。若有妻而非正式婚姻所娶之妻，不得以有妻论。“更娶妻”者，有正式之妻，而又娶正式之妻也。故有妻更娶妻，必具备五种要件：（一）要前妻已有正式婚姻。若非正式婚姻，不得谓为“有妻”。（二）要前妻之婚姻非无效。若系无效婚姻，仍不得谓为“有妻”。无效婚姻者，即：（甲）当事人无结婚之意思；（乙）同宗结婚及娶亲属妻妾；（丙）尊卑为婚；（丁）妻系重婚之类是也。（三）要在婚姻关系继续中。若其婚姻关系已经消灭，亦不得谓为“有妻”。婚姻关系消灭者，即：（甲）妻已死亡；（乙）离婚；（丙）其婚姻已撤销之类是也。（四）要后娶之妻亦系正式婚姻。若系苟合，即不得谓为“更娶妻”。（五）要后娶之不知其妻有前妻。若后娶之妻，知其有前妻而嫁之，则是自愿居于妾之地位，亦不得谓为“更娶妻”。凡有妻更娶妻，为本律所不许。后娶之妻，应在离异之列。

**理 由**

本节为维持一夫一妻制度而设。有妻更娶妻，谓之“重婚”。重婚罪之处分，规定于刑法。本律所规定者，仅民事上之处分而已，民事上之处分为离异。所以必使其离异者，盖重婚之禁，为公益而设，不许其任意违反也。

**按 语**

有妻更娶，后娶者离异，为本律所明定。于此有一问题，即前妻能否以夫重婚为理由而要求离异是也。考各国法制，重婚得为离婚之原因。其所谓“离婚”者，盖指前妻与夫离异而言，即前妻可以夫重婚为理由，提起离婚之诉是也。若后妻之婚姻，原系无效婚姻，本不生离异问题。本律明定后娶之妻离异归宗，是仅认后妻之婚姻无效。而于前妻可否主张离婚，则未有规定，殊与各国法制不同。其所以仅规定后妻离异而不提前妻者，盖以后妻之婚姻，违反公益，有强制离异之必要，若前妻之合法婚姻，则固然依然存在，不能使其因此而受影响也。其规定之理由，似亦出于保护前妻之主旨，而不知依此规定之结果，适足以剥夺前妻离婚之权利。夫既与人重婚，妻犹不能与之离婚，其所受之痛苦，诚有不堪言者。且历来解释，离婚只问有无理由，不须具备何种条件。重婚之得为离婚理由，既为各国法制所同，即我国《民律草案》，亦有此项规定。故于夫犯重婚场合，应认前妻有诉请离异之权。惟愿否离异，则依前妻之自由意思定之。如此方足以贯彻离婚自由之本意。

**判决例**

前妻已离，后娶之妻已不适用更娶离异之规定 前妻已经离异，其夫妇关系，早已失其存在，则因而更娶，自无不法之可言。此后娶之妻，即不适用“有妻更娶，应行离异”之规定。寻绎律意，自极显

然。(五年上字第五五六号)

有妻者欺饰另娶，后娶之妻离异 《现行律》"妻妾失序"门内载"若有妻更娶妻者，后娶之妻离异、归宗"等语，是已有妻室之人，如果欺饰另娶，其后娶之妻，自在应行离异之列。(五年上字第一一六七号)

后妻明知夫有妻者，仅为妾之身分，不适用离异规定 若在许婚当时，实已明白通知已有妻室，则其后娶之妻，在法律上仅为妾之身分，即不得谓为欺饰而遽令离异。(五年上字第一一六七号)

兼祧并娶，亦为有妻更娶 有妻更娶，既干例禁，则兼祧并娶，亦属显违科条。良以并耦匹敌，有乖正义，不容借口兼祧，以违夫妻齐体之义。(五年上字第一一六七号)

后娶之妻不愿作妾，应判离异 依律，后娶之妻绝不能更有妻之身分，则被上告人请予更正名义一节，显难照准。即应本于其不愿作妾之主张，依律判令离异。(六年上字第六六二号)

兼祧后娶之妻不能取得正妻身分 《现行律》既无准许兼祧子得娶数妻之明文，兼祧子虽兼祧数房，其正妻若尚生存，后娶之妻，自不能取得正妻之身分。(六年上字第八五二号)

后娶之妻，于法不能取得妻之身分 《现行律》载"有妻更娶者，后娶之妻离异"等语，是后娶之妻，于法本不能取得妻之身分。(七年上字第八四号)

后娶之妻，于前妻亡故后，可认其有妻之身分 依前清《现行律》，有妻更娶妻者，后娶之妻，虽应离异归宗，但苟未经离异，亦未合意改认为妾，则自前妻亡故时起，应认其有妻之身分。(即无效之法律行为认为后经追认)(八年上字第一〇三六号)

定婚时不知有妻，又不愿作妾者，许其离异 兼祧后娶之妻，法律上应认为妾。惟定婚之时，不知有妻，又不自愿为妾者，许其请求离异。(八年上字第一七七四号)

先娶之妻，得以其夫重婚为理由，请求离异 《现行律》载"有妻更娶，后娶之妻离异、归宗"，至于先娶之妻，能否以其夫有重婚事实主张离异，在现行法上并无明文规定。惟依一般条理，夫妇之一造，苟有重婚情事，为保护他一造之利益，应许其提起离异之诉，以资救济。(九年上字第一一二四号)

后妻于订婚时知夫有妻，或当时不知而知后情愿继续其关系者，均不得请求离异 《现行律》虽载"有妻更娶者，后娶之妻离异、归宗"等语，然后娶之妻，若于订婚当时，明知其夫已有妻室，则虽误于法律上之见解，信为正妻，而在法律上，究仅为妾之身分，不得更援有妻更娶之律，请求离异。即当时不知，而于知之之后，已情愿继续其关系者，亦同。(十二年上字第一一七〇号)

**以上大理院判决例**

**解释例**

妻之身分未消灭，后娶之婚姻应准撤销 查甲妻外出，仅年余而归，既别无消灭身分(由婚姻关系所得妻之身分)之原因，则仍然为甲之妻，了无疑义。至甲后娶丙，在刑事重婚罪纵或不能成立，而民事则就其已成之事实言之，仍然为二个婚姻。现行法既不许一人二妻，丙与甲之婚姻，自应准其请求，予以撤销。（以重婚为理由）惟在判准撤销〔或〕自行离婚以前，其与甲之婚姻关系，亦尚存在。此种现象，普通犯重婚时，往往有之。若其自愿改为妾，于法尤无不可。（六年统字第六一七号）

童养为订婚之妻，后娶者得请求离异 兼祧后娶之妻，得本于后妻之意思，认其为妾，本院早有判例。乙女既曾纳有聘财，过门童养，应视为订婚之妻。现乙女、丙女均不请求离异，审判衙门自无判离之必要。惟丙女如以自己被欺重婚为理由请求离异，亦应照准。（八年统字第九三九号）

重婚时后娶之妻自愿为妾，亦为有效 丁既不能重为婚姻，应准撤销，将女乙断归己。丁之聘金，依不法给付原则，不能请求返还。若女乙自初即愿为丁之妾，则前约可认为聘妾之约，并非订婚，尚属有效。又或女乙并无此意，而与己之订婚，亦未经甲取其同意，则与己之婚约，仍应依例准其撤销。（九年统字第一一八八号）

**以上大理院解释例**

婚约经子同意，不得因兼祧重订婚姻 同姓不宗之婚姻，固为现行法律所不禁。惟甲为其子乙与丙之女所结婚约，如曾得乙之同意，自不得借口兼祧，再与戊重订婚姻。（十八年院字第八号）

**以上司法院解释例**

逐婿嫁女 6.85.0 律文 **凡逐**已入赘之**婿嫁女，或再招婿者，处十等罚，其女不坐。**如招赘之女，通同父母，逐婿改嫁者，亦处十等罚。后婚**男家知而娶**或后赘**者，同罪。**未成婚者，各减五等，财礼入官。**不知者，〔亦〕不坐。其女断付前夫，出居完聚。**

**注　解**

招婿之要件，律文已有明定。凡具备招婿要件者，则其入赘关系，即已成立，结婚与否，在所不问。“逐婿”者，谓驱逐已经入赘之婿也。“嫁女”者，谓逐婿后将女出嫁（与否。在所不问。逐）“〔再招〕婿”者，谓逐后另招他人为婿也。“男家”，指逐婿后该女所嫁之夫家而言。其“逐婿、再招婿”者，再（始）〔招〕之婿之婿家，亦包括在男家之内。“知而娶”者，谓女所嫁之男家，明知女家有逐婿另嫁情事而娶之也。其明知女家有逐婿再招情事而出赘者，亦包括之。“出居”者，即离去女家之谓。“完聚”者，即使女与前婿同居之谓。逐婿嫁女或逐婿招婿，不问后娶、后赘之人知情与否，其娶与赘，均为无效，仍应将女断归前婿，俾出居完聚。

**理　由**

招婿关系，既已成立，不容再有翻异。故虽逐婿后女已另嫁或另招婿，仍应断归前婿。所以必使出居者，盖既有逐婿行为，不能再与同居也。此为维持招婿婚约而设。

**按　语**

断付前夫，出居完聚，系指逐婿行为其女未通同者而言。若女与父母通同逐婿，此际能否断付前夫,能否出居完聚,尚须斟酌情形定之。

（居丧嫁娶 律文）6.86.0.1 **凡（男女）居父母及（妻、妾居）夫丧，而身自（主婚）嫁娶者，处十等罚；若男子居（父母）丧（而）娶妾，妻、（居夫丧。）女（居父母丧，而）嫁人为妾者，各减二等；若命妇夫亡，（虽服满。）再嫁者，罪亦如之，（亦如凡妇居丧嫁人者拟断。）追夺，（勅诰。）并离异。知（系居丧及命妇）而共为婚姻者，（主婚人）各减五等。（财礼入官。）不知者，不坐。（仍离异，追财礼。）若居祖父母、伯叔父母、姑、兄姊丧，（除承重孙外。）而嫁娶者，处八等罚，（不离异。）妾不坐。**

**注　解**

本节所设居丧嫁娶之禁,计有七种:(一)男女居父母丧而身自主婚、嫁娶;(二)妻妾居夫丧而身自主婚、嫁娶;(三)男子居父母丧而娶妾;(四)妻居夫丧而嫁人为妾;(五)女居父母丧而嫁人为妾;(六)命妇夫亡再嫁。以上六种,为本律所严禁,即使成婚,亦属无效,故均在离异之列。此外,如居祖父母、伯叔父母、姑、兄姊丧而嫁娶,则与男女居父母丧及妻妾居夫丧服制轻重不同,不在离异之列。然其人若系承重孙,则又与居父母丧无别,仍应离异也。

**理　由**

〔本〕节为禁止居丧嫁娶而设。盖丧服未满而行嫁娶,有违礼教故也。《礼》曾子问于孔子曰:“婚礼既纳币,有吉日,女之父母死,则如之何?”孔子曰:“婿使人弔。如婿之父母死,则女之家亦使人弔。父丧称父,母丧称母。父母不在,则称伯父〔世〕母。婿已葬,婿之伯父致命女氏曰:‘某之子有父母之丧,不得嗣为兄弟,使某致命。’女氏许诺而(勿)〔弗〕敢嫁,礼也。婿免丧,女之父母使人请,婿弗(许)〔取〕而后嫁之,礼也。女之父母死,婿亦如之。”①由斯以言,服内不许嫁娶,《礼》有明文。本条规定,所以为礼教设防闲也。

**判决例**

（居夫丧嫁人律所禁止）,夫死未久,即欲改嫁,依照《现行律》“居丧嫁娶”门“居夫丧而身自嫁者,离异”之规定,自在禁止之列。(九年上字第四九二号)

**以上大理院判决例**

**解释例**

（居丧嫁娶,非私人所能告争）《现行律》丧服制度尚未废止,该律居丧嫁娶之规定,自应继续有效。惟此等公益规定,非私人所能借以告争,审判衙门亦不能径行干涉。(六年统字第五七六号)

（居丧嫁娶应离异,不以身自主婚为要件）律载“居丧嫁娶,应行离异”,不以身自主婚为要件。至统字第五七

---

① (汉)郑玄注,(唐)孔颖达疏:《礼记正义》,龚抗云整理,王文锦审定,北京大学出版社2000年版,第679~680页。

六号解释，所谓“私人”包含本人在内。（七年统字第八二九号）

**以上大理院解释例**

居丧嫁娶6.86.0.2 律 文 **若居父母、舅姑及夫丧，而与应嫁娶人主婚者，处八等罚。**

**注 解**

本节与前节不同。前节指身自嫁娶而言；本节指为他人主婚而言。“应嫁娶”者，所以别乎前节“不应嫁娶”者而言，乃应行出嫁或应行迎娶之谓，即其嫁娶并非不合法也。于此场合，婚姻有效，而主婚无效，然亦居父母舅姑及夫丧为限。若居其他之丧，不在禁止主婚之列。

**理 由**

父母舅姑及夫丧均系斩衰三年，为服制之最重者，故虽仅为应嫁娶人主婚，亦非所许。

**按 语**

现行法制，结婚自由。主婚惯例，不过为一种形式，并非婚姻成立要件，故虽主婚不合法，亦不影响于婚姻之成立。

**判决例**

居丧身自嫁娶，指嫁人之居丧妻妾本身而言 律载“妻妾居夫丧而身自嫁娶者，处罚，并离异”。“身自”云者，系指嫁人之居丧妻妾本身而言。（八年上字第一〇七二号）

**以上大理院判决例**

居丧嫁娶6.86.0.3 律 文 **其夫丧服满，妻妾果愿守志，而女之祖父母、父母，及夫家之祖父母、父母强嫁之者，处八等罚。妇人及娶者，俱不坐。未成婚者，追归前夫之家，听从守志，追还财礼。已成婚者，给与完聚，财礼入官。**

**注 解**

“夫丧服满”，谓夫亡后，其妇服斩衰三年期满也。“愿守志”者，谓妇愿从一而终，不愿再嫁也。“强嫁”，乃不得妇之同意而嫁之之谓。妇愿守志，不问为女家尊亲属或夫家尊亲属，均不得而夺之。若夺其志而强使改嫁，在未与所娶之人成婚场合，则仍应追归，俾得完其志愿。惟应追还财礼，以免娶者之损失。倘已与所娶之人成婚，即无追归之必要，应许其与所娶之人完聚。

**理 由**

本节为禁止夺志而设。未成婚而必须追归者，所以保全妇之节操也。若既经成婚，则已无节操可言，故给与娶者完聚。

**按 语**

夺志强嫁之禁，从前观念，所以完其节操；现时观念，所以保其自由。在未成婚场合，固应追归。即已经成婚，愿否完聚，仍应依妇之意思定之。倘为妇所不愿，亦不能强使完聚也。

**判决例**

孀妇非愿改嫁者，得请求撤销 孀妇未经表示情愿之婚姻，得由其请求撤销。（四年上字第一八一二号）

强嫁孀妇，其婚姻成立与否，以已否成婚为断 按《现行律》载，妇人“夫丧服满，果愿守志，而其祖父母、父母，及夫家之祖父母、父母强嫁之者，如未成婚，追归前夫之家，听从守志。如已成婚，给与完聚”等语，是凡由有主婚权人强嫁孀妇，其婚姻关系，究能成立与否，应视事实上已未成婚为断。（五年上字第一一一七号）

被诈欺或强(逼)〔迫〕而为婚者，得请求撤销 因诈欺或强迫而为婚姻者，其被诈欺或强迫之当事人所为之婚姻意思表示，本具有撤销原因。在《现行律例》，除妄冒、强娶等情形外，虽无准许撤销之明文，而依一般法律行为之原则，要无不许当事人请求撤销之理。（八年上字第三五九号）

“居丧嫁娶”门所称“已成婚”之解释 《现行律》“居丧嫁娶”门载“夫丧服满，妻妾果愿守志，而女家之祖父母、父母，及夫家之祖父母、父母强嫁之者，（中略）已成婚者，给与完聚”等语，原以该女始虽被迫改嫁，而嗣后既已愿意成婚，即系业经追认，实与许婚之时即表同意无异，故仍听其完聚。如仅因被迫与所嫁人同居，而并无愿与为婚之意思，即不得以成婚论。（九年上字第一五二号）

**以上大理院判决例**

**解释例**

改嫁未得孀妇同意，其婚姻得撤销，非无效 乙妇如果实系自愿改嫁，其改嫁又实为正式婚姻，并非被卖，则按照《现行律》，孀妇夫家无祖父母、父母者，固得由母家祖父母、父母主婚。但即未得同意，擅自与人为婚，亦只为民事得请求撤销之原因，不得谓无婚姻关系，亦不得谓为犯罪。（八年统字第九八三号）

孀妇嫁人系屈于势力，不得认为追认。若系自愿，则不得翻悔 甲、丙之婚姻，果系被乙强迫，未曾表示情愿，其后与丙同居，亦系屈于势力，不得自由，未能认为追认，自应许甲请求撤销，向乙索还财礼。是否困难，即可毋庸议及。反是，甲曾经自愿，事后翻悔，别无离异原因，则为法所不许。但此种婚姻事件，依例不能强制执行，仍以说谕丙调处息事为要。且孀妇改嫁，如夫家无祖父母、父母，但有余亲，应由母家祖父母、父母主婚。甲之嫁丙，如夫家亦无祖父母、父母，而未经丁之主婚，并未由其明白表示追认，亦无行为可以推定，仅只暂守沉默态度者，亦应准其请求，予以撤销。（九年统字第一二七八号）

**以上大理院解释例**

居丧嫁娶条例 6.86.(2) **一、孀妇自愿改嫁，由夫家祖父母、父母主婚；如夫家无祖父母、**

**父母，但有余亲，即由母家祖父母、父母主婚；如母家亦无祖父母、父母，仍由夫家余亲主婚。倘夫家主婚受财，而母家统众强夺；及夫家并无例应主婚之人，母家主婚改嫁，而夫家疏远亲属强夺者，均处八等罚。**

**注　解**

孀妇果愿守志,不得反其意而强嫁,律文已有明定。若孀妇自愿改嫁,究应由夫家主婚,抑应由母家主婚,亦不可无明文规定。本例斟酌于二者之间,定其主婚权之顺序如下:(一)夫家祖父母、父母。(二)母家祖父母、父母。(三)夫家余亲。依此规定,则夫家有祖父母、父母者,主婚权属于夫家之祖父母、父母;若夫家无祖父母、父母,仅有余亲,而母家有祖父母、父母者,其主婚权属于母家祖父母、父母;倘母家亦无祖父母、父母,则其主婚权属于夫家余亲。此为一定之顺序,顺序在先者所为之主婚,非顺序在后者所能干预。故主婚权属于夫家而由夫家主婚时,不许母家强夺;主婚权属于母家而由母家主婚时,不许夫家强夺。

**理　由**

孀妇改嫁之主婚权,容易发生争执,故本例规定其顺序。违反此顺序而主婚者,顺序在先之主婚权人,得据此为撤销婚姻之理由。然若顺序在先之主婚权人,无正当理由而拒绝主婚,则不许其撤销。此在条例虽无明文规定,要亦当然的解释也。

**按　语**

主婚惯例,在现行法制之下,不过认其为一种形式,并非婚姻成立要件。此种惯例,是否有效,应以是否妨害结婚自由为断。如不妨害结婚自由,此项惯例,自可听其适用,否则即为现行法制所不许。孀妇自愿改嫁,即使主婚不依法定顺序,亦仅为主婚权人相互间之问题,绝不影响于婚姻之成立,不能以其未依法定顺序而主张撤销,盖以其违背结婚自由之原则也。

**判决例**

夫家祖父母、父母难望其适当行使主婚权者,得判令母家主婚或令自行醮嫁　《现行律》虽有孀妇改嫁先尽夫家祖父母、父母主婚之规定,但有特别情形(如孀妇平日与其夫家祖父母、父母已有嫌隙),其夫家祖父母、父母,难望其适当行使主婚权者,则审判衙门判令由其母家祖父母、父母主婚,或令其自行醮嫁,亦不得谓为违法。(四年上字第五三六号)

未经有主婚权人主婚者,主婚权人及本人均得请求撤销　孀妇改嫁或童养媳出嫁,未经有主婚权人主婚者,除有主婚权人得请求撤销婚姻外,并准孀妇或童养媳撤销。但当事人于改嫁缔婚时,如达于成年而表示情愿者,则不得自行主张撤销。盖主婚之制,本为尊重尊长权并保护当事人之利益而设。自尊长权言之,如未经其主婚,应认其有撤销之权,自不待言。而自当事人之利益言之,主婚之人概系关系较为亲密之人,主婚既有一定,自可借以杜绝希图分产者之干预嫁事,而得保全其孀守或择良改嫁之志愿,故当然应认主婚人能有撤销之权。惟当事人如果已达成年,改嫁缔婚,确系出自情愿,并无受人诱胁之事实,而主婚之人,又并未主张撤销,固无准当事人撤销之必要。(四年上字第一九〇七号)

嫠媳改嫁或招婿,苟与立嗣无涉,族人不得干预 父母对于孀守之媳,得其同意,或令改嫁,或为招婿,苟与立嗣问题毫无关涉,则应听其自由。其族人无论有无承继权,均不得过事干预,以之告争。(四年上字第一九三七号)

孀妇改(婚)〔嫁〕应由母家主婚者,夫家余亲无权干涉 孀妇之夫家无祖父母、父母,而母家有祖父母、父母者,其改嫁即须由母家之祖父母、父母主婚,而非夫家之余亲所可容喙。律文前段之"但有余亲"一语,正系定明夫家虽有余亲,亦应由母家之祖父母、父母主婚;且为后段"仍由夫家余亲主婚"一语之引笔,并非认由母家之祖父母、父母主婚时,夫家之余亲,别有监督之权。(五年私上第二八号)

孀妾改嫁之主婚与孀妇同 孀妇改嫁,除夫家有祖父母、父母者外,应由母家祖父母、父母主婚。此项条例,在妾于家主死后适人者,自可比照援用。(五年上字第七一号)

夫家祖父母、父母虐待孀妇者,丧失主婚权《现行律》丧妇改嫁主婚权人之次序,自系就普通情形而言。若有特别情形,例如夫家之祖父母、父母对于该孀妇有虐待情事,其主婚权自应丧失。依法定顺序,即应归母家之祖父母、父母主婚。(五年上字第六九二号)

主婚并无一定形式 主婚一层,在现行法上并无特别之形式规定。苟依相当证据方法,足以证定婚之际,已由合法主婚人之同意,即令其事未经记明婚书,于该婚约亦无何等影响。(五年上字第一〇四八号)

未经主婚权人主婚者,主婚权人得请求撤销,无主婚权人擅行主婚者,除经主婚权人表示同意或追认外,自为可以撤销之婚姻。(五年上字第一五二八号)

孀妇改嫁须出自愿 孀妇改嫁,必须出于自愿。(六年上字第八六六号)

孀妇改嫁时,其主婚权有一定之次序《现行律》内载"孀妇自愿改嫁,由夫家祖父母、父母主婚;如夫家无祖父母、父母,但有余亲,即由母家祖父母、父母主婚;如母家亦无祖父母、父母,仍由夫家余亲主婚"等语,是孀妇当自愿改嫁时,其主婚权人之顺位,应以夫家祖父母、父母为先,业有明白之规定。(六年上字第九六九号)

童养媳改嫁,养家故意不为主婚者,得以裁判代之 童养媳之改嫁,比照孀妇之规定。其主婚权虽应先属于养家祖父母、父母,然苟已具备婚姻要件,而养家父母、祖父母,有所希冀,故意不为主婚者,自可请求审判衙门以裁判代之。(七年上字第九五号)

童养媳夫死改嫁,须经其情愿 童养媳未及成亲而夫死,若养家欲令其改嫁,自应准用孀妇改嫁之条例,须其情愿,其婚约始能完全有效。(七年上字第九五号)

童养媳如未经解除关系,须由养家主婚 凡童养媳未及成亲而夫死,虽与孀妇有别,然苟非解除关系回归母家者,则其改嫁,自应准用《现行律》所载孀妇自愿改嫁之例,先由养家祖父母、父母

主婚。（七年上字第二九七号）

母家未得夫家父母同意而为主婚者，自非适法 孀妇改嫁，夫家父母依律应先于母家父母有主婚权。若未得夫家父母之同意，母家父母擅为孀妇主婚改嫁者，自非适法。（七年上字第一二四八号）

夫家故意抑勒，不为主婚者，得以裁判代之 孀妇自愿改嫁，夫家祖父母、父母或余亲，如果故意抑勒，不为主婚改嫁者，得由审判衙门以裁判代之。（七年上字第一三七九号）

婚姻之撤销，应当事人、直系尊属、同居最近亲属及检察官得以主张 婚姻事件，有撤销原因者，除当事人及其直系尊属与同居最近亲属，暨代表公益之检察官，得诉请撤销外，其余族人，不得妄行干涉。（七年上字第一五二七号）

童养媳解约后，夫死嫁人，由母家主婚 童养媳经两造合意解除婚约者，与童养媳未及成亲而夫死者，显有区别，其解约后之主婚权，自应属于母家，与通常解除婚约者无异。（八年上字第二〇四号）

孀妇改嫁为妾，应准据孀妇改嫁之规定 孀妇自愿改嫁者，须由夫家祖父母、父母主婚；如夫家无祖父母、父母者，即由母家祖父母、父母主婚，为《现行律》所明定。则孀妇改嫁为人妾者，自可准据此项规定，以资判断。（十年上字第四五四号）

翁姑行踪不明，亦得由母家主婚 孀妇自愿改嫁，依法固应先由翁姑主婚。惟翁姑如果行踪莫明，而该妇之父母，因留养维艰，即予主婚改嫁，按之《现行律例》孀妇改嫁主婚顺位之精神，尚不能谓为违背。（十一年上字第一六六五号）

**以上大理院判决例**

**解释例**

夫家余亲，系以该律妻为夫族服图内之尊亲为限 所谓“夫家余亲”者，系以该律妻为夫族服图内之尊亲为限。服外族曾祖，当然不包含在内。孀妇夫家既无余亲，推亲亲之义，母家胞婶，服图大功，自应由其主婚。（四年统字第二五三号）

童养媳未成婚夫死改嫁之主婚权 童养媳未及成婚而夫死，虽与孀妇改嫁有别，然主婚权自以准用该条例为宜。但已解除关系，归其母家者，不在此限。（四年统字第二五三号）

婚姻须得当事人同意，孀妇改嫁须经自愿之例可类推于室女 查民法原则，婚姻须得当事人之同意；《现行律例》虽无明文规定，第孀妇改嫁，须由自愿，则室女亦可类推。以定律言，婚姻固宜听从亲命。然苟乖礼教、背乎人情，审判衙门仍有裁夺之权。甲之次女，因伊姊临终，嘱托抚养二子，情愿归姊夫乙，且先已私就，甲坚执欲夺其志，另许于丙，殊无理由。女子以名节为重，应仍令归乙，以符从一之义。（四年统字第三七一号）

孀妇改嫁未得主婚权人同意，其婚姻得撤销，非当然无效。又孀妇已大归者，不适用夫家主婚之规定 查律例，孀妇改嫁应由夫家祖父母、父母主婚。若未得该主婚权人同意，遂为婚姻者，则主婚权人得请求撤销；惟并非当然无效。其撤销效力，亦自不能溯及既往。又孀妇若不仅与祖父母、父母离居，并已与其家断绝关系者，不应再适用此项主婚之规定。且依律应有主婚权人恃权阻难，并无正当理由，亦可依本院统字第三七一号解释办理。其孀妇甲与丙间之婚约，既有正式媒证，虽其姑乙不同意，在未经乙合法请求撤销以前，尚系有效，其行为即非法律所禁止，并无犯罪可言。（六年统字第七三五号）

主婚权人无故拒绝主婚，以后不得借口未经主婚主张撤销 查婚姻以当事人之意思为重，主婚权本为保护婚姻当事人之利益而设。故有主婚权人，并无正当理由，拒绝主婚时，当事人婚姻一经成立，自不能借口未经主婚，请求撤销。至其拒绝理由，是否正当，审判衙门应衡情公断。（七年统字第九〇九号）

孀妇改嫁，无人可以主婚，或不正当行使主婚权者，不得撤销 孀妇改嫁，如事实上本无可主婚之人，或虽有主婚权人，而不正当行使其主婚权者，其婚姻自不在准予撤销之列。（七年统字第九〇九号）

主婚人受财，系供妆奁及改嫁所需之费用 母家祖父母、父母及夫家余亲，为孀妇主婚，自应由其受财。惟主婚人所受之财，本以供孀妇置备妆奁及因改嫁所需之费用，并非给主婚人以特别之利益。（七年统字第九〇九号）

孀妇改嫁，夫家仅有余亲，应由母主婚 如乙对甲仅为余亲，则依律自应由丙主婚受财。丙对婚姻，如未主张撤销，可仅判归财礼。**（原文：甲为孀妇，乙为甲夫家之余亲，丙为甲之生母）**（八年统字第一〇五二号）

母家无祖父母、父母，应由夫家余亲主婚 丁赘甲家，虽不能有承继人之效力，惟丁及其直系卑属，要为甲家之家属。援照养亲养子关系之例，戊妻改嫁，如其母家无祖父母为之主婚，自应由甲家余亲主婚。**（原文：甲生子乙，甲即病故。其妻丙，乃招异姓丁某入赘，又生子戊。乙、戊即为同母异父之兄弟。嗣后乙、丙、丁相继亡故。乙之子庚，自幼至长，均与戊同居。戊又物故，戊之妻己，居孀改嫁，甲与丁之余亲，互争财礼）**（八年统字第一〇五二号）

童养媳夫死改嫁，应由夫之父母主婚 丙与丁纵未成婚，然既因交有聘金，发生童养关系，自应援孀妇再醮之例，由甲主婚。**（原文：甲自幼领乙女丙，为子丁之童养妻。成年未及婚而丁故，丙须另许。其主婚权，是否仍属于乙？抑因丙为〔甲〕抚养多年，先又出有聘金，应属其权于甲？如权属乙，另许之财礼，应否令乙前受之聘金，返还于甲）**（八年统字第九三七号）

主婚权人对于孀妇改嫁未表示承认，只守沉默者，得请求撤销 孀妇改嫁，如夫家无祖父母、父母，但有余亲，应由母家祖父母、父母主婚。甲之嫁丙，如夫家亦无祖父母、父母，而未经丁之主婚，并未由其明白表示追认，亦无行为可以推定，仅只暂守沉默态度者，亦应准其请求，予以撤销。（九年统字第一二七八号）

孀妇改嫁主婚权人未同意者，得请求撤销 孀妇（或逃亡者之妇）改嫁，有主婚权人，于未经同意之婚姻，亦得以正当理由，主张撤销。（九年统字第一三六二号）

**以上大理院解释例**

父母囚禁嫁娶律文 6.87.0 **凡祖父母、父母犯死罪被囚禁，而子孙自嫁娶者，处八等罚。**

若男娶妾、女嫁人 **为妾者，减二等。其奉囚禁祖父母、父母命而嫁女、娶妻者，不坐，亦不得筵宴。** 违者，依父母囚禁筵宴律，处八等罚。

**注　解**

本节所禁者有四:(一)父母犯死罪被囚禁而子自嫁娶;(二)祖父母犯死罪被囚禁而孙自嫁娶;(三)父母犯死罪被囚禁而子娶妾或女嫁人为妾;(四)祖父母犯死罪被囚禁而孙娶妾或孙女嫁人为妾。凡此种种,皆在禁止之列。惟于此有一例外,即被囚禁之祖父母、父母命其嫁娶者,则非法律所禁是也。然虽奉命嫁娶,亦不许筵宴,此与禁止居丧嫁娶出于同一主旨。所异者,一应离异,一不离异而已。

**理　由**

祖父母、父母犯死罪在囚禁中,而子孙身自嫁娶,殊非礼之所宜,故在禁止之列。其奉命嫁娶者,必有不得已之原因,故在所不禁。前者所以维礼教,后者所以顺人情也。

尊卑为婚律文 6.88.0.1 **凡外姻有服或尊属或卑幼，共为婚姻，及娶同母异父姊妹，若妻前夫之女者，各以亲属相奸论。○6.88.0.2 其父母之姑舅两姨姊妹，及姨，若堂姨；母之姑、堂姑；己之堂姨及再从姨；己之堂外甥女；若女婿及子孙妇之姊妹，** 虽无服。**并不得为婚姻，违者，** 男、女 **各处十等罚，并离异。** 妇女归宗、财礼入官。

尊卑为婚条例 6.88.(1) **男女亲属尊卑相犯重情，或干有律应离异之人，俱照亲属已定名分，各从本律科断，不得妄生异议，致罪有出入。其情犯稍有可疑，揆于法制似为太重，或于名分不甚有碍者，听各该原问衙门临时斟酌拟奏。**

**注　解**

本节所禁,专指外姻而言,一为有服,二为尊卑,三为无服而有切近之尊卑或名分。凡此种种,皆在禁止为婚之列。违者,其婚姻无效,虽已成婚,仍应离异。惟以本节所列举者为限。其在列举以外者,则非所禁也。

**解释例**

前夫子女与后夫前妻子女,非同母异父,不禁止其结婚 同母异父姊妹,尚有血族关系,依前清刑律,当然禁止为婚。若前夫之子女与后夫前妻之子女,与同母异父有间,在前清旧(历)〔律〕虽有治罪专条,业于宣统二年〔1910年〕删除,自属不在禁例。(五年统字第四五四号)

前夫之女嫁与后夫前妻所立嗣子为室,其婚姻有效 庚、丙之婚姻,于《现行律》并无抵触,自应认为有效。(附原文:张甲之妻李乙,生女张丙、张丁。甲死,乙携女丁,改适孙戊为继室,女丙寄养外家。孙戊元配赵己无子,继胞侄庚为子,娶媳某氏,早卒。乙因取得甲母及甲弟同意,凭媒将丙许配庚为继室。戊及乙之生母李,均无异言。惟乙弟李辛,独以为不可,虽非同姓之亲，然事实上以女作媳，名分实有未当，提起婚姻取消之诉。在李辛所持异议，固有正当之理由。惟赵庚系继嗣之人，非李乙所生；且非李乙改适孙氏所立之嗣。设张丙于赵庚未承继之先，婚姻既已成立，势不能强李乙不改适孙戊，亦不能强孙戊不立继赵庚。是双方诉讼，各有理由，审判难得正确之解决）(八年统字第九二三号)

尊卑不在《现行律》禁止之列者，其结婚有效 丙、丁虽属尊卑为婚，《现行律》既未列入禁止之条，自不能遽认为无效。(八年统字第一〇〇三号)

携女再醮，其婚书内记明将女嫁后夫之子，亦为有效 查前夫之女嫁后夫之子，律所不禁。其婚约同时记载于乙再醮婚书之后，亦非无效。(九年统字第一四〇五号)

尊卑为婚及娶亲属妻妾之禁，系用列举，不得比拟 《现行律》"尊卑为婚"及"娶亲属妻妾"两条，系用列举方法，不当漫为比拟。其中外甥女一项，系以"堂"为限，而不及"再从"，则舅甥妻之不能推及于"再从"可知。且与堂外甥女为婚姻者，只处十等罚，则虽已失效，而就原文观察，既系后者重于前者，则舅甥妻并不包括"堂"及"再从"在内，尤属显然，自不能与再从姨之律有明文者，相提并论。(十一年统字第一六七八号)

以上大理院解释例

娶亲属妻妾 律文 6.89.0.1 **凡娶同宗无服**姑、侄、姊妹**之亲，**同宗，谓同宗共姓，不论支派之远近、籍贯之同异皆是。**及无服亲之妻者，**男、女**各处十等罚。若娶**同宗**缌麻亲之妻，及舅甥妻，各徒一年；小功以上，**之妻。**及收父、祖妾者，各以奸论。其**亲之妻**曾被出，及已改嫁，而娶为妻妾者，**无服之亲及伯叔母、兄弟妻不与。**各处八等罚。**〇6.89.0.2 **妾各减**妻**二等。**〇6.89.0.3 **若娶同宗缌麻以上姑、侄、姊妹者，亦各以奸论。**〇6.89.0.4 **并离异。**

**注　解**

本节所禁，分为两种，即禁止同宗结婚及禁娶亲属妻妾是也。关于同宗结婚之禁止有二：(一)娶同宗无服之亲；(二)娶同宗缌麻以上姑侄姊妹。关于娶亲属妻妾之禁止有五：(一)娶同宗无服亲之妻；(二)娶同宗缌麻亲之妻；(三)娶舅甥妻；(四)娶小功以上之妻；(五)收父祖妾是也。其有服亲之妻，虽曾被出及已改嫁者，亦同在禁娶之列。"被出"者，退回母家之谓。"改嫁"者，谓已嫁过他人也。所谓"妻"者，妾亦包括之。故凡无服亲之妾、缌麻亲之妾、小功以上之妾、舅甥妾，及有服亲之妾曾被出及已改嫁者，皆禁其娶妻为妾。违反本节规定者，均在强制离异之列。

**理　由**

本节为禁止同宗结婚及娶亲属妻妾而设，必强制其离异者，所以重伦序而防血统之紊乱也。

**按　语**

各国法律，同宗结婚，为撤销婚姻之原因，本律规定离异，则不特认为可以撤销，直认为无效矣。又本律于禁止同宗结婚外，并禁止娶亲属妻妾，为各国法制所无。

**判决例**

同宗之解释《现行律》载“凡娶同宗无服之亲或无服亲之妻者，各处罚”等语，律意所在，无非重伦序而防血系之紊乱。故同宗无服之解释，不拘于支派之远近、籍贯之异同，但使有谱系可考其尊卑长幼之名分者，于法即不能不谓为同宗，而禁其有相互间婚姻之成立。（三年上字第五九六号）

已为同宗亲之妻者，依法均不许娶《现行律》载“凡娶同宗无服之亲及无服亲之妻者，各处罚”，是但使其人已为同宗亲之妻，即无论其亲或为小功或属缌麻，又或推而至于无服，依法均不许娶。（四年上字第一一七四号）

同宗亲已出之妻亦不得娶《现行律》内“凡娶同宗无服之亲及无服亲之妻者，各处罚。若娶缌麻亲之妻，及舅甥妻，各徒一年；小功以上，各以奸论。其曾被出，及已改嫁，而娶为妻妾者，各处罚”等语，是同宗亲之妻，依法均不许娶。至曾否被出，及有无改嫁情事，原非所问。明文规定，意极显然。（四年上字第二四〇一号）

同祖兄弟之妻亦不得娶娶同祖兄弟之妻者，其婚姻依律自应撤销。（七年上字第三八七号）

《现行律》不禁同姓为婚《现行律》不禁同姓不宗者相为婚姻。（八年上字第一〇九三号）

异姓入继，与所继家久已发生家族关系者，应〔与〕同宗同视，禁止相为结婚 异姓入继，虽属违法，惟当初并无有承继权人出而告争，事历多年，相安无异，并且数世载入宗谱，则其子若孙，与所继之家，久已发生家族关系，对于同载宗谱者，既有世系可寻，即有尊卑长幼之名分，自应与同宗同视。其相互间，当然不能为婚姻之结合。（十一年上字第一四三一号）

**以上大理院判决例**

**解释例**

同母异父男女不得结婚同母异父姊妹，尚有血族关系，依前清刑律，当然禁止为婚。若前夫之子女，与后夫前妻之子女，与同母异父有间，在前清旧律，虽有治罪专条，业于宣统二年〔1910年〕删除，自属不在禁例。（五年统字第四五四号）

叔嫂不得结婚叔嫂缔婚，依律自属大不合法，夫妇关系，当然不成立。（六年统字第五六九号）

同姓不宗之婚姻有效同姓不宗之婚姻，既不违反律意，自属有效。（参照三年上字第五九六号判决例）（七年统字第九〇九号）

同宗之妻虽已改嫁，亦不许娶赵甲嫁钱乙有年，并生女丙。嗣后钱乙病故，赵甲带女丙，再醮孙丁为妻。旋孙丁因家贫休妻。赵甲带丙，又嫁钱戊，生子己、庚二人。查《现行律》“娶亲属妻妾”门曾被出及已改嫁而娶为妻妾者统归离异，钱戊娶赵甲，自非有效婚姻。如果族谱并无准其载入之惯例，族人自可拒绝其入谱。（参照四年上字第一二七一号判例）（七年统字第九一七号）

前夫之女嫁后夫前妻之子认为有效 庚、丙之婚姻，于《现行律》并无抵触，自应认为有效。（原文：设有张甲之妻李乙，生女张丙、张丁。甲死，乙携女丁，改适孙戊为继室；女丙寄养外家李氏。孙戊原配无子，曾继胞侄庚为子，娶媳某氏早卒。乙因取得甲母同意，凭媒将丙许配庚为继室。戊及乙之生母李，均无异言。惟乙之弟李辛，独以为不可，谓虽非同姓之亲，然事实上以女作媳，名分实有未当，提起婚姻取消之诉。在李辛所持异议，固有正当理由。惟孙庚系继嗣之人，非李乙所生，且并非李乙改适孙氏所立之嗣。设张丙于孙庚未承继之先，婚姻既已成立，势不能强李乙不改适孙戊，亦不能强孙戊不立继孙庚。是双方诉讼，各有理由，难得正确之解决）（八年统字第九二三号）

同宗为婚，有法律上利害关系之族人，始得告争 同宗为婚，无法律上利害关系之族人，不得告争。审判衙门审理诉讼，不能不告而理。故除此项事实经合法成讼得以职权调查裁判外，自难为无诉之审判。（九年统字第一二六六号）

对于同宗为婚之撤销权 查同宗为婚撤销权之所属，本院已有判例。（附后）所询情形，既系无撤销权之族人妄行告争，审判衙门自可仅依法驳斥其请求。（九年统字第一四二〇号）

**附判例**：婚姻事件，有撤销原因者，除当事人及其直系尊属与同居最近亲属，暨代表公益之检察官，得诉请撤销外，其余族人，不得妄行干涉。（七年上字第一五二七号）

**以上大理院解释例**

娶缌服内孀弟妇，其婚姻无效 查男女婚姻，依《现行律》亲属上之限制，与结婚、离婚自由之原则并不抵触。来函所称，甲男娶缌服内之孀弟妇乙为妻，自属无效。如无直系尊亲属出而告诉，应由代表公益之检察官请求，方可撤销。（十七年解字第五九号）

**以上最高法院解释例**

娶部民妇女为妻妾 6.90.0 律文 **凡府、州、县亲民官，任内娶部民妇女为妻妾者，处八等罚。若监临官娶为事人妻妾及女为妻妾者，处十等罚。女家并同罪。妻妾仍两离之，女给亲。**两离者，不许给与后娶者，亦不给还前夫，令归宗。其女以父母为亲，当归宗；或已有夫，又以夫为亲，当给夫完聚。**财礼入官。强娶者，各加二等；女家不坐，不追财礼。若为子孙、弟侄、家人娶者，罪亦如之，男、女不坐。**

**注　解**

本节所禁，于所娶者，系人之妻妾抑系人之女；又其娶之方法，为和娶抑为强娶；以及是否为自己而娶，抑为子孙弟侄家人而娶，均无区别。惟所娶者如系人之妻妾，则应两离，使其妇归宗；若系未婚之女，则应于离异后结亲。此为整饬官方而设。

娶逃走妇女 6.91.0 律文 **凡娶犯罪逃走妇女为妻、妾，知情者，与同罪。（致）〔至〕死者，减一等。离异。不知者，不坐。若无夫，（曾）〔会〕赦免罪者，不离。**

**注　解**

娶犯罪逃走妇女，不问娶者知情与否，均须离异。若其女本系无夫，而其罪又经赦免者，不在离异之列。

强占良家妻女律文 6.92.0 **凡豪强势力之人，强夺良家妻女，奸占为妻妾者，绞；妇女给亲；**妇归夫，女归亲。**配与子孙、弟侄、家人者，罪**归所主。**亦如之；**所配**男、女不坐。**仍离异，给亲。

**注　解**

强夺良家之妻或良家之女，不问其系自己占为妻妾，抑系配与子孙弟侄家人，虽已成婚，仍在强制离异之列。

**理　由**

按古代历史及近代野蛮人种，本有强夺良家妻女之习俗。第此可以力掠得者，彼亦可以力劫回，彼此扰攘，有害社会之和平，故文明各国，均悬为厉禁。本节之设，亦所以禁止掠夺婚也。

**按　语**

本节所谓“强夺”，系指男女两家并无婚约，专由一(双)〔方〕倚力掠夺者而言。若两家本有婚约，基于别种原因而抢亲者，不在本节规定范围之内。

僧道娶妻律文 6.94.0.1 **凡僧道娶妻妾者，处八等罚，还俗。女家**主婚人**同罪。离异。**财礼入官。**寺观住持知情，与同罪；**以因人连累，不在还俗之限。**不知者，不坐。**○6.94.0.2 **若僧道假托亲属或僮仆为名求娶，而僧道自占者，以奸论。**

**注　解**

僧道娶妻妾，不问其以自己名义或假托亲属僮仆名义而娶，均在强制离异之列。惟还俗之律，现时似不适用，盖与信教自由之原则不相容也。

出妻律文 6.95.0.1 **凡妻**于七出**无应出**之条**及**于夫无**义绝之状，而**擅**出之者，处八等罚。虽犯七出，**无子、淫佚、不事舅姑、多言、盗窃、妒忌、恶疾。**有三不去，**与更三年丧、前贫贱后富贵、有所娶无所归。**而出之者，减二等。追还完聚。**

出妻条例 6.95.(1) **一、妻犯七出之状，有三不去之理，不得辄绝。犯奸者不在此限。**

**注　解**

本节规定出妻之制限。“出妻”云者，即不征妻同意而出之也。“应出”者，谓理所应出也。“义绝”者，谓夫妻之恩义断绝也。应出之原因，本律所规定者，与孔子《家语》同。其事例计有七种，即：(一)无子；(二)淫佚(《家语》作“淫僻”)；(三)不事舅姑(《家语》作“不顺父母”)；(四)多言(《家语》作“口舌”)；(五)盗窃；(六)妒忌(《家语》作“嫉妒”);(七)恶疾是也。此七者,有其一,即得出妻,是为“七出”。义绝之事例,本律无明文规定,依大理院解释,谓应根据《唐律》,并非限定律文内离异各条。兹将《唐律》所规定之义绝事例,分述如下:(甲)属于夫一方面者:(一)夫殴妻之祖父母、父母,及杀妻之外祖父母、伯叔父母、兄弟、姑、姊妹;(二)夫与妻母奸。(乙)属于妻一方面者:(一)妻殴詈夫之祖父母、父母,及杀伤夫之外祖父母、伯叔父母、兄弟、姑、姊妹;(二)妻与夫之缌麻以上亲属相奸;(三)妻欲害夫。(丙)属于夫妻双方者:为夫妻之祖父母、父母、外祖父母、伯叔父母、兄弟、姑、姊妹自相杀。此《唐律》规定义绝之范围也。妻有应出之状,夫即得出妻,其义绝与否,可以不问。妻有义绝之状,夫亦得出妻,其应出与否,亦可不问。惟既非应出,又非义绝,而出之者,是谓“擅出”,非本律所许耳。因义绝而出妻,本律不设何种限制;后节律文,且有义绝应离不离处罚之规定,可知义绝为当然出妻之原因。若因其应出而出之者,本律常设有种种制限。其制限唯何?即虽犯七出而有三不去者,仍不许出是也。何谓三不去?即:(一)与更三年丧;(谓曾与夫共持父母之丧)(二)前贫贱后富贵;(三)有所娶无所归。(谓无家可归)妻有此三事之一,则虽犯七出之条,夫亦不能出妻。夫虽出之,而妻可以不去,是为“三不去”。此三不去,亦系根据孔子《家语》而来。盖虽为礼教设防闲,仍期其不戾于人情也。有此三不去之规定,则夫之出妻权即受其制限,而妻亦得所保障。然若妻有犯奸情事,仍不得享受保障之利益,而夫之出妻权,即因此而不受其制限。盖因犯奸而出妻,是否应出,是否义绝,以及是否有三不去之理由,皆所不问也。

**理　由**

出妻之制限,为严防夫之滥出而设。若既有义绝或犯奸情形,自无更设制限之必要。此本节之所由涉也。

**按　语**

出妻制度,为我国之特例。各国法制,止认离婚,无所谓出妻。虽出妻之效果,全与离婚无异。而离婚则为男女双方同等之权利,出妻则为夫方专有之权利,是其性质截然不同。且出妻中之义绝一项,依大理院解释,须根据《唐律》。而《唐律》所定关于义绝之事例,实兼赅夫妻双方而言。即妻有义绝之状,夫可以出妻;夫有义绝之状,妻亦可以绝夫。今于妻有义绝之状之场合,认夫有出妻之权;而于夫有义绝之状之场合,独无明文规定。此种偏重男系之出妻制度,显然违反男女平等之原则,似应失其存在。因之本律所定出妻之原因,在现行法制之下,只能认其为请求离婚之原因。惟此种原因,是否皆可据为离婚之理由,不无衡量之余地耳。

**判决例**

妻犯奸而夫故纵在前者,夫不得请求离异 《现行律》载“妻犯七出之状,有三不去之理,不得辄绝。但犯奸者不在此限”,是妻对于其夫有不贞洁之行为者,当然可为离异之原因。惟对于此类行为，其夫实已故纵在前（并非仅因保全名誉为事后之掩饰）者，则妻之责任，即已解除，夫不得以业已故纵之行为，请求与其妻离异。（四年上字第三三一号）

不合条件者，不得出妻 《现行律》载“凡妻于七出无应出之条及于夫无义绝之状，而擅出之者，处罚。虽犯七出，（无子、淫佚、不事舅姑、多言、盗窃、妒嫉、恶疾）有三不去，（与更三年丧、前贫贱后富贵、有所娶无所归）而出之者，减二等。追还完聚”等语，是出妻于律有一定之条件。与条件不相合者，即不容擅出。（四年上字第一七九三号）

“不事舅姑”之解释 《现行律》所谓“不事舅姑”，系指不孝舅姑而言。与出外不告舅姑，自是有别。（六年上字第八五号）

“不事舅姑”系指确有不孝之事实，并经训诫，怙恶不悛者而言 按《现行律》七出之条，虽列有不事舅姑一项，然细绎律意，所谓“不事舅姑”，系指对于舅姑确有不孝之事实，并经训诫，怙恶不悛者而言。若因家庭细故，负气归家，其夫家遂拒而不纳，致不得事舅姑者，尚不在应出之列。（六年上字第九四七号）

“无子”系指达不能生育之年龄，除另娶外，别无得子之法者而言 妇人无子，虽为七出之一，然系指为人妻者已达不能生育之年龄，而其夫除另行娶妻而外，别无得子之法者而言。（七年上字第二六四号）

妻于夫故后，有淫乱行为，翁姑得令其退回母家，脱离亲属关系 《现行律》载“淫佚及不孝翁姑”，虽在七出之列，惟出妻制度，既系夫妻间之关系，则夫故之后，翁姑于媳，当然不能援用。惟子媳苟有淫乱行为，其翁姑为维持一家名誉，加以相当之惩戒；或为家庭和平计，勒令其退回母家，脱离亲属关系，固不能谓为不当。（八年上字第六四号）

离婚须合于法定条件 请求离异，须具有法律上一定之原因，始能准许。倘因涉讼以后，不能和睦，即据为应行离异之理由，则凡男女一造，希图离异，一经涉讼，即无依法准驳之余地，法定条件，不几等于虚设？（八年上字第一七七号）

殴打舅姑(校)〔较〕不事舅姑为重，自足为离异原因 不事舅姑，为《现行律》“出妻”门所载七出之一。殴打舅姑，较不事舅姑情节更重，自足为离婚之原因。（十五年上字第一三一四号）

妻不能因夫犯奸请求离异，但夫已因犯奸处刑者，不在此限 夫犯奸，通常固不可与妻犯奸并论，而径许离异。但若已因犯奸处刑，则情形又有不同。为保护妻之人格与名誉计，自应援用《现行律》“未婚男犯奸，听女别嫁”之规定，许其离异。（十五年上字第一四八四号）

**以上大理院判决例**

**解释例**

妻有三不去，系犯奸者，愿否离异，由夫主持 妻犯七出，而无三不去之理，自应认夫有出妻之权。其有三不去，系犯奸者，亦同。并依本律“犯奸”条，愿否离异，仍应由本夫主持。（六年统字第五七六号）

妻无子，而夫已有子者，不得出妻。律载“无子”系达到不能生育之年龄，其不能生育之原因系在于妻 《现行律》婚姻门“出妻”条所称“无子”之义，系指为人妻者达到不能生育之年龄，而其夫除另娶妻外，别无得子之望者而言。盖该律主旨，在于得子以承宗祧。故凡夫已有子，（如妾或前妻已生子，或已承继有子之类）或虽不另娶亦可有子者，当亦无适用该条之余地。其不能生育之原因，仍须在妻，更无待言。至不能生育之年龄，应准用“立嫡子违法”条内所定五十以上之岁限。又妻虽具备无子之条件，而有三不去之理由，仍不准其离异。（六年统字第五九一号）

“不事舅姑”及“不孝”之意义 查《现行律》所谓“不事舅姑”、“不孝”之义，即指虐待及重大侮辱而言。如果查明所称事实，确已达于虐待或重大侮辱之程度，始得判令离异。（八年统字第一一三四号）

孀妇犯奸，得令退居母家 孀妇犯奸，如已确实有据，得令退居母家，仍参照本院四年上字第一五六二号判例。惟孀妇如确已同意，并得令其大归。（八年统字第一一六二号）

**以上大理院解释例**

出妻律文 6.95.0.2 **若犯义绝，应离而不离者，亦处八等罚。**

**注　解**

义绝之事例，根据《唐律》。《唐律》关于义绝之规定，已于前节注解中说明。“应离”者，应行离异之谓，盖不许不离也，是为强制离异之一。

**理　由**

义绝应离之理由何在？《唐律》“诸(凡)〔犯〕义绝者离之，违者，徒一年”。“疏”议曰：“夫妻义合，义绝则离。违而不离，合得一年徒罪。”盖义绝应离，绝而不离，于义有乖，此本律所以设强制离异之规定也。

**按　语**

婚姻既已合法成立，此后愿离与否，应基于当事人之意思，绝不容第三人干涉。故本节强制离异之规定，与离婚自由之原则不相容，当已无适用之余地。惟《唐律疏议》云“官司判为义绝者，方得此坐，若未经官司处断，不合此科”，是所谓“义绝应离”，指经官判离而言，即经官认为义绝判令离异者，方为强制离异。依此，则义绝应离之规定，仍不背于离婚自由之原则也。

**判决例**

妻受夫重大侮辱，准其离异 凡妻受夫重大侮辱，实际有不堪继续为夫妇之关系者，亦应准其离婚，以维持家庭之和平，而尊重个人之人格。至所谓重大侮辱，当然不包括轻微口角及无关重要之詈责而言。惟如果其言语行动，足以使其妻丧失社会上之人格；其所受侮辱之程度，至不能忍受者，自当以重大侮辱论。如对人诬称其妻与人私通，而其妻本为良家妇女者，即其适例。（五年上字第七一七号）

妻虐待或侮辱舅姑，如经舅姑宥恕，不得请离 因虐待舅姑或为重大侮辱而应离者，若经舅姑明白表示宥恕者，不得再以之为请求离异之原因。（五年上字第七四二号）

妻犯奸，夫得请离，非舅姑所能擅卖　有夫之妇，因犯奸义绝于夫，依《现行律》之规定，固得由其夫请求离异。惟若夫无愿离之情，而其舅姑私擅卖之者，当然不能生效。（五年上字第八七二号）

虐待至不堪同居之程度，许其离异　夫妇之一造，经彼造常加虐待，至不堪同居之程度者，许其离异。（五年上字第一四五七号）

惯行殴打，虽伤害未至较重，亦得判离　本院判例所谓夫虐待其妻，致令受稍重之伤害者，实以伤害之程度较重，足以为虐待情形最确切之证明之故。如其殴打行为，实系出于惯行，则所受伤害，不必已达到较重之程度。既足证明实有不堪同居之虐待情形，即无不能判离之理。（五年上字第一〇七三号）

查明有重大侮辱情形，准其离异　夫妇之一造，因受他造重大侮辱，而提起离婚之诉者，一经查明实有重大侮辱之情形，自应准其离异。（五年上字第一〇七三号）

定婚(當)〔当〕事人有义绝之状，得解除婚约　按《现行律例》，夫妇有义绝之状，请求离异者，准其离异。依此类推解释，凡定婚当事人，彼此有义绝之状者，当然可以准用该律规定，准其解除婚约。（六年上字第九二二号）

诬奸告官，行同义绝，得离异　夫之于妻，如有诬奸告官之事实，则行同义绝，并非轻微口角及无关重要之詈责可比，应认为有重大侮辱，准其妻请求离异。（六年上字第一〇一二号）

诉讼中互相诋毁，非重大侮辱　夫妇不睦，以致涉讼，在涉讼中互相诋毁，虽故甚其词，究不能据此指为重大侮辱。（六年上字第一一三八号）

虐待妻之父母或加以重大侮辱，认为义绝　夫对其妻之父母虐待，或加以重大侮辱者，应认为义绝，亦应准其离异。（七年上字第一五〇号）

因一时气忿致伤，非不堪同居之虐待　夫妇之一造，如果受他造不堪同居之虐待，虽应准许离异，惟因一时气忿，偶将他造致伤，而事属轻微者，自不能遽指为不堪同居之虐待。（七年上字第二六四号）

空言声称嫁卖，不得认为义绝　夫对于妻，有嫁卖显著之事实，仅以他种原因，未遂所为者，得予离异。若其夫仅以空言声称嫁卖，而并无真实嫁卖之意思者，即不得认为已有义绝行为，率请离异。（七年上字第七八七号）

因妻不善事舅姑而气忿殴骂，不能指为虐待　夫因其妻不能善事舅姑，加以训诫，而一时气忿，致有殴骂情事者，究与有意虐待不能同论。（八年上字第七〇〇号）

虐待之一造，不得对于受虐待者请求离异　夫妻一造，受他造不堪同居之虐待者，为保护受虐待一造之利益，固应准其请求离婚。然于虐待之一造，要不得准其自行请离。（九年上字第八〇九号）

**以上大理院判决例**

**解释例**

舅姑抑勒通奸，夫知情不阻，准许离异　舅姑抑勒子妇与人通奸，如其夫亦知情而不阻止，可认为义绝情状者，自应许其离异。（五年统字第四三七号）

义绝应离指经官处断而言 查《现行律例》义绝律文，采用《唐律》，则义绝之事例，自可根据《疏议》，并非限定律文内离异各条。又该律(《唐律疏议》)第一节系指妻对于夫言；次节系指双方犯义绝；"应离不离"一语，谓事实发生，经官处断，而故违者，方予科罪。总之以上三端，皆旧律为礼教设防闲。遇有此类案件，仍宜权衡情法，以剂其平。在民律尚未颁行，该律民事部分虽属有效，而适用之时，仍宜斟酌社会情形以为解释，不得拘牵文义，致蹈变本加厉之嫌。(六年统字第五七六号)

义绝者，未判离前，夫妇关系仍存在 义绝应离，固在强制离异之列。然本为夫妇，在未经官判离以前，其夫妇关系，固仍存在。(六年统字第五七六号)

虐待有据，致废笃疾，应准离异 舅甲强奸童养媳乙，经告发讯实后，乙复诉称，因此始则虐待，继又被逐回家。查甲对于乙虐待，果实有据，且系非理殴打，致陷乙于废笃疾时，自应准乙与丙(甲子)离异。(七年统字第八一三号)

妇被翁强奸，亦准离异 妇为子之父强奸者，院例亦准离异。(七年统字第八一三号)

受不堪同居之虐待，认为义绝 查妻受夫不堪同居之虐待，应认义绝，准予离异，本院早有判例。(七年统字第八二八号)

夫卖妻，准妻请求离异 戊既卖乙，应准乙与之离异。乙之嫁辛，是否合法，戊固不能过问。(八年统字第一〇四六号)

妻助人诬告夫，认为义绝 妻自己或助人诬告其夫，确实有据者，自可认为义绝，准其离异。(九年统字第一二〇三号)

受不堪同居之虐待，准离异，并许拒绝同居 妻受夫不堪同居之虐待，自可对夫请求离异，并应许其拒绝同居。(参照本院《判例要旨汇览》第一卷"民法"第一四二页七年上字第一〇〇九号、第一四四页五年上字第一四五七号判例)(九年统字第一三五七号)

私刑钉锁，认为不堪同居之虐待 甲胜诉后，自制木狗私刑，将乙钉锁，自可认为不堪同居之虐待，许乙再行诉请离异。(九年统字第一四〇八号)

**以上大理院解释例**

出妻律文 6.95.0.2 **若夫妻不相和谐，而两愿离者，不坐。** 情既已离，难强其合。

**注　解**

本节为两愿离异之规定，即所谓协议离婚是也。在欧洲文化史上，罗马法虽然承认协议离婚，而自中世纪耶教势力扩张以后，不独协议离婚不复存在，即其他任何形式的离婚，亦为寺院法所不许。直至十六七世纪，宗教革命的潮流勃兴，欧洲诸国之脱离罗马教皇势力者，乃渐次承认离婚之可能。然而协议离婚，即在信奉新教的欧洲国家，今亦多半尚未承认。如英、法、德、俄、瑞典、荷兰等国法制，止有裁判离婚，而无协议离婚。其于裁判离婚外，兼认协议离婚者，仅奥大利〔奥地利〕、比利时及日本等国而已。吾国协议离婚制度，发源于何时，虽不可考，然自《唐律》以迄《清律》，均有两愿离异之规定，即足征此制之早已存在矣。至于协议离婚之手续，极为简单，只须两造表示愿离之意思而已足，非如定婚之必须具备条件，亦非如成婚之必须举行相当仪式，律例上亦未设有呈报官司或其他程序。虽旧时习俗，大率以休书为之；晚近社会，有用登报声明或呈请立案之形式者，然亦不过为证明离婚之用，非以此为离婚成立之必要条件也。奥大利〔奥地利〕、比利时、日本等国之协议离婚，法律上亦无必须践行何种方式的规定，与吾国同。

**理　由**

本律承认两愿离异之理由何在？盖夫妇之伦，合之以义，而实联之以情。情已离者，不能强之使合，即强合之，亦无益而有害，自不如许其离异之为愈也。在两愿离异之场合，不问其有无离异之原因，法律均许其离异。但所谓“两愿”者，系指夫妇两造均愿离异而言。若一造愿离，而他造不愿离，则虽不相和谐，亦不许其离异。所以然者，盖结婚既本于两造之愿意，则离婚亦须本于两造之愿意。若许以一造径情为之，足长离异之风，非法律不得已之意也。

**按　语**

吾国近年以来，男女平等离婚结婚自由之说盛行，因之第二次全国代表大会《妇女运动决议案》第九条第一款有制定男女平等的法律之规定，第四款有根据结婚离婚绝对自由的原则制定婚姻法之规定，是离婚自由，已经垂为定则。将来制定民法，亦不能不遵守此定则，致与决议案有所出入。而协议离婚制度，至此益臻巩固矣。

**判决例**

离婚后，子女之监护如未议及者，应由父任之　夫妇离婚时，得以协议定子女之监护方法。如并未议及，则应归其父任监护之责。而其去家之母，即无庸兼顾。不过其亲生母子之关系，仍然存在，并不因而消灭。至于妾生子女，当妾被废，去其父家时，除其父仍委令监护者外，当然应由其父监护，则更无庸论及。（三年上字第二六九号）

离婚只须有事实，无一定方式　现行惯例，关于离婚，无一定之方式。有作成休书者，有立契赎身者，又有仅由言词声明者。是故虽未经一定之方式，而事实已为离婚之协议，确有实据者，自不得谓为无效。（三年上字第四六〇号）

离异与别居不同　别居与离异，系属两事。别居者，事实上夫妇不同居，而婚姻之关系，依然存续，与离异之消灭婚姻关系者不同。（三年上字第四六〇号）

离婚后改嫁，非前夫家族所能干涉　《现行律》载“夫妻不相和谐，两愿离异者，不坐”，又载“嫁娶皆由祖父母、父母主婚”各等语，可见离婚一事，原非法律所禁。而妇人一经依法离异，即与夫家断绝关系，应否改嫁，即应归母家主持，决非夫家所得干涉，自更无前夫家族凭空置喙之余地。（四年上字第二一三号）

律许协议离婚 协议离婚，为《现行律》所准许。（五年上字第一四七号）

离婚之效力不及于所生子女 婚姻解消之效力，原不及于所生子女。无论离婚以后，子女归何造监护，而于监护范围以外，于父母之权利义务，并无何等影响。故离婚后归母监护之女，其嫁资仍应由父支给。（五年上字第四〇九号）

离婚非有法定原因，不得由一方请求 夫妇关系，一经合法成立后，非确合于法定离婚原因，不得由一方任意请求离异。（五年上字第一〇二八号）

夫妻协议离婚，不得由主婚权人干涉 据《现行律》载"嫁娶皆由祖父母、父母主婚；祖父母、父母俱无者，从余亲主婚"，又载"夫妻不相和谐，两愿离异者，不坐"各等语，是男女婚姻之主婚权，虽属于祖父母、父母等，而协议离婚，则因有明文规定，必出于为夫妻者之两相情愿而后可，自不得牵引主婚之律条以为口实。（六年上字第七三五号）

离婚之妇得将妆奁携去 离婚之妇，无论由何原因，其妆奁应听携去。（六年上字第一一八七号）

离婚时关于子女监护之协定有效 夫妇协议离婚，原为《现行律例》所认许，故于夫妇两愿离异时，关于离婚后子女之监护方法有所协定者，自应认为有契约之效力。（六年上字第一一九四号）

协议离婚，非余亲及族人所能争执 余亲及族人，就男女之协议离婚，不容妄有争执。（六年上字第一二六一号）

妾与家长解除关系，准用离婚规定 夫妇协议离异，应由自身作主，他人不能代为主持。而妾与家长协议解除关系，当然应予准用。（七年上字第一三二号）

关于离婚后子女之监护 夫妻呈诉离婚后，其子女虽应归其父监护，但如有特别情形，（如子女年幼不能离母，或父有遗弃情事等）不宜由父监护者，审判衙门亦得斟酌其子女之利益，指定监护之人。（八年上字第九五七号）

离婚无一定方式 离婚字据，现行法上并无一定之方式。协议离婚，事实既经证明，即当事人未在字据画押盖印，亦不能谓为无效。（八年上字第一一一五号）

离婚原因由妻构成者，不得要求养赡 夫妻于审判上离婚，须以其原因全为此造构成者为限，始应由此造给与养赡或其他赔偿。本件离婚原因既全在上诉人，自不得更向被上诉人请求养赡。（十五年上字第一三一四号）

**以上大理院判决例**

离婚自由谓须尊重当事人意思，非谓一造可以任意请离 第二次全国代表大会决议案虽有结婚离婚自由之规定，细绎议案，不过谓婚姻事件，须尊重两造当事人之意思，不许第三人干涉，并非谓当事人一造可以任意离合，而置相对人之利害关系于不顾。（十七年上字第一〇号）

离婚自由谓不容第三人干涉，非谓可由一造自由主张 夫妇婚姻关系，一经成立，苟无法律上之原因，自不得由一方任意请求离异。若仅空言不堪同居，即据为离异之理由，则凡男女一造希图离异，一经涉讼，即无准驳之余地。是直视婚姻之离合，为一种任意行为，而无庸为法律上之审究。又，查第二次全国代表大会《妇女运动决议案》第九条第一款载"制定男女平等的法律”、第四款载“根据结婚离婚绝对自由的原则制定婚姻法”云云，细核文意，无非谓男女两方及其婚姻应采取平等自由之精神以制定法律。依此原则解释，则离婚结婚，自应尊重男女两方之自由意思，断不容第三者干涉。若以男女之一造自由主张，而置他造之利害于不顾，当非该议案之本意。现在婚姻法尚未制定，法院依照该法律方面之原则，以审究其法律上之原因，而与以适当之裁判，自无不可。（十七年上字第四七号）

**以上最高法院判决例**

**解释例**

离异后子女之监护，除有特别约定外，应从父 夫妇离异，其亲生或抱养子女，原则应从父。但有特别约定时，亦得从母。不能听子女自愿。（四年统字第二二五号）

一方诉请离异，一方表示承诺，即属两愿 《现行律》“夫妻不相和谐，两愿离异者”，准其离异。甲既提起离异之诉，乙在审判上复明白表示承诺，即属两愿。虽未裁判，亦应发生效力。乙在其后改嫁，既非重婚，并无许甲翻异之理。至财礼服饰，已经归其妻者，其后离异，亦毋庸返还，此层本院早有解释。（九年统字第一二三一号）

父母为子女所订离婚字据无效 婚姻关系之当事人为夫妇两造。协议离婚，应由该夫妇为之。父母为子女所订离婚字据，除认子女已有合意外，自属当然无效。如来函所述，姑无论尚有强迫情形，而丁既不知情，即属未经合意。甲为其子另行娶妻，自得判令离异归宗。（十五年统字第一九九三号）

**以上大理院解释例**

有离婚理由，方准离异 认有离婚理由者，方准离异。（十七年解字第一六号）

离婚只须有理由，不必具备条件 查第二次全国代表大会《妇女运动决议案》关于请求制定男女平等法律，经前司法行政委员会令行广东、广西、湖南各省高等审检厅，声明在此项法律未制定以前，应依该决议案法律方面之原则而为裁判。现上项法律，尚未经国民政府制定颁布，只有本诸男女法律上平等之精神，以为裁判标准。请求离婚，只须认定有无理由，不必具备如何条件。（十七年解字第三五号）

离婚应认定有无理由 离婚案件，自应当查事实原因，认定有无理由，分别准驳。（十七年解字第五七号）

离婚原因出于女子，判断生活费之标准 离婚之原因出于女子者，应审核情形，查照本院十七年上字〔第〕二四二号及〔十七年上字第〕七〇八号判例办理。（十七年解字第一四五号）

审判上之离婚，应查核有无理由 离婚案件，除双方协议离婚系绝对自由外，一经涉讼，依据男女平等原则，于法律范围内，认有绝对自由。惟所诉有无理由，自应由法院审核办理。（十七年解字第一四七号）

**以上最高法院解释例**

不愿为妾，应准离异 妾之制度，虽为习惯所有，但与男女平等原则不符。基于此点，若本人不

愿为妾，应准离异。（十八年院字第七号）

**以上司法院解释例**

出妻律文 6.95.0.3 若（夫无愿离之情，）妻（辄）背夫在逃者，徒二年，听其离异；（其妻）因逃而（辄自）改嫁者，加二等。

**注　解**

前节指夫妇双方均有愿离之意思而言，本节指夫无愿离之意思妻擅自离其夫而言。妻背夫在逃，其原因如何，是否隐匿，以及路途之远近、时期之久暂，均所不问。惟所谓“背夫”，必须有与夫决绝之意思。所谓“在逃”，必须有一去不返之意。故偶尔负气出门，尚不得谓为“背夫在逃”。“听其离异”者，谓愿离与否，应任其夫之自由意思也。夫若愿离，则得以在逃为理由，提起离婚之诉。若夫不愿离，则仍应追还完聚。其妇在逃后已否改嫁，亦非所问。

**理　由**

妻背夫在逃，系害其夫一人之私益，要非违反公益者可比。故应离异与否，悉依夫之意思而定，毋庸法律加以干涉也。惟本节规定，专指妻在逃时夫无愿离之意思而言。若夫本有愿离之意思，则双方之意思合致，自可适用前节两愿离异之法则，无另行规定之必要也。

**按　语**

离婚自由之真意，在于尊重当事人之意思，不得由当事人之一造擅自主张离异，而置他造之利害关系于不顾，参观前节所列最高法院判决、解释各例自明。故妻背夫□〔在〕逃，而夫不愿离者，不问在逃之妇已否改嫁，仍应追还完聚，以示不许一方擅离之意。此与离婚自由之原则相符。

**判决例**

“在逃”之意思　背夫而逃，在现行法虽为离异原因之一，然律文所谓“在逃”云者，必其出于一去不返之意思。非谓其妻偶有所适，未经预先告知其夫，即谓为“背夫在逃”。（五年上字第五九八号）

妻背夫在逃改嫁，夫得请求离异　妻背夫在逃，辄自改嫁者，既于其夫有义绝情状，其夫自（约）〔得〕据以请求离异。（八年上字第一六六号）

“背夫”之意义　《现行律》载“若妻背夫在逃者，（中略）听其离异”等语，“背夫”云者，系指立意背弃其夫而言。如在逃系因别事，即非立意背弃其夫，尚不得为离异之原因。（十一年上字第八一〇号）

**以上大理院判决例**

在逃必须有一去不返之意　背夫在逃，当然为离异原因之一。惟所谓在逃，必须有一去不返之意。

（十七年上字第三四八号）

**以上最高法院判决例**

出妻6.95.0.3 律文 **其因夫弃妻。逃亡，三年之内不告官司而逃去者，处八等罚；擅自改嫁者，处十等罚。妾各减二等。**有主婚、媒人，有财礼，乃坐。无主婚人，不成婚礼者，以和奸、刁奸论。

出妻6.95.(2) 条例 **夫逃亡三年不还者，并听经官告给执照，别行改嫁，亦不追财礼。**

**注　解**

前节为对于妻背夫逃亡之规定，本节为对于夫弃妻逃亡之规定。夫之逃亡，以有弃妻之意思为必要。若因他事逃亡，并非恶意遗弃其妻者，即非本节所称之“逃亡”。“三年之内”，谓自逃亡之日起未满三年也。“逃去”者，谓妻因夫之逃亡遂背弃其夫而逃去也。前节之“在逃”，专指妻而言；本节之“逃去”，兼赅妻与妾而言。逃去后是否改嫁，在所不问。夫弃妻逃亡，如已经过三年，其妻本可告官改嫁。若夫逃亡未满三年，其妻擅自逃去，无论是否改嫁，均非本律之所许。惟律文系禁其三年内改嫁，而条例则许其三年后改嫁，一从正面规定，一从反面规定，其旨一也。

**理　由**

夫逃亡后，法律对于妻之一方，既未便许其遽行改嫁，亦未便强其永远坚守，故酌定年限，以为两全之道。其逃亡未满三年者，未必绝无归来之望，故律文禁止妻之改嫁，以保护夫之利益。若逃亡已满三年，法律上推定其为死亡，故条例容许妻之改嫁，以保护妻之利益。第此三年之期限，其在夫离家后绝无音信者，则自离家之日起算；若离家后尚有音信，则应自接到最后音信之日起算。盖既有音信，不能推定其为死亡也。于此有应注意者，本节与前节，均为任意离异的规定。简言之，本节所规定者，无非使妻于夫逃亡三年后取得一种改嫁的权利，而究愿改嫁与否仍属于妻之自由，与前节愿离与否属于夫之自由者同，此其所以为任意的离异也。

**按　语**

各国法制，夫妇之一造，逾三年以上生死不明者，得为离异之原因，与本律规定略同。惟在各国，不问为夫之一造或妻之一造，均须三年以上生死不明，方许他造提起离婚之诉。而在本律，对于夫之逃亡，必须经过三年，方许妻告官改嫁；而对于妻之逃亡，则不设年限，一有逃亡事实，其夫即得请求离异。厚于男而薄于女，似与男女平等之原则相背驰，是在适用上尚不无斟酌之余地也。

**判决例**

出外谋生与逃亡不合 若其夫因贫赴外谋生，常有银信寄家者，与《现行律》所载“夫逃亡三年，准妻告官别嫁”之条不合。（三年上字第三二九号）

逃亡属实，年限又合者，其改嫁有效 《现行律》载“若再许他人，已成婚者，女归前夫。前夫不愿者，倍追财礼给还。其女仍从后夫”，又例载“夫逃亡三年不还者，并听经官告给执照，别行改嫁”等语，寻绎立法本旨，女子本以不许重复婚嫁为原则，但夫若逃亡多年，不知下落，使女久待，亦非人情，故以许其改嫁为例外。其必经官告给执照者，无非令官署得以调查其逃亡不还之事实是否真实，及其年限是否合法，以凭准驳，而防后日之争议。故女子如实因夫逃亡三年以上不还而始改嫁，虽当时未经告官，领有执照，而事后因此争执，经审判衙门认其逃亡属实，而年限又属合法者，其改嫁仍属有效，不容利害关系人更有异议。(三年上字第一一六七号)

因赴京应试离家，妻不得请求离异《现行律》夫妻除不相和谐两愿离异者外，非有合法条件，不能离异。遗妻不养，虽合法定离异之条件，惟其夫系因赴京应试而离家，并无无故遗弃者，亦自不足为请求离婚之根据。(四年上字第一四三三号)

逃亡须有失踪不返情形，否则不得以逃亡论《现行律》载“夫逃亡三年不还者，并听经官告给执照，别行改嫁”等语，其经官告给执照，无非使官署得有机会以便调查，并非改嫁之条件。苟有夫逃亡属实，并已经过三年者，则其改嫁，仍属有效。惟所谓“逃亡”，须确有失踪不返之情形。若有所在可以探知，音信常通者，虽离家较久，亦自不得以逃亡论。(七年上字第一三八一号)

夫仅无力养赡，不为离异原因 夫对于其妻，纵令无力养赡，而既非确有遗弃之意思，即不足为离婚之原因。(八年上字第三五九号)

夫逃亡而存有资财，足供其妻生计，或另有人养赡者，不得谓为弃妻《现行律例》所谓“夫逃亡三年不还者”，须夫之踪迹不明，而有置妻不(愿)〔顾〕之事实。若夫仅因故留滞在外，尚存有资财，足供其妻之生计，或另有养赡其妻之人，自非弃妻不(愿)〔顾〕，不得以逃亡论。(八年上字第四三四号)

所谓“夫逃亡三年”之解释《现行律例》所谓“夫逃亡三年不还，并听经官告给执照，别行改嫁”云云，系指夫于逃亡三年以后，仍继续在外，生存莫定，并无归还之音信者而言。若其夫于成讼前，早已由外归来，自不能追溯往昔情形，而引用《现行律》，以为请求改嫁之论据。(十年上字第八四三号)

**以上大理院判决例**

**解释例**

夫走失后，以善意娶其妇，系有效 甲走失后，乙善意娶甲之妻为妇，甲归，无庸强之归甲。(四年统字第三五〇号)

童养媳准用夫逃亡三年不还改嫁之例 童养媳合于定婚条件者，准用律例“出妻”条“夫逃亡三年不还，听其改嫁”之例。事前虽未告官，如逃亡别有证明，其改嫁仍属有效。(四年统字第三五〇号)

夫在刑之执行中，果在监守□〔法〕，妻因贫改嫁，其婚姻得撤销 某甲虽被判处无期徒刑，果在监守法，将来尚可假释，其妻乙不能因贫遽行改嫁。如甲对于其妻，无遗弃之意思，丙虽为甲母，未得甲之同意，不能单独为乙主婚。无论执行如何困难，乙改嫁某丁婚姻，非判撤销，不足以维风化。(六年统字第六九六号)

逃亡有据，其改嫁虽未告官，亦为有效〔（一）〕《现行律》婚姻门“出妻”条“夫逃亡三年不还者，并听经官告给执照，别行改嫁”，至经官告给执照，本为防止后日争执起见。故如当时虽未告官，而事后争执，审判衙门认其确系逃亡有据——即出走后始终毫无踪迹音信，其年限又属合法者，改嫁即属有效。（参照本院《判例要旨汇览》第一卷“民法”第一四七页）甲如果合于上开条件，丙因无人赡养，自愿改嫁，殊非无效。惟甲如未死，或未逃亡三年，则有夫重婚，夫应有请求撤销之权。而买卖为婚，亦为法所不许，当然无效。且孀妇（或逃亡者之妇）改嫁，有主婚权人于未经同意之婚姻，亦得以正当理由，主张撤销。丙、辛间之婚姻，有一于此，即尚难谓为合法，应分别核准请求，并无赔偿可言。否则，婚姻即令完全有效，辛如果自愿听丙仍归前夫，与丙离异，亦属可许。甲若允其条件，自应听之。至甲女丁、戊之许婚，依《现行律》，母有主婚之权，甲果逃亡合于前开条件，丙实为之主婚，自系有效。（二）甲与乙如果并无各愿离异之明确表示，亦不合于上开逃亡之条件，自应准其请求，认乙、戊间本无合法婚姻。而因戊弟己主婚所成立之乙、庚间之婚姻，亦以有重婚关系，应准撤销；甲不任赔偿损害之责。否则，婚姻若系完全有效，庚情愿追乙归甲，亦可准许。甲若允给费，仍应听之。惟己之主婚，若有不合，庚自可向之请求返还财礼。均须分别情形，公平办理。（九年统字第一三六二号）

生死不明确已三年以上，其妻改嫁自无不合查妇女因夫逃亡三年以上不还而改嫁者，原为律所允许。丙既出外八载，生死不明，如其生死不明确已三年以上，则甲之改嫁，自无不合。乙除明知字据所载生死不明确尚未满三年应论罪外，亦不得谓有犯意。（九年统字第一四一五号）

未婚夫被处徒刑三年以上已□〔开〕始执行者，其女得诉请解除婚约《现行律例》载“未成婚男女，有犯奸盗者，男子有犯，听女别嫁；女子有犯，听男别娶”，又载“期约已至五年，无(故)〔过〕不娶，及夫逃亡三年不还者，听经官告给执照，别行改嫁”各等语，是凡犯有破廉耻之罪，与奸盗相类似，或被处徒刑在三年以上，而经开始执行者，依律文类推解释，均应许男女之一造请求解约。来函所述情形，各被处徒刑在三年以上，已经开始执行，自应许其诉求解除婚约。（十一年统字第一七四四号）

经官告给执照之程序律称“夫逃亡三年不还者，听经官告给执照，别行改嫁”，其告官程序，即《民事诉讼条例》所称公示催告程序。管辖法院，除同条例第六百三十五条外，既别无规定，自应适用同条例第十四条，解为夫之普通审判籍所在地之初级审判厅。（十六年统字第二〇〇九号）

**以上大理院解释例**

**妻妾(欧)〔殴〕夫律文** 20.276.0.1 **凡妻(欧)〔殴〕夫者，<u>处十等罚</u>，夫愿离者，听；**须夫自告<u>乃坐</u>。○20.276.0.2 **若妾(欧)〔殴〕夫及正妻者，<u>又各加一等</u>。**

**注 解**

妻(欧)〔殴〕夫，亦得为离异之原因。其(欧)〔殴〕之程度如何，是否致伤，均所不问。惟愿否离异，属于夫之自由意思，是亦任意离异之一。若妾(欧)〔殴〕夫，或妾(欧)〔殴〕正妻，亦同。

**理 由**

妻(欧)〔殴〕夫，所侵害者，系夫个人之私益，故惟夫有诉请离异之权。

**按 语**

各国法制，夫妇之一造，受他造不堪同居之虐待，得提起离婚之诉。(欧)〔殴〕打亦虐待之一，故本律以妻(欧)〔殴〕夫为离异之原因，此与各国法意相同。

**判决例**

夫被妻殴，得请离异，无须至折伤程度《现行律》"妻妾(欧)〔殴〕夫"条载"凡妻(欧)〔殴〕夫者，处十等罚，夫愿离者，听"等语，是妻苟有(欧)〔殴〕夫情事，夫即得据以请求离婚，并无须至折伤之程度。(九年上字第五三七号)

**以上大理院判决例**

妻妾(欧)〔殴〕夫律 20.276.0.3 文 **其夫(欧)〔殴〕妻，非折伤勿论；至折伤以上，减凡人二等。**须妻自告乃坐。**先行审问夫妇，如愿离异者，断罪离异；不愿离异者，验罪收赎。**仍听完聚。**(欧)〔殴〕伤妾至折伤以上，减(欧)〔殴〕伤妻二等。**

**注 解**

夫(欧)〔殴〕妻，亦得为离异之原因，但以(欧)〔殴〕至折伤为限。"折伤"云者，不限于筋断骨折，凡致废疾、致笃疾等皆属之，即《新刑法》之所谓"重伤"是也。(《刑法》第二〇条)①夫(欧)〔殴〕妻，其妻虽得诉请离异，然与前节妻(欧)〔殴〕夫夫得诉请离异者不同。盖妻(欧)〔殴〕夫，一有(欧)〔殴〕的情事，即足为离异原因，其是否致伤，在所不问。若夫(欧)〔殴〕妻，必至折伤，方许其妻离异。若(欧)〔殴〕未致伤，或虽致伤而轻微，尚不许其离异。此其不同一。妻(欧)〔殴〕夫，夫得以一(已)〔己〕之意思主张离异，毋须得妻之同意。夫(欧)〔殴〕妻，虽致折伤，妻犹不能以一己之意思主张离异，必须得夫之同意，方能判离。此其不同二。至于(欧)〔殴〕妾至折伤，妾亦得主张离异，此与妻同。

**理 由**

夫妇一造，受他造不堪同居之虐待，得提起离婚之诉，此为各国现行法制之所同。故本律于夫(欧)〔殴〕妻妾至折伤时，认妻妾有诉请离异之权。

---

① 此处《新刑法》系指1928年《刑法》。

**按　语**

本节规定，夫之离妻，只须有(欧)〔殴〕的情事为已足，不以致伤为必要，其判离不须得妻之同意。若妻离夫，以被(欧)〔殴〕至折伤为必要，其判离尚须得夫之同意。彼此相形，判若天渊。盖吾国旧时，男尊女卑，故有此男女不平等之规定也。民国五年大理院上字第一〇七三号判例云，“如其殴打行为实系出于惯行，则所受伤害不必已达到较重之程度。既足证明实有不堪同居之虐待情形，即无不能判离之理”，是谓夫殴妻，虽未至折伤，亦得判离。又，民国六年大理院上字第六三四号判例云，“夫殴妻已至折伤以上之程度，其妻请求离异，应即准其离异，无再须得夫之同意之理”，是谓殴至折伤，虽未得夫同意，亦得判离。盖亦认本律规定之不适当而设此变例也。若衡以今日男女平等之原则，此种重男轻女之规定，不适合于近代社会，更不待言矣。

**判决例**

离婚须具备一定条件《现行律》载“夫殴妻，至折伤以上，先行审问夫妇，如愿离异者，断罪离异(中略)”等语，是离婚之制，本为《现行律例》所认许，不过须具备一定之条件而已。(三年上字第八六六号)

尊长殴伤子孙之妇妾，不为离异原因 查《现行律例》，惟本夫抑勒妻妾与人通奸，及夫殴妻至折伤以上者，始得离异。若尊长殴伤卑幼，及抑勒子孙之妇妾与人通奸者，除本夫系属知情参与或致令废笃疾者外，不得认为离异原因。盖殴伤抑勒，咎在尊长舅姑，而于本夫之义，究未断绝也。(四年上字第三七八号)

殴打不能认为不堪同居者，须至折伤、废笃疾，始得离异《现行律》“妻〔妾〕殴夫”条载“夫殴妻妾，(中略)至折伤以上，(中略)先行审问夫妇，如愿离异者，断罪离异”等语，又“殴祖父母父母”条载“若非理殴子孙之妇，致令废疾(中略)笃疾者，(中略)并令归宗”等语，是妻为其夫或祖父母、父母所殴者，如按其情形，不能认为不堪同居之虐待，则非至折伤或废笃疾，不得请求离异。(六年上字第一八号)

妻因被殴至折伤而请求离异，毋须再得夫同意 夫殴妻已至折伤以上之程度，其妻请求离异，应即准其离异，无再须得夫之同意之理。(六年上字第六三四号)

**以上大理院判决例**

**解释例**

□〔童〕养媳被翁殴致废笃疾或被强奸，均准离异 舅甲强奸童养媳乙，经告发讯实后，乙复诉称，因此始则虐待，继又被逐回家。查甲对于乙虐待果实有据，且系非理殴打，致陷乙于废笃疾时，自应准乙与丙(甲子)离异。又，妇为子之父强奸者，院例亦准离异。(七年统字第八一三号)

**以上大理院解释例**

犯奸 律文 25.324.0.4 **奸妇给付本夫，听其离异。若嫁与奸夫者，奸夫、主婚之人，各处八等罚；妇人仍离异；财物入官。**

**注　解**

有夫之妇，与人通奸，谓之“奸妇”。其相奸者，谓之“奸夫”。“给本夫”者，许其与本夫完聚也。“听其离异”者，谓本夫若不愿再与奸妇完聚，许其与奸妇离异也。“嫁与奸夫”，指本夫与奸妇离异后，其奸妇与奸夫结婚而言。“妇人仍离异”者，谓奸妇与奸夫之婚姻仍应离异也。妇人与人通奸，如本夫仍愿与其完聚，则应将奸妇给还本夫；如果本夫不愿与其完聚，则应准本夫请求离异。若本夫与奸妇离异后，奸妇径行嫁与奸夫，此际奸夫与奸妇之婚姻，无论如何，必须离异。

**理　由**

妻与人奸通，所侵害者，系夫一人之私益，故愿离与否，应任其夫之意思。此所谓任意的离异也。若本夫与奸妇离异后，奸妇嫁与奸夫，则是侵害公益，故在强制离异之列。盖若许其与奸夫结婚，则是溃廉耻之防而长淫邪之风也。

**按　语**

各国法制，妻与人通奸，夫得据为离婚之理由，是亦认通奸为任意离异之原因，此与本律规定之趣旨同。惟对于与相奸者结婚，则认为撤销婚姻之原因，此与本律规定之强制离异有别。盖强制离异，直认其婚姻为无效。虽实际上并不离异，其婚姻亦不生法律上之效力。若认其婚姻为可以撤销，则必待经过撤销之手续，而始成为无效。其在未撤销以前，尚为有效也。

**判决例**

所称“嫁与奸夫者，妇人仍离异”，系专指因奸而被离婚之妇而言 《现行律》所称“嫁与奸夫者，妇人仍离异”等语，系专指因奸而被离婚之妇而言。此外因奸成婚，法律虽无认许明文，而若经有主婚权人之许可，则仍无碍于婚姻之有效。（七年上字第四九一号）

**以上大理院判决例**

犯奸既经调停，不得请求离异 犯奸既因亲属之调停，宽其既往，许以和好，则非嗣后更有犯奸之事实发生，不得再引其事实为离婚请求之根据。（十七年上字第三四八号）

**以上最高法院判决例**

纵容妻妾犯奸 律文 25.325.0.1 **凡纵容妻妾与人通奸，本夫、奸夫、奸妇，各处九等罚。抑勒妻妾及乞养女与人通奸者，本夫、义父，各处十等罚；奸夫，处八等罚；妇女不坐，并离异归宗。**

**注　解**

本节所禁者有三，即：（甲）纵容妻妾与人通奸；（乙）抑勒妻妾与人通奸；（丙）抑勒乞养女与人通奸是也。纵容或抑勒妻妾通奸，专指本夫而言；抑勒乞养女通奸，专指养父母而言。纵容与抑勒之区别，止在于妇女之通奸行为出于自动抑出于被动之一点。妇女自行与人通奸，本夫知而不问者，谓之“纵容”；妇女不愿与人通奸而强其通奸者，谓之“抑勒”。纵容有事前纵容、事后纵容之别。未成奸之际，可以禁止而不加禁止者，谓之“事前纵容”；既成奸之后，知而不禁，任其连续相奸者，谓之“事后纵容”。纵容之原因如何，虽可不问，要以阻止而不阻止为限度。其因受压力而不敢阻止者，不得谓为纵容。抑勒之程度，只须使妇女出于勉强为已足。其方法如何，亦可不问。若临时用暴行胁迫，使妇女失其抵抗力，则为帮助强奸，非抑勒也。纵容通奸与抑勒通奸，在妻妾，则应使其离异；在乞养女，则应使其归宗。

**理　由**

纵容通奸与抑勒通奸，均系害及公益，故在强制离异之列。惟乞养女本无婚姻关系，无所谓离异，仅得判令归宗。

**按　语**

各国法制，夫妇一造，受他造之重大侮辱，得提起离婚之诉。抑勒通奸，为重大侮辱之一种，除定为强制离异外，并应认妇女诉请离异之权。

**判决例**

抑勒妻价卖为娼，不问成否，均得离异　本夫抑勒其妻价卖为娼者，较之抑勒通奸、典雇为妻妾及卖休之情形，尤不可恕。依当然之条理，类推之解释，自在应离之列。即图卖未成，确有证据者，亦为义绝，自可据以离异。（三年上字第四三三号）

抑勒通奸为离婚条件　《现行律》载“（中略）抑勒妻妾与人通奸者，妇女不坐，并离异归宗”等语，是离婚之制，本为《现行律》所认许，不过须具备一定之条件而已。（三年上字第八六六号）

“义父”系赅义母而言　《现行律》载“抑勒乞养女与人通奸者，义父处罚；妇女不坐，并离异归宗”等语，所谓“义父”，其意义自系赅义母而言。（三年上字第九九七号）

自愿为娼，虽纵容，亦不得请离　妻妾自愿为娼，其夫虽经纵容，并无抑勒情事者，不得据以请求离异。（七年上字第九四六号）

纵容妻妾□〔通〕奸或为娼，若事出两愿，即不得请求离异　《现行律》载“凡纵容妻妾与人通奸，本夫、奸夫、奸妇各处罚。抑勒妻妾及乞养女与人通奸者，本夫、义父各处罚；妇女不坐，并离异归宗”等语，所谓“并离异归宗”者，系指被抑勒之妻妾及乞养女，除不坐罪外，并得请求与本夫或义父离异。若其纵容通奸，事出两愿，即无许一造请求离异之理。又纵容抑勒妻妾或乞养女为娼，与纵容抑勒通奸相同，自可依据此项律文以为判断。（九年上字第八六号）

**以上大理院判决例**

**解释例**

抑勒童养媳通奸，亦准离异　抑勒妻妾与人通奸，准其离异，律有明文，童养媳自应准用。（四年统字第三五八号）

抑勒妻妾通奸，准离异归宗，前清《现行律》，夫抑勒妻妾与人通奸，准其离异归宗。（五年统字第五五五号）

**以上大理院解释例**

纵容妻妾犯奸律文 25.325.0.2 **若纵容抑勒亲女及子孙之妇妾与人通奸者，罪亦如之。**

**注　解**

本节为尊亲属纵容抑勒通奸之规定。父母纵容抑勒亲女与人通奸，与义父母抑勒乞养女与人通奸同。舅姑纵容抑勒子孙妇妾与人通奸，与本夫纵容抑勒妻妾与人通奸同，均为本律所严禁。惟与前节异者，前节之纵容抑勒，为离异之原因。而本节之纵容抑勒，不为离异之原因也。

**理　由**

纵容抑勒子孙妇妾与人通奸，不为强制离异之原因。盖因婚姻为夫妇间之关系，夫之尊亲属虽有纵容抑勒情事，究系咎在尊亲属，而于本夫之义，尚未断绝也。若尊亲属有抑勒情事，而本夫知情参与，或知情而不阻止，则与自己抑勒无异，仍得援前节之例，为离异之原因。

**按　语**

妻受夫之尊亲属重大侮辱者，得提起离婚之诉，此为各国法制之所同。本律虽不认尊亲属纵容抑勒为强制离异原因，而衡以男女平等之原则，不可不认子孙妇妾有诉请离异之权，否则非所以尊重妇女之人格也。

**判决例**

为娼并非被勒，不为离异原因，妇于为娼之始，并无被勒情事，与《现行律》所载"（中略）抑勒子孙妇妾与人通奸，一体禁止"（解释亦得离异归宗）之条，全不能适合。（三年上字第三二九号）

抑勒子孙妇妾通奸，除本夫知情参与者外，不为离异原因 查《现行律例》，惟本夫抑勒妻妾与人通奸，及夫殴妻至折伤以上者，始得离异。若尊长殴伤卑幼，及抑勒子孙之妇妾与人通奸者，除本夫系属知情参与或致令废笃疾者外，不得认为离异原因。盖殴伤、抑勒，咎在尊长舅姑，而于本夫之义，究未断绝也。（四年上字第三七八号）

**以上大理院判决例**

**解释例**

妇被舅姑抑勒通奸，夫知情不阻，得请离异 舅姑抑勒子妇与人通奸，如其夫亦知情而不阻止，可认为义绝情状者，自应许其离异。（五年统字第四三七号）

**以上大理院解释例**

纵容妻妾犯奸律文 25.325.0.3 **若用财买休、卖休，因而和同娶人妻者，本夫、本妇及买休人，各处十等罚；妇人离异归宗；财礼入官。**

**注　解**

“买休、卖休”，即买绝、卖绝之谓。买人之妻者，谓之“买休人”。卖妻者，谓之“卖休人”。买休、卖休，均非本律所许，应在强制离异之列。

**理　由**

男女婚姻出于买卖，文化发达之社会，均鄙其非是。《文中子》曰“婚姻论财，夷虏之道”，谓其近于买卖也。夫婚姻出于买卖，且为礼所不许，则买卖有夫之妇，更无论矣。故本律特设买休卖休之禁，违者强制离异，妇女归宗。所以不给本夫完聚者，法律认其为义绝也。

**按　语**

买妻卖妻，不特有背善良风俗，且非所以尊重妇女之人格，除应强制离异归宗外，并应认妻有诉请离异之权，盖非如此不足以示保护也。然若买休卖休，出于妻之同意，则不应许其诉请离异，应仍依强制离异之规定办理。

**判决例**

买休卖休者，离异　用财买休卖休和娶人妻者，其妇人依法自应离异归宗。（五年上字第六五四号）

改嫁如系买休卖休，应令与夫离异　妻之改嫁，无论是否由于其夫之诈欺、胁迫，抑或出于合意，但如果系用财买休卖休者，依律自应令与其夫离异。（六年上字第一〇六八号）

价卖未(逐)〔遂〕，亦得离异。若仅空言价卖，不得率请离异　夫对于妻，有嫁卖显著之事实，仅以他种原因，未遂所为者，得予离异。若其夫仅以空言声嫁称卖，而并无真实嫁卖之意思者，即不得认为已有义绝行为，率请离异。（七年上字第七八七号）

卖休人不得主张买卖无效　按民事继续有效之前清《现行律》内载“若用财买休卖休，和娶人妻者，妇女离异归宗”等语，系指妇女不愿与买休人为婚，亦不愿复归本夫时而言。若妇女听其本夫卖休，愿与买休人为婚，则与自愿卖休之本夫显已协议离异，自不容本夫以买卖无效为理由，主张自己与该妇女之婚姻关系犹未消灭。（十四年上字第二五〇一号）

**以上大理院判决例**

**解释例**

夫妇先经协议离异，再嫁他人为妾，无许其□〔翻〕异之理　甲缘残弱，无力赡养，将妻乙凭媒丙价卖与丁为妾，立有婚书，并甲、乙之兄弟戊、己，亦同具名签押。年余，乙、(己)〔已〕来案起诉。查《现行律》载“买休卖休，和娶人妻者，妇人离异归宗”，上开情形，苟其事实与该律相当，固应离异归宗。若甲与乙协议离异在前，再嫁与丁为妾，则无许其翻异之理。（六年统字第五六六号）

夫卖妻，准妻离异　戊既卖乙，应准乙与之离异。乙之嫁辛，是否合法，戊固不能过问。（八年统字第一〇四六号）

**以上大理院解释例**

纵容妻妾犯奸律文25.325.0.3 **若买休人与妇人用计逼勒本夫休(妻)〔弃〕，其夫别无卖休之情者，不坐；买休人及本妇，各徒一年；妇人给付本夫，听其离异。妾，减一等。媒合人各减犯人罪一等。**

**注　解**

前节指本夫愿意卖休而言，本节指本夫不愿卖休而言。本夫无卖休之情，而买休人与妇人用计逼勒本夫休妻，因而买休人与妇人成婚者，此际买休人与妇人之婚姻，仍应离异。离异后，其妇应给还本夫，应否与妇离异，一任本夫之意思定之。故买休人与妇人之婚姻，为强制离异；而本夫与其妇之婚姻，则为任意离异。

**理　由**

本夫无卖休之情，不能认为义绝，故应将妇给还本夫，俾资完聚。然妇人既有逼勒本夫行为，在本夫容有不愿再与完聚者，故离异与否，一任本夫之自由也。

**按　语**

妇既用计逼勒本夫，则对于本夫，固应认为义绝。若本夫亦不愿再与完聚，是与两愿离异之规定相合，自应听其离异。惟离异后，不许其再与买休人为婚，此属当然之事。否则买休人与妇人之重新结婚，仍在强制离异之列。

**判决例**

买休他人妻之契约无效 用财买休卖休，和娶人妻，原为《现行律例》所禁止。若其夫别无卖休之意，而买休人用计逼勒本夫休弃者，则尤法所严禁，自难认其买休之契约为有效。(五年上字第六五六号)

**以上大理院判决例**

买良为娼律文25.332.0 **凡娼优，买良人子女为娼优，及娶为妻妾，或乞养为子女者，处十等罚。知情嫁卖者，同罪。媒合人，减一等。财礼入官，子女归宗。**

买良为娼条例25.332.(2) **私买良家之女为娼，及设计诱买良家之子为优者，俱徒三年。知情卖者，与同罪。媒合人及串通说合之中保，减一等。奸宿者，照抑勒妻女与人通奸奸夫律治罪。子女不坐，并发归宗。**

**注　解**

本节所禁者有三：(一)倡优买良人子女为倡优；(二)倡优娶良人之子女为妻妾；(三)倡优乞养良人子女为子女。不问其为私买，为设计诱买，亦不问卖者知情与否，其子女均应归宗。盖买卖人口，早已悬为厉禁，而倡优尤应禁止也。

**判决例**

买(人)〔人〕为倡优之契约无效 买卖人口为妻妾，现行法令，本有禁止明文。则凡以此等禁止事项为

标的之契约,依法当然无效。(七年上字第四二七号)

**以上大理院判决例**

收留迷失子女律文[4.64.0.1] **凡收留良人家迷失道路乡贯子女,不送官司,而卖为奴婢者,徒三年;为妻、妾、子孙者,徒二年半。被卖之人不坐,给亲完聚。○[4.64.0.4]若买者及牙保知情,减犯人罪一等,追价入官。不知者,俱处八等罚,追价还主。**

**注　解**

收留迷失子女,应送官招领。若收留而不送官,径行卖为奴婢,或作为妻妾,或作为子孙,均非本律所许,仍应将子女给亲属完聚。惟在买主不知情之场合,应为之追还身价。盖因不知情而受买,不应使其受损也。

# 第二章 承 继

## 第一节 宗祧承继

立嫡子违法律文 4.63.0.5 **若立嗣，虽系同宗，而尊卑失序者，罪亦如之。其子〔亦〕归宗。改立应继之人。**

**注 解**

立嗣制度，发源最古。中国不必论，即在欧西，亦于罗马时代即已盛行。近世各国，除英、美、荷兰不采此制外，若法、若意、若比、若德、若日本，无不有之。惟欧洲立嗣制度精神，与我稍异，其注意惟在慰藉孤独，救护贫困，辅助遗孤，奖励战士，而于继续宗祀一层，殊非所重。我国《礼经》，即有为人后之文。古重宗法，大宗为一尊之统，大宗无后，族人应以支子后大宗，①故惟大宗得立后，而小宗则不立，支庶更无论矣。子夏传曰："为人后者孰后？后大宗也。"又曰："大宗者，收族者也，不可以绝。"何休云："小宗无后当绝。"②孔子曰"凡殇与无后者，祭于宗子之家。"③由是观之，中国古昔立嗣制度，实与宗法制度、祭祀制度切切相依而不可分离，决非欧洲所能比拟。自三代以后，封建废，世禄绝，无大宗，无小宗，人各亲其亲，各称其称；暮年失子者，既不能听其孤独零丁，无所依倚；身后有遗产者，更不能任其货财房屋无所归

---

① 《仪礼·丧服》"大宗者，尊之统也。大宗者，收族者也，不可以绝。故族人以支子后大宗也。"参见(汉)郑玄注，(唐)贾公彦疏：《仪礼注疏》，彭林整理，王文锦审定，北京大学出版社2000年版，第668页。

② 子夏"传曰"、何休所云。参见(汉)郑玄注，(唐)贾公彦疏：《仪礼注疏》，彭林整理，王文锦审定，北京大学出版社2000年版，第668、669页。

③ 《礼记·曾子问》，参见(汉)郑玄注，(唐)孔颖达疏：《礼记正义》，龚抗云整理，王文锦审定，北京大学出版社2000年版，第715页。

属，故立嗣精神，不能尽与古合。然其重在绵血统，承祭祀，要无所或异。此近世宗祧承继之法则所由昉也。

“立嗣”云者，乃对于无亲子关系之人，使其发生亲子关系之法律行为也。一方因立嗣行为而取得嗣父之身分，一方亦因立嗣行为而取得嗣子之身分。其精意所在，无非使嗣子承继嗣父之宗祧。故嗣父与嗣子之间，不可不具同宗及尊卑不失序之二要件。其非同宗，或虽系同宗而尊卑失序者，不得立以为嗣。即立亦无效，仍应使其归宗，改立应继之人。所谓“应继之人”者，谓同宗辈分相当而又居于最先顺序者也。（参照次节规定）

**理　由**

本节系关于立嗣要件之规定。立嗣必须同宗及尊卑不失序，理由如下：

**（一）同宗**　我国嗣子制度，重在承祀。鬼犹求食，须求所归。立嗣精义，实基于此。传曰：“神不歆非类，民不祀非族。”①诚以血不相属，则气不相通；气不通，则祭无由格。虽曰迷信，亦仁人孝子之用心，未可厚非也。外国立法例，无此制限。以彼此素无瓜葛之人，一经立约呈报，即生父子关系。朝为路人，暮为骨肉，不无可议。本律以同宗为限，则异姓不得立以为嗣，显然可见。

**（二）尊卑不失序**　同宗有尊属亲、卑属亲之别。尊卑有序，不可凌乱。嗣子为法律拟制之子，立嗣行为发生效力后，父子之名义遂定。若辈分不相当，亦得为其嗣子，极其弊，必至叔侄可以易位，昆季可以互相为后，亲等变乱，名分乖违，而一切亲族关系，悉混淆而不知所极。故无论古今中外，皆不之许。僖公以兄继弟，《公羊传》亦只以臣继君犹子继父之说况之，不敢竟以僖公为闵公子也。② 本律特设尊卑失序之禁，故立为嗣子者，以辈分相当为限。

**按　语**

关于宗祧承继之规定，大半有强行性质，不容任意违反，本节规定，尤有强制遵守之效力。违反规定者，其立嗣无效。虽无人出而告争，而亦非有效也。观于律文，既使归宗，又使改正，其义自明。

**判决例**

异姓子不得承继宗祧　在《现行律》上，非同宗同姓，不得承继宗祧。其异姓义子，仅得于一定条件之下，从所后之亲之姓，相依分产。定例綦严，毫无假借。（三年上字第三一〇号）

---

① 狐突语，见于《左传·僖公十年》。参见（周）左丘明传，（晋）杜预注，（唐）孔颖达正义：《春秋左传正义》，浦卫忠等整理，杨向奎审定，北京大学出版社2000年版，第416页。

② 《公羊传·僖公》云：“公何以不言即位？继弑君，子不言即位。此非子也，其称子何？臣子一例也。”参见（汉）公羊寿传，（汉）何休解诂，（唐）徐彦疏：《春秋公羊传注疏》，浦卫忠整理，杨向奎审定，北京大学出版社2000年版，第232页。

年龄非立嗣要件 无子立继，以不失昭穆伦序为唯一要件。若夫年龄，则并非法律上所要求之事项。故嗣子之年，长于嗣父母，或其年与嗣父相等者，若在生前立嗣，或不免有长幼失序之嫌，其应否有效，固属疑问；而在死后立嗣，于法既无明禁，即不能谓为无效。（四年上字第二九二号）

同宗无服亦得立以为嗣 同宗应继，不限于服制之有无。（四年上字第一七八五号）

择立异姓为嗣无效 异姓乱宗，为《现行律》所不许。故因族中无可继之人，择立异姓姑表兄弟之子为嗣，其择立之行为，自始不能有效。（五年上字第八七七号）

立嗣须合乎尊卑之序 律载"若立嗣，虽系同宗，而尊卑失序者，其子亦归宗。改立应继之人"等语，是无子立嗣，其所立之人，原须合乎尊卑之序。若违反此项规定，虽同宗之子，亦得令其归宗，改立应继之人，而不许即以此尊卑失序之人，竟立为嗣。（八年上字第三七一号）

有子立嗣，有利害关系人得主张异议 立嗣之合法与否，于被承继人之亲子或嗣子或族中有承继权之人，均有直接利害关系。如被承继人已有亲生子或嗣子，而又违法另以他人为嗣者，其亲子或嗣子，或亲子嗣子守志之妻，得主张异议。（九年上字第一三号）

立嗣违法非当然无效，未经确定判决，不得否认其效力 无子立嗣，苟系有权立嗣者所择立，虽属违法，亦非当然无效，非经有告争权人提起确认无效或撤销之诉，得有确定判决，不得否认其立嗣之效力。（十二年上字第一五六一号）

不合法之承继，虽不许无承继权者告争，然不能因不许告争而认为合法 无承继权之人，对于他人之承继，无论其是否合法，依法固不能告争，但亦止于告争不应准许而已，并非不合法之继嗣，因此即可认为合法。（十二年上字第一六五六号）

**以上大理院判决例**

立嫡子违法条例 4.63.（1） **无子者，**(须)**〔许〕令同宗昭穆相当之侄承继。先尽同父周亲，次及大功、小功、缌麻。如俱无，方许择立远房及同姓为嗣。**

**注　解**

立嗣以无子为前提，故有子者，无立嗣之必要。"昭穆相当"，指辈分相合而言，即律文所谓"尊卑不失序"也。"同父周亲"，谓嗣子之本生父，与嗣父为同父兄弟也，其服为期年。大功服九月，小功服五月，缌麻服三月，服制依亲疏而分轻重，则立嗣亦依亲疏而分先后。"远房"者，同宗无服之亲也。若"同姓"，则姓同而宗不同矣。立嗣顺序，以亲等（与服制同）之远近为标准。先尽亲等最近之人，由近及远，依(决)〔次〕递推。近亲无人，始许择立疏远。故其第一顺位，为同父周亲；无同父周亲，或虽有同父周亲，而无可以出继之子，则以次及于大功；再次为小功；又其次为缌麻；（参照"本宗九族五服正服之图"）如果大功、小功、缌麻均无可继之人，则递推至于远房；远房无人可继，则递推至于同姓。同姓虽非同宗可比，而亦许其承继者，盖以源出一本，气类相属也。然所谓“同姓”，指共同始祖一系所出而言。若仅姓之文字相同，或其人本系异姓，基于特种原因而从其姓者，不得以同姓论。如赘婿从女家之姓，过继亲戚之子从被继人之姓，收养三岁以下遗弃小儿依律从收养人之姓，皆非本律之所谓“同姓”也。故立此等人为嗣，仍应受异姓乱宗之限制。

**理　由**

本节规定承继的顺位，为立嗣者所必应遵守之法则。违反此顺位者，其立嗣虽非无效，但可以为撤销之原因。法律规定承继顺位之理由，所以保护现有承继权人之利益，而杜无益之争端。故对于违反法定顺位之承继，惟有承继权人（即顺位在先之人）始得出而告争。

**按　语**

法定的承继顺位，虽不许任意违反，然若有特种原因，法律亦未尝不许变通。故本律于一定条件之下，设有择贤择爱及告官别立等种种变例。盖必使其严守法定顺位，有时不免戾于人情，故设变例以济其穷也。（参照后数节规定）

**判决例**

嫡长子亦许出继 小宗之嫡长子出继大宗，既为习惯所常有，亦为法律所不禁。即本生父母已故，曾为奉祀承祧者，苟领有次子，可承本房宗祧，在《现行律》上，亦无禁其出继之理。（三年上字第一八一号）

长支长子亦得出继他支 长支长子出继他支，在《现行律例》既无禁止明文，在习惯上亦无何等限制。（三年上字第六一〇号）

长房之子得兼承次房 长房之子能否兼承次房，在《现行律》虽无明文规定，而按之旧例，固所不禁，不过于服制稍示区别而已。（嘉庆二十年〔1815年〕例载“嗣后凡独子两祧者，如系小宗兼承长房大宗，应仍照例，承祧父母，丁忧三年，所生父母，降服期年；其同属小宗，自应仍以所生为重，应比照长房独子兼承次房之案，所生父母，丁忧三年，兼祧父母，持服期年”等语）（四年上字第二〇七一号）

近支无昭穆相当之人，得推及远房以至同姓 立继之次序，固宜以近支为先。惟于近支实无昭穆相当之人，自不得不推及远房以至同姓。盖所以救近支继嗣之穷也。（四年上字第二一二五号）

近支无人可继立较远之侄，立定后，虽近支生有可继之人，亦不得主张承继无效 《现行律》，无子立嗣，固应先尽同父周亲，次及大功、小功、缌麻。然此项规定，本所以保护现有承继权人之利益，而杜无益之争端。故立继时，如近支无人可继，自不得不立亲等较远之侄，而一经立定之后，其身分关系，即已确定。近支虽生有可继之人，亦不得更主张其承继为无效，率行告争。（四年上字第二四一〇号）

已死之人无应继权。惟在争继涉讼中亡故者，其亡故既在被承继人亡故之后，仍有应继权 无子立嗣者，限于现在昭穆相当之侄始能入继。若已故之人，既不能为权利主体，即当然不能有应继权。惟被继人死亡后，若因争继涉讼，而应继人于诉讼进行中亡故者，则因现行法例上，无论立嗣迟早，其继承关系，均应于被承继人亡故时生效。故本院判例，认其应继资格，不因亡故消灭。若于被承继人生存中，应继之人业经亡故者，自不得援以为例。至前清部案，虽有准许以已故之侄为嗣子者，然亦限于昭穆相当侄辈内绝无应继之人，始得为之；且事非数见，而嗣后历经修改律例时，复未纂为例文，自不能认为有法律之效力。(五年上字第二七九号)

立继须依法定次序。虽例外择继□〔能〕有择贤择爱之权，而亲属会立继仍应依法定次序《现行律》载“无子者，许令同宗昭穆相当之侄承继。先尽同父周亲，次及大功、小功、缌麻。如俱无，方许择立远房及同姓为嗣”，又“无子立嗣，除依律外，若继子不得于所后之亲，听其告官别立。其或择立贤能及所亲爱者，若于昭穆伦序不失，不许宗族指以次序告争”，又“无子立嗣，若应继之人平日先有嫌隙，则于昭穆相当亲族内，择贤择爱听从其便”各等语，是无子立嗣，自以依照法定次序择立应继之人为原则。而例外虽许择贤择爱，然仍须具备相当之条件，且须为被继人或守志之妇，乃能有此选择之权。若被承继人及守志之妇俱已亡故，而由亲属会议立时，则在原则上并不能有此项选择权。苟非本于被承继人或守志之(父)〔妇〕生前已有择立贤爱之明确表示(如遗言等是)而代为执行，即不能违背法定次序而援用择继之例，抑置位次在先之人而不立。(五年上字第六八二号)

小宗仅一子，除兼祧外，无强制出继之理世俗有“大宗无子，小宗不得有子”之说，然姑无论是否可以采用，即就此说言，其意亦不过谓小宗之子，宜以之后大宗，并非必绝小宗之祀。故小宗若有数子，自可以其一子为大宗后；若小宗亦仅一子，则除兼祧外，无强制出继之理。(五年上字第八九六号)

同宗有可继之人，不能绝次房以承长房世俗“大宗不可绝，小宗可绝”之说，出于汉《小戴》，即“族无庶子，当绝父以后大宗”之谓。姑无论《现行律》内并无此条，即依其说，而于同宗有人可继之际，亦难因其序属次房，必听其绝嗣。(五年上字第一一一六号)

出继人对于本生同父兄弟非同父周亲，若系兼祧则否出继人之子，于本生父之兄弟，固不得为同父周亲。若仅兼承他房宗祧者，则与本生父之亲子关系，并未消灭，即于本生父其后所生之兄弟，仍不失为同父周亲，与普通出继他房之子，不得视同一律。(五年上字第一二五四号)

亲属会立继应依法定次序依《现行律》，被继人及守志之妇俱已亡故时，虽得由亲属会公议立嗣，然须依法定次序，择立位次最先之人。而择贤择爱之例外，不得辄行援用。(五年上字第一四四五号)

无承继权人不得主张他人之承继无效或可以撤销自己或其直系卑属并无承继权之人，不能告争承继，即亦不能主张他人之承继为无效或可以撤销，而拒绝交付其占有之承继财产。故他人之承继，如果系有权立继之人所立，则其是否合于法定次序，或有无异姓乱宗，及具备兼祧条件与否，均非其所得过问。(六年上字第八一〇号)

同族无可继之人，得立同姓无子立嗣，苟无同族之人，虽择立同姓，亦为法所允许。(六年上字第一一三三号)

**大宗无子，只须照常立继，不得强小宗之子出为大宗之后** 大宗无子者，亦只得依照通常立继程序为之立继，而不得强制小宗之子必出为大宗之后。尤不得于数世而后，忽在支属内追认一承继大宗之人。(六年上字第一二七八号)

**有立继权人亡故，应由亲属会议立** 被承继人及守志之妇均已亡故，而又无直系尊亲属者，立继行为，自应由全体亲属或各房派遣代表公同会议，取决多数，依例议立，否则不能有效。(七年上字第一三一号)

**亲属会立继，除有特别情形外，不得变更次序** 亲属会议立继，应遵守法定次序，先尽同父周亲，次及大功、小功、缌麻。除应继之人与被承继人先有嫌隙，或有其他丧失承继权之原因外，不得任意变更其次序。(七年上字第四三六号)

**应由亲属会立继者，在未经会议前，不得以裁判择立** 无子立继，除被承继人及其守志之妇已依法择立者外，均应由亲属会议按照法定位次择立。如果亲属中有故意不为择立者，虽得由应继人首告，即由审判衙门以判决代亲族会议之决议。而在未经亲族会议以前，审判衙门究不能遽以判决代为择立。(七年上字第七二四号)

**亲属会立继不得择贤择爱** 立继次序，原以服制之远近为先后。至择贤择爱之例外，则惟被承继人及其守志之妇或直系尊亲属始有此权。若由亲族会议公同立继之时，则除有特别情形外，自应依据一定次序择立位次最先之人，无许其择贤择爱之余地。(七年上字第七四六号)

**大宗立嗣，无先尽嫡长之限制** 大宗立嗣，先尽嫡长，在《现行律》固无此项明文，而条例上亦不容有此项限制。(八年上字第一七六号)

**立嗣不得紊乱昭穆伦序系强行法规** 《现行律》“无子立嗣，不得紊乱昭穆伦序”之规定，原为保护公益而设，应属强行法规。其与此项法规相反之习惯，当然不能有法之效力。(八年上字第二一九号)

**“昭穆相当”指尊卑不失序而言** 《现行律》内所谓“昭穆相当”者，原指尊卑不失序而言。(九年上字第九五号)

**亡故多年，亦得为之立继** 无子之人，应于何时立继，现行法上并无明文限制。故亡故之后，虽历多年，仍得为之立继。(九年上字第七六一号)

**远房有亲疏可查者，亦应以亲疏为先后** 无子立继，若因近支无昭穆相当之侄，择立远房，是否应有一定之限制，先亲后疏，在《现行律》尚无明文。惟查《现行律》就近支立继，既以服之亲疏为次序，而择立远房，又须在近支无人可继之后，则远房确有亲疏可查者，自亦应以其亲疏为择立之先后。(十年上字第八六一号)

**立继于房次、年龄并无限制** 依《现行律例》，立继顺序，只以服制之亲疏远近为应继之等差。至于房次、年龄，并无限制。(十一年上字第一六七二号)

**无子者不得以遗言表示死后不立嗣** 现行承继法，系注重宗祧之不绝，而不仅在遗产之虚悬，故关于无子应行立嗣之条文，均属强行法规。凡无子之人，生前果否即行立嗣，虽属其人之自

由，而以遗言表示死后不立嗣，则显与立法之意旨不符，自难认为有效。（十二年上字第八九五号）

“同姓”之意义《现行律》“立嫡子违法”条例虽规定“无子者，先尽同父周亲，次及大功、小功、缌麻。如俱无，许择立远房及同姓为嗣”，惟其所谓“同姓”，亦须确系共同始祖所生。若仅姓氏之文字相同，而自初并非一系者，即不得以该律例之所谓“同姓”论。（十二年上字第一〇六一号）

承继权之抛弃查抛弃承继权，只可就被承继人已立他人为嗣而有承继权之人久不告争，或于被承继人未经开始承继前早已宣示不愿出继者言之。若被承继人自始并未立何人为嗣，而有承继权人亦未宣示不愿出继，则无承继权抛弃之可言。（十四年上字第一二〇一号）

父出继，子不必随同出继子原应承继父之宗祧，在父出继他房时，其子通常亦应随同出继。但出继房之宗，与本房之宗，并非不可并存。当父出继时，苟与其继父有反对特约，不许携同其子出继，即难谓为无效。该未随同出继之子若孙，自仍仅承继本房之宗祧，而非当然承继该出继房之宗祧。（十五年上字第一〇八三号）

立嗣虽不合法，无承继权人不得干涉立继之是否合法，惟有承继权人得以主张之。故有择继权人所择立之继，虽不合法，而以无承继权之人为被告，诉请确认立嗣成立，主张其不得妄行干涉，尚难谓非正当。（十六年上字第八二二号）

**以上大理院判决例**

承继昭穆失序，有利害关系人均得告争宗祧承继，首重昭穆顺序。如昭穆失序，凡有利害关系之人，均得告争，并不以有承继权人为限。（十七年上字第八四号）

立继只须有事实，不以继单为必要继单并非继承成立之要件，苟有立继之事实，即无书据，亦不得无故否认。（十七年上字第一五一号）

立继虽不限于一人，然必须出于立继权人之意思无子立嗣，固不限于一人，但非出自立继权人之意思，仍不能认为有效。（十七年上字第一六〇号）

立继虽不合顺序，而事历多年，不许再行告争立继顺序，在法律上固有一定之准则。但立继虽不合顺序，而当时有承继权之人，已有明示或默示之抛弃，且事历多年，相安无异者，即无许其告争之余地。（十七年上字第一六二号）

异姓子入嗣既久，其子孙对于本支承继适法与否，亦得为法律上之主张异姓子入嗣，历久无人告争，则甲姓出继乙姓所生子孙，仍属乙姓之后。其关于乙姓本支承继适法与否，本于利害关系，自可为法律上之主张。（十七年上字第三七〇号）

有子虽不禁立嗣，然必须出自被承继人之意思有子复行立嗣，固为法律所不禁。但苟非证明出自被承继人之真正意思，自不得于其死亡后，更由亲属会代为议立。（十七年上字第五〇六号）

承继是否合法，无承继权人及抛弃承继权人均不得告争民事法则，立继之是否合法，惟有承继权人始得主张。若并无

承继之权，或虽有而已明示或默示抛弃者，无论他人立继有无违法，均不许其告争。（十七年上字第五一一号）

**以上最高法院判决例**

## 解释例

亲属会(应)〔立〕继应依法定顺序，不得援择贤择爱之例　亲属会立继，应守顺位条文，先亲后疏。故除应继之人平日与被继之人确有嫌隙，自可准照条文不立为嗣外，不得任意择斥，以杜朋争。该律例立继原应依照法定顺序，而例外则有择贤择爱之条。此种例外，本非为亲属会而设，当然无援用之余地。若虑所立之子年幼，不能维持家务，尽可依照习惯，择立保护之人（监护人）。（五年统字第五〇二号）

族人非有应继资格在最先顺位者，不得告争承继　关于承继案件确定之判决，是否有拘束一般人之效力，姑勿具论。而族人非有应继资格并在最先顺位者，对于他人之不合法承继，无告争之权。审判衙门自可本此理由，予以驳斥。（六年统字第五六四号）

无人择继，应由亲属会依法定次序择立　甲故无子，又无依法为其择继之人，即应由亲族会议（利害关系人均可请求族长召集）依照法定次序为其立继。继定后，甲女即应由其抚养。（九年统字第一四〇八号）

不合法之承祧，于其生存中告争者，不得认为已经抛弃　依法成立之继嗣，固不得因其后情事变迁，复行变更既成之关系。若承祧本非合法，而于其生存中，有应继之人出而主张承继权，自与立继当时不出告争可以认为抛弃者不同，其告争自属合法。（十一年统字第一六六八号）

出继者对于本生父兄弟非同父周亲，兼祧则否　《现行律》所谓“同父周亲”，以同父之兄弟为限。若本系同父，而业经出继他房者，（兼祧除外）于本生父之兄弟，即不得为同父周亲。（十一年统字第一七七八号）

表示死后不立嗣之遗嘱无效　来函第一疑点，（**已成婚成年之人无嗣，亦无尊亲属，临终表示不愿立嗣，将遗产归入家庙。现有人告争承继，应否尊重其意思，不为立继，抑必须立继？**）本院已有先例，参照十二年上字第八九五号判决例。（十三年统字第一八六〇号）

**以上大理院解释例**

女子能否承继宗祧，系立法问题　女子能否承继宗祧，事关立法问题，国民政府现尚未颁此项法令，本院无从解释。（十七年解字第八七号）

招夫生子应从何姓，属于立法范围　未出嫁之女子，招夫生子，应从何姓，事关宗祧承继，属于立法范围，现在国民政府尚无此项法令，本院无从解释。（十七年解字第一〇九号）

立嗣不失昭穆顺序，不得主张异议　无子立嗣，依法只有昭穆顺序之限制，并无长、次等房之等差。来函所称“守志之妇，于夫故后，即抱夫兄之子，为被承继人立嗣”，既于昭穆顺序不失，又事历多年，其被承继人之弟，自不得借口琼州俗语，主张异议。（十七年解字第一八六号）

立继后另出继他房，参与立继或有利害关系人均得告争　立继后，如另行出继他房，其族长或族人，因修谱，或与自己承

继权有利害关系者，亦得出而告争。(十七年解字第二〇九号)

凭族人立继，后承继人悔约，另行出继者，立继人及族人均得告争 果如所述，甲请凭族人为已故之乙立丙之子为嗣，由甲抚养一月后，丙后悔约，将其子另继与丁，得由甲本诸对等原则起诉，亦得由当时在场立继之族人，因契约关系，共同列名告争。至本院〔十七年〕解字第二〇九〔号〕第二问题，若系当时会议立继之族人，本(请)〔诸〕契约关系，亦不得谓为无权告争。(十七年解字第二二七号)

**以上最高法院解释例**

立嫡子违法条例 4.63.(2) **无子立嗣，除依律外，若继子不得于所后之亲，听其告官别立。**

**注 解**

"依律"云者，谓依法定的顺序也。"所后之亲"，兼赅嗣父、嗣母而言。"不得于所后之亲"，即嗣子不能与嗣父母圆满生活之谓。"告官别立"者，谓诉请官厅裁判废弃已立之嗣，另立他人为嗣也。无子立嗣，原则上固应依照法定顺序，然若依法定顺序所立之嗣子，不能与嗣父母圆满生活，此际嗣父母有废继别立之权。故嗣子不得于嗣父，嗣父得行使废继别立之权；若嗣父已亡，嗣子不得于嗣母，则废继别立权，亦约由嗣母行使之。惟无论为嗣父行使与嗣母行使，均须经过告官程序，此程序名之曰"废继之诉"。

**理 由**

本节规定废继之要件。即嗣父母之废继，以嗣子有不得于所后之亲之情形为必要。不备此要件，不得任意废继。所以设此限制，盖依法定顺序所立之嗣，苟非有不得已之事由，决不许其任意变更也。法律予嗣父母以废继权之理由，盖以立嗣制度，无非使承继人与被承继人相互间发生亲子关系，务宜亲爱逾恒，恩情无间，方足以享家庭之幸福。且生前立嗣重在养老，而立嗣之后，嗣父母与嗣子大都同居相依，若嗣子不能与嗣父母圆满生活，则在嗣父母一方，非特不足以(误)〔娱〕晚景，抑且徒增无形之痛苦，此所以认其有废继之权也。其所以必令告官者，无非使官厅调查其不得之情形是否达于不能圆满生活之程度，以为准驳之标准，要亦严防滥行废继之流弊而已。

**按 语**

法定的承继顺位不容任意紊乱，此为承继法上之原则。惟在具备废继条件告官别立场合，其结果舍弃顺位在先之人，另立顺位在后之人。故本节规定，为对于法定顺位的原则所生之例外。

**判决例**

废继子无要求分给财产之权 律载"继子不得于所后之亲，听其告官别立"，而废继之后，应否酌给财产，虽无积极规定，而该律于立嗣之后生子既令家产与原立子均分，而义男女婿等亦令酌分财产，独于废继之子并无酌给财产之规定，则可知律意所在。继子既因不得于其所后之亲而别立，即属恩义两绝，所后之亲自无酌给财产之意思。故律准乎情，不令酌给。其愿酌给者，虽不加以干涉，而废继之子对于所后之亲，决无要求酌分财产之权。（三年上字第五三〇号）

**可继人皆不得于守志之妇，亦得为其夭亡之子立继**《现行律》载“若继子不得于所后之亲，听其告官别立。其或择立贤能及所亲爱者，若昭穆伦序不失，不许宗族指以次序告争”、“若独子夭亡，而族中实无昭穆相当，可为其父立继者，亦准为未婚之子立继”等语，是立继若于昭穆伦序不失，当尊重本人之意思，而非宗族之所可争执。而未婚之子夭亡，族中并无可继其父之人，亦许立继。本于法律之精意，为类推解释，凡族中有可继之人，而因与立继之妇积不相得，致无可立为继嗣者，则即为其夭亡之子择昭穆相当之人以为嗣，亦不得即指为违法。（三年上字第九三四号）

**依法成立之继嗣，第三人不得干涉撤废**《现行律》立继之制，本系公益规定，其精神在保持宗祧之不斩，而维持家族之平和。故凡依法业经成立之继嗣，除合法定条件与被承继人以废继之权外，不许任情撤废。若第三人，则尤无干涉撤废之余地。（四年上字第五〇〇号）

**告官别立，即含废继在内**《现行律》载“继子不得于所后之亲，听其告官别立”，是立法之精神，正在使被承继人去其不相得之继子，而另立能相得者。“别”也者，去其旧而代以新之谓。然称“别立”，即含废继在内。（四年上字第五八五号）

**父所立之继子，其母于父死后亦得撤废**《现行律》载“继子不得于所后之亲，听其告官别立”，所谓“所后之亲”者，自指父母双方而言。父所立之继子，父在，母固不得擅废；父死，则母当然有废继别立之权。（四年上字第五八五号）

**废继子失其财产承继权**继子之身分与所继之财产，有不可分离之关系。继子一经废继，则其所继之财产权，当然随之丧失，而移于此后应继之人。（四年上字第五八五号）

**宗族不得告官废继**《现行律》“立嫡子违法”门载“无子立嗣，若继子不得于所后之亲，听其告官别立”，又载“若养同宗之人为子，所养父母有亲生子，及本生父母无子，欲还者，听”各等语，按照律文正当解释，凡继子以不得于所后之亲为限，被承继人有告官别立之权。夫被承继人之对于承继人，尚须受此种限制，其他宗族，尤无许妄行告争之理由。（四年上字第一四一六号）

**所谓废继之“告官”与存案有别**按《现行律》载，所后之亲自系兼括父母言。所谓“不得”者，即不相得，不能与所后之亲圆满生活之谓，自无疑义。惟是例文既明定有告官之条件，则其不得之事由何在，及不得之程度如何，应否别立，自应由审判衙门裁量。若纯以所后父母偶然之感情，即予废继，则例载告官之条件，直等于无，是岂立法之本意！夫告官以求官厅之许可，与存案以备日后之稽考，其事本不相同。绎释律意，本极显然，不

容曲解。(四年上字第一六〇八号)

妾无废继权 妾不能有废继之权。(四年上字第一九七三号)

不得于所后之亲之规定,可准用于所后之祖父母、曾祖父母 所谓"不得于所后之亲",固当然限于所后之父母,但所后之曾祖父母、祖父母为之承重者,亦应认为可以准用。(四年上字第二〇二五号)

被废继子不得过问其后承继之事 凡被废之继子,对于其从前被承继之人已无承继权,故对于其后承继者之为何人,及其承继财产之应归何人,皆不得过问。(五年上字第七五二号)

不得于所后之亲须客观的不能与所后之亲圆满相处 《现行律》所谓"不得于所后之亲"者,须客观的不能与所后之亲圆满相处,不得纯以所后父母偶然之感情,即予废继。且律文既称"继子不得于所后之亲",则不得之原因,必出于继子本身者,始能告官别立,毫无可疑。(五年上字第一四二四号)

父在,母不得告官别立 夫亡之后,继子果不得于守志之妇,固准该守志之妇举出证凭,告官别立。立继之权,应属于其夫。苟继子不得于其母,而得于父者,非其母得以片面之主张告官别立。(六年上字第七七号)

改嫁之妇不得行使废继别立之权 《现行律》载"继子不得于所后之亲,准其告官别立",若改嫁之妇,对于前夫之嗣子,既非复所后之亲,其不得行使废继别立之权,自无可疑。(六年上字第六五五号)

未经履行废继程序,不能否认其承继关系之存在 已经立定之继子,虽亦得由所后之亲主张废继,然非确已践行废继程序者,则其承继关系,仍不能否认其存在。(六年上字第七九〇号)

继子未得母同意擅自处分财产,得为废继原因 承继人如已成年,固有管理承继财产之权,但于处分之时,须得其母之同意。如未得同意,擅自处分,并因此处分认为足以危及其母之生活,(例如屡为擅自处分之行为,或处分极贵重之财产)自属不得于其所后之亲,其母得以主张废继。(六年上字第八〇三号)

废继须经告官程序,指由所后之亲一方主张废继而言 《现行律》废继须经告官程序之规定,系指继子不得于所后之亲,由所后之亲一方主张废继而言。若双方合意解除承继关系者,则即无经过告官程序之必要。(七年上字第三三九号)

直系尊属不得强被承继人废继 所后之父或母,苟无废继之意思,其直系尊属,不得强之废继。(七年上字第七五三号)

主张废继,须其废继原因应归责于继子之事由 查《现行律例》"继子不得于所后之亲,听其告官别立",所谓"不得于所后之亲"者,即指与所后之亲不能为圆满生活而言。其不能为圆满生活,究因何种事由及其程度如何,依例载告官之条件,自应经审判衙门之裁量,以定其有无废继之原因,并不以所后之亲之主张为已足。故凡继子为其所后之亲诉请废继者,审判衙门应就事实上实施调查程序,认定其废继原因是否成立。如果其所后亲所主张之废继原因,确系应归责于继子之事由,而察其事由,又确于家庭之和协有重大之妨

碍，且双方恩义不能复冀保全，固应准予废继。否则，已定之承继关系，即不容辄徇其请，轻易废除。(七年上字第九七一号)

因废继而应诉，不得谓为争讼成仇，主张废继 嗣父母诉请废继，而其嗣子为保全身分计，出头应诉，本属当然之事。与因素日不睦，争讼成仇，而曲在嗣子者，显有不同，自不能据为废继别立之原因。(八年上字第五六九号)

被继人之妾非所后之亲 《刑律补充条例》第十二条规定系指妾若触犯各该条之罪名，准用妻或有夫妇所应负之刑事责任。若被承继人之妾，依法本不能为所后之亲，即无废继之权，不能因有《刑律补充条例》而谓其身分有所变更。(九年上字第二四六号)

因不能圆满相处诉请废继，如在诉讼中承继人亡故，即欠缺请求废继之目的 查《现行律》“立嫡子违法”条例所谓“继子不得于所后之亲”，其情形固有种种。若仅以不能圆满相处为理由，诉求废继，审判衙门于被承继人所称废继之原因，查明属实，自应准予解除继承关系，以图家室之和平。惟应行被废之人，如在诉讼中亡故，则被承继人请求废继之目的即属欠缺，继子与嗣父母今后不能圆满生活之事实已无从发生，其亡故承继人所已取得之嗣子身分，毋庸予以变更。(九年上字第一二四六号)

对于继子之子，不得为废继之主张 查“继子不得于所后之亲”虽得告官别立，然以继子生存及继子之自身为限。若继子生前并未被废，自不能对于继子所生之子，更为废继之主张。(十二年上字第一五四八号)

**以上大理院判决例**

“不得”之程度须由客观的断定 “所后之亲”自包括继母而言。故于父故后，若嗣子与继母积不相能，其继母当然有废继别立之权。至“不得”之程度，须由客观的断定。果其继子本身，与继母确有不能圆满相处之事实，则得告官别立，自不待言。(十七年上字第九七号)

继子废继后，即丧失其财产承继权 继子身分与所继财产有不可分离之关系。继子一经废继，则所继财产，当然随之丧失，不得主张仍有所有权。(十七年上字第二三八号)

**以上最高法院判决例**

## 解释例

所谓“不得”须有事实认为达于废继之程度(力)〔乃〕得准许 查《现行律》所谓“所后之亲”，自指被继人即继父母而言。至“不得”须有不得之事实，审判衙门认为达于废继之程度者，始能许可。本院早有判例。(参照本院四年民事判决上字第一六〇八号)(七年统字第七六八号)

嗣母被继子虐待，得行废继 查所询情形(**独子之寡妇乙被继子丙暨继姑丁虐待**)，乙自可请求给与养赡财产，或证实丙不孝事实，提起废继，并请返还继产。因乙夫既系独子，初无析产可言，如果丁自愿设定养赡财产，与乙犹有争执时，自可审酌遗产价额及其家境况，为之公平核定。又乙欲另行立继，亦应得丁同意。丁无正当理由，不得遽行拒绝。在未经立继以前，乙只能管理家财，若于生活上有急迫情形，亦得处分自赡。(九

年统字第一二三〇号)

立嫡子违法条例4.63.(2) **其或择立贤能及所亲爱者，若于昭穆伦序不失，不许宗族指以次序告争，并官司受理。**

**注　解**

本节系关于择继权之规定。与前节之废继不同，“废继”者，废弃其已经立定之继，“择继”者，择其可继之人也。曰“贤”、曰“能”、曰“亲爱”，只须由立继人主观的认定，不以客观的认定为标准。择继权之行使，不以未立继之先为限。即在废继以后，别立以前，亦得行其择继权。择继权为专属于被承继人(无子者或其守志之妇)之权利，限于生前立继，始能适用。若被承继人死亡，由亲属会立继时，即无择继权之可言。更有应注意者，择继权之前提要件，以在同一顺位之可继者有数人为必要。否则，应依前节法定的顺序，亦无择继权之可言。故被承继人之择继，遇有在同一顺位者有数人时，则于此数人中，或择其贤者，或择其能者，或择其所亲爱者，均无不可。只须其所择立者不失尊卑之序，则其次序之先后，要非法律之所过问。因此择继之结果，虽立次序在后之人，亦非次序在先者所能告争。即使告争，亦非官司所能受理。此为本条例之立法本意。然依前大理院历来解释，谓被承继人之择立贤能及其所亲爱者，不必以服之亲疏远近为准，则此后被承继人之择贤择爱，可不依法定的承继顺位矣。

**理　由**

嗣子之贤能与否，于家政之兴废，家业之盛衰，在在有密切关系。而嗣子为嗣父母所亲爱，亦于家庭和平幸福有密切关系。若予立嗣人以择贤择爱之权，不肖者既无由主张应继之权利，而立嗣人亦得以其财产授于贤能或其所亲爱之人，非仅一家之福，抑亦国家之利。《传》曰：“德均以年，年均以卜。”①亦此意也。此本例之所由规定择贤择爱之权也。

**按　语**

依大理院历来解释，择贤择爱，可不守法定的承继顺位。因此，被承继人之择继权，遂成为承继法上顺序之一种例外。

**判决例**

可继之人皆不得于守志之妇，亦得为夭亡之子择继 《现行律》载“若继子不得于所后之亲，听其告官别立。其或择立贤能及所亲爱者，若昭穆伦序不失，不许宗族指以次序告争”，“若独子夭亡，而族中实无昭穆相当，可为其父立继者，亦准为未婚之子立继”等语，是立继若于昭穆伦

① 《春秋左传·昭公二十六年》王子朝语。参见(周)左丘明传，(晋)杜预注，(唐)孔颖达正义：《春秋左传正义》，浦卫忠等整理，杨向奎审定，北京大学出版社2000年版，第1700页。

序不失，当尊重本人之意思，而非宗族之所可争执。而未婚之子夭亡，族中并无可继其父之人，亦许立继。本于法律之真意，为类推解释，凡族中有可继之人，而因与立继之妇积不相得，致无可立为继嗣者，则即为其夭亡之子择昭穆相当之人以为嗣，亦不得即指为违法。（三年上字第九三四号）

**可继之人因讼嫌为被继人所不愿择立，不容勒令承继** 《现行律例》内载“无子立嗣，其择立贤能及所亲爱者，若于昭穆伦序不失，不许宗族指以次序告争”等语，故应继之人，若因涉讼之嫌，为被承继人或守志之妇所不愿择立，依律自不容违反其意思，而勒令其承继。（四年上字第一五三一号）

**所择贤爱，亲等虽远，立定后，亦非亲等较近者所能告争** 立继之人，得于昭穆相当亲族内择贤择爱。故所立之人，亲等虽远，而经合法立定之后，则虽亲等较近之房，亦不得再行告争。（四年上字第二四三三号）

**亲属会立继，苟非本于被继人生前之明确表示，不能援用择贤爱之例** 无子立嗣，自以依照法定次序择立应继之人为原则。而例外虽许择贤择爱，然仍须具备相当之条件。且须为被承继人或守志之妇，乃能有此选择之权。若被承继人及守志之妇俱已亡故，而由亲属会议立时，则在原则上，并不能有此项选择权。苟非本于被承继人或守志之妇生前已有择立贤爱之明确表示（如遗言等是）而代为执行，即不能违背法定次序，而援用择继之例，抑置位次在先之人而不立。（五年上字第六八二号）

**择贤择爱可不守亲疏次序；直系尊亲属亦有择贤爱之权** 查无子立嗣，律虽定有先亲后疏之次序，而择贤择爱，究从其便，次序在先者，自不容勒令承继。至所继人夫妇俱亡，而尚有直系尊亲属存在者，亦应认其直系尊亲属有择贤择爱之权，与亲属会议之专应依亲疏次序者，自不相同。（六年上字第三〇九号）

**被继人及守志妇或直系尊亲属均有择贤择爱之权，亲属会则否** 按立继次序，原以服制之远近为先后。至择贤择爱之例外，则惟被承继人及守志之妇或直系尊亲属，始有此权。若由亲族会议公同立继之时，则除有特别情形外，自应依据一定次序，择立位次最先之人，无许其择贤择爱之余地。（七年上字第七四六号）

**承继先亲后疏，系指寻常立继而言，择贤择爱不受此限制** 按《现行律》“无子者，许令同宗昭穆相当之侄承继。先尽同父周亲，次及大功、小功、缌麻。如俱无，方许择立远房及同姓为嗣”，又载“其或择立贤能及所亲爱者，若于昭穆伦序不失，不许宗族指以次序告争”等语，是立继次序，固以服之亲疏远近为准。而出于择贤择爱者，则只以昭穆伦序不失，为唯一条件。至前例所称“若俱无，方许择立远房及同姓为嗣”者，本系指寻常立继之次序而言，并非于立继权人择立贤爱时，加以先尽近支之限制。细绎后例“不许宗族指以次序告争”之语，其意本极显明。故无论近支有无可立之人，及其人是否有不能承嗣原因，而有立继权之人，皆得就远房内择立贤爱。（七年上字第九三九号）

**直系尊亲为子立继，亦可择立贤爱** 被承继人之父为直系尊亲，于现无守志妇可行使择继权之时，自亦有为其子择继之权。既非如守志妇之择继，须以族长为凭，亦非如亲属会之择继，必依

律定之顺位。苟其择贤择爱，于昭穆伦序不失，自亦不许亲族指以次序告争。（八年上字第六五四号）

有权立嗣者所择立之嗣虽属违法，亦非当然无效 无子立嗣，苟系有权立嗣者所择立，虽属违法，亦非当然无效。非经有告争权人提起确认无效或撤销之诉，得有确定（确定）判决，不得否认其立嗣之效力。（十二年上字第一五六一号）

守志妇已脱离亲属关系者，不得主张择继权 守志之妇，夫亡无嗣，固应有择继之权。但于夫亡之后，若经其翁姑勒令脱离亲属关系者，虽属未经改嫁，要不得仍为守志之妇，即不得主张其有择继之权。（十四年上字第一二八三号）

有择继权人所择立之继虽不合法，亦非无承继权者所能告争 立继之是否合法，惟有承继权者得以主张之。故有择继权人所择立之继，虽不合法，而以无承继权之人为被告，诉请确认立嗣成立，主张其不得妄行干涉，尚难谓非正当。（十六年上字第八二二号）

**以上大理院判决例**

被继人及守志妇死亡，直系尊亲属得代为择继 被承继人及守志妇虽均死亡，如尚有直系尊亲属者，应由其尊亲属代为择继，非亲属会所能议立。（十七年上字第二三九号）

**以上最高法院判决例**

**解释例**

择爱立嗣，虽嗣子之远祖系异姓，亦非服制较近者所能告争 甲某早故无子，并无同父兄弟，甲妻拟立素所钟爱之丙为嗣。丁以丙之五世祖系姊妹之子出嗣舅氏，戊以自（已）〔己〕服制较近，均不承认。查丙祖之承继，如历久未经告争权人主张其无效，消灭其身分，则丙对于甲，即不得谓为异姓。甲妻乙择爱立以为嗣，自非丁、戊所能告争。本院就此早有解释。（参照统字第八一四号）（七年统字第八五三号）

择继不失昭穆伦序，不许告争 被承继人及守志之妇自行立继，如于昭穆伦序不失，不许族人以次序告争，律有明文。乙、丙涉讼，如系甲或其守志之妇甘愿择立，自无许丁再行告争之理。（九年统字第一二〇一号）

**以上大理院解释例**

立嫡子违法条 例4.63.（3） **无子立嗣，若应继之人平日先有嫌隙，则于昭穆相当亲族内，择贤择爱听从其便。如族中希图财产，勒令承继或怂恿择继，以致涉讼者，<u>地方官立即惩治</u>，仍将所择贤爱之人，断令立继。**

**注　解**

本节所定之择贤择爱，与前节不同。前节之择贤择爱，指寻常立继而言；本节则因与应继人有嫌隙而另择贤爱也。又本节所谓“嫌隙”，亦与前节所谓“不得于所后之亲”者不同。“不得于所后之亲”，系指立嗣后所发生之情形而言；本节之所谓“嫌隙”,则未立嗣时先已存在者也。嫌隙之范围,亦与不得于所后之亲之范围不同。不得于所后之亲之情形,以存在于嗣子本身者为限;若嫌隙,则不问其为对于应继人之嫌隙,与对其直系尊亲属之嫌隙,或对于其家属之嫌隙,皆包括之。故如因先代之不睦而憎恶应继人者,亦赅于“嫌隙”二字范围之内。至于如何之情形,方可谓之嫌隙,此则只须由立继人主观的认定为已足,不以有客观的事实为必要。盖嫌隙与否,纯然为感情关系,非法律上抽象的所能定其观念也。立继人与应继人平日既有嫌隙,许其舍弃应继之人,另择贤爱之人。既不许族中以有嫌隙之人勒令承继,亦不许族中拟定可继之人怂恿择继。愿立何人为嗣,悉任立继权人之自由。盖法律既予以择贤择爱之权,自不得由第三人出而干涉也。

**理　由**

生前立嗣,原以养生慰老为唯一之目的,则嗣子与嗣父母相互间,务使感情融洽,方足以保家庭间之和平。若应继之人,平日先有嫌隙,必强其遵守承继顺位,立以为嗣,深恐嫌隙日积而益深,转足酿成意外之变故,与生前立嗣养生慰老之本旨相背驰。此法律所以许其有择贤择爱之权也。

**按　语**

立嗣顺序先亲后疏,此为承继法上之原则。本节于应继人有嫌隙之场合,许其舍顺序在先之人,择立顺序在后之人。本律所定承继之顺位,至此又生一例外。

**判决例**

一有嫌隙,即丧失应继资格　“无子立嗣,若应继之人平日先有嫌隙,则于昭穆相当亲族内,择贤择爱听从其便。如族中希图财产,勒令承继或怂恿择继,以致涉讼者,地方官立即惩治,仍将所择贤爱之人,断令立继”等语,可见一有嫌隙,应继人即当丧失其应继之资格。无论被承继人于昭穆相当亲族内钟爱何人,皆属自由,决不许族中有勒令承继之事。(四年上字第五五号)

有嫌隙者,虽亲等最近,亦不得主张承继权利　承继之顺序,虽以亲等之远近为先后,而尤当首先尊重被承继人之意思。故平日与被承继人先有嫌隙者,虽其亲等最近,而不能主张承继之权利。即就其所择立之人是否合法,亦无告争之余地。(四年上字第一六九三号)

嫌隙就应继人本身与所继人有嫌隙而言　律载“应继之人平日先有嫌隙,亦准另继”云云,原则自就应继人本身与所继人有嫌隙而言。(四年上字第一七五三号)

因应继人有嫌隙而择贤爱,可不依法定次序　《现行律》载“无子者,许令同宗昭穆相当之侄承继。先尽同父周亲,次及大功、小功、缌麻。如俱无,方许择立远房及同姓为嗣”,又载“无子立嗣,若应继之人平日先有嫌隙,则于昭穆相当亲族内,择贤择爱听从其便。如族中希图财产,勒令承继或怂恿择继,以致涉讼者,地方官立即惩治,仍将所择贤爱之人,断令立继”等语,是无子立继,其应继之人虽有法定次序,但其所应继者若果平日先有嫌隙,

则无论择贤择爱，诚使昭穆相当，均属择继人之自由，即无族中置喙之余地。（四年上字第二四二三号）

择贤择爱一经立定，即非亲等较近者所能告争 立继之人，得于昭穆相当亲族内择贤择爱。故所立之人，亲等虽远，而一经合法立定之后，则虽亲等较近之房，亦不得再行告争。（四年上字第二四三三号）

嫌隙及贤爱不必有客观的事实 《现行律》载“无子立嗣，若应继之人平日先有嫌隙，则于昭穆相当亲属内，择贤择爱听从其便”等语，所谓“嫌隙”及“贤爱”云者，俱不必有客观之事实，只依立嗣本人主观之意思定之。故凡由本人立嗣者，苟于昭穆伦序不失，即不许其他宗族指以次序告争。（五年上字第三七五号）

守志妇立继，择贤择爱，不必依法定次序 守志之妇为夫立嗣，若具备立子不得于所后之亲或应继之人平日先有嫌隙之条件，固许其择贤择爱，不依次序。（五年上字第一四四五号）

被继人生前与有嫌隙者，亲属会不得立以为嗣 立继之权，本属于被承继人及其守志之妇。被承继人与其妻均经死亡，又无直系尊亲属者，则其权自属之亲属会议。若被承继人生时，与争继之人先有嫌隙，亲属会议固不应许其加入协议，亦不得不尊重被承继人等之意思，而立该争继积嫌之人为嗣。（六年上字第二三二号）

嫌隙由被继人主观而定 律载“若应继之人平日先有嫌隙”者，本纯由被承继人或守志之妇之主观，不必有客观嫌怨之事实。（六年上字第三九四号）

所谓“嫌隙”，即被继人不愿其人承继之意 法文所谓“先有嫌隙”者，原即被承继人不愿其人承继之意，并无须别举嫌隙事实以为证明。（六年上字第七三〇号）

被继人有嫌隙者，亲属会亦应舍之别立 应继之人，如与被承继人及其守志之妇或直系尊亲属，生前先有嫌隙者，为尊重被承继人等之意思起见，亲属会议自不能不舍之，而别于昭穆相当亲族内择立次序在后之人。（六年上字第一三〇一号）

已脱离亲属关系之人，其立继非亲族所能干预 与本宗已脱离亲族关系之人，应如何立继或抚养义子，自应听其自行处置，本宗人不得干涉。（八年上字第一〇〇号）

被继人之直系尊亲属为子择继，只须不失伦序 被承继人之父为直系尊亲，于现无守志妇可行使择继权之时，自亦有为其子择继之权。既非如守志妇之择继须以族长为凭，亦非如亲属会之择继必依律定之顺位。苟其择贤择爱，于昭穆伦序不失，自不许亲族指以次序告争。（八年上字第六五四号）

虽有嫌隙，而已宽其既往者，立以为嗣，亦非无效 素有嫌隙之人，固不得主张承继权利。惟被承继人或守志之妇，如已宽其既往而立为嗣子者，其立继行为，即非无效。（八年上字第七七一号）

与应继人之直系尊属有嫌怨者，亦得另择贤爱 无子立嗣，依律既许择贤择爱，应继人自无强其必立之理。至所谓“嫌隙”者，本无须具体之事实。如被承继人或其守志之妇，与应继人之直系尊属积有嫌怨，因而憎恶应继之本人，揆之律意，亦应许其另择贤爱。（八年上字第一一八八号）

因嫌隙不愿其承继，不得强令入继 应继之人，因与被承继人素有嫌隙，不愿与之承继，推阐律意，亦不得强令其入继。（九年上字第七六六号）

直系尊属之尊长，对于择继，亦有同意权 被承继人及其守志之妇均已亡故，其直系尊属自有立继权。如直系尊属之上，尚有直系尊长，则其行使立继权，亦应得其同意。惟该立继权人所立之继，于法苟无不合，自不许任意撤销。（十一年上字第一六七二号）

被继人死亡，尚有母者，择继权属于母 被承继人虽兼承三房宗祧，而至其死后，所现存之直系尊亲属，既仅有被上诉人（被承继人之母）一人，则代该被承继人立继之权，应专属于被上诉人。（十二年上字第三八四号）

亲属会应尊重死者意思，不得立与有嫌隙之人 上诉人屡以有仇不继为攻击，苟被上诉人包庚新父子，对于上诉人之外祖父母舅父母积有嫌隙，为尊重被承继人及其尊亲属之意思起见，在亲属会，亦应舍之别立。（参照本院六年上字第二三〇一号判例）（十五年上字第一二七〇号）

**以上大理院判决例**

**解释例**

嫌隙本无须有具体事实 查律载“应继之人先有嫌隙”者，自指应继之本人而言。但嫌隙本毋须有具体之事实，故被承继人如与承继人家积有嫌怨，而憎恶应继本人者，亦许另择贤爱。（七年统字第八四六号）

择继须俟有适应继之人，不得强令其立素有嫌隙者 守志之妇虽应为夫立嗣，但承继之开始，现行法上既无明文规定，自得于适当之期间内，俟有适当应继之人，再为择立。不得以素有嫌隙之人，强令立以为嗣。（参照统字第五九九号解释）（七年统字第八四七号）

嫌隙专指应继(入)〔人〕与被继人而言 律载“嫌隙”专指应继人与被继人而言。乙既系甲妾，立嗣会议，占重要地位，自应尊重其意思。惟主张是否正当，法院自可查明情形，定其准否。（七年统字第九〇三号）

有嫌怨者，丧失其应继权 查甲子祧乙，纵非合法，惟丁、戊父子，生前与乙既确有嫌怨，即应丧失其应继之权，自无许其告争之理。（八年统字第一〇〇六号）

亲属会立继亦得舍素□〔有〕嫌怨者，别立次顺位之人 亲属会议虽无择贤择爱之可言，而体察死者之意思，根据从前之事实，如承继最先顺位，本因其先代之关系，确系与之素有嫌怨，则立次顺位者，亦无不可。（八年统字第一〇四一号）

**以上大理院解释例**

立嫡子违法条例 4.63.(3) **其有子婚而故，妇能孀守；已聘未娶，媳能以女身守志；及已婚而故，妇虽未能孀守，但所故之人业已成立；或子虽未娶，而因出兵阵亡者，俱应为其子立后。若支属内实无昭穆相当为其子立后之人，而其父又无别子者，应为**

**其父立继，待生孙以嗣应为立后之子。**

**注 解**

本节规定，为承继法上之变例，即对于有特别情形之人，虽未备为嗣父之要件，而亦应为之立后也。其情形有四，即如下：

（一）子婚而故，妇能孀守者此指未成立夭亡者而言。承继原则，未成立之人，不得为之立后。但其人虽未成立而已成婚，即与寻常夭亡有别。矧其人身故后，而其妇又能孀守，尤不可无以慰藉孤独。故出于例外而为之立后。

（二）已聘未娶，媳能以女身守志者承继法则，未婚之人，不得为之立后。但其人生前已有所聘，虽未迎娶，究与未婚有别。况其人身故后，而其所聘之妻，又能以女身守志，则为奖励其贞操起见，尤不能不许其立后。故此条规定，亦为承继法上之例外。

（三）已婚而故，妇虽未能孀守，但所故之人业已成立者立后以成立、成婚为要件。未成立之人，虽已成婚，尚须具(假)〔备〕妇能孀守之条件，方许为之立后。若其人既已成立，又已成婚，则是两种要件均已具备，虽其妇不能孀守，亦应为之立后。

（四）子虽未娶，而因出兵阵亡者未婚不能立后，为承继法上之原则。惟对于出兵阵亡之人，出于例外而许其立后，此盖为奖励战士而设。人当临阵之际，固有忠义性成，奋死不顾，自甘为国效力者，然因嗣续之重，不能不憗焉忧之。故国家对于此可敬可爱之军人，予以特别待遇，使无后顾之忧。举凡出兵阵亡之人，无论是否成年，亦无论是否具备成婚条件，概许为之立后。鲁汪踦年幼战死，依礼，年幼而死谓之殇，殇无为人父之道，孔子曰："能执干戈以卫社稷，可无殇也。"①此本节所以有例外之规定也。

以上所述，为对于有特别情形者立后之规定。至应以何人为后，则以支属内昭穆相当之人为限。若支属内实无昭穆相当之人，而其父尚有别子者，则可虚立为后，待别子生孙，即以其孙承继，此即所谓"虚名待继"也。倘其父并无别子，即无生孙之望，此际应先为其父立继，待继子生孙，然后以孙承继。至为其父立继时，仍应遵守承继顺位之规定，自不待言。

**判决(解)〔例〕**

父有别子者，准为应立后之子虚名待继；若父无别子，非立现实之人为嗣不可：《现行律》认许虚名待继之范围，应以《现行律》中"立嫡子违法"条例内第一条（即"无子者，许令同宗昭穆相当之侄承继"云云之例）所谓"如

---

① 语出《孔子家语·卷十·曲礼子贡问第四十二》。参见陈士珂辑：《孔子家语疏证》（丛书集成初编本），商务印书馆1939年版，第266页。《礼记·檀弓下》作"能执干戈以卫社稷，虽欲勿殇也，不亦可乎？"参见（汉）郑玄注，（唐）孔颖达疏：《礼记正义》，龚抗云整理，王文锦审定，北京大学出版社2000年版，第349页。

俱无”三字、第三条中第四段(即“若支属内实无昭穆相当可为其子立后之人”云云之例)所谓“实无”二子之解释如何为断定之标准。通观该二条例之意,《现行律》惟对于父有别子者,准为虚名待继,即依条例第一条。无论立继者何人,得于其父有别子时,为应为立后之子虚名待继。其在最先之承继顺位人,苟于事实上犹有希望,在可以出生之状况时(如其父健在时),自可虚立为继。反是,其父并无别子,则应以现实之人(胎儿同论)为嗣,方始合法。故最先位次之人,非已出生,即为胎儿,否则应由次位之人承继,不得以最先位次应拟之人待继。简言之,第一条“如俱无”三字,除有第三条第四段情形外,当解释为可照上开说明听其虚名待继;第三条第四段中“实无”二字,则无论何时必为现实之人与胎儿也。不过立继之人,如为已故宗祧承继人之父,可以自由意思,悬待所欲立之人出生后,始为立继行为,(参照后段说明)实不受法文拘束耳。此项断定,其理由有二:(一)通观《现行律》之精神,凡父无别子者,不欲其宗祧有中绝之虞,致与宗祧承继根本存在之本意相背,(祀祖主义)故不得不采以上之解释。(二)最近亲间能发生过继关系,尤于家族和平可臻圆满。此在条例第一例先亲后疏之规定,亦已表示法意。故除有特别理由应加限制外,断无禁绝虚名待继之理。法律纵无明文,当然可本于法意,为条理上至当之解释。故对于条例第一条之真意,更不能不为以上之解释。(三年上字第一八六号)

有应为立后之子而仍为父立继,须支属内无昭穆相当可为其子立后之人且父无别子而后可;其为父立继之次序及兼祧条件,俱应按律办理《现行律》载“若支属内实无昭穆相当可为其子立后之人,而其父又无别子者,应为其父立继,待生孙以嗣应为立后之子”,是法文含有二条件:(一)须支属内实无昭穆相当可为其子立后之人;(二)须其父又无别子者而后可。至依该法文为其父立继,仍应按照条例第一条所定亲疏之顺序,不得以疏先亲,自不待言。故在最先位次者如有数人,均非独子,或同一位次之人有非独子者,其毋庸令独子兼祧,本无疑义。若系独子,而在同一位次者并无他人,自应用该条例第三条第六例兼子承嗣,(可依照上文兼祧条件说明办理)以符法律亲亲之义。或谓条例第三条第四段应与前段通同作一段读,如法文称“若支属内实无昭穆相当可为其子立后之人”,即系贯上文各项应立后之子而言,法文又称“以嗣应为立后之子”,即指上文各项而言。然即用此说,其于法文之适用及解释之结果,亦不能有所差异。盖子亡妇存(兼孀守及已聘未嫁而以女身守志,又妇未能孀守而其子业已成立者言)及子虽未娶而因出兵阵亡者,尚应适用该项法文,为其立后,若子亡而妇亦先后亡者,则用当然解释,断无不能适用该项法文分别情形为其立继之理。其说不同,其义则一也。(三年上字第一八六号)

父有别子者,得待别子生孙以继应为立后之子《现行律》载“若支属内实无昭穆相当可为其子立后之人,而其父又无别子者,应为其父立继,待生孙以嗣应为立后之子”等语,就此条详为解释,其应为立后之子,若父无别子,犹可择立嗣子,待生孙以为嗣。则依当然之推论,其父有别子时,自无不可待生孙以为嗣之理。按之亲亲之义,尤当如是。故其父无别子者,应以现存之人(胎儿同论)为其父嗣,以期宗祧之无中断(祀祖主义);若其父有别子时,则宗祧不虞中断,本于亲亲之义,自得待别子生孙,以继应为立后之子。是则虚名待继,限于特别情形,仍为《现行律》所认许。(三年上字第二二六号)

夭亡已婚及未婚而已成立者,虽无特别情形,皆应立继 查《现行律》载"有子婚而故,妇能孀守;已聘未娶,媳能以女身守志;及已婚而故,妇虽未能孀守,但所故之人业已成立;或子虽未娶,而因出兵阵亡,俱应为其子立后。其寻常夭亡未婚之人,则不得概为立后"等语,是在《现行律》上,凡子婚而故,妇能孀守;及已聘未娶,媳能以女身守志者,虽属夭亡,仍应为之立后。又或子婚而故,业非夭亡者,虽其妇未能孀守,亦应为之立后。又或子尚未娶,而因出兵阵亡者,无论夭亡与否,均应为之立后。惟无此项特别情形,而子系夭亡,并未婚者,乃不得立后。苟夭亡已婚,或未婚而已成立,虽无上述特别情形,仍在应为立后之列。(四年上字第三七〇号)

成立而故者,妇虽改嫁,原则仍应立继 《现行律》载"有子婚而故,妇虽未能孀守,但所故之人业已成立,应为其子立后"等语,故妇虽改嫁,而死时业已成立,原则自应为之立后。(四年上字第五三七号)

遗嘱所定虚名待继,亦须有律定之特别情形 遗嘱所定之虚名待继,如非有《现行律》所定之特别情形,则为法所不许。(四年上字第一九七三号)

违反《现行律例》为子立后之规定时,须孀守妇及应继人有告争权 依《现行律》规定"子婚而故,妇能孀守者"虽应为其子立继,然此项规定,一面在保全亡子之禋祀,一面在保护应继人之利益。故立继时,虽有违反此项规定之事,亦必孀守之妇及应继之人始有告争之权。(五年上字第二五八号)

不应使应行有后之子无后,而径为其父立嗣 应为立后之子,除支属内实无可为其子立后之人,许为其父立继,待生孙以嗣应为立后之子外,自应为子立后。不应使应行有后之子无后,而径为其父立嗣。(五年上字第一三九六号)

不得因嗣子身故无子,别为其父立继 依《现行律》,凡立为他人嗣子(兼祧亦同)之人,虽身故无子,而并非夭亡未婚者,仍应为之立继。不得因其无子,遂谓承继关系消灭,而为其父别立继子。(五年上字第一四三六号)

律称"出兵阵亡",不必以成丁入伍者为限 《现行律》所谓"出兵阵亡",系包含一切因战身死者而言,不必以成丁入伍者为限。(六年上字第九四六号)

成年未婚之人如系小宗,不必强为立嗣 成年之子如系小宗而未成婚者,与有守志之妇必须立嗣者究有不同。如果其直系尊亲尚有别子可以承继宗祧,已经表示不为其小宗未婚子立嗣之意思者,则嗣后族人,不得强为立嗣,希图承继其应分之遗产。(七年上字第七八三号)

禁止以孙祢祖为强行法 《现行律例》禁止以孙祢祖,乃所以维持我国固有之礼教,事关公益,应有

强行效力，不容反对习惯之存在。（八年上字第三九四号）

父有别子不容（夫）〔遽〕为被继人立嗣 父有别子，依律自许虚名待继。若非有相当根据，可认被承继人之胞兄弟已无生子之希望，即不容族人遽为被继人立嗣。（八年上字第六七七号）

胎儿亦得立以为嗣 未出生之胎儿，关于承继，应与现实之人同论。故守志妇如有以胎儿为嗣之表示，即与立现实之人无异，不能与单纯之虚拟待继同视。（九年上字第八一九号）

立嗣违背法定条件系根本无效 法律行为之无效，乃属确定性质。苟具有无效原因，不问行为人在行为当时是否知悉，均应许行为人得以主张。故立嗣而违背法定条件，即令初为立嗣人或同意立嗣之人所明知，而既属根本无效，自亦得于事后主张。（十五年上字第四九〇号）

**以上大理院判决例**

成年已婚，应为立后 独子夭亡，尚非不能立后，若成年已婚，则应为立后，自不待言。（十七年上字第二〇二号）

**以上最高法院判决例**

**解释例**

夭亡而已婚或未婚而已成年，均得立后 夭亡未婚配，不得为之立后。故夭亡而已婚，或未婚而已成年（十六岁），均准立后。本院早已著为判例。（参照六年上字第一一八九号判例）（七年统字第九一三号）

不能立已死之人为嗣 查死者不能立为人后，以孙祢祖，即非合法。（八年统字第一〇〇三号）

〔虚名待继有效，而已故之人不得出继〕查虚名待继，与以孙祢祖不同，判例所称“依律认虚名待继为有效”，尚未准令已故之人得以出继。（八年统字第一〇三二号）

**以上大理院解释例**

立嫡子违法条例 4.63.(3) **其寻常夭亡未婚之人，不得概为立后。**

**注　解**

寻常夭亡未婚，盖别乎前节所列之特别情形而言，即夭亡而又未婚之谓也。夭亡而非未婚，或未婚而非夭亡，均不在禁止立后之列。其虽系夭亡未婚，而其所聘之妻，能以女身守志；或虽系夭亡未婚，而其人系出兵阵亡，均应为之立后。若既系夭亡，又系未婚，其已聘未娶之妻，既不能以女身守志，而其夭亡之原因，亦非由于出兵阵亡，此即寻常夭亡未婚之人，不在应行立后之列。

夭亡之界限若何？即以若干岁死亡方得称为夭亡是也。据《户部则例》继嗣门所载“子虽未婚娶，业已成立当差，年逾二十身故者，亦准予立继”，（此例见于同治十二年〔1873年〕修纂之本，经宣统二年〔1910年〕删除）依民国六年大理院上字第一一八九号判例，是项《户部则例》关于二十岁成立之规定，既未经《现行律》采入，自不得再行援用。现在解释夭亡意义，依三年上字第七九七号、五年上字第八三三号判决例,暨七年统字第八六一号、八年统字第九四二号、十四年统字第一九五〇号解释例,应以《现行〔律〕》成丁之规定为标准。查《现行律》户役〔门〕"脱漏户口"律,以十六岁为成丁。而所谓"十六岁"者,依五年上字第八三三号判决例、十四年统字第一九一一号解释例,系指已届十六岁而言,毋庸扣足计算。故一届十六岁,即为成立;未届十六岁而死亡者,即为夭亡。现在民法尚未制定,固应以此为标准也。

**理　由**

未成年而死,谓之殇,殇无为人父之道。孔子曰:"凡殇与无后者,祭于宗子之家。"又曰:"宗子为殇而死,庶子弗为后也。"①此本条例之所以不许立后也。

**按　语**

夭亡未婚,不得立后,是为原则。惟于次节尚设有例外规定。

**判决例**

"夭亡未婚"指未成丁而亡又未婚娶者而言《现行律》载"寻常夭亡未婚之人,不得概为立后",所称"夭亡未婚",系以未及成丁而亡故,且未经婚娶者为限。(六年上字第一一八九号)

**以上大理院判决例**

**解释例**

"夭亡未婚"之解释第八项所开《现行律》各条解释,本院早经著有判例。参照六年上字第一一八九号判例。(附判例。按:《现行律》"立嫡子违法"条载"寻常夭亡未婚之人,不得概为立后",所称"夭亡未婚",系以未及成丁而亡故,且未□〔经〕婚娶者为限。若已婚而夭亡,或非夭亡而未婚,皆不在禁止立继之列。(中略)又按《现行律》户役〔门〕"脱漏户口"条载"十六岁以上为成丁",故必未及十六岁而亡故者,始得称为"夭亡")(七年统字第七五九号)

夭亡而已婚或未婚而已成年,均准立后夭亡未婚配,不得为之立后。故夭亡而已婚,或未婚而已成年(十六岁),均准立后。本院早已著为判例。(七年统字第九一三号)

**以上大理院解释例**

立嫡子违法条例4.63.(3) **若独子夭亡,而族中实无昭穆相当,可为其父立继者,亦准为未婚之子立继。**

**注　解**

"独子"云者,父无别子之谓也。独子夭亡,如其夭亡之先,已经婚娶,则夭亡已婚,本不在禁止立继之列;如其生前尚未婚娶,则依前节规定,夭亡未婚之人,不许立

① 《礼记·曾子问》参见(汉)郑玄注,(唐)孔颖达疏:《礼记正义》,龚抗云整理,王文锦审定,北京大学出版社2000年版,第715、713页。

后，此际唯有为其父立后，以免宗祧之中绝。然若族中无昭穆相当之人可为其父立后之人，则其父之昭穆仍不免有中绝之虞。故许为未婚夭亡之独子立继，盖出于不得已也。

**理　由**

立嗣精意，无非绵宗祧于不绝。故独子未婚夭亡，以限于父无可继之人时，始许立继。盖父有可继之人，不妨为其父立继，以绵宗祧，无许其为独子立继之必要。若父无可继之人，而犹不许为独子立继，则其父之宗祧，必至中绝。此所以出于例外而许其立继也。

**按　语**

夭亡未婚之人，不得概为立继，此为承继法上之原则。而未婚之独子夭亡，其父又别无可继之人，是项原则即不能适用。故本节规定，亦为承继法上之变例。

**判决例**

独子夭亡，其父虽有可继之人，而其人素有嫌隙者，亦准为独子立继《现行律》载“若继子不得于所后之亲，听其告官别立。其或择立贤能及所亲爱者，若昭穆伦序不失，不许宗族指以次序告争”，“若独子夭亡，而族中实无昭穆相当，可为其父立继者，亦准为未婚之子立继”等语，是立继若于昭穆伦序不失，当尊重本人之意思，而非宗族之所可争执。而未婚之子夭亡，族中并无可继其父之人，亦许立继。本于法律之真意，为类推解释，凡族中有可继之人，而因与立继之妇积不相得，致无可立为继嗣者，则即为其夭亡之子择昭穆相当之人以为嗣，亦不得即指为违法。（三年上字第九三四号）

夭亡非独子，或虽系独子而其父尚有可继之人，均不准立后查“寻常夭亡未婚之人，不得概为立后。若独子夭亡，而族中实无昭穆相当之人可为其父立继者，亦准为未婚之子立继”等语，是夭亡未婚之人须系独子，且须族中实无昭穆相当之人可为其父立继者，方准立后，否则即在不准立后之列。（五年上字第六四四号）

为夭亡未婚之子立继须具备条件《现行律》载“寻常夭亡未婚之人，不得概为立后。若独子夭亡，而族中实无昭穆相当，可为其父立继者，亦准为未婚之子立继”等语，所谓“已婚、未婚”，系指生前而言。凡寻常夭亡未婚之子，原则上不许立继，而例外亦许立嗣，但须具备二条件：（一）夭亡者为独子；（二）族中实无昭穆相当，可为其父立继之人。若欠缺其一，即无准许立继之余地。（八年上字第八六号）

冥配仍以未婚论习俗上所称冥配，不得谓为已婚。（八年上字第六五三号）

**以上大理院判决例**

立嫡子违法条例 4.63.（3）**如可继之人亦系独子，而情属同父周亲，两相情愿者，取具阖族甘结，亦准其承继两房宗祧。**

**注　解**

独子不得出继,为承继法上之原则。本律虽无禁止独子出继之明文,而自沿革言之,《大清律例》时代,曾以明文禁止独子出继他房,后因种种必要,始有准许兼祧之特例,于是规定兼祧条件,而删除原有之律文。合于兼祧条件者,始准独子兼承他房,则其不许独子过继他房,意甚明显。条件唯何?即:(一)须可继之人为独子。若非独子,即可出继,毋庸兼祧。(二)情属同父周亲。即独子之父与被继人为亲兄弟。(三)两相情愿。即须经兼祧之父与兼祧之子双方愿意。如兼祧之子尚幼,不能表示意思时,则须得其本生父之同意。(四)须取具阖族甘结。盖因此外是否确无可继之人,应借甘结为证,以免启他日之争也。具此四种条件,方许兼祧。惟第一、第二两条件,为必要条件,缺其一,则兼祧无效;第三、第四两条件,为任意条件,在特种场合,虽不具此条件,其兼祧亦为有效。何则?第三条件之两相情愿,以双方均尚生存为前提。若兼祧之父已经死亡,则是无人可为情愿之表示也。第四条件之取具阖族甘结,(始)〔如〕必强其遵守,深恐族(其)〔人〕中有因嫌隙而不肯具结者,有因要挟未遂而不肯具结者,亦有因觊觎遗产而不肯具结者。故遇有此种情形而不能具此条件时,司法机关可以裁判代之。

**理　由**

独子不得出继之理由何在?《礼》曰"适子不得后大宗",①明乎绝父以后人之不可也。独子出继,自嗣子言之,是不忍于人之父母,而忍于(已)〔己〕之父母,不孝之尤也;自所嗣父母言之,是夺人之子以为子,不忍于(已)〔己〕之不祀,而忍于人之不祀,不仁之甚也,故不许焉。

独子不许出继,以所生之必不可弃也。然有时所生虽不可弃,而长房或他房,亦不可听其无后,于是有兼祧之例,所以济礼之穷,而重绝人之祀也。惟兼祧制度,究为不得已而设,若不严定限制,虑有滥行兼祧,以剥夺应继人之权利者,此兼祧条件之所由设也。

**按　语**

独子具备兼祧条件,许其承继两房宗祧,此为对于独子不得出继的原则之例外。惟所谓兼承两房者,非谓止许承继两房也。苟具备兼祧条件,虽一人兼承数房,亦非违法。若兼祧后,独子之本生父又生子,是独子之事实消灭,即兼祧之条件消灭,此际应以出继论。

**判决例**

兼祧不具条件,只得由五服内递推立继　按独子不得出继,为承继法上之一大原则;至兼祧之制,则属例外。

① 《仪礼·丧服第十一》。参见(汉)郑玄注,(唐)贾公彦疏:《仪礼注疏》,彭林整理,王文锦审定,北京大学出版社2000年版,第668页。

律载“如可继之人亦系独子，而情属同父周亲，两相情愿者，取具阖族甘结，亦准承继两房宗祧”云云，是兼祧者，必以同父周亲为条件之一，其限制甚严。若非然者，只可依照“无子者，许令同宗昭穆相当之侄承继”之例，由五服以内，递推而至于远房及同姓者，择立为嗣。（三年上字第一四九号）

独子除兼祧外，不得出继他房 查《现行律》关于独子不准出继，虽无明文规定，然自沿革言之，前《大清律例》时代，曾以明文禁止不得过继他房，后因种种必要，始有准许兼祧之特例，嗣后以兼祧条件，定入条例，而删除原有之法文，则律意自系以兼祧之具备法定要件者为限，始准以独子过继他房，其义至显。新法未布，《现行律》民事规定既系有效，即应通观大体，本其精神，以为判断。《现行律》意，为人子者，以养事本生父母承本宗之祧为根本原则，故律有“为他人养子者，若本生父母本有子而亡故，虽所养之亲亦无子，而得舍去即归本家”之条。① 若本生父母仅只一子，断未有擅许继入他家之理。兼祧已属从权，自难再予扩充。由是言之，独子除兼祧外，不得过继他房，洵可断言。（三年上字第一八六号）

兼祧不限于两支 律文所谓“亦准其承继两房宗祧”者，乃谓承继本房兼继他房之意，自不能仅摭拾“两房”二字，即解为不能承继三支。（三年上字第四八五号）

父母生前有不愿之意者，不得兼祧 兼祧以两相情愿为条件，其两方父母生前未经表示情愿与否，而死后无从得悉其真意者，固可不具备此项条件，而本于亲亲之义，许以兼祧。若生前既已表示不愿之意思，或已表示择立他人之意思者，则两相情愿之条件，显不相符，自不在准许兼祧之列。（三年上字第五八四号）

兼祧条件有四 《现行律》兼祧条件有四：（一）须可继之人为独子。（二）可继之人须为同父(同)〔周〕亲，即其父与被承继之父为亲兄弟是。（三）须被承继人及承继人双方均属情愿。如被继之一方，已无人可为情愿之表示，则因根本上已无适用法律之事实，此条自可不问。（四）须取具阖族甘结。如于已具备他种兼祧条件，而族人仍故意违抗，有所希冀，不为具结，应继之人，自可请求审判衙门，于调查是否具备他条件后，以裁判代之。（三年上字第六一八号）

兼祧违法，须有承继权人始能告争 按《现行律》，独子不许出继，而兼祧则须具备种种条件。其所以特设此种限制者，无非为保护其他有承继权利之人。盖独子既不许出继，而不合条件者，并不许其兼祧，则承继权利，当然属于其他应继之人。若违反此种规定，即属侵害其他有承继权者之权利。故亦惟有此种承继权者，即在承继位次中之人，始有告争之权。（三年上字第八四七号）

---

① 《现行律》户役门“立嫡子违法”条，原文为“若养同宗之人为子，所养父母无子(所生父母有子)而舍去者，处十等罚，发付所养父母收管。若(所养父母)有亲生子，及本生父母无子，欲还者，听”。

兼祧承继人之后，毋庸按照所承数房立嗣 查《现行律例》，兼祧固应具备一定之条件，而兼祧承继人之后，是否仅立嗣一人，即当然可以接续兼祧承继人所承两房以上之祧，抑必按照所承房数，依律例所定择立数人，或由具备兼祧条件之人以承其祧，此在《现行律例》，并无明文规定。本院据"立嫡子违法"条"立继"及"兼祧"诸例文解释，认为兼祧承继人之后，毋庸更为所承数房立嗣。仅有合格之人，为该兼祧承继人之后，即已完足。故兼祧承继人如有数子，以之分承各房，固听其便。若只一子，即当然可接承数房之祧。若系无子，则有权立继之人，除依其自由意思外，不能强制其必立数人，或以具备兼祧条件之人承继。盖《现行律例》第一条，①立后系以无子为条件，则有子一人，即可不发生立后问题。兼祧条件，又以同父周亲及两相情愿为条件，而为兼祧承继人之后者，即为绝对不能具备此两条件之人以祧承继人。通常系以独子兼祧二房以上，既曰"独子"，即无兄弟，则所谓"同父周亲"及"两相情愿"者，即无从发生。（四年上字第三八〇号）

有承继权人与被继人有嫌隙，对于违法兼祧无告争权 兼祧不备条件，则为不合法。现有承继权之人或其直系尊属，即得出而告争。但现有承继权之人或与被承继人先有嫌隙者，仍无告争之权。（四年上字第一八七六号）

兼祧子应分别侍奉两房父母 兼祧之子是否应随侍承祧父母，抑仍与本生父母同居，《现行律》上亦无明文。惟以一子而承两房之祧，则于两房父母，皆宜恪供子职。故两房父母如有不能同居之情形者，其子自宜分别侍奉两房，方为合法。（五年上字第八六九号）

自愿舍亲支出继远族，不为违法 如非独子，即无禁止出继远族之理。纵令期服伯叔亦复乏嗣，然若自愿舍亲支而继远族，不得谓为违法。（五年上字第一一三九号）

兼承他房宗祧者，于本生父其后所生兄弟，仍为同父周亲 出继人之子，于本生父之兄弟，固不得为同父周亲。若仅兼承他房宗祧者，则与本生父之亲子关系并无消灭，即于本生父其后所生之兄弟，仍不失为同父周亲，与普通出继他房之子，不得视同一律。（五年上字第一二五四号）

独子兼祧必须具备同父周亲之条件 守志之妇为夫立嗣，若具备继子不得于所后之亲或应继之人平日先有嫌隙之条件，固许其择贤择爱，不依次序。而独子则除兼祧外，当然不得出继他房。法定兼祧各条件，尤以可继之人同父周亲为最要。如未备此要件，即不得借口贤爱，遂许其兼承两房宗祧。（五年上字第一四四五号）

本系同父周亲，出继远房者，不得再回而兼祧 《现行律例》，独子以属同父周亲者为限，始准其兼祧两房。若本系同父周亲，而业经出继远房者，不能仍为同父周亲，即不得再准其回而兼祧。（六年上字第五一号）

兼祧子所生之子，应兼承各房 独子兼祧两房，除兼祧当时已有特别之订定外，凡兼祧子所生之子，亦

① 指《大清现行刑律》户役门"立嫡子违法"条例文第一。

当然兼承其父所兼祧各房之后。绝不能谓兼祧效力，仅限于一代；兼祧子所生之独子，应专承本生一房宗祧，而为兼祧之房另行立嗣。（六年上字第一六二号）

本生及兼祧父母无不愿兼祧之意思者，应认为兼承本宗之祧 独子出继，如具备兼祧条件，而其本生及所后父母又显无不愿兼祧之意思者，即应认为兼承本宗之祧。（六年上字第八六五号）

子出继后，仍得回而兼承本宗《现行律例》，独子不许出继，只准兼祧。寻绎律意，原系禁其绝本宗以为人后。故凡独子承继他人，无论当时是否作为兼祧，若其后本宗终无别子可以为后，其父母生前亦未另行立继，而承继他人之子，又本合于兼祧条件者，自应仍由其兼祧本宗。（六年上字第一一二七号）

独子之事实消灭，其承继应认为合法 承继人于入继时虽系独子，而嗣后其本生父又生他子者，则其为独子之事实既已消灭，其承继自应认为合法，他人即不能再以此借口告争。（六年上字第一二九六号）

父有别子亡故，而生孙有(虫)〔后〕者，不得以独子论《现行律》兼祧两房，以可继之人亦系独子为要件。而律所载“独子”，又系指父无别子之情形而言。若父有别子，虽已故，而生孙有后者，即不得以独子论，依律只许出继，而不得兼祧。其有误用兼祧之名义者，则为贯彻法律之趣旨，符合当事人之真意起见，苟具备立继之其他条件，自应仍认其承继为有效。（六年上字第一三一四号）

不得以待继嗣子预拟兼祧 嗣子苟已取得子之身分者，（即继嗣已经确定者）若具备法定兼祧条件，固应一律准其兼祧。然在嗣子尚未立定以前，自不得遽以待继之嗣子，预拟兼祧他房，而排斥他人之承继。（七年上字第四四号）

律载“独子”，包括嗣子、律载“独子”，自非专指亲子而言，嗣子亦包括在内。故嗣子具法定之条件，自亦许其兼祧两房。（七年上字第三二四号）

兼祧两房之人身故无后，得择立两人，分承两房宗祧 兼祧两房之独子，若无子立嗣，可否并立二子，分承两房宗祧，《现行律》内虽无明文规定，惟查前清道光九年〔1829 年〕礼部奏准案内称“独子之子，分承两房宗祧，应各为祖父母服齐衰不杖期。父故嫡孙承重，俱服斩衰三年”等语，并曾经附纂通行，是独子亲生之子，既许分承两房宗祧，可知两房宗祧，并不因兼祧而并合。故若独子身故无后，亲族因其特别情形，为之择立二人，以分承两房宗祧，自与寻常并继不同，仍应认为有效。（八年上字第七六号）

择兼祧子之子分承自己一房为孙，系属合法 将同父周亲之侄，合法兼祧为子，更于兼祧子所生之诸子中择立一孙，分承自己一房为嗣孙，于法并无不合。（八年上字第一八一号）

独子出继之习惯无效 独子出继之惯例，因法律既另有明文，自不得援引。（八年上字第二三四号）

兼祧子之子，得分承两房宗祧 兼祧两房独子所生之子，令其分承两房宗祧，非《现行律》所不许。（八年上字第二六七号）

兼祧虽无甘结，不得指为无效，兼祧之取具阖族甘结，亦不过以防族人之争执。若早经兼祧，事历多

年，上告人当时既无异议，亦未经族人争执，即不得以其并无甘结，主张为无效。（八年上字第五三八号）

可以兼祧之独子，其承继顺位在大功服侄之先 无子立继，先尽同父周亲，次及大功、小功、缌麻，依律原有一定之顺位。若同父周亲之侄，系属独子，尚许兼祧两房宗祧，则其承继之顺位，仍应在大功服侄之先。（八年上字第七六八号）

〔兼祧人之嗣子当然兼承各房之祧〕兼祧之人无子立继者，除择立时别有分别承继之表示外，当然由一嗣子承祧。（八年上字第一二五三号）

兼祧并不以同宗别无可继之人为限 独子兼祧，并不以同宗别无可继之人者为限。（八年上字第一二九二号）

起诉后发生独子之事实，不得主张过继 告争承继人，于起诉时虽非独子，而于诉讼进行中成为独子，其父之别子，又系未婚夭亡、不能立后者，除具备兼祧要件仍得主张兼祧外，不得再行主张过继他房。（九年上字第一四一四号）

立独子为嗣之行为无效 法律行为之无效，乃属确定性质。苟具有无效原因，不问行为人行为时是否知悉，均应许其得以主张。故立嗣而违背法定条件，即令初为立嗣人所明知，既属根本无效，自亦得于事后主张。本件查阅卷宗，被上诉人系属独子，为其所不争。而依《现行律》规定，独子本不得出继。则无论被上诉人所称上诉人丁戴氏立上诉人丁德松为嗣时，曾并立伊为嗣一节，是否真实，该立被上诉人为嗣之行为，既属违反强行法规，而根本无效，则依上开说明，上诉人等诉请确认，要应认为正当。（十五年上字第四九七号）

**以上大理院判决例**

兼祧之条件 独子不得出继，为承继法上一大原则。至兼祧为例外规定，必同族中别无可继之人，而应继者适为独子，又属同父周亲，两相情愿，取得阖族同意，方能准许。（十七年上字第二〇二号）

**以上最高法院判决例**

**解释例**

嗣子苟备兼祧条件，亦许兼祧 独子苟具备兼祧条件，自应准其兼祧。嗣子既取得子之身分，即应一律办理。（五年统字第五〇二号）

兼祧虽不合法，亦不许兼祧之子死后告争 有甲故无后，甲母以与甲同祖兄弟之子丙兼祧。事隔二十余年，丙亦已故。现有应继之人丁（当兼祧时，丁尚未出生）出而告争其兼祧不合法（非同父周亲）。查终丙之身，丁既未出而告争，自无于丙死后再许其告争之理。（七年统字第八九八号）

兼祧限于同父周亲，院例无扩张解释 查《现行律》，同父周亲，曾许兼祧。本院判例，亦尚无扩张解释。（七年统字第九一三号）

继子亦许兼祧 继子如合于兼祧条件，亦许兼祧。（八年统字第一〇四一号）

兼祧之子,更无所谓兼祧 查非自己或自己之直系卑属有承继权,对于他人之承继是否合法,不得告争,本院早有判例。戊继丁,仍兼承三门。如无合法告争之人,本可不予置议。况兼祧之子,更无所谓兼祧。故除择立时别有分别承继之表示外,当然由一嗣子承祧。(八年统字第一一一一号)

兼祧后,父又生子,以出继论 兼祧之独子,其本生父后又生子者,独子事实即已消灭,当以完全出继论。参照本院六年上字一二九六号判例。(十年统字第一五八六号)

兼祧不合法,有应继权人于其生存时告争,与立继时不告争者有别 依法成立之继嗣,固不得因其后情事变迁,复行变更既定之关系。若承祧本非合法,而于其生存中,有应继之人出而主张承继权,自与立继当时不出告争可以认为抛弃者不同,其告争自属合法。(十一年统字第一六六八号)

**以上大理院解释例**

## 第二节 遗产承继

卑幼私擅用财条例4.70.(1) **嫡庶子男,分析家财田产,不问妻、妾所生(之子),止以子数均分。奸生之子,依子量与半分。**

**注 解**

本节为关于亲生子承继遗产之规定。妻所生之子为嫡子,妾所生之子为庶子,由苟合或无效婚姻(一当事人无结婚意思,二同宗结婚,三亲属结婚,四重婚,五相奸者结婚等类)所生之子为奸生子。虽名义不同,而其为亲生子则一。分(折)〔析〕遗产,不以(痛)〔嫡〕、庶而有所区别。故不问为妻所生,抑为妾所生,均按照子数均分;惟奸生子仅与半分。例如有嫡子、庶子、奸生子各一人者,其遗产,嫡子、庶子各得十分之四,奸生子得十分之二是也。

**理 由**

我国三代以上,宗法盛行,其恃以幹国承家敬宗收族者,厥惟宗子,此宗祧承继之法也。中古以降,宗法废弛,而如官员之(瘾)〔荫〕袭、丧服之承重,犹致严于嫡长,此身分承继之法也。凡以礼制立教之国,不甚注重于家产。故吾国数千年来,于分析祖父遗产之事,一委诸习惯。苟有兄弟让产者,历史且著为美谈。晚近风俗衰薄,始有分产之例。欧洲各国,其法律概采个人主义,并不认有家族。故其所谓承继,直一财产之移转而已。本例规定嫡庶子男分产标准,盖亦由宗祧承继、身分承继时代而渐趋于遗产承继时代。惟与欧洲各国异者,各国法律,无所谓庶子,即嫡出与奸生二者,其辨别亦綦严,故不惟无庶子之承继,即私生子亦无承继之权利。日本法虽稍宽,然其所得之分,不过嫡子二分之一。是盖尊重正当婚姻,凡系正妻以外所出者,法律不予以完全权利也。吾国习惯,承继遗产,无嫡庶之分。故自一夫一妻之制度言之,妾非正当之配偶,则妾子自应有别。然法律既无不许置妾之明文,则妾子又不当歧视,故本例明定不论嫡、庶均按子数均分。至奸生子,虽较诸庶子为暧昧,然既经其父认领,自无听其失所之理,故本例定为"量与半(身)〔分〕",惟不免与近日平等之旨相背耳。

**按 语**

本律"名例"规定,"称子者,男女同",则本条所称之子,兼赅女子在内。女子亦有遗产承继权,不以户绝为限也。

**判决例**

妾子为庶子 母为人妾者,其子固为庶子。即母非人妾,而在其人生前,曾经认知,亦发生父子之关系。故父子关系之是否存在,自以有无认知为准。(三年上字第七二九号)

出继子不得与本宗同父兄弟分产 出继他宗之子,不得与其本宗同父兄弟分析本生父家财,亦不许同父兄弟分析出继兄弟之承继财产。(三年上字第八三五号)

家产按子均分,不得主张相异之习惯 适用习惯,必须法律无明文规定者而后可。家产应按子数均分,《现行律例》既有明文,自无主张习惯之余地。(三年上字第一一八九号)

家产因一人特别勤劳增加者,得从优分给 分析家产,依律无论妻、妾所生,虽应按子数平分,但若遗产无多,而因诸子中一人或数人之特别勤劳,显有增加者,则当分析之际,自可酌量情形,对于其人从优分给。(四年上字第四八号)

庶子就共有祀产,得均分收益 嫡、庶子男分析家财田产,不问妻、妾所生,只以人数均分。苟系庶子,就共有祀产,自能主张均分收益之权利。(四年上字第二六二号)

分与妾子家产三分之一之约定无效 夫虽立据与妻约定,对于妾子,不问多少,只分与家产三分之一,然显背律例"应依子数均分"之条,碍难认为有效。(四年上字第一四五八号)

奸生子量与半分,与义子仅得酌给者不同 按照《现行律》"分析家财田产,奸生之子,依子量与半分"之条例,自与义子之仅得酌给财产者不同。(四年上字第一五四七号)

本宗兄弟愿分产与出继子者,亦得分析 出继他宗之子,不得分析本生父家财。惟本宗兄弟情愿分给本生父遗产者,即无不予听许之理。(五年上字第六二八号)

出继前已分得之产,不得强令归还 出继他宗之子,虽不得主张分受本生父之家财;本生同父兄弟,亦无许主张分受出继兄弟之承继财产之理。惟出继子于未出继以前,业已分得之产,则已为其个人之私产,自不能强令归还本宗。又出继子当未出继前,如已约定将继产与本生同父兄弟均分者,迨出继之后,亦不能任其随意翻悔。(七年上字第三二一号)

许其带产出继者,法所不禁 出继他房之子,固不得有与本房同父兄弟分析本生父遗产之权。但经其本生父或本房同父兄弟协议,许其带产出继者,则为法所不禁。本房兄弟(即)〔既〕不能将出继他房兄弟已带出之本房财产,收回再分;亦无因此强令其提出承继

财产,与本房兄弟均分之理。(七年上字第七一二号)

未为妾时所生之子,于母为妾后,取得庶子身分 母未为父妾以前,与父所生之子,自可于母取得父妾之身分时,亦取得庶子之身分。(八年上字第一四〇一号)

母于父故后,得酌给亲女财产 亲女为亲所喜悦者,其母于父故之后,得以遗产酌量给与,但须较少于应分人数均分之额。在本院迭经著有先例。(十四年上字第三四四七号)

母酌给亲女财产,不问为嗣子入继后,或亲女出嫁后,均无须得嗣子同意 本院判例所谓“处分时必得继子同意”或“处分后得继子追认”者,系指嗣母于特别情形代嗣子处分财产而言。若对于喜悦之亲女酌给财产,则为其母在法律上应有之权利。苟其酌给之数额,并未轶出法定范围,即无庸得嗣子之同意或追认。而其酌给时间,亦无一定之限制。在继子已经入继,或亲女出嫁以后,均得为之。(十四年上字第三四四七号)

**以上大理院判决例**

**解释例**

分析家财,除有合意或特别习惯应多给长房外,应依子数均分 查俗所称“长孙”者,应指长房嫡出年长者而言,所谓大宗是也。该县如无反对习惯,自应以此为准。惟分析家财,除当事人明白表示合意或该地方有特别习惯足资解释应多给长房外,应依《现行律》“卑幼私擅用财”条例,自应依子数一体均分。(八年统字第一一六四号)

家产除因特种费用(省)〔得〕多分长房习惯外,应按子数均分。妾为所生之子告争分产,亦属有权 查丙既有精神病,其所分财产,又向由甲管理,自可认甲为丙之保护人。甲以丙保护人资格,为丙子分析家产,自属有效。至分析家产,除各该地方有长子因特种费用(如别无祭资,应由长子负担之类)得酌量分多以资抵补之习惯外,依律自应按子数均分,不得偏颇。己、庚既已分财异居,戊为生母,如别无过误,将因管理而危及庚之财产,自应仍由戊管理。甲遽收归自管,亦未尽合。又戊(妾)为所生子之分产,出而告争,亦属有权。(九年统字第一二九五号)

家产应依子数均分。亲女为亲所喜悦,无论其亲或存或亡,均得分给财产 查亲生子分析遗产,不问妻、妾所生,止以子数均分。养子为所后之亲喜悦者,所后之亲死后,仍应酌分财产。此在《现行律》户役门设有规定。亲女应否酌分,《现行律》虽无明文,而就关于义男女婿之规定,类推解释,苟为亲所喜悦,即无论其亲或存或亡,亦得酌量分给。至养子、女婿、亲女酌分标准,在《现行律》无可依据,而依条理言,自应较少于应分人数均分之额。又妻(即守志之妇)于夫死后,得就其自己生活情形及遗产状况,请求养赡财产。(十三年统字第一八八七号)

私生子之遗产承继权 私生子之遗产承继权,前开《现行律例》,已有明文规定。即有亲生子者,依子量与半分。如别无子,立应继之人为嗣,与均分。无应继之人,方许承继全分。(十六年统字第二〇一二号)

**以上大理院解释例**

未出嫁女子与男子同有财产承继权 查第二次全国代表大会《妇女运动决议案》,系前司法行政委员会令行广东、广西、湖南各省高等审检厅，在未制定颁布男女平等法律以前，关于妇女诉讼，应根据上项决议案法律方面之原则而为裁判。按上开令文，以财产论，应指未出嫁女子与男子同有继承权，方符法律男女平等之本旨。否则女已出嫁，无异男已出继，自不适用上开之原则。（十七年解字第三四号）

原则上女子未嫁者与男子同有财产承继权 查第二次全国代表大会《妇女运动决议案》关于请求制定男女平等法律，经前司法行政委员会令行广西、广东、湖南各省高等审检厅，声明在此项法律未制定以前，应依该决议案法律方面之原则而为裁判。现上项法律，未经国民政府制定颁布，对于函开一、二、三各点，只有本诸男女法律上平等之精神为裁判标准。以财产论，应指未出嫁女子与男子同有承继权。否则即属例外，自不适用上开之原则。（下略）（十七年解字第三五号）

未出嫁女子有与胞兄弟同等财产承继权 查女子继承财产，系指未出嫁之女子而言。不问有无胞兄弟，应认为有同等承继权。至出嫁之女子，对于父母财产，不得主张承继权。（十七年解字第四七号）

不问嫡庶、长幼、男女，均有财产承继权 查财产承继问题，关于嫡庶、长幼、男女，在现行法令，并无差别，自应认为有同等承继权。惟出嫁之女子，不得主张承继所生父母财产，业经本院〔十七年〕解字第三四号解释有案。（十七年解字第四八号）

女子能否承继宗祧，系立法问题 据启东县长呈请解释女子可否承继宗祧到院。查第二次全国代表大会《妇女运动决议案》规定，女子有财产承继权，并经本院〔十七年〕解字第三四号及〔十七年解字〕第四七号解释各在案。至女子能否承继宗祧，事关立法问题，国民政府现尚未颁布此项法令，本院无从解释。（十七年解字第八七号）

女子未嫁前分受之产，出嫁(出)挈往夫家，须得同意 女子未嫁前，与其同父兄弟分受之产，应认为各人私产。如出嫁挈往夫家，除妆奁必需之限度外，须得父母许可；如父母俱亡，须取得同父兄弟同意。（十七年解字第九二号）

女子未嫁前承受遗产，应酌留祀产及应继分 女子未嫁前，父母俱亡，并无同父兄弟，此项遗产，自应酌留祀产及嗣子应继之分。至此外承受之部分，如出嫁挈往夫家，除妆奁必需之限度外，仍须得嗣子同意；如嗣子尚未成年，须得其监护人或亲族会同意。（十七年解字第九二号）

被夫遗弃、留养母家之女子，如经父母许可，得与兄弟分产 女子被夫遗弃，留养于父母之家，其本生父母既许其分产，自无禁止其与兄弟分受遗产之理。（十七年解字第九二号）

守志妇得承受夫分 妇人夫亡无子而守志，不问其出嫁前有无承继本生父母之财产，但既为守志之妇，自得承受夫分。（十七年解字第九二号）

赘婚女子有承继财产权 关于“已嫁之女子，对于父母财产，不得有承继权。惟女子在父家招人入赘，是否准已嫁论”等语，此项赘婚，仍与通常婚姻关系同。惟女既因赘婚留居母家，与夫家不发生家属关系，自应准其有承继财产权。（十七年解字第一三三号）

未嫁时分受财产，出嫁时欲挈往夫家，须经同意 第二问题，业经本院〔十七年解字〕第九二号解释有案。（附原函：女乙取得父甲财产后，始行出嫁。适甲亡无子，他房出而争继，则乙对于前取得甲之财产，是否仍有处分权？）（十七年解字第一三三号）

女子未婚前承受遗产，已有嗣子者，应与嗣子平分；未立嗣者，应酌留应继分 第一问，女子虽有财产承继权，并无宗祧承继权，其承受遗产，在未出嫁前，已有嗣子，固应与嗣子平分，即未立嗣，亦应酌留其应继之分，不得主张全部承受。（中略）可参照（根）〔本〕院〔十七年解字第〕九二号解释。（十七年解字第一六三号）

女子承继财产，与嗣子无妨 第二问，女子承继财产，与嗣子本不相妨。惟抚异姓子以乱宗，及所拟未嫁之女招夫生子仍从母姓以续后嗣，均为法所不许。至义子酌分财产，在《现行律》定有明文，尤不发生疑问。可参照（根）〔本〕院〔十七年解字〕第九二号解释。（十七年解字第一六三号）

未出嫁女子有财产承继权 第三问，女子承继财产，应以未出嫁之女子为限，经本院〔十七年解字第〕三四号解释有案。（十七年解字第一六三号）

未出嫁女子承继财产，出嫁时挈往夫家，须经同意 未出嫁之女子，于承继财产后，可否出嫁，或带产出嫁各节，业经本院〔十七年解字第〕九二号解释就第一点分别甲、乙两项说明在案，参考便知。（十七年解字第一八六号）

**以上最高法院解释例**

离婚女子留居母家者，有承继财产权 女子与夫离异，留居于父母之家，如遗产未经分析，或另有遗留财产，仍得享有继承财产权。（十八年院字第一一号）

**以上司法院解释例**

卑幼私擅用财条例 4.70.(1) **如别无子，立应继之人为嗣，与奸生子均分；无应继之人，方许承继全分。**

**注　解**

本节承上文奸生子而言。“别无子”者，乃既无嫡子，又无庶子，止有奸生子之谓也。奸生子虽亦亲生子之一，究非可与嫡、庶子同论。故在无嫡、庶子之场合，仍应另立嗣子。至应立何人为嗣，则依法定的承继顺位为准。顺位在先者，即应继之人也。立嗣后，其遗产由嗣子与奸生子平分。若宗族内实无可继之人，则由奸生子承受遗产之全部。故奸生子之遗产承继权，可分为三种：在有嫡、庶子之场合，仅有减半承受之权利；在无嫡、庶子而另立嗣子之场合，则有平分之权利；在无可立嗣之场合，则有全部承受之权利。

**理　由**

本节规定奸生子与嗣子应继分。依前节所定，分析家产，奸生子依嫡、庶子所承受之数,量予半分,是奸生子固不与嫡、庶子平等待遇也。然至无子而立嗣,据名义而论,奸生子出于暧昧,而嗣子实为正名定分之后人;据血统而言,嗣子原非亲生,而奸生子实出于本身之血统。法律若亦如嫡、庶子之例,不与嗣子平等待遇,恐人情厚其所爱,一旦生前处置此遗产,或反刻薄嗣子,偏向奸生,而于事理不得其平,适以启家庭之变故。是以特许其与嗣子均分,体人情,亦所以弥家衅也。至宗族无可继之人,则与奸生子以全分,自属当然之理。

**按　语**

立嗣精意,无非绵血统于不斩,奸生子究亦亲生子之一。就其母之关系言,虽非正式婚姻;而就奸生子之本身言,究无可以歧视之理。若舍亲生之子,另立他人之子为嗣,似与绵血统之义相背驰。故在有奸生子之场合,殊无更立嗣子之必要。况奸生子于其母取得妾之身份时,即可取得庶子之身份;于其父与母正式结婚时,即可取得嫡子之身份,则何不可于父无别子场合,取得与嫡、庶子同一之身份,而必令旁系入继,以限制其完全承继遗产之权利。惟此系立法问题,应俟将来民法之规定如何以为断,非解释所能变更也。

**判决例**

奸生子既许承继财产,应与认知之父同居 《现行律》载"奸生之子,依子量与半分。如别无子,立应继之人为嗣,与奸生子均分;无应继之人,方许承继全分",又"祖父母、父母在者,子孙不许分财异居"各等语,是奸生子之认知,法律虽无明文规定,然既许奸生子得承继财产,则条理上自应认认知制度,以确定其关系。惟奸生子一经本人认知,即与本人发生父子关系;既有父子关系,则依照前示"祖父母、父母在,子孙不许分财异居"之例文,虽奸生子亦应与认知之父同居,与嫡、庶子男无异,自不待言。(五年上字第一八九号)

奸生子不得以亲生子论 《现行律》上,惟妻、妾所生之子,乃得为亲生子。若无亲生子,而仅有奸生之子,则依律尚须立应继之人为嗣,是可见奸生子并不得以亲生子论。寻绎律意,自极显然。(五年(解)〔上〕字第九二五号)

遗产承继之先决问题 遗产之承受,应以宗祧承继为先决问题。(十六年上字第八〇八号)

**以上大理院判决例**

立嫡子违法条例 4.63.(1) **若立嗣之后,却生子,其家产与原立子均分。**

**注　解**

此指生前立嗣而言。生前立嗣,其嗣父于立嗣后又复生子,此际关于遗产之承继,应由嗣子与亲生子均分。

**理　由**

立嗣之后,其遗产通常由嗣子承受。故嗣子一方为宗祧承继人,一方又为遗产承继人，此为承继法上之定则。然此项定则，限于立嗣后被继人始终无子之场合，方能适用。若立嗣之后，被继人却又生子，则此项定则，即无可适用，自不能不别定办法，以剂其平。本例衡情酌理，许嗣子与亲生子均分遗产，盖既不能使嗣子承受遗产之全部而使亲生子向隅，又不能使亲生子承受遗产之全部而使合法立定之嗣子向隅，此均分之例之所由设也。

**按　语**

依照通例，所嗣父母有子，（即立嗣后又生子）而本生父母无子，（例如先有二子，一子出继后，一子死亡）此际嗣子得请求归宗。设遇嗣子归宗之场合，能否有与亲生子均分遗产之权，又或其遗产先已分析，归宗时，能否将分受之产携归本宗，律例均无明文规定。

**判决例**

独子失亡后所立嗣子，是否因(八)〔之〕生还而归宗，应视其系何人所立为断　《现行律》关于承继各条例，于独子失亡立嗣之后，失亡之子却生还者，原立子应否归宗，并无明文规定，自应比附其他条例，为类推之解释。例载“若立嗣之后，却生子，其家产与原立子均分”等语，是立嗣在先者，后虽生子，仍与所生子同视，既应均分家产，并不令其归宗，可知凡因所生子失亡立嗣之后，所生子却生还者，似可援照此例，不令原子归宗。惟按立嗣后生子者，其立嗣当然在承继人之生前，无论择贤择爱，悉本于被承继人之自由意思，故其后不能以生子而复弃原立之子。所生子失亡而立嗣者，亦然。如果被承继人于生前或以遗言自行立嗣者，其后所生子即复生还，自无排斥嗣子之理。若至被承继人死后，始由亲族会议或审判衙门判断为之立嗣者，则其立嗣之始，已未必合乎被承继人之意思。何则？被承继人于生前所以始终并不立嗣者，无非期所生子之生还耳。虽其死后，为宗祧计，亲族会议或审判衙门裁判时，不能不代为立嗣。而一旦所生子归来，则宗祧既不致虚悬，并无反乎被承继人意思另为立嗣之必要。于此情形，自难援立嗣后生子之例，谓原立子应与所生子均分家产，毋庸归宗。（三年上字第五六一号）

立嗣后生子，应均分家产　《现行律》载“无子者，许令同宗昭穆相当之侄承继”、“若立嗣之后，却生子，其家产与原立子均分”等语，是故凡无子而依法择立嗣子后，却又生子者，苟非依法表示废继之意思，或就其财产为特别之处分，则其原立嗣子，并不退继，而所有财产，亦应均分。（三年上字第五六八号）

**以上大理院判决例**

继子废继后，丧失财产承继权　继子身分与所继财产有不可分离之关系。继子一经废继，则所继财产，当然随之丧失，不得主张仍有所有权。（十七年上字第二三八号）

议继时提产酌分各房，继子并不反对，不得事后翻悔　承继财产，虽属继子应有之权利，但亲属会议继时，就被承继人遗产提留一部，酌分各房，而继子当日无显然之反对者，应属有效，自不能于出继后，

任意翻悔。(十七年上字第三六九号)

**以上最高法院判决例**

**解释例**

奸生子于母取得妻、妾身分后,即取得嫡、庶子身分 《现行律》前开条例内载有"奸生之子,(中略)如别无子,立应继之人(即同宗昭穆相当之侄)为嗣"等语,故在通常,固应解为苟有亲生之嫡、庶子,或虽无子而有应继之人,均不得立私生子为嗣。但律例原意及我国习惯,亦均以血统为重,故其母如嗣后取得妻、妾身分,而私生子又经其父认领,自仍应解为可取得嫡子或庶子之身分。参考八年统字第一〇九二号解释。(十六年统字第二〇一二号)

**以上大理院解释例**

典(卖)[买]田宅条例 5.76.(1) **告争家财、田产,但系五年之上,并虽未及五年,验有亲族写立分书已定、出卖文约是实者,断令照旧管业,不许重分、再赎,告词立案不行。**

**注 解**

本节规定重分再赎之限制。分析家财田产,凡嫡子、庶子、嗣子、奸生子之应继分,前数节已有明文规定,当然为分产时所应遵守之法则。其尊长应分财物不平均者,有罚,此在"卑幼私擅用财"律内又有特别规定,(详见第五章)则凡分产不依应得之分,致生不均平之结果,法律固不禁其重分。惟重分须受种种之制限:(一)分产在五年以上者,不问有无分书,不许重分。(二)验有亲族写立分书者,虽未满五年,亦不许重分。(三)分产虽未及五年,而分受人已与他人订立出卖文约者,亦不许因重分而再赎。有此三种情形之一,不问原分是否均平,均在不许重分之列。

**理 由**

法律关系,不可使陷于永久不确定之状态。故分产已满五年,不许告争重分。其虽未满五年,验有亲族写立分书者,法律上推定其为均平,故亦不许告争重分。至已定出卖文约,虽分产未满五年,而为保护买主之利益,期买卖关系之迅速确定,故不许因重分而告赎。

**按 语**

本节所设重分之限制、再赎之限制,系指本来之分析、买卖等契约,均系合法成立者而言。若其分析契约、买卖契约,本具有无效或可撤销之原因者,自不受本节之限制也。

**判决例**

告争家财之限制 《现行律》载"告争家财、田产,但系五年之上,并虽未及五年,验有亲族写立分书已定、出卖文约是实者,断令照旧管业,不许重分、再赎,告词立案不行"等语,本院(解)[绎]释上开条例,于告争家财与告争田产,应判为二事。而于告争家财,又以期间之长短为区别:(一)凡分家期间未及五年,当事人只须证明讼争之物为分书上分得之物,则不问原分是否公允,相对人即无告争之余地;(二)该条例所谓“但系五年之上”不许重分者,盖指分家无分书而以其他方法可资证明有分家事实及所争财产又确曾分析者而言,此项分析财产,若经过五年,亦不许以不应分受为告争理由。(三年上字第四七号)

分析家财不专以分书为证 分析家财,虽无分书,亦得由当事人用他种方法,以证明其事实。(三年上字第一六九号)

出嗣子与本宗兄弟协议互分家财,如有一部未分,应推定当事人之真意判断 由本宗及其他出继兄弟之协议,将本生父之遗产及出继人所得之承继财产合而为一,仍按人数均分者,则亦为法所不禁,仍属有效。经如是分析后,出继人或其同父兄弟,如尚有未分之家财,而原分当事人间亦未预定分析办法,或订结特种合约者,究应如何处置,审判衙门当就调查所得关系事实,推定当事人之真意,以为判断之标准。此项家财,若原分时因遗漏不知致未分析,或实际上不能即时分析者,(例如原分析当时,财产所有权虽仍属于当事人,而使用收益权则寄诸第三人者)则为贯彻原分当事人之意思起见,自应仍令依照原定办法分析。若原分时并非不能分析,则当事人间同时彼此不同其处置,是明明有特订办法之意思,审判衙门自难以其对于一部分财产所为混合分析之办法,即推定其对于所保留未为混合之财产亦同此办法,则关于此项未混合之财产,即不能合并分析。(三年上字第八三五号)

分书无一定形式 分书并无一定之形式,如因其记载能辨别分析之意思,即不能以其包含于继书内而否认其效力。(三年上字第八七〇号)

隐匿未分之财产,不在不许重分之列 一造所隐匿之财产,始终并未依法分析者,虽立有分书,要不在不许告争之列。(四年上字第二六七号)

分产非要式行为 分产应用何等方式,现行法上并无明文规定。故苟有方法,足以证明其分析属实,审判衙门认证之结果,亦复得有确信,则此项证据,即不能不据为判断之基础。(四年上字第四九四号)

亲族在场,非分单之要件 族长公亲之在场作证,虽为分单订立之常规,要非分单订立之要件。(四年上字第二〇六四号)

合意重分家财并非无效 家产之分析,果由当事人之同意,则虽系重分,亦非无效,而即应依其后之所分为准。(四年上字第一五九六号)

分产后复合并,则此后分析,自应一并重分 分产后复行伙度,则前次已析之产,自可推定其已经合意归并。此后复行分析,应就现有财产之全部计算,按股均分,毫无可疑。自不能将前经分过之产,另行提出,不予一并重分。(五年上字第九八二号)

分析遗漏之部分,得以再分 分析家产,一经证明有其事实,除遗漏未分之部分仍得由当事人请求分析外,不问原分有无分书及是否公允,均不许当事人以重分告争。(七年上字第一〇三七号)

被继人妻或尊属以遗产分给他人，而承继人同意者，不得告争 宗祧之承继与财产之承继，虽有联属之关系，但被承继人之遗产，若经被承继人妻或直系尊亲属分给他人，而承继人当时已经同意者，嗣后即不得(彼)〔复〕行告争。(九年上字第三一号)

以自己劳力所得之产，不能强其分析 分家前以自己名义所得之财产，自为特有财产。此种财产，若当事人同意，归入公产，充作公用，固无不可。若当事人以其为自己劳力之所得，不允提作公有者，自不能指为公产而强其分析。(十一年上字第三〇六号)

**以上大理院判决例**

**解释例**

律载"不许重分"系指已分之家财而言，其未分者，自不禁其重分 查《现行律》"告争家财，但系五年以上，并虽未及五年，验有亲族写立分书是实者，断令照旧管业，不许重分"云云，系指已分之家财而言。至未分之家财，无论若干年，均无禁止请求分析之理。惟所询情形，如果认为已有舍弃(消极意思表示)，自得斟酌情形，根据证据办理。(八年统字第一一一八号)

分产经亲族在场立有分单，并无诈欺、胁迫情事者，不许告争重分 查《现行律》"告争家财，(中略)验有亲族写立分书(中略)是实者，断令照旧管业，不许重分"，丙为午及子、丑等分析家产，如果业经亲族在场，立有分单，午之承认亦别无诈欺或胁迫情事，自不许午再行告争重分。否则无论庚之合同是否属实，午既指定分承长房，自应得分家产二分之一。惟应调查当初承继时，两房所有财产之确数，及其现有之财产是否原财产所滋生，以定均分之标准。(九年统字第一四〇八号)

立嫡子违法条例 4.63.(2) **若无子之人家贫，听其卖产自赡。**

**注　解**

"无子"，指无亲生子而言。其已否立嗣，及有无可继之人，均所不问。"听其卖产自赡"者，谓他人不得加以干涉也。

**理　由**

无子本应立嗣，以重宗祧。而为保全承继人之利益，又应酌留承继财产，此为承继法上之定则。故无子之人，将其财产处分净尽，不为承继人稍留余地，当然为法所不许。然若无子之人家贫，非卖产无以自给，如必强其留产待继，致使其人无资生之术，殊非人情所宜。故本例许无子家贫之人卖产自赡，盖亦权衡轻重而为此规定也。

**按　语**

家贫卖产，为当然之结果，不以无子为必要。虽非无子，而在贫不能自给之际，亦惟有出于卖产之一途，则对于无子家贫者之卖产，似无设特别规定之必要。惟按诸社会情形，无子者卖产时，不论如何贫困，族中应继之人亦必出而阻挠，其结果必至无子家贫之人拥产待毙而后已。故设此例，以示不许干涉之意。

**判决例**

承受夫分之妇，非生活上必要，不容擅自处分遗产 依《现行律》之解释，妇人承受夫分，须择人继嗣，继受财产，苟非由于生活上之必要，（即嫁女妆奁、清理遗产费亦在内）自不容擅行处分。（六年上字第二六六号）

守志妇确有生活上之必要，始得处分遗产 依《现行律》解释，守志之妇处分其夫遗产，虽须确有生活上之必要，然对于其处分，须于遗产有权利之人，始得告争。（七年上字第一〇七二号）

守志妇不得以遗产全部（指）〔捐〕施于人 妇人合承夫分者，关于其夫遗产，除因生计上有必要情形外，不得为有效之处分。故守志之妇，本有为夫立继之义务，不得置其夫之继嗣于不顾，而以遗产全部概行捐施于他人。（七年统字第一〇四六号）

**以上大理院判决例**

**解释例**

孀妇未立继前，于生活上有急迫情形，亦得处分遗产 在未经立继以前，乙（孀妇）只能管理家财。若于生活生有急迫情形，亦得处分自赡。（九年统字第一二三〇号）

**以上大理院解释例**

立嫡子违法条例 4.63.(4) **妇人夫亡无子守志者，合承夫分，须凭族长择昭穆相当之人继嗣。其改嫁者，夫家财产及原有妆奁，并听前夫之家为主。**

**注　解**

夫亡无子，妇能守志，则既有承受夫分之权，又有代夫择继之权。若夫亡改嫁，不特无此权利，即其自已原有之妆奁，亦不得于改嫁时携去。所谓“夫分”者，即其夫应得之部分也。例如，夫有兄弟并已三人，尚未分析，如三人皆系其父亲生子，则财产总数三分之一即为夫分；若夫系嫡子，而其父另有庶子、奸生子者，则以总财产十分之四为夫分；若夫系奸生子，而其父另有嫡、庶子者，则以总财产十分之二为夫分；又或夫为嗣子，而其父另有奸生子者，则以总财产之半数为夫分。（参照本章“分析家财”以下各条）“合承夫分”者，谓有应行承受夫分之权也。守志妇之承受夫分，不过于承继未定时，代将来之承继人行使财产管理权。除生活上必要费用外，不得任意处分其财产。如系家贫，则前节卖产自赡之例，当然可以援用。惟承受夫分之后，仍应为夫立继，以重宗祧。立继时，须凭族长为之。族长之意义，在现行法上，应解为亲属会，族长不过亲属会之代表而已。“须凭族长”云者，不过以之为凭证之意，并非认族长有代守志妇择继之权，亦非谓守志妇之择继应以族长之意思为从违也。守志妇之择继，只须择立昭穆相当之人。换言之，只须其所择立之人不失尊卑伦序，其次序如何，可以不问。即或舍顺位在先之人，另择贤能或其所亲爱者，亦不能指为违法。其在不得已之场合，（继子不得于所后之亲）尤有废继别立之权。凡此种种权利，均以守志为唯一要件。其不能守志者，自无此种权利之可言也。

**理　由**

守志妇有代夫立继之权，故认其有合承夫分之权。而守志妇之立继，无非为其夫之代理，实际上与夫生前自行立继无异，故许其有自由择继之权。至不能守志而改嫁，其原有妆奁，在未嫁时，固可认为妇之所有；迨出嫁时，则应认为遗产之一部，故应听前夫之家作主。

**按　语**

现行法制，妻亦为遗产承继人之一，有承受其夫遗产之权，此盖为自己所有而承受，与旧法时代为嗣子管理而承受者不同。因此关于本条例"合承夫分"之规定，解释上亦自有变通之余地。惟其应继分如何，则须视应继之顺位及应继之人数定之，非可一概论定也。

**判决例**

尊长无代守志妇择继之权《现行律》载"妇人夫亡无子守志者，合承夫分，须凭族长择立昭穆相当之人为嗣"等语，就此条文义解释，则择嗣之权专在守志之妇。如有尊长在，则事实上卑幼择嗣，自应得尊长之同意始可。然法律上尊长决不能有代守志之妇择嗣之权。（三年上字第二二六号）

妇及尊属或亲属会立继，不许延宕《现行律例》，对于被承继人之立继权应于何时行使，并无明文规定。则在被承继人，固有绝对之自由。及其死亡，由守志之妇行使立继权，法文则有"须凭族长"云云之语，是虽无时期（如被承继人死亡时）之限制，要不得由其妇任意延宕，则无可疑。至守志之妇亦亡，而以被承继人之直系尊属或亲族会议行使立继权，则其情形尤不相类。依当然解释，自更不许任意延宕。诚以妇在，尚有承夫分之人；妇亡，则遗产无所归属，应于守志妇故后即时为之，始可杜绝各种弊端，而保全宗祧之不斩。故一切立继位（置）〔次〕及当否问题，皆应以守志之妇死亡时为根据而解决之。（三年上字第三〇〇号）

妾于亲属会立嗣，仅占重要地位，无择继全权《现行律》载"妇人夫亡无子守志者，合承夫分，须凭族长择昭穆相当之人继嗣"，又载"无子立嗣，除依本律外，若继子不得于所后之亲，听其告官别立"等语，律意是否妻、妾同论，本属解释问题。惟据本院判例，认为立继及废继之权，惟有妻之身分者，得完全享有；至仅有妾之名义者，则此权不属。盖查上开例载"守志妇人"是否包含妾在内，当先问父妾是否亦可称为所后之亲。按为人后者为之子，即取得嫡子身分，故为所后父母服斩衰三年，则亲子关系，当然以所后父母为限。其对于父妾生有子女者，虽依律应称"庶母"，为之期服，然不过仅有亲族关系。参照"妾为家长族服图"，嫡子曰"家长长子"，众子曰"家长众子"，显与其所生子有别，实为明证。则妾对于入继之嫡子，即不得称为"所后之亲"，彰彰明甚。夫既非所后之亲，则不特不能行使废继之权，即家长、正妻均故，妾欲为家长立继，亦仅能请亲族会议为之主持。妾自身于会议中只占重要地位，并无正妻择继全权。盖立嗣关系重大，除妻得代行择继权外，自应取决于亲族会议，而不容妾私擅行之。（三年上字第三八五号）

族长及族人私擅立继，须守志妇追认《现行律》载“妇人夫亡无子守志者，合承夫分，须凭族长择昭穆相当之人继嗣”等语，寻绎法文，其夫生存时，既有立继专权；及其亡故，则守志之妇，承其夫分，亦得行择继之权。惟其夫得径自立继，而守志之妇，因受以上条文限制之结果，其实施择继之权，原则上应经由族长行使之。至若族长或其他亲族，不得守志之妇之同意，而径行为其夫立继者，其所立之嗣，非经守志之妇追认，于法当然不发生效力。（三年上字第一一六〇号）

守志妇得代应继人承受夫产，并非即为该产承继人《现行律》载“妇人夫亡无子守志者，合承夫分，须凭族长择昭穆相当之人继嗣”等语，寻绎律意，不过谓无子守志之妇人，于立继以前，得代应继之人承受其夫应分之财产而管理之，并非即认守志之妇为遗产承继人。（四年上字第五六七号）

遗产归子承受《现行律》载“妇人夫亡无子守志者，合承夫分，须凭族长择昭穆相当之人继嗣”等语，寻绎律意，凡死而有子者，无论为亲生子、为嗣子，遗产归子承继；如死而无子，则归守志之妇承受立嗣。如无守志之妇，则由亲属公同立嗣，承继遗产。（四年上字第六一四号）

择继未凭族长，不为无效例载“妇人夫亡无子守志，应凭族长择昭穆相当之人继嗣”云者，系以族长为凭证之谓，而择立之权则固属之守志之妇。故族长即因故不与闻，而其所立之人，苟于昭穆伦序不紊，立继事实又有确切之证凭者，则亦不得以未凭族长之故，即谓为无效。（四年上字第六八七号）

夫家财产及原有妆奁虽不得携以改嫁，而经前夫之家允许者，自非所禁《现行律》载“妇人夫亡改嫁者，夫家财产及原有妆奁，听前夫之家为主”等语，绎释律意，是夫家财产及原有妆奁，改嫁之妇不得擅行携去。但前夫之家，允许（出）〔其〕携去者，则当然不在禁止之列。（四年上字第八八六号）

族长意存偏向，不为凭证者，得以裁判代之律文所谓“须凭族长”云者，本不过谓妇人择嗣，须凭族长之证明，以昭大公。故所择何人，苟于昭穆伦序无失，即族长不得横加干涉。而族长意存偏向，不为凭证者，尤得请求审判衙门以裁判代之。（四年上字第一二一一号）

妇改嫁者，应由亲族立嗣承产《现行律》载“妇人夫亡无子守志者，合承夫分，须凭族长择昭穆相当之人继嗣。其改嫁者，夫家财产，听前夫之家为主”等语，寻绎律意，是死而无子，妇又改嫁者，应由亲族公同立嗣，继产遗产。（四年上字第一四五七号）

遗产归子承继。子未成年，由母代管《现行律》载“妇人夫亡无子守志者，合承夫分，须凭族长择昭穆相当之人继嗣”等语，是父亡而有子者，遗产即应归子继产。如子尚未成年，其继产应由母代为管理。若子已成年，则除其子自愿以继产之全部或一部奉权于母代为管理，或有其他法律上理由外，管理继产之权，固在子而不在母。（四年上字第一七一〇号）

妾无承夫分之权 妾之身分，非妻所可同论，故律载“妇人夫亡无子守志，合承夫分”之条，不能遽予援用。（四年上字第一九八八号）

守志妇立嗣，应得尊亲属同意 无子守志之妇，固有为夫立嗣之权。惟依家务统于一尊之义，被承继人如尚有直系尊亲属存在者，非得该尊亲之同意，则该尊亲自得主张撤销。（四年上字第二四三三号）

“凭族长”云者，并非认族长有代择继之权 律称“须凭族长”云者，乃以族长为凭证之谓，并非认族长有代守志之妇择继之权。（五年上字第五六六号）

尊长对于立继之同意，无一定方式 守志之妇为夫立继者，固应得尊长同意，而同意之方式，则不必限于画押，即以言词或其他动作为之，亦无不可。（五年上字第五六九号）

守志妇立继，无必须孀守若干年之限制 夫亡无子之妇，但能守志，即为合承夫分，应有自主立继之权，并无孀守应至若干年始得适用该律之限制。（五年上字第五八四号）

守志之妇指正妻而言 《现行律》载“妇人夫亡无子守志者，合承夫分，须凭族长择立昭穆相当之人继嗣”等语，寻绎律意，所谓“守志之妇人”，系指正妻而言，即为夫立继之权，惟正妻有之。（五年上字第六四四号）

立继应由守志妇作主，其翁仅有同意权 子亡而有守志之妇者，立继须由守志之妇为主，其翁仅有同意之权。故凡由翁作主立嗣，而守志之妇并未对之表示情愿之意者，当然不生效力。（五年上字第八五〇号）

夫生前表示不愿立继，守志妇仍应为之择立 《现行律》载“妇人夫亡无子守志者，合承夫分，须凭族长择立昭穆相当之人继嗣”等语，是守志之妇，须为亡夫择人继嗣。其生前表示不愿立嗣之意思，自难认为有效。若守志之妇亡故后，尚未择嗣，则应由亲族会议择立亲等最近昭穆相当之人，亦不容因守志之妇生前尚未择立，遂听其绝嗣。（五年上字第一一一六号）

守志妇尚存，应由其择继，非族人所得干涉 亲族会公议立嗣，原为法所许，惟必以被承继人及守志之妇俱已亡故为前提。若被承继人虽经死亡，而守志之妇尚生存者，则自应由守志之妇为夫行使择继之权，决非族人所得干涉。（五年上字第一一三二号）

族长到场画押，非立嗣□〔要〕件 妇人行使立嗣权者，照《现行律》为夫立嗣之例，虽应以族长为凭证，而族长之到场画押，究非立嗣要件。不得以其未经画押，遂谓为无效。（五年上字第一四八九号）

惟正妻合承夫分，妾不在此限 寻绎律意，所谓“夫亡无子守志之妇人”，自指正妻而言，故亦惟正妻始可承受其夫应得之分，妾则当然不在此限。（六年上字第一八四号）

守志妇得代未成年子请分共有产 守志之妇，依律合承夫分，为其未成年继子管理遗产。其属于共有者，并得依法请求分析。（六年上字第二二二号）

择继之时期 妇人夫亡无子守志者，择继之时期，虽不容任意延宕，而要不容族人勒令必

于何时择立。(六年上字第二五四号)

**守志妇对于夫之继产有管理权,对于共有产得请求分析**《现行律》载“妇人夫亡无子守志者,合承夫分”等语,是无子守志之妇人,对于夫之继产财产,当然有管理之权。且于必要时,更有处分之权。其属于共有者,亦得依法请求分析。(六年上字第四七四号)

**尊属以遗嘱指定承继人,经守志妇同意者,亦为有效**《现行律》被承继人亡故之后,如有守志之妇,其立继之权自在守志之妇。惟其直系尊属,苟因不忍其子之无后,指定某人入继,立有遗嘱,而守志之妇亦已表示同意者,则自应认该遗嘱为有效。(六年上字第一三八三号)

**所谓“夫家财产”,概括妻由夫家承受之财产而言**查《现行律》载“妇人改嫁,夫家财产,听前夫之家为主”等语,系概括为人妻者由其夫家承受之财产而言。故无论其形式出于赠与或其他之权利设定行为,均应一体援用。妾于家长故后改嫁,自应一律准用该条。(七年上字第一四七号)

**承继人得向改嫁之妇诉追其滥行处分之夫家赠与或遗赠之财产**查《现行律》载“妇人改嫁,夫家财产,听前夫之家为主”等语,其立法之精神,在使改嫁之妇不能继续享有夫(妾则为家长)家财产,以杜绝弊端而奖励守志。故其正当之解释,凡妇人由其夫家承受之赠与及遗赠财产,若于生活上有必要时,固得于其必要限度内自由处分,无须得承继人之同意;反是,如并无生活上之必要,或则超过限度处分此项财产,嗣后即行改嫁者,当然应准承继人向其诉追全价或超过部分之价额。若系始终守志,并无改嫁事实,则此项财产,自可完全听其处分,毫无限制之必要。此与养赡财产不同之点。(七年上字第一四七号)

**守志妇之择继,不容族人限期勒令为之立嗣;经守志妇追认者有效**夫亡守志之妇,本有代夫择继之权,故立嗣当时,苟未经守志之妇在场同意,日后亦未经其追认,则此项立继,自难谓为合法有效。反是,若议立之初,守志之妇虽因故未曾预议,迨后于所订立之继书已亲笔签押表示赞同,或更有他项事实足以证明其确已追认者,即不能不谓为继嗣关系之已经合法成立,自不容更于日后复行翻异。(七年上字第二二二号)

**妾于亲属会议立继有同意权。惟无故不同意,法院得以裁判代之**妾虽守志,亦不能有专行立继之权,惟于亲属会议中应占重要地位。故有所择立,应经其同意或追认,始能完全生效。倘该妾主张显有未当,亲属会议亦得请求审判衙门审核裁判。否则该妾对于未经同意之继嗣,准其请求撤销。(七年上字第三八六号)

**守志妇立继,翁姑不同意,法院得以裁判代之**守志之妇为其夫立继之时,如尚有翁姑在堂,固应秉承翁姑,得其同意。但若翁姑意存偏向,不予同意,而无正当理由者,审判衙门得以裁判允许以为之代。(七年上字第五三五号)

**合承夫分之妇,不得置继嗣于不顾,而以遗产全部捐施于人**妇人合承夫分者,关于其夫遗产,除因生计上有必要情形外,不得为有效之处分。故守志之妇,本有为夫立继之义务,不得置其夫之继嗣于不顾,而以遗产全部概行捐施于他人。(七年上字第一〇四六号)

守志妇合法立嗣，尊属不得拒绝同意 守志妇择立之嗣，于法既无不合，则其尊亲属无正当理由，自不得拒绝同意。（七年上字第一二五四号）

守志妇立嗣虽不合法，亦应由其改立，不得由亲属会代立 守志之妇，纵令所择嗣子为不合法，亦应由其改立昭穆相当之人为嗣，究不得遽由亲属会为之另立。（八年上字第三八九号）

亲属会立继，应尊重居重要地位人之意见 亲属会之立继，对于居重要地位之人，应通知其到场预议，并尊重其意见。（八年上字第四七五号）

议继时，族人受通知而不到场，或居重要地位人表示异议并无正当理由者，其决议仍有效 议继时，若族人已受通知而无故不到场预议，或择继占重要地位之人并无正当理由而表示异议者，审判衙门自得裁判其决议为有效。（八年上字第四七五号）

因亲属会不立继，请求以裁判代立者，应以亲属会各员为相对人 被承继人亡故，又无守志之妇及直系尊亲属者，其继嗣应由亲属会依法代为议立。如果亲属会故意不为议立，则有承继权人固可请求审判衙门以裁判代其议决。然此项请求，依法应以亲属会各员为相对人，而不得仅对于亲属中之一人提起。（八年上字第五八九号）

被承继人不得将财产全部遗赠于人 被承继人不得舍弃被继之权，以其财产全部遗赠于人。（八年上字第七三七号）

守志妇不立继，将遗产赠与合族□〔轮〕管祭扫夫坟之处分无效 《现行律》既载“妇人夫亡无子守志者，合承夫分，须凭族长择立昭穆相当之人继嗣”，自不容以永不立继之意思，而就遗产为生活上不必要之处分。故将遗产赠与合族轮流管业扫祭夫坟者，其处分应认为无效。（八年上字第九二八号）

夫亡后，得夫亲同意招夫者，有代子管理财产之权 妇人夫亡有子，为抚养其子而招夫者，如系得夫亲之同意，则对于夫家虽因再醮而断绝关系，而对于其子，仍可认为夫亲所设定之监护人，有代理其子管理财产之权。（虽无子，而有应受家财之女者，亦同）如无子而招夫，或虽有子而未得夫亲同意，或其子于招夫后亡故，关于前夫家之财产，自应由其夫家作主，该妇不能再行干涉。惟此项遗产，于再醮妇丧失管理权后，本应由其直系尊属代为管理。若无直系尊属，即应由亲族会选任管理之人，不容仅以同族或族长之资格告争管理。（八年上字第九五七号）

亲属会择继之标准 亲属会之择继，于亲等相同者有数人时，则被承继人生前之意思，足为议立标准之一。（八年上字第一二一五号）

亲女得邀亲族立继，并保全继产 被承继人亡故后，无人代为立继者，其亲女得邀集亲族依法立继，并为保全继产起见，对于无权占有遗产之人可以主张收回。（八年上字第一二一六号）

被继人出外是否死亡、有无子嗣不可知者，不得由亲属会立继 被继人死亡无子，并无守志之妇及尊亲属时，固得由亲属会为之立继。惟被继人仅系出外未归，其是否死亡及有无子嗣尚属不能明了，则亲属会自无遽予立继之理。（八年上字第一二八三号）

媵妾得请亲属会为嫡子立继 媵妾虽无自行代家长立继之权，若请凭亲属会为嫡子立继，则非法所不

许。(九年上字第一〇三号)

夫亡招夫者,仅有为子女代管遗产权,不得自为处分 妇人夫亡后,招赘他人为夫者,其前夫之财产,应由前夫之家作主,该妇人不得再行过问,即或招赘之时,已得前夫亲属同意,可认为夫亲为其子女所设定之监护人,亦仅能为其子女代管遗产,而不得自为处分。(九年上字第五七二号)

非合法成立之亲属会,其所立之继,利害关系人得否认之 承继人系由亲属会议立,而该亲属会并未依法成立,则利害关系人,得否认该承继人所取得之身分。(九年上字第一一九二号)

亲属会立继,应由各房代表议决 亲属会立继,除各房各推代表外,不能仅由辈分居长者列席议决。(十年上字第三六一号)

亲属会立继,如切近之人不反对,即非疏远之人所能推翻 亲属会之组织,若比较最为切近之人业经到场与议,其所择立之继子,在同一亲等之人并无何项反对,即非比较疏远之人以未经到场与议之故所得借词推翻。(十二年上字第三四八号)

守志妇经翁姑勒令脱离亲属关系者,不得主张择继权 守志之妇,夫亡无嗣,固应有择继之权。但于夫亡之后,若经其翁姑勒令脱离亲属关系,虽属未经改嫁,要不得仍为守志之妇,即不得主张其有择继之权。(十四年上字第一二八三号)

承继人未成年时期于财产之管理方法 承继人未成年时,关于承继财产之管理方法,未经被承继人遗嘱指定者,依法固应由被承继人守志之妻或其直系尊亲或同居家长代管。如俱无,即应由亲属会议选任管理人。惟在该管理人尚未选任以前,为承继人利益计,自应许被承继人死亡时之同居家属已届成年者暂行管理,以维现状。其承继人之本生尊亲及亲属,并非当然有代管之权。(十四年上字第二六五二号)

承继人未成年时遗产管理权之所属,及嗣子未定时关于遗产之处分 被承继人死亡后,其遗产应由承继人承受。承继人如未成年,即由其法定代理人为之管理。祖母虽均得为子孙之法定代理人,而其顺序,则以亲等最近者为先。至庶母对于嫡子,虽有时亦得为其管理遗产,而嫡子苟有祖母在堂,自应由其祖母管理。若被承继人先于其母死亡,且仅有义子而无亲生子,仅有妾而无妻,则于嗣子未定以前,被承继人之母,因正当用途,自得以处分遗产,而无庸得遗产人之妾或义子之同意。若其处分遗产,并无正当原因,则遗产人妾,以家属一员之资格,其义子,以有酌给财产之关系,亦得请求撤销。此本院认为至当之条理也。(十五年上字第五一〇号)

**以上大理院判决例**

立继人事后改嫁,与承继人身分无涉 守志之妇事后改嫁,与承继人身分毫无影响。不能因立继人改嫁,遂认承继人之承继为无效。(十七年上字第一六二号)

**以上最高法院判决例**

## 解释例

守志妇有立继权。若亲族擅立,守志妇得主张无效,并拒绝交出所管遗产 《现行律例》,妇人夫亡无子守志者,立继之权本在于该妇；若上无直系尊属，且可专行。至律称“须凭族长”云云，不过以其为凭证之义，并非立继行为成立之要件。故亲族或族长，决不能借口干预或代为之立继，亦不能别为其翁立继。若亲族擅为其翁立继，并议待生孙以嗣其夫者，该妇人自可主张其无效，拒绝交出所管遗产之一部，即令曾经预闻，明示同意，而查照律例，虚名待继限制綦严。“立嫡子违法”门载“若支属内实无昭穆相当可为其子立后之人，而其父又无别子者，应为其父立继，待生孙以嗣应为立后之子”等语，如果待继之约，未备该律所定各要件，即非合法成立，不能强当事人以履行，斯时亦无交出遗产之义务。又或预约（明示或默示）须生子过继后始交出遗产之一部者，亦属有效，自亦得据以拒绝交产。（六年统字第五九九号）

守志妇立继，尊属无正当理由不同意者，得以裁判代之 姑于守志之妇立继之时，虽有不予同意之权，仍应本于正当理由，不得借口所立之人与有嫌隙而辄予拒绝。至所谓正当理由，姑媳间苟有争执，审判衙门自可秉公裁断。必令陈述具体事实，为之调查认定。如果继立之人，必无害于家室之和平，而其姑因有蔽惑，坚执不与同意者，可以裁判许之。本院于为人后者，迫于势须分财异居之情形，而其父母无故不予允许，及被继、承继果系同父周亲，情愿兼祧，而同族因有希冀不肯具结等事例，均准审判衙门酌以裁判代之，以济其穷。盖立法本旨，亦惟欲此类有同意权之人，正当行使其权利，使行为者不致不当侵损其利益而已。（六年统字第七〇九号）

妇之私产，不在应归夫家作主之列 孀妇乙随身之珍珠、银镯、衣服等，可否认为私财，系事实问题，不能一概而论。惟依《现行律》“立嫡子违法”门所载改嫁之项，以夫家财产及原有妆奁为限，应归夫家作主。妇私自利得及承受之产，即为私产，不在此限。（七年统字第九〇九号）

守志妇生存时，立嗣应由其作主 查夫亡守志之妇生存者，立嗣应由其作主，族亲不得干涉。戊之嗣丙，如只因族亲公议，并未经乙同意，本不能谓为合法。其对于甲许给报酬，托其说乙，始得应允。则甲若别无欺罔恐吓之行为，自不得认为诈财。此项酬劳，别无不法原因，戊固有履行之义务。如果伪造之失票，足证对甲义务消灭之事实，在甲既不免因而受害或有受害之虞，戊之伪造并行使，自应依行使伪造文书罪量情科处。惟甲若有罪，即不得主张期票之债权，则戊伪造失票，又无庸论罪矣。（九年统字第一三二八号）

订有婚约，移住夫家，确愿守志者，应准其为夫择继 查乙既与甲订有合法婚约，移住甲家后，又确愿为守志之妇，自应准其为夫择继，并接替丙代管之产，为甲或其嗣子保管。（九年统字第一三五三号）

妇人夫亡后，被处和奸罪刑，并宣告丧失财产管理权，如未与夫家脱离关系，仍不丧失守志妇之权利 妇人于夫亡后，被处和奸罪刑，除夫之直系尊亲属以为品行不检请求宣告丧失管理财产权外，（参照本院三年上字第六一六号、〔六年〕上字第四六〇号判例）如于夫家犹未脱离关系，则《现行律》上守志妇之权利，尚不丧失。（十年统字第一五二五号）

守志妇生存，其伯母及兄弟所立抚约无效 被承继人亡故，而守志妇尚生存者，应由守志妇行使立继之权。若系

守志妇伯母及兄弟等出名所立抚约，守志妇自得主张其无效。(十一年统字第一七七八号)

夫之遗金，守志妇有管理权《现行律》载有“妇人夫亡无子守志者，合承夫分”等语，来函所述甲之遗金，依该律文类推解释，在未立继以前，自应归其妻丙管有，惟丙亦不得滥行处分。(十一年统字第一七八〇号)

**以上大理院解释例**

无子守志之妇得承受夫分，有否承继本生父母财产可以不问妇人夫亡无子而守志，不问其出嫁前有无承继本生父母之财产，但既为守志之妇，自得承受夫分。(十七年解字第九二号)

**以上最高法院解释例**

卑幼私擅用财条例4.70.(2) **户绝财产，果无同宗应继之人，所有亲女承受。无女者，听地方官详明上司，酌拨充公。**

**注　解**

无子而又无可继之人者，谓之“户绝”。户绝财产，如尚有亲女，应由亲女承受。必无亲女，方得归入国库。

**按　语**

现行法制，女子有财产承继权，虽有亲生子或嗣子，亦得与兄弟均分财产；若在无子之场合，其财产应由亲女全部承受，更属当然之事。

**判决例**

户绝财产，有亲女者，亲女承受；无亲女者，归入国库户绝财产，果无继嗣可立，由亲女承受。如并无亲女，则应归国库。(三年上字第三八六号)

亲女应酌分财产《现行律》载“义男、女婿，为所后之亲喜悦者，听其相为依倚，不许继子并本生父母用计逼逐，仍酌分给财产”等语，是义男、女婿为所后之亲喜悦，犹许酌分财产，则依当然类推之解释，亲女苟为亲所喜悦，应酌分财产，毫无疑义。惟酌分之标准，《现行律》内既未载及，则依习惯及条理，自应依父母之意思定酌分之标准。若父母生前俱未表示意思，而亲属会协议分产又未允洽，则由审判衙门斟酌两造情形及遗产状况，为之核定。(三年上字第六六九号)

无同宗应继之人，其财产由亲女承受无子立嗣者，其所遗财产，应由嗣子承受。若生前虽未立嗣，而死后尚有可为立嗣之人者，仍应依《现行律》“立嫡子违法”各条例，由有择继权人立嗣承受。若无人行使择继权，则应由亲属会议代为立嗣。必同宗无应继之人，始得依《现行律》“卑幼私擅用财”条例，使亲女承受。(三年上字第一一七六号)

无子者，有同宗可继之人，应立嗣以承遗产；否则归亲女承受《现行律》载“户绝财产，果无同宗应继之人，所有亲女承受”等语，寻绎律意，是死而无子者，苟同宗有可继之人，亲族即应为之立嗣，承受遗产。在立嗣以前，其遗产应由亲属公同筹议管理方法。(四年上字第三三二号)

出嫁女除母家为绝户外，无承受母家遗产之权 已经出嫁之女，除其母家为绝户外，在法无承继母家遗产之权。（四年上字第八四三号）

户绝财产，亲女对于无权占有之人，得出而告争 《现行律》载"户绝财产，果无同宗应继之人，所有亲女承受。无女者，听地方官详明上司，酌拨充公"等语，是户绝财产，依律亲女既有承受之权，则对于无权占有遗产之人，自可出而告争。（四年上字第一三一二号）

守志妇得酌提遗产给予亲女 守志之妇，虽得于遗产中酌提一部分给予亲生之女，然揆诸"酌给"之义，其所给予者，自不得超过嗣子所应承受之额数，且不得因而害及嗣子之生计，自不待论。（五年上字第六六一号）

酌给亲女遗产之数 亲女为亲所喜悦者，其母于父故之后，得以遗产酌给，但须较少于应分人数均分之额。（七年上字第七六一号）

（额）可继人舍弃承继权，与无可立之人相同，其遗产由亲女承受 无子之人，未立嗣而故，其同宗虽有可立之人而已舍弃承继权利者，核其情形，实与无可立之人者相同。所有遗产，即应由亲女承受。其已舍弃承继权之人，即不得再行告争。（八年上字第一〇七一号）

**解释例**

嗣子未定时遗产之管理 绝产应归国有，律有明文。而继承人未确定之遗产，应归何人管理，则毫无规定，自应依"律无明文适用习惯，无习惯适用条理"之原则，以资解决。按中国家族主义发达之结果，此种遗产，自有其家长、家族或亲戚为之管理，实际上不生争论，自乏习惯可资依据。而以条理言，此等财产，本系所有人暂时不明之产，除法律有明文外，亦无当然应认其为法人之理。惟若任其散失，不独有害其应继人及利害关系人之利益，而且影响于国家之经济，地方官厅本于其保护人民之职责，此项遗产，自应依利害关系人之声请，或径以职权自行保管，或以自己责任派人管理。至此项财产，既未便即认为法人，则在此保管期内，只能为一切保存行为。若径予处分及起诉、受诉，自属无权。（七年统字第七九四号）

"户"之解释 查《现行律》"户绝财产，果无同宗应继之人，所有亲女承受"，则户者，自系指一家而言。丙、丁如非甲应继之人，并已依法承继于甲，要无将赎产找价作绝之权利。惟应继在最先顺位之人，对于已将满限不得再赎之典产，得为保存行为。（八年统字第九五三号）

亲女能否承受遗产，以是否合于法定条件为断 查《现行律》载"户绝财产，果无同宗应继之人，所有亲女承受"等语，是亲女能否承受遗产，须视能合法定条件与否。如其有权承受，则对于无权占有遗产之人，自可出为告争。（十年统字第一四七五号）

遗产管理之问题 林来喜亦系原告之一，其诉之声明，(**即判令被告悦航米拉交付李浩生遗产之请求**)似系请求判令被告将该遗产之占有移转于该原告，由其代哈哪庆仙管理。究竟此项请求，是否正当，除养亲身分属于事实问题应另由受诉法院依法解决外，自应以李浩生两次遗嘱为准。若其遗嘱均已合法成立，且各不相抵触，则依前之遗嘱，林来喜虽有权为哈哪庆仙利益管理遗产；而依后之遗嘱，李浩生又已选定遗嘱执行之人二人。现据被告悦航米拉称，伊管理遗产，不但系由德领委任，且曾受遗产执行之委托。如果属实，则德领有无选任管财人之权，固应为之审究；而在该遗产执行人职务尚未终了以前，该遗产之占有及管理权，本尚在遗嘱执行人。现时林来喜是否即得向被告请求移转占有，亦应依法予以调查解决。（十四年统字第一九〇六号）

**以上大理院解释例**

户绝财产，不问亲女出嫁与否，均有承受之权 绝户财产，无论已、未出嫁之亲女，固得对于全部遗产有承继权。但依权义对等之原则，仍须酌留祀产。如本生父母负有义务，（如债务、养赡义务之类）亦应由承继人负担。（十七年解字第九二号）

**以上最高法院解释例**

立嫡子违法条例 4.63.(2) **若义男、女婿，为所后之亲喜悦者，听其相为依倚，不许继子并本生父母用计逼逐，仍酌分给财产。**

**注 解**

“义男、女婿”，谓义男、义女及婿也。义男、义女为义父母所喜悦，婿为妻之父母所喜悦，虽不得立以为嗣，然不可不听其互相依倚。纵令另立继子，而在义父母或妻之父母死亡以后，亦不许继子用计逼逐，并不许继子之本生父母用计逼逐，且应于遗产中酌给一部分。惟酌给之数，亦必较少于继子应得之数，此属当然之事。然本例之所谓“婿”者，不包括招赘养老之婿在内。盖招赘养老之婿，得与继子均分遗产，律文另有明定，不在本节规定范围之内，参照“男女婚姻”条例自明。

**理 由**

义男、女婿无承继遗产之权利，故其所承受之产，不曰“承继”而曰“酌给”。法律所以许其酌给者，盖亦曲体人情也。惟既曰“酌给”，则义男女婿不得主张与嗣子均分遗产，此不待言也。

**按 语**

亲女本有财产承继权。就婿之本身言，虽不得主张与嗣子分产，而就其妻之本身言，则因其为亲女，当然有与继子均分财产之权利，自无所谓“酌给”。故本节关于酌给婿财产之规定，限于亲女死亡后，方能适用。

**判决例**

义男、女婿为亲所喜悦，不问其亲存亡，均有受遗之权 《现行律》载“如义男、女婿，为所后之亲喜悦者，听其相为依倚，不许继子并本生父母用计逼逐，仍酌分财产”等语，是义男、女婿苟为所后之亲所喜悦，无论所后之亲或存或亡，均有分受遗产之权利。（三年上字第三〇四号）

酌分标准依父母意思定之。(出)生前未表示意思,亲属会协议未洽者,由法院核定 义男、女婿酌分财产之标准,《现行律》内既未载及,则依习惯及条理,自应依父母之意思定酌分之标准。若父母生前俱未表示意思,而亲属会协议分产又未允洽,则由审判衙门斟酌两造情形及遗产状况,为之核定。(三年上字第六六九号)

义男酌给财产无年龄之限制 义男之酌给财产,但以所后之亲喜悦为条件,初无年龄之限制。(四年上字第一七六号)

酌分之意义 义子得酌量分其所后亲之财产,本无疑义。所谓"酌分"者,盖谓审量义子与其所后亲平日之感情,略给财产,非有所谓"均分"之意。按之律载,其义甚明。(四年上字第一五三四号)

义子被逐,应否酌给财产,由养父母定之 《现行律》凡以异姓养子为嗣,在所明禁。至养亲逐令养子归宗,虽无明文规定,而考之律文,对于嗣子,则有"继子不得于所后之亲者,听其告官别立"之条;对于义男,则有"为所后之亲喜悦者,听其相为依倚,不许继子并本生父母用计逼逐"之条,是义子如果不得于所养之亲者,应准养亲逐去。夫以继子被废之时,依律尚无应分财产若干之规定,则养子被逐,亦应听养亲之意思,酌给财产,不得指定应给之额,强其给与。(四年上字第一七六九号)

妻私抱之子,夫无收养意思者,不得为义子,无当然给产理由 妇人所私抱之子,在男子并无收养之意思者,不能为义子,即在律例上,自无当然给与财产之理由。(五年上字第三八五号)

干儿不得为义子 《现行律》虽有异姓养子亦准分给财产之例,然查该律所载"异姓养子",当指抚养在家已脱离其本宗者而言,自与习惯上所称干父干儿之性质不同,不能即视干儿为义子。(五年上字第一一二三号)

所后之亲兼指所后之父与母 《现行律》载"义男、女婿,为所后之亲喜悦者,(中略)仍酌分给财产",其"亲"字意义,既系包括父、母在内,故所后之亲,即系兼指所后之父与母。(五年上字第一二四七号)

酌给财产之数额 酌给义子财产,极其最高限度,亦不得超过继子应承财产之数额。(六年上字第九九九号)

酌分财产在未立继前之告争权 《现行律》"立嫡子违法"条例载"义男、女婿,为所后之亲喜悦者,听其相为依倚,不许继子及本生父母用计逼逐,仍酌分给财产"等语,是酌分财产,本属继子或其父母与义男、女婿之关系,在未经立继以前,须有承继权人或有直系卑属可以出继之人,始得告争。(六年上字第一二二〇号)

义子为所后之亲所厌恶者,毋庸酌给 《现行律》义男女婿须为所后之亲喜悦者,始得酌给财产。故应负酌给义务之人,如经证明义子为所后之亲所厌恶,即可毋庸给与。(六年上字第一二二〇号)

"义男、女婿"包括养女在内 《现行律》关于所后之亲与义男、女婿间之法律关系,业有明文规定。所谓"义男、女婿",当然包括养女在内。必谓乞养义女,为法律所不容,殊有未当。(七年

上字第一九五号)

酌分之标准 依律义男、女婿酌分财产，虽应较少于嗣子所得之分，但其酌分之标准，要当就承继财产之总额及该女婿平素相为依倚之情形，(即该婿与岳氏之感情厚薄及尽力于岳家之程度)依相当之比例定之。(七年上字第二八三号)

酌分数额之限制 义男、女婿为所后之亲喜悦者，照律本有分受遗产之权，惟须较少于应分人数均分之额。(七年上字第六一一号)

酌分财产，应于不害亲子应承财产之限度内定之 酌给义子财产，于不害亲子应承财产之限度内，养亲原有裁量之自由，非他人所得代为划定，即审判衙门亦毋庸过事干涉。若养亲生前并未表示其酌给之准据，由审批衙门判定数额时，则应究明遗产总数若干，斟酌其养亲喜悦之程度，于不害亲子应承财产之限度内，以为判断。(八年上字第七〇五号)

义子虽无承受义父祀产之权，但得以契约定之 义子于其义父应得之祀产，固非有承受之权。而义父或其后嗣，若依契约，将应得祀产之收益，划出一部给予义子者，其契约内容，既不背于强行法规，而于社会公益亦无妨害，依契约自由之法规，即不应认为无效。(八年上字第七五〇号)

所后之亲酌分财产，与嗣子之自为赠与者有别《现行律》义男酌给财产，以为所后之亲喜悦为条件，自系本于所后亲之意思，与嗣子之自为赠与者有别，不能以普通赠与之法理相绳。(八年上字第九八八号)

酌分有自有裁量之权《现行律》载“义子酌分财产”，应以为所后亲喜悦并相为依倚为条件。且既称曰“酌分”，自应许养亲或法院自由裁量。(十五年上字第五七三号)

**以上大理院判决〔例〕**

**解释例**

义男、女婿、亲女酌分财产之标准 查亲生子分析遗产，不问妻、妾所生，止以子数均分。养子为所后之亲喜悦者，所后之亲死亡后，仍应酌分财产。此在《现行律》户役门设有规定。亲女应否酌分，《现行律》虽无明文，而就关于义男、女婿之规定类推解释，苟为亲所喜悦，即无论其亲或存或亡，亦得酌量分给。至养子、女婿、亲女酌分标准，在《现行律》无可依据。而依条理言，自应较少于应分人数均分之额。又妻(即守志之妇)于夫死后，得就其自己生活情形及遗产状况，请求养赡财产。(十三年统字第一八八七号)

**以上大理院解释例**

立嫡子违法条例 4.63.(5) **凡乞养异姓义子，有情愿归(族)〔宗〕者，不许将分得财产携回本宗。**

**注 解**

养子有同姓养子与异姓养子之别。同姓养子，即第四章第五节所谓“养(得)〔同〕宗之人为子”是也；异姓养子，即前节所谓“义男”及本节所谓“义子”是也。同姓养子归宗，本律设有制限。（见第四章第五节）若异姓养子归族，则非本律所禁。惟因养子关系而取得之财产，归族时，不许携回本宗。然若养父母许其携回者，自非本律所禁也。

**理　由**

本节为禁止义子携产归宗而设。义子取得养家酌分之财产，原根据于养父母与养子之关系，一旦归宗，则其关系消灭，故不许其将分得之产携回本宗。

**按　语**

本节专指分得财产而言。分得财产，与赠与财产不同。分得财产，固不许义子携回本宗。若系普通赠与财产，则可不受此制限。换言之，对于养父母赠与之财产，归族时，虽未经养父母许可，亦不妨携回本宗也。

**判决例**

义子与义父伙置之产，不适用不许携回本宗之规定《现行律》载“凡乞养异姓义子，有情愿归宗者，不许将分得财产携回本宗”等语，是义子归宗者，原则上所分得养父母之财产不许携回。惟义子与其义父伙置产业，而以共有人之资格，分得共有财产之一部，自与律载义子之分得财产不同，不应适用不许携回之规定。（三年上字第一二五五号）

收养义子毋须(须)族人同意 收养义子，于法本毋庸得族人之同意。（八年上字第二八三号）

义子无承继权之关系，不受兼祧之限制 一人是否得为数房义子，现行法令虽无明文，然义子之于义父，纯以情义结合，并无宗祧关系，以一人而兼为数房义子，应在不禁之列。至法律关于兼祧特设种种限制，原所以保护宗祧及族人承继之利益。义子既无宗祧承继权之关系，则该项限制，当然无准用之余地。（八年上字第五〇七号）

义(之)〔子〕不得因争执本家承继而临时主张归宗《现行律》“立嫡子违法”条例载“凡乞养异姓义子，（中略）如有希图资财，冒认归宗者，照律治罪”等语，未归宗之义子，既不得冒认为业经归宗而希图本家（所生之家）资财，则其以希图承继得产之故，而于承继开始后，临时主张归宗者，依该条例之类推解释，自在不应许可之列。故已为异姓义子及其子孙，除事前已合法归宗者外，于其本家之承继，即不能有争执之权。（八年上字第一三六八号）

**以上大理院判决例**

立嫡子违法条例 4.63.(5) **其收养三岁以下遗弃之小儿，仍依律即从其姓，但不得以无子遂立为嗣，仍酌分给财产，俱不必勒令归宗。如有希图资财，冒认归宗者，照例治罪。**

**注　解**

他人遗弃之小儿，年在三岁以下，收养之者，许其从收养人之姓。盖三岁以下遗弃之小儿，其姓氏必无可考，若不许其从收养人之姓，必致变为无姓之人也。若其人本有姓可考，则虽不在三岁以下，亦不许从收养人之姓。其不许立以为嗣者，盖防异姓乱宗也。其许分给财产者，以养育之恩无所靳也。然收养之时，必在年三岁以下。盖抚养既久，则恩谊自不比寻常。而例以“酌给”为名，其家产不必与嗣子均分，亦可无争产之虑，盖亦酌乎情理之中而设此规定也。

本节所云“俱不必勒令归宗”，包括前节义子而言。归宗与否，既非他人所能强迫，亦非本人所可冒认。因恐族人觊觎遗产，难(先)〔免〕有勒令归宗或本人希图本家(对)〔财〕产难免有冒认归宗情事，故本例设此禁止的规(令)〔定〕，是为对于律文“乞养异姓义子以乱宗族者，其子归宗”云云之例外。

**判决例**

律文所谓“俱不必勒令归宗”，乃对于异姓乱宗其子归宗之例外规定，并非根本废止归宗之律文 查《现行律》载“其乞养异姓义子以乱宗族者，(中略)其子归宗”，又“义男、女婿，为所后之亲喜悦者，听其相为依倚，不许继子并本生父母用计逼逐，仍酌分给财产”，又“凡乞养异姓义子，有情愿归宗者，不许将分得财产携回本宗。(中略)俱不〔必〕勒令归宗”等语，其条例文内，虽有“不必勒令归宗”之语，然此乃对于律文“乞养异姓义子以乱宗族者，(中略)其子归宗”一语所设之例外规定，谓“乞养异姓义子，为所后之亲喜悦者，许其相为依倚”，不必仍依律文强其归宗，而非根本的废止归宗之律文。是故异姓义子，如不为所后之亲喜悦，则所后之亲，自有令其归宗之权。(三年上字第五六七号)

律意虽不许异姓乱宗，然仍得酌分遗产 《现行律》载“义男、女婿，为所后之亲喜悦者，听其相为依倚，并得酌给财产”，又载“凡乞养异姓义子，有情愿归宗者，不许将分得财产携回本宗。其收养三岁以下小儿，仍依律即从其姓，但不得以无子遂立为嗣，仍酌分给财产，俱不必勒令归宗”等语，寻绎律意，异姓乱宗，固为法所不许；而对于遗产，未尝无酌分之权。且生前既许相为依倚，则殡葬之事，自应得以与闻。(四年上字第二七〇号)

例文“俱不必勒令归宗”兼承“乞养异姓义子”及“收养遗弃小儿”而言 《现行律》载“凡乞养异姓义子，有情愿归宗者，不许将分得财产携回本宗。其收养三岁以下遗弃之小儿，仍依律即从其姓，但不得以无子遂立为嗣，仍酌分给财产，俱不必勒令归宗”等语，例文既明载“俱不必勒令归宗”字样，是明明兼承上文“乞养异姓义子”与“收养遗弃小儿”两者而言。(四年上字第一六〇八号)

希图本家财产，临时主张归宗者，亦不应许可 《现行律》“立嫡子违法”条例载“凡乞养异姓义子，(中略)如有希图货财冒认归宗者，照律治罪”等语，未归宗之义子，既不得冒认为业经归宗而希图本家(所生之家)资财，则其以希图承继得产之故，而于承继开始后，临时主张归宗者，依该条例之类推解释，自在不应许可之列。故已为异姓义子及其子孙，除事前已合法归宗者外，于其本家之承继，即不能有争执之权。(八年上字第一三六八号)

非三岁以下者，不得从收养人之姓 《现行律》载“凡乞养异姓义子，有情愿归宗者，不许将分得财产携回本宗。其收养三岁以下遗弃之小儿，仍依律即从其姓”，是凡非三岁以下之小儿为人收养而从其姓者，于法即乏根据。本身或其子孙，得自由回复其本宗之姓。至财产之不许携回，既以由养家分得者为限，则以自己独立经营之财产，携回本宗，自非法所不许。（十一年上字第八四三号）

**以上大理院判决例**

# 第三章　亲　属

称期亲祖父母律 1.32.0 律文 **凡律称期亲及称祖父母者，曾、高同。称孙者，曾、(玄)〔元〕同。嫡孙承祖，与父母同。称子者，男、女同。**

**注　解**

曰"期亲"、曰"祖父母"、曰"孙"、曰"子"，皆律文内习见之名词。若专就文字解释，易失律意。究其范围若何，不可不于律内明定之，以免适用时滋生误会。本节特明揭之曰，"律称期亲"，不以期服亲为限；律称"祖父母"，亦不以祖父母为限，凡曾祖父母、高祖父母均包括于期亲之(由)〔内〕，亦即包括于祖父母之内。律称"孙"者，不以孙为限，凡曾孙、玄孙亦包括之。律称"子"者，兼赅男子、女子而言。若嫡子死亡，以嫡孙承重，则嫡孙对于祖父母与对于父母同。举例言之，"服制图"载"凡嫡孙父卒，为祖父母承重，服斩衰三年。若为曾、高祖父母承重，服亦同"，此所谓"嫡孙承祖，与父母同"也。

**解释例**

女于同居继父应持服，出嫁女则否　查《现行律》载"称子者，男、女同"，女于同居继父，应一律持服。惟"服图"既无女出嫁降服明文，出嫁女自应无服。又于同居继父，依《刑律》虽未在第八十二条

第三项亲属之列，①既曾与同居，受其抚养，于民法上仍应以亲属论。(七年统字第七七八号)

**以上大理院解释例**

称期亲祖父母律文1.32.0 **其嫡母、继母、慈母、养母，有犯与亲母律同。**改嫁、义绝，及殴杀子孙，不与亲(父)〔母〕同。

**注　解**

妾所生之子女，称父之正妻曰“嫡母”；前妻所生之子女；称父所后娶之妻曰“继母”；自幼过房与人者，称其抚养之母曰“养母”；所生之母死亡，父令别妾抚育者，称抚育之母曰“慈母”。凡此四母，或因名分所关，或因鞠育恩深，均应与亲生之母同视。故对于嫡母、继母、慈母、养母有犯，其律与亲母同。“服制图”载，为嫡母、继母、养母、慈母，服均斩衰三年，此即与生母同视之一例也。然若父死而母改嫁，或父虽未死，而母与父已经义绝(“义绝”见婚姻章)，则子女对之，不应与亲母同。盖亲母改嫁或被出，其服为齐衰杖期，则嫡母、继母、养母、慈母有改嫁或义绝情事，自不能较重于亲母也。至于殴杀子孙，当然视为恩绝，故亦不与亲母同视。

称道士女冠律文1.36.0 **凡律称道士、女冠者，僧、尼同。若于其受业师，与伯叔父母同。其于弟子，与兄弟之子同。**

**注　解**

律称“道士、女冠”，则若僧、若尼皆赅于内。至道士、女冠、僧、尼，对于受业师，与寻常人对于伯叔父母同。其受业师对于弟子，与寻常人对于兄弟之子同。所以设此规定者，盖以其师、弟相互间之名分关系，法律上有明定之必要也。

---

① 《暂行新刑律》(1912年4月删改颁行)第82条规定如下：

“称尊亲属者为下列各人：

“(一)祖父母。高、曾同。(二)父母。

“妻与夫之尊亲属与夫同。

“称亲属者，为尊亲属者及下列各人：

“(一)夫妻。(二)‘本宗服图’期服以下者。(三)‘外亲服图’小功以下者。(四)‘妻亲服图’缌麻以下者。(五)‘妻为夫族服图’期服以下者。(六)‘出嫁女为本宗服图’大功以下者。”

# 第四章　亲　子

## 第一节　嫡　子

立嫡子违法律文 4.63.0.1 **凡立嫡子违法者，处八等罚。其嫡妻年五十以上无子者，得立庶长子。不立长子者，罪亦同。** 俱改正。

**注　解**

“立嫡子”云者，谓嫡妻无子立庶子为嫡子也。正妻所生之子为嫡子，非正妻所生之子为庶子，其间名分不同。故有嫡子在，万无以庶为嫡之由。若无嫡子，仅有庶子，此时应于庶子中立一人为嫡子。一经立嫡后，其庶子即取得嫡子之身分。但立嫡须具备两种要件，即：(一)嫡妻年逾五十。(二)嫡妻无子是也。凡立嫡未备此要件者，即为违法。申言之，凡嫡妻年未五十而立嫡子，或嫡妻有子而另立庶子为嫡子，皆违法也。立嫡之权属于夫。“得立”云者，乃可以立、可以不立之谓。虽可立不立，亦不能指为违法。盖夫有立嫡之权利，而无立嫡之义务也。惟其为权利，故嫡妻对于夫之立嫡，不得加以阻挠。惟其非义务，故嫡妻不得要求立嫡，而庶子与庶子之母亦不得要求立以为嫡。若夫庶子有数人之场合，应立何人为嫡子，法律上亦有明定之必要。本律规定得立庶长，则凡舍长立幼，亦属违法。律注所谓“俱改正”者，谓各种违法所立之嫡，均应取消，而使改为适法也。故凡嫡妻年未五十而立嫡子，则取消其立嫡行为；嫡妻有子而另立庶子为嫡子者，则取消其所立之嫡子，而以嫡妻所生之子为嫡子；舍长立幼者，则取消其幼而别立其长。盖愿立与否，虽非本律所问，而立嫡之违法，要非本律所许也。

**解释例**

嫡子出继只有庶子者,庶子有承继权 《现行律》户役门"立嫡子违法"条载"嫡妻年五十以上者,得立庶长子"等语,妻无嫡子,既得立庶长子为嗣,则嫡子已经出继,而本房只有庶子者,其庶长子之承继权,自与嫡长子无异。(十年统字第一五八六号)

**以上大理院解释例**

## 第二节 庶　　子

(见"承继章")

## 第三节 嗣　　子

(见"承继章")

## 第四节 奸　生　子

犯奸律文 25.324.0.4 **奸生男女,责付奸夫收养。**

**注　解**

奸生子之范围,就广义言,凡非正式婚姻所生之子,统谓之"奸生子"(妾所生之子除外)。所谓非正式婚姻者:(甲)无效婚姻。(当事人无结婚之意思)(乙)其婚姻犯本律强制离异之规定者。(丙)其婚姻已经撤销者。(怀胎在婚姻撤销之后)此种婚姻,法律上不认其夫妇关系之存在,故亦不认其子为嫡子,而应认为奸生子。惟本节所称"奸生男女",其范围甚狭,专指有夫之妇与人通奸所生之子女而言。(不问其为未婚通奸或已婚通奸)观律文后段"奸妇给本夫,听其离异"(见婚姻章)一语自明。奸生男女,所以必须规定收养责任者,因有夫之妇犯奸,其愿离异与否属于本夫之自由,本夫不愿离异,其不容奸妇收养奸生男女,自属意中之事。设法律不明定收养责任,将无以保全奸生男女之生命,故本节明定责付奸夫收养。盖其事虽出于暧昧,要不可谓非奸夫之子女也。

**解释例**

奸生男女之收养责付,适用《现行律》 前清《现行律》关于民事有效各条例,(如"奸生男女,责令奸夫收养"之例)自可援用。(五年统字第五五六号)

奸生子得由奸妇收养 丁娶甲妻,撤销后,甲妻在丁处怀胎所生之子,如丁不为认领,自仍由甲妻收养。(七年统字第七七四号)

奸生子因父母之正式婚姻取得嫡子之身分 查子因父母之正式婚姻即取得嫡子之身分，所询情形，自不能仍以奸生子论。（八年统字第一〇二九号）

奸生男女与父母相互(间)〔间〕之权利义务 私生子，《现行律》“卑幼私擅用财”条例内称“奸生子”，乃别于嫡、庶子，（妻生者曰“嫡子”，妾生者曰“庶子”，均为亲生子；无亲生子而立他人之子为子者，曰“嗣子”，此三者关于亲属继承之权利义务原则无差别）而指其母无妻妾关系怀胎所生之子女而言。其与父母相互间之权利义务，应解为父母均有认领（认知）之权，私生子亦有请求认领之权。其母并可不待认领，仅因分娩事实，以生亲子关系，并与此相当之权利义务。惟父则须待认领以后，始生亲子关系，并其相当之权利义务。（十六年统字第二〇一二号）

奸生子有请求认领及扶养之权利 私生子与母，虽不经认领，仍可有亲子关系，以生相当之权利义务。如前所述，则斯时对于母，自有请求扶养之权利。即对于父，亦可一面请求认领，一面请求扶养。而在认领以后，有此权利，更不待言。（十六年统字第二〇一二号）

**以上大理院解释例**

亲属相奸律 注 25.326.0.5 惟同宗奸生男女，不得混入宗谱，听随便安插。

**注 解**

“同宗”云者，乃源出一系之谓，其支派之远近、籍贯之同异，在所不问。同宗奸生男女，非可与寻常奸生男女同视。故寻常奸生男女，(待)〔律〕例无禁其入谱之明文，而同宗奸生男女，则不许入谱。

**解释例**

经认知之同宗奸生子，得告争异姓乱宗 据《现行律》“卑幼私擅用财”条例类推解释，经认知之同宗奸生子，对于异姓乱宗之案，如别无应继之人，亦得告争。（五年统字第四一八号）

娶亲属妻妾所生之子为奸生子 赵甲嫁钱乙有年，并生女丙。嗣后钱乙病故，赵甲带女丙再醮孙丁为妻。旋孙丁因家贫休妻，赵甲带丙又嫁钱戊，生子己、庚二人。查《现行律》“娶亲属妻妾”门，曾被出及已改嫁而娶为妻妾者，统归离异。钱戊娶赵甲，自非有效婚姻；如果族谱并无准其载入之惯例，族人自可拒绝其入谱。（参照本院四年上字第一二七一号判例）惟己、庚要不得谓非钱戊之子，不应拒绝入谱。（七年统字第九一七号）

**以上大理院解释例**

## 第五节 养 子

立嫡子违法律 文 4.63.0.2 若养同宗之人为子，所养父母无子所生父母有子。而舍去者，处十等罚，发

**付所养父母收管。〔若〕所养父母有亲生子，及本生父母无子，欲还者，听。**

**注 解**

养子有同宗养子与异姓养子之别。异姓养子，于次节规定之。本节所规定者，专指同宗养子而言。同宗养子，与嗣子略同。其所以异者，嗣子须经过立嗣行为，而养子则仅有抚养之关系者也。惟养子与养父母，自幼相依，则恩谊自不比寻常，在所养父母无子之场合，即应始终依倚。苟非所生父母无子，不许任意舍去。故本节规定养子得还之情形有二：（一）所养父母有亲生子所养父母既有亲生之子，自无禁止养子还家之必要。故欲还与否，听养子之自由意思。此际养子之本生父母是否有子，可以不问。（二）本生父母无子养子之本生父母并无别子，则为重宗祧起见，应许养子还家。此际所养父母是否有子，亦可不问。

**判决例**

养子既得酌给财产，则因所生子生还而归宗之嗣子自亦应给产《现行律》于乞养义子者，虽不许其为嗣，亦尚准酌给财产，则因所生子生还而令嗣子归宗者，其应给财产，尤属当然。至其标准，虽可以裁判定之，但不能援立嗣后生子之例，均分财产；则酌给之程度，至多即不得逾三分之一。（三年上字第五六一号）

养子得酌给财产，则同宗养子亦应给产依《现行律》"立嫡子违法"条例，义男、女婿为所后之亲喜悦者，虽属异姓，尚得给产，况上告人本戈增荣族孙，与戈刘氏相为依倚，已十有余年。刘氏虽未曾立以为孙，而考其警署所具甘结，则平素所以待上告人者，殆与亲孙无异，则适用类推解释之原则，自在应行酌给财产之列。（三年上字第七七九号）

嗣父生子及生父无子，嗣子得归宗《现行律》内载"养同宗之人为子，所养父母若有亲生子及本生父母无子，欲还者，听"，又载"无子立嗣，如族中希图财产，勒令承继或怂恿择继，以致涉讼者，地方官立即惩治"等语，寻绎律意，对于承继一层，规定綦严。而于出嗣子之还宗，则但使所嗣父母有亲生子，或虽无，而本生父母于子之出嗣后，他子皆亡，出嗣子不忍弃其所生，情愿还宗者，法律不设何等之限制。诚以我国嗣子制度，重在血祀，故法律于承继则严，以防讼争，于还宗则宽，以顺人情，此至当之理也。（三年上字第一二一二号）

嗣子归宗，惟以本人意思及本生父母无子为主归宗条件，惟以本人意思及其本生父母无子为主，别无时期或何等之限制。（三年上字第一二一二号）

同宗之子归宗，不得强制《现行律》立嫡子违法律文内载"若养同宗之人为子，（中略）本生父母无子，欲还者，听"等语，是凡合法立为他人继子者，于本生父母无子时，是否归宗，应听自择，断无强制归宗之理。（四年上字第六三号）

无子抱养同姓，可推定为立嗣抱养之子，若原系同姓同宗，则当就各项证据，以审究抚育时其父母意思之何属。如别无证据可资认定，则审究其父母之意思，即不得不以当时之情形，为推定之根据。如当时尚无亲子，则其抚育人子为己子者，当然可认其有立为嗣子之意思；如当时已有亲子，无须更行立嗣，即可推定其仅有抚为义子之意思。（四年上字第三八六号）

同宗子归宗非要式行为 律载“养同宗之人为子，若有亲生子及本生父母无子，欲还者，听”等语，寻绎律意，凡养同宗之人为子者，若所养父母有亲生子，或本生父母无子，则所养之子得与所养父母离异。且依此条例离异，非要式行为，又非双方行为，只以所养子明示或默示之意思表示而生效力，毋庸所养父母之承诺。观律文“听”字之义，自属明瞭。（四年上字第六一〇号）

有子之人得收养义子 已有亲生子之人，虽不准立他人为嗣子，而收养他人为养子，（一称“义子”）则固为法所不禁。（四年上字第一九七一号）

养子可以归宗，亲生子不得脱离关系 父子关系，除继子、养子有时因废继、归宗解除关系外，若亲生之子，则不能任意主张脱离关系。（五年上字第一〇二八号）

**以上大理院判决例**

立嫡子违法律文 4.63.0.3 **其乞养异姓义子以乱宗族者，<u>处六等罚</u>。若以子与异姓人为嗣者，<u>罪同</u>。其子归宗。**

**注　解**

本节所称“养子”，与前节不同。盖前节为同宗之子，本节则异姓子也。养同宗之子，在无人承继时，不妨以养子为嗣子。若养异姓之子，即使本宗无可继之人，亦不许立以为嗣，惟许其互相依倚，酌给遗产，不准继子及其本生父母用计逼逐而已。（参照承继章）

**理　由**

我国立嗣制度，重在绵血统以承宗祀。异姓之子，血不相属，则气不相通；气不通，则祭无由格，此所以不许异姓乱宗也。故凡养父母以所养异姓之子为嗣，及其本生父母以其子与他人为嗣，均在严禁之列。即使立以为嗣，亦应勒令归宗。

**按　语**

欧洲各国，只有遗产承继，而无宗祧承继，故有以素不相识之人一旦立约发生父母关系者，似与我国禁止异姓子为嗣之制度不同。然我国对于异姓义子，虽不许其承嗣，要亦不禁其乞养，是其结果无或异也。

**判决例**

异姓子不得承继宗祧 《现行律》载“乞养异姓义子以乱宗族者，处罚”，又“义男、女婿，为所后之亲喜悦者，听其相为依倚”，又“收养三岁以下遗弃之小儿，依律即从其姓，但不得以无子遂立为嗣，仍酌分给财产，不必勒令归宗”各等语，是在《现行律》上，非同宗同

姓,不得承继宗祧。其异姓义子,仅得于一定条件下,从所后之亲之姓,相依分产。定例綦严,毫无假借。(三年上字第三一〇号)

不许异姓乱宗为强行法规《现行律》载"凡乞养异姓养子以乱宗族者,处罚"云云,此项法规,为强行法规,不容当事人以意思或习惯擅为变更。寻绎该条文语意,至为显著。(三年上字第七〇九号)

异姓乱宗,惟有承继权之人始能告争异姓乱宗,《现行律》所以悬为厉禁者,无非为尊重血统保护同宗起见。故若有违反此种规定者,亦惟同宗而其承继权之人,始能有告争之权。否则审判衙门自不能以其违背强行法规之故,遽为过当之干涉。(三年上字第一二三六号)

异姓养子无承继祭产之权律禁止异姓乱宗,故不许以异姓养子为宗祧承继人。故为祭祀而设定之祭产,异姓之养子,自不能承继其权利。(四年上字第九二九号)

异姓义子得附葬祖茔异姓义子可否附葬祖茔,查《现行律》内,纵无明文规定。异姓养子,依律既生前得从所养父母之姓,可以相为依倚,不得勒令归宗,则类推解释,死后同葬一茔,自无不可。(四年上字第一三〇三号)

异姓养子不得于所养之亲,应准逐去,应否给产,应听养亲之意思《现行律》凡以异姓养子为嗣,在所明禁。至养亲逐令养子归宗,虽无明文规定,而考之律文,对于嗣子,则有"继子不得于所后之亲者,听其告官别立"之条,对于义男,则有"为所后之亲喜悦者,听其相为依倚,不许继子并本生父母用计逼逐"之条,是义子如果不得于所养之亲者,应准养亲逐去。夫以继子被废之时,依律尚无应分财产若干之规定,则养子被逐,亦应听养亲之意思,酌给财产,不得指定应给之额,强其给与。(四年上字第一七六九号)

异姓子不得立以为嗣,其子孙自不能充当(禁)〔族〕长我国家族旧制,注重血统,故凡乞养异姓义子以乱宗族者,《现行律》悬为厉禁,即收养在三岁以下者,虽依律得从其姓,而不得立以为嗣,即不能与有血统关系之同宗视为一体。族长在现行法上,应以何种资格充当,虽无明文规定,而按之《现行律》意,为维系宗系勿使紊乱起见,自非异姓子之后人所能充当。(四年上字第一九三九号)

异姓子不能充当房长《现行律例》关于乞养异姓义子以乱宗族者有罚,其收养三岁以下遗弃小儿,亦不得以无子遂立为嗣。是异姓义子,不得承继宗祧,取得嗣子身分,已无疑义。而充当房长,主持祭祀,乃本于宗祧承继所生之权利,自非义子所可争执。(五年上字第七七八号)

立异姓姑表兄弟之子为嗣者,其择立行为无效异姓乱宗,为《现行律》所不许。故因族中无可继之人,择立异姓姑表兄弟之子为嗣,其择立之行为,自始不能有效。(五年上字第八七七号)

义子、赘婿,不得承继宗祧《现行律》载"其乞养异姓义子以乱宗族者,处罚。若以子与异姓人为嗣者,罪同。其子归宗",又载"招婿养老者,仍立同宗应继者一人承奉祭祀"等语,是异姓不能乱宗,赘婿不得承继宗祧,均律有明文。故入赘时,虽有与律例相反之约

定，亦不能认为有效。（五年上字第九八八号）

异姓乱宗之告争权 异姓子紊乱宗祧，非因兴修宗谱或主张自己或直系卑属有承继权者，不得告争。（八年抗字第五六四号）

异姓入嗣已历多年者，不得告争 立嗣虽为违法，而当时有承继权之人不出告争，且事历多年，相安无异者，应认为已抛弃其承继权，不得再行告争。本件上诉人以外甥嗣舅父，原属有违例禁。惟据称自二岁即入继舅家，由其外祖母抚养成人，娶妻生子，迄今事历三十余载，相安无异，并提出种种入继证凭为据。苟其所称入继系属实情，当时族人亦无异议，是其承继关系，已不能不认为早经确定，即令当时有承继权之人，不得于嗣后再行告争。（十五年上字第一二七〇号）

**以上大理院判决例**

**解释例**

无承继权者，不得告争异姓乱宗 查判例，自己及直系卑属无承继权者，无论现继之人是否异姓，不得对之告争。（五年统字第四五五号）

异姓入继，应继人能证明当时并未抛弃者，亦得事后告争 甲父纵系异姓，非依法应继甲祖之人，证明承继开始当时所以不告争之理由（即证明并未抛弃承继权）对甲不得告争。（五年统字第四八五号）

异姓乱宗，得拒绝入谱或削谱 无承继权之族人，不能以乱宗为理由，告争承继，惟得于修谱发生争议时，提出拒绝登谱或请求削谱之诉。如不因修谱涉讼，自应认为无确认身分关系之实在利益，予以驳斥。至此种无承继权之族人，所以许其为此种诉讼者，盖正当之谱规（或有明文，或依习惯）亦不可不予以维护。此种诉讼，即所以解决谱规上之争执也。（六年统字第五九一号）

异姓子入嗣，历久无人告争，其子孙对于所嗣之房分亦有承继权 以异姓子为嗣，虽为律所明禁，但历久未经告争人主张其无效，消灭其身分，则甲姓出继乙姓所生之子孙，仍系乙姓之后，自可出继乙姓他支。（七年统字第八一四号）

异姓入继之子孙，依该族惯例所已取得之权利不得剥夺 有异姓入继子孙，族中曾准其点派总理干首各项执事，并准入祠主祭，旧谱载有姓名。新谱增修凡例，永远不准派充执事及入祠主祭。查异姓子孙，依该族惯例，既已取得权利，族人非得其同意，自不能率予剥夺，此与统字五九一号并不抵触。（七年统字第八五一号）

无承继权之人不得告争异姓乱宗 有某乙之祖母丁，招某甲之伯叔祖丙为后夫。丙某无子，其父兄弟有七，人丁寥落，族亦式微。丙将丁前夫所生之二、三、四三子（即乙某之父若叔）带归甲姓，承祀长、二、七三房，由甲姓族房订立继书，已二十余年，相安无异。后甲借口乙兼顾其本宗，将乙所奉甲姓木主搬去。经起诉，甲谓乙异姓乱宗。查本院例，非自己或自己直系卑属有承继权，对于异姓乱宗，不得告争。所询情形，既系以孙称祖，自为无权告争。（七年统字第八九七号）

义子不得于所养父母，得令归宗，不许将财产（携本回宗）〔携回本宗〕，义子之子孙亦应同论 查义子不得于所养父母，果有具体事实可资考按，自可援照废继规定，由所养父母解除关系。又义子归宗，不许将财产携归本宗，律有明文。义子之子孙，亦应同论。如果有不孝事实，自应许甲废除。惟据称业已给付财产，分居各处，是否有不孝事实即应查明情形，斟酌办理。（八年统字第一一二五号）

**以上大理院解释例**

立嫡子违法 4.63.0.4 律文 **其遗弃小儿，年三岁以下，虽异姓，仍听收养，即从其姓。但不得以无子，遂立为嗣。**

**注 解**

他人遗弃之小儿，年在三岁以下者，许异姓人收养，并许其从收养人之姓。至于立嗣之禁止，分产之许可，以及不准勒令归宗，条例内均设有补充规定。（参照承继章）

**解释例**

失姓之小儿无子立嗣，得立养家同姓之子 遗弃小儿，既久失姓氏，则无子立嗣，自可择其养家同姓之子为后。（五年统字第四八五号）

**以上大理院解释例**

# 第五章　家　制

别籍异财律　文 4.69.0 **凡祖父母、父母在，子孙别立户籍、分异财产者，处十等罚。若居父母丧，而兄弟别〔立〕户籍、分异财产者，处八等罚。**〔或〕奉遗命，不在此律。

别籍异财条　例 4.69.(1) **祖父母、父母在者，子孙不许分财异居。** 此谓分财异居，尚未别立户籍者。**其父母许令分析者，听。**

**注　解**

"祖父母"，包括高祖父母、曾祖父母在内。"父母"，凡所生父母与所嗣父母皆包括之。"在"者，生存之谓，不以祖父母、父母全体生存为必要，苟其中仅一人生存，亦不碍其为"在"也。"户籍"，指家之名义而言。吾国一家之界限，向以户籍而定，同样于一户籍之下者为一家，其不同一户籍者，即非一家。"别立户籍"，即各自成立一家之谓。"分异财产"，谓其财产各自分离独立也。"居父母丧"，谓丧服未满也。祖父母、父母生存时，子孙不得别籍异财；惟许其别籍异财者，则非律例所禁。又祖父母、父母死亡后，三年内，子孙亦不得别籍异财；惟奉遗命别籍异财者，亦非律例所禁。

**理　由**

本节所悬别籍异财之禁有二，即：(一)祖父母、父母生存中。(二)祖父母、父母死亡后三年由是也。盖尊亲属生存中，子孙别籍异财，非特有乖孝道，抑且大伤亲心。若尊亲属死亡，丧服未满，而兄弟别籍异财，亦违三年无改之义，此律例之所又严禁也。惟生存时许令分析，或死亡时遗命在丧服未满时分析，其中必含有特种原因，故出于例外，不加禁止。

## 判决例

擅认家财为己财，及异居后强欲同居，均非律所许 凡未经父母允许，擅认家财为分属于己之财产，及于异居后强欲同居者，均为《现行律》所勿许，可推而知。(三年上字第五六号)

故意不令分析者，得以裁判代之 按《现行律》载“祖父母、父母在者，子孙不许分财异居。其父母许令分析者，听”等语，是子孙之分财异居，非经父母许可，即为违法。然人情常有所偏，父母每多爱憎，若孤子之于继母、庶子之于嫡母，或孀媳之于舅姑，其情同陌路而势难复合，犹故意不许令分析者，则审判衙门斟酌两造之情形，自可依请求用判决以代母、姑之许可，而听其分析。(三年上字第六一六号)

“遗命”之解释《现行律》所称“遗命”，即遗嘱、遗言之谓。(三年上字第八五〇号)

子不许别籍异财，媳自不能独异 凡为人子者，未经父母许可，或得有审判衙门代其许可之裁判，不得擅自分产异居。律文甚明，不容滋疑。子尚不能别立户籍分异财产，则夫妇一体，媳自不能独异。(三年上字第一〇九二号)

律不禁私有财产《现行律例》虽规定“祖父母、父母在，子孙不能分析家财”，然无禁止子孙不得蓄有私财之明文，故子孙以自己之劳力所得之财产，未经提作公有者，不能作为一家之公产。至子孙亡故，又无子嗣者，其所遗之私有财产，自然依“妇人无子守志，合承夫分”之条，类推适用，应由其妻承受。(三年上字第一一四〇号)

合承夫分者，苟经父母许可，得代继子主张分析 祖父母、父母不在者，子孙原得分财异居，其父母在而得许可者亦同。合承夫分之妇人，苟具备上述条件，亦得代其继子主张分析。(四年上字第五六七号)

子孙妻妾，当尊亲属在日，亦不许别籍异(则)〔财〕 子孙当祖父母、父母在日，尚不许别籍异财，子孙之妻妾，自不能出于此禁例之外。(四年上字第一八三七号)

祖父母、父母有允许分财异居之权《现行律》内载“祖父母、父母在者，子孙不许分财异居。其父母许令分析者，听”等语，是祖父母、父母对于子孙之分财异居，有允许与否之权。(四年上字第九五一号)

父亡后，兄弟分产，以母是否许可及有无必要情形为断 父亡，兄弟间应各分析遗产，自应以守志之母是否许令分析，及兄弟中有无因必要情形有请求分析之理由者为断。(五年上字第五三号)

许令分析者，不在禁止之列“祖父母、父母在者，子孙不许分财异居。其父母许令分析者，听”等语，是子孙当祖父母、父母在日分财异居，原则上虽为法所不许，但如果业经许令分析，则亦不在禁止之列。(五年上字第七二号)

许令分析者，随时可以分析《现行律》载“若居父母丧，而兄弟别立户籍、分异财产者，处罚”，其注载“或奉遗命，不在此律”，又载“祖父母、父母在者，子孙不许分财异居。其父母许令分析者，听”各等语，详绎律意，凡为子者，居父母丧，苟奉有遗命，即许分异财产。而其父或母尚有一方生存，经其许令分产者，亦无论何时，皆得分析。(六年上字第一一〇〇号)

媳无正当理由,或未经姑允许,应与姑同居 媳之于姑,如别无异居正当之原因,或未得其姑之特别允许,自应同居,不得率请分异。(七年上字第一四一八号)

翁有逼奸卖娼情事,准媳异居 翁之于媳,如果确有逼奸、勒卖为娼情事,致其媳不能与之同居者,固得请求审判衙门以裁判准其异居。(七年上字第一四七四号)

媳无正当理由,不得率请分异 媳之于姑,如别无异居之正当原因,或未得其姑之特别允许,自应同居,不得率请分异。在本院早已著有成例。(十六年上字第九九〇号)

**以上大理院判决例**

卑幼私擅用财 律 文 4.70.0 **凡同居卑幼,不由尊长,私擅用本家财物者,十两,处二等罚;每十两加一等,罪止十等罚。若同居尊长应分财物不均平者,罪亦如之。**

**注 解**

本节所禁者有二,即:(一)同财共居之卑幼,不经尊长许可,私擅处分本家财物;(二)同财共居之尊长,应行分与卑幼之财物,而所分不均平是也。分述如下:

(一)本节前段,为禁止卑幼私擅处分本家财物而设。“私擅”云者,未奉有尊长命令之谓也。其得尊长允许者,自不在内。“本家财物”者,乃一家所有之财物。详言之,即非卑幼私有财物之谓也。本家财物,惟尊长有处分权。若卑幼之私擅处分,不生物权法上之效力,尊长对于其处分行为,得行使撤销权。惟此种规定,限于卑幼与尊长同财共居者,方能适用。倘卑幼与尊长已经合法的分财异居,则其处分行为,自不受此规定之制限也。

(二)本节后段,为禁止尊长分财不均而设。尊长分与卑幼之财物,应以均平为主。但所谓“均平”者,乃法律上均平之谓,并不指事实上之均平而言。法律上之“均平”者,即就各人应得之分而分给之之谓也。依照条例,分析家财,不问妻、妾所生,止以子数均分;奸生子依子量与半分;嗣子与奸生子均分,是谓应得之分。(参照遗产承继)尊长分给财物,如不依此规定,即属不均平,卑幼得请求重分。但此规定,亦仅适用于与卑幼同居共财之尊长。若从前已经合法的分财异居,而此后尊长以其特有财产授与卑幼,纵有不均,亦不能执此规定以相绳。

**判决例**

子之私擅处分无效 为人子者,不能专擅处分其父未给与继承之财产及其尊长之养赡财产。故无论为典、为卖,断无即生物权法上效力之理,债权人亦仅能向其相对人自身请求偿还借款。其尊长及父,无代为负担之理。(三年上字第一七八号)

尊长有所偏向,卑幼得请分析 《现行律》载“凡同居卑幼,不由尊长,擅用本家财物者,处罚。(中略)若同居尊长应分家财不均平者,罪亦如之”等语,是尊长与卑幼同居共财者,其家财固不得由卑幼自专,而尊长亦不得将应分家财有所偏向。由此推论,除祖若父就所

有家财可自由处分外，其余尊长有所偏向，则卑幼据以请求分析，即不得谓为违法。（三年上字第六一六号）

已成年之子，经母同意，得处分遗产 若子已成年，则应由子得母之同意，处分遗产。（三年上字第六六九号）

卑幼处分自己私产，及互相让与受分权利，均非法所禁 《现行律》载“凡同居卑幼，不由尊长，私擅用本家财物者，处罚”等语，是卑幼私擅用本家财物，固为法所不许。惟细绎律意，此项规定，本所以维持家庭共同生活之关系，故其所禁止者，本系指卑幼与外人之处分行为足使家财外溢者而言。若家属中之一人，以自己私有之产，让与他人者，其所处分既非家财，即不在应禁之列；又或一家之中，遗产共同承继人，就应受分配之财物，互相让与其受分权利者，虽经处分，而财不外溢，亦与卑幼私擅用本家财物有别，除别有法律上原因外，不得即指为无效。（四年上字第一四五九号）

尊长提留之产，卑幼典卖无效 卑幼典卖尊长提留之产，无论其相对人（即典卖主）是否善意，均不能生物权法上之效力，即令典卖主实不知情，亦仅能向擅卖得价之人，要求返还契价，自不得遽谓该田产已适法移转所有。（四年上字第二〇二九号）

被承继人生存时，承继人处分无效 承继人于被承继人生存中，处分被承继人之财产者，其处分行为，不能发生效力。（四年上字第二三一八号）

成年之子所处分之家财，仅其母有撤销权 凡成年之子，未得其母之同意，私擅处分家财者，仅其母有撤销之权。其子及第三人，均不得主张撤销。（四年上字第二三八五号）

管理家务之卑幼，有处分家产之权 卑幼固不能私擅处分家财，但管理家务之卑幼，与寻常卑幼不同，其处分财产，当可推定其已得尊长之同意。（五年上字第三一〇号）

“本家财物”指物权之标的而言 《现行律》“卑幼不得私擅用本家财物”之规定，其所谓“本家财物”，系指物权之标的而言。若与人出立担保字据，则仅属自己负担债务，不能解释为当然包括在内。（五年上字第八三三号）

子处分父之财产，经父追认，亦为有效 父之财产，其子私擅处分者，固不生物权法上之效力。惟嗣后经其父之表示追认者，仍应认为有效。（五年上字第一一八八号）

“同居”之意义 《现行律》“卑幼私擅用财”条所谓“同居”，乃对于分财异居者而言，并非仅以事实上居所同一者为限。故凡不与尊长同一居所之卑幼，苟非为法律所许已经分财异居，则其关于处分本家财物，仍应受此项规定之限制。（五年上字第一二八一号）

代父管理家务之子，有处分家财之权 父在，子虽不得私擅用财，惟父以管理家务委诸其子者，则子以代父管理家务之资格，即当然有处分家财之权。（六年上字第一一二五号）

尊长有所偏向，卑幼得据以请求分析 《现行律》载“分析家财、田产，不问妻、妾所生，只以子数均分”，又载“同居卑幼，不由尊长，私擅用本家财物者，处罚。若同居尊长应分家财不均平，罪亦如之”等语，是尊长与卑幼同居共财者，家财卑幼固不得自专，而尊长亦不得将应分家财有所偏向。由此推论,除祖若父就所有家财可自由处分外,其余尊长有所偏向,则卑幼据以请求分析,不得谓为违法。(七年上字第一二五四号)

妻于夫出外,代理家政者,有处分其夫财产之权 妻通常于日常家务,即得代理其夫,以为法律行为。若于夫常川外出,代为主持家政时,则其代理权限,自应更为扩展。苟属必要范围,虽就其夫财产为(余)〔重〕大处分,亦不得不认为有效,此至当之条例也。(十五年上字第九二号)

管理家务者,因履行公共债务所为之处分有效 管理家务之人,因履行公共负担之义务,处分其家产之全部或一部者,其他家属,固不得事后以无权处分为理由主张无效。但如处分显有不当或有偏见,而危及其他家属之生活者,其他家属,自得对该处分表示异议。(十六年上字第一〇五〇号)

**以上大理院判决例**

**解释例**

卑幼私擅用财条例之解释 对于“卑幼私擅用财”条例之解释,据历来判例,凡:(一)卑幼私擅处分其父兄之财产者,与处分他人之财产同。无论契约之相对人是否善意(即是否知情),其物权移转契约无效。(但有代理关系时,不在此限。又债权契约非无效,契约当事人仍可依债权法则办理)(二)如父亡母存,家产已付诸其子,而其子已达成年者,(《现行律》以十六岁为成年)无论其家财系由自己或其母管理,非得其母之同意,不得私擅处分家财。违者,其母苟未追认,有撤销之权。(非当然无效)(三)若其子年幼,应分之家财,由母(母亡而另有家长、保护人时,亦同)代行管理。而其子未得有其母特许处分或管理及处分之财产,私擅处分时,当然可适用未成年人为负担义务行为之民事法条理办理。(四)卑幼得有私财,为现行法律所不禁,除仍适用上述第三种限制外,已达成年之子,均可自由处分。至前述第一至第三情形,纵有时其子具备法定准禁治产之条件,尚无必待宣告之必要。惟在前述第四情形及父母均故,成年人之于承继财产(家产)或因浪费等事,有以宣告为宜者。(四年统字第二二八号)

子所欠私债,不得就祖产执行 父在,子不得为家财之主体。故子所欠之私债,除就其私财(即子之特有财产)执行外,无就祖产执行之理。(五年统字第四八四号)

因营业负债致家财被执行,与私擅用财无关 家财父死后应归子有。处分行为,虽应得母之同意,但因营业负债,致其家财被执行,与“卑幼私擅用财”之条无关。(八年统字第九二二号)

卑幼处分自有私财,不受何种限制 本院历来判例,就《现行律》解释,以一届十六岁为成年。凡成年之人,即有完全行为能力,得独立以法律行为负担义务。除《商人通例》关于商人能力别有规定外,在继续有效之《现行律》,尚有“卑幼不得私擅用本家财物”一条。但此条规定,原以家财与私财有别,家财非经同居尊长同意,不得私擅处分。至于卑幼自有私财,则该卑幼有完全之自由,不受何种限制。(十四年统字第一九一一号)

**以上大理院解释例**

出妻律文6.95.0.4 **若立契议雇之使女背家长在逃者，处八等罚，给还家长；因而嫁人者，处十等罚。**追缴未满工值，免其离异。

**注　解**

本节所称“使女”，指雇佣之使女而言。其对于家长之关系，纯然为契约关系（雇佣契约）。倘使女于雇佣年限未满以前，背家长在逃，应给还家长。如果在逃后，已与他人成婚，则应追还未满工值，以免家长之损失。所以免其离异者，盖认其婚姻为有效也。

**判决例**

雇女限满之择配 查现行有效之《禁革买卖人口条(例)〔款〕》内载“嗣后贫民子女不能存活者，准其议定年限，立据作为雇工，先给雇值多少，彼此面订；雇定之时，不问男女长幼，总以扣至本人二十五岁为限。其限满后，女子如母家无人，并无至近亲属者，由主家为之择配”等语，①是雇女限满择配，除其母家有人或有至近亲族外，应由主家为之。（七年上字第七七六号）

**以上大理院判决例**

立嫡子违法律文4.63.0.6 **若庶民之家，存养良家男女为奴婢者，处十等罚，即放从良。**

**理　由**

奴隶制度，各国早已废止，以其违反人道主义也。我国关于买卖人口，早已悬为厉禁（《禁革买卖人口条(例)〔款〕》现尚有效）。婢女亦奴隶之一，同在禁止之列。虽本律仅禁止庶民存养奴婢，顾自民国成立，一切平等，既无所谓贵族，自无所谓庶民。社会上本不容有奴隶阶级的存在，即无论何人，不许蓄养奴婢，非如旧时之以庶民为限也。

---

① 系指《禁革买卖人口条款》（清宣统元年十二月二十一日〔1910年1月31日〕公布）第4条。

# 第六章　财　产

## 第一节　不　动　产

欺隐田粮条例5.72.(2) **将自己田地应纳钱粮，洒派别户者，按数计赃，准枉法论。田地入官。其洒派钱粮，照年分、亩数追征，还给代纳之户。**

**注　解**

依将自己应纳钱粮洒派别户，则应纳者反可不纳，而不应纳者转致代纳，此际应照数追征，以给还代纳之户。

**判决例**

粮银随地亩为转移 粮银系随地亩为转移，地亩归属于何人，即粮银应由何人负完纳之义务。故粮银应否过割，实以地亩所有权有无移转为断。(二年上字第五三号)

**以上大理院判决例**

**解释例**

减粮属行政范围 诉讼标的既系请减粮赋，另定分配方法，自属行政范围，普通法院未便受理。(十八年院字第二〇号)

**以上司法院解释例**

检踏灾伤田粮条例5.73.(2) **凡沿河沙洲地亩，被冲坍塌，即令业户报官，勘明注册。遇有淤涨，亦即报官查丈，照原报之数拨补，此外多余涨地，不许霸占。如从前未经报坍，不准拨给。至隔江远户，果系报坍有案，即将多余涨地，秉公拨补。若坍户数多，按照报坍先后，以次照拨。倘补足之外，尚有余地，许召无业穷民认垦，官给印照。仍令各属按数造报，统俟五年大丈，再行履勘，造册送部，以定升**

**除。其报坍报涨在两县接壤之处者，委员会同两邑地方官，据实勘验，秉公拨补。如有私行霸占，将淤洲入官。**

**注 解**

本节为对于沙地坍涨报勘拨补之规定。例文甚明,毋庸解释。惟应有注意者,关于沙地之坍涨,各省间有另定单行章程者,应照单行章程办理。

**判决例**

淤地先尽报坍有案者,拨补有余,由官召垦,不得主张子母相生 寻绎法意,凡有河淤,先尽拨补坍户,余悉由官召垦。果系报坍有案,虽隔江远户,亦得以多余涨地抵拨。此外尚有余地,应仍听官处分,不许自由占据。故在现行法上,沿河各地之业主,不能以淤涨之原因,遂谓子母相生,当然取得其子地。(二年上字第八六号)

除拨补外,多余淤地及未坍新涨之地均属官产 凡沿河塌后涨复之地,除依法拨补因塌倒所失之地外,多余淤地,即属官产。其业主现管四至外,未塌新淤之地,亦属官产。(三年上字第一一九五号)

未涨前以契约预定业者(者)无效 沿河多余涨地,依律系属官地,不许霸占,更何能于未涨以前,以私人间之契约预定业主!(四年上字第五二五号)

坍户确有不能报官情形,或与报官有同一功效之动作者,淤涨时准回复管业 《现行律》田宅门载"凡沿河沙洲地亩,被冲坍塌,即令业户报官,勘明注册。遇有淤涨,亦即报官查丈,照原报之数拨补,此外多余涨地,不许霸占。如从前未经报坍,不准拨给"等语,按照例文,冲没沙洲,应由原业户报官,方准回复。惟依本院解释及判例,如确有不能报官情由,或与报官有同一功效之动作者,亦得准其回复管业之权。(四年上字第八四六号)

淤地拨补,除报坍有案外,须有确实凭证 淤涨地之拨补,除报坍有案者外,须以别有确实证凭为前提,否则即无准其强请拨补之理。(四年上字第二四〇八号)

淤洲入官,系对于私行霸占者之一种行政处分 《现行律》"检踏灾伤田粮"门虽有将淤洲入官之例,然此系对于私行霸占者之一种行政处分,而在审判衙门,不能不待代表国家之机关讼争,而遽引此例判归国有。(五年上字第七七号)

拨补之□序 淤地之归谁拨补,固不能仅以当事人所持契据记载之地名为衡,而应审究两造当日坍塌之业究有若干,嗣后淤复已经恢复之业(即可视同拨补)又有若干,以定孰应拨补,并拨补若干。如两造皆已不应拨补,则惟调查历来管有事实,以维持占有原状。对于无告争权者,应驳回其请求,无庸于案外为所有权归属之判断。(七年上字第二五三号)

淤地先尽坍户拨补,不以在契载地点为限 沿河淤涨之地,应先尽坍户拨补。虽隔江远户,果系报坍有案,亦许将多余涨地拨补,固不限定拨补之地须在原契所载坐落地点。(七年上字第一〇七〇号)

**以上大理院判决例**

滚地之优先承领权 种种证据均足证明鲍姓之在该湖及湖边之地均历久管业,纵屯垦局成立,湖中如有淤出可垦之地,亦惟向系占管其业者有优先承领之权。乃上告人明知为被上告人湖业,而又不分湖地,遽私向屯垦局指为官荒报领,显系利用行政官厅之处分而侵害被上告人之权利。其并无优先承领该湖之权,即不待烦言而决。(十七年上字第三九三号)

**以上最高法院判决例**

**解释例**

不得以渔课(串)〔飞〕占沿河沙洲地亩《现行律》田宅门“检踏灾伤(钱)〔田〕粮”条例关于沿河沙洲地亩,既有明文规定,即应依照办理,自无许渔户得以渔课飞占土地之理。(十一年统字第一七三六号)

**以上大理院解释例**

盗卖田宅律文 5.75.0.1 **凡盗**他人田宅**卖、**将己不堪田宅**换易及冒认,**他人田宅作自己者。**若虚**写价**钱实**立文**契典买,及侵占他人田宅者,田一亩、屋一间以下,**<u>处五等罚</u>**;每田五亩、屋三间,**<u>加一等</u>**;**<u>罪止徒二年</u>**。系官**田宅**者,**<u>各加二等</u>**。○5.75.0.2若强占官民山场、湖泊、茶园、芦荡,及金、银、铜、锡、铁冶者,**不计亩数。**<u>流三千里</u>**。○5.75.0.3若将互争**不明**及他人田产,妄作已业,朦胧投献官豪势要之人,与者、受者,**<u>各徒三年</u>**。○5.75.0.4**盗卖与投献等项**田产及盗卖过田价,并**各项田产中**递年所得花利,各**应还官者**还官、**应给主者**给主。**

**注 解**

本节所禁,计分八种:(一)盗卖他人田宅。(二)将自己不堪田宅与他人换易。(三)冒认他人田宅作自己。(四)虚钱实契之典卖。(五)侵占他人田宅。(六)强占。(七)将互争不明之产投献。(八)将他人田产冒作自己投献于人。以上八种,均属无效。除刑事部分已经失效,应依刑法处断外,其田产、田价并递年田产内所得之花利,统应追还。所谓“还官给主”者,谓如系官产则还官,如系私产则给主是也。

**判决例**

卖他人所有物之契约不生效力 若卖他人所有之物或不确定之物,则其债权契约,虽属有效,然不能即发生移转物权之效力。(二年上字第八号)

约定绝卖他人之产,非由诺约人取得物权后,不生移转效力 无权限人与人约定,绝卖他人之产者,在债权法上,该契约当事人间虽可有效发生权利义务关系,而于他人物权之取得,则非由诺约人先取得其物权后再为有效之物权移转契约不可。(三年上字第四五号)

擅卖他人之产,无论买主知情与否,均不生效力 无所有权之第三人,私擅将他人不动产出卖者,此项行为,无论买主是否知情,当然不发生物权移转之效力。买主有因此已缴买价,或受其他损害者,只可径向冒称业主之卖产人请求赔偿,而不得以此为由,对抗真正之所有权人。(四年上字第九五号)

**以上大理院判决例**

**解释例**

擅卖他人所有物,应将原物交还,并赔偿买主之损失 私擅售卖他人所有物者,不问买主是否知情,其卖约为无效,即应将原物交还物主。如因买卖无效受有损失(在此案如迁坟等费),得因买主之请求,查明,责令擅卖之人赔偿。(六年统字第六六三号)

盗卖善(当)[堂]义地之买卖无效 查善堂公置义地,被人盗卖,如未经合法代表善堂之人依法追认,则无论该地已否葬有坟墓,买受人是否知情,并是否涉及外人,其买卖无由认为有效。(七年统字第八五六号)

强占他人地建筑房屋者,负回复原状交地之义务 甲强占乙地,建筑房屋,尚未竣工,而被乙拆毁者,甲应有回复原状交地之义务。乙之拆屋,如已超过回复工事所必要之程度,以该部分之损害为限,应予调查赔偿。(七年统字第八九〇号)

**以上大理院解释例**

盗卖田宅条例5.75.(3) **军民人等将争竞不明,并卖过及民间起科,僧道将寺观各田地,若子孙将公共祖坟山地,朦胧投献王府及内外官豪势要之家,私捏文契典卖者,投献之人依律问拟。其受投献家长,并管庄人,参究治罪。**

**注 解**

本例为前节"朦胧投献"律文之补充规定,其所禁止者有五:(一)将争竞不明之田地投献于人。(二)将卖过田地投献于人。(三)将民间起科田地投献于人。(四)僧道将寺观田地投献于人。(五)子孙将公共祖坟山地投献于人。凡此五种,不问投献者受值与否,亦不问受者知情与否,皆为无效。

**判决例**

住持对于寺院产业仅有管理权,而无处分权 凡寺院产业,由施主捐助者,即为公产。该寺院之代表人(住持),对于此种产业,仅有管理之权,而不能任意处分。(三年上字第三三号)

住持不得变更捐助之目的而为处分 凡施主捐助之产,其所有权属之寺庙。住持非得原施主或其后人之同意,并经该管行政衙门核准后,不得私擅变更捐施之目的而为处分。(四年上字第二〇四号)

对于公共茔地之处分行为无效 茔地为公同共有性质。非遇有必要情形,经派下各房全体同意,或已有确定判决后,不准分析让与,或为其他处分行为。违者,其处分行为无效。(四年上字第二二六七号)

住持管理不当,或有其他情弊,施主得出而干涉 由施主捐助之庙产,纯为宗教公产。其所有权,不属于原施主,亦不属于住持,而专属于该寺庙。故其住持管理不当,或有他种情弊,施主虽可出而干涉,要不能擅行收回管理。(五年上字第二五五号)

由住持私置之产业,有完全处分之权 寺院产业,由施主捐助者,即为公产。该寺院之住持,对于此种产业，仅有管理之权，而不能任意处分。若由住持私置之产业，则其所有权即属之该住持，该住持当然有完全处分之权。（六年上字第一〇〇九号）

**以上大理院判决例**

**解释例**

住持盗卖庙产系无效行为 在某庙住持，将该庙产业盗当、盗卖，经人告发，由该管地方官署，依照《管理寺庙条例》第十条及第二十五条，①将所盗当盗卖之庙产一部收回充公益事项，该盗当、盗卖之受主，不服该管地方官署之处分，提起上诉于司法官署。查地方官署，依《管理寺庙条例》，固有收回盗卖庙产之权，惟该条例所以赋予此项权限者，乃使其以代表公益之资格，为私权救济之行为。住持盗卖庙产，在私法上本属无效行为，原施主各得依法主张。不过原施主及其后人，因有种种原因，未必即能出而过问，地方官署则可随时监视，适宜办法。其收回行为，虽以行政处分出之，而该项买卖之效力，不能因此脱出私法之支配。卖主若主张正当理由，（如证明该卖业确非庙产，或已得官署允许及施主同意，并非盗卖等理由）谓卖约有效，而提起诉讼，司法衙门自不能斥为行政事项，不予受理。且为此收回处分之官署，在诉讼法上，即应为被告官厅，未能拒不应诉。（下略）（六年统字第七二六号）

寺庙住持为达管理目的所为之必要处分有效 查《管理寺庙条例》第二一条第一项既载有违背第十一条规定“抵押或处分寺庙财产时，由该管地方官署收回”等语，②则第十一条所称“寺庙”，应包括庙产在内。该两条用语虽有详略，尚不能谓为抵触。至所谓“财产”，当然指一切财产而言。惟为达第十条管理目的所为必要之处分，即属管理行为，不在第十一条限制之列。如变卖容易腐败之物，或以收益供寺庙必要之用途，即其例也。（十三年统字第一八六八号）

**以上大理院解释例**

盗卖田宅条例 5.75.(4) **凡子孙盗卖祖遗祀产，并义田，及历久宗祠者，<u>俱照盗卖官田宅律定拟</u>，<u>罪止徒三年</u>。知情谋买之人，<u>各与犯人同罪</u>。房产收回，给族长收管；<u>卖</u>**

---

① 参见《管理寺庙条例》（四年〔1915 年〕十月二十九日教令第 66 号）的规定：

“第十条 寺庙财产不得抵押或处分之。但为充公益事项必要之需用，禀经该管地方官核准者，不在此限。

第二十五条 违背第十条规定抵押或处分寺庙财产时，由该管地方官署收回原有财产或追取原价给还该寺庙，并准照第二十三条规定办理。”

因而得利者，并科所得总额二倍以下之罚金。若二倍之数未满三百元者，并科三百元以下之罚金。

② 参见《修正管理寺庙条例》（十年〔1921 年〕五月二十日教令第一二号）的规定：

“第二十一条第一项 违背第十一条规定抵押或处分寺庙财产时，由该管地方官署收回原有财产或追取原价给还该寺庙，并准照第十九条规定办理。

第十一条 寺庙不得抵押或处分之。”

**价入官。不知者，不坐。其祀产、义田，令勒石报官，或族长自立议单公据，方准按例治罪。如无公私确据，借端生事者，照诬告律治罪。**

**注　解**

本例亦为前节盗卖律文之补充规定。其目有三：(一)盗卖祖遗祀产；(二)盗卖义田；(三)盗卖历久宗祠。不问买者知情与否，均属无效。

**判决例**

祭田为后嗣共有，若有不得已情形，得协议处分　祭田设定之方法虽有种种，而其管业权，应自亡人死后，即归属于后嗣共同享有。若因不得已情形，得由共同协议处分之。(二年上字第八号)

尝田系共有，非经同意，不得设定永佃关系　尝田系属其子孙共同享有，其权利性质，法律上本为一种之共有关系。故非经共同享有人之同意，无论何人，不得就该祭田对他人擅为永佃关系之设定。(二年上字第一一九号)

祭田非一部分子孙所能变卖　共有财产，除有特别法令或习惯法则外，非得共有人全体之同意，不得处分。祖先祭产，为子孙所共有，其非一部分子孙所得私擅变卖，固不待言。即系当日创置此项祭产之人，一经捐出，亦已退处于共有人之地位，不能复有特别处分之权。(四年上字第六六九号)

祀产经各房全体同意出卖者，不得以盗卖论　祀产系共产性质，其所有权属于同派之各方。自其维持祖先祭祀之宗旨言之，原期永远保全，不容擅废，故凡设定祀产字据内例有"永远不得典卖"等字样。然查我国惯例，此等祀产，遇有必要情形，(例如子孙生计艰难，或因管理而生重大之纠葛)得各房全体同意时，仍得分析典卖或为其他之处分行为。此种惯例，并无害于公益，亦不背于强行法规，即《现行律》关于盗卖祀产之规定，意亦仅在禁止盗卖。所谓盗卖者，以无出卖权之人而私擅出卖之谓。如未经各房同意，仅由一房或数房主持出卖，固在盗卖之例；若已经各房全体同意，自不得以盗卖论。(四年上字第七七一号)

依习惯或规约，各房房长可以代理全族，或经族人多数议决以为处分者，亦为有效　族人处分祖遗祭田，以共有物之常规言之，自当以得族人全体之同意为有效要件。惟依地方旧有之习惯或族中特定之规约，各房房长可以共同代理全体族人以为处分，抑或各房房长集众会议，可依族人多数议决以为处分者，则依该习惯或规约之处分行为，虽未得族人全体同意，亦应认为有效。(四年上字第九七七号)

〔祀产系同派各房共有〕　祀产系共有(姓)〔性〕质，其所有权属于同派之各房。自其设定之宗旨言之，本期永远保全，不容擅废。(四年上字第一七七一号)

共有人进葬共有祖茔山地，与通常处分共有物不同　公同共有之祖茔山地，各共有人能否进葬，应以向来有无进葬事例或特别规约为断，与通常处分公同共有物概须他共有人同意之情形，原不相同。(十五年上字第九六三号)

**以上大理院判决例**

盗卖田宅条例5.75.(5) **凡雇工、庄头人等，因伊主外出，私自盗卖所遗田产，至五十亩者，流三千里；不及前数者，照盗卖官田律治罪。盗卖房屋，亦照盗卖官宅律科断。谋买之人，与串通说合之中保，均与盗卖之人同罪。房产给还原主，卖价人官。其不知者，不坐。**

**注　解**

本例亦为前节盗卖(律)〔律〕文之补充规定。凡盗卖田产，亦不问买者知情与否，均为无效，应予追回。

盗卖田宅条例5.75.(2) **凡人民告争坟山，近年者，以印契为凭。如系远年之业，须将山地字号、亩数及库存鳞册，并完粮印串，逐一丈勘查对，果相符合，即断令管业。若查勘不符，〔又无完粮印串〕其所执远年旧契及碑谱等项，均不得执为凭据，即将滥控侵占之人，按例治罪。**

**注　解**

告争坟山，乃争执坟山所有权之谓。如系近年之山，应令提出印契。盖年代不远，其契据大都存在，故以印契为必要也。若系远年之山，恒不能提出契据，故以字号、亩数、鳞册、粮串之符合为必要。若其字号、亩数与鳞册不符，又未执有粮串，则虽提出远年旧契及碑谱等物，均不得认为适法证据。

**判决例**

字号、亩数相符及执有粮串，为告争远年坟山必要条件，查例载“人民告争坟山，近年者，以印契为凭。如系远年之业，须将山地字号、亩数及库存鳞册，并完粮印串，逐一丈勘校对，果相符合，即断令管业。若查勘不符，又无完粮印串，其所执远年旧契及碑谱等项，均不得执为凭据”等语，是山地字号、亩数相符，及持有完粮印串，为告争远年坟山必要之条件。(三年上字第四三七号)

告争远年坟山之新解释《现行律例》载“人民告争坟山，近年者，以印契为凭。如系远年之业，须将山地字号、亩数及库存鳞册，并完粮印串，逐一丈勘查对，果相符合，即断令管业。若查勘不符，又无完粮印串，其所执远年旧契及碑谱等项，均不得执为凭据”等语，寻绎律意，诚以远年坟山，并非不许告争，惟代远年湮，不免以旧契碑谱，借为影射之具。故如一造执有完粮印串，其山地字号、亩数及库存鳞册，均能查勘相符，而他一造仅有远年旧契及碑谱等项，自不得执为管业凭据。若两造均无完粮印串，亦无山地字号、亩数及库存鳞册可以查勘，即应汇集其他证据，斟酌认定。如旧契碑谱等项，亦得为认定事实之资。盖各处山地，情形不一，倘必以律例所载认为法定证据，凡属告争远年坟山，均须山地字号、亩数相符及持有完粮印串，则未有山地字号、亩数及不须完粮之处，即无异绝对禁止其告争，按诸立法之意旨，殊不无背戾。此本院

认为至当之解释，业经民庭总会决议而变更先例。（十五年上字第九五九号）

坟与地有连锁之证明，方能认坟主为地主　坟之与地，本非绝对不可分离，非二者间特有相为连锁之证明，未便遽认坟主为地主。所谓连锁之证明者，即其证据，于证明坟主关系之外，对于地主关系，亦有相当之证明力。此在本院已著为判例。（十五年上字第九五九号）

**以上大理院判决例**

**解释例**

原告负证明坟为其所有或占有之责　如原告不能证明该墓为其所有或占有，自无禁止他人祭扫之理。（八年统字第九二一号）

坟地之告争权　如甲并非代理丙起诉、受诉，自不能为丙争执祖坟。惟甲之主张，如系谓地为己有，坟则丙有，以之为对乙主张祖坟之抗辩时，尚非无权告争。（九年统字第一二八八号）

坟墓无争执而争坟旁余地，即为土地所有权之诉　关于坟之一点，已有互认，并无争执时，则虽所争之地，即在坟旁，仍为专争土地所有权之诉。（九年统字第一二八八号）

告争坟山，以坟内尸骨为先决问题者，认为亲属事件　两造讼争山场，以坟立证，如并就坟内尸骨为先决争执，自系有诉或反诉，应仍认为亲属事件。所争是否有服先祖，在所不问。（九年统字第一二九四号）

告争古冢管理权之证明责任　所询情形，如其人不能证明该古冢未经合法移转，且其自己有管理该冢之合法原因，自不许其对地主请求标管。（十一年统字第一七四一号）

应继人或管理人均有告争坟地之权　已绝旁系尊亲属之坟及坟地被人侵害，如该旁系子孙在继承法上立于应继之地位，或该坟地向归其管理，虽未依律继承，而亦应认其有告争之权。（十五年统字第一九九号）

**以上大理院解释例**

典（卖）〔买〕田宅律文5.76.0.2　**若将已典卖与人田宅，朦胧重复典卖者，以所得（重典卖之）价钱，计赃，准窃盗论，追价还（后典（卖）〔买〕之）主。田宅从原典买主为业。若重复典买之人及牙保知（其重典卖之）情者，与犯人同罪，追价入官；不知者，不坐。**

**注　解**

“典”，典当，兼赅活卖、绝卖而言。“田宅”，兼赅一切不动产在内。“重复典卖”，即一产两典及一产两卖之谓也。一产两典，前典有效，后典无效；一产两卖，前卖有效，后卖无效。故应将重复典、卖之产，归于前典、前买之人，而追回后典、后卖之价，以给还后典、后买之人。虽然，此项规定，限于前典、前卖之契约系有效成立者，方能适用。若前典、前卖之契约，含有无效原因（例如盗典、盗卖），则虽另典、另卖，不得谓为重复典卖，即不在本律禁止之列。若前典、前卖之契约，含有可以撤销之原因，则在未撤销以前，当然有效。如不行使撤销权而遽行典卖，即属重复典卖，仍应受本律之限制也。

**判决例**

买卖合法成立，应由最初买主取得物权 查律载“若将已典卖与人田宅，朦胧重复典卖者，追价还主。田宅从原典买主为业”等语，是在现行法上，不动产之所有人，以一不动产出卖，如其买卖业经合法成立，则仅最初之买主取得其不动产之物权。至价钱之交付，系买卖契约之履行，并非买卖契约成立之要件。故买主不依约支付价金，虽可为买卖契约解除之原因，而未经解除以前，其最初买卖，仍属有效。决不能因此遂复以裁判令第三人取得该物所有权，致以一不动产而有两重之买卖。（四年上字第三二五号）

二重买卖，后卖之契约仅发生债权关系 按不动产之所有人，以一不动产为二重买卖者，其嗣后所缔结之买卖契约，无论其买主是否善意，要皆不过发生债权法上之关系。（四年上字第二二五九号）

典卖契约合法成立，后典后买者虽系善意，亦仅能请求返还价金 按《现行律》田宅门“典（卖出）〔买田〕宅”律文载，“若将已典卖与人田宅，朦胧重复典卖者，追价还主。田宅仍从原典买主为业”云云，其所谓“典卖于人”者，自系指设定移转不动产之契约（物权契约）业经合法成立者而言，非仅缔结买卖之债权契约者所可遽行援用。但现在登记制度，尚未颁行，而依向来惯例，则移转不动产所有权之物权契约，通常以作成契据为其成立要件。（除有特别习惯法则外）故经合法作成契据，一经交付之后，其标的物之所有权即移转于让受人。倘原所有人有重复典卖情事，则后典后买之人，即使确系善意，亦仅能对于原所有人请求返还价金及赔偿因此所生之损害，而不能取得典权或所有权。（五年上字第二〇八号）

同一不动产先后设定两种典权，其后之典约无效 就同一不动产上先后设定之物权，若均为不动产典权，则依《现行律》中禁止重复典卖田宅之明文，自不能不认其后之典约为无效。（五年上字第八八七号）

“不得重复典卖”之解释 《现行律》所谓“不得重复典卖”者，系指既典之产不得重典、既卖之产不得重卖而言，非谓既典之产，即应归典主先买，意极明了。故该产曾经典主受典与否，要与其应归何人承买无关。（五年上字第八九七号）

二重买卖，如前之卖约仅有债权关系，〔后〕之卖约已发生物权关系者，前买主不得主张后买契约无效 买主就同一标的物为二重买卖，在前之卖约仅发生债权关系，而后之卖约已发生物权关系者，即令后买主缔结卖约实有恶意，其对于前买主，亦仅发生是否侵害债权及应否赔偿损害之问题。前买主对于后买主，不能就该标的物已经发生之物权关系，主张其为无效。（十年上字第七〇四号）

买卖预约不得主张物权 买卖预约，其效力仅足使当事人间发生缔结正式契约之债务。故就不动产为买卖之预约，该预约之买主，在未与卖主正式立约以前，尚无从主张物权之取得。此因不动产物权之设定或移转，均以订立书据为成立之要件也。（十四年上字第三七九二号）

二重买卖，最初买主取得所有权 不动产之所有人，以不动产为二重买卖者，依《现行律》关于“朦胧重

复典卖田宅，从原主为业”之规定，自应由最初成立买卖契约之人，取得该不动产之所有权。（十四年上字第三七九二号）

**以上大理院判决例**

**解释例**

重复典当，在后者无效 就同一物重复典当，在后者，依法无效，自无告争回赎可言。（六年统字第六〇六号）

受典在先者，有就典物优先受偿之权利 查重复典卖，其后典、后卖为无效，继续有效之前清《现行律》定有明文。甲最先将住房典乙，如果属实，则其再典与丙、丁，均不能有效。故无论甲是否濒于破产，只乙就该房优先受偿。有余，始能比例平均分还丙、丁。所引本院二年上字四六号判例，不无误会。（八年统字第一一三九号）

典产被执行时，得对于声请执行人主张权利 如来电所述情形，（按原文：执行地亩，已经裁判上确认有第三人典权存在。惟典产系于第三人依拍卖期限声明后，由执行处发给权利移转书据，交声请执行人收受。第三人提起执行异议之诉时，已经执行程序终结，碍难就异议之诉，为合法停止执行之裁判。于判决内谕知应另行提起损害赔偿之诉，以资救济。第三人待其判决确定后，遵判起诉，至是发生主体与责任问题）该第三人之典权，仍应继续存在，对于声请执行人，自可依法行使，不别生主体与责任问题。（十三年统字第一八八六号）

**以上大理院解释例**

典律 (卖)〔买〕田宅文 5.76.0.3 **其所典田宅、园林、碾磨等物，年限已满，业主备价取赎。若典主托故不肯放赎者，处四等罚。限外递年所得多余花利，追征给主。仍听依原价取赎。其年限虽满，业主无力取赎者，不拘此律。**

**注　解**

本节规定典主不肯放赎之制裁。典产不定年限，业主得随时取赎，典主亦得随时要求取赎，自无特设规定之必要。若定有年限，双方均应受其拘束。年限未满，业主不得提前取赎；年限已满，典主亦不得措不放赎。惟取赎为业主之权利，而放赎为典主之义务。义务不容违反，而权利之行使与否，属于权利人之自由。故本律对于典主之不肯放赎，特设追征花利及仍依原价取赎之规定，以示违约之制裁。而对于业主之无力取赎，则不另定何种办法。此际或展限，或赎典，或转典，或找绝，一任当事人之协议定之。若业主虚过年限，经典主催告而延不取赎，如果从受典之日起，已经过十年，听凭典主过户投税，嗣后止准业主告找，不准告赎。此在《清理不动产典当办法》第八条①有补充规定,是亦对于业主逾限不赎之制裁也。

**理 由**

年限已满,方准业主备价取赎,此为保护典主之利益而设。限满后,不准典主托故不肯放赎,此为保护业主之利益而设。惟利益以得自由抛弃为原则,故若典主抛弃年限之利益,许其于限内取赎,或业主抛弃限内取赎之利益,任其于限外措不放赎,要均非法律之所过问。

**按 语**

关于典产之回赎,曾经前北京司法部订有《清理不动产典当办法》,于民国四年〔1915年〕十月六日呈奉批准施行,现尚继续有效。故在适用上,应先依该办法之规定办理;该办法无规定者,方可适用本律。

**判决例**

回赎必须依期声明,并实已备价 典产原约定有每年一定日期以前回赎之制限者,必须依期声明回赎,并实已备价。否则,即令依期声明回赎,亦为无效。若已备价,在日期前声明回赎,而因归责于典主之事由,不能交价者,则迟延之责,当然由典主任之。(三年上字第六一二号)

典主依限催赎时,业主亦应遵限取赎 按《现行律》载“其所典田宅、园林、碾磨等物,年限已满,业主备价取赎。若典主托故不肯放赎者,处罚。限外递年所得花利,追征给主。依原价取赎。其年限虽满,业主无力取赎者,不拘此律”等语,是民间取赎田亩,双方均须遵守约定之期限。若典主不依期限放赎,于法固有一定制裁。其典主依限催赎者,自无独许业主不遵期限取赎之理。(三年上字第七六二号)

不定期限之典契,随时可以取赎 凡典当不动产,原立典契未载明典当年限者,即可认为无期限收赎之契约。除应受现行《不动产典当办法》之拘束外,业主随时自行备价请求回赎,典主于法并无可以拒绝之理。(五年上字第一二九六号)

**以上大理院判决例**

**解释例**

业主不允转典者,典主不得因转典而拒绝取赎 乙、戊之转典,既经甲事前明白否认,并已提议取赎,戊自无对甲主张转典、拒绝交房之理。(九年统字第一二七二号)

回赎只须备价请求收还,不以告争为必要 查“回赎”云者,系备价请求收还典当物之意,并不以向审判衙门告

---

① 《清理不动产典当办法》(四年〔1915年〕十月六日呈准,十月九日政四四号法)第八条规定:“嗣后民间置买产业,应仍照前清《现行律》,务须注明‘绝卖’或‘不准找赎’字样。如系典业,务须注明回赎年限。设定典当期间,以不过十年为限。违者,一届十年限满,应准业主即时收赎。业主届限不赎,听凭典主过户投税。不满十年之典当,不准附有到期不赎听凭作绝之条件。违者,虽经逾期,于自立约之日起十年期限内,仍准业主随时告赎。”

争为限。(十年统字第一五〇一号)

**以上大理院解释例**

典契载明典到钱数,应比照市价计算取赎 典契既载明典到钱数,除当事人有约定给付标的外,自应就所收钱额,比照当时市价,计算取赎。(十八年院字第一号)

典主于限满过户投税,应先催告业主回赎 依照《清理不动产典当办法》第八条规定,典契十年限满,业主届限不赎,虽得听凭典主过户投税,但典主于过户投税之先,应催告业主回赎。如典主并未催赎,则业主于期满后,仍得于相当期间内备价取赎,典主不得拒绝。(十八年院字第九号)

**以上司法院解释例**

典(卖)〔买〕田宅条例 5.76.(2) **卖产立有绝卖文契,并未注有“找贴”字样者,概不准贴赎。如契未载“绝卖”字样,或注定年限回赎者,并听回赎。若卖主无力回赎,许凭中公估找贴一次,另立绝卖契纸。若买主不愿找贴,听其别卖,归还原价。倘已经卖绝,契载确凿,复行告找、告赎;及执产动归原先尽亲邻之说,借端掯勒,希图短价;并典限未满,而业主强赎者,<u>俱照不应重律治罪</u>。**

**注 解**

前节律文,为关于典产取赎之规定,本例则为关于卖产贴赎之规定,盖亦补充的规定也。例文甚明,无待解释,惟应查照《清理不动产典当办法》之规定办理。

**判决例**

绝卖之产,原业主不得争执 不动产之移转,在现行法上,自当以契据为重要之证凭。故凡告争田产,而原业主实已绝卖,契载确凿者,即应由现业主管业。原业主不得凭空争执,借词回赎。(二年上字第一七一号)

转典约逸出原典约之范围外,不得对于原业主而为主张 转典契约,如其范围逸出原典约外,或加入原典约所不存在之条件,均不能对于原出典之业主而为主张,即业主可仍照原立典约赎回其所典之物。(三年上字第二七二号)

契内虽未载“绝卖”字样而实表示永允让与之意思者,以绝卖论 查《现行律》内载“卖产立有绝卖文契,并未注有‘找贴’字样者,概不准贴赎。如契未载‘绝卖’字样,或注定年限回赎者,并听回赎。若卖主无力回赎,许凭中公估找贴一次,另立绝卖契纸。若买主不愿找贴,听其别卖,归还原价”等语,是文契苟未载“绝卖”字样,并听回赎,不问其为典、为买。惟所谓“绝卖”字样,亦不得拘泥于文字,盖即永久让与断绝关系之意义。苟契内未注明回赎,而实表示有永久让与之意思者,即应作为绝卖论。若其契内文义,让与之久暂,未能明晰,自应审究当时立契情形,以解释当事人之意思。如当事人原有回赎之意思者,则虽契内有“买卖”字样,仍须听其回赎。(三年上字第七五一号)

无力回赎之产，典主不愿找贴，许别卖归价 按《现行律》内载“卖产如契未载‘绝卖’字样，或注定年限回赎者，并听回赎。若卖主无力回赎，许凭中公估找贴一次，另定绝卖契纸。若买主不愿找贴，听其别卖，归还原价”等语，是可见典主不愿找贴，业主无力取赎者，例许其另卖归价，而无容许业主强行主张加绝找贴之理。（三年上字第七六二号）

找贴及回赎之催告责任 查《现行律》内载“卖产立有绝卖文契，并未注有‘找贴’字样者，概不准贴赎。如契未载‘绝卖’字样，或注定年限回赎者，并听回赎。若卖主无力回赎，许凭中公估找贴一次，另立绝卖契纸。若卖主不愿找贴，听其别卖，归还原价”，又载“民间置买田业，如系典契，应于契内注明‘回赎’字样；如系卖契，亦于契内注明‘绝卖、永不回赎’字样”等语，绎释上开条例，凡典卖产业，定期回赎者，原业主（即卖主或出典主）于期满后无力回赎，冀得找贴者，其催告之责自在原业主；反是，原业主至期不赎，而买主或典主即欲收归(已)〔己〕有者，则催告之责，应转由买主或典主负担。故原业主逾期不催，则失其找价之权利，而仍得请求回赎；买主、典主逾期不催，则失其主张绝卖之权利。而自其告知相当期间实行催告后，原业主仍逾期不赎时，亦能为绝卖之主张。特为当事人便利计，当事人双方逾期未为催告，若系对于相对人有表示愿找价或作为绝卖或别卖意思之事实时，则亦以有催告论。（四年上字第二一〇号）

卖产先尽亲房之习惯无效 卖业先尽亲房之习惯，既属限制所有权之作用，则于经济流通上及地方之发达均有障碍，即难认为有法之效力。（四年上字第二八二号）

绝卖只须约内有可认为绝卖之意思表示，不限于契纸字面上之注明 《现行律》虽载“卖主无力回赎，许凭公估找贴，另立绝卖契纸”，然此系专指自初并未绝卖，或已注定赎回至后赎回无力者而言。苟其始即已绝卖，无复(赎)回〔赎〕之意，自无另行立契之必要。而其所谓“绝卖”，只须当事人间之原约有可认为绝卖之意思表示，并非限于契纸字面上之注明。（四年上字第一〇七七号）

未载“绝卖”字样，或绝卖而注有“找贴”字样，或绝卖而注定年限回赎者，均准回赎 按《现行律》“卖产立有绝卖文契，并未注有‘找贴’字样者，概不准〔贴〕赎。如契未载‘绝卖’字样，或注定年限回赎者，并听回赎”等语，寻绎律意，是卖产虽定有绝卖文契而注有“找贴”字样者，及契未载“绝卖”字样，或契内虽载有“绝卖”字样而注定年限回赎者，均准回赎。律文虽简略，而其意则至明晰。（四年上字第一九五〇号）

转典逸出原典范围，原业主不受其拘束 凡典主于其权利之存续期间内，得以自己之责任，径行转典于人。然转典权之范围，应以原典当权之范围为准，转典人亦仅能于该范围内行使其权利。苟典主于原典范围以外，更指定该典产为他项债权之担保，或加价转典者，其责任即应由典主负担。而设定典权人，即业主，只须备齐原价，即能直接向转典人取赎，消灭其物上之负担。（五年上字第一二九号）

转典并非为典权之让与者，原业主虽得向转典主回赎，然找绝则应向原典主为之 按不动产典主，就典权之标的物，所为转典行为，若依契约内容，并非完全为典权之让与，仅于原典权之范围内，以自己之责任，更行转典于人，则其对于该典当标的物之权利关系，即属仍然存在。故业主有时为消灭其物上之负担起见，虽得备齐原价，直接向转典权人将该典当之标的物赎回，然关于找价作绝之行为，则仍应向原典主为之。除有特约或特别习惯外，断不能不经原典主同意，即直接向转典权人为找绝行为，致令原典主对于该典产应有之权利受其损害。（五年上字第一二八〇号）

抵当权人得依习惯取得先买权 地邻先买权之习惯，不能认为有法之效力，固为本院判例所明认，惟不动产抵当权人对于其抵当物，如于习惯认其先买权者，则因别种理由，尚不在应行拒斥之列。（六年上字第八八六号）

亲房拦产之习惯无效 亲房拦产之习惯，既经《现行律》明示禁止，且仅足长亲房把持掯勒之风，于社会经济殊无实益，自难认其有法之效力。（六年上字第一〇一四号）

不准贴赎之规定为保护买主之利益而设，买主得抛弃此利益而许卖主找贴 查《现行律》“卖产立有绝卖文契，并未注有‘找贴’字样者，不准贴赎”之规定，原为保护买主之利益而设。若买主自愿抛弃此项利益，而与卖主订立找贴契约，自非法所不许。该契约如果属实，即应发生法律上之效力。（七年上字第五七六号）

典产不许于典限未满前强赎 按《现行律》载“典限未满，业主强赎者，照不应重律治罪”等语，除关于治罪一节不适用外，依照律文，典产自不许业主于典限未满前强行告赎。（七年上字第一〇〇六号）

业主得于典限未满前请求找贴作绝 典限未满，业主请求找贴作绝，原典之权利毫无损失，自为法所不禁。若典主不愿找贴，则业主别卖，但使其原设之典权关系，买主情愿继受，则于典主之权利仍属毫无影响，典主自不得加以阻止。（七年上字第一〇〇六号）

**以上大理院判决例**

### 解释例

典主不愿得业，亦许别卖归价。如卖价归还不敷时，由业主补足 《现行律》“典(卖)〔买〕田宅”门内“若卖主不愿找贴，听其别卖，归还原价”之规定，于典主不愿得业时，自应准用。盖买主、典主，虽微有不同，其为不愿得业则一，故不能不适用同一之规定。至别卖所得，如不及原价，自应责令业主补足。（四年统字第二二六号）

作绝之产，典主仍(充)〔允〕找价，应为有效 应行作绝之产，如典主仍允找价，即系当事人舍弃时效之利益，应为有效。本院八年上字第六八五号判例与统字第一七〇二号解释，并无抵触。（十一年统字第一七一六号）

卖契附有买回期限者，逾限，以合意作绝论 所询情形，系附买回期限之卖契，依其性质，自为典契之一种。惟逾期不赎，以合意作绝论。《清理不动产典当办法》已有明文规定，希即查照办理。（十一年统字第一七四六号）

以典权移转于人，并未注明回赎者，与转典不同 查原典主以其典权移转于人，所立契约，并未注明“回赎”字样者，自与转典不同，不得许其再行回赎。如来函所述文水县习惯，原典主（文水县原呈所称“转典主”应系“原典主”之误）得足典价，即全行脱离关系与永无回赎权，自应认为当事人意思在移转典权。纵用“转典”字样，亦不能以转典论。（十三年统字第一八八一号）

活卖契内载“价若干、利几分”，注明“原价回赎”，实为抵押　查来电所述情形，（按原文：活卖契内，载“价若干、利几分”，批明“原价回赎”，已经过六十年，系绝产，抑系债务？）如由卖主给付利息，该不动产并不交归买主使用收益，则虽名为“活卖”，实为抵押，自无适用《清理不动产典当办法》之余地。如因卖主积欠利息，该不动产交归买主使用收益，可认当事人之意思已改为典当，即应适用《清理不动产典当办法》，由此时起算该办法所定回赎期限。（十三年统字第一八八五号）

**以上大理院解释例**

**典(卖)〔买〕田宅条例 5.76.(3)** **民间置买产业，如系典契，务于契内注明“回赎”字样；如系卖契，亦于契内注明“绝卖、永不回赎”字样。如有混行争告者，均照不应重律治罪。**

**注　解**

本例明定典契、卖契之方式，为一种指示的规定，所以杜争执也。参照《清理不动产典当办法》。

**判决例**

卖契未注明“绝卖”字样，以活卖论　《现行律》“典卖田宅”条之规定“凡绝卖之产，均须注明‘作绝’字样”。（或与“作绝”有同一效力之字样）其不注明者，自应以活卖论。（四年上字第二四五〇号）

**以上大理院判决例**

**盗耕种官民田律文 5.77.0** **凡盗耕种他人田园土地者，不告田主，一亩以下，处三等罚；每五亩加一等，〔罪〕止八等罚。荒田减一等。强者，不由田主。各加一等。仍追所得花利官田归官、民田给主。**

**注　解**

本节为禁止盗耕种他人田园土地而设。“不告田主”者，即私行耕种也。“不由田主”者，即强行耕种也。不问其为私行耕种，或强行耕种，其因耕种所得之花利，均应追征。所谓“归官、给主”者，谓如系官田，则花利归官；如系民田，则花利给主也。

**解释例**

耕种他人之地，其花利认为为他人占有　甲旅居于外，甲有荒地，乙既以甲之户名报粮耕种，自系为他人管理事务。其因耕种所得花利，苟无反证，自可认为为甲占有。均应依民事法则，分别办

理。(七年统字第八九五号)

**以上大理院解释例**

侵占街道30.388.0 律文 **凡侵占街巷道路，而起盖房屋，及为园圃者，处六等罚，各令**拆毁。修筑**复旧。**

**注 解**

本节专指侵占公有之街巷道路而言。若侵占他人私有地者，不在本节范围之内。侵占街巷道路，不问其为建筑房屋，抑作为园圃，均应令拆毁，修筑复旧。

**按 语**

于私有地界外，建筑房屋、墙壁、轩楹等类，《违警罚法》已有明文禁止。然《违警罚法》仅有处罚规定，而本律则令拆毁、修筑复旧，盖相辅而行也。

## 第二节 动 产

得遗失物9.126.0.1 律文 **凡得遗失之物，限五日内送官。官物**尽数**还官。私物**(招)**〔召〕人识认，于内一半给与得物人充赏，一半给**(遗)**〔还〕失物人；如三十日内无人识认者，全给。**五日**限外不送官者，官物，坐赃论；**罪止徒三年，道物还官。**私物，减二等，其物一半入官，一半给主。**若无主，全入官。

**注 解**

遗失物之拾得，虽为取得动产所有权之原因，然于拾取之初，应于五日内送官辨认。如系官物，则应尽数归官，盖官物非私人所得而有也。若系私物，则由官招认。如三十日内有人认领，则令得主与失主平分；若经过三十日，无人认领，则尽数给与得主。若拾取后，逾五日期限而不送官，将来发觉，即失其半给或全给之权利。

**判决例**

《现行律》"得遗失物"之规定应继续适用 《现行律》"得遗失物"门规定"凡拾得遗失之物，限五日内送官。若系私物，应召人认识，于内一半给予得物人充赏，一半给还失物人；如三十日内无人认识者，全给。若于官、私地内，掘得埋藏无主之物者，并听收用"等语，此项规定，依本院历来判例，自应继续适用。(三年上字第二九二号)

**以上大理院判决例**

得遗失物9.126.0.2 律文 **若于官、私地内，掘得埋藏**无主**之物者，并听收用。若有古器、钟鼎、符印、异常之物，**非民间所宜有者。**限三十日内送官。违者，处八等罚，其物入官。**

**注　解**

埋藏物之发见，亦为取得动产所有权之原因，然以无主为限。其有主者，则应还主也。又以民间所宜有者为限，其非民间所宜有者，则应送官也。

**判决例**

发现前人窨藏，准遗失物规定办理　前人窨藏之物，一时失灭所在，而经发现者，自应准用遗失物规定，予以判断。（三年上字第二九二号）

**以上大理院判决例**

# 第七章 钱 债

违禁取利 律 文 9.124.0.1 **凡私放钱债，及典当财物，每月取利，并不得过三分。年月虽多，不过一本一利。违者，处四等罚。以余利计赃，重者，罪止十等罚。**

**注 解**

本节定取利之限制。各国民法，大都规定利率；我国《民律草案》，亦定每年利率百分之五。本律所定者，乃取利之最高限度，谓得定利息不能超过此限度也。则在限度以内，当事人得自由约定，此属当然之事。其债务之年月过多，计算利息，超过原本者，则以一本一利为最高限度。然以未给付之利息为限；其从前已经给付之利息，不得计算在内。

**理 由**

法律不禁取利，固所以期经济之流通。然若漫无限制，则重利盘剥，适足予人以实害，此所以规定利息之最高限度也。

**按 语**

关于取利之限制，前经中国国民党中央执行委员各省区代表联席会议通过《禁止重利盘剥，最高利率年利不得超过百分之二十》之决议案，由中央法制委员会建议，经中央执行委员会政治会议第一百十一次常会议决，咨请国民政府通令于十六年〔1927 年〕八月一日起一律实行。是现时法定利息，其最高限度，年不过(为)〔百〕分之二十。本律关于每月取利不得过三分之规定，业已失效。惟年月虽多不过一本一利之限制，仍继续有效也。

**判决例**

应付欠息，不得超过原本 《现行律例》原有“应付欠息不得超过原本”（即

“一本一利”)之禁令。(三年上字第八四三号)

债权存在一日,即应负一日利息 金钱债权,苟未逾一本一利之限制,则其债权关系存在一日,即应负一日之利息。(四年上字第一〇六五号)

所谓“一本一利”,不包括已还利息在内 《现行律》载“一本一利”之规定,其已经偿还之利息,自不得合并计算。(四年上字第一四六四号)

“不过一本一利”为强行法规 《现行律》所谓“私放钱债,年月虽多,不得过一本一利”者,原系一般强制之规定,即钱庄放款,亦不能独异。(六年上字第一〇二号)

计算利息不得超过原本 金钱债权之利息,依照现行通例,固应以清偿之日为计算之终结期。但计算结果,如利息之额数(除已付之利息而言)实已超过原本,则因“私债不过一本一利”,《现行律》有规定明文,即应受其限制。(七年上字第二七七号)

债权人得债务人同意,得滚利作本,但应受利息最高度之限制 有期限债权,至期债务人不能清偿;无期限债权,其利息积至一年以上;或商人定有营业年度者,至其年度不能清偿,债权人得债务人之同意,得以滚利作本。若该地商场有此项特别习惯,则债务人纵未表示同意,而亦可推定其同意之存在。但《现行律》载“私放钱债,每月取利,不得过三分”,如所滚之利原逾三分,则虽合于前开各要件,而其逾越三分之部分,要不能向债务人请求清偿。(八年上字第六七号)

民事上之债务非当然计利 民事上之债务,本与商事有别,并非当然计利。若未约明利息,债权人自不得辄行请求。(八年上字第九〇五号)

不碍及律例防止重利盘剥之精神者,可将利息滚作原本 《现行律》“私放钱债,每月取利,不得过三分”,绎其法意,原在防止放债之人乘人窘迫以重利盘剥。故于债权发生之始,即约定每月滚利作本者,因其结果,必致超过月息三分。依该律例之类推解释,自在不应准许之列。惟法律既未绝对禁止利息不得改作原本,则为经济流通计,如具备一定条件,不碍及律例防止重利盘剥之精神,即非不可将利息滚作母金。例如债务人于协定或习惯所认定之结算期届满,应行付还本息,不即付还,而临时与债权人约定滚利作本者,其滚利之约,既非成立于债权发生之始,而承诺滚利与否,在债务人于结算期到来,又尚有酌量之自由,则放债之人纵或有意盘剥,亦即无机可乘。此种契约,于律例防止重利盘剥之旨并不相背,自不得即指(条)〔为〕违法。(八年上字第一三二八号)

滚利预约无效。若逾期延欠之利息,得滚入原本 债权人乘债务人危急,订立滚利之预约者,系属重利盘剥,其预约固非有效。惟逾期延欠之利息,若经债务人届时表示同意,自得滚入原本。其有特别习惯者,并可推定债务人已有同意。(十一年上字第二四四号)

执行利息,计算至一本一利为止 执行时,依确定判决计算应付利息,如逾一本一利者,仍应遵守《现行律》“一本一利”之规定。(十二年抗字第一一八号)

预付利息之约定有效 民事条例，利息为原本使用之对价，固应依一定之比例，应于原本债权之额而为给付。惟当事人于订立债权契约之初，如将应行给付之利息而约定预为给付，于法并非不能准许。（十四年上字第三五六三号）

迟延利息，除有约定外，依通行利率计算 债务人履行迟延时，对于债权人，应赔偿其损害。若其债务系金钱债务，固应依通行利率，以定损害额数。但约定利率，超过通行利率者，则依约定利率计算。（十四年上字第三五六三号）

逾期延欠利息虽得滚入原本，仍受一本一利之限制 《现行律》载“私放钱债，每月取利，不得过三分。年月虽多，不过一本一利”，此为强行规定。故逾期延欠之利息，虽得依当事人合意或当地习惯，滚入原本，但不得逾越该项限制。如逾限制，应认逾越部分为无效，即令当事人间已另立新约，苟系同一原本，仍应同一论之。（十五年上字第五七五号）

利息债务履行迟延，不得请求迟延利息 迟延利息，固所以填补债权人之损害。而在利息债务之履行迟延，只得于具备一定条件之时，主张滚利作本，而不得请求迟延利息。盖以迟延利息，每日得以发生，苟在利息债务履行迟延，亦许债权人得以请求，不免常生重利之结果，殊为法所不许。（十五年上字第一五五四号）

届期不清偿虽得滚利作本，但仍受利息最高度之限制 查民事条理，有期限债权，债务人不能如期清偿；无期限债权，至利息积至一年以上；或商人定有营业年度，而至其年度不能清偿者，债权人得债务人之同意，得以滚利作本。若债务人不为同意，并无正当理由，得由裁判允许以为之代。在该地商场，有此项特别习惯者，纵未经债务人同意，亦得推定其同意之存在。但《现行律》规定“每月取利，不得过三分”，此于滚利作本，仍应受其限制。（参照本院民国八年上字第六七号判决）（十五年上字第一五五四号）

**以上大理院判决例**

**解释例**

利息之执行，以至原本之数为止 一本一利，为《现行律》之强行规定。如执行名义，仅载付息至执行终结之日，则执行衙门，就利息执行，以至原本之数为止。（十年统字第一六三一号）

利息虽非与原本同一种（数）〔类〕，亦应受《现行律》规定之限制 查利息应否与原本同一种类，依从来学者之主张，本有积极、消极二说。惟就中国情形观察，以甲说为当。至利谷之计算，应以订约时之市价为标准。（附原文：陕省习惯，每有金钱债务约定每年交谷作利者。此项利谷，是否适用《现行律》“每月取利，不得过三分。年月虽多，不过一本一利”之规定？甲说：此种利谷，当事人间已均认为使用原本金钱之对价，习惯上并久与普通利息同视。纵其为物，非与原本同其种类，亦应受《现行律》“每月取利，不得过三分。年月虽多，不过一本一利”之拘束。否则债权人必故意与债务人约定，以与原本异种类之物作息，巧为盘剥，《现行律》禁止重利之规定，将成具文矣）（十二年统字第一八四七号）

“利”之意义及限制 查《现行律》钱债门所谓“利”，不独填补利息，即有损害赔偿性质之迟延利息，亦应包含在内，均受一本一利之限制。(十三年统字第一八七七号)

约定以物付利，应按时价折算，不超过法定限度 约定以元豆付利，固应依约履行。惟月利不得过三分，乃为强行规定。原约年利元豆二十四石，如按时价，实超过月息三分之限制，自应折减至三分为止。(十五年统字第一九七九号)

约定解利之钱已因市跌价，应折合计算 算利标准，如原本江钱已因毛荒跌价，亦应按照当时钱价折合银洋计算。(十五年统字第一九七九号)

**以上大理院解释例**

在通令前已依约给付之利息，虽超过现颁利率，亦不溯既往。惟未付之利息，应依通令办理 就令文解释，系通令。自本年〔1927年〕八月一日起，实行现颁年利百分之二十，盖为禁止重利以除民害起见。若在本年〔1927年〕八月一日以前，债务人已经依约给付利息，虽超过现定利率，当然不溯及既往。惟在此颁令前未清偿之利息，系在本年〔1927年〕八月一日后，责令债务人履行此种义务，自应一律遵照现定利率，方符此次通令禁重利除民害之本旨。(十六年解字第三号)

约定利息超过现颁利率，及付本之始先扣利息，均属重利 查中国国民党中央执行委员各省区代表联席会议已经通过《禁止重利盘剥，最高利率年利不得超过百分之二十》之决议案，并经中央执行委员会政治会议议决，咨请国民政府公布，于十六年〔1927年〕八月一日起一律实行在案。此法案施行之后，在国民政府直辖区域内即有强行之效力，《现行律》所规定“每月取利，并不得过三分”已不适用。若当事人对于利息有所约定，如超过现颁利率，即为重利，自属违禁。至债权人于付本之始，先将利息扣除，纵令债务人承认，亦应视为盘剥。此种重利盘剥，在《惩治土豪劣绅条例》第二条第四款既规定有处刑明文，则司法官吏当然负检举之责。(十七年解字第三〇号)

银行停业收取欠户利息，应受通令限制，并不得超过一本一利 查该银行既经停止营业，对外存款利息，如至停止营业之日止，则借出之款，自应一律办理。除前已照该行所定利率给付外，凡在营业时与该行往来各户所欠利息，迄今尚无照付者，如现在责令债务人履行义务，应遵照国民政府通令，自民国十六年〔1927年〕八月一日起，年利不过百分之二十计算，自不能将利作本滚算。倘超过一本一利之数，皆应予以限制。(十七年解字第四六号)

钱庄按日折计息，平均计算，亦不得超过百分之二十之限制 所述钱商通例，按日折计息，每日并入原本，如平均计算，不超过年利百分之二十之限制，且为债务人所同意者，不得谓为无效。(十七年解字第一八四号)

在通令〔后〕未偿之利息，执行时应依现颁利率办理 债务利息给付标准，业经本院解字第三号解释有案。来电所称确定判决在颁令以前，其债务人应给付之利息，既未于十六年〔1927年〕八月一日依判执行完结，则在八月一日以后，尚未清偿之利息，自仍应遵照现颁利率给付。(十七年解字第二一八号)

**以上最高法院解释例**

超过年利百分之二十之借约，其未付之利息，依现定利率办理 按当事人订立借贷契约，如超过年利百分二十之限制，系在该县未隶属于国民政府以前，已依该约付利息，则法律原则，当然不溯及既往。惟未付之利息，此后责令债务人履行义务时，自应遵照现定利率办理。(十八年院字第二号)

**以上司法院解释例**

违禁取利 律 文 9.124.0.2 **违禁取利，以余利计赃，重者，准不枉法论。并追余利给主。**

**注 解**

本节为违禁取利之制裁的规定。所谓"违禁取利"者，即其所取之利息超过前节所定之最高限度也。(即违反国民政府通令"年利百分之二十"之限度)此项限度，有强行性质，不容任意违反。其有取利超过此限度者，应将余利追还给主。所谓"余利"，即超过最高限度所(约)〔得〕之额数是也。

**判决例**

超过最高限度之取利，借主得请求返还 按《现行律》钱债门"违禁取利"条载"私放钱债，每月取利，不得过三分。年月虽多，不过一本一利"，又"违禁取利，追余利给主"各等语，是取利苟过月利三分或一本一利，即属违禁，应许借主得请求返还。如设定担保权者，就该违禁部分，并应许借主主张无效。(十四年上字第二五二九号)

**以上大理院判决例**

违禁取利 律 文 9.124.0.2 **其负欠私债违约不还者，五两以上，违三月，处一等罚；并追本、利给主。**

**注 解**

前两节为对于债权人重利盘剥之规定。本节为对于债务人违约不还之规定。盖重利盘剥。(因)〔固〕为本律所不许。而合法之本利。自应追还也。

**判决(解)〔例〕**

期限债务不得过期不付 有期限之债务，债务人虽得于期前为给付，而不得过期不为给付。(三年上字第四六三号)

允许展期而未定期限者，经过相当期间，经债权人请求，即须履行 债权人允许债务人展缓债务履行之期，而并未定有展缓之期间者，则经过相当期间后，债权人再向之请求履行时，债务人即须应其请求以为履行。不能以曾经允许展缓，即可拒绝其请求。(三年上字第八七八号)

有期限债务，非得债权人同意，不得主张延期 有确定期限之债务，期限到来，债务人即须清偿。苟非得债权人同意，不得主张延期。(三年上字第九一九号)

债务已至清偿期，应判令即时清偿 债务已至清偿期者，审判衙门自应依债权人请求，判令债务人即时清偿。如果判决确定后，开始执行，而债务人现有资力不敷清偿，或就债务人财产执行而他债权人声述异议者，执行审判衙门固得另求公平之分配。要不能预期债务人无力清偿，遽对于债权人为不利益之裁判。（三年上字第一〇七〇号）

定期债务未附条件者，不得以立约时不存在之条件为抗辩 凡定期债务，并未附有何等条件者，一经到期，债务人即应负清偿之责任。不能以契约当时所不存在之条件，为拒绝或延缓履行之抗辩。（四年上字第三三四号）

定期债务不得判令延期 凡有确定期限之债务，期限到来，债务人即须清偿。苟非得债权人同意，不得主张延期。审判衙门亦不得反乎债权人之意思，判令债权人延长期限。（四年上字第三四五号）

金钱债务，不得以丧失资力而求展缓 金钱债权，不容有履行不能之观念。故债务已至清偿时期者，除有特别法令或债权人曾有特别之意思表示外，债务人不得以丧失资力为展缓之请求。（四年上字第三六五号）

金钱债务不容有给付不能之观念 债权法上，于金钱债权，不能发生给付不能之观念。债务人若因一定事由，致无力清偿债务，应认为执行不能或执行有窒碍，在执行法上，自有一定之办法。故或因事故不克履行者，惟债务人得债权人之同意时，可免除其义务之全部或一部，或展缓偿还之期限。否则不得以裁判及行政处分，强制债权人受其亏损。（四年上字第一〇二六号）

债务已至清偿期，不得请求缓期或分期偿还 金钱债务之定有期限者，届期应如约履行。除得债权人同意，或依照特别法令外，不容以不履行之原因出于事变为借口，而请求缓期或分期偿还。（四年上字第一三六四号）

期满后犹不清偿，债权〔人〕得随时请求偿还 定期债务，已至履行期者，债务人应负即行清偿之责。至期满后犹不能清偿，则债权人自可随时请求清偿。（四年上字第一七一二号）

债权人允许展期，不待债务人承认，即生效力 债务清偿之展期，本纯属债务人之利益，故债权人无论在审判上或审判外，苟表示允与展期之意思，则不待债务人之承认，自可发生效力。（四年上字第一九六八号）

不能以多数债权人之允许止利缓期，遂以此强制其他债权人 债务人于尚未宣告破产以前，向债权人为止利缓期之要求者，苟非该地方有习惯法则可据，断不能因多数债权人有允可止利缓期之事，遂以此强制其他债权人。（五年上字第一一五号）

分期债权，不得于未到期前求偿全部。惟债务人濒于破产时，则失其期限之利益 分期归还之债款，固不得以未到期以前，请求清偿全部。惟债务人若虽未到期，而丧失资力，濒于破产，则为保全债权起见，应使债务人丧失期限之利益。（五年上字第二〇六号）

债务到期不偿，改约分期归还，如到期仍不履行，债权人得声明解约，求偿全部 凡已达清偿期之金钱债权，经当事人改约分期归还者，如至分还之期，债务人仍不履行，自应准债权人声明解约，使得仍为全部履行之请求。但苟债务人因不能按约归还，设有分期归还之担保，（保证人或物上担保）则届期如债务人不照约归还，债权人自可行使其担保权，而不得即向债务人声明解约。

惟其担保已经消灭或减少，而债务人又不能设定其他相当之担保以代之者，债权人固仍得解除契约。（五年上字第五二一号）

〔债务已至清偿期，债务人不得反于债权人之意思，要求缓偿或减息〕债务已至清偿期者，债务人负即时清偿之义务。所有利息，亦应依约定利率，计至清偿之日为止。纵令其间债务人因不可袪避之事故，致资力受损，亦不得反于债权人之意思，而要求展缓清偿或减免利息。（六年上字第一二二七号）

担保物系担保分期各债全部，而属于不可分割者，以后各期之债，应使其提前统受清偿 已达清偿期之金钱债权，经当事人改约分期归还者，如至分还之期，债务人仍不履行，自应许债权人声明解约，而使其得仍为全部履行之请求。但苟债务人若就分期应偿之债设有担保者，则债权人尚可行使其担保权，即不得谓债务人未经按期履行，而遽主张解约。至其担保物，如系担保分期各债之全部，而属于不可分割时，债权人因行使担保权利之故，自不得不使其以后各期之债，提前统受清偿。惟若因分期附有利息者，债权人自不得仍要求各该期之利息。（七年上字第六〇八号）

订约时虽表明钱数日后履行，应按照订约时主币折合给付 按近来全国情形，系以银元为主币，铜元不过辅币之一。且容量较重，其授受之数，自不能超过于一元主币。在当事人于订立契约时，纵或表明钱数，而日后债务人履行债务，仍应按照订约时主币折合以为给付。盖铜元价值时有变迁，苟不以主币为准，无论铜元价值低落至若何程度，均得尽数以铜元给付而免其债务，殊于公平交易之原则不能维持，而立约当事人之真意亦不能符合也。（十五年上字第四一五号）

债权标的指定某种货币，虽借贷时折合他种货币，而履行时仍应给付原定货币 金钱债权之标的如指定为某种货币，即应以该货币给付。纵令该债权原为消费贷借，其成立之时，系将该货币折合他种货币给付，而履行时，自仍应以原定货币给付。不得以现时该货币之市价，较之折合当时为昂，即主张应按当时市价，折合他种货币以为给付。（十六年上字第一一二一号）

**以上大理院判决例**

## 解释例

以价额低落之纸币偿还现银债务，应依时价折合现银 该省纸币价额既暂行低落，则票面金额与现银之价额，自有差异。此时债务人以之偿还其所负现银之债务，除得债权人许可及有特约者外，关于债务案件，自应依时价折合现银。纵有前命令严禁加水，对于现有债权人，自无拘束之效力。（十七年解字第一〇号）

特种货币失通用力，以他种货币给付，应比较缔约时所交货币，以相差额为折补标准 通用货币，因时代而变更，若特种货币已失通用之效力，须以他种通用货币为之给付。惟给付他种通用货币，应比较当事人缔约时所交货币，以两者相差之价额，为其折补标准，方合于当事人缔约时之本意，免使一造受不当之损失。（十七年解字第六一号）

约定以铜元为给付者，不得援补水之例 查来函列举甲、乙两说，应以乙说为是，但须约定以铜元为给付标的者为限。(附乙说:铜元为现时市面通用货币,并未丧失强制效力。虽与进庄时之价格悬殊,但当时既无特约,依法自应以普通货币给付。(中略)大理院〔统字第〕七二二号解释专指纸币不能维持票面之价格而言,铜元系属现金,亦不能援为补水之例。)(十七年解字第一〇三号)

**以上最高法院解释例**

违禁取利律文9.124.0.3 **若豪势之人,**于违约负债者,**不告官司,以私债强夺去人孳畜产业者,<u>处八等罚</u>。**无多取余利,听赎不追。**若估**所夺畜产之**价过本、利者,计多余之物,<u>坐赃论</u>;依**多余之**数追还。**主。○9.124.0.4**若准折人妻妾、子女者,<u>处十等罚</u>。强夺者,<u>加二等</u>。因**强夺**而奸占妇女者,<u>绞</u>。人口给亲,私债免追。**

**注　解**

本节为禁止债权人不法行使权利而设。债务人违约不还,法律虽不禁其以自力救济,苟非自力所能救济之场合,尽可诉请官厅追偿,即在急迫之际,亦约依假扣押、假执行之规定办理。若债权人不依此种正当手段,而恃强夺人孳畜产业,则应估计价值,如不超过原本及利息之数,许债务人取赎;倘物价超过本利,则应将多余之数追还;其因债而准折人口者,应将人口追还给亲,并免追本利,以示准折人口之制裁。

**判决例**

如遇急迫情形,债权人得扣取债务人之财产　债权人如遇急迫情形,致其债权有不能受清偿之虞者,于必要限度内,固得以自力扣取债务人所占有之财产而保留之,以保卫其债权。(三年上字第五八〇号)

债权人非有急迫情形,不得自为保全行为　国家关于民事诉讼已有设备,则个人关于私权上之争执,尽可请求国家机关以公力救济。苟非真有急迫之情事,无须个人自为保全之行为。(三年上字第七七八号)

曾经告官,或实际上无官可告,而夺取债务人财产者,亦非违法　按《现行律》“违禁取利”门内规定“若豪势之人,不告官司,以私债强夺去人孳畜产业者,处罚。若估价过本、利者,计多余之物,坐赃论;依数追还”等语,寻绎立法本意,债权人恃强夺人财产,于法虽应严禁,然使债务人违约不为清偿,而债权人竟不能借自力以救济之,亦非情理之所应有。故凡债权人夺取债务人财产,而曾经将其事告于官司,即为适法行为。推而广之,则其时其地,在实际上已无官司可告,为保全债权起见,有不能不以自力救济者,虽债权人以私债取人财产,亦不得谓为违法。(三年上字第八四二号)

追还多余之物,即返还不当利得之意　《现行律》载“若豪势之人,不告官司,以私债强夺去人孳畜产业,(中略)若估价过本利者,计多余之物,(中略)依数追还”,是即返还不当利得之法理。(五年私上第三九号)

“私债免追”仅指准折人妻妾、子女者而言　《现行律》“违禁取利”条载“准折人妻妾、子女者,处罚。人口给亲，私债免追”等语，是“私债免追”，仅指准折人妻妾子女者而言，与妓女自愿借钱为营业资本者，显然有别，自不能遽行援用。（五年上字第一二一六号）

**以上大理院判决例**

违禁取利条例 9.124.(4) **放债之徒，用短票扣折，违例巧取重利者，严拿治罪，其银照例入官。受害之人，许其自首免罪，并免追息。**

**注 解**

本律所定利息之制限，系强行法规，不容任意违反。非特超过定限之特约无效，即用其他方法巧取重利者，亦应受本律之限制。短票折扣，盖避重利之名以行重利之实，故同在禁止之列也。

**判决例**

息上加息，自属不应许可 关于利息，除规定利率至多不得过三分外，并无何等之制限。惟每月息上加息之办法，其结果必间接超过三分利率，故依该律例之类推解释，自属不应许可。（三年上字第七一八号）

预约滚利及任意滚利均为律所不许 《现行律例》载“凡私放钱债及典当财物，每月取利，并不过三分”，又载“放债之徒，用短票扣折，违例巧取重利者，治罪”等语，寻绎律意，凡利用其他方法，实系违例取利者，均在禁止之列。故就滚利言之，如当事人预为滚利之约，或债权人一方任意滚利入本，借收重利者，均为该律所不许。（四年上字第九三〇号）

巧避重利之名，将利息写作原本，该借约违禁取利部分无效 凡以违背法律中禁止规定之事项为标的者，其法律行为为无效。如债权人乘债务人之急，故违现行法上“放债利息不许过三分”之规定，索取重利，而又巧避重利之名，将利息写成原本，则该借约关于违禁取利之部分，自属无效。（五年上字第四五七号）

**以上大理院判决例**

# 第八章　买　卖

把持行市 律文 10.129.0.1 **凡买卖诸物，两不和同，而把持行市，专取其利；及贩鬻之徒，通同牙行，共为奸计，卖(己之)物以贱为贵，买(人之)物以贵为贱者，处八等罚。○10.129.0.2 若见人有所买卖，在旁(混以己物，)高下比价，以相惑乱而取利者，(虽情非把持，)处四等罚。○10.129.0.3 若已得利物，计赃，重者，准窃盗论。**

**注　解**

本节为保持贸易之自由及公平而设，其所禁者有三：(一)买卖两不和同，而把持行市、专取重利者。(二)贩鬻之徒，通同牙行，共为奸计，卖物以贱为贵，买物以贵为贱(若)〔者〕。(三)见人有所买卖，在旁高下比价，以相惑乱而取利者。盖垄断、诈欺，皆足影响于贸易之自由及公平，故均在禁止之列也。

把持行市 条例 10.129.(1) **各处客商辐辏去处，若牙行及无藉之徒用强邀截客货者，不论有无诓赊货物，依本律处八等罚。如有诓赊货物，仍勒追完足发落。**

**注　解**

本节所揭情形，与把持行市无异，故亦在禁止之列。盖补充的规定也。

把持行市 条例 10.129.(3) **京城官地井水，不许挑水之人把持多家，任意(增)〔争〕长价值，及作为世业私相售卖。违者，许该户呈首，将把持挑水之人，照把持行市律治罪。**

**注　解**

挑水之人，把持多家，任意长价，与商贾之把持行市无异，应行禁止，故本例设此补充的规定。

**解释例**

私地井水所有者，虽可自由营业，而把持售卖，亦同归禁止 民事现在继续有效之《现行律》载“京城官地井水，不许挑水之人把持多家，任意增长价值，及作为世业私相售卖”等语，兹就民事言，该律例对于官地井水营业者，明禁其有分段专售之权。以此类推，私地井水，虽所有者可以自由营业，而把持售卖，则为贯彻律例保护一般市民之精神，亦当然应认其同归禁阻。是法有明文，即令习俗相安，仍未便显然悖反。此种惯行，即不能认为权利，而予以积极之保护。（六年统字第六七七号）

**以上大理院解释例**

把持行市条例 10.129.(5) **大小衙门公私所需货物，务照市价公平交易，不得充用牙行，纵役私取，即有差办，必须秉公提取，毋许借端需索。如有纵役失察，<u>交部分别议处</u>。所得赃、私货物，<u>分别给主</u>、<u>入官</u>。**

**注　解**

官厅向人民买卖货物，不问其所需者为公、为私，而既为买卖之当事人，即立于私人地位，与私人相互间之买卖无异，当然应受私法之支配，故设本节规定。

**解释例**

国家与人民私法上之关系，不能特异于常人 查国家在法律上原有两种资格，一为公法上之国家，一为私法上之国家。（学者特称之为“非司库司”，①以别于公法上之国家）公法上之国家，对于人民，为权力服从关系，于一定限度内，固可用其强力。而私法上之国家，则与普通人同，其与人民间之权利义务，本属对等关系，无所用其强力。（中略）行政处分，乃国家本于其行政权之作用，对于人民命其为一种作为或不作为，或对于人民为一种许可或免除，又或对于人民付与一种权利，或剥夺其所与之权利，纯为国家在公法上之地位始能有之动作。至于国家与人民私法上之关系，自不容以强权侵害人民（契约相对人及第三人）之利益。不能以其为国家之故，遂可无一不特异于常人也。（七年统字第七五四号）

**以上大理院解释例**

---

① “非司库司”，系德语 Fiskus（国库，国家资产）之音译，十七八世纪产生于德国的国库理论（Fiskustheorie）认为，在主权措施之外，君主被视为独立的、私法上的法人，即国库。参见［德］哈特穆特·毛雷尔著：《行政法学总论》，高家伟译，刘兆兴校，法律出版社 2000 年版，第 15～16 页。

# 第九章　损害赔偿

弃毁器物稼穑等律文5.79.0.1 凡故意弃毁人器物，及毁伐树木稼穑者，计赃，准窃盗论。官物加二等。若遗失及误毁官物者，各减三等。并验数追偿。还官给主。若遗失、误毁私物者，偿而不坐罪。

**注　解**

本节为毁弃他人器物树木稼穑之规定。不问其为故意毁弃、过失毁弃，抑系遗失；亦不问其所毁弃者为官物、为私物，均应照数追偿。

**判决例**

需监督者加害于人时，监督人负(偿赔)〔赔偿〕之责　因精神身体之状况需人监督者，若加害于第三人时，其法定监督人，除并未疏懈或虽加以相当之注意仍不免有发生损害之特别情事外，于法原应负赔偿之义务。（十五年上字第八七八号）

赔偿之标准　赔偿标准，于法原应以实际上所受之损害为限。（十五年上字第八七八号）

少数共有人出卖坟树，苟买主确信其有代理权之情形时，仍负赔偿之责　坟地系属公同共有，无论其全部或共有部分，均非经共有人全体同意，不得处分，已经本院著有先例。至坟地内之树木，在未与坟地分离以前，乃为坟地之成分，自亦当与坟地同论。苟出卖坟树，仅系廿数共有人出名，而无代理他共有之权限，则该契约即属根本无效，不但不得对抗他共有人，即在当事人间，通常亦不发生履行或赔偿损害之问题。不过该出卖人有使买主确信其有代理权之情形时，应适用无权代理之法则，仍许买主请求赔偿损害而已。（十五年上字第九〇三号）

损害赔(偿)〔偿〕，或向使用主为之，或向被用人为之，有选择权　被用人自身所负侵权行为之责任，固不因使用主之负有责任而减轻；而使用主所负责任，亦不因被用人自身之尚有责任而受影响。故被害人之请求赔偿，或向使用主为之，或向被用人为之，有选择权。惟使用主已为赔偿之后，对于被用人，自不妨行使求偿权。此皆本院所认为至当之条理也。（十五年上字第一九五七号）

**以上大理院判决例**

**解释例**

因地为他人占造房屋而拆毁之者，如超过回(夏)〔复〕工事之必要程〔度〕，应负赔偿之责 甲强占乙地建筑房屋，尚未竣工，而被乙拆毁者，甲应有回复原状交地之义务。乙之拆屋，如已超过回复工事所必要之程度，以该部分之损害为限，应予调查赔偿。（七年统字第八九〇号）

掘弃他人空棺，如有损失，负赔偿之责 坟山既属供公用厝葬，自无问题。其将人已置空棺掘弃，在律尚无相当条文可以援用，亦不为罪。惟在民事方面，如有损失，应依不法行为之例，判令赔偿。（八年统字第一〇八九号）

**以上大理院解释例**

弃毁器物稼穑等5.79.0.2 律文 **若毁人坟茔内碑碣、石兽者，处八等罚。毁人神主者，处九等罚。若毁损人房屋、墙垣之类者，计合用修造雇工钱，坐赃论。各令修立。官屋加二等。误毁者，但令修立，不坐罪。**

**注　解**

本节所谓“毁损”，不问其为故意、为过(先)〔失〕，均负赔(偿)〔偿〕之责。所谓“各令修立”者，谓所毁如系碑碣、石兽、神主，则令重立；所毁如系房屋、墙垣，则令修复，盖即损害之赔(偿)〔偿〕也。

费用受寄财产9.125.0 律文 **凡受寄他人财物、畜产而辄费用者，坐赃论，减一等。诈言死失者，准窃盗论，减一等；并追物还主。其被水火、盗贼费失，及畜产病死，有显迹者，勿论。** 若受寄财物而隐匿不认，依诓骗律；如以产业转寄他人户下，而为所卖失，自有诡寄盗卖本条。

**注　解**

受寄他人财物，受寄人负善良管理之责。若受寄人将受寄财物擅自费用，或诈言死失以图吞没者，应予追还。其因水灾、火灾、盗贼而费失，及畜产确系病死者，则为例外，但以有显迹者为限。其无显迹者，仍应追还也。

**判决例**

虽遭水火盗贼，而力足抵抗，因怠于注意而费失者，仍不免赔偿责任 律载“凡受寄人财物、畜产，其被水火、盗贼费失，显有形迹者，勿论”云者，系指费失之原因确能证实其非人力所能抵抗者而言。若虽遭水火盗贼，而受寄之人，力足抵抗，因其怠为相当之注意，以致费失者，仍应负赔偿之责。（七年上字第九一号）

因侵权行为而负赔偿之责者,以最高价额为标准 以侵权行为占有他人所有物,因不能返还而应赔偿价额者,如其价额在侵权行为实施之后有涨落不定,应以其最高价额为赔偿标准。盖苟无侵权行为,所有人原得将该物以最高价额出售,此项利益,即可认为其所受之损害也。(十五年上字第一六〇〇号)

**以上大理院判决例**

费用受寄财产条例 9.125.(1) **一、凡典商收当货物,自行失火烧毁者,以值十当五,照原典价值计算,作为准数;邻火延烧者,酌减十分之二;按月扣除利息,照数赔偿。其米麦、豆石、棉花等粗重之物,典当一年为满者,统以贯三计算,照原典价值,给还十分之三;邻火延烧者,减去原典价值二分,以减剩八分之数,给还十分之三;均不扣除利息。至染铺被焚,即着开单呈报地方官,逐一估计,如系自行失火者,饬令照估赔还十分之五;邻火延烧者,饬赔十分之三。均于一月内给主具领。其未被焚烧及搬出各物,仍听当主、染主照号取赎。倘奸商、店伙人等,于失火时有贪利隐匿、乘机盗卖等弊,即照所隐之物,按所值银数,计赃,准窃盗论,追出原物给主。若只以自己失火为邻火延烧,希图短赔价值者,即计其短赔之值为赃,准窃盗为从论,分别治罪。如典商、染铺及店伙人等,图盗货物,或先有亏短因而放火故烧者,即照放火故烧自己房屋盗取财物,及凶徒图财放火故烧人房屋,各本律例,从重问拟。**

**注 解**

典铺被烧,如系自行失火,则赔偿责任较重;若系邻火延烧,则赔偿责任较轻;倘所烧为粗重之物,则赔偿责任尤轻。至染铺被烧,亦视其为失火、为邻火而分赔偿责任之重轻。盖失火有过失,而延烧则无过失也。

于此有应注意者,本节规定之赔偿责任,专指典铺而言,其他关于民事上之典当(例如典当房屋)不包括在内。故普通典产被烧毁时,不能依本节规定办理。盖典商以收当货物为营业,其保管责任,理应加重,自非普通典当关系所可一律援用,参照前大理院四年上字六五三号判例自明。

**判决例**

怠于业务上注意之赔偿责任 凡怠于业务上应尽之注意,致侵害他人权利者,为侵权行为。对于被害人,自应负赔偿之责任。(三年上字第九五七号)

典铺失火延烧之赔偿标准 《现行律》“费用受寄财产”条例载“凡典商收当货物,自行失火烧毁者,以值十当五,照原典价值计算,作为准数;(邻火延烧者,酌减十分之二)按月扣除利息,照数赔偿”等语,是典商因失火烧毁收当之货物者,本应按值赔偿。其计算标准,既以当五作为值十,(即按当加倍计算)则其赔偿之数,除将当本扣抵

外,应再照当本赔足十成,(即当本一元再赔一元)不过得按月扣除利息。(四年上字第二〇八三号)

**以上大理院判决例**

费用受寄财产条例 9.125.(2) **典铺被窃,无论衣服、米豆、丝棉、木器、书画,以及金银、珠玉、铜、铁、铅、锡各货,概照当本银一两,再赔一两;如系被劫,照当本银一两,再赔五钱;均扣除失事日以前应得利息。如赔还之后,起获原赃,即给与典主领回变卖,不准原主再行取赎。染铺被窃,照地方官估报赃数,酌赔十分之五。如系被劫,酌赔十分之三。均令于一月内给主收领。如赔赃之后,起获原赃,给与该铺具领,由地方官出示晓谕,令原主归还所得赔赃之资,将原物领回,仍查明已染、未染,分别付给染价。倘奸商、店伙人等,于失事后,有贪利隐匿、乘机盗卖等弊,即照所隐之物,按所值银数计赃,准窃盗论。若只以窃报强,希图短赔价值者,即计其短赔之值为赃,准窃盗为从论,分别治罪。**

**注 解**

本节规定典铺、染铺被窃或被劫之赔偿责任,并定赔偿后起获原赃之办法。凡被窃者,其责任重;被劫者,其责任轻。盖一则可以注意,一则不能抵抗也。

放火故烧人房屋律文 26.340.0.1 **凡放火故烧自己房屋者,处十等罚。若延烧官民房屋及积聚之物者,徒三年。○** 26.340.0.2 **若放火故烧官民房屋及公廨、仓库、系官积聚之物者,皆绞。**监候。须于放火处捕获,有显迹证验明白者,乃坐。**○** 26.340.0.3 **并计所烧之物减价,尽犯人财产折锉赔偿,还官、给主。**除烧残见在外,其已烧物,令犯人家产折为银数,系一主者,全偿;系众主者,计所故烧几处,将家产锉为几分,而赔偿之;即官、民,亦品搭均偿。若家产罄尽者,免追。赤贫者,止科其(罚)〔罪〕。

**注 解**

本节规定因放火而烧毁之赔偿责任。凡因放火而烧毁他人房屋或其他财物,不问其为直接的、(放火故烧他人财物)为间接的(放火故烧自己财产因而延烧他人财产),概负赔偿之责。盖故意损害他人财产,当然负赔偿之义务也。赔偿方法,法律上亦有明定之必要,故本律特设减价折剉等规定。

**判决例**

赔偿责任由本人负担,妻不负以私财代偿之责 侵权行为人,对于受害人,自应有赔偿损害之义务。惟此项赔偿义务,仅侵权行为人本人所负担。其妻当时既不知情,现又未占有其夫财产,自不能令其负以私财代夫偿还之责。(三年上字第二九〇号)

定赔偿之标准 凡以侵权行为损害他人之权利者,应负赔偿之责。至其赔偿之标准如何,则不外由审判衙门查其实际上之损害,并其事由是否须归责于加害人,衡情以定其数额之多寡。(三年上字第四四八号)

因侵害所生之损害负赔偿义务 因故意或过失侵害他人之权利而不法者，于因侵害所生之损害，应负赔偿之义务。(三年上字第一〇一一号)

赔偿责任之要件 侵权行为之赔偿责任，其构成要件，一为加害人之故意或过失，二为被害人之损害，三为故意或过失与损害之因果联络。三者有一不备，斯赔偿之责任无由成立。(四年上字第四号)

**以上大理院判决例**

失火律文 26.339.0.1 **凡失火烧自己房屋者，<u>处四等罚</u>；延烧官民房屋者，<u>处五等罚</u>；因而致伤人命者，**不分亲属、凡人。**<u>处十等罚</u>；<u>罪坐失火之人</u>。**

**注　解**

本律对于失火延烧他人房屋，仅有处罚明文，而无赔偿规定。但依前大理院解释例，谓失火情节，轻重不(重)〔同〕。在轻微过失，固不应责令赔偿；而重大过失，应有赔偿之必要。即就条理及习惯言之，凡因过失而损害他人财产者，均负赔偿义务。《民律草案》亦以过失之轻重，定赔偿责任之有无。是在适用上，尚有斟酌之余地也。

**判决例**

失火延烧典产之赔偿责任 典产年限已满不赎，而典产延烧，典主未为起造新屋者，应由业主依照原典价减半取赎。即对于焚烧之屋，典主须负担原典价半额之损失。如系由典主自行失火，并非故意者，则其责任，亦须分别过失之等次，(重大过失、普通过失、轻微过失)稍与加重。应听业主不付典价，消灭典权；(重大过失)或以原典价四分之一，(普通过失)或三分之一(轻微过失)赎取。即典主负担之损失，在重大过失时，为全典价；普通过失时，为四分之三；轻微过失时，为三分之二。此其分配，较为公平。惟此项条理，必限于该地方并无特别习惯法则，方能援用，否则即应先适用该地方之习惯法则。(四年上字第一七六〇号)

过失之意义 侵权行为之构成，除行为人系有故意外，凡应注意并能注意而不注意者，为有过失，亦认为赔偿损害之原因。(五年上字第一〇一二号)

典产烧毁，修造费之负担 典主于典产烧毁时所出之修造费用，应按过失之有无及其轻重，分别定其负担。(五年上字第一四五号)

租户失火烧毁租房之赔偿责任 租房由租户失火，若系出于故意或重大过失者，失火之租户，对于被害人，应负赔偿之责；而由于通常过失者，则否。但各地方如有特别习惯者，仍应从其习惯。(六年上字第四三八号)

**以上大理院判决例**

**解释例**

失火如系重大过失,应负赔偿之责 所询情形,自以第二说为当。(附原文:查甲某之房屋一所,共计四间。甲自己居住一间,余均当与乙某居住。嗣甲因吸烟失慎,将床上铺草燃烧,延及楼窗板壁,致甲、乙两人居住之房间,及两人所有之衣物、家具,均被烧毁净尽。乙某旋以损失之衣物、家具,约值一千余元,呈诉到县,请求判甲赔偿。(只言衣物、家具,未言当价)于兹有两说:第二说,谓失火延烧,应否赔偿,应以过失之等次为断。依大理院三年〔上字〕第三五三号判例,失火可以分为重大过失、普通过失、轻微过失三种。普通及轻微过失,不任赔偿之责。若重大过失,则不得不量予赔偿。观该号判例所载,如典主自行失火,应听业主不付典价,消灭典主债权。(重大过失)可知典价系作为赔偿之资,并非无故消灭,即凡因重大过失而延烧他人房宇、财物者,不能不负赔偿之责,已可类推得之。且按之法理,亦有依据。如《民律草案》第九百四十五条第一项“因故意或过失侵害他人之权利,而不法者于因加侵害而生之损害,负赔偿之义务”,又第二项“前项规定,于失火事件不适用之。但失火人有重大过失者,不在此限”;又如日本明治三十二年〔1899年〕法律第四十号载“凡失火者,非因重大过失而贻害他家者,不任赔偿之责”各等语,则重大过失,应有赔偿义务,尤为至当之条理也。虽《现行律》内无赔偿明文,然依“法律无规定者适用习惯,无习惯者适用条理”之原则,上项条理,尤属不能不予采用。且就人情立论,如祭扫坟墓,不戒于火,延烧邻近房屋,而该房屋所有人,又极贫寒,无力起造,若不令其赔偿,更于良心上有所未安。至加害人(失火之人)有、无赔偿损害之能力,系事实问题,与适用法律无关。况《现行律》“放火故烧人房屋”〔条〕,既载明“并计所烧之物减价,尽犯人财产铿折赔偿”,又注载“若家产罄尽者,免追”,则失火亦未始不可以援用。盖放火与失火,在刑法上有轻重之分;而在民法上,则同为侵害他人财产,且加侵害之行为,固无轩轾于其间也。故甲之失火,如为重大过失,即应赔偿乙之衣物、家具;如为普通及轻微过失,则无赔偿之责。但究为何种过失,应调查事实,衡情论断)(九年统字第一二五八号)

**以上大理院解释例**

畜产咬踢人 16.199.0.2 律文 **若故放犬,令杀伤他人畜产者,<u>处四等罚</u>,追赔所减价钱。** 给主。

**注 解**

放犬杀伤他人畜产,以出于故意者为限,应负赔偿之责;其非出于故意者,不负赔偿责任也。若夫赔偿之数额,以因杀伤而所减之价钱为限。盖畜产虽被杀伤,尚存留一部分的价值,非可与全部灭失者同论也。

给没赃物律文 1.18.0.1 **若取与不和，用强生事，逼取求索之赃，并还主。**谓恐吓、诈欺、强买卖有余利、科敛及求索之类。

**注 解**

本节为赃物还主之规定。凡一切赃物，均应给还原主。倘其物已经费失，则应追征价额，以为给还。此在刑事法上有明文规定。

# 第十章　礼　制

十恶律文 1.2.7 **七曰：不孝。**谓告言、咒骂祖父母、父母，夫之祖父母、父母；及祖父母、父母在，别籍异财，若奉养有缺；居父母丧，身自嫁娶，若作乐、释服从吉；闻祖父母、父母丧，匿不举哀；诈称祖父母、父母死。

**注　解**

不孝为十恶之一，其事例律注内已经列举。所称“父母”，兼赅所生父母及所嗣父母而言。所称“祖父母”，包括高、曾祖父母在内。盖律注所列情形，皆本律之所禁也。

子孙违犯教令律文 22.299.0 **凡子孙违犯祖父母、父母教令，及奉养有缺者，处十等罚。**谓教令可从而故违，家道堪奉而故缺者。须祖父母、父母亲告乃坐。

**注　解**

子孙对于祖父母、父母，教令可从而故违，家道堪奉而故缺，均非本律所许。禁其违教、缺养，即所以命其从教、奉养也。

僧道拜父母律文 12.150.0.1 **凡僧、尼、道士、女冠，并令拜父母、祭祀祖先。**本宗亲属在内。**丧服等第，**谓斩、衰、期、功、缌麻之类。**皆与常人同。违者，处十等罚，还俗。**

**注　解**

僧、尼、道士、女冠，其对于父母祖先之生事葬祭及丧服等第，均与常人同。故设此规定，俾一律(道)〔遵〕守。

丧葬律文 12.155.0.1 **凡有尊卑丧之家，必须依礼安葬。若亡殁远方，**尊长、卑幼**不能归葬而烧化者，听从其便。**

**注　解**

本节为关于丧葬之规(葬)〔定〕。“礼”者，丧礼、葬礼也。

凡丧必须安葬，至必不得已时，始许烧化，盖火葬非我国所行例也。

乡饮酒礼律文12.156.0 **凡乡党叙齿，及乡饮酒礼，已有定式。违者，处五等罚。**乡党叙齿，自平时行坐而言；乡饮酒礼，自会饮礼节而言。

乡饮酒礼条例12.156.(1) **乡党叙齿，士农工商人等平居相见，及岁时宴会，揖拜之礼，幼者先施；坐次之列，长者居上。如佃户见田主，不论齿叙，并行以少事长之礼；若亲属，不拘主佃，止行亲属礼。**

乡饮酒礼条例12.156.(2) **乡饮坐叙，高年有德者居于上，高年纯笃者并之，以次序齿而列。其有曾违条犯法之人，列于外坐，不许紊越正席。**

**注　解**

乡党平时行坐，及岁时宴会，或应尚齿，或应尚德，或应从其固有之名分，均有明文规定之必要。故设本节，俾资(道)〔遵〕守。惟佃户对于田主，不论齿叙，并行以少事长之礼，似与平等之旨不符。其曾违条犯法之人，既已受刑罚之制裁，而犹不许其与常人并列，是一经犯法，终身无自新之望，似亦非所宜也。

# 附：服　制

### 0.1.1 斩衰三年

0.1.1.1 子为父母。女在室并已许嫁者，及已嫁被出而反在室者，同。子之妻同。

0.1.1.2 子为继母、为慈母、为养母。子之妻同。继母，父之后妻；慈母，谓母卒父命他妾养己者；养母，谓自幼过房与人者。

0.1.1.3 庶子为所生母、为嫡母。庶子之妻同。

0.1.1.4 为人后者为所后父母。为人后者之妻同。

0.1.1.5 嫡孙为祖父母及曾、高祖父母承重。嫡孙之妻同。

0.1.1.6 妻为夫。妾为家长同。

### 0.1.2 齐衰杖期

0.1.2.1 嫡子、众子为庶母。嫡子、众子之妻同。庶母，父妾之有子女者。父妾无子女，不得以母称矣。

0.1.2.2 子为嫁母。亲生母父亡而改嫁者。

0.1.2.3 子为出母。亲生母为父所出者。

0.1.2.4 夫为妻。父母在不杖。

### 0.1.3 齐衰不杖期

0.1.3.1 祖为嫡孙。

0.1.3.2 父母为嫡长子，及嫡长子之妻，及众子，及女在室，及子为人后者。

0.1.3.3 继母为长子、众子。

0.1.3.4 前夫之子，从继母改嫁于人，为改嫁继母。

0.1.3.5 侄为伯叔父母，及姑、姊妹之在室者。

0.1.3.6 为己之亲兄弟，及亲兄弟之子女在室者。

0.1.3.7 孙为祖父母。孙女在室、出嫁同。

0.1.3.8 为人后者，为其本生父母。

0.1.3.9 女出嫁，为父母。

0.1.3.10 女在室，及虽适人而无夫与子者，为其兄弟姊妹及侄与侄女在室者。

0.1.3.11 女适人，为兄弟之为父后者。

0.1.3.12 妇为夫亲兄弟之子及女在室者。

0.1.3.13 妾为家长之正妻。

0.1.3.14 妾为家长父母。

0.1.3.15 妾为家长之长子、众子与其所生子。

0.1.3.16 为同居继父，而两无大功以上亲者。

### 0.1.4 齐衰五月

0.1.4.1 曾孙为曾祖父母。曾孙女同。

### 0.1.5 齐衰三月

0.1.5.1 (玄)〔元〕孙为高祖父母。(玄)〔元〕孙女同。

0.1.5.2 为同居继父，而两有大功以上亲者。

0.1.5.3 为继父，先曾同居今不同居者。自来不曾同居者无服。

### 0.1.6 大功九月

0.1.6.1 祖为众孙。孙女在室同。

0.1.6.2 祖母为嫡孙、众孙。

0.1.6.3 父母为众子妇及女已出嫁者。

0.1.6.4 伯叔父母为侄妇及侄女已出嫁者。侄妇，兄弟子之妻也；侄女，兄弟之女也。

0.1.6.5 妇为夫之祖父母。

0.1.6.6 妇为夫之伯叔父母。

0.1.6.7 为人后者，为其兄弟及姑、姊妹之在室者。既为人后，则于本生亲属服皆降一等。

0.1.6.8 夫为人后，其妻为夫本生父母。

0.1.6.9 为己之同堂兄弟、姊妹在室者。即伯叔父母之子女也。

0.1.6.10 为姑及姊妹之已出嫁者。姑，即父之姊妹；姊妹，即己之亲姊妹也。

0.1.6.11 为己兄弟之子为人后者。

0.1.6.12 出嫁女为本宗伯叔父母。

0.1.6.13 出嫁女为本宗兄弟及兄弟之子。

0.1.6.14 出嫁女为本宗姑姊妹及兄弟之女在室者。

## 0.1.7 小功五月

0.1.7.1 为伯叔祖父母。祖之亲兄弟。

0.1.7.2 为堂伯叔父母。父之堂兄弟。

0.1.7.3 为再从兄弟及再从姊妹在室者。

0.1.7.4 为同堂姊妹出嫁者。

0.1.7.5 为同堂兄弟之子及女在室者。

0.1.7.6 为祖姑在室者。即祖之亲姊妹。

0.1.7.7 为堂姑之在室者。即父之同堂姊妹。

0.1.7.8 为兄弟之妻。

0.1.7.9 祖为嫡孙之妇。

0.1.7.10 为兄弟之孙及兄弟之孙女在室者。

0.1.7.11.1 为外祖父母。即亲母之父母。○0.1.7.11.2 为在堂继母之父母；庶子嫡母在，为嫡母之父母；庶子为在堂继母之父母；庶子不为父后者，为己母之父母；为人后者，为所后母之父母。以上五项，均与亲母之父母服同。外祖父母报服亦同。其母之兄弟姊妹服制及报服，亦与亲母同。姑舅两姨兄弟姊妹，服亦同。为人后者，为本生母之亲属降服一等。再，庶子不为父后者为己母之父母服一项，若己母系由人家所生女收买为妾及其父母系属贱族者，不在此列。

0.1.7.12.1 为母之兄弟姊妹。兄弟即舅；姊妹即姨。○0.1.7.12.2 其义服详载为外祖父母条下。

0.1.7.13.1 为姊妹之子即外甥。〔及女之在室者〕。○0.1.7.13.2 其义服详载为外祖父母条下。

0.1.7.14 妇为夫兄弟之孙即侄孙。及夫兄弟之孙女在室者。即侄孙女。

0.1.7.15 妇为夫之姑及夫姊妹。在室、出嫁同。

0.1.7.16 妇为夫兄弟及夫兄弟之妻。

0.1.7.17 妇为夫同堂兄弟之子及女在室者。

0.1.7.18 女出嫁为本宗堂兄弟及堂姊妹之在室者。

0.1.7.19 为人后者，为其姑及姊妹出嫁者。

0.1.7.20 嫡孙、众孙为庶祖母。女在室者，同。

0.1.7.21 生有子女之妾，为家长之祖父母。

## 0.1.8 缌麻三月

0.1.8.1 祖为众孙妇。

0.1.8.2 曾祖父母为曾孙、(玄)〔元〕孙。曾孙女、(玄)〔元〕孙女同。

0.1.8.3 祖母为嫡孙、众孙妇。

0.1.8.4 为乳母。

0.1.8.5 为曾伯叔祖父母。即曾祖之兄弟及曾祖兄弟之妻。

0.1.8.6 为族伯叔父母。即父再从兄弟及再从兄弟之妻。

0.1.8.7 为族兄弟及族姊妹在室者。即己三从兄弟姊妹所与同高祖者。

0.1.8.8 为曾祖姑在室者。即曾祖之姊妹。

0.1.8.9 为族祖姑在室者。即祖之同堂姊妹。

0.1.8.10 为族姑在室者。即父之再从姊妹。

0.1.8.11 为族伯叔祖父母。即祖同堂兄弟及同堂兄弟妻。

0.1.8.12 为兄弟之曾孙及兄弟之曾孙女在室者。

0.1.8.13 为兄弟之孙女出嫁者。

0.1.8.14 为同堂兄弟之孙及同堂兄弟之孙女在室者。

0.1.8.15 为再从兄弟之子及女在室者。

0.1.8.16 为祖姑及堂姑及己之再从姊妹出嫁者。祖姑，即祖之亲姊妹；堂姑，即父之堂姊妹。

0.1.8.17 为同堂兄弟之女出嫁者。

0.1.8.18.1 为姑之子。即父姊妹之亲子。〇 0.1.8.18.2 其义服详载为外祖父母条下。

0.1.8.19.1 为舅之子。即亲母兄弟之子。〇 0.1.8.19.2 其义服详载为外祖父母条下。

0.1.8.20.1 〔为两姨兄弟。即亲母姊妹之子。〕〇 0.1.8.20.2 〔其义服详载为外祖父母条下。〕

0.1.8.21 为妻之父母。

0.1.8.22 为婿。

0.1.8.23.1 为外甥男。女同。即女之子女。〇 0.1.8.23.2 其义服详载为外祖父母条下。

0.1.8.24 为兄弟孙之妻。即侄孙之妻。

0.1.8.25 为同堂兄弟之子妻。即堂侄之妻。

0.1.8.26 为同堂兄弟之妻。

0.1.8.27 妇为夫高、曾祖父母。

0.1.8.28 妇为夫之伯叔祖父母及夫之祖姑在室者。

0.1.8.29 妇为夫之堂伯叔父母及夫之堂姑在室者。夫之堂姑即夫之伯叔祖父母所生也。

0.1.8.30 妇为夫之同堂兄弟姊妹及夫同堂兄弟之妻。

0.1.8.31 妇为夫再从兄弟之子。女在室同。

0.1.8.32 妇为夫同堂兄弟之女出嫁者。

0.1.8.33 妇为夫同堂兄弟子之妻。即堂侄妇。

0.1.8.34 妇为夫同堂兄弟之孙及孙女之在室者。

0.1.8.35 妇为夫兄弟孙之妻。即侄孙之妻。

0.1.8.36 妇为夫兄弟之孙女出嫁者。

0.1.8.37 妇为夫之曾孙、(玄)〔元〕孙及曾孙女、(玄)〔元〕孙女之在室者。

0.1.8.38 妇为夫兄弟之曾孙。即曾侄孙。曾孙女同。

0.1.8.39 妇为夫之小功服外姻亲属。

0.1.8.40 女出嫁，为本宗伯叔祖父母及祖姑在室者。

0.1.8.41 女出嫁，为本宗同堂伯叔父母及堂姑在室者。

0.1.8.42 女出嫁，为本宗堂兄弟之子，女在室者同。

## 附:服制图

<table>
<tr><td colspan="4">0.0.1 丧服总图</td></tr>
<tr><td colspan="4">斩衰<br>三年</td></tr>
<tr><td colspan="4">用至粗麻布为之，不缝下边</td></tr>
<tr><td colspan="4">齐衰</td></tr>
<tr><td>五月</td><td>杖期</td><td>不杖期</td><td>三月</td></tr>
<tr><td colspan="4">用稍粗麻布为之，缝下边</td></tr>
<tr><td colspan="4">大功<br>九月</td></tr>
<tr><td colspan="4">用粗熟布为之</td></tr>
<tr><td colspan="4">小功<br>五月</td></tr>
<tr><td colspan="4">用稍粗熟布为之</td></tr>
<tr><td colspan="4">缌麻<br>三月</td></tr>
<tr><td colspan="4">用稍细熟布为之</td></tr>
</table>

## 0.0.2 本宗九族五服正服之图

凡嫡孙父卒，为祖父母承重，服斩衰三年。若为曾、高祖父母承重，服亦同。

凡姑、姊妹、女及孙女在室，或已嫁被出而归，服并与男子同。出嫁而无夫与子者，为兄弟姊妹及侄皆不杖期。

高祖父母 齐衰三月

曾伯叔祖父母 缌麻
曾祖父母 齐衰五月
曾祖姑 在室缌麻 出嫁无服

族伯叔祖父母 缌麻
伯叔祖父母 小功
祖父母 齐衰不杖期
祖姑 在室小功 出嫁缌麻
族祖姑 在室缌麻 出嫁无服

族伯叔父母 缌麻
堂伯叔父母 小功
伯叔父母 期年
父母 斩衰三年
姑 在室期年 出嫁大功
堂姑 在室小功 出嫁缌麻
族姑 在室缌麻 出嫁无服

族兄弟 缌麻
族兄弟妻 无服
再从兄弟 小功
再从兄弟妻 无服
堂兄弟 大功
堂兄弟妻 缌麻
兄弟 期年
兄弟妻 小功
己身
姊妹 在室期年 出嫁大功
堂姊妹 在室大功 出嫁小功
再从姊妹 在室小功 出嫁缌麻
族姊妹 在室缌麻 出嫁无服

再从侄 缌麻
再从侄妇 无服
堂侄 小功
堂侄妇 缌麻
侄 期年
侄妇 大功
长子 期年
长子妇 期年
众子 期年
众子妇 大功
侄女 在室期年 出嫁大功
堂侄女 在室小功 出嫁缌麻
再从侄女 在室小功 出嫁无服

堂侄孙 缌麻
堂侄孙妇 无服
侄孙 小功
侄孙妇 缌麻
嫡孙 期年
嫡孙妇 小功
众孙 大功
众孙妇 缌麻
侄孙女 在室小功 出嫁缌麻
堂侄孙女 在室缌麻 出嫁无服

曾侄孙 缌麻
曾侄孙妇 无服
曾孙 缌麻
曾孙妇 无服
侄曾孙女 在室缌麻 出嫁无服

元孙 缌麻
元孙妇 无服

凡男为人后者，为本生亲属孝服皆降一等，本生父母亦降服不杖期。父母报服同。

凡同五世祖族属在缌麻绝服之外袒免亲。遇葬则服素服，尺布缠头。

## 0.0.3 妻为夫族服图

| | | | | | | | | | |
|---|---|---|---|---|---|---|---|---|---|
| 夫为祖父母及曾、高祖父母承重者，并从夫服。 | | | | 夫高祖父母 缌麻 | | 夫为人后，其妻为本生舅姑服大功。 | | | |
| | | | 夫曾伯叔祖父母 无服 | 夫曾祖父母 缌麻 | | 夫曾祖姑 无服 | | | |
| | | 夫族伯叔祖父母 无服 | 夫伯叔祖父母 缌麻 | 夫祖父母 大功 | | 夫祖姑 在室缌麻 出嫁无服 | 夫堂祖姑 无服 | | |
| | 夫族伯叔父母 无服 | 夫堂伯叔父母 缌麻 | 夫伯叔父母 大功 | 舅姑 斩衰三年 | | 夫亲姑 小功 | 夫堂姑 在室缌麻 出嫁无服 | 夫族姑 无服 | |
| 夫族兄弟 无服 | 夫再从兄弟 无服 | 夫堂兄弟及妻 缌麻 | 夫兄弟及妻 小功 | 妻为夫 斩衰三年 | 夫为妻 齐衰杖期 父母在不杖 | 夫姊妹 小功 | 夫堂姊妹 缌麻 | 夫再从姊妹 无服 | 夫族姊妹 无服 |
| | 夫再从侄 缌麻 | 夫堂侄 小功<br>夫堂侄妇 缌麻 | 夫侄 期年<br>夫侄妇 大功 | 长子 期年<br>长子妇 期年 | 众子 期年<br>众子妇 大功 | 夫侄女 在室期年 出嫁大功 | 夫堂侄女 在室小功 出嫁缌麻 | 夫再从侄女 在室缌麻 出嫁无服 | |
| | | 夫堂侄孙 缌麻 | 夫侄孙 小功<br>夫侄孙妇 缌麻 | 孙 大功 | 孙妇 缌麻 | 夫侄孙女 在室小功 出嫁缌麻 | 夫堂侄孙女 在室缌麻 出嫁无服 | | |
| | | | 夫曾侄孙 缌麻 | 曾孙 缌麻 | | 夫侄曾孙女 在室缌麻 出嫁无服 | | | |
| | | | | 元孙 缌麻 | | | | | |

## 0.0.4 妾为家长族服之图

| | | | | |
|---|---|---|---|---|
| 嫡孙、众孙为庶祖母，小功五月。 | | 家长祖父母 小功 | | |
| | | 家长父母 期年 | | |
| | 家长 斩衰三年 | | 正妻 期年 | |
| 家长众子 期年 | | 家长长子 期年 | | 为其子 期年 |
| 家长众孙 无服 | | 家长嫡孙 无服 | | 为其孙 大功 |

### 0.0.7 出嫁女为本宗降服之图①

<table>
<tr><td></td><td></td><td>高祖父母<br>齐衰三月</td><td></td><td></td></tr>
<tr><td></td><td></td><td>曾祖父母<br>齐衰五月</td><td></td><td></td></tr>
<tr><td></td><td>祖兄弟<br>缌麻</td><td>祖父母<br>期年</td><td>祖姊妹<br>在室缌麻<br>出嫁无服</td><td></td></tr>
<tr><td>父堂兄弟<br>缌麻</td><td>伯叔父母<br>大功</td><td>父母<br>期年</td><td>父姊妹<br>在室大功<br>出嫁小功</td><td>父堂姊妹<br>在室缌麻<br>出嫁无服</td></tr>
<tr><td>堂兄弟<br>小功</td><td>兄弟<br>大功</td><td>己身</td><td>姊妹<br>在室大功<br>出嫁小功</td><td>堂姊妹<br>在室小功<br>出嫁缌麻</td></tr>
<tr><td>堂侄<br>缌麻</td><td>兄弟子<br>大功</td><td colspan="2">兄弟女<br>在室大功<br>出嫁小功</td><td>堂侄女<br>在室缌麻<br>出嫁无服</td></tr>
</table>

① 原书服制图次序与《钦定大清现行刑律》有所不同，不改。

## 0.0.8 外亲服图

| | | | | |
|---|---|---|---|---|
| 〔妻为夫外亲服降一等。〕 | | 母祖父母<br>无服 | | |
| | 母之兄弟<br>小功 | 外祖父母<br>小功 | 母之姊妹<br>小功 | |
| 堂舅之子<br>无服 | 母舅之子<br>缌麻 | 己身 | 两姨之子<br>缌麻 | 堂姨之子<br>无服 |
| | 舅之孙<br>无服 | 姑之子<br>缌麻 | 姨之孙<br>无服 | |
| | | 姑之孙<br>无服 | | |

## 0.0.5 妻亲服图

| | | | | |
|---|---|---|---|---|
| | | 妻祖父母（无服） | | |
| | 妻伯叔（无服） | 妻父母（缌麻） | 妻之姑（无服） | |
| 妻外祖父母（无服） | 妻兄弟及妇（无服） | 己身（为婿缌麻） | 妻之姊妹（无服） | |
| | 妻兄弟子（无服） | 女之子（缌麻） | 妻姊妹子（无服） | |
| | | 女之孙（无服） | | |

## 0.0.6 三 父 八 母 服 图

| | | | |
|---|---|---|---|
| | **同居继父**<br>期年　两无大功亲谓继父无子孙、己身亦无伯叔兄弟之类 | **同居继父**<br>齐衰三月　两有大功亲谓继父有子孙、自己亦有伯叔兄弟之类 | |
| | **不同居继父**<br>无服　自来不曾随母与继父同居<br>齐衰三月　先曾与继父同居，今不同居 | **从继母嫁**<br>齐衰杖期<br>谓父死继母再嫁他人随去者 | |
| **养母**<br>斩衰三年<br>谓自幼过房与人 | **嫡母**<br>斩衰三年<br>谓妾生子女称父之正妻 | **继母**<br>斩衰三年<br>谓父娶之后妻 | **慈母**<br>斩衰三年<br>谓所生母死，父令别妾抚育者 |
| | **嫁母**<br>齐衰杖期<br>谓亲母因父死，再嫁他人 | **出母**<br>齐衰杖期<br>谓亲母被父出者 | |
| | **庶母**<br>嫡子众子齐衰杖期<br>所生子斩衰三年<br>谓父有子女妾 | **乳母**<br>缌麻<br>谓父妾乳哺者，即奶母 | |

# 附录一　编定、颁行《大清现行刑律》上谕、奏折等[1]

①　此处所录编定、颁行《大清现行刑律》上谕、奏折等，如未另行说明者，均据《钦定大清现行刑律》（宣统二年〔1910年〕仿聚珍版，故宫博物院编《故宫珍本丛刊》第333册影印，海南出版社2000年版）著录；上谕、奏折标题系点校者自拟。

# 目　录

# 颁行《现行刑律》上谕

（宣统二年〔1910 年〕四月初七日）

宣统二年〔1910 年〕四月初七日，内阁奉上谕：

上年〔1909 年〕据修律大臣奏进编定《现行律》，当经谕令宪政编查馆复核，奏准。兹据该馆及该大臣等将《现行刑律》黄册并按照新章修改各条缮具进呈，朕详加披览，尚属妥协。着即刊刻成书颁行，京外一体遵守。国家律令，因时损益，此项刑律为改用新律之预备，内外问刑各衙门务当悉心讲求，依法听断，毋得任意出入，致滋枉纵，以副朝廷慎刑协中之至意。钦此。

# 沈家本等：拟请编定《现行刑律》以立推行新律基础折

（光绪三十四年〔1908 年〕正月二十九日）

修订法律大臣、法部右侍郎臣沈家本等跪奏：为拟请编定《现行刑律》以立推行新律基础恭折仰祈圣鉴事。

窃维新政之要，不外因革两端。然二者相衡，革难而因易。诚以惯习本自传遗，损益宜分次第，初非旦夕所能责望也。方今瀛海交通，俨同比伍，权力稍有参差，强弱因之立判。职是之故，举凡政令、学术、兵制、商务，几有日趋于同一之势，是以臣家本上年〔1907 年〕进呈刑律，专以折冲樽俎、模范列强为宗旨。惟是刑罚与教育互为盈朒，如教育未能普及，骤行轻典，似难收弼教之功。且审判之人才、警察之规程、监狱之制度，在在与刑法相维系，虽经渐次培养设立，究未悉臻完善。论嬗递之理，新律固为后日所必行，而实施之期，殊非急迫可以从事。考日本未行新刑法以前，折衷我国刑律，颁行《新律纲领》，一洗幕府武健严酷之风，继复酌采欧制，颁行《改定律例》三百余条，以补《纲领》所未备，维持于新旧之间，成效昭著。故臣等于陈奏《开馆办事章程折》内拟请设编案处，删订旧有律例及编纂各项章程，并额设总纂、纂修、协修等职，分司其事等因，均仰蒙俞允，钦遵在案。伏查乾隆年间定章修例年限，五年小修一次，又五年大修一次，大致分修改、修并、续纂、删除四项，依次编订。自同治九年〔1870 年〕而后，未能依限纂修。光绪二十九年〔1903 年〕，臣家本在刑部左侍郎任内奏请删订。嗣于三十一年〔1905 年〕，先将删除一项综计三百四十五条，分期缮单进呈。其修改、修并、续纂三项，未及属稿，适值更改官制，从前提调、总纂各员有擢升外任者，有调赴他部者，暂行中止。现在新律之颁布尚须时日，则旧律之删订，万难再缓。臣等公同商酌，拟请踵续其事，以竟前功，并酌拟办法四则，敬为我皇太后、皇上陈之：

一、总目宜删除也。刑律承明之旧,以六曹分职,盖沿用元《圣政典章》及《经世大典》诸书。揆诸名义,本嫌未安。现今官制或已改名,或经归并,与前迥异,自难仍绳旧式。兹拟将吏、户、礼、兵、刑、工诸目一律删除,以昭划一。

一、刑名宜厘正也。律以笞、杖、徒、流、死为五等,而例则于流之外,复增外遣、充军二项。自光绪二十九年〔1903 年〕刑部奏请删除充军名目,改为安置;是年刑部又于议复升任山西巡抚赵尔巽条奏,军、流、徒酌改工艺;三十一年〔1905 年〕臣家本与伍廷芳议复前两江总督刘坤一等条奏,改笞、杖为罚金;三十二年〔1906 年〕奏请将秋审可矜人犯,随案改流;三十三年〔1907 年〕臣等遵旨议定满汉同一刑制;是年法部复奏请将例缓人犯免入秋审等因,各在案。迭届变通,渐趋宽简。质言之,即死刑、安置、工作、罚金四项而已。而定案时,因律例未改,仍复详加援引,偶一疏忽,舛迕因之,似非循名核实之义。兹拟将律例内各项罪名,概从新章厘订,以免纷歧。

一、新章宜节取也。新章本为未纂定之例文。惟自同治九年〔1870 年〕以来,垂四十年,通行章程不下百余条,阅时既久,未必尽合于今。兹拟分别去留,其为旧例所无,如毁坏电杆、私铸银元之类,择出纂为定例;若系申明旧例或无关议拟罪名,或所定罪名复经加减者,毋庸编辑。

一、例文宜简易也。律文垂一定之制,例因一时权宜,量加增损。故列代文法之名,唐于律之外有令及格、式,宋有编敕。自明以《大诰》、《会典》、《问刑条例》附入律后,律例始合而为一。历年增辑,寖而至今,几及二千条以下。科条既失之浩繁,研索自艰于日力。虽经节次删除,尚不逮十之二三。其中与现今情势未符者,或另定新章,例文已成虚设者;或系从前专例,无关引用者;或彼此互见,小有出入,不胜缕举。凡此之类,拟请酌加删并,务归简易。

以上四者,系就大体言之。其余应行刊改之处,临时酌核办理。如蒙俞允,即定其名曰《现行刑律》,由该总纂等按照修改、修并、续纂、删除四项逐加案语,分门编录,并责令克期告成,分别缮具清单,恭候钦定。一俟新律颁布之日,此项刑律再行作废。持之以恒,行之以渐,则他日推暨新律,不致有扞格之虞矣。

所有拟请编订《现行刑律》缘由,谨恭折具陈,伏乞皇太后、皇上圣鉴。

谨奏。

修订法律大臣、法部右侍郎　　臣沈家本
修订法律大臣、头品顶戴、仓场侍郎　　臣俞廉三
光绪三十四年〔1908 年〕正月二十九日具奏

奉旨:“宪政编查馆会同法部议奏。钦此。”

# 奕劻等：议奏沈家本等《奏请编定〈现行刑律〉》折

（光绪三十四年〔1908年〕五月二十八日）

臣奕劻等跪奏：为遵旨议奏恭折会陈仰祈圣鉴事。

本年〔1908年〕正月二十九日准军机处片交本日侍郎沈家本等《奏请编定〈现行刑律〉》一折，奉旨："宪政编查馆会同法部议奏。钦此钦遵。"钞文前来。查阅原奏各节，因《新刑律草案》虽经编拟，而一时教育、审判、警察、监狱各项规制，诸未完善，恐难急切见于实行，故援日本从前《新律纲领》及《改定律例》之办法，删订旧律，以利变通，系为循序渐进起见。所拟《修订章程》，分删除总目、厘正刑名、节取新章、删并例文四项。臣等公同商酌，删除总目一节，盖亦因时制宜之办法。查六官分治，为成周之旧制，夷考列代律目，汉魏以降，大率有篇目而无总目，《唐律》及《宋刑统》均同。《元典章》目录始以诏令、圣政、朝纲、台纲居前，而吏、户、礼、兵、刑、工六部分列于后。洎明洪武时，废中书省，政归六部，故修律亦分六曹。我朝因之，相承未改。近今官制更张，已与前代不同，事例既增，自非旧日总目所能赅载。今律篇目分名例、职制、公式、户役、田宅、婚姻、仓库、课程、钱债、市廛、祭祀、礼制、宫卫、军政、关津、厩牧、邮驿、盗贼、人命、斗殴、骂詈、诉讼、受赃、诈伪、犯奸、杂犯、捕亡、断狱、营造、河防。凡三十门，条举已详，即无总目，已便检查，应即仍照今律三十门分隶，而删除六律之名，以昭核实。又厘正刑名一节，自系循名责实之意。惟查光绪二十九年〔1903年〕刑部奏请删除充军名目章程，附近、近边、边远并入三流，极边、极边烟瘴改为安置；是年刑部议复升任山西巡抚赵尔巽条奏习艺章程，工作兼指遣、军、流、徒四项，仅于惩处之法略分轻重之等。是军罪虽经删除，遣、流尚存，仍应于死刑之次，增入遣罪；安置之次，增入流罪，以存其实。至节取现在奏定新章、删并例文各节，俱系修例向章，应请照原奏所拟办理。抑臣等更有请者，新例颁行，旧例停止，乃乘除自然之理。方今朝廷，庶政咸新，群汇繁阜，有昔为厉禁，今已渐次解除者；有昔为附例，今已别辑为专条者。即如民人出海，例禁綦严，今则易为保护；各省矿山，向多封闭，今则咸议开采；以及结社、集会、发行报纸之类，均非旧时律例范围所能限制。以上各项，均应荟萃参考，以期一贯，而免抵牾。否则，张弛靡常，前后乖舛，有司顾瞻失据，吏胥影射为奸，似于推暨之功，不无阻碍。此原奏引伸所未及，亟应损益者也。

所有臣等遵旨议奏缘由，理合恭折会陈。伏乞皇太后、皇上圣鉴。

再，此折系宪政编查馆主稿，会同法部办理。合并声明。

谨奏。

光绪三十四年〔1908 年〕五月二十八日具奏

奉旨："依议。钦此。"

# 沈家本等：编订《现行刑律》告竣谨缮具黄册恭候钦定折

（宣统元年〔1909 年〕八月二十九日）

修订法律大臣、法部右侍郎臣沈家本等跪奏：为编订《现行刑律》告竣谨缮具黄册恭候钦定事。

臣等于光绪三十四年〔1908 年〕正月二十九日奏请编订《现行刑律》酌拟办法四则，一曰删除总目，二曰厘正刑名，三曰节取新章，四曰删并例文，并声明其余应行刊改之处，临时酌核办理等因，经宪政编查馆会同法部议准复奏，钦奉谕旨俞允在案。查纂修律例，向章五年奏请开馆一次，惟自同治九年〔1870 年〕以来，部臣因绌于经费，迄未举行，至今垂四十年。章程叠出，端绪殊涉纷庞，轻重失宜，义理未能一贯。岁月寖久，既较每届修辑为难，而备推行新律基础，尤宜于新陈递嬗之交，为今昔折衷之制。揆厥本旨，亦与寻常编订微有不同。臣等奉命之下，督饬提调、纂修等官，按照前后奏定各节，克期从事。仍依《大清律》篇目，自名例至河防，凡三十门，悉心参考，分修改、修并、移并、续纂、删除各名目，开列本条之首；每条加具按语，疏明其义；并将编订义例条举(最)〔撮〕录，别为一篇，缀列简端，以便省览。臣等随时勘核，详加审订。谨将缮写黄册，装潢成册，敬呈御览，恭候钦定。俟命下之日，再由臣馆将本届修订律文、条例，遵照向章，另缮黄册进呈，请旨刊印颁行，以资遵守。

再，此次编订，体例虽隐寓循序渐进之义，仍严遵旧日之范围。如为筹备宪政，模范列强，实非博采东西大同之良法，难收其效。臣等更当督饬在事各员，将前奏《刑律草案》酌加修正，克期会奏。合并声明。

所有编订《现行刑律》缘由，谨恭折具陈，伏乞皇上圣鉴、训示。

谨奏。

修订法律大臣、法部右侍郎　　臣沈家本
修订法律大臣、头品顶戴、仓场侍郎　　臣俞廉三

宣统元年〔1909 年〕八月二十九日,军机大臣钦奉谕旨:“沈家本等奏《编定〈现行刑律〉告竣缮具黄册恭候钦定》一折,着宪政编查馆核议具奏。钦此。”

# 沈家本等：编辑《秋审条款》附片

再查《秋审条款》一书，系乾隆三十二年〔1767年〕及四十九年〔1784年〕刑部两次纂定，原与刑律相辅而行，盖据律例以定罪名，即因罪名以定矜缓情实，法至善也。特历时既久，例文叠经修改，条款仍沿用至今，其原订子目四十条，大半不能概况；况此次修订《现行刑律》，一切罪名、等次，较从前多有轻重之分，则将来核办秋谳事宜，自非明示遵循，不足免纷歧而祛疑误。臣等公同商酌，拟请将《秋审条款》按照《现行刑律》逐加厘正，借为亭比之资，似于法政不无裨益。如蒙俞允，臣等仍知照法部会同妥慎办理。

所有编辑秋审条款缘由，理合附片具奏请旨。

宣统元年〔1909年〕八月二十九日，军机大臣钦奉谕旨："沈家本等奏《编辑〈秋审条款〉》一片，着依议。钦此。"

# 奕劻等：核议沈家本等奏《编定〈现行刑律〉告竣缮具黄册恭候钦定》折

（宣统元年十二月二十三日〔1910 年 2 月 2 日〕）

宪政编查馆大臣、和硕庆亲王臣奕劻等跪奏：为遵旨核议具奏恭折仰祈圣鉴事。

本年〔1909 年〕八月二十九日钦奉谕旨："沈家本等奏《编定〈现行刑律〉告竣缮具黄册恭候钦定》一折，着宪政编查馆核议具奏。钦此。"

臣等检阅原奏及案语，大致汇辑新章、删约旧例，统计律文四百一十四条、例文一千六十六条，并于每条博考源流，诠识要义。该大臣等以年余蒇事，程功迅速，具见苦心。惟其中尚有应行斟酌者数端：

一、五刑名目照新章更定，本综核名实之道，乃"罚金"之名改为"罚刑"，似尚未协。查"罚金"始于汉律，沿于六朝，其源最古；自笞杖改制以来，久已中外通行，今并省其词，转滋疑义；且"罚"之与"刑"，文义相类，各刑初莫非惩罚之用，自应仍用"罚金"标目为宜。再，罚金之刑，施之于轻罪人犯，全其廉耻，即以启其羞恶；而于有关十恶及犯奸等条，恐不足以昭儆戒，应另辑专条，实罚工作，不准以罚金完结，以严风纪。

一、买卖人口，久为环球所指摘，而与立宪政体保护人民权利之旨，尤相背驰。此次编订，未经议及，良以属稿在未奉明诏之先。本月臣等议复前署两江总督周馥、监察御史吴纬炳等条奏，业经奉旨禁革，钦遵在案，自应将律内有关买卖人口及奴仆奴婢诸条，一律删除改定，以昭仁政。

一、旧律以六曹分类，多据摭各部则例，取盈篇幅，已于体例不符；且庶政日新，今昔迥异，而存此条文于例内，转致引断失宜。现既删除总目，改称《现行刑律》，则所附之条，自当以有刑名者为断。原本于无关引用诸条，虽经删除，尚有未尽，自应再行酌核芟薙。惟此项附存之例，未知各部则例有无正文，现在是否尚资援引，应俟命下后，由臣馆缮具清单，咨行各衙门，量加甄择，辑入则例，庶免遗漏。

一、典章制度随世而殊，损益变通，宜徇时尚。律文沿自前明，其中如文官不许封公侯、朝见留难，多与今制不合；至称乘舆车驾、制书有违、诈传诏旨等条内，兼及皇太子，尤背列圣相传家法。以上各律，宜从删削。

一、律文词旨简严，故死刑不注“监候”字样者，概为立决。原本凡凌迟所改各条，概大书“立决”；其绞决所改各条，概大书“监候。入实”，虽为详著本罪起见，究乖义例，仍宜分别节删，或改小注，以期全体一贯。

一、流、徒等刑，从前袭用迁徙之制，自改工艺，概须于监狱执行，即与狱囚无殊。凡有逃亡，自应以在监人论。考各国狱制，分既决、未决二种。既决者，收容服役之犯；未决者，收容逮捕之刑事被告人。名称虽有不同，其为监狱则一。原本仍沿旧日办法，并以昼夜分别轻罪，揆诸法理，多所未安。兹采用《唐律》加役之法，借资惩肃而杜纷歧。

一、枭、磔等刑，久经停止，死刑仅分斩决、绞决、绞候情实、绞候四种。决罚之如何，应权衡情罪之重轻，乃原本于“杀一家三人”门内增入“请旨即行正法”各条。查此项罪名，旧例专用于强盗条内遣流脱逃之犯，本一时权宜之计，其余如逞忿支解及卑幼因奸盗拒毙缌尊等条，大率因一时一事而加重，究非法定常刑，不足据为典要。且绞候入实与绞决相去仅止一间，似不宜于二者之间复设等差。果其情节较重，不妨予以立决。若罪有所止，亦可援名例从重或从一之例，拟以监候。今监候其名，立决其实，未免治丝而棼。凡此之类，宜予逐一厘正删减，以归划一。

一、本年十二月〔1910年1月〕法部议复邮传部奏请定窃毁铁路要件治罪专条，奉旨允准，系在编订以后，自应续行纂入，以资引用。

以上就其大者言之。此外文义未协及罪名繁复之处，督饬馆员分篇勘正，统计二百六十一条。原本体例分修改、修并、移并、续纂、删除各类，今查有原本删除而体察情形仍应列入者数条，因又增修复一类，共为六类。逐条加具案语，臣等复加审订。谨缮黄册，分装二函，并将原书凡修正之处粘贴黄签，一并敬呈御览，恭候钦定。如蒙俞允，即由臣馆将前后黄册咨交修订法律大臣，将律例正文依类排比，遵照向章另缮黄册，会同臣馆请旨刊印颁行，以资遵守。

所有遵旨核议缘由，理合恭折具陈。伏乞皇上圣鉴。

谨奏。

宪政编查馆大臣、和硕庆亲王　　臣奕　劻
宪政编查馆大臣、大学士　　臣　世续
宪政编查馆大臣、大学士　　臣鹿传霖
宪政编查馆大臣、署大学士　　臣那　桐
宪政编查馆大臣、协办大学士　　臣戴鸿慈
宣统元年十二月二十三日〔1910年2月2日〕具奏

二十四日钦奉谕旨：“着依议。钦此。”

# 奕劻等：请饬修订法律大臣另编重订《现行律》片[①]

（宣统元年十二月二十四日〔1910年2月3日〕）

再，本年〔1909年〕十一月十八日钦奉谕旨："高等检察厅检察长徐谦奏《编定〈现行刑律〉应遵宪政筹备清单预为规划以便逐渐施行新律》一折，着宪政编查馆知道。钦此。"

查阅原奏，内开"当奏请编定《现行刑律》之时，宪政筹备清单尚未具奏，新律实行年限未经宣布，故其办法仅依修例向章，大抵删移归并为多，于新律少所印证。今则薄海臣民，心目中莫不有一未来之新律。虽次第见诸实行，尚在数年以后，而此数年中，无论何项规制，均当力求完善，以助筹备事宜之进行。盖新法未实行、旧法未遽废之时，其间必应编定经过法，以调和之。编定之法，即于旧法中定明何者改从新法、何者仍从旧法是也。其大端有五：一、分别民刑；一、重罪减轻、轻罪加重；一、停止赎刑；一、妇女有罪，应与男犯同一处罚；一、次第停止秋审复核。请旨饬下宪政编查馆将《现行刑律》参照《新刑律》妥为核订，以臻完善而资进步"等语。

伏查所奏系为沟通新旧、划一规划起见，列举五端，均属确有见地。惟此次编订《现行刑律》系因旧律多年未修，新章叠出，端绪纷繁，引用不便，是以按照现在通行章程，改其不合，补其未备，删其已废诸条，以便援引，故谓之《现行刑律》，并未能遽与新律相接近也。新旧递嬗之际，本非一蹴可几。日本刑法前后改正，凡经四次，始由旧制而纯归新派。我国当此筹备期内，自亦当逐渐进行，以免凌躐之弊。臣等因现在内外问刑各衙门急待《现行刑律》应用，不便久

---

① 本片附于奕劻等《核议沈家本等奏〈编定现行刑律告竣缮具黄册恭候钦定折〉》后，《钦定大清现行刑律》卷首奏疏不载，因与《现行律》民事有效部分的认定直接相关，故据《政治官报》第822号（宣统元年十二月廿八日）补录。

稽,是以即就原本体裁,酌加核正,以应急需。至该检察长所奏各节,洵属新旧经过之交不可少之制作,拟请旨饬下修订法律大臣按照所奏诸端,再行考核中外制度,参酌本国情形,详加讨论,悉心审订,另定体例,编为《重订现行律》一编进呈,请旨饬交臣馆复核颁行,以期与各新律渐相比附。俟筹备届期,即可径行新律,以免扞格而餍人心。

再,现在京外地方各级审判厅,亟须一律开办。各该厅内应分民事为专科,所有民事案件,业经法部于光绪三十三年〔1907 年〕会奏《各级审判厅试办章程》内声明,以审定理之曲直者为民事案件等因,业已奉旨允准,钦遵在案。此项《重订现行律》未颁行以前,其《现行刑律》户役内承继、分产以及男女婚姻、典买田宅、钱债违约各条,应属民事者,自应遵照奏定章程,毋庸再科罪刑。其查封、拍卖及应判决执行者,仍照定章办理,以符名实。

是否有当,理合附片具陈。伏乞圣鉴训示。

谨奏。

宣统元年十二月二十四日〔1910 年 2 月 3 日〕奉旨:“已录。”

# 宪政编查馆：咨法部通行京外审判及问刑衙门遇有民事案件须遵奏定各节办理文[①]

宣统元年十二月二十四日〔1910 年 2 月 3 日〕本馆具奏《请饬修订法律大臣另编重订现行律》一片，钦奉谕旨"着依议。钦此"，业经恭录谕旨刷印，原奏另文通行，钦遵在案。查原片内开"现在京外地方各级审判厅，亟须一律开办。各该厅内应分民事为专科，所有民事案件，业经法部于光绪三十三年〔1907 年〕会奏《各级审判厅试办章程》内声明，以审定理之曲直者为民事案件等因，业已奉旨允准，钦遵在案。此项《重订现行律》未颁行以前，其《现行刑律》户役内承继、分产以及男女婚姻、典买田宅、钱债违约各条，应属民事者，自应遵照奏定章程，毋庸再科罪刑。其查封、拍卖及应判决执行者，仍照定章办理，以符名实"等因，既经奉旨俞允，自应通行遵办，相应咨行贵部，希即通行京外已设各审判衙门及未设审判衙门地方之各该问刑衙门遵照。自文到日起，遇有应属民事各案件，须一体钦遵此次奏定各节办理。

---

① 本件原载《大清宣统新法令》（商务印书馆 1909 年第 2 版）第 12 册。

# 奕劻等：呈进《现行刑律》黄册定本请旨刊印颁行折

（宣统二年〔1910年〕四月初七日）

宪政编查馆大臣、和硕庆亲王臣奕劻等跪奏：为呈进《现行刑律》黄册定本请旨刊印颁行以资遵守恭折会陈仰祈圣鉴事。

宣统元年十二月二十三日〔1910年2月2日〕，臣奕劻等奏《核议〈现行刑律〉缮册呈览》一折，并声明由臣馆将前后黄册咨交修订法律大臣遵照向章另缮黄册，会同请旨刊印颁行等因，二十四日钦奉谕旨："着依议。钦此钦遵。"咨交去后，臣家本等督饬提调等官，将律例正文依类排比，复因杀青之役，众手叠更，校雠之功，艰于扫叶。凡讹夺及小有抵牾之处，悉心校正。又上年十二月二十八日〔1910年2月7日〕颁行《法院编制法》、本年〔1910年〕三月十六日奏准变通秋审旧制，所有审判之复核、京控秋审之会录解勘，与从前办法不同，均照新章更正。计修改五十七条，删除十条，加具按语。除另缮清单进呈外，统计原拟编定《现行律》辑删者，律文四百十四条，例文一千六十六条；经复核勘正者二百六十一条；现又照新章修改删除者六十七条，仍将旧律服制八图弁冕简端缮写。工竣，分装二函，恭呈御览。应俟命下，臣等两馆公同刊印，颁发内外问刑衙门一体遵照。至旧律军、流等罪，向于律后附道里表以备临时查照签发。此次修订，流罪照章改习工作，虽不尽实发，仍有应行到配之犯；军罪虽改为安置，而极边及烟瘴二项，仍应指定道里，即由臣馆知照陆军部，将旧表分别去留，补行刊发，以符名实。

再，臣奕劻等上年〔宣统元年十二月，1910年2月〕进呈核议《现行刑律》黄册之时，附片声明《现行律》户役内承继、分产、婚姻、田宅、钱债各条应属民事者，毋再科刑，仰蒙俞允，通行在案。此本为折衷新旧，系指纯粹之属于民事者言之。若婚姻内之抢夺、奸占及背于礼教、违律嫁娶，田宅内之盗卖、强占，钱债内之费用受寄，虽隶于户役，揆诸新律，俱属刑事范围之内。凡此之类，均应照《现行刑律》科罪，不得诿为民事案件，致涉轻纵。合并声明。

此折系法律馆主稿，会同宪政编查馆办理。

所有会奏呈进黄册定本缘由，伏乞皇上圣鉴。

谨奏。

宣统二年〔1910 年〕四月初七日

宪政编查馆大臣、和硕庆亲王　臣奕　劻

宪政编查馆大臣、大学士　臣世　续

宪政编查馆大臣、大学士　臣鹿传霖

宪政编查馆大臣、署大学士　臣那　桐

宪政编查馆大臣、侍郎　臣吴郁生

修订法律大臣、法部右侍郎　臣沈家本

修订法律大臣、头品顶戴、仓场侍郎　臣俞廉三

# 附录二　民国政府关于确认《现行律》民事部分效力相关文献

# 目　录

# 一、临时大总统令

（元年〔1912 年〕三月十日）

临时大总统令：现在民国法律未经议定颁布，所有从前施行之法律及《新刑律》，除与民国国体抵触各条应失效力外，余均暂行援用，以资遵守。此令。①

---

① 《临时政府公报》（第 41 号，元年〔1912 年〕三月十七日）附录·电报·北京来电。另，此临时大总统令非南京临时政府大总统孙中山令，系北京临时政府大总统袁世凯令，据电文末尾“京。真。”二字可知；“真”字据“韵母代日表”应为 11 日。据此可确定该令为 10 日公布，袁宣誓就任临时大总统在 10 日。电文影印件参见“北京临时政府大总统府发布袁世凯命令各省有关从前施行之法律及《新刑律》除与民国国体抵触外余均暂行援用的通电（第四百七十号，1912 年 3 月 10 日）”，载中国第二历史档案馆编：《南京临时政府遗存珍档》（第 4 册），凤凰出版社 2011 年版，第 1344 页。附电文全文如下：

各电局分转各省都督、总督、巡抚、将军、大臣。临时大总统令：现在民国法律未经议定颁布，所有从前施行之法律及《新刑律》，除与民国国体抵触各条应失效力外，余均暂行援用，以资遵守。此令。蒸。印。

# 二、参议院议决《新法律未颁行以前暂适用旧有法律案》相关文献

**1. 大总统〔孙〕据司法总长伍廷芳呈请适用民刑法律草案及民刑诉讼法咨参议院议决文**①（元年〔1912年〕三月廿四日）

据司法部总长伍廷芳呈称：窃自光复以来，前清政府之法规既失效力，中华民国之法律尚未颁行，而各省暂行规约，尤不一致。当此新旧递嬗之际，必有补救之法，始足以昭划一而示标准。本部现拟就前清制定之《民律草案》、第一次《刑律草案》、《刑事民事诉讼法》、《法院编制法》、《商律》、《破产律》、《违警律》中，除第一次《刑律草案》"关于帝室之罪"全章及关于内乱罪之死刑，碍难适用外，余皆由民国政府声明继续有效，以为临时政府适用法律，俾司法者有所根据。谨将所拟，呈请大总统咨由参议院承认，然后以命令公布，通饬全国一律遵行，俟中华民国法律颁布，即行废止。是否有当，尚乞钧裁施行等情前来。查编纂法典，事体重大，非聚中外硕学，积多年之调查研究，不易告成。而现在民国统一，司法机关将次第成立，民刑各律及诉讼法均关紧要，该部长所请，自是切要之图，合咨贵院，请烦查照前情，议决见复可也。此咨。

**2. 参议院审议记录摘录**②

**（1）〔1912年〕三月二十五日上午九时开议**

本日议事日程如下：

二、宣布政府交议司法部呈称《拟就删改前清法律暂为临时适用法律案》。

---

① 原文载《临时政府公报》（第47号）（民国元年〔1912年〕三月廿四日）。

② 载《参议院议事录》（南京，起中华民国元年一月迄四月），第143～144页、第159～160页、第182～183页。

主席宣布:第二案付法律审查会审查。

**(2)〔1912年〕三月二十八日上午九时开议**

本日议事日程如下:

三、宣布审查政府交议《新法律未颁行以前暂适用旧有法律案》报告。

主席宣布第三案审查报告。

审查员报告审查大旨。

**(3)〔1912年〕四月初三日上午九时开议**

本日议事日程如下:

二、政府交议《新法律未颁行以前暂适用旧有法律案》开第二读会。

熊成章提议,本日议事日程所列第二案关系紧急,请提前开议。附议在一人以上。

主席用举手表决法,以二十二人举手多数可决。

主席宣告第(三)〔二〕案开第二读会,请就审查报告讨论公决。

文群提议,"共和政体"应改为"民主国体"。附议在一人以上。

主席用〔举〕手表决法,以对于十四人之十五人举手,多数,可决。

彭允彝提议,所有各种法律须经法制局修改后交由本院(公)议决〔公〕布施行。附议在一人以上。

主席用举手表决法,以三人举手,少数,否决。

陈命官提议,原文末尾须加"惟一面应由政府饬下法制局将各种法律中与民主国体抵触各条签注或签改后交由本院议决公布施行"数语。附议在一人以上。

主席用举手表决法,以对于十二人之十四人举手,多数,可决。

讨论结果,主席用起立表决法,以二十人起立,多数,可决全案。

### 3. 参议院《新法律未颁行以前暂适用旧有法律案》咨文(元年〔1912年〕四月三日)①

参议院咨:

〔1912年〕三月二十一日准临时大总统孙咨,略开司法部现拟就前清制定之《民律草案》、第一次《刑律草案》、《刑事民事诉讼法》、《法院编制法》、《商律》、《破产律》、《违警律》中除第一次《刑律草案》"关于帝室之罪"全章及关于内乱罪之死刑碍难适用外,余皆由民国政府声明继续有效,以为临时适用法律,俾司法者有所根据,呈请咨由参议院承认,然后以命令公布,通饬全国一律遵行,俟中华民国法律颁布,即行废止等情前来,合咨本院查照前情,议决见复等因。经本院于〔1912年〕四月初三日开会决议,佥以现在国体既更,所有前清之各种法规已归无效,但中华民国之法律未能仓猝一时规定颁行,而当此新旧递嬗之交,又不可不设补救之法,以为临时适用之资。此次政府交议,当新法律未经规定颁行以前,暂酌用旧有法律,自属可行。所有前清时规定之《法院编制法》、《商律》、《违警律》及宣统三年〔1911年〕颁布之新《刑律》、

---

① 《参议院议决案汇编》(甲部一册),载李强选编:《北洋时期国会会议记录汇编》(第6册),国家图书馆出版社2011年版,第445页。

《刑事、民事诉讼律草案》，并先后颁布之《禁烟条例》、《国籍条例》等，除与民主国体抵触之处应行废止外，其余均准暂时适用。惟《民律草案》，前清时并未宣布，无从援用，嗣后凡关民事案件，应仍照前清《现行律》中规定各条办理。惟一面仍须由政府饬下法制局将各种法律中与民主国体抵触各条签注或签改后，交由本院议决公布施行。

应即咨请，查照办理可也。

此咨大总统。

# 三、大理院判例、解释例关于《现行律》民事部分效力相关文献①

**1.《现行律》有效理由**（大理院民事判决第二十一号，元年十二月十一日）②

**判例要旨** 凡法律之制定、变更、废止，必须有表示其效力之明文，或有与之相同或抵触之法律发布，而后可适用新法胜于旧法之原则，认旧法为无效。此外，非一国之统治权确已消灭或有最强之根本法使其法律自体不能存在者，法律即不得认为消灭。若既无变更、废止之明文，又无与之相同或抵触之法律，且与最强之根本法不相违背，仅国家之统治机(权)关有更易，则无论何种法律，取正当解释，其效力当然与旧时无异。

**判决主文摘录** 查判断民事案件，应先依法律所规定；无法律者，依习惯；无习惯者，依条理。通例所在，不容稍有假借。此案事关继承，理宜就本国法以为判断。本国法若果无明文，亦宜据中国旧理由、习惯或条理定之。原审判厅乃置《现行律》于不顾，竟适用他国养子缘祖之制，不得谓非错误。本院就法学上原则及法典编制形式两方研究，《现行律》关于此项律例实有不能不适用之理。盖依法学原则，凡法律之制定、变更、废止，必须有表示其效力之明文，

---

① 除另行注明外，此处大理院判例要旨及要旨提要据大理院编辑处编《大理院判例要旨汇览》（大理院收发所1626年订正再版）、《大理院判例要旨汇览续编》（大理院1924年版）著录。另，大理院判例全文如与二书所摘录的判例要旨文字有出入者或有可补充者，则据黄源盛纂辑《大理院民事判例辑存（1912～1928）总则编》（台北，元照出版有限公司2012年版）补入。

② 本判例要旨见于《大理院判例要旨（上）民律刑律之部》（《司法公报》第43期[第三次临时增刊]，司法部参事厅1915年，第1页），此后大理院各版《判例要旨》均不载。本判例原文见大理院编《大理院民事判决》（大理院1913年版）"大理院民事判决第二十一号"。

或有与之相同或抵触(以)〔之〕法律发布而后可适用新法胜于旧法之原则,认旧法为无效。此外,非一国之统治权确已消灭或有最强之根本法使其法律自体不能存在者,法律即不得认为消灭。若既无变更、废止之明文,又无与之相同或抵触之法律,且与最强之根本法不相违背,仅国家之统治机关有更易(时),则无论何种法律,取正当解释,其效力当然与旧时无异。据此以论,《现行律》除《暂行新刑律》已有规定者外,其余律例自可继续适用。至就法典编制形式言之,《现行律》虽以“刑律”标目,然非一种单行之刑法,乃集合诸种法典有刑事制裁者而成,故关于某项事件律例,必须有某项法律颁布而后能决定其是否失效。现在《民律》尚未颁布,其关于民事各条例、其他例为有效。况继承一事,关系礼制,多为公益规定,不能因国体变更而失其存在,尤可断言。

**2. 民事案件适用法规之次序**(二年上字第六四号判例)

**判例要旨** 判断民事案件,应先依法律所规定,法律无明文者,依习惯法;无习惯法者,依条理。

**判决主文摘录** 判断民事案件应先依法律所规定,法律无明文者,依习惯法;无习惯法者,则依条理,盖通例也。现在民国民法法典尚未颁行,前清《现行律》关于民事各规定继续有效,自应根据以为判断。①

**3. 立嗣律有专条,无先适用习惯余地**(三年上字第七〇号判例)

**判例要旨** 《现行律例》既有立嗣专条,自无先行适用习惯之理。

**判决主文摘录** 即习惯之适用,亦必以法令所未规定或所许之事项为限。《现行律例》既有立嗣专条,自无先行适用习惯之理。②

**4. 前清《现行律》关于民商事法之规定未废止**(三年上字第三〇四号判例)

**判例要旨** 民国民法法典尚未颁布,前清《现行律》除与国体及嗣后颁行成文法相抵触之部分外,当然继续有效。至前清《现行律》,虽名为《现行刑律》,而除刑事部分外,关于民商事之规定,仍属不少,自不能以名称为“刑律”之故,即误会其为已废。

**判决主文摘录** 民国民法法典尚未颁布,前清之《现行律》,除制裁部分及与国体有抵触者外,当然继续有效。至前清《现行律》虽名为《现行刑律》,而除普通刑事部分外,关于特别刑法、民商事及行政法之规定仍属不少,自不能以名称为“刑律”之故,即误会其为已废。③

---

① 黄源盛纂辑:《大理院民事判例辑存(1912—1928)总则编》,台北,元照出版有限公司2012年版,第10页。

② 黄源盛纂辑:《大理院民事判例辑存(1912—1928)总则编》,台北,元照出版有限公司2012年版,第16页。

③ 黄源盛纂辑:《大理院民事判例辑存(1912—1928)总则编》,台北,元照出版有限公司2012年版,第24页。

**5.《现行律》部分有效**（三年上字第九三八号判例）

**判例要旨**　前清《现行律》关于民事各条除与国体及嗣后颁行成文法相抵触之部分外，仍应认为继续有效。①

**6.均分家产既有明文，无主张习惯余地**（三年上字第一一九八号判例）

**判例要旨**　适用习惯必须法律无明文规定者而后可。家产应按子数均分，《现行律例》既有明文，自无主张习惯之余地。

**判决主文摘录**　本院按：前清《现行律例》关于民事各条，除与国体及嗣后颁行成文法相抵触之部分外，现仍继续有效。……适用习惯，必须法律无明文规定者而后可。关于分析家产，《现行律例》既有明文，自无主张习惯之余地。②

**7.不依昭穆伦序立嗣之习惯，不能有法之效力**（八年上字第二一九号判例）

**判例要旨**　《现行律例》"无子立嗣，不得紊乱昭穆伦序"之规定，原为保护公益而设，应属强行法规。其与此项法规相反之习惯，当然不能有法之效力。③

**8.禁止以孙祢祖为强行法**（八年上字第三九四号判例）

**判例要旨**　《现行律例》禁止以孙祢祖，乃所以维持我国固有之礼法。事关公益，应有强行效力，不容反对习惯之存在。④

**9.《现行律》关于民事之处罚规定，于行为之效力仍应适用**（八年上字第八三二号判例）

**判例要旨**　民国民律未颁布以前，《现行律》关于民事规定，除与国体有抵触者外，当然继续有效，即其制裁部分，如民事各款之处罚规定（例如"处某等罚"、"罪亦如之"等语），亦仅不能拟以处罚，关于处罚行为之效力，仍应适用，以断定其为无效或得撤销。故若引用该律文以判断行为之效力，而不复据以制裁当事人，则其适用法律，即不得谓为错误。⑤

---

① 《大理院判例要旨》（上册）[《司法公报（第43期）第三次临时增刊》，1915年10月30日]，第1页。该判决要旨不见于《大理院判例要旨汇览》、《大理院判例要旨汇览续编》、郭卫编《大理院判决例全书》、黄源盛纂辑《大理院民事判例辑存》（1912—1928）。

② 黄源盛纂辑：《大理院民事判例辑存（1912—1928）总则编》，台北，元照出版有限公司2012年版，第44～46页。

③ 判决全文相应文字见黄源盛纂辑：《大理院民事判例辑存（1912—1928）总则编》，台北，元照出版有限公司2012年版，第77页。

④ 判决全文相应文字见黄源盛纂辑：《大理院民事判例辑存（1912—1928）总则编》，台北，元照出版有限公司2012年版，第83页。

⑤ 该案判决全文缺。

**10.《现行刑律》民事部分虽属有效,适用该律仍宜权衡情法**(统字第五七六号解释例,六年一月三十一日复浙江高等审判厅)

查《现行刑律》丧服制度,既未废止,则该律居丧嫁娶之规定,自应继续有效。惟此等公益规定,自非私人所能借以告争,审判衙门亦不能径行干涉。……现在民法尚未颁行,该律民事部分,虽属有效,而适用之时,仍宜酌核社会进步情形以为解释,不得拘迁文义,致蹈变本加厉之弊。①

① 该解释例全文,参见郭卫编辑:《大理院解释例全文》,上海法学编译社、会文堂新记书局 1932 年第 6 版,第 317~318 页。

# 附录三 《大清现行刑律》有关民事部分

# 说　明

一、本附录辑录《大清现行刑律》户役、田宅、婚姻、钱债4门全部律例；前述4门之外各条，以曾经本书各部分征引为限，所涉律条及附例全文录入。

二、本附录辑录的《大清现行刑律》文字，均据故宫博物院编《故宫珍本丛刊》第333册影印《钦定大清现行刑律》（宣统二年〔1910年〕仿聚珍版，海南出版社2000年影印）录出、点校。

三、《大清现行刑律》原有律目及附例，未经编号，为方便检索征引，就全部30门、389条律文、1327条例文一并编号，编号规则如下：

1. 全部30门及389条律文均连续编号，以阿拉伯数字0表示。如婚姻门（第6门）“男女婚姻”条（第82条）律文，编号为6.82.0。

2. 律文如原有分节（原书以符号“○”间隔），则在表示律文的阿拉伯数字“0”之后以阿拉伯数字连续编号。如在编号4.63.0.2中，4为门类，63为律文序号，0表示律文，2表示律文第2节。

3. 律文所附例文，随所附之律文序号编号，在圆括号内以阿拉伯数字连续编号。如4.63.(2)，即第4门户役门、第63条律文、第2则例文。例文如分节，则以阿拉伯数字标示在后。

4. 律首服制图部分编号为0.0，所列8张服图分别以阿拉伯数字连续，如0.0.3，即表示“妻为夫族服图”。律首服制部分编号为0.1，其下各服制以阿拉伯数字连续编号，各服制下各节以阿拉伯数字单独编号，如0.1.3.11，即律首服制“齐衰不杖期”第11节（“女适人，为兄弟之为父后者”）。

四、为便利检阅，《大清现行刑律》律目仍全行录出。

五、为便于理解《大清现行刑律》相关条款，另附上法律馆总纂吉同钧所著《新订现行刑律讲义》（下文以“【讲义】”标明）相关内容，以资参考。《新订现行刑律讲义》使用法部律学馆宣统二年〔1910年〕石印本为底本录出、点校。

# 目　录

# 一、《大清现行刑律》律目

0.0 服制图

0.1 服　制

1 名　例 计39条

| | | |
|---|---|---|
| 1.1 五刑 | 1.2 十恶 | 1.3 八议 |
| 1.4 应议者犯罪 | 1.5 应议者之父祖有犯 | 1.6 职官有犯 |
| 1.7 文武官犯公罪 | 1.8 文武官犯私罪 | 1.9 犯罪得累减 |
| 1.10 以理去官 | 1.11 无官犯罪 | 1.12 除名当差 |
| 1.13 常赦所不原 | 1.14 犯罪存留养亲 | 1.15 徒流人又犯罪 |
| 1.16 老小废疾收赎 | 1.17 犯罪时未老疾 | 1.18 给没赃物 |
| 1.19 犯罪自首 | 1.20 二罪俱发以重论 | 1.21 犯罪共逃 |
| 1.22 同僚犯公罪 | 1.23 公事失错 | 1.24 共犯罪分首从 |
| 1.25 犯罪事发在逃 | 1.26 亲属相为容隐 | 1.27 处决叛军 |
| 1.28 蒙古及入国籍人有犯 | 1.29 本条别有罪名 | 1.30 加减罪例 |
| 1.31 称乘舆车驾 | 1.32 称期亲祖父母 | 1.33 称与同罪 |
| 1.34 称监临主守 | 1.35 称曰者以百刻 | 1.36 称道士女冠 |
| 1.37 断罪依新颁律 | 1.38 断罪无正条 | 1.39 五徒三流二遣地方 |

2 职　制 计9条

| | | |
|---|---|---|
| 2.40 官员袭荫 | 2.41 滥设官吏 | 2.42 信牌 |
| 2.43 贡举非其人 | 2.44 举用有过官吏 | 2.45 擅离职役 |
| 2.46 擅勾属官 | 2.47 交结近侍官员 | 2.48 上言大臣德政 |

3 公　式 计11条

3.49 讲读律令
3.50 制书有违
3.51 弃毁制书印信
3.52 上书奏事犯讳
3.53 事应奏不奏
3.54 出使不复命
3.55 官文书稽程
3.56 同僚代判署文案
3.57 增减官文书
3.58 漏使印信
3.59 擅用调兵印信

4 户　役 计12条

4.60 脱漏户口
4.61 人户以籍为定
4.62 私创庵院及私度僧道
4.63 立嫡子违法
4.64 收留迷失子女
4.65 赋役不均
4.66 禁革主保里长
4.67 点差狱卒
4.68 私役部民夫匠
4.69 别籍异财
4.70 卑幼私擅用财
4.71 收养孤老

5 田　宅 计10条

5.72 欺隐田粮
5.73 检踏灾伤田粮
5.74 功臣田土
5.75 盗卖田宅
5.76 典买田宅
5.77 盗耕种官民田
5.78 荒芜田地
5.79 弃毁器物稼穑等
5.80 擅食田园瓜果
5.81 私借官车船

6 婚　姻 计15条

6.82 男女婚姻
6.83 典雇妻女
6.84 妻妾失序
6.85 逐婿嫁女
6.86 居丧嫁娶
6.87 父母囚禁嫁娶
6.88 尊卑为婚
6.89 娶亲属妻妾
6.90 娶部民妇女为妻妾
6.91 娶逃走妇女
6.92 强占良家妻女
6.93 娶娼妓为妻
6.94 僧道娶妻
6.95 出妻
6.96 嫁娶违律主婚媒人罪

7 仓　库 计23条

7.97 钱法
7.98 收粮违限
7.99 多收税粮斛面
7.100 隐匿费用税粮课物
7.101 揽纳税粮
7.102 虚出通关硃钞
7.103 附余钱粮私下补数
7.104 私借钱粮
7.105 私借官物
7.106 挪移出纳
7.107 库秤雇役侵欺
7.108 冒支官粮
7.109 钱粮互相觉察
7.110 仓库不觉被盗
7.111 守支钱粮及擅开官封
7.112 出纳官物有违
7.113 收支留难
7.114 起解金银足色
7.115 损坏仓库财物
7.116 转解官物
7.117 拟断赃罚不当
7.118 守掌在官财物
7.119 隐瞒入官家产

8 课　程 计4条

8.120 盐法
8.121 私茶
8.122 匿税
8.123 人户亏兑课程

9 钱 债 计3条

9.124 违禁取利
9.125 费用受寄财产
9.126 得遗失物

10 市 廛 计5条

10.127 私充牙行埠头
10.128 市司平物价
10.129 把持行市
10.130 私造斛斗秤尺
10.131 器用布绢不如法

11 祭 祀 计6条

11.132 祭享
11.133 毁大祀丘坛
11.134 致祭祀典神祇
11.135 历代帝王陵寝
11.136 亵渎神明
11.137 禁止师巫邪术

12 礼 制 计19条

12.138 合和御药
12.139 乘舆服御物
12.140 收藏禁书
12.141 御赐衣物
12.142 失误朝贺
12.143 失礼
12.144 奏对失序
12.145 上书陈言
12.146 见任官辄自立碑
12.147 禁止迎送
12.148 公差人员欺陵长官
12.149 服舍违式
12.150 僧道拜父母
12.151 失占天象
12.152 术士妄言祸福
12.153 匿父母夫丧
12.154 弃亲之任
12.155 丧葬
12.156 乡饮酒礼

13 宫 卫 计15条

13.157 太庙门擅入
13.158 宫殿门擅入
13.159 宿卫守卫人私自代替
13.160 从驾稽违
13.161 直行御道
13.162 宫殿造作罢不出
13.163 辄出入宫殿门
13.164 关防内使出入
13.165 向宫殿射箭
13.166 宿卫人兵仗
13.167 禁经断人充宿卫
13.168 冲突仗卫
13.169 行宫营门
13.170 越城
13.171 门禁锁钥

14 军 政 计18条

14.172 擅调官军
14.173 申报军务
14.174 飞报军情
14.175 漏泄军情大事
14.176 失误军事
14.177 从征违期
14.178 军人替役
14.179 主将不固守
14.180 纵军虏掠
14.181 不操练军士
14.182 激变良民
14.183 私卖战马
14.184 私卖军器
14.185 毁弃军器
14.186 私藏应禁军器
14.187 纵放军人歇役
14.188 从征守御官军逃
14.189 优恤军属

### 20 斗 殴 计21条

20.264 斗殴　20.265 保辜限期　20.266 宫内忿争
20.267 宗室觉罗以上亲被殴　20.268 殴制使及本管长官　20.269 佐职统属殴长官
20.270 上司官与统属官相殴　20.271 九品以上官殴长官　20.272 拒殴追摄人
20.273 殴受业师　20.274 威力制缚人　20.275 雇工人殴家长
20.276 妻妾殴夫　20.277 同姓亲属相殴　20.278 殴大功以下尊长
20.279 殴期亲尊长　20.280 殴祖父母父母　20.281 妻妾与夫亲属相殴
20.282 殴妻前夫之子　20.283 妻妾殴故夫父母　20.284 父祖被殴

### 21 骂 詈 计8条

21.285 骂人　21.286 骂制使及本管长官　21.287 佐职统属骂长官
21.288 雇工人骂家长　21.289 骂尊长　21.290 骂祖父母父母
21.291 妻妾骂夫期亲尊长　21.292 妻妾骂故夫父母

### 22 诉 讼 计10条

22.293 越诉　22.294 投匿名文书告人罪　22.295 告状不受理
22.296 听讼回避　22.297 诬告　22.298 干名犯义
22.299 子孙违犯教令　22.300 见禁囚不得告举他事　22.301 教唆词讼
22.302 官吏词讼家人诉

### 23 受 赃 计10条

23.303 官吏受财　23.304 坐赃致罪　23.305 事后受财
23.306 官吏听许财物　23.307 有事以财请求　23.308 在官求索借贷人财物
23.309 家人求索　23.310 风宪官吏犯赃　23.311 因公科敛
23.312 克留盗赃

### 24 诈 伪 计11条

24.313 诈为制书　24.314 诈传诏旨　24.315 对制上书诈不以实
24.316 伪造印信时宪书等　24.317 私铸铜钱　24.318 诈假官
24.319 诈称内使等官　24.320 近侍诈称私行　24.321 诈为瑞应
24.322 诈病死伤避事　24.323 诈教诱人犯法

### 25 犯 奸 计9条

25.324 犯奸　25.325 纵容妻妾犯奸　25.326 亲属相奸
25.327 诬执翁奸　25.328 雇工人奸家长妻　25.329 奸部民妻女
25.330 居丧及僧道犯奸　25.331 官吏宿娼　25.332 买良为娼

## 二、服制图

<table>
<tr><td colspan="4">0.0.1 丧服总图</td></tr>
<tr><td></td><td colspan="2">斩衰<br>三年</td><td></td></tr>
<tr><td colspan="4">用至粗麻布为之，不缝下边</td></tr>
<tr><td></td><td colspan="2">齐衰</td><td></td></tr>
<tr><td>五月</td><td>杖期</td><td>不杖期</td><td>三月</td></tr>
<tr><td colspan="4">用稍粗麻布为之，缝下边</td></tr>
<tr><td></td><td colspan="2">大功<br>九月</td><td></td></tr>
<tr><td colspan="4">用粗熟布为之</td></tr>
<tr><td></td><td colspan="2">小功<br>五月</td><td></td></tr>
<tr><td colspan="4">用稍粗熟布为之</td></tr>
<tr><td></td><td colspan="2">缌麻<br>三月</td><td></td></tr>
<tr><td colspan="4">用稍细熟布为之</td></tr>
</table>

## 0.0.2 本宗九族五服正服之图

凡嫡孙父卒，为祖父母承重，服斩衰三年。若为曾、高祖父母承重，服亦同。

凡姑、姊妹、女及孙女在室，或已嫁被出而归，服并与男子同。出嫁而无夫与子者，为兄弟姊妹及侄皆不杖期。

| | | | | | | | | | |
|---|---|---|---|---|---|---|---|---|---|
| | | | | 高祖父母 齐衰三月 | | | | | |
| | | | 曾伯叔祖父母 缌麻 | 曾祖父母 齐衰五月 | | 曾祖姑 在室缌麻 出嫁无服 | | | |
| | | 族伯叔祖父母 缌麻 | 伯叔祖父母 小功 | 祖父母 齐衰不杖期 | | 祖姑 在室小功 出嫁缌麻 | 族祖姑 在室缌麻 出嫁无服 | | |
| | 族伯叔父母 缌麻 | 堂伯叔父母 小功 | 伯叔父母 期年 | 父母 斩衰三年 | | 姑 在室期年 出嫁大功 | 堂姑 在室小功 出嫁缌麻 | 族姑 在室缌麻 出嫁无服 | |
| 族兄弟 缌麻；族兄弟妻 无服 | 再从兄弟 小功；再从兄弟妻 无服 | 堂兄弟 大功；堂兄弟妻 缌麻 | 兄弟 期年；兄弟妻 小功 | 己身 | | 姊妹 在室期年 出嫁大功 | 堂姊妹 在室大功 出嫁小功 | 再从姊妹 在室小功 出嫁缌麻 | 族姊妹 在室缌麻 出嫁无服 |
| | 再从侄 缌麻；再从侄妇 无服 | 堂侄 小功；堂侄妇 缌麻 | 侄 期年；侄妇 大功 | 长子 期年；长子妇 期年 | 众子 期年；众子妇 大功 | 侄女 在室期年 出嫁大功 | 堂侄女 在室小功 出嫁缌麻 | 再从侄女 在室小功 出嫁无服 | |
| | | 堂侄孙 缌麻；堂侄孙妇 无服 | 侄孙 小功；侄孙妇 缌麻 | 嫡孙 期年；嫡孙妇 小功 | 众孙 大功；众孙妇 缌麻 | 侄孙女 在室小功 出嫁缌麻 | 堂侄孙女 在室缌麻 出嫁无服 | | |
| | | | 曾侄孙 缌麻；曾侄孙妇 无服 | 曾孙 缌麻；曾孙妇 无服 | | 侄曾孙女 在室缌麻 出嫁无服 | | | |
| | | | | 元孙 缌麻；元孙妇 无服 | | | | | |

凡男为人后者，为本生亲属孝服皆降一等，本生父母亦降服不杖期。父母报服同。

凡同五世祖族属在缌麻绝服之外袒免亲。遇葬则服素服，尺布缠头。

## 0.0.3妻为夫族服图

夫为祖父母及曾、高祖父母承重者，并从夫服。

夫为人后，其妻为本生舅姑服大功。

| | | | | | | | | |
|---|---|---|---|---|---|---|---|---|
| | | | | 夫高祖父母 缌麻 | | | | |
| | | | 夫曾伯叔祖父母 无服 | 夫曾祖父母 缌麻 | 夫曾祖姑 无服 | | | |
| | | 夫族伯叔祖父母 无服 | 夫伯叔祖父母 缌麻 | 夫祖父母 大功 | 夫祖姑 在室缌麻 出嫁无服 | 夫堂祖姑 无服 | | |
| | 夫族伯叔父母 无服 | 夫堂伯叔父母 缌麻 | 夫伯叔父母 大功 | 舅姑 斩衰三年 | 夫亲姑 小功 | 夫堂姑 在室缌麻 出嫁无服 | 夫族姑 无服 | |
| 夫族兄弟 无服 | 夫再从兄弟 无服 | 夫堂兄弟及妻 缌麻 | 夫兄弟及妻 小功 | 妻为夫 斩衰三年；夫为妻 齐衰杖期 父母在不杖 | 夫姊妹 小功 | 夫堂姊妹 缌麻 | 夫再从姊妹 无服 | 夫族姊妹 无服 |
| | 夫再从侄 缌麻 | 夫堂侄 小功；夫堂侄妇 缌麻 | 夫侄 期年；夫侄妇 大功 | 长子 期年；长子妇 期年；众子 期年；众子妇 大功 | 夫侄女 在室期年 出嫁大功 | 夫堂侄女 在室小功 出嫁缌麻 | 夫再从侄女 在室缌麻 出嫁无服 | |
| | | 夫堂侄孙 缌麻 | 夫侄孙 小功；夫侄孙妇 缌麻 | 孙 大功；孙妇 缌麻 | 夫侄孙女 在室小功 出嫁缌麻 | 夫堂侄孙女 在室缌麻 出嫁无服 | | |
| | | | 夫曾侄孙 缌麻 | 曾孙 缌麻 | 夫侄曾孙女 在室缌麻 出嫁无服 | | | |
| | | | | 元孙 缌麻 | | | | |

## 0.0.4妾为家长族服之图

| | | | | |
|---|---|---|---|---|
| 嫡孙、众孙为庶祖母，小功五月。 | | 家长祖父母 小功 | | |
| | | 家长父母 期年 | | |
| | 家长 斩衰三年 | | 正妻 期年 | |
| 家长众子 期年 | | 家长长子 期年 | | 为其子 期年 |
| 家长众孙 无服 | | 家长嫡孙 无服 | | 为其孙 大功 |

## 0.0.5 妻亲服图

| | | | | |
|---|---|---|---|---|
| | | 妻祖父母 无服 | | |
| | 妻伯叔 无服 | 妻父母 缌麻 | 妻之姑 无服 | |
| 妻外祖父母 无服 | 妻兄弟及妇 无服 | 己身 为婿缌麻 | 妻之姊妹 无服 | |
| | 妻兄弟子 无服 | 女之子 缌麻 | 妻姊妹子 无服 | |
| | | 女之孙 无服 | | |

## 0.0.6 三父八母服图

**同居继父**

自己亦有伯叔兄弟之类
两有大功亲谓继父有子孙、
齐衰三月
期年
己身亦无伯叔兄弟之类
两无大功亲谓继父无子孙、

**从继母嫁**

齐衰杖期
谓父死继母再嫁他人随去者

**不同居继父**

无服
自来不曾随母与继父同居
齐衰三月
先曾与继父同居，今不同居

**慈母**

斩衰三年
谓所生母死，父令别妾抚育者

**继母**

斩衰三年
谓父娶之后妻

**嫡母**

斩衰三年
谓妾生子女称父之正妻

**养母**

斩衰三年
谓自幼过房与人

**出母**

齐衰杖期
谓亲母被父出者

**嫁母**

齐衰杖期
谓亲母因父死，再嫁他人

**乳母**

缌麻
谓父妾乳哺者，即奶母

**庶母**

嫡子众子齐衰杖期
所生子斩衰三年
谓父有子女妾

## 0.0.7 出嫁女为本宗降服之图

| | | | | |
|---|---|---|---|---|
| | | 高祖父母 齐衰三月 | | |
| | | 曾祖父母 齐衰五月 | | |
| | 祖兄弟 缌麻 | 祖父母 期年 | 祖姊妹 在室缌麻 出嫁无服 | |
| 父堂兄弟 缌麻 | 伯叔父母 大功 | 父母 期年 | 父姊妹 在室大功 出嫁小功 | 父堂姊妹 在室缌麻 出嫁无服 |
| 堂兄弟 小功 | 兄弟 大功 | 己身 | 姊妹 在室大功 出嫁小功 | 堂姊妹 在室小功 出嫁缌麻 |
| 堂侄 缌麻 | 兄弟子 大功 | 兄弟女 在室大功 出嫁小功 | 堂侄女 在室缌麻 出嫁无服 | |

## 0.0.8 外亲服图

| | | | | |
|---|---|---|---|---|
| 妻为夫外亲服降一等。 | | 母祖父母 无服 | | |
| | 母之兄弟 小功 | 外祖父母 小功 | 母之姊妹 小功 | |
| 堂舅之子 无服 | 母舅之子 缌麻 | 己身 | 两姨之子 缌麻 | 堂姨之子 无服 |
| | 舅之孙 无服 | 姑之子 缌麻 | 姨之孙 无服 | |
| | | 姑之孙 无服 | | |

# 三、服　制

### 0.1.1 斩衰三年

0.1.1.1 子为父母。女在室并已许嫁者，及已嫁被出而反在室者，同。子之妻同。

0.1.1.2 子为继母、为慈母、为养母。子之妻同。继母，父之后妻；慈母，谓母卒父命他妾养己者；养母，谓自幼过房与人者。

0.1.1.3 庶子为所生母、为嫡母。庶子之妻同。

0.1.1.4 为人后者为所后父母。为人后者之妻同。

0.1.1.5 嫡孙为祖父母及曾、高祖父母承重。嫡孙之妻同。

0.1.1.6 妻为夫。妾为家长同。

### 0.1.2 齐衰杖期

0.1.2.1 嫡子、众子为庶母。嫡子、众子之妻同。庶母，父妾之有子女者。父妾无子女，不得以母称矣。

0.1.2.2 子为嫁母。亲生母父亡而改嫁者。

0.1.2.3 子为出母。亲生母为父所出者。

0.1.2.4 夫为妻。父母在不杖。

### 0.1.3 齐衰不杖期

0.1.3.1 祖为嫡孙。

0.1.3.2 父母为嫡长子，及嫡长子之妻，及众子，及女在室，及子为人后者。

0.1.3.3 继母为长子、众子。

0.1.3.4 前夫之子，从继母改嫁于人，为改嫁继母。

0.1.3.5 侄为伯叔父母，及姑、姊妹之在室者。

0.1.3.6 为己之亲兄弟，及亲兄弟之子女在室者。

0.1.3.7 孙为祖父母。孙女在室、出嫁同。

0.1.3.8 为人后者，为其本生父母。

0.1.3.9 女出嫁，为父母。

0.1.3.10 女在室，及虽适人而无夫与子者，为其兄弟姊妹及侄与侄女在室者。

0.1.3.11 女适人，为兄弟之为父后者。

0.1.3.12 妇为夫亲兄弟之子及女在室者。

0.1.3.13 妾为家长之正妻。

0.1.3.14 妾为家长父母。

0.1.3.15 妾为家长之长子、众子与其所生子。

0.1.3.16 为同居继父，而两无大功以上亲者。

### 0.1.4 齐衰五月

0.1.4.1 曾孙为曾祖父母。曾孙女同。

### 0.1.5 齐衰三月

0.1.5.1 元孙为高祖父母。元孙女同。

0.1.5.2 为同居继父，而两有大功以上亲者。

0.1.5.3 为继父，先曾同居今不同居者。自来不曾同居者无服。

### 0.1.6 大功九月

0.1.6.1 祖为众孙。孙女在室同。

0.1.6.2 祖母为嫡孙、众孙。

0.1.6.3 父母为众子妇及女已出嫁者。

0.1.6.4 伯叔父母为侄妇及侄女已出嫁者。侄妇，兄弟子之妻也；侄女，兄弟之女也。

0.1.6.5 妇为夫之祖父母。

0.1.6.6 妇为夫之伯叔父母。

0.1.6.7 为人后者，为其兄弟及姑、姊妹之在室者。既为人后，则于本生亲属服皆降一等。

0.1.6.8 夫为人后，其妻为夫本生父母。

0.1.6.9 为己之同堂兄弟、姊妹在室者。即伯叔父母之子女也。

0.1.6.10 为姑及姊妹之已出嫁者。姑，即父之姊妹；姊妹，即己之亲姊妹也。

0.1.6.11 为己兄弟之子为人后者。

0.1.6.12 出嫁女为本宗伯叔父母。

0.1.6.13 出嫁女为本宗兄弟及兄弟之子。

0.1.6.14 出嫁女为本宗姑姊妹及兄弟之女在室者。

### 0.1.7 小功五月

0.1.7.1 为伯叔祖父母。祖之亲兄弟。

0.1.7.2 为堂伯叔父母。父之堂兄弟。

0.1.7.3 为再从兄弟及再从姊妹在室者。

0.1.7.4 为同堂姊妹出嫁者。

0.1.7.5 为同堂兄弟之子及女在室者。

0.1.7.6 为祖姑在室者。即祖之亲姊妹。

0.1.7.7 为堂姑之在室者。即父之同堂姊妹。

0.1.7.8 为兄弟之妻。

0.1.7.9 祖为嫡孙之妇。

0.1.7.10 为兄弟之孙及兄弟之孙女在室者。

0.1.7.11.1 为外祖父母。即亲母之父母。○0.1.7.11.2 为在堂继母之父母；庶子嫡母在，为嫡母之父母；庶子为在堂继母之父母；庶子不为父后者，为己母之父母；为人后者，为所后母之父母。以上五项，均与亲母之父母服同。外祖父母报服亦同。其母之兄弟姊妹服制及报服，亦与亲母同。姑舅两姨兄弟姊妹，服亦同。为人后者，为本生母之亲属降服一等。再，庶子不为父后者为己母之父母服一项，若己母系由人家所生女收买为妾及其父母系属贱族者，不在此列。

0.1.7.12.1 为母之兄弟姊妹。兄弟即舅；姊妹即姨。○0.1.7.12.2 其义服详载为外祖父母条下。

0.1.7.13.1 为姊妹之子。即外甥。及女之在室者。○0.1.7.13.2 其义服详载为外祖父母条下。

0.1.7.14 妇为夫兄弟之孙。即侄孙。及夫兄弟之孙女在室者。即侄孙女。

0.1.7.15 妇为夫之姑及夫姊妹。在室、出嫁同。

0.1.7.16 妇为夫兄弟及夫兄弟之妻。

0.1.7.17 妇为夫同堂兄弟之子及女在室者。

0.1.7.18 女出嫁为本宗堂兄弟及堂姊妹之在室者。

0.1.7.19 为人后者，为其姑及姊妹出嫁者。

0.1.7.20 嫡孙、众孙为庶祖母。女在室者，同。

0.1.7.21 生有子女之妾，为家长之祖父母。

### 0.1.8 缌麻三月

0.1.8.1 祖为众孙妇。

0.1.8.2 曾祖父母为曾孙、元孙。曾孙女、元孙女同。

0.1.8.3 祖母为嫡孙、众孙妇。

0.1.8.4 为乳母。

0.1.8.5 为曾伯叔祖父母。即曾祖之兄弟及曾祖兄弟之妻。

0.1.8.6 为族伯叔父母。即父再从兄弟及再从兄弟之妻。

0.1.8.7 为族兄弟及族姊妹在室者。即己三从兄弟姊妹所与同高祖者。

0.1.8.8 为曾祖姑在室者。即曾祖之姊妹。

0.1.8.9 为族祖姑在室者。即祖之同堂姊妹。

0.1.8.10 为族姑在室者。即父之再从姊妹。

0.1.8.11 为族伯叔祖父母。即祖同堂兄弟及同堂兄弟妻。

0.1.8.12 为兄弟之曾孙及兄弟之曾孙女在室者。

0.1.8.13 为兄弟之孙女出嫁者。

0.1.8.14 为同堂兄弟之孙及同堂兄弟之孙女在室者。

0.1.8.15 为再从兄弟之子及女在室者。

0.1.8.16 为祖姑及堂姑及己之再从姊妹出嫁者。祖姑，即祖之亲姊妹；堂姑，即父之堂姊妹。

0.1.8.17 为同堂兄弟之女出嫁者。

0.1.8.18.1 为姑之子。即父姊妹之亲子。〇0.1.8.18.2 其义服详载为外祖父母条下。

0.1.8.19.1 为舅之子。即亲母兄弟之子。〇0.1.8.19.2 其义服详载为外祖父母条下。

0.1.8.20.1 为两姨兄弟。即亲母姊妹之子。〇0.1.8.20.2 其义服详载为外祖父母条下。

0.1.8.21 为妻之父母。

0.1.8.22 为婿。

0.1.8.23.1 为外甥男。女同。即女之子女。〇0.1.8.23.2 其义服详载为外祖父母条下。

0.1.8.24 为兄弟孙之妻。即侄孙之妻。

0.1.8.25 为同堂兄弟之子妻。即堂侄之妻。

0.1.8.26 为同堂兄弟之妻。

0.1.8.27 妇为夫高、曾祖父母。

0.1.8.28 妇为夫之伯叔祖父母及夫之祖姑在室者。

0.1.8.29 妇为夫之堂伯叔父母及夫之堂姑在室者。夫之堂姑，即夫之伯叔祖父母所生也。

0.1.8.30 妇为夫之同堂兄弟姊妹及夫同堂兄弟之妻。

0.1.8.31 妇为夫再从兄弟之子。女在室同。

0.1.8.32 妇为夫同堂兄弟之女出嫁者。

0.1.8.33 妇为夫同堂兄弟子之妻。即堂侄妇。

0.1.8.34 妇为夫同堂兄弟之孙及孙女之在室者。

0.1.8.35 妇为夫兄弟孙之妻。即侄孙之妻。

0.1.8.36 妇为夫兄弟之孙女出嫁者。

0.1.8.37 妇为夫之曾孙、元孙及曾孙女、元孙女之在室者。

0.1.8.38 妇为夫兄弟之曾孙。即曾侄孙。曾孙女同。

0.1.8.39 妇为夫之小功服外姻亲属。

0.1.8.40 女出嫁，为本宗伯叔祖父母及祖姑在室者。

0.1.8.41 女出嫁，为本宗同堂伯叔父母及堂姑在室者。

0.1.8.42 女出嫁，为本宗堂兄弟之子，女在室者同。

# 四、户　役

【讲义】　汉萧何承秦六篇律后加厩、兴、户三篇，为《九章律》，后迄至后周，皆名“户律”。北齐以婚事附之，名为“婚户律”。隋以户在婚前，改为“户婚律”。唐因之，而以田宅之事附焉。至明，始分户役、田宅、婚姻三篇，国朝因仍不改。初有“隐匿满洲逃亡家人”一条，其后删去，另纂《督捕则例》。本门共分十五章，而“人户以籍为定”及“立嫡子违法”二章尤为切要。现在删去“丁夫差遣不平”、“隐蔽差役”、“逃避差役”三章，则止存十二章矣。

## 4.60 脱漏户口

4.60.0.1 凡一家曰户全不附籍，若有田应出赋役者，家长处十等罚；若系无田不应出赋役者，处八等罚。准附籍有赋照赋，无赋照丁。当差。○4.60.0.2 若将他家人隐蔽在户不另报立籍，及相冒合户附籍他户，有赋役者，本户家长亦处十等罚；无赋役者，亦处八等罚。若将内外另居亲属隐蔽在户不报，及相冒合户附籍者，各减二等。所隐之人，并与同罪，改正立户，别籍当差。其同宗伯叔弟侄及婿，自来不曾分居者，不在此断罪、改正之限。○4.60.0.3 其见在官役使办事者，虽脱户，然有役在身、有名在官。止依漏口法。○4.60.0.4 若曾立有户隐漏自己成丁十六岁以上。人口不附籍，及增减年状、妄作老幼废疾，以免差役者，一口至三口，家长处六等罚；每三口加一等，罪止十等罚。不成丁三口至五口，处四等罚；每五口加一等，罪止七等罚。所隐人口入籍、成丁者当差。○4.60.0.5 若隐蔽他人丁口不附籍者，罪亦如之。所隐之人与同罪，发还本户，附籍当差。○4.60.0.6 若长里失于取勘，致有脱户者，一户至五户，处五等罚；每五户加一等，罪止十等罚。漏口者，一口至十口，处三等罚；每十口加一等，罪止五等罚。本县提调正官、首领官吏失于取勘，致有脱户

**者，十户处四等罚，每十户加一等，罪止八等罚；漏口者，十口处二等罚，每三十口加一等，罪止四等罚。知情者，并与犯人同罪。受财者，计赃，以枉法从重论。若官吏曾经三次立案取勘，已责里长文状，叮咛省谕者，事发，罪坐里长。**如里长、官吏知其脱漏之情而故纵不问者，则里长、官吏与脱漏户口之人同罪。若有受财者，并计赃，以枉法从重论。

**【讲义】** 按：此仍《明律》，顺治三年〔1646年〕添入小注，现改笞、杖为罚金。盖言户口为税粮差徭所自出，必当严核版籍也。

《唐律》“诸脱户者，家长徒三年；无赋役者，减二等；女户，又减三等。脱口及增减年状，以免课役者，一口徒一年，二口加一等，罪止徒三年。其增减非免课役及漏无课役口者，四口为一口，罪止徒一年半；即不满四口，杖六十。（〔注〕部曲、奴婢亦同。）”、“〔诸〕里正不觉脱漏增减者，一口笞四十，三口加一等；过杖一百，十口加一等；罪止徒三年。若知情者，各同家长法”、“诸州县不觉脱漏增减者，县内十口，笞三十；三十口加一等；过杖一百，五十口加一等。州随所管县多少，通计为罪，各罪止徒三年。知情者，各从里正法”、“诸里正及官司，妄脱漏增减者以出入课役，一口徒二年，二口加一等。赃重，入己者以枉法论，至死者加役流；入官者坐赃论”、“诸相冒合户者，徒二年；无(赋)〔课〕役者，减二等。（注谓‘以疏为亲及有所规避者’）主司知情，与同罪。即于法应别立户而不听别，应合户而不听合者，主司杖一百”，①又诈伪门“其匿脱者，徒一年。（〔注〕谓‘产子不言为匿，吏典不附为脱’）”②云云。《明律》大致一本于唐，而添隐蔽不报一层，治罪止于满杖，较诸《唐律》为轻，又无《唐律》女户一层。《笺释》云“若只身及妇人脱户，有赋、无赋，各照本律。如妇人无赋役者，止依漏口法”云云，亦即《唐律》女户减等之意。盖脱户者，一户之人全不当差，与脱逃无异，故曰“脱户”；漏口者，一户之人不尽当差，犹物之有缺漏也，故曰“漏口”。《辑注》谓：“计家而言〔之〕曰‘户’，计人而言〔之〕曰‘口’，〔开报入册曰‘附籍’〕，田地税粮曰‘赋’，人丁差徭曰‘役’。有赋役谓有田产税粮而当差，役之出于赋者也；无赋役谓无田产税粮，止当本身杂泛差徭，役之出于丁者也，故曰‘赋役’。此条专以役言，故载于户役之首。”

共分六节。首节言脱自己之户。二节言隐冒他人及亲属之户。三节言虽脱户而系在官役使，仍依漏口之法。四节言漏自己丁口。五节言隐蔽他人丁口。六节承上数节，言里长、官吏失勘，知情受财之罪。盖脱户又分二等，有赋役则所避者多，无赋役则所避者少；漏口亦分二等，已成丁者有所规避，未成丁者无所规避，故罪各分轻重。夫亲属于罪犯得相容隐，而户口非犯罪之比，然仍减他人二等者，盖隐蔽他人而有奸贪之弊，隐蔽亲属犹出亲爱之意也。隐蔽亲属提出“另居”二字，则泛泛同居，不限籍之异同，均不在此限矣。

古者有田则有赋，有丁则有役，此定制也。自国朝康熙五十二年〔1713年〕定有成例，凡直省编审查出增益人丁，缮册奏闻，名为《盛世滋生户口册》，其征收银粮但据康熙五十年〔1711年〕丁册，定为常额，续生人口永不加赋。雍正年间，复将丁银摊入地亩，永为定制。自此而

---

① 《唐律》户婚“脱漏户口增减年状”条律、“里正不觉脱漏增减”条律、“州县不觉脱漏增减”条律、“里正官司妄脱漏增减”条律及“相冒合户”条律。

② 《唐律》诈伪“诈除去死免官户奴婢”条律第二节。

后，有田者，均代有丁者应役。若有丁而无田，则并无可当之差矣。此赋役中一大关键。生斯世者，几不知有丁徭之苦，盖数千年未有之盛典也。律文仍前朝之旧，虽与今办法不同，惟户口为全国政治根本，近年民政部《清查户口章程》极为详悉，将来另修民法，此律必资引用，未可废也。

**条　例**

4.60.(1) **一、直隶各省编审，察出增益人丁实数，缮册奏闻，名为《盛世滋生户口册》。其征收钱粮，但据康熙五十年〔1711年〕丁册，定为常额，续生人丁，永不加赋。如额征丁粮数内，有开除者，即将各该省新增人丁补足额数。至新增人丁，倘不据实开报，或有私派钱粮，及造册之时借端需索，该督抚严查奏参。**

## 4.61 人户以籍为定

4.61.0 **凡人户，并以(原报册)籍为定。若诈冒脱免，避(已)重就(人)轻者，处八等罚。其官司妄准脱免，及变乱版籍者，罪同。**

**【讲义】** 按：此仍《明律》，顺治三年〔1646年〕添入小注，现又删改。盖言版籍既定，永不得诈冒变乱也。

《唐律》"诸诈除、去、死、免官户奴婢及私相博易者，徒二年（'疏'议曰：官户、奴婢，各有簿帐。'除'者，谓诈言给赐；'去'者，谓去其名簿；'死'者，谓诈言身死；'免'者，谓如年入六十及废疾，各得免本色之类。'〔及〕私相博易'，谓将私奴婢博易官奴婢也。）、"其(脱匿)〔匿脱〕者，徒一年；（注：产子不言为'匿'，吏典不附为'脱'。）主司不觉(脱匿)〔匿脱〕者，依里正不觉脱漏法"，又"〔诸〕诈自复除，若诈死及诈去工、乐、杂户〔名〕者，徒二年。（'疏'议曰：'诈自复除'谓诈云落番新还或诈云放贱之类，以得复除也）"。① 《明律》即本于此，而添入军、民、驿、灶、医、卜等项，其治罪亦较《唐律》为轻。盖人户版籍既定，则差役攸分，世不得改易。若诈隐本籍而冒为别籍、脱本籍之名、免本等之役，不过避重就轻，故止拟八等罚耳。

旧例又有"旗民放出之家奴只许耕作营生，不许考试出仕；其放出入民籍，三代后所生之子孙，准其与平民一律考试出仕，京官不得至京堂，外官不得至三品；其虽经放出，应以报官存案之日起限。又实因习教犯案，罪在徒流以上者，其子孙实未入教，即以本犯之子为始，三辈后所生之子孙，始准考试报捐。倘有蒙混，以违制论。至习教复又从逆各犯，子孙永远不准考试报捐"云云，现虽删除，实足补律所未及，当并参考。此律仅言内地版图不准脱乱，现在中外交通，更有国籍一法，详言外人入中国及中国人入外籍之法，已经奏准通行，当与此律一并参之。

**条　例**

4.61.(1) **一、凡籍隶顺天府宛、大两县人员，出仕时，取具同乡京官印结者，各宜细心察核。如有混冒出结，除照例议罪外，遇有承追无着之项，即于定例后出结官名下追赔。**

---

① 《唐律》诈伪"诈除去死免官户奴婢"条律、"诈自复除"条律。

4.61.(2) 一、凡旗人窝窃、窝娼、窝赌及诬告、讹诈，行同无赖，不顾行止；并棍徒扰害、教诱宗室为非、造卖赌具、代贼销赃、行使假银、捏造假契、描画钱票、一切诓骗诈欺取财、以窃盗论、准窃盗论；及犯诱拐、强奸、亲属相奸者，均销除本身旗档。

4.61.(3) 一、凡旗下从前家奴，不论系赏给、投充，及红契、白契所买，是否数辈出力，概听赎身，放出为民，报明地方官，编入民籍，毋庸稽查旧档及取结咨部核复。所生子孙，准与平人一体应试、出仕。其未经放出及无力赎身者，概以雇工人论。

4.61.(4) 一、营业不正及身家不清白者，概不准入考捐监。如有变易姓名，朦混应试报捐者，除斥革外，照违制律治罪。若将良民诬指，希图倾陷拖累者，按诬告律治罪。

## 4.62 私创庵院及私度僧道

4.62.0 凡寺、观、庵、院，除现在处所（先年额设）外，不许私自创建、增置，违者，处十等罚，僧、道、尼僧、女冠还俗。（地基、材料入官。）若僧道不给度牒，私自簪剃者，处八等罚。若由家长，家长当罪。寺观住持及受业师私度者，与同罪，并还俗。

**【讲义】** 按：此仍《明律》，顺治初年添入小注，现改杖为罚金。盖承上条“脱漏户口”后，亦为人丁而发也。

考《唐律》“诸私入道及度之者，杖一百；已除贯者，徒一年。若犯法合出（寺观）〔观寺〕，经断不还俗者，从私度法。〔即〕监临〔之〕官，私〔辄〕度人者，一人杖一百”①云云，《明律》即本于此。僧道在军、民、匠、灶等籍之外，得免丁差，僧道多则丁口少，故立法以示禁。

前节言私创寺院之罪，后节言私度之罪。此辈不耕不业，衣食于民，固不可任其创建，以耗民财，任其簪剃，以虚户口。而创建之罪，尤重于私度者，以耗费之重而引诱之多也。创建者，昔无而今有；增置者，于原有之外而增益之，如下院之类。律止泛言僧、道，例又补出“应（符）〔付〕”、“火居”之名，注云“有眷属之僧，曰‘应付’；无者，曰‘戒僧’。有眷属之道士曰‘火居’；无曰‘全真’，又曰‘灵宝’。僧曰‘剃’，尼同；道曰‘簪’，女冠同。僧曰‘度牒’，道曰‘部照’，皆礼部颁发，乾隆三十九年〔1774年〕停止。”今僧、道等官，由礼部颁给札付，并无度牒矣。

### 条　例

4.62.(1) 一、民间子弟，户内不及三丁，或在十六以上而出家者，俱照不应重律治罪，并罪坐所由。僧道官及住持知而不举者，各罢职、还俗。

4.62.(2) 一、僧、道招徒，除应付、火居等项，不准滥行收受外，其非应付、火居，而为例应招徒之僧、道，亦须年逾四十，方准招徒一人。若所招之人，无罪犯而病故者，准其另招一人为徒。如有年未四十，即行招受，及招受不止一人者，照违令律治罪。若招受之人，身犯奸盗重罪，伊师亦不准再行续招；其有复行续招者，亦照违令律治罪。僧道官容隐者，

① 《唐律》户婚“私入道”条律。

罪同。地方官不行查明，交部照例议处。所招生徒，俱勒令还俗。

4.62.(3) 一、僧道犯罪，该还俗者，查发各原籍安插。若仍于原寺观、庵院或他寺观、庵院潜住者，并照不应重律治罪，照旧还俗。其僧道官及住持知而不举者，照违令律治罪。

4.62.(4) 一、僧道如有为匪不法等事，责令僧纲、道纪等司，随时举报。倘(赡)〔瞻〕徇故纵，别经发觉，犯系逆案者，将该管僧纲、道纪，照知情故纵逆犯本律，分别已行、未行定罪。若止失于觉察者，照不应重律治罪。

## 4.63 立嫡子违法

4.63.0.1 凡立嫡子违法者，处八等罚。其嫡妻年五十以上无子者，得立庶长子。不立长子者，罪亦同。俱改正。○4.63.0.2 若养同宗之人为子，所养父母无子所生父母有子。而舍去者，处十等罚，发付所养父母收管。若所养父母有亲生子，及本生父母无子，欲还者，听。○4.63.0.3 其乞养异姓义子以乱宗族者，处六等罚。若以子与异姓人为嗣者，罪同。其子归宗。○4.63.0.4 其遗弃小儿，年三岁以下，虽异姓，仍听收养，即从其姓。但不得以无子，遂立为嗣。○4.63.0.5 若立嗣，虽系同宗，而尊卑失序者，罪亦如之。其子亦归宗。改立应继之人。○4.63.0.6 若庶民之家，存养良家男女为奴婢者，处十等罚，即放从良。

【讲义】 按：此仍《明律》，其小注系顺治初年添入，现改杖为罚。盖明伦序以重宗祧也。

《唐律》“〔诸〕立嫡违法者，徒一年。〔即〕嫡妻年五十以上无子者，得立(庶)〔嫡〕①以长。不(立)〔以〕长者，亦如之”、“诸养子，所养父母无子而舍去者，徒二年。若自生子及本生无子，欲还者，听之。即养异姓男者，徒一年；与者，笞五十。其遗弃小儿〔年〕三岁以下，虽异姓，听收养，即从其姓”、“〔若〕祖父母、父母以子孙妄继人后者，徒二年”②，“疏”议曰“依令，‘无嫡子及有罪疾，立嫡孙；无嫡孙，以次立嫡子同母弟；无母弟，立庶子；无庶子，立嫡孙同母弟；无母弟，立庶孙。曾、(元)〔玄〕以下准此。’”“又依《户令》，‘无子者，听养同宗于昭穆相当者’。即两家并皆无子，去住亦任其情。若养处自生子，及虽无子，不愿留养，欲还本生者，任其所养父母。”，③又“〔即〕养异姓男者，徒一年”、“疏”议曰“养女者不坐。其小儿年三岁以下，如是父母遗失，于后来认识，(令)〔合〕还本生；失儿之家，量酬乳哺之直”④云云。《明律》大致同于《唐律》，而拟罪较轻。惟“与者，笞五十”一项，则较《唐律》为重。其末节庶民存养奴婢，则为《唐律》所无。

此律与“官员袭荫”一条互参。但彼条专为有官者言，此通官员士庶言之；且彼搀越拟徒

---

① 本句通常皆写作“得立庶以长”，刘俊文据敦煌写本“伯三六〇八”改“庶”为“嫡”，并引《律音义》引律为证。本书从之。参见（唐）长孙无忌等撰：《唐律疏议》，刘俊文点校，中华书局1983年版，第243页。

② 《唐律》户婚“立嫡违法”条律、“养子舍去”条律第一节、“子孙别籍异财”条律第二节。

③ 《唐律》户婚“立嫡违法”条“疏”议、“养子舍去”条第一节“疏”议。

④ 此处律文、“疏”议见于《唐律》户婚“养子舍去”条第二节律文及“疏”议。

三年，此违法止八等罚者；彼则已经袭荫，此但言立嗣耳。

首节言立嗣之法。二节言无子立嗣之法。三节言不得以异姓为嗣，重在改姓乱宗。若但养为义子，不从姓，不为嗣，所不禁也。四节言不得以收养小儿为嗣。五节言立嗣不得乱昭穆之序。六节言不得养良为贱。若非压良为贱，不在禁限。律外又补设条例，以济律所未备，更为曲体人情，仁至义尽，应一并合参。

又《会典》载：“旗人无嗣，系包衣姓承继者，亲女给家产三分之一；系疏远旗人承继者，亲女给家产五分之一；异姓承给者，亲女给家产之半。”又《全纂》云：“承继两房，恩义兼尽，但专为长房无子、次房止有一子者，曲为两全。俟其子复生子，则以其次者还继次房。若次房无子，而以长房之子两承，虽同父周亲、两厢情愿，然大宗、小宗之别，究应斟酌轻重于其间，不可一例而论。”世俗所谓“长房无子，次房不得有子”也。以上各说，亦与律互相发明，当并参考。

**条　例**

4.63.(1) 一、无子者，许令同宗昭穆相当之侄承继。先尽同父周亲，次及大功、小功、缌麻。如俱无，方许择立远房及同姓为嗣。若立嗣之后，却生子，其家产与原立子均分。

4.63.(2) 一、无子立嗣，除依律外，若继子不得于所后之亲，听其告官别立。其或择立贤能及所亲爱者，若于昭穆伦序不失，不许宗族指以次序告争，并官司受理。若义男、女婿，为所后之亲喜悦者，听其相为依倚，不许继子并本生父母用计逼逐，仍酌分给财产。若无子之人家贫，听其卖产自赡。

4.63.(3) 一、无子立嗣，若应继之人平日先有嫌隙，则于昭穆相当亲族内，择贤择爱听从其便。如族中希图财产，勒令承继或怂恿择继，以致涉讼者，地方官立即惩治，仍将所择贤爱之人，断令立继。其有子婚而故，妇能孀守；已聘未娶，媳能以女身守志；及已婚而故，妇虽未能孀守，但所故之人业已成立；或子虽未娶，而因出兵阵亡者，俱应为其子立后。若支属内实无昭穆相当为其子立后之人，而其父又无别子者，应为其父立继，待生孙以嗣应为立后之子。其寻常夭亡未婚之人，不得概为立后。若独子夭亡，而族中实无昭穆相当，可为其父立继者，亦准为未婚之子立继。如可继之人亦系独子，而情属同父周亲，两相情愿者，取具阖族甘结，亦准其承继两房宗祧。

4.63.(4) 一、妇人夫亡无子守志者，合承夫分，须凭族长择昭穆相当之人继嗣。其改嫁者，夫家财产及原有妆奁，并听前夫之家为主。

4.63.(5) 一、凡乞养异姓义子，有情愿归宗者，不许将分得财产携回本宗。其收养三岁以下遗弃之小儿，仍依律即从其姓，但不得以无子遂立为嗣，仍酌分给财产，俱不必勒令归宗。如有希图资财，冒认归宗者，照例治罪。

4.63.(6) 一、因争继酿成人命者，凡争产谋继及扶同争继之房分，均不准其继嗣，应听户族另行公议承立。

## 4.64 收留迷失子女

4.64.0.1 凡收留良人家迷失道路乡贯子女，不送官司，而卖为奴婢者，徒三年；为妻、妾、子孙

**者，徒二年半。被卖之人不坐，给亲完聚。○[4.64.0.2]若收留在逃子女，不送官司。而卖为奴婢者，徒二年半；为妻、妾、子孙者，徒二年。被卖在逃之人，各减一等。若在逃之罪重者，自从重论。○[4.64.0.3]其自收留为奴婢、妻、妾、子孙者，罪亦如之。暂时隐藏在家者，不送官司。并处八等罚。○[4.64.0.4]若买者及牙保知情，减犯人罪一等，追价入官。不知者，俱处八等罚，追价还主。○[4.64.0.5]若冒认良人为奴婢者，徒三年；为妻、妾、子孙者，徒二年半。**

**【讲义】** 按：此仍《明律》，顺治三年〔1646年〕添入小注，现改杖为罚。盖分别收留子女与隐藏、冒认之咎也。

《唐律》无此专条，惟盗贼门有“诸略奴婢者，以强盗论；和诱者，以窃盗论”、“若得逃亡奴婢，不送官司而卖者，以和诱论；(隐)藏〔隐〕者，减一等”，“疏”议曰“凡捉得逃亡奴婢，依令：‘五日内合送官司。’不送而〔私〕卖〔者〕，以和诱论”；又，杂律门“诸错认良人为奴婢者，徒二年；为部曲者，减一等。错认部曲为奴者，杖一百”、“错认奴婢及财物者，计赃一匹笞十，五匹加一等，罪止杖一百。未得者，减二等”，“疏”议曰“其错认良人以下为子孙，律既无文，量情依‘不应〔为〕轻’；若错认他人妻妾及女为己妻妾者，情〔理〕俱重，依‘不应〔为〕重’〔科〕。若已认得妻妾将去者，多涉奸情，即同奸法”；又诈伪门“诸妄认良人为奴婢、部曲、妻妾、子孙者，以略人论，减一等。妄认部曲〔者〕，又减一等；妄认奴婢及财物，准盗论，减一等”，“疏”议曰“〔贼盗律〕‘略人为奴婢者，绞’；妄认，减一等，流三千里。‘略人为部曲，流三千里’，减一等，徒三年。‘略人为妻妾、子孙，合徒三年’，减一等，徒二年半。略部曲为奴，合流三千里；妄认，减一等，徒三年。略部曲为部曲，合徒三年；妄认，减一等，徒二年半”，①云云。《明律》与《唐律》参差不同。《唐律》不言良人子女逃亡，亦无迷失之文，盖统括于和略律内矣。《明律》添此两层，以示与起意诱拐者不同，亦有因而盗，曰攘之意也。惟并未分别和、略及是否年已及岁，一体科断，求详而反失之略。《唐律》分错认、妄认为两门，《明律》有冒认而无错认，亦与《唐律》不同。

共分五节。首节言收留迷失之罪。二节言收留在逃之罪。而迷失、在逃各分子女、奴婢两项。卖子女、奴婢又分卖为奴婢、卖为妻妾两项。三节言自留及隐藏之罪。四节推及买者、牙保之罪。统承首节、二节而言。五节则言冒认之罪，或迷失，或在逃，经人收留，或送官查究，而冒认为己之奴婢则贱之矣，为己之妻妾子孙则辱之矣，故亦同卖者之罪。此律与和诱相似，而略有不同，此固子女迷失、在逃与凭空诱拐者不同。若因人迷路而诓引相随，乘人离恐而诱引出外，因而转卖或收留，即是和诱，不可误引此律，须细参之。

律曰“女子”，实兼妇人而言。此律又当与婚姻门“娶逃走妇女”及“知情藏匿罪人”二条参看。妇人背夫逃走而苟合嫁人，娶者可依此律科以收留在逃徒二年之罪；若知所犯罪重而收留之，当依“藏匿罪人”律；其买为妻妾者，当依“娶逃走妇女”律从重科断。至于收留与隐藏，罪有轻重者，收留则欲图利，隐藏者或因父母、主人欲处之死，暂时留住，犹有怜念之意，其中正有毫厘千里之差。律文之精细如此，非静心参考互证，不能得其奥妙。

---

① 分别为《唐律》贼盗“略和诱奴婢”条律、杂律“错认良人为奴婢部曲”条律、诈伪“妄认良人为奴婢部曲”条律及“疏”议。

## 4.65 赋役不均 赋取于田产，役出于人丁。

4.65.0 凡有司科征税粮及杂泛差役，各验籍内户口、田粮，定立上、中、下。等第科差。若放富差贫、挪移等则作弊者，许被害贫民赴控该上司，自下而上陈告。当该官吏，各处十等罚。改正。若上司不为受理者，处八等罚。受财者，兼官吏、上司言。计赃，以枉法从重论。

【讲义】 按：此仍《明律》，顺治初年添入小注，现改杖为罚。盖言因丁粮而定赋役，宜各得其平也。

《唐律》谓之“租庸”，明则谓之“赋役”。《唐律》“诸差科赋役违法及不均平，杖六十”，“疏”议曰“依令，‘凡差科，先富强，后贫弱；先多丁，后少丁’”，又《〔唐〕律》载“非法而擅赋敛，及以法赋敛而擅加益，赃重，入官者，计所擅坐赃论；入私者，以枉法论；至死者，加役流”，“疏”议曰“依《〔赋役〕令》：‘每丁，租二石；调絁、绢二丈，绵三两，布输二丈五尺，麻三斤；丁役二十日。’每年以法赋敛，依数输纳。若临时别差科者，自依临时处分”①云云。《明律》改为杖一百，则较《唐律》为重，而受财科以枉法，亦无赃重入官坐赃一层。此律虽赋役并言而实重在役，故以下均言差徭之事。

“科征”谓科派征收也。“税粮”谓夏税秋粮也。差役承税粮、杂泛二项言。税粮差役乃照税粮当差者，即前条所谓“有赋役”者也；杂泛差役乃照丁役当差者，即前条所谓“无赋役”者也。户口、田粮乃差役所自出，验户口，役之出于力；验田粮，役之出于赋。然役出于赋者多，故总谓之赋役。“放富差贫”，是将富者之差飞洒于贫者也。“挪移”谓以上户为下户、以下户为上户也。上司不受理，拟八等罚，较之诉讼门“告田宅不受理，减二等”之条亦重，当并参考此门律。

丁役均系古法，现在丁之无役已有百余年，此律久为虚设。盖本朝自康熙五十年〔1711年〕后续生之子永不加赋，雍正六年〔1728年〕又将丁银摊入地亩均征，丁、粮合而为一，即无所谓差徭矣。即有支应兵差科派等事，亦系粮多者受累，丁多者绝不相干，此皆读律者所当知也。

### 条 例

4.65.(1) 一、凡绅衿之家，与齐民一体编次，听保、甲长稽查。违者，照脱户律治罪。地方官徇情不详报者，交部照例议处。至充保长、甲长，并轮值支更、看栅等役，绅衿免派，齐民内老疾寡妇之家，子孙尚未成丁者，亦俱免役。

4.65.(2) 一、军民年七十以上者，许一丁侍养，免其杂派差役。

## 4.66 禁革主保里长

4.66.0.1 凡各处人民，每一百户内，议设里长一名、甲首一十名，轮年应役，催办钱粮，

---

① 《唐律》户婚“差科赋役违法”条律及“疏”议。

**勾摄公事。若有妄称主保、小里长、保长、主首主管甲首。等项名色，生事扰民者，徒二年。○4.66.0.2其合设耆老，须于本乡年高有德、众所推服人内选充，不许罢闲吏卒及有过之人充应。违者，处六等罚；革退。当该官吏，处四等罚。若受财枉法，从重论。**

【讲义】 按:此仍《明律》,顺治三年〔1646 年〕添入小注,雍正三年〔1725 年〕删定,现改杖为罚。盖言应役之人不宜滥设也。

《唐律》无文。

主保,主管一保之事者;小里长者,里长之次;保长者,一保之长;主首,又主管甲首者。此等名目,历代所称不一,但为官司设立者,止有里长、甲首。若非官司所设,有妄称主保等名色而生事扰民,方合此律。若但妄称名色,止问不应重律。六十曰"耆",七十曰"老"。耆者,责在化民善俗,即古乡三老之遗意,必选一乡之望。若以罢闲吏卒及犯罪之人充选,则民心不服,而无以相劝。故充应与滥收者,均分别处罚。

## 4.67 点差狱卒

4.67.0 凡各处狱卒，于相应惯熟人内，点差应役，令人代替者，处四等罚。

【讲义】 按:此仍《明律》。盖言防范狱囚之役,当慎于点差也。

"狱卒",即今之禁子,系防守囚犯之要差,必须勤慎诚实、熟识狱情之人,方不误事。如已奉点差,而令人代替者,拟四等罚。若有疏脱,自依不觉失囚律拟断。查"名例",称主守者,库子、斗级、攒拦、禁子并是。此只言"点差狱卒"者,以有关刑狱,较别项职守尤重,犹之额设仵作,必考识字通文理之人充当也。近来改良监狱,改禁卒之名为所丁,而京都外省均建模范监狱,则此律尤当留意。

## 4.68 私役部民夫匠

4.68.0 凡有司官私役使部民，及监工官私役使夫匠，出百里之外，及久占在家使唤者，有司官使一名，处四等罚；每五名加一等，罪止处八等罚。监工官照名各加二等。私役罪小，误工罪大。每名计一日，追给雇工银一钱二分五厘。若有吉凶，及在家借使杂役者，勿论。监工官仍论。其所使人数不得过五十名，每名不得使过三日，违者以私役论。

【讲义】 按:此仍《明律》,原文系"给雇钱六十文",国初改为"银八分五厘五毫",并添入小注,现又改为"银一钱二分五厘",并改杖为罚。盖言民匠不可以私事役使也。

《唐律》职制门"诸监临之官役使所监及借奴婢、牛马之类,各计庸赁,以受所监临财物论。即役使非供己者,计庸,坐赃论,罪止杖一百。其应供已驱使而收庸直者,罪亦如之。若有吉凶,借使所监临者,不得过二十人,人不得过五日。其于亲属,虽过限及受馈乞贷,皆勿论。营公廨借使者,计庸,坐赃论,减二等。监临官之家人于所部有役使,减官人二等",又擅兴门"诸丁夫杂匠在役,而监当官司私使,及主司于职掌之所私使兵防者,各计庸,准盗论。即私使防兵出城镇者，加一等”云云。《明律》载入户役门科罪，亦轻重悬殊。而吉凶借使一层，人数、日数亦参差互异，则各有用意也。

有司于部民、监工官于夫匠，其势相临，易于驱使，故特设此律。既计名以科其罪，复追值以给其人。然曰百里之外，则役于近处者，无禁矣。日久占在家，则役于暂时者，无罪可知矣。此外又有官吏家人役使部民、武官役使军人、公侯役使官军，及私役铺兵、私役民夫抬轿、私役弓兵、豪强役使佃客之罪，均与此律互相发明。而私役弓兵、铺兵与此律罪名虽同，而计名加等、追银不同，彼追价入官，此追给所役之人者。弓兵、铺兵乃在官常役设有工食者，部民、夫匠则非在官常役之人，故入官、发给不同，其细密如此。现虽分别删除，录之以存古制。

## 4.69 别籍异财

4.69.0 **凡祖父母、父母在，子孙别立户籍、分异财产者，处十等罚。**须祖父母、父母亲告乃坐。**若居父母丧，而兄弟别立户籍、分异财产者，处八等罚。**须期亲以上尊长亲告乃坐。或奉遗命，不在此律。

**【讲义】** 按：此仍《明律》，小注亦系原文，顺治初年增添“或奉遗命，不在此律”一句。盖惩薄俗以敦孝弟也。

《唐律》“诸祖父母、父母在，子孙别籍、异财者，徒三年”，注云“别籍、异财不相须”，又“祖父母、父母令(子孙)别籍及以子孙妄继人后者，徒二年；子孙不坐”，“居父母丧，生子及兄弟别籍、异财者，徒一年”，“疏”议曰“其服内生子，事若未发，自首亦原”①云云。《明律》即本于此，而拟罪较轻，且无居丧生子并祖父母、父母令子别籍及以子孙妄继与人三项。

此律别籍、异财原是两项，有一即坐十等罚，即《唐律》“别籍异财不相须”之说也。而曰“亲告乃坐”者，恐其原许分析也。又曰“期亲以上亲告乃坐”者，恐其奉有遗命也。盖不亲告不坐，所以通人情也；告则坐罪，所以教人孝也。祖父母在而别籍异财，恶其有离亲之心也。父母亡，而兄弟虽许分析，然三年之丧未满而别籍异财，恶其有忘亲之心也。后例有“祖父母、父母在，子孙不许分财异居。其父母许令分析者，听”，所以补律所未备，当合参之。《礼部则例》又有“屡世同居、和睦无间者，题请旌表”一节，盖薄俗治罪而敦睦又得旌表，礼与刑相为表里，此正国粹所存，外国无此精义。

**条　例**

4.69.(1) **一、祖父母、父母在者，子孙不许分财异居。**此谓分财异居，尚未别立户籍者。有犯，亦处十等罚。**其父母许令分析者，听。**

## 4.70 卑幼私擅用财

4.70.0 **凡同居卑幼，不由尊长，私擅用本家财物者，十两，处二等罚；每十两加一等，罪**

---

① 分别为《唐律》户婚“子孙别籍异财”条律、“居父母丧生子”条律及“疏”议。

**止十等罚。若同居尊长应分财物不均平者，罪亦如之。**

**【讲义】** 按:此仍《明律》,现改杖为罚。盖为居家用财者立法,所以教民孝弟慈爱也。

《唐律》"同居卑幼,私(擅)〔辄〕用财者,十匹笞十,〔十匹加一等,〕罪止杖一百。即同居应分,不均平者,计所侵,坐赃论,减三等","疏"议曰"〔准《户令》〕:'应分田宅及财物者,兄弟均分。妻家所得之财,不在分限。兄弟亡者,子承父分。'违此为'不平'。"①云云。《明律》大致同于《唐律》。惟《唐律》分不均平统尊卑而言,《明律》专指尊长,而卑幼侵取者,多转难科罪。且《唐律》坐赃论减三等,是罪止徒一年半,《明律》罪止杖一百,亦各不同。

《辑注》"父辈曰'尊',而祖辈同;子辈曰'卑',而孙辈亦同。兄辈曰'长',弟辈曰'幼'"。盖家政统于尊长,而家财则系公物。虽为公共之物,但卑幼得用之,不得自擅也;尊长得掌之,不得自私也。若卑幼不禀命而私用,是谓"专擅";尊长当分散而不均平,是谓"利己"。故各以两数科断,而厥罪惟均。其不及十两者,免罪。凡用过之财,亦免追。此律可与"立嫡子违法"律及婚姻门"招婿养老"与"继子均分家产"例参看。

又《唐律疏议》"问答"云:"〔问曰:〕'老疾得免者,各准一子分法。'假有一人年八十,有三男、十孙,或一男见在,或三男俱死,惟有十孙,老者若为留分?答曰:'男但一人见在,依令作三男分法,添老皆一人,即为四分。若三男死尽,依令诸子均分,老人共十孙为十一分,留一分与老人,是为'各准一子分法''"②云云,亦可与现例合参,则于分产之法推阐无遗义矣。

### 条 例

4.70.(1) **一、嫡庶子男，分析家财田产，不问妻、妾所生，止以子数均分。奸生之子，依子量与半分；如别无子，立应继之人为嗣，与奸生子均分；无应继之人，方许承继全分。**

4.70.(2) **一、户绝财产，果无同宗应继之人，所有亲女承受。无女者，听地方官详明上司，酌拨充公。**

## 4.71 收养孤老

4.71.0 **凡鳏寡孤独及笃废之人，贫穷无亲属依倚，不能自存，所在官司应收养而不收养，处六等罚。若应给衣粮，而官吏克减者，以监守自盗论。**凡系监守者，不分首从，并赃论。

**【讲义】** 按:此仍《明律》,顺治初年添入小注,现改杖为罚。盖即王政子惠穷困之意也。

鳏、寡、孤、独、笃、疾六项,是应收养之人,而不收养是失爱民之道;官吏克减衣粮,是违朝廷恤民之典,故各法以罪。收养之治,旧例月给米三斗,岁给棉布一匹;而少壮乞丐,严饬保甲并丐头管束,若纵容为匪,即将保甲等治罪,均足补律未备。

又《户部则例》"凡直省孝子节妇有贫苦不能自存者,于公项下按日酌给口粮银两",又"通都大邑设普济堂,收养老疾之人,所需经费以官田产、罚赎社谷充用。其官绅好义捐建者,经费

---

① 《唐律》户婚"同居卑幼私辄用财"条律及"疏"议。

② 《唐律》贼盗"缘坐非同居"条"问答"。

并听自行经理。又通都大邑应建育婴堂,收养遗弃婴孩,官雇乳妇乳哺。绅士好义捐建,听其自行经理”等条,均系王政要务,有司民之责者所当实力行之。律外更有条例,足补律所未备,宜并参考。

## 条　例

4.71.(1)一、直省州县所属养济院，或应添造，或应修盖者，令地方官酌量修造。据实估计，报明督抚，在于司库公用银内拨给。仍不时查勘，遇有渗漏之处，即行黏补完固。倘有升迁事故，造入交代册内，取具印结送部。其正实孤贫，俱令居住院内，每名各给印烙年貌腰牌一面。该州县按季到院，亲身验明腰牌，逐名散给口粮。如至期印官公务无暇，遴委诚实佐二官代散，加结申报上司，毋许有冒滥扣克情弊。若州县官不实力奉行者，该督抚即行查参，照例议处。

# 五、田　宅

【讲义】《唐律》无田宅之目，其田宅之事俱统于户婚律中。明始立田宅一门，本朝因之。曰“田”，则山园陂荡之类在其内；曰“宅”，则碾磨、店肆、车船之类在其内。此门共分十一章。首二章最为切要，盗卖、典买二章例文亦详，均当留心研究。

## 5.72 欺隐田粮

[5.72.0.1] **凡欺隐田粮，（全不报户入册。）脱漏版籍者，（一应钱粮，俱被埋没，故计所隐之田，）一亩至五亩，处四等罚；每五亩加一等，罪止十等罚。其（脱漏之）田入官，所隐税粮，依（亩数、额数、年数，总约其）数征纳。○[5.72.0.2] 若将（版籍上自己）田土，移丘（方圆成丘。）换段、（丘中所分区段。）挪移（起科）等则，以高作下，减瞒粮额，及诡寄田粮，（诡寄，谓诡寄于役过年分，并应免人户册籍。）影射（脱免自己之）差役，并受寄者，罪亦如之。（如欺隐田粮之类。）其（减额、诡密之）田改正，（丘段）收（归本户起）科当差。○[5.72.0.3] 里长知而不举，与犯人同罪。○[5.72.0.4] 其还乡复业人民，丁力少而旧田多者，听从尽力耕种，报官入籍，计田纳粮当差。若多余占田而荒芜者，三亩至十亩，处三等罚；每十亩加一等，罪止八等罚；其田入官。若丁力多，而旧田少者，告官于附近荒田内，验力拨付耕种。**

【讲义】　按：此仍《明律》，顺治三年〔1646 年〕添入小注，现改笞杖为罚金。盖为隐田漏籍以致赋役不清者而言也。

《唐律》“诸占田过限者，一亩笞十，十亩加一等；过杖六十，二十亩加一等，罪止徒一年。若于宽闲之处者，不坐”，“疏”议云“王者制法，农田百亩，其官人永业准品，及老、小、寡妻受田各有等级，非宽阑之乡不得限外更占。又，依令：‘受田悉足者为宽乡，不足者为狭乡’”①云云。盖唐有限田之令，是以特著此律。《明律》虽本始于唐，然当时不限民田，故律文止言欺隐田粮之事，专为防弊而设，与《唐律》用意不同。

上段与脱漏户口相类。末段谓“地不可使有余利，民不可使有遗力”也，其多余占田而荒芜者，其田入官，与后“荒芜田地”一条，科罪亦有参差。凡田粮之额，载于版籍，必脱漏而后得欺隐，故“欺隐田粮、脱漏版籍”一句是一事。《辑注》“谓田土肥瘠之差等，则谓粮额轻重之则例，轻重因于肥瘠，即所谓‘高下’也”。“移坵换段”四句亦是一事，当串讲。将自己田粮暗挂于他人名下，曰“诡寄”。惟欲影射始行诡寄，“诡寄田粮，影射差役”二句亦是一事，当串讲。上欺隐者，是全不纳粮当差，下减瞒者，犹纳粮当差而不及额数也。诡寄者，犹纳粮不当差者也，故科罪虽同，而欺隐之田入官；减瞒诡寄则不入官，俱为改正。前脱漏户口兼官吏、里长言，此止言里长而不及官吏者，《辑注》云“若官吏知而不举，亦应与里长同科。官吏、里长有受财者，亦当以枉法论罪”，足补律所未备。律外又有条例，与律相辅而行，当并究之。

**条　例**

5.72.(1) **一、凡宗室置买田产，管庄人恃强不纳差粮者，该管官察实，将管庄人等比依功臣欺隐田土律问罪。宗室知而纵容者，交该衙门察议。仍追征应纳差粮。若该管官阿纵不举者，听督抚参奏，交部议处。**

5.72.(2) **一、将自己田地应纳钱粮，洒派别户者，按数计赃，准枉法论。田地入官。其洒派钱粮，照年分、亩数追征，还给代纳之户。**

5.72.(3) **一、各乡里书，飞洒、诡寄税粮二百石以上者，问拟流二千五百里。**

5.72.(4) **一、州县征收粮米之时，预将各里、各甲花户、额数的名填定联三版串：一给纳户执照，一发经承销册，一存州县查对。按户征收，对册完纳，即行截给归农。其未经截给者，即系欠户，该印官查摘追比。若遇有粮无票、有票无粮等情，即系胥吏侵蚀，严比治罪。**

## 5.73 检踏灾伤田粮

5.73.0.1 **凡部内有水旱霜雹及蝗蝻为害，一应灾伤**应减免之**田粮，有司官吏应准告而不即受理申报**上司、亲行**检踏，及本管上司不与委官复踏者，各处八等罚。若初、复检踏**有司、承委**官吏不行亲诣田所，及虽诣田所，不为用心从实检踏，止凭里长、甲首朦胧供报，中间以熟作荒、以荒作熟，增减分数，通同作弊，瞒官害民者，各处十等罚，罢职不叙。若致枉有所征免**有灾伤当免而征，曰“枉征”；无灾伤当征而免，曰“枉免”。**粮数，计赃，重者坐赃论。**枉有所征免粮数，自奏准后发觉，谓之“赃”，故罪重于十等罚，并坐赃论。**里长、甲首，各与同罪。受财**官吏、里、甲受财检踏，开报不实，以致枉有征免**者，并计赃，以枉法从重论。○5.73.0.2 其检踏官吏及里长、甲首**原未受财，止**失于关防，致**使荒熟分数**有不实者，计**不实之**田，十亩以下，免罪。十亩以上至二十亩，处二等罚；每二十亩加一等，罪止八等罚。**官吏系公罪，俱留职役。**○5.73.0.3 若人户将成熟田地，移丘换段，冒**

① 《唐律》户婚“占田过限”条律及“疏”议。

告灾伤者，计所冒之田一亩至五亩，处四等罚；每五亩加一等，罪止十等罚。其冒免之田合纳税粮，依额数追征入官。

【讲义】 按：此仍《明律》，顺治三年〔1646年〕添入小注，雍正三年〔1725年〕修改，现改笞杖为罚金。盖言有司不恤民之罪也。

《唐律》"诸部内旱涝霜雹虫蝗为害之处，主司应言而不言及妄言者，杖七十。复检不以实者，与同罪。若致枉有所征免，赃重者，坐赃论"，"疏"议曰"'主司'，谓里正以上。里正须言于县，县申州，州申省，多者奏闻"①云云。《明律》即本于唐，而文较详备，又增朦胧供报瞒官害民、及受财枉法、并冒告灾伤各项加重治罪之法。盖灾伤，民害之至大者，被灾田粮例应减免，部民告于有司官吏，即当一面准受申报，一面亲诣检踏；上司闻报，即与委官复检，所以急民事也。若有司不准报检踏，上司不复踏，是迟慢之罪；初、复检踏不实，是欺瞒之罪，故罪分轻重。至枉征在官、枉免在民，尚未有入己之赃，故止以坐赃论。若受财入己，以致枉有征免，则情节较重，故以枉法赃论。前之枉有所免，其失在官，故不追征入户；后之冒告灾伤，其失在民，故令追征入官也。

旧例"凡有司遇岁饥，先发仓廪赈贷，然后奏闻，请旨宽恤"，又"一遇歉收，贫士与贫民一体赈恤"，又"蠲免以奉旨之日为始。奉旨以后，部文未到之前，有已输在官者，准作次年正赋。如官吏朦混隐匿，照侵盗例治罪"云云。现虽删除，均系体恤民隐之仁政，当与现例一并参考。

**条 例**

5.73.(1) 一、凡被灾地方，米船过关，果系前往售卖，免其纳税，给予印票。责令到境之日呈送该地方官钤盖印信，回空查销。如有免税米船，偷运别省，并未到被灾地方先行粜卖者，将宽免之税，加倍追出，仍照违制律治罪。

5.73.(2) 一、凡沿河沙洲地亩，被冲坍塌，即令业户报官，勘明注册。遇有淤涨，亦即报官查丈，照原报之数拨补，此外多余涨地，不许霸占。如从前未经报坍，不准拨给。至隔江远户，果系报坍有案，即将多余涨地，秉公拨补。若坍户数多，按照报坍先后，以次照拨。倘补足之外，尚有余地，许召无业穷民认垦，官给印照。仍令各属按数造报，统俟五年大丈，再行履勘，造册送部，以定升除。其报坍报涨在两县接壤之处者，委员会同两邑地方官，据实勘验，秉公拨补。如有私行霸占，将淤洲入官，该户照盗耕官田律治罪。地方官不查丈明确，以致拨补舛错，查出，照官吏不用心从实检踏律，分别议处。

5.73.(3) 一、赈济被灾饥民，以及蠲免钱粮，如有官员侵吞入己，数在一千两以上者，照侵盗钱粮例，拟绞监候；其数逾巨万，实在情罪重大者，仍照例拟绞监候，该督抚临时酌量，具奏请旨定夺；其入己之数虽未至千两以上，而巧立名色、任意克扣，及有吏胥串弊、绅董分肥情事，即照侵盗钱粮例，加一等治罪。督、抚、司、道、府、州失于查察者，俱交部议处。

① 《唐律》户婚"不言及妄言旱涝霜虫"条律及"疏"议。

## [5.74]功臣田土

[5.74.0]凡功臣之家，除朝廷拨赐公田免纳粮当差。外，但有自置田土，从管庄人尽数报官入籍，照额一体纳粮当差。违者，计所隐之田，一亩至三亩，处六等罚；每三亩加一等，罪止徒三年；罪坐管庄之人。其田入官，仍计递年所隐粮税，依亩数、年数、额数征纳。若里长及有司官吏阿附踏勘不实，及知而不举者，与管庄人同罪；不知者，不坐。

【讲义】 按：此仍《明律》，顺治初年添入小注，现改杖为罚。盖禁功臣隐私产而亏国课也。

《唐律》无文。

常人欺隐一亩至五亩，四等罚，罪止十等罚。此独加重者，恐功臣倚恃势力，广置田宅，不报官纳粮当差，致累小民赔纳，故特严其法。而罪坐管庄之人，不及功臣者，所以优之也。然罪虽不及功臣，而其田仍入于官，即所以罚之也，与宗室田产管庄人恃势不纳差粮将管庄人治罪之例同一优待之意。

## [5.75]盗卖田宅

[5.75.0.1]凡盗他人田宅卖、将己不堪田宅换易及冒认，他人田宅作自己者。若虚写价钱实立文契典买，及侵占他人田宅者，田一亩、屋一间以下，处五等罚；每田五亩、屋三间，加一等；罪止徒二年。系官田宅者，各加二等。○[5.75.0.2]若强占官民山场、湖泊、茶园、芦荡，及金、银、铜、锡、铁冶者，不计亩数。流三千里。○[5.75.0.3]若将互争不明及他人田产，妄作己业，朦胧投献官豪势要之人，与者、受者，各徒三年。○[5.75.0.4]盗卖与投献等项田产及盗卖过田价，并各项田产中递年所得花利，各应还官者还官、应给主者给主。○[5.75.0.5]若功臣有犯者，照律拟罪，奏请定夺。

【讲义】 按：此仍《明律》，现改杖为罚。原律末段系“功臣初犯免罪附过，再犯住支给俸一半，三犯全不支给，四犯与庶人同罪”，雍正三年〔1725 年〕改为“照律论罪，请旨定夺”。其小注则系顺治初年添入。盖禁诈伪、抑豪强，使民各守己业也。

《唐律》“诸妄认公、私田，若盗贸卖者，一亩以下笞五十，五亩加一等；过杖一百，十亩加一等，罪止徒二年”，“在官侵夺私田者，一亩以下杖六十，三亩加一等；过杖一百，五亩加一等，罪止徒二年半。园圃，加一等”，又“占固(上)〔山〕野陂湖之利者，杖六十”①云云。《明律》虽本于唐，而官、私分科，官重于私，与《唐律》官、私同科者有异；且增“虚钱实契典买”及“侵占并投献势要”、“功臣有犯”数项。《唐律》止言“田”，明添入“宅”；且《唐律》只言“占固山野陂湖之

---

① 《唐律》户婚“妄认盗卖公私田”条律、“在官侵夺私田”条律及杂律“占山野陂湖利”条律。

利，杖六十”，而《明律》改为“强占”，又添“金、银、铜、铁、锡冶”等项，易“杖六十”为“流三千里”，则较重十数等矣。

首节分作五项，而治罪则同。一盗卖，谓私将他人田宅作为己产而盗卖与人也。一盗换易，谓以己之瘠薄朽坏盗换人之膏腴完好者也。盗卖与换易言欺业主之不知而卖之、易之，皆为盗也。一冒认，谓妄冒他人之田宅认为己业，欺业主之不在而冒认之也。一虚钱实契，谓实立典卖文契，未交价钱，虚填数目。或出于逼勒，或被其诓骗，非业主之得已也。一侵占，谓因彼此田宅相连而侵越界限，占为己业也。二节强占山场等项，专取其利而不计亩数，不分官、民，概拟满流，恶其强占，情重于物也。三节互争，谓彼此争夺未定也。“妄作己业”一句兼承互争与他人田产两项。投献势要而不分田产多寡者，借势害人，亦情重于物也。投献而曰“朦胧”，谓不明告其情也。四节统承上三节言，将以上盗卖各项田产价值并递年所得花利按数照追，系官者还官，系民者给主也。五节功臣有犯，即犯前盗卖五项及强占、投献之罪也。功臣在应议之列，故犯者请旨定夺，仍追田产卖价、花利，还官、给主也。前盗卖诸项，其迹类于窃盗，故计田宅之数论罪，犹窃盗计赃之意；后强占类于强盗，投献类于强夺，故概坐以徒、流，而不计其多少，此比例定罪之权衡也。律外又有条例，均应与律一并参究。

**条　例**

5.75.(1) 一、各省丈量田亩及抑勒首报垦田之事，永行停止。违者，以违制律论。

5.75.(2) 一、凡人民告争坟山，近年者，以印契为凭。如系远年之业，须将山地字号、亩数及库存鳞册，并完粮印串，逐一丈勘查对，果相符合，即断令管业。若查勘不符，又无完粮印串，其所执远年旧契及碑谱等项，均不得执为凭据，即将滥控侵占之人，按例治罪。

5.75.(3) 一、军民人等将争竞不明，并卖过及民间起科，僧道将寺观各田地，若子孙将公共祖坟山地，朦胧投献王府及内外官豪势要之家，私捏文契典卖者，投献之人依律问拟。其受投献家长，并管庄人，参究治罪。直隶各省空闲地土，俱听民尽力开种，照年限起科，若有占夺投献者，亦照律治罪。

5.75.(4) 一、凡子孙盗卖祖遗祀产，并义田，及历久宗祠者，俱照盗卖官田宅律定拟，罪止徒三年。知情谋买之人，各与犯人同罪。房产收回，给族长收管；卖价入官。不知者，不坐。其祀产、义田，令勒石报官，或族长自立议单公据，方准按例治罪。如无公私确据，借端生事者，照诬告律治罪。

5.75.(5) 一、凡雇工、庄头人等，因伊主外出，私自盗卖所遗田产，至五十亩者，流三千里；不及前数者，照盗卖官田律治罪。盗卖房屋，亦照盗卖官宅律科断。谋买之人，与串通说合之中保，均与盗卖之人同罪。房产给还原主，卖价入官。其不知者，不坐。倘不肖之徒，借端讹诈，照诬告律治罪。

5.75.(6) 一、用强占种屯田，五十亩以上，不纳子粒者，照数追纳完日，照强占官民山场律，流三千里。其屯田人等，将屯田典卖与人，至五十亩以上，典主、买主各不纳子粒者，俱照前问拟。若数不满五十亩，及上纳子粒不缺，或因无人承种而侵占者，照侵占官田律治罪；典卖与人者，照盗卖官田律治罪。管屯等官，不行用心清查者，参奏，依违制律治罪。

5.75.(7) 一、凡租种山地棚民，除同在本山有业之家，公同画押出租者，山主、棚民均免治罪外；若有将公共山场，一家私召异籍之人搭棚开垦者，照盗卖官田宅律治罪，租价入官。承租之人，罪亦如之。为从，并减一等。父兄子弟同犯，仍照律罪坐尊长。族长、祠长失于查察，照不应重律科罪。至因召租、承租酿成事端，致有抢夺杀伤者，仍各从其重者论。

## [5.76]典买田宅

[5.76.0.1]凡典买田宅，不税契者，处五等罚，仍追契内田宅价钱一半入官。不过割者，一亩至五亩，处四等罚；每五亩加一等，罪止十等罚。其不过割之田入官。○[5.76.0.2]若将已典卖与人田宅，朦胧重复典卖者，以所得重典卖之价钱，计赃，准窃盗论，追价还后典买之主。田宅从原典买主为业。若重复典买之人及牙保知其重典卖之情者，与犯人同罪，追价入官；不知者，不坐。○[5.76.0.3]其所典田宅、园林、碾磨等物，年限已满，业主备价取赎。若典主托故不肯放赎者，处四等罚。限外递年所得多余花利，追征给主。仍听依原价取赎。其年限虽满，业主无力取赎者，不拘此律。

【讲义】 按：此仍《明律》，顺治初年添入小注，现又改杖为罚，并删去刺字。盖为交易不明而立法也。

《唐律》无文，惟有“卖口分田”一条，“诸卖口分田者，一亩笞十，二十亩加一等，罪止杖一百；地还本主，财没不追。应合卖者，不用此律”，“疏”议曰“‘口分田’，谓计田口授之，非永业；‘合应田’，谓永业田、赐田，欲卖者，亦不在禁限”①云云。明时民无口分之田，故此律止言税契过割之法，必税契者，所以杜异日假捏之弊也；必过割者，所以清各户赋役之籍也。且不税契，则亏损官课，故罪轻罚重；不过割，混淆版籍，故罪(重)〔罚〕俱重。

税契，兼田宅言；而过割，止言田者，盖百金之宅，其地或不及一亩，遗粮有限，不致累人，故止科计亩之罪，而宅不入官。至重复典卖，犹盗卖也，而前章盗卖他人田宅，罪止徒二年，此准窃盗，则罪至流满。法反重者，谓既得其价，复夺其产，设心不善，故法加严也。考之史册，晋自过江至于梁、陈，凡货卖奴婢、牛马、田宅，有文券者，率钱一万，输占四百入官，卖者三百，买者一百；无文券者，随物所堪，亦百分分收四，历代因之不废。宋太祖时，始收民印契钱，则专令买者出钱矣。此律税契之法，即本于此。至《唐律》口分之田，则创始于北魏。《魏志》司马朗有复井田之议，谓“往者民各有累世之业，难中夺之。今承大乱之后，(人)民〔人〕分散，土业无主，皆为公田，宜及此时复之”，当世未之行也。及拓跋氏有中原，令绝户者墟宅桑榆尽为公田以给授，而口分、世业之制自此而起。迄于隋唐守之，《唐律》所以有口分之田也。《明律》军籍有之，民籍绝无其事矣。说见《日知录》，足资参考。

律外又有条例，均足补律未备。《辑注》谓其“至当不易”，听讼者一本于此，民间告争之

① 《唐律》户婚“卖口分田”条律及“疏”议。“‘合应田’”以下，系简述，文字与《唐律疏议》原文出入较大。

弊,自可杜绝。故备录律后,以便采用。但现在印花税若行,则典当活契不纳税之例,为无用矣。

### 条 例

5.76.(1) 一、告争家财、田产，但系五年之上，并虽未及五年，验有亲族写立分书已定、出卖文约是实者，断令照旧管业，不许重分、再赎，告词立案不行。

5.76.(2) 一、卖产立有绝卖文契，并未注有“找贴”字样者，概不准贴赎。如契未载“绝卖”字样，或注定年限回赎者，并听回赎。若卖主无力回赎，许凭中公估找贴一次，另立绝卖契纸。若买主不愿找贴，听其别卖，归还原价。倘已经卖绝，契载确凿，复行告找、告赎；及执产动归原先尽亲邻之说，借端指勒，希图短价；并典限未满，而业主强赎者，俱照不应重律治罪。

5.76.(3) 一、民间置买产业，如系典契，务于契内注明“回赎”字样；如系卖契，亦于契内注明“绝卖、永不回赎”字样。如有混行争告者，均照不应重律治罪。

5.76.(4) 一、凡州县官征收田房税契，照征收钱粮例，别设一柜，令业户亲自赍契投税。该州县即粘司印契尾，给发收执。若业户混交匪人代投，致被假印诓骗者，照不应重律治罪，责令换契重税。倘州县官不粘司印契尾，侵税入己，照例参追。该管之道、府、直隶州知州，分别失察、徇隐，照例议处。

## 5.77 盗耕种官民田

5.77.0 凡盗耕种他人田(园地)者，(不告田主，)一亩以下，处三等罚；每五亩加一等，罪止八等罚。荒田减一等。强者，(不由田主。)各(指熟田、荒田言。)加一等。系官者，各(通盗耕、强耕，荒、熟言。)又加二等。(仍追所得)花利(官田)归官、(民田)给主。

【讲义】 按:此仍《明律》,顺治初年添入小注,现改笞、杖为罚金。盖言田地各有其主,必承佃而后可耕也。

《唐律》“盗耕种公、私田者,一亩以下笞三十,五亩加一等;过杖一百,十亩加一等,罪止徒一年半。荒田,减一等。强者,各加一等。苗子归官、主”,“疏”议曰“田地不可移徙,所以不同真盗”①云云。《明律》大致相同,而罪止杖八十,较《唐律》为轻;且《唐律》不分公、私,《明律》官田加二等,亦有不同。

盗种者,欺业主之不知,取其花利也。强种者,恃其势力,明欺业主而夺其花利也。盗种、强种二项为网,其中分民田、官田,而官、民中又分熟田、荒田,皆计亩科罪,此与强占不同者。占是据为己有,种则止取花利,故罪较强占为轻。

---

① 《唐律》户婚“盗耕种公私田”条律及“疏”议。

## 5.78 荒芜田地

5.78.0 凡里长部内已入籍纳粮当差田地，无水旱灾伤之故荒芜，及应课种桑麻之类而不种者，计荒芜不种之田地，俱以十分为率，一分，处二等罚；每一分加一等，罪止八等罚。县官各减里长罪二等。长官为首，一分减尽无科。二分方处一等罚。加至六等罚罪止。佐职为从。又减长官一等。二分者减尽无科。三分者方处一等罚。加至五等罚罪止。人户亦计荒芜田地，及不种桑麻之类，就本户田地，以五分为率，一分，处二等罚；每一分加一等；追征合纳税粮还官。应课种桑枣、黄麻、苎麻、棉花、蓝靛、红花之类，各随乡土所宜种植。

【讲义】 按：此仍《明律》，现改笞、杖为罚金。末节下“课种桑枣”小注系原有之文，余系顺治初年添入。盖言有司及里长当亲课农桑也。

《唐律》“部内田畴荒芜者，以十分论，一分笞三十，一分加一等，罪止徒一年。户主犯者，亦计所荒芜五分论，一分笞三十，一分加一等”，“诸里正，依令授人田，课农桑。若应授而不授、应还而不收、应课而不课，如此事类违法者，失一事笞四十，三事加一等。县失十事笞三十，二十事加一等。州随所管县多少，通计为罪。各罪止徒一年。故者各加二等”，“诸应受(除)复〔除〕而不给，不应受而给者，徒二年。其小徭役者，笞五十”，“疏”议曰“依令‘人居狭乡，乐迁就宽乡，去本居千里外复三年，五百里外复二年，三百里外复一年’”①云云。明无授田之罚，故止有荒芜课种之罚，而无《唐律》授田、收田、除复之法；即荒芜课种，罪止杖八十，亦较《唐律》为轻。

《书》云“惰农自安，不昏作劳”，即此律荒芜之谓。《周礼》曰“不毛者，有里布之罚，司寇有上功纠力之野刑”。汉时力田与孝弟同科，风气最为近古。今则不独民人不知有此罪名，即官吏亦不知有此处分矣。《孟子》论诸侯之宝，土地为先，其庆贺亦视田野之治、土地之辟为准，可见重农课桑，王政所先。现今外洋各国，虽重工商而亦以农为本。我中国讲求新政，改工部为农工商部，广兴树艺牧畜，似宜先以此律为标准，实力奉行，不得视为具文，庶几其有瘳乎？

按：明注“田之小损为荒，大损为芜。凡种植桑麻皆应办理纳官，故曰‘课种’”，《户部则例》“有司劝课农桑著有成绩，三年后准予议叙；不实心者，以溺职论。其老农之勤俭者，给予八品顶戴荣身”，云云，可与此律互参。

## 5.79 弃毁器物稼穑等

5.79.0.1 凡故意弃毁人器物，及毁伐树木稼穑者，计所弃毁之物，即为赃，准窃盗论。照窃盗定罪。罪止流三千里。官物加准窃盗赃上二等。若遗失及误毁官物者，各于官物加二等上减三等。凡弃毁、遗失、误毁，并验数追偿。还官给主。若遗失、误毁私物者，偿而不坐罪。〇5.79.0.2 若毁人坟茔内碑碣、石兽者，处八等罚。毁人神主者，处九等罚。若

① 《唐律》户婚“部内田畴荒芜”条律、“给授田课农桑违法”条律、“应复除不给”条律及“疏”议。

**毁损人房屋、墙垣之类者，计合用修造雇工钱，坐赃论。**一两以下，处二等罚。罪止徒三年。**各令修立。官屋加二等。误毁者，但令修立，不坐罪。**

**【讲义】** 按：此仍《明律》，顺治初年添入小注，现改笞、杖为罚金，并删去刺字。盖言毁失官、私器物，罪有轻重也。

《唐律》"诸(毁)弃〔毁〕官、私器〔物〕及毁伐树木、稼穑者，准盗论；即(失)亡〔失〕及误毁官物者，各减三等"，"毁人碑碣及石兽者，徒一年；即毁人庙主者，加一等。其有用功修造之物而故损毁者，计庸，坐赃论，各令修立；误损毁者，但令修(之)〔立〕，不坐"①云云。《明律》大致相同。惟《唐律》官、私不分，《明律》官物加二等，而"毁人碑碣"等项，亦较《唐律》治罪为轻。

弃、毁是两项。弃者，弃掷人器物，使不可复得；毁者，毁坏人器物，使不可为用也。毁、伐亦是两事，或毁伤或伐去也。种之曰"稼"，敛之曰"穑"；稼在田，穑在场也。坟茔、碣石等项，关系人之祖先，而神主尤重，但毁即坐，故不计赃。若房屋墙垣，则工费数重，又与器物不同，故计数，坐赃论。三者或计赃准窃盗，或不计赃拟罚，或计数坐赃，各不相同，均有深意。祭祀门又有毁大祀丘坛，分别故、误，拟以流、徒之律，与此条互相发明，当合参之。

## 5.80 擅食田园瓜果

5.80.0 **凡于他人田园，擅食瓜果之类，坐赃论。**计所食之物价，一两以下，处一等罚；二两处二等罚；计两加等，罪止徒一年。**弃毁者，罪亦如之。其擅将**挟**去及食，**之者。**系官田园瓜果，若官造酒食者，加二等。**照擅食他人罪，加二等。**主守之人给与，及知而不举者，与同罪。若主守私自将去者，并以监守自盗论。**至四十两，问杂犯，准徒五年。

**【讲义】** 按：此仍《明律》，顺治〔初〕年添入小注，雍正三年〔1725年〕删改，现改笞、杖为罚。盖言擅取官、私食物，罪有轻重也。

《唐律》"诸于官、私田园辄食瓜果之类，坐赃论，弃毁者亦如之；即持去者，准盗论。主司给与者，加一等。强持去者，以盗论。主司即言者，不坐。非应食官酒食而食者，亦准此"②云云。《明律》即本于此，而官重于私，加二等治罪，则与《唐律》不同，且无《唐律》"强持去者，以盗论"之文。

夫物各有主，他人之瓜果，不告于主而食之，于己非分，于人有损，故计所值之价，坐赃论罪。若擅自将去，则较擅食者为重，以其有利己之心，故与擅食官物者，均加二等。若主守之人私自将去，更较凡人擅将去者为重，故以监守盗论罪。盖擅之为言专也，私之为言窃也。止言"主守私取"，不言"私取他人"者，以有盗田野谷麦之律也；不言"私取在官"者，以有常人盗律也。总之，擅食之义，与盗不同。盗者，乘人不见而窃取之；擅者，则不掩人知而泰然取之也。时即无人，其心固不畏人之见也。故盗田园瓜果有杀伤者，以拒捕论；而擅食有杀伤者，止以凡斗论。一入贼盗律，一入田宅律，物虽相同，而情各有异也。至犹是坐赃，而小注内计两加等，

---

① 《唐律》杂律"弃毁器物稼穑"条律、"毁人碑碣石兽"条律。

② 《唐律》杂律"私食官私田园瓜果"条律。

罪止徒一年。与凡律坐赃论罪之法不同者,以瓜果所值有限,而擅食之过甚小,必不出一两以外,故改一两以下二等罚为一等罚以从轻。而弃毁、将去为数或多,故不以十两加等,而改为计两加等以从重。然虽计两加重,而罪止徒一年,不同凡律坐赃至徒三年者,虽重而不涉于苛,注律者固有深意也。其中细若毫发,须细参之。

## 5.81 私借官车船

**5.81.0 凡监临主守将系官车船、店舍、碾磨之类,私自借用,或转借与人,及借之者,各处五等罚。验日,追雇赁钱入官。**不得过本价。**若计雇赁钱,重**于五等罚**者,各坐赃论,加一等。**

**【讲义】** 按:此仍《明律》,顺治初年添入小注,雍正三年〔1725年〕删改,现又改笞为罚。盖言官物不可私自借用也。

监守之人自借官物,是供私用也;借与人是市私恩也,故与借之者治罪。惟(均)名例谓“车船、碾磨之类,照依犯时雇工赁值计算。赁钱虽多,不得过其本价”①,此追雇赁钱之通例也,与厩牧门“私借官畜产”、仓库门“私借官物”及私借钱粮门“将己物抵换官物”各条互参。

① 《大清律例》名例“给没赃物”条律。

# 六、婚　姻

【讲义】　汉、魏止有“户律”，后周始以“婚姻”与“户禁”为篇；隋唐合一篇，名曰“户婚律”，详载婚姻、田土之事；明分为二，“田土”、“婚姻”各为一篇，国朝因之，惟删去“外番色目”一条。

共分十五条，首条统言婚姻，末条乃断嫁娶违律之通例，为一篇之总束，尤为切要。

## 6.82 男女婚姻

6.82.0.1 凡男女定婚之初，若或有残废或疾病、老幼、庶出、过房、同宗。乞养、异姓。者，务要两家明白通知，各从所愿，不愿即止，愿者同媒妁。写立婚书，依礼聘嫁。若许嫁女已报婚书，及有私约，谓先已知夫身残疾、老幼、庶养之类。而辄悔者，女家主婚人处五等罚；其女归本夫。虽无婚书，但曾受聘财者，亦是。○6.82.0.2 若再许他人，未成婚者，女家主婚人处七等罚；已成婚者，处八等罚。后定娶者男家知情，主婚人与女家同罪，财礼入官；不知者，不坐，追还财礼。给后定娶之人。女归前夫。前夫不愿者，倍追财礼给还，其女仍从后夫。男家悔而再聘者，罪亦如之，仍令娶前女，后聘听其别嫁。不追财礼。○6.82.0.3 其未成婚男女，有犯奸盗者，男子有犯，听女别嫁；女子有犯，听男别娶。如定婚，未曾过门，私下奸通，男、女各处十等罚，免其离异。不用此律。○6.82.0.4 若为婚而女家妄冒者，主婚人处八等罚，谓如女有残疾，却令姊妹妄冒相见，后却以残疾女成婚之类。追还财礼。男家妄冒者，加一等，谓如与亲男定婚，却与义男成婚；又如男有残疾，却令弟兄妄冒相见，后却以残疾男成婚之类。不追财礼。未成婚者，仍依原定。所妄冒相见之无疾兄弟、姊妹及亲生之子为婚，如妄冒相见男女先已聘许他人、或已经配有室家者，不在仍依原定之限。已成婚者，离异。○6.82.0.5 其应为婚者，虽已纳聘财，期约未至，而男家强娶，及期约已至，而女家故违期者，男、女主婚人，并处五等罚。○6.82.0.6 若卑幼或仕宦或买卖在外，其祖父母、父母及伯叔父母、姑、兄姊，自卑幼出外之后为定婚，而卑幼不知。自娶妻，已成婚者，仍旧为婚。尊长所定之女，听其别嫁。未成婚者，从尊长所定。自定者，从其别嫁。违者，处八等罚。仍改正。

【讲义】 按：此仍《明律》，原有小注，顺治初年增修，现又增修，并改笞、杖为罚金。盖言婚姻之道宜谨始也。

《唐律》“诸许嫁女，已报婚书及有私约（〔注：约〕，谓先知夫身老、幼、疾、残、养、庶之类）而辄悔者，杖六十。（注：男家自(晦)〔悔〕者，不坐，不追聘财）虽无许婚之书，但受聘财亦是。若更许他人者，杖一百；已成者，徒一年半。后娶者知情，减一等。女追归前夫；前夫不娶，还聘财；后夫婚如法”，“诸为婚而女家妄冒者，徒一年；男家妄冒，加一等。未成者，依本约；已成者，离之”，“诸违律为婚，当条称‘离之’、‘正之’者，虽会赦犹离之、正之。定而未成，亦是。聘财不追；女家妄冒者，追还”，“诸违律为婚，虽有媒聘，而恐吓娶者，加本罪一等；强娶者，又加一等。被强者，止依未成法”，“诸卑幼在外，尊长后为定婚，而卑幼自娶妻，已成者，婚如法；未成者，从尊长；违者杖一百”，“即应为婚，虽以纳聘，期要未至而强娶，及期要至而女家故违者，〔各〕杖一百”①云云。《明律》即本于此，而拟罪均较《唐律》为轻。其中男女有犯奸盗一层，《唐律》所无，盖本于元律；而又无《唐律》恐吓强娶一节，则各有不同也。

按《周礼》“以媒氏以司婚姻之事”，古制男女定婚后，即立婚书报于所司，其不报者，即私约也。今世不行此法，而律所谓“私约”，解者谓无媒妁两家私下议约也。若男女采兰赠芍，不得谓之私约矣。聘财不拘轻重，但同媒妁纳送礼仪者均是。若相见为贽之物，如巾帕之类，不得即为聘财矣。至于成婚、离异，亦不可拘。若女子不愿改嫁，男子不愿别娶，则亦不在离异之限。若“未成婚者，仍依原定”，亦谓相见之人，男女惟愿者也。若妄冒之人或非本宗男女，其门第不同，贫富各异，有不情愿者，亦当听之，不得据此强断也。又妄冒相见男女，先已聘许他人者，不在仍依原定之限。凡断婚姻离异之案，固须根据法律，亦要参酌情理。若舍情理而拘泥法律，每致酿成意外之变，均须慎之。律外又有条例，均足补律未及，当并参究。

**条　例**

6.82.(1) 一、男女婚姻各有其时，或有指腹、割衫襟为亲者，并行禁止。

6.82.(2) 一、嫁娶皆由祖父母、父母主婚。祖父母、父母俱无者，从余亲主婚。其夫亡携女适人者，其女从母主婚。若已定婚未及成亲，而男女或有身故者，不追财礼。

6.82.(3) 一、招婿须凭媒妁，明立婚书，开写养老或出舍年限。止有一子者，不许出赘。其招婿养老者，仍立同宗应继者一人，承奉祭祀，家产均分。如未立继身死，从族长依例议立。

6.82.(4) 一、凡女家悔盟另许，男家不告官司强抢者，照强娶律减二等。其告官断归前夫，而女家与后夫夺回者，照抢夺律，徒三年。

## 6.83 典雇妻女

6.83.0.1 凡将妻妾受财立约出典、验日暂雇与人为妻妾者，本夫处八等罚；典、雇女者，父处六等

---

① 《唐律》户婚“许嫁女辄悔”条律、“为婚妄冒”条律、“违律为婚离正”条律、“违律为婚恐吓娶”条律第一节、“卑幼自娶妻”条律、“违律为婚恐吓娶”条律第二节。

**罚；妇女不坐。○[6.83.0.2]若将妻妾妄作姊妹嫁人者，处十等罚；妻妾处八等罚。○[6.83.0.3]知而典、娶者，各与同罪，并离异，**女给亲，妻妾归宗。**财礼入官。不知者不坐，追还财礼。**仍离异。

**【讲义】** 按:此仍《明律》,顺治三年〔1646 年〕添入小注,现改杖为罚。盖重廉耻以正风化也。

约期取赎曰“典”,计日受值曰“雇”。首节言典雇妻妾及女之罪。二节言将妻妾作姊妹家人及妻妾同情欺诳之罪。三节言典娶者之罪,盖必立契受财典雇与人为妻妾者方坐。若贫民将妻女典雇与人服役者,不在此限。典雇妻妾犹明言为妻妾也,妄作姊妹则又有诈冒之情;典雇与人犹暂也,嫁人则永离矣,故罪分轻重。《据会》云,“家贫卖妻,依不应重,妇人仍归后夫;若非因贫而卖,则依卖休律;若和诱、略诱妻妾卖人,则依略卖律。此则妻妾作姊妹嫁人,情节各有不同,故彼入犯奸、贼盗两门,而此入婚姻门也。”后有条例,足补律所未备,可互参之。

**条　例**

**[6.83.(1)]一、将妻妾作姊妹，及将亲女并姊妹嫁卖与人作妻妾、使女名色，骗财之后，设词托故，公然领去者，照本律加一等，徒一年，赃罪重者，仍从重论；若瞰起程，中途聚众行凶，邀抢人财者，除实犯死罪外，余俱流二千五百里。媒人同谋邀抢者，罪同。**

## [6.84]妻妾失序

**[6.84.0.1]凡以妻为妾者，处十等罚。妻在，以妾为妻者，处九等罚，并改正。○[6.84.0.2]若有妻更娶妻者，亦处九等罚，**后娶之妻**离异。**归宗。

**【讲义】** 按:此仍《明律》,顺治三年〔1646 年〕添入小注,现改杖为罚。原律末句下有“其民年四十以上无子者,方听娶妾,违者笞四十。不言离异者,听为妾也”,乾隆五年〔1740 年〕删去。盖正名分以齐家也。

《唐律》“诸有妻更娶〔妻〕者,徒一年;女家减一等。若欺妄而娶者,徒一年半;女家不坐。各离之”,“以妻为妾、以婢为妻者,徒二年。以妾及客女为妻、以婢为妾者,徒一年半。各还正之。若婢有子,及经放为良者,听为妾”①云云。《明律》虽本于唐,而治罪较轻,亦无《唐律》欺妄及女家之罪;再《唐律》妻妾而外又有客女与婢两项,《明律》止言妻妾,而以婢为妾及以客女为妻,并无罪名。

盖妻者,齐也,与夫齐体之人也。妾者,接也,仅得与夫接见而已。贵贱有分,不可紊乱。以妻为妾,则压贵为贱;以妾为妻,则升贱为贵,皆悖伦蔑礼之事。至于有妻更娶,则并耦匹嫡,亦有乖乎正义。故均拟罚刑,而稍有轻重之分。律言“妻在”者,或妻不在,而以妾为妻,则罪应稍轻矣。若独子承祧两房者,止应娶嫡妻一人,不得两房均为娶妻。盖礼无二嫡,后娶之妻应以妾论。惟系希冀生孙延嗣,毋庸照有妻更娶律离异。乾隆十九年〔1754 年〕、道光二年〔1822 年〕均有成案,可与此律合参。

---

① 《唐律》户婚“有妻更娶”条律、“以妻为妾”条律。

## 6.85 逐婿嫁女

6.85.0 凡逐已入赘之婿嫁女，或再招婿者，处十等罚，其女不坐。如招赘之女，通同父母，逐婿改嫁者，亦处十等罚。后婚男家知而娶或后赘者，同罪。未成婚者，各减五等，财礼入官。不知者，亦不坐。其女断付前夫，出居完聚。

【讲义】 按:此仍《明律》,顺治三年〔1646 年〕添入小注,乾隆五年〔1740 年〕移改,现又改杖为罚。盖专为入赘之婿言也。

《唐律》无文。

赘婿虽不合婚娶正礼,然既招婿在家,则夫妇之伦已定。逐婿嫁女,其女不坐者,以事有专制,非女所得主也。其女仍断归被逐之婿,使其出外另居,夫妇完聚。盖翁婿之情已绝,夫妇之恩未离,必另居始得相安也。

此条与前“典雇妻妾”及“妻妾失序”二条,虽女婿及妻之父母互相告言,各依常人论,不在得相容隐之限。律曰“嫁女”,曰“再招婿”,若但逐婿,而其女未许嫁再招婿者,当酌量科以不应重罪,未便即拟此律也。

## 6.86 居丧嫁娶

6.86.0.1 凡男女居父母及妻、妾居夫丧，而身自主婚嫁娶者，处十等罚；若男子居父母丧而娶妾，妻、居夫丧。女居父母丧，而嫁人为妾者，各减二等；若命妇夫亡，虽服满。再嫁者，罪亦如之，亦如凡妇居丧嫁人者拟断。追夺，勅诰。并离异。知系居丧及命妇而共为婚姻者，主婚人各减五等。财礼入官。不知者，不坐。仍离异，追财礼。若居祖父母、伯叔父母、姑、兄姊丧，除承重孙外。而嫁娶者，处八等罚，不离异。妾不坐。○6.86.0.2 若居父母、舅姑及夫丧，而与应嫁娶人主婚者，处八等罚。○6.86.0.3 其夫丧服满，妻妾果愿守志，而女之祖父母、父母，及夫家之祖父母、父母强嫁之者，处八等罚。期亲加一等，大功以下又加一等。妇人及娶者，俱不坐。未成婚者，追归前夫之家，听从守志，追还财礼。已成婚者，给与完聚，财礼入官。

【讲义】 按:此仍《明律》,顺治三年〔1646 年〕修改,并添入小注,现改杖为罚。

《明律》第三节系“服满守志,非女之祖父母、父母而强嫁之者,杖八十;期亲强嫁者,减二等”,现律改为“而女之祖父母、父母及夫家之祖父母、父母强嫁之者,八等罚;期亲加一等;大功又加一等”,又添入“已成婚者,给与完聚;财礼入官”二句,与《明律》用意不同。《明律》本之《唐律》,缘女之祖父母、父母情本至亲,强嫁之心,欲其有家,故虽强夺其志,而犹曲原其罪。有如柏舟之诗①所云者,

---

① 指《诗经·邶风·柏舟》。诗曰:泛彼柏舟,泛亦其流。耿耿不寐,如有隐忧。微我无酒,以敖以游。我心匪鉴,不可以茹。亦有兄弟,不可以据。薄言往愬,逢彼之怒。我心匪石,不可转也。我心匪席,不可卷也。威仪棣棣,不可选也。忧心悄悄,愠于群小。觏闵既多,受侮不少。静言思之,寤辟有摽。日居月诸,胡迭而微?心之忧矣,如匪浣衣。静言思之,不能奋飞。

亦人情所有，故恕之也。现律改定之意，以守节女之美德，父母不为劝勉，而反强夺其志，虽父母亦应治以罚罪，而期、功更为加等，其奖励守节之意，较《明律》用意更为深远。至末后添入“已成婚者，给与完聚”一层，《明律》所无，虽与嫁娶违律离异改正之通例似涉两歧，不知此律重在守志。若已失节矣，又何必追归守志乎！故他律违律嫁娶者，均应离异，而此条独变其法，不可拘也。

考之《唐律》“诸居父母及夫丧而嫁娶〔者〕，徒三年；妾减三等。各离之。知而共为婚姻者，各减五等；不知者，不坐。若居期丧而嫁娶者，杖一百；卑幼减二等；妾，不坐”，“诸居父母丧，与应嫁娶人主婚者，杖一百”，“诸夫丧服除而欲守志，非女之祖父母、父母而强嫁之者，徒一年；期亲〔嫁者〕减二等。各离之，女追归前家。娶者不坐”①云云，以其有关十恶，故从重拟徒。《明律》均从轻，改为杖罪，与《唐律》不合；其命妇夫亡再嫁一层，则亦《唐律》所无。

又，考之汉律，夫丧，既葬始嫁，未葬而嫁为不道。又《御览》董仲舒决狱曰“甲夫死未葬，法无许嫁，以私为人妻，当弃市。夏姬将适巫臣，故诡求仓老之尸”，《左传补注》曰“不得尸，吾不及矣”云云。可见古虽不禁改嫁，然丧中改嫁，则治罪尤严。观于《明律》，而《唐律》之拟徒为重；观于汉律，而《唐律》之拟徒犹轻也。古今法律之不同如此，则亦何常之有哉！律后又有条例，均当参看。

## 条　例

6.86.(1) **一、孀妇自愿守志，其期亲以下卑幼，谋占资财，贪图聘礼，用强抢卖尊属、尊长，已成婚者，均拟绞监候。**以本妇服制为断。非孀妇亦同。**如系祖父母、父母，夫之祖父母、父母，图财抢嫁，照强嫁本律加一等定拟；有服尊属、尊长，照强嫁本律加二等定拟。未成婚者，各减已成婚一等。若中途夺回，及娶主自行送回，未被奸污者，均以未成婚论。如并非为图财、图产起见，但因家贫不能养赡，或虑不能终守，辄行强嫁者，祖父母、父母，夫之祖父母、父母，及亲属人等，仍照强嫁本律治罪。倘妇女不甘失节，因而自尽者，不论已、未被污，系图财案内，期亲以下卑幼，均仍拟绞监候；系强嫁案内，缌麻卑幼，流三千里；小功卑幼，发极边足四千里安置；大功卑幼，发烟瘴地方安置；期亲卑幼，拟绞监候；祖父母、父母，夫之祖父母、父母，照强嫁本律加二等问拟；有服尊属、尊长，照强嫁本律加三等问拟。娶主知情同抢者，减正犯罪一等；不知者，不坐。若亲属别无主令改嫁之人，而用强求娶，逼受聘财，致令自尽者，流二千五百里，仍追埋葬银两。其因强抢而取去财物，及杀伤人者，各照本律例，从其重者论。**

6.86.(2) **一、孀妇自愿改嫁，由夫家祖父母、父母主婚；如夫家无祖父母、父母，但有余亲，即由母家祖父母、父母主婚；如母家亦无祖父母、父母，仍由夫家余亲主婚。倘夫家主婚受财，而母家统众强夺；及夫家并无例应主婚之人，母家主婚改嫁，而夫家疏远亲属强夺者，均处八等罚。**

---

① 《唐律》户婚“居父母夫丧嫁娶”条律、“居父母丧主婚”条律、“夫丧守志而强嫁”条律。

## 6.87 父母囚禁嫁娶

6.87.0 **凡祖父母、父母犯死罪被囚禁，而子孙自嫁娶者，处八等罚。若男娶妾、女嫁人为妾者，减二等。其奉囚禁祖父母、父母命而嫁女、娶妻者，不坐，亦不得筵宴。违者，依父母囚禁筵宴律，处八等罚。**

**【讲义】** 按:此仍《明律》,顺治三年〔1646 年〕添入小注,乾隆五年〔1740 年〕删改,现又改杖为罚。盖言忘亲之罪,以教孝也。

《唐律》“祖父母、父母被囚禁而嫁娶者,死罪,徒一年〔半〕;(罪)流罪,减一等;徒罪,杖一百;(〔注〕:祖父母、父母命者,勿论)”云云。① 《明律》只言死罪,而无流、徒,且拟杖八十,其罪较《唐律》为轻,而文亦不详备。末后“亦不得筵宴”一句,载在“弃亲之任”门内。此律不言离异,则听其为婚也。

父母犯罪囚禁,正人子丧心失志、痛不欲生之时。古者孝女如缇萦及杨椒山之妻,虽以女流,尚能以身代父与夫之死,此何等节概者。若竟忘其亲而任情纵欲,不孝之罪,莫大于此,特著为律以罪之。“子孙”兼男、女言,谓女嫁而男娶也;“为妾”亦兼男、女言,谓男娶妾而女嫁人为妾也。律文虽曰“犯死罪”,然以《唐律》证之,则系举重以赅轻。盖死罪固当哀,生罪亦当感也。道光六年〔1826 年〕有成案,夫犯罪监禁,妻因贫擅自改嫁,虽伊姑知情,亦应科以犯奸之罪,可与此律一并参考。

## 6.88 尊卑为婚

6.88.0.1 **凡外姻有服或尊属或卑幼，共为婚姻，及娶同母异父姊妹，若妻前夫之女者，各以亲属相奸论。○6.88.0.2 其父母之姑舅两姨姊妹，及姨，若堂姨；母之姑、堂姑；己之堂姨及再从姨；己之堂外甥女；若女婿及子孙妇之姊妹，虽无服。并不得为婚姻，违者，男、女各处十等罚，并离异。妇女归宗、财礼入官。**

**【讲义】** 按:此仍《明律》,顺治三年〔1646 年〕添入小注,乾隆五年〔1740 年〕删定。现修新律,将律文“娶姑舅两姨姊妹”一节删改,盖专就外姓姻亲而言也。

《唐律》“外姻有服属而尊卑共为婚姻,及娶同母异父姊妹,若妻前夫之女者,各以奸论”,“疏”议曰“其外姻虽有服,非尊卑者为婚,不禁”,又“其父母之姑、舅、两姨姊妹、及姨、若堂姨,母之姑、堂姑,己之堂姨及再从姨、堂外甥女,女婿姊妹,并不得为婚姻,违者各杖一百,并离之”,②云云。《明律》大致俱同,而增入子孙妇之姊妹一层。若己之姑舅两姨姊妹,《唐律》无文,以“疏”议“非尊属者为婚,不禁”二语证之,盖专指此项言之。盖外姻同辈男女之服,除姑舅两姨姊妹外,再无别项。《唐律》不禁为婚,以其虽有缌麻之服,并无尊卑之分也。《明律》亦

① 《唐律》户婚“父母被囚禁嫁娶”条律。

② 《唐律》户婚“同姓为婚”条律及“疏”议。

禁为婚,然止拟杖八十,较娶同母异父之姊妹拟徒三年者轻数等矣。缘同母异父姊妹,虽无服制,究为伦理所关,外姻姑舅两姨姊妹虽有缌麻之服,而同辈不分尊卑,律虽有禁而现例又设有"两姨姑舅姊妹为婚,听从民便"之条,则仍与《唐律疏议》之说相合。薛氏〔允升〕谓其"揆乎情法,姑开一面,亦王道本乎人情",洵为有见之言。

又按:外姻有服尊亲则为母舅、母姨,有服卑亲则为外甥、姨甥,此二项皆小功服。至同母异父姊妹,犹姊妹也;前夫之女,犹女也,此二项虽无服,而情最重,有为婚姻,乱渎已甚,故以奸论。然虽以奸论,仍依后嫁娶违律本法,其应独坐主婚与主婚为首者,至死,皆减一等;未成者,减五等,究与真犯奸者有异也。若父母之姑舅两姨姊妹,即己之表姑、表姨也;己之堂姨与再从姨,即母之堂姊妹、从姊妹也,皆尊于己辈者。父母之姨与堂姨,即己之祖姨也;母之姑与堂姑,即己之外祖姑也,此皆尊于己两辈者。己之外甥女、若女婿之姊妹,及子妇之姊妹,此皆卑于己一辈者。孙妇之姊妹,则卑于己两辈者。外姻无服,名分犹存,凡奸则失之轻,有服则失之重,故折衷拟十等罚。旧例又有"前夫子女与后夫子女苟合成婚者,以娶同母异父姊妹律论罪"之条,若如前夫子女与后夫子女异父异母者,若从尊长主婚,则于名分不甚有碍,毋概拟离。说见《示掌》,可备参考。

**条 例**

6.88.(1) **一、男女亲属尊卑相犯重情,或干有律应离异之人,俱照亲属已定名分,各从本律科断,不得妄生异议,致罪有出入。其情犯稍有可疑,揆于法制似为太重,或于名分不甚有碍者,听各该原问衙门临时斟酌拟奏。**

## 6.89 娶亲属妻妾

6.89.0.1 **凡娶同宗无服**姑、侄、姊妹**之亲,**同宗,谓同宗共姓,不论支派之远近、籍贯之同异皆是。**及无服亲之妻者,**男、女**各处十等罚。若娶**同宗**缌麻亲之妻,及舅甥妻,各徒一年;小功以上,**之妻。**及收父、祖妾者,各以奸论。**自徒三年至绞。**其**亲之妻**曾被出,及已改嫁,而娶为妻妾者,**无服之亲及伯叔母、兄弟妻不与。**各处八等罚。**○6.89.0.2 **妾**父、祖妾不与。**各减**妻**二等。**被出、改嫁者,递减之。若原系妻,而娶为妾,当从妻论;原系妾,而娶为妻,仍从妾减科。○6.89.0.3 **若娶同宗缌麻以上姑、侄、姊妹者,亦各以奸论。**○6.89.0.4 除应死外,**并离异。**

**【讲义】** 按:此仍《明律》,顺治三年〔1646 年〕添入小注,乾隆五年〔1740 年〕增修,现又删改。盖专指同宗之妻妾而言也。

《唐律》"同姓为婚者,各徒二年。缌麻以上,以奸论","诸尝为袒免亲之妻而嫁娶者,各杖一百;缌麻及舅甥妻,徒一年;小功以上,以奸论。妾,各减二等。并离之",①云云。《明律》罪名不异于唐。惟细绎《唐律》,"尝为"二字,则被出、改嫁均包在内;明添入"被出、改嫁者,杖八十",则专指在家者而言,与《唐律》解释各有不同。再《唐律》"奸父祖妾及伯叔祖母者,绞;奸

① 《唐律》户婚"同姓为婚"条律、"尝为袒免妻而嫁娶"条律。

兄弟妻者，流二千里”，《明律》收父祖妾及伯叔母者，改为“各斩”，收兄弟妻者，改为“各绞”，则较《唐律》为重。《明律》有以奸论者，有不以奸论者，须与“亲属相奸”律彼此互参。奸缌麻以上亲之妻，应徒三年，此娶者徒一年；奸律妾各减一等，娶者减二等，此均不以奸论者也。不以奸论者固轻，即以奸论者，亦有不同。盖奸者，淫邪不正之称，婚娶非礼，犹之奸也，其实与奸究有分别，大抵娶者轻于相奸。其中微意，须细参之。

旧律同姓且不可为婚，况同宗乎！无服之亲，所包甚广，凡五服之外，谱系可考、名分犹存者皆是。《唐律》所谓“袒免亲”是也。首句“亲”指女言，以下均言其妻与妾。首句是无服之亲，末节是有服之亲。律文“妾，减二等”，旧例又定有“收伯叔兄弟妾者，照奸律，减妻一等，满流”之条例，则较律重矣。旧律“收兄弟妻者，绞决”，旧例又有“如系乡愚不知例禁，向亲族告知成婚者，拟绞监候，秋审入实。如由父母主令婚者，仍拟绞候，秋审核其情节定拟”之条，则较律又轻矣。现虽删改，可备参考。

总之，《唐律》与《明律》轻重不同，而《明律》又与现例轻重不同。法律之无定，中华尚且如此，而何况乎外国耶！彼专守一说，而固执不变者，观此不当憬然哉！

## 6.90 娶部民妇女为妻妾

**6.90.0 凡府、州、县亲民官，任内娶部民妇女为妻妾者，处八等罚。若监临**内外上司**官娶**见问**为事人妻妾及女为妻妾者，处十等罚。女家**主婚人**并同罪。妻妾仍两离之，女给亲。**两离者，不许给与后娶者，亦不给还前夫，令归宗。其女以父母为亲，当归宗；或已有夫，又以夫为亲，当给夫完聚。**财礼入官。**恃势**强娶者，各加二等；女家不坐，**妇还前夫，女给亲。**不追财礼。若为子孙、弟侄、家人娶者，**或和或强。**罪亦如之，男、女不坐。**若娶为事人妇、女，而于事有所枉者，仍以枉法从重论。

**【讲义】** 按：此仍《明律》，顺治三年〔1646 年〕添入小注，现改杖为罚。盖言见任职官不得擅娶部民妇女也。

《唐律》“监临之官娶所监临女为妾者，杖一百；若为亲属娶者，亦如之。其在官非监临者，减一等。女家不坐。枉法娶人妻妾及女者，以奸论，加二等。（〔注〕：为亲属娶者，亦同。）行求者，各减二等。各离之”，“诸和娶人妻及嫁之者，〔各〕徒二年；妾，减二等。各离之”①云云。《明律》拟罪较《唐律》均轻数等，而无《唐律》枉法一层，故注内补出“于事有枉者，以枉法从重论”二语，即《唐律》之意也。而或追财礼入官，或不追财礼；女家或同罪，或不坐，或男女俱不坐罪，则较《唐律》更详且备。

“任内”谓现任时也，兼下“监临官”言。府、州、县职，本亲民监临官，权相统摄，其于临民之统制则一。但部民止系管摄之人，无事相涉；若为事人，则系在官之犯，有事对理，虽均系娶为妻妾，而事同情异，故罪分轻重。若亲民官娶为事人妻妾及女者，亦同监临官十等罚；若监临官娶部民妇女者，亦同亲民官八等罚。律系互文见义，与他律所称“监临官有犯者，加别项官二等”之意不同，须善会之。后条又有“豪势之人强夺奸占为妻妾者，拟绞”一项，与强娶事同

① 《唐律》户婚“监临娶所监临女”条律、“和娶人妻”条律。

而罪名轻重悬绝者，此虽言强，而犹是娶，与强夺奸占之情不同也。然《唐律》以奸论加二等，尚拟满徒；此加二等，止徒一年半，似涉太轻。

## 6.91 娶逃走妇女

6.91.0 凡娶（自己）犯罪（已发在官，而）逃走（在外之）妇女为妻、妾，知（逃走之）情者，与同（其所犯之本）罪。（妇人加逃罪二等，其娶者不加罪。）至死者，减一等。离异。不知者，不坐。若无夫，（又）会赦免罪者，不离。（一有不合，仍离。）

【讲义】 按：此仍《明律》，顺治三年〔1646年〕添入小注。盖为娶犯罪在逃之妇女而言也。

《唐律》"诸娶逃亡之妇女为妻妾，知情者，与同罪；至死者，减一等。离之。即无夫，会恩免罪者，不离"，"疏"议曰"不知情而娶，(依)〔准〕律无罪，若无夫，即听不离"①云云。《明律》一依《唐律》，不过字句稍异。

此条专言娶者之罪，比"知情藏匿罪人"条较重，并与"背夫在逃"及"收留在逃子女"各条互相参看。收留在逃子女为妻妾，不论逃者罪名轻重，均徒二年；此与所犯"同罪；至死，减一等"用意各有不同。《辑注》云"此律要看'娶'字。若因其逃走而收留为妻妾，则依收留在逃律；若因其逃走而和诱为妻妾，则依和诱律；若知收留和诱而娶之，应各照本律，不得混引此条也"。后"嫁娶违律"门称"离异、改正者，虽会赦犹离之"，此条"会赦免罪者，不离"，彼系嫁娶违律之通例，此则无夫者原不禁其嫁罪，既赦矣，又何必离，不得以通例为拘。其义甚微，须细辨之。

## 6.92 强占良家妻女

6.92.0 凡豪（强）势（力）之人，强夺良家妻女，奸占为妻妾者，绞；（监候。）妇女给亲；（妇归夫，女归亲。）配与子孙、弟侄、家人者，罪（归所主。）亦如之；（所配）男、女不坐。（仍离异，给亲。）

【讲义】 按：此仍《明律》，顺治三年〔1646年〕添入小注。盖重惩势豪奸占，以全善良也。

《唐律》无此条，有犯以强奸论罪。强奸罪止拟徒，此亦可同强奸拟徒。

"豪势"谓富强有力者，律意重在强夺，不重豪势。谓强夺者，必是豪势之人，其实不拘何等人，但是强夺奸占，即依此律。此与强奸虽同一拟罪，而犯事之本意不同。如为奸宿而强夺，则依强奸论；若为妻妾而强夺，则依此律。故彼入犯奸律，而此入婚姻律。曰"良家妻女"者，所以别于娼家与卖奸之家耳，非良贱有分别之谓也。娼家、卖奸之家而外，其余一应妇女皆同。妾犹妻也；婢亦女也；奴之妻亦妻也。犯者一概拟绞，此与"违禁取利"门内私债准折及强夺奸占之律、"威力制缚"门内奸占佃户妇女之例、"雇工殴家长"门内占夺雇工妻之例、"徒流人又犯罪"门内遣犯之主图占为奴妻女之例，均系奸占事，而情形各有不同，当分别参看。捉人勒

① 《唐律》户婚"娶逃亡妇女"条律及"疏"议。

赎各例，亦与此律息息相通。律外又有抢夺妇女条例，足补律所未备，当一并研究。

## 条 例

6.92.(1) 一、强夺良家妻女奸占，为从之犯，应照为首绞罪减一等，流三千里；如被逼诱随行，止于帮同扛抬，照未成婚减绞罪五等，徒一年半。其中途夺回，及尚未奸污，为从者，审系助势济恶，减为首流罪一等，徒三年；如被逼诱随行，止于帮同扛抬，各照不应重律治罪。

6.92.(2) 一、强夺良家妻女，中途夺回，及尚未奸污者，照已被奸占律减一等定拟。若本妇羞忿自尽，不论已、未被污，均拟绞监候。若强夺良家妻女，其夫或父母羞忿自尽者，流三千里；致亲属自尽者，徒三年。

6.92.(3) 一、强夺良人妻女，卖与他人为妻妾，及投献王府并勋戚势豪之家者，俱拟绞监候。

6.92.(4) 一、凡聚众伙谋抢夺路行妇女，或卖，或自为妻妾、使女，及被奸污者；并聚众伙谋，入室抢夺妇女，一经抢获出门，即属已成；审实，不分得财与未得财，为首，绞立决；为从在场帮抢者，皆绞监候；并未帮抢者，发烟瘴地方安置。知情故买者，减正犯罪一等；不知情者，处八等罚。如图抢入室，尚未抢获，首犯发新疆当差，为从流三千里。至因伙众抢夺妇女，拒捕杀人者，无论已成、未成，下手杀人之犯，斩立决；帮殴成伤从犯，不论手足、他物、金刃，均拟绞监候；其并未帮殴首、从各犯，仍分别已、未抢获妇女本例问拟。其有并非伙众，但强卖与人为妻妾者，拟绞监候；如有拒捕杀伤人者，照抢夺杀伤人例办理。

6.92.(5) 一、凡聚众伙谋抢夺兴贩妇女，已成者，为首拟绞监候，为从发烟瘴地方安置，同谋未经同抢之犯流二千里；如图抢未成，为首发烟瘴地方安置，为从流三千里，同谋未经同抢之犯徒三年。其有并非聚众，但将兴贩妇女抢夺，已成者，为首发极边足四千里安置，为从徒三年，同谋未经同抢之犯徒二年半；若图抢未成，为首徒三年，为从徒二年半，同谋未经同抢之犯徒二年。如拒捕，杀伤兴贩之犯，以凡论；若系本妇及本妇之有服亲属，均依罪人拒捕律科断。

6.92.(6) 一、凡聚众伙谋抢夺曾经犯奸妇女已成，无论在途、在室，首犯发遣新疆当差，为从帮抢者流三千里，同谋未经同抢之犯徒三年；如图抢未成，首犯流三千里，为从帮抢者徒三年，同谋未经同抢之犯徒二年半。其有并非聚众，但将犯奸妇女抢夺已成者，为首流三千里，为从徒三年，同谋未经同抢之犯徒二年半；若图抢未成，为首徒三年，为从徒二年半，同谋未经同抢之犯徒二年。如妇女犯奸后已经悔过自新，确有证据者，仍以良人妇女论。

## 6.93 娶娼妓为妻

6.93.0 凡文武官并吏娶娼妓为妻者，处六等罚，并离异。归宗，财礼入官。若官员子孙应袭荫者。娶者，罪亦如之，注册候荫袭之日，照应袭本职上，降一等叙用。

【讲义】 按：此仍《明律》。原律“罪亦如之”下系“附过，候袭荫之日降一级，于边远叙用。其在洪武元年〔1368 年〕以前娶者，勿论”。顺治初年改为今文，并添入小注；雍正三年〔1725 年〕、乾隆五年〔1740 年〕删定。现又删去“妾”字，并改杖为罚。盖言官吏不可滥娶以自玷也。

《唐律》无文。元律有“诸职官娶娼为妻，笞五十七；解职；离之”，云云。《明律》即本于此，而更添“妾”字及官员子孙一层。与“官吏宿娼”条参看。乐人乃教坊司妓者，今无教坊，若娶流娼，亦照此例。《明律备考》“乐人知情嫁与者，问不应，笞罪；财礼入官”。又，《集解》“民人娶乐人为妻，问不应；为妾，勿论”云云，以民人究非官员，故娶为妾者勿论也。犯奸门又有“乐人娶良人子女为妻妾”之条，与此对照，均当互参。

## 6.94 僧道娶妻

6.94.0.1 凡僧道娶妻妾者，处八等罚，还俗。女家主婚人同罪。离异。财礼入官。寺观住持知情，与同罪；以因人连累，不在还俗之限。不知者，不坐。○6.94.0.2 若僧道假托亲属或僮仆为名求娶，而僧道自占者，以奸论。以僧道犯奸，加凡人和奸罪二等论。妇女还亲，财礼入官。系强者，以强奸论。

【讲义】 按：此仍《明律》，顺治三年〔1646 年〕添入小注，现改杖为罚。盖严僧道擅娶之罪也。

《唐律》无文。元律“诸僧道悖教娶妻者，杖六十七。离之。僧道还俗为民。聘财没官”云云，《明律》似本诸此，而更增女家同罪及住持纵容并假托亲属各项，更为详备。与犯奸门“僧道犯奸”及“僧道挟妓”各条互参。律文“以奸论”者，实包和奸在内。虽假托，原与女家说明，和同情愿，则以和奸论；若女家不知，被其诓骗，所娶之女，受制顺从或拒绝不从，为其强奸，则以强奸论。故注内“强”与“和”并言，与“娶亲属”条之“以奸论”者不同，彼盖专指和奸而言也。须善会之。

## 6.95 出　妻

6.95.0.1 凡妻于七出无应出之条及于夫无义绝之状，而擅出之者，处八等罚。虽犯七出，无子、淫佚、不事舅姑、多言、盗窃、妒忌、恶疾。有三不去，与更三年丧、前贫贱后富贵、有所娶无所归。而出之者，减二等。追还完聚。○6.95.0.2 若犯义绝，应离而不离者，亦处八等罚。若夫妻不相和谐，而两愿离者，不坐。情既已离，难强其合。○6.95.0.3 若夫无愿离之情，妻辄背夫在逃者，徒二年，听其离异；其妻因逃而辄自改嫁者，加二等。其因夫弃妻。逃亡，三年之内不告官司而逃去者，处八等罚；擅自改嫁者，处十等罚。妾各减二等。有主婚、媒人，有财礼，乃坐。无主婚人，不成婚礼者，以和奸、刁奸论。○6.95.0.4 若立契议雇之使女背家长在逃者，处八等罚，给还家长；因而嫁人者，处十等罚。追缴未满工值，免其离异。○6.95.0.5

**窝主及知情娶者，各与**妻妾、使女**同罪。**财礼入官。**不知情者，**主娶者言。**俱不坐。**财礼给还。○[6.95.0.6] **若由**妇女之**期亲以上尊长主婚改嫁者，罪坐主婚；妻妾止得在逃之罪。余亲主婚者，**余亲谓期亲卑幼，及大功以下尊长、卑幼，主婚改嫁者。**事由主婚，主婚为首，男女为从；事由男女，男女为首，主婚为从。**

**【讲义】** 按：此仍《明律》。原有“奴逃者，亦同”小注，顺治三年〔1646 年〕增添余注，雍正三年〔1725 年〕删去原注，乾隆五年〔1740 年〕改定，现又大加改易。盖言夫妇以义，而背义之罪，各有轻重也。

《唐律》“诸妻无七出及义绝之状而出之者，徒一年半；虽犯七出，有三不去而(去)〔出〕之者，杖一百，追还合。若犯恶疾及奸者，不用此律”，“诸犯义绝者，离之；违者，徒一年。若夫妻不相安谐而和离者，不坐。即妻妾擅去者，徒二年；因而改嫁者，加二等”①云云。《明律》仿照《唐律》，而出妻止杖八十，较《唐律》减轻数等。《唐律》妻擅去改嫁者，加二等，止徒三年；《明律》妻背夫在逃改嫁者，从重拟绞，又较《唐律》加重数等。《唐律》妻妾同罪，《明律》妾减妻二等，又添婢逃一层及后段窝主娶者、主婚各项人之罪。

至于“义绝”之说，现律无注，考之《唐律疏议》曰“‘义绝’，谓‘殴妻之祖父母、父母，及杀妻外祖父母、伯叔父母、兄弟、姑、姊妹，若夫妻之祖父母、父母、外祖父母、伯叔〔父母〕、兄弟、姑、姊妹自相杀，及妻殴詈夫之祖父母、父母，杀伤夫外祖父母、伯叔父母、兄弟、姑、姊妹，及与夫之缌麻以上亲，若妻母奸，及欲害夫者，虽会赦，皆为义绝。妻虽未入门，亦从此令’”②云云，此解义绝之状详悉无遗。而《明律注疏》谓“义绝专指自得罪于夫者，言如殴夫及欲害夫之类，非谓殴姑舅等项也”，云云，其说虽较唐疏为略，然唐疏亦有难行之处，须善会之。盖夫妇为五伦之一，联之以恩，合之以礼，又必持之以义，三者备而后正始之道无愧焉。“七出三不去”之说载于《家礼》。三不去，礼应留之也；七出者，礼应去之也。义绝必离，姑息不可也；恩绝听离，强合不能也；不应离而离，则悖于礼；应离而不离，则害于义。其违律一也，故治罪则同。若背逃改嫁，则恩、义、礼三者俱绝，无复有人道矣。坐以重典，所以维风化也。《辑注》云“义绝而可离可不离者，如妻殴夫及夫殴妻至折伤之类。义绝而不许不离者，如纵容抑勒与人通奸及典雇与人之类”。此可见义绝原无定论，当随事酌夺。盖出妻者，但出之使归耳，非谓从夫嫁卖也。若出之而卖，则又有卖休买休之律。七出者，乃礼可以出，非谓必应而出也，与义绝必应离者不同。古人虽有因蒸梨叱狗③之故去其妻者，乃君子交绝不出恶声，忠厚之道未可据为典要，而轻去糟糠，致贻儇薄之诮也。律外又有条例，足补律所未备，当一并参之。

## 条　例

[6.95.(1)] **一、妻犯七出之状，有三不去之理，不得辄绝。犯奸者不在此限。**

[6.95.(2)] **一、期约已至五年，无过不娶，及夫逃亡三年不还者，并听经官告给执照，别行改嫁，亦不追财礼。**

---

① 《唐律》户婚“妻无七出而出之”条律、“义绝离之”条律。

② 《唐律》户婚“妻无七出而出之”条“疏”议。

③ 蒸梨叱狗：传曾子之去妻也，以蒸梨不熟；鲍永之去妻也，以叱狗姑前。

# 6.96 嫁娶违律主婚媒人罪

6.96.0.1 凡嫁娶违律，若由男女之祖父母、父母、伯叔父母、姑、兄姊及外祖父母主婚者，违律之罪独坐主婚。男女不坐。余亲主婚者，余亲谓期亲卑幼，及大功以下尊长、卑幼主婚者。事由主婚，主婚为首，男女为从。得减一等。其以奸论至死者，除事由男女，自当依律论死。其由主婚人，并减一等。主婚人虽系为首，罪不入于死，故并减一等。男女已科从罪，至死亦是满流，不得于主婚已流罪上再减。○6.96.0.2 其男女被主婚人威逼，事不由已，若男年二十岁以下，及在室之女，虽非威逼，亦独坐主婚，男女俱不坐。不得以首、从科之。○6.96.0.3 未成婚者，各减已成婚罪五等。如绞罪减五等，徒一年半。余类推减。○6.96.0.4 若媒人知情者，各减男、女主婚犯人罪一等；不知者，不坐。○6.96.0.5 其违律为婚各条称“离异、改正”者，虽会赦，但得免罪。犹离异、改正。离异者，妇女并归宗。○6.96.0.6 财礼，若娶者知情，则不论已、未成婚，俱追入官；不知者，则追还主。

【讲义】 按：此仍《明律》，原有小注，顺治三年〔1646 年〕增修，现又删改。盖言以上婚姻之通例，所以补诸条之未备，而权其轻重之宜也。

《唐律》“诸嫁娶违律，祖父母、父母主婚者，独坐主婚。若期亲尊长主婚者，主婚为首，男女为从。余亲主婚者，事由主婚，主婚为首，男女为从；事由男女，男女为首，主婚为从。其男女被逼，若男年十八以(上)〔下〕及在室之女，亦主婚独坐。未成者，各减已成五等。媒人各，减首罪二等”，“诸违律为婚，当(各)〔条〕称‘离之’、‘正之’者，虽会赦犹离之、正之。定而未成，亦是。聘财不追；女家妄冒者，追还”①云云。《明律》一本于唐。惟《唐律》期亲尊长主婚者，主婚为首，男女为从；《明律》又添外祖父母一项，且独坐主婚，男女不坐，则与《唐律》不同；再《唐律》男十八以下被逼不坐，《明律》改为二十岁；《唐律》媒人减二等，此减一等，亦稍有区别。

本门“男女婚姻”以下诸条，凡有嫁娶之罪者，均谓之“嫁娶违律”。引拟诸条，皆当以此条参之，如各律之有名例也。“事由”者，谓其事全由之为主也。凡曲在男，则不追财礼；曲在女，则追财礼；男女俱曲，则入官。律外又有条例，亦为问违律离异者之总则，均当与律合参。

## 条 例

6.96.(1) 一、凡绅衿庶民之家，如将使女年至二十五岁，不行婚配者，照不应重律治罪，即令择配。

6.96.(2) 一、凡嫁娶违律，应行离异者，与其夫及夫之亲属有犯，如系先奸后娶，或私自苟合，或知情买休，虽有媒妁、婚书，均依凡人科断。若止系居丧嫁娶，或有妻更娶，或将妻嫁卖，娶者果不知情，实系明媒正娶者，虽律应离异，有犯，仍按服制定拟。

6.96.(3) 一、八旗、内务府三旗人，如将未经挑选之女，私行许聘者，将主婚之人，照违制律治罪。

---

① 《唐律》户婚“嫁娶违律”条律、“违律为婚离正”条律。

# 七、钱　债

【讲义】　钱债之事，《唐律》载在杂犯律内，明始分出另为一门。唐本六条，明并为三条，国朝因之并无损益。按旧注，钱兼货财而言，货钱与人曰“债”。钱债之法，外国律极为详细，今律止此三条，未免缺略；而负债不还，不论多少，止六等罚，亦嫌太轻，是以现在修订新律，刑法而外别立民法、商法、破产各法，将来钱债一门定当亦臻完备。此律不过略存梗概，然其大旨仍不能出此范围也。

## 9.124 违禁取利

9.124.0.1 凡私放钱债，及典当财物，每月取利，并不得过三分。年月虽多，不过一本一利。违者，处四等罚。以余利计赃，重于四等罚者，罪止十等罚。○9.124.0.2 若监临官吏于所部内举放钱债、典当财物者，不必多取余利，有犯即处八等罚。违禁取利，以余利计赃，重于八等罚者，准不枉法论。并追余利给主。兼庶民、官吏言。其负欠私债违约不还者，五两以上，违三月，处一等罚；每一月加一等，罪止四等罚。五十两以上，违三月，处二等罚；每一月加一等，罪止五等罚。百两以上，违三月，处三等罚；每一月加一等，罪止六等罚。并追本、利给主。○9.124.0.3 若豪势之人，于违约负债者，不告官司，以私债强夺去人孳畜产业者，处八等罚。无多取余利，听赎不追。若估所夺畜产之价过本、利者，计多余之物，罪有重于八等罚者，坐赃论；罪止徒三年。依多余之数追还。主。○9.124.0.4 若准折人妻妾、子女者，处十等罚。奸占加一等论。强夺者，加二等。徒一年半。因强夺而奸占妇女者，绞。监候。所准折、强夺之人口给亲，私债免追。

【讲义】　按：此仍《明律》，顺治初年添入小注。二节“不枉法论”下一段，雍正三年〔1725 年〕删改，乾隆五年〔1740 年〕又增入，现又删去；并改笞杖为罚金。盖言私债不得多取余利也。

《唐律》“诸负债违契不偿，一匹以上，违二十日，笞二十；二十日(以下)〔加一等〕，罪止杖六十；三十匹，加二等；百匹，又加三等。各令备偿”、“诸负债不告官司而强牵财物，过本契者，坐赃论”，“疏”议曰“若监临共所部交关，强牵过本契者，计过剩之物，准‘于所部强市有剩利’之法。(准枉法论)”，又“以良人为奴婢，用质债者，各减自相卖罪三等；知情而取者，又减一等。仍计庸以当债值”，“疏”议曰：“若以亲戚年幼妾质债者，各依本条，减卖罪三等”云云，①《明律》虽本于此，而各不同。《唐律》一匹以上，罪止杖六十，而三十匹、百匹则递加二等、三等；《明律》不分多少，即百以上，罪止杖六十，则较《唐律》为轻。而监临于所部违禁放债，《唐律》准枉法论，此依不枉法论，亦有不同。又去《唐律》以良人质债之罪，而添入准折人妻妾、强夺人畜产二项。至于“不过一本一息”之法，则系采用元制也，然指积久本利未还者言之。若年年纳利，本钱未还，不得统计已还之利，而算一本一利，即本名例所谓“赁钱虽多，不得过其本价”之意。

借偿原以通缓急之用，即取利之中，亦有相济之义。然乘人之急而罔利无度，与迟欠违约、负赖不还，均有应得之罪，故立此禁限，以剂其平。准折者，系两相合同之事，非由逼勒也。在他物、畜产则可，若准折妻女，则离散人骨肉，其豪强之势已可想见。惟因准折而奸占，究较因强夺而奸占为稍轻，故一则加一等拟徒，一则拟绞也。

律外又有条例，均补律所未备，凡断财产钱债案件者，均当一并参看。

## 条 例

9.124.(1) 一、监临官吏于所部内举放钱债，典当财物者，即非禁外多取余利，亦按其所得月息，照将自己货物散与部民、多取价利，计赃，准不枉法论；强者，准枉法论；不枉法，各主者，折半科罪律，减一等问罪。所得利银，照追入官。至违禁取利，以所得月息，全数科算，准不枉法论；强者，准枉法论；并将所得利银追出，余利给主，其余入官。

9.124.(2) 一、佐领、骁骑校、领催等，有在本佐领或弟兄佐领下，指扣兵丁钱粮放印子银者，照官吏于所部内举放钱债违禁取利律，加一等治罪。伙同放印子银者，以为从论，减一等。如非在本佐领下举放重债，勒取兵丁钱粮；及民人违禁向八旗兵丁放转子、印子、长短钱，扣取钱粮者，照私放钱债本律，加一等治罪，利银均勒追入官。佐领、骁骑校、领催等，代属下兵丁指扣钱粮保借者，照不应重律治罪。其指米借债之人，照不应为律科断。自行首出者，免其治罪，所欠债目，并免着追。失察之该管文武各官，俱交部分别议处。八旗佐领，每月仍将有无放债之人，出具印结，呈报该参领，按季加结，呈报都统查核。

9.124.(3) 一、听选官吏人等借债，与债主及保人同赴任所取偿，至五十两以上，借者革职，债主及保人照不应重律治罪，债追入官。

9.124.(4) 一、放债之徒，用短票扣折，违例巧取重利者，严拿治罪，其银照例入官。受害之人，许其自首免罪，并免追息。

---

① 《唐律》杂律“负债违契不偿”条律、“负债强牵财物”条律、“负债违契不偿”条“疏”议、“以良人为奴婢质债”条律及“疏”议。

## 9.125 费用受寄财产

9.125.0 凡受寄他人财物、畜产而辄费用者，坐赃论，以坐赃致罪律，减一等。罪止徒二年半。诈言死失者，准窃盗论，减一等；罪止徒三年。并追物还主。其被水火、盗贼费失，及畜产病死，有显迹者，勿论。若受寄财物而隐匿不认，依诓骗律；如以产业转寄他人户下，而为所卖失，自有诡寄盗卖本条。

【讲义】 按：此仍《明律》，顺治初年添入小注。盖言寄托财产不可私费欺隐也。

《唐律》“诸受寄财物，而辄费用者，坐赃论，减一等。诈言死失者，以欺诈取财物论，减一等”、“疏”议问曰：“受人寄付财物，实死、失，合偿以否？监临受寄，诈言死、失，合得何罪？”答曰：“下条‘亡失官私器物，各备偿。被强盗者，不偿’，即失非强盗，仍合备之。以理死者，不合备偿；非理死者，准《厩牧令》，合偿减价。若监临主司受寄，诈言死、失者，以‘诈欺取财物’论，减一等科之”云云。① 《明律》一本于此，而改“诈欺取财”为“窃盗”，其备偿之法，究不如《唐律》之详。

凡受人寄托之物而费用，犹有偿还之心，非遂干没之也，故坐赃论；若诈言死失，则欺骗而隐匿之，已有盗之心矣，故准盗论。要之，其物原在己家，与取诸外者不同，故准坐赃、准盗而均减一等。“追物还主”承上两项。若所寄之物被水火、盗贼及病死有显迹者，勿论，不坐罪，亦不赔偿。以其事出不测，非受寄者之过也。

此律应与“隐匿费用税粮课物”及“诈欺取财”各条参看。

律外又有典商失火、被窃、被劫酌赔之例，《读例存疑》谓其赔偿之法极为平允，所以昭划一而息争讼，此例文之最不可少者也。故详为录入，以备研究。

### 条 例

9.125.(1) 一、凡典商收当货物，自行失火烧毁者，以值十当五，照原典价值计算，作为准数；邻火延烧者，酌减十分之二；按月扣除利息，照数赔偿。其米麦、豆石、棉花等粗重之物，典当一年为满者，统以贯三计算，照原典价值，给还十分之三；邻火延烧者，减去原典价值二分，以减剩八分之数，给还十分之三；均不扣除利息。至染铺被焚，即着开单呈报地方官，逐一估计，如系自行失火者，饬令照估赔还十分之五；邻火延烧者，饬赔十分之三，均于一月内给主具领。其未被焚烧及搬出各物，仍听当主、染主照号取赎。倘奸商、店伙人等，于失火时有贪利隐匿、乘机盗卖等弊，即照所隐之物，按所值银数，计赃，准窃盗论，追出原物给主。若只以自己失火为邻火延烧，希图短赔价值者，即计其短赔之值为赃，准窃盗为从论，分别治罪。如典商、染铺及店伙人等，图盗货物，或先有亏短因而放火故烧者，即照放火故烧自己房屋盗取财物，及凶徒图财放火故烧人房屋，各本律例，从重问拟。

9.125.(2) 一、典铺被窃，无论衣服、米豆、丝棉、木器、书画，以及金银、珠玉、铜、铁、铅、锡各货，概照当本银一两，再赔一两；如系被劫，照当本银一两，再赔五钱；均扣

① 《唐律》杂律“受寄物辄费用”条律及“疏”议。

除失事日以前应得利息。如赔还之后，起获原赃，即给与典主领回变卖，不准原主再行取赎。染铺被窃，照地方官估报赃数，酌赔十分之五。如系被劫，酌赔十分之三，均令于一月内给主收领。如赔赃之后，起获原赃，给与该铺具领，由地方官出示晓谕，令原主归还所得赔赃之资，将原物领回，仍查明已染、未染，分别付给染价。倘奸商、店伙人等，于失事后，有贪利隐匿、乘机盗卖等弊，即照所隐之物，按所值银数计赃，准窃盗论。若只以窃报强，希图短赔价值者，即计其短赔之值为赃，准窃盗为从论，分别治罪。

## 9.126 得遗失物

9.126.0.1 凡得遗失之物，限五日内送官。官物尽数还官。私物召人识认，于内一半给与得物人充赏，一半给还失物人；如三十日内无人识认者，全给。五日限外不送官者，官物，坐赃论；罪止徒三年，追物还官。私物，减坐赃二等，其物一半入官，一半给主。若无主，全入官。○9.126.0.2 若于官、私地内，掘得埋藏无主之物者，并听收用。若有古器、钟鼎、符印、异常之物，非民间所宜有者。限三十日内送官。违者，处八等罚，其物入官。

**【讲义】** 按：此仍《明律》，顺治初年添入小注，现改杖为罚，盖言官私失物不可苟取也。

《唐律》“诸得阑遗物，满五日不送官者，各以亡失罪论。赃重者，坐赃论，减(三)〔二〕等”，“〔注〕：若得古器形制异而不送官者，罪亦如之”，“疏”议曰“凡人于他人地内得宿藏物者，依令合与地主中分。若隐而不送，计应合还主之分，‘坐赃论，减三等’，罪止徒一年半”①云云。《明律》即本于此，而添入“充赏”一层。后节《唐律》不分何物，一概拟罪。《明律》分作两层，系寻常之物，并听收用；系古制异常之物不送官者，始治以罪。罪惟不分多少，概杖八十，与《唐律》坐赃亦有不同。

凡遗失之物，必有其主，得之必须送官。若匿而不送，虽非窃取，究属义不当得，故坐赃论；而私物又减二等也。至得埋藏之物，既无主人，若责其送官，恐启冒认妄争之端，故与上得遗失无主之物并听收用。若古器、异常之物，非民间所得私有，则必令送官。即《周礼》“凡藏货贿，告于上司，大者公之，小者庶民私之”之遗意也。

---

① 此句引文实为两条，分别出自《唐律》杂律“得阑遗物不送官”条律、“得宿藏物隐而不送”条律注及“疏”议。即“得阑遗物不送官”条律“诸得阑遗物，满五日不送官者，各以亡失罪论；赃重者，坐赃论。私物，坐赃论，减二等。”与“得宿藏物隐而不送”条“得宿藏物隐而不送诸于他人地内得宿藏物，隐而不送者，计合还主之分，坐赃论，减三等。（注：若得古器形制异而不送官者，罪亦如之）”

# 八、其他有关各条

## 1.2十　恶

【讲义】　按：律重纲常，首严十恶。十恶之犯，皆无君无亲、罪大恶极、为天地间所不可容之罪，故特列篇首，以昭炯戒。其中不必尽大辟重典也，如不孝、不敬、不睦三项，死罪而外，亦有罪仅徒罚者。然事关名教，虽小难宽，论刑虽不至死者，亦为常赦不原。《辑注》云“罪至死者，固为法所难宥，即罪不至死者，亦俱有乖伦理”，即此意也。

1.2.1一曰：谋反。谓谋危社稷。

【讲义】　按：臣下将图逆节，危及天下，不敢斥指，故曰“社稷”也。

1.2.2二曰：谋大逆。谓谋毁宗庙、山陵及宫阙。

【讲义】　按：“宗庙山陵”，先君之辞；“宫阙”者，一人之辞。不敢明言，故曰“宗庙宫阙”。以其干纪犯顺、违背道德，故曰“大逆”。

1.2.3三曰：谋叛。谓谋背本国，潜从他国。

【讲义】　按：如翻诚投伪、率众外奔之类。

1.2.4四曰：恶逆。谓殴及谋杀祖父母、父母，夫之祖父母、父母、杀伯叔父母、姑、兄姊、外祖父母，及夫者。

【讲义】　按：五服之亲，自相屠戮，灭绝人伦，伤残天性，故曰“恶逆”。

1.2.5五曰：不道。谓杀一家非死罪三人，及支解人，若采生折割，造畜蛊毒、魇魅。

【讲义】　按：凶忍残贼、背弃正道。《汉律》云“杀不辜一家三人为不道”，故曰“不道”。

1.2.6六曰：大不敬。谓盗大祀神御之物、乘舆、服御物；盗及伪造御宝；合和御药，误不依本方；及封题错误；若造御膳误犯食禁，御幸舟船误不坚固。

【讲义】　按：“伪造御宝”以上数项，关系至大，治罪宜重。而“合和御药”以下数项，不过一时疏忽，然亦列于“不敬”者，君父之前，不敢言误，误即由于轻忽，不敬莫大焉，故亦曰“大不敬”。

1.2.7 七曰：不孝。谓告言、咒骂祖父母、父母，夫之祖父母、父母；及祖父母、父母在，别籍异财，若奉养有缺；居父母丧，身自嫁娶，若作乐、释服从吉；闻祖父母、父母丧，匿不举哀；诈称祖父母、父母死。

【讲义】 按：以上各项，皆不孝之显，著于律者，大曰“恶逆”，小曰“不孝”，治罪轻重不同，详见各律。至“咒骂”之“咒”，据《唐律》及薛氏〔允升〕《〔读例〕存疑》一书，“咒”当作“诅求爱媚”解。若谓“诅欲令死及疾苦”，则罪干大辟，应入恶逆，不仅不孝已也。

1.2.8 八曰：不睦。谓谋杀及卖缌麻以上亲，殴、告夫及大功以上尊长、小功尊属。

【讲义】 按：《书》云“九族既睦”，此条皆亲族相犯之事，彼此不相协和，故曰“不睦”。凡与父同辈者，曰“尊属”；与己同辈，曰“尊长”。谋杀及卖，《唐律》无问尊卑长幼，《明律》专指尊长言，各不相同。而《现行律》律注谓“卑幼犯上则重，尊长犯下则轻”，可见原包尊长卑幼在内。且止言“谋杀”而不言故、斗杀，若故、斗杀讫，亦在不睦之列。凡律之意，举重以赅轻，此谋杀未伤者，尚为不睦，况故、斗杀讫，较谋杀未伤更重，自在包括之中。至“卖缌麻以上亲”，“卖”者，卖为奴婢也；如卖为妻妾，未便即入此条。

1.2.9 九曰：不义。谓部民杀本属知府、知州、知县，军士杀本管官，吏、卒杀本部五品以上长官；若杀见受业师；及闻夫丧，匿不举哀，若作乐，释服从吉，及改嫁。

【讲义】 按：上条五服亲属，以天合者；此项部属、师生、夫妇，皆非天合，以义相维。背义而行，故曰“不义”。

1.2.10 十曰：内乱。谓奸小功以上亲，父、祖妾，及与和者。

【讲义】 按：此专指小功以上之亲而言。若小功亲之妻，不在此限。至父祖之妾，虽无服制，而分亲义重，不问有子无子并同。“及与和者”，谓妇人共男子和奸，亦问此律。此皆禽兽其行，朋淫于家，紊乱礼经，故曰“内乱”。

【讲义】 按：此条律目、律注系《唐律》之(文)明〔文〕，仍用之，小有异同。国朝迭加修改，《现行律》仍从其旧。

“十恶”之名，古书不见，起于后周、后齐，当时仅有其名而无其目。至隋开皇始创制此科，唐遵其制，至今因之。

《礼记·王制》云“凡置五刑，必即天伦”，又“凡听五刑之讼，必原父子之亲，立君臣之义”，可见律例一书，所以正纲纪而明人伦。此篇首严乱臣贼子之防，次设蔑理犯分之戒，圣贤垂教之意与帝王御世之道，毕具于此。独怪当世学士大夫高谈诗书，反目此为法术刑名之家，鄙之不屑寓目，及至身膺民社，一遇疑难大事，茫然无所措手，反委于幕府胥吏之手，欲不偾事，得乎！因论律义有感，记此，愿我学友发愤读律，一雪此耻。

## 1.18 给没赃物

1.18.0.1 凡彼此俱罪之赃，谓犯受财枉法、不枉法，计赃，与受同罪者。及犯禁之物，谓如应禁兵器及禁书之类。则入官。若取与不和，用强生事，逼取求索之赃，并还主。谓恐吓、诈欺、强买卖有余利、科敛及求索之类。○1.18.0.2 其犯罪应合籍没财产，赦书到后，罪人虽在赦前，决讫，而家产未经抄札入官，或罪未处决，籍没之物虽已送官，但未经分配与人守掌者，并从赦免。其已抄札入官守掌，及犯谋反、叛逆者，财产不分已、未入官。并不准免。○[1.18.0.3]若以赃入罪，正赃见在者，还官、主。谓官物还官，私物还主。又若本赃是驴，转易得马；及马生驹、羊生羔、畜产蕃息，皆为见在。其赃已费用者，若犯人身死，勿征；别犯身死者，亦同。若不因赃罪，而犯别罪，亦有应追财物，如埋葬银两之类。余皆征之。若计雇工赁钱私借官车船之类。为赃者，死亦勿征。○[1.18.0.4]其估赃者，皆据犯处地方。当时犯时。中等物价估计定罪。若计雇工钱者，一人一日为银一钱二分五厘，其牛、马、驼、骡、驴、车船、碾磨、店舍之类，照依犯时雇工赁值。计算。定罪、追还。赁钱虽多，各不得过其本价。谓船价值银钱一十两，却不得追赁值一十一两之类。○[1.18.0.5]其赃罚金银，并照犯人原供成色，从实追征，入官给主。若已费用不存者，追征足色。谓人原盗或取受正赃，金银使用不存者，并追足色。

**【讲义】** 按：此系《明律》，国初加入小注，现又删改，盖于追赃中仍存矜恤之意也。

《唐律》分为三门：一为彼此俱罪之赃；一为以赃入罪；一为平赃者。此合为一章，大致悉依《唐律》原文。惟《唐律》赃费用者，死及配流，均勿征。现律删去配流一层，惟死勿征，则较严矣。又《唐律》小注“凡赃皆征”，正赃惟盗赃倍备，若盗一尺，须征二尺之类，现律无此。再《唐律》计庸者，每人一日为绢三尺，现律改为“银一钱二分五厘”，亦与《唐律》不同。

通章分五段看，首节言赃物入官给主之法；二节言入官财产赦免不赦免之法；三节言赃物应征勿征之法；四、五节言估赃、追赃之法。总之，赃物有入官、有给主、有还官，而入官、给主、还官三项中又有赦免者、有勿征者，必罪恶重大而始不赦，（如谋反、叛逆之事）此外即应遇赦免追矣。必人赃见存而始追征。如其人已死，即不必征；或未死而十分赤贫，亦有量追一半及勘实治罪豁免之例。其中纤细毕具，情与法可谓曲尽矣。至于断付死者财产遇赦不得免追一项，本系律后总注，现已纂为条例。缘断付死者之家财产，系优恤生者，以备养赡之用，与应合入官不同。盖入官者可免，而优恤死者之家不可免也，当分别观之。

此外又有与律互相发明者，如律称“身死者，勿征”，然官员侵盗钱粮入己者，该员身故，仍有将伊子监追之例；又侵盗应追之赃，着落犯人妻及未分家之子名下追赔，如果家产全无，取结豁免，不得株连亲族；又应行查抄资产，而兄弟未经分产者，将所有产业按其兄弟人数分股计算，只将本犯名下应得一股入官，其余兄弟名下应得者，概行给予；又官员应追因公核减及分赔、代赔之项，查明家产尽绝者，照例题豁，毋庸再于同案各员摊追，亦不追其妻子；又抢窃之赃，定案时严行比追，如果力不能完，即将本犯治罪，取结豁免；又命案内减等发落应追埋葬银两，勒限一个月追完，如系十分贫难者，量追一半，如限满勘实力不能完，取结豁免；又应该偿命罪囚遇赦宥免，追银二十两给其家属，赤贫量追一半；又强盗赃不足原失之数，将无主赃物赔补，如仍不足，将盗犯家产变价赔偿；又监守侵盗仓库，有限四个月、八个月、十二个月监追，及一年、二年、三年监追之条。以上数例，散见各门，皆与此律互相牵涉，宜一并参考。

再，给没一法，外国均有，日本谓之“征偿”、“没收”。其没收之法分为三项，一为法律禁制之物，二为供犯罪所用之物，三为因犯罪而得之物；征偿之法，如犯人放免，若被害者请求其应还给赃物及赔偿损害，仍不得免，若赃物尚在犯人之手，虽无请求即还之云云。与中律大意相同，特文法与细则略有变通耳。诸学友现习《日本刑法》，故将中律与日法符合之处，附录于后,以为好学深思之一助。

六赃细数比较(略)

按:六赃而外又有挪移出纳一项,虽非监守自盗,亦有应得之罪,律系计赃准监守自盗论,罪止满流,例则分别五千两以下者照律拟杂犯流,五千两以上至一万两者拟实流三千里;一万两以上至二万两者发极边足四千里安置;二万两以上者,虽属挪移,亦照侵盗钱粮例拟绞监候,仍勒限一年、二年、三年追完,分别减免。

## 条 例

1.18.(1) 一、凡问刑衙门自理罚金及收赎银两,岁底造册申详上司,报法部察核。并应开明罚赎人姓名及数目,晓示各该地方。如有以多报少及隐漏者,督抚奏参,以贪赃治罪。

1.18.(2) 一、京城现审案内,凡应追赃、罚赃、变赃、赎银两,俱将该犯发交本旗籍该管官定限一年追完。如逾限不行追交,法部即行查参,将承追各官,照例议处。

1.18.(3) 一、大理院及京师各级审判厅现审案内,违例入官住房、铺面各项房屋,于定案后,大理院则径咨民政部办理,各级审判厅则径咨内外城巡警总厅办理,毋庸原问衙门估变。

1.18.(4) 一、京城现审窃盗案内无主赃物,及一切不应给主之赃,如系金珠、人参等物,交内务府。银钱及铜、铁、铅、锡等项,有关鼓铸者,交度支部。硫磺、焰硝及砖石、木植等项,有关营造者,交农工商部。洋药及盐、酒等项,有关税务者,交崇文门。其余器皿、衣饰及马、骡、牲畜,均行文民政部,札行内外城巡警总厅,督同该区官,当堂估值变价,交度支部汇奏,并将变价数目报法部查核。倘有弊混及变价不完,由法部奏参。

1.18.(5) 一、地方官吏有将入官田房私租于人者,除照数追赔外,仍照侵盗钱粮例治罪。其一应变卖什物,俱勒限一年,眼同本犯家属,照数变卖。如逾限未变,器皿、衣服,仍于本地方勒变;一应金银珠玉等物,兑明分两数目,造具清册,眼同本犯家属封固,取具并无更换甘结,具文解交藩库。遇有便员附搭解部,转交崇文门变价。若有窃换等弊,许家人及旁人首告,加倍追赔,仍照侵盗钱粮例治罪。

1.18.(6) 一、田房产业一经入官,即令本犯家属,将契券呈堂出业。该管官眼同原主,秉公估定,开明价值,出示速售。有愿买者,即给与印照,不许原主勒索找价,仍令买主出具并无假冒、影射甘结存卷。如该管官纵容原主据占、影射,将据占之家属、影射之父兄,俱照隐瞒入官财物律坐赃治罪,该管官并该上司俱照例分别议处。如并无影射等弊,首告之人捏词陷害,按律反坐。至所典房地及质当物件,勒限令原主取赎,归还原本;如逾限不赎,即开明原本价值,出示招卖。

1.18.(7) 一、凡追赃人犯,除侵贪官吏仍照例限监追外,其抢夺、窃盗之赃,问刑衙门于定案之日,严行着追;如果力不能完,即将本犯治罪,分别奏咨豁免。

1.18.(8) 一、凡内外官员名下,应追因公核减、借欠等项,及该员本系分赔、代赔,经地方官查明,结报家产尽绝、无力完缴者,俱照例奏豁,毋庸再于同案各员名下摊追。

1.18.(9) 一、亏空贪赃官吏,一应追赔银两,该督抚委清查官产之员,会同地方官,令本犯家属将田房什物呈明时价,当堂公同确估,详登册记,申报上司,仍令本犯家属眼同售卖完项。如有侵渔需索等弊，许该犯家属并买主首告，将侵渔需索之官吏，照侵盗钱粮及受枉法赃律治罪。

1.18.(10) 一、缘事获罪，应行查抄资产，而兄弟未经分产者，将所有产业查明，按其兄弟人数分股计算。如家产值银十万，兄弟五人，每股应得二万。只将本犯名下应得一股入官，其余兄弟名下应得者，概行给予。

1.18.(11) 凡侵贪之案，如该员身故，审明实系侵盗库帑、图饱私橐者，即将伊子监追。

1.18.(12) 强、窃盗贼现获之赃，各令事主认领外；如强、盗赃不足原失之数，将无主赃物赔补，余剩者入官；如仍不足，将盗犯家产变价赔偿。若诸色人典当、收买盗赃及窃赃，不知情者勿论，止追原赃；其价于犯人名下追征给主。

1.18.(13) 一、应该偿命罪囚，遇蒙赦宥，应给被杀家属养赡银二十两；及命案内随案减等，或罪应徒流人犯，应追埋葬银两；并老小废疾收赎、过失杀伤收赎、留养收赎各银两，俱勒限一个月追完。有物产可抵者，亦着于限内变交。如审系十分贫难者，量追一半，分别给属、入官。若限满勘实，力不能完，其由死罪减等及例应流徒人犯，即行收所习艺；一面取具地邻亲族甘结，详请督抚核实咨部豁免。如有隐匿发觉者，地邻人等照不应重治罪，承追官照例议处。其应行援免及收赎释放人犯，仍再限一月，将减半银两着落本犯或亲属完交，不得概行请豁。

1.18.(14) 一、断付死者之财产，遇赦不得免追。

## 1.32 称期亲祖父母

1.32.0 凡律称期亲及称祖父母者，曾、高同。称孙者，曾、元同。嫡孙承祖，与父母同。其嫡母、继母、慈母、养母，有犯与亲母律同。改嫁、义绝，及殴杀子孙，不与亲母同。称子者，男、女同。

【讲义】 按：此仍《明律》，其小注系顺治三年〔1646年〕及乾隆五年〔1740年〕增修，现又删易，大致与《唐律》相同，惟删去《唐律》篇末数语耳，盖言亲属之情义相等者有犯，皆同科也。

一年之丧曰“期”，如伯叔兄弟及在室之姊妹；至祖父母皆服期年。曾祖止服齐衰五月，高祖三月，虽无期年之服，而皆天亲伦理之重，有犯依期亲及祖父母，与其他五月、三月之服不同。如谋杀祖父母及期亲尊长皆斩立决，犯高、曾者亦同；闻期亲尊长丧匿不举哀，处八等罚，高、曾亦同之类是也。祖为嫡孙服期年，众孙大功，曾孙、元孙缌麻，服虽有降，然既统称曰“孙”，则曾、高祖有犯曾、元孙者，仍依祖孙本法，与其他缌麻服亦不同。如故杀亲孙者，徒一年；故杀缌麻侄孙者，绞监候；若高、曾祖故杀曾、元孙，则依亲孙拟徒，不依缌麻拟绞之类是也。至于长子死而嫡孙承重者，一切干犯祖父母，则依与父母律科断。若妾子谓正妻，曰“嫡母”；母死父后娶之妻，曰“继母”；所生母死，父令他妾抚养，曰“慈母”；自幼过房与人，曰“养母”。四者虽非亲母，然礼皆持服，若未改嫁及非殴杀子孙，其余一切有犯，皆与亲母同论。如亲母改嫁及被出者，其子降服期年，而嫡、继、慈、养改嫁、被出，则无服。亲母殴杀子十等罚，而嫡、继、慈、养杀者，加一等；致令绝嗣者，绞监候。例又有因奸杀子分别嫡、继、生母治罪之条，则较律注更细矣。盖律文断罪之例本以服制分别轻重,惟此数项恩义名分至重,不以服制为拘,故设此专条,以示变例。惟其间异中有同,同中又有异,须统小注读之,不可专执律文也。又养母一项,此律及服图均注"三年之丧",道光四年〔1824 年〕经大学士九卿奏明,改为"齐衰期服",与律注不同,现已删除矣。

再者,服制一项,历代相传,虽少有变易,而大纲严正,乃中华国粹所存。西法诸多精细,惟此从略。《日本刑法》虽有"亲属"一条,亦与中律诸多不合。如谓"高、曾祖父母,外祖父母",均称"祖父母";继父母、嫡母均称"父母";庶子,曾、元孙、外孙,均称"子孙";异父异母之兄弟姊妹均称"兄弟姊妹"云云。① 夫高、曾父母均称"祖父母",嫡母、继〔父〕母均称"父母",庶子、曾、元孙均称"子孙",此尚与中律不差。若外祖父一项,虽较寻常小功服为重,中律有犯,比之期亲,已觉尊严,若统与本宗祖父母并论,未免无外、内之分矣。至于异父异母之兄弟姊妹,中律大有分别。异母之兄弟姊妹固可与同胞兄弟姊妹并论;若异父之兄弟姊妹,则系异姓,不同一宗,并无服制,中律虽有犯奸较凡加重之文,然究与同父兄弟姊妹轻重悬绝,彼则相提并论,不但无内、外之别,并无同姓、异姓之分矣。再彼法所称"配偶者之兄弟姊妹之子",是即中国之妻侄也;"配偶者之父母之兄弟",是即中国之叔岳也。② 在中律有亲无服有犯,均以凡论,而彼均列亲属之中,亦与中律不合。若以中学论之,殊觉骇人听闻矣。现在变法,诸仿东律,此等恐不易行。因论期亲之文而纵言及此,仍未脱平日守旧积习,恐不值新学高明家一噱也。

## 1.35 称日者以百刻今《时宪书》,每日计九十六刻。

1.35.0 凡律称一日者,以百刻。犯罪违律,计数满乃坐。仍遵照《时宪书》,每日计九十六刻。计工者,从朝至暮。不以百刻为限。称一年

---

① 《日本旧刑法》(1880 年)第一编总则第十章"亲属例":

"第百十五条 本法称'祖父母'者,高、曾祖父母,外祖父母含之;称'父母'者,继父母、嫡母含之;称'子孙'者,庶子,曾、元孙,外孙含之;称'兄弟姊妹'者,异父异母之兄弟姊妹含之。"

参见《新译日本法规大全(点校本)》(第 2 卷),南洋公学译书院初译,商务印书馆编译所补译校订,李秀清点校,商务印书馆 2007 年版,第 483 页。

② 《日本旧刑法》(1880 年)第一编总则第十章"亲属例":

"第百十四条 本刑法称'亲属'者,记载如下:

"一、祖父母,父母,夫妻。

"二、子孙及其配偶者。

"三、兄弟姊妹及其配偶者。

"四、兄弟姊妹之子及其配偶者。

"五、父母之兄弟姊妹及其配偶者。

"六、父母之兄弟姊妹之子。

"七、配偶者之祖父母、父母。

"八、配偶者之兄弟姊妹及其配偶者。

"九、配偶者之兄弟姊妹之子。

"十、配偶者之父母之兄弟姊妹。"

参见《新译日本法规大全(点校本)》(第 2 卷),南洋公学译书院初译,商务印书馆编译所补译校订,李秀清点校,商务印书馆 2007 年版,第 483 页。

**者，以三百六十日。**如秋粮违限，虽三百五十九日，亦不得为一年。**称人年者，以籍为定。**谓称人年纪，以附籍年甲为准。**称众者，三人以上。称谋者，二人以上。**谋状显迹明白者，虽一人，同二人之法。

**【讲义】** 按：此仍《明律》，亦即《唐律》原文，顺治三年〔1646 年〕增修小注，现又增添。盖解律中称日、称年、称人之义，使断罪不致错误也。

称日百刻乃沿律之旧文。明历十二时，每时八刻，子、午二时十刻，合为一日百刻。今《时宪书》子、午亦八刻，每日共九十六刻，与此稍有不同。计日论罪，如人命保辜之类，不满刻者，不得以限满论。如初一日辰时伤人，保辜二十日者，必至二十一日辰时方为限外，卯时犹为限内也。至于计工，则夜无役理，止令朝作暮息，不得以刻为论。计年论罪者，如追赃、缉盗之类，不满三百六十日，不得以限满论。小建之日则增算，遇闰之年亦扣算也。计年论罪者，如老幼收赎、存留养亲之类，恐其增减捏报，故以附籍入册之年数为准。“众”者，人多之词，如聚众打夺斗殴之类。不及三人，不可谓“众”。“谋”者，共为之事，如同谋共殴、共谋为盗之类。若止一人，不可谓“谋”。惟谋杀律内，独谋诸心，虽一人，亦称曰“谋”，故注云“同二人之法”。

律意如此，惟现在成案办法亦有不尽遵此者。如计算工料、钱粮者，照律扣小建增闰月，若限年承追、承催之案，则今年二月初一日起至明年正月三十日，即为一年限满，不照三百六十日计算；又丁忧、俸银俱不计闰，而徒犯着役及承审等项，仍计闰月，亦不照三百六十日之律也；又嘉庆十六年〔1811 年〕上谕“凡以年定罪之案，如谋杀十岁幼孩及奸十二岁以下幼女之类，罪名出入甚巨，遇有此等，只应核其现在年岁为定，若照生年月日核算，恐犯供有心欺饰，反开官吏挪移高下之弊”云云；皆足补律未备，当并参之。至于“称年以籍”，现在户籍淆乱，无可查究，办案并不依此。凡关犯人年岁者，只取具亲族邻里甘结，并不关查户籍，是亦变通办理之法。

若日本刑期计算，“凡称一日者以二十四点钟计，称一月者以三十日计，称年者从历”①云云，与中律小有参差。中律无称月一层，而现定诉讼法②第七条“称时者即时起算，称日者二十四小钟，称月者三十日，称年者三百六十日”，是称年仍遵用中律，而称日、称月则参用东律也。

## 1.36 称道士女冠

1.36.0 **凡**律**称道士、女冠者，僧、尼同。**如道士、女冠犯奸，加凡人罪二等，僧、尼亦然。**若于其受业师，与伯叔父母同。**如俗人骂伯叔父母，徒一年；道、冠骂师，罪同。受业师，谓于寺观之内，亲承经教，合为师主者。**其于弟子，与兄弟之子同。**如俗人殴杀兄弟之子，徒三年；道、冠、僧、尼殴杀弟子，同罪。

**【讲义】** 按：此仍《明律》，亦即《唐律》原文，惟删去末节数语；国初增修小注。

---

① 《日本旧刑法》(1880 年)第四十九条第一款：“计算刑期，称一日者，以二十四时计；称一月者，以三十日计；称一年者从历。”

参见《新译日本法规大全(点校本)》(第 2 卷)，南洋公学译书院初译，商务印书馆编译所补译校订，李秀清点校，商务印书馆 2007 年版，第 483 页。

② “现定诉讼法”指《刑事民事诉讼法(草案)》。《刑事民事诉讼法(草案)》于光绪三十二年(1906 年)3 月具奏进呈后，清廷将该草案发交部院督抚大臣签注。以湖广总督张之洞为首的督抚大臣，以草案违背中国立法之本意而奏请废止，得到大多数督抚的赞成，该草案遂被搁置。

凡出家之人,教而兼养,衣钵相传,师弟之恩义最重。道士、女冠,与僧、尼虽不同,而皆系出家之人,故犯罪同论。如道士、女冠犯奸,加凡人二等,僧、尼亦然。犯受业师者,同伯叔父母。如俗人骂伯叔父母徒一年,道、冠、僧、尼骂师亦然。其于弟子,与兄弟之子同。如俗人殴杀胞侄徒三年,道、冠、僧、尼杀弟子亦然。若同师僧、道,并无尊卑长幼之分,相犯者,仍照常人论。此皆指亲承经教者而言。如未经受教,止依雇工人或乞养子孙论。又如年未四十,违例招徒,或避役,或私自簪剃投拜者,皆系例应还俗之人,有犯,均照凡人科断,不得援此为例。

旧例有弟子谋、故、殴杀、殴伤业师者,业儒弟子照期亲卑幼论,道、冠、僧、尼及匠人照大功卑幼论;如因弟子违犯教令,以理殴责死者,儒师照期亲尊长拟徒,道、冠、僧、尼及匠人照大功尊长拟绞;若因奸、盗别情谋杀弟子,及挟嫌故杀弟子,并持金刃非理殴杀弟子者,均照凡人拟罪云云。(见斗殴门)与此律互相发明,足补律所未备,可见我朝尊崇儒术之意。现已删除,未免尊方外而贱儒师矣,古法益形荡然矣。

外国并无簪剃之事,亦无道士、女冠名目,故不设专律。

## 7.119 隐瞒入官家产

7.119.0.1 **凡抄没财产,除谋反、谋叛,依律酌量抄没;其余有犯,律不该载者,财产不在抄没入官之限。违者,依故入人流罪论。抄没尚未入官,作未入官,各减一等。○7.119.0.2 若抄札入官家产,而隐瞒田土者,计田,以欺隐田粮论;若隐瞒财物、房屋、孳畜者,坐赃论;各罪止十等罚,所隐财产并入官,罪坐供报之人。○7.119.0.3 若里长同情隐瞒,及当该官吏知情者,并与同罪。计所隐赃,重于十等罚者,坐赃论,全科。○7.119.0.4 受财者,计赃,以枉法各从重论。以枉法之重罪论。分有禄、无禄。失觉举者,减供报人三等,罪止五等罚。**

**【讲义】** 按:此仍《明律》,顺治三年〔1646年〕添入小注,现又删改。盖言抄没不得枉滥,而又分别隐瞒之罪也。

《唐律》“诸非应没官而没之者,各以流罪故失论”,《明律》以故入流罪论而不以失论,较为严重。

凡抄没财产,乃惩恶极典,身虽正法,未尽厥辜,故复有缘坐抄没之法。现在缘坐虽废,而抄没之法尚存,但须例内载明应抄没者方许抄没,其余不得擅拟,所以防枉滥也。然例应抄没而隐瞒不报,分别供报之人及里长、官吏科罪,又以示惩也。二节曰“坐赃论”,三节又云“坐赃论,全科”者,对上罪止十等(罪)〔罚〕而言,犹云“全科”,坐赃之罪,应照坐赃律全科,罪止徒三年,不在罪止十等罚之限也,律文精细如此。

旧例“凡罪犯入官财产,着落正犯追取。傥正犯将无干之人肆行诬赖者,从重治罪。承审官拖累无干之人者,严加议处”,又“欠帑人员将地亩入官之后,不准本人及其子孙认买”,又“隐匿侵盗案内之家产者,照坐赃律分别定拟,一千两以上流三千里;罪坐隐瞒之人。保题各官治罪追赔”,又“一切承追案件,该督抚一面行查历过任所有无隐寄,无庸俟本籍无追始行咨查其任所。地方官自文到日限三个月据实申详,如有逾限,照例议处。其欠帑官员离任,托故逗留者，即押令回籍着追”云云，均较律治罪为严，现虽删除，亦可备考。

此门例文，康熙、雍正年间纂者居多，乾隆年间次之，嘉庆以后寥寥无几。盖库款仓储，国用民命攸关，最关紧要。国初力加整顿，后乃一味因循，法令俱成具文，寖至今日，酿成官吏纵驰怠慢之弊，不可收拾。当此之时，亟宜大加惩创，以猛济宽，犹恐难挽积弊，而当事者犹复博宽厚之名，务求减轻刑法，是犹以水济水，必至溃决而后已。世变至此，可胜慨哉！

## 条　例

7.119.(1) 一、凡一切应追入官财产，如已经豁免后，查出隐匿，除挪移案内，隐匿者仍照隐匿本律治罪外；如侵盗案内，隐匿者不论原案未完之数，计所隐财产价值之多寡，照坐赃律治罪。

7.119.(2) 一、凡应追官员赃赔各项银两，若原籍、任所查明财产尽绝，实在无可着追者，任所官出具切实印结，由原籍加结奏请豁免。旗员由本旗查明具结，咨部办理。

7.119.(3) 一、凡欠帑人员，或因独力难赔，或因产尽无着，遂将分居别业之弟兄、亲族，并不知情之亲友、旁人，巧借认帮名目，转辗株连，勒令赔补者，将承审、承追各官，均照违制治罪。

7.119.(4) 一、凡亏空入官房地内，如有坟地及坟园内房屋、看坟人口、祭祀田产，俱给还本人，免其入官变价。

# 10.129 把持行市

10.129.0.1 凡买卖诸物，两不和同，而把持行市，专取其利；及贩鬻之徒，通同牙行，共为奸计，卖己之物以贱为贵，买人之物以贵为贱者，处八等罚。○10.129.0.2 若见人有所买卖，在旁混以己物，高下比价，以相惑乱而取利者，虽情非把持，处四等罚。○10.129.0.3 若已得利物，计赃，重于八等罚、四等罚者，准窃盗论。赃轻者，仍以本罪科之。

**【讲义】** 按：此仍《明律》，顺治三年〔1646 年〕添入小注，现改杖为罚。盖禁豪强把持以固市利也。

《唐律》“诸买卖不和，而较固取者；及更出开闭，共限一价；若参市，而规自入者，杖八十。已得赃，重者，计利，准盗论。”（注：“较”者，“谓专略其利”；“固”者，“谓障固其市”；“共限一价”者，“谓卖物以贱为贵，买物以贵为贱”；“参市”者，谓人有所买卖，在旁高下其价，以相惑乱也）又，“诸在市及人众中，故相惊动，令扰乱者，杖八十；以故杀伤人者，减故杀伤一等；因失财物者，坐赃论。其误惊杀伤人者，从过失法”，①云云。《明律》本此，而以《唐律》之注作为正文，较为明显，惟无《唐律》“惊动杀伤人”一节，似不完全。

此律“两不和同”，谓使买者、卖者皆不情愿之意。如已买物，则把持卖者；如已卖物，则把持买者，即俗所谓强买强卖而又不许他人买卖也。把持行市是公然恃强以取利，通同为奸，则

① 《唐律》杂律“卖买不和较固”条律、“在市人众中惊动扰乱”条律。

暗地作弊以谋利,情虽不同,而皆扰害市廛,故其罪同。前二节是未得财,末节是已得财。若所得之财轻于前罪者,仍依前罚金也。

律外有例,均与律相辅而行,当并参考。

## 条　例

10.129.(1) 一、各处客商辐辏去处，若牙行及无藉之徒用强邀截客货者，不论有无诓赊货物，依本律处八等罚。如有诓赊货物，仍勒追完足发落。若勒追年久，无从赔还，累死客商者，流二千里。

10.129.(2) 一、牙行侵欠控追之案，审系设计诓骗，侵吞入己者，照诓骗本律，计赃治罪；一百二十两以上，问拟满流；追赃给主。若系分散客店，牙行并无中饱者，一千两以下，照例勒追，一年不完，依负欠私债律治罪；一千两以上，监禁严追，一年不完，于负欠私债律上加三等治罪。所欠之银，仍追给主。承追之员，按月册报该管上司稽查，逾限不给者，该管上司按册提比。如怠忽从事，拖延累商者，该管上司据实揭参，照事件迟延例议处；有意徇纵者，照徇情例，降二级调用；如有受财故纵者，计赃从重，以枉法论。

10.129.(3) 一、京城官地井水，不许挑水之人把持多家，任意争长价值，及作为世业私相售卖。违者，许该户呈首，将把持挑水之人，照把持行市律治罪。

10.129.(4) 一、凡内府人员家人，及王、贝勒、贝子、公、大臣、官员家人，领本生理，霸占要地关津，倚势欺凌，不令商民贸易者，事发，将倚势欺凌之人，拟绞监候。如民人借贷王以下大臣、官员银两，指名贸易，霸占要地关津，恃强贻累地方者，亦照此例治罪。又内府人员家人，及王以下大臣、官员家人，指名倚势，网收市利，挟制有司，干预词讼，肆行非法，该主遣去者，本犯发烟瘴地方安置；本犯私去者，照光棍例治罪。王、贝勒、贝子、公失察者，俱交与该衙门照例议处；管理家务官，革职；大臣、官员失察者，亦俱革职。不行察拿之该地方文武官，交该部议处。

10.129.(5) 一、大小衙门公私所需货物，务照市价公平交易，不得充用牙行，纵役私取。即有差办，必须秉公提取，毋许借端需索。如有纵役失察，交部分别议处。其衙役，照牙行及无藉之徒用强邀截客货者不论有无诓赊货物例治罪；如赃至三十五两者，照枉法赃问拟。所得赃、私货物，分别给主、入官。

# 12.150 僧道拜父母

12.150.0.1 凡僧、尼、道士、女冠，并令拜父母、祭祀祖先。本宗亲属在内。丧服等第，谓斩、衰、期、功、缌麻之类。皆与常人同。违者，处十等罚，还俗。○12.150.0.2 若僧、道衣服，止许用䌷、绢、布匹，不得用苎、丝、绫罗。违者，处五等罚，还俗，衣服入官。其袈裟、道服，不在禁限。

**【讲义】** 按:此仍《明律》,顺治初年添入小注,现改杖为罚。盖言僧道不得灭伦理、尚华侈也。

僧道虽已出家,仍当归拜父母、崇拜父母、归祀祖先,而丧服亦当与常人无异,不得以异教废礼。若违此三者，则是崇尚虚无幻渺而弃亲灭伦，则人道废矣，故设此禁以罪之。至衣服不得崇尚华美，亦以其贱流而禁之。然究较弃亲为轻，故照上减五等科之。韩子〔韩愈〕《原道》云“弃尔君臣，去尔父子，以求清净寂灭”，可见此辈逍遥方外，自外名教，大为人心风俗害。此律之设，正与昌黎辟佛之意千古同揆。

## 12.155 丧葬职官、庶民，三月而葬。

12.155.0.1 凡有尊卑丧之家，必须依礼定限安葬。若惑于风水，及托故停柩在家，经年暴露不葬者，处八等罚。若弃毁死尸，又有本律。其从尊长遗言，将尸烧化，及弃置水中者，处十等罚；从卑幼，并减二等。若亡殁远方，尊长、卑幼不能归葬而烧化者，听从其便。〇12.155.0.2 其居丧之家，修斋设醮，若男女混杂所重在此。饮酒食肉者，家长处八等罚；僧、道同罪，还俗。

**【讲义】** 按：此仍《明律》，顺治初年添入小注，现又删改。盖定丧葬之礼，以正风俗也。

人死以葬为安，故谓之“藏”；不藏者，为暴露。惑于风水，托故不葬，将尊长已朽之骨博儿孙未来之福，是信祸福而弃亲也；从尊长遗言而烧化，是遵乱命也；从卑幼遗言而烧化，是听其非理之言，不由正理也；没远方而化尸携骨，此事出从权，可以听从其便也。至于有丧而男女混杂，饮酒食肉，在家长则纵容违礼，在僧礼则不守戒律，不但非居丧之礼，且启淫乱之端。故均治以罪。而烧化者，较为加重耳。

律外有例，均与律外相辅而行，可以合参。

### 条　例

12.155.(1) 一、旗、民丧葬，不许火化。除远乡贫人，不能扶柩归里，不得已携骨归葬者，姑听不禁外；其余有犯，照违制律治罪。佐领及族长隐匿不报，照不应轻律科断。

12.155.(2) 一、民间丧葬之事，凡有聚集演戏，及扮演杂剧等类，或用丝竹管弦演唱佛戏者，该地方官严行禁止。违者，照违制律治罪。

## 12.156 乡饮酒礼

12.156.0 凡乡党叙齿，及乡饮酒礼，已有定式。违者，处五等罚。乡党叙齿，自平时行坐而言；乡饮酒礼，自会饮礼节而言。

**【讲义】** 按：此仍《明律》，顺治三年〔1646 年〕添入小注，现改笞为罚。盖重敬老之典，以教让也。

《唐律》无文。

乡饮酒礼，有司与学官率士大夫之老者行之学校，载在《职掌》，已有定式。《集注》云：“直省、府、州、县，每岁正月十五、十月初一日，于儒学行乡饮酒礼，访绅士中年高德劭者一人为大宾，士人中举一人为介宾，耆庶中举数人为众宾。不得其人，宁缺毋滥。所以尊高年、表德行，为一邑之矜式。举行之先，由学移县，由县详府转请咨部，诚巨典也。”今则久不行矣。

律外有例，均系以礼化民之意，今已视为具文，地方官惟知以法令从事矣。

**条 例**

12.156.(1) 一、乡党叙齿，士农工商人等平居相见，及岁时宴会，揖拜之礼，幼者先施；坐次之列，长者居上。如佃户见田主，不论齿叙，并行以少事长之礼；若亲属，不拘主佃，止行亲属礼。

12.156.(2) 一、乡饮坐叙，高年有德者居于上，高年纯笃者并之，以次序齿而列。其有曾违条犯法之人，列于外坐，不许紊越正席。违者，照违制论。主席者，若不分别，致使良莠溷淆，或察知，或坐中人发觉，依律科罪。

## 16.198 宰杀马牛

16.198.0.1 凡私宰自己马、牛者，处十等罚；驼、骡、驴，处八等罚；筋角皮张入官。误杀及病死者，不坐。○16.198.0.2 若故杀他人马、牛者，徒一年半；驼、骡、驴，处十等罚；（官畜产同。）若计赃重于本罪者，准盗论。（追价给主。系官者，准常人盗官物断罪。）若伤而不死，不堪乘用，及杀猪、羊等畜者，计杀伤所减之价，亦准盗论。各追赔所减价钱。（还官、给主。）价不减者，处三等罚。为从者，各减一等。（官物不分首、从。）其误杀伤者，不坐罪，但追赔减价。○16.198.0.3 若故杀缌麻以上亲马、牛、驼、骡、驴者，与本主私宰罪同。（追价赔主。）杀猪、羊等畜者，计减价，坐赃论，罪止八等罚。其误杀及故伤者，俱不坐，但各追赔减价。○16.198.0.4 若官、私畜产毁食官、私之物，因而杀伤者，各减故杀伤三等，追赔所减价。（还畜主。）畜主赔偿所毁食之物。（还官、主。）○16.198.0.5 若故放官、私畜产损食官、私物者，处三等罚。计所食之赃重于本罪者，坐赃论。（罪止徒三年。）失防者，减一等；各赔所损物。（还官、主。）○16.198.0.6 若官畜产失防毁食官物者，止坐其罪，不在赔偿之限。○16.198.0.7 若畜产欲触抵踢咬人，登时杀伤者，不坐罪，亦不赔偿。（兼官、私。）

**【讲义】** 按：此仍《明律》，顺治初年删定，添入小注，现又改笞、杖为罚金。原律系“病死而不申官开剥者，笞四十”，本朝改为“病死者，不坐”，删去“申官”一层，较不烦扰。此律盖分别人、己之畜产以定杀伤之罪也。

《唐律》“诸故杀官私马牛者，徒一年半。赃重，及杀余畜产，若伤者，计减价，准盗论，各偿所减价；价不减者，笞三十。其误杀伤者，不坐，但偿其减价。主自杀马牛者，徒一年”，“杀缌麻以上亲马牛者，与主自杀同；杀余畜者，坐赃论，罪止杖一百。各偿其减价”，“官私畜产，毁食官私之物，登时杀伤者，各减故杀伤三等，偿所减价；畜主备所毁。其畜产欲抵啮人而杀伤者，不坐、不赔”，“诸放官私畜产，损食官私物者，笞三十；赃重者，坐赃论。失者，减二等。各偿所损。若官畜损食官物者，坐而不偿”云云。① 汉律亦有杀伤人畜产之条。又《日知录》载

---

① 分别为《唐律》厩库“故杀官私马牛”条律、“杀缌麻亲马牛”条律、“官私畜毁食官私物”条律、“官私畜损食物”条律。

唐时赦文，“十恶、五逆、火光行劫、持刃杀人、屠牛、铸钱，不在原赦之限”，可见屠牛之罪，古法最严。

《明律》一本《唐律》，而轻重详略稍有不同。《唐律》牛马而外统云“余畜”，明于“余畜”中又分别驼、骡、驴三项，虽较马牛稍轻，究较猪、羊为重。夫马以代步，牛以代耕，驼、骡、驴负重致远，皆效用于人者。既尽其力，又杀其身，非仁也。故分别自己、他人、亲属、官私以定罪之轻重，皆系故杀而言。若误杀、出于无心病死，非关人事，自不在坐罪之列。此与刑律盗杀不同。盗杀是利其所有，先盗而后杀，此故杀是与畜主有隙而故加杀伤，非有利而为之，亦非因盗而杀之也。

共分八节。① 首节言私宰自己畜产之罪。律云“私宰”，若因老病不堪用，告给判状，官许宰杀，自可不论其罪矣。二节言故、误杀伤他人畜产。三节言故杀伤为从之罪，专承二节言。四节言故、误杀伤亲属畜产。五节言因畜产毁食因而杀伤。六节言放失畜产损食人物。“(损)〔毁〕食”是一事，谓因食而致(损)〔毁〕，与上“(毁)〔损〕食”不同，故一曰“赔偿所(损)〔毁〕食之物”，“毁”与“食”兼言；一曰“赔所损物”，以“损”赅“食”也。七节言官畜产毁食官物，兼承五、六两节。八节言畜产伤人而杀伤，重看“登时”二字，其势急迫，情非得已，杀伤所以御害耳。若已经避过而追恨杀伤，则是故杀伤矣。

律外有例，均足补律未及，当合参之。

**条　例**

16.198.(1) **一、凡屠户将别项堪用牲畜买去宰杀者，虽经上税，仍照故杀他人驼骡律科罪。若将窃盗所偷马、牛及别项堪用牲畜，不上税买去宰杀者，与窃盗一体治罪；如窃盗罪名轻于宰杀者，仍从重依宰杀本罪问拟，不得以盗杀论。**

16.198.(2) **一、凡宰杀耕牛，私开圈店，及开设汤锅，宰杀堪用马匹，俱计减价，赃重于宰杀本罪者，准窃盗论，罪止流三千里。将耕牛贩卖与宰杀之人，及牙行或卖马人知情而卖者，俱减一等；其残老病死者，勿论。失察之地方官，照例分别议处。**

## 16.199 畜产咬踢人

16.199.0.1 **凡疏纵马、牛及犬，因而杀伤人者，以过失论。**各准斗殴杀伤，收赎给主。**若故放，令杀伤人者，减斗殴杀伤一等。**亲属有犯者，依尊卑相殴杀伤律。**其受雇医疗畜产，**无制控之术，**及无故**人自**触之，而被杀伤者，不坐罪。○**16.199.0.2 **若故放犬，令杀伤他人畜产者，处四等罚，追赔所减价钱。**给主。

**【讲义】** 按：此仍《明律》，顺治初年添入小注，现改笞为罚，并删“栓紧不如法”数语。盖专责畜产之主，宜加控制，以防伤人也。

《唐律》“诸畜产及噬犬有抵踏啮人，而标帜羁绊不如法，若狂犬不杀者，笞四十；以故杀伤人者，以过失论。若故放令杀伤人者，减斗殴伤一等”，“诸犬自杀伤他人畜产者，犬主偿其减

① 《大清现行刑律》本条计分7节，吉同钧《讲义》谓八节，系将第二节分为两节，即将“为从者，各减一等”以下单独列为一节，与《大清现行刑律》分节不符。下文所称各节序号均应做相应调整。

价；余畜自相杀伤者，偿减价之半。即故放令杀伤他人畜产者，各以故杀伤论”，“即被雇疗畜产及无故触之，而被杀伤者，畜主不坐”云云。①《明律》大略相同。

凡畜养马、牛与犬，有性不驯良，必须防制，有风狂之犬，更宜杀除，以免杀伤他人。违者虽未杀伤人，亦应照违警律科罪。若有杀伤，分别拟以过失斗杀减等之罪。不言驼、骡、驴者，以牛马统之，有犯同牛马论。《辑注》云“若伤者，仍作他物保辜”。

首段专言畜产杀伤人之罪。末段则言畜产杀伤他人畜产，故罪止于罚。惟止言犬而不及牛马，以犬善于噬人，且系故放也。若非故放，而犬自杀伤他人畜产，则当依《唐律》止偿其减价而已。

## [18.239]发　　冢

[18.239.0.1]凡发掘他人坟冢，见棺椁者，流三千里；已开棺椁见尸者，绞；监候。发而未至棺椁者，徒三年。招魂而葬亦是。为从，减一等。若年远冢先穿陷及未殡埋，而盗尸柩尸在柩未殡或在殡未埋。者，徒二年半；开棺椁见尸者，亦绞。杂犯。其盗取器物、砖石者，计赃，准凡盗论。○[18.239.0.2]若卑幼发五服以内尊长坟冢者，同凡人论；开棺椁见尸者，绞。监候。若弃尸卖坟地者，罪亦如之。买地人、牙保知情者，各处八等罚，追价入官，地归同宗亲属；不知者，不坐。若尊长发五服以内卑幼坟冢，开棺椁见尸者，缌麻，徒三年；小功以上，各递减一等。祖父母、父母发子孙坟冢，开棺椁见尸者，处八等罚。其有故而依礼迁葬者，尊长、卑幼俱不坐。○[18.239.0.3]若残毁他人死尸，及弃尸水中者，各流三千里。谓死尸在家，或在野未殡葬，将尸焚烧、残毁之类。若已殡葬者，自依发冢开棺椁见尸律，从重论。若毁弃缌麻以上尊长未葬死尸者，绞。监候。弃他人及尊长而不失，其尸。及毁而但髡发若伤者，各减一等。凡人减流一等；卑幼减绞一等。○[18.239.0.4]毁弃缌麻以上卑幼，死尸。各依凡人毁弃，依服制。递减一等；毁弃子孙死尸者，处八等罚。其子孙毁弃祖父母、父母及雇工人毁弃家长死尸者，不论残失与否。绞。监候。律不载妻妾毁弃夫尸，有犯，以缌麻以上尊长律奏请。如子孙毁弃祖宗神主，亦依此律治罪。○[18.239.0.5]若穿地得无主死尸，不即掩埋者，处八等罚。若于他人坟墓，为熏狐狸因而烧棺椁者，徒二年；烧尸者，徒三年。若缌麻以上尊长，各递加一等；烧棺椁者，各加为徒二年半；烧尸者，递加为流二千里。不可依服属各递加，致反重于祖父母、父母也。卑幼各因其服依凡人递减一等。若子孙于祖父母、父母及雇工人于家长坟墓熏狐狸者，处十等罚；烧棺椁者，徒三年；烧尸者，绞。监候。○[18.239.0.6]平治他人坟墓为田园者，虽未见棺椁。处十等罚。仍令改正。于有主坟地内盗葬者，处八等罚，勒限移葬。若将尊长坟冢平治作地，得财卖人，止问诓骗人财，不可作弃尸卖坟地断；计赃，轻者，仍处十等罚。买主知情，则坐不应重律，追价入官；不知情，追价还主。○[18.239.0.7]若地界内有死人，里长、地邻不申报官司检验，而辄移他处及埋藏者，处八等罚；以致失尸者，首处十等罚；残毁及弃尸水中者，首徒一年；残弃之人仍坐流罪。弃而不失，及髡发若伤者，各减一等；

① 《唐律》厩库“畜产抵踏啮人”条律第一节、“犬伤杀畜产”条律、“畜产抵踏啮人”条律第二节。

若邻里自行残毁，仍作流罪。因而盗取衣服者，计赃，准窃盗论。

**【讲义】** 按：此仍《明律》，原有小注，顺治三年〔1646 年〕增修，雍正三年〔1725 年〕改定，现又添改。较诸《唐律》，似为详备，而拟罪亦不大差。

《唐律》“诸发冢者，加役流；已开棺椁者，绞；发而未彻者，徒三年。其冢先穿及未殡，而盗尸柩者，徒二年半；盗衣服者，减一等；器物、砖、版者，以凡盗论”，又“疏”议“问答”云“尊长发卑幼之坟，不可重于杀罪；若发尊长之冢，止同凡人法”云云，①可见《唐律》不言尊长卑幼互相发冢之罪已包括于“问答”之中。卑幼发尊长，止同凡人，罪止于绞。现律卑幼发尊长冢见尸者绞，虽较《唐律》不差，而尊长发卑幼之冢，究与《唐律》拟罪不同。其《唐律》止言发冢，现律添出毁弃死尸及烧棺、烧尸、移尸不报并平治坟墓等罪。

共分七节。首节言凡人发冢之罪。二节言亲属发冢之罪。三、四节言毁弃他人及亲属死尸之罪。五、六、七节因发冢毁弃之事而附及之。凡人发冢之罪重于毁弃，亲属毁弃之罪重于发冢。

考之葬法，高者曰“坟”，封者曰“冢”，平者曰“墓”；开动曰“发”，穿地曰“掘”；在床曰“尸”，在棺曰“柩”。又《辑注》：“‘见棺’、‘见尸’二‘见’字，音胡甸切，显也，露也。作视解者，谬。”律文字法，各有精意。

要之，此律已较《唐律》为繁，而现行条例更加细粹，于律文开棺见尸内又分出锯缝、凿孔尚未显露尸身一项，虽较开棺见尸者稍轻，究较仅见。棺者为重，且律罪止绞候，例则改为立决。雇工犯主人、子孙犯父母者，较律亦为加重至数倍。近又增出许多名色，如指称旱魃刨坟毁尸、争坟阻葬、开棺易罐暗埋他骨、预立封堆伪说荫基、贪人吉壤盗发远年坟冢埋葬，并发掘历代帝王先贤、前代分藩郡王、亲王、本朝贝勒、贝子、公等项陵墓，名愈出愈奇，罪愈加愈重，意在严惩匪徒，反致失其平允。何者？凡发冢之犯，与窃盗皆意在得财。《唐律》窃赃计数虽多，并无死罪，而一经发冢见尸，即应拟绞，恶其因图财而祸及死尸，故不计得赃多少也。《辑注》云，“在野之坟，虽发掘而不得同于强盗。已死之人，虽残毁弃，而不得同于谋杀”，可见发冢祸及死尸，与杀人害及生命者有间。盖《礼》云，“葬者，藏也。欲人之不得见也”，《唐律疏议》引《礼》以释律文，直与斗殴、杀人同科，虽则稍严，亦尚得中。至现定之例，首犯立决，从亦监候，不但较斗殴为重，即较之谋、故杀人，亦为严厉，似未平允。《日本刑法》“发掘坟墓见棺椁死尸者，处重禁锢二月以上、二年以下，加罚金三十元以下。因而毁弃死尸者，加一等；若毁弃应葬死尸者，减一等”，即《俄律》发冢剥尸者，亦止罚作十二年以下苦工。彼此互相比较，亦可见死尸轻于生命。而例内发冢见尸之拟立决，未免过于重矣。但现在俱系照例办理，则例文似较律有裨实用，故备录于后，以备参考。

## 条　例

18.239.(1) 一、发掘常人坟冢，开棺见尸，为首者，拟绞立决；为从，无论次数，俱拟绞监候。其发冢见棺，锯缝凿孔，抽取衣饰，尚未显露尸身，为首者，拟绞监候，入于秋审情

① 《唐律》贼盗“发冢”条律及“疏”议。

实；为从，俱拟绞监候。

18.239.(2)一、发掘常人坟冢，除开棺见尸，情罪较重，首、从各犯，不分已、未得财，仍照本例定拟外；其锯缝凿孔，尚未得财者，首犯，发遣烟瘴地方安置；为从者，流三千里。

18.239.(3)一、盗未殡、未埋尸柩，及发年久穿陷之冢，除未开棺椁者，仍照本律定拟外，如开棺见尸，为首，一次者，流三千里；二次者，发烟瘴地方安置；三次者，绞监候。为从，一次者，仍照杂犯流罪，总徒四年；二次者，流三千里；三次者，发烟瘴地方安置；三次以上者，绞监候。

18.239.(4)一、盗未殡、未埋尸柩，锯缝凿孔，为首，一、二次者，徒三年；三次者，照杂犯流罪，总徒四年；四次、五次者，流三千里；六次及六次以上者，发烟瘴地方安置。为从，一、二次者，徒二年半；三次者，徒三年；四次、五次者，总徒四年；六次、七次者，流三千里；八次及八次以上者，发烟瘴地方安置。

18.239.(5)一、凡盗未殡未埋尸柩，开棺见尸，及锯缝凿孔偷窃之案，但经得财，俱核计所得之赃，照窃盗赃科断。如计赃轻于本罪者，仍依本例定拟；若计赃重于本罪者，即从重治罪。

18.239.(6)一、发掘坟冢，并盗未殡、未埋尸柩，无论已开棺、未开棺，及锯缝凿孔等项人犯，各按其所犯本条之罪，分别首、从，并计科断。如一人叠窃，有首有从，则视其为首次数与为从次数，罪名相比，从其重者论。若为首各次，并计罪轻，准其将为首次数，归入为从次数内，并计科罪；不得以为从次数，作为为首次数并计；亦不得以盗未殡、未埋尸柩，及锯缝凿孔之案，归入发冢见棺，及开棺见尸案内，并计次数治罪。

18.239.(7)一、凡子孙发掘祖父母、父母坟冢，均不分首、从，已行未见棺椁者，皆绞监候，入于秋审情实；见棺椁者，皆绞立决；开棺见尸，并毁弃尸骸者，皆斩立决。如有尊长、卑幼或外人，为首、为从，分别服制、凡人，各以首、从论。

18.239.(8)一、子孙盗祖父母、父母未殡、未埋尸柩，不分首、从，开棺见尸者，皆绞立决；如未开棺椁，事属已行，确有显迹者，皆绞监候。如有尊长、卑幼或外人，为首、为从，分别服制、凡人，各以首、从论。

18.239.(9)一、有服卑幼发掘尊长坟冢，未见棺椁者，为首，期亲卑幼发极边足四千里安置，功、缌卑幼流三千里；为从，期亲卑幼流三千里，功、缌卑幼流二千五百里。见棺椁者，为首，期亲卑幼发烟瘴地方安置，功、缌卑幼发极边足四千里安置；为从，期亲卑幼发极边足四千里安置，功、缌卑幼流三千里。如有尊长或外人，为首、为从，分别服制、凡人，各以首、从论。开棺见尸，并锯缝凿孔，首、从之卑幼，无论期亲、功、缌，均照常人一例问拟。

18.239.(10)一、有服卑幼盗尊长未殡、未埋尸柩，未开棺椁者，为首期亲卑幼发极边足四千里安置，功、缌卑幼流三千里；为从期亲卑幼流三千里，功、缌卑幼流二千五百里。开棺见尸者，为首期亲卑幼发烟瘴地方安置，功、缌卑幼发极边足四千里安置；为从期亲卑幼发极边足四千里安置，功、缌卑幼流三千里。如犯至三次者，为首无论期、功、缌麻卑幼，拟绞监候；为从各按本罪加一等。三次以上者，无论期、功、缌麻卑幼，不分首、从，均拟绞监候。如有尊长或外人，为首、为从，分别服制、凡人，各以首、从论。

18.239.(11)一、有服尊长盗卑幼未殡、未埋尸柩，开棺见尸者，缌麻尊长为首，依发卑幼坟冢开棺见尸徒三年律，减一等；未开棺椁者，再减一等。如系小功以上尊长为首，各依律以次递减。为从之尊长，亦各按服制，减为首之罪一等。如有卑幼或外人，为首、为从，分别服制、凡人，各以首、从论。

18.239.(12)一、凡发掘贝勒、贝子、公、夫人等坟冢，开棺椁见尸者，为首，斩立决；为从，皆绞监候，入于秋审情实。见棺者，为首，绞监候，入于秋审情实；为从，皆绞监候。未至棺者，为首，绞监候；为从，流三千里。如有发掘历代帝王陵寝，及《会典》内有从祀名位之先贤名臣、并前代分藩亲王、或递相承袭分藩亲王坟墓者，俱照此例治罪。若发掘前代分封郡王及追封藩王坟墓者，除犯至死罪，仍照发掘常人坟冢例定拟外，余各于发掘常人坟冢本罪上，加一等治罪。以上所掘金银，交与该督抚饬令地方官修葺坟冢；其玉带、珠宝等物，仍置冢内。

18.239.(13)一、凡雇工人发掘家长坟冢，已行未见棺者，为首，绞监候；为从，流二千五百里。见棺椁者，为首，绞监候，入于秋审情实；开棺椁见尸者，为首，斩立决；为从，各绞监候。毁弃撇撒死尸者，不分首、从，皆斩立决。如有家长、尊卑亲属或外人，为首、为从，分别服制、凡人，各以首、从论。

18.239.(14)一、雇工人盗家长未殡、未埋尸柩，未开棺椁，事属已行，确有显迹者，照发冢已行未见棺例，为首，绞监候；为从，流二千五百里。开棺见尸者，照发冢见棺椁例，为首，绞监候，入于秋审情实；为从，绞监候。其毁弃撇撒死尸者，仍照旧例，不分首、从，皆绞立决。

18.239.(15)一、受雇看守坟墓，并无主仆名分之人，如有发冢及盗未殡、未埋尸柩，并锯缝凿孔，与未开棺椁者，或自行盗发，或听从外人盗发，除死罪无可复加外，犯该安置、流、徒等罪，悉照凡人首、从各本律例上，加一等问拟。

18.239.(16)一、凡殴故杀人案内，凶犯起意残毁死尸及弃尸水中，其听从抬弃之人，无论在场有无伤人，俱照弃尸为从律，徒三年。系余人起意，仍照弃尸为首律，流三千里。若埋尸灭迹，因而遗失者，其听从抬埋之人，无论在场有无伤人，各按余人本罪，加一等，徒一年；系余人起意，再加一等，徒一年半；伤罪重者，仍从重论；不失尸者，各减一等。若受雇抬埋，并不知情者，仍照地界内有死人不报官司而辄移藏律，处八等罚。至窃劫之犯，如有在湖河舟次格斗致毙，尸堕水中，漂流不获，及山谷险隘，猝然遇暴，尸沉涧溪，本无毁弃之情，仍依格杀本律科断，毋庸牵引弃尸之律。若系在家黉夜格捕，致死奸盗之犯，或在旷野道途，格杀拒捕盗贼，罪本不应拟抵，将尸毁弃、掩埋、移投坑井者，照地界内有死人不报官司私自掩埋律，处八等罚；因而遗失者，照地界内有死人辄移他处以致失尸律，处十等罚。

18.239.(17)一、夫毁弃妻尸者，比依尊长毁弃期亲卑幼死尸律，于凡人满流罪上递减四等，徒一年半。不失尸，及毁而但髡发若伤者，再减一等，徒一年。

18.239.(18)一、平治他人坟墓为田园，未见棺椁，止一冢者，仍照律处十等罚；如平治多冢，每三冢加一等，罪止徒三年。卑幼于尊长有犯，缌麻、功服各加凡人一等，期亲又加一等。若子孙平治祖坟，并雇工人平治家长坟，一冢者，徒三年；每一冢加一等，仍照加不至死之例，加至烟瘴地方安置为止。其因平治而盗卖坟地，得财者，均按律计赃，准窃盗论，加一等；赃轻者，各加平治罪一等。知情谋买者，悉与犯人同罪；不知者，不坐。如因平治而强占或盗卖，计亩数多，及因平治而见棺见尸，并弃毁尸骸者，仍照各本例，从其重者论。其子孙因贫卖地，留坟祭扫，并未平治，又非盗卖者，不在此例。

18.239.(19) 一、凡盗葬之人，除侵犯他人坟冢，发掘开棺见尸者，仍各按照本律治罪外；如因盗葬后，被地主发掘弃毁，无论所葬系尊长及卑幼尸柩，俱照强占官民山场律，流三千里。如于有主坟地及切近坟旁盗葬，尚无侵犯，致被地主发掘等情者，照强占山场满流律，量减一等，徒三年。若止于田园、山场内盗葬者，照强占山场满流律，量减二等，徒二年半。仍勒限一个月，押令犯属迁移。逾限不迁，即将犯属暂行收禁，候迁移日释放。其唆令盗葬之地师、讼师，与本犯一体治罪。

18.239.(20) 一、贪人吉壤，将远年之坟盗发者，子孙告发，审有确据，将盗发之人以开棺见尸律拟绞监候；如非其子孙，又非实有确据之前人古冢，但因有土墩，见人埋葬，辄称伊远祖坟墓，勾引匪类，伙告伙证，陷害无辜，审明，将为首者流三千里；为从，徒三年。若实系本人远祖之坟，被人发掘盗葬，因将所盗葬之棺发掘抛弃者，照祖父母、父母被杀子孙不告官司而擅杀行凶人律治罪。若盗葬者并无发掘等情，止在切近坟旁盗葬，而本家辄行发掘者，应照地界内有死人不报官司而辄移他处律科断；如有毁弃尸骸，照地界内有死人而移尸毁弃律科断。若非系坟地，止在田地场园内盗葬，而地主发掘，开棺见尸，仍照律拟绞；其不开棺见尸者，各照本律，减一等治罪。如两造本系亲属，其所侵损之坟冢、棺椁、尸骸，与本身皆有服制者，各照律内服制科断。

18.239.(21) 一、民人除无故挖焚已葬尸棺者，仍照例治罪外；其因争坟阻葬，开棺易罐，埋藏占葬者，亦照开棺见尸、残毁死尸各本律治罪。若以他骨暗埋，预立封堆，伪说荫基，审系恃强占葬者，照强占官民山场律治罪；审系私自偷埋者，照于有主坟地内偷葬律治罪；其侵犯他人坟冢者，照发掘他人坟冢律治罪。如果审系地师教诱，将教诱之地师，均照诈教诱人犯法律，分别治罪。若地方官隐讳宽纵，不实力查究，照例参处。

## 20.276 妻妾殴夫

20.276.0.1 凡妻殴夫者，但殴即坐。处十等罚，夫愿离者，听；须夫自告乃坐。至折伤以上，各验其伤之重轻，加凡斗伤三等；至笃疾者，绞；候，入于秋审情实。死者，绞；故杀者，斩。兼魇魅蛊毒在内。○20.276.0.2 若妾殴夫及正妻者，又各加妻殴夫罪一等；加者，加入于死。但绞不斩。于家长则监候，入于秋审情实；于正妻仍照常监候。若笃疾者、死者、故杀者，仍与妻殴夫罪同。○20.276.0.3 其夫殴妻，非折伤勿论；至折伤以上，减凡人二等。须妻自告乃坐。先行审问夫妇，如愿离异者，断罪离异；不愿离异者，验所伤应坐之罪收赎。仍听完聚。至死者，绞。监候。故杀亦绞。殴伤妾至折伤以上，减殴伤妻二等；至死者，徒三年。妻殴伤妾，与夫殴妻罪同。亦须妾自告乃坐。过失杀者，各勿论。盖谓其一则分尊可原，一则情亲当矜也。须得过失实情，不实仍各坐本律。○夫过失杀其妻妾，及正妻过失杀其妾者，各勿论。若妻妾过失杀其夫，妾过失杀其妻，当比用殴期亲尊长律。“过失杀”句，不可通承上二条言。○20.276.0.4 **若殴妻之父母者，**但殴即坐。**徒一年；折伤以上，各加凡斗伤罪二等；至笃疾者，绞；**监候。**死者，亦绞。**监候。故杀者，并绞。

**【讲义】** 按：此仍《明律》，雍正五年〔1727 年〕改定；原有小注雍正三年〔1725 年〕、乾隆五年〔1740 年〕增修，现又改易。原律殴妻父母止杖一百，折伤以上止加凡斗一等；现律殴者改为徒一年，折伤以上改为加二等。此项较《明律》为重，余则从同。《唐律》分作两条，明合为一。

《唐律》妻殴夫者，徒一年，较现律加一等；若殴伤重者，加凡斗伤三等，则与现律同。《唐律》“妾及媵犯者，各加一等。（〔注〕：加者，加入于死）过失杀伤者，各减二等”，“若妾犯妻者，与夫同。媵犯妻者，减妾一等。妾犯媵者，加凡人一等。杀者，各斩”云云，亦与现律相同，惟现律止言妾而无媵之名色耳。又《唐律》“殴伤妻者，减凡人二等；死者，以凡人论。殴妾折伤以上，减妻二等。若妻殴杀伤妾，与夫殴杀伤妻同。过失杀者，各勿论”云云，①则与现律稍异。现律殴妻非折伤勿论，则较《唐律》不论伤之轻重均减二等者轻矣。且《唐律》殴妻死者以凡论，则故杀即应拟斩，现律故杀亦绞，亦较《唐律》为轻。再《唐律》妻妾过失杀夫，均减二等，拟徒三年；律无明文，旧注比照父母拟绞，现注改为比用殴期亲尊长律，则当问拟流罪，与《唐律》未符合矣。盖夫杀伤妻则较《唐律》为轻，而妻妾杀夫又较《唐律》为重，虽系尊崇夫纲之义，其中原有深心，但较之《唐律》，似乎矫枉过正。现在外国均讲夫妻平权，其相犯者，各以凡论，固失抑阴扶阳之义，施之中国，固多流弊。但既称“敌体”，亦不宜大相悬绝。如《现行律例》妻犯夫者，重则同于父母，轻则亦如期亲尊长；而夫犯妻者，仅如期服卑幼；其殴杀、故杀妻者，名虽拟绞，实抵者十无一二，未免视妻命太贱而视夫纲过尊矣。平心而论，《唐律》尚为折中。

此律系正夫妇之伦。盖妻以夫为天，妻而殴夫，是自绝于天矣。治罪而外，于法即当离异。然离者，法；不离者，情。既缘情以立法，不容执法以违情。故离否听夫自便，不必绳以定法也。但妻殴夫则曰“夫愿离者，听”，而夫殴妻不曰“妻愿离者，听”，而曰“先行审问夫妇，愿离者，断罪离异；不愿离者，收赎完聚”，盖夫为妻纲，妻当从夫。妻殴夫，离合听夫可也；夫殴妻至折伤，夫虽犯于义绝，而妻无自绝于夫之理，故必审问夫妇，俱愿乃听离异，如夫愿而妻不愿，妻愿而夫不愿，皆不许离，此正中律乾健坤顺之精理。若以外国法律绳之，鲜不以为迂矣。

通篇分四节。首节言妻殴夫；二节言妾殴夫及正妻；三节言夫殴妻妾及妻殴妾；四节言殴妻之父母。与人命门“夫殴死有罪妻妾”一条参看。夫、妻、妾相殴，皆注“自告乃坐”者，盖夫与妻、妾同处闺房，情可掩法，恩可掩义，被殴者或念平日恩爱，情愿忍受而不告官，亦当听之，非他人所得参也。故其他亲属相殴，皆不言“自告乃坐”，而惟此条加以小注，其义自见。至于夫妻有“愿离”、“不愿离”之文，而妾无之者，缘妾本微贱，与夫妻敌体不同。妻非犯七出之条，不得擅离，妾则不然，爱则留之，恶则遣之，无关轻重，不得同妻论也。

## 20.280 殴祖父母父母

20.280.0.1 **凡子孙殴祖父母、父母，及妻妾殴夫之祖父母、父母者，皆绞；杀者，皆斩；**

---

① 《唐律》斗讼“妻殴詈夫”条律、“殴伤妻妾”条律。

其为从，有服属不同者，自依各条服制科断。过失杀者，流三千里；伤者，徒三年。俱不准收赎。○[20.280.0.2]其子孙违犯教令，而祖父母、父母，不依法决罚，而横加殴打，非理殴杀者，处十等罚；故杀者，无违犯教令之罪，为故杀。徒一年。嫡、继、慈、养母杀者，终与亲母有间。殴杀、故杀。各加一等；致令绝嗣者，殴杀、故杀。绞。监候。若祖父母、父母，嫡、继、慈、养母，非理殴子孙之妇，此"妇"字，乞养者同。及乞养异姓子孙，折伤以下无论。致令废疾者，处八等罚；笃疾者，加一等；子孙之妇及乞养子孙，并令归宗；子孙之妇，笃疾者。追还初归嫁妆；乞养子孙，笃疾者。拨付合得所分财产养赡；至死者，各徒三年；故杀者，流二千里。其非理殴子孙之妾，各减殴妇罪二等。不在归宗，追给嫁妆之限。○[20.280.0.3]其子孙殴骂祖父母、父母，及妻妾殴骂夫之祖父母、父母，而祖父母、父母，夫之祖父母、父母，因其有罪，殴杀之，若违犯教令，而依法决罚，邂逅致死，及过失杀者，各勿论。

**【讲义】** 按：此仍《明律》，顺治三年〔1646 年〕添入小注。大意本之《唐律》，而文义较详，罪名亦有参差。

《唐律》罪止于斩，《明律》添入"杀者，凌迟处死"一句。《唐律》子孙殴祖父母、父母从重，子孙之妇有犯，较子孙递减，此则一体从同。《唐律》止言杀子孙之妇，明又添乞养子孙。《唐律》殴杀子孙者，徒一年；刃杀者，徒二年；故杀者，各加一等；《明律》非理殴杀子孙者，满杖；故杀，徒一年，较《唐律》为轻。再《唐律》嫡、继、慈、养母杀子孙加一等，罪止于徒；《明律》致令绝嗣者，即拟绞候，又较《唐律》为重。又《唐律》殴子孙之妇废疾者，杖一百；笃疾者，加一等；《明律》废疾杖八十，笃疾杖九十，则又较《唐律》为轻矣。再《唐律》止言罪名，明更添追还嫁妆、给财养赡各项，较《唐律》更详备矣。现在均改从轻，罪止于斩，虽较《明律》为轻，而与《唐律》大致相同。

此律盖首重悖逆之诛，而因惩不慈之罪也。子孙恶逆，至于殴祖父母、父母，妻妾恶逆，至于殴夫之祖父母、父母，皆人伦大变，情同枭獍，故不分首从，不论有伤无伤，一并处死；即过失杀者，亦拟满流。不言"误杀"者，以恩义至重，名分至严，虽误，亦照律定拟，所谓"臣子于君父不得称误也"。现例虽定有误杀、误伤专条，然不过稍从末减，仍不得贷其一死，诚以伦纪所关，不容曲为宽纵。匪但此也，"凡称祖者，高、曾同；称孙者，曾、元同；称子者，男、女同"，虽子孙出继、女已出嫁，服虽从降，而犯本生祖父母、父母者，仍以此律科断。嫡、继、慈、养母与亲母同论。即亲母为父所出，或父死改嫁，其义虽绝于父，而所出之恩子不得而绝之，有犯仍同母论。若嫡、继母被出、改嫁，则义绝于父，即无复母道矣。慈、养母被出、改嫁，虽不得于亲母同，究较嫡、继母有抚育之恩，律无正文，当临时酌请。盖嫡、继母之重者，以其为父妻也，傥杀父则义绝，于父不为父也，妻则不为子也，母子即同于凡人。若嫡、继母杀父，而还杀之，难同杀母之律，当临事权之。若系亲母，则仍以杀母论。盖子犯母者，嫡、继、慈、养母与亲母同，而母杀子者，嫡、继、慈、养母究与亲母有间，律文殴故杀者，加亲母一等；致绝嗣者，拟绞。例又分别详细，更添因奸杀子一层，虽亲母亦拟绞罪，则更较律详且重矣。此外，乞养子孙，以恩合者也；子孙之妇，以义合者也，皆属异姓之人，与子孙天性之亲不同，若殴至残废、笃疾，则恩绝、义绝，不得同子孙弗论。惟究为伦纪所关，故止拟八等、九等罚耳。子孙虽有亲生、乞养之分，而其妇则一。注曰"乞养之妇同"，可见妇是外娶之人，虽乞养亦同子孙之妇论也。如子孙之妾，卑而且贱，不但殴则减等，而亦不在归宗之限。以上殴故杀子孙或乞养子孙或子孙之妇及妾，皆指并无违犯教令而非理杀之者。若因违犯，而依法决罚，邂逅致死者，均不论罪。可知“非理”二字，尤为后二节紧要关键，当细玩之。

外国此项罪名，与中国大异。法国律，凡杀父母与杀子并杀其他之尊属，一律处死，不分轻重。惟杀父母者，行刑时头上加以黑绢为罩，以示暗无天日之意。德律，凡杀尊亲，处以十年以上惩役，较杀凡人仅加数年。俄律，凡谋杀父母与伯叔及子孙，一体拟罪，罚作无限苦工。《日本刑法》凡殴伤父母者，加凡人二等；至死者，处死。不言杀子孙之罪，大约皆以凡人论。① 统而论之，凡杀父母有与凡人无异者，有较凡人稍重者；而杀子孙有与父母从同者，有与凡人从同者；其余期、功、缌麻，不分尊卑，均与凡同。此等刑法，统亲疏、远近、长幼、上下并无轻重等差，施之中国，殊骇听闻。醉心欧化者，辄艳称外国法律，若如此节，吾不知其可也。

此门例文甚多，足补律所未备，应与律文合参。而中法之精粹，名教之大防，胥在于此。阅者甚勿弁髦视之。

## 条　例

20.280.(1) 一、子孙误伤祖父母、父母致死，律应斩决者，仍照本律定拟，将可否改为绞决之处，于折内双请，候旨定夺。其误伤祖父母、父母，律应绞决者，量减为绞监候，无庸援例声请。至误杀、误伤夫之祖父母、父母，亦照此例办理。

20.280.(2) 一、子妇拒奸之案，审明实系猝遭强暴，情急势危，仓猝捍拒；或伊翁到官供认不讳；或亲串邻佑指出素日淫恶实迹；或同室之人，确有见闻证据，毫无疑义者，如殴伤伊翁，仍依殴夫之父母本律定拟，大理院复判时，将应否免罪之处，恭候钦定；如殴毙伊翁，亦依殴夫之父母本律定拟，大理院复判时，将可否改为绞监候之处，奏请定夺。倘系有心干犯，事后装点捏饰，并无确切证据；或设计诱陷伊翁，因而杀伤；及事后殴毙，并非仓猝捍拒致死者；仍照本律定拟，不得滥引此例。

20.280.(3) 一、继母告子不孝，及伯叔父母、兄姊、伯叔祖、同堂伯叔父母、兄姊，奏告弟侄人等打骂者，俱行拘四邻亲族人等，审勘是实，依律问断。若有诬枉，即与辩理。果有显迹伤痕、输情服罪者，不必行勘。

20.280.(4) 一、凡嫡母殴故杀庶生之子，继母殴故杀前妻之子，审系平日抚如己出，而其子不孝，经官讯验有据，即照父母殴故杀子孙律，分别拟罪，不必援照嫡、继母加亲母一等之律。如伊子本无违犯教令，而嫡母、继母非理殴杀、故杀者，除其夫现有子嗣，仍照律加等定拟外；若现在并无子嗣，俱照律拟绞监候，秋审入于缓决，听伊夫另行婚娶。至嫡母、继母为己子图占财产、官职，故杀庶生及前妻之子者，俱拟绞监候，秋审入于情实。应入缓决者，收所工作十五年；应入情实者，蒙恩免勾一次后，收所工作二十年；均于满日释放。

---

① 《日本旧刑法》(1880年)第三百六十二条：“子孙谋杀、故杀祖父母、父母者，处死刑。其关于自杀罪，照凡人之刑，加二等。第三百六十三条：子孙对祖父母、父母犯殴打、创伤及其他监禁、胁迫、遗弃、诬告、诽毁之罪者，照各本条所载，于凡人之刑，加二等。但因而成废疾者，处有期徒刑；成笃疾者，处无期徒刑；致死者，处死刑。”参见《新译日本法规大全(点校本)》(第2卷)，南洋公学译书院初译，商务印书馆编译所补译校订，李秀清点校，商务印书馆2007年版，第512～513页。

20.280.(5)一、凡本宗为人后者之子孙，于本生亲属孝服，只论所后宗支亲属服制。如于本生亲属有犯，俱照所后服制定拟。其异姓义子与伊所生子孙，为本生父母亲属孝服，亦俱不准降等。各项有犯，仍照本宗服制科断。

20.280.(6)一、为人后及女之出嫁者，如于本生祖父母、父母有犯，仍照殴祖父母、父母律定罪。其伯叔、兄姊以下，均依律服图降一等科罪。尊长杀伤卑幼，同。

20.280.(7).1一、凡义子过房在十五岁以下，恩养年久；或十六岁以上，曾分有财产，配有室家；若于义父母及义父之祖父母、父母，有犯殴骂、侵盗、恐吓、诈欺、诬告等情，即同子孙取问如律。若义父母及义父之祖父母、父母，殴故杀伤义子者，并以殴故杀伤乞养异姓子孙论。若过房虽在十五以下，恩养未久；或在十六以上，不曾分有财产，配有室家，有违犯及杀伤者，并以雇工人论。义子之妇，亦依前拟岁数，照本例科断。○20.280.(7).2其义子后因本宗绝嗣，有故归宗，而义父母与义父之祖父母、父母无义绝之状，原分家产、原配妻室，不曾拘留，遇有违犯，仍以雇工人论。若犯义绝，及夺其财产、妻室，并同凡人论。义绝，如殴义子至笃疾，当令归宗；及有故归宗，而夺其财产、妻室，亦义绝也。○20.280.(7).3义父之期亲尊长并外祖父母，如义子违犯，及杀伤义子者，不论过房年岁，并以雇工人论；义绝者，以凡论。其余亲属，不分义绝与否，并同凡人论。

## 20.283妻妾殴故夫父母

20.283.0凡妻妾夫亡改嫁，殴故夫之祖父母、父母者，并与殴舅姑罪同。其旧舅姑殴已故子孙改嫁妻妾者，亦与殴子孙妇同。妻妾被出，不用此律，义已绝也。

**【讲义】** 按：此仍《明律》，顺治三年〔1646年〕添入小注。末后有奴婢谋杀旧家长一段，现已删除。治罪与《唐律》大不相同。《唐律》“妻妾殴故夫之祖父母、父母，减殴舅姑二等；折伤，加役流；死者，斩；过失杀者，依凡论。其旧舅姑，殴子孙旧妻妾，折伤以上，减凡人三等；死者，绞；过失杀者，勿论”云云，①拟罪与功、缌尊长不甚悬殊，较之此律，轻数等矣。

至已故子孙之改嫁妻妾，与被出者不同，妇人不能终守其志，而夫之义未绝；夫义未绝，则故夫之父母犹其舅姑也。盖夫亡虽改嫁，而其义犹存；被出者，虽不改嫁，而义已绝；各有不同，故拟罪攸殊。《辑注》云，“妻妾改嫁而不与其义绝者，由妻妾自绝，非其夫绝之也。如妇、姑俱改嫁，则义皆绝于夫家，不得谓之舅姑矣。若守志之妇与被出改嫁之姑相犯，如系亲姑，与犯夫之期亲尊属同；若夫之嫡、继、慈、养母被出、改嫁，则同凡人。又改嫁妻妾与故夫之期亲以下尊长相犯，亦同凡论。”此中分别细微，《辑注》议论亦极精粹，故备录之。若外国法律，则无此说矣。

① 《唐律》斗讼“妻妾殴詈故夫父母”条律。

## 22.299 子孙违犯教令

22.299.0 **凡子孙违犯祖父母、父母教令，及奉养有缺者，处十等罚。**谓教令可从而故违，家道堪奉而故缺者。须祖父母、父母亲告乃坐。

**【讲义】** 按：此仍《明律》，其小注系《唐律》原文。《唐律》子孙违犯教令及供养有缺者，徒二年；《明律》改为满杖；现又改杖为罚，较《唐律》为轻。

《唐律》“疏”议“若教令违法，行即有愆，家实贫窭，无由取给，如此之类，不合有罪”云云，①可见此律专指教令可从及家道堪供而言。然教令不可从，则当几谏，非违犯之谓也；家即贫难，容有不尽之力，断无不尽之心，非有缺之谓也。设有教令不可从，不几谏而违犯；家道贫难，不尽心而偶缺者，当察其情，不得概援此律。

此律立法以教孝，其“违犯教令”，即《礼记》“事亲有隐无犯”之道也，其“奉养有缺”，即《孟子》“惰其四肢，不顾父母”之说也，故仅以罚刑惩之。然不孝之事，更有重于此者，故例补出不能养赡致亲自尽，及犯奸盗致亲被杀及自尽，并触犯呈告各条，以推广律所未尽，均属有关引用，不可不知。

《日本刑法》子孙对其祖父母、父母不供给衣食及缺其他必需之奉养者，处重锢十五日以上六月以下，附加罚二元以上二十元以下，②亦即此律之意。可知外国重忠不重孝之说，非笃论也。

### 条　例

22.299.(1) **一、子游惰不能营生养赡父母，因致父母自尽者，流三千里。**

22.299.(2) **一、凡呈告触犯之案，除子孙实犯殴、詈，罪干重辟，及仅止违犯教令者，仍各依律例分别办理外；其有祖父母、父母呈首子孙，恳求发遣，及屡次违犯、触犯者，即将被呈之子孙发极边足四千里安置。如将子孙之妇一并呈送者，即与其夫一并发遣。**

22.299.(3) **一、凡子孙因奸、因盗，以致祖父母、父母忧忿戕生，并畏累自尽；或被人殴死，及谋故杀害者，均拟绞监候。如祖父母、父母知子孙犯奸、盗，而纵容袒护，并教令子孙犯之者，子孙止科本罪。若因奸、盗罪犯应死，及谋故杀人事情败露，致祖父母、父母自尽者，即照原犯罪名，拟以立决。子孙之妇有犯，悉与子孙同科。**

## 25.324 犯　　奸

25.324.0.1 **凡和奸，处八等罚；有夫者，处九等罚；刁奸者，**无夫、有夫。**处十等罚。**○25.324.0.2 **强奸**

---

① 《唐律》斗讼“子孙违犯教令”条“疏”议。

② 《日本旧刑法》(1880年) 第三百六十四条：

“子孙对祖父母、父母不给衣食，及缺其他所需之奉养者，处十五日以上六月以下之重禁锢，附加二圆以上二十圆以下之罚金。

因而致疾病或死者，同前条例。”

参见《新译日本法规大全(点校本)》(第2卷)，南洋公学译书院初译，商务印书馆编译所补译校订，李秀清点校，商务印书馆2007年版，第513页。

者，绞；监候。未成者，流三千里。凡问强奸，须有强暴之状，妇人不能挣脱之情；亦须有人知闻，及损伤肤体、毁裂衣服之属，方坐绞罪。若以强合，以和成，犹非强也，酌减为徒二年；妇女不坐。如一人强捉，一人奸之，行奸人问绞；强捉，问未成，流罪。又如见妇人与人通奸，见者因而用强奸之，已系犯奸之妇，难以强论，依刁奸律。○[25.324.0.3]奸幼女十二岁以下者，虽和，同强论。○[25.324.0.4]其和奸、刁奸者，男、女同罪。奸生男女，责付奸夫收养。奸妇给付本夫，听其离异。若嫁与奸夫者，奸夫、主婚之人，各处八等罚，妇人仍离异，财物入官。○[25.324.0.5]强奸者，妇女不坐。○[25.324.0.6]若媒合、容止人在家通奸者，各减犯人和、刁。罪一等。○[25.324.0.7]如人犯奸已露，而代私和奸事者，各减和、刁、强。二等。○[25.324.0.8]其非奸所捕获及指奸者，勿论。若奸妇有孕，奸妇虽有据，而奸夫则无凭。罪坐本妇。

**【讲义】** 按：此仍《明律》，顺治三年〔1646年〕添入小注，现又添入“强始和成，减二等”二句。盖禁奸淫以端风化也。

《唐律》“诸奸者，徒一年半；有夫者，徒二年。强者，各加一等。折伤者，各加斗折伤罪一等”、“诸和奸，本条无妇女罪名者，与男子同。强者，妇女不坐。其媒合奸通，减奸者罪一等”云云，①与此轻重不同。此律和奸罪止于罚，较《唐律》为轻；而强奸拟绞，则较《唐律》重数等矣。又添刁奸、强奸未成、并奸幼女各项，更为详备。

和奸者，男女情愿和同私奸也。刁奸，谓奸夫刁诱奸妇、引至别所通奸，亦和奸也。夫淫人妇女、坏人闺门，罪本重在奸夫，然必奸妇淫邪无耻有以致之，故男女同坐。若妇女本守贞洁，而人用强奸之，肆己淫恶、污人节操，故严其法，拟以死罪，所以深恶之也。惟是强奸之情，易于诬捏，用强之事，亦复不同，故小注独详言之，须加细玩。至于十二岁以下幼女，情窦未开，本无淫心，而又易欺易制，故虽和亦以强论。此律已较《唐律》为详，而例又添轮奸、鸡奸及奸十岁以下幼童幼女各项，皆补律所未及，亦以见后世风俗日趋败坏，非此重法不足以警之。

外国奸罪甚轻。《日本刑法》“奸淫未满十二岁幼女者，处轻惩役；强奸者，处重惩役。强奸十二岁以上妇女者，处轻惩役。有夫之妇奸通者，处重禁锢；相奸者亦同；须俟本夫之告诉始论其罪”云云，可见奸无夫之妇女即不论罪矣，即奸有夫之妇，而非本夫告诉，亦不治罪矣。非独日本，即欧西各国，大抵皆是。盖外国图富强而轻礼节，故视奸罪亦为甚轻；中国重防闲而敦风教，故治奸罪为独严。中外政治之宗旨不同，即此可见一斑。

再，此律奸生男女责付奸夫收养，而元律诸奸生男女，男随父、女随母，各有不同，亦可以备参考。

## 条 例

[25.324.(1)]一、凡职官及军民奸职官妻者，奸夫、奸妇，并流三千里。若职官奸军民妻，及军民相奸者，奸夫、奸妇，各处十等罚。其雇工人相奸，不分一主各主，及军民与官员军民之妾相奸者，罪同。如男子和同鸡奸者，亦照此例办理。

[25.324.(2)]一、凡妇女有先经和奸，后因别故拒绝，致将妇女杀死者，仍照谋故斗殴本律定拟。

[25.324.(3)]一、强奸妇女，除并未伤人者，已成、未成，仍照本律定拟外；其因强奸，执持

---

① 《唐律》杂律“凡奸”条律、“和奸无妇女罪名”条律。

金刃戳伤本妇，及拒捕致伤其夫与父母并有服亲属；或手足、他物，殴至折伤以上，无论已、未成奸，均拟绞监候。如伤非金刃，又非折伤，已成奸者，仍拟绞监候；未成奸者，发极边足四千里安置。其图奸、调奸妇女未成，拒伤本妇，并其夫与父母及有服亲属，如至残废、笃疾，罪在满徒以上，无论金刃、手足、他物，俱拟绞监候。但系刃伤者，发极边足四千里安置；若手足、他物，未至残废、笃疾者，仍依罪人拒捕律，于本罪上加二等问拟。

25.324.(4)一、强奸十二岁以下幼女，因而致死者，绞立决。若强奸未成，审有确据者，发烟瘴地方安置。

25.324.(5)一、凡妇女与人父子通奸，致其子因奸杀死其父，酿成逆伦重案者，将犯奸之妇女，监禁十年。

25.324.(6)一、凡奸夫拒捕，刃伤应捉奸之人，或殴至折伤以上者，照窃盗拒捕，殴所捕人至折伤以上者，拟绞监候。纵容抑勒，不用此例。

25.324.(7)一、轮奸良人妇女已成，为首，拟绞立决；为从同奸者，拟绞监候；同谋未经同奸余犯，发烟瘴地方安置。因而杀死本妇者，首犯，拟斩立决；为从同奸，又帮同下手者，拟绞立决；同奸而未下手，及下手而未同奸者，均拟绞监候，入于秋审情实；其同谋而并未下手，又未同奸者，发烟瘴地方安置。如致本妇自尽者，首犯，拟绞立决；为从同奸之犯，均拟绞监候，入于秋审情实；同谋未经同奸余犯，发烟瘴地方安置。若伙谋轮奸未成，审有实据者，为首，发烟瘴地方安置；为从，流三千里。因而杀死本妇者，首犯，拟绞立决；为从帮同下手者，拟绞监候，入于秋审情实；未经下手者，发烟瘴地方安置。如致本妇自尽者，首犯，拟绞监候；为从，发烟瘴地方安置。

25.324.(8)一、轮奸已经犯奸妇女已成者，为首，发烟瘴地方安置；为从同奸者，流三千里；同谋未经同奸余犯，徒三年。因而杀死本妇者，首犯，拟绞立决；下手为从者，无论同奸、未同奸，均拟绞监候；同奸而未下手者，发烟瘴地方安置；并未同奸，又未下手者，流三千里。如致本妇自尽者，首犯，拟绞监候；为从同奸者，发烟瘴地方安置；同谋未经同奸余犯，流三千里。若轮奸未成，首犯，流三千里；为从，徒三年。因而杀死本妇者，首犯，拟绞监候；为从，除案系谋杀，仍照谋杀本律，分别曾否加功问拟外；如系殴杀，帮同下手者，发烟瘴地方安置；未经下手者，徒三年。如致本妇自尽者，首犯，发烟瘴地方安置；为从，徒三年。如妇女犯奸后，已经悔过自新，审有确证者，仍以良人妇女论。

25.324.(9)一、恶徒鸡奸十二岁以下幼童者，酌量情形，比依强奸幼女、轮奸妇女各本例，分别治罪。

## 25.325纵容妻妾犯奸

25.325.0.1凡纵容妻妾与人通奸，本夫、奸夫、奸妇，各处九等罚。抑勒妻妾及乞养女与人通奸者，本夫、义父，各处十等罚；奸夫，处八等罚；妇女不坐，并离异归宗。○25.325.0.2若纵容抑勒亲女及子孙之妇妾与人通奸者，罪亦如之。○25.325.0.3若用财买休、卖休，因而和同娶人妻者，本夫、本妇及买休人，各处十等罚；妇人离异归宗；财礼入官。若买休人与妇人用计逼勒本夫休弃，其夫别无卖休之情者，不坐；买休人及本妇，各徒一年；妇人给付本夫，听其离异。妾，减一等。媒合人各减犯人买休及逼勒卖休。罪一等。其因奸不陈告，而嫁卖与奸夫者，本夫处十等罚；奸夫、奸妇，各尽本法。

【讲义】 按：此仍《明律》，顺治三年〔1646 年〕添入小注，现改杖为罚。盖严惩自败闺阃之罪，以戒淫风也。

《唐律》不著此律。元律有“夫受财纵妻为娼”及“不受财勒妻妾为娼”并“以财买休和娶妻”三条，此律即本于此。

首二节言纵容、抑勒之罪，后一节言买休卖休之罪。纵容、抑勒，情异而事同，然皆通奸也。卖休、买休，事异而情同，非奸而同于奸也。夫妻妾固有淫行，本夫不禁制而反纵容，则败坏风化之罪，与奸夫、奸妇无异，故均拟罚。抑勒通奸者，寡廉鲜耻之事，全在本夫、义父，而妇女本无淫心，特迫于情不得已，故不坐罪。盖纵容已失夫纲，抑勒尤为无耻，义不可以令合，故并离异。若卖休买休，不曰“奸妇”，而曰“本妇”，不曰“奸夫”，而曰“买休人”，可见与犯奸者不同。然卖休者自弃其妻，既失夫妇之伦，买休者谋娶人妻，亦失婚姻之正，有类于奸，故与通奸并列一条。卖休买休，按律虽应离异，然亦有不可拘泥者。据《会典》云“家贫，将妻不告官而嫁卖与人者，问不应。妇人仍归后夫”，又《辑注》云，“因贫卖妻，本夫既不能养赡，或无宗可归，势必又将失节转嫁，不如仍归后夫，免追财礼”云云，二说虽与律不合，均足补律之未备，当合参之。此外又如义父纵容养女与纵容抑勒乞养子孙妇妾，及正妻纵容抑勒妾犯奸，律皆不言，当参酌比拟。外国不设此律，其风俗概可知矣。

## 25.326 亲属相奸

25.326.0.1 凡奸同宗无服之亲，及无服亲之妻者，各处十等罚。强者，奸夫绞监候。〇25.326.0.2 奸内外缌麻以上亲，及缌麻以上亲之妻，若妻前夫之女，同母异父姊妹者，各徒三年；强者，奸夫绞。监候。奸义子妇、义女、义妹、乞养子妇，并同；仍断还本宗。若奸从祖祖母、祖姑、从祖伯叔母、从祖伯叔姑、从父姊妹、母之姊妹及兄弟妻、兄弟子妻者，奸夫、奸妇各绞；监候。强者，奸夫决绞。惟强奸小功再从姊妹、堂侄女、侄孙女、出嫁降服者，监候绞。〇25.326.0.3若奸妻之亲生母者，以缌麻亲论之，太轻，还比依母之姊妹论。〇25.326.0.4若奸父祖妾、伯叔母、姑、姊妹、子孙之妇、兄弟之女者，奸夫、奸妇各决绞。强者，奸夫决绞。〇25.326.0.5凡奸前项亲属妻妾各减妻一等；强者，绞。监候。其妇女同坐、不同坐，及未成奸、媒合、纵容等件，各详载犯奸律。惟同宗奸生男女，不得混入宗谱，听随便安插。

【讲义】 按：此仍《明律》。末句原有小注，顺治、康熙、乾隆年间迭次修改，现又添改。盖严败伦内乱之罪，以正风化也。

《唐律》分作三条：一为奸缌麻亲及妻，“诸奸缌麻以上亲及亲之妻，若妻前夫之女〔及〕同母异父之姊妹者，徒三年；强者，流二千里；折伤者，绞”；一为奸从祖母、姑，“诸奸从祖母、姑，从祖伯叔母、姑，从父姊妹，从母，及兄弟妻，兄弟子妻者，流二千里；强者，绞”；一为奸父祖妾，

“诸奸父、祖妾,伯叔母,姑,姊妹,子孙之妇,兄弟之女者,绞。即奸父祖所幸婢,减二等”,①明合为一篇,较《唐律》拟罪从轻,又删去“父祖所幸之婢”一节,而增入“无服之亲”及“无服亲之妻”二项。《唐律》强奸无死罪,即强奸从祖母、姑以下各项,亦止于绞;《明律》由绞而加至斩,又由斩候而加至斩决,严惩奸罪至斯已极,然犯者纷纷。现均改斩为绞,则重法渐从淘汰矣。

共分五节。首节言同宗无服、谊属疏远,而名分犹存,故奸加凡人二等。二节言缌麻以上亲及其妻,既有服制,理应加重。即前夫之女与同母异父姊妹,虽无服,而义亦重,故与缌亲同论。三节言从祖祖母各项,盖从祖祖母即祖亲兄弟之妻,小功服也;从祖祖姑即祖之亲姊妹,在室小功,出嫁缌麻也,皆长己两辈者。从祖伯叔母,即父同祖堂兄弟之妻,小功服也;从祖姑,即父同祖之堂姊妹,在室小功,出嫁缌麻也;母之姊妹,即己之母姨,小功服也,皆长己一辈者。从父姊妹,即己之同祖堂姊妹,在室大功,出嫁小功也;兄弟之妻,小功服也,皆与己同辈者。兄弟子之妻,大功服也,此晚己一辈者。以上皆大功、小功亲中之至重者,与别项大功、小功亲不同。奸淫内乱,罪在十恶之列,故犯者另置重典。四节言父祖妾、伯叔母各项,其亲为尤近,而其伦为尤重,奸至于此,则行同禽兽,淫乱逆伦,大恶不赦。和者,俱拟立决,已处极刑。即强奸,亦无可再加,故亦止于绞决也。五节专言奸妾之罪,承上各项而统言之。律文止言和奸、强奸已成,不言未成之罪,旧例补出强奸未成分别拟军、流,调奸未成满徒云云,虽便引用,然未免失古意矣。盖律不言未成之罪,非疏漏也。古人之所不言者,俱有至理,自可于言外求之。后世事事求备,于古人不言者而亦言之,遂不免有窒碍难通之处。即如此项,若业已成奸,自属恩不掩义;若仅属调戏,尚可法外原情。薛氏〔允升〕《〔读律〕存疑》有云“父子伯叔兄弟,均属骨肉至亲,未可全以法绳。假使父兄调戏子弟之妻,照例拟以流罪,在父兄固罪无可辞,而试问子弟之心安乎?否乎?为子弟者,将代妻伸诉也耶?抑代父兄隐讳乎?即不然,袖手旁观、坐视不理乎?且由何人告官、何人质证耶?其妇女仍给亲完聚乎?抑令离异归宗乎?种种窒碍,殊觉未尽允(叶)〔协〕,似不如不言为当”云云,其言极为中理,现虽删去调奸未成一层,而强奸未成仍拟遣、流。外国不著此律,盖亦风尚不同也。

**条　例**

25.326.(1) **一、凡亲属和奸,律应死罪者,若强奸未成,发极边足四千里安置。其和奸,罪不至死者,若强奸未成,仍照律流三千里。**

## 25.332 买良为娼

25.332.0 **凡娼优,买良人子女为娼优,及娶为妻妾,或乞养为子女者,处十等罚。知情嫁卖者,同罪。媒合人,减一等。财礼入官,子女归宗。**

**【讲义】** 按:此仍《明律》,现改杖为罚。盖惩陷良为贱之罪也。

娼优最为下贱,不齿于平民。若买良人为娼优,及娶为妻妾,或乞养为子女,是使良人子女陷身于下贱也。若良人之家,知系娼优,而将子女嫁卖者,是徒知贪利,而陷其子女、辱其家门,

① 《唐律》杂律“奸缌麻以上亲及妻”条律、“奸从祖母姑等”条律、“奸父祖妾等”条律。

故与买者同罪。律止拟十等罚，后例加重，拟以满徒，严惩买良之罪，正所以遏绝娼优之源，正风俗而端风化，用意良深。现在仿照外国之法，娼寮一概收捐，其旧例窝娼开设下处，并宿娼宿优之例，一概删除，虽系因时变通，然古法从此益荡然矣。

## 条　例

[25.332.(1)]一、凡无藉之徒，及生监、衙役、兵丁，私自窝顿流娼土妓，引诱局骗；及得受窝顿娼妓之家财物，挺身架护者，照窝赌例治罪。如系偶然存留，为日无几，徒一年。其窝顿月日经久者，徒三年；再犯，流三千里。得受娼妓家财物者，仍准枉法，计赃，从重论。邻保知情容隐者，处八等罚；受财者，亦准枉法论，计赃，从重科断。其失察之该地方官，交部照例议处。

[25.332.(2)]一、私买良家之女为娼，及设计诱买良家之子为优者，俱徒三年。知情卖者，与同罪。媒合人及串通说合之中保，减一等。奸宿者，照抑勒妻女与人通奸奸夫律治罪。子女不坐，并发归宗。

# [26.339]失　火

[26.339.0.1]凡失火烧自己房屋者，处四等罚；延烧官民房屋者，处五等罚；因而致伤人命者，不分亲属、凡人，处十等罚；但伤人者，不坐致伤罪。其罪止坐所由失火之人；若延烧宗庙及宫阙者，绞监候。○[26.339.0.2]社，减一等。皆以在外延烧言。○[26.339.0.3]若于山陵兆域内失火者，虽不延烧，徒二年；仍延烧山(林)〔陵〕兆域内林木者，流二千里。若于官府公廨及仓库内失火者，亦徒二年；主守仓库之人，因而侵欺财物者，计赃，以监守自盗论。不分首、从。其在外失火而延烧者，各减三等。若主守人因而侵欺财物，不在减等之限。若常人因火而盗取，以常人盗论。如仓库内失火者，徒二年；比仓库被窃盗，库子尽其财产均追赔偿之例。○[26.339.0.4]若于库藏及仓廒内燃火者，虽不失火。处八等罚。○[26.339.0.5]其守卫宫殿及仓库，若掌囚者，但见内外火起，皆不得离所守，违者，处十等罚。若点放火花爆仗，问违制。

**【讲义】** 按：此仍《明律》，顺治三年〔1646年〕添入小注，现改笞杖为罚金。盖惩失火之愆，以并重官府、仓库也。

《唐律》"诸失火及非时烧田野者，笞五十；延烧人宅舍及财物者，杖八十；赃重者，坐赃论，减三等；杀伤人者，减斗杀〔伤〕二等。其行道燃火不灭，而致延烧者，各减一等"、"诸于官府廨院及仓库内失火者，徒二年；在宫内，加二等。损害赃重者，坐赃论；杀伤人者，减斗杀〔伤〕(罪)一等。延烧庙及宫阙者，绞；社，减一等"、"诸库藏及仓内，皆不得燃火。违者，徒一年"、"诸见火起，应告不告，应救不救，减失火罪二等。其守卫宫殿、仓库及掌囚者，皆不得离所守救火，违者杖一百"、"诸于山陵兆域内失火者，徒二年；延烧林木者，流二千里；杀伤人者，减斗杀伤一等。其在外失火而延烧者，各减一等"云云，①较此律详备，而拟罪亦少有参差。此律致伤人命

---

① 《唐律》杂律"非时烧田野"条律、"官廨仓库失火"条律、"库藏仓燃火"条律、"见火起不告救"条律、"山陵兆域内失火"条律。

者，止十等罚，而《唐律》杀伤人者，减一等、二等。《唐律》延烧财物赃重者，坐赃论，减三等；此律延烧他人财物，无论多少，止五等罚，并无计赃加重之法。均较《唐律》为轻。旧例延烧房屋至一百、二百、三百间者，从重分别加枷，即是仿《唐律》之意，现在均经删除。总之，失火虽由于不慎，而究非意料之所及，延烧虽受其损害，而究为无心之失错，故止科以不慎之罪，而并无赔偿之法。惟仓库关系公款，库子职有专司，故注内有尽其财产赔偿之法，可见此外均不赔偿矣。《日本刑法》“失火烧毁人之家屋财产者，处罚金二元以上二十元以下。若因火药及其他爆烈物品毁坏人之家财者，如系过失，亦照失火例处断”云云，止科罚金，并无治罪之法，亦系原其无心之错也。

## 26.340 放火故烧人房屋

**26.340.0.1 凡放火故烧自己房屋者，处十等罚。若延烧官民房屋及积聚之物者，徒三年。因而盗取财物者，绞；**监候。**杀伤人者，以故杀伤论。○26.340.0.2 若放火故烧官民房屋及公廨、仓库、系官积聚之物者，**不分首、从。**皆绞。**监候。须于放火处捕获，有显迹证验明白者，乃坐。**其故烧人空闲房屋，及田场积聚之物者，各减一等。○26.340.0.3 并计所烧之物减价，尽犯人财产折锉赔偿，还官、给主。**除烧残见在外，其已烧物，令犯人家产折为银数，系一主者，全偿；系众主者，计所故烧几处，将家产锉为几分，而赔偿之；即官、民，亦品搭均偿。若家产罄尽者，免追。赤贫者，止科其罪。○若雇工人犯者，以凡人论。

【讲义】 按：此仍《明律》，原有小注，顺治三年〔1646 年〕增修，现改斩为绞、改杖为罚。盖严惩有意放火之罪也。

唐“诸故烧官府廨舍及私家舍宅，若财物者，徒三年；赃满五匹，流二千里；十匹，绞。杀伤人者，以故杀伤论”。① 此律故烧官民房屋，不分首从，不计多寡，皆绞，则较《唐律》为重。又添放火烧自己房屋并烧人空房及田场积聚之物，更较《唐律》为详。

放火出于有意，与无心失火不同，故曰“故烧”。故烧自己房屋，情虽可恶，害未及人，其罪尚轻，不过十等罚，即延烧官民房屋害及人，而原其本心，止欲自焚而已，故亦罪止于徒。若乘间盗财或杀人并故烧官民房屋、仓库，则不能贷其死罪者，以其情可恶而其心叵测也。至于空闲房屋，则与有人居住者不同，田场积聚之物又与家内积聚者不同，故得减等拟流。强盗例内亦有放火烧房而拟罪分别绞决、绞候者，彼是先有盗心而放火以劫其财；此是先无为盗之心，及至延烧之后，见人有财，因而盗取，情节不同，故罪有区别。后例又分图财放火、挟嫌放火，而两项中又各分杀人及焚压人致死，伤人、未伤人，救熄与未救熄，烧毁与未烧毁，又于律文闲房、田场积聚而外，更添出孤村旷野并不毗连民居闲房及田场积聚一层，文愈加详而罪愈增多，似不如律之简而赅括也。

《日本刑法》“放火烧毁住人房屋者，处死刑；无人家屋及其他建造物者，处无期徒刑；烧毁废屋及放柴草肥料等屋者，处重惩役。烧毁载人船舶、火车，处死刑；未载人者，处重惩役。烧山林、竹木、田野谷麦、露积柴草及其他物件者，处轻惩役。烧自己家屋者，处重禁锢”云云，较

① 《唐律》杂律“烧官府私家舍宅”条律。

中律更为详细，而拟罪亦不轻，于中律可并参之。

**条　例**

[26.340.(1)]一、凶恶棍徒，纠众商谋，计图得财，放火故烧官民房屋及公廨、仓库或官积聚之物，并街市镇店、人居稠密之地，已经烧毁抢夺财物者，均照强盗律，不分首、从，拟绞立决；杀伤人者，拟斩立决；有因焚压致死者，将为首之人拟斩立决。其情有可原者，仍照强盗例，发遣新疆当差。若本非同伙，借名救火，乘机抢掠财物者，照抢夺律，加一等，分别首、从治罪。其恶徒谋财放火，有已经烧毁房屋，尚未抢掠财物，又未伤人者，为首，拟绞监候；为从商谋、下手燃火者，发极边足四千里安置；诱胁同行者，徒三年。如谋财放火，随即救熄，尚未烧毁，为首，发烟瘴地方安置；为从商谋、下手燃火者，流三千里；诱胁同行者，处十等罚。若并非图财，而怀挟私仇，放火烧毁房屋，因而杀人及焚压人死者，为首，拟绞立决；为从商谋、下手燃火者，拟绞监候。其未伤人，及伤而不死者，为首，拟绞监候；为从者，发极边足四千里安置；诱胁同行者，并徒三年。如挟仇放火，当被救熄，尚未烧毁，为首，流三千里；为从者，徒三年。若图财挟仇，故烧空地闲房，及场园堆积柴草等物者，首犯，流三千里；如系孤村旷野内，并不毗连民居闲房，及田场积聚之物者，徒三年；为从，各减一等；当被救熄，尚未烧毁者，又各减一等。地方文武官弁，遇有此等恶徒放火，不即赴援扑灭，协力擒拿，照例议处。地方保甲人等，照不应重律治罪。

[26.340.(2)]一、挟仇放火，止欲烧毁房屋柴草泄忿，并非有心杀人，因而致死一家三命以上者，首犯，拟斩立决；从犯，拟绞监候，入于秋审情实。

## [30.387]失时不修堤防

[30.387.0.1]凡不先事修筑河防，及虽修而失时者，提调官吏，各处五等罚；若毁害人家、漂失财物者，处六等罚；因而致伤人命者，处八等罚。〇[30.387.0.2]若不先事修筑圩岸，及虽修而失时者，处三等罚；因而淹没田禾者，处五等罚。〇[30.387.0.3]其暴水连雨损坏堤防，非人力所致者，勿论。

【讲义】 按：此仍《明律》，顺治初年添入小注，现改笞杖为罚金。盖言提调官吏宜预防水患也。

《唐律》“诸不修堤防及修而失时者，主司杖七十；毁害人家、漂失财物者，坐赃论，减五等；以故杀伤人者，减斗杀伤罪三等。即雨水过常，非人力所防者，勿论”，注云“水流漂害于人，人自涉而死者，非所司不坐”云云。①《明律》本此，而罪名轻重不同，且于河防而外，添入圩岸一段，则更详细矣。

河道堤防关系民生至重，若残损而不及时修筑，则有溃决之虞；修筑而失时，则有妨农之

---

① 《唐律》杂律“失时不修堤防”条律及小注。小注仅言“谓水流漂害于人。即人自涉而死者，非。”“所司不坐”四字语出本条“疏”议。

害；至于田间圩岸，虽次于河防，而农家所关，亦民事之不可缓者，故分别轻重，以定其罪。后有详例，可与律文互参。

**条 例**

30.387.(1)一、凡运河一带，用强包揽闸夫、溜夫二名以上，捞浅铺夫三名以上；及河工指称夫头，包揽代雇，勒措良民二名以上者，俱照豪强求索财物律，计赃，准枉法论。揽当一名，不曾用强生事；并勒措良民一名者，俱照不应为律科罪。各省岁修堤塍，如有勒措业户，将夫工包折银钱者，亦照此例，分别名数定拟。

30.387.(2)一、遇河工紧要工程，如有浮议动众，以致众力懈弛者，将倡造之人，拟绞监候；附和传播者，照违制律治罪。

30.387.(3)一、河工承修各员采办料物，如有奸民串保领银，侵分入己，以致亏帑误工，该兼管河道督抚将承办官参究；仍将亏帑奸民，发该州县严查追征，审实，照常人盗仓库钱粮律，计赃治罪；应追银两逾限不完，着落原领官名下追赔。

30.387.(4)一、凡堤工，宜加意慎重，以固河防。除已成房屋，无碍堤工者，免其迁移外；如再违禁增盖者，即行驱逐，照违制律治罪。

## 30.388 侵占街道

30.388.0 凡侵占街巷道路，而起盖房屋，及为园圃者，处六等罚，各令拆毁、修筑复旧。

**【讲义】** 按：此仍《明律》，顺治初年添入小注。原律末节有“穿墙出秽污之物于街巷者，笞四十；出水者，勿论”等语，现以违警已定专律，将此节删除，并改杖为罚。此律盖言侵占官地之罪也。

《唐律》“诸侵巷街、阡陌者，杖七十。若种植垦食者，笞五十。各令复故。虽种植，无所妨废者，不坐。其穿垣出秽污者，杖六十；出水者，勿论。主司不禁，与同罪”云云，①《明律》本此，而治罪较轻；又改《唐律》“种植垦食”为“起盖房屋及为园圃”，则有不同；亦无《唐律》“主司不禁，与同罪”一语。

凡城市通行之地曰“街巷”，郊野通行之地曰“道路”，均系官地。若有侵占，无论盖为房屋、治为园圃，处罚而外，均令拆毁复旧。

旧例“京城街道若有作践掘成坑坎、淤塞沟渠、盖房侵占，或傍城使车、放牲损坏城脚，及于大清门前、正阳门外一带作践损坏者，俱问罪，枷号一月”云云，现虽删除，亦可与律互参。

① 《唐律》杂律“侵巷街阡陌”条律。

# 附录四　《〈大清现行刑律〉案语》、《核订〈现行刑律〉》有关民事部分

# 说　明

一、本部分辑录《〈大清现行刑律〉案语》、《核订〈现行刑律〉》户役门、田宅门、婚姻门、钱债门全部内容以及二书其他有关民事部分(以本书各部分曾列入"《现行律》民事有效部分"为限)相应全部内容。

二、本部分辑录的《〈大清现行刑律〉案语》、《核订〈现行刑律〉》文字,均据宣统元年〔1909年〕修订法律馆铅印本录出,点校。

三、为便于对照,《核订〈现行刑律〉》相应内容直接附入《〈大清现行刑律〉案语》相应部分之后。全部内容重新排序,先全文辑出户役门、田宅门、婚姻门、钱债门,其他内容仍依《大清律例》顺序。

四、为阅读便利,《〈大清现行刑律〉案语》原律文、原例文,《核订〈现行刑律〉》原修改律文、原修改例文、例文等,均使用　中宋　字体;《〈大清现行刑律〉案语》、《核订〈现行刑律〉》按语部分均使用　楷体　字体;《〈大清现行刑律〉案语》、《核订〈现行刑律〉》修改、修并、修复后的律文、例文,均使用　仿宋　字体。

五、为免繁琐,本附录目录及正文中的《〈大清现行刑律〉案语》简写作"〔刑律案语〕",《核订〈现行刑律〉》简写作"〔核订刑律〕"。

# 目　录

# 一、户　役

## 脱漏户口

〔**刑律案语**〕

**○原　律**

凡一家曰户全不附籍，若有田应出赋役者，家长杖一百；若系无田不应出赋役者，杖八十，准附籍有赋照赋，无赋照丁。当差。○若将他家人隐蔽在户不另报立籍，及相冒合户附籍他户，有赋役者，本户家长亦杖一百；无赋役者，亦杖八十。若将内外另居亲属隐蔽在户不报，及相冒合户附籍者，各减二等。所隐之人，并与同罪，改正立户，别籍当差。其同宗伯叔弟侄及婿，自来不曾分居者，不在此断罪、改正之限。○其见在官役使办事者，虽脱户，然有役在身、有名在官。止依漏口法。○若曾立有户隐漏自己成丁十六岁以上。人口不附籍，及增减年状、妄作老幼废疾，以免差役者，一口至三口，家长杖六十；每三口加一等，罪止杖一百。不成丁三口至五口，笞四十；每五口加一等，罪止杖七十。所隐人口入籍、成丁者当差。○若隐蔽他人丁口不附籍者，罪亦如之。所隐之人与同罪，发还本户，附籍当差。○若里长失于取勘，致有脱户者，一户至五户，笞五十；每五户加一等，罪止杖一百。漏口者，一口至十口，笞三十；每十口加一等，罪止笞五十。本县提调正官、首领官吏失于取勘，致有脱户者，十户笞四十，每十户加一等，罪止杖八十；漏口者，十口笞二十，每三十口加一等，罪止笞四十。知情者，并与犯人同罪。受财者，计赃，以枉法从重论。若官吏曾经三次立案取勘，已责里长文状，叮咛省谕者，事发，罪坐里长。如里长、官吏知其脱漏之情而故纵不问者，则里长、官吏与脱漏户口之人同罪。若有受财者，并计赃，以枉法从重论。

**臣等谨按**：此条沿用《明律》，系编审户口之法。前代定制，有田则有赋，有丁则有役，户口为赋役所自出。户口一有脱漏，赋役之弊丛生。故严立脱漏之防，三年一编审。时有因革损益，而法立弊生，莫衷一是。国朝顺治十三年〔1674 年〕，改为五年一编审。雍正、乾隆以来，丁归地粮，于是丁徭与地赋合，民纳地丁之外，别无徭役。官家兴作，悉凭雇募，编审一律停止。盖赋役之制，既与昔殊，斯编审之法，无妨从略也。然编审虽停，而律文如故。从前奏定《编查保甲条例》，有“违者照脱户律治罪”之文，虽百余年来未经引用，而清厘户口，为全国政治根本。上年〔1908 年〕民政部奏定《清查户口章程》，极为详晰，以后一切办法，或有须将本律比附增减之处。揆时度势，此律应仍其旧，以资遵守。惟笞、杖，照章罚金，应依数分等处罚。谨将修改律文，开列于后。

**修 改**

凡一家日户全不附籍，若有田应出赋役者，家长处十等罚；若系无田不应出赋役者，处八等罚。准附籍有赋照赋，无赋照丁。当差。〇若将他家人隐蔽在户不另报立籍，及相冒合户附籍他户，有赋役者，本户家长亦处十等罚；无赋役者，亦处八等罚。若将内外另居亲属隐蔽在户不报，及相冒合户附籍者，各减二等。所隐之人，并与同罪，改正立户，别籍当差。其同宗伯叔弟侄及婿，自来不曾分居者，不在此断罪、改正之限。〇其见在官役使办事者，虽脱户，然有役在身、有名在官。止依漏口法。〇若曾立有户隐漏自己成丁十六岁以上。人口不附籍，及增减年状、妄作老幼废疾，以免差役者，一口至三口，家长处六等罚；每三口加一等，罪止十等罚。不成丁三口至五口，处四等罚；每五口加一等，罪止七等罚。所隐人口入籍、成丁者当差。〇若隐蔽他人丁口不附籍者，罪亦如之。所隐之人与同罪，发还本户，附籍当差。〇若里长失于取勘，致有脱户者，一户至五户，处五等罚；每五户加一等，罪止十等罚。漏口者，一口至十口，处三等罚；每十口加一等，罪止五等罚。本县提调正官、首领官吏失于取勘，致有脱户者，十户处四等罚，每十户加一等，罪止八等罚；漏口者，十口处二等罚，每三十口加一等，罪止四等罚。知情者，并与犯人同罪。受财者，计赃，以枉法从重论。若官吏曾经三次立案取勘，已责里长文状，叮咛省谕者，事发，罪坐里长。如里长、官吏知其脱漏之情而故纵不问者，则官吏与脱漏户口之人同罪。若有受财者，并计赃，以枉法从重论。

**〇原 例**

**一、直隶各省编审，察出增益人丁实数，缮册奏闻，名为《盛世滋生户口册》。其征收钱粮，但据康熙五十年〔1711 年〕丁册，定为常额，续生人丁，永不加赋。如额征丁粮数内，有开除者，即将各该省新增人丁补足额数。至新增人丁，倘不据实开报，或有私派钱粮，及造册之时借端需索，该督抚严查题参。**

**臣等谨按：**此例应仍其旧。惟“题参”照章改为“奏参”。谨将修改例文，开列于后。

**修 改**

一、直隶各省编审，察出增益人丁实数，缮册奏闻，名为《盛世滋生户口册》。其征收钱粮，但据康熙五十年〔1711 年〕丁册，定为常额，续生人丁，永不加赋。如额征丁粮数内，有开除者，即将各该省新增人丁补足额数。至新增人丁，倘不据实开报，或有私派钱粮，及造册之时借端需索，该督抚严查奏参。

# 人户以籍为定

〔**刑律案语**〕

**○原　律**

凡军、民、驿、灶、医、卜、工、乐诸色人户，并以原报册籍为定。若诈军作民冒民脱匠免，避己重就人轻者，杖八十。其官司妄准脱免，及变乱改军为民、改民为匠。版籍者，罪同。军民人等，各改正当差。○若诈称各卫军人，不当军民差役者，杖一百，发边远充军。

**臣等谨按：**此仍《明律》。律首“军、民、驿、灶、医、卜、工、乐诸色”等字，与现在编隶户籍之法不合，应请节删。“杖八十”罪名，照章罚金，应改为“处八等罚”。律内小注均系承律首一语而言，应一并删除。(例)〔律〕末“诈称各卫军人”等语，亦前明始有。此弊现在并无其事，均应节删。谨将修改律文，开列于后。

**修　改**

凡人户，并以原报册籍为定。若诈冒脱免，避己重就人轻者，处八等罚。其官司妄准脱免，及变乱版籍者，罪同。

**○原　例**

一、各省乐籍并浙省堕民、丐户，皆令确查削籍，改业为良。若土豪地棍，仍前逼勒凌辱，及自甘污贱者，依律治罪。其地方官奉行不力者，该督抚查参，照例议处。

**臣等谨按：**此例应仍其旧，理合陈明。

**○原　例**

一、旗下奴仆，若果系数辈出力之人，伊主念其勤劳，情愿听其赎身为民，本旗户部有档案可稽，州县地方有册籍可据，为民者仍归民籍。旧主子孙，不得借端控告。其有投充之本身，私自为民，别经发觉，将伊家同族之良民，诬指为同祖，希图陷害者；或本主因家奴之同族少有产业，诬告投充之子孙者，审明将诬扳、诬告之人，照冒认良人为奴婢律治罪。

**臣等谨按：**此例应仍其旧。惟户部现经改名，例内“本旗户部有档案可稽，州县地方有册籍可据”二语，应改为“在内有档案可稽，在外有册籍可据”。谨将修改例文，开列于后。

**修　改**

一、旗下奴仆，若果系数辈出力之人，伊主念其勤劳，情愿听其赎身为民，在内有档案可稽，在外有册籍可据，为民者仍归民籍。旧主子孙，不得借端控告。其有投充之本身，私自为民，别经发觉，将伊家同族之良民，诬指为同祖，希图陷害者；或本主因家奴之同族少有产业，诬告投充之子孙者，审明将诬扳、诬告之人，照冒认良人为奴婢律治罪。

**○原　例**

一、娼、优、隶、卒及其子孙，概不准入考、捐监。如有变易姓名，朦混应试报捐者，除斥革外，照违制律，杖一百。若将良民诬指为娼、优、隶、卒，希图倾陷拖累者，各按诬告律治罪。

**臣等谨按**：违制律应满杖，例内“杖一百”三字应改为“治罪”二字。谨将修改例文，开列于后。

**修　改**

一、娼、优、隶、卒及其子孙，概不准入考、捐监。如有变易姓名，朦混应试报捐者，除斥革外，照违制律治罪。若将良民诬指为娼、优、隶、卒，希图倾陷拖累者，各按诬告律治罪。

**〇原　例**

一、凡籍隶顺天府(大)宛、〔大〕两县人员，出仕时，取具同乡〔京〕官印结者，各宜细心察核。如有混冒出结，除照例议罪外，遇有承追无着之项，即于定例后出结官名下追赔。

**臣等谨按**：此例应仍其旧，理合陈明。

**〇原　例**

一、乾隆元年〔1736年〕以后，白契所买之人未入丁册者，准照例赎身为民。其乾隆元年〔1736年〕以前，白契所买之人，既准作为印契，仍照例在本主户下挑取步甲等缺。俟三辈后，著有劳绩，本主情愿放出为民者，旗人则取具本主甘结，加具参佐领图结，由旗咨部存案；汉人则取具本主甘结，报明本籍地方官，咨部存案，俟部核复，准入民籍。此等旗、民放出家奴，只许耕作营生，不许考试、出仕。其放出入籍三代后所生之子孙，准其与平民一例应试、出仕，京官不得至京堂，外官不得至三品。其虽经放出，未经呈报者，应自报官存案之日起限。

**臣等谨按**：此条系乾隆三年〔1738年〕定例，五十三年〔1788年〕修改，嘉庆十一年〔1806年〕改定。惟所称“乾隆元年〔1736年〕以后”及“乾隆元年〔1736年〕以前”等语，自系仅据当时情事而言，留入例中，颇嫌未洽，似应全行删去；并将下层“白契所买……准作为印契”一句，径改为“印契所买之人”，较为分晰。谨将修改例文，开列于后。

**修　改**

一、凡白契所买之人未入丁册者，准赎身为民。其印契所买之人，仍在本主户下挑取步甲等缺。俟三辈后，著有劳绩，本主情愿放出为民者，旗人则取具本主甘结，加具参佐领图结，由旗咨部存案；汉人则取具本主甘结，报明本籍地方官，咨部存案，俟部核复，准入民籍。此等旗、民放出家奴，只许耕作营生，不许考试、出仕。其放出入籍三代后所生之子孙，准其与平民一例应试、出仕，京官不得至京堂，外官不得至三品。其虽经放出，未经呈报者，应自报官存案之日起限。

**〇原　例**

一、凡旗人窝窃、窝娼、窝赌及诬告、讹诈，行同无赖，不顾行止；并棍徒扰害、教诱宗室为非、造卖赌具、代贼销赃、行使假银、捏造假契、描画钱票、一切诓骗诈欺取财、以窃盗论、准窃盗论；及犯诱拐、强奸、亲属相奸者，均销除本身旗档，各照民人一例办理。犯该徒、流、军遣者，分别发配，不准折枷。至八旗满洲、蒙古奴仆有犯，罪应军流者，依例发驻防为奴；徒罪以下，照民人问拟，徒满释回，仍交与伊主服役、管束，毋庸销除册档。

**臣等谨按**：此例原载“犯罪免发遣”门。嗣光绪三十三年十二月〔1908 年 1 月〕内，遵议《满汉通行刑律》，将此条酌加修改，并声明彼门律文已删，应移入“人户以籍为定”门等因，奏准在案，自应移置于此。惟详核例文，尚有应行修改之处，如军、流现经改章各省驻防，亦正议更改旧制，应请将例末“罪应军流”、“依例发驻防为奴”等语改为“罪应流、徒以上者，依例定拟。如遇赦及期满释回，仍交与伊主服役、管束，毋庸销除册档”，以免窒碍。谨将修改例文，开列于后。

**修 改**

一、凡旗人窝窃、窝娼、窝赌及诬告、讹诈，行同无赖，不顾行止；并棍徒扰害、教诱宗室为非、造卖赌具、代贼销赃、行使假银、捏造假契、描画钱票、一切诓骗诈欺取财、以窃盗论、准窃盗论；及犯诱拐、强奸、亲属相奸者，均销除本身旗档。至八旗满洲、蒙古奴仆有犯，罪应流、徒以上者，依例定拟。如遇赦及期满释回，仍交与伊主服役、管束，毋庸销除册档。

**○删 除**

一、应试童生，如诡捏数名或顶名入场，希图幸进者，照诈冒律，杖八十。保结之廪生知情者，同罪。

**臣等谨按**：此条系乾隆八年〔1743 年〕定例。惟现今科岁试既停，各学堂考试另有奏定章程可守，且并无保结之廪生，此例无关引用，拟请删除。

**○删 除**

一、内务府承领官地庄头，及王公户下由内府拨出之庄头，旗档有名者，归入汉军考试；旗档无名者，归入民籍考试。其八旗户下带地投充庄头，毋论旗档有名、无名，均不准应试出仕。

**臣等谨按**：此例为庄头人等分别准考、不准考而设，现在科举既停，此例即无关引用，拟请删除。

**○删 除**

一、安徽省徽州、宁国、池州三府，民间世仆，如现在主家服役者，应俟放出三代后所生子孙，方准报捐考试。若早经放出，并非现在服役豢养，及现不与奴仆为婚者，虽曾葬田主之山、佃田主之田，均一体开豁为良。已历三代者，即准其报捐考试。

**臣等谨按**：安徽省徽、宁、池三府，从前民间世仆，现在悉豁为良，并无此等仆役，应即删除。

**○删 除**

一、驻防旗人，置买本地家奴，本主因其不堪驱使，情愿准其赎身者，亦准放出为民。

一、凡八旗白契所买家奴，如本主不能养赡，或念有微劳，情愿令其赎身者，仍准赎身外，如本主不愿，概不准赎。其有酗酒、干犯、拐带、逃走等情，俱照红契家人一例治罪。如有钻营势力、倚强赎身者，仍照定例办理。

**臣等谨按**：上条系驻防旗人置买家奴之例，下条系八旗契买家奴之例。惟家奴之赎身，应视本主之是否情愿，与本门例载“白契所买之人，准予赎身为民”者不符。现拟将彼条改以白契、红契为断，并将奴婢殴家长例内，亦照此叙明，则下条白契家奴照红契治罪各层，均属无关引用，此二例应即删除。

〇删　除

一、八旗家奴，如系累代出力，经本主呈明令其出户，应准放入民籍。其由本主得银放出，潜入民籍；或抱养子弟，指称归宗，私入民籍者，仍治以不行呈明之罪，令其各归民籍。至指借他人名色，代为认买，私自出旗；或带地投充之人，将子孙改姓，潜入民籍者，照例治罪，仍断还原主。若有钻营势力，欺压孤幼，赎身为民者，倍追身价，给还原主，将人口赏给外省驻防兵丁为奴。

**臣等谨按：**此条系乾隆二十四年〔1759 年〕定例，五十三年〔1788 年〕修改。例内“得银放出”，即系赎身；“抱养子弟归宗”，即系不准紊乱旗籍。乃既准其各归民籍，仍治以不行呈明之罪，究竟应治何罪，并未叙明，有犯殊难援引。现值化除满汉之际，此等处尽可从宽。至指借认买、私自出旗各层，系属旧时情形，久无此等案件，例文尤系虚设，应即删除。

〇删　除

一、凡民人之子，既经给与旗下家人为嗣，即与家人无异，应造入伊主户下，以备稽查。

**臣等谨按：**此条系乾隆五年〔1740 年〕户部议准定例。惟从前旗人可以异姓为子，故家人以民人之子为嗣，亦应造入伊主户下。后定有紊乱旗籍之例，则异姓不得乱宗，即家人亦应照此办理。此例尚系旧日情形，与后来例意不合，应即删除。

〇删　除

一、顺天府考试审音之时，究出冒籍情弊，将本生及廪保，俱照变乱版籍律，杖八十，廪保仍革去衣顶。知县教官，如审音不实，滥行申送，俱照徇庇例，交部议处。受财者，计赃，从重论。

**臣等谨按：**此条系顺天府考试审音专例。惟现今科举既停，俱在学堂考试，与从前情形不同，拟请删除。

〇删　除

一、军流人犯之子孙，系本籍所生，随往配所者，该地方官查明年岁，填注文批，递交配所验明立案。倘在籍并无亲子，或有继嗣，准将继子随配。若到配后复生有亲子，即将其所继之子，查明原籍确有亲属可倚，勒令归宗；如并无亲属，始准与到配后所生之子一体入于军籍。至本犯原籍子嗣数人，不愿俱赴配所，分别去留。已留本籍者，不得复于配所入籍应试；已随配所入籍者，不准复回原籍考试。其军流随配入籍之子孙，统俟十年限满后，由配所督抚将入籍原由报部查核。如有捏混及跨考两籍者，本犯及子孙按律治罪，府、州、县交部议处。

**臣等谨按：**此条为严防军流人犯之子孙跨考两籍而设。现在科岁试已停，仅有投考学堂一途，并毋庸防其跨考，此条应即删除。

〇删　除

一、发遣赏给黑龙江、新疆等处，及各省驻防官员、兵丁为奴人犯，并无应卖事故，辄私行典卖，及得财放赎者，系官革职，兵丁枷号两个月、鞭一百，追价入官，专管各官交部议处。其用财赎身之遣犯，枷号一年、鞭一百，仍交原主管束。若实有应卖事故，欲行典卖者，报明该管官酌量准其典卖与本处旗人为奴。如遇有逃走为匪等事，即将典卖之人照例治罪，原主不坐。如卖与民人并别境旗人为奴者，原主杖一百，亦追价入官，其人犯令该将军、都统另行赏给本处官兵为奴，不准给原主领回。

**臣等谨按：**黑龙江等处为奴之例，自咸丰年间改发内地，已阅五十余年，现在并无此项为奴人犯至驻防为奴一项。现值变通驻防营制之时，此例亦应变通办理。此条无关引用，拟请删除。

**○删　除**

一、先经习教人犯，除自行呈首免罪，及坐功运气茹素讽经，尚非实犯邪教外，其实因习教犯案，罪在徒、流以上者，查明其子孙实未入教，即以本犯以子为始，三辈后所生之子孙，始准考试报捐。其应行入考报捐之人，先行呈明地方官，取具邻族甘结，详报督抚，咨部查核。倘有朦混应考报捐者，以违制论。至习教复又从逆各犯子孙，永远不准考试报捐。

**臣等谨按：**此条系嘉庆二十二年〔1817年〕定例，原为习教人犯罪在徒、流以上者而设。惟自犯案至今，计已百有余载，本犯所生之子孙，似当不止三辈。例文无关引用，应即删除。

## 〔核订刑律〕

**○删　除**

一、各省乐籍并浙省堕民、丐户，皆令确查削籍，改业为良。若土豪地棍，仍前逼勒凌辱，及自甘污贱者，依律治罪。其地方官奉行不力者，该督抚查参，照例议处。

**谨按：**此条系雍正元年〔1723年〕定例。乐籍系沿明旧；至堕民、丐户令其削籍为良，悬为定例，迄今百数十年。在朝廷既宽予自新之路，在若曹岂竟无羞恶之心？况阅时已久，子孙亦断无永远自甘污贱之理。惟此项名色，永存于例内，乡党之中，仍不能无歧视之见。不如并其名而去之，反得泯然无迹也。此条拟请删除。

**○原修改例文**

一、娼、优、隶、卒及其子孙，概不准入考、捐监。如有变易姓名，朦混应试报捐者，除斥革外，照违制律治罪。若将良民诬指为娼、优、隶、卒，希图倾陷拖累者，各按诬告律治罪。

**谨(案)〔按〕：**本条所谓“娼、优”，即《谘议局章程》第六条第三款之“不正营业”，“隶、卒”即第七款之“身家不清白”。此等名色，颇难枚举，如仅指定“娼、优、隶、卒”四项，范围转隘，自宜查照定章更正。方今改良刑律，罪不及孥，凡律内缘坐各条，业奉特旨豁免，娼、优、隶、卒，究非死罪可比，乃因托业卑贱而并夺其子孙之人格，似非朝廷筹备立宪、保护人权之至意。况古来人杰，起于奴隶厮养者，史不绝书，正宜宏造就之方，以坚齐民争自淬厉之志。例首“及其子孙”四字，拟请节删。谨将修改例文，开列于后。

**修　改**

一、营业不正及身家不清白者，概不准入考捐监。如有变易姓名，朦混应试报捐者，除斥革外，照违制律治罪。若将良民诬指，希图倾陷拖累者，按诬告律治罪。

○**原修改例文**

一、旗下奴仆，若果系数辈出力之人，伊主念其勤劳，情愿听其赎身为民，在内有档案可稽，在外有册籍可据，为民者仍归民籍。旧主子孙，不得借端控告。其有投充之本身，私自为民，别经发觉，将伊家同族之良民，诬指为同祖，希图陷害者；或本主因家奴之同族少有产业，诬告投充之子孙者，审明将诬扳、诬告之人，照冒认良人为奴婢律治罪。

一、凡白契所买之人未入丁册者，准赎身为民。其印契所买之人，仍在本主户下挑取步甲等缺。俟三辈后，著有劳绩，本主情愿放出为民者，旗人则取具本主甘结，加具参佐领图结，由旗咨部存案；汉人则取具本主甘结，报明本籍地方官，咨部存案，俟部核复，准入民籍。此等旗、民放出家奴，只许耕作营生，不许考试、出仕。其放出入籍三代后所生之子孙，准其与平民一例应试、出仕，京官不得至京堂，外官不得至三品。其虽经放出，未经呈报者，应自报官存案之日起限。

**谨按：**宣统元年十二月二十一日〔1910年1月31日〕，臣馆会同修订法律大臣《奏请禁革买卖人口》折内称“查八旗家奴，有赏给者，有投充者，有契买者，拟请概以雇工人论。伊主情愿赎放者，听”等因，奉旨允准，钦遵在案。以上二条，本系旗下家奴赎身放出之例，自应照改以符新章。至第一条“在内有档案可稽”、“在外有册籍可据”二语，尚系从前情形，现在档案、册籍未必完全，如必俟查明旧案，方准列入民籍；或照第二条办法，加结咨送，俟部复核准，方许入籍，恐转辗稽延，徒启需索抑勒之弊。其第二条“印契”、“白契”之分，旧例本以乾隆元年〔1736年〕为断，迄今百有余年，历世已不止三代，业经放出，许其为民，即与平人无异。若应试、出仕，犹限其辈数、官阶，与许放为民之本旨未符。况各府包衣，亦家奴之一种，初未因系厮养阻其登进，际兹提倡选举之时，民权尤宜保护，似不宜复分轩轾。拟请嗣后凡赎身放出之家奴，即报明该管地方官，编入民籍，毋庸稽查档案、取结咨部核复；其所生之子孙，准与平人一体应试、出仕；其未经放出及无力赎身者，概照新章，以雇工人论。以上二条，应即修并为一，以省繁冗。谨将修并例文，开列于后。

**修　并**

一、凡旗下从前家奴，不论系赏给、投充，及红契、白契所买，是否数辈出力，概听赎身，放出为民，报明地方官，编入民籍，毋庸稽查旧档及取结咨部核复。所生子孙，准与平人一体应试、出仕。其未经放出及无力赎身者，概以雇工人论。

○**原修改例文**

一、凡旗人窝窃、窝娼、窝赌及诬告、讹诈，行同无赖，不顾行止；并棍徒扰害、教诱宗室为非、造卖赌具、代贼销赃、行使假银、捏造假契、描画钱票、一切诓骗诈欺取财、以窃盗论、准窃盗论；及犯诱拐、强奸、亲属相奸者，均销除本身旗档。至八旗满洲、蒙古奴仆有犯，罪应流、徒以上者，依例定拟。如遇赦及期满释回，仍交与伊主服役、管束，毋庸销除册档。

**谨案：**旗下奴仆现已改为雇工，有犯自应按照雇工人逕例办理。本条“八旗满洲、蒙古奴仆”一层，应请节删。谨将修改例文，开列于后。

**修 改**

一、凡旗人窝窃、窝娼、窝赌及诬告、讹诈，行同无赖，不顾行止；并棍徒扰害、教诱宗室为非、造卖赌具、代贼销赃、行使假银、捏造假契、描画钱票、一切诓骗诈欺取财、以窃盗论、准窃盗论；及犯诱拐、强奸、亲属相奸者，均销除本身旗档。

## 私创庵院及私度僧道

### 〔刑律案语〕

**○原 律**

**凡寺、观、庵、院，除现在处所(先年额设)外，不许私自创建、增置，违者，杖一百；僧、道还俗，发边远充军；尼僧、女冠，入官为奴。(地基、材料入官。)○若僧道不给度牒，私自簪剃者，杖八十。若由家长，家长当罪。寺观住持及受业师私度者，与同罪，并还俗。(入籍、当差。)**

**臣等谨按：**此仍《明律》。私自创建寺、观、庵、院，僧、道发边远充军，尼僧、女冠入官为奴，亦明代严峻之法。自雍正十三年〔1735年〕定例，凡民间擅行兴造寺观、神祠者，依违制律论，最为平允。律内"充军"、"为奴"两项，应即节删，"杖一百"罪名应改为"以违制论"。至僧、道颁给度牒，乾隆年间已经停止，此层本可删除。惟日久弊生，僧道之数，遂漫无稽考，方今整顿庶务，凡清查户口之法，不厌详求，此等旧法，似可存之，以备参考。惟"杖八十"罪名，照章罚金，应改为"处八等罚"。谨将修改律文，开列于后。

**修 改**

凡寺、观、庵、院，除现在处所(先年额设)外，不许私自创建、增置，违者，以违制论，僧、道、尼僧、女冠还俗。(地基、材料入官。)若僧、道不给度牒，私自簪剃者，处八等罚。若由家长，家长当罪。寺观住持及受业师私度者，与同罪，并还俗。

**○原 例**

**一、民间有愿创造寺观、神祠者，呈明该督抚具题，奉旨方许营建。若不俟题请，擅行兴造者，依违制律论。**

**臣等谨按：**此例应仍其旧。惟"具题"应改"具奏"，"题请"应改"奏请"。谨将修改例文，开例于后。

**修 改**

一、民间有愿创造寺观、神祠者，呈明该督抚具奏，奉旨方许营建。若不俟奏请，擅行兴造者，依违制律论。

**○原 例**

**一、民间子弟，户内不及三丁，或在十六以上而出家者，俱枷号一个月，并罪坐所由。僧道官及住持知而不举者，各罢职、还俗。**

**一、僧道犯罪，该还俗者，查发各原籍安插。若仍于原寺观、庵院或他寺观、庵院潜住**

**者，并枷号一个月，照旧还俗。其僧道官及住持知而不举者，照违令律治罪。**

**臣等谨按：**以上二例，应仍其旧。惟枷号现经改章，此等情罪，均应酌改为“照不应重律治罪”。谨将修改例文二条，分列于后。

**修　改**

一、民间子弟，户内不及三丁，或在十六以上而出家者，俱照不应重律治罪，并罪坐所由。僧道官及住持知而不举者，各罢职、还俗。

一、僧道犯罪，该还俗者，查发各原籍安插。若仍于原寺观、庵院或他寺观、庵院潜住者，并照不应重律治罪，照旧还俗。其僧道官及住持知而不举者，照违令律治罪。

**○原　例**

**一、现在应付、火居等项僧、道，不准滥受生徒。其年逾四十者，方准招徒一人。若所招之人，无罪犯而病故者，准其另招一人为徒。如有年未四十，即行招受，及招受不止一人者，照违令律，笞五十。若招受之人，身犯奸盗重罪，伊师亦不准再行续招；其有复行续招者，亦照违令律治罪。僧道官容隐者，罪同。地方官不行查明，交部照例议处。所招生徒，俱勒令还俗。**

**臣等谨按：**此例原系二条，一系乾隆三年〔1738 年〕礼部议准定例、四十二年〔1777 年〕修改，一系乾隆三年〔1738 年〕定例、五十三年〔1788 年〕修并。查有眷属之僧曰“应付”，有眷属之道士曰“火居”，皆僧道之最下者，是以不准招受生徒。原例内尚有“例应招徒之僧道”一语，修并时删去。此语似系专指“应付、火居等项”而言，殊非例意，应查照添入，并拟于例首标明“僧道招徒”，将“应付、火居等项，不准滥行收受”作为“除”笔，下即紧接“其非应付、火居，而为例准招徒之僧道，亦须年逾四十”各层，庶文义较为明晰。“笞五十”即包于“违令律”之中，似毋庸复叙，应改为“治罪”，以便与下文一律。谨将修改例文，开列于后。

**修　改**

一、僧、道招徒，除应付、火居等项，不准滥行收受外，其非应付、火居，而为例应招徒之僧、道，亦须年逾四十，方准招徒一人。若所招之人，无罪犯而病故者，准其另招一人为徒。如有年未四十，即行招受，及招受不止一人者，照违令律治罪。若招受之人，身犯奸盗重罪，伊师亦不准再行续招；其有复行续招者，亦照违令律治罪。僧道官容隐者，罪同。地方官不行查明，交部照例议处。所招生徒，俱勒令还俗。

**○原　例**

**一、僧道如有为匪不法等事，责令僧纲、道纪等司，随时举报。倘瞻徇故纵，别经发觉，犯系逆案者，将该管僧纲、道纪，照知情故纵逆犯本律，分别已行、未行定罪。若止失于觉察者，照不应重律，杖八十。**

**臣等谨按：**此例应仍其旧。惟杖罪现经改章，例内“杖八十”三字应改为“治罪”二字。谨将修改例文，开列于后。

**修　改**

一、僧道如有为匪不法等事，责令僧纲、道纪等司，随时举报。倘瞻徇故纵，别经发觉，犯系逆案者，将该管僧纲、道纪，照知情故纵逆犯本律，分别已行、未行定罪。若止失于觉察者，照不应重律治罪。

〇删　除

一、凡僧、道停止给发度牒，其从前领过牒、照各僧、道，遇有事故，仍将原领牒、照追出，于岁底汇缴。至选充僧纲、道纪，令地方官查明僧道中之实在焚修戒法严明者，具结呈报上司，咨部给照充补。如僧道官犯事，将结送官交部察议。

**臣等谨按：**僧、道度牒，久(轻)〔经〕停给。僧纲、道纪，系由礼部颁给札付；其因事察议，亦事隶吏部，均与刑律无涉。拟请删除。

## 〔核订刑律〕

〇原修改律文

凡寺、观、庵、院，除现在处所先年额设外，不许私自创建、增置，违者，以违制论，僧、道、尼僧、女冠还俗。地基、材料入官。若僧、道不给度牒，私自簪剃者，处八等罚。若由家长，家长当罪。寺观住持及受业师私度者，与同罪，并还俗。

**谨按：**"以违制论"句本"杖一百"所改。查律文除"以窃盗论"、"准窃盗论"之外，俱明定其刑。盖律文有独立之旨，不似例文，由后人纂定，必须依附他条也。此句与体裁未合，拟请仍照章改为"处十等罚"。谨将修改律文，开列于后。

修　改

凡寺、观、庵、院，除现在处所先年额设外，不许私自创建、增置，违者，处十等罚，僧、道、尼僧、女冠还俗。地基、材料入官。若僧道不给度牒，私自簪剃者，处八等罚。若由家长，家长当罪。寺观住持及受业师私度者，与同罪，并还俗。

〇删　除

一、民间有愿创造寺观、神祠者，呈明该督抚具奏，奉旨方许营建。若不俟奏请，擅行兴造者，依违制律论。

**谨案：**私创寺、观、庵、院，律有明禁，本条忽增入"奉旨方许营建"，虽仍示制限，已有认许之意。民间淫祀，最为风俗人心之害，行之今日，尤非所宜。此例与律意相背，拟请删除。

# 立嫡子违法

## 〔刑律案语〕

〇原　律

凡立嫡子违法者，杖八十。其嫡妻年五十以上无子者，得立庶长子。不立长子者，罪亦同。俱改正。〇若养同宗之人为子，所养父母无子所生父母有子。而舍去者，杖一百，发付所养父母收管。若所养父母有亲生子，及本生父母无子，欲还者，听。〇其乞养异姓义子以乱宗族者，杖六十。若以子与异姓人为嗣者，罪同。其子归宗。〇其遗弃小儿，年三岁以下，虽异姓，仍听收养，即从其姓。但不得以无子，遂立为嗣。〇若立嗣，虽系同宗，而尊卑失序者，罪亦如之。其子亦归宗。改立应继之人。〇若庶民之家，存养良家男女为奴婢者，杖一百，即放从良。

**臣等谨按**：此律应仍其旧。惟杖罪，照章改为罚金，应依数分等处罚。谨将修改律文，开列于后。

**修 改**

凡立嫡子违法者，处八等罚。其嫡妻年五十以上无子者，得立庶长子。不立长子者，罪亦同。俱改正。〇若养同宗之人为子，所养父母无子所生父母有子。而舍去者，处十等罚，发付所养父母收管。若所养父母有亲生子，及本生父母无子，欲还者，听。〇其乞养异姓义子以乱宗族者，处六等罚。若以子与异姓人为嗣者，罪同。其子归宗。〇其遗弃小儿，年三岁以下，虽异姓，仍听收养，即从其姓。但不得以无子，遂立为嗣。〇若立嗣，虽系同宗，而尊卑失序者，罪亦如之。其子亦归宗。改立应继之人。〇若庶民之家，存养良家男女为奴婢者，处十等罚，即放从良。

**〇原 例**

一、无子者，许令同宗昭穆相当之侄承继。先尽同父周亲，次及大功、小功、缌麻。如俱无，方许择立远房及同姓为嗣。若立嗣之后，却生子，其家产与原立子均分。

一、妇人夫亡无子守志者，合承夫分，须凭族长择昭穆相当之人继嗣。其改嫁者，夫家财产及原有妆奁，并听前夫之家为主。

一、无子立嗣，除依律外，若继子不得于所后之亲，听其告官别立。其或择立贤能及所亲爱者，若于昭穆伦序不失，不许宗族指以次序告争，并官司受理，若义男、女婿，为所后之亲喜悦者，听其相为依倚，不许继子并本生父母用计逼逐，仍酌分给财产。若无子之人家贫，听其卖产自赡。

一、凡乞养异姓义子，有情愿归宗者，不许将分得财产携回本宗。其收养三岁以下遗弃之小儿，仍依律即从其姓，但不得以无子遂立为嗣，仍酌分给财产，俱不必勒令归宗。如有希图资财，冒认归宗者，照例治罪。

一、因争继酿成人命者，凡争产谋继及扶同争继之房分，均不准其继嗣，应听户族另行公议承立。

一、无子立嗣，若应继之人平日先有嫌隙，则于昭穆相当亲族内，择贤择爱听从其便。如族中希图财产，勒令承继或怂恿择继，以致涉讼者，地方官立即惩治，仍将所择贤爱之人，断令立继。其有子婚而故，妇能孀守；已聘未娶，媳能以女身守志；及已婚而故，妇虽未能孀守，但所故之人业已成立；或子虽未娶，而因出兵阵亡者，俱应为其子立后。若支属内实无昭穆相当为其子立后之人，而其父又无别子者，应为其父立继，待生孙以嗣应为立后之子。其寻常夭亡未婚之人，不得概为立后。若独子夭亡，而族中实无昭穆相当，可为其父立继者，亦准为未婚之子立继。如可继之人亦系独子，而情属同父周亲，两相情愿者，取具阖族甘结，亦准其承继两房宗祧。

**臣等谨按**：以上六例，均仍其旧，理合陈明。

# 收留迷失子女

〔刑律案语〕

**○原　律**

**凡收留（良）人家迷失（道路乡贯）子女，不送官司，而卖为奴婢者，杖一百，徒三年；为妻、妾、子孙者，杖九十，徒二年半。若得迷失奴婢而卖者，各减良人罪一等。被卖之人不坐，给亲完聚。○若收留在逃子女，（不送官司。）而卖为奴婢者，杖九十，徒二年半；为妻、妾、子孙者，杖八十，徒二年。若得在逃奴婢而卖者，各减良人罪一等。其被卖在逃之人，又各减一等。若在逃之罪重者，自从重论。○其自收留为奴婢、妻、妾、子孙者，罪亦如之。（暂时）隐藏在家者，（不送官司。）并杖八十。○若买者及牙保知情，减犯人罪一等，追价入官。不知者，俱不坐，追价还主。○若冒认良人为奴婢者，杖一百，徒三年；为妻、妾、子孙者，杖九十，徒二年半。冒认他人奴婢者，杖一百。**

**臣等谨按：**此律应仍其旧。惟杖罪，照章改为罚金，应依数分等处罚；徒罪附杖应节删。谨将修改律文，开列于后。

**修　改**

凡收留（良）人家迷失（道路乡贯）子女，不送官司，而卖为奴婢者，徒三年；为妻、妾、子孙者，徒二年半。若得迷失奴婢而卖者，各减良人罪一等。被卖之人不坐，给亲完聚。○若收留在逃子女，（不送官司。）而卖为奴婢者，徒二年半；为妻、妾、子孙者，徒二年。若得在逃奴婢而卖者，各减良人罪一等。其被卖在逃之人，又各减一等。若在逃之罪重者，自从重论。○其自收留为奴婢、妻、妾、子孙者，罪亦如之。（暂时）隐藏在家者，（不送官司。）并处八等罚。○若买者及牙保知情，减犯人罪一等，追价入官。不知者，俱不坐，追价还主。○若冒认良人为奴婢者，徒三年；为妻、妾、子孙者，徒二年半。冒认他人奴婢者，处十等罚。

〔核订刑律〕

**○原修改律文**

**凡收留（良）人家迷失（道路乡贯）子女，不送官司，而卖为奴婢者，徒三年；为妻、妾、子孙者，徒二年半。若得迷失奴婢而卖者，各减良人罪一等。被卖之人不坐，给亲完聚。○若收留在逃子女，（不送官司。）而卖为奴婢者，徒二年半；为妻、妾、子孙者，徒二年。若得在逃奴婢而卖者，各减良人罪一等。其被卖在逃之人，又各减一等。若在逃之罪重者，自从重论。○其自收留为奴婢、妻、妾、子孙者，罪亦如之。（暂时）隐藏在家者，（不送官司。）并处八等罚。○若买者及牙保知情，减犯人罪一等，追价入官。不知者，俱不坐，追价还主。○若冒认良人为奴婢者，徒三年；为妻、妾、子孙者，徒二年半。冒认他人奴婢者，处十等罚。**

**谨按**：“奴婢”一项，现以雇工人论，则此后自无迷失及在逃之奴婢，亦必无冒认奴婢之事，律文第一节“得迷失奴婢”二句、第二节“得在逃奴婢”二句、第五节“冒认他人奴婢”二句，均应节删。至买者及牙保，虽不知收留迷失在逃之情，而买卖人口实非重视人类之义。略人略卖人律内，不知情之买主已改为处八等罚，本律自应照改，以归一律。谨将修改律文，开列于后。

**修　改**

凡收留良人家迷失道路乡贯子女，不送官司，而卖为奴婢者，徒三年；为妻、妾、子孙者，徒二年半。被卖之人不坐，给亲完聚。○若收留在逃子女，不送官司。而卖为奴婢者，徒二年半；为妻、妾、子孙者，徒二年。被卖在逃之人，各减一等。若在逃之罪重者，自从重论。○其自收留为奴婢、妻、妾、子孙者，罪亦如之。暂时隐藏在家者，不送官司。并处八等罚。○若买者及牙保知情，减犯人罪一等，追价入官。不知者，俱处八等罚，追价还主。○若冒认良人为奴婢者，徒三年；为妻、妾、子孙者，徒二年半。

## 赋役不均赋取于田产，役出于人丁。

〔**刑律案语**〕

**○原　律**

**凡有司科征税粮及杂泛差役，各验籍内户口、田粮，定立上、中、下。等第科差。若放富差贫、挪移等则作弊者，许被害贫民赴控该上司，自下而上陈告。当该官吏，各杖一百。改正。若上司不为受理者，杖八十。受财者，兼官吏、上司言。计赃，以枉法从重论。**

**臣等谨按**：此律应仍其旧。惟杖罪，照章罚金，应依数分等处罚。谨将修改律文，开列于后。

**修　改**

凡有司科征税粮及杂泛差役，各验籍内户口、田粮，定立上、中、下。等第科差。若放富差贫、挪移等则作弊者，许被害贫民赴控该上司，自下而上陈告。当该官吏，各处十等罚。改正。若上司不为受理者，处八等罚。受财者，兼官吏、上司言。计赃，以枉法从重论。

**○原　例**

**一、凡绅衿之家，与齐民一体编次，听保、甲长稽查。违者，照脱户律治罪。地方官徇情不详报者，交部照例议处。至充保长、甲长，并轮值支更、看栅等役，绅衿免派，齐民内老疾寡妇之家，子孙尚未成丁者，亦俱免役。**

**臣等谨按**：此例应仍其旧，理合陈明。

**○原　例**

**一、军民年七十以上者，许一丁侍养，免其杂派差役。**

**臣等谨按**：此例应仍其旧，理合陈明。

○删 除

一、督抚司道，严督府州县掌印正官，审编均徭，从公查照岁额、差役。其丁粮有力之家，止编本等差役，不许分外加增余剩银两。贫难下户，并逃亡之数，听其空间，不许征银，及额外滥设听差等项名色扰累。违者，该督抚纠察，将有司官依违制律治罪。上司官容情不举，罪同。

**臣等谨按**：徭役最为百姓之累。自康熙五十年〔1711 年〕以后，滋生人丁，永不加赋。雍正年间，又将丁银摊入地亩均征，丁、粮合而为一，即无所谓差徭。改制之始，不得不严立科条。今已无关引用，拟请删除。

## 丁夫差遣不平

〔刑律案语〕

○删 除

凡应差丁夫、杂（色在官工。）匠，而差遣（劳佚）不均平者，一人，笞二十；每五人加一等，罪止杖六十。○若丁夫、杂匠承差，而稽留不着役，及在役日满而所司不放回者，一日，笞一十；每三日加一等，罪止笞三十。

**臣等谨按**：此仍《明律》。惟乾隆以来，丁徭摊入地亩，差役悉凭雇募。从前所有杂色在官工匠，久经削籍。此律无关引用，拟请删除。

## 隐蔽差役

〔刑律案语〕

○删 除

凡豪民（有力之家，不资工食，）令子孙弟侄跟随官员，隐蔽差役者，家长杖一百。官员容隐者，与同罪；受财者，计赃，以枉法从重论。跟随之人免（杖）罪，（附近）充军。○其功臣容隐者，照律拟罪，奏请定夺。

**臣等谨按**：此仍《明律》，雍正三年〔1725 年〕修改。前代徭役烦重，豪民多有令子孙弟侄依附官员或功臣之家，巧避差役；而官员功臣亦或有私相容隐者，故定律科罪綦严。乾隆以来，丁银摊入地亩，民无力役之征，此律系属虚设，拟即删除。

## 禁革主保里长

〔刑律案语〕

○原 律

凡各处人民，每一百户内，议设里长一名、甲首一十名，轮年应役，催办钱粮，勾摄公事。若有妄称主保、小里长、保长、主首主管甲首。等项名色，生事扰民者，杖一百，迁徙。比流减半，准徒二年。若无生事扰民实迹，难议迁徙。〇其合设耆老，须于本乡年高有德、众所推服人内选充，不许罢闲吏卒及有过之人充应。违者，杖六十；革退。当该官吏，笞四十。若受财枉法，从重论。

**臣等谨按：**此仍《明律》，雍正三年〔1725年〕删定。惟查迁徙之法，近已罕有。律注既有“比流减半，准徒二年”之文，似不如删去，“迁徙”名目径改为“徒二年”，并将小注节去，以省繁冗。笞、杖，照章罚金，应依数分等处罚。谨将修改律文、律注，开列于后。

**修　改**

凡各处人民，每一百户内，议设里长一名、甲首一十名，轮年应役，催办钱粮，勾摄公事。若有妄称主保、小里长、保长、主首主管甲首。等项名色，生事扰民者，徒二年。〇其合设耆老，须于本乡年高有德、众所推服人内选充，不许罢闲吏卒及有过之人充应。违者，处六等罚；革退。当该官吏，处四等罚。若受财枉法，从重论。

**〇删　除**

一、直省各府、州、县编《赋役册》，以一百一十户为里，推丁多者十人为长，余百户为十甲。甲凡十人，岁役里长一人，管摄一里之事。城中曰坊，近城曰厢，乡里曰里。凡十年一周，先后则各以丁数之多寡为次，每里编为一册，册首总为一图。其鳏寡孤独不任役者，则带管于百一十户之外，而列于图后，名曰“畸零”。册成，一本送户部，布政司及府、州、县各存一本。

**臣等谨按：**此系明洪武年间役民之法，现在情形不同，此例久成虚设，拟请删除。

## 逃避差役

### 〔刑律案语〕

**〇删　除**

凡民户逃住邻境州县，躲避差役者，杖一百，发还原籍当差。其亲管里长、提调官吏故纵，及邻境人户隐蔽在己者，各与同罪。若邻境里长知而不逐遣，及原管官司不移文起取；若移文起取，而所在官司占吝不发者，各杖六十。〇若丁夫、杂匠在役，及工、乐、杂户谓驿、灶、医、卜等户。逃者，一日，笞一十；每五日加一等，罪止笞五十。提调官吏故纵者，各与同罪；受财者，计赃，以枉法从重论。不觉逃者，五人，笞二十；每五人加一等，罪止笞四十；不及五名者，免罪。上言躲避邻境，是全不当差役者，故其罪重。此言在役而逃，是犹当差役者，故其罪轻。

**臣等谨按：**此条系顺治三年〔1646年〕就《明律》删定。乾隆五年〔1740年〕以后，丁徭并入地赋，工、乐、杂户、杂匠之属，久经除籍，凡有差役，悉凭雇募。百余年来，此律虚设不用，拟请删除。

**〇删　除**

一、因兵荒逃避之民，有司多方招抚，仍令附籍复业当差。或年久逃远，府、州、县造

《逃户周知文册》，备开逃民乡里姓名，男妇口数，军、民、匠、灶等籍，及遗下田地、税粮若干，原籍有无人丁应承粮差，送各处督抚督令复业；其已成家业愿入籍者，给与户由执照，附籍当差。如不自首，虽首而所报人口不尽，或辗转逃移，及窝家不举首者，各杖一百。

**臣等谨按：**此条系前明旧例，雍正三年〔1725年〕改定。古时口赋丁役著在籍册，一有逃亡，则赋役无着，不免累及他人，故必督令复业。其有侨寄不复归者，令所在著籍，输赋当差。自丁徭附入地赋，人民或有流徙，田地必无迁移，赋役从田地起征，不从丁口起征，与从前情形迥异。此例无关引用，拟即删除。

## 点差狱卒

〔**刑律案语**〕

**○原　律**

凡各处狱卒，于相应惯熟人内，点差应役，令人代替者，笞四十。

**臣等谨按：**此律应仍其旧。惟"笞四十"罪名，照章罚金，应改为"处四等罚"。谨将修改律文，开列于后。

**修　改**

凡各处狱卒，于相应惯熟人内，点差应役，令人代替者，处四等罚。

## 私役部民夫匠

〔**刑律案语**〕

**○删　除**

凡有司官私役使部民，及监工官私役使夫匠，出百里之外，及久占在家使唤者，有司官使一名，笞四十；每五名加一等，罪止杖八十。监工官照名各加二等。私役罪小，误工罪大。每名计一日，追给雇工银八分五厘五毫。若有吉凶，及在家借使杂役者，勿论。监工官仍论。其所使人数不得过五十名，每名不得使过三日，违者以私役论。

**臣等谨按：**此条系《明律》，国初修改。前代民有力役之征，又有著籍工匠备公家役使，然只因公差遣，不许服役私门。其有司或监工官私役使者，有罪。自丁徭改附地亩以后，民之受役公家者，皆受雇值，地方官无从私役部民、工匠，与从前情形不同。此律无关引用，拟请删除。

〔**核订刑律**〕

**○原删除律文**

凡有司官私役使部民，及监工官私役使夫匠，出百里之外，及久占在家使唤者，有司官使一

**名，笞四十；每五名加一等，罪止杖八十。监工官照名各加二等。私役罪小，误工罪大。每名计一日，追给雇工银八分五厘五毫。若有吉凶，及在家借使杂役者，勿论。监工官仍论。其所使人数不得过五十名，每名不得使过三日，违者以私役论。**

**谨按：**此条修订案语，以“丁徭改附地亩以后，民之受役公家者，皆受雇值，无从私役”，遂拟删除。查丁徭虽并入地粮，而差徭尚列于奏案。况官吏私役部民之事，亦所恒有，初不因摊丁入地，此弊遂绝，自应将旧律修复。律内笞、杖各罪，照章罚金，应依数分等处罚。又，一日追给工价八分五厘五毫，为数过微，仍照修订各条改为(二)〔一〕钱(五)〔二〕分〔五厘〕，以归一律。谨将修复律文，开列于后。

**修　复**

凡有司官私役使部民，及监工官私役使夫匠，出百里之外，及久占在家使唤者，有司官使一名，处四等罚；每五名加一等，罪止处八等罚。监工官照名各加二等。私役罪小，误工罪大。每名计一日，追给雇工银一钱二分五厘。若有吉凶，及在家借使杂役者，勿论。监工官仍论。其所使人数不得过五十名，每名不得使过三日，违者以私役论。

## 别籍异财

### 〔刑律案语〕

**○原　律**

**凡祖父母、父母在，子孙别立户籍、分异财产者，杖一百。须祖父母、父母亲告乃坐。若居父母丧，而兄弟别立户籍、分异财产者，杖八十。须期亲以上尊长亲告乃坐。或奉遗命，不在此律。**

**臣等谨按：**此仍《明律》，顺治三年〔1646年〕增修，应仍其旧。惟杖罪，照章改为罚金，应依数分等处罚。谨将修改律文，开列于后。

**修　改**

凡祖父母、父母在，子孙别立户籍、分异财产者，处十等罚。须祖父母、父母亲告乃坐。若居父母丧，而兄弟别立户籍、分异财产者，处八等罚。须期亲以上尊长亲告乃坐。或奉遗命，不在此律。

**○原　例**

**一、祖父母、父母在者，子孙不许分财异居。此谓分财异居，尚未别立户籍者。有犯，亦坐满杖。其父母许令分析者听。**

**臣等谨按：**此例应仍其旧。惟杖罪现改罚金，小注内“坐满杖”三字应改为“处十等罚”。谨将修改例文、例注，开列于后。

**修　改**

一、祖父母、父母在者，子孙不许分财异居。此谓分财异居，尚未别立户籍者。有犯，亦处十等罚。其父母许令分析者，听。

## 卑幼私擅用财

### 〔刑律案语〕

**○原　律**

**凡同居卑幼，不由尊长，私擅用本家财物者，十两，笞二十；每十两加一等，罪止杖一百。若同居尊长应分家财不均平者，罪亦如之。**

**臣等谨按**：此仍《明律》，顺治三年〔1646年〕修改，应仍其旧。惟笞、杖，照章改为罚金，应依数分等处罚。谨将修改律文，开列于后。

**修　改**

凡同居卑幼，不由尊长，私擅用本家财物者，十两，处二等罚；每十两加一等，罪止十等罚。若同居尊长应分财物不均平者，罪亦如之。

**○原　例**

**一、嫡庶子男，除有官荫袭，先尽嫡长子孙；其分析家财田产，不问妻、妾、婢生，止以子数均分。奸生之子，依子量与半分；如别无子，立应继之人为嗣，与奸生子均分；无应继之人，方许承继全分。**

**臣等谨按**：此仍明令，系补律之未备。惟"有官荫袭，先尽嫡长子孙"已详具职制门，今拟删去，余仍其旧。谨将修改例文，开列于后。

**修　改**

一、嫡庶子男，分析家财田产，不问妻、妾、婢生，止以子数均分。奸生之子，依子量与半分；如别无子，立应继之人为嗣，与奸生子均分；无应继之人，方许承继全分。

**○原　例**

**一、户绝财产，果无同宗应继之人，所有亲女承受。无女者，听地方官详明上司，酌拨充公。**

**臣等谨按**：此例应仍其旧，理合陈明。

### 〔核订刑律〕

**○原修改例文**

**一、嫡庶子男，分析家财田产，不问妻、妾、婢生，止以子数均分。奸生之子，依子量与半分；如别无子，立应继之人为嗣，与奸生子均分；无应继之人，方许承继全分。**

**谨按**：此条原例，系沿明令。婢非妻、妾之比，而所生之子与嫡子均分财产，于义未洽；且婢女现改雇工，妾、婢并称，尤觉不妥，本条"婢"字拟请删除。谨将修改例文，开列于后。

**修　改**

一、嫡庶子男，分析家财田产，不问妻、妾所生，止以子数均分。奸生之子，依子量与半分；如别无子，立应继之人为嗣，与奸生子均分；无应继之人，方许承继全分。

# 收养孤老

〔刑律案语〕

○原　律

凡鳏寡孤独及笃废之人，贫穷无亲属依倚，不能自存，所在官司应收养而不收养者，杖六十。若应给衣粮，而官吏克减者，以监守自盗论。凡系监守者，不分首从，并赃论。

**臣等谨按：**此沿《明律》，应仍其旧。惟“杖六十”，照章罚金，应改为“处六等罚”。谨将修改律文，开列于后。

**修　改**

凡鳏寡孤独及笃废之人，贫穷无亲属依倚，不能自存，所在官司应收养而不收养，处六等罚。若应给衣粮，而官吏克减者，以监守自盗论。凡系监守者，不分首从，并赃论。

○原　例

一、直省州县所属养济院，或应添造，或应修盖者，令地方官酌量修造。据实估计，报明督抚，在于司库公用银内拨给。仍不时查勘，遇有渗漏之处，即行黏补完固。倘有升迁事故，造入交代册内，取具印结送部。其正实孤贫，俱令居住院内，每名各给印烙年貌腰牌一面。该州县按季到院，亲身验明腰牌，逐名散给口粮。如至期印官公务无暇，遴委诚实佐贰官代散，加结申报上司，毋许有冒滥扣克情弊。若州县官不实力奉行者，该督抚即行查参，照例议处。

**臣等谨按：**此例应仍其旧，理合陈明。

○原　例

一、京师五城各设栖留所一处，安顿贫病流民。其修理房屋工料，及衣食药饵之资，每年每城动支户部库银二百两备用。如有不敷，许其赴部具领。如或有余，留于下年备用。该城御史督率司、坊等官，实心办理。如有虚冒、侵蚀等弊，照例交部治罪。

**臣等谨按：**五城御史、司坊官等，现均奉裁，例内“五城各设栖留所一处”及“该城御史”等语均应修改。谨将修改例文，开列于后。

**修　改**

一、京师地面所设栖留所，安顿贫病流民。其修理房屋工料，及衣食药饵之资，每年动支部库银二百两备用。如有不敷，许其赴部具领。如或有余，留于下年备用。如有虚冒、侵蚀等弊，照例交部治罪。

○删　除

一、军、流等犯，除年逾六十，不能食力者，照例拨入养济院，按名给与孤贫口粮外；或年未六十，而已成笃疾，不能谋生者，亦应一体拨给。其少壮军、流各犯，实系贫穷，又无手艺者，初到配所，按该犯本身及妻室子女，每名每日，照孤贫给与口粮。自到配日起，以一年为止。于各州县存贮仓谷项下动用报销。各州县有驿递之处，一切应用人夫，酌派军、流少壮中，无资财、手艺之犯充当，给与应得工食。无驿递之州县，公用夫役，均令一体充当，逐日给与工价。仍令该督抚照各处现行章程，妥协办理。

**臣等谨按：**此条系乾隆二年〔1737 年〕安置军流人犯定例，与现在情形不同，无关引用，拟请删除。

○删　除

一、各省流寓孤贫，如籍隶邻邑，仍照例移送收养外，其在原籍千里以外者，准其动支公项银两，一体收养，年底造册报销。

**臣等谨按：**此条系乾隆九年〔1744 年〕定例，刑律无关引用，拟请删除。

○删　除

一、凡被灾最重地方，饥民外出求食，各督抚善为安辑。俟本地灾祲平复，然后送回。

**臣等谨按：**此条系乾隆十三年〔1748 年〕定例，诚属救荒善策。惟刑律无关引用，拟请删除。

## 〔核订刑律〕

○删　除

一、京师地面所设栖留所，安顿贫病流民。其修理房屋工料，及衣食药饵之资，每年动支部库银二百两备用。如有不敷，许其赴部具领。如或有余，留于下年备用。如有虚冒、侵蚀等弊，照例交部治罪。

**谨按：**此为京师栖留所每年动支部款而设，与刑律无涉。至虚冒、侵蚀照例治罪，自不待言，亦无须特设专例，致滋繁复。此条拟请删除。

# 二、田　宅

## 欺隐田粮

〔刑律案语〕

○原　律

凡欺隐田粮，全不报户入册。脱漏版籍者，一应钱粮，俱被埋没，故计所隐之田，一亩至五亩，笞四十；每五亩加一等，罪止杖一百。其脱漏之田入官，所隐税粮，依亩数、额数、年数，总约其数征纳。○若将版籍上自己田土，移丘方圆成丘。换段、丘中所分区段。挪移起科等则，以高作下，减瞒粮额，及诡寄田粮，诡寄，谓诡寄于役过年分，并应免人户册籍。影射脱免自己之差役，并受寄者，罪亦如之。如欺隐田粮之类。其减额、诡寄之田改正，丘、段收归本户起科当差。○里长知而不举，与犯人同罪。○其还乡复业人民，丁力少而旧田多者，听从尽力耕种，报官入籍，计田纳粮当差。若多余占田而荒芜者，三亩至十亩，笞三十；每十亩加一等，罪止杖八十；其田入官。若丁力多，而旧田少者，告官于附近荒田内，验力拨付耕种。

**臣等谨按：**此仍《明律》，顺治三年〔1646年〕添入小注。笞杖罪名，照章罚金，均应依数分等处罚。谨将修改律文，开列于后。

**修　改**

凡欺隐田粮，全不报户入册。脱漏版籍者，一应钱粮，俱被埋没，故计所隐之田，一亩至五亩，处四等罚；每五亩加一等，罪止十等罚。其脱漏之田入官，所隐税粮，依亩数、额数、年数，总约其数征纳。○若将版籍上自己田土，移丘方圆成丘。换段、丘中所分区段。挪移起科等则，以高作下，减瞒粮额，及诡寄田粮，诡寄，谓诡寄于役过年分，并应免人户册籍。影射脱免自己之差役，并受寄者，罪亦如之。如欺隐田粮之类。其减额、诡密之田改正，丘段收归本户起科当差。○里长知而不举，与犯人同罪。○其还乡复业人民，丁力少而旧田多者，听从尽力耕种，报官入籍，计田纳粮当差。若多余占田而荒芜者，三亩至十亩，处三等罚；每十亩加一等，罪止八等罚；其田入官。若丁力多，而旧田少者，告官于附近荒田内，验力拨付耕种。

**〇原　例**

**一、凡宗室置买田产，管庄人恃强不纳差粮者，该管官察实，将管庄人等比依功臣欺隐田土律问罪。宗室知而纵容者，交该衙门察议。仍追征应纳差粮。若该管官阿纵不举者，听督抚参奏，交部议处。**

**臣等谨按：**此例应仍其旧，理合陈明。

**〇原　例**

**一、州县征收粮米之时，预将各里、各甲花户、额数的名填定联三版串：一给纳户执照，一发经承销册，一存州县查对。按户征收，对册完纳，即行截给归农。其未经截给者，即系欠户，该印官查摘追比。若遇有粮无票、有票无粮等情，即系胥吏侵蚀，严比治罪。**

**臣等谨按：**此例应仍其旧，理合陈明。

**〇原　例**

**一、将自己田地应纳钱粮，洒派别户者，按数计赃，以枉法论。田地入官。其洒派钱粮，照年分、亩数追征。**

**臣等谨按：**此条系前明《大诰》，雍正三年〔1725年〕改定为例。惟“计赃，以枉法论”，则数至八十两及一百二十两以上者，即应分别有禄、无禄，拟以实绞，似嫌过重。核其情节，惟将自己田地应纳钱粮，洒派别户，别户代纳钱粮，尚属正供无亏，罪在损人利己，应照其洒派钱粮之数，追征还给代纳之户，其应得之罪，改为“计赃，准枉法论”，并将其粮地入官，已足示惩。今拟酌加修改，期臻允协。谨将修改例文，开列于后。

**修　改**

一、将自己田地应纳钱粮，洒派别户者，按数计赃，准枉法论。田地入官。其洒派钱粮，照年分、亩数追征，还给代纳之户。

**〇原　例**

**一、各乡里书，飞洒、诡寄税粮二百石以上者，问近边充军。**

**臣等谨按：**此条系前明《问刑条例》，原载“吏律·滥设官吏门”，乾隆五年〔1740年〕移隶此门。例内“近边充军”，照章应改“流二千五百里”。谨将修改例文，开列于后。

**修　改**

一、各乡里书，飞洒、诡寄税粮二百石以上者，问拟流二千五百里。

## 检踏灾伤田粮

### 〔刑律案语〕

**〇原　律**

**凡部内有水旱霜雹及蝗蝻为害，一应灾伤应减免之田粮，有司官吏应准告而不即受理申报**

上司、亲行检踏，及本管上司不与委官复踏者，各杖八十。若初、复检踏，有司、承委官吏不行亲诣田所，及虽诣田所，不为用心从实检踏，止凭里长、甲首朦胧供报，中间以熟作荒、以荒作熟，增减分数，通同作弊，瞒官害民者，各杖一百，罢职役不叙。若致枉有所征免有灾伤当免而征，曰“枉征”；无灾伤当征而免，曰“枉免”。粮数，计赃，重者坐赃论。枉有所征免粮数，自奏准后发觉，谓之“赃”，故罪重于杖一百，并坐赃论。里长、甲首，各与同罪。受财官吏、里、甲受财检踏，开报不实，以致枉有征免者，并计赃，以枉法从重论。〇其检踏官吏及里长、甲首原未受财，止失于关防，致使荒熟分数有不实者，计不实之田，十亩以下，免罪。十亩以上至二十亩，笞二十；每二十亩加一等，罪止杖八十。官吏系公罪，俱留职役。〇若人户将成熟田地，移丘换段，冒告灾伤者，计所冒之田一亩至五亩，笞四十；每五亩加一等，罪止杖一百。其冒免之田，合纳税粮，依额数追征入官。

**臣等谨按**：此仍《明律》，顺治三年〔1646年〕添入小注。笞、杖罪名，照章罚金，均应依数分等处罚。至职官犯杖一百，向系革职，律内“各杖一百，罢职役不叙”二语，拟改“系官罢职；吏处十等罚，仍罢役”。谨将修改律文、律注，开列于后。

**修　改**

凡部内有水旱霜雹及蝗蝻为害，一应灾伤应减免之田粮，有司官吏应准告而不即受理申报上司、亲行检踏，及本管上司不与委官复踏者，各处八等罚。若初、复检踏有司、承委官吏不行亲诣田所，及虽诣田所，不为用心从实检踏，止凭里长、甲首朦胧供报，中间以熟作荒、以荒作熟，增减分数，通同作弊，瞒官害民者，系官罢职，吏处十等罚，仍罢役。若致枉有所征免有灾伤当免而征，曰“枉征”；无灾伤当征而免，曰“枉免”。粮数，计赃，重者坐赃论。枉有所征免粮数，自奏准后发觉，谓之“赃”，故罪重于十等罚，并坐赃论。里长、甲首，各与同罪。受财官吏、里、甲受财检踏，开报不实，以致枉有征免者，并计赃，以枉法从重论。〇其检踏官吏及里长、甲首原未受财，止失于关防，致使荒熟分数有不实者，计不实之田，十亩以下，免罪。十亩以上至二十亩，处二等罚；每二十亩加一等，罪止八等罚。官吏系公罪，俱留职役。〇若人户将成熟田地，移丘换段，冒告灾伤者，计所冒之田一亩至五亩，处四等罚；每五亩加一等，罪止十等罚。其冒免之田合纳税粮，依额数追征入官。

**〇原　例**

一、天下有司凡遇岁饥，先发仓廪赈贷，然后具奏，请旨宽恤。

一、凡遇歉收之岁，贫士与贫民，一体赈恤。

一、遇有恩诏豁免钱粮，其漕项、芦课、学租、杂税各项，俱入豁免之内。地方官违者，以违制论；入己者，以侵盗论。

一、凡有蠲免，俱以奉旨之日为始。其奉旨之后，部文未到之前，有已输在官者，准作次年正赋，永著为令。如官吏朦混隐匿，照侵盗钱粮律治罪。

一、凡开垦水田六年，旱田十年，将届升科之期，该督抚委员复加履亩丈勘，果有坍塌冲涨或成硗确者，概免升科。违者，以官吏不用心从实检踏律治罪。

一、凡被灾地方，米船过关，果系前往售卖，免其纳税，给予印票。责令到境之日呈送该地方官钤盖印信，回空查销。如有免税米船，偷运别省，并未到被灾地方先行粜卖者，将宽免之税，加倍追出，仍照违制律治罪。

一、江海河湖居民猝被水灾，该地方官一面通报各该管上司，一面赴被灾处所验看明确，照例酌量赈济，不得濡迟时日。

一、凡沿河沙洲地亩，被冲坍塌，即令业户报官，勘明注册。遇有淤涨，亦即报官查丈，照原报之数拨补，此外多余涨地，不许霸占。如从前未经报坍，不准拨给。至隔江远户，果系报坍有案，即将多余涨地，秉公拨补。若坍户数多，按照报坍先后，以次照拨。倘补足之外，尚有余地，许召无业穷民认垦，官给印照。仍令各属按数造报，统俟五年大丈，再行履勘，造册送部，以定升除。其报坍报涨在两县接壤之处者，委员会同两邑地方官，据实勘验，秉公拨补。如有私行霸占，将淤洲入官，该户照盗耕官田律治罪。地方官不查丈明确，以致拨补舛错，查出，照官吏不用心从实检踏律，分别议处。

**臣等谨按**：以上八条均应仍旧，理合陈明。

○原　例

一、赈济被灾饥民，以及蠲免钱粮，州、县官有侵蚀肥己等弊，致民不沾实惠者，革职拿问，照侵盗钱粮例治罪。督、抚、布政使、道、府等官不行稽察者，俱革职。

**臣等谨按**：此条系康熙十八年〔1679年〕议准，乾隆五年〔1740年〕纂为定例，嘉庆十四年〔1809年〕改定。查光绪四年〔1878年〕九月内刑部《议复御史田翰墀〈奏请将侵赈各员严定罪名〉》一折内称"嗣后，如有官员借(災)〔灾〕冒赈，侵吞入己，数在一千两以上者，仍照侵盗钱粮例，拟斩监候；其数逾巨万，实在情罪重大者，仍照定例，拟斩监候，该督抚临时酌量，具奏请旨定夺；其入己之数虽未至千两以上，而巧立名色、任意克扣，及有吏胥串弊、绅董分肥情事，即照侵盗钱粮例，计赃，于应得徒、流等罪上酌加一等办理。至失于觉察者，加等处分，应由吏部核办。"等因，奏准在案，自应于例内添纂明晰，以资援引。惟"斩候"应照章改为"绞候"，例末"督、抚、布政司、道、府等官不行稽察者，俱革职"，核与《处分则例》不合，应改为"督、抚、司、道、府、州失于查察者，俱交部议处"。谨将修改例文，开列于后。

修　改

一、赈济被灾饥民，以及蠲免钱粮，如有官员侵吞入己，数在一千两以上者，照侵盗钱粮例，拟绞监候；其数逾巨万，实在情罪重大者，仍照例拟绞监候，该督抚临时酌量，具奏请旨定夺；其入己之数虽未至千两以上，而巧立名色、任意克扣，及有吏胥串弊、绅董分肥情事，即照侵盗钱粮例，加一等治罪。督、抚、司、道、府、州失于查察者，俱交部议处。

○原　例

一、凡有蝗蝻之处，文武大小官员率领多人，公同及时捕捉，务期全净。其雇募人夫，每名计日酌给银数分，以为饭食之资，许其报明督抚，据实销算。果能立时扑灭，督抚具题，照例议叙。如延蔓为害，必根究蝗蝻起于何地及所到之处，该管地方官玩忽从事者，交部照例治罪，并将该督抚一并议处。

一、凡各省地方，被灾不及五分，有奉旨及督抚题请缓征者，于次年麦熟后，只令催征旧欠，其本年钱粮，准于九月后催征。若深冬方得雨雪及积水退者，缓至次年秋收催征。如被灾八分、九分、十分者，将该年缓征钱粮，俱分作三年带征；被灾五分、六分、七分者，分作二年带征，以纾民力。

**臣等谨按：**以上二例，应仍其旧。惟“具题”改为“具奏”，“题请”改为“奏请”。谨将修改例文，开列于后。

**修　改**

一、凡有蝗蝻之处，文武大小官员率领多人，公同及时捕捉，务期全净。其雇募人夫，每名计日酌给银数分，以为饭食之资，许其报明督抚，据实销算。果能立时扑灭，督抚具奏，照例议叙。如延蔓为害，必根究蝗蝻起于何地及所到之处，该管地方官玩忽从事者，交部照例治罪，并将该督抚一并议处。

一、凡各省地方，被灾不及五分，有奉旨及督抚奏请缓征者，于次年麦熟后，只令催征旧欠，其本年钱粮，准于九月后催征。若深冬方得雨雪及积水退者，缓至次年秋收催征。如被灾八分、九分、十分者，将该年缓征钱粮，俱分作三年带征；被灾五分、六分、七分者，分作二年带征，以纾民力。

**○原　例**

**一、凡遇蠲免钱粮之年，将所免钱粮分作十分，以七分免业户，三分免佃户。雍正十三年〔1735年〕十二月内钦奉上谕：“蠲免之典，业户邀恩者居多。彼无业贫民，终岁勤动，按产输粮，未被国家之恩泽。欲照所蠲之数，履亩除租，绳以官法，则势有不能。其令所在有司，善为劝谕各业户，酌量宽减佃户之租，不必限定分数，使耕作贫民，有余粮以赡妻子。若有素封业户，能善体此意，加惠佃户者，则酌量奖赏之；其不愿者听之，亦不得勉强从事。特谕。”**

**臣等谨按：**此例前一段系康熙二十九年〔1690年〕户部议复山东巡抚佛伦条奏定例，后一段则系恭录雍正十三年〔1735年〕谕旨；一言分别蠲免钱粮之法，一定劝谕业户宽减佃租之制，均为嘉惠贫民而设。惟修订律例，凡系钦奉事件纂辑为例者，向来办法，类皆增减字句、更易语气，以便援引。此处直书谕旨作为条例，不惟与全律不符，且按之体裁，亦多未协。查乾隆五年〔1740年〕，已将两事并作一条，载入《会典》，声明系遵旨定例，似可修入例册，庶文义紧相衔接，体裁亦昭划一。谨将修改例文，开列于后。

**修　改**

一、凡遇蠲免钱粮之年，将所免钱粮分作十分，以七分免业户，以三分免佃户。仍令所在有司，善为劝谕各业户，酌量宽减佃户之租，不必限定分数。若有素封业户，能加惠佃户者，酌量奖赏；其不愿者，听。

**○原　例**

**一、凡夏灾不出六月底，秋灾不出九月底，先以被灾情形题报。其被灾分数，按限勘明续报。逾限者，交该部议处。**

**一、州县详报被灾情形，查勘分数，遵照题定四十日限期办理。其距省遥远地方，准照交代之例，扣算程途日期。如逾限，照例题参，交部议处。**

**臣等谨按：**以上二条，前一条系顺治十一年〔1654年〕奏准定例，原在吏部例内，雍正三年〔1725年〕纂入，乾隆五年〔1740年〕改定；后一条系雍正六年〔1728年〕议准江西万载县知县许松佶条奏并乾隆二年〔1737年〕户部议复湖北布政使安图条奏定例，均为题报灾伤而设，似应修并为一。现在各项题本均经改奏，"题报"并应改为"奏报"。谨将修并例文，开列于后。

**修并**

一、凡夏灾不出六月底，秋灾不出九月底，先以被灾情形奏报。其被灾分数，按限勘明续报。逾限者，交部议处。至州县详报被灾情形，查勘分数，遵照例定四十日限期办理。其距省遥远地方，准照交代之例，扣算程途日期。如逾限，照例参处。

**○删　除**

**一、各直省遇有灾眚之年，该督抚将清理刑狱之处，奏闻请旨。**

**臣等谨按**：此条系乾隆七年〔1742年〕定例。查"名例·常赦所不原"律后载有"雨泽愆期清理刑狱"一条，例文似较明晰，此处无庸复见，应请删除。

## 〔核订刑律〕

**○原修改律文**

**凡部内有水旱霜雹及蝗蝻为害，一应灾伤应减免之田粮，有司官吏应准告而不即受理申报上司、亲行检踏，及本管上司不与委官复踏者，各处八等罚。若初、复检踏有司、承委官吏不行亲诣田所，及虽诣田所，不为用心从实检踏，止凭里长、甲首朦胧供报，中间以熟作荒、以荒作熟，增减分数，通同作弊，瞒官害民者，系官罢职，吏处十等罚，仍罢役。若致枉有所征免有灾伤当免而征，曰"枉征"；无灾伤当征而免，曰"枉免"。粮数，计赃，重者坐赃论。枉有所征免粮数，自奏准后发觉，谓之"赃"，故罪重于十等罚，并坐赃论。里长、甲首，各与同罪。受财官吏、里、甲受财检踏，开报不实，以致枉有征免者，并计赃，以枉法从重论。○其检踏官吏及里长、甲首原未受财，止失于关防，致使荒熟分数有不实者，计不实之田，十亩以下，免罪。十亩以上至二十亩，处二等罚；每二十亩加一等，罪止八等罚。官吏系公罪，俱留职役。○若人户将成熟田地，移丘换段，冒告灾伤者，计所冒之田一亩至五亩，处四等罚；每五亩加一等，罪止十等罚。其冒免之田合纳税粮，依额数追征入官。**

**谨按**：此条修订案语，以官犯杖一百向系革职，故将杖罪删去。惟按名例应行加减之时，殊觉漫无标准，应仍行增入，照章改为"处十等罚"。谨将修改律文，开列于后。

**修　改**

凡部内有水旱霜雹及蝗蝻为害，一应灾伤应减免之田粮，有司官吏应准告而不即受理申报上司、亲行检踏，及本管上司不与委官复踏者，各处八等罚。若初、复检踏有司、承委官吏不行亲诣田所，及虽诣田所，不为用心从实检踏，止凭里长、甲首朦胧供报，中间以熟作荒、以荒作熟，增减分数，通同作弊，瞒官害民者，各处十等罚，罢职不叙。若致枉有所征免有灾伤当免而征，曰"枉征"；无灾伤当征而免，曰"枉免"。粮数，计赃，重者坐赃论。枉有所征免粮数，自奏准后发觉，谓之"赃"，故罪重于十等罚，并坐赃论。里长、甲首，各与同罪。受财官吏、里、甲受财检踏，开报不实，以致枉有征免者，并计赃，以枉法从重论。○其检踏官吏及里长、甲首原未受财，止失于关防，致使荒熟分数有不实者，计不实之田，十亩以下，免罪。十亩以上至二十亩，处二等罚；每二十亩加一等，罪止八等罚。官吏系公罪，俱留职役。○若人户将成熟田地，移丘换段，冒告灾伤者，计所冒之田一亩至五亩，处四等罚；每五亩加一等，罪止十等罚。其冒免之田合纳税粮，依额数追征入官。

〇删　除

一、天下有司凡遇岁饥，先发仓廪赈贷，然后具奏，请旨宽恤。

一、凡遇歉收之岁，贫士与贫民，一体赈恤。

一、遇有恩诏豁免钱粮，其漕项、芦课、学租、杂税各项，俱入豁免之内。地方官违者，以违制论；入已者，以侵盗论。

一、凡有蠲免，俱以奉旨之日为始。其奉旨之后，部文未到之前，有已输在官者，准作次年正赋，永著为令。如官吏朦混隐匿，照侵盗钱粮律治罪。

一、凡开垦水田六年，旱田十年，将届升科之期，该督抚委员复加履亩丈勘，果有坍塌冲涨或成硗确者，概免升科。违者，以官吏不用心从实检踏律治罪。

一、江海河湖居民猝被水灾，该地方官一面通报各该管上司，一面赴被灾处所验看明确，照例酌量赈济，不得濡迟时日。

**谨按：**以上六条，俱赈贷蠲免及验灾之办法，事隶度支、民政等部，与刑律无涉。第三至第五三条所附罪名，即无专条，亦有本罪可科，无须复载。拟请一并删除。

〇删　除

一、凡有蝗蝻之处，文武大小官员率领多人，公同及时捕捉，务期全净。其雇募人夫，每名计日酌给银数分，以为饭食之资，许其报明督抚，据实销算。果能立时扑灭，督抚具奏，照例议叙。如延蔓为害，必根究蝗蝻起于何地及所到之处，该管地方官玩忽从事者，交部照例治罪，并将该督抚一并议处。

一、凡各省地方，被灾不及五分，有奉旨及督抚奏请缓征者，于次年麦熟后，只令催征旧欠，其本年钱粮，准于九月后催征。若深冬方得雨雪及积水退者，缓至次年秋收催征。如被灾八分、九分、十分者，将该年缓征钱粮，俱分作三年带征；被灾五分、六分、七分者，分作二年带征，以纾民力。

一、凡遇蠲免钱粮之年，将所免钱粮分作十分，以七分免业户，以三分免佃户。仍令所在有司，善为劝谕各业户，酌量宽减佃户之租，不必限定分数。若有素封业户，能加惠佃户者，酌量奖赏；其不愿者，听。

一、凡夏灾不出六月底，秋灾不出九月底，先以被灾情形奏报。其被灾分数，按限勘明续报。逾限者，交部议处。至州县详报被灾情形，查勘分数，遵照例定四十日限期办理。其距省遥远地方，准照交代之例，扣算程途日期。如逾限，照例参处。

**谨按：**以上四条，第一条系捕捉蝗蝻，第二条系分别缓征，第三条系蠲免钱粮，第四条系报灾定限，事隶农工商及度支等部，与刑律无涉，拟请一并删除。

# 功臣田土

## 〔刑律案语〕

**○原 律**

**凡功臣之家，除朝廷拨赐公田免纳粮当差。外，但有自置田土，从管庄人尽数报官入籍，照额一体纳粮当差。违者，计所隐之田，一亩至三亩，杖六十；每三亩加一等，罪止杖一百、徒三年；罪坐管庄之人。其田入官，仍计递年所隐粮税，依亩数、年数、额数征纳。若里长及有司官吏阿附踏勘不实，及知而不举者，与管庄人同罪；不知者，不坐。**

**臣等谨按：**此仍《明律》，顺治三年〔1646 年〕添入小注。“杖六十”罪名，照章罚金，应改为“处六等罚”；徒罪附杖，亦应照章节删。谨将修改律文，开列于后。

**修 改**

凡功臣之家，除朝廷拨赐公田免纳粮当差。外，但有自置田土，从管庄人尽数报官入籍，照额一体纳粮当差。违者，计所隐之田，一亩至三亩，处六等罚；每三亩加一等，罪止徒三年；罪坐管庄之人。其田入官，仍计递年所隐粮税，依亩数、年数、额数征纳。若里长及有司官吏阿附踏勘不实，及知而不举者，与管庄人同罪；不知者，不坐。

# 盗卖田宅

## 〔刑律案语〕

**○原 律**

**凡盗他人田宅卖、将己不堪田宅换易及冒认，他人田宅作自己者。若虚写价钱实立文契典买，及侵占他人田宅者，田一亩、屋一间以下，笞五十；每田五亩、屋三间，加一等；罪止杖八十、徒二年。系官田宅者，各加二等。○若强占官民山场、湖泊、茶园、芦荡，及金、银、铜、锡、铁冶者，不计亩数。杖一百、流三千里。○若将互争不明及他人田产，妄作己业，朦胧投献官豪势要之人，与者、受者，各杖一百、徒三年。○盗卖与投献等项田产及盗卖过田价，并各项田产中递年所得花利，各应还官者还官、应给主者给主。○若功臣有犯者，照律拟罪，奏请定夺。**

**臣等谨按：**此仍《明律》，顺治三年〔1646 年〕添入小注，雍正三年〔1725 年〕修改。“笞五十”罪名，照章罚金，应改为“处五等罚”；徒、流附杖，均应照章节删。谨将修改律文，开列于后。

**修 改**

凡盗他人田宅卖、将己不堪田宅换易及冒认，他人田宅作自己者。若虚写价钱实立文契典买，及侵占他人田宅者，田一亩、屋一间以下，处五等罚；每田五亩、屋三间，加一等；罪止徒二年。系官田宅者，各加二等。○若强占官民山场、湖泊、茶园、芦荡，及金、银、铜、锡、铁冶者，不计亩数。流三千里。○若将互争不明及他人田产，妄作己业，朦胧投献官豪势要之人，与者、受者，各徒三年。○盗卖与投献等项田产及盗卖过田价，并各项田产中递年所得花利，各应还官者还官、应给主者给主。○若功臣有犯者，照律拟罪，奏请定夺。

**○原　例**

**一、各省丈量田亩及抑勒首报垦田之事，永行停止。违者，以违制律论。**

**臣等谨按：**此例应仍其旧，理合陈明。

**○原　例**

**一、凡人民告争坟山，近年者，以印契为凭。如系远年之业，须将山地字号、亩数及库存鳞册，并完粮印串，逐一丈勘查对，果相符合，即断令管业。若查勘不符，又无完粮印串，其所执远年旧契及碑谱等项，均不得执为凭据，即将滥控侵占之人，按例治罪。**

**臣等谨按：**此例应仍其旧，理合陈明。

**○原　例**

**一、军民人等将争竞不明，并卖过及民间起科，僧道将寺观各田地，若子孙将公共祖坟山地，朦胧投献王府及内外官豪势要之家，私捏文契典卖者，投献之人问发边远充军，田地给还应得之人。其受投献家长，并管庄人，参究治罪。直隶各省空闲地土，俱听民尽力开种，照年限起科，若占夺投献者，悉照前例问发。**

**臣等谨按：**此条系前明《问刑条例》，雍正三年〔1725年〕修改，乾隆五年〔1740年〕改定。惟朦胧投献田产，律问满徒，罪名已属不轻，例复加拟充军，殊嫌过重，拟仍改为依律治罪。至投献田地给还应得之人，自不待言，此句似可节删。谨将修改例文，开列于后。

**修　改**

一、军民人等将争竞不明，并卖过及民间起科，僧道将寺观各田地，若子孙将公共祖坟山地，朦胧投献王府及内外官豪势要之家，私捏文契典卖者，投献之人依律问拟。其受投献家长，并管庄人，参究治罪。直隶各省空闲地土，俱听民尽力开种，照年限起科，若有占夺投献者，亦照律治罪。

**○原　例**

**一、凡子孙盗卖祖遗祀产，至五十亩者，照投献捏卖祖坟山地例，发边远充军。不及前数，及盗卖义田，应照盗卖官田律治罪。其盗卖历久宗祠，一间以下，杖七十；每三间加一等，罪止杖一百、徒三年。以上知情谋买之人，各与犯人同罪。房产收回，给族长收管；卖价入官。不知者，不坐。其祀产、义田，令勒石报官，或族党自立议单公据，方准按例治罪。如无公私确据，借端生事者，照诬告律治罪。**

**臣等谨按：**此条系乾隆二十一年〔1756年〕定例。盗卖田宅本律，“田一亩、屋一间以下，笞五十；每田五亩、屋三间，加一等；罪止徒二年。系官者，各加二等”，罪名轻重，本极平允。此例盗卖祖遗祀产未至五十亩，及盗卖义田，均系照盗卖官田律治罪。即盗卖历久宗祠，其治罪亦与盗卖官宅等虽较凡盗加重，仍罪止拟徒。惟盗卖祖遗祀产至五十亩，照“投献捏卖祖〔坟〕

山地”例,拟军,殊嫌过重。臣等此次修改例条,已将“投献祖坟山地”例改归投献本律,拟徒,则此处边远充军一层,亦应节删,拟改为“凡子孙盗卖祖遗祀产及义田,并盗卖历久宗祠者,俱照盗卖官宅律定拟,罪止徒三年”。谨将修改例文,开列于后。

**修 改**

一、凡子孙盗卖祖遗祀产,并义田,及历久宗祠者,俱照盗卖官田宅律定拟,罪止徒三年。知情谋买之人,各与犯人同罪。房产收回,给族长收管;卖价入官。不知者,不坐。其祀产、义田,令勒石报官,或族长自立议单公据,方准按例治罪。如无公私确据,借端生事者,照诬告律治罪。

**〇原 例**

**一、盛京家奴、庄头人等,如有伊主远在京师,私自盗卖所遗田产,至五十亩者,均依子孙盗卖祖遗祀产例,发边远充军;不及前数者,照盗卖官田律治罪。盗卖房屋,亦照盗卖官宅律科断。谋买之人,与串通说合之中保,均与盗卖之人同罪。房产给还原主,卖价入官。其不知者,不坐。倘不肖之徒,借端讹诈,照诬告律治罪。**

**臣等谨按:**此条系乾隆三十年〔1765年〕定例,专指八旗家奴人等在盛京地方而言。若京师附近地方有犯,难资援引,似应改为通例。至子孙盗卖祖遗祀产五十亩充军之例,现拟删改从轻。惟家奴等盗卖主产,较子孙盗卖情罪为重,未便一律减轻,拟将例内“依子孙盗卖例”一语删去;其“边远充军”罪名,即照章改为“流三千里”。谨将修改例文,开列于后。

**修 改**

一、凡家奴、庄头人等,因伊主外出,私自盗卖所遗田产,至五十亩者,流三千里;不及前数者,照盗卖官田律治罪。盗卖房屋,亦照盗卖官宅律科断。谋买之人,与串通说合之中保,均与盗卖之人同罪。房产给还原主,卖价入官。其不知者,不坐。倘不肖之徒,借端讹诈,照诬告律治罪。

**〇原 例**

**一、用强占种屯田,五十亩以上,不纳子粒者,照数追纳完日,发近边充军。其屯田人等,将屯田典卖与人,至五十亩以上,典主、买主各不纳子粒者,俱照前问发。若数不满五十亩,及上纳子粒不缺,或因无人承种而侵占者,照侵占官田律治罪;典卖与人者,照盗卖官田律治罪。管屯等官,不行用心清查者,参奏,依违制律,杖一百。**

**臣等谨按:**此条系前明《问刑条例》,雍正三年〔1725年〕及乾隆三十六年〔1771年〕修改,嘉庆六年〔1801年〕改定。“近边充军”罪名,若照章改为“流二千五百里”,转较强占官民山场本律为轻,拟即改为“照强占官民山场律,流三千里”。“问发”二字改为“问拟”,“杖一百”三字改为“治罪”。谨将修改例文,开列于后。

**修 改**

一、用强占种屯田,五十亩以上,不纳子粒者,照数追纳完日,照强占官民山场律,流三千里。其屯田人等,将屯田典卖与人,至五十亩以上,典主、买主各不纳子粒者,俱照前问拟。若数不满五十亩,及上纳子粒不缺,或因无人承种而侵占者,照侵占官田律治罪;典卖与人者,照盗卖官田律治罪。管屯等官,不行用心清查者,参奏,依违制律治罪。

○原　例

**一、凡租种山地棚民，除同在本山有业之家，公同画押出租者，山主、棚民均免治罪外，若有将公共山场，一家私召异籍之人搭棚开垦者，即照子孙盗卖(租)〔祖〕遗祀产至五十亩例，发边远充军；不及五十亩者，减一等；租价入官。承租之人，不论山数多寡，照强占官民山场律，杖一百、流三千里。为从，并减一等。父兄子弟同犯，仍照律罪坐尊长。族长、祠长失于查察，照不应重律科罪。至因召租、承租酿成事端，致有抢夺杀伤者，仍各从其重者论。**

**臣等谨按：**此条系嘉庆十二年〔1815年〕定例。详绎例意，因其混招异籍之人搭棚开垦，恐致外来匪徒聚集日多，扰害居民，是以特严其罪。然于公共画押出租者，概予免罪；而于一家私租，并未滋事者，即比例拟军，未免太重，似应改为“照盗卖官田宅律治罪”、“承租之人，罪亦如之”。谨将修改例文，开列于后。

修　改

一、凡租种山地棚民，除同在本山有业之家，公同画押出租者，山主、棚民均免治罪外，若有将公共山场，一家私召异籍之人搭棚开垦者，照盗卖官田宅律治罪，租价入官。承租之人，罪亦如之。为从，并减一等。父兄子弟同犯，仍照律罪坐尊长。族长、祠长失于查察，照不应重律科罪。至因召租、承租酿成事端，致有抢夺杀伤者，仍各从其重者论。

○删　除

**一、黔省汉民，如有强占苗人田产，致令失业酿命之案，俱照棍徒扰害例问拟。其未经酿命者，仍照常例科断。**

**臣等谨按：**此条系道光十三年〔1833年〕定例。专指黔省苗、汉而言，未免一事一例。近年尚无此等情形。即使有犯，依强占本律拟流，已无虞宽纵，似毋庸另定专例。拟请删除。

〔核订刑律〕

○原修改例文

**一、凡家奴、庄头人等，因伊主外出，私自盗卖所遗田产，至五十亩者，流三千里；不及前数者，照盗卖官田律治罪。盗卖房屋，亦照盗卖官宅律科断。谋买之人，与串通说合之中保，均与盗卖之人同罪。房产给还原主，卖价入官。其不知者，不坐。倘不肖之徒，借端讹诈，照诬告律治罪。**

**谨按：**旗下家奴现以雇工人论，本条“家奴”二字应即改为“雇工”，以归一律。谨将修改例文，开列于后。

修　改

一、凡雇工、庄头人等，因伊主外出，私自盗卖所遗田产，至五十亩者，流三千里；不及前数者，照盗卖官田律治罪。盗卖房屋，亦照盗卖官宅律科断。谋买之人，与串通说合之中保，均与盗卖之人同罪。房产给还原主，卖价人官。其不知者，不坐。倘不肖之徒，借端讹诈，照诬告律治罪。

## 任所置买田宅

〔刑律案语〕

○原　律

凡有司官吏，不得于见任处所，置买田宅。违者，笞五十，解任，田宅入官。

**臣等谨按：**此仍《明律》。"笞五十"罪名，照章罚金，应改为"处五等罚"。谨将修改律文，开列于后。

**修　改**

凡有司官吏，不得于见任处所，置买田宅。违者，处五等罚，解任，田宅入官。

○原　例

一、提督、总兵、副将等官，不许在见任地方置立产业，即丁忧、休致、解退，亦不许入籍居住。或任内置有产业，已经身故，及不能回籍者，该督抚具奏，请旨定夺。至参将以下等官，任所置有产业，或本身休致、解退，或已经身故，子孙留住任所，欲入籍者，该地方官报明督抚，准其入籍。

**臣等谨按：**此条应仍其旧，理合陈明。

〔核订刑律〕

○删　除

凡有司官吏，不得于见任处所，置买田宅。违者，处五等罚，解任，田宅入官。

一、提督、总兵、副将等官，不许在见任地方置立产业，即丁忧、休致、解退，亦不许入籍居住。或任内置有产业，已经身故，及不能回籍者，该督抚具奏，请旨定夺。至参将以下等官，任所置有产业，或本身休致、解退，或已经身故，子孙留住任所，欲入籍者，该地方官报明督抚，准其入籍。

**谨按：**以上律文一条、例文一条，均为限制在任所置买田宅产业而设。揆诸今日情形，多不相符，拟请一并删除。

## 典买田宅

〔刑律案语〕

○原　律

凡典买田宅，不税契者，笞五十；（仍追）契内田宅价钱一半入官。不过割者，一亩至五亩，笞四十；每五亩加一等，罪止杖一百。其（不过割之）田入官。○若将已典卖与人田宅，朦胧重复典卖者，以所得（重典卖之）价钱，计赃，准窃盗论，免刺，追价还（后典买之）主。田宅从原典买主为业。若重复典买之人及牙保知其重典卖之情者，与犯人同罪，追价入官；不知者，不坐。〇其所典田宅、园林、碾磨等物，年限已满，业主备价取赎。若典主托故不肯放赎者，笞四十。限外递年所得多余花利，追征给主。仍听依原价取赎。其年限虽满，业主无力取赎者，不拘此律。

**臣等谨按：**此仍《明律》，顺治三年〔1646 年〕添入小注。笞、杖罪名，照章罚金，应依数分等处罚；“免刺”二字，亦照章节删。谨将修改律文，开列于后。

**修　改**

凡典买田宅，不税契者，处五等罚，仍追契内田宅价钱一半入官。不过割者，一亩至五亩，处四等罚；每五亩加一等，罪止十等罚。其不过割之田入官。〇若将已典卖与人田宅，朦胧重复典卖者，以所得重典卖之价钱，计赃，准窃盗论，追价还后典买之主。田宅从原典买主为业。若重复典买之人及牙保知其重典卖之情者，与犯人同罪，追价入官；不知者，不坐。〇其所典田宅、园林、碾磨等物，年限已满，业主备价取赎。若典主托故不肯放赎者，处四等罚。限外递年所得多余花利，追征给主。仍听依原价取赎。其年限虽满，业主无力取赎者，不拘此律。

**〇原　例**

一、告争家财、田产，但系五年之上，并虽未及五年，验有亲族写立分书已定、出卖文约是实者，断令照旧管业，不许重分、再赎，告词立案不行。

**臣等谨案：**此例应仍其旧，理合陈明。

**〇原　例**

一、卖产立有绝卖文契，并未注有“找贴”字样者，概不准贴赎。如契未载“绝卖”字样，或注定年限回赎者，并听回赎。若卖主无力回赎，许凭中公估找贴一次，另立绝卖契纸。若买主不愿找贴，听其别卖，归还原价。倘已经卖绝，契载确凿，复行告找、告赎；及执产动归原先尽亲邻之说，借端掯勒，希图短价；并典限未满，而业主强赎者，俱照不应重律治罪。

**臣等谨按：**此条应仍其旧，理合陈明。

**〇原　例**

一、嗣后民间置买产业，如系典契，务于契内注明“回赎”字样；如系卖契，亦于契内注明“绝卖、永不回赎”字样。其自乾隆十八年〔1753 年〕定例以前，典、卖契载不明之产，如在三十年以内，契无“绝卖”字样者，听其照例分别找赎；若远在三十年以外，契内虽无“绝卖”字样，但未注明“回赎”者，即以绝产论，概不许找赎。如有混行争告者，均照不应重律治罪。

**臣等谨按：**此条系乾隆十八年〔1753 年〕定例，故中有“其自乾隆十八年〔1753 年〕定例以前”、“三十年内外”等语。今此例遵用已百余年，早无从前契载不明之产，此层应即节删；例首“嗣后”二字，亦应删去。谨将修改例文，开列于后。

**修　改**

一、民间置买产业，如系典契，务于契内注明“回赎”字样；如系卖契，亦于契内注明“绝卖、永不回赎”字样。如有混行争告者,均照不应重律治罪。

○原　例

**一、凡州县官征收田房税契，照征收钱粮例，别设一柜，令业户亲自赍契投税。该州县即粘司印契尾，给发收执。若业户混交匪人代投，致被假印诓骗者，照不应重律，杖八十，责令换契重税。倘州县官不粘司印契尾，侵税入己，照例参追。该管之道、府、直隶州知州，分别失察、徇隐，照例议处。**

**臣等谨按：**此例应仍其旧。惟“不应重律,杖八十”,应改为“照不应重律治罪”。谨将修改例文,开列于后。

**修　改**

一、凡州县官征收田房税契,照征收钱粮例,别设一柜,令业户亲自赍契投税。该州县即粘司印契尾,给发收执。若业户混交匪人代投,致被假印诓骗者,照不应重律治罪,责令换契重税。倘州县官不粘司印契尾,侵税入已,照例参追。该管之道、府、直隶州知州,分别失察、徇隐,照例议处。

○删　除

**一、凡民间活契典当田房，一概免其纳税。其一切卖契，无论是否杜绝，俱令纳税。其有先典后卖者，典契既不纳税，按照卖契银两实数纳税，如有隐漏者，照律治罪。**

**臣等谨按：**此条系乾隆二十四年〔1759 年〕定例。民间活契典当田房,一概免其纳税,与度支部现行事例不符,此层已难援引。至隐漏不纳税,既系照律治罪,自有本律可引,亦毋庸复叙。此例拟请删除。

○删　除

**一、凡八旗人员，置买产业于各省者，令该员据实首报，交与该督抚，按其产业之多寡，勒限变价归旗。如有隐匿不首，及首报不实者，该督抚访查题参，将所置产业入官；其隐匿不首者，照侵占田宅律治罪；首报不实者，按不实之数，亦照侵占律治罪。如地方官扶同徇隐，别经发觉者，照例议处。其未经查出之知府并督、抚、司、道，均照例分别议处。至于查禁以后，仍有违禁置产，私相授受者，照将他人田产朦胧投献官豪势要律，与者、受者各杖一百、徒三年，产业入官。其托民人出名，诡名寄户者，受托之民人，照里长知情隐瞒入官家产，计所隐赃，重者，坐赃治罪；受财者，以枉法从重论。地方官失于查察者，照例议处。**

**一、旗地、旗房，概不准民人典买，如有设法借名私行典买者，业主、售主，俱照违制律治罪。地亩、房间、价银，一并撤追入官。失察该管官，俱交部严加议处。至旗人典买有州县印契跟随之民地、民房，或辗转典卖与民人，仍从其便。**

**臣等谨按：**光绪三十三年十二月〔1908 年 1 月〕内,臣馆奏请变通旗民交产旧制,拟将上二例删除,经度支部核准复奏,奉旨允准在案,自应遵照删除。

## 盗耕种官民田

**〔刑律案语〕**

**○原　律**

**凡盗耕种他人田园地土者，不告田主，一亩以下，笞三十；每五亩加一等，罪止杖八十。荒田减一等。强者，不由田主。各指熟田、荒田言。加一等。系官者，各通盗耕、强耕，荒、熟言。又加二等。仍追所得花利官田归官、民田给主。**

**臣等谨按：**此仍《明律》，顺治三年〔1646 年〕添入小注。笞、杖罪名，照章罚金，应依数分等处罚。谨将修改律文，开列于后。

**修　改**

凡盗耕种他人田园地(上)〔土〕者，不告田主，一亩以下，处三等罚；每五亩加一等，罪止八等罚。荒田减一等。强者，不由田主。各指熟田、荒田言。加一等。系官者，各通盗耕、强耕，荒、熟言。又加二等。仍追所得花利官田归官、民田给主。

## 荒芜田地

**〔刑律案语〕**

**○原　律**

**凡里长部内已入籍纳粮当差田地，无水旱灾伤之故荒芜，及应课种桑麻之类而不种者，计荒芜不种之田地，俱以十分为率，一分，笞二十；每一分加一等，罪止杖八十。县官各减里长罪二等。长官为首，一分减尽无科。二分方笞十。加至杖六十罪止。佐职为从。又减长官一等。二分者，减尽无科；三分者，方笞一十；加至笞五十罪止。人户亦计荒芜田地，及不种桑麻之类，就本户田地，以五分为率，一分，笞二十；每一分加一等；追征合纳税粮还官。应课种桑枣、黄麻、苎麻、棉花、蓝靛、红花之类，各随乡土所宜种植。**

**臣等谨按：**此仍《明律》，顺治三年〔1646 年〕增修。笞、杖罪名，照章罚金，均应依数分等处罚。谨将修改律文、律注，开列于后。

**修　改**

凡里长部内已入籍纳粮当差田地，无水旱灾伤之故荒芜，及应课种桑麻之类而不种者，计荒芜不种之田地，俱以十分为率，一分，处二等罚；每一分加一等，罪止八等罚。县官各减里长罪二等。长官为首，一分减尽无科。二分方处一等罚。加至六等罚罪止。佐职为从。又减长官一等。二分者，减尽无科；三分者，方处一等罚；加至五等罚罪止。人户亦计荒芜田地，及不种桑麻之类，就本户田地，以五分为率，一分，处二等罚；每一分加一等；追征合纳税粮还官。应课种桑枣、黄麻、苎麻、棉花、蓝靛、红花之类，各随乡土所宜种植。

## 弃毁器物稼穑等

### 〔刑律案语〕

**○原　律**

**凡故意弃毁人器物，及毁伐树木稼穑者，计所弃毁之物，即为赃，准窃盗论，照窃盗定罪。免刺。罪止杖一百、流三千里。官物加准窃盗赃上二等。若遗失及误毁官物者，各于官物加二等上减三等。凡弃毁、遗失、误毁，并验数追偿。还官给主。若遗失、误毁私物者，偿而不坐罪。○若毁人坟茔内碑碣、石兽者，杖八十。毁人神主者，杖九十。若毁损人房屋、墙垣之类者，计合用修造雇工钱，坐赃论。一两以下，笞二十。罪止杖一百、徒三年。各令修立。官屋加二等。误毁者，但令修立，不坐罪。**

**臣等谨按：**此仍《明律》，顺治三年〔1646年〕添入小注。笞、杖罪名，照章罚金，均应依数分等处罚；律内"免刺"二字，并小注内流、徒附杖，亦应照章节删。谨将修改律文、律注，开列于后。

**修　改**

凡故意弃毁人器物，及毁伐树木稼穑者，计所弃毁之物，即为赃，准窃盗论。照窃盗定罪。罪止流三千里。官物加准窃盗赃上二等。若遗失及误毁官物者，各于官物加二等上减三等。凡弃毁、遗失、误毁，并验数追偿。还官给主。若遗失、误毁私物者，偿而不坐罪。○若毁人坟茔内碑碣、石兽者，处八等罚。毁人神主者，处九等罚。若毁损人房屋、墙垣之类者，计合用修造雇工钱，坐赃论。一两以下，处二等罚。罪止徒三年。各令修立。官屋加二等。误毁者，但令修立，不坐罪。

## 擅食田园瓜果

### 〔刑律案语〕

**○原　律**

**凡于他人田园，擅食瓜果之类，坐赃论。计所食之物价，一两以下，笞一十；二两笞二十；计两加等，罪止杖六十、徒一年。弃毁者，罪亦如之。其擅将挟去及食，之者。系官田园瓜果，若官造酒食者，加二等。照擅食他人罪，加二等。主守之人给与，及知而不举者，与同罪。若主守私自将去者，并以监守自盗论。至四十两，问杂犯，准徒五年。**

**臣等谨按：**此仍《明律》，顺治三年〔1646年〕添入小注，雍正三年〔1725年〕删改。注内笞罪，照章罚金，应依数分等处罚；徒罪附杖，并应照章节删。谨将律文并修改律注，开列于后。

**修　改**

凡于他人田园，擅食瓜果之类，坐赃论。计所食之物价，一两以下，处一等罚；二两处二等罚；计两加等，罪止徒一年。弃毁者，罪亦如之。其擅将挟去及食，之者。系官田园瓜果，若官造酒食者，加二等。照擅食他人罪，加二等。主守之人给与，及知而不举者，与同罪。若主守私自将去者，并以监守自盗论。至四十两，问杂犯，准徒五年。

## 私借官车船

〔刑律案语〕

○原　律

**凡监临主守将系官车船、店舍、碾磨之类，私自借用，或转借与人，及借之者，各笞五十。验日，追雇赁钱入官。不得过本价。若计雇赁钱重于笞五十者，各坐赃论，加一等。**

**臣等谨按：**此仍《明律》，顺治三年〔1646年〕添入小注，雍正三年〔1725年〕删改。“笞五十”罪名应改为“处五等罚”。谨将修改律文、律注，开列于后。

**修　改**

凡监临主守将系官车船、店舍、碾磨之类，私自借用，或转借与人，及借之者，各处五等罚。验日，追雇赁钱入官。不得过本价。若计雇赁钱重于五等罚者，各坐赃论，加一等。

# 三、婚　姻

## 男女婚姻

〔刑律案语〕

○原　律

凡男女定婚之初，若或有残废或疾病、老幼、庶出、过房、同宗。乞养、异姓。者，务要两家明白通知，各从所愿，不愿即止，愿者同媒妁。写立婚书，依礼聘嫁。若许嫁女已报婚书，及有私约，谓先已知夫身残疾、老幼、庶养之类。而辄悔者，女家主婚人笞五十；其女归本夫。虽无婚书，但曾受聘财者，亦是。○若再许他人，未成婚者，女家主婚人杖七十；已成婚者，杖八十。后定娶者男家知情，主婚人与女家同罪，财礼入官；不知者，不坐，追还财礼。给后定娶之人。女归前夫。前夫不愿者，倍追财礼给还，其女仍从后夫。男家悔而再聘者，罪亦如之，仍令娶前女，后聘听其别嫁。不追财礼。○其未成婚男女，有犯奸盗者，男子有犯，听女别嫁；女子有犯，听男别娶。不用此律。○若为婚而女家妄冒者，主婚人杖八十，谓如女有残疾，却令姊妹妄冒相见，后却以残疾女成婚之类。追还财礼。男家妄冒者，加一等，谓如与亲男定婚，却与义男成婚；又如男有残疾，却令弟兄妄冒相见，后却以残疾男成婚之类。不追财礼。未成婚者，仍依原定。所妄冒相见之无疾兄弟、姊妹及亲生之子为婚，如妄冒相见男女先已聘许他人、或已经配有室家者，不在仍依原定之限。已成婚者，离异。○其应为婚者，虽已纳聘财，期约未至，而男家强娶，及期约已至，而女家故违期者，男、女主婚人，并笞五十。○若卑幼或仕宦或买卖在外，其祖父母、父母及伯叔父母、姑、兄姊，自卑幼出外之后为定婚，而卑幼不知。自娶妻，已成婚者，仍旧为婚。尊长所定之女，听其别嫁。未成婚者，从尊长所定。自定者，从其别嫁。违者，杖八十。仍改正。

**臣等谨按：**此仍《明律》，其小注系顺治三年〔1646 年〕于原注之外续行增加，应仍其旧。惟查《比引律条》，有“男女定婚，未曾过门，私下奸通者，比依子孙违犯教令律，杖一百”一条，第违犯教令律内，不及婚姻、奸通等事，似应于本律“未成婚男女，有犯奸盗者”注内修增“如定婚，未曾过门，私下奸通，男、女各处十等罚，免其离异”小注二十二字，以资援引。笞、杖照章罚金，应依数分等处罚。谨将修改律文、律注，开列于后。

**修　改**

凡男女定婚之初，若或有残废或疾病、老幼、庶出、过房、同宗。乞养、异姓。者，务要两家明白通知，各从所愿，不愿即止，愿者同媒妁。写立婚书，依礼聘嫁。若许嫁女已报婚书，及有私约，谓先已知夫身残疾、老幼、庶养之类。而辄悔者，女家主婚人处五等罚；其女归本夫。虽无婚书，但曾受聘财者，亦是。〇若再许他人，未成婚者，女家主婚人处七等罚；已成婚者，处八等罚。后定娶者男家知情，主婚人与女家同罪，财礼入官；不知者，不坐，追还财礼。给后定娶之人。女归前夫。前夫不愿者，倍追财礼给还，其女仍从后夫。男家悔而再聘者，罪亦如之，仍令娶前女，后聘听其别嫁。不追财礼。〇其未成婚男女，有犯奸盗者，男子有犯，听女别嫁；女子有犯，听男别娶。如定婚，未曾过门，私下奸通，男、女各处十等罚，免其离异。不用此律。〇若为婚而女家妄冒者，主婚人处八等罚，谓如女有残疾，却令姊妹妄冒相见，后却以残疾女成婚之类。追还财礼。男家妄冒者，加一等，谓如与亲男定婚，却与义男成婚；又如男有残疾，却令弟兄妄冒相见，后却以残疾男成婚之类。不追财礼。未成婚者，仍依原定。所妄冒相见之无疾兄弟、姊妹及亲生之子为婚，如妄冒相见男女先已聘许他人、或已经配有室家者，不在仍依原定之限。已成婚者，离异。〇其应为婚者，虽已纳聘财，期约未至，而男家强娶，及期约已至，而女家故违期者，男、女主婚人，并处五等罚。〇若卑幼或仕宦或买卖在外，其祖父母、父母及伯叔父母、姑、兄姊，自卑幼出外之后为定婚，而卑幼不知。自娶妻，已成婚者，仍旧为婚。尊长所定之女，听其别嫁。未成婚者，从尊长所定。自定者，从其别嫁。违者，处八等罚。仍改正。

**〇原　例**

**一、男女婚姻各有其时，或有指腹、割衫襟为亲者，并行禁止。**

**臣等谨按：**此例应仍其旧，理合陈明。

**〇原　例**

**一、凡女家悔盟另许，男家不告官司强抢者，照强娶律减二等。其告官断归前夫，而女家与后夫夺回者，照抢夺律，杖一百、徒三年。**

**臣等谨按：**此条系乾隆五年〔1740年〕湖广按察使阎尧熙条奏定例。例末徒罪附杖，照章应删。谨将修改例文，开列于后。

**修　改**

一、凡女家悔盟另许，男家不告官司强抢者，照强娶律减二等。其告官断归前夫，而女家与后夫夺回者，照抢夺律，徒三年。

**〇原　例**

**一、嫁娶皆由祖父母、父母主婚。祖父母、父母俱无者，从余亲主婚。其夫亡携女适人者，其女从母主婚。若已定婚未及成亲，而男女或有身故者，不追财礼。**

**一、招婿须凭媒妁，明立婚书，开写养老或出舍年限。止有一子者，不许出赘。其招婿养老者，仍立同宗应继者一人，承奉祭祀，家产均分。如未立继身死，从族长依例议立。**

**臣等谨按：**此二条应仍其旧，理合陈明。

## 典雇妻女

〔刑律案语〕

○原 律

**凡将妻妾受财立约出典、验日暂雇与人为妻妾者，本夫杖八十；典、雇女者，父杖六十；妇女不坐。○若将妻妾妄作姊妹嫁人者，杖一百；妻妾杖八十。○知而典、娶者，各与同罪，并离异，女给亲，妻妾归宗。财礼入官。不知者不坐，追还财礼。仍离异。**

**臣等谨按：**此仍《明律》，顺治三年〔1646年〕添入小注。杖罪照章罚金，应依数分等处罚。谨将修改律文，开列于后。

**修 改**

凡将妻妾受财立约出典、验日暂雇与人为妻妾者，本夫处八等罚；典、雇女者，父处六等罚；妇女不坐。○若将妻妾妄作姊妹嫁人者，处十等罚；妻妾处八等罚。○知而典、娶者，各与同罪，并离异，女给亲，妻妾归宗。财礼入官。不知者不坐，追还财礼。仍离异。

○原 例

**一、将妻妾作姊妹，及将亲女并姊妹嫁卖与人作妻妾、使女名色，骗财之后，设词托故，公然领去者，照诓骗例治罪；若瞰起程，中途聚众行凶，邀抢人财者，除实犯死罪外，余俱发近边充军。媒人同谋邀抢者，罪同；若仅止知情媒合，并未同谋邀抢，照将妻妾作姊妹嫁人律减一等，杖九十；不知者，不坐。**

**臣等谨按：**此条系前明《问刑条例》，乾隆五年〔1740年〕、三十六年〔1771年〕修改，嘉庆六年〔1801年〕改定。惟将妻妾等作为姊妹价卖与人，骗财后，公然领出，迹近行强，今例仅照诓骗治罪，设所得价银不及五十两，转较本律满杖为轻，自应改"照本律加一等，徒一年"，并添入"赃罪重者，仍从重论"，较为平允。至仅止知情媒合，"嫁娶违律"条本有减一等之文，似可查照办理，此数语应删。近边军照章应改"流二千五百里"。谨将修改例文，开列于后。

**修 改**

一、将妻妾作姊妹，及将亲女并姊妹嫁卖与人作妻妾、使女名色，骗财之后，设词托故，公然领去者，照本律加一等，徒一年，赃罪重者，仍从重论；若瞰起程，中途聚众行凶，邀抢人财者，除实犯死罪外，余俱流二千五百里。媒人同谋邀抢者，罪同。

## 妻妾失序

〔刑律案语〕

○原 律

**凡以妻为妾者，杖一百。妻在，以妾为妻者，杖九十，并改正。○若有妻更娶妻者，亦**

杖九十，后娶之妻离异。归宗。

**臣等谨按：**此仍《明律》，顺治三年〔1646 年〕添入小注，乾隆五年〔1740 年〕删定。律内杖罪，照章罚金，应依数分等处罚。谨将修改律文，开列于后。

**修　改**

凡以妻为妾者，处十等罚。妻在，以妾为妻者，处九等罚，并改正。〇若有妻更娶妻者，亦处九等罚，后娶之妻离异。归宗。

## 逐婿嫁女

〔**刑律案语**〕

**〇原　律**

凡逐已入赘之婿嫁女，或再招婿者，杖一百，其女不坐。如招赘之女，通同父母，逐婿改嫁者，亦坐杖一百。后婚男家知而娶或后赘者，同罪。未成婚者，各减五等，财礼入官。不知者，亦不坐。其女断付前夫，出居完聚。

**臣等谨按：**此仍《明律》，顺治三年〔1646 年〕添入小注，乾隆五年〔1740 年〕改定。律内“杖一百”，照章罚金，应改为处十等罚。谨将修改律文、律注，开列于后。

**修　改**

凡逐已入赘之婿嫁女，或再招婿者，处十等罚，其女不坐。如招赘之女，通同父母，逐婿改嫁者，亦处十等罚。后婚男家知而娶或后赘者，同罪。未成婚者，各减五等，财礼入官。不知者，亦不坐。其女断付前夫，出居完聚。

## 居丧嫁娶

〔**刑律案语**〕

**〇原　律**

凡男女居父母及妻、妾居夫丧，而身自主婚嫁娶者，杖一百；若男子居父母丧而娶妾，妻、居夫丧。女居父母丧，而嫁人为妾者，各减二等；若命妇夫亡，虽服满。再嫁者，罪亦如之，亦如凡妇居丧嫁人者拟断。〔追〕夺，勅语。并离异。知系居丧及命妇而共为婚姻者，主婚人各减五等。财礼入官。不知者，不坐。仍离异，追财礼。若居祖父母、伯叔父母、姑、兄姊丧，除承重孙外。而嫁娶者，杖八十，不离异。妾不坐。〇若居父母、舅姑及夫丧，而与应嫁娶人主婚者，杖八十。〇其夫丧服满，妻妾果愿守志，而女之祖父母、父母，及夫家之祖父母、父母强嫁之者，杖八十。期亲加一等，大功以下又加一等。妇人及娶者，俱不坐。未成婚者，追归前夫之家，听从守志，追还财礼。已成婚者，给与完聚，财礼入官。

**臣等谨按：**此仍《明律》，顺治三年〔1646 年〕添入小注，雍正三年〔1725 年〕删改。律内杖罪，照章罚金，应依数分等处罚。谨将修改律文，开列于后。

**修 改**

凡男女居父母及妻、妾居夫丧，而身自主婚嫁娶者，处十等罚；若男子居父母丧而娶妾，妻、居夫丧。女居父母丧，而嫁人为妾者，各减二等；若命妇夫亡，虽服满。再嫁者，罪亦如之，亦如凡妇居丧嫁人者拟断。追夺，敕诰。并离异。知系居丧及命妇而共为婚姻者，主婚人各减五等。财礼入官。不知者，不坐。仍离异，追财礼。若居祖父母、伯叔父母、姑、兄姊丧，除承重孙外。而嫁娶者，处八等罚，不离异。妾不坐。〇若居父母、舅姑及夫丧，而与应嫁娶人主婚者，处八等罚。〇其夫丧服满，妻妾果愿守志，而女之祖父母、父母，及夫家之祖父母、父母强嫁之者，处八等罚。期亲加一等，大功以下又加一等。妇人及娶者，俱不坐。未成婚者，追归前夫之家，听从守志，追还财礼。已成婚者，给与完聚，财礼入官。

**〇原 例**

一、孀妇自愿改嫁，翁姑人等主婚受财，而母家统众抢夺，杖八十。夫家并无例应主婚之人，母家主婚改嫁，而夫家疏远亲属强抢者，罪亦如之。其孀妇自愿守志，母家、夫家抢夺强嫁，以致被污者，祖父母、父母，及夫之祖父母、父母，杖八十；期亲尊属、尊长，杖七十、徒一年半；大功以下尊属、尊长，杖八十、徒二年；期亲卑幼，杖一百、徒三年；大功以下卑幼，杖九十、徒二年半；娶主不知情，不坐；知情同抢，照强娶笞五十律，加三等，杖八十。未致被污者，父母、翁姑、亲属、娶主，各减一等；妇女均听回守志。如妇女自愿完聚者，照律听其完聚，财礼入官；亲属照律分别拟杖。若孀妇不甘失节，因而自尽者，不论已、未被污，祖父母、父母，夫之祖父母、父母，杖一百、徒三年；期亲尊属、尊长，杖一百、流二千里；功服，杖一百、流二千五百里；缌麻，杖一百、流三千里；缌麻卑幼，发边远充军；功服，发极边充军；期亲，拟绞监候。娶主知情同抢，致令自尽者，以为从论，各减亲属罪一等。若妇女自愿完聚，复因他故自尽者，仍按服制照律科以强嫁之罪，不在此例。若妇人情愿守志，别无主婚之人，如有用强求娶，逼受聘财，因而致令自尽者，发近边充军，仍追埋葬银两。其有因抢夺而取去财物，及杀伤人者，各照本律，从其重者论。

## 强占良家妻女

**〇原 例**

一、凡谋占资财，贪图聘礼，期、功卑幼用强抢卖伯叔母、姑等尊属者，拟斩监候；期、功卑幼抢卖兄妻、胞姊，及缌麻卑幼抢卖尊属、尊长，并疏远无服亲族抢卖尊长、卑幼者，均拟绞监候。如尊属、尊长图财强卖卑幼，系期、功，杖一百、流三千里；系缌麻，发附近充军。未成婚者，各减已成婚一等。若中途夺回，及娶主自行送回，未被奸污者，均以未成婚论。如妇女不甘失节，因而自尽者，期、功以下卑幼及疏远亲族，仍照本例分别斩、绞监候；缌麻尊属、尊长，亦拟绞监候；期、功尊属、尊长，发近边充军。若已成婚，而妇女因他故自尽者，仍依图财强嫁问拟，不在此例。娶主知情同抢，及用财谋买者，各减正犯罪一等；不知者，不坐。如因家贫不能养赡，或虑不能终守，劝令改嫁，并非为图财、图产起见，均仍照强嫁例定拟，不得滥引此例。

**臣等谨按：**上条原分两例，一系湖广按察使阎尧熙奏定，乾隆五年〔1740年〕修改；一系前明旧例，原载“威逼人致死”门内，嘉庆六年〔1801年〕修并。下条系乾隆六年〔1741年〕，安徽巡抚陈大受因案附请定例，嘉庆六年〔1801年〕修改。惟查上条有“祖父母”等字样，而下条无文，意盖谓祖父母等决不至谋占资财，也不至图产。虽为事所必无，图财究亦情所常有，应一律增入。上条之“抢夺”，即系律内“强”字之义，与下条之“图财强抢”不同。例将祖父母等仍行拟杖，尚为得平；期服以下亲属，加等拟徒，颇嫌未协，应将下条例末注语移入，改为“祖父母、父母，夫之祖父母、父母，及亲属人等，仍照强嫁本律治罪”，较免窒碍。上条“孀妇不甘失节，因而自尽”，祖父母等均拟满徒，期服以下尊长递加流罪，下条缌尊、期、功并有拟绞、拟军之分，均未免过重。按强嫁本律，祖父母、父母，夫之祖父母、父母，及有服亲属，只有杖八十、九十及满杖罪名。今即因自尽而从严，酌将祖父母、父母，夫之祖父母、父母，照本律加二等；有服尊长、尊属，照本律加三等，似亦足示惩创。至卑幼究非尊长可比，应略仿威逼之律，将缌、功分为三等，并将缌麻原拟边远军罪照章改为满流，小功改为极边，大功改为烟瘴地方，分别安置，庶得情法之平。上条例首“杖八十”，似系照不应重律条，应将此句并下“罪亦如之”句节去，改为“均照不应重律治罪”，仍于上层添一“及”字，以省繁冗。下条例首“斩候”既应照章改绞，则期、功与缌麻卑幼厥罪，维均应改为“期亲以下卑幼”。其所称“伯叔〔母〕、姑”等项，是否无论出嫁、在室，尚未分明；且兄妻以尊长论，则弟妻自在卑幼之列，殊与斗殴门“殴兄弟妻至死，均以凡论”律文不符，应全行删去，仍添注“以本妇服制为断”，俾免误会。若疏远无服亲族，以凡论，自不待言，此层尤应节删。至祖父母等及尊属、尊长图财抢嫁，与因抢嫁而致自尽情形，似觉较轻，彼处既拟分别改为“照本律加二等”、“三等”，此处似应照本律酌加一等、二等，以示区别。兹拟删去冗句，将两例修并为一，先叙孀妇自愿守志，卑幼及祖父母等图财强卖之罪，并注明“非孀妇，亦同”；次叙并非图财、图产，但因家贫不能养赡，或虑不能终守，祖父母等仍照强嫁本律之罪；再次叙妇女自尽，分别图财与否科断之罪。而例文之应存者，并择要附入至孀妇自愿改嫁例。止有“翁姑人等主婚”及“夫家无例应主婚之人，母家主婚”等语，究竟夫家翁姑之外，何者为应主婚之人，何者为不应主婚之人，例无明文，引断殊鲜依据，似应按照服制亲疏，明定两家主婚之权限。如夫家有祖父母、父母，由夫家主婚；如夫家无祖父母、父母，但有余亲，即由母家祖父母、父母主婚；如母家亦无祖父母、父母，仍由夫家余亲主婚。应添叙明晰，仍析出，另为一条，列入本门，以资援引，而昭赅备。近边军照章应改“流二千五百里”。谨将修并、修改例文，开列于后。

**修　并**

一、孀妇自愿守志，其期亲以下卑幼，谋占资财，贪图聘礼，用强抢卖尊属、尊长，已成婚者，均拟绞监候。以本妇服制为断。非孀妇，亦同。如系祖父母、父母，夫之祖父母、父母，图财抢嫁，照强嫁本律加一等定拟；有服尊属、尊长，照强嫁本律加二等定拟。未成婚者，各减已成婚一等。若中途夺回，及娶主自行送回，未被奸污者，均以未成婚论。如并非为图财、图产起见，但因家贫不能养赡，或虑不能终守，辄行强嫁者，祖父母、父母，夫之祖父母、父母，及亲属人等，仍照强嫁本律治罪。倘妇女不甘失节，因而自尽者，不论已、未被污，系图财案内，期亲以下卑幼，均仍拟绞监候；系强嫁案内，缌麻卑幼，流三千里；小功卑幼，发极边足四千里安置；大功卑幼，发烟瘴地方安置；期亲卑幼，拟绞监候；祖父母、父母，夫之祖父母、父母，照强嫁本律加二等问拟；有服尊属、尊长，照强嫁本律加三等问拟。娶主知情同抢者，减正犯罪一等；不知者，不坐。若亲属别无主令改嫁之人，而用强求娶，逼受聘财，致令自尽者，流二千五百里，仍追埋葬银两。其因强抢而取去财物，及杀伤人者，各照本律例，从其重者论。

**修　改**

一、孀妇自愿改嫁，由夫家祖父母、父母主婚；如夫家无祖父母、父母，但有余亲，即由母家祖父母、父母主婚；如母家亦无祖父母、父母，仍由夫家余亲主婚。倘夫家主婚受财，而母家统众强夺；及夫家并无例应主婚之人，母家主婚改嫁，而夫家疏远亲属强夺者，均照不应重律治罪。

## 〔核订刑律〕

### ○原修改例文

**一、孀妇自愿改嫁，由夫家祖父母、父母主婚；如夫家无祖父母、父母，但有余亲，即由母家祖父母、父母主婚；如母家亦无祖父母、父母，仍由夫家余亲主婚。倘夫家主婚受财，而母家统众强夺；及夫家并无例应主婚之人，母家主婚改嫁，而夫家疏远亲属强夺者，均照不应重律治罪。**

**谨按：**不应重罪，旧例本系“杖八十”，应照章改为“处八等罚”，无须依附他条。谨将修改例文，开列于后。

**修　改**

一、孀妇自愿改嫁，由夫家祖父母、父母主婚；如夫家无祖父母、父母，但有余亲，即由母家祖父母、父母主婚；如母家亦无祖父母、父母，仍由夫家余亲主婚。倘夫家主婚受财，而母家统众强夺；及夫家并无例应主婚之人，母家主婚改嫁，而夫家疏远亲属强夺者，均处八等罚。

# 父母囚禁嫁娶

## 〔刑律案语〕

### ○原　律

**凡祖父母、父母犯死罪被囚禁，而子孙（自）嫁娶者，杖八十。（若男娶妾、女嫁人）为妾者，减二等。其奉（囚禁）祖父母、父母命而嫁女、娶妻者，不坐，亦不得筵宴。（违者，依父母囚禁筵宴律，杖八十。）**

**臣等谨按：**此仍《明律》，顺治三年〔1646年〕添入小注，乾隆五年〔1740年〕删改。“杖八十”罪名，照章罚金，应改为“处八等罚”。谨将修改律文、律注，开列于后。

**修　改**

凡祖父母、父母犯死罪被囚禁，而子孙（自）嫁娶者，处八等罚。（若男娶妾、女嫁人）为妾者，减二等。其奉（囚禁）祖父母、父母命而嫁女、娶妻者，不坐，亦不得筵宴。（违者，依父母囚禁筵宴律，处八等罚。）

## 同姓为婚为婚兼妻、妾言。礼不娶同姓，所以厚别也。

〔刑律案语〕

○原　律

凡同姓为婚者，主婚与男女各杖六十，离异。妇女归宗，财礼入官。

**臣等谨案**：此仍《明律》，其律目、律文、小注均系顺治三年〔1646 年〕添入，乾隆五年〔1740 年〕删改。律注“主婚与男女”五字一似男女同罪，按《明律纂注》云，“‘各’字指男、女两家言，或坐主婚，或坐男、女”，诠释甚精，自应查照改正。“杖六十”罪名，照章罚金，应改为“处六等罚”。谨将修改律文、律注，开列于后。

**修　改**

凡同姓为婚者，或坐主婚，或坐男女。处六等罚，离异。妇女归宗，财礼入官。

〔核订刑律〕

○删　除

凡同姓为婚者，或坐主婚，或坐男女。处六等罚，离异。妇女归宗，财礼入官。

**谨按**：古者族系掌之于官，故《周礼》“小史定世系，辨昭穆”。自汉高帝以娄敬请都关中，赐姓刘氏，遂为后世赐姓之始。厥后有因避讳、避祸而改姓者；有以部落、色目冒袭汉姓者；若畜养义子之风，于五季为尤甚。虽谱牒之书，代有纂述，而探源析本，罕能推详。如因同姓之故，不许共为婚媾，殊不知受姓命氏孰非？上绍炎黄，以异姓而同源者，已难缕计；至同姓不宗，更无庸深论矣。此条于事实不合。拟请删除。

## 尊卑为婚

〔刑律案语〕

○原　律

凡外姻有服或尊属或卑幼，共为婚姻，及娶同母异父姊妹，若妻前夫之女者，各以亲属相奸论。○其父母之姑舅两姨姊妹，及姨，若堂姨；母之姑、堂姑；己之堂姨及再从姨；己之堂外甥女；若女婿之姊妹。及子孙妇之姊妹，虽无服。并不得为婚姻，违者，男、女各杖一百。○若娶己之姑舅两姨姊妹者，虽无尊卑之分，尚有缌麻之服。杖八十。○并离异。妇女归宗，财礼入官。

**臣等谨按**：此仍《明律》，顺治三年〔1646 年〕添入小注，乾隆五年〔1740 年〕删定。惟第二节“若女婿及子孙妇之姊妹”一句，“姊妹”二字本承上二项而言，则“女婿”下“之姊妹”三字小注，似可节去。至“姑舅两姨姊妹”为婚，前明洪武时从翰林待诏朱善言，已弛其禁，特未纂为专条；雍正八年〔1730 年〕又定有“听从民便”之例，此层即同虚设，亦应节删。“杖一百”罪名，照章罚金，应改为"处十等罚"。谨将修改律文、律注，开列于后。

**修　改**

凡外姻有服或尊属或卑幼，共为婚姻，及娶同母异父姊妹，若妻前夫之女者，各以亲属相奸论。○其父母之姑舅两姨姊妹，及姨，若堂姨；母之姑、堂姑；己之堂姨及再从姨；己之堂外甥女；若女婿及子孙妇之姊妹，虽无服。并不得为婚姻，违者，男、女各处十等罚，并离异。妇女归宗、财礼入官。

**○原　例**

**一、前夫子女，与后夫子女苟合成婚者，以娶同母异父姊妹律条科断。**

**臣等谨按**：此例应仍其旧，理合陈明。

**○原　例**

**一、男女亲属尊卑相犯重情，或干有律应离异之人，俱照亲属已定名分，各从本律科断，不得妄生异议，致罪有出入。其间情犯稍有可疑，揆于法制似为太重，或于名分不甚有碍者，听各该原问衙门临时斟酌拟奏。其姑舅两姨姊妹为婚者，听从民便。**

**臣等谨按**：此条系前明《问刑条例》。例末"姑舅两姨姊妹为婚者，听从民便"两语，本系雍正八年〔1730年〕纂定，乾隆五十三年〔1788年〕并入此例。现拟将律文"娶姑舅两姨姊妹"一层删去，则例末两语似亦可删。谨将修改例文，开列于后。

**修　改**

一、男女亲属尊卑相犯重情，或干有律应离异之人，俱照亲属已定名分，各从本律科断，不得妄生异议，致罪有出入。其间情犯稍有可疑，揆于法制似为太重，或于名分不甚有碍者，听各该原问衙门临时斟酌拟奏。

### 〔核订刑律〕

**○删　除**

**一、前夫子女，与后夫子女苟合成婚者，以娶同母异父姊妹律条科断。**

**谨按**：前夫子女与后夫子女成婚，究与同母异父有间，且并无服制，雍正八年〔1730年〕既有"姑舅两姨姊妹，听从民便"之例，自应一律弛禁。此条拟请删除。

## 娶亲属妻妾

### 〔刑律案语〕

**○原　律**

**凡娶同宗无服姑、侄、姊妹之亲，及无服亲之妻者，男、女各杖一百。若娶同宗缌麻亲之妻，及舅甥妻，各杖六十、徒一年；小功以上之妻各以奸论。自徒三年至绞、斩。其亲之妻曾被出，及已改嫁，而娶为妻、妾者，无服之亲不与。各杖八十。○若收父、祖妾，及伯叔母者，不问被出、改嫁。各斩。若兄亡收嫂，弟亡收弟妇者，不问被出、改嫁，俱坐。各绞。○妾父、祖妾不与。各减妻二等。被出、改嫁者，递减之、若原系妻，而娶为妾，当从妻论；原系妾，而娶为妻，仍从妾减科。○若娶**

**同宗缌麻以上姑、侄、姊妹者，亦各以奸论。○除应死外，并离异。**

**臣等谨按**：此仍《明律》，顺治三年〔1646年〕添入小注，乾隆五年〔1740年〕增修。惟杖罪，照章罚金，均应依数分等处罚；徒罪附杖，应删。新章斩已改绞，则首节“各以奸论”小注内“斩”字，自应删去。律称“各斩”、“各绞”者，皆指立决而言。“斩决”应改“绞决”，“绞决”应改“绞候，入于秋审情实”。谨将修改律文、律注，开列于后。

**修　改**

凡娶同宗无服姑、侄、姊妹之亲，及无服亲之妻者，男、女各处十等罚。若娶同宗缌麻亲之妻，及舅甥妻，各徒一年；小功以上，之妻。各以奸论。自徒三年至绞。其亲之妻曾被出，及已改嫁，而娶为妻、妾者，无服之亲不与。各处八等罚。○若收父、祖妾，及伯叔母者，不问被出、改嫁。各绞立决。若兄亡收嫂，弟亡收弟妇者，不问被出、改嫁，俱坐。各绞监候，入于秋审情实。○妾父、祖妾不与。各减妻二等。被出、改嫁者，递减之。若原系妻，而娶为妾，当从妻论；原系妾，而娶为妻，仍从妾减科。○若娶同宗缌麻以上姑、侄、姊妹者，亦各以奸论。○除应死外，并离异。

**○删　除**

**一、凡收伯叔、兄弟妾者，即照奸伯叔、兄弟妾律，减妻一等，杖一百、流三千里。**

**臣等谨按**：此条系乾隆三十四年〔1769年〕刑部议复御史德成条奏定例。检查原奏，谓“律内奸伯叔、兄弟妾者，止减妻一等；而收为妾者，得减罪二等，情罪未协，是以改为减一等，定拟满流”。第娶与奸事固有异，而妾与妻分亦不同。查亲属相奸律内，奸缌麻亲之妻，应拟满徒，而本律娶缌麻亲之妻，止徒一年。如谓伯叔、兄弟，服属期亲，理应加重，而奸兄弟妻者，律应绞决；兄亡收嫂、弟亡收弟妇，若非先奸后娶，例亦拟以绞候。此娶轻于奸之明证也。即征诸《唐律》“娶缌麻亲妻，徒一年；小功以上，以奸论；妾，各减二等”，则小功以上亲属，不止伯叔、兄弟等项，皆以奸论，与今律同。而妾仍得各减二等，此妾轻于妻之明证也。以古今律文相衡，则收伯叔、兄弟妾，自与奸伯叔、兄弟妾有别，无庸故为加重，致与律意不符。此例应即删除。

**○原　例**

**一、凡嫁娶违律，罪不至死者，仍依旧律定拟。至兄亡收嫂，弟亡收弟妇，罪犯应死之案，除男女私自配合，及先有奸情，后复婚配者，仍照律各拟绞决外，其实系乡愚不知例禁，曾向亲族、地保告知成婚者，男、女各拟绞监候，秋审入于情实。知情不阻之亲族、地保，照不应重律，杖八十。如由父母主令婚配，男、女仍拟绞监候，秋审时，核其情罪，另行定拟。**

**臣等谨按**：此条系乾隆四十九年〔1784年〕刑部因案纂辑为例，嘉庆十九年〔1814年〕改定。惟例首“旧律”二字，殊未融贯，应改为“各本律例”四字。“绞决”照章应改“绞候入实”，应于除笔内叙明。其告知亲族、地保成婚之案，究因乡愚不知律例所致，一并入实，未免与先奸后配者，漫无区别，应与例末“父母主婚”一层，移并于一，统俟秋审时，酌量情节办理。拟将“父母主婚”句移于“告知亲(属)〔族〕、地保”之上，并将“秋审情实”及“秋审时，核其情罪”等句，均行节删，以归简易。“杖八十”罪名，已包于“不应重律”之内，似应改为“治罪”，以示浑括。谨将修改例文，开列于后。

**修　改**

一、凡嫁娶违律，罪不至死者，仍依各本律例定拟。至兄亡收嫂，弟亡收弟妇，罪犯应死之案，除男女私自配合，及先有奸情，后复婚配者，仍照律拟绞入实外，其实系乡愚不知例禁，或由父母主令婚配，或向亲族、地保告知成婚者，男、女各拟绞监候。知情不阻之亲族、地保，均照不应重律治罪。

## 〔核订刑律〕

### 〇原修改律文

**凡娶同宗无服姑、侄、姊妹之亲，及无服亲之妻者，男、女各处十等罚。若娶同宗缌麻亲之妻，及舅甥妻，各徒一年；小功以上之妻各以奸论。自徒三年至绞。其亲之妻曾被出，及已改嫁，而娶为妻、妾者，无服之亲不与。各处八等罚。〇若收父、祖妾，及伯叔母者，不问被出、改嫁。各绞立决。若兄亡收嫂，弟亡收弟妇者，不问被出、改嫁，俱坐。各绞监候，入于秋审情实。〇妾父、祖妾不与。各减妻二等。被出、改嫁者，递减之。若原系妻，而娶为妾，当从妻论；原系妾，而娶为妻，仍从妾减科。〇若娶同宗缌麻以上姑、侄、姊妹者，亦各以奸论。〇除应死外，并离异。**

**谨按：**收伯叔母及兄弟妻，《唐律》包入小功以上亲之妻之列，《明律》于小功以上亲妻之外，特提出伯叔母、兄弟妻诸项，盖因名分而从严，第惩处之法，仍与奸伯叔母及兄弟妻无异。质言之，即以奸论也。窃维本门专为婚姻而设，若在婚姻范围之外，自有奸罪可科，如胪举无遗，非惟渎伦伤化之事，为文告所不忍言，即罪名亦属重出，拟请将此数项节删，而将"收父、祖妾"移入"小功以上之妻"之下，并于"被出、改嫁"之小注内，于"无服之亲"下增入"伯叔母、兄弟妻"六字，文虽省略，而办法仍从同也。谨将修改律文，开列于后。

**修　改**

凡娶同宗无服姑、侄、姊妹之亲，及无服亲之妻者，男、女各处十等罚。若娶同宗缌麻亲之妻，及舅甥妻，各徒一年；小功以上，之妻。及收父、祖妾者，各以奸论。自徒三年至绞。其亲之妻曾被出，及已改嫁，而娶为妻妾者，无服之亲及伯叔母、兄弟妻不与。各处八等罚。〇妾父、祖妾不与。各减妻二等。被出、改嫁者，递减之。若原系妻，而娶为妾，当从妻论；原系妾，而娶为妻，仍从妾减科。〇若娶同宗缌麻以上姑、侄、姊妹者，亦各以奸论。〇除应死外，并离异。①

---

① 宣统二年四月初七宪政编查馆《会奏呈进〈现行刑律〉黄册定本请旨颁行》折所附《〈现行刑律〉修改各条清单》载：

谨按：宣统二年二月二十八日，修订法律馆议复御史史崇芳奏《同姓为婚未可弛禁》一折，拟请于娶亲属妻妾律文"同宗无服之亲"句下增注"同宗，谓同宗共姓，不论支派之远近、籍贯之同异皆是"二十一字等因，奉旨"依议。钦此"，钦遵在案，自应纂入小注，以资遵守。谨将修改律文开列于后：

凡娶同宗无服姑、侄、姊妹之亲，同宗，谓同宗共姓，不论支派之远近、籍贯之同异皆是。及无服亲之妻者，男、女各处十等罚。若娶同宗缌麻亲之妻，及舅甥妻，各徒一年；小功以上，之妻。及收父、祖妾者，各以奸论。自徒三年至绞。其亲之妻曾被出，及已改嫁，而娶为妻妾者，无服之亲及伯叔母、兄弟妻不与。各处八等罚。〇妾父、祖妾不与。各减妻二等。被出、改嫁者，递减之。若原系妻，而娶为妾，当从妻论；原系妾，而娶为妻，仍从妾减科。〇若娶同宗缌麻以上姑、侄、姊妹者，亦各以奸论。〇除应死外，并离异。

参见《政治官报》第924号（1910年4月19日），第16~17页。

○删　除

一、凡嫁娶违律，罪不至死者，仍依各本律例定拟。至兄亡收嫂，弟亡收弟妇，罪犯应死之案，除男女私自配合，及先有奸情，后复婚配者，仍照律拟绞入实外，其实系乡愚不知例禁，或由父母主令婚配，或向亲族、地保告知成婚者，男、女各拟绞监候。知情不阻之亲族、地保，均照不应重律治罪。

**谨按：**此条专为兄亡收嫂、弟亡收弟妇，系由父母主婚，或告亲族、地保者而设。惟本律现拟节并“以奸论”之列，则此项情形，应于《秋审条款》内“奸兄弟妻”条增纂明晰，以为实、缓之准绳，无须特设专例。此条拟请删除。

## 娶部民妇女为妻妾

〔刑律案语〕

○原　律

凡府、州、县亲民官，任内娶部民妇女为妻妾者，杖八十。若监临内外上司官娶见问为事人妻妾及女为妻、妾者，杖一百。女家主婚人并同罪。妻妾仍两离之，女给亲。两离者，不许给与后娶者，亦不给还前夫，令归宗。其女以父母为亲，当归宗；或已有夫，又以夫为亲，当给夫完聚。财礼入官。恃势强娶者，各加二等；女家不坐，妇还前夫，女给亲。不追财礼。若为子孙、弟侄、家人娶者，或和或强。罪亦如之，男、女不坐。若娶为事人妇、女，而于事有所枉者，仍以枉法从重论。

**臣等谨按：**此仍《明律》，顺治三年〔1646年〕添入小注。惟杖罪，照章罚金，应依数分等处罚。谨将修改律文，开列于后。

**修　改**

凡府、州、县亲民官，任内娶部民妇女为妻妾者，处八等罚。若监临内外上司官娶见问为事人妻妾及女为妻妾者，处十等罚。女家主婚人并同罪。妻妾仍两离之，女给亲。两离者，不许给与后娶者，亦不给还前夫，令归宗。其女以父母为亲，当归宗；或已有夫，又以夫为亲，当给夫完(娶)〔聚〕。财礼入官。恃势强娶者，各加二等；女家不坐，妇还前夫，女给亲。不追财礼。若为子孙、弟侄、家人娶者，或和或强。罪亦如之，男、女不坐。若娶为事人妇、女，而于事有所枉者，仍以枉法从重论。

## 娶逃走妇女

〔刑律案语〕

○原　律

凡娶自己犯罪已发在官，而逃走在外之妇女为妻、妾，知逃走之情者，与同其所犯之本罪。妇人加逃罪二等，其娶者不加罪。至死者，减一等。离异。不知者，不坐。若无夫，又会赦免罪者，不离。一有不合，仍离。

**臣等谨按：**此律应仍其旧，理合陈明。

# 强占良家妻女

## 〔刑律案语〕

### ○原　律

凡豪（强）势（力）之人，强夺良家妻女，奸占为妻妾者，绞，（监候。）妇女给亲。（妇归夫，女归亲。）配与子孙、弟侄、家人者，罪（归所主。）亦如之。（所配）男、女不坐。（仍离异，给亲。）

**臣等谨按：**此律应仍其旧，理合陈明。

### ○原　例

一、强夺良家妻女奸占，为从之犯，应照为首绞罪减一等，杖一百、流三千里；如被逼诱随行，止于帮同扛抬，照未成婚减绞罪五等，杖七十、徒一年半。其中途夺回，及尚未奸污，为从者，审系助势济恶，减为首流罪一等，杖一百、徒三年；如被逼诱随行，止于帮同扛抬，各照不应重律，杖八十。

**臣等谨按：**此条系乾隆六年〔1741 年〕刑部议复四川按察使李如兰条奏定例，可补律所未及。流、徒附杖，照章应删；"杖八十"罪名已包于"不应重律"之内，应改为"治罪"，以示浑括。谨将修改例文，开列于后。

**修　改**

一、强夺良家妻女奸占，为从之犯，应照为首绞罪减一等，流三千里；如被逼诱随行，止于帮同扛抬，照未成婚减绞罪五等，徒一年半。其中途夺回，及尚未奸污，为从者，审系助势济恶，减为首流罪一等，徒三年；如被逼诱随行，止于帮同扛抬，各照不应重律治罪。

### ○原　例

一、强夺良家妻女，中途夺回，及尚未奸污者，照已被奸占律减一等定拟。若已被奸污，而妇女自尽者，照强奸已成本妇羞忿自尽例，拟斩监候。未被奸污而自尽者，照强奸未成本妇羞忿自尽例，拟绞监候。若强夺良家妻女，其夫或父母、亲属羞忿自尽者，亦分别已成、未成，照本妇自尽之例问拟。

**臣等谨按：**此条系乾隆五年〔1740 年〕刑部议复甘肃按察使赵城条奏定例，八年〔1743 年〕及嘉庆十四年〔1809 年〕改定。惟新章"斩候"既改"绞候"，则不论已、未被污，均应拟绞。所有"照强奸已成、未成定拟"之处，并应节删。至夫与父母羞忿自尽，究较本妇不同，亲属尤应有间，业于威逼门内改为分别"拟流、徒"，此处亦应照改。谨将修改例文，开列于后。

**修　改**

一、强夺良家妻女，中途夺回，及尚未奸污者，照已被奸占律减一等定拟。若本妇羞忿自尽，不论已、未被污，均拟绞监候。若强夺良家妻女，其夫或父母羞忿自尽者，流三千里；致亲属自尽者，徒三年。

### ○原　例

一、凡聚众伙谋抢夺路行妇女，或卖，或自为妻妾、奴婢，及被奸污者；并聚众伙谋，于素无瓜葛之家，入室抢夺妇女，无论曾否媒说，一经抢获出门，即属已成；审实，不分得财与未得财，为首者，斩立决；为从者，皆绞监候。知情故买者，减正犯罪一等；不知者，不坐。如图抢入室，未将妇女抢获者，首犯拟绞监候，为从实发极边烟瘴充军。至因伙众抢夺妇女，拒捕杀人者，无论已成、未成，下手杀人之犯，斩决枭示；帮殴成伤从犯，不论手足、他物、金刃，均拟绞监候；其并未帮殴首、从各犯，仍分别已、未抢获妇女本例问拟。家奴抢夺，伊主知情不首者，照知情故买治罪。该管官员，不行严禁查拿者，交部议处；领催、总甲，杖八十。其有并非伙众，但强卖与人为妻妾者，拟绞监候。若于素有瓜葛之家，必实有戚谊者，方以瓜葛论。先经媒说，未允，因而纠众强抢者，仍按强夺奸占已未成本律例科断；如有拒捕杀伤人者，照抢夺杀伤人例办理。

**臣等谨按**：此例原系两条，一乾隆六年〔1741 年〕定例，一康熙年间定例，原载“白昼抢夺”门，嘉庆六年〔1801 年〕移列本门，始将两例修并为一。惟例文以有、无瓜葛，分别定拟，本为乾隆以前旧例所不载，嘉庆九年〔1804 年〕始经添入，殊嫌节外生枝，似应照旧删去。至“为从皆绞”一层，按结伙三人以上持械抢夺之例，以在场动手与否为生死之分，今例并无区别，似觉过重，应请以在场动手帮抢者拟绞，并未帮同架抢者改发烟瘴地方安置，较为持平。其图抢入室未将妇女抢获，与强盗未得财，情事何殊，而科罪反较强盗为重，亦嫌未协，应查照彼例，将首犯改为发新疆当差，从犯改为流三千里，以免歧异。家奴抢夺妇女，近年本属罕见；新章已免缘坐，而家奴有犯，罪及伊主，并将领催、总甲一并治罪，似属不伦，应全行删去。例末“媒说，未允，即纠众强抢”，尤为非理。在抢夺路行及在家妇女，主家不知姓名，或可幸免弋获，若曾经媒说，尽可指名控拿，乃竟敢纠众前往，其愍不畏法之情，似难较彼反从宽典。应将此段及例首小注，均行节删。“斩枭”照章改为“斩决”，“斩决”应改“绞决”。谨将修改例文，开列于后。

**修　改**

一、凡聚众伙谋抢夺路行妇女，或卖，或自为妻妾、奴婢，及被奸污者；并聚众伙谋，入室抢夺妇女，一经抢获出门，即属已成；审实，不分得财与未得财，为首者，绞立决；为从在场动手帮抢者，皆绞监候；其并未帮同架抢者，发烟瘴地方安置。知情故买者，减正犯罪一等；不知者，不坐。如图抢入室，未将妇女抢获者，首犯发新疆当差，为从流三千里。至因伙众抢夺妇女，拒捕杀人者，无论已成、未成，下手杀人之犯，斩立决；帮殴成伤从犯，不论手足、他物、金刃，均拟绞监候；其并未帮殴首、从各犯，仍分别已、未抢获妇女本例问拟。其有并非伙众，但强卖与人为妻妾者，拟绞监候；如有拒捕杀伤人者，照抢夺杀伤人例办理。

**○原　例**

一、凡聚众伙谋抢夺兴贩妇女，已成者，为首拟绞监候，为从实发云、贵、两广极边烟瘴充军，同谋未经同抢之犯杖一百、流二千里；如图抢未成，为首实发云贵、两广极边烟瘴充军，为从杖一百、流三千里，同谋未经同抢之犯杖一百、徒三年。其有并非聚众，但将兴贩妇女抢夺，已成者，为首发极边足四千里充军，为从杖一百、徒三年，同谋未经同抢之犯，杖九十、徒二年半；若图抢未成，为首杖一百、徒三年，为从杖九十、徒二年半，同谋未经同抢之犯杖八十、徒二年。如拒捕，杀伤兴贩之犯，以凡论；若系本妇及本妇之有服亲属，均依罪人拒捕律科断。

**臣等谨按**：此条系道光四年〔1824年〕刑部议复山东巡抚琦善咨请定例。例内流、徒附杖，照章应删；“充军”应改“安置”；“云贵、两广”酌改为“烟瘴地方”。谨将修改例文，开列于后。

**修　改**

一、凡聚众伙谋抢夺兴贩妇女，已成者，为首拟绞监候，为从发烟瘴地方安置，同谋未经同抢之犯流二千里；如图抢未成，为首发烟瘴地方安置，为从流三千里，同谋未经同抢之犯徒三年。其有并非聚众，但将兴贩妇女抢夺，已成者，为首发极边足四千里安置，为从徒三年，同谋未经同抢之犯，徒二年半；若图抢未成，为首徒三年，为从徒二年半，同谋未经同抢之犯徒二年。如拒捕，杀伤兴贩之犯，以凡论；若系本妇及本妇之有服亲属，均依罪人拒捕律科断。

**〇原　例**

**一、凡聚众伙谋抢夺曾经犯奸妇女已成，无论在途、在室，首犯发黑龙江给披甲人为奴，为从帮抢者杖一百、流三千里，同谋未经同抢之犯杖一百、徒三年；如图抢未成，首犯杖一百、流三千里，为从帮抢者杖一百、徒三年，同谋未经同抢之犯杖九十、徒二年半。如妇女犯奸后已经悔过自新，确有证据者，仍以良人妇女论。**

**臣等谨按**：此条系嘉庆十年〔1805年〕，刑部因山东巡抚铁保咨请，以伙抢犯奸妇女应照轮奸、犯奸妇女分别定拟等因，纂辑为例。惟查黑龙江为奴人犯，本照名例改为“极边烟瘴”，现议仍留遣罪，自应发遣新疆当差。徒、流附杖，照章节删。再查抢夺良家妇女、兴贩妇女各例，皆有“并非聚众”一层，此例似应添入，罪名亦应以次递减，借示持平。谨将修改例文，开列于后。

**修　改**

一、凡聚众伙谋抢夺曾经犯奸妇女已成，无论在途、在室，首犯发遣新疆当差，为从帮抢者流三千里，同谋未经同抢之犯徒三年；如图抢未成，首犯流三千里，为从帮抢者徒三年，同谋未经同抢之犯徒二年半。其有并非聚众，但将犯奸妇女抢夺已成者，为首流三千里，为从徒三年，同谋未经同抢之犯徒二年半；若图抢未成，为首徒三年，为从徒二年半，同谋未经同抢之犯徒二年。如妇女犯奸后已经悔过自新，确有证据者，仍以良人妇女论。

**〇原　例**

**一、强夺良人妻女，卖与他人为妻妾，及投献王府并勋戚势豪之家者，俱拟绞监候。**

臣等谨按：此例应仍其旧，理合陈明。

## 〔核订刑律〕

### 〇原修改例文

**一、凡聚众伙谋抢夺路行妇女，或卖，或自为妻妾、奴婢，及被奸污者；并聚众伙谋入室抢夺妇女，一经抢获出门，即属已成；审实，不分得财与未得财，为首者，绞立决；为从在场动手帮抢者，皆绞监候；其并未帮同架抢者，发烟瘴地方安置。知情故买者，减正犯罪一等；不知者，不坐。如图抢入室，未将妇女抢获者，首犯发新疆当差，为从流三千里。至因伙众抢夺妇女，拒捕杀人者，无论已成、未成，下手杀人之犯，斩立决；帮殴成伤从犯，不论手足、他物、金刃，均拟绞监候；其并未帮殴首、从各犯，仍分别已、未抢获妇女本例**

问拟。其有并非伙众，但强卖与人为妻妾者，拟绞监候；如有拒捕杀伤人者，照抢夺杀伤人例办理。

**谨按**：此系聚众抢夺妇女之例。所抢既系妇女，自不能以之为奴，例文“奴”字应即节删。“婢”字应改“使女”。至“不知情不坐”句，系指买妇女之人而言，略人略卖人律内不知情之买主改处八等罚，此处自应照改，以归一律。谨将修改例文，开列于后。

**修　改**

一、凡聚众伙谋抢夺路行妇女，或卖，或自为妻妾、使女，及被奸污者；并聚众伙谋，入室抢夺妇女，一经抢获出门，即属已成；审实，不分得财与未得财，为首，绞立决；为从在场帮抢者，皆绞监候；并未帮抢者，发烟瘴地方安置。知情故买者，减正犯罪一等；不知情者，处八等罚。如图抢入室，尚未抢获，首犯发新疆当差，为从流三千里。至因伙众抢夺妇女，拒捕杀人者，无论已成、未成，下手杀人之犯，斩立决；帮殴成伤从犯，不论手足、他物、金刃，均拟绞监候；其并未帮殴首、从各犯，仍分别已、未抢获妇女本例问拟。其有并非伙众，但强卖与人为妻妾者，拟绞监候；如有拒捕杀伤人者，照抢夺杀伤人例办理。

## 娶乐人为妻妾

### 〔刑律案语〕

**○原　律**

凡文武官并吏娶乐人妓者。为妻妾者，杖六十，并离异。归宗，不还乐工，财礼入官。若官员子孙应袭荫者。娶者，罪亦如之，注册候荫袭之日，照应袭本职上，降一等叙用。

**臣等谨按**：此律系顺治三年〔1646 年〕就《明律》改定，并添入小注；雍正三年〔1725 年〕修改；乾隆五年〔1740 年〕复将小注删定。律内“杖六十”，照章罚金，应改为“处六等罚”。谨将修改律文，开列于后。

**修　改**

凡文武官并吏娶乐人妓者。为妻妾者，处六等罚，并离异。归宗，不还乐工，财礼入官。若官员子孙应袭荫者。娶者，罪亦如之，注册候荫袭之日，照应袭本职上，降一等叙用。

### 〔核订刑律〕

**○原修改律文**

凡文武官并吏娶乐人妓者。为妻妾者，处六等罚，并离异。归宗，不还乐工，财礼入官。若官员子孙应袭荫者。娶者，罪亦如之，注册候荫袭之日，照应袭本职上，降一等叙用。

**谨按**：“乐人”二字系沿《明律》，现在并无乐籍，应将本条律目改为“娶娼妓为妻”，律文“乐人”暨“妾”字，及律注“不还乐工”四字，应一并节去。小注“妓者”二字应改“娼妓”，列入正文。谨将修改律目、律文，开列于后。

**修 改**

**娶娼妓为妻**

凡文武官并吏娶娼妓为妻者，处六等罚，并离异。归宗，财礼入官。若官员子孙应袭荫者。娶者，罪亦如之，注册候荫袭之日，照应袭本职上，降一等叙用。

## 僧道娶妻

〔**刑律案语**〕

○**原 律**

**凡僧道娶妻妾者，杖八十，还俗。女家主婚人同罪。离异。财礼入官。寺观住持知情，与同罪；以因人连累，不在还俗之限。不知者，不坐。○若僧道假托亲属或僮仆为名求娶，而僧道自占者，以奸论。以僧道犯奸，加凡人和奸罪二等论。妇女还亲，财礼入官。系强者，以强奸论。**

**臣等谨按：**此仍《明律》，顺治三年〔1646年〕添入小注。“杖八十”罪名，照章罚金，应改为“处八等罚”。谨将修改律文，开列于后。

**修 改**

凡僧道娶妻妾者，处八等罚，还俗。女家主婚人同罪。离异。财礼入官。寺观住持知情，与同罪；以因人连累，不在还俗之限。不知者，不坐。○若僧道假托亲属或僮仆为名求娶，而僧道自占者，以奸论。以僧道犯奸，加凡人和奸罪二等论。妇女还亲，财礼入官。系强者，以强奸论。

## 良贱为婚姻

〔**刑律案语**〕

○**原 律**

**凡家长与奴娶良人女为妻者，杖八十。女家主婚人减一等；不知者，不坐。其奴自娶者，罪亦如之。家长知情者，减二等；因而入籍指家长言。为婢者，杖一百。若妄以奴婢为良人，而与良人为夫妻者，杖九十。妄冒由家长，坐家长；由奴婢，坐奴婢。各离异、改正。谓入籍为婢之女，改正复良。**

**臣等谨按：**此仍《明律》，顺治三年〔1646年〕添入小注。杖罪照章罚金，均应依数分等处罚。谨将修改律文，开列于后。

**修 改**

凡家长与奴娶良人女为妻者，处八等罚。女家主婚人减一等；不知者，不坐。其奴自娶者，罪亦如之。家长知情者，减二等；因而入籍指家长言。为婢者，处十等罚。若妄以奴婢为良人，而与良人为夫妻者，处九等罚。妄冒由家长，坐家长；由奴婢，坐奴婢。各离异、改正。谓入籍为婢之女改正复良。

〔核订刑律〕

○删　除

凡家长与奴娶良人女为妻者，处八等罚。女家主婚人减一等；不知者，不坐。其奴自娶者，罪亦如之。家长知情者，减二等；因而入籍指家长言。为婢者，处十等罚。若妄以奴婢为良人，而与良人为夫妻者，处九等罚。妄冒由家长，坐家长；由奴婢，坐奴婢。各离异、改正。谓入籍为婢之女，改正复良。

**谨按**:此条律文现已奏准删去,自应删除。

# 出　妻

〔刑律案语〕

○原　律

凡妻于七出无应出之条及于夫无义绝之状，而擅出之者，杖八十。虽犯七出，无子、淫佚、不事舅姑、多言、盗窃、妒忌、恶疾。有三不去，与更三年丧、前贫贱后富贵、有所娶无所归。而出之者，减二等。追还完聚。○若犯义绝，应离而不离者，亦杖八十。若夫妻不相和谐，而两愿离者，不坐。情既已离，难强其合。○若夫无愿离之情，妻辄背夫在逃者，杖一百，从夫嫁卖；其妻因逃而辄自改嫁者，绞。监候。其因夫弃妻。逃亡，三年之内不告官司而逃去者，杖八十；擅自改嫁者，杖一百。妾各减二等。有主婚、媒人，有财礼，乃坐。无主婚人，不成婚礼者，以和奸、刁奸论。其妻妾仍从夫嫁卖。○若婢背家长在逃者，杖八十；因而改嫁者，杖一百，给还家长。○窝主及知情娶者，各与妻妾、奴婢同罪；至死者，减一等。财礼入官。不知者，主娶者言。俱不坐。财礼给还。○若由妇女之期亲以上尊长主婚改嫁者，罪坐主婚；妻妾止得在逃之罪。余亲主婚者，余亲谓期亲卑幼，及大功以下尊长、卑幼，主婚改嫁者。事由主婚，主婚为首，男女为从；事由男女，男女为首，主婚为从。至死者，主婚人并减一等。不论期亲以上及余亲，系主婚人，皆杖一百、流三千里。

**臣等谨按**:此仍《明律》,其小注系顺治三年〔1646 年〕增修,雍正三年〔1725 年〕删改,乾隆五年〔1740 年〕改定。杖罪,照章罚金,均应依数分等处罚;流罪附杖应删。谨将修改律文、律注,开列于后。

**修　改**

凡妻于七出无应出之条及于夫无义绝之状,而擅出之者,处八等罚。虽犯七出,无子、淫佚、不事舅姑、多言、盗窃、妒忌、恶疾。有三不去,与更三年丧、前贫贱后富贵、有所娶无所归。而出之者,减二等。追还完聚。○若犯义绝,应离而不离者,亦处八等罚。若夫妻不相和谐,而两愿离者,不坐。情既已离,难强其合。○若夫无愿离之情,妻辄背夫在逃者,处十等罚,从夫嫁卖;其妻因逃而辄自改嫁者,绞。监候。其因夫弃妻。逃亡,三年之内不告官司而逃去者,处八等罚;擅自改嫁者,处十等罚。妾各减二等。有主婚、媒人,有财礼,乃坐。无主婚人,不成婚礼者,以和奸、刁奸论。其妻妾仍从夫嫁卖。○若婢背家长在逃者,处八等罚;因而改嫁者,处十等罚,给还家长。○窝主及知情娶者,各与妻妾、奴婢同罪;至死者,减一等。财礼入官。不知者,主娶者言。俱不坐。财礼给还。○若由妇女之期亲以上尊长主婚改嫁者,罪坐主婚;妻妾止得在逃之罪。余亲主婚者，余亲谓期亲卑幼，及大功以下尊长、卑幼，主婚改嫁者。事由主婚，主婚为首，男女为从；事由男女，男女为首，主婚为从。至死者，主婚人并减一等。不论期亲以上及余亲，系主婚人，皆流三千里。

〇**原　例**

一、妻犯七出之状，有三不去之理，不得辄绝。犯奸者不在此限。

一、期约已至五年，无过不娶，及夫逃亡三年不还者，并听经官告给执照，别行改嫁，亦不追财礼。

**臣等谨按：**此两例应均仍其旧，理合陈明。

**〔核订刑律〕**

〇**原修改律文**

凡妻于七出无应出之条及于夫无义绝之状，而擅出之者，处八等罚。虽犯七出，无子、淫佚、不事舅姑、多言、盗窃、妒忌、恶疾。有三不去，与更三年丧、前贫贱后富贵、有所娶无所归。而出之者，减二等。追还完聚。〇若犯义绝，应离而不离者，亦处八等罚。若夫妻不相和谐，而两愿离者，不坐。情既已离，难强其合。〇若夫无愿离之情，妻辄背夫在逃者，处十等罚，从夫嫁卖。其妻因逃而辄自改嫁者，绞。监候。其因夫弃妻。逃亡，三年之内不告官司而逃去者，处八等罚；擅自改嫁者，处十等罚。妾各减二等。有主婚、媒人，有财礼，乃坐。无主婚人，不成婚礼者，以和奸、刁奸论。其妻妾仍从夫嫁卖。〇若婢背家长在逃者，处八等罚；因而改嫁者，处十等罚，给还家长。〇窝主及知情娶者，各与妻妾、奴婢同罪；至死者，减一等。财礼入官。不知者，主娶者言。俱不坐。财礼给还。〇若由妇女之期亲以上尊长主婚改嫁者，罪坐主婚；妻妾止得在逃之罪。余亲主婚者，余亲谓期亲卑幼，及大功以下尊长、卑幼，主婚改嫁者。事由主婚，主婚为首，男女为从；事由男女，男女为首，主婚为从。至死者，主婚人并减一等。不论期亲以上及余亲，系主婚人，皆流三千里。

**谨按：**"妻"之为言"齐"也。夫妇之道，人伦之始。若因犯罪之故，而从夫嫁卖，直与奴隶何殊！既无益于惩肃，且有戾于伦常。第三节"从夫嫁卖"句拟改为"听其离异"，并将律注"其妻妾仍从嫁卖"一语节去。又背夫在逃，仅处十等罚，似嫌过轻；因逃改嫁，遽拟死罪，又未免过重。考《唐律》"妻妾擅去者，徒二年；因而改嫁者，加二等"，较为平允，拟请查照更正。并将第五、第六两节"至死减等"一层，均节删。再，婢女现已改为雇工，立契议值，则背主在逃，自与从前鬻身奴婢不同，改嫁以后犹须给主，似近于刻；且婢系未嫁之身，律称"改嫁"，于义未(治)〔洽〕，拟改为"使女背主在逃，处八等罚，给还家长；因而嫁人者，处十等罚"，并于"使女"上增注"立契议雇"字样，于"十等罚"下增注"追缴未满工值，免其离异"字样，以与此次修改之例一贯。第五节小注"奴婢"二字应改"使女"，以昭核实。谨将修改律文、律注，开列于后。

**修　改**

凡妻于七出无应出之条及于夫无义绝之状，而擅出之者，处八等罚。虽犯七出，无子、淫佚、不事舅姑、多言、盗窃、妒忌、恶疾。有三不去，与更三年丧、前贫贱后富贵、有所娶无所归。而出之者，减二等。追还完聚。〇若犯义绝，应离而不离者，亦处八等罚。若夫妻不相和谐，而两愿离者，不坐。情既已离，难强其合。〇若夫无愿离之情，妻辄背夫在逃者，徒二年，听其离异；

其妻因逃而辄自改嫁者，加二等。其因夫弃妻逃亡，三年之内不告官司而逃去者，处八等罚；擅自改嫁者，处十等罚。妾各减二等。有主婚、媒人，有财礼，乃坐。无主婚人，不成婚礼者，以和奸、刁奸论。〇若立契议雇之使女背家长在逃者，处八等罚，给还家长；因而嫁人者，处十等罚。追缴未满工值，免其离异。〇窝主及知情娶者，各与妻妾、使女同罪。财礼入官。不知情者，主娶者言。俱不坐。财礼给还。〇若由妇女之期亲以上尊长主婚改嫁者，罪坐主婚；妻妾止得在逃之罪。余亲主婚者，余亲谓期亲卑幼，及大功以下尊长、卑幼，主婚改嫁者。事由主婚，主婚为首，男女为从；事由男女，男女为首，主婚为从。

## 嫁娶违律主婚媒人罪

**〔刑律案语〕**

**〇原　律**

**凡嫁娶违律，若由男女之祖父母、父母、伯叔父母、姑、兄姊及外祖父母主婚者，违律之罪独坐主婚。男女不坐。余亲主婚者，余亲谓期亲卑幼，及大功以下尊长、卑幼主婚者。事由主婚，主婚为首，男女为从；得减一等。事由男女，男女为首，主婚为从。得减一等。至死者，除事由男女，自当依律论死。其由主婚人，并减一等。主婚人虽系为首，罪不入于死，故并减一等。男女已科从罪，至死亦是满流，不得于主婚人流罪上再减。〇其男女被主婚人威逼，事不由己，若男年二十岁以下，及在室之女，虽非威逼，亦独坐主婚，男女俱不坐。不得以首、从科之。〇未成婚者，各减已成婚罪五等。如绞罪减五等，杖七十、徒一年半。余类推减。〇若媒人知情者，各减男、女主婚犯人罪一等；不知者，不坐。〇其违律为婚各条称“离异、改正”者，虽会赦，但得免罪。犹离异、改正。离异者，妇女并归宗。〇财礼，若娶者知情，则不论已、未成婚，俱追入官；不知者，则追还主。**

**臣等谨按：**此仍《明律》，其小注系顺治三年〔1646年〕增修，乾隆五年〔1740年〕据《广汇全书》改定。徒罪附杖，照章应删。谨将修改律文、律注，开列于后。

**修　改**

凡嫁娶违律，若由男女之祖父母、父母、伯叔父母、姑、兄姊及外祖父母主婚者，违律之罪独坐主婚。男女不坐。余亲主婚者，余亲谓期亲卑幼，及大功以下尊长、卑幼主婚者。事由主婚，主婚为首，男女为从；得减一等。事由男女，男女为首，主婚为从。得减一等。至死者，除事由男女，自当依律论死。其由主婚人，并减一等。主婚人虽系为首，罪不入于死，故并减一等。男女已科从罪，至死亦是满流，不得于主婚人流罪上再减。〇其男女被主婚人威逼，事不由己，若男年二十岁以下，及在室之女，虽非威逼，亦独坐主婚，男女俱不坐。不得以首、从科之。〇未成婚者，各减已成婚罪五等。如绞罪减五等，徒一年半。余类推减。〇若媒人知情者，各减男、女主婚犯人罪一等；不知者，不坐。〇其违律为婚各条称“离异、改正”者，虽会赦，但得免罪。犹离异、改正。离异者，妇女并归宗。〇财礼，若娶者知情，则不论已、未成婚，俱追入官；不知者，则追还主。

**〇原　例**

**一、凡绅衿庶民之家，如有将婢女不行婚配，致令孤寡者，照不应重律，杖八十；系民的决，绅衿依律纳赎，令其择配。**

**臣等谨按：**此条系雍正十三年〔1735 年〕刑部因云南巡抚奏请议准定例。惟检查原奏“以二十五岁为断”似尚得平，部议改为“不行婚配，致令孤寡”，则并无年限矣，应查照更正。“杖八十”罪名，已包于“不应重律”之内，应改为“治罪”，以示浑括。至“民的决，绅衿依律纳赎”二语，现在已改罚金，自可删去。谨将修改例文，开列于后。

**修 改**

一、凡绅衿庶民之家，如将婢女年至二十五岁，不行婚配者，照不应重律治罪，即令择配。

**○删 除**

**一、湖南省所属未剃发之苗人，与民人结亲，俱照民俗，以礼婚配。须凭媒妁写立婚书，仍报明地方官，立案稽查。如有奸、拐、贩卖、嫁妻、逐婿等事，悉照民例治罪。其商贾客民，未经入籍苗疆，踪迹无定者，概不许与苗民结亲。如有私相连结滋事者，按例治罪。失察之地方官，照例议处。至溪峒深居苗猺，有愿与民人结亲者，亦听其自便，悉照前例办理。**

**臣等谨按：**此条系乾隆二十九年〔1764 年〕吏部尚书陈宏谋条奏定例。例内“商贾客民，未经入籍”者“不许与苗民结亲”，原防勾结滋事起见，惟现在商、民与外国人结亲，所在多有，如果有犯，尽可照民例科罪，似毋庸另立专条。应即删除。

**○原 例**

**一、凡嫁娶违律，应行离异者，与其夫及夫之亲属有犯，如系先奸后娶，或私自苟合，或知情买休，虽有媒妁、婚书，均依凡人科断。若止系同姓，及尊卑、良贱为婚，或居丧嫁娶，或有妻更娶，或将妻嫁卖，娶者果不知情，实系明媒正娶者，虽律应离异，有犯，仍按服制定拟。**

**臣等谨按：**此条系嘉庆十四年〔1809 年〕刑部因四川彭韦氏一案奏准定例。惟尊卑为婚，系名分之大不正者，与同姓等项不同，是以律定专条，例又于同姓亲属尊卑相犯重情，声明“各从本律科断，不得另生异议”，《唐律疏议》亦详言之。今例内搀入“尊卑”二字，殊觉未妥，应即删去。谨将修改例文，开列于后。

**修 改**

一、凡嫁娶违律，应行离异者，与其夫及夫之亲属有犯，如系先奸后娶，或私自苟合，或知情买休，虽有媒妁、婚书，均依凡人科断。若止系同姓及良贱为婚，或居丧嫁娶，或有妻更娶，或将妻嫁卖，娶者果不知情，实系明媒正娶者，虽律应离异，有犯，仍按服制定拟。

**○原 例**

**一、八旗、内务府三旗人，如将未经挑选之女，私行许聘者，将主婚之人，照违制律治罪。**

**臣等谨按：**此条系道光十六年〔1836 年〕，刑部审奏镶白旗汉军马甲德恒之母陈陈氏将次女许配民人高祥保为妻一案，经户部奏准定例。嗣光绪三十三年十二月〔1908 年 1 月〕内，臣馆《遵议〈满汉通行刑律》折内声明，“此系旗人不准许字民人之例，现在满汉既许通婚，即应修改等因，当于例内将‘许民人’句改为‘私行许聘’，并将例末‘照违令律治罪’一段节删”，奏准在案。此次应仍其旧，理合陈明。

## 〔核订刑律〕

### 〇原修改律文

**凡嫁娶违律，若由男女之祖父母、父母、伯叔父母、姑、兄姊及外祖父母主婚者，违律之罪独坐主婚。男女不坐。余亲主婚者，余亲谓期亲卑幼，及大功以下尊长、卑幼主婚者。事由主婚，主婚为首，男女为从；得减一等。事由男女，男女为首，主婚为从。得减一等。至死者，除事由男女，自当依律论死。其由主婚人，并减一等。主婚人虽系为首，罪不入于死，故并减一等。男女已科从罪，至死亦是满流，不得于主婚人流罪上再减。〇其男女被主婚人威逼，事不由己，若男年二十岁以下，及在室之女，虽非威逼。亦独坐主婚，男女俱不坐。不得以首、从科之。〇未成婚者，各减已成婚罪五等。如绞罪减五等，徒一年半。余类推减。〇若媒人知情者，各减男、女主婚犯人罪一等；不知者，不坐。〇其违律为婚各条称“离异、改正”者，虽会赦，但得免罪。犹离异、改正。离异者，妇女并归宗。〇财礼，若娶者知情，则不论已、未成婚，俱追入官；不知者，则追还主。**

**谨按：**第一节“至死者”系指“娶亲属妻妾”条内“罪应死者”而言，现拟将“收祖、父妾，伯叔母，并兄弟妻”各项节删，则嫁娶违律并无应死之条；惟“以奸论”之内，尚有应科死罪者，应于“至死者”上加小注“其以奸论”四字，以清眉目。谨将修改律文，开列于后。

**修　改**

凡嫁娶违律，若由男女之祖父母、父母、伯叔父母、姑、兄姊〔及〕外祖父母主婚者，违律之罪独坐主婚。男女不坐。余亲主婚者，余亲谓期亲卑幼，及大功以下尊长、卑幼主婚者。事由主婚，主婚为首，男女为从。得减一等。其以奸论至死者，除事由男女，自当依律论死。其由主婚人，并减一等。主婚人虽系为首，罪不入于死，故并减一等。男女已科从罪，至死亦是满流，不得于主婚已流罪上再减。〇其男女被主婚人威逼，事不由已，若男年二十岁以下，及在室之女，虽非威逼。亦独坐主婚，男女俱不坐。不得以首、从科之。〇未成婚者，各减已成婚罪五等。如绞罪减五等，徒一年半。余类推减。〇若媒人知情者，各减男、女主婚犯人罪一等；不知者，不坐。〇其违律为婚各条称“离异、改正”者，虽会赦，但得免罪。犹离异、改正。离异者，妇女并归宗。〇财礼，若娶者知情，则不论已、未成婚，俱追入官；不知者，则追还主。

### 〇原修改例文

**一、凡嫁娶违律，应行离异者，与其夫及夫之亲属有犯，如系先奸后娶，或私自苟合，或知情买休，虽有媒妁、婚书，均依凡人科断。若止系同姓及良贱为婚，或居丧嫁娶，或有妻更娶，或将妻嫁卖，娶者果不知情，实系明媒正娶者，虽律应离异，有犯，仍按服制定拟。**

**谨按：**同姓及良贱为婚，现议删除，律内“同姓”及“良贱”二层，应一体节删。谨将修改例文，开列于后。

**修　改**

一、凡嫁娶违律，应行离异者，与其夫及夫之亲属有犯，如系先奸后娶，或私自苟合，或知情买休，虽有媒妁、婚书，均依凡人科断。若止系居丧嫁娶，或有妻更娶，或将妻嫁卖，娶者果不知情，实系明媒正娶者，虽律应离异，有犯，仍按服制定拟。

# 四、钱　债

## 违禁取利

〔刑律案语〕

○原　律

凡私放钱债，及典当财物，每月取利，并不得过三分。年月虽多，不过一本一利。违者，笞四十。以余利计赃，重于笞四十者，坐赃论，罪止杖一百。○若监临官吏于所部内举放钱债、典当财物者，不必多取余利，有犯，即杖八十。违禁取利，以余利计赃，重于杖八十者，依不枉法论。各主者，通算折半科罪；有禄人三十两，无禄人四十两，并杖九十；每十两加一等，罪止杖一百、流三千里。并追余利给主。兼庶民、官吏言。其负欠私债违约不还者，五两以上，违三月，笞一十；每一月加一等，罪止笞四十。五十两以上，违三月，笞二十；每一月加一等，罪止笞五十。百两以上，违三月，笞三十；每一月加一等，罪止杖六十。并追本、利给主。○若豪势之人，于违约负债者，不告官司，以私债强夺去人孳畜产业者，杖八十。无多取余利，听赎不追。若估所夺畜产之价过本、利者，计多余之物，罪有重于杖八十者，坐赃论；罪止杖一百、徒三年。依多余之数追还。主。○若准折人妻妾、子女者，杖一百。奸占加一等论。强夺者，加二等。杖七十、徒一年半。因强夺而奸占妇女者，绞。监候。所准折、强夺之人口给亲，私债免追。

**臣等谨按**：此仍《明律》。惟监临官吏于所部内违禁取利，与刑律受赃门内监临官吏将自己物货散与部民、多取价利者，情事相等，而彼条计赃，“准不枉法论”；此条计赃，“依不枉法论”。《明律》纂注、笺释诸家谓，“依”即“以”字之义，与真犯同，则是情事等而罪名显分轻重，殊未平允。故顺治初年增入小注，罪止满流，仍是用“准”字之义。雍正三年〔1725 年〕虽曾删去小注，乾隆五年〔1740 年〕复行增入，盖为此也。今拟改“依”字为“准”字，以昭划一。律文既经改定，小注即为赘设，应从节删。笞、杖照章罚金，应依数分等处罚；徒罪附杖，亦应节删。谨将修改律文、律注，开列于后。

**修　改**

凡私放钱债，及典当财物，每月取利，并不得过三分。年月虽多，不过一本一利。违者，处四等罚。以余利计赃，重于四等罚者，罪止十等罚。○若监临官吏于所部内举放钱债、典当财物者，不必多取余利，有犯即处八等罚。违禁取利，以余利计赃，重于八等罚者，准不枉法论。并追余利给主。兼庶民、官吏言。其负欠私债违约不还者，五两以上，违三月，处一等罚；每一月加一等，罪止四等罚。五十两以上，违三月，处二等罚；每一月加一等，罪止五等罚。百两以上，违三月，处三等罚；每一月加一等，罪止六等罚。并追本、利给主。○若豪势之人，于违约负债者，不告官司，以私债强夺去人孳畜产业者，处八等罚。无多取余利，听赎不追。若估所夺畜产之价过本、利者，计多余之物，罪有重于八等罚者，坐赃论；罪止徒三年。依多余之数追还。主。○若准折人妻妾、子女者，处十等罚。奸占加一等论。强夺者，加二等。徒一年半。因强夺而奸占妇女者，绞。监候。所准折、强夺之人口给亲，私债免追。

**○原　例**

**一、监临官吏于所部内举放钱债，典当财物者，即非禁外多取余利，亦按其所得月息，照将自己货物散与部民、多取价利，计赃，准不枉法论；强者，准枉法论；不枉法，各主者，折半科罪律，减一等问罪。所得利银，照追入官。至违禁取利，以所得月息，全数科算，准不枉法论；强者，准枉法论；并将所得利银追出，余利给主，其余入官。**

**臣等谨按：**此例应仍其旧，理合陈明。

**○原　例**

**一、佐领、骁骑校、领催等，有在本佐领或弟兄佐领下，指扣兵丁钱粮放印子银者，系佐领、骁骑校，照流三千里之例，枷号六十日；系领催，照近边充军例，枷号七十五日；俱鞭一百。伙同放印子银者，照为从杖一百、徒三年例，枷号四十日，鞭一百。如非在本佐领下举放重债，勒取兵丁钱粮；及民人违禁向八旗兵丁放转子、印子、长短钱，扣取钱粮者，照诈欺官私取财律，计所得余利，准窃盗论，利银均勒追入官。佐领、骁骑校、领催等，代属下兵丁指扣钱粮保借者，佐领、骁骑校革职，领催鞭一百。其指米借债之人，照违制律，鞭一百；自行首出者，免其治罪，所欠债目，并免着追。失察之该管文武各官，俱交部分别议处。八旗佐领，每月仍将有无放债之人，出具印结，呈报该参领，按季加结，呈报都统查核。**

**臣等谨按：**指扣兵丁钱粮举放重债，亦违禁取利之一端，而罪名有问拟军流者，缘从前旗人军流罪，均折枷发落，故不觉其重。现在旗人，概不折枷，若仍问拟军流，立法未免过峻。如径改“依本律”，则此项情罪关系兵丁钱粮，与寻常债项不同，自应酌量变通办理。拟改为：“凡佐领、骁骑校、领催等，有在本佐领或弟兄佐领下，指扣属下兵丁钱粮放印子银者，照官吏于所部内举放钱债律，加一等治罪。伙同放印子银者，以为从论，减一等。如非在本佐领下举放重债，勒取兵丁钱粮；及民人违禁向八旗兵丁放转子、印子、长短钱，扣取钱粮者，照私放钱债本律，加一等治罪，余利均勒追入官。”至佐领、骁骑校、领催等代属下保借，及指米借债之人，罪名亦应量予轻减，拟改为："代属下兵丁指扣钱粮保借者，俱照不应重律科断。指米借债之人，照不应为律治罪。"庶轻重各得其平。谨将修改例文，开列于后。

修　改

一、佐领、骁骑校、领催等，有在本佐领或弟兄佐领下，指扣兵丁钱粮放印子银者，照官吏于所部内举放钱债违禁取利律，加一等治罪。伙同放印子银者，以为从论，减一等。如非在本佐领下举放重债，勒取兵丁钱粮；及民人违禁向八旗兵丁放转子、印子、长短钱，扣取钱粮者，照私放钱债本律，加一等治罪，利银均勒追入官。佐领、骁骑校、领催等，代属下兵丁指扣钱粮保借者，照不应重律治罪。其指米借债之人，照不应为律科断。自行首出者，免其治罪，所欠债目，并免着追。失察之该管文武各官，俱交部分别议处。八旗佐领，每月仍将有无放债之人，出具印结，呈报该参领，按季加结，呈报都统查核。

〇原　例

一、听选官吏、监生人等借债，与债主及保人同赴任所取偿，至五十两以上，借者革职，债主及保人各枷号一个月发落，债追入官。

**臣等谨按：**此条系前明《问刑条例》。惟前明监生坐监读书，满日考职，是以有借债赴任之事，与现在情形不同，应将"监生"二字节去。原例将"债主及保人各加枷号一月"，照章罚金，数仅五两，似应将债主及保人改为"照不应重律治罪"，以示惩儆。谨将修改例文，开列于后。

修　改

一、听选官吏人等借债，与债主及保人同赴任所取偿，至五十两以上，借者革职，债主及保人照不应重律治罪，债追入官。

〇原　例

一、放债之徒，用短票扣折，违例巧取重利者，严拿治罪，其银照例入官。受害之人，许其自首免罪，并免追息。

**臣等谨按：**此例应仍其旧，理合陈明。

〇删　除

**一、凡负欠私债，在京，不赴五城及步军统领衙门，而赴部院；在外，不赴军卫有司，而越赴巡抚司道官处告理，及辄具本状奏诉者，俱问罪，依越诉论。立案不行，私债不追。**

**臣等谨按：**此条系前明旧例，意在越诉立案不行。惟越诉各条，已详见诉讼门，此条殊嫌重复。拟请删除。

〇删　除

一、内地民人概不许与土司等交往借债，如有违犯，将放债之民人，照偷越番境例，加等问拟；其借债之土苗，即与同罪。

一、凡内地汉奸，潜入粤东黎境放债盘剥者，无论多寡，即照私通土苗例，除实犯死罪外，俱问发边远充军，所放之债，不必追偿。

**臣等谨按：**以上二条，一系乾隆四十六年〔1781年〕定例，一系嘉庆九年〔1804年〕定例。查近今五洲交通，我民以工商业往来洋海，无间远迩；即外人游历内地者，亦无境不到，何尝执闭关锁港时成例，刻以相绳？况土司、土苗，皆属赤子，有犯均可照律办理，似不必另立专条。

此二例拟请删除。

## 费用受寄财产

〔刑律案语〕

○原　律

凡受寄他人财物、畜产而辄费用者，坐赃论，以坐赃致罪律，减一等。罪止杖九十、徒二年半。诈言死失者，准窃盗论，减一等；罪止杖一百、徒三年，免刺。并追物还主。其被水火、盗贼费失，及畜产病死，有显迹者，勿论。若受寄财畜而隐匿不认，依诓骗律；如以产业转寄他人户下，而为所卖失，自有诡寄盗卖本条。

**臣等谨按：**此律应仍其旧。惟小注内附加杖罪及“免刺”字样，应照章删除。谨将修改律文、律注，开列于后。

**修　改**

凡受寄他人财物、畜产而辄费用者，坐赃论，以坐赃致罪律，减一等。罪止徒二年半。诈言死失者，准窃盗论，减一等；罪止徒三年。并追物还主。其被水火、盗贼费失，及畜产病死，有显迹者，勿论。若受寄财物而隐匿不认，依诓骗律；如以产业转寄他人户下，而为所卖失，自有诡寄盗卖本条。

○原　例

一、凡典商收当货物，自行失火烧毁者，以值十当五，照原典价值计算，作为准数；邻火延烧者，酌减十分之二；按月扣除利息，照数赔偿。其米麦、豆石、棉花等粗重之物，典当一年为满者，统以贯三计算，照原典价值，给还十分之三；邻火延烧者，减去原典价值二分，以减剩八分之数，给还十分之三；均不扣除利息。至染铺被焚，即着开单呈报地方官，逐一估计，如系自行失火者，饬令照估赔还十分之五；邻火延烧者，饬赔十分之三。均于一月内给主具领。其未被焚烧及搬出各物，仍听当主、染主照号取赎。倘奸商、店伙人等，于失火时有贪利隐匿、乘机盗卖等弊，即照所隐之物，按所值银数，计赃，准窃盗论，追出原物给主。若只以自己失火为邻火延烧，希图短赔价值者，即计其短赔之值为赃，准窃盗为从论，分别治罪。如典商、染铺及店伙人等，图盗货物，或先有亏短因而放火故烧者，即照放火故烧自己房屋盗取财物，及凶徒图财放火故烧人房屋，各本律例，从重问拟。

一、典铺被窃，无论衣服、米豆、丝棉、木器、书画，以及金银、珠玉、铜、铁、铅、锡各货，概照当本银一两，再赔一两；如系被劫，照当本银一两，再赔五钱；均扣除失事日以前应得利息。如赔还之后，起获原赃，即给与典主领回变卖，不准原主再行取赎。染铺被窃，照地方官估报赃数，酌赔十分之五。如系被劫，酌赔十分之三。均令于一月内给主收领。如赔赃之后，起获原赃，给与该铺具领，由地方官出示晓谕，令原主归还所得赔赃之资，将原物领回，仍查明已染、未染，分别付给染价。倘奸商、店伙人等，于失事后，有贪利隐匿、乘机盗卖等弊，即照所隐之物，按所值银数计赃，准窃盗论。若只以窃报强，希图短赔价值者，即计其短赔之值为赃，准窃盗为从论，分别治罪。

**臣等谨按**：以上二条应仍其旧，理合陈明。

**〇删　除**

一、亲属费用受寄财物，大功以上及外祖父母，得相容隐之亲属，追物给主，不坐罪；小功，减三等；缌麻，减二等；无服之亲，减一等；俱追物还主。

**臣等谨按**：此条系前明《问刑条例》，原与凡人一体科罪，雍正三年〔1725年〕改为照服制递减，则自有亲属相盗本律可循，似毋庸另立专例。应即删除。

## 得遗失物

**〔刑律案语〕**

**〇原　律**

**凡得遗失之物，限五日内送官。官物尽数还官。私物召人识认，于内一半给与得物人充赏，一半给还失物人；如三十日内无人识认者，全给。五日限外不送官者，官物，坐赃论；罪止杖一百、徒三年，追物还官。私物，减坐赃二等，其物一半入官，一半给主。若无主，全入官。〇若于官、私地内，掘得埋藏无主之物者，并听收用。若有古器、钟鼎、符印、异常之物，非民间所宜有者。限三十日内送官。违者，杖八十，其物入官。**

**臣等谨按**：此仍《明律》，顺治三年〔1646年〕添入小注。律内"杖八十"罪名，照章罚金，应改为"处八等罚"；小注内徒罪附杖应节删。谨将修改律文、律注，开列于后。

**修　改**

凡得遗失之物，限五日内送官。官物尽数还官。私物召人识认，于内一半给与得物人充赏，一半给还失物人；如三十日内无人识认者，全给。五日限外不送官者，官物，坐赃论；罪止徒三年，追物还官。私物，减坐赃二等，其物一半入官，一半给主。若无主，全入官。〇若于官、私地内，掘得埋藏无主之物者，并听收用。若有古器、钟鼎、符印、异常之物，非民间所宜有者。限三十日内送官。违者，处八等罚，其物入官。

# 五、其他有关各条

## 十　　恶

〔刑律案语〕

○原　律

一曰：谋反。谓谋危社稷。

二曰：谋大逆。谓谋毁宗庙、山陵及宫阙。

三曰：谋叛。谓谋背本国，潜从他国。

四曰：恶逆。谓殴及谋杀祖父母、父母，夫之祖父母，父母，杀伯叔父母、姑、兄姊、外祖父母，及夫者。

五曰：不道。谓杀一家非死罪三人，及支解人，若采生折割，造畜蛊毒、魇魅。

六曰：大不敬。谓盗大祀神御之物、乘舆、服御物；盗及伪造御宝；合和御药，误不依本方；及封题错误；若造御膳误犯食禁，御幸舟船误不坚固。

七曰：不孝。谓告言、咒骂祖父母、父母，夫之祖父母、父母；及祖父母、父母在，别籍异财，若奉养有缺；居父母丧，身自嫁娶，若作乐、释服从吉；闻祖父母、父母丧，匿不举哀；诈称祖父母、父母死。

八曰：不睦。谓谋杀及卖缌麻以上亲，殴、告夫及大功以上尊长、小功尊属。

九曰：不义。谓部民杀本属知府、知州、知县，军士杀本管官，吏、卒杀本部五品以上长官；若杀见受业师，及闻夫丧，匿不举哀，若作乐，释服从吉，及改嫁。

十曰：内乱。谓奸小功以上亲、父、祖妾，及与和者。

**臣等谨按：**此律应仍其旧，理合陈明。

## 给 没 赃 物

〔刑律案语〕

○原　律

凡彼此俱罪之赃，谓犯受财枉法、不枉法，计赃，与受同罪者。及犯禁之物，谓如应禁兵器及禁书之类。则入官。若取与不和，用强生事，逼取求索之赃，并还主。谓恐吓、诈欺、强买卖有余利、科敛及求索之类。○其犯罪应合籍没财产，赦书到后，罪人虽在赦前决讫，而家产未曾抄札入官者，并从赦免。其已抄札入官守掌，及犯谋反、叛逆者，财产与缘坐家口，不分已、未入官。并不放免。若除谋反、谋叛外。罪未处决，籍没之物虽已送官，但未经分配与人守掌者，犹为未入。其缘坐应流。人及本犯。家口，虽已入官，若罪人遇赦得免罪者，亦从免放。○若以赃入罪，正赃见在者，还官、主。谓官物还官，私物还主。又若本赃是驴，转易得马；及马生驹、羊生羔、畜产蕃息，皆为见在。其赃已费用者，若犯人身死，勿征；别犯身死者，亦同。若不因赃罪，而犯别罪，亦有应追财物，如埋葬银两之类。余皆征之。若计雇工赁钱私役弓兵、私借官车船之类。为赃者，死亦勿征。○其估赃者，皆据犯处地方。当时犯时。中等物价估计定罪。若计雇工钱者，一人一日为银八分五厘五毫，其牛、马、驼、骡、驴、车船、碾磨、店舍之类，照依犯时雇工赁值。计算。定罪，追还。赁钱虽多，各不得过其本价。谓船价值银钱一十两，却不得追赁值一十一两之类。○其赃罚金银，并照犯人原供成色，从实追征，入官给主。若已费用不存者，追征足色。谓人原盗或取受正赃，金银使用不存者，并追足色。

**臣等谨按**：此仍《明律》。现在缘坐重法业经删除，律内"缘坐人家口"一层，应行节删。雇工钱"一日为银八分五厘五毫"，系属尔时价值。新章无力完缴罚金者，银一两折作工四日，则一人一日应值银二钱五分。若谓罪犯折工系属从宽办理，则此雇工计银，照章再折一半，尚属酌中之数，亦与时价不甚相远，似应酌量改定，以资遵守。谨将修改律文，开列于后。

**修 改**

凡彼此俱罪之赃，谓犯受财枉法、不枉法，计赃，与受同罪者。及犯禁之物，谓如应禁兵器及禁书之类。则入官。若取与不和，用强生事，逼取求索之赃，并还主。谓恐吓、诈欺、强买卖有余利、科敛及求索之类。○其犯罪应合籍没财产，赦书到后，罪人虽在赦前决讫，而家产未经抄札入官，或罪未处决，籍没之物虽已送官，但未经分配与人守掌者，并从赦免。其已抄札入官守掌，及犯谋反、叛逆者，财产不分已、未入官。并不准免。○若以赃入罪，正赃见在者，还官、主。谓官物还官，私物还主。又若本赃是驴，转易得马；及马生驹、羊生羔、畜产蕃息，皆为见在。其赃已费用者，若犯人身死，勿征；别犯身死者，亦同。若不因赃罪，而犯别罪。亦有应追财物，如埋葬银两之类。余皆征之。若计雇工赁钱私役弓兵、私借官车船之类。为赃者，死亦勿征。○其估赃者，皆据犯处地方。当时犯时。中等物价估计定罪。若计雇工钱者，一人一日为银一钱二分五厘，其牛、马、驼、骡、驴、车船、碾磨、店舍之类，照依犯时雇工赁值。计算。定罪、追还。赁钱虽多，各不得过其本价。谓船价值银钱一十两，却不得追赁值一十一两之类。○其赃罚金银，并照犯人原供成色，从实追征，入官给主。若已费用不存者，追征足色。谓人原盗或取受正赃，金银使用不存者，并追足色。

**○原 例**

一、命案内减等发落人犯应追埋葬银两，勒限一个月追完。有物产可抵者，亦着于限内变交。如审系十分贫难者，量追一半，给付尸亲收领。若限满勘实，力不能完，将该犯即行发配；一面取其地邻亲族甘结，该地方官详请督抚核实咨请豁免。如有隐匿发觉者，地邻人等均照不应重律治罪，地方官照例议处。

## 戏杀、误杀、过失杀伤人

**○原 例**

一、应该偿命罪囚，遇蒙赦宥，俱追银二十两，给付被杀家属。如果十分贫难者，量追一半。

**一、凡各项埋葬银两，地方官照数追给，取具嫡属收领，然后将该犯释放，报部存案。若不给付，该犯系管押者，仍管押；系监禁者，仍监禁；勒限追给。如捏称给付，将本犯释放者，告发之日，本犯不准援免，地方官一并从重议处。**

**一、凡过失杀人，应追埋葬银两之犯，如有力不能交，咨请豁免者，免其着追，将该犯照不应重律，杖责发落。**

**臣等谨按：**以上四条，俱系人命案内应行追埋及给死者家属银两之例。后三条载在“戏杀、误杀、过失杀伤人”门。惟同是应追银两，各条办法不无参差，似应修并为一，归入此门；并将各项分叙明晰，以免歧误。查第一条命案减等人犯，系指随案减流者而言，如殴伤人因风身死，及死在正限外、余限内之类是也；第三条各项埋葬银两，系指命案内，罪应满杖徒流者而言，如威逼人致死，及弓箭车马杀人之类是也；第二条系专指逢恩赦免者；第四条系专指收赎绞罪者。而第一条应追埋葬银两，勘实力不能完，可以咨请豁免；第四条虽可请豁，仍行杖责；第二、第三条则并无豁免明文。窃以为，命案内减等，及罪应徒流人犯，虽已免其抵偿，尚有应得之罪，此项埋葬银两，如实力不能完，尚可咨请豁免；若罪囚遇赦及过失杀收赎，除追给银两外，已无余罪，此等亦得全行准豁，未为平允。且现在杖责改为罚金，过失杀人之犯，如力不能交，亦未便仍行折罚。至老小废疾收赎及留养案内养赡银两，律例亦无准豁之文，似应与遇赦援免及过失杀伤各项，一并定拟办法，修入例内，以资遵守。谨将修并例文，开列于后。

**修　并**

一、应该偿命罪囚，遇蒙赦宥，应给被杀家属养赡银二十两；及命案内随案减等，或罪应徒流人犯，应追埋葬银两；并老小废疾收赎、过失杀伤收赎、留养收赎各银两，俱勒限一个月追完。有物产可抵者，亦着于限内变交。如审系十分贫难者，量追一半，分别给属、入官。若限满勘实，力不能完，其由死罪减等及例应流徒人犯，即行收所习艺；一面取具地邻亲族甘结，详请督抚核实咨部豁免。如有隐匿发觉者，地邻人等照不应重治罪，承追官照例议处。其应行援免及收赎释放人犯，仍再限一月，将减半银两着落本犯或亲属完交，不得概行请豁。

**○原　例**

**一、凡州、县自理赎锾，岁底造册申报按察司。布、按自理赎锾，岁底册报督、抚。督、抚岁底汇造清册，题报刑部察核。其承问各官，应开明罚赎人姓名及所罚数目，晓示各该地方。如有以多报少及隐漏者，督、抚参奏，以贪赃治罪。**

**臣等谨按：**此条系康熙年间现行例。查“布、按自理赎锾”，近年实属罕有之事，此层应行节删。现在改“题”为“奏”，各省所收罚赎银两，似应申详上司报部查核，毋庸具奏。至“州、县”应改为“问刑衙门”，“刑部”应改为“法部”。谨将修改例文，开列于后。

**修　改**

一、凡问刑衙门自理罚金及收赎银两，岁底造册申详上司，报法部察核。并应开明罚赎人姓名及数目，晓示各该地方。如有以多报少及隐漏者，督抚奏参，以贪赃治罪。

**○原　例**

**一、刑部现审案内，凡行追赃、罚赃、变赃、赎银两，承追各官，俱各定限一年追完。如逾限不行追交，该部即行查参，将承追各官，照例议处。**

**臣等谨按**：此条系乾隆十年〔1745年〕定例。自光绪三十二年〔1906年〕改刑部为法部，现审事项划归大理院及各级审判厅办理。例首“刑部”二字，应改“京城”二字；“该部即行查参”应改为“法部、大理院即行查参”；“行追赃、罚……”等项银两，系发交该犯旗籍承追，并非原审司员，亦应添叙明晰，以免疑误。谨将修改例文，开列于后。

**修　改**

一、京城现审案内，凡应追赃、罚赃、变赃、赎银两，俱将该犯发交本旗籍该管官定限一年追完。如逾限不行追交，法部、大理院即行查参，将承追各官，照例议处。①

**○原　例**

**一、凡追赃人犯，除侵贪官吏仍照例限监追外，其抢夺、窃盗之赃，着地方官于定案之日，严行比追；如果力不能完，即将本犯治罪，随时取结详报，分别题咨豁免。**

**臣等谨按**：此条系乾隆二十年〔1755年〕定例。查近来办理抢夺、窃盗之案，如果无力完赃，第声明赤贫免追，并无结报之事，例内“随时取结详报”句应行节删。现在问刑不专归地方官，笞、杖则仅用于死罪人犯，题本亦经一律删除，所有例内“地方官”应改为“问刑衙门”，“比追”应改为“着追”，“题”应改为“奏”。谨将修改例文，开列于后。

**修　改**

一、凡追赃人犯，除侵贪官吏仍照例限监追外，其抢夺、窃盗之赃，问刑衙门于定案之日，严行着追；如果力不能完，即将本犯治罪，分别奏咨豁免。

**○原　例**

**一、凡内外官员名下，应追因公核减、借欠等项，及该员本系分赔、代赔，经地方官查明，结报家产尽绝、无力完缴者，俱照例题豁，毋庸再于同案各员名下摊追。**

**臣等谨按**：现在各项题本均经改奏，例内“题豁”应改为“奏豁”。谨将修改例文，开列于后。

**修　改**

一、凡内外官员名下，应追因公核减、借欠等项，及该员本系分赔、代赔，经地方官查明，结报家产尽绝、无力完缴者，俱照例奏豁，毋庸再于同案各员名下摊追。

**○原　例**

**一、刑部现审案内，违例入官住房、铺面各项房屋，于定案后径咨户部办理，刑部毋庸估变。**

**臣等谨按**：此条系道光三年〔1823年〕定例。自刑部改为法部，现审案件专归大理院及各

---

① 宣统二年〔1910年〕四月初七宪政编查馆会奏《呈进〈现行刑律〉黄册定本请旨颁行折》所附《〈现行刑律〉修改各条清单》载：

谨按：以上二条（本条“追罚变赃赎银两承追例限”及下文“无主及不应给主之窃盗赃”例文）俱追交赃罚及分别变价之例，查参、奏参两节均部、院会同，彼此权限似未分明，自应遵旨划归法部办理，所有“大理院”字样均应节删，谨将修改例文开列于后：

一、京城现审案内，凡应追赃、罚赃、变赃、赎银两，俱将该犯发交本旗籍该管官定限一年追完。如逾限不行追交，法部即行查参，将承追各官，照例议处。

参见《政治官报》第923号（1910年4月18日），第17页。

级审判厅审理,例内“刑部”字应改为“大理院及各级审判厅”。户部改为度支部,京城地面事项俱归民政部内外〔城〕巡警总厅专管,例内“户部”字应改“民政部”或“内外城巡警总厅”。谨将修改例文,开列于后。

**修 改**

一、大理院及京师各级审判厅现审案内,违例入官住房、铺面各项房屋,于定案后,大理院则径咨民政部办理,各级审判厅则径咨内外城巡警总厅办理,毋庸原问衙门估变。

**〇原 例**

**一、窃盗案内无主赃物,及一切不应给主之赃,如系金珠、人参等物,交内务府。银钱及铜、铁、铅、锡等项,有关鼓铸者,交户部。硫磺、焰硝及砖石、木植等项,有关营造者,交工部。洋药及盐、酒等项,有关税务者,交崇文门。其余器皿、衣饰及马、骡、牲畜,一应杂货,均行文都察院,札行该城御史,督同司坊官,当堂估值变价,交户部汇题,并将变价数目报都察院及刑部查核。倘有弊混及变价不完,由该御史查参。**

**臣等谨按:**此条系同治九年〔1870年〕定例。查户部现改为度支部,工部并为农工商部,刑部改为法部,现审案件划归大理院办理,巡城御史及司坊官则一并裁撤,地面事项专属民政部内外城巡警总厅管辖。例内各衙门,均应照改。再此例系指京城现审而言,亦应于例内添入,以免疑误。谨将修改例文,开列于后。

**修 改**

一、京城现审窃盗案内无主赃物,及一切不应给主之赃,如系金珠、人参等物,交内务府。银钱及铜、铁、铅、锡等项,有关鼓铸者,交度支部。硫磺、焰硝及砖石、木植等项,有关营造者,交农工商部。洋药及盐、酒等项,有关税务者,交崇文门。其余器皿、衣饰及马、骡、牲畜,均行文民政部,札行内外城巡警总厅,督同该区官,当堂估值变价,交度支部汇奏,并将变价数目报法部及大理院查核。倘有弊混及变价不完,由法部及大理院奏参。①

**〇原(律)〔例〕**

**一、断付死者之财产,遇赦不得免追。**

**一、亏空贪赃官吏,一应追赔银两,该督抚委清查官产之员,会同地方官,令本犯家属将田房什物呈明时价,当堂公同确估,详登册记,申报上司,仍令本犯家属眼同售卖完项。**

---

① 宣统二年〔1910年〕四月初七宪政编查馆《会奏呈进〈现行刑律〉黄册定本请旨颁行》折所附《〈现行刑律〉修改各条清单》,载:

谨按:以上二条(本条“无主及不应给主之窃盗赃”及上文“追罚变赃赎银两承追例限”例文)俱追交赃罚及分别变价之例,查参、奏参两节均部、院会同,彼此权限似未分明,自应遵旨划归法部办理,所有“大理院”字样均应节删,谨将修改例文开列于后:

一、京城现审窃盗案内无主赃物,及一切不应给主之赃,如系金珠、人参等物,交内务府。银钱及铜、铁、铅、锡等项,有关鼓铸者,交度支部。硫磺、焰硝及砖石、木植等项,有关营造者,交农工商部。洋药及盐、酒等项,有关税务者,交崇文门。其余器皿、衣饰及马、骡、牲畜,均行文民政部,札行内外城巡警总厅,督同该区官,当堂估值变价,交度支部汇奏,并将变价数目报法部查核。倘有弊混及变价不完,由法部奏参。

参见《政治官报》第923号(1910年4月18日),第17~18页。

如有侵渔需索等弊，许该犯家属并买主首告，将侵渔需索之官吏，照侵盗钱粮及受枉法赃律治罪。

一、地方官吏有将入官田房私租于人者，除照数追赔外，仍照侵盗钱粮例治罪。其一应变卖什物，俱勒限一年，眼同本犯家属，照数变卖。如逾限未变，器皿、衣服，仍于本地方勒变；一应金银珠玉等物，兑明分两数目，造具清册，眼同本犯家属封固，取具并无更换甘结，具文解交藩库。遇有便员附搭解部，转交崇文门变价。若有窃换等弊，许家人及旁人首告，加倍追赔，仍照侵盗钱粮例治罪。

一、田房产业一经入官，即令本犯家属，将契券呈堂出业。该管官眼同原主，秉公估定，开明价值，出示速售。有愿买者，即给与印照，不许原主勒索找价，仍令买主出具并无假冒、影射甘结存卷。如该管官纵容原主据占、影射，将据占之家属、影射之父兄，俱照隐瞒入官财物律坐赃治罪，该管官并该上司俱照例分别议处。如并无影射等弊，首告之人捏词陷害，按律反坐。至所典房地及质当物件，勒限令原主取赎，归还原本；如逾限不赎，即开明原本价值，出示招卖。

一、缘事获罪，应行查抄资产，而兄弟未经分产者，将所有产业查明，按其兄弟人数分股计算。如家产值银十万，兄弟五人，每股应得二万。只将本犯名下应得一股入官，其余兄弟名下应得者，概行给予。

**臣等谨按：**上五条应仍其旧，理合陈明。

## 〔核订刑律〕

### ○原修改律文

凡彼此俱罪之赃，谓犯受财枉法、不枉法，计赃，与受同罪者。及犯禁之物，谓如应禁兵器及禁书之类。则入官。若取与不和，用强生事，逼取求索之赃，并还主。谓恐吓、诈欺、强买卖有余、利科敛及求索之类。○其犯罪应合籍没财产，赦书到后，罪人虽在赦前决讫，而家产未经抄札入官，或罪未处决，籍没之物虽已送官，但未经分配与人守掌者，并从赦免。其已抄札入官守掌，及犯谋反、叛逆者，财产不分已、未入官。并不准免。○若以赃入罪，正赃见在者，还官、主。谓官物还官，私物还主。又若本赃是驴，转易得马，及马生驹、羊生羔、畜产蕃息，皆为见在。其赃已费用者，若犯人身死，勿征；别犯身死者，亦同。若不因赃罪，而犯别罪，亦有应追财物，如埋葬银两之类。余皆征之。若计雇工赁钱私役弓兵、私借官车船之类。为赃者，死亦勿征。○其估赃者，皆据犯处地方。当时犯时。中等物价估计定罪。若计雇工钱者，一人一日为银一钱二分五厘，其牛、马、驼、骡、驴、车船、碾磨、店舍之类，照依犯时雇工赁值。计算。定罪、追还。赁钱虽多，各不得过其本价。谓船价值银钱一十两，却不得追赁值一十一两之类。○其赃罚金银，并照犯人原供成色，从实追征，入官给主。若已费用不存者，追征足色。谓人原盗或取受正赃，金银使用不存者，并追足色。

**谨按：**私役弓兵律文，现拟删除，本条第三节小注“私役弓兵”四字，亦应节去，以免抵触。谨将修改律注，开列于后。

**修　改**

凡彼此俱罪之赃，谓犯受财枉法、不枉法，计赃，与受同罪者。及犯禁之物，谓如应禁兵器及禁书之类。则入官。若取与不和，用强生事，逼取求索之赃，并还主。谓恐吓、诈欺、强买卖有余利、科敛及求索之类。○其犯罪应合籍没财产，赦书到后，罪人虽在赦前决讫，而家产未经抄札入官，或罪未处决，籍没之物虽已送官，但未经分配与人守掌者，并从赦免。其已抄札入官守掌，及犯谋反、叛逆者，财产不分已、未入官。并不准免。○若以赃入罪，正赃见在者，还官、主。谓官物还官，私物还主。又若本赃是驴，转易得马；及马生驹、羊生羔、畜产蕃息，皆为见在。其赃已费用者，若犯人身死，勿征；别犯身死者，亦同。若不因赃罪，而犯别罪，亦有应追财物，如埋葬银两之类。余皆征之。若计雇工赁钱私借官车船之类。为赃者，死亦勿征。○其估赃者，皆据犯处地方。当时犯时。中等物价估计定罪。若计雇工钱者，一人一日为银一钱二分五厘，其牛、马、驼、骡、驴、车船、碾磨、店舍之类，照依犯时雇工赁值。计算。定罪、追还。赁钱虽多，各不得过其本价。谓船价值银钱一十两，却不得追赁值一十一两之类。○其赃罚金银，并照犯人原供成色，从实追征，入官给主。若已费用不存者，追征足色。谓人原盗或取受正赃，金银使用不存者，并追足色。

## 称期亲祖父母

〔**刑律案语**〕

**○原　律**

**凡律称期亲及称祖父母者，曾、高同。称孙者，曾、元同。嫡孙承祖，与父母同。缘坐者，各从祖孙本法。其嫡母、继母、慈母、养母，皆服三年丧，有犯与亲母律同。改嫁、义绝，及殴杀子孙，不与亲母同。称子者，男、女同。缘坐者，女不同。**

**臣等谨按：**此仍《明律》，其小注系顺治三年〔1646年〕及乾隆五年〔1740年〕增修。查“养母”一项，道光五年〔1825年〕经大学士、九卿奏明，以抱养遗弃三岁以下小儿而不为人后者为断，改为持服一年，则养母之制，业与从前不同，注内“皆服三年丧”句应删。缘坐重法，自光绪三十一年〔1905年〕奏请革除，注内“缘坐”两层亦应删。谨将律文并修改律注，开列于后。

**修　改**

凡律称期亲及称祖父母者，曾、高同。称孙者，曾、元同。嫡孙承祖，与父母同。其嫡母、继母、慈母、养母，有犯与亲母律同。改嫁、义绝，及殴杀子孙，不与亲母同。称子者，男、女同。

## 称日者以百刻今《时宪书》，每日计九十六刻。

〔**刑律案语**〕

**○原　律**

**凡律称一日者，以百刻。犯罪违律，计数满乃坐。计工者，从朝至暮。不以百刻为限。称一年者，以三百六十日。如秋粮违限，虽三百五十九日，亦不得为一年。称人年者，以籍为定。谓称人年纪，以附籍年甲为准。称众者，三人以上。称谋者，二人以**

上。谋状显迹明白者，虽一人，同二人之法。

**臣等谨按：**此仍《明律》，其小注系顺治年间增修。明代一日十二时，每时初正八刻，子午则十刻，故称日者，以百刻。今《时宪书》，子午亦八刻，每日计九十六刻，应于律内添注“仍遵照《时宪书》，每日计九十六刻”二语，以免疑误。谨将律文并修改律注，开列于后。

**修　改**

凡律称一日者，以百刻。犯罪违律，计数满乃坐。仍遵照《时宪书》，每日计九十六刻。计工者，从朝至暮。不以百刻为限。称一年者，以三百六十日。如秋粮违限，虽三百五十九日，亦不得为一年。称人年者，以籍为定。谓称人年纪，以附籍年甲为准。称众者，三人以上。称谋者，二人以上。谋状显迹明白者，虽一人，同二人之法。

## 称道士女冠

### 〔刑律案语〕

**○原　律**

凡律称道士、女冠者，僧、尼同。如道士、女冠犯奸，加凡人罪二等，僧、尼亦然。若于其受业师，与伯叔父母同。如俗人骂伯叔父母，杖六十、徒一年；道、冠、僧、尼骂师，罪同。受业师，谓于寺观之内，亲承经教，合为师主者。其于弟子，与兄弟之子同。如俗人殴杀兄弟之子，杖一百、徒三年；道、冠、僧、尼殴杀弟子，同罪。

**臣等谨按：**此仍《明律》，其小注系顺治年间增修。注内徒罪附杖，应照章节删。谨将律文并修改律注，开列于后。

**修　改**

凡律称道士、女冠者，僧、尼同。如道士、女冠犯奸，加凡人罪二等，僧、尼亦然。若于其受业师，与伯叔父母同。如俗人骂伯叔父母，徒一年；道、冠骂师，罪同。受业师，谓于寺观之内，亲承经教，合为师主者。其于弟子，与兄弟之子同。如俗人殴杀兄弟之子，徒三年；道、冠、僧、尼殴杀弟子，同罪。

## 隐瞒入官家产

### 〔刑律案语〕

**○原　律**

凡抄没人口、财产，除谋反、谋叛及奸党，系在十恶，依律抄没；其余有犯，律不该载者，妻、子、财产，不在抄没入官之限。违者，依故入人流罪论。抄没尚未入官，作未入官，各减一等。○若抄札入官家产，而隐瞒人口不报者，计口，以隐瞒丁口论；若隐瞒田土者，计田，以欺隐田粮论；若隐瞒财物、房屋、孳畜者，坐赃论；各罪止杖一百，所隐人口、财产并入官，罪坐供报之人。所隐之人口，不坐、不加重者，以自己之丁口、财产也。○若里长同情隐瞒，及当该官吏知情者，并与同罪，计所隐赃，重于杖一百者，坐赃论，全科。○受财者，计赃，以枉法各从重论。以枉法之重罪论。分有禄、无禄。失觉举者，减供报人三等，罪止笞五十。

**臣等谨按：**此仍《明律》，顺治三年〔1646 年〕添入小注。抄没人口入官，皆缘坐之法。自光绪三十一年〔1905 年〕奏准删除重法，宽免缘坐，则人口已无抄没入官之事。律内“人口入官”及小注“所隐之人口，不坐”等语，均应节删。笞、杖照章罚金，均应依数分等处罚。谨将修改律文、律注，开列于后。

**修　改**

凡抄没财产，除谋反、谋叛及奸党，系在十恶，依律抄没；其余有犯，律不该载者，财产不在抄没入官之限。违者，依故入人流罪论。（抄没尚未入官，作未入官，各减一等。）〇若抄札入官家产，而隐瞒田土者，计田，以欺隐田粮论；若隐瞒财物、房屋、孳畜者，坐赃论；各罪止十等罚，所隐财产并入官，罪坐供报之人。〇若里长同情隐瞒，及当该官吏知情者，并与同罪。计所隐赃，重（于十等罚）者，坐赃论，全科。〇受财者，计赃，以枉法各从重论。（以枉法之重罪论。分有禄、无禄。）失觉举者，减（供报人）三等，罪止五等罚。

**〇原　例**

**一、除隐匿挪移案内之家产，仍照隐匿本律治罪外；如隐匿侵盗案内之家产，不论原案未完之数，计所隐家产价值之多寡，照坐赃律分别定拟；十两以下，笞二十；每十两加一等；一百两，杖六十、徒一年；每一百两加一等；五百两至一千两，满徒；一千两以上，罪止杖一百、流三千里。系旗人，折枷号鞭责。俱罪坐隐瞒之人。所隐财产俱行入官。保题各官，照例治罪追赔。**

**臣等谨按：**此条系乾隆三年〔1738 年〕刑部奏准定例。惟检查原奏，系指已经豁免后查出隐匿者而言，故治罪从严，似应于例首点明。本律隐瞒丁口、土田、财物，罪止满杖，例照坐赃律定拟，已照本律加重，且坐赃律五百两以上，罪止满徒，此例则于一千两以上加至满流，殊与“照坐赃律分别定拟”一语不合。拟将例内“十两以下”至“流三千里”等语删去，即以“照坐赃律治罪”一语括之，以符定例之本意。再满汉刑律已议通行，旗人亦无折枷鞭责之法；至保题各官，应分别知情、失察，似可仍依本律科断；此两层均拟节删。谨将修改例文，开列于后。

**修　改**

一、凡一切应追入官财产，如已经豁免后，查出隐匿，除挪移案内，隐匿者仍照隐匿本律治罪外；如侵盗案内，隐匿者不论原案未完之数，计所隐财产价值之多寡，照坐赃律治罪。

**〇原　例**

**一、凡应追官员赃赔各项银两，若原籍、任所查明财产尽绝，实在无可着追者，任所官出具切实印结，由原籍加结题请豁免。旗员亦照此由本旗具结，咨部办理。如旗籍、任所，或有隐匿、寄顿，一经发觉，除财产入官外，出结各员，照例议处、分赔；隐寄家属，照律治罪。**

**臣等谨按：**此例系乾隆十九年〔1754 年〕刑部议复江苏巡抚庄有恭条奏续纂，嘉庆七年〔1802 年〕改定。惟现制改题为奏，例内“题”字应改“奏”字。至原籍、任所如有隐匿、寄顿一层，则本门一切应追入官财产之例，以及“挪移出纳”门一切承追案件之例，均已赅备。原例后半截殊嫌(尤)〔冗〕复，应请节删。谨将修改例文，开列于后。

**修　改**

一、凡应追官员赃赔各项银两，若原籍、任所查明财产尽绝，实在无可着追者，任所官出具切实印结，由原籍加结奏请豁免。旗员由本旗查明具结，咨部办理。

**○原 例**

一、凡欠帑人员，或因独力难赔，或因产尽无着，遂将分居别业之弟兄、亲族，并不知情之亲友、旁人，巧借认帮名目，转辗株连，勒令赔补者，将承审、承追各官，均照违制治罪。

**臣等谨按：**此例应仍其旧，理合陈明。

**○原 例**

一、凡亏空入官房地内，如有坟地及坟园内房屋、看坟人口、祭祀田产，俱给还本人，免其入官变价。

**臣等谨按：**此例应仍其旧，理合陈明。

**〔核订刑律〕**

**○原修改律文**

凡抄没财产，除谋反、谋叛及奸党，系在十恶，依律抄没；其余有犯，律不该载者，财产不在抄没入官之限。违者，依故入人流罪论。抄没尚未入官，作未入官，各减一等。○若抄札入官家产，而隐瞒田土者，计田，以欺隐田粮论；若隐瞒财物、房屋、孳畜者，坐赃论；各罪止十等罚，所隐财产并入官，罪坐供报之人。○若里长同情隐瞒，及当该官吏知情者，并与同罪。计所隐赃，重于十等罚者，坐赃论，全科。○受财者，计赃，以枉法各从重论。以枉法之重罪论。分有禄、无禄。失觉举者，减供报人三等，罪止五等罚。

**谨按：**此次修定各条，因新章宽免缘坐，将财产入官各例量与节删。虽仍留谋反、谋叛二条，系改为一半充赏、一半入官，或仍给家属，已与从前稍异。律首仍依旧律胪举，系属疏漏，应将“除”笔内“及奸党，系在十恶”七字节去，并于“依律”下增注“酌量”二字，以昭划一。谨将修改律文，开列于后。

**修 改**

凡抄没财产，除谋反、谋叛，依律酌量抄没；其余有犯，律不该载者，财产不在抄没入官之限。违者，依故入人流罪论。抄没尚未入官，作未入官，各减一等。○若抄札入官家产，而隐瞒田土者，计田，以欺隐田粮论；若隐瞒财物、房屋、孳畜者，坐赃论；各罪止十等罚，所隐财产并入官，罪坐供报之人。○若里长同情隐瞒，及当该官吏知情者，并与同罪。计所隐赃，重于十等罚者，坐赃论，全科。○受财者，计赃，以枉法各从重论。以枉法之重罪论。分有禄、无禄。失觉举者，减供报人三等，罪止五等罚。

# 把持行市

〔刑律案语〕

**○原　律**

**凡买卖诸物，两不和同，而把持行市，专取其利；及贩鬻之徒，通同牙行，共为奸计，卖己之物以贱为贵，买人之物以贵为贱者，杖八十。○若见人有所买卖，在旁混以己物，高下比价，以相惑乱而取利者，虽情非把持，笞四十。○若已得利物，计赃，重于杖八十、笞四十者，准窃盗论，免刺。赃轻者，仍以本罪科之。**

**臣等谨按：**律内笞、杖罪名，照章改为罚金，均应依数分等处罚；“免刺”二字，并照章节删。谨将修改律文、律注，开列于后。

**修　改**

凡买卖诸物，两不和同，而把持行市，专取其利；及贩鬻之徒，通同牙行，共为奸计，卖己之物以贱为贵，买人之物以贵为贱者，处八等罚。○若见人有所买卖，在旁混以己物，高下比价，以相惑乱而取利者，虽情非把持，处四等罚。○若已得利物，计赃，重于八等罚、四等罚者，准窃盗论。赃轻者，仍以本罪科之。

**○原　例**

**一、京城官地井水，不许挑水之人把持多家，任意争长价值，及作为世业私相售卖。违者，许该户呈首，将把持挑水之人，照把持行市律治罪。**

**臣等谨按：**此例应仍其旧，理合陈明。

**○原　例**

**一、牙行侵欠控追之案，审系设计诓骗，侵吞入己者，照诓骗本律，计赃治罪；一百二十两以上，问拟满流；追赃给主。若系分散客店，牙行并无中饱者，一千两以下，照例勒追，一年不完，依负欠私债律治罪；一千两以上，监禁严追，一年不完，于负欠私债律上加三等，杖九十。所欠之银，仍追给主。承追之员，按月册报巡道稽查，逾限不给者，巡道按册提比。如怠忽从事，拖延累商者，该巡道据实揭参，照事件迟延例议处；有意徇纵者，照徇情例，降二级调用；如有受财故纵者，计赃从重，以枉法论。**

**臣等谨按：**此例应仍其旧。惟杖罪现经改章，例内“杖九十”三字应改为“治罪”二字；巡道现议裁改，例内“巡道”字样应改为“该管上司”。谨将修改例文，开列于后。

**修　改**

一、牙行侵欠控追之案，审系设计诓骗，侵吞入己者，照诓骗本律，计赃治罪；一百二十两以上，问拟满流；追赃给主。若系分散客店，牙行并无中饱者，一千两以下，照例勒追，一年不完，依负欠私债律治罪；一千两以上，监禁严追，一年不完，于负欠私债律上加三等治罪。所欠之银，仍追给主。承追之员，按月册报该管上司稽查，逾限不给者，该管上司按册提比。如怠忽从事，拖延累商者，该管上司据实揭参，照事件迟延例议处；有意徇纵者，照徇情例，降二级调用；

如有受财故纵者，计赃从重，以枉法论。

**○原 例**

**一、各处客商辐辏去处，若牙行及无藉之徒用强邀截客货者，不论有无诓赊货物，问罪，俱枷号一个月。如有诓赊货物，仍追比完足发落。若追比年久，无从赔还，累死客商者，发附近充军。**

**臣等谨按：**此条系前明《问刑条例》，雍正三年〔1725年〕改定。“牙行及无藉之徒用强邀截客货”，即系“把持行市”。例内“问罪”二字，系按本律“杖八十”，“治罪”应改为“依本律处八等罚”；“枷号一月”，若照章罚金，颇涉烦琐，应从宽免；“附近充军”照章改为“流二千里”。谨将修改例文，开列于后。

**修 改**

一、各处客商辐辏去处，若牙行及无藉之徒用强邀截客货者，不论有无诓赊货物，依本律处八等罚。如有诓赊货物，仍追比完足发落。若追比年久，无从赔还，累死客商者，流二千里。

**○原 例**

**一、凡内府人员家人，及王、贝勒、贝子、公、大臣、官员家人，领本生理，霸占要地关津，倚势欺凌，不令商民贸易者，事发，将倚势欺凌之人，拟斩监候。如民人借贷王以下大臣、官员银两，指名贸易，霸占要地关津，恃强贻累地方者，亦照此例治罪。又内府人员家人，及王以下大臣、官员家人，指名倚势，网收市利，挟制有司，干预词讼，肆行非法，该主遣去者，本犯枷号三个月、鞭一百；本犯私去者，照光棍例治罪。王、贝勒、贝子、公失察者，俱交与该衙门照例议处；管理家务官，革职；大臣、官员失察者，亦俱革职。不行察拿之该地方文武官，交该部议处。**

**臣等谨按：**此条系康熙六年〔1667年〕定例，雍正三年〔1725年〕修改，乾隆五年〔1740年〕改定。例内家人指名倚势，肆行非法，情节极重，该主遣去者，本犯止枷号三个月、鞭一百，系照旗人烟瘴、军折枷发落之法。现在鞭责已经改章，折枷之法亦奏准废除，此项罪名拟即改为“发烟瘴地方安置”，以示惩儆。“斩候”照章改为“绞候”。谨将修改例文，开列于后。

**修 改**

一、凡内府人员家人，及王、贝勒、贝子、公、大臣、官员家人，领本生理，霸占要地关津，倚势欺凌，不令商民贸易者，事发，将倚势欺凌之人，拟绞监候。如民人借贷王以下大臣、官员银两，指名贸易，霸占要地关津，恃强贻累地方者，亦照此例治罪。又内府人员家人，及王以下大臣、官员家人，指名倚势，网收市利，挟制有司，干预词讼，肆行非法，该主遣去者，本犯发烟瘴地方安置；本犯私去者，照光棍例治罪。王、贝勒、贝子、公失察者，俱交与该衙门照例议处；管理家务官，革职；大臣、官员失察者，亦俱革职。不行察拿之该地方文武官，交该部议处。

**○原 例**

**一、大小衙门公私所需货物，务照市价公平交易，不得充用牙行，纵役私取。即有差办，必须秉公提取，毋许借端需索。如有纵役失察，交部分别议处。其衙役，照牙行及无藉之徒用强邀截客货者不论有无诓赊货物例，枷号一个月、杖八十；如赃至三十五两者，照枉法赃问拟。所得赃、私货物，分别给主、入官。**

**臣等谨按：**此条系乾隆元年〔1736年〕定例。惟查“牙行及无藉之徒用强邀截客货不论有无诓赊”本例，业改为“依本律处八等罚”，此处“枷、杖”一层，应改照彼例治罪，以示浑括。谨将修改例文，开列于后。

**修　改**

一、大小衙门公私所需货物，务照市价公平交易，不得充用牙行，纵役私取。即有差办，必须秉公提取，毋许借端需索。如有纵役失察，交部分别议处。其衙役，照牙行及无藉之徒用强邀截客货者不论有无诓赊货物例治罪；如赃至三十五两者，照枉法赃问拟。所得赃、私货物，分别给主、入官。

## 僧道拜父母

〔**刑律案语**〕

**○原　律**

**凡僧、尼、道士、女冠，并令拜父母、祭祀祖先。**本宗亲属在内。**丧服等第，**谓斩、衰、期、功、缌麻之类。**皆与常人同。违者，杖一百，还俗。○若僧、道衣服，止许用绸、绢、布匹，不得用苎、丝、绫罗。违者，笞五十，还俗，衣服入官。其袈裟、道服，不在禁限。**

**臣等谨按：**律内笞、杖罪名，照章罚金，均应依数分等处罚。谨将修改律文，开列于后。

**修　改**

凡僧、尼、道士、女冠，并令拜父母、祭祀祖先。本宗亲属在内。丧服等第，谓斩、衰、期、功、缌麻之类。皆与常人同。违者，处十等罚，还俗。○若僧、道衣服，止许用绸、绢、布匹，不得用苎、丝、绫罗。违者，处五等罚，还俗，衣服入官。其袈裟、道服，不在禁限。

## 丧　葬职官、庶民，三月而葬。

〔**刑律案语**〕

**○原　律**

**凡有**尊卑**丧之家，必须依礼**定限**安葬。若惑于风水，及托故停柩在家，经年暴露不葬者，杖八十。**若弃毁死尸，又有本律。**其从尊长遗言，将尸烧化，及弃置水中者，杖一百；从卑幼，并减二等。若亡殁远方，子孙不能归葬而烧化者，听从其便。○其居丧之家，修斋设醮，若男女混杂**所重在此。**饮酒食肉者，家长杖八十；僧、道同罪，还俗。**

**臣等谨按：**律内杖罪，照章罚金，均应依数分等处罚。“亡殁远方，不能归葬而烧化者”一层，止言子孙，似未赅括，应将“子孙”二字删去，添注“尊长、卑幼”四字。谨将修改律文，开列于后。

**修 改**

凡有尊卑丧之家，必须依礼定限安葬。若惑于风水，及托故停柩在家，经年暴露不葬者，处八等罚。若弃毁死尸又有本律。其从尊长遗言，将尸烧化，及弃置水中者，处十等罚；从卑幼，并减二等。若亡殁远方，尊长、卑幼不能归葬而烧化者，听从其便。○其居丧之家，修斋设醮，若男女混杂所重在此。饮酒食肉者，家长处八等罚；僧、道同罪，还俗。

**○原 例**

**一、旗、民丧葬，概不许火化。除远乡贫人，不能扶柩归里，不得已携骨归葬者，姑听不禁外；其余有犯，照违制律治罪。族长及佐领等隐匿不报，照不应轻律，分别鞭责议处。**

**臣等谨案：**不应轻律"笞四十"已照章改为罚金。例内"照不应轻律，分别鞭责"句系兼指旗人有犯而言，现在满、汉刑律已改从同，自应节改为"科断"二字，以昭划一。谨将修改例文，开列于后。

**修 改**

一、旗、民丧葬，不许火化。除远乡贫人，不能扶柩归里，不得已携骨归葬者，姑听不禁外；其余有犯，照违制律治罪。佐领及族长隐匿不报，照不应轻律科断。

**○原 例**

**一、民间丧葬之事，凡有聚集演戏，及扮演杂剧等类，或用丝竹管弦演唱佛戏者，该地方官严行禁止。违者，照违制律治罪。**

**臣等谨按：**此例应仍其旧，理合陈明。

## 乡饮酒礼

### 〔刑律案语〕

**○原 律**

**凡乡党叙齿，及乡饮酒礼，已有定式。违者，笞五十。乡党叙齿，自平时行坐而言；乡饮酒礼，自会饮礼节而言。**

**臣等谨按：**律内"笞五十"罪名，照章罚金，应改为"处五等罚"。谨将修改律文，开列于后。

**修 改**

凡乡党叙齿，及乡饮酒礼，已有定式。违者，处五等罚。乡党叙齿，自平时行坐而言；乡饮酒礼，自会饮礼节而言。

**○原 例**

**一、乡党叙齿，士农工商人等平居相见，及岁时宴会，揖拜之礼，幼者先施；坐次之列，长者居上。如佃户见田主，不论齿叙，并行以少事长之礼；若亲属，不拘主佃，止行亲属礼。**

**一、乡饮坐叙，高年有德者居于上，高年纯笃者并之，以次序齿而列。其有曾违条犯法之人，列于外坐，不许紊越正席。违者，照违制论。主席者，若不分别，致使良莠溷淆，或察知，或坐中人发觉，依律科罪。**

**臣等谨按：**以上二例，均应仍其旧，理合陈明。

## 宰杀马牛

〔刑律案语〕

○原　律

凡私宰自己马、牛者，杖一百；驼、骡、驴，杖八十；筋角皮张入官。误杀及病死者，不坐。○若故杀他人马、牛者，杖七十、徒一年半；驼、骡、驴，杖一百；官畜产同。若计赃重于本罪者，准盗论。追价给主。系官者，准常人盗官物断罪。并免刺。若伤而不死，不堪乘用，及杀猪、羊等畜者，计杀伤所减之价，亦准盗论。各追赔所减价钱。完官、给主。价不减者，笞三十。其误杀伤者，不坐罪，但追赔减价。○为从者，故杀伤各减一等。官物不分首、从。○若故杀缌麻以上亲马、牛、驼、骡、驴者，与本主私宰罪同。追价赔主。杀猪、羊等畜者，计减价，坐赃论，罪止杖八十。其误杀及故伤者，俱不坐，但各追赔减价。○若官、私畜产毁食官、私之物，因而杀伤者，各减故杀伤三等，追赔所减价。还畜主。畜主赔偿所毁食之物。还官、主。○若故放官、私畜产损食官、私物者，笞三十。计所食之赃重于本罪者，坐赃论。罪止杖一百、徒三年。失防者，减二等；各赔所损物。还官、主。○若官畜产失防毁食官物者，止坐其罪，不在赔偿之限。○若畜产欲触抵踢咬人，登时杀伤者，不坐罪，亦不赔偿。兼官、私。

**臣等谨按：**此仍《明律》，顺治三年〔1646年〕删定。律内笞、杖，照章罚金，应依数分等处罚；徒罪附杖及小注“并免刺”三字，均应节删。至“为从者，各减一等”系专承“故杀伤”而言，小注虽已叙明，与前节究觉隔断，似不如将此句移入“误杀伤”之上，将注语“故杀伤”三字节去，并删去一圈，以免误会。谨将修改律文、律注，开列于后。

**修　改**

凡私宰自己马、牛者，处十等罚；驼、骡、驴，处八等罚；筋角皮张入官。误杀及病死者，不坐。○若故杀他人马、牛者，徒一年半；驼、骡、驴，处十等罚；官畜产同。若计赃重于本罪者，准盗论。追价给主。系官者准常人盗官物断罪。若伤而不死，不堪乘用，及杀猪、羊等畜者，计杀伤所减之价，亦准盗论。各追赔所减价钱。还官、给主。价不减者，处三等罚。为从者，各减一等。官物不分首、从。其误杀伤者，不坐罪，但追赔减价。○若故杀缌麻以上亲马、牛、驼、骡、驴者，与本主私宰罪同。追价赔主。杀猪、羊等畜者，计减价，坐赃论，罪止八等罚。其误杀及故伤者，俱不坐，但各追赔减价。○若官、私畜产毁食官、私之物，因而杀伤者，各减故杀伤三等，追赔所减价。还畜主。畜主赔偿所毁食之物。还官、主。○若故放官、私畜产损食官、私物者，处三等罚。计所食之赃重于本罪者，坐赃论。罪止徒三年。失防者，减一等；各赔所损物。还官、主。○若官畜产失防毁食官物者，止坐其罪，不在赔偿之限。○若畜产欲触抵踢咬人，登时杀伤者，不坐罪，亦不赔偿。兼官、私。

○原　例

一、凡屠户将堪用牲畜买去宰杀者，虽经上税，仍照故杀他人驼骡律，杖一百。若将窃盗所偷堪用牲畜，不上税买去宰杀者，与窃盗一体治罪；如窃盗罪名轻于宰杀者，仍从重依宰杀本例问拟，免刺，不得以盗杀论。

**臣等谨按：**此条系康熙年间现行例。原例“堪用牲畜”本无牛、马在内，故照杀他人驼骡律拟杖。嘉庆十六年〔1811 年〕，以雷顺故买赃牛宰杀一案，部议照盗牛本例转轻于宰杀之罪，改依私宰耕牛例办理，旋于修例时纂入，遂与原例不无参差。应将上层添入“别项”二字，下层“所偷”下添入“马、牛及别项”五字，以免误会。至“杖一百”，即包于故杀他人驼骡本律之中，似无庸复叙，应改为“科罪”。例末“从重依宰杀本例”一语，应改为“依宰杀本罪”，较为赅括。“免刺”二字应节删。谨将修改例文，开列于后。

修　改

一、凡屠户将别项堪用牲畜买去宰杀者，虽经上税，仍照故杀他人驼骡律科罪。若将窃盗所偷马、牛及别项堪用牲畜，不上税买去宰杀者，与窃盗一体治罪；如窃盗罪名轻于宰杀者，仍从重依宰杀本罪问拟，不得以盗杀论。

○原　例

一、凡宰杀耕牛，私开圈店，及贩卖与宰杀之人，初犯，俱枷号两个月，杖一百。若计只重于本罪者，照盗牛例治罪，免刺，罪止杖一百、流三千里。再犯，发附近充军。杀自己牛者，枷号一个月，杖八十；其残老病死者，勿论。失察私宰之地方官，照失察宰杀马匹例，分别议处；若能拿获究治，免其处分。

一、开设汤锅，宰杀堪用马一、二匹者，枷号四十日、责四十板；三、四匹者，杖六十、徒一年；五匹以上，每马四匹递加一等；至三十匹者，杖一百、流三千里；三十匹以上者，发云、贵、两广烟瘴少轻地方，交与地方官严行管束。若旗人有犯，亦计匹论罪。一匹至四匹者，俱枷号四十日；五匹以上，每四匹递加一等，加枷号五日；至三十匹以上者，发黑龙江当差。牙行及卖马之人知情者，照数各减宰马人罪一等；至三十匹以上者，均发附近充军。其徒罪以下再犯，及知情卖与者，俱不计匹数，均发近边充军。失察之地方官，按数分别议处。

**臣等谨按：**以上二例言宰杀牛马开设圈店、汤锅之罪，应修并为一。查盗牛计只之例，臣等此次以例文错杂，改为计赃，上条“计只”二字，亦应照改。惟牛价贵贱不同，通商口岸有一牛值百金者，若准窃盗论罪，是杀一牛而拟流，与正律罪名相去太甚。考《唐律》，“故杀官私牛马者，徒一年半；赃重者，计减价，准盗论”，今律杀猪、羊等畜，亦计减价，准盗论。拟即参照修改。至贩卖与人宰杀，究与自行宰杀者有别，下条宰杀马匹，知情卖与者减宰马人罪一等，宰牛、宰马情事相类，定罪未便两歧，拟请比照酌减。其再犯充军之处，窃盗本例自有再犯专条，拟请节去。枷杖一项，既已计赃科断，亦毋庸另立罪名。惟宰杀自己耕牛，无坐赃论罪之理，而删除枷号，又转较正律为轻，有犯自当仍依本律定拟，此处应节删。地方官失察私宰耕牛，《处分则例》本有专条，例内照失察宰马例议处，徒滋淆混，亦拟节删。宰杀牛、马，律无区别，下条宰杀罪名，应与上条改归一例。其计匹科罪，及分别旗人有犯之处，一概删除。谨将修并例文，开列于后。

**修　并**

一、凡宰杀耕牛，私开圈店，及开设汤锅，宰杀堪用马匹，俱计减价，赃重于宰杀本罪者，准窃盗论，罪止流三千里。将耕牛贩卖与宰杀之人，及牙行或卖马人知情而卖者，俱减一等；其残老病死者，勿论。失察之地方官，照例分别议处。

**○删　除**

一、附京州县及京汛地方，有窝藏偷窃马匹，开设马窑子宰剥者，实发云贵、两广极边烟瘴充军。失察之官弁，照例议处。

**臣等谨按：**此条系乾隆二年〔1737年〕定例，为禁止宰马窑子而设。现在尚无此等情弊，本例无关引用。拟请删除。

## 畜产咬踢人

### 〔刑律案语〕

**○原　律**

凡马、牛及犬，有触抵踢咬人，而畜主记号拴系不如法，若有狂犬不杀者，笞四十；因而杀伤人者，以过失论。各准斗殴杀伤，收赎给主。若故放，令杀伤人者，减斗殴杀伤一等。亲属有犯者，依尊卑相殴杀伤律。其受雇医疗畜产，无制控之术，及无故人自触之，而被杀伤者，不坐罪。○若故放犬，令杀伤他人畜产者，各笞四十，追赔所减价钱。给主。

**臣等谨按：**此仍《明律》。律内“笞四十”罪名，照章罚金，应改为“处四等罚”。谨将修改律文，开列于后。

**修　改**

凡马、牛及犬，有触抵踢咬人，而畜主记号拴系不如法，若有狂犬不杀者，处四等罚；因而杀伤人者，以过失论。各准斗殴杀伤，收赎给主。若故放，令杀伤人者，减斗殴杀伤一等。亲属有犯者，依尊卑相殴杀伤律。其受雇医疗畜产，无制控之术，及无故人自触之，而被杀伤者，不坐罪。○若故放犬，令杀伤他人畜产者，处四等罚，追赔所减价钱。给主。

### 〔核订刑律〕

**○原修改律文**

凡疏纵马、牛及犬，有触抵踢咬人，而畜主记号拴系不如法，若有狂犬不杀者，处四等罚；因而杀伤人者，以过失论。各准斗殴杀伤，收赎给主。若故放，令杀伤人者，减斗殴杀伤一等。亲属(而)〔有〕犯者，依尊卑相殴杀伤律。其受雇医疗畜产，无制控之术，及无故人自触之，而被杀伤者，不坐罪。○若故放犬，令杀伤他人畜产者，处四等罚，追赔所减价钱。给主。

**谨按**：第一节“记号拴系不如法”，即《违警律》第二十六条之“疏纵”，系属重出。彼律既有治罪明文，刑律应即节删。谨将修改律文，开列于后。

**修　改**

凡疏纵马、牛及犬，因而杀伤人者，以过失论。各准斗殴杀伤，收赎给主。若故放，令杀伤人者，减斗殴杀伤一等。亲属有犯者，依尊卑相殴杀伤律。其受雇医疗畜产，无制控之术，及无故人自触之，而被杀伤者，不坐罪。○若故放犬，令杀伤他人畜产者，处四等罚，追赔所减价钱。给主。

# 发　冢

**〔刑律案语〕**

**○原　律**

凡发掘他人坟冢，见棺椁者，杖一百、流三千里；已开棺椁见尸者，绞；监候。发而未至棺椁者，杖一百、徒三年。招魂而葬亦是。为从，减一等。若年远冢先穿陷及未殡埋，而盗尸柩尸在柩未殡或在殡未埋。者，杖九十、徒二年半；开棺椁见尸者，亦绞。杂犯。其盗取器物、砖石者，计赃，准凡盗论，免刺。○若卑幼发五服以内尊长坟冢者，同凡人论；开棺椁见尸者，斩。监候。若弃尸卖坟地者，罪亦如之。买地人、牙保知情者，各杖八十，追价入官，地归同宗亲属；不知者，不坐。若尊长发五服以内卑幼坟冢，开棺椁见尸者，缌麻，杖一百、徒三年；小功以上，各递减一等。祖父母、父母发子孙坟冢，开棺椁见尸者，杖八十。其有故而依礼迁葬者，尊长、卑幼俱不坐。○若残毁他人死尸，及弃尸水中者，各杖一百、流三千里。谓死尸在家，或在野未殡葬，将尸焚烧、残毁之类。若已殡葬者，自依发冢开棺椁见尸律，从重论。若毁弃缌麻以上尊长未葬死尸者，斩。监候。弃他人及尊长而不失，其尸。及毁而但髡发若伤者，各减一等。凡人减流一等；卑幼减斩一等。○毁弃缌麻以上卑幼，死尸。各依凡人毁弃，依服制。递减一等；毁弃子孙死尸者，杖八十。其子孙毁弃祖父母、父母及奴婢、雇工人毁弃家长死尸者，不论残失与否。斩。监候。律不载妻妾毁弃夫尸，有犯，依缌麻以上尊长律奏请。○若穿地得无主死尸，不即掩埋者，杖八十。若于他人坟墓，为熏狐狸因而烧棺椁者，杖八十、徒二年；烧尸者，杖一百、徒三年。若缌麻以上尊长，各递加一等；烧棺椁者，各加为杖九十、徒二年半；烧尸者，递加为杖一百、流二千里。不可依服属各递加，致反重于祖父母、父母也。卑幼各因其服依凡人递减一等。若子孙于祖父母、父母及奴婢、雇工人于家长坟墓熏狐狸者，杖一百；烧棺椁者，杖一百、徒三年；烧尸者，绞。监候。○平治他人坟墓为田园者，虽未见棺椁。杖一百。仍令改正。于有主坟地内盗葬者，杖八十，勒限移葬。若将尊长坟冢平治作地，得财卖人，止问诓骗人财，不可作弃尸卖坟地断；计赃，轻者，仍杖一百。买主知情，则坐不应重律，追价入官；不知情，追价还主。○若地界内有死人，里长、地邻不申报官司检验，而辄移他处及埋藏者，杖八十；以致失尸者，首杖一百；残毁及弃尸水中者，首杖六十、徒一年；残弃之人仍坐流罪。弃而不失，及髡发若伤者，各减一等；杖一百。若邻里自行残毁，仍作流罪。因而盗取衣服者，计赃，准窃盗论，免刺。

**臣等谨按：**此仍《明律》，应循其旧。惟查《比引律条》有“弃毁祖宗神主，比依弃毁父母死尸律，斩”一条，新章“斩候”已改“绞候”，自应于“子孙毁弃祖父母父母死尸”律下小注内加注“如子孙毁弃祖宗神主，亦依此律治罪”十五字，以资援引。杖罪，照章罚金应依数，分等处罚；流、徒附杖及刺字，并应节删。谨将修改律文、律注，开列于后。

**修　改**

凡发掘他人坟冢，见棺椁者，流三千里；已开棺椁见尸者，绞；监候。发而未至棺椁者，徒三年。招魂而葬亦是。为从，减一等。若年远冢先穿陷及未殡埋，而盗尸柩尸在柩未殡或在殡未埋。者，徒二年半；开棺椁见尸者，亦绞。杂犯。其盗取器物、砖石者，计赃，准凡盗论。○若卑幼发五服以内尊长坟冢者，同凡人论；开棺椁见尸者，绞。监候。若弃尸卖坟地者，罪亦如之。买地人、牙保知情者，各处八等罚，追价入官，地归同宗亲属；不知者，不坐。若尊长发五服以内卑幼坟冢，开棺椁见尸者，缌麻，徒三年；小功以上，各递减一等。祖父母、父母发子孙坟冢，开棺椁见尸者，处八等罚。其有故而依礼迁葬者，尊长、卑幼俱不坐。○若残毁他人死尸，及弃尸水中者，各流三千里。谓死尸在家，或在野未殡葬，将尸焚烧、残毁之类。若已殡葬者，自依发冢开棺椁见尸律，从重论。若毁弃缌麻以上尊长未葬死尸者，绞。监候。弃他人及尊长而不失，其尸。及毁而但髡发若伤者，各减一等。凡人减流一等；卑幼减绞一等。○毁弃缌麻以上卑幼，死尸。各依凡人毁弃，依服制。递减一等；毁弃子孙死尸者，处八等罚。其子孙毁弃祖父母、父母及奴婢、雇工人毁弃家长死尸者，不论残失与否。绞。监候。律不载妻妾毁弃夫尸，有犯，以缌麻以上尊长律奏请。如子孙毁弃祖宗神主，亦依此律治罪。○若穿地得无主死尸，不即掩埋者，处八等罚。若于他人坟墓，为熏狐狸因而烧棺椁者，徒二年；烧尸者，徒三年。若缌麻以上尊长，各递加一等；烧棺椁者，各加为徒二年半；烧尸者，递加为流二千里。不可依服属各递加，致反重于祖父母、父母也。卑幼各因其服依凡人递减一等。若子孙于祖父母、父母及奴婢、雇工人于家长坟墓熏狐狸者，处十等罚；烧棺椁者，徒三年；烧尸者，绞。监候。○平治他人坟墓为田园者，虽未见棺椁。处十等罚。仍令改正。于有主坟地内盗葬者，处八等罚，勒限移葬。若将尊长坟冢平治作地，得财卖人，止问诓骗人财，不可作弃尸卖坟地断；计赃，轻者，仍处十等罚。买主知情，则坐不应重律，追价入官；不知情，追价还主。○若地界内有死人，里长、地邻不申报官司检验，而辄移他处及埋藏者，处八等罚；以致失尸者，首处十等罚；残毁及弃尸水中者，首徒一年；残弃之人仍坐流罪。弃而不失，及髡发若伤者，各减一等；若邻里自行残毁，仍作流罪。因而盗取衣服者，计赃，准窃盗论。

**○原　例**

**一、有服尊长盗卑幼未殡、未埋尸柩，开棺见尸者，缌麻尊长为首，依发卑幼坟冢开棺见尸杖一百徒三年律，减一等；未开棺椁者，再减一等。如系小功以上尊长为首，各依律以次递减。为从之尊长，亦各按服制，减为首之罪一等。如有卑幼或外人，为首、为从，分别服制、凡人，各以首、从论。**

**臣等谨按：**此例应仍其旧，惟徒罪附杖照章节删。谨将修改例文，开列于后。

**修　改**

一、有服尊长盗卑幼未殡、未埋尸柩，开棺见尸者，缌麻尊长为首，依发卑幼坟冢开棺见尸徒三年律，减一等；未开棺椁者，再减一等。如系小功以上尊长为首，各依律以次递减。为从之尊长，亦各按服制，减为首之罪一等。如有卑幼或外人，为首、为从，分别服制、凡人，各以首、从论。

○删　除

一、凡指称旱魃，刨坟毁尸，为首者，照发冢开棺见尸律，拟绞监候。如讯明实无嫌隙，秋审入于缓决；若审有挟仇泄忿情事，秋审入于情实。为从帮同刨毁者，改发近边充军；年在五十以上，仍发附近充军。其仅止听从同行，并未动手者，杖一百、徒三年。

**臣等谨按：**此条系嘉庆九年〔1804 年〕定例。虽较本律加重，究较新例为轻。且此等罪犯，并不常见，有犯自可查照本门例文定拟，无庸设立专条。此例似可删除。

○删　除

一、凡愚民惑于风水，擅称洗筋、检筋名色，将已葬父母及五服以内尊长骸骨，发掘检视，占验吉凶者，均照服制，以毁弃坐罪。帮同洗检之人，俱以为从论。地保扶同隐匿，照知人谋害他人不即阻首律，杖一百。若有故而以礼迁葬，仍照律勿论。

**臣等谨按：**此条系乾隆十一年〔1746 年〕定例。惟占验吉凶遽照毁弃定罪，未免过重。且近来并未见有此等案件，例文无关引用，似应删除。

○原　例

一、凡盗葬之人，除侵犯他人坟冢，发掘开棺见尸者，仍各按照律例治罪外；如因盗葬后，被地主发掘弃毁，无论所葬系尊长及卑幼尸柩，俱照强占官民山场律，杖一百、流三千里。如于有主坟地及切近坟旁盗葬，尚无侵犯，致被地主发掘等情者，照强占山场满流律，量减一等，杖一百、徒三年。若止于田园、山场内盗葬者，照强占山场满流律，量减二等，杖九十、徒二年半。仍勒限一个月，押令犯属迁移。逾限不迁，即将犯属枷示，候迁移日释放。其唆令盗葬之地师、讼师，与本犯一体治罪。

一、贪人吉壤，将远年之坟盗发者，子孙告发，审有确据，将盗发之人以开棺见尸律拟绞监候；如非其子孙，又非实有确据之前人古冢，但因有土墩，见人埋葬，辄称伊远祖坟墓，勾引匪类，伙告伙证，陷害无辜，审明，将为首者照诬告人死罪未决律，杖一百、流三千里；为从，各照诬告为从律科断。若实系本人远祖之坟，被人发掘盗葬，因将所盗葬之棺发掘抛弃者，照祖父母、父母被杀子孙不告官司而擅杀行凶人律，杖六十。若盗葬者并无发掘等情，止在切近坟旁盗葬，而本家辄行发掘者，应照地界内有死人不报官司而辄移他处律科断；如有毁弃尸骸，照地界内有死人而移尸毁弃律科断。若非系坟地，止在田地场园内盗葬，而地主发掘，开棺见尸，仍照律拟绞；其不开棺见尸者，各照本律，减一等治罪。如两造本系亲属，其所侵损之坟冢、棺椁、尸骸，与本身皆有服制者，各照律内服制科断。

**臣等谨按：**此二例原系一条，雍正十三年〔1735 年〕纂定，乾隆五十三年〔1788 年〕析分为二。上条例首"开棺见尸，各按律例治罪"，究竟依律、依例，不甚分明。窃以盗葬与盗掘不同，似应将"律例"改为"本律"，以免误会。例末"枷示"一层，若照章议罚，未免过轻，应改为"暂行收禁"。下条"照诬告人死罪未决律拟流"，不言"加役"，核与彼律未符；且诬告律无"为从"之文，亦有未协，似应将"照诬告死罪未决律"句节去，而将"从罪"改为"减一等，拟徒"，以便援引。至"子孙不告官司而擅杀行凶人律拟杖"，彼律既有明文，"杖六十"罪名亦应酌改为"治罪"。所有两例内流、徒附杖，均照章节删。谨将修改例文二条，分列于后。

**修　改**

一、凡盗葬之人，除侵犯他人坟冢，发掘开棺见尸者，仍各按照本律治罪外；如因盗葬后，被地主发掘弃毁，无论所葬系尊长及卑幼尸柩，俱照强占官民山场律，流三千里。如于有主坟地及切近坟旁盗葬，尚无侵犯，致被地主发掘等情者，照强占山场满流律，量减一等，徒三年。若止于田园、山场内盗葬者，照强占山场满流律，量减二等，徒二年半。仍勒限一个月，押令犯属迁移。逾限不迁，即将犯属暂行收禁，候迁移日释放。其唆令盗葬之地师、讼师，与本犯一体治罪。

一、贪人吉壤，将远年之坟盗发者，子孙告发，审有确据，将盗发之人以开棺见尸律拟绞监候；如非其子孙，又非实有确据之前人古冢，但因有土墩，见人埋葬，辄称伊远祖坟墓，勾引匪类，伙告伙证，陷害无辜，审明，将为首者流三千里；为从，减一等，拟徒三年。若实系本人远祖之坟，被人发掘盗葬，因将所盗葬之棺发掘抛弃者，照祖父母、父母被杀子孙不告官司而擅杀行凶人律治罪。若盗葬者并无发掘等情，止在切近坟旁盗葬，而本家辄行发掘者，应照地界内有死人不报官司而辄移他处律科断；如有毁弃尸骸，照地界内有死人而移尸毁弃律科断。若非系坟地，止在田地场园内盗葬，而地主发掘，开棺见尸，仍照律拟绞；其不开棺见尸者，各照本律，减一等治罪。如两造本系亲属，其所侵损之坟冢、棺椁、尸骸，与本身皆有服制者，各照律内服制科断。

**○原　例**

**一、凡殴故杀人案内，凶犯起意残毁死尸及弃尸水中，其听从抬弃之人，无论在场有无伤人，俱照弃尸为从律，杖一百、徒三年。若埋尸灭迹，其听从抬埋之人，审系在场帮殴有伤，律应满杖者，亦杖一百、徒三年；其在场并未伤人，止于听从抬埋者，照里长地邻弃尸律，杖六十、徒一年；**如案内余人起意毁弃，及埋尸灭迹，仍照弃尸为首律，杖一百、流三千里。**不失尸者，各减一等。若受雇抬埋，并不知情者，仍照地界内有死人不报官司而辄移藏律，杖八十。至窃劫之犯，如有在湖河舟次格斗致毙，尸堕水中，漂流不获，及山谷险隘，猝然遇暴，尸沉涧溪，本无毁弃之情，仍依格杀本律科断，毋庸牵引弃尸之律。若系在家黉夜格捕，致死奸盗之犯，或在旷野道途，格杀拒捕盗贼，罪本不应拟抵，将尸毁弃、掩埋、移投坑井者，照地界内有死人不报官司私自掩埋律，杖八十；因而遗失者，照地界内有死人移置他所以致失尸律，杖一百；如有格杀之后，怀挟仇恨，逞凶残毁，投弃水火，割剥损伤者，仍照毁弃死尸本律科罪。其随同协捕共殴之余人，有犯弃毁移埋等项，俱照此例分别办理。**

**臣等谨按：**此例原系二条，一系乾隆二十七年〔1762年〕纂定，一系乾隆四十一年〔1776年〕纂定，嘉庆六年〔1801年〕修改，十四年〔1809年〕修并为一。查埋尸与弃尸情事，各不相等。埋尸者，大率由于畏罪；弃尸者，事本出于有心。今例内俱照弃尸为从律拟徒，而一则不论有无伤人，一则仍分别伤人与否定拟。在毁弃之从犯，办理尚不为苛；而仅止听从抬埋之人，未免律外加重。盖余人，本律不过满杖罪名，非重伤并无从重论者，似应将下“帮殴有伤”及“未伤人”二层节去，统改为“无论在场有无伤人，各按余人本罪，加一等，徒一年”，并于“埋尸灭迹”下添入“因而遗失”句，俾免误会。至小注内“余人起意毁弃，仍照弃尸为首律拟流”应改作正文，移入上“徒三年”之下；“其埋尸灭迹案内，系余人起意”亦应改为“再加一等，徒一年半”；并叙明“伤罪重者，仍从重论”，庶与上毁弃者略有区别，而情法亦昭平允。再“地界内有死人移置他所以致失尸”，按本律系“辄移他处”，亦应照改。例末“格杀之后，挟仇，逞凶残毁，投弃，仍照毁弃律科罪”等语，以杀死罪人律得勿论之犯，因弃尸反得流罪，是死者之命不足惜，而死者之尸转可贵矣，殊未允协，似不如将此段全行删去，以省繁冗。徒、流附杖，应节删；杖罪，照章罚金应依数，分等处罚。谨将修改例文，开列于后。

**修　改**

一、凡殴故杀人案内，凶犯起意残毁死尸及弃尸水中，其听从抬弃之人，无论在场有无伤人，俱照弃尸为从律，徒三年。系余人起意，仍照弃尸为首律，流三千里。若埋尸灭迹，因而遗失者，其听从抬埋之人，无论在场有无伤人，各按余人本罪，加一等，徒一年；系余人起意，再加一等，徒一年半；伤罪重者，仍从重论；不失尸者，各减一等。若受雇抬埋，并不知情者，仍照地界内有死人不报官司而辄移藏律，处八等罚。至窃劫之犯，如有在湖河舟次格斗致毙，尸堕水中，漂流不获，及山谷险隘，猝然遇暴，尸沉涧溪，本无毁弃之情，仍依格杀本律科断，毋庸牵引弃尸之律。若系在家黉夜格捕，致死奸盗之犯，或在旷野道途，格杀拒捕盗贼，罪本不应拟抵，将尸毁弃、掩埋、移投坑井者，照地界内有死人不报官司私自掩埋律，处八等罚；因而遗失者，照地界内有死人辄移他处以致失尸律，处十等罚。

**○原　例**

**一、凡子孙发掘祖父母、父母坟冢，均不分首、从，已行未见棺椁者，皆绞立决；见棺椁者，皆斩立决；开棺见尸，并毁弃尸骸者，皆凌迟处死。若开棺见尸至三冢者，除正犯凌迟处死外，其子俱发往伊犁当差。如有尊长、卑幼或外人，为首、为从，分别服制、凡人，各以首、从论。**

**臣等谨按：**此条系嘉庆六年〔1801年〕定例，十五年〔1810年〕修改。例内“凌迟”照章应改“斩决”，“斩决”应改“绞决”，“绞决”应改“绞候入实”。至开棺见尸，本罪既应拟斩，则虽至三冢以上，似亦无以复加，此层应即节去；而其子发往伊犁当差，自系缘坐之法，惟缘坐业已废止，是此项罪坐其子，亦应删除。谨将修改例文，开列于后。

**修　改**

一、凡子孙发掘祖父母、父母坟冢，均不分首、从，已行未见棺椁者，皆绞监候，入于秋审情实；见棺椁者，皆绞立决；开棺见尸，并毁弃尸骸者，皆斩立决。如有尊长、卑幼或外人，为首、为从，分别服制、凡人，各以首、从论。

**○原　例**

**一、子孙盗祖父母、父母未殡、未埋尸柩，不分首、从，开棺见尸者，皆斩立决；如未开棺椁，事属已行，确有显迹者，皆绞立决。如有尊长、卑幼或外人，为首、为从，分别服制、凡人，各以首、从论。**

**一、有服卑幼盗尊长未殡、未埋尸柩，未开棺椁者，为首期亲卑幼发极边足四千里充军，功、缌卑幼发边远充军；为从期亲卑幼发边远充军，功、缌卑幼发近边充军。开棺见尸者，为首期亲卑幼实发云贵、两广极边烟瘴充军，功、缌卑幼发极边足四千里充军；为从期亲卑幼发极边足四千里充军，功、缌卑幼发边远充军。如有尊长或外人，为首、为从，分别**

**服制、凡人，各以首、从论。**

**臣等谨按：**此二条均系嘉庆十三年〔1808年〕定例，十九年〔1814年〕修改；同治九年〔1870年〕改定。因律无子孙盗祖父及卑幼盗尊长未殡未埋尸柩作何治罪明文，是以补此二例。第一条“斩决”照章应改“绞决”，“绞决”亦应改为“绞候入实”。惟未开棺椁，在凡人仅拟满徒，而子孙则应实绞，固为严惩不孝起见，究嫌过重。按奴、雇盗家长未埋尸柩未开棺例，系绞候；子孙与奴、雇同科，似应照改，无庸添叙“入实”一层，以免歧异。第二条盗尊长未埋尸柩，分别期亲、功、缌拟军，本较凡人加至数等，但凡人犯至三次，即应拟绞，而卑幼并无死罪，是一、二次较凡人加重，而三次反较凡人从轻，殊未平允，似应添入“犯至三次者，为首无论期亲、功、缌卑幼，拟绞监候；为从，各按本罪加一等。三次以上，无论期亲、功、缌卑幼，不分首、从，均拟绞监候”，以昭完备。“充军”照章改为“安置”，“四省烟瘴”酌改为“烟瘴地方”，“边远”、“近边”亦遵章分别改为“满流”及“流二千五百里”。谨将修改例文二条，分列于后。

**修　改**

一、子孙盗祖父母、父母未殡、未埋尸柩，不分首、从，开棺见尸者，皆绞立决；如未开棺椁，事属已行，确有显迹者，皆绞监候。如有尊长、卑幼或外人，为首、为从，分别服制、凡人，各以首、从论。

一、有服卑幼盗尊长未殡、未埋尸柩，未开棺椁者，为首期亲卑幼发极边足四千里安置，功、缌卑幼流三千里；为从期亲卑幼流三千里，功、缌卑幼流二千五百里。开棺见尸者，为首期亲卑幼发烟瘴地方安置，功、缌卑幼发极边足四千里安置；为从期亲卑幼发极边足四千里安置，功、缌卑幼流三千里。如犯至三次者，为首无论期、功、缌麻卑幼，拟绞监候；为从各按本罪加一等。三次以上者，无论期、功、缌麻卑幼，不分首、从，均拟绞监候。如有尊长或外人，为首、为从，分别服制、凡人，各以首、从论。

**〇原　例**

**一、盗未殡、未埋尸柩，及发年久穿陷之冢，未开棺椁者，杖一百、徒三年；为从，杖九十、徒二年半。如开棺见尸，为首，一次者，发边远充军；二次者，发极边烟瘴充军；三次者，绞。为从，一次者，仍照杂犯流罪，总徒四年；二次者，发边远充军；三次者，发极边烟瘴充军；三次以上者，亦绞。**

**臣等谨按：**此条系雍正年间定例，乾隆、嘉庆年间迭次修改。查“未开棺椁”，系对于“开棺见尸”而言。惟本例既以见尸为重，则盗而未开者，仍照本律定拟，似足蔽辜，应将此层归入除笔，作为开棺见尸专条，庶与本门锯缝凿孔之例，不致互相牵混。至见尸为首三次，及为从三次以上，改为实绞，既较律之杂犯死罪加严，则例末“亦”字似应节去，并与上层均添叙“监候”字样，以免舛错。“充军”照章改为“安置”，“极边烟瘴”酌改为“烟瘴地方”，“边远军”应改为“流三千里”。谨将修改例文，开列于后。

**修　改**

一、盗未殡、未埋尸柩，及发年久穿陷之冢，除未开棺椁者，仍照本律定拟外，如开棺见尸，为首，一次者，流三千里；二次者，发烟瘴地方安置；三次者，绞监候。为从，一次者，仍照杂犯流罪，总徒四年；二次者，流三千里；三次者，发烟瘴地方安置；三次以上者，绞监候。

○原　例

一、平治他人坟墓为田园，未见棺椁，止一冢者，仍照律杖一百；如平治多冢，每三冢加一等，罪止杖一百、徒三年。卑幼于尊长有犯，缌麻、功服各加凡人一等，期亲又加一等。若子孙平治祖坟，并奴仆、雇工平治家长坟，一冢者，杖一百、徒三年；每一冢加一等，仍照加不至死之例，加至实发云贵、两广极边烟瘴充军为止。其因平治而盗卖坟地，得财者，均按律计赃，准窃盗论，加一等；赃轻者，各加平治罪一等。知情谋买者，悉与犯人同罪；不知者，不坐。如因平治而强占或盗卖，计亩数多，按例应拟徒、流、充军；以至因平治而见棺见尸，并弃毁尸骸，按例应拟军、遣、斩、绞、凌迟者，仍照各本例，从其重者论。其子孙因贫卖地，留坟祭扫，并未平治，又非盗卖者，不在此例。

一、奴仆、雇工人盗家长未殡、未埋尸柩，未开棺椁，事属已行，确有显迹者，照发冢已行未见棺例，为首，绞监候；为从，发近边充军。开棺见尸者，照发冢见棺椁例，为首，绞立决；为从，绞监候。其毁弃撇撒死尸者，仍照旧例，不分首、从，皆斩立决。

**臣等谨按**：以上二条均系嘉庆二十二年〔1817 年〕定例，二十五年〔1820 年〕改定。上条例首“杖一百”照章罚金，应改为“处十等罚”；徒罪附杖应节删；“四省军”酌改为“烟瘴地方”，并遵章改“充军”为“安置”；例末“按例应拟徒、流、充军及军、遣、斩、绞、凌迟”字样应节去，以省繁冗。下条“绞决”照章应改“绞候入实”，“斩决”应改“绞决”，“近边军”应改“流二千五百里”。谨将修改例文二条，分列于后。

修　改

一、平治他人坟墓为田园，未见棺椁，止一冢者，仍照律处十等罚；如平治多冢，每三冢加一等，罪止徒三年。卑幼于尊长有犯，缌麻、功服各加凡人一等，期亲又加一等。若子孙平治祖坟，并奴仆、雇工平治家长坟，一冢者，徒三年；每一冢加一等，仍照加不至死之例，加至烟瘴地方安置为止。其因平治而盗卖坟地，得财者，均按律计赃，准窃盗论，加一等；赃轻者，各加平治罪一等。知情谋买者，悉与犯人同罪；不知者，不坐。如因平治而强占或盗卖，计亩数多，及因平治而见棺见尸，并弃毁尸骸者，仍照各本例，从其重者论。其子孙因贫卖地，留坟祭扫，并未平治，又非盗卖者，不在此例。

一、奴仆、雇工人盗家长未殡、未埋尸柩，未开棺椁，事属已行，确有显迹者，照发冢已行未见棺例，为首，绞监候；为从，流二千五百里。开棺见尸者，照发冢见棺椁例，为首，绞监候，入于秋审情实；为从，绞监候。其毁弃撇撒死尸者，仍照旧例，不分首、从，皆绞立决。

○原　例

一、盗未殡、未埋尸柩，锯缝凿孔，为首，一、二次者，杖一百、徒三年；三次者，照杂犯流罪，总徒四年；四次、五次者，发边远充军；六次及六次以上者，发极边烟瘴充军。为从，一、二次者，杖九十、徒二年半；三次者，杖一百、徒三年；四次、五次者，总徒四年；六次、七次者，发边远充军；八次及八次以上者，发极边烟瘴充军。

一、发掘坟冢，并盗未殡、未埋尸柩，无论已开棺、未开棺，及锯缝凿孔等项人犯，各按其所犯本条之罪，分别首、从，并计科断。如一人叠窃，有首有从，则视其为首次数与为从次数，罪名相比，从其重者论。若为首各次，并计罪轻，准其将为首次数，归入为从次数内，并计科罪；不得以为从次数，作为为首次数并计；亦不得以盗未殡、未埋尸柩，及锯缝凿孔之案，归入发冢见棺，及开棺见尸案内，并计次数治罪。

一、受雇看守坟墓，并无主仆名分之人，如有发冢及盗未殡、未埋尸柩，并锯缝凿孔，与未开棺椁者，或自行盗发，或听从外人盗发，除死罪无可复加外，犯该军、流以下等罪，悉照凡人首、从各本律例上，加一等问拟。

**臣等谨按：**以上三例，均系嘉庆二十一年〔1816年〕纂定。第一条无论次数多少，均无死罪，以其未见尸也；第二条论并计之法，即《唐律》以重法并满轻法之意；第三条专言受雇看坟之罪，均应仍从其旧。惟“充军”照章改为“安置”，“极边烟瘴”酌改为“烟瘴地方”，“边远军”应改为“流三千里”，徒罪附杖应节删。谨将修改例文，分列于后。

**修 改**

一、盗未殡、未埋尸柩，锯缝凿孔，为首，一、二次者，徒三年；三次者，照杂犯流罪，总徒四年；四次、五次者，流三千里；六次及六次以上者，发烟瘴地方安置。为从，一、二次者，徒二年半；三次者，徒三年；四次、五次者，总徒四年；六次、七次者，流三千里；八次及八次以上者，发烟瘴地方安置。

一、发掘坟冢，并盗未殡、未埋尸柩，无论已开棺、未开棺，及锯缝凿孔等项人犯，各按其所犯本条之罪，分别首、从，并计科断。如一人叠窃，有首有从，则视其为首次数与为从次数，罪名相比，从其重者论。若为首各次，并计罪轻，准其将为首次数，归入为从次数内，并计科罪；不得以为从次数，作为为首次数并计；亦不得以盗未殡、未埋尸柩，及锯缝凿孔之案，归入发冢见棺，及开棺见尸案内，并计次数治罪。

一、受雇看守坟墓，并无主仆名分之人，如有发冢及盗未殡、未埋尸柩，并锯缝凿孔，与未开棺椁者，或自行盗发，或听从外人盗发，除死罪无可复加外，犯该安置、流、徒等罪，悉照凡人首、从各本律例上，加一等问拟。

**○原 例**

一、夫毁弃妻尸者，比依尊长毁弃期亲卑幼死尸律，于凡人杖、流上递减四等，杖七十、徒一年半。不失尸，及毁而但髡发若伤者，再减一等，杖六十、徒一年。

**臣等谨按：**此例应仍其旧。惟“杖、流”应酌改为“满流”，徒罪附杖应照章节去。谨将修改例文，开列于后。

**修 改**

一、夫毁弃妻尸者，比依尊长毁弃期亲卑幼死尸律，于凡人满流罪上递减四等，徒一年半。不失尸，及毁而但髡发若伤者，再减一等，徒一年。

**○原 例**

一、发掘常人坟冢，开棺见尸，为首者，拟斩立决；为从，无论次数，俱拟绞监候。其发冢见棺，锯缝凿孔，抽取衣饰，尚未显露尸身，为首者，拟绞立决；为从，俱拟绞监候。发冢开棺见尸，为从帮同下手开棺者，不论次数，秋审俱入情实。在外了望，一、二次者，入于缓决；三次及三次以上者，入于情实。其发冢见棺，锯缝凿孔，为从帮同凿棺锯棺，三次及三次以上者，入于情实；一、二次者，入于缓决。在外了望，六次者，入于情实；一次至五次者，入于缓决。至发掘常人坟冢见棺椁，为首者，改发近边充军；年龄在五十以上，发附近充军；为从者，杖一百、徒三年。

**臣等谨按：**此例本系二条，一系雍正三年〔1725 年〕就前明旧例内分出，另纂为例；一系雍正十三年〔1735 年〕例。乾隆三十二年〔1767 年〕、五十三年〔1788 年〕改并为一，嘉庆六年〔1801 年〕、十八年〔1813 年〕修改，同治九年〔1870 年〕改定。例内"开棺见尸，为从帮同下手开棺，不论次数，及了望三次以上，绞候入实；了望一、二次入缓。锯缝凿孔，为从帮同凿锯，及三次以上，了望六次，绞候入实；凿锯一、二次，及了望一次至五次，入缓"，嗣于光绪十二年〔1886 年〕七月经刑部议复御史良弼条奏，改为"开棺见尸，为从，无论是否帮同下手、在外了望，绞候入实。锯缝凿孔，为从，帮同凿锯，并了望三次以上，绞候入实；仅止一、二次，入缓"，奏准通行在案，均较旧例加严。惟分别实、缓，系秋审时办法，将来修正秋审条款，自应增纂明晰，本例毋须辑入，以免与各门两歧。又，"斩决"照章改为"绞决"，"绞决"亦应改为"绞候入实"。至"发冢见棺，为首，改发近边"本系从严惩处，第"近边军"照章改"流二千五百里"，转较本律为轻；且"年在五十以上"一层，系因乾隆年间为实边之计而设，现在改发之制既已停止，应与为从罪名俱行节删。谨将修改例文，开列于后。

修　改

一、发掘常人坟冢，开棺见尸，为首者，拟绞立决；为从，无论次数，俱拟绞监候。其发冢见棺，锯缝凿孔，抽取衣饰，尚未显露尸身，为首者，拟绞监候，入于秋审情实；为从，俱拟绞监候。

〇原　例

一、有服卑幼发掘尊长坟冢，未见棺椁者，为首，期亲卑幼发极边足四千里充军，功、缌卑幼发边远充军；为从，期亲卑幼发边远充军，功、缌卑幼发近边充军。见棺椁者，为首，期亲卑幼实发云贵、两广极边烟瘴充军，功、缌卑幼发极边足四千里充军；为从，期亲卑幼发极边足四千里充军，功、缌卑幼发边远充军。如有尊长或外人，为首、为从，分别服制、凡人，各以首、从论。开棺见尸，并锯缝凿孔，首、从之卑幼，无论期亲、功、缌，均照常人一例问拟。

**臣等谨按：**此条系嘉庆十三年〔1808 年〕定例，十九年〔1814 年〕修改；同治九年〔1870 年〕改定。例内"充军"应照章改为"安置"，"边远"应改为"满流"，"近边"应改"流二千五百里"，"四省军"应酌改为"烟瘴地方"。谨将修改例文，开列于后。

修　改

一、有服卑幼发掘尊长坟冢，未见棺椁者，为首，期亲卑幼发极边足四千里安置，功、缌卑幼流三千里；为从，期亲卑幼流三千里，功、缌卑幼流二千五百里。见棺椁者，为首，期亲卑幼发烟瘴地方安置，功、缌卑幼发极边足四千里安置；为从，期亲卑幼发极边足四千里安置，功、缌卑幼流三千里。如有尊长或外人，为首、为从，分别服制、凡人，各以首、从论。开棺见尸，并锯缝凿孔，首、从之卑幼，无论期亲、功、缌，均照常人一例问拟。

〇原　例

一、凡奴婢、雇工人发掘家长坟冢，已行未见棺者，为首，绞监候；为从，发近边充军。见棺椁者，为首，绞立决；为从，绞监候。开棺椁见尸者，为首，斩立决，枭示；为

**从，斩监候。毁弃撇撒死尸者，不分首、从，皆斩立决，枭示。如有家长、尊卑亲属或外人，为首、为从，分别服制、凡人，各以首、从论。**

**臣等谨按：**此条系康熙二十七年〔1688 年〕定例，雍正、乾隆、嘉庆年间迭次修改，同治九年〔1870 年〕改定。例内“斩枭”照章应改“斩决”，“斩候”应改“绞候”，“绞决”应改“绞候入实”，“近边军”应改“流二千五百里”。至见棺椁之从犯与见尸之从犯，既同一拟绞罪名，应将上层节去，于下层“为从”之下添入“各”字，总承两项，以省繁冗。谨将修改例文，开列于后。

**修　改**

一、凡奴婢、雇工人发掘家长坟冢，已行未见棺者，为首，绞监候；为从，流二千五百里。见棺椁者，为首，绞监候，入于秋审情实；开棺椁见尸者，为首，斩立决；为从，各绞监候。毁弃撇撒死尸者，不分首、从，皆斩立决。如有家长、尊卑亲属或外人，为首、为从，分别服制、凡人，各以首、从论。

**〇原　例**

**一、凡发掘贝勒、贝子、公、夫人等坟冢，开棺椁见尸者，为首，斩立决，枭示；为从，皆绞立决。见棺者，为首，绞立决；为从，皆绞监候。未至棺者，为首，绞监候；为从，发边远充军。如有发掘历代帝王陵寝，及《会典》内有从祀名位之先贤名臣并前代分藩亲王或递相承袭分藩亲王坟墓者，俱照此例治罪。若发掘前代分封郡王及追封藩王坟墓者，除犯至死罪，仍照发掘常人坟冢例定拟外，余各于发掘常人坟冢本罪上，加一等治罪。以上所掘金银，交与该督抚饬令地方官修葺坟冢；其玉带、珠宝等物，仍置冢内。**

**臣等谨按：**此例原系二条，一系国初就明例改定；一系康熙年间定例，雍正三年〔1725 年〕、道光二年〔1822 年〕修改，同治九年〔1870 年〕改定。例内“斩枭”照章应改“斩决”，“绞决”应改“绞候入实”，“边远军”亦应改“流三千里”。谨将修改例文，开列于后。

**修　改**

一、凡发掘贝勒、贝子、公、夫人等坟冢，开棺椁见尸者，为首，斩立决；为从，皆绞监候，入于秋审情实。见棺者，为首，绞监候，入于秋审情实；为从，皆绞监候。未至棺者，为首，绞监候；为从，流三千里。如有发掘历代帝王陵寝，及《会典》内有从祀名位之先贤名臣并前代分藩亲王或递相承袭分藩亲王坟墓者，俱照此例治罪。若发掘前代分封郡王及追封藩王坟墓者，除犯至死罪，仍照发掘常人坟冢例定拟外，余各于发掘常人坟冢本罪上，加一等治罪。以上所掘金银，交与该督抚饬令地方官修葺坟冢；其玉带、珠宝等物，仍置冢内。

**〇原　例**

**一、纠众发冢起棺，索财取赎，已得财者，将起意及为从下手发掘扛抬棺木之犯，比依强盗得财律，不分首、从，皆斩立决；跟随同行、在场了望之犯，发新疆给官兵为奴。其未经得财者，首犯，仍比依强盗得财律斩立决；从犯，俱发新疆给官兵为奴。如发冢后将尸骨抛弃道路，并将控告人杀害者，亦照强盗得财律，不分首、从，皆斩立决。**

**臣等谨按：**此条系嘉庆十八年〔1813 年〕从“发掘常人坟冢”条内摘出，分纂为例，同治九年〔1970 年〕改定。以其明目张胆、不畏人知，故从严照强盗治罪。第强盗重在得财，今例内将已得财之首、从各犯，俱拟骈首；而未得财者，仍照得财问拟，究嫌过重，似亦应改照强盗未得财例科断。至抛弃尸骨情节，固极凶横，但或开棺见尸，或因起棺致显露尸身，其罪亦不容逭，应于例末添入此两层，并改为“不论曾否得财”，以昭赅备。“斩决”照章改为“绞决”，“给官兵为奴”应酌改为“当差”。谨将修改例文，开列于后。

**修 改**

一、纠众发冢起棺，索财取赎，已得财者，将起意及为从下手发掘扛抬棺木之犯，比依强盗得财律，不分首、从，皆绞立决；跟随同行、在场了望之犯，发遣新疆当差。其未经得财者，仍比依强盗未得财例科断。如已开棺见尸，或因起棺致显露尸身，及发冢后将尸骨抛弃道路，并将控告人杀害者，不论曾否得财，俱照强盗得财律，不分首、从，皆绞立决。

**○原 例**

**一、凡发掘坟冢及锯缝凿孔偷窃之案，但经得财，俱核计所得之赃，照窃盗赃科断。如计赃轻于本罪者，仍依本例定拟；若计赃重于本罪者，即从重治罪。**

**臣等谨按：**此条系咸丰二年〔1852 年〕刑部纂辑定例。惟查发冢开棺见尸及锯缝凿孔得财各犯均系立决、监候罪名，并不计赃定罪，则例内所称“照窃盗赃科断”即与此项人犯无关，似应改为“盗未殡未埋尸柩，开棺见尸，及锯缝凿孔”，以免歧误。谨将修改例文，开列于后。

**修 改**

一、凡盗未殡未埋尸柩，开棺见尸，及锯缝凿孔偷窃之案，但经得财，俱核计所得之赃，照窃盗赃科断。如计赃轻于本罪者，仍依本例定拟；若计赃重于本罪者，即从重治罪。

**○续 纂**

**一、发掘常人坟冢，除开棺见尸，情罪较重，首、从各犯，不分已、未得财，仍照本例定拟外；其锯缝凿孔，尚未得财者，首犯，发遣烟瘴地方安置；为从者，流三千里。**

**臣等谨按：**光绪二十二年〔1896 年〕十二月内，原任直隶总督王文韶题定兴县获贼赵洛幅听纠刨挖田李氏坟冢见棺锯缝凿孔未得财声请量予末减一折，经刑部以例内并无未经得财如何定罪明文，惟既系未得财之犯，即未便与得财同科，且强盗未得财尚有分别首、从减等之条，凿棺抽窃不应较强盗为重，拟请嗣后发掘常人坟冢，除开棺见尸，情罪较重，首、从各犯，不分已、未得财，仍照本例定拟外，其锯缝凿孔，尚未得财，罪应绞决之首犯，酌减为绞监候，罪应绞候之从犯，酌减为极边烟瘴充军等因，奉旨“依议。钦此”，钦遵在案，自应恭纂为例，以便遵行。惟新章“绞决”已改“绞候入实”，则原奏所称“酌减绞候”之处应酌改为“发遣烟瘴地方”，并改“充军”为“安置”，从犯亦应减为流三千里。理合陈明。

**○原 例**

**一、民人除无故挖焚已葬尸棺者，仍照例治罪外；其因争坟阻葬，开棺易罐，埋藏占葬者，亦照开棺见尸、残毁死尸各本律治罪。若以他骨暗埋，预立封堆，伪说荫基，审系恃强占葬者，照强占官民山场律治罪；审系私自偷埋者，照于有主坟地内偷葬律治罪；其侵犯他人坟冢者，按照发掘他人坟冢律治罪。如果审系地师教诱，将教诱之地师，均照诈教诱人犯法律，分别治罪。若地方官隐讳宽纵，不实力查究，照例参处。**

**臣等谨按：**此例应仍其旧。理合陈明。

## 〔核订刑律〕

### 〇原修改律文

凡发掘他人坟冢，见棺椁者，流三千里；已开棺椁见尸者，绞；监候。发而未至棺椁者，徒三年。招魂而葬亦是。为从，减一等。若年远冢先穿陷及未殡埋，而盗尸柩尸在柩未殡或在殡未埋。者，徒二年半；开棺椁见尸者，亦绞。杂犯。其盗取器物、砖石者，计赃，准凡盗论。〇若卑幼发五服以内尊长坟冢者，同凡人论；开棺椁见尸者，绞。监候。若弃尸卖坟地者，罪亦如之。买地人、牙保知情者，各处八等罚，追价入官，地归同宗亲属；不知者，不坐。若尊长发五服以内卑幼坟冢，开棺椁见尸者，缌麻，徒三年；小功以上，各递减一等。祖父母、父母发子孙坟冢，开棺椁见尸者，处八等罚。其有故而依礼迁葬者，尊长、卑幼俱不坐。〇若残毁他人死尸，及弃尸水中者，各流三千里。谓死尸在家，或在野未殡葬，将尸焚烧、残毁之类。若已殡葬者，自依发冢开棺椁见尸律，从重论。若毁弃缌麻以上尊长未葬死尸者，绞。监候。弃他人及尊长而不失，其尸。及毁而但髡发若伤者，各减一等。凡人减流一等；卑幼减绞一等。〇毁弃缌麻以上卑幼，死尸。各依凡人毁弃，依服制。递减一等；毁弃子孙死尸者，处八等罚。其子孙毁弃祖父母、父母及奴婢、雇工人毁弃家长死尸者，不论残失与否。绞。监候。律不载妻妾毁弃夫尸，有犯，以缌麻以上尊长律奏请。如子孙毁弃祖宗神主，亦依此律治罪。〇若穿地得无主死尸，不即掩埋者，处八等罚。若于他人坟墓，为熏狐狸因而烧棺椁者，徒二年；烧尸者，徒三年。若缌麻以上尊长，各递加一等；烧棺椁者，各加为徒二年半；烧尸者，递加为流二千里。不可依服属各递加，致反重于祖父母、父母也。卑幼各因其服依凡人递减一等。若子孙于祖父母、父母及奴婢、雇工人于家长坟墓熏狐狸者，处十等罚；烧棺椁者，徒三年；烧尸者，绞。监候。〇平治他人坟墓为田园者，虽未见棺椁。处十等罚。仍令改正。于有主坟地内盗葬者，处八等罚，勒限移葬。若将尊长坟冢平治作地，得财卖人，止问诓骗人财，不可作弃尸卖坟地断；计赃，轻者，仍处十等罚。买主知情，则坐不应重律，追价入官；不知情，追价还主。〇若地界内有死人，里长、地邻不申报官司检验，而辄移他处及埋藏者，处八等罚；以致失尸者，首处十等罚；残毁及弃尸水中者，首徒一年；残弃之人仍坐流罪。弃而不失，及髡发若伤者，各减一等；若邻里自行残毁，仍作流罪。因而盗取衣服者，计赃，准窃盗论。

### 〇原修改例文

一、奴仆、雇工人盗家长未殡、未埋尸柩，未开棺椁，事属已行，确有显迹者，照发冢已行未见棺例，为首，绞监候；为从，流二千五百里。开棺见尸者，照发冢见棺椁例，为首，绞监候，入于秋审情实；为从，绞监候。其毁弃撇撒死尸者，仍照旧例，不分首、从，皆绞立决。

一、凡奴婢、雇工人发掘家长坟冢，已行未见棺者，为首，绞监候；为从，流二千五百里。见棺椁者，为首，绞监候，入于秋审情实；开棺椁见尸者，为首，斩立决；为从，各绞监候。毁弃撇撒死尸者，不分首、从，皆斩立决。如有家长、尊卑亲属或外人，为首、为从，分别服制、凡人，各以首、从论。

**谨按：**“奴婢”现改“雇工”，以上律例三条所有“奴婢”、“奴仆”字样，均应节删，以归一律。

谨将修改律文、例文，开列于后。

## 修 改

凡发掘他人坟冢，见棺椁者，流三千里；已开棺椁见尸者，绞；监候。发而未至棺椁者，徒三年。招魂而葬亦是。为从，减一等。若年远冢先穿陷及未殡埋，而盗尸柩尸在柩未殡或在殡未埋。者，徒二年半；开棺椁见尸者，亦绞。杂犯。其盗取器物、砖石者，计赃，准凡盗论。〇若卑幼发五服以内尊长坟冢者，同凡人论；开棺椁见尸者，绞。监候。若弃尸卖坟地者，罪亦如之。买地人、牙保知情者，各处八等罚，追价入官，地归同宗亲属；不知者，不坐。若尊长发五服以内卑幼坟冢，开棺椁见尸者，缌麻，徒三年；小功以上，各递减一等。祖父母、父母、发子孙坟冢，开棺椁见尸者，处八等罚。其有故而依礼迁葬者，尊长、卑幼、俱不坐。〇若残毁他人死尸，及弃尸水中者，各流三千里。谓死尸在家，或在野未殡葬，将尸焚烧、残毁之类。若已殡葬者，自依发冢开棺椁见尸律，从重论。若毁弃缌麻以上尊长未葬死尸者，绞。监候。弃他人及尊长而不失，其尸。及毁而但髡发若伤者，各减一等。凡人减流一等；卑幼减绞一等。〇毁弃缌麻以上卑幼，死尸。各依凡人毁弃，依服制。递减一等；毁弃子孙死尸者，处八等罚。其子孙毁弃祖父母、父母及雇工人毁弃家长死尸者，不论残失与否。绞。监候。律不载妻妾毁弃夫尸，有犯，以缌麻以上尊长律奏请。如子孙毁弃祖宗神主，亦依此律治罪。〇若穿地得无主死尸，不即掩埋者，处八等罚。若于他人坟墓，为熏狐狸因而烧棺椁者，徒二年；烧尸者，徒三年。若缌麻以上尊长，各递加一等；烧棺椁者，各加为徒二年半；烧尸者，递加为流二千里。不可依服属各递加，致反重于祖父母、父母也。卑幼各因其服依凡人递减一等。若子孙于祖父母、父母及雇工人于家长坟墓熏狐狸者，处十等罚；烧棺椁者，徒三年；烧尸者，绞。监候。〇平治他人坟墓为田园者，虽未见棺椁。处十等罚。仍令改正。于有主坟地内盗葬者，处八等罚，勒限移葬。若将尊长坟冢平治作地，得财卖人，止问诓骗人财，不可作弃尸卖坟地断；计赃，轻者，仍处十等罚。买主知情，则坐不应重律，追价入官；不知情，追价还主。〇若地界内有死人，里长、地邻不申报官司检验，而辄移他处及埋藏者，处八等罚；以致失尸者，首处十等罚；残毁及弃尸水中者，首徒一年；残弃之人仍坐流罪。弃而不失，及髡发若伤者，各减一等；若邻里自行残毁，仍作流罪。因而盗取衣服者，计赃，准窃盗论。

一、雇工人盗家长未殡、未埋尸柩，未开棺椁，事属已行，确有显迹者，照发冢已行未见棺例，为首，绞监候；为从，流二千五百里。开棺见尸者，照发冢见棺椁例，为首，绞监候，入于秋审情实；为从，绞监候。其毁弃撇撒死尸者，仍照旧例，不分首、从，皆绞立决。

一、凡雇工人发掘家长坟冢，已行未见棺者，为首，绞监候；为从，流二千五百里。见棺椁者，为首，绞监候，入于秋审情实；开棺椁见尸者，为首，斩立决；为从，各绞监候。毁弃撇撒死尸者，不分首、从，皆斩立决。如有家长、尊卑亲属或外人，为首、为从，分别服制、凡人，各以首、从论。

## 〇删 除

**一、纠众发冢起棺，索财取赎，已得财者，将起意及为从下手发掘扛抬棺木之犯，比依强盗得财律，不分首、从，皆绞立决；跟随同行、在场了望之犯，发遣新疆当差。其未经得财者，仍比依强盗未得财例科断。如已开棺见尸，或因起棺致显露尸身，及发冢后将尸骨抛弃道路，并将控告人杀害者，不论曾否得财，俱照强盗得财律，不分首、从，皆绞立决。**

**谨按**：纠众发冢索财取赎，此等案件殊不经见，有犯，自可照发冢各本律例，加等问拟，毋庸另立专条。拟请删除。

## 妻妾殴夫

〔**刑律案语**〕

**○原　律**

凡妻殴夫者，但殴即坐。杖一百，夫愿离者，听；须夫自告乃坐。至折伤以上，各验其伤之重轻，加凡斗伤三等；至笃疾者，绞；决。死者，斩；决。故杀者，凌迟处死。兼魇魅蛊毒在内。○若妾殴夫及正妻者，又各加妻殴夫罪一等；加者，加入于死。但绞不斩。于家长则决，于妻则监候。若笃疾者、死者、故杀者，仍与妻殴夫罪同。○其夫殴妻，非折伤勿论；至折伤以上，减凡人二等。须妻自告乃坐。先行审问夫妇，如愿离异者，断罪离异；不愿离异者，验所伤应坐之罪收赎。仍听完聚。至死者，绞。监候。故杀亦绞。殴伤妾至折伤以上，减殴伤妻二等；至死者，杖一百、徒三年。妻殴伤妾，与夫殴妻罪同。亦须妾自告乃坐。过失杀者，各勿论。盖谓其一则分尊可原，一则情亲当矜也。须得过失实情，不实仍各坐本律。○夫过失杀其妻妾，及正妻过失杀其妾者，各勿论。若妻妾过失杀其夫，妾过失杀正妻，当用比律。“过失杀”句，不可通承上二条言。○若殴妻之父母者，但殴即坐。杖六十、徒一年；折伤以上，各加凡斗伤罪二等；至笃疾者，绞；监候。死者，斩。监候。故杀者，亦斩。

**臣等谨按**：此仍《明律》，原有小注于顺治三年〔1646 年〕增改，雍正五年〔1727 年〕、乾隆五年〔1740 年〕增修。“杖一百”照章罚金，应改为“处十等罚”；“凌迟”、“斩决”、“绞决”，均照章修改。至“妻妾过失杀其夫，妾过失杀正妻”，律注止言“当用比律”，解者谓“当照‘殴期亲尊长’条内过失杀伤减本杀伤罪二等科断，罪应满徒”。考《唐律》，“妻妾过失杀夫，得减二等，合徒三年；妾于正妻有犯，与夫同”，①核与过失杀伤期亲尊长减本罪二等科断之意，亦属相符，准此为据，尤非无根，应于注内添入“当比用殴期亲尊长律”。再“妾殴夫及正妻”小注本有“于家长则决，于正妻则监候”两语，新章“绞决”既改“绞候，入实”，应改为“于家长则监候，入于秋审情实；于正妻仍照常监候”，以清眉目。徒罪附杖，照章应删；“斩候”应改“绞候”。谨将修改律文、律注，开列于后。

**修　改**

凡妻殴夫者，但殴即坐。处十等罚，夫愿离者，听；须夫自告乃坐。至折伤以上，各验其伤之重轻，加凡斗伤三等；至笃疾者，绞；候，入于秋审情实。死者，绞；决。故杀者，斩立决。兼魇魅蛊毒在内。○若妾殴夫及正妻者，又各加妻殴夫罪一等；加者，加入于死。但绞不斩。于家长则监候，入于秋审情实；于正妻仍照常监候。若笃疾者、死者、故杀者，仍与妻殴夫罪同。○其夫殴妻，非折伤勿论；至折伤以上，减凡人二等。须妻自告乃坐。先行审问夫妇，如愿离异者，断罪离异；不愿离异者，验所伤应坐之罪收赎。仍听完聚。至死者，绞。监候。故杀亦绞。殴伤妾至折伤以上，减殴伤妻二等；至死者，徒三年。妻殴伤妾，与夫殴妻罪同。亦须妾自告乃坐。

---

① 《唐律》斗讼“妻殴詈夫”条律。该条“疏”议曰：“‘过失杀者，各减二等’，谓妻、妾、媵过失杀者，并徒三年”、“‘若妾犯妻者，与犯夫同’，谓殴者徒一年半，死者斩”。

过失杀者，各勿论。盖谓其一则分尊可原，一则情亲当矜也。须得过失实情，不实仍各坐本律。〇夫过失杀其妻妾，及正妻过失杀其妾者，各勿论。若妻妾过失杀其夫，妾过失杀其妻，当比用殴期亲尊长律。"过失杀"句，不可通承上二条言。〇若殴妻之父母者，但殴即坐。徒一年；折伤以上，各加凡斗伤罪二等；至笃疾者，绞；监候。死者，亦绞。监候。故杀者，并绞。

〇删　除

一、凡妻殴本夫，如本夫亲告，又复愿离，恩义已绝，应按律的决，不得勒追本夫银两，代妻纳赎。如本夫不愿离异，及正妻殴妾至折伤以上，仍依律科断，概准纳赎。至妾殴夫及正妻，依律分别定拟，杖罪的决，余罪收赎。

**臣等谨按：**此条系妻妾殴夫及正妻殴妾分别的决及应否纳赎、收赎而设。惟杖罪已改罚金，并不的决；而妇女收赎，亦有定章可循，并不照此办理，例文系属虚设，应即删除。

〇删　除

一、妾过失杀正妻，比照过失杀期亲尊长律，杖一百、徒三年；决杖一百，余罪收赎。

**臣等谨按：**此条系乾隆九年〔1744 年〕刑部因案附请定例。惟查本门律注，妾过失杀正妻，业已叙明，当比用殴期亲尊长律，有犯自可援引。至徒罪附杖，照章已删，并无所谓的决；而妇女赎罪，亦有新章可循。例文系属赘设，应即删除。

## 〔核订刑律〕

〇原修改律文

凡妻殴夫者，但殴即坐。处十等罚，夫愿离者，听；须夫自告乃坐。至折伤以上，各验其伤之重轻，加凡斗伤三等；至笃疾者，绞；候，入于秋审情实。死者，绞；决。故杀者，斩立决。兼魇魅蛊毒在内。〇若妾殴夫及正妻者。又各加妻殴夫罪一等；加者。加入于死。但绞不斩。于家长则监候，入于秋审情实；于正妻仍照常监候。若笃疾者、死者、故杀者，仍与妻殴夫罪同。〇其夫殴妻，非折伤勿论；至折伤以上，减凡人二等。须妻自告乃坐。先行审问夫妇，如愿离异者，断罪离异；不愿离异者，验所伤应坐之罪收赎。仍听完聚。至死者，绞。监候。故杀亦绞。殴伤妾至折伤以上，减殴伤妻二等；至死者，徒三年。妻殴伤妾，与夫殴妻罪同。亦须妾自告乃坐。过失杀者，各勿论。盖谓其一则分尊可原，一则情亲当矜也。须得过失实情，不实仍各坐本律。〇夫过失杀其妻妾，及正妻过失杀其妾者，各勿论。若妻妾过失杀其夫，妾过失杀其妻，当比用殴期亲尊长律。"过失杀"句，不可通承上二条言。〇若殴妻之父母者，但殴即坐。徒一年；折伤以上，各加凡斗伤罪二等；至笃疾者，绞；监候。死者，亦绞。监候。故杀者，并绞。

**谨按：**旧律斩、绞罪名，注无"监候"字样者，即系立决，本条小注"决"字及正文"立决"字样，应即删除。谨将修改律文，开外于后。

**修　改**

凡妻殴夫者，但殴即坐。处十等罚，夫愿离者，听；须夫自告乃坐。至折伤以上，各验其伤之重轻，加凡斗伤三等；至笃疾者，绞；候，入于秋审情实。死者，绞；故杀者，斩。兼魇魅蛊毒在内。〇若妾殴夫及正妻者，又各加妻殴夫罪一等；加者，加入于死。但绞不斩。于家长则监候，入于秋密情实；于正妻仍照常监候。若笃疾者、死者、故杀者，仍与妻殴夫罪同。〇其夫殴妻，非折伤勿论；至折伤以上，减凡人二等。须妻自告乃坐。先行审问夫妇，如愿离异者，断罪离异；不愿离异者，验所伤应坐之罪收赎。仍听完聚。至死者，绞。

监候。故杀亦绞。殴伤妾至折伤以上，减殴伤妻二等；至死者，徒三年。妻殴伤妾，与夫殴妻罪同。亦须妾自告乃坐。过失杀者，各勿论。盖谓其一则分尊可原，一则情亲当矜也。须得过失实情，不实仍各坐本律。○夫过失杀其妻妾，及正妻过失杀其妾者，各勿论。若妻妾过失杀其夫，妾过失杀其妻，当比用殴期亲尊长律。“过失杀”句，不可通承上二条言。○若殴妻之父母者，但殴即坐。徒一年；折伤以上，各加凡斗伤罪二等；至笃疾者，绞；监候。死者，亦绞。监候。故杀者，并绞。

# 殴祖父母、父母

## 〔刑律案语〕

### ○原　律

**凡子孙殴祖父母、父母，及妻妾殴夫之祖父母、父母者，皆斩；杀者，皆凌迟处死；其为从，有服属不同者，自依各条服制科断。过失杀者，杖一百、流三千里；伤者，杖一百、徒三年。俱不在收赎之例。○其子孙违犯教令，而祖父母、父母，不依法决罚，而横加殴打，非理殴杀者，杖一百；故杀者，无违犯教令之罪，为故杀。杖六十、徒一年。嫡、继、慈、养母杀者，终与亲母有间。殴杀、故杀。各加一等；致令绝嗣者，殴杀、故杀。绞。监候。若祖父母、父母，嫡、继、慈、养母，非理殴子孙之妇，此“妇”字，乞养者同。及乞养异姓子孙，折伤以下无论。致令废疾者，杖八十；笃疾者，加一等；子孙之妇及乞养子孙，并令归宗；子孙之妇，笃疾者。追还初归嫁妆，仍给养赡银一十两；乞养子孙，笃疾者。拨付合得所分财产养赡；不在给财产一半之限。如无财产，亦量照子孙之妇给银。至死者，各杖一百、徒三年；故杀者，各杖一百、流二千里。其非理殴子孙之妾，各减殴妇罪二等。不在归宗，追给嫁妆、赡银之限。○其子孙殴骂祖父母、父母，及妻妾殴骂夫之祖父母、父母，而祖父母、父母，夫之祖父母、父母，因其有罪，殴杀之，若违犯教令，而依法决罚，邂逅致死，及过失杀者，各勿论。**

**臣等谨按：**此仍《明律》，顺治三年〔1646年〕添入小注。惟新章“斩”应改“绞”，“凌迟”应改“斩决”，徒流附杖应删。定案杖罪，照章罚金，自应依数分等处罚。律内乞养子孙“不在（断）给财产一半之限”小注，上已叙明“拨付合得所分财产”，则此句系属赘文，似应节去。谨将修改律文、律注，开列于后。

### 修　改

凡子孙殴祖父母、父母，及妻妾殴夫之祖父母、父母者，皆绞；杀者，皆斩立决；其为从，有服属不同者，自依各条服制科断。过失杀者，流三千里；伤者，徒三年。俱不准收赎。○其子孙违犯教令，而祖父母、父母，不依法决罚，而横加殴打，非理殴杀者，处十等罚；故杀者，无违犯教令之罪，为故杀。徒一年。嫡、继、慈、养母杀者，终与亲母有间。殴杀、故杀。各加一等；致令绝嗣者，殴杀、故杀。绞。监候。若祖父母、父母，嫡、继、慈、养母，非理殴子孙之妇，此“妇”字，乞养者同。及乞养异姓子孙，折伤以下无论。致令废疾者，处八等罚；笃疾者，加一等；子孙之妇及乞养子孙，并令归宗；子孙之妇，笃疾者。追还初归嫁妆，仍给养赡银一十两；乞养子孙，笃疾者。拨付合得所分财产养赡；如无财产，亦量照子孙之妇给银。至死者，各徒三年；故杀者，流二千里。其非理殴子孙之妾，各减殴妇罪二等。不在归宗，追给嫁妆、赡银之限。○其子孙殴骂祖父母、父母，及妻妾殴骂夫之祖父母、父母，而祖父母、父母，夫之祖父母、父母，因其有罪，殴杀之，若违犯教令，而依法决罚，邂逅致死，及过失杀者，各勿论。

○原　例

一、继母告子不孝，及伯叔父母、兄姊、伯叔祖、同堂伯叔父母、兄姊，奏告弟侄人等打骂者，俱行拘四邻亲族人等，审勘是实，依律问断。若有诬枉，即与辩理。果有显迹伤痕、输情服罪者，不必行勘。

**臣等谨按：**此例应仍其旧，理合陈明。

○原　例

一、子孙误伤祖父母、父母致死，律应凌迟处死者，仍照本律定拟，援引白鹏鹤案内钦奉谕旨，及陇阿候案内钦奉谕旨，恭候钦定。其误伤祖父母、父母，律应斩决者，仍照本律定拟，援引樊魁案内钦奉谕旨，恭候钦定。至误杀、误伤夫之祖父母、父母，亦照此例办理。

**臣等谨按：**此条系道光五年〔1825 年〕刑部奏准定例。"凌迟"照章改为"斩决"，"斩决"改为"绞决"。查白鹏鹤及陇阿候两案，系由凌迟改斩决。嗣于光绪三十四年〔1908 年〕二月，法部议复东三省总督徐世昌等奏民人张本胜误伤亲父张春合身死一案，据奏事处口传，"张本胜误伤亲父身死一折，奉旨改为绞决等因。钦此。"复于是月，经法部奏请，通行在案，自应节删原引两案，将新章补纂入例，声明"将可否改为绞决之处，于折内双请，候旨定夺"，以资引用。至误伤，究与误杀有间，拟即量减为监候，无庸援例声请，其"援引樊魁案内"等语，亦并节删。谨将修改例文，开列于后。

修　改

一、子孙误伤祖父母、父母致死，律应斩决者，仍照本律定拟，将可否改为绞决之处，于折内双请，候旨定夺。其误伤祖父母、父母，律应绞决者，量减为绞监候，无庸援例声请。至误杀、误伤夫之祖父母、父母，亦照此例办理。

○删　除

一、凡子孙殴祖父母、父母案件，审无别情，无论伤之轻重，即行奏请斩决。如其祖父母、父母因伤身死，将该犯锉尸示众。

**臣等谨按：**此条系乾隆四十八年〔1783 年〕纂定，乃已决人犯事后锉尸之例。新章凌迟、戮尸均已奏准废除不用，此例无关援引，应即删除。

○原　例

一、凡嫡母殴故杀庶生之子，继母殴故杀前妻之子，审系平日抚如己出，而其子不孝，经官讯验有据，即照父母殴故杀子孙律，分别拟以杖、徒，不必援照嫡、继母加亲母一等之律。如伊子本无违犯教令，而嫡母、继母非理殴杀、故杀者，除其夫现有子嗣，仍依律加等定拟外；若现在并无子嗣，俱照律拟绞监候，听伊夫另行婚娶。系殴杀者，嫡母、继母俱拟缓决；如系故杀者，嫡母入于缓决，继母入于情实。至嫡母、继母为己子图占财产、官职，故杀庶生及前妻之子者，俱拟绞监候，嫡母入于缓决，继母入于情实。应入缓决者，永远监禁；应入情实者，如蒙恩免勾，仍行永远监禁；遇赦俱不准减等。

**臣等谨按：**此条系乾隆十四年〔1749 年〕纂定，三十二年〔1767 年〕、五十三年〔1788 年〕修改，嘉庆六年〔1801 年〕改定。查杀死子命致夫绝嗣拟绞之律，本为《唐律》所无，前明添入。

此层原以逞一时之凶横，不顾其夫之嗣续，其心本属可诛，故特严其法。第嫡母、继母，在律并无区别，而例忽以为实、缓之分，殊嫌未协，拟请均改缓决，以示持平。至为己子图占财产、官职，故杀庶生及前妻之子，此等阴谋毒手，情节极为凶残，似应概予入实。监禁一层，新章已改收所习艺，惟并未明定限期，兹拟将入缓者定为十五年，入实者定为二十年，均于满日释放。徒罪附杖已删，此处亦应节去。谨将修改例文，开列于后。

**修　改**

一、凡嫡母殴故杀庶生之子，继母殴故杀前妻之子，审系平日抚如己出，而其子不孝，经官讯验有据，即照父母殴故杀子孙律，分别拟徒，不必援照嫡、继母加亲母一等之律。如伊子本无违犯教令，而嫡母、继母非理殴杀、故杀者，除其夫现有子嗣，仍照律加等定拟外；若现在并无子嗣，俱照律拟绞监候，秋审入于缓决，听伊夫另行婚娶。至嫡母、继母为己子图占财产、官职，故杀庶生及前妻之子者，俱拟绞监候，秋审入于情实。应入缓决者，收所工作十五年；应入情实者，蒙恩免勾一次后，收所工作二十年；均于满日释放。

**○原　例**

一、凡义子过房在十五岁以下，恩养年久；或十六岁以上，曾分有财产，配有室家；若于义父母及义父之祖父母、父母，有犯殴骂、侵盗、恐吓、诈欺、诬告等情，即同子孙取问如律。若义父母及义父之祖父母、父母，殴故杀伤义子者，并以殴故杀伤乞养异姓子孙论。若过房虽在十五以下，恩养未久；或在十六以上，不曾分有财产，配有室家，有违犯及杀伤者，并以雇工人论。义子之妇，亦依前拟岁数，照本例科断。○其义子后因本宗绝嗣，有故归宗，而义父母与义父之祖父母、父母无义绝之状，原分家产、原配妻室，不曾拘留，遇有违犯，仍以雇工人论。若犯义绝，及夺其财产、妻室，并同凡人论。义绝，如殴义子至笃疾，当令归宗；及有故归宗，而夺其财产、妻室，亦义绝也。○义父之期亲尊长并外祖父母，如义子违犯，及杀伤义子者，不论过房年岁，并以雇工人论；义绝者，以凡论。其余亲属，不分义绝与否，并同凡人论。

**臣等谨按：**此例应仍其旧，理合陈明。

**○删　除**

一、子妇殴毙翁姑之案，如犯夫有匿报、贿和情事，拟绞立决。其仅止不能管教其妻，实无别情者，将犯夫于犯妇凌迟处所，先重责四十板，看视伊妻受刑后，于犯事地方枷号一个月，满日仍重责四十板发落。

**臣等谨按：**子妇殴毙翁姑，犯夫贿和、匿报，系属必无之事。即使有犯，尽可按照本律加等科断，似毋庸特设专条。且先责后枷，尤与定例不合。应即删除。

**○原　例**

一、子妇拒奸，殴伤伊翁之案，审明实系猝遭强暴，情急势危，仓猝捍拒；或伊翁到官供认不讳；或亲串邻佑，指出素日淫恶实迹；或同室之人，确有见闻证据，毫无疑义者；仍依殴夫之父母本律定拟。刑部核复时，恭录邢杰案内谕旨，将应否免罪释放之处，奏请定夺。倘系有心干犯，事后装点捏饰，并无确切证据；或设计诱陷伊翁，因而致伤者；仍照本律定拟，不得滥引此例。

一、子妇拒奸，殴毙伊翁之案，如果实系猝遭强暴，情急势危，仓猝捍拒，确有证据，毫无疑义者，仍照殴夫之父母本律定拟。刑部核复时，援引林谢氏成案，将可否改为斩监候之处，奏请定夺。若系有心干犯，事后装点捏饰，并无确切证据；或设计诱陷伊翁，因而致死；及事后殴毙，并非仓猝捍拒致死者；仍照本律定拟，不得滥引此例。

**臣等谨按：**上条系嘉庆十七年〔1812年〕刑部奏准定例，下条系道光十年〔1830年〕安徽巡抚邓廷桢奏准定例。虽分殴伤、殴毙两项，要皆为子妇拒奸而设，自应修并为一。例内援引邢杰及林谢氏成案之处，现既定为例文，即可援例以办案，应并节删。“刑部”应改为“法部”。此条“斩候”，系凌迟量减，照章本不应再改绞罪，惟究系拒奸起衅，与寻常由凌迟应量减者不同；且本条拒伤之案，尚准免罪，则拒毙之案，自应改为绞罪，以示区别。拟请将“斩候”仍改“绞候”。谨将修并例文，开列于后。

**修　并**

一、子妇拒奸之案，审明实系猝遭强暴，情急势危，仓猝捍拒；或伊翁到官供认不讳；或亲串邻佑指出素日淫恶实迹；或同室之人，确有见闻证据，毫无疑义者；如殴伤伊翁，仍依殴夫之父母本律定拟，法部核复时，将应否免罪之处，恭候钦定；如殴毙伊翁，亦依殴夫之父母本律定拟，法部核复时，将可否改为绞监候之处，奏请定夺。倘系有心干犯，事后装点捏饰，并无确切证据；或设计诱陷伊翁，因而杀伤；及事后殴毙，并非仓猝捍拒致死者；仍照本律定拟，不得滥引此例。

**〇原　例**

一、凡本宗为人后者之子孙，于本生亲属孝服，只论所后宗支亲属服制。如于本生亲属有犯，俱照所后服制定拟。其异姓义子与伊所生子孙，为本生父母亲属孝服，亦俱不准降等。各项有犯，仍照本宗服制科断。

**臣等谨按：**此例应仍其旧，理合陈明。

**〇原　例**

一、为人后及女之出嫁者，如于本生祖父母、父母有犯，仍照殴祖父母、父母律定罪。其伯叔、兄姊以下，均依律服图降一等科罪。尊长杀伤卑幼，同。

**臣等谨按：**此例应仍其旧，理合陈明。

## 〔核订刑律〕

**〇原修改律文**

凡子孙殴祖父母、父母，及妻妾殴夫之祖父母、父母者，皆绞；杀者，皆斩立决；其为从，有服属不同者，自依各条服制科断。过失杀者，流三千里；伤者，徒三年。俱不准收赎。〇其子孙违犯教令，而祖父母、父母，不依法决罚，而横加殴打，非理殴杀者，处十等罚；故杀者，无违犯教令之罪，为故杀。徒一年。嫡、继、慈、养母杀者，终与亲母有间。殴杀、故杀。各加一等；致令绝嗣者，殴杀、故杀。绞。监候。若祖父母、父母，嫡、继、慈、养母，非理殴子孙之妇，此“妇”字，乞养者同。及乞养异姓子孙，折伤以下无论。致令废疾者，处八等罚；笃疾者，加一等；子孙之妇及乞养子孙，并令归宗；子孙之妇，笃疾者。追还初归嫁妆，仍给养赡银一十两；乞养子孙，笃疾者。拨付合得所分财产养赡；

如无财产，亦量照子孙之妇给银。至死者，各徒三年；故杀者，流二千里。其非理殴子孙之妾，各减殴妇罪二等。不在归宗，追给嫁妆、赡银之限。○其子孙殴骂祖父母、父母，及妻妾殴骂夫之祖父母、父母，而祖父母、父母，夫之祖父母、父母，因其有罪，殴杀之，若违犯教令，而依法决罚，邂逅致死，及过失杀者，各勿论。

**谨按：**律内“立决”二字毋庸载入，已于他条声明，此条亦应删除，以归一律。谨将修改律文，开列于后。

**修　改**

凡子孙殴祖父母、父母，及妻妾殴夫之祖父母、父母者，皆绞；杀者，皆斩；其为从，有服属不同者，自依各条服制科断。过失杀者，流三千里；伤者，徒三年。俱不准收赎。○其子孙违犯教令，而祖父母、父母，不依法决罚，而横加殴打，非理殴杀者，处十等罚；故杀者，无违犯教令之罪，为故杀。徒一年。嫡、继、慈、养母杀者，终与亲母有间。殴杀、故杀，各加一等；致令绝嗣者，殴杀、故杀。绞。监候。若祖父母、父母，嫡、继、慈、养母，非理殴子孙之妇，此“妇”字，乞养者同。及乞养异姓子孙，折伤以下无论。致令废疾者，处八等罚；笃疾者，加一等；子孙之妇及乞养子孙，并令归宗；子孙之妇，笃疾者。追还初归嫁妆，仍给养赡银一十两；乞养子孙，笃疾者。拨付合得所分财产养赡；如无财产，亦量照子孙之妇给银。至死者，各徒三年；故杀者，流二千里。其非理殴子孙之妾，各减殴妇罪二等。不在归宗，追给嫁妆、赡银之限。○其子孙殴骂祖父母、父母，及妻妾殴骂夫之祖父母、父母，而祖父母、父母，夫之祖父母、父母，因其有罪，殴杀之，若违犯教令，而依法决罚，邂逅致死，及过失杀者，各勿论。

## 妻妾殴故夫父母

### ［刑律案语］

**○原　律**

凡妻妾夫亡改嫁，殴故夫之祖父母、父母者，并与殴舅姑罪同。其旧舅姑殴已故子孙改嫁妻妾者，亦与殴子孙妇同。妻妾被出，不用此律，义已绝也。○若奴婢殴旧家长，及家长殴旧奴婢者，各以凡人论。此亦自转卖与人者言之。奴婢赎身，不用此律，义未绝也。

**臣等谨按：**此律应仍其旧，理合陈明。

### ［核订刑律］

**○原　律**

凡妻妾夫亡改嫁，殴故夫之祖父母、父母者，并与殴舅姑罪同。其旧舅姑殴已故子孙改嫁妻妾者，亦与殴子孙妇同。妻妾被出，不用此律，义已绝也。○若奴婢殴旧家长，及家长殴旧奴婢者，各以凡人论。此亦自转卖与人者言之。奴婢赎身，不用此律，义未绝也。

**谨按：**本条第二节系指转卖之奴婢而言，现在申明卖买人口之禁，以后自不容再有转卖之事。至小注赎身奴婢一层，“奴婢殴家长”门内自有本例可湄，应请一并节删。谨将修改律文，开列于后。

**修　改**

凡妻妾夫亡改嫁，殴故夫之祖父母、父母者，并与殴舅姑罪同。其旧舅姑殴已故子孙改嫁妻妾者，亦与殴子孙妇同。妻妾被出，不用此律，义已绝也。

# 子孙违犯教令

## 〔刑律案语〕

### ○原　律

**凡子孙违犯祖父母、父母教令，及奉养有缺者，杖一百。谓教令可从而故违，家道堪奉而故缺者。须祖父母、父母亲告乃坐。**

**臣等谨按：**此仍《明律》。"杖一百"罪名，照章罚金，应改为"处十等罚"。谨将修改律文，开列于后。

**修　改**

凡子孙违犯祖父母、父母教令，及奉养有缺者，处十等罚。谓教令可从而故违，家道堪奉而故缺者。须祖父母、父母亲告乃坐。

### ○原　例

**一、子贫不能营生养赡父母，因致父母自缢死者，杖一百、流三千里。**

**臣等谨按：**此条本明天顺诏语，后始入例。律只言"奉养有缺"，而无"不能养赡，致父母自尽"之文，故立此条，以补律之未备。窃谓贫者境之限于天，非尽由人力，因此而致父母自缢，其情大可怜悯；又从而治以重罪，揆诸情理，实未允协。考《集注》云，"不能营生养赡父母，是惰其四支，不顾父母之养，与奉养有缺者悬殊，以致父母自尽，情罪甚重，是以拟流"，其说最为切近。兹拟采用其说，改"贫"字为"游惰"，并将"自缢身死"改为"自尽"，以昭赅备。庶不孝之罪，无可解说；而真正贫难者，不至饮泣于远戍之乡。至流罪附杖，应照章宽免。谨将修改例文，开列于后。

**修　改**

一、子游惰不能营生养赡父母，因致父母自尽者，流三千里。

### ○原　例

**一、凡呈告触犯之案，除子孙实犯殴、詈，罪干重辟，及仅止违犯教令者，仍各依律例分别办理外；其有祖父母、父母呈首子孙，恳求发遣，及屡次违犯、触犯者，即将被呈之子孙发极边足四千里安置。如将子孙之妇一并呈送者，即与其夫一并发遣。**

**臣等谨按：**原例民人实发烟瘴、旗人发黑龙江当差，嗣于光绪三十三年〔1907 年〕经臣馆于《遵议〈满汉通行刑律〉》案内，以发遣地方不同，殊不划一，改从今例。应仍其旧，理合陈明。

### ○原　例

**一、凡子孙有犯奸盗，祖父母、父母并未纵容，因伊子孙身犯邪淫，忧忿戕生；或被人殴死，及谋故杀害者；均拟绞立决。如祖父母、父母纵容袒护，后经发觉，畏罪自尽者，将犯奸盗之子孙，改发云、贵、两广极边烟瘴充军；被人殴死，或谋故杀害者，将犯奸盗之子**

孙拟绞监候。如祖父母、父母教令子孙犯奸犯盗，后因发觉，畏罪自尽者，将犯奸盗之子孙，杖一百、徒三年；被人殴死，或谋故杀害者，将犯奸盗之子孙，杖一百、流三千里。若子孙罪犯应死，及谋故杀人事情败露，致祖父母、父母自尽者，即照各本犯罪名，拟以立决。子孙之妇有犯，悉与子孙同科。

**臣等谨按：**此条系乾隆三十四年〔1769年〕定例，嘉庆五年〔1800年〕修改，十四年〔1809年〕改定。查子孙违犯教令致祖父母、父母自尽例，拟绞候。奸、盗情节虽重，究系违犯教令之一端，遽拟绞决，未免涉于严厉。检阅旧例，因奸、盗致父母自尽，系照过失杀律治罪。过失杀父母，律止满流，是犯奸、盗，情轻者，即不在绞决之列，自无疑义。惟径照旧律改流，则因身陷邪淫，致其亲之死不得其正，亦嫌轻纵。权衡轻重之间，似以改拟绞候，较为平允。至犯奸、盗而纵容袒护，则祖父母、父母实自贻伊戚，不得专诿过于子孙；若夫教令，则更为首祸之人，揆诸一家共犯、罪坐尊长之义，亦当自任其咎。拟将例内充军、绞候、徒、流各节，改为“如祖父母、父母知子孙犯奸、盗，而纵容袒护，并教令子孙犯之者，子孙止科本罪”，以符定例之初意。例内“罪犯应死”句，本承“奸盗”而言，亦应添叙明晰，以免疑误。谨将修改例文，开列于后。

**修　改**

一、凡子孙因奸、因盗，以致祖父母、父母忧忿戕生，并畏累自尽；或被人殴死，及谋故杀害者，均拟绞监候。如祖父母、父母知子孙犯奸、盗，而纵容袒护，并教令子孙犯之者，子孙止科本罪。若因奸、盗罪犯应死，及谋故杀人事情败露，致祖父母、父母自尽者，即照原犯罪名，拟以立决。子孙之妇有犯，悉与子孙同科。

# 犯　奸

## 〔刑律案语〕

### ○原　律

凡和奸，杖八十；有夫者，杖九十；刁奸者，无夫、有夫。杖一百。○强奸者，绞；监候。未成者，杖一百、流三千里。凡问强奸，须有强暴之状，妇人不能挣脱之情；亦须有人知闻，及损伤肤体、毁裂衣服之属，方坐绞罪。若以强合，以和成，犹非强也。如一人强捉，一人奸之，行奸人问绞；强捉，问未成，流罪。又如见妇人与人通奸，见者因而用强奸之，已系犯奸之妇，难以强论，依刁奸律。○奸幼女十二岁以下者，虽和，同强论。○其和奸、刁奸者，男、女同罪。奸生男女，责付奸夫收养。奸妇从夫嫁卖；其夫愿留者，听。若嫁卖与奸夫者，奸夫、本夫，各杖八十；妇人离异归宗；财物入官。○强奸者，妇女不坐。○若媒合、容止人在家通奸者，各减犯人和、刁罪一等。○如人犯奸已露，而代私和奸事者，各减和、刁、强二等。○其非奸所捕获及指奸者，勿论。若奸妇有孕，奸妇虽有据，而奸夫则无凭。罪坐本妇。

**臣等谨按：**此仍《明律》，顺治三年〔1646年〕添入小注。惟律注“以强始，以和成，犹非强也”数语，并未拟定罪名，若止拟以和奸之罪，殊未平允。查《唐律》，“诸奸者，徒一年半；强者，加二等”，此项“以强始、以和成”者，似可参用此法，于注内添入“酌减为徒二年；妇女不坐”十字。流罪附杖，应节删。杖罪照章罚金，应依数分等处罚。谨将修改律文、律注，开列于后。

**修 改**

凡和奸,处八等罚;有夫者,处九等罚;刁奸者,无夫、有夫。处十等罚。○强奸者,绞;监候。未成者,流三千里。凡问强奸,须有强暴之状,妇人不能挣脱之情;亦须有人知闻,及损伤肤体、毁裂衣服之属,方坐绞罪。若以强合,以和成,犹非强也,酌减为徒二年;妇女不坐。如一人强捉,一人奸之,行奸人问绞;强捉,问未成,流罪。又,如见妇人与人通奸,见者因而用强奸之,已系犯奸之妇,难以强论,依刁奸律。○奸幼女十二岁以下者,虽和,同强论。○其和奸、刁奸者,男、女同罪。奸生男女,责付奸夫收养。奸妇从夫嫁卖;其夫愿留者,听。若嫁卖与奸夫者,奸夫、本夫,各处八等罚;妇人离异归宗;财物入官。○强奸者,妇女不坐。○若媒合、容止人在家通奸者,各减犯人和、刁罪一等。○如人犯奸已露,而代私和奸事者,各减和、刁、强。二等。○其非奸所捕获及指奸者,勿论。若奸妇有孕,奸妇虽有据,而奸夫则无凭。罪坐本妇。

**○原 例**

**一、凡职官及军民奸职官妻者,奸夫、奸妇,并绞监候。若职官奸军民妻者,革职,杖一百的决;奸妇枷号一个月、杖一百。其军民相奸者,奸夫、奸妇,各枷号一个月、杖一百。其奴婢相奸,不分一主各主,及军民与官员军民之妾婢相奸者,奸夫、奸妇,各杖一百。**

**臣等谨按:**此条系康熙年间现行例。原文有"在家军民与出征人妻通奸,男、妇俱拟绞候,俟伊夫回日处决。伊夫欲杀者,秋后处决;如伊夫有恳免者,奸夫、奸妇俱枷号两个月、鞭一百,其妇仍给本夫。如奸夫系官,奸妇之夫又恳处死伊妻者,奸妇处死;奸夫革职,枷号三个月、鞭一百"等语,寻绎例意,原系专指出征人妻而言,必俟伊夫回日处决,实为伊夫恳免地步,如伊夫恳免,即可枷责完案,并非一概处决也。雍正三年〔1725 年〕,将"出征"一段删去。"按语"云:"本部遵行则例虽删,而办法仍在;为日寖久,并办法而亦亡之",于是奸职官妻者,无不拟绞入实,殊非定例之意。且职官奸职官妻,男、女均拟死罪;而奸军民妻,仅拟满杖,是严于责职官之妻,而轻于责职官,仍未平允。况杖罪,即拟的决,究属徒法难行。似应将上层绞候减为满流,下层"的决"节去,俾与平人一律。至枷杖,本应照章并罚,颇嫌涉于烦苛,拟将枷号宽免,仍与上职官奸军民妻统改为处十等罚。其革职一层,即已包括在内,似可毋庸复叙。例末奴婢相奸,及军民与官员军民之妾婢相奸者,奸夫、奸妇各杖一百,既与上罪名相等,应改为"罪同"。再查本门"恶徒伙众将良人子弟抢去强行鸡奸"例内载,"如和同鸡奸者,照军民相奸例,枷号一个月、杖一百"等语,业于彼例声明,逐层剔出,分别归并等因,应于例末添入"如男子和同鸡奸者,亦照此例办理",以资援引,而昭赅备。谨将修改例文,开列于后。

**修 改**

一、凡职官及军民奸职官妻者,奸夫、奸妇,并流三千里。若职官奸军民妻,及军民相奸者,奸夫、奸妇,各处十等罚。其奴婢相奸,不分一主各主,及军民与官员军民之妾婢相奸者,罪同。如男子和同鸡奸者,亦照此例办理。

**○原 例**

**一、强奸十二岁以下幼女,因而致死;及将未至十岁之幼女,诱去强行奸污者,照光棍例,斩决。其强奸十二岁以下十岁以上幼女者,拟斩监候;和奸者,仍照虽和同强论律,拟绞监候。**

**一、凡强奸十二岁以下幼女、幼童未成，审有确据者，发黑龙江给披甲人为奴。**

**臣等谨按：**以上二例，前条专言强奸幼女，应添入“幼童”二字，以便通引。本门另有“强奸幼童”条例，即可删除。斩决、斩候，均应照章修改。后条统言强奸幼女、幼童未成，自可并入前条之末。“黑龙江为奴”应改“发烟瘴地方安置”。谨将修并例文，开列于后。

**修　并**

一、强奸十二岁以下幼女、幼童，因而致死；及将未至十岁之幼女、幼童，诱去强行奸污者，绞决。其强奸十二岁以下十岁以上幼女、幼童者，拟绞监候；和奸者，仍照虽和同强论律，亦拟绞监候。若强奸十二岁以下幼女、幼童未成，审有确据者，发烟瘴地方安置。

**○删　除**

**一、凡调奸、图奸未成者，经本妇告知亲族，乡保即时禀明该地方官，审讯如果有据，即酌其情罪之重轻，分别枷号杖责，报明上司存案。如本家已经投明乡保，该乡保不即禀官，及禀官不即审理，致本妇怀忿自尽者，将乡保照甲长不行转报窃盗例，杖八十；地方官，照例议处。**

**臣等谨按：**此条系乾隆十年〔1745年〕定例。既曰“酌量”，即可不立专条，以免烦琐。拟请删除。

**○原　例**

**一、凡奸夫拒捕，刃伤应捉奸之人，照窃盗拒捕，殴所捕人至折伤以上者，拟绞监候。纵容抑勒，不用此例。**

**臣等谨按：**此条系乾隆十二年〔1747年〕定例。“拒捕”门内，奸夫刃伤应捉奸之人，拟绞，兼言折伤在内。此处止言“刃伤”，似未赅备，应即添入。谨将修改例文，开列于后。

**修　改**

一、凡奸夫拒捕，刃伤应捉奸之人，或殴至折伤以上者，照窃盗拒捕，殴所捕人至折伤以上者，拟绞监候。纵容抑勒，不用此例。

**○原　例**

**一、凡强奸杀死妇女及良家子弟，仍按例问拟斩决外；其有先经和奸，后因别故拒绝，致将被奸之人杀死者，俱仍照谋故斗殴本律定拟。**

**臣等谨按：**强奸杀死本妇例，系分别已成、未成定拟。至强奸杀死良家子弟，本门虽有因奸杀死治罪之法，尚不如彼例赅备。拟将此例首层改为“凡强奸杀死良家子弟者，照强奸杀死妇女例定拟”。至伤人未死，及强奸未成并不伤人者，本门亦有治罪之条，核与强奸妇女轻重相等，应即归并于此，以省繁琐。谨将修改例文，开列于后。

**修　改**

一、凡强奸杀死良家子弟者，照强奸杀死妇女例问拟。其伤人未死，及强奸未成并未伤人者，亦照强奸妇女例治罪。若妇女及良家子弟，有先经和奸，后因别故拒绝，致将被奸之人杀死者，俱仍照谋故斗殴本律定拟。

**○原　例**

**一、强奸妇女，除并未伤人者，已成、未成，仍照本律定拟外；其因强奸，执持金刃、**

凶器戳伤本妇，及拒捕致伤其夫与父母并有服亲属，已成奸者，拟斩监候；未成奸者，拟绞监候。如伤非金刃、凶器，已成奸者，拟绞监候；未成奸者，发边远充军；年在五十以上，发近边充军。其图奸、调奸妇女未成，罪人拒伤本妇，并其夫与父母及有服亲属，如至残废、笃疾，罪在满徒以上者，无论金刃、手足、他物，俱照殴所捕人至折伤以上律，拟绞监候。但系刃伤者，发极边足四千里安置；若伤非金刃，仍依罪人拒捕律，于本罪上加二等问拟。

**臣等谨按：**此条系雍正十二年〔1734 年〕定例，嘉庆、道光年间迭次修改。查拒捕之案，均以刃伤、折伤，分别轻重。此处忽添“凶器”，而无“折伤”，殊与他条不归一律，应删去“凶器”，添入“折伤”一层。斩候既应照章改绞，与下未成奸者罪名相同，应改为“无论已、未成奸，均拟绞候”；“充军”改为“安置”；“年在五十以上”一层应节删。谨将修改例文，开列于后。

**修　改**

一、强奸妇女，除并未伤人者，已成、未成，仍照本律定拟外；其因强奸，执持金刃戳伤本妇，及拒捕致伤其夫与父母并有服亲属；或手足、他物，殴至折伤以上，无论已、未成奸，均拟绞监候。如伤非金刃，又非折伤，已成奸者，仍拟绞监候；未成奸者，发极边足四千里安置。其图奸、调奸妇女未成，拒伤本妇，并其夫与父母及有服亲属，如至残废、笃疾，罪在满徒以上，无论金刃、手足、他物，俱拟绞监候。但系刃伤者，发极边足四千里安置；若手足、他物，未至残废、笃疾者，仍依罪人拒捕律，于本罪上加二等问拟。

**○原　例**

一、凡妇女与人父子通奸，致其子因奸谋杀其父，酿成逆伦重案者，将犯奸之妇女，实发驻防给兵丁为奴。

**臣等谨按：**此条系嘉庆十二年〔1807 年〕定例。惟例内专言“谋杀”，若案系殴毙，转难援引，拟改“谋杀”为“杀死”。其妇女“实发”现已停止，遵章改为监禁。谨将修改例文，开列于后。

**修　改**

一、凡妇女与人父子通奸，致其子因奸杀死其父，酿成逆伦重案者，将犯奸之妇女，监禁十年。

**○删　除**

一、恶徒伙众，将良人子弟抢去强行鸡奸者，无论曾否杀人，仍照光棍例，为首者，拟斩立决；为从，若同奸者，俱拟绞监候；余犯发遣黑龙江给披甲人为奴。其虽未伙众，因奸将良人子弟杀死，及将未至十岁之幼童诱去强行鸡奸者，亦照光棍为首例，斩决。如强奸十二岁以下十岁以上幼童者，拟斩监候。和奸者，照奸幼女虽和同强论律，拟绞监候。若止一人，强行鸡奸，并未伤人，拟绞监候。如伤人未死，拟斩监候。其强奸未成，并未伤人者，拟杖一百、流三千里。如刃伤未死，拟绞监候。如和同鸡奸者，照军民相奸例，枷号一个月、杖一百。倘有指称鸡奸诬害等弊，审实，依所诬之罪反坐，至死减一等；罪至斩决者，照恶徒生事行凶例，发极边足四千里充军。

**臣等谨按：**此条系康熙年间定例。前数层均言强行鸡奸及和同鸡奸之罪。此次修改，本门例条，已将此条逐层剔出，分别归并，以省烦琐。至例末指称“鸡奸诬害”一层，亦自有诬告本律，均毋庸另设专例。拟即删除。

〇原　例

一、轮奸良人妇女已成之案，审实，照光棍例，为首，拟斩立决；为从同奸者，拟绞监候；同谋未经同奸余犯，发黑龙江给披甲人为奴。因而杀死本妇者，首犯，拟斩立决，枭示；为从同奸，又帮同下手者，拟斩立决；同奸而未下手，及下手而未同奸者，均拟绞立决；其同谋而并未下手，又未同奸者，发黑龙江给披甲人为奴。如致本妇自尽者，首犯，拟斩立决；为从同奸之犯，均拟绞立决；同谋未经同奸余犯，发黑龙江给披甲人为奴。若伙谋轮奸未成，审有实据者，为首，发黑龙江给披甲人为奴；为从，杖一百、流三千里。因而杀死本妇者，首犯，拟斩立决；为从帮同下手者，拟绞立决；未经下手者，发黑龙江给披甲人为奴。如致本妇自尽者，首犯，拟斩监候；为从，发黑龙江给披甲人为奴。

**臣等谨按：**此例原系二条，一雍正五年〔1727年〕定例，嘉庆年间两次修改；一嘉庆六年〔1801年〕定例；十九年〔1814年〕修并，咸丰二年〔1852年〕改定。惟例首既称“审实，照光棍例”，自应分别首、从，拟以斩、绞，今又于为从中分出遣罪，殊与彼例未符，应将“照光棍例”等字节去，较免窒碍。“斩、枭”照章改为“斩决”，“斩决”改为“绞决”，“绞决”改为“绞候入实”。至“发黑龙江为奴”，按名例，系发四省烟瘴充军，应酌改为“烟瘴地方”；并遵章改“充军”为“安置”。流罪附杖，应节删。再，本门内尚有“恶徒伙众将良人子弟抢去强行鸡奸”一条，其首段即系轮奸之意，而分析已成、未成及自尽各节，并不如本例之详，业拟将彼条删除，声明归并在案，似应于例末添入“其有恶徒伙众将良人子弟抢去强行鸡奸者，亦照此例分别治罪”，以省繁复，而资援引。谨将修改例文，开列于后。

**修　改**

一、轮奸良人妇女已成之案，为首，拟绞立决；为从同奸者，拟绞监候；同谋未经同奸余犯，发烟瘴地方安置。因而杀死本妇者，首犯，拟斩立决；为从同奸，又帮同下手者，拟绞立决；同奸而未下手，及下手而未同奸者，均拟绞监候，入于秋审情实；其同谋而并未下手，又未同奸者，发烟瘴地方安置。如致本妇自尽者，首犯，拟绞立决；为从同奸之犯，均拟绞监候，入于秋审情实；同谋未经同奸余犯，发烟瘴地方安置。若伙谋轮奸未成，审有实据者，为首，发烟瘴地方安置；为从，流三千里。因而杀死本妇者，首犯，拟绞立决；为从帮同下手者，拟绞监候，入于秋审情实；未经下手者，发烟瘴地方安置。如致本妇自尽者，首犯，拟绞监候；为从，发烟瘴地方安置。其有恶徒伙众，将良人子弟抢去强行鸡奸者，亦照此例分别治罪。

〇原　例

一、轮奸已经犯奸妇女已成者，为首，发黑龙江给披甲人为奴；为从同奸者，杖一百、流三千里；同谋未经同奸余犯，杖一百、徒三年。因而杀死本妇者，首犯，拟斩立决；下手为从同奸者，拟绞立决；未同奸者，绞监候；同奸而未下手者，发黑龙江给披甲人为奴；并未同奸，又未下手者，杖一百、流三千里。如致本妇自尽者，首犯，拟绞监候；为从同奸者，发黑龙江给披甲人为奴；同谋未经同奸余犯，杖一百、流三千里。若轮奸未成，首犯，杖一百、流三千里；为从，杖一百、徒三年。因而杀死本妇者，首犯，拟斩监候；为从，除

**案系谋杀，仍照谋杀本律，分别曾否加功问拟外；如系殴杀，帮同下手者，发黑龙江给披甲人为奴；未经下手者，杖一百、徒三年。如致本妇自尽者，首犯发黑龙江给披甲人为奴；为从，杖一百、徒三年。如妇女犯奸后，已经悔过自新，审有确证者，仍以良人妇女论。**

**臣等谨按：**此条系嘉庆十九年〔1814 年〕定例，道光年间迭次修改。例内“斩决”，照章改为“绞决”。“绞决”本应改为“绞候，声叙入实”，究与下未同奸者罪名相同，似应裁去入实一层，改为“下手为从者，无论同奸、未同奸，均拟绞监候”，较省繁冗。“斩候”亦应改为“绞候”。“发黑龙江为奴”，照名例，拨发四省烟瘴；“充军”应酌改为“烟瘴地方”，并遵章改“充军”为“安置”。徒流附杖，应节删。谨将修改例文，开列于后。

**修　改**

一、轮奸已经犯奸妇女已成者，为首，发烟瘴地方安置；为从同奸者，流三千里；同谋未经同奸余犯，徒三年。因而杀死本妇者，首犯，拟绞立决；下手为从者，无论同奸、未同奸，均拟绞监候；同奸而未下手者，发烟瘴地方安置；并未同奸，又未下手者，流三千里。如致本妇自尽者，首犯，拟绞监候；为从同奸者，发烟瘴地方安置；同谋未经同奸余犯，流三千里。若轮奸未成，首犯，流三千里；为从，徒三年。因而杀死本妇者，首犯，拟绞监候；为从，除案系谋杀，仍照谋杀本律，分别曾否加功问拟外；如系殴杀，帮同下手者，发烟瘴地方安置；未经下手者，徒三年。如致本妇自尽者，首犯，发烟瘴地方安置；为从，徒三年。如妇女犯奸后，已经悔过自新，审有确证者，仍以良人妇女论。

**○删　除**

**一、凡喇嘛、和尚等，有强奸致死人命者，照光棍例，分别首、从定拟。**

**臣等谨按：**此条系雍正二年〔1724 年〕定例，原在“威逼人致死”门；乾隆四十二年〔1777 年〕移改。例称“致死人命”，似系指强奸杀死人命者而言；若羞忿自尽，是否一例同科，未经叙明，碍难援引。且强奸致死人命，有犯各有本例可循，无虞轻纵，似不必因系喇嘛、和尚，另立专条。拟请删除。

## 〔核订刑律〕

### ○原修改律文

**凡和奸，处八等罚；有夫者，处九等罚；刁奸者，无夫、有夫。处十等罚。○强奸者，绞；监候。未成者，流三千里。凡问强奸，须有强暴之状，妇人不能挣脱之情；亦须有人知闻，及损伤肤体、毁裂衣服之属，方坐绞罪。若以强合，以和成，犹非强也，酌减为徒二年；妇女不坐。如一人强捉，一人奸之，行奸人问绞；强捉，问未成，流罪。又如见妇人与人通奸，见者因而用强奸之，已系犯奸之妇，难以强论，依刁奸律。○奸幼女十二岁以下者，虽和，同强论。○其和奸、刁奸者，男、女同罪。奸生男女，责付奸夫收养。奸妇从夫嫁卖；其夫愿留者，听。若嫁卖与奸夫者，奸夫、本夫各处八等罚；妇人离异归宗；财物入官。○强奸者，妇女不坐。○若媒合、容止人在家通奸者，各减犯人和、刁罪一等。○如人犯奸已露，而代私和奸事者，各减和、刁、强二等。○其非奸所捕获及指奸者，勿论。若奸妇有孕，奸妇虽有据，而奸夫则无凭。罪坐本妇。**

**谨按：**“出妻”条“从夫嫁卖”句已改为“听其离异”，本律第四节应一律照改。嫁卖由于本夫，是以嫁卖与奸夫，本夫亦予科罪；离异则归于本宗，另有主婚之人在，律内“本夫”应改为

“主婚之人”。谨将修改律文，开列于后。

**修　改**

凡和奸，处八等罚；有夫者，处九等罚；刁奸者，无夫、有夫。处十等罚。〇强奸者，绞；监候。未成者，流三千里。凡问强奸，须有强暴之状，妇人不能挣脱之情；亦须有人知闻，及损伤肤体、毁裂衣服之属，方坐绞罪。若以强合，以和成，犹非强也，酌减为徒二年；妇女不坐。如一人强捉，一人奸之，行奸人问绞；强捉，问未成，流罪。又如见妇人与人通奸，见者因而用强奸之，已系犯奸之妇，难以强论，依刁奸律。〇奸幼女十二岁以下者，虽和，同强论。〇其和奸、刁奸者，男、女同罪。奸生男女，责付奸夫收养。奸妇给付本夫，听其离异。若嫁与奸夫者，奸夫、主婚之人，各处八等罚；妇人仍离异；财物入官。〇强奸者，妇女不坐。〇若媒合、容止人在家通奸者，各减犯人和、刁罪一等。〇如人犯奸已露，而代私和奸事者，各减和、刁、强。二等。〇其非奸所捕获及指奸者，勿论。若奸妇有孕，奸妇虽有据，而奸夫则无凭。罪坐本妇。

**〇原修并例文**

**一、强奸十二岁以下幼女、幼童，因而致死；及将未至十岁之幼女、幼童，诱去强行奸污者，绞决。其强奸十二岁以下十岁以上幼女、幼童者，拟绞监候；和奸者，仍照虽和同强(盗)论律，亦拟绞监候。若强奸十二岁以下幼女、幼童未成，审有确据者，发烟瘴地方安置。**

**一、凡强奸杀死良家子弟者，照强奸杀死妇女例问拟。其伤人未死，及强奸未成并未伤人者，亦照强奸妇女例治罪。若妇女及良家子弟，有先经和奸，后因别故拒绝，致将被奸之人杀死者，俱仍照谋故斗殴本律定拟。**

**一、轮奸良人妇女已成之案，为首，拟绞立决；为从同奸者，拟绞监候；同谋未经同奸余犯，发烟瘴地方安置。因而杀死本妇者，首犯，拟斩立决；为从同奸，又帮同下手者，拟绞立决；同奸而未下手，及下手而未同奸者，均拟绞监候，入于秋审情实；其同谋而并未下手，又未同奸者，发烟瘴地方安置。如致本妇自尽者，首犯，拟绞立决；为从同奸之犯，均拟绞监候，入于秋审情实；同谋未经同奸余犯，发烟瘴地方安置。若伙谋轮奸未成，审有实据者，为首，发烟瘴地方安置；为从，流三千里。因而杀死本妇者，首犯，拟绞立决；为从帮同下手者，拟绞监候，入于秋审情实；未经下手者，发烟瘴地方安置。如致本妇自尽者，首犯，拟绞监候；为从，发烟瘴地方安置。其有恶徒伙众，将良人子弟抢去强行鸡奸者，亦照此例分别治罪。**

**谨按：**《唐律》奸罪各条，皆指对于妇女言之，并未牵及男子，良以男子与妇女不同，不成为奸也。《明律》犯奸析为一门，国朝因之，益以见维持妇女之风纪。惟以上三例，男、女并列，似乖本旨。如谓淫恶之徒，每有攫取幼童，肆行背于人道之行为者，理宜重惩，不妨另纂一例。即以情节大致相类，非单纯数语所能赅载，以简驭繁，比依妇女则可，与妇女并举则不可。总之，科拟虽同，名义要自有别也。又，第二、第三两条，俱言“良家子弟”，“子弟”云者，乃有父兄者之统称，以此为治罪之准的，范围过广。查各国刑律，将幼童为猥亵行为，俱以十二岁为断，略与第一条同。盖因过此年龄，虽未达成年，体力渐壮，足以自行保卫，可免强暴之污辱。拟请将“良家子弟”改为“十二岁以下幼童”，析出，作为通例。则非幼童，即不得援引，庶可杜诬陷之风。至第一条以十岁与十二岁分别轻重，窃维其间年龄相差无几，同属幼稚，实无必应区别之理。其强奸一层，旧例拟斩，新章改绞，仍与本律无殊；即虽和同强本律，亦有明文，均属重出，拟请一并节删。谨将修改例文，开列于后。

**修　改**

一、强奸十二岁以下幼女，因而致死者，绞立决。若强奸未成，审有确据者，发烟瘴地方安置。

一、凡妇女有先经和奸，后因别故拒绝，致将妇女杀死者，俱仍照谋故斗殴本律定拟。

一、轮奸良人妇女已成，为首，拟绞立决；为从同奸者，拟绞监候；同谋未经同奸余犯，发烟瘴地方安置。因而杀死本妇者，首犯，拟斩立决；为从同奸，又帮同下手者，拟绞立决；同奸而未下手，及下手而未同奸者，均拟绞监候，入于秋审情实；其同谋而并未下手，又未同奸者，发烟瘴地方安置。如致本妇自尽者，首犯，拟绞立决；为从同奸之犯，均拟绞监候，入于秋审情实；同谋未经同奸余犯，发烟瘴地方安置。若伙谋轮奸未成，审有实据者，为首，发烟瘴地方安置；为从，流三千里。因而杀死本妇者，首犯，拟绞立决；为从帮同下手者，拟绞监候，入于秋审情实；未经下手者，发烟瘴地方安置。如致本妇自尽者，首犯，拟绞监候；为从，发烟瘴地方安置。

一、恶徒鸡奸十二岁以下幼童者，酌量情形，比依强奸幼女、轮奸妇女各本例，分别治罪。

## 纵容妻妾犯奸

### 〔刑律案语〕

**○原　律**

**凡纵容妻妾与人通奸，本夫、奸夫、奸妇，各杖九十。抑勒妻妾及乞养女与人通奸者，本夫、义父，各杖一百；奸夫，杖八十；妇女不坐，并离异归宗。○若纵容抑勒亲女及子孙之妇妾与人通奸者，罪亦如之。○若用财买休、卖休，（因而）和（同）娶人妻者，本夫、本妇及买休人，各杖一百；妇人离异归宗；财礼入官。若买休人与妇人用计逼勒本夫休弃，其夫别无卖休之情者，不坐；买休人及本妇，各杖六十、徒一年；妇人余罪收赎，给付本夫，从其嫁卖。妾，减一等。媒合人各减犯人（买休及逼勒卖休）罪一等。（其因奸不陈告，而嫁卖与奸夫者，本夫杖一百；奸夫、奸妇，各尽本法。）**

**臣等谨按**：此仍《明律》，顺治三年〔1646年〕添入小注。律内杖罪，照章改为罚金，应依数分等处罚；徒罪附杖，应节删。至"妇人余罪收赎"，与现章不符，此语亦应节去。谨将修改律文，开列于后。

**修　改**

凡纵容妻妾与人通奸，本夫、奸夫、奸妇，各处九等罚。抑勒妻妾及乞养女与人通奸者，本夫、义父，各处十等罚；奸夫，处八等罚；妇女不坐，并离异归宗。○若纵容抑勒亲女及子孙之妇妾与人通奸者，罪亦如之。○若用财买休、卖休，（因而）和（同）娶人妻者，本夫、本妇及买休人，各处十等罚；妇人离异归宗；财礼入官。若买休人与妇人用计逼勒本夫休弃，其夫别无卖休之情者，不坐；买休人及本妇，各徒一年；妇人给付本夫，从其嫁卖。妾，减一等。媒合人各减犯人（买休及逼勒卖休）罪一等。（其因奸不陈告，而嫁卖与奸夫者，本夫处十等罚；奸夫、奸妇，各尽本法。）

〔核订刑律〕

**○原修改律文**

凡纵容妻妾与人通奸，本夫、奸夫、奸妇，各处九等罚。抑勒妻妾及乞养女与人通奸者，本夫、义父，各处十等罚；奸夫，处八等罚；妇女不坐，并离异归宗。○若纵容抑勒亲女及子孙之妇妾与人通奸者，罪亦如之。○若用财买休、卖休，因而和同娶人妻者，本夫、本妇及买休人，各处十等罚；妇人离异归宗；财礼入官。若买休人与妇人用计逼勒本夫休弃，其夫别无卖休之情者，不坐；买休人及本妇，各徒一年；妇人给付本夫，从其嫁卖。妾，减一等。媒合人各减犯人买休及逼勒卖休罪一等。其因奸不陈告，而嫁卖与奸夫者，本夫处十等罚；奸夫、奸妇，各尽本法。

**谨按：**此条第四节“从其嫁卖”句，应照“出妻”条改为“听其离异”，以归一律。谨将修改律文，开列于后。

**修　改**

凡纵容妻妾与人通奸，本夫、奸夫、奸妇，各处九等罚。抑勒妻妾及乞养女与人通奸者，本夫、义父，各处十等罚；奸夫，处八等罚；妇女不坐，并离异归宗。○若纵容抑勒亲女及子孙之妇妾与人通奸者，罪亦如之。○若用财买休、卖休，因而和同娶人妻者，本夫、本妇及买休人，各处十等罚；妇人离异归宗；财礼入官。若买休人与妇人用计逼勒本夫休弃，其夫别无卖休之情者，不坐；买休人及本妇，各徒一年；妇人给付本夫，听其离异。妾，减一等。媒合人各减犯人买休及逼勒卖休罪一等。其因奸不陈告，而嫁卖与奸夫者，本夫处十等罚；奸夫、奸妇，各尽本法。

## 亲属相奸

〔刑律案语〕

**○原　律**

凡奸同宗无服之亲，及无服亲之妻者，各杖一百。强者，奸夫斩监候。○奸内外缌麻以上亲，及缌麻以上亲之妻，若妻前夫之女，同母异父姊妹者，各杖一百、徒三年；强者，奸夫斩。监候。若奸从祖祖母、祖姑、从祖伯叔母、从祖伯叔姑、从父姊妹、母之姊妹及兄弟妻、兄弟子妻者，奸夫、奸妇各决绞；惟出嫁祖姑、从祖伯叔姑，监候绞。强者，奸夫决斩。惟强奸小功再从姊妹、堂侄女、侄孙女、出嫁降服者，监候斩。○若奸妻之亲生母者，以缌麻亲生论之，太轻，还比依母之姊妹论。○若奸父祖妾、伯叔母、姑、姊妹、子孙之妇、兄弟之女者，奸夫、奸妇各决斩。强者，奸夫决斩。○凡奸前项亲属妾各减妻一等；强者，绞。监候。其妇女同坐、不同坐，及未成奸、媒合、纵容等件，各详载犯奸律。惟同宗奸生男女，不得混入宗谱，听随便安插。

**臣等谨按：**此仍《明律》；顺治三年〔1646 年〕增修，雍正三年〔1725 年〕修改，乾隆五年〔1740 年〕改定。惟查《比引律条》载：“奸义子妇，比依奸缌麻以上亲之妻律，杖一百、徒三年；强者，斩”，又“奸乞养子妇，比依奸妻前夫之女律科断，其子与妇，断还本宗；强者，斩”，又“奸义女，比依奸妻前夫之女律，杖一百、徒三年；强者，斩”，又“奸义妹，比依奸同母异父姊妹律，杖一百、徒三年；强者，斩”各等语，即系指本律各项而言。罪名既无甚区分，似不如并入本门，较便翻阅。兹拟于"奸缌麻以上亲之妻"下添注"义子妇同"，"若妻前夫之女"下添注"乞养子妇及义女同"，"同母异父姊妹"下添注"义妹同"，并于"徒三年"下注明"乞养子与妇，仍断还本宗"，以省繁冗，而昭赅备。"决斩"照章改为"决绞"，"决绞"改为"绞候入实"，"斩候"亦应改为"绞候"；"杖一百"遵章罚金，应改为"处十等罚"；徒罪附杖，并节删。谨将修改律文、律注，开列于后。

**修　改**

凡奸同宗无服之亲，及无服亲之妻者，各处十等罚。强者，奸夫绞监候。○奸内外缌麻以上亲，及缌麻以上亲之妻，义子妇同。若妻前夫之女，乞养子妇及义女同。同母异父姊妹义妹同。者，各徒三年；乞养子与妇，仍断还本宗。强者，奸夫绞。监候。若奸从祖祖母、祖姑、从祖伯叔母、从祖伯叔姑、从父姊妹、母之姊妹及兄弟妻、兄弟子妻者，奸夫、奸妇各绞监候，入于秋审情实。惟出嫁祖姑、从祖伯叔姑，监候绞。强者，奸夫决绞。惟强奸小功再从姊妹、堂侄女、侄孙女、出嫁降服者，监候绞。○若奸妻之亲生母者，以缌麻亲论之，太轻，还比依母之姊妹论。○若奸父祖妾、伯叔母、姑、姊妹、子孙之妇、兄弟之女者，奸夫、奸妇各决绞。强者，奸夫决绞。○凡奸前项亲属妾各减妻一等；强者，绞。监候。其妇女同坐、不同坐，及未成奸、媒合、纵容等件，各详载犯奸律。惟同宗奸生男女，不得混入宗谱，听随便安插。

**○原　例**

**一、凡亲属和奸，律应死罪者，若强奸未成，发边远充军；调奸未成，杖一百、流三千里。其和奸，罪不至死者，若强奸未成，发近边充军；调奸未成，杖一百、徒三年。**

**臣等谨按：**此条系前明旧例，乾隆年间修改。凡人强奸未成，问拟满流；亲属强奸未成，应较凡人为重。若将例内"边远"照章改作"满流"，殊嫌轻重不分，应酌量改为"极边足四千里安置"。"其和奸，罪不至死"一项，仍照凡人，改为"满流"。至"亲属调奸未成"，本律内所无，古人不立此等科条，非疏漏也，原以事无确据，窒碍滋多，嫌疑之际难分，诬捏之端易起，有犯尽可酌量办理，毋庸另立专条，此层应请节删。谨将修改例文，开列于后。

**修　改**

一、凡亲属和奸，律应死罪者，若强奸未成，发极边足四千里安置。其和奸，罪不至死者，若强奸未成，仍照律流三千里。

## 〔核订刑律〕

### ○原修改律文

凡奸同宗无服之亲，及无服亲之妻者，各处十等罚。强者，奸夫绞监候。○奸内外缌麻以上亲，及缌麻以上亲之妻，义子妇同。若妻前夫之女，乞养子妇及义女同。同母异父姊妹义妹同。者，各徒三年；乞养子与妇，仍断还本宗。强者，奸夫绞。监候。若奸从祖祖母、祖姑、从祖伯叔母、从祖伯叔姑、从父姊妹、母之姊妹及兄弟妻、兄弟子妻者，奸夫、奸妇各绞监候，入于秋审情实。惟出嫁祖姑、从祖伯叔姑，监候绞。强者，奸夫决绞。惟强奸小功再从姊妹、堂侄女、侄孙女、出嫁降服者，监候绞。○若奸妻之亲生母者，以缌麻亲论之，太轻，还比依母之姊妹论。○若奸父祖妾、伯叔母、姑、姊妹、子孙之妇、兄弟之女者，奸夫、奸妇各决绞。强者，奸夫决绞。妾各减妻一等；强者，绞。监候。其妇女同坐、不同坐，及未成奸、媒合、纵容等件，各详载犯奸律。惟同宗奸生男女，不得混入宗谱，听随便安插。

**谨按：**第二节"缌麻亲之妻"各项下，分疏《比引律条》，似涉烦碎。所谓"同"者，乃同其和奸满徒、强奸绞候之罪，不必同其各项之名义也，自应总注于“监候”之下，以符体例。又“奸从祖祖母”等项“绞候入实”，本旧律“绞立决”所改，其下复注“惟出嫁祖姑、从祖伯叔姑，监候绞”一语，查此项罪名，《秋审条款》并无明文，第服制，名分攸关，从无轻议缓决，如此处与“情实”对举，转为缓案，似非定律本意，不如浑括其词，将正文“监候”改为小注，“入于秋审情实”句并本注一并节删，俟纂辑《秋审条款》，酌量情形，分别办理。谨将修改律文、律注，开列于后。

**修　改**

凡奸同宗无服之亲，及无服亲之妻者，各处十等罚。强者，奸夫绞监候。〇奸内外缌麻以上亲，及缌麻以上亲之妻，若妻前夫之女，同母异父姊妹者，各徒三年；强者，奸夫绞。监候。奸义子妇、义女、义妹、乞养子妇，并同；仍断还本宗。若奸从祖祖母、祖姑、从祖伯叔母、从祖伯叔姑、从父姊妹、母之姊妹及兄弟妻、兄弟子妻者，奸夫、奸妇各绞；监候。强者，奸夫决绞。惟强奸小功再从姊妹、堂侄女、侄孙女、出嫁降服者，监候绞。〇若奸妻之亲生母者，以缌麻亲论之，太轻，还比依母之姊妹论。〇若奸父祖妾、伯叔母、姑、姊妹、子孙之妇、兄弟之女者，奸夫、奸妇各决绞。强者，奸夫决绞。妾各减妻一等；强者，绞。监候。其妇女同坐、不同坐，及未成奸、媒合、纵容等件，各详载犯奸律。惟同宗奸生男女，不得混入宗谱，听随便安插。

## 买良为娼

**〔刑律案语〕**

**〇原　律**

**凡娼优乐人，买良人子女为娼优，及娶为妻妾，或乞养为子女者，杖一百。知情嫁卖者，同罪。媒合人，减一等。财礼入官，子女归宗。**

**臣等谨按**：此仍《明律》。惟“杖一百”罪名，照章罚金，应改为“处十等罚”。谨将修改律文，开列于后。

**修　改**

凡娼优乐人，买良人子女为娼优，及娶为妻妾，或乞养为子女者，处十等罚。知情嫁卖者，同罪。媒合人，减一等。财礼入官，子女归宗。

**〇删　除**

**一、凡借充人牙，将领卖妇人，逼勒卖奸图利者，枷号三个月、杖一百，发云、贵、两广烟瘴少轻地方。如虽无局奸图骗情事，但非系当官交领，私具领状，将妇人久养在家，逾限不卖，希图重利者，杖一百。地方官不实力查拿，照例议处。**

**臣等谨按**：此条系雍正二年〔1724年〕定例，乾隆五年〔1740年〕改定。例内“领卖妇人”，似指“当官价卖”而言，现在例应“当官价卖”者绝少，且民政部业已设立济良所，各省自应推广照办，即有此等妇女，尽可交令择配。此例无关引用，应即删除。

**〇原　例**

**一、凡无藉之徒，及生监、衙役、兵丁，窝顿流娼土妓，引诱局骗；及得受窝顿娼妓之家财物，挺身架护者，照窝赌例治罪。如系偶然存留，为日无几，枷号三个月，杖一百。其**

**窝顿月日经久者，杖一百、徒三年；再犯，杖一百、流三千里。得受娼妓家财物者，仍准枉法，计赃，从重论。邻保知情容隐者，杖八十；受财者，亦准枉法论，计赃，从重科断。其失察之该地方官，交部照例议处。**

**臣等谨按：**此条系乾隆年间定例。现在娼寮虽经上捐，而私自窝顿娼妓者，仍应治罪。例内“杖八十”，照章罚金，应改为“处八等罚”。至满杖加枷号三月罪名，若枷、杖并罚，颇涉苛细，应酌改为“徒一年”。徒流附杖，应节删。谨将修改例文，开列于后。

**修 改**

一、凡无藉之徒，及生监、衙役、兵丁，私自窝顿流娼土妓，引诱局骗；及得受窝顿娼妓之家财物，挺身架护者，照窝赌例治罪。如系偶然存留，为日无几，徒一年。其窝顿月日经久者，徒三年；再犯，流三千里。得受娼妓家财物者，仍准枉法，计赃，从重论。邻保知情容隐者，处八等罚；受财者，亦准枉法论，计赃，从重科断。其失察之该地方官，交部照例议处。

**○删 除**

**一、京城内外，拿获窝娼，并开设软棚月日经久之犯，除本犯照例治罪外；其租给房屋之房主，初犯，杖八十、徒二年；再犯，杖一百、徒三年。知情容留之邻保，杖八十。房屋入官。若甫经窝娼，及开设软棚，即被拿获，知情租给之房主，杖八十；知情容留之邻保，笞四十。若房主、邻佑实不知情，不坐；房屋免其入官。如业主所置房屋，交家人经手，有赁给窝娼、开设软棚，伊主实不知情者，罪坐经手之人。倘系官房，即将知情租给经手官房之人，亦照前例治罪。**

**臣等谨按：**此条系嘉庆十六年〔1811年〕定例。现在京师娼寮，均经上捐，此项租给房屋之家，业经奏准免其治罪。此例应即删除。

**○原 例**

**一、凡纵容抑勒妻妾及亲女、义女、子孙之妇妾等项与人通奸者，除照纵容抑勒犯奸本律治罪外；仍将纵容抑勒之人，在本家门首枷号一个月发落；奸夫及妇女，俱照律问拟，毋庸枷号。若有私买良家之女为娼，及设计诱买良家之子为优者，俱枷号三个月，杖一百、徒三年。知情卖者，与同罪。媒合人及串通说合之中保，减一等。奸宿者，照抑勒妻女与人通奸奸夫杖八十律，拟杖八十。子女不坐，并发归宗。若妇女、男子，自行起意为娼、为优卖奸者，照军民相奸例，枷号一个月，杖一百。宿娼狎优之人，亦照此例，同拟枷、杖。**

**臣等谨按：**此条系前明《问刑条例》，乾隆、嘉庆、咸丰年间，迭次修改。例首“纵容抑勒之人”既照本律治罪，复在门首加枷，殊嫌律外加重；且照新章，枷、杖并罚，亦嫌涉于烦苛，似应将此段全行节去。第二层“枷号”亦应酌删。至抑勒妻女与人通奸案内之奸夫，及军民相奸，各本律例内，均已著定罪名，此处似无庸复叙，应各改为“治罪”，以示赅括。其例末“宿娼狎优之人”亦照凡奸科断，殊嫌未平。盖娼优本下贱之流，即犯之者，宜有区别。况官吏宿娼，律止杖六十，岂常人反应独严？似可仿照办理，仍遵章改为“处六等罚”。徒罪附杖，应节删。谨将修改例文，开列于后。

**修 改**

一、私买良家之女为娼，及设计诱买良家之子为优者，俱徒三年。知情卖者，与同罪。媒合人及串通说合之中保，减一等。奸宿者，照抑勒妻女与人通奸奸夫律治罪。子女不坐，并发归宗。若妇女、男子，自行起意为娼为优卖奸者，照军民相奸例治罪。宿娼狎优之人，处六等罚。

〔核订刑律〕

**○原修改律文**

**凡娼优乐人，买良人子女为娼优，及娶为妻妾，或乞养为子女者，处十等罚。知情嫁卖者，同罪。媒合人，减一等。财礼入官，子女归宗。**

**谨按：**“乐人”亦即“乐户”，国朝久已豁除此类名色，他条删节殆尽，本条自应一律节去。谨将修改律文，开列于后。

**修　改**

凡娼优，买良人子女为娼优，及娶为妻妾，或乞养为子女者，处十等罚。知情嫁卖者，同罪。媒合人，减一等。财礼入官，子女归宗。

**○原修改例文**

**一、私买良家之女为娼，及设计诱买良家之子为优者，俱徒三年。知情卖者，与同罪。媒合人及串通说合之中保，减一等。奸宿者，照抑勒妻女与人通奸奸夫律治罪。子女不坐，并发归宗。若妇女、男子，自行起意为娼为优卖奸者，照军民相奸例治罪。宿娼狎优之人，处六等罚。**

**谨按：**娼优业经弛禁，其“自行起意为娼为优”一层，出于本人之自愿，无须治罪，应请节删。谨将修改例文，开列于后。

**修　改**

一、私买良家之女为娼，及设计诱买良家之子为优者，俱徒三年。知情卖者，与同罪。媒合人及串通说合之中保，减一等。奸宿者，照抑勒妻女与人通奸奸夫律治罪。子女不坐，并发归宗。

## 失　火

〔刑律案语〕

**○原　律**

**凡失火烧自己房屋者，笞四十；延烧官民房屋者，笞五十；因而致伤人命者，（不分亲属、凡人。）杖一百；（但伤人者，不坐致伤罪。）其罪止坐所由失火之人；若延烧宗庙及宫阙者，绞。（监候。）○社，减一等。（皆以在外延烧言。）○若于山陵兆域内失火者，（虽不延烧。）杖八十、徒二年；仅延烧山（林）〔陵〕兆域内林木者，杖一百、流二千里。若于官府公廨及仓库内失火者，亦杖八十、徒二年；主守仓库之人，因而侵欺财物者，计赃，以监守自盗论。（不分首、从。）其在外失火而延烧者，各减三等。（若主守人因而侵欺财物，不在减等之限。若常人因火而盗取，以常人盗论。如仓库内失火者，杖八十、徒二年；比仓库被窃盗，库子尽其财产均追赔偿之例。）○若于库藏及仓廒内燃火者，（虽不失火。）杖八十。○其守卫宫殿及**

仓库，若掌囚者，但见内外火起，皆不得离所守，违者，杖一百。若点放火花爆仗，问违制。

**臣等谨按：**此仍《明律》。笞、杖罪名，照章罚金，应依数分等处罚；徒、流附杖，照章应删。谨将修改律文、律注，开列于后。

**修 改**

凡失火烧自己房屋者，处四等罚；延烧官民房屋者，处五等罚；因而致伤人命者，不分亲属、凡人。处十等罚；但伤人者，不坐致伤罪。其罪止坐所由失火之人；若延烧宗庙及官阙者，绞。监候。〇社，减一等。皆以在外延烧言。〇若于山陵兆域内失火者，虽不延烧。徒二年；仍延烧山(林)〔陵〕兆域内林木者，流二千里。若于官府公廨及仓库内失火者，亦徒二年；主守仓库之人，因而侵欺财物者，计赃，以监守自盗论。不分首、从。其在外失火而延烧者，各减三等。若主守人因而侵欺财物，不在减等之限。若常人因火而盗取，以常人盗论。如仓库内失火者，徒二年；比仓库被窃盗，库子尽其财产均追赔偿之例。〇若于库藏及仓廒内燃火者，虽不失火。处八等罚。〇其守卫宫殿及仓库，若掌囚者，但见内外火起，皆不得离所守，违者，处十等罚。若点放火花爆仗，问违制。

**〇删 除**

一、凡出征、行猎处失火者，杖一百。

**臣等谨按：**此条系康熙年间定例。现在《陆军章程》极为详密，如出征、行猎时，有失火情事，自应临时分别轻重，酌量惩办。此条无关引用，拟请删除。

**〇删 除**

一、失火延烧官民房屋，及官府公廨、仓库失火等案，各照本律笞、杖充徒定拟，应否赔修，亦照律办理外；失火延烧官民房屋，如数至一百间者，加枷号一个月；至二百间者，加枷号两个月。若延烧官府公廨、仓库官物，及官民房屋至三百间以上者，加枷号三个月。均于失火处所枷示。

**臣等谨按：**例内"枷号"一项，系就本律笞、杖、徒各罪上附加，新章于附加枷号，不论久暂，均改罚金。本例以枷号之月日定罪名之轻重，改归一律，转无区别。惟失火本出无心，枷号折罚，为数有限，拟请一并宽免。此例既免枷号，即属无关引用，拟请删除。

## 放火故烧人房屋

### 〔刑律案语〕

**〇原 律**

凡放火故烧自己房屋者，杖一百。若延烧官民房屋及积聚之物者，杖一百、徒三年。因而盗取财物者，斩；监候。杀伤人者，以故杀伤论。〇若放火故烧官民房屋及公廨、仓库、系官积聚之物者，不分首、从。皆斩。监候。须于放火处捕获，有显迹证验明白者，乃坐。其故烧人空闲房屋，及田场积聚之物者，各减一等。〇并计所烧之物减价，尽犯人财产折锉赔偿，还官、给主。除烧残见在外，其已烧物，令犯人家产折为银数，系一主者，全偿；系众主者，计所故烧几处，将家产锉为几分，而赔偿之；即官、民，亦品搭均偿。若家产罄尽者，免追。赤贫者，止科其罪。〇若奴婢、雇工人犯者，以凡人论。

**臣等谨按：**此仍《明律》。“杖一百”照章罚金，应改为“处十等罚”；徒罪附杖，应节删；“斩候”应改为“绞候”。谨将修改律文，开列于后。

**修　改**

凡放火故烧自已房屋者，处十等罚。若延烧官民房屋及积聚之物者，徒三年。因而盗取财物者，绞；监候。杀伤人者，以故杀伤论。○若放火故烧官民房屋及公廨、仓库、系官积聚之物者，不分首、从。皆绞。监候。须于放火处捕获，有显迹证验明白者，乃坐。其故烧人空闲房屋，及田场积聚之物者，各减一等。○并计所烧之物减价，尽犯人财产折锉赔偿，还官、给主。除烧残见在外，其已烧物，令犯人家产折为银数，系一主者，全偿；系众主者，计所故烧几处，将家产锉为几分，而赔偿之；即官、民，亦品搭均偿。若家产罄尽者，免追。赤贫者，止科其罪。○若奴婢、雇工人犯者，以凡人论。

**○删　除**

一、凡各边仓场，若有故烧系官钱粮草束者，拿问明白，将正犯枭首示众。烧毁之物，先尽犯人家产折锉赔偿；不敷之数，着落经收看守之人，照数均赔。

**臣等谨按：**此仍明例，顺治三年〔1646年〕删定。现在各边仓场，与前代情形迥不相同，此条无关引用，拟即删除。

**○原　例**

一、凶恶棍徒，纠众商谋，计图得财，放火故烧官民房屋，及公廨、仓库或官积聚之物，并街市镇店、人居稠密之地，已经烧毁抢夺财物者，均照强盗律，不分首、从，拟斩立决；杀伤人者，枭示；有因焚压致死者，将为首之人枭示。仍照强盗例，将法所难宥、情有可原者，于疏内声明。若本非同伙，借名救火，乘机抢掠财物者，照抢夺律，加一等，分别首、从治罪。其恶徒谋财放火，有已经烧毁房屋，尚未抢掠财物，又未伤人者，为首，拟斩监候；为从商谋、下手燃火者，枷号两个月，发近边充军；诱胁同行者，杖一百、徒三年。如谋财放火，随即救熄，尚未烧毁，为首，拟绞监候；为从商谋、下手燃火者，杖一百、流三千里；诱胁同行者，枷号两个月，责四十板。若并非图财，而怀挟私仇，放火烧毁房屋，因而杀人及焚压人死者，为首，拟斩立决；为从商谋、下手燃火者，拟绞监候。其未伤人，及伤而不死者，为首，拟斩监候；为从者，发近边充军；诱胁同行者，并杖一百、徒三年。如挟仇放火，当被救熄，尚未烧毁，为首，枷号两个月，发近边充军；为从者，枷号两个月，杖一百、徒三年。若图财挟仇，故烧空地闲房，及场园堆积柴草等物者，首犯，枷号两个月，杖一百、流三千里；如系孤村旷野内，并不毗连民居闲房，及田场积聚之物者，杖一百、徒三年；为从，各减一等；当被救熄，尚未烧毁者，又各减一等。地方文武官弁，遇有此等恶徒放火，不即赴援扑灭，协力擒拿，照例议处。地方保甲人等，照不应重律治罪。

**臣等谨按：**此条系雍正七年〔1729年〕定例，嗣后迭经修改。新章改“枭示”为“斩决”，“斩决”为“绞决”，“斩候”为“绞候”，徒、流附杖概予删除，自应分别照改。例内所称“仍照强盗例，将法所难宥、情有可原者，于疏内声明”等语，本属旧例，惟查“情有可原”一项，现经会议政务处奏准规复，与从前办法微有不同，此次业于“强盗”门纂辑为例，应改为“其情有可原者，仍照强盗例，免死、减等，发遣新疆当差”。至谋财放火尚未烧毁，较已经烧毁情节为轻，同拟绞候，微嫌畸重，应酌改为“发烟瘴地方安置”，以昭平允。其“诱胁同行”“责四十板”之处，核与

"杖一百"相等,为数无多,拟请宽免。至"近边充军"罪名,照章应改"流二千五百里"。惟按其情罪,有重于"流二千五百里"者,应改为"满流";有重于"满流"者,应改为"极边安置",以示区别。谨将修改例文,开列于后。

**修　改**

一、凶恶棍徒,纠众商谋,计图得财,放火故烧官民房屋及公廨、仓库或官积聚之物,并街市镇店、人居稠密之地,已经烧毁抢夺财物者,均照强盗律,不分首、从,拟绞立决;杀伤人者,拟斩立决;有因焚压致死者,将为首之人拟斩立决。其情有可原者,仍照强盗例,发遣新疆当差。若本非同伙,借名救火,乘机抢掠财物者,照抢夺律,加一等,分别首、从治罪。其恶徒谋财放火,有已经烧毁房屋,尚未抢掠财物,又未伤人者,为首,拟绞监候;为从商谋、下手燃火者,发极边足四千里安置;诱胁同行者,徒三年。如谋财放火,随即救熄,尚未烧毁,为首,发烟瘴地方安置;为从商谋、下手燃火者,流三千里;诱胁同行者,处十等罚。若并非图财,而怀挟私仇,放火烧毁房屋,因而杀人及焚压人死者,为首,拟绞立决;为从商谋、下手燃火者,拟绞监候。其未伤人,及伤而不死者,为首,拟绞监候;为从者,发极边足四千里安置;诱胁同行者,并徒三年。如挟仇放火,当被救熄,尚未烧毁,为首,流三千里;为从者,徒三年。若图财挟仇,故烧空地闲房,及场园堆积柴草等物者,首犯,流三千里;如系孤村旷野内,并不毗连民居闲房,及田场积聚之物者,徒三年;为从,各减一等;当被救熄,尚未烧毁者,又各减一等。地方文武官弁,遇有此等恶徒放火,不即赴援扑灭,协力擒拿,照例议处。地方保甲人等,照不应重律治罪。

**〇原　例**

**一、挟仇放火,除有心烧死一家三命,或一家二命者,仍各按律例,拟以斩决、凌迟外;其止欲烧毁房屋柴草泄忿,并非有心杀人者,如致死一、二命,应照挟仇放火因而杀人及焚压人死例,首犯,拟斩立决;为从商谋、下手燃火者,拟绞监候。若致死一家三命以上,首犯,斩决、枭示;从犯,拟绞立决。**

**臣等谨按:**此条系嘉庆十三年〔1808年〕定例。例首"除"笔及例文中段,均系按上条例文治罪,似应节删,以省繁复。惟例末"致死一家三命"一层,专为并非有心杀人、因而致死一家三命者而设,应留之以资援引;并照章将"斩枭"改为"斩决","绞决"改为"绞候,入于秋审情实"。谨将修改例文,开列于后。

**修　改**

一、挟仇放火,止欲烧毁房屋柴草泄忿,并非有心杀人,因而致死一家三命以上者,首犯,拟斩立决;从犯,拟绞监候,入于秋审情实。

**〔核订刑律〕**

**〇原修改律文**

**凡放火故烧自己房屋者,处十等罚。若延烧官民房屋及积聚之物者,徒三年。因而盗取财物者,绞;监候。杀伤人者,以故杀伤论。〇若放火故烧官民房屋及公廨、仓库、系官积聚之物者,不分首、从。皆绞。监候。须于放火处捕获,有显迹证验明白者,乃坐。其故烧人空闲房屋,及田场积聚之物者,各减一**

等。○并计所烧之物减价，尽犯人财产折锉赔偿，还官、给主。除烧残见在外，其已烧物，令犯人家产折为银数，系一主者，全偿；系众主者，计所故烧几处，将家产锉为几分，而赔偿之；即官、民，亦品搭均偿。若家产罄尽者，免追。赤贫者，止科其罪。○若奴婢、雇工人犯者，以凡人论。

**谨按：**“奴婢”一项，现以雇工人论，本条律注“奴婢”字样，应即删除，以归一律。谨将修改律注，开列于后。

**修　改**

凡放火故烧自己房屋者，处十等罚。若延烧官民房屋及积聚之物者，徒三年。因而盗取财物者，绞；监候。杀伤人者，以故杀伤论。○若放火故烧官民房屋及公廨、仓库、系官积聚之物者，不分首、从。皆绞。监候。须于放火处捕获，有显迹证验明白者，乃坐。其故烧人空闲房屋，及田场积聚之物者，各减一等。○并计所烧之物减价，尽犯人财产折锉赔偿，还官、给主。除烧残见在外，其已烧物，令犯人家产折为银数，系一主者，全偿；系众主者，计所故烧几处，将家产锉为几分，而赔偿之；即官、民，亦品搭均偿。若家产罄尽者，免追。赤贫者，止科其罪。○若雇工人犯者，以凡人论。

## 失时不修堤防

### 〔刑律案语〕

**○原　律**

凡不先事修筑河防，及虽修而失时者，提调官吏，各笞五十；若毁害人家、漂失财物者，杖六十；因而致伤人命者，杖八十。○若不先事修筑圩岸，及虽修而失时者，笞三十；因而淹没田禾者，笞五十。○其暴水连雨损坏堤防，非人力所致者，勿论。

**臣等谨按：**此系《明律》，应仍其旧。惟笞、杖照章改为罚金，均应依数分等处罚。谨将修改律文，开列于后。

**修　改**

凡不先事修筑河防，及虽修而失时者，提调官吏，各处五等罚；若毁害人家、漂失财物者，处六等罚；因而致伤人命者，处八等罚。○若不先事修筑圩岸，及虽修而失时者，处三等罚；因而淹没田禾者，处五等罚。○其暴水连雨损坏堤防，非人力所致者，勿论。

**○原　例**

一、凡运防一带，用强包揽闸夫、溜夫二名之上，捞浅铺夫三名之上，俱问发附近充军；揽当一名，不曾用强生事者，问罪，枷号一个月发落。

一、遇河工紧要工程，如有浮议动众，以致众力懈弛者，将倡造之人，拟斩监候；附和传播者，杖一百，即于工所枷号一个月。其指称夫头，包揽代雇，勒措良民者，二名以上，发附近充军；一名者，杖一百，枷号一个月发落。

一、楚省岁修堤塍，如有措勒业户，将夫工包折银钱者，照河工包揽闸夫溜夫捞浅铺夫例，分别名数定拟。

**臣等谨按：**以上三例，第一条系前明《问刑条例》。用强包揽夫役二、三名，即问附近军，似嫌过重。按，用强包揽与豪强求索，情事相等，拟将此项罪名，即改为“照豪强求索财物律，计赃，准枉法论”。其“揽当一名，不曾用强生事者”例系“枷号一月”，惟“枷号”既经改章，本条用强包揽罪名，亦拟减轻，则此项罪名，亦应酌减，拟改为“照不应为而为律科罪”。第二条前一层言“浮议动众”之罪，情节较重，拟分出另为一条。“斩候”罪名，照章改为“绞候”；其“附和传播者”，例系满杖加枷，现在枷、杖均经改章，若并行折罚，殊形苛碎，拟酌改为“照违制律治罪”。至“指称夫头，包揽代雇”一层，与包揽闸夫、溜夫，情罪相等，应修并于第一条，以省繁琐。第三条言“楚省岁修堤塍”、“指勒业户”、“包折夫工”，本系照包揽闸夫、溜夫例治罪，应即移附于第一条之末，并将“楚省”二字改为“各省”，以便通引。谨将修并例文，开列于后。

**修 并**

一、凡运河一带，用强包揽闸夫、溜夫二名以上，捞浅铺夫三名以上；及河工指称夫头，包揽代雇，勒措良民二名以上者，俱照豪强求索财物律，计赃，准枉法论。揽当一名，不曾用强生事；并勒措良民一名者，俱照不应为律科罪。各省岁修堤塍，如有勒措业户，将夫工包折银钱者，亦照此例，分别名数定拟。

一、遇河工紧要工程，如有浮议动众，以致众力懈弛者，将倡造之人，拟绞监候；附和传播者，照违制律治罪。

**〇原 例**

**一、河工承修各员采办料物，如有奸民串保领银，侵分入己，以致亏帑误工，该总河将承办官参究；仍将亏帑奸民，发该州县严查追比。倘有徇纵等情，亦即查参，交部议处。其亏帑串保奸民审实，照常人盗仓库钱粮律，计赃治罪；应追银两逾限不完，着落原领官名下追赔。**

**臣等谨按：**此例应仍其旧。惟“总河”应改为“兼管河道督抚”。“州县徇纵，查参议处”一层，事隶吏部，亦应节删，以免繁冗。谨将修改例文，开列于后。

**修 改**

一、河工承修各员采办料物，如有奸民串保领银，侵分入己，以致亏帑误工，该兼管河道督抚将承办官参究；仍将亏帑奸民，发该州县严查追比，审实，照常人盗仓库钱粮律，计赃治罪；应追银两逾限不完，着落原领官名下追赔。

**〇原 例**

**一、凡堤工，宜加意慎重，以固河防。除现在已成房屋，无碍堤工者，免其迁移外；如再有违禁增盖者，即行驱逐治罪；并将徇纵容隐之官弁，交部分别议处。**

**臣等谨案：**此例应仍其旧。惟“官弁分别议处”一层，应由吏部、陆军部查照则例办理，毋庸载入刑律，应即节删。谨将修改例文，开列于后。

**修 改**

一、凡堤工，宜加意慎重，以固河防。除现在已成房屋，无碍堤工者，免其迁移外；如再违禁增盖者，即行驱逐治罪。

〔核订刑律〕

**○原修改例文**

一、凡堤工，宜加意慎重，以固河防。除现在已成房屋，无碍堤工者，免其迁移外；如再违禁增盖者，即行驱逐治罪。

**谨按：**此条系乾隆二年〔1737 年〕定例。“现在”二字，系指当时而言，承行既久，应行节删。例末“治罪”一语，亦涉含混，拟改为“照违制律治罪”，以昭明晰。谨将修改例文，开列于后。

**修　改**

一、凡堤工，宜加意慎重，以固河防。除已成房屋，无碍堤工者，免其迁移外；如再违禁增盖者，即行驱逐，照违制律治罪。

## 侵占街道

〔刑律案语〕

**○原　律**

凡侵占街巷道路，而起盖房屋，及为园圃者，杖六十，各令拆毁，修筑复旧。其所居自己房屋穿墙而出秽污之物于街巷者，笞四十；穿墙出水者，勿论。

**臣等谨按：**此律应仍其旧。惟律内所称“穿墙出秽污之物于街巷”等语，系属违警之事，现在违警已定专律，此节应删。“杖六十”罪名，照章罚金，应改为“处六等罚”。谨将修改律文，开列于后。

**修　改**

凡侵占街巷道路，而起盖房屋，及为园圃者，处六等罚，各令拆毁，修筑复旧。

**○删　除**

一、在京内外街道，若有作践掘成坑坎，淤塞沟渠，盖房侵占；或傍城使车，撒放牲口，损坏城脚；及大清门前御道棋盘，并护门栅栏、正阳门外御桥南北、本门月城、将军楼、观音堂、关王庙等处，作践损坏者，俱问罪，枷号一个月发落。

**臣等谨按：**例内所指在各处作践损坏等情，均系违警罪，现已修定《违警律》，有犯自可查照办理，毋庸列入刑律。此条拟即删除。

# 附录五　大理院判例、解释例要旨(《现行律》民事有效部分相关)汇辑(附检索表)

# 说　明

1. 本辑汇录大理院判例摘自大理院编辑处编《大理院判例要旨汇览》(大理院收发所1919年版、1926年订正再版)民法部分、《大理院判例要旨汇览续编》(大理院1924年版)民法部分、郭卫编辑《大理院判决例全书》(上海法学编译社、会文堂新记书局1932年第3版)民法部分。所辑录的大理院判例要旨以列明征引《现行律》法条名目者为限。

2. 本辑汇录大理院解释例摘自大理院编辑处编《大理院解释例要旨汇览》(第1卷,大理院收发所1919年版)民法部分(统字第九一〇号之前)、朱鸿达主编、郑爰诹编辑《现行法有效大理院解释例全集(1913～1927年)》(世界书局1933年版)民法部分及附编有关民法者(统字第九一〇号之后)。① 《大理院解释例要旨汇览》、《现行法有效大理院解释例全集(1913～1927年)》二书著录大理院解释例方式与《大理院判例要旨汇览》、《大理院判例要旨汇览续编》相同,但《大理院解释例要旨汇览》相关解释例后附注《现行律》法条名目极少,《现行法有效大理院解释例全集(1913～1927年)》未附注《现行律》法条名目,现据郭卫编辑《大理院解释例全文检查表》(上海法学编译社、会文堂新记书局1932年第6版)列入"前清《现行律》民事有效部分"增补《现行律》法条名目。

3. 《大理院判例要旨汇览》、《大理院判例要旨汇览续编》、《大理院解释例要旨汇览》、郭卫编辑《大理院判决例全书》均依据《大清民律草案》的篇目分类排列大理院判例要旨,现仍依该体例,并存

---

① 朱鸿达主编、郑爰诹编辑《现行法有效大理院解释例全集(1913～1927年)》(世界书局1933年版)"附编"著录解释例要旨原无提要,系编者自行增补;补编部分解释例要旨系编者自行根据文义依例补入《民律草案》相应编、章、节、款目下。

其篇目，以资参考。①

4. 大理院解释例字号均冠以“统”字，大理院判例字号则冠以“上”、“抗”、“私上”、“声”、

① 据《大理院判例要旨汇览》例言第六项称：“各法分列章次，有成文法者，依其所定；无成文法而有草案者，依前清修订法律馆各该草案所定，惟不无斟酌情形加以修改之处。例如民法物权编不动产典权经判例认为我国固有之特种独立物权，与所谓不动产质权之性质迥异，又习惯法上之先买权、铺底权亦有独立物权性质，均不能不另列为章。……”（参见大理院编辑处编：《大理院判例要旨汇览》，大理院收发所1919年版、1926年订正再版，“例言”；大理院编辑处编：《大理院解释例要旨汇览》“例言”第六项除个别文字略有出入外，皆同），据此可知所载篇目以《大清民律草案》篇目为本，加以增删改定而成。具体增删改定如下：

1. 债权编：第二章“契约”第五节“使用赁贷借”改为“使用租赁”，第六节“用益赁贷借”改为“用益租赁”，第七节“使用贷借”改为“使用租赁”，第八节“消费贷借”改为“消费租赁”。

2. 物权编：增加第三章“典权（活卖附）”、第四章“先买权”、第七章“铺底权”，改原第四章章名“永佃权”为“佃权”，删除原第六章“担保物权”下第三节“土地债务”节目。

3. 亲属编：第四章“亲子”第五节“私生子”改为“奸生子”，增加第六节“养子”。

4. 继承编：改动尤大，篇目近于1926年修订法律馆起草的《民律草案继承编》。详见下表。

继承编篇目对照表

| 《大清民律草案》（第五编继承） | 《大理院判例要旨》所使用的民律篇目 | 《民律草案继承编》（修订法律馆1926年） |
|---|---|---|
| 第五编　继承 | 第五编　承继 | 民律继承编 |
| 第一章　总则 | 第一章　总则 | 第一章　总则 |
| | 第二章　宗祧之承继 | 第二章　宗祧继承 |
| | 第一节　总则 | |
| | 第二节　宗祧继承人 | 第一节　宗祧继承人 |
| | 第三节　承继宗祧之效力 | 第二节　继承宗祧之效力 |
| 第二章　继承 | 第三章　遗产之承继 | 第三章　遗产继承 |
| | 第一节　总则 | |
| 第一节　继承人 | 第二节　遗产承继人 | 第一节　遗产继承人 |
| 第二节　继承之效力 | 第三节　承继遗产之效力 | 第二节　遗产继承之效力 |
| 第一款　总则 | 第一款　总则 | 第一款　总则 |
| | | 第二款　遗产继承人之责任 |
| 第二款　继承人应继之分 | 第二款　承继人应继之分 | 第三款　遗产继承人应继之分 |
| 第三款　分析遗产 | 第三款　分析遗产 | 第四款　分析遗产 |
| | 第四章　嗣子未定及绝产 | 第四章　继承人未定及无人承认之继承 |
| | | 第一节　继承人未定 |
| | | 第二节　无人承认之继承 |
| 第三章　遗嘱 | 第五章　遗嘱 | 第五章　遗嘱 |
| 第一节　总则 | 第一节　总则 | 第一节　总则 |
| 第二节　遗嘱之方法 | 第二节　遗嘱之方法 | 第二节　遗嘱之方法 |
| 第三节　遗嘱之效力 | 第三节　遗嘱之效力 | 第三节　遗嘱之效力 |
| 第四节　遗嘱之执行 | 第四节　遗嘱之执行 | 第四节　遗嘱之执行 |
| 第五节　遗嘱之撤销 | 第五节　遗嘱之撤销 | 第五节　遗嘱之撤销 |
| 第四章特留财产 | 第六章　应留财产 | 第六章特留财产 |
| 第五章　无人承认之继承 | | |
| 第六章　债权人或受遗人之权利 | 第七章　债权人或受遗人之权利 | 第七章　债权人或受遗人之权利 |

此处《大清民律草案》及北京政府修订法律馆1926年《民律草案继承编》使用修订法律馆编《法律草案汇编》（修订法律馆、司法公报处1926年版）所载版本。

"非"、"再"等字别(偶有冠以"呈"、"特"、"刑抗"、"刑上"、"上决"、"预"等字别),为免繁琐,不再列明解释例、判例字样。文中著录判例、解释例以先判例、后解释例为序,而后再各据判例、解释例的年份、字号为序。

5. 篇末另附"《大理院判例、解释例要旨(〈现行律〉民事有效部分相关)汇辑》检索表",以便检索。

# 民　法

## 第一编　总　　则

### 第一章　法　例

立嗣律有专条，无先适用习惯余地 《现行律例》既有立嗣专条，自无先行适用习惯之理。（三年上字第七〇号）

**法条[4.63]户役门立嫡子违法条**

均分家产既有明文，无主张习惯余地 适用习惯必须法律无明文规定者。而后可家产应按子数均分，《现行律例》既有明文，自无主张习惯之余地。（三年上字第一一九八号）

**法条[4.70.(1)]户役门卑幼私擅用财条例第一**

把持私地井水之习惯为律例所禁 《现行律》载"京城官地井水，不许挑水之人把持多家任意争长价值，及作为世业私相售卖"等语，就民事言，该律例对于以官地井水营业者，既明禁其有分段专售之权，以此类推，私地井水，虽所有者可以自由营业，而把持售卖，则为贯彻律例保护市民之精神，亦应同受此项禁令，即令习俗相安，亦未便听其显然违法。此种惯行，即不能认为权利，而予以积极之保护。（六年统字第六七七号）

**法条[10.129.(3)]市廛门把持行市条例第三**

### 第二章　人

#### 第一节　权利能力

#### 第二节　行为能力

十六岁成丁，有完全行为能力 《现行律》上以十六岁为成丁。成丁之人自应认为有完全行为能力。故其行为如别无无效或撤销之原因，当然应认为完全有效。（三年上字第七九七号）

**法条[4.60.0]户役门脱漏户口条律**

届十六岁即为成丁，不必满岁 按现行法之文例，凡应以满年计算者，必于条文中著"满"或"未满"等字样，如《暂行新刑律》中"凡未满十二岁人之行为不为罪”、“未满十六岁人或满八十岁人得减重刑”各条是也。《现行律》户役门但以十六岁为成丁,并无所谓“满”,则依法文为正当之解释,关于民事上之成年计算,自不能以满年为限,故一届十六岁即为成丁。(五年上字第八三三号)

**法条4.60.0户役门脱漏户口条律**

现行律以十六岁为成年;成年者之行为完全有效《现行律》以十六岁为成年,则十七岁男子之行为苟无其他无效或撤销之原因,自属完全有效。(七年统字第八六一号)

**法条4.60.0户役门脱漏户口条律**

届十六岁为成年,有完全行为能力;满二十岁为营商能力之特别规定 查本院判例,向根据民事普通法规,行律十六岁成丁之规定(《现行律》户役脱漏户口律),认届十六岁即为成年,有完全行为能力。(参照本院民国三年上字第七九七号及五年上字第八三三号判决)至《商人通例》第二章系以满二十岁为营商能力之特别规定,盖以商行为较为复杂,故该条例特将其年龄加高。(八年统字第九四二号)

**法条4.60.0户役门脱漏户口条律**

成年人处分家财,应得尊长同意;处分自有私财,不受限制 凡成年之人,即有完全行为能力,得独立以法律行为负担义务。除《商人通例》关于商人能力别有规定外,在继续有效之《现行律》,尚有“卑幼不得私擅用本家财物”一条。但此条规定原以家财与私财有别,家财非经同居尊长同意不得私擅处分,至于卑幼自有私财,则该卑幼有完全之自由,不受何种限制。(十四年统字第一九一一号)

**法条4.70.0卑幼私擅用财条律**

### 第三节　责任能力

### 第四节　住所

### 第五节　人格保护

### 第六节　死亡宣告

## 第三章　法　人

### 第一节　通则

### 第二节　社团法人

### 第三节　财团法人

## 第四章　物

## 第五章　法律行为

### 第一节　意思表示

巧避重利之名违禁取利行为,其违禁部分无效 凡以违背法律中禁止规定之事项为标的者,其法律行为为无效。如债权人乘债务人之急故,违现行法上放债利息不许过三分之规定,索取重利而又巧避重利之名,将利息写成原本,则该借约关于违禁取利之部分自属无效。(五年上字第四五七号)

**法条[9.124.0]钱债门违禁取利条律**

买良为娼及原系为娼复行转卖为娼之契约无效　以为娼为标的,买受良家子女者,依《现行律例》及《禁革买卖人口条(例)〔款〕》,其买卖契约当然无效。即或原系为娼,复行转卖为娼者,亦同。(九年上字第八四六号)

**法条[25.332.(2)]犯奸门买良为娼条例第二**

**第二节　契约**

**第三节　代理**

**第四节　条件及期限**

**第五节　无效、撤销及同意**

子订立继母归宗字据无效　查妇女归宗应依《现行律》所定之条件为断。若孀妇确系自愿大归,另行改嫁者,应以别论。故子于继母以归宗为名订立字据,不能认为有合法契约之效力。(十年统字第一六二三号)

**法条[6.86.(2)]婚姻门居丧嫁娶条例第二**

**第六章　期间及期日**

**第七章　时效**

**第一节　通则**

**第二节　取得时效**

**第三节　消灭时效**

**第八章　权利之行使及担保**

债权人为自力救济夺取债务人财产,告于官司,或实际上无官司可告者,亦非违法　按《现行律》"违禁取利"门内规定"若豪势之人,不告官司,以私债强夺去人孳畜产业者,处罚。若估价过本利者,计多余之物,坐赃论,依数追还"等语,寻绎立法本意,债权人恃强夺人财产,于法虽应严禁,然使债务人违约不为清偿,而债权人竟不能借自力以救济之,亦非情理之所应有。故凡债权人夺取债务人财产,而曾经将其事禀于官司,即为适法行为。推而广之,则其时其地在实际上已无官司可告,为保全债权起见,有不能不以自力救济者,虽债权人以私债取人财产,亦不得谓为违法。(三年上字第八四二号)

**法条[9.124.0]钱债门违禁取利条律**

# 第二编　债　　权

**第一章　通　则**

**第一节　债权之标的**

利率每月三分之限制　凡约定利率,未超过每月三分者,不得谓为无效。(三年上字第七九三号)

**法条[9.124.0]钱债门违禁取利条律**

利不得过本《现行律例》原有应付欠息不得超过原本(即“一本一利”)之禁令。(三年上字第八四三号)

**法条[9.124.0]钱债门违禁取利条律**

滚利之预约或债权人任意滚利,均为法所不许《现行律例》载“凡私放钱债及典当财物,每月取利,并不过三分”,又载“放债之徒用短票扣折,违例巧取重利者,治罪”等语,寻绎律意,凡利用其他方法,实系违例取利者,均在禁止之列。故就滚利言之,如当事人预为滚利之约或债权人一方任意滚利入本借收重利者,均为该律所不许。(四年上字第九三〇号)

**法条[9.124.0]钱债门违禁取利条律、[9.124.(4)]违禁取利条例第四**

已付利息不计入一本一利之内《现行律》载“一本一利”之规定,其已经偿还之利息不得合并计算。(四年上字第一四六四号)

**法条[9.124.0]钱债门违禁取利条律**

钱庄亦应受一本一利之制限《现行律》所谓“私放钱债,年月虽多,不得过一本一利”者,原系一般强制之规定,即钱庄放款,亦不能独异。(六年上字第一〇二号)

**法条[9.124.0]钱债门违禁取利条律**

约定利率超过月利三分时,在三分之限度内有效两造原立借约既定为五分利率,按诸《现行律》月息不得过三分之规定,固有不合。惟原约所不合法者,仅以其超过三分,则在三分之限度内,自不能不认原约之效力。(六年上字第七〇〇号)

**法条[9.124.0]钱债门违禁取利条律**

利息计算之结果如已超过原本,应受法定之限制金钱债权之利息,依照现行通例,固应以清偿之日为计算终结之期。但计算结果如利息之额数(除已付之利息而言)实已超过原本,则因私债不过一本一利,《现行律》有规定明文,即应受其限制。(七年上字第二七七号)

**法条[9.124.0]钱债门违禁取利条律**

债权人得债务人同意,得滚利作本,但应受三分之制限有期限债权至期债务人不能清偿,无期限债权其利息积至一年以上,或商人定有营业年度者,至其年度不能清偿,债权人得债务人之同意,得以滚利作本。若该地商场有此项特别习惯,则债务人纵未表示同意,而亦可推定其同意之存在。但《现行律》载“私放钱债,每月取利不得过三分”,如所滚之利原逾三分,则虽合于前开各要件,而其逾越三分之部分要不能向债务人请求清偿。(八年上字第六七号)

**法条[9.124.0]钱债门违禁取利律**

取利过三分,即得债务人同意,亦属违法每月取利不得过三分,本属一种强行法规,姑于取利超过三分者,无论债务人是否同意,均不能谓非违法。(八年上字第二七三号)

**法条[9.124.0]钱债门违禁取利律**

不碍及律例防止重利盘剥之精神,可将利息滚作原本《现行律》规定,“私放钱债,每月取利,不得过三分”,绎其法意,原在防止放债之人乘人窘迫,以重利盘剥。故于债权发生之始,即约定每月滚利作本者,因其结果必致超过月息三分,依该律例之类推解释,自在不应准许之列。惟法律既未绝对禁止利息不得改作原本,则为经济流通计,如具备一定条件,不碍及律例防止重利盘剥之精神,即非不可将利息滚作母金。例如,债务人于协定或习惯所认定之结算期届满,应行付还本息,不即付还,而临时与债权人约定滚利作本者，其滚利之约既非成立于债权发生之始，而承诺滚利与否在债务人，于结算期到来又尚有酌量之自由，则放债之人纵或有意盘剥，亦即无机可乘。此种契约于律例防止重利盘剥之旨并不相背，自不得即指为违法。(八年上字第一三二八号)

**法条[9.124.0]钱债门违禁取利条律**

无约定利率者，不得遽以三分计利　按《现行律》所称"每月取利，不得过三分"，乃就利率之最高限度言之，当事人之约定利率如超过此限度，则其超过之部分为无效。非谓无约定利率者，即能照此计算。(九年上字第一一一八号)

**法条[9.124.0]钱债门违禁取利条律**

执行时计算利息仍应遵守一本一利之规定　执行时，依确定判决计算应付利息，如逾一本一利者，仍应遵守《现行律》"一本一利"之规定。(十二年抗字第一一八号)

**法条[9.124.0]钱债门违禁取利条律**

利息不必与原本同一种类；利谷之计算以订约时之市价为准　查利息应否与原本同一种类，依从来学者之主张，本有积极、消极二说。惟就中国情形观察，以甲说为当。至利谷之计算，应以订约时之市价为标准。(**附原文甲说：此种利谷，当事人间已均认为使用原本金钱之对价，习惯上并久与普利息同视。纵其为物非与原本同其种类，亦应受《现行律》"每月取利不得过三分"及"年月虽多，不过一本一利"之拘束，否则债权人必故意与债务人约定，以与原本异种类之物作息，巧为盘剥，禁止重利之规定将成具文矣。**)(十二年统字第一八四七号)

**法条[9.124.0]钱债门违禁取利条律**

利息包含迟延利息在内　查《现行律》钱债门所谓"利"，不独填补利息，即有损害赔偿性质之迟延利息，亦应包含在内。(十三年统字第一八七七号)

**法条[9.124.0]钱债门违禁取利条律**

约定元豆付利有效，但不得超过月息限制　约定以元豆付利，固应依约履行。(中略)原约年利元豆二十四石，如按时价，实超过月息(中略)限制，自应折减。(下略)(十五年统字第一九七九号)

**法条[9.124.0]钱债门违禁取利条律**

算利之钱跌价，应按当时钱价折算　算利标准如原本江钱，已因毛荒跌价，亦应按照当时钱价折合银洋计算。(十五年统字第一九七九号)

**法条[9.124.0]钱债门违禁取利条律**

## 第二节　债权之效力

律载"私债免追"之规定，不适用于妓女之自愿借债　《现行律》"违禁取利"条载"准折人妻妾子女者，处罚。人口给亲，私债免追"等语，是"私债免追"，仅指准折人妻妾子女者而言，与妓女自愿借钱为营业资本者，显然有别，自不能遽行援用。(五年上字第一二一六号)

**法条[9.124.0]钱债门违禁取利条律**

子所欠私债，不得就祖产执行　父在，子不得为家财之主体，故子所欠之私债，除就其私财(即子之特有财产)执行外，无就祖产执行之理。(五年统字第四八四号)

**法条[4.69.0]户役门别籍异财条律**

**第三节 债权之让与**

**第四节 债权之承任**

**第五节 债权之消灭**

第一款 清偿

第二款 提存

第三款 抵销

第四款 更改

第五款 免除

第六款 混同

**第六节 多数债权人及其债务人**

**第二章 契 约**

**第一节 通则**

第一款 契约之成立及其内容

买休他人妻之契约无效 用财买休卖休和娶人妻,原为《现行律例》所禁止。若其夫别无卖休之意,而买休人用计逼勒本夫休弃者,则尤法所严禁,自难认其买休之契约为有效。(五年上字第六五六号)

**法条[25.325.0]犯奸门纵容妻妾犯奸条律**

第二款 契约之效力

第三款 契约之解除

**第二节 买卖**

第一款 通则

第二款 买卖之效力

第三款 买回

第四款 特种之买卖

**第三节 互易**

**第四节 赠与**

**第五节 使用租赁**

**第六节 用益租赁**

**第七节 使用借贷**

**第八节 消费借贷**

**第九节 雇佣**

**第十节 承揽**

**第十一节 居间**

**第十二节 委任**

**第十三节 寄托**

受寄物因水火盗贼费失,而系受寄人怠于注意,不抗避者,仍应认赔偿 律载“凡受寄人财物、畜产,其被水火盗贼费失,显有形迹者,勿论"云者,系指费失之原因确能证实其非人力所能抵抗者而言。若虽遭水火盗贼而受寄之人力足抵抗,因其怠为相当之注意,以致费失者,仍应负赔偿之责。(七年上字第九一号)

**法条9.125.0钱债门费用受寄财产条律**

**第十四节　合伙**

**第十五节　隐名合伙**

**第十六节　终身定期金契约**

**第十七节　博戏及赌事**

**第十八节　和解**

**第十九节　债务约束及债务认诺**

**第二十节　保证**

## 第三章　广　告

## 第四章　发行指示证券

## 第五章　发行无记名证券

## 第六章　管理事务

## 第七章　不当利得

因私债强夺债务人孳畜产业者,除本利外,应归还余物,即返还不当利得之法理《现行律》载"若豪势之人,不告官司,以私债强夺去人孳畜产业,(中略)若估价过本利者,计多余之物,(中略)依数追还",是即返还不当利得之法理。(五年私上第三九号)

**法条9.124.0钱债门违禁取利条律**

## 第八章　侵权行为

典商失火,以值十当五,照原价计算赔偿《现行律》"费用受寄财产"条例载,"凡典商收当货物,自行失火烧毁者,以值十当五,照原典价值计算,作为准数,(邻火延烧者,酌减十分之二)按月扣除利息,照数赔偿"等语,是典商因失火烧毁收当之货物者,本应按值赔偿。其计算标准既以当五作为值十,(即按当加倍计算)则其赔偿之数,除将当本扣抵外,应再照当本赔足十成,(即当本一元,再赔一元)不过得按月扣除利息。(四年上字第二〇八三号)

**法条9.125.(1)钱债门费用受寄财产条例第一**

# 第三编　物　　权

## 第一章　通　则

物权移转，以立契为成立并对抗第三人之要件　按《现行律》田宅门“典买田宅”律文载，“若将已典卖与人田宅朦胧重复典卖者，追价还主。田宅仍从原典买主为业”云云，其所谓“典卖与人”者，自系指设定移转不动产物权之契约（物权契约）业经合法成立者而言，非仅缔结买卖之债权契约者所可遽行援用。依向来惯例，移转不动产所有权之物权契约，通常以作成契据为其成立要件，故合法作成契据，一经交付之后，其标的物之所有权即移转于让受人。倘原所有人有重复典卖情事，则后典后买之人，即使确系善意，亦仅能对于原所有人请求返还价金，赔偿因此所生之损害，而不能取得典权或所有权。（五年上字第二〇八号）

**法条$^{5.76.0}$田宅门典买田宅条律**

## 第二章　所有权

### 第一节　通则

鱼课不得飞占土地　《现行律》田宅门“检踏灾伤田粮”条例关于沿河沙洲地亩既有明文规定，即应依照办理，自无许渔户得以鱼课飞占土地之理。（十一年统字第一七三六号）

**法条$^{5.73.(2)}$检踏灾伤田粮条例第二**

### 第二节　不动产所有权

淤地先尽坍户拨补，沿河业主不能即取得淤地　《现行律》载，“凡沿河沙洲地亩，被冲坍塌，即令业户报官，勘明注册。遇有淤涨，亦即报官查丈，照原报之数拨补，此外多余涨地，不许霸占。如从前未经报坍，不准拨给。至隔江远户，果系报坍有案，即将多余涨地，秉公拨补。若坍户数多，按照报坍先后，以次照拨。倘补足之外，尚有余地，许召无业穷民认垦，官给印照。其报坍报涨在两县接壤之处者，委员会同两邑地方官，据实勘验，秉公拨补。如有私行霸占，将淤洲入官”等语，寻绎法意，凡有河淤，先尽拨补坍户，余悉由官召垦。果系报坍有案，虽隔江远户，亦得以多余涨地抵拨。此外尚有余地，应仍听官处分，不许自由占据。故在现行法上，沿河各地之业主。不能以淤涨之原因，遂谓子母相生。当然取得其子地。（二年上字第八六号）

**法条$^{5.73.(2)}$田宅门检踏灾伤田粮条例第二**

人民有修堤之义务　《现行律》河防内载，“若不先事修筑圩岸，及虽修而失时者，处罚。其因而淹没田禾者，处罚”等语，寻绎律意，自系强制人民以修堤之义务。（三年上字第五四〇号）

**法条$^{30.387.0}$河防门失时不修堤防条律**

淤地除依法拨补坍户外，皆属官产　凡沿河塌后淤复之地，除依法拨补因塌倒所失之地外，多余淤地，即属官产。其业主现管四至外未塌新淤之地，亦属官产。（三年上字第一一九五号）

**法条$^{5.73.(2)}$田宅门检踏灾伤田粮条例第二**

卖契内记载无可认为有回赎之意思者，不须另立卖契　《现行律》虽载“卖主无力回赎，许凭公估找贴，另立绝卖契纸”，然此系专指自初并未绝卖,或已注定赎回,至后赎回无力者而言。苟其始即已绝卖,无复回赎之意,自无另行立契之必要。而其所谓绝卖,只须当事人间之原约,有可认为绝卖之意思表示,并非限于契纸字面上之注明。(四年上字第一〇七七号)

**法条5.76.(2)田宅门典买田宅条例第二**

拨补塌地之次序与比例 塌地未经报坍有案者,其拨补之次序既无报官之先后可凭,自应以坍塌之先后依次拨补。倘同时坍塌者,则应依其坍塌与淤涨之亩数比例拨补。(九年上字第七三八号)

**法条5.73.(2)田宅门检踏灾伤田粮条例第二**

## 第三节　动产所有权

得遗失物、埋藏物者,可依法取得其所有权 《现行律》"得遗失物"门规定,"凡拾得遗失之物,限五日内送官。若系私物,应召人认识,于内一半给予得物人充赏,一半给还失物人;如三十日内无人认识者,全给。若于官私地内掘得埋藏无主之物者,并听收用"等语。此项规定,依本院历来判例,自应继续适用。至前人窖藏之物,一时失灭所在,而经发现者,自应准用遗失物规定,予以判断。(三年上字第二九二号)

**法条9.126.0钱债门得遗失物条律**

动产所有权追及之效力 租主以其辗转租得之物,擅行出典,纵如原审认定有犯刑事法上侵占之罪刑,上诉人典受之物即因此或可谓为赃物,然与强窃盗赃之性质究有差异。而一般赃物,其对价应向何人追征,《现行律》并无明文,能否准用强窃盗赃之规定,本属问题。本院以为,该项规定解释上应以强窃盗赃为限,强窃盗赃以外之赃物,〔自〕难概予准用。盖《现行律》之规定,应认为即时取得原则之例外,自应从严解释。(即民国七年本院第八五八号之解释例亦然)在善意典受租主擅行出典之物,既不能准用该规定,则物主对于善意典受人仍非赔偿原价不能取回其所有物。(十二年上字第〔一〕八九四号)

**法条1.18.(12)名例门给没赃物条例第一二**

《金银号、首饰行收买金珠、首饰规则》之效力。买受劫盗所得之物,确不知情,并系公然价买者,得由失主备价收回 民国元年〔1912年〕五月十三日,经顺天府警察厅布告施行之《金银号、首饰行收买金珠、首饰规则》第一条、第二条及第五条原为警察官厅之行政规则,与《新刑律》本无关系;至第三条办法,则与前清奏定继续有效之《各级审判厅试办章程》第六十八条显有抵触,不能认为有效;第四条办法,其性质既系民事法规,亦无由地方行政官厅制定之理。惟查该办法尚非全然不合条理,但使买主确不知情,(即不知为劫盗所得之物)并公然价买者,自应于犯人不明或无力缴价之时,由失主自行备价收回,(参照《现行律》"给没赃物"门条例第十二段)以昭平允。(七年统字第八五八号)

**法条1.18.(12)名例门给没赃物条例第一二**

## 第四节　共有

# 第三章　典权(活卖附)

赎取田亩,双方皆须依约定期限 《现行律》载,"其所典田宅、园林、碾磨等物,年限已满,业主备价取赎,若典主托故不肯放赎者,处罚。限外递年所得花利,追征给主。依原价取赎。其年限虽满,业主无力取赎者,不拘此律"等语,是民间取赎田亩,双方均须遵守约定之期限。若典主不依期限放赎,

于法固有一定制裁，其典主依限催赎者，自无独许业主不遵期限取赎之理。（三年上字第七六二号）

**法条[5.76.0]田宅门典买田宅条律**

业主不得强求加绝找贴 《现行律》内载，“卖产如契未载‘绝卖’字样，或注定年限回赎者，并听回赎。若卖主无力回赎，许凭中公估找贴一次，另定绝卖契纸。若买主不愿找贴，听其别卖，归还原价”等语，是可见典主不愿找贴，业主无力取赎者，例许其另卖归价，而无容许业主强行主张加绝找贴之理。（三年上字第七六二号）

**法条[5.76.(2)]田宅门典买田宅条例第二**

一不动产不得设定数典权 就同一不动产上先后设定之物权，若均为不动产典权，则依《现行律》中禁止重复典(卖)〔买〕田宅之明文，自不能不认其后之典约为无效。（五年上字第八八七号）

**法条[5.76.0]田宅门典买田宅条律**

典限未满，不许业主强赎 《现行律》载，“典限未满，业主强赎者，照不应重律治罪“等语，除关于治罪一节不适用外，依照律文，典产自不许业主于典限未满前强行告赎。（七年上字第一〇〇六号）

**法条[5.76.(2)]田宅门典买田宅条例第二**

典受租主擅行出典之物，即或可谓为典受赃物，要与典受强窃盗赃之性质有异，不能准用《现行律》关于强窃盗赃之规定 租主以其辗转租得之物（动产），擅行出典，纵如原审认定有犯刑事法上侵占之罪刑，上诉人典受之物即因此或可谓为赃物，然与强窃盗赃之性质究有差异。而一般赃物，其对价应向何人追征，《现行律》并无明文，能否准用强窃盗赃之规定，本属问题。本院以为，该项规定解释上应以强窃盗赃为限，强窃盗赃以外之赃物，自难概予准用。盖《现行律》之规定，应认为即时取得原则之例外，自应从严解释。（即民国七年本院第八五八号之解释例亦然）在善意典受租主擅行出典之物，既不能准用该规定，则物主对于善意典受人仍非赔偿原价不能取回其所有物。（十二年上字第一八九四号）

**法条[1.18.(12)]给没赃物门条例第一二**

《现行律例》“买主不愿找贴”之规定，于典主自应准用。典当之标的物不能即充典价之清偿 《现行律》“典买田宅”门内“若买主不愿找贴，听其别卖，归还原价”之规定，于典主不愿得业时，自应准用。盖买主、典主虽微有不同，其为不愿得业则一，故不能不适用同一之规定。至别卖所得，如不及原价，自应责令业主补足。（四年统字第二二六号）

**法条[5.76.(2)]田宅门典买田宅条例第二**

指地借钱，如依习惯，其主要目的在设定使用收益权者，应认为典当 法律行为之解释，须探求其真意，不当拘泥于文字，为民事法之大原则。指地借钱，如依该地习惯，其行为之主目的系在于地上设定使用、收益之权利者，自应认为即《清理不动产典当办法》所称之“典当”。（六年统字第六六五号）

**法条[5.76.(3)]田宅门典买田宅条例第三**

重复典卖，其后典后卖无效 查重复典卖，其后典后卖为无效，继续有效之前清《现行律》定有明文。甲最先将住房典乙，如果属实，则其再典与丙、丁，均不能有效。故无论甲是否濒于破产，只乙就该房优先受偿有余，始能比例平均分还丙、丁。所引本院二年上字第四六号判例，不无误会。（八年统字第一一三九号）

**法条[5.76.0]田宅门典买田宅条律**

### 第四章　先买权

原业主不得主张先买权　前清《现行律》内载,"倘已经卖绝,契载确凿,复行告找、告赎;及执产动归原〔先尽亲邻〕之说,借端措勒者,俱治罪"等语,是原业主之先买权,无论有无习惯,均为律所明禁。(八年上字第一二八九号)

**法条[5.76.(2)]田宅门典买田宅条例第二**

### 第五章　佃　权

人民佃种旗地不得无故增租夺佃　前清《户部则例》继续有效之条款载,"民人佃种旗地,地虽易主,佃户仍旧。地主不得无故夺佃增租。如佃户实系拖欠租银,许地主撤地另佃。倘佃户措霸,呈官勒退。或地主实欲自种,佃户虽不欠租,亦应退地。若并无前项情事,而庄头、地棍串唆夺佃增租者,严加治罪"等语,在民事法上,其为强行法规,不能稍有变更。(二年上字第六九号)

**法条　《户部则例》田赋门撤佃条款第二**

旗地撤佃应补偿兑价　民人佃种旗地,若(一)佃户实系欠租;(二)或地主实欲自种,固可令其撤佃退地。惟旗地佃户,对于所佃地亩,视同己业,辗转兑佃,均有兑价。若骤行撤佃,则不特佃户之兑价无端损失,而地主一造,从前仅有受制限之所有权,一变而得为该地之完全使用、收益,自无此理。故地主欲消灭佃户之佃权,自非给以相当之对价补偿不可。(四年上字第一七三一号)

**法条　户部则例田赋门撤佃条款第二**

旗地已与民地一律者,得因不敷纳粮请求增租　现在继续有效之前清《户部则例》"撤佃条款"内载,"人民佃种旗地,地虽易主,佃户仍旧。地主不得无故夺佃增租"等语,所谓"不得增租"云者,显系指无故而言。若旗地已与民地一律,而所得租项实不敷纳粮之用,因而请求增租者,自与无故增租者不同,不当在禁止之列。(五年上字第五〇一号)

**法条　户部则例田赋门撤佃条款第二**

旗地因自种撤佃,须地主在生活上实有自种必要　《户部则例》"撤佃条款"载,"人民佃种旗地,地主不得无故增租夺佃。如佃户实系拖欠租银,许地主撤地另佃。倘佃户措霸,呈官勒退,或地主实欲自种,佃户虽不欠租,亦应退地"等语,据此,则旗地苟非佃户拖欠租银或地主实欲自种,即不容遽行夺佃。而地主实欲自种,尤必在生活上,地主确有自种之必要,而后可令佃户退地。固不得借口自种,遽行剥夺佃户永佃之利益。此征之该则例之本旨,当然之解释也。(五年上字第九五九号)

**法条　户部则例田赋门撤佃条款第二**

### 第六章　地上权

### 第七章　铺底权

### 第八章　地役权

### 第九章 担保物权

第一节 通则

第二节 抵押权

第三节 不动产质权

第四节 动产质权

### 第十章 占 有

《现行律》关于典买强窃赃之规定，为即时取得原则之例外，于善意典受租主擅行出典之物者，不能准用 租主以其辗转租得之物，擅行出典，纵如原审认定有犯刑事法上侵占之罪刑，上诉人典受之物即因此或可谓为赃物，然与强窃盗赃之性质究有差异。而一般赃物，其对价应向何人追征，《现行律》并无明文，能否准用强窃盗赃之规定，本属问题。本院以为，该项规定解释上应以强窃盗赃为限，强窃盗赃以外之赃物，自难概予准用。盖《现行律》之规定，应认为即时取得原则之例外，自应从严解释。（即民国七年本院第八五八号之解释例亦然）在善意典受租主擅行出典之物，既不能准用该规定，则物主对于善意典受人仍非赔偿原价不能取回其所有物。（十二年上字第一八九四号）

**法条1.18.(12)名例门给没赃物条例第一二**

## 第四编 亲 属

### 第一章 通 则

异姓子与血统之子在谱上宜有区别 《现行律例》有“异姓不得乱宗”之明文，故从前旧谱若将异姓之子与血统之子显为区别者，自不得轻改其例，以紊乱血统。（四年上字第一二七一号）

**法条4.63户役门立嫡子违法条**

出继者于本生兄弟不为同父周亲 出继之子对于本生兄弟不得谓为同父周亲。（四年统字第三六三号）

**法条4.63.(1)户役门立嫡子违法条例第一、4.63.(3)户役门立嫡子违法条例第三**

无承继权之族人虽不能争继，然修谱争议，得提起确认之诉 无承继权之族人，不能以乱宗为理由告争承继，惟于修谱发生争议者，得提起拒绝登谱或请求削谱之诉。若非因修谱涉讼，应认为无确认身分关系之实益，予以驳斥。（六年统字第五九一号）

**法条4.63.(1)户役门立嫡子违法条例第一**

随母改嫁之前夫之女，于继父为亲属 查现行律载“称子者，男、女同”，女于同居继父应一律持服。惟服图既无女出嫁降服明文，自应无服，但依《刑律》，虽未在第八十二条第三项亲属之列，既曾与同居，受其抚养，于民法上仍应以亲属论。（七年统字第七七八号）

**法条0.0服制图**

娶亲属妻妾为妻妾者，族人得拒绝其妻妾入谱。无效婚姻所生之子应许入谱 《现行律》“娶亲属妻妾”门载“其亲之妻曾被出及已改嫁而娶为妻妾者，统应离异”，其婚姻自非有效。如果族谱并无准其载入之惯例，族人自可拒绝其入谱。（参照四年上字第一二七一号判例）惟所生之子要不得谓非该族之子，不应拒绝入谱。（七年统字

第九一七号）

**法条$^{6.89.0}$婚姻门娶亲属妻妾条律**

## 第二章　家　制

### 第一节　总则

### 第二节　家长及亲属

尊长有所偏向，卑幼得请求分析　《现行律》载，“凡同居卑幼，不由尊长，擅用本家财物者，处罚。（中略）若同居尊长，应分家财不均平者，罪亦如之”等语，是尊长与卑幼同居共财者，其家财固不得由卑幼自专，而尊长亦不得将应分家财有所偏向。由此推论，除祖若父就所有家财可自由处分外，其余尊长有所偏向，则卑幼据以请求分析，即不得谓为违法。（三年上字第六一六号）

**法条$^{4.70.0}$户役门卑幼私擅用财条律**

祖父母、父母有允许分财异居与否之权　《现行律》内载，“祖父母、父母在者，子孙不许分财异居。其父母许令分析者，听”等语，是祖父母、父母，对于子孙之分财异居，有允许与否之权。（四年上字第九五一号）

**法条$^{4.69.(1)}$户役门别籍异财条例**

居父母丧，奉有遗命，或经父母允许者，均得分产　《现行律》载“若居父母丧，而兄弟别立户籍、分异财产者，处罚”，其注载“或奉遗命，不在此律”，又载“祖父母、父母在者，子孙不许分财异居。其父母许令分析者，听”各等语，详绎律意，凡为子者，居父母丧，苟奉有遗命，即许分异财产。而其父或母尚有一方生存，经其许令分产者，亦无论何时，皆得分析。（六年上字第一一〇〇号）

**法条$^{4.69.0}$户役门别籍异财条律**

孀妇犯奸确实有据者，得令退居母家或令大归　孀妇犯奸，如已确实有据，得令退居母家，仍参照本院四年上字第一五六二号判例。惟孀妇如确已同意，并得令其大归。（八年统字第一一六二号）

**法条$^{25.324.0}$犯奸门犯奸条律**

订有合法婚约，实行同居，愿为守志妇者，有代管遗产之权　查乙既与甲订有合法婚约，移住甲家后，又确愿为守志之妇，自应准其为夫择继，并接替丙代管之产，为甲或其嗣子保管。（九年统字第一三五三号）

**法条$^{4.63.(3)}$户役门立嫡子违法条例第三、$^{4.63.(4)}$户役门立嫡子违法条例第四**

孀妇被处和奸罪刑，如未与夫家脱离关系，仍有管理遗产权　妇人于夫亡后，被处和奸罪刑，除夫之直系尊亲属以为品行不检，请求宣告丧失管理财产权外，（参照本院三年上字第六一六号、六年上字第四六〇号判例）如于夫家犹未脱离关系，则《现行律》上守志妇之权利尚不丧失。（十年统字第一五二五号）

**法条$^{4.63.(4)}$户役门立嫡子违法条例第四**

## 第三章　婚　姻

### 第一节　婚姻之要件

嫁娶须由祖父母、父母或余亲主婚，否则得以撤销　《现行律》载“嫁娶应由祖父母、父母主婚。祖父母、父母俱无者，从余亲主婚”，是婚姻不备此条件者，当然在可以撤销之列。（二年私上第二号）

**法条6.82.(2)婚姻门男女婚姻条例第二**

定婚以婚书或聘财为形式要件《现行律》载定婚之形式要件有二:(一)有婚书。即谓有媒妁通报写立者。无论报官有案或仅系私约皆可;(二)聘财。此二要件,苟具备其一,即发生定婚之效力。(二年上字第二一五号)

**法条6.82.0婚姻门男女婚姻条律**

随母改嫁之女由母主婚《现行律》载,“夫亡携女适人者,从母主婚”等语,是父亡随母改嫁抚育之女,依律自应由其生母为之主婚。(三年上字第四三二号)

**法条6.82.(2)婚姻门男女婚姻条例第二**

同宗不得为婚《现行律》载,“凡娶同宗无服之亲,或无服亲之妻者,各处罚”等语,律意所在,盖无非重伦序而防血系之紊乱。故同宗无服之解释,不拘于支派之远近、籍贯之异同,但使有谱系可考其尊卑长幼之名分者,于法即不能不谓为同宗,而禁其有相互间婚姻之成立。(三年上字第五九六号)

**法条6.89.0婚姻门娶亲属妻妾条律**

女子定婚后再许人者,仍归前夫《现行律》载,“有再许他人,未成婚者,处罚;已成婚者,处罚。后定娶者知情,与同罪,财礼入官;不知者,不坐,追还财礼。女归前夫”等语,是凡女子已与人定婚而再许他人者,无论已、未成婚,及后定娶者知情与否,其女应归前夫。(三年上字第八三八号)

**法条6.82.0婚姻门男女婚姻条律**

自约定成婚时起,五年无过不娶者,得解除婚约《现行律》载,“期约已至,五年无过不娶”等语,寻绎律意,“期约”二字,系指所定成婚之日期而言。参观男女婚姻律载“其应为婚者,虽已纳聘财,期约未至而男家强娶,及期约已至而女家故违期者”等语,其意自明。故律载“五年无过不娶,听告官改嫁”者,必其定有成婚日期者,始能适用,不能遽以定婚之日起算。(四年上字第八一〇号)

**法条6.95.(2)婚姻门出妻条例第二**

定婚有妄冒情事者得撤销定婚之初,果有妄冒情事,即已成婚者,依律尚许离异。若仅有婚约,自无不许其撤销之理。(四年上字第一〇〇七号)

**法条6.82.0婚姻门男女婚姻条律**

不许娶同宗亲之妻《现行律》载,“凡娶同宗无服之亲,及无服亲之妻者,各处罚”,是但使其人已为同宗亲之妻,即无论其亲或为小功或属缌麻,又或推而至于无服,依法均不许娶。(四年上字第一一七四号)

**法条6.89.0婚姻门娶亲属妻妾条律**

疾病达一定程度,即应通知《现行律》“男女婚姻”条所谓“疾病”云者,当然别乎残废言之。凡依现在医术,其程度达于不易疗治,而于生活上有碍,或为恒情所厌恶之疾病,皆应包括在内。(四年上字第一二二三号)

**法条6.82.0婚姻门男女婚姻条律**

男女定婚之初,有残疾、老幼、庶出、过房、乞养者,应先通知,并立婚书,或收聘财,方为有效《现行律》载,“凡男女定婚之初,若有残疾、老幼、庶出、过房、乞养者,务要两家明白通知,各从所愿,写立婚书,依礼聘嫁。若许嫁女已报婚书,及有私约,而辄悔者,处罚。虽无婚书,但曾受聘财者,亦是”等语,是定婚之有效与否,在现行法上,若果男女自初即有残疾、老幼、庶出、过房、乞养情事,其前提要件,第一,须两家明白通知;第二,须写立婚书或经收受聘财为情愿之意思表示。若仅空言许婚,其婚约自非有效成立。(四年上字第二三〇五号)

**法条$^{6.82.0}$婚姻门男女婚姻条律**

同宗亲已出之妻亦不得娶 《现行律》内,"凡娶同宗无服之亲,及无服亲之妻者,各处罚。若娶缌麻亲之妻及舅甥妻,各徒一年;小功以上各以奸论。其曾被出及已改嫁而娶为妻妾者,各处罚"等语,是同宗亲之妻,依法均不许娶。至曾否被出及有无改嫁情事,原非所问。明文规定,意极显然。(四年上字第二四〇一号)

**法条$^{6.89.0}$婚姻门娶亲属妻妾条律**

冒为他人之子而定婚者,足为彼造撤销理由 冒为他人之子而定婚者,得为彼造请求撤销之理由。(五年上字第八七〇号)

**法条$^{6.82.0}$婚姻门男女婚姻条律**

有主婚权人强嫁孀妇者,其婚姻之成立与否,视事实上已未成婚为断 按《现行律》载,"妇人夫丧服满,果愿守志,而其祖父母、父母,及夫家之祖父母、父母,强嫁之者,如未成婚,追归前夫之家,听从守志;如已成婚,给与完聚"等语,是凡由有主婚权人强嫁孀妇,其婚姻关系,究能成立与否,应视事实上已、未成婚为断。(五年上字第一一一七号)

**法条$^{6.86.0}$婚姻门居丧嫁娶条律**

有妻欺饰更娶者,后娶之妻应离异 《现行律》"妻妾失序"门内载,"若有妻更娶妻者,后娶之妻离异、归宗"等语,是已有妻室之人,如果欺饰另娶,其后娶之妻,自在应行离异之列。(五年上字第一一六七号)

**法条$^{6.84}$婚姻门妻妾失序条**

男女犯奸盗者,得解除婚约。亲属相盗者亦同 《现行律》载,"未成婚男女,有犯奸盗者,不用此律"等语,注称"男子有犯,听女别嫁;女子有犯,听男别娶",至所称"盗"之意义,当然包括窃盗而言。而窃盗行为,应作何解,又当根据于《暂行新刑律》之律条,亦无可疑。据《刑律》第三百八十一条称,"于直系亲属、配偶,或同居亲属之间,犯第三百六十七条(律文为'意图为自己或第三人之所有而窃取他人所有物者,为窃盗罪'等语)及第三百七十七条第一项之罪者,免除其刑"等语,则是直系亲属、配偶、同居亲属之间,犯所列窃盗罪者,仅得免除其刑,其行为要仍不失为犯罪,则为保护相对人之利益,自应许其请求撤销婚约。(六年上字第七三五号)

**法条$^{6.82.0}$婚姻门男女婚姻条律**

男家悔婚另聘,前聘之女得解除婚约 《现行律》载,"若再许他人,(中略)已成婚者,处罚;后娶者知情,与同罪。财礼入官;不知者,不坐,追还财礼。女归前夫。前夫不愿者,倍追财礼给还,其女仍从后夫。男家悔者,罪亦如之"等语,是就该律类推解释,男家毁约另聘,已成婚者,如前女仍愿与为婚姻,自应令娶前女,而后聘者令其别嫁;如不愿与为婚姻,自应准其解除婚约,是不待言。又此种解除婚约之原因事实,一旦发生,即可据以请求,自不容男家事后以一方之意思补正事实,拒绝其请求。(六年上字第八四五号)

**法条$^{6.82.0}$婚姻门男女婚姻条律**

孀妇改嫁时,其主婚权有一定之次序 《现行律》内载"孀妇自愿改嫁,由夫家祖父母、父母主婚。如夫家无祖父母、父母，但有余亲，即由母家祖父母、父母主婚。如母家亦无祖父母、父母，仍由夫家余亲主婚”等语，是孀妇当自愿改嫁时，其主婚权人之顺位，应以夫家祖父母、父母为先，业有明白之规定。（六年上字第九六九号）

**法条6.86.(2)婚姻门居丧嫁娶条例第二**

官肢阴阳之机能失其作用，即为残疾《现行律》“男女婚姻”条所谓“残废”云者，指凡人身五官、四肢、阴阳之机能，有一失其作用者而言。（七年上字第九一〇号）

**法条6.82.0婚姻门男女婚姻条律**

婚书、聘财，无须两备 婚书与聘财固同为法定之婚姻成立要件，惟法律上仅要求其一，无须兼备。（八年上字第二二七号）

**法条6.82.0婚姻门男女婚姻条律**

同居近亲之主婚权，先于别居之远族《现行律》载“祖父母、父母俱无者，从余亲主婚”等语，其于余亲主婚之顺序虽未明定，然依据条理，其与定婚男女同居而服制最近者，较别居之远族，自应尽先有主婚之权。（八年上字第三二一号）

**法条6.82.(2)婚姻门男女婚姻条例第二**

定婚须收受聘财之规定不因法令禁止买卖人口而失效《现行律例》，男女定婚，收受聘财，原依定立婚约所应践行之方式，与用财买卖人口不能同论。此项规定，自不因法令禁止买卖人口而失效力。（八年上字第一〇九八号）

**法条6.82.0婚姻门男女婚姻条律**

夫死未久即欲改嫁者，依律在禁止之列 夫死未久，即欲改嫁，依照《现行律》“居丧嫁娶”门“居夫丧而身自嫁者，离异”之规定，自在禁止之列。（九年上字第四九二号）

**法条6.86.0婚姻门居丧嫁娶条律**

父母俱存，母不得反于父之意思为子女主婚《现行律》载“嫁娶应由父母主婚”，而父母俱存时，其主婚权应由父行使，本院已有判例，故母自不得反于父之意思而为子女主婚。（九年上字第七七六号）

**法条6.82.0婚姻门男女婚姻条律**

祖父母为主婚，而父母事前不知者，得撤销婚约《现行律》载“嫁娶应由祖父母、父母主婚”，而祖父母、父母俱存时，主婚之权，应由父母行使，本院已有判例。故祖父母为之主婚，而父母事前不知者，自得撤销其婚约。（九年上字第七七六号）

**法条6.82.0婚姻门男女婚姻条律**

天阉系属残疾，其初若未通知，应准离异《现行律》“男女婚姻”条载“男女定婚，若有残疾，务须明白通知，各从所愿”，又“妄冒，已成婚者，离异”各等语，天阉系属残疾，定婚之初，若未通知，应准离异。（四年统字第二三二号）

**法条6.82.0婚姻门男女婚姻条律**

律例所谓“夫家余亲”者，系以该律“妻为夫族服图”内之尊亲为限《现行律》“孀妇改嫁”条例所谓“夫家余亲者”，系以该律“妻为夫族服图”内之尊亲为限，服外族曾祖并不包含在内。孀妇夫家既无余亲，推亲亲之义，母家胞婶服属大功，由其主婚，自属允当。（四年统字第二五三号）

**法条6.86.(2)婚姻门居丧嫁娶条例第二**

童养媳未成婚而夫死者，其主婚权准用“孀妇改嫁”条例；但已解除关系者，不在此限 童养媳未及成婚而夫死，虽与孀妇改嫁有别，然主婚权自以准

用该条例为宜。但已解除关系,归其母家者,不在此限。(四年统字第二五三号)

**法条6.86.(2)婚姻门居丧嫁娶条例第二**

养女除养约有特别订定外,应由养父母主婚　乞养女在抱养当事人间并无特别意思表示者,应由养父母主婚。苟无特别情事,其母家亦无容喙之余地。(四年统字第二五三号)

**法条6.82.(2)婚姻门男女婚姻条例第二**

《现行律》婚姻门内所称"疾病"及"残废"之意义　《现行律》婚姻门内所称之"疾病",谓依现在医术,其程度达于不易治疗,而于生活有碍,或为常情所厌恶者而言。如于定婚之初,不将此通知得彼造之情愿者,应准解约。至"残废"二字,指人身五官、四肢、阴阳之机能,有一失其作用者而言,与《刑律》第八十八条笃疾、废疾之范围不能尽同。(四年统字第三一二号)

**法条6.82.0婚姻门男女婚姻条律**

合定婚条件之童养媳,可准用夫逃亡三年不还之例改嫁　童养媳合于定婚条件者,准用律例"出妻"条"夫逃亡三年不还,听其改嫁"之例。事前虽未告官,如逃亡别有证明,其改嫁仍属有效。(四年统字第三五〇号)

**法条6.95.(2)婚姻门出妻条例第二**

婚姻须得当事人同意;孀妇改嫁须由自愿之例可类推于室女　民法原则,婚姻须得当事人之同意,《现行律例》虽无明文规定,第孀妇改嫁既须自愿,则室女亦可类推。以定律言,婚姻固宜听从亲命,然苟乖乎礼教、背乎人情,则审判衙门仍有裁夺之权。(四年统字第三七一号)

**法条6.82.(2)婚姻门男女婚姻条例第二**

前夫之子女与后夫前妻之子女,不在禁止为婚之列　同母异父姊妹尚有血统之关系,依前清刑律,当然禁止为婚。若前夫之子女与后夫前妻之子女,则与同母异父有间,在前清旧律虽有治罪专条,业于宣统二年〔1910年〕删除,自不在禁止之列。(五年统字第四五四号)

**法条6.82.(2)婚姻门男女婚姻条例第二**

夫亡携女适人者,其女从母主婚　例载"夫亡携女适人者,其女从母主婚",如携以适人之女未经归宗,而其母又在者,则前夫堂弟之主婚,自属无效。(五年统字第四五四号)

**法条6.82.(2)婚姻门男女婚姻条例第二**

未成婚男子犯奸盗者,听女别嫁　悔婚再许,《现行律》"男女婚姻"门本有禁止明文,第未成婚男子有犯奸盗者,应听女别嫁,亦有明文规定。(五年统字第四八三号)

**法条6.82.0婚姻门男女婚姻条律**

叔嫂缔婚,其婚姻关系不成立　叔嫂缔婚,依律自属大不合法,夫妇关系当然不成立。(六年统字第五六九号)

**法条6.89.0婚姻门娶亲属妻妾条律**

居丧嫁娶,非私人所能告争　《现行律》丧服制度尚未废止,该律居丧嫁娶之规定自应继续有效。惟此等公益规定,非私人所能借以告争,审判衙门亦不能径行干涉。(六年统字第五七六号)

**法条6.86.0婚姻门居丧嫁娶条律**

定婚后患疯癫,程度重大者,可依四年上字第二三五七号判例办理　定婚后,女患疯癫,其程度如系重大者,可查照本院民国四年上字第二三五七号就律例类推解释之判例办理。(六年统字第五八八号)

**法条6.82.0婚姻门男女婚姻条律**

协议离婚，既听其妇携女适人，则其女即应由妇主婚 夫妇协议离婚后，既听其妇携女适人，则其女之主婚权，应由其妇行使。（六年统字第六〇四号）

**法条6.82.(2)婚姻门男女婚姻条例第二**

未婚夫和同被人鸡奸，可为解除婚约之原因 《现行律》“男女婚姻”门载“其未成婚男女有犯奸盗者，不用此律”，又“犯奸”门载“男子和同鸡奸者，亦照此例办理”，是和同被人鸡奸，自民事方面言，亦系犯奸之一种，自可为解除婚约之原因。（六年统字第六〇九号）

**法条6.82.0婚姻门男女婚姻条律、25.324.(1)犯奸门犯奸条例第一**

《现行律》于妻故后之扶正不加禁止，但定婚专有之律例于此亦不适用 《现行律》中关于定婚等项限制綦严，而“妻妾失序”门内复称“妻在，以妾为妻者，处罚，并改正”等语，是该律显系认许以妾为妻，不过于妻在时乃加禁止，认其无效。至以妾为妻，除成婚时应守各律条亦应遵守外，关于定婚专有之律例自不适用，故只须有行为，并不拘于形式。（六年统字第六二四号）

**法条6.84.0婚姻门妻妾失序条律**

孀妇已大归者不适用夫家主婚之规定；孀妇自愿改嫁，主婚人故意阻难者，依统字第三七一号解释办理 孀妇若已与夫家祖父母、父母异居，并与其家断绝关系者，不应再适用此项主婚之规定。且依律应得主婚权人同意者，若主婚权人故意阻难，并无正当理由者，亦可依本院〔统字〕第三七一号解释办理。（六年统字第七三五号）

**法条6.86.(2)婚姻门居丧嫁娶条例第二**

居丧嫁娶应行离异，不以身自主婚为要件 律载“居丧嫁娶，应行离异”，不以身自主婚为要件。至统字第五七六号解释所谓“私人”，包含本人在内。（七年统字第八二九号）

**法条6.86.0婚姻门居丧嫁娶条律**

娶许字他人之女者，除依《现行律》“【男女】婚姻”门第二段办理外，未便以裁判强令前夫仅受赔偿 娶已经许字他人之女者，除劝谕前夫倍追财礼、女归后夫，照《现行律》“男女婚姻”门第二段办理外，未便以裁判强令前夫仅受赔偿。（七年统字第八七〇号）

**法条6.82.0婚姻门男女婚姻条律**

抢婚依律尚不能为撤销婚约原因 抢婚本属有干例禁，惟依律尚难据为撤销婚约之原因。如果抢婚行为外，依律并有可认为强奸之行为者，应准离异。（七年统字九〇六号）

**法条6.82.(4)婚姻门男女婚姻条例第四**

父母为成年子退婚，须得子同意 子已成年，其父母为之退婚，而未得其同意者，其退婚不为有效。（七年统字第九〇六号）

**法条6.82.0婚姻门男女婚姻条律**

娶亲属妻妾之婚姻无效 《现行律》“娶亲属妻妾”门载“其亲之妻曾被出及已改嫁而娶为妻妾者，统应离异”，其婚姻自非有效。（七年统字第九一七号）

**法条6.89.0婚姻门娶亲属妻妾条律**

天阉系属残废 查所询情形，自系残废，应查照《现行律》“男女婚姻”各条办理。（八年统字第一〇三一号）

**法条6.82.0婚姻门男女婚姻条律**

男女婚姻，其主婚权在父母，惟须得祖父母之同意 查祖父母、父母俱在而又同居，其主婚权在父母，惟须得祖父母之同意，本院早有判例。(参照本院七年上字第二九八号判决)至祖父母并无正当理由不予同意,本得请由审判衙门斟酌情形,以裁判代之。(八年统字第一〇五一号)

**法条6.82.(2)婚姻门男女婚姻条例第二**

孀妇改嫁,夫家之胞伯母如仅为余亲身分,则依律自应由母家父母主婚受财。母家父母对婚姻如未主张撤销,可仅判归财礼 如乙对甲仅为余亲,则依律自应由丙主婚受财。丙对婚姻如未主张撤销,可仅判归财礼。(**按原文:甲为孀妇,乙为甲夫家之余亲,丙为甲之生母**)(八年统字第一〇五二号)

**法条6.86.(2)婚姻门居丧嫁娶条例第二**

招夫入赘,虽不能有承继人之效力,而本身及其直系卑属要已发生家属之关系,援照养亲子关系之例,孀媳改嫁,如其母家无父母、祖父母为之主婚,入赘家之余亲是自可主婚受财 丁赘甲家,虽不能有承继人之效力,惟丁及其直系卑属要为甲家之家属。援照养亲养子关系之例,戊妻改嫁,如其母家无父母、祖父母为之主婚,自应由甲家余亲主婚受财。(**按原文:甲生子乙,甲即病故,其妻丙乃招异姓丁某入赘,又生子戊,乙、戊即为同母异父之兄弟。嗣后,乙、丙、丁相继亡故,乙之子庚自幼至长均与戊同居,戊又物故。戊之妻己居孀改嫁,甲与丁之余亲互争财礼**)(下略)(八年统字第一〇五二号)

**法条6.86.(2)婚姻门居丧嫁娶条例第二**

未成年人由母主婚,未取得父同意,而愿与结婚者,其婚姻有效 查依家政统于一尊之义,甲妻乙为丙主婚,未经通知取甲同意,诚属不合。惟丙既已情愿与戊成婚,为维持社会公益计,自可准照《现行律》"男女婚姻"门所载"卑幼出外,其父后为定婚,卑幼不知,自娶之妻,仍旧为婚"之法意类推解释,认该件主婚仍为有效。(八年统字第一一四〇号)

**法条6.82.0婚姻门男女婚姻条律**

纳妾后补行定婚、成婚仪式,仍可认有婚姻关系 买卖为婚,既无婚书财礼,又与以妾为妻不同者,虽不能认为婚姻成立,其有以为妾之合意者,应认为妾。若其后双方补立婚书或履行以妾为妻之礼式(并无定式,得从习惯)者,仍可认为有婚姻关系。(九年统字第一二〇一号)

**法条6.84.0婚姻门妻妾失序条律**

实女系属残废 如果乙女经依法鉴定确系无法可治,自以丑说为是。惟此种案件,似以设法调处较为妥协。(**按:丑说系根据统字第二三二号解释类推,无法可治之实女得照男子天阉例办理**)(九年统字第一二〇八号)

**法条6.82.0婚姻门男女婚姻条律**

定婚后,身体上发生重大变故,应准解除婚约 查定婚须凭媒妁写立婚书,或依礼收受聘财,始为有效,不得仅有私约。本院早有判例。律载"私约",系指对于特别事项之约定而言,即残、疾、老、幼、庶、养之类,须特别告知,双方合意。一经合意,并立婚书或受聘财之后,自系不许翻悔。若事故在前,定婚时未经特别告知,经其同意,则虽已立婚书、交聘财,或并已成婚,亦准撤销。至若定婚后成婚前,一造身体上果确已发生重大之变故,自可查照本院四年上字第二三五七号判例,令其再行通知。如有不愿,应准解除;业已成婚,则应适用一般无效、撤销及离异之法则。(参照历来判例解释)如依各该法则,均所不许,自无再准主张之余地。(九年统字第一二四八号)

**法条6.82.0婚姻门男女婚姻条律**

再醮婚书记载前夫之女嫁后夫之子有效 查前夫之女嫁后夫之子,律所不禁。其婚约同时记载于乙再醮婚书之后,亦

非无效。(九年统字第一四〇五号)

**法条[6.88.0]婚姻门尊卑为婚条律**

定婚后罹残疾,如他造愿解除,不得强令继续

男女之一造于定婚后,若罹残疾,其婚约应否解除,当各从相对人所愿。依本院四年上字第二三五七号判例论之,其不愿者,断无强令继续之理。来函情形,罹疾之一造既违背通知之义务,自不能以他造未经声明解除,仍请履行婚约而禁其别字。(十年统字第一五八四号)

**法条[6.82.0]婚姻门男女婚姻条律**

法禁尊卑为婚,系用列举方法,不应比拟

《现行律》“尊卑为婚”及“娶亲属妻妾”两条,系用列举方法,不当漫为比拟,其中外甥女一项,系以堂为限,而不及再从,则舅甥妻之不能推及于再从可知。且与堂外甥女为婚姻者,只处十等罚,则虽已失效,而就原文观察,既系后者重于前者,则舅甥妻并不包括堂及再从在内,尤属显然,自不能与再从姨之律有明文者相提并论。(十一年统字第一六七八号)

**法条[6.88.0]婚姻门尊卑为婚条律**

判处徒刑开始执行,他造得解除婚约

《现行律例》载“未成婚男女有犯奸盗者,男子有犯,听女别嫁;女子有犯,听男别娶”,又载“期约已至五年,无过不娶,及夫逃亡三年不还者,听经官告给执照,别行改嫁”各等语,是凡犯有破廉耻之罪与奸盗相类似,或被处徒刑在三年以上而经开始执行者,依律文类推解释,均应许男女之一造请求解约。来函所述情形,各被处徒刑在三年以上,已经开始执行,自应许其诉求解除婚约。(十一年统字第一七四四号)

**法条[6.82.0]婚姻门男女婚姻条律、[6.95.(2)]婚姻门出妻条例第二**

## 第二节 婚姻之无效及撤销

“居丧嫁娶”门所称“已成婚”之解释

《现行律》“居丧嫁娶”门载,“夫丧服满,妻妾果愿守志,而女家之祖父母、父母,及夫家之祖父母、父母,强嫁之者,(中略)已成婚者,给与完聚”等语,原以该女始虽被迫改嫁,而嗣后既已愿意成婚,即系业经追认,实与许婚之时即表同意无异,故仍听其完聚。如仅因被迫与所嫁人同居,而并无愿与为婚之意思,即不得以成婚论。(九年上字第一五二号)

**法条[6.86.0]婚姻门居丧嫁娶条律**

尊卑为婚不在法律禁止范围以内者,其婚姻有效

丙、丁虽属尊卑为婚,然《现行律》既未经列入禁止之条,自不能遽认为无效。(附原文:甲托祖母娘弟乙,为其女丙作伐,许于乙妻族侄丁为婚。丙、丁与乙,考之前清《现行律》服制图,均为无服之亲,则丙、丁自无服制关系。惟乙长丁一辈、丙三辈,查《现行律》载“外姻有服者,皆不许尊卑为婚”,至无服者,虽亦有禁止明文,而皆分别列举,丙、丁并不在禁止为婚之列。惟对于乙确有辈分可考,在法律固不禁,于社会似有滞碍,此种婚姻,应否认为有效?)(八年统字第一〇〇三号)

**法条[6.88.0]婚姻门尊卑为婚条律**

亲属结婚,非经法律上利害关系人告争,不得审判

同宗为婚,无法律上利害关系之族人,不得告争。审判衙门审理诉讼,不能不告而理,故除此项事实经合法成讼,得以职权调查裁判外,自难为无诉之审判。(九年统字第一二六六号)

**法条[6.89.0]婚姻门娶亲属妻妾条律**

## 第三节 婚姻之效力

夫家财产及原有妆奁不得携以改嫁

《现行律》载“妇人夫亡改嫁者,夫家财产及原有妆奁,听前夫之家为主”等

语,绎释律意,是夫家财产及原有妆奁,改嫁之妇,不得擅行携去。但前夫之家,允许其携去者,则当然不在禁止之列。(四年上字第八八六号)

**法条[4.63.(4)]户役门立嫡子违法条例第四**

改嫁妇之私产,不归夫家作主　现行律载“改嫁之妇,以夫家财产及原有妆奁为限,应归夫家作主”,妇私自利得及承受之产,即为私产,不在此限。(七年统字九〇九号)

**法条[6.86.(2)]婚姻门居丧嫁娶条例第二**

## 第四节　离婚

因贫出外谋生,不为逃亡　若其夫因贫赴外谋生,常有银、信寄家者,与《现行律》所载“夫逃亡,三年准妻告官别嫁”之条不合。(三年上字第三二九号)

**法条[6.95.(2)]婚姻门出妻条例第二**

妄冒成婚与殴妻至折伤及抑勒通奸者,离异　《现行律》载“有为婚而女家妄冒者,处罚,追还财礼。男家妄冒者,加一等,不追还财礼。未成婚者,仍依原定。已成婚者,离异”,又载“夫殴妻至折伤以上,先行审问,夫妇如愿离异者,断罪、离异”,又载“抑勒妻妾与人通奸者,妇女不坐,并离异归宗”等语,是离婚之制,本为《现行律例》所认许,不过须具备一定之条件而已。(三年上字第八六六号)

**法条[6.82.0]婚姻门男女婚姻条律、[20.276.0]斗殴门妻妾殴夫条律、[25.325.0]犯奸门纵容妻妾犯奸条律**

先期强娶非离异原因　《现行律》载“其应为婚者,虽已纳聘财,期约未至,而男家强娶,及期约已至,而女家故违期者,并处罚”等语,是未至期约而强娶者,除制裁部分已失效力外,别无离异之规定,是尚不成为离异之原因。(三年上字第一〇七七号)

**法条[6.82.0]婚姻门男女婚姻条律**

夫逃亡三年属实者,虽未告官,亦得改嫁　《现行律》载“若再许他人,已成婚者,女归前夫。前夫不愿者,倍追财礼给还,其女仍从后夫”,又例载“夫逃亡三年不还者,并经听官告给执照,别行改嫁”等语,寻绎立法本旨,女子本以不许重复婚嫁为原则,但夫若逃亡多年,不知下落,使女久待,亦非人情,故以许其改嫁为例外。其必经官告给执照者,无非令官署得以调查其逃亡不还之事实是否真实及其年限是否合法,以凭准驳,而防后日之争议。故女子如实因夫逃亡三年以上不还,而始改嫁,虽当时未经告官领有执照,而事后因此争执,经审判衙门认其逃亡属实而年限又属合法者,其改嫁仍属有效,不容利害关系人更有异议。(三年上字第一一六七号)

**法条[6.95.(2)]婚姻门出妻条例第二**

尊长、舅姑抑勒、殴伤,须本夫知情参与,始得离异　查《现行律例》,惟本夫抑勒妻妾与人通奸及夫殴妻至折伤以上者,始得离异。若尊长殴伤卑幼及抑勒子孙之妇妾与人通奸者,除本夫系属知情参与或致令废笃疾者外,不得认为离异原因。盖殴伤、抑勒,咎在尊长、舅姑,而于本夫之义,究未断绝也。(四年上字第三七八号)

**法条[25.325.0]犯奸门纵容妻妾犯奸条律、[20.276.0]斗殴门妻妾殴夫条律**

妻犯七出者离异　《现行律》载“凡妻于七出无应出之条,及于夫无义绝之状,而擅出之者,处罚。虽犯七出(即无子、淫佚、不事舅姑、多言、盗窃、妒嫉、恶疾),有三不去(与更三年丧、前贫贱后富贵、有所娶无所归),而出之者,减二等,追还完聚”等语,是出妻于律有一定之条件,与条件不

相合者，即不容擅出。（四年上字第一七九三号）

**法条[6.95.0]婚姻门出妻条律**

协议离婚为法所许 协议离婚为《现行律》所准许。（五年上字第一四七号）

**法条[6.95.0]婚姻门出妻条律**

有一去不返之意思者，为背夫在逃，应准离异 背夫而逃，在现行法虽为离异原因之一，然律文所谓“在逃”云者，必其出于一去不返之意思，非谓其妻偶有所适，未经预先告知其夫，即谓为背夫在逃。（五年上字第五九八号）

**法条[6.95.0]婚姻门出妻条律**

买休卖休离异 用财买休卖休和娶人妻者，其妇人依法自应离异归宗。（五年上字第六五四号）

**法条[25.325.0]犯奸门纵容妻妾犯奸条律**

妇虽犯奸，夫不愿离，不得由舅姑嫁卖 有夫之妇，因犯奸义绝于夫，依《现行律》之规定，固得由其夫请求离异。惟若夫无愿离之情，而其舅姑私擅卖之者，当然不能生效。（五年上字第八七二号）

**法条[6.95.0]婚姻门出妻条律**

殴打而不能认为虐待者，须至折伤、废笃，始得离异 《现行律》“妻〔妾〕殴夫”条载，“夫殴妻妾（中略）至折伤以上，（中略）先行审问夫妇，如愿离异者，断罪，离异”等语，又“殴祖父母父母”条载，“若非理殴子孙之妇，致令废疾、（中略）笃疾者，（中略）并令归宗”等语，是妻为其夫或祖父母、父母所殴者，如按其情形，不能认为不堪同居之虐待，则非至折伤或废笃疾，不得请求离异。（六年上字第一八号）

**法条[20.276.0]斗殴门妻妾殴夫条律、[20.280.0]斗殴门殴祖父母父母条律**

出外不告舅姑，尚非不事舅姑 《现行律》所谓“不事舅姑”，系指不孝舅姑而言，与出外不告舅姑，自是有别。（六年上字第八五号）

**法条[6.95.0]婚姻门出妻条律**

协议离婚必须出于夫妻之情愿，非父母所可强制 据《现行律》载，“嫁娶皆由祖父母、父母主婚。祖父母、父母俱无者，从余亲主婚”，又载“夫妻不相和谐，两愿离异者，不坐”各等语，是男女婚姻之主婚权，虽属于祖父母、父母等，而协议离婚，则因有明文规定，必出于为夫妻者之两相情愿而后可，自不得牵引主婚之律条以为口实。（六年上字第七三五号）

**法条[6.82.(2)]婚姻门男女婚姻条例第二、[6.95.0]婚姻门出妻条律**

确有不孝事实，训诫不悛者，为不事舅姑 按《现行律》“七出”之条，虽列有“不事舅姑”一项，然细绎律意，所谓“不事舅姑”，系指对于舅姑确有不孝之事实，并经训诫，怙恶不悛者而言。若因家庭细故，负气归家，其夫家遂拒而不纳，致不得事舅姑者，尚不在应出之列。（六年上字第九四七号）

**法条[6.95.0]婚姻门出妻条律**

买休卖休，无论出于诈欺、胁迫或自愿，皆离异 妻之改嫁，无论是否由于其夫之诈欺、胁迫，抑或出于合意，但如果系用财买休卖休者，依律自应令与其夫离异。（六年上字第一〇六八号）

**法条[25.325.0]犯奸门纵容妻妾犯奸条律**

有妻更娶者，后娶之妻离异 《现行律》载，“有妻更娶者，后娶之妻离异”等语，是后娶之妻于法本不能取得妻之身分。（七年上字第八四号）

**法条$^{6.84.0}$婚姻门妻妾失序条律**

妻于夫故后，有淫乱情形，翁姑得令其退回母家，脱离亲属关系　《现行律》载，淫佚及不孝翁姑，虽在七出之列。惟出妻制度，既系夫妻间之关系，则夫故之后，翁姑于媳，当然不能援用。惟子媳苟有淫乱行为，其翁姑为维持一家名誉，加以相当之惩戒，或为家庭和平计，勒令其退回母家，脱离亲属关系，固不能谓为不当。(八年上字第六四号)

**法条$^{6.95.(1)}$婚姻门出妻条例第一**

妇女被夫典雇，不能当然视为业已离异　《现行律》载，"凡将妻妾受财典雇与人为妻妾者，处罚。妇女不坐。知而典娶者，各与同罪。并离异"等语，原谓妇女被夫典雇，得据为请求离异之原因，并非一有典雇事实，即当然视为业经离异。(八年上字第四一一号)

**法条$^{6.83.(1)}$婚姻门典雇妻女条例**

夫逃亡，而存有资财，足供妻之生计，或有赡养之人者，不得谓为逃亡　《现行律例》所谓"夫逃亡三年不还"者，须夫之踪迹不明，而有置妻不顾之事实。若夫仅因故留滞在外，尚存有资财，足供其妻之生计；或另有赡养其妻之人，自非弃妻不顾，不得以逃亡论。(八年上字第四三四号)

**法条$^{6.95.(2)}$婚姻门出妻条例第二**

已成婚犯奸盗，不为离异原因　男子犯奸盗，依律虽为解除婚约之原因，惟律文既明载"未成婚"字样，则已成婚者，自不能据此请求离异。(八年上字第七五三号)

**法条$^{6.82.0}$婚姻门男女婚姻条律**

律载"居丧身自嫁娶者"，指居丧本人而言　律载"妻妾居夫丧而身自嫁娶者，处罚，并离异"，"身自"云者，系指嫁人之居丧妻妾本身而言。(八年上字第一〇七二号)

**法条$^{6.86.0}$婚姻门居丧嫁娶条律**

纵容妻妾通奸或为娼，若事出两愿，即不得请求离异　《现行律》载，"凡纵容妻妾与人通奸，本夫、奸夫、奸妇，各处罚。抑勒妻妾及乞养女与人通奸者，本夫、义父，各处罚；妇女不坐，并离异归宗"等语，所谓"并离异归宗"者，系指被抑勒之妻妾及乞养女，除不坐罪外，并得请求与本夫或义父离异。若其纵容通奸，事出两愿，即无许一造请求离异之理。又，纵容抑勒妻妾或乞养女为娼，与纵容抑勒通奸相同，自可依据此项律文以为判断。(九年上字第八六号)

**法条$^{25.325.0}$犯奸门纵容妻妾犯奸条律**

成婚后发现一造有残疾者，得请求离异　《现行律》载，"男女定婚，若有残疾，务须明白通知，各从所愿"，则定婚当时，未经通知身有残疾，至结婚后，男女之一造，发现对造身有残疾者，自可为请求离异之原因。(九年上字第二九一号)

**法条$^{6.82.0}$婚姻门男女婚姻条律**

夫被妻殴，得请离异，无须至折伤之程度　《现行律》"妻妾殴夫"条载，"凡妻殴夫者，处十等罚。夫愿离者，听"等语，是妻苟有殴夫情事，夫即得据以请求离婚，并无须至折伤之程度。(九年上字第五三七号)

**法条$^{20.276.0}$斗殴门妻妾殴夫条律**

所谓"夫逃亡三年"之解释　《现行律例》所谓"夫逃亡，三年不还，并听经官告给执照，别行改嫁"云云，系指夫于逃亡三年以后，仍继续在外，生存莫定，并无归还之音信者而言。若其夫于成讼前，早已由外

归来,自不能追溯往昔情形,而引用《现行律》,以为请求改嫁之论据。(十年上字第八四三号)

**法条6.95.(2)婚姻门出妻条例第二**

妻之在逃,非立意背夫者,不得离异《现行律》载,"若妻背夫在逃者,(中略)听其离异"等语,"背夫"云者,系指立意背弃其夫而言。如在逃系因别事,即非立意背弃其夫,尚不得为离异之原因。(十一年上字第八一〇号)

**法条6.95.0婚姻门出妻条律**

抑勒童养媳卖娼,应准离异 抑勒妻妾与人通奸者,准其离异,律有明文,亍童养媳自应准用。(四年统字第三五八号)

**法条25.325.0犯奸门纵容妻妾犯奸条律**

舅姑抑勒子妇通奸,其夫知情不阻者,许其离异 舅姑抑勒子妇与人通奸,如其夫知情而不阻止,可认为有义绝情状者,应许其离异。(五年统字第四三七号)

**法条6.95.0婚姻门出妻条律、25.325.0犯奸门纵容妻妾犯奸条律**

夫妇先经协议离异,再嫁他人为妾者,无许其翻异之理《现行律》载"买休卖休和娶人妻者,妇人离异归宗",苟有与该律相当之事实者,固应许其离异归宗。若妇人先与其夫协议离异在前,再嫁他人为妾,则无许其翻异之理。(六年统字第五六六号)

**法条25.325.0犯奸门纵容妻妾犯奸条律**

出妻与义绝应离不同《现行律》"妻犯七出而无三不去之理,应认夫有出妻之权。虽有三不去而犯奸者,亦同",并依该律犯奸条"愿否离异,仍应由本夫主持",至义绝应离,固在强制离异之列,然在经官判离以前,其夫妻关系自仍存在。(六年统字第五七六号)

**法条6.95.0婚姻门出妻条律、6.95.(1)婚姻门出妻条例第一**

义绝之事例可援据《唐律疏议》,非限定律文内离异各条《现行律》"出妻"门义绝律文采用《唐律》,则义绝之事例自可援据《唐律疏议》,并非限定律文内离异各条。又,该律文第一节系指妻对于夫言,次节则兼指双方犯义绝。"应离不离"一语,谓事实发生、经官处断而故违者。(六年统字第五七六号)

**法条6.95.0婚姻门出妻条律**

《现行律》出妻条所称"无子"之义系指妻年五十以上,除其夫另娶外,无得子之望者而言《现行律》婚姻门"出妻"条所称"无子"之义,系指为人妻者,达不能生育之年龄,除其夫另娶外,别无得子之望者而言。盖该律主旨在于得子以承宗祧,故凡夫已有子,(如妾或前妻已生子,或已承继有子之类)或虽不另娶亦可有子者,无适用该条之余地。其不能生育之原因须在其妻,更无待言。至不能生育之年龄,应准用立嫡子违法条内所定五十以上之制限。又,妻虽具备上述无子之条件而有三不去之理由者,仍不准其夫离异,此律所明定也。(六年统字第五九一号)

**法条6.95.0婚姻门出妻条律**

妻受夫不堪同居之虐待,应准离异 妻受夫虐待,有不堪同居之情形者,应认为义绝,准予离异。(七年统字第八二八号)

**法条6.95.0婚姻门出妻条律**

抢亲,如察其情形已难相处者,得劝谕离异 抢亲,如别无义绝情事,自不能仅据为离异之原因。惟察其情形已难相处,自可妥为劝谕,(即如谕知此种婚姻事件之判决不能强制执行,而男子一方因此反不能再娶,实际上于彼实有害无益)无以职权径予判离之理。(八年统字第九三七号)

**法条$^{6.95.0}$婚姻门出妻条律、$^{6.82.0}$婚姻门男女婚姻条律**

虐待舅姑为离婚原因　查《现行律》所谓"不事舅姑"、"不孝"之义,即指虐待及重大侮辱而言。如果查明所称事实确已达于虐待或重大侮辱之程度,始得判令离异。(八年统字第一一三四号)

**法条$^{6.95.0}$婚姻门出妻条律**

妻诬告其夫或助人诬告其夫,为离婚原因　妻自己或助人诬告其夫,确实有据者,自可认为义绝,准其离异。(九年统字第一二〇三号)

**法条$^{6.95.0}$婚姻门出妻条律**

一方诉请离婚,他方表示承诺,即属两愿　《现行律》"夫妻不相和谐,两愿离异者,准其离异",甲既提起离异之诉,乙在审判上复明白表示承诺,即属两愿,虽未裁判,亦应发生效力。乙在其后改嫁,既非重婚,并无许甲翻异之理。至财礼服饰,已经归其妻者,其后离异,亦毋庸返还。此层本院早有解释。(九年统字第一二三一号)

**法条$^{6.95.0}$婚姻门出妻条律**

夫逃亡有据,始终毫无踪迹音信,其年限又合法者,改嫁有效　(一)《现行律》婚姻门"出妻"条"夫逃亡三年不还者,并听经官告给执照,别行改嫁",至"经官告给执照",本为防止后日争执起见。故如当时虽未告官,而事后争执,审判衙门认其确系逃亡有据,即出走后,始终毫无踪迹音信,其年限又属合法者,改嫁即属有效。(参照本院《判例要旨汇览》第一卷"民法"第一四七页)甲如果合于上开条件,丙因无人赡养,自愿改嫁,殊非无效。惟甲如未死或未逃亡三年,则有夫重婚,夫应有请求撤销之权;而买卖为婚,亦为法所不许,当然无效;且孀妇(或逃亡者之妇)改嫁,有主婚权人于未经同意之婚姻,亦得以正当理由主张撤销。丙、辛间之婚姻,有一于此,即尚难谓为合法。应分别核准请求,并无赔偿可言。否则婚姻即令完全有效,辛如果自愿听丙仍归前夫,与丙离异,亦属可许。甲若允其条件,自应听之。至甲女丁、戊之许婚,依《现行律》,母有主婚之权,甲果逃亡,合于前开条件,丙实为之主婚,自系有效。(二)甲与乙如果并无各愿离异之明确表示,亦不合于上开逃亡之条件,自应准其请求,认乙、戊间本无合法婚姻;而因戊弟已主婚姻成立之,乙、庚间之婚姻,亦以有重婚关系,应准撤销,甲不任赔偿损害之责。否则婚姻若系完全有效,庚情愿退乙归甲,亦可准许;甲若允给费,仍应听之。惟已之主婚,若有不合,庚自可向之请求返还财礼。均须分别情形,公平办理。(九年统字第一三六二号)

**法条$^{6.95.0}$婚姻门出妻条律、$^{6.95.(2)}$婚姻门出妻条例第二**

生死不明确已三年以上,其妻改嫁即属合法　查妇女因夫逃亡三年以上不还而改嫁者,原为律所允许,丙既出外八载,生死不明,如其生死不明确已三年以上,则甲之改嫁自无不合。乙除明知字据所载生死不明确尚未满三年应论罪外,亦不得谓有犯意。(九年统字第一四一五号)

**法条$^{6.95.(2)}$婚姻门出妻条例第二**

## 第四章　亲子

### 第一节　亲权

### 第二节　嫡子

据《现行律》服图,母子关系不因改嫁消灭　《现行律》所载服图,子于出嫁母,齐衰杖期。寻绎律意,盖以夫故改嫁,虽

绝于夫家，而子无绝母之理，故母子关系终不因改嫁之故归于消灭。（七年上字第一一二〇号）

**法条0.0服制图**

**第三节 庶子**

**第四节 嗣子**

**第五节 奸生子**

奸生子认知制度应为认许 《现行律》载，“奸生之子，依子量与半分；如别无子，立应继之人为嗣，与奸生子均分；无应继之人，方许承继全分”，又“祖父母、父母在者，子孙不许分财异居”各等语，是奸生子之认知，法律虽无明文规定，然既许奸生子得承继财产，则条理上自应认认知制度，以确定其关系。惟奸生子一经本人认知，即与本人发生父子关系，既有父子关系，则依照前示“祖父母、父母在，子孙不许分财异居”之例文，虽奸生子亦应与认知之父同居，与嫡庶子男无异，自不待言。（五年上字第一八九号）

**法条4.70.(2)户役门卑幼私擅用财条例第二**

奸生子不得以亲生子论 《现行律》上，惟妻妾所生之子，乃得为亲生子。若无亲生子，而仅有奸生之子，则依律尚须立应继之人为嗣，是可见奸生子并不得以亲生子论，寻绎律意，自极显然。（五年上字第九二五号）

**法条4.70.(2)户役门卑幼私擅用财条例第二**

经认知之奸生子，对于异姓乱宗，如别无应继之人，亦得告争 据《现行律》“卑幼私擅用财”条例类推解释，经认知之同宗奸生子，对于异姓乱宗之案，如别无应继之人，亦得告争。（五年统字第四一八号）

**法条4.70.(1)户役门卑幼私擅用财条例第一**

奸生子依律责付奸夫收养 《现行律》关于民事有效各条例，如奸生子责令奸夫收养之律，自可援用。（五年统字第五五六号）

**法条25.324.0犯奸门犯奸条律**

奸生子亦得入谱 钱戊娶赵甲，虽非有效婚姻，惟所生之子己、庚要不得谓非钱戊之子，不应拒绝入谱。（七年统字第九一七号）

**法条25.326.0犯奸门亲属相奸条律**

奸生子因母取得妻之身分，或经其父认领者，视为婚生子 《现行律》前开条例内载有“奸生之子，（中略）如别无子，立应继之人（即同宗昭穆相当之侄）为嗣”等语，故在通常，固应解为苟有亲生之嫡庶子或虽无子而有应继之人，均不得立私生子为嗣。但律例原意及我国习惯，亦均以血统为重，故其母如嗣后取得妻妾身分，而私生子又经其父认领，自仍应解为可取得嫡子或庶子之身分。参看民国八年统字第一〇二九号解释文。（十六年统字第二〇一二号）

**法条4.70.(1)户役门卑幼私擅用财条例第一**

**第六节 养子**

亲所不悦之义子，得令归宗 《现行律》载，“其乞养异姓义子以乱宗族者，（中略）其子归宗”，又“义男、女婿为所后之亲喜悦者，听其相为依倚。不许继子并本生父母，用计逼逐，仍酌分给财产”，又“凡乞养异姓义子，有情愿归宗者，不许将分得财产携回本宗，（中略）俱不必勒令归宗”等语，其条例文内,虽有“不必勒令归宗”之语,然此乃对于律文“乞养异姓义子以乱宗族者,(中略)其子归宗”一语所设之例外规定,谓“乞养异姓义子,为所后之亲喜悦者,许其相为依倚”,不必仍依律文,强其归宗,而非根本的废止归宗之律文。是故异姓义子,如不为所后之亲喜悦,则所后之亲,自有令其归宗之权。(三年上字第五六七号)

**法条4.63.0户役门立嫡子违法条律、4.63.(2)户役门立嫡子违法条例第二、4.63.(5)户役门立嫡子违法条例第五**

养子得酌分遗产,并与闻养亲殡葬之事《现行律》载,“义男、女婿,为所后之亲喜悦者,听其相为依倚,并得酌给财产”,又载,“凡乞养异姓义子,有情愿归宗者,不许将分得财产携回本宗。其收养三岁以下小儿,仍依律即从其姓,但不得以无子遂立为嗣,仍酌分给财产,俱不必勒令归宗”等语,寻绎律意,异姓乱宗,固为法所不许,而对于遗产,未尝无酌分之权;且生前既许相为依倚,则殡葬之事,自应得以与闻。(四年上字第二七〇号)

**法条4.63.(2)户役门立嫡子违法条例第二**

养子依法离异,系单独之不要式行为律载“养同宗之人为子,若有亲生子,及本生父母无子,欲还者,听”等语,寻绎律意,凡养同宗之人为子者,若所养父母有亲生子,或本生父母无子,则所养之子,得与所养父母离异。且依此条例离异,非要式行为,又非双方行为,只以所养子明示或默示之意思表示而生效力,毋庸所养父母之承诺。观律文“听”字之义,自属明瞭。(四年上字第六一〇号)

**法条4.63.0户役门立嫡子违法条律**

乞养异姓义子及收养遗弃小儿,俱不必勒令归宗《现行律》载,“凡乞养异姓义子,有情愿归宗者,不许将分得财产携回本宗。其收养三岁以下遗弃之小儿,仍依律即从其姓,但不得以无子遂立为嗣,仍酌分给财产,俱不必勒令归宗”等语,例文既明载“俱不必勒令归宗”字样,是明明兼承上文“乞养异姓义子”与“收养遗弃小儿”两者而言。(四年上字第一六〇八号)

**法条4.63.(5)户役门立嫡子违法条例第五**

义子酌给财产,不能以普通赠与相绳义男酌分财产,必以为所后之亲喜悦为条件。则其分给财产,乃本于所后亲之意思,与嗣子本于己意之赠与有别,自不能遽以普通赠与之法则相绳。(八年上字第九八八号)

**法条4.63.(2)户役门立嫡子违法条例第二**

义子不得因争执本家承继而临时归宗《现行律》“立嫡子违法”条例载,“凡乞养异姓义子,(中略)如有希图资财,冒认归宗者,照律治罪”等语,未归宗之义子,既不得冒认为业经归宗而希图本家(所生之家)资财,则其以希图承继得产之故,而于承继开始后,临时主张归宗者,依该条例之类推解释,自在不应许可之列。故已为异姓义子及其子孙,除事前已合法归宗者外,于其本家之承继,即不能有争执之权。(八年上字第一三六八号)

**法条4.63.(5)户役门立嫡子违法条例第五**

非三岁以下之养子,得自由回复其本姓;独立经营之财产,亦得携回《现行律》载,“凡乞养异姓义子,有情愿归宗者,不许将分得财产携回本宗。其收养三岁以下遗弃之小儿,仍依律即从其姓”,是凡非三岁以下之小儿为人收养,而从其姓者,于法即乏根据。本身或其子孙,得自由回复其本宗之姓。至财产之不许携回,既以由养家分得者为限,则以自己独立经营之财产携回本宗,自非法所不许。(十一年上字第八四三号)

**法条4.63.(5)户役门立嫡子违法条例第五**

养子有不孝事实，养父母得解除关系 查义子不得于所养父母，果有具体事实可资考按，自可援照废继规定，由所养父母解除关系。又义子归宗，不许将财产携归本宗，律有明文，义子之子孙亦应同论。如果有不孝事实，自应许甲废除。惟据称业已给付财产，分居各处，是否有不孝事实，即应查明情形，斟酌办理。（八年统字第一一二五号）

**法条4.63.(2)户役门立嫡子违法条例第二、4.63.(5)户役门立嫡子违法条例第五**

## 第五章 监护

## 第六章 亲属会

## 第七章 扶养之义务

设定养赡财产，应审酌遗产价额及家境公平核定 查所询情形，乙自可请求给与养赡财产，或证实丙不孝事实，提起废继并请返还继产。因乙夫既系独子，初无析产可言。如果丁自愿设定养赡财产，与乙犹有争执时，自可审酌遗产价额及其家境况，为之公平核定。又乙欲另行立继，亦应得丁同意。丁无正当理由不得遽行拒绝。在未经立继以前，乙只能管理家财。若于生活上有急迫情形，亦得处分自赡。（九年统字第一二三〇号）

**法条4.63.(2)户役门立嫡子违法条例第二**

# 第五编 承 继

## 第一章 总 则

守志之妇为夫立嗣，可于适当期间内为之 守志之妇虽应为夫立嗣，但承继之开始，现行法上既无明文规定，自得于适当之期间内，俟有适当应继之人，再行择立。不得以素有嫌隙之人，强令立以为嗣。（七年统字第八四七号）

**法条4.63.(3)户役门立嫡子违法条例第三**

## 第二章 宗祧之承继

### 第一节 总则

父有别子者，准为应立后之子虚名待继；若父无别子，非立现实之人为嗣不可 《现行律》认许虚名待继之范围，应以《现行律》中“立嫡子违法”条例内第一条（即“无子者，许令同宗昭穆相当之侄承继”云云之例）所谓“如俱无”三字、第三条中第四段（即“若支属内实无昭穆相当可为其子立后之人”云云之例）所谓“实无”二字之解释如何，为断定之标准。通观该二条例之意，《现行律》惟对于父有别子者准为虚名待继。即依条例第一条，无论立继者何人，得于其父有别子时，为应为立后之子虚名待继。其在最先之承继顺位人，苟于事实上犹有希望，在可以出生之状况时，（如其父健在时）自可虚立为继。

反是,其父并无别子,则应以现实之人(胎儿同论)为嗣,方始合法。故最先位次之人,非已出生,即为胎儿,否则应由次位之人承继,不得以最先位次应拟之人待继。简言之,第一条"如俱无"三字,除有第三条第四段情形外,当解释为可照上开说明,听其虚名待继;第三条第四段中"实无"二字,则无论何时,必为现实之人与胎儿也。不过,立继之人,如为已故宗祧承继人之父,可以自由意思,悬待所欲立之人出生后,始为立继行为,(参照后段说明)实不受法文拘束耳。此项断定,其理由有二:(一)通观《现行律》之精神,凡父无别子者,不欲其宗祧有中绝之虞,致与宗祧承继根本存在之本意相背,(祀祖主义)故不得不采以上之解释。(二)最近亲间,能发生过继关系,尤于家族和平,可臻圆满。此在条例第一例先亲后疏之规定,亦已表示法意。故除有特别理由应加限制外,断无禁绝虚名待继之理。法律纵无明文,当然可本于法意,为条理上至当之解释。故对于条例第一条之真意,更不能不为以上之解释。(三年上字第一八六号)

**法条4.63.(1)户役门立嫡子违法条例第一、4.63.(3)户役门立嫡子违法条例第三**

有应为立后之子,而仍为父立继,须支属内无昭穆相当可为其子立后之人,且父无别子而后可。其为父立继之次序及兼祧条件,俱应按律办理《现行律》载,"若支属内实无昭穆相当可为其子立后之人,而其父又无别子者,应为其父立继,待生孙以嗣应为立后之子",是法文含有二条件:(一)须支属内实无昭穆相当可为其子立后之人。(二)须其父又无别子者而后可。至依该法文为其父立继,仍应按照条例第一条所定亲疏之顺序,不得以疏先亲,自不待言。故在最先位次者,如有数人,均非独子;或同一位次之人,有非独子者,其毋庸令独子兼祧,本无疑义。若系独子,而在同一位次者,并无他人,自应用该条例第三条第六例,兼子承嗣,(可依照上文兼祧条件说明办理)以符法律亲亲之义。或谓条例第三条第四段,应与前段通同作一段读。如法文称"若支属内实无昭穆相当可为其子立后之人",即系贯上文各项应立后之子而言;法文又称"以嗣应为立后之子",即指上文各项而言。然即用此说,其于法文之适用及解释之结果,亦不能有所差异。盖子亡妇存,(兼孀守,及已聘未嫁而以女身守志,又妇未能孀守而其子业已成立者言)及子虽未娶而因出兵阵亡者,尚应适用该项法文,为其立后。若子亡而妇亦先后亡者,则用当然解释,断无不能适用该项法文分别情形为其立继之理。其说不同,其义则一也。(三年上字第一八六号)

**法条4.63.(3)户役门立嫡子违法条例第三**

父有别子者,得待别子生孙以继应为立后之子《现行律》载,"若支属内实无昭穆相当可为其子立后之人,而其父又无别子者,应为其父立继,待生孙以嗣应为立后之子"等语,就此条详为解释,其应为立后之子,若父无别子,犹可择立嗣子,待生孙以为嗣,则依当然之推论,其父有别子时,自无不可待生孙以为嗣之理。按之亲亲之义,尤当如是。故其父无别子者,应以现存之人(胎儿同论)为其父嗣,以期宗祧之无中断。(祀祖主义)若其父有别子时,则宗祧不虞中断,本于亲亲之义,自得待别子生孙,以继应为立后之子。是则虚名待继,限于特别情形,仍为《现行律》所认许。(三年上字第二二六号)

**法条4.63.(3)户役门立嫡子违法条例第三**

关于招婿养老仍应立嗣之条例,属强行法《现行律》载,"招婿养老者,仍立同宗者一人,承奉祭祀,家产均分。如未立继身死,从族长依例议立",此项条例,系为贯彻不许异姓乱宗之精神而设,亦当然属于强行法。(四年上字第一六八号)

**法条6.82.(3)婚姻门男女婚姻条例第三**

法定应为立继之人《现行律》载，“有子婚而故，妇能孀守；已聘未娶，媳能以女身守志；及已婚而故，妇虽未能孀守，但所故之人业已成立；或子虽未娶，而因出兵阵亡，俱应为其子立后。其寻常夭亡未婚之人，则不得概为立后”等语，是在《现行律》上，凡子婚而故，妇能孀守；及已聘未娶，媳能以女身守志者，虽属夭亡，仍应为之立后。又或子婚而故，业非夭亡者，虽其妇未能孀守，亦应为之立后。又或子尚未娶，而因出兵阵亡者，无论夭亡与否，均应为之立后。惟无此项特别情形，而子系夭亡，并未婚者，乃不得立后。苟夭亡已婚，或未婚而已成立，虽无上述特别情形，仍在应为立后之列。（四年上字第三七〇号）

**法条4.63.(3)户役门立嫡子违法条例第三**

夭亡未婚之独子，在无昭穆相当可为其父立继之时，得为立后“寻常夭亡未婚之人，不得概为立后。若独子夭亡，而族中实无昭穆相当之人可为其父立继者，亦准为未婚之子立继”等语，是夭亡未婚之人，须系独子，且须族中实无昭穆相当之人可为其父立继者，方准立后，否则即在不准立后之列。（五年上字第六四四号）

**法条4.63.(3)户役门立嫡子违法条例第三**

守志妇表示不愿立嗣之意思无效。其生前未择立者，应由亲族会择立《现行律》载“妇人夫亡无子守志者，合承夫分，须凭族长择立昭穆相当之人继嗣”等语，是守志之妇，须为亡夫择人继嗣。其生前表示不愿立嗣之意思，自难认为有效。若守志之妇亡故后，尚未择嗣，则应由亲族会议择立亲等最近昭穆相当之人，亦不容因守志之妇生前尚未择立，遂听其绝嗣。（五年上字第一一一六号）

**法条4.63.(4)户役门立嫡子违法条例第四**

不容使应行有后之子无后，而径为其父立嗣应为立后之子，除支属内实无可为其子立后之人，许为其父立继，待生孙以嗣应为立后之子外，自应为子立后。不应使应行有后之子无后，而径为其父立嗣。（五年上字第一三九六号）

**法条4.63.(3)户役门立嫡子违法条例第三**

夭亡未婚之解释《现行律》载，“寻常夭亡未婚之人，不得概为立后”，所称“夭亡未婚”，系以未及成丁而亡故，且未经婚娶者为限。（六年上字第一一八九号）

**法条4.63.(3)户役门立嫡子违法条例第三**

寻常夭亡未婚之子，具备二条件，始能立继《现行律》载，“寻常夭亡未婚之人，不得概为立后。若独子夭亡，而族中实无昭穆相当可为其父立继者，亦准为未婚之子立继”等语，所谓“已婚未婚”，系指生前而言。凡寻常夭亡未婚之子，原则上不许立继。而例外亦许立嗣，但须具备二条件：（一）夭亡者为独子。（二）族中实无昭穆相当可为其父立继之人。若欠缺其一，即无准许立继之余地。（八年上字第八六号）

**法条4.63.(3)户役门立嫡子违法条例第三**

义子未归宗者，本宗不得干涉其立嗣乞养于异姓为义子者，如未依法归宗，则立嗣之事，本宗族人无干涉之余地。（五年统字第四八五号）

**法条4.63.0户役门立嫡子违法条律、4.63.(2)户役门立嫡子违法条例第二**

夭亡且未婚者，始不得立后，夭亡且未婚者，依律始不得为之立后。故夭亡而已婚，或未婚而已成年（十六岁）

者,均准立后。(七年统字第九一三号)

**法条$^{4.63.(3)}$户役门立嫡子违法条例第三**

有嫌怨者,丧失其应继权 查甲子祧乙,纵非合法,惟丁、戊父子,生前与乙既确有嫌怨,即应丧失其应继之权,自无许其告争之理。(八年统字第一〇〇六号)

**法条$^{4.63.(3)}$户役门立嫡子违法条例第三**

**第二节 宗祧继承人**

非同宗同姓不得承继宗祧 《现行律》载,"乞养异姓义子以乱宗族者,处罚",又"义男、女婿,为所后之亲喜悦者,听其相为依倚",又"收养三岁以下遗弃之小儿,依律即从其姓,但不得以无子,遂立为嗣,仍酌分给财产,不必勒令归宗"各等语,是在《现行律》上,非同宗同姓,不得承继宗祧。其异姓义子,仅得于一定条件下,从所后之亲之姓,相依分产。定例綦严,毫无假借。(三年上字第三一〇号)

**法条$^{4.63.0}$户役门立嫡子违法条律、$^{4.63.(2)}$户役门立嫡子违法条例第二、$^{4.63.(5)}$户役门立嫡子违法条例第五**

兼祧不限于两支 律文所谓"亦准其承继两房宗祧"者,乃谓承继本房、兼继他房之意,自不能仅摭拾"两房"二字,即解为不能承继三支。(三年上字第四八五号)

**法条$^{4.63.(3)}$户役门立嫡子违法条例第三**

兼祧有四要件,惟取具阖族甘结,得请求以裁判代之 《现行律》兼祧条件有四:(一)须可继之人为独子。(二)可继之人须为同父周亲,即其父与被承继之父为亲兄弟是。(三)须被承继人及承继人双方均属情愿。如被继之一方,已无人可为情愿之表示,则因根本上已无适用法律之事实,此条自可不问。(四)须取具阖族甘结。如于已具备他种兼祧条件,而族人仍故意违抗,有所希冀,不为具结,应继之人,自可请求审判衙门,于调查是否具备他条件后,以裁判代之。(三年上字第六一八号)

**法条$^{4.63.(3)}$户役门立嫡子违法条例第三**

异姓不得为嗣,系强行法规 《现行律》载,"凡乞养异姓养子以乱宗族者,处罚"云云,此项法规为强行法规,不容当事人以意思或习惯擅为变更。寻绎该条文语意,至为显著。(三年上字第七〇九号)

**法条$^{4.63.0}$户役门立嫡子违法条律**

告官别立,即含废继在内 《现行律》载,"继子不得于所后之亲,听其告官别立",是立法之精神,正在使被承继人去其不相得之继子,而另立能相得者。"别"也者,去其旧而代以新之谓。然称"别立",即含废继在内。(四年上字第五八五号)

**法条$^{4.63.(2)}$户役门立嫡子违法条例第二**

立继得推及远房及同姓 立继之次序,固宜以近支为先。惟于近支实无昭穆相当之人,自不得不推及远房以至同姓,盖所以救近支继嗣之穷也。(四年上字第二一二五号)

**法条$^{4.63.(1)}$户役门立嫡子违法条例第一**

择贤择爱,无族中置喙之余地 《现行律》载,"无子者,许令同宗昭穆相当之侄承继。先尽同父周亲,次及大功、小功、缌麻;如俱无,方许择立远房及同姓为嗣",又载"无子立嗣,若应继之人,平日先有嫌隙,则于昭穆相当亲族内,择贤择爱,听从其便。如族中希图财产,勒令承继,或怂恿择继,以致涉讼者，地方官立即惩治。仍将所择贤爱之人，断令立继"等语，是无子立继，其应继之人，虽有法定次序，但其所应继者，若果平日先有嫌隙，则无论择贤择爱，诚使昭穆相当，均属择继人之自由，即无族中置喙之余地。（四年上字第二四二三号）

**法条4.63.(1)户役门立嫡子违法条例第一、4.63.(3)户役门立嫡子违法条例第三**

律所谓"嫌隙"及"贤爱"，俱不必有客观之事实，只须依立嗣人主观意思定之《现行律》载，"无子立嗣，若应继之人，平日先有嫌隙，则于昭穆相当亲属内，择贤择爱，听从其便"等语，所谓"嫌隙"及"贤爱"云者，俱不必有客观之事实，只依立嗣本人主观之意思定之。故凡由本人立嗣者，苟于昭穆伦序不失，即不许其他宗族指以次序告争。（五年上字第三七五号）

**法条4.63.(3)户役门立嫡子违法条例第三**

为夫立继权，惟正妻有之《现行律》载，"妇人夫亡无子守志者，合承夫分，须凭族长择立昭穆相当之人继嗣"等语，寻绎律意，所谓"守志之妇人"，系指正妻而言。即为夫立继之权，惟正妻有之。（五年上字第六四四号）

**法条4.63.(4)户役门立嫡子违法条例第四**

择立姑表兄弟之子为嗣，无效异姓乱宗，为《现行律》所不许。故因族中无可继之人，择立异姓姑表兄弟之子为嗣，其择立之行为，自始不能有效。（五年上字第八七七号）

**法条4.63.0户役门立嫡子违法条律**

入赘时承继宗祧之约定，不能认为有效《现行律》载，"其乞养异姓义子以乱宗族者，处罚。若以子与异姓人为嗣者，罪同。其子归宗"，又载"招婿养老者，仍立同宗应继者一人，承奉祭祀"等语，是异姓不能乱宗，赘婿不得承继宗祧，均律有明文。故入赘时，虽有与律例相反之约定，亦不能认为有效。（五年上字第九八八号）

**法条4.63.0户役门立嫡子违法条律、6.82.(3)婚姻门男女婚姻条例第三**

不得于所后之亲，须客观的不能与所后之亲圆满相处《现行律》所谓"不得于所后之亲"者，须客观的不能与所后之亲圆满相处，不得纯以所后父母偶然之感情，即予废继。且律文既称继子"不得于所后之亲"，则不得之原因，必出于继子本身者，始能告官别立，毫无可疑。（五年上字第一四二四号）

**法条4.63.(2)户役门立嫡子违法条例第二**

所谓"嫌怨"，纯由被承继人或守志妇之主观律载"若应继之人，平日先有嫌隙"者，本纯由被承继人或守志之妇之主观，不必有客观嫌怨之事实。（六年上字第三九四号）

**法条4.63.(3)户役门立嫡子违法条例第三**

嫌隙即立嗣人不愿其承继之意，不须别举事实证明法文所谓"先有嫌隙"者，原即被承继人不愿其人承继之意，并无须别举嫌隙事实以为证明。（六年上字第七三〇号）

**法条4.63.(3)户役门立嫡子违法条例第三**

无同族者，可以同姓为嗣无子立嗣，苟无同族之人，虽择立同姓，亦为法所允许。（六年上字第一一三三号）

**法条4.63.(1)户役门立嫡子违法条例第一**

律载"族长议立"，即为亲族会议《现行律》载"招婿养老者，仍立同宗应继者一人，承奉祭祀，家产均分。如未立嗣身死，族长依例议立"等语，其所谓"族长"，依判例解释，应为亲族会，族长不过其代称。（七年

上字第二五〇号)

**法条$^{6.82.(3)}$婚姻门男女婚姻条例第三**

择立贤爱,不以先尽近支为限《现行律》“无子者,许令同宗昭穆相当之侄承继。先尽同父周亲;次及大功、小功、缌麻;如俱无,方许择立远房及同姓为嗣”,又载“其或择立贤能,及所亲爱者,若于昭穆伦序不失,不许宗族指以次序告争”等语,是立继次序,固以服之亲疏远近为准;而出于择贤择爱者,则只以昭穆伦序不失,为唯一条件。至前例所称“若俱无,方许择立远房及同姓为嗣”者,本系指寻常立继之次序而言,并非于立继权人择立贤爱时,加以先尽近支之限制。细绎后例“不许宗族指以次序告争”之语,其意本极显明。故无论近支有无可立之人,及其人是否有不能承嗣原因,而有立继权之人,皆得就远房内择立贤爱。(七年上字第九三九号)

**法条$^{4.63.(1)}$户役门立嫡子违法条例第一、$^{4.63.(2)}$户役门立嫡子违法条例第二**

已定之承继关系不容轻易废除。所谓“不得于所后之亲”,乃指与所后亲不能为圆满生活而言。究因何种事由及其程度如何,应由法院裁量《现行律例》,“继子不得于所后之亲,听其告官别立”,所谓“不得于所后之亲”者,即指与所后之亲不能为圆满生活而言。其不能为圆满生活,究因何种事由,及其程度如何,依例载告官之条件,自应经审判衙门之裁量,以定其有无废继之原因,并不以所后之亲之主张为已足。故凡继子为其所后之亲诉请废继者,审判衙门应就事实上实施调查程序,认定其废继原因是否成立。如果其所后亲所主张之废继原因,确系应归责于继子之事由,而察其事由,又确于家庭之和协有重大之妨碍,且双方恩义,不能复冀保全,固应准予废继。否则已定之承继关系,即不容辄徇其请,轻易废除。(七年上字第九七一号)

**法条$^{4.63.(2)}$户役门立嫡子违法条例第二**

立嗣不得失尊卑次序律载“若立嗣,虽系同宗,而尊卑失序者,其子亦归宗,改立应继之人”等语,是无子立嗣,其所立之人,原须合乎尊卑之序。若违反此项规定,虽同宗之子,亦当令其归宗,改立应继之人,而不许即以此尊卑失序之人,竟立为嗣。(八年上字第三七一号)

**法条$^{4.63.0}$户役门立嫡子违法条律**

义子不得因争执本家承继而临时主张归宗《现行律》“立嫡子违法”条例载,“凡乞养异姓义子,(中略)如有希图资财,冒认归宗者,照律治罪”等语,未归宗之义子,既不得冒认为业经归宗,而希图本家(所生之家)资财;则其以希图承继得产之故,而于承继开始后,临时主张归宗者,依该条例之类推解释,自在不应许可之列。故已为异姓义子及其子孙,除事前已合法归宗者外,于其本家之承继,即不能有争执之权。(八年上字第一三六八号)

**法条$^{4.63.(5)}$户役门立嫡子违法条例第五**

昭穆相当,系指尊卑不失序而言《现行律》内所谓“昭穆相当”者,原指尊卑不失序而言。(九年上字第九五号)

**法条$^{4.63.(3)}$户役门立嫡子违法条例第三**

以不能圆满相处为理由诉求废继,如承继人在诉讼中亡故,其已取得之继子身分,毋庸变更《现行律》“立嫡子违法”条例所谓“继子不得于所后之亲”,其情形固有种种,若仅以不能圆满相处为理由,诉求废继,审判衙门于被承继人所称废继之原因,查明属实,自应准予解除继承关系,以图家室之和平。惟应行被废之人,如在诉讼中亡故,则被承继人请求废继之目的,即属欠缺。继子与嗣父母今后不能圆满生活之事实,已无从发生。其亡故承继人所已取得之嗣子身分,毋庸予以变更。(九年上字第一二四六号)

**法条4.63.(2)户役门立嫡子违法条例第二**

无承继权人不得告异姓乱宗 己身及直系卑属无承继权者，无论现继之人是否异姓，均不得告争。（五年统字第四五五号）

**法条4.70.(1)户役门卑幼私擅用财条例第一**

异姓承继，非应继之人且未抛弃承继权者，不得告争 承继人纵系异姓，非依法应继之人且证明承继开始当时所以不告争之理由者，（即证明并未抛弃承继权）不得对于该承继人或其后人告争。（五年上字第四八五号）

**法条4.63.(2)户役门立嫡子违法条例第二**

嗣子具备兼祧条件者，亦准兼祧《现行律》独子具备一定条件者，准其承继两房宗祧。嗣子既取得子之身分，应一律办理。（五年统字第五〇二号）

**法条4.63.(3)户役门立嫡子违法条例第三**

亲属会立继应守法定次序 由亲属会立继者，应守法定次序，先亲后疏。故除应继之人平日与被继之人确有嫌隙者，可准照例文不立为嗣外，不得任意择斥，以杜朋争。盖依例，立继原应照法定次序，虽有择贤择爱之例外，非为亲属会而设，当然无援用之余地。若虑应立之子年幼，不能维持家务，尽可依照习惯择立保护之人（监护人）。（五年统字第五〇二号）

**法条4.63.(1)户役门立嫡子违法条例第一、4.63.(3)户役门立嫡子违法条例第三**

自身或其直系卑属无承继权者，不得争继 承继事件，须已身或其直系卑属依法有承继之权而未经抛弃者，始得告争。否则，审判衙门可不问他人之承继及占有遗产是否合法，应为驳回请求之判决。（五年统字第五五三号）

**法条4.63.(1)户役门立嫡子违法条例第一**

非应继而又次序最先者，不得争继 承继案件之确定判决，不论有无拘束一般人之效力，而族人非有应继资格而又次序最先者，对于他人之不合法承继，无告争之权，审判衙门即可据此理由，予以驳斥。（六年统字第五六四号）

**法条4.63.(1)户役门立嫡子违法条例第一**

妇人夫亡无子守志，亲族擅为其翁立后，议待生孙以嗣其夫者，可主张其无效。虚名待继须具备律例所定各要件《现行律例》妇人夫亡无子守志者，立继之权本在于该妇。若上无直系尊属，且可专行。至律称“须凭族长”云云，不过以其为凭证之义，并非立继行为成立之要件。故亲族或族长决不能借口干预或代为之立继，亦不能别为其翁立继。若亲族擅为其翁立继，并议待生孙以嗣其夫者，该妇人自可主张其无效，拒绝交出所管遗产之一部。即令曾经预闻，明示同意，而查照律例，虚名待继限制綦严，“立嫡子违法”门载“若支属内实无昭穆相当、可为其子立后之人，而其父又无别子者，应为其父立继，待生孙以嗣应为立后之子”等语，如果待继之约未备该律所定各要件，即非合法成立，不能强当事人以履行，斯时亦无交出遗产之义务。又或预约（明示或默示）须生子过继后始交出遗产之一部者，亦属有效，自亦得据以拒绝交产。（六年统字第五九九号）

**法条4.63.(4)户役门立嫡子违法条例第四、4.63.(3)户役门立嫡子违法条例第三**

律载“嫌隙不继”，系就被承继人或其守志之妇与应继人之关系而言 律载“嫌隙不继”，系就被承继人或其守志之妇与应继人之关系而言。（尊亲属于被承继人及守志之妇亡故时，依法自行立继者，亦同）（六年统字第七〇九号）

**法条4.63.(3)户役门立嫡子违法条例第三、4.63.(4)户役门立嫡子违法条例第四**

于立继有同意权者,如无故拒绝同意,准审判衙门以裁判代之　姑于守志之妇立继之时,虽有不予同意之权,仍应本于正当理由,不得借口所立之人与有嫌隙而辄予拒绝。至所谓正当理由,姑媳间苟有争执,审判衙门自可秉公裁断,必令陈述具体事实,为之调查认定。如果所立之人必无害于家室之和平,而其姑因有蔽惑,坚执不予同意者,可以裁判许之。本院于为人后者迫于势须分财异居之情形,而其父母无故不予允许,及被继、承继果系同父周亲、情愿兼祧,而同族因有希冀不肯具结等事例,均准审判衙门酌以裁判代之,以济其穷。盖立法本旨亦惟欲此类有同意权之人正当行使其权利,使行为者不致不当侵损其利益而已。(六年统字第七〇九号)

**法条4.63.(4)户役门立嫡子违法条例第四**

《现行律》"所后之亲"指被继人而言;"不得于所后之亲"须有达于废继程度之事实,始许别立　《现行律》所谓"所后之亲",系指被继人即继父母而言。至"不得于所后之亲"者,须有不得之事实,审判衙门认为达于废继之程度者,始能许其别立。(七年统字第七六八号)

**法条4.63.(2)户役门立嫡子违法条例第二**

嫌隙不必有具体之事实　律载"应继之人先有嫌隙"者,系指应继之本人而言。但嫌隙本无须有具体之事实,故被承继人如与承继人家族积有嫌怨,因而憎恶应继之本人者,亦许另择贤爱。(七年统字第八四六号)

**法条4.63.(3)户役门立嫡子违法条例第三**

妾于亲族为其家长立嗣时,在会议中占重要地位　妾于家长及嫡妻故后,由亲族为其家长立嗣时,在亲族会议占重要地位,自应尊重其意思。惟主张是否正当,法院亦可查核情形,以定准否。(七年统字第九〇三号)

**法条4.63.(4)户役门立嫡子违法条例第四**

"立嫡子违法"门"支属"二字,不限于五服以内　查"支属"二字不限于五服以内,本院早有判例。(参看七年上字第一〇八一号)(八年统字第九一七号)

**法条4.63.(3)户役门立嫡子违法条例第三**

继子亦许兼祧。亲族会议,若族长、房长个人应回避时,可令公选代表与议;如回避情形涉及全房之族众,由审判衙门酌定　继子如合于兼祧条件,亦许兼祧。亲属会议虽无择贤择爱之可言,而体察死者之意思,根据从前之事实,如承继最先顺位,本因其先代之关系,确系与之素有嫌怨,则立次顺位者,亦无不可。至亲属会议有利害关系参与争讼之人,固应回避。惟若系族长、房长,个人应回避时,可令根据惯例另行公选代表与议。若应行回避情形一方或双方均涉及同房之族众,即系会议不能成立,自可由审判衙门依上开条例,秉公酌定。案经判决确定,发交执行者,执行衙门亦可亲自召集会议或亲临监场,以完程序。(八年统字第一〇四一号)

**法条4.63.(3)户役门立嫡子违法条例第三**

**第三节　承继宗祧之效力**

## 第三章　遗产之承继

### 第一节　总则

### 第二节　遗产承继人

义男、女婿,无论所后之亲或存或亡,得分受财产　《现行律》载,"如义男、女婿为所后之亲喜悦者,听其相为依倚,不许继子并本生父母用计逼逐，仍酌分财产”等语，是义男、女婿，苟为所后之亲所喜悦，无论所后之亲或存或亡，均有分受遗产之权利。（三年上字第三〇四号）

**法条4.63.(2)户役门立嫡子违法条例第二**

立嗣后生子，应均分家产《现行律》载，“无子者，许令同宗昭穆相当之侄承继。若立嗣之后却生子，其家产与原立子均分”等语，是故凡无子而依法择立嗣子后，却又生子者，苟非依法表示废继之意思，或就其财产为特别之处分，则其原立嗣子，并不退继；而所有财产，亦应均分。（三年上字第五六八号）

**法条4.63.(1)户役门立嫡子违法条例第一**

同宗无应继之人，始得将遗产归亲女承受无子立嗣者，其所遗财产，应由嗣子承受。若生前虽未立嗣，而死后尚有可为立嗣之人者，仍应依《现行律》“立嫡子违法”各条例，由有择继权人立嗣承受。若无人行使择继权，则应由亲属会议代为立嗣。必同宗无应继之人，始得依《现行律》“卑幼私擅用财”条例，使亲女承受。（三年上字第一一七六号）

**法条4.70.(2)户役门卑幼私擅用财条例第二**

守志妇得代应继人承受夫产，并非即为该财产承继人《现行律》载“妇人夫亡无子守志者，合承夫分，须凭族长择昭穆相当之人继嗣”等语，寻绎律意，不过谓无子守志之妇人，于立继以前，得代应继之人承受其夫应分之财产而管理之，并非即认守志之妇为遗产承继人。（四年上字第五六七号）

**法条4.63.(4)户役门立嫡子违法条例第四**

遗产归子承受《现行律》载，“妇人夫亡无子守志者，合承夫分，须凭族长择昭穆相当之人继嗣”等语，寻绎律意。凡死而有子者，无论为亲生子、为嗣子，遗产归子承继。如死而无子，则归守志之妇承受立嗣。如无守志之妇，则由亲属公同立嗣，承继遗产。（四年上字第六一四号）

**法条4.63.(4)户役门立嫡子违法条例第四**

出嫁女无当然承继母家遗产之权已经出嫁之女，除其母家为绝户外，在法无承继母家遗产之权。（四年上字第八四三号）

**法条4.70.(2)户役门卑幼私擅用财条例第二**

养老女婿得与应继之人均分财产招以养老之赘婿，在现行法上，本有与应继之人均分财产之权。（四年上字第二二七四号）

**法条6.82.(3)婚姻门男女婚姻条例第三**

分析家财，除当事人有合意外，应依子数均分查俗所称长孙者，应指长房嫡出年最长者而言，所谓“大宗”是也。该县如无反对习惯，自应以此为准。分析家财，除当事人明白表示合意，或该地方有特别习惯足资解释，应多给长房外，依照《现行律》户役〔门〕“卑幼私擅用财”条例，自应依子数一体均分。（八年统字第一一六四号）

**法条4.70.(1)户役门卑幼私擅用财条例第一**

## 第三节　承继遗产之效力

### 第一款　总则

### 第二款　承继人应继之分

嫡庶子男均分家财，故祀产之收益，庶子亦得均分嫡、庶子男，分析家财田产，不问妻、妾所生，只以人数均分。苟系庶子，就共有祀产，自能主张均分收益之权利。（四年上字第二六二号）

**法条4.70.(1)户役门卑幼私擅用财条例第一**

父不得减少庶子应分之产　夫虽立据与妻约定,对于妾子,不问多少,只分与家产三分之一,然显背律例"应依子数均分"之条,碍难认为有效。(四年上字第一四五八号)

**法条4.70.(1)户役门卑幼私擅用财条例第一**

第三款　分析遗产

家财告争之限制　《现行律》载,"告争家财、田产,但系五年之上,并虽未及五年,验有亲族写立分书已定,出卖文约是实者,断令照旧管业,不许重分再赎,告词立案不行"等语,本院绎释上开条例,于告争家财与告争田产,应判为二事。而于告争家财,又以期间之长短为区别:(一)凡分家期间未及五年,当事人只须证明讼争之物,为分书上分得之物,则不问原分是否公允,相对人即无告争之余地。(二)该条例所谓"但系五年之上""不许重分"者,盖指分家无分书,而以其他方法可资证明有分家事实,及所争财产又确曾分析者而言。此项分析财产,若经过五年,亦不许以不应分受为告争理由。(三年上字第四七号)

**法条5.76.(2)田宅门典买田宅条例第二**

兄弟分析遗产,有一定限制　父亡,兄弟间应各分析遗产,自应以守志之母是否许令分析,及兄弟中有无因必要情形有请求分析之理由者为断。(五年上字第五三号)

**法条4.69.(1)户役门别籍异财条例**

祖父母、父母在,如果许令分析,不在禁止之列　"祖父母、父母在者,子孙不许分财异居。其父母许令分析者,听"等语,是子孙当祖父母、父母在日分财异居,原则上虽为法所不许,但如果业经许令分析,则亦不在禁止之列。(五年上字第七二号)

**法条4.69.(1)户役门别籍异财条例**

尊长分财不均者,卑幼得请求分析家财　《现行律》载,"分析家财、田产,不问妻、妾所生,只以子数均分",又载"同居卑幼,不由尊长,私擅用本家财物者,处罚。若同居尊长应分家财不均平,罪亦如之"等语,是尊长与卑幼同居共财者,其家财固不得由卑幼自专,而尊长亦不得将应分家财有所偏向。如有偏向,其卑幼据以请求分析,不得谓为违法。(七年上字第一二五四号)

**法条4.70.(1)户役门卑幼私擅用财条例第一**

告争重分之条件及定均分之标准　《现行律》"告争家财,(中略)验有亲族写立分书(中略)是实者,断令照旧管业,不许重分",丙为午及子、丑等分析家产,如果业经亲族在场立有分单,午之承认亦别无诈欺或胁迫情事,自不许午再行告争重分。否则无论庚之合同是否属实,午既指定分承长房,自应得分家产二分之一。惟应调查当初承继时两房所有财产之确数,及其现有之财产是否原财产所滋生,以定均分之标准。(九年统字第一四〇八号)

**法条5.76.(1)田宅门典买田宅条例第一**

## 第四章　嗣子未定及绝产

户绝财产,又无亲女者,归国库　户绝财产,果无继嗣可立,由亲女承受。如并无亲女,则应归国库。(三年上字第三八六号)

**法条[4.70.(2)]户役门卑幼私擅用财条例第二**

守志妇得代应继人分受财产并管理之，而不得主张所有 无子守志之妇人，于择立继嗣之前，得代应继之人分受其夫应分之财产而管理之，但不能即为该财产之承继人，而主张所有。（四年上字第七二六号）

**法条[4.63.(4)]户役门立嫡子违法条例第四**

亲女得承受绝产，故对于无权占有遗产之人，得出而告争 《现行律》载，“户绝，财产果无同宗应继之人，所有亲女承受。无女者，听地方官详明上司，酌拨充公”等语，是户绝财产，依律亲女既有承受之权，则对于无权占有遗产之人，自可出而告争。（四年上字第一三一二号）

**法条[4.70.(2)]户役门卑幼私擅用财条例第二**

“户绝”系指一家而言。户绝财产出典与人，非应继之人无找价作绝之权；应继在最先顺位之人得为保存行为 查《现行律》“户绝财产，果无同宗应继之人，所有亲女承受”，则户者，自系指一家而言。丙、丁如非甲应继之人，并已依法承继于甲，要无将赎产找价作绝之权利。惟应继在最先顺位之人，对于已将满限、不得再赎之典产，得为保存行为。（八年统字第九五三号）

**法条[4.70.(2)]户役门卑幼私擅用财条例第二**

## 第五章 遗 嘱

### 第一节 总则

### 第二节 遗嘱之方法

### 第三节 遗嘱之效力

### 第四节 遗嘱之执行

### 第五节 遗嘱之撤销

## 第六章 应留财产

所继人不得为遗产全部之遗赠行为 无子立嗣者，所遗财产，应归嗣子承受。至所继人可否以遗产全部遗赠于人，《现行律》上虽无明文，但查该律“男女婚姻”条例载，“招婿养老者，仍立同宗应继之人，承奉祭祀，家产均分”等语；又“立嫡子违法”条例载，“义男、女婿为所后亲喜悦者，听其相为依倚，（中略）仍酌分财产”等语，可知无子立嗣乃所以奉承祖宗禋祀，非仅为所继人之利益而设。故所继人自宜为之留相当财产，俾嗣子得维持生计，供奉祭祀。虽有情谊较亲如招赘养老之婿及所喜悦之义男、女婿者，亦仅得分给财产之半及酌量给与，而不容举其全部以遗之。（五年上字第一一一六号）

**法条[6.82.(3)]婚姻门男女婚姻条例第三、[4.63.(2)]户役门立嫡子违法条例第二**

遗产应于不害遗留分之限度内处分 家产由子出名置买者，如别无可认为父遗产之根据，自系私产，其父非得子之同意，未便听其处分。即果系遗产，亦应于不害应继者之遗留分（本院判例本于“立嫡子违法”条例第一条末段之类推解释，遗留分须与得处分之遗产不失均衡）之限度内为处分之行为，否则不能对抗其承嗣之子。（六年统字第七三二号）

**法条[4.63.(1)]户役门立嫡子违法条例第一**

## 第七章 债权人或受遗人之权利

# 商人通例

## 第一章 商 人

典物因兵变被劫,典铺主仍应赔偿 典铺被劫,无论是否出于兵变,典铺主俱应按律负赔偿之责。(五年上字第六〇一号)

**法条9.125.(2) 钱债门费用受寄财产条例第二**

# 附：《大理院判例、解释例要旨（〈现行律〉民事有效部分相关）汇辑》检索表

| 《大清现行刑律》条款 | 大理院判例、解释例字号① | 判例、解释例提要 | 所附载之《民律草案》章节 |
|---|---|---|---|
| 0.0 服制图 | | | |
| 0.0 服制图 | 七年上字第一一二〇号 | 据《现行律》服图，母子关系不因改嫁消灭 | 第四编　亲属<br>第四章　亲子<br>第二节　嫡子 |
| | 七年统字第七七八号 | 随母改嫁之前夫之女，于继父为亲属 | 第四编　亲属<br>第一章　通则 |
| 1 名　例 | | | |
| 1.18.(12) 给没赃物条例第一二 | 十二年上字第一八九四号 | 典受租主擅行出典之物，即或可谓为典受赃物，要与典受强窃盗赃之性质有异，不能准用《现行律》关于强窃盗赃之规定 | 第三编　物权<br>第三章　典权（活卖附） |
| | | 《现行律》关于典买强窃赃之规定，为即时取得原则之例外，于善意典受租主擅行出典之物者，不能准用 | 第三编　物权<br>第十章　占有 |
| | 七年统字第八五八号 | 《金银号、首饰行收买金珠、首饰规则》之效力。买受劫盗所得之物，确不知情，并系公然价买者，得由失主备价收回 | 第三编　物权<br>第二章　所有权<br>第三节　动产所有权 |

① 同一判例、解释例涉及《大清现行刑律》不同律文、例文者，同时著录于相应律文、例文项下。

续表

| 《大清现行刑律》条款 | 大理院判例、解释例字号 | 判例、解释例提要 | 所附载之《民律草案》章节 |
|---|---|---|---|
| 4户 役 | | | |
| 4.60.0脱漏户口条律 | 三年上字第七九七号 | 十六岁成丁,有完全行为能力 | 第一编 总则<br>第二章 人<br>第二节 行为能力 |
| | 五年上字第八三三号 | 届十六岁即为成丁,不必满岁 | 第一编 总则<br>第二章 人<br>第二节 行为能力 |
| | 七年统字第八六一号 | 现行律以十六岁为成年;成年者之行为完全有效 | 第一编 总则<br>第二章 人<br>第二节 行为能力 |
| | 八年统字第九四二号 | 届十六岁为成年,有完全行为能力;满二十岁为营商能力之特别规定 | 第一编 总则<br>第二章 人<br>第二节行为能力 |
| 4.63.0立嫡子违法条律 | 三年上字第七〇号 | 立嗣律有专条,无先适用习惯余地 | 第一编 总则<br>第一章 法例 |
| | 三年上字第三一〇号 | 非同宗同姓不得承继宗祧 | 第五编 承继<br>第二章 宗祧之承继<br>第二节 宗祧继承人 |
| | 三年上字第五六七号 | 亲所不悦之义子,得令归宗 | 第四编 亲属<br>第四章 亲子<br>第六节 养子 |
| | 三年上字第七〇九号 | 异姓不得为嗣,系强行法规 | 第五编 承继<br>第二章 宗祧之承继<br>第二节 宗祧继承人 |
| | 四年上字第六一〇号 | 养子依法离异,系单独之不要式行为 | 第四编 亲属<br>第四章 亲子<br>第六节 养子 |
| | 四年上字第一二七一号 | 异姓子与血统之子在谱上宜有区别 | 第四编 亲属<br>第一章 通则 |
| | 五年上字第八七七号 | 择立姑表兄弟之子为嗣无效 | 第五编 承继<br>第二章 宗祧之承继<br>第二节 宗祧继承人 |

续表

| 《大清现行刑律》条款 | 大理院判例、解释例字号 | 判例、解释例提要 | 所附载之《民律草案》章节 |
| --- | --- | --- | --- |
| 4.63.0 立嫡子违法条律 | 五年上字第九八八号 | 入赘时承继宗祧之约定,不能认为有效 | 第五编　承继<br>第二章　宗祧之承继<br>第二节　宗祧继承人 |
| | 八年上字第三七一号 | 立嗣不得失尊卑次序 | 第五编　承继<br>第二章　宗祧之承继<br>第二节　宗祧继承人 |
| | 八年上字第九八八号 | 义子酌给财产,不能以普通赠与相绳 | 第四编　亲属<br>第四章　亲子<br>第六节　养子 |
| | 五年统字第四八五号 | 义子未归宗者,本宗不得干涉其立嗣 | 第五编　承继<br>第二章　宗祧之承继<br>第一节　总则 |
| 4.63.(1) 立嫡子违法条例第一 | 三年上字第一八六号 | 父有别子者,准为应立后之子虚名待继;若父无别子,非立现实之人为嗣不可 | 第五编　承继<br>第二章　宗祧之承继<br>第一节　总则 |
| | 三年上字第五六八号 | 立嗣后生子,应均分家产 | 第五编　承继<br>第三章　遗产之承继<br>第二节　遗产承继人 |
| | 四年上字第二一二五号 | 立继得推及远房及同姓 | 第五编　承继<br>第二章　宗祧之承继<br>第二节　宗祧继承人 |
| | 四年上字第二四二三号 | 择贤择爱,无族中置喙之余地 | 第五编　承继<br>第二章　宗祧之承继<br>第二节　宗祧继承人 |
| | 六年上字第一一三三号 | 无同族者,可以同姓为嗣 | 第五编　承继<br>第二章　宗祧之承继<br>第二节　宗祧继承人 |
| | 七年上字第九三九号 | 择立贤爱,不以先尽近支为限 | 第五编　承继<br>第二章　宗祧之承继<br>第二节　宗祧继承人 |
| | 四年统字第三六三号 | 出继者,于本生兄弟不为同父周亲 | 第四编　亲属<br>第一章　通则 |

续表

| 《大清现行刑律》条款 | 大理院判例、解释例字号 | 判例、解释例提要 | 所附载之《民律草案》章节 |
|---|---|---|---|
| 4.63.(1)立嫡子违法条例第一 | 五年统字第五〇二号 | 亲属会立继应守法定次序 | 第五编　承继<br>第二章　宗祧之承继<br>第二节　宗祧继承人 |
| | 五年统字第五五三号 | 自身或其直系卑属无承继权者,不得争继 | 第五编　承继<br>第二章　宗祧之承继<br>第二节　宗祧继承人 |
| | 六年统字第五六四号 | 非应继而又次序最先者,不得争继 | 第五编　承继<br>第二章　宗祧之承继<br>第二节　宗祧继承人 |
| | 六年统字第五九一号 | 无承继权之族人虽不能争继,然修谱争议,得提起确认之诉 | 第四编　亲属<br>第一章　通则 |
| | 六年统字第七三二号 | 遗产应于不害遗留分之限度内处分 | 第五编　承继<br>第六章　应留财产 |
| 4.63.(2)立嫡子违法条例第二 | 三年上字第三一〇号 | 非同宗同姓不得承继宗祧 | 第五编　承继<br>第二章　宗祧之承继<br>第二节　宗祧继承人 |
| | 三年上字第三〇四号 | 义男、女婿,无论所后之亲或存或亡,得分受财产 | 第五编　承继<br>第三章　遗产之承继<br>第二节　遗产承继人 |
| | 三年上字第五六七号 | 亲所不悦之义子,得令归宗 | 第四编　亲属<br>第四章　亲子<br>第六节　养子 |
| | 四年上字第二七〇号 | 养子得酌分遗产,并与闻养亲殡葬之事 | 第四编　亲属<br>第四章　亲子<br>第六节　养子 |
| | 四年上字第五八五号 | 告官别立,即含废继在内 | 第五编　承继<br>第二章　宗祧之承继<br>第二节　宗祧继承人 |
| | 五年上字第一一一六号 | 所继人不得为遗产全部之遗赠行为 | 第五编　承继<br>第六章　应留财产 |

续表

| 《大清现行刑律》条款 | 大理院判例、解释例字号 | 判例、解释例提要 | 所附载之《民律草案》章节 |
| --- | --- | --- | --- |
| 4.63.(2) 立嫡子违法条例第二 | 五年上字第一四二四号 | 不得于所后之亲，须客观的不能与所后之亲圆满相处 | 第五编 承继<br>第二章 宗祧之承继<br>第二节 宗祧继承人 |
| | 七年上字第九三九号 | 择立贤爱，不以先尽近支为限 | 第五编 承继<br>第二章 宗祧之承继<br>第二节 宗祧继承人 |
| | 七年上字第九七一号 | 已定之承继关系不容轻易废除。所谓“不得于所后之亲”，乃指与所后亲不能为圆满生活而言。究因何种事由及其程度如何，应由法院裁量 | 第五编 承继<br>第二章 宗祧之承继<br>第二节 宗祧继承人 |
| | 八年上字第九八八号 | 义子酌给财产，不能以普通赠与相绳 | 第四编 亲属<br>第四章 亲子<br>第六节 养子 |
| | 九年上字第一二四六号 | 以不能圆满相处为理由诉求废继，如承继人在诉讼中亡故，其已取得之继子身分，毋庸变更 | 第五编 承继<br>第二章 宗祧之承继<br>第二节 宗祧继承人 |
| 4.63.(3) 立嫡子违法条例第三 | 五年统字第四八五号 | 义子未归宗者，本宗不得干涉其立嗣 | 第五编 承继<br>第二章 宗祧之承继<br>第一节 总则 |
| | 五年上字第四八五号 | 异姓承继，非应继之人且未抛弃承继权者，不得告争 | 第五编 承继<br>第二章 宗祧之承继<br>第二节 宗祧继承人 |
| | 七年统字第七六八号 | 《现行律》“所后之亲”指被继人而言；“不得于所后之亲”须有达于废继程度之事实，始许别立 | 第五编 承继<br>第二章 宗祧之承继<br>第二节 宗祧继承人 |
| | 八年统字第一一二五号 | 养子有不孝事实，养父母得解除关系 | 第四编 亲属<br>第四章 亲子<br>第六节 养子 |
| | 九年统字第一二三〇号 | 设定养赡财产，应审酌遗产价额及家境公平核定 | 第四编 亲属<br>第七章 扶养之义务 |

续表

| 《大清现行刑律》条款 | 大理院判例、解释例字号 | 判例、解释例提要 | 所附载之《民律草案》章节 |
|---|---|---|---|
| 4.63.(3)立嫡子违法条例第三 | 三年上字第一八六号 | 父有别子者,准为应立后之子虚名待继;若父无别子,非立现实之人为嗣不可 | 第五编　承继<br>第二章　宗祧之承继<br>第一节　总则 |
| | 三年上字第二二六号 | 有应为立后之子,而仍为父立继,须支属内无昭穆相当可为其子立后之人,且父无别子而后可。其为父立继之次序及兼祧条件,俱应按律办理 | 第五编　承继<br>第二章　宗祧之承继<br>第一节　总则 |
| | 三年上字第四八五号 | 兼祧不限于两支 | 第五编　承继<br>第二章　宗祧之承继<br>第二节　宗祧继承人 |
| | 三年上字第六一八号 | 兼祧有四要件,惟取具阖族甘结,得请求以裁判代之 | 第五编　承继<br>第二章　宗祧之承继<br>第二节　宗祧继承人 |
| | 四年上字第三七〇号 | 法定应为立继之人 | 第五编　承继<br>第二章　宗祧之承继<br>第一节　总则 |
| | 四年上字第二四二三号 | 择贤择爱,无族中置喙之余地 | 第五编　承继<br>第二章　宗祧之承继<br>第二节　宗祧继承人 |
| | 五年上字第三七五号 | 律所谓"嫌隙"及"贤爱",俱不必有客观之事实,只须依立嗣人主观意思定之 | 第五编　承继<br>第二章　宗祧之承继<br>第二节　宗祧继承人 |
| | 五年上字第六四四号 | 夭亡未婚之独子,在无昭穆相当可为其父立继之时,得为立后 | 第五编　承继<br>第二章　宗祧之承继<br>第一节　总则 |
| | 五年上字第一三九六号 | 不容使应行有后之子无后,而径为其父立嗣 | 第五编　承继<br>第二章　宗祧之承继<br>第一节　总则 |

续表

| 《大清现行刑律》条款 | 大理院判例、解释例字号 | 判例、解释例提要 | 所附载之《民律草案》章节 |
| --- | --- | --- | --- |
| 4.63.(3)立嫡子违法条例第三 | 六年上字第三九四号 | 所谓“嫌怨”，纯由被承继人或守志妇之主观 | 第五编　承继<br>第二章　宗祧之承继<br>第二节　宗祧继承人 |
| | 六年上字第七三〇号 | 嫌隙即立嗣人不愿其承继之意，不须别举事实证明 | 第五编　承继<br>第二章　宗祧之承继<br>第二节　宗祧继承人 |
| | 六年上字第一一八九号 | “夭亡未婚”之解释 | 第五编　承继<br>第二章　宗祧之承继<br>第一节　总则 |
| | 八年上字第八六号 | 寻常夭亡未婚之子，具备二条件，始能立继 | 第五编　承继<br>第二章　宗祧之承继<br>第一节　总则 |
| | 九年上字第九五号 | “昭穆相当”，系指尊卑不失序而言 | 第五编　承继<br>第二章　宗祧之承继<br>第二节　宗祧继承人 |
| | 四年统字第三六三号 | 出继者于本生兄弟不为同父周亲 | 第四编　亲属<br>第一章　通则 |
| | 五年统字第五〇二号 | 嗣子具备兼祧条件者，亦准兼祧 | 第五编　承继<br>第二章　宗祧之承继<br>第二节　宗祧继承人 |
| | 五年统字第五〇二号 | 亲属会立继应守法定次序 | 第五编　承继<br>第二章　宗祧之承继<br>第二节　宗祧继承人 |
| | 六年统字第五九九号 | 妇人夫亡无子守志，亲族擅为其翁立后，议待生孙以嗣其夫者，可主张其无效。虚名待继须具备律例所定各要件 | 第五编　承继<br>第二章　宗祧之承继<br>第二节　宗祧继承人 |

续表

| 《大清现行刑律》条款 | 大理院判例、解释例字号 | 判例、解释例提要 | 所附载之《民律草案》章节 |
| --- | --- | --- | --- |
| 4.63.(3)立嫡子违法条例第三 | 六年统字第七〇九号 | 律载"嫌隙不继",系就被承继人或其守志之妇与应继人之关系而言 | 第五编　承继<br>第二章　宗祧之承继<br>第二节　宗祧继承人 |
| | 七年统字第八四六号 | 嫌隙不必有具体之事实 | 第五编　承继<br>第二章　宗祧之承继<br>第二节　宗祧继承人 |
| | 七年统字第八四七号 | 守志之妇为夫立嗣,可于适当期间内为之 | 第五编　承继<br>第一章　总则 |
| | 七年统字第九一三号 | 夭亡且未婚者,始不得立后 | 第五编　承继<br>第二章　宗祧之承继<br>第一节　总则 |
| | 八年统字第九一七号 | "立嫡子违法"门"支属"二字,不限于五服以内 | 第五编　承继<br>第二章　宗祧之承继<br>第二节　宗祧继承人 |
| | 八年统字第一〇〇六号 | 有嫌怨者,丧失其应继权 | 第五编　承继<br>第二章　宗祧之承继<br>第一节　总则 |
| | 八年统字第一〇四一号 | 继子亦许兼祧。亲族会议,若族长、房长个人应回避时,可令公选代表与议;如回避情形涉及全房之族众,由审判衙门酌定 | 第五编　承继<br>第二章　宗祧之承继<br>第二节　宗祧继承人 |
| | 九年统字第一三五三号 | 订有合法婚约,实行同居,愿为守志妇者,有代管遗产之权 | 第四编　亲属<br>第二章　家制<br>第二节　家长及家属 |
| 4.63.(4)立嫡子违法条例第四 | 四年上字第五六七号 | 守志妇得代应继人承受夫产,并非即为该财产承继人 | 第五编　承继<br>第三章　遗产之承继<br>第二节　遗产承继人 |
| | 四年上字第六一四号 | 遗产归子承受 | 第五编　承继<br>第三章　遗产之承继<br>第二节　遗产承继人 |
| | 四年上字第七二六号 | 守志妇得代应继人分受财产并管理之,而不得主张所有 | 第五编　承继<br>第四章　嗣子未定及绝产 |

续表

| 《大清现行刑律》条款 | 大理院判例、解释例字号 | 判例、解释例提要 | 所附载之《民律草案》章节 |
|---|---|---|---|
| | 四年上字第八八六号 | 夫家财产及原有妆奁不得携以改嫁 | 第四编　亲属<br>第三章　婚姻<br>第三节　婚姻之效力 |
| | 五年上字第六四四号 | 为夫立继权,惟正妻有之 | 第五编　承继<br>第二章　宗祧之承继<br>第二节　宗祧继承人 |
| | 五年上字第一一一六号 | 守志妇表示不愿立嗣之意思无效。其生前未择立者,应由亲族会择立 | 第五编　承继<br>第二节　宗祧之承继<br>第一节　总则 |
| | 六年统字第五九九号 | 妇人夫亡无子守志,亲族擅为其翁立后,议待生孙以嗣其夫者,可主张其无效。虚名待继须具备律例所定各要件 | 第五编　承继<br>第二章　宗祧之承继<br>第二节　宗祧继承人 |
| 4.63.(4) **立嫡子违法条例第四** | 六年统字第七〇九号 | 律载“嫌隙不继”,系就被承继人或其守志之妇与应继人之关系而言 | 第五编　承继<br>第二章　宗祧之承继<br>第二节　宗祧继承人 |
| | 六年统字第七〇九号 | 于立继有同意权者,如无故拒绝同意,准审判衙门以裁判代之 | 第五编　承继<br>第二章　宗祧之承继<br>第二节　宗祧继承人 |
| | 七年统字第九〇三号 | 妾于亲族为其家长立嗣时,在会议中占重要地位 | 第五编　承继<br>第二章　宗祧之承继<br>第二节　宗祧继承人 |
| | 九年统字第一三五三号 | 订有合法婚约,实行同居,愿为守志妇者,有代管遗产之权 | 第四编　亲属<br>第二章　家制<br>第二节　家长及家属 |
| | 十年统字第一五二五号 | 孀妇被处和奸罪刑,如未与夫家脱离关系,仍有管理遗产权 | 第四编　亲属<br>第二章　家制<br>第二节　家长及家属 |

续表

| 《大清现行刑律》条款 | 大理院判例、解释例字号 | 判例、解释例提要 | 所附载之《民律草案》章节 |
|---|---|---|---|
| 4.63.(5)立嫡子违法条例第五 | 三年上字第三一〇号 | 非同宗同姓不得承继宗祧 | 第五编　承继<br>第二章　宗祧之承继<br>第二节　宗祧继承人 |
| | 三年上字第五六七号 | 亲所不悦之义子,得令归宗 | 第四编　亲属<br>第四章　亲子<br>第六节　养子 |
| | 四年上字第一六〇八号 | 乞养异姓义子及收养遗弃小儿,俱不必勒令归宗 | 第四编　亲属<br>第四章　亲子<br>第六节　养子 |
| | 八年上字第一三六八号 | 义子不得因争执本家承继而临时主张归宗 | 第四编　亲属<br>第四章　亲子<br>第六节　养子<br>第五编　承继<br>第二章　宗祧之承继<br>第二节　宗祧继承人 |
| | 十一年上字第八四三号 | 非三岁以下之养子,得自由回复其本姓;独立经营之财产,亦得携回 | 第四编　亲属<br>第四章　亲子<br>第六节　养子 |
| | 八年统字第一一二五号 | 养子有不孝事实,养父母得解除关系 | 第四编　亲属<br>第四章　亲子<br>第六节　养子 |
| 4.69.0别籍异财条律 | 六年上字第一〇〇号 | 居父母丧,奉有遗命,或经父母允许者,均得分产 | 第四编　亲属<br>第二章　家制<br>第二节　家长及亲属 |
| | 五年统字第四八四号 | 子所欠私债,不得就祖产执行 | 第二编　债权<br>第一章　通则<br>第二节　债权之效力 |

续表

| 《大清现行刑律》条款 | 大理院判例、解释例字号 | 判例、解释例提要 | 所附载之《民律草案》章节 |
|---|---|---|---|
| 4.69.(1)别籍异财条例 | 四年上字第九五一号 | 祖父母、父母有允许分财异居与否之权 | 第四编 亲属<br>第二章 家制<br>第二节 家长及亲属 |
| | 五年上字第五三号 | 兄弟分析遗产，有一定限制 | 第五编 承继<br>第三章 遗产之承继<br>第三节 承继遗产之效力<br>第三款 分析遗产 |
| | 五年上字第七二号 | 祖父母、父母在，如果许令分析，不在禁止之列 | 第五编 承继<br>第三章 遗产之承继<br>第三节 承继遗产之效力<br>第三款 分析遗产 |
| 4.70.0卑幼私擅用财条律 | 三年上字第六一六号 | 尊长有所偏向，卑幼得请求分析 | 第四编 亲属<br>第二章 家制<br>第二节 家长及亲属 |
| | 十四年统字第一九一一号 | 成年人处分家财，应得尊长同意；处分自有私财，不受限制 | 第一编 总则<br>第二章 人<br>第二节 行为能力 |
| 4.70.(1)卑幼私擅用财条例第一 | 三年上字第一一九八号 | 均分家产既有明文，无主张习惯余地 | 第一编 总则<br>第一章 法例 |
| | 四年上字第二六二号 | 嫡庶子男均分家财，故祀产之收益，庶子亦得均分 | 第五编 承继<br>第三章 遗产之承继<br>第三节 承继遗产之效力<br>第二款 承继人应继之分 |
| | 四年上字第一四五八号 | 父不得减少庶子应分之产 | 第五编 承继<br>第三章 遗产之承继<br>第三节 承继遗产之效力<br>第二款 承继人应继之分 |

续表

| 《大清现行刑律》条款 | 大理院判例、解释例字号 | 判例、解释例提要 | 所附载之《民律草案》章节 |
| --- | --- | --- | --- |
| 4.70.(1) **卑幼私擅用财条例第一** | 七年上字第一二五四号 | 尊长分财不均者,卑幼得请求分析家财 | 第五编　承继<br>第三章　遗产之承继<br>第三节　承继遗产之效力<br>第三款　分析遗产 |
| | 五年统字第四一八号 | 经认知之奸生子,对于异姓乱宗,如别无应继之人,亦得告争 | 第四编　亲属<br>第四章　亲子<br>第五节　奸生子 |
| | 五年统字第四五五号 | 无承继权人不得告异姓乱宗 | 第五编　承继<br>第二章　宗祧之承继<br>第二节　宗祧继承人 |
| | 八年统字第一一六四号 | 分析家财,除当事人有合意外,应依子数均分 | 第五编　承继<br>第三章　遗产之承继<br>第二节　遗产承继人 |
| | 十六年统字第二〇一二号 | 奸生子因母取得妻之身分,或经其父认领者,视为婚生子 | 第四编　亲属<br>第四章　亲子<br>第五节　奸生子 |
| 4.70.(2) **卑幼私擅用财条例第二** | 三年上字第三八六号 | 户绝财产,又无亲女者,归国库 | 第五编　承继<br>第四章　嗣子未定及绝产 |
| | 三年上字第一一七六号 | 同宗无应继之人,始得将遗产归亲女承受 | 第五编　承继<br>第三章　遗产之承继<br>第二节　遗产承继人 |
| | 四年上字第八四三号 | 出嫁女无当然承继母家遗产之权 | 第五编　承继<br>第三章　遗产之承继<br>第二节　遗产承继人 |

续表

| 《大清现行刑律》条款 | 大理院判例、解释例字号 | 判例、解释例提要 | 所附载之《民律草案》章节 |
|---|---|---|---|
| 4.70.(2)**卑幼私擅用财条例第二** | 四年上字第一三一二号 | 亲女得承受绝产，故对于无权占有遗产之人，得出而告争 | 第五编　承继<br>第四章　嗣子未定及绝产 |
| | 五年上字第一八九号 | 奸生子认知制度应为认许 | 第四编　亲属<br>第四章　亲子<br>第五节　奸生子 |
| | 五年上字第九二五号 | 奸生子不得以亲生子论 | 第四编　亲属<br>第四章　亲子<br>第五节　奸生子 |
| | 八年统字第九五三号 | “户绝”系指一家而言。户绝财产出典与人，非应继之人无找价作绝之权；应继在最先顺位之人得为保存行为 | 第五编　承继<br>第四章　嗣子未定及绝产 |
| 5**田　宅** | | | |
| 5.73.(2)**检踏灾伤田粮条例第二** | 二年上字第八六号 | 淤地先尽坍户拨补，沿河业主不能即取得淤地 | 第三编　物权<br>第二章　所有权<br>第二节　不动产所有权 |
| | 三年上字第一一九五号 | 淤地除依法拨补坍户外，皆属官产 | 第三编　物权<br>第二章　所有权<br>第二节　不动产所有权 |
| | 九年上字第七三八号 | 拨补塌地之次序与比例 | 第三编　物权<br>第二章　所有权<br>第二节　不动产所有权 |
| | 十一年统字第一七三六号 | 鱼课不得飞占土地 | 第三编　物权<br>第二章　所有权<br>第一节　通则 |

续表

| 《大清现行刑律》条款 | 大理院判例、解释例字号 | 判例、解释例提要 | 所附载之《民律草案》章节 |
|---|---|---|---|
| 5.76.0 典买田宅条律 | 三年上字第七六二号 | 赎取田亩,双方皆须依约定期限 | 第三编　物权<br>第三章　典权(活卖附) |
| | 五年上字第二〇八号 | 物权移转,以立契为成立并对抗第三人之要件 | 第三编　物权<br>第一章　通则 |
| | 五年上字第八八七号 | 一不动产不得设定数典权 | 第三编　物权<br>第三章　典权(活卖附) |
| | 八年统字第一一三九号 | 重复典卖,其后典后卖无效 | 第三编　物权<br>第三章　典权(活卖附) |
| 5.76.(1) 典买田宅条例第一 | 九年统字第一四〇八号 | 告争重分之条件及定均分之标准 | 第五编　承继<br>第三章　遗产之承继<br>第三节　承继遗产之效力<br>第三款　分析遗产 |
| 5.76.(2) 典买田宅条例第二 | 三年上字第四七号 | 家财告争之限制 | 第五编　承继<br>第三章　遗产之承继<br>第三节　承继遗产之效力<br>第三款　分析遗产 |
| | 三年上字第七六二号 | 业主不得强求加绝找贴 | 第三编　物权<br>第三章　典权(活卖附) |
| | 四年上字第一〇七七号 | 卖契内记载无可认为有回赎之意思者,不须另立卖契 | 第三编　物权<br>第二章　所有权<br>第二节　不动产所有权 |

续表

| 《大清现行刑律》条款 | 大理院判例、解释例字号 | 判例、解释例提要 | 所附载之《民律草案》章节 |
| --- | --- | --- | --- |
| 5.76.(2)典买田宅条例第二 | 七年上字第一〇〇六号 | 典限未满，不许业主强赎 | 第三编　物权<br>第三章　典权(活卖附) |
| | 八年上字第一二八九号 | 原业主不得主张先买权 | 第三编　物权<br>第四章　先买权 |
| | 四年统字第二二六号 | 《现行律例》“买主不愿找贴”之规定，于典主自应准用。典当之标的物不能即充典价之清偿 | 第三编　物权<br>第三章　典权(活卖附) |
| 5.76.(3)典买田宅条例第三 | 六年统字第六六五号 | 指地借钱，如依习惯，其主要目的在设定使用收益权者，应认为典当 | 第三编　物权<br>第三章　典权(活卖附) |
| 6婚　姻 | | | |
| 6.82.0男女婚姻条律 | 二年上字第二一五号 | 定婚以婚书或聘财为形式要件 | 第四编　亲属<br>第三章　婚姻<br>第一节　婚姻之要件 |
| | 三年上字第八三八号 | 女子定婚后再许人者，仍归前夫 | 第四编　亲属<br>第三章　婚姻<br>第一节　婚姻之要件 |
| | 三年上字第八六六号 | 妄冒成婚与殴妻至折伤及抑勒通奸者，离异 | 第四编　亲属<br>第三章　婚姻<br>第四节　离婚 |
| | 三年上字第一〇七七号 | 先期强娶非离异原因 | 第四编　亲属<br>第三章　婚姻<br>第四节　离婚 |

续表

| 《大清现行刑律》条款 | 大理院判例、解释例字号 | 判例、解释例提要 | 所附载之《民律草案》章节 |
| --- | --- | --- | --- |
| 6.82.0 **男女婚姻条律** | 四年上字第一〇〇七号 | 定婚有妄冒情事者,得撤销 | 第四编　亲属<br>第三章　婚姻<br>第一节　婚姻之要件 |
| | 四年上字第一二二三号 | 疾病达一定程度,即应通知 | 第四编　亲属<br>第三章　婚姻<br>第一节　婚姻之要件 |
| | 四年上字第二三〇五号 | 男女定婚之初,有残疾、老幼、庶出、过房、乞养者,应先通知,并立婚书,或收聘财,方为有效 | 第四编　亲属<br>第三章　婚姻<br>第一节　婚姻之要件 |
| | 五年上字第八七〇号 | 冒为他人之子而定婚者,足为彼造撤销理由 | 第四编　亲属<br>第三章　婚姻<br>第一节　婚姻之要件 |
| | 六年上字第七三五号 | 男女犯奸盗者,得解除婚约。亲属相盗者亦同 | 第四编　亲属<br>第三章　婚姻<br>第一节　婚姻之要件 |
| | 六年上字第八四五号 | 男家悔婚另聘,前聘之女得解除婚约 | 第四编　亲属<br>第三章　婚姻<br>第一节　婚姻之要件 |
| | 七年上字第九一〇号 | 官肢阴阳之机能失其作用,即为残疾 | 第四编　亲属<br>第三章　婚姻<br>第一节　婚姻之要件 |
| | 八年上字第二二七号 | 婚书、聘财,无须两备 | 第四编　亲属<br>第三章　婚姻<br>第一节　婚姻之要件 |

续表

| 《大清现行刑律》条款 | 大理院判例、解释例字号 | 判例、解释例提要 | 所附载之《民律草案》章节 |
| --- | --- | --- | --- |
| 6.82.0男女婚姻条律 | 八年上字第七五三号 | 已成婚犯奸盗，不为离异原因 | 第四编　亲属<br>第三章　婚姻<br>第四节　离婚 |
| | 八年上字第一〇九八号 | 定婚须收受聘财之规定不因法令禁止买卖人口而失效 | 第四编　亲属<br>第三章　婚姻<br>第一节　婚姻之要件 |
| | 九年上字第二九一号 | 成婚后发现一造有残疾者，得请求离异 | 第四编　亲属<br>第三章　婚姻<br>第四节　离婚 |
| | 九年上字第七七六号 | 父母俱存，母不得反于父之意思为子女主婚 | 第四编　亲属<br>第三章　婚姻<br>第一节　婚姻之要件 |
| | 九年上字第七七六号 | 祖父母为主婚，而父母事前不知者，得撤销婚约 | 第四编　亲属<br>第三章　婚姻<br>第一节　婚姻之要件 |
| | 四年统字第二三二号 | 天阉系属残疾，其初若未通知，应准离异 | 第四编　亲属<br>第三章　婚姻<br>第一节　婚姻之要件 |
| | 四年统字第三一二号 | 《现行律》婚姻门内所称“疾病”及“残废”之意义 | 第四编　亲属<br>第三章　婚姻<br>第一节　婚姻之要件 |
| | 五年统字第四八三号 | 未成婚男子犯奸盗者，听女别嫁 | 第四编　亲属<br>第三章　婚姻<br>第一节　婚姻之要件 |

续表

| 《大清现行刑律》条款 | 大理院判例、解释例字号 | 判例、解释例提要 | 所附载之《民律草案》章节 |
|---|---|---|---|
| 6.82.0 **男女婚姻条律** | 六年统字第五八八号 | 定婚后患疯癫,程度重大者,可依四年上字第二三五七号判例办理 | 第四编　亲属<br>第三章　婚姻<br>第一节　婚姻之要件 |
| | 六年统字第六〇九号 | 未婚夫和同被人鸡奸,可为解除婚约之原因 | 第四编　亲属<br>第三章　婚姻<br>第一节　婚姻之要件 |
| | 七年统字第八七〇号 | 娶许字他人之女者,除依《现行律》"男女婚姻"门第二段办理外,未便以裁判强令前夫仅受赔偿 | 第四编　亲属<br>第三章　婚姻<br>第一节　婚姻之要件 |
| | 七年统字第九〇六号 | 父母为成年子退婚,须得子同意 | 第四编　亲属<br>第三章　婚姻<br>第一节　婚姻之要件 |
| | 八年统字第九三七号 | 抢亲,如察其情形已难相处者,得劝谕离异 | 第四编　亲属<br>第三章　婚姻<br>第四节　离婚 |
| | 八年统字第一〇三一号 | 天阉系属残废 | 第四编　亲属<br>第三章　婚姻<br>第一节　婚姻之要件 |
| | 八年统字第一一四〇号 | 未成年人由母主婚,未取得父同意,而愿与结婚者,其婚姻有效 | 第四编　亲属<br>第三章　婚姻<br>第一节　婚姻之要件 |
| | 九年统字第一二〇八号 | 实女系属残废 | 第四编　亲属<br>第三章　婚姻<br>第一节　婚姻之要件 |

续表

| 《大清现行刑律》条款 | 大理院判例、解释例字号 | 判例、解释例提要 | 所附载之《民律草案》章节 |
|---|---|---|---|
| 6.82.0 **男女婚姻条律** | 九年统字第一二四八号 | 定婚后，身体上发生重大变故，应准解除婚约 | 第四编　亲属<br>第三章　婚姻<br>第一节　婚姻之要件 |
| | 十年统字第一五八四号 | 定婚后罹残疾，如他造愿解除，不得强令继续 | 第四编　亲属<br>第三章　婚姻<br>第一节　婚姻之要件 |
| | 十一年统字第一七四四号 | 判处徒刑开始执行，他造得解除婚约 | 第四编　亲属<br>第三章　婚姻<br>第一节　婚姻之要件 |
| 6.82.(2) **男女婚姻条例第二** | 二年私上字第二号 | 嫁娶须由祖父母、父母或余亲主婚，否则得以撤销 | 第四编　亲属<br>第三章　婚姻<br>第一节　婚姻之要件 |
| | 三年上字第四三二号 | 随母改嫁之女由母主婚 | 第四编　亲属<br>第三章　婚姻<br>第一节　婚姻之要件 |
| | 六年上字第七三五号 | 协议离婚必须出于夫妻之情愿，非父母所可强制 | 第四编　亲属<br>第三章　婚姻<br>第四节　离婚 |
| | 八年上字第三二一号 | 同居近亲之主婚权，先于别居之远族 | 第四编　亲属<br>第三章　婚姻<br>第一节　婚姻之要件 |
| | 四年统字第二五三号 | 养女除养约有特别订定外，应由养父母主婚 | 第四编　亲属<br>第三章　婚姻<br>第一节　婚姻之要件 |

续表

| 《大清现行刑律》条款 | 大理院判例、解释例字号 | 判例、解释例提要 | 所附载之《民律草案》章节 |
|---|---|---|---|
| 6.82.(2)男女婚姻条例第二 | 四年统字第三七一号 | 婚姻须得当事人同意;孀妇改嫁须由自愿之例可类推于室女 | 第四编　亲属<br>第三章　婚姻<br>第一节　婚姻之要件 |
| | 五年统字第四五四号 | 前夫之子女与后夫前妻之子女,不在禁止为婚之列 | 第四编　亲属<br>第三章　婚姻<br>第一节　婚姻之要件 |
| | 五年统字第四五四号 | 夫亡携女适人者,其女从母主婚 | 第四编　亲属<br>第三章　婚姻<br>第一节　婚姻之要件 |
| | 六年统字第六〇四号 | 协议离婚,既听其妇携女适人,则其女即应由妇主婚 | 第四编　亲属<br>第三章　婚姻<br>第一节　婚姻之要件 |
| | 八年统字第一〇五一号 | 男女婚姻,其主婚权在父母,惟须得祖父母之同意 | 第四编　亲属<br>第三章　婚姻<br>第一节　婚姻之要件 |
| 6.82.(3)男女婚姻条例第三 | 四年上字第一六八号 | 关于招婿养老仍应立嗣之条例,属强行法 | 第五编　承继<br>第二章　宗祧之承继<br>第一节　总则 |
| | 四年上字第二二七四号 | 养老女婿得与应继之人均分财产 | 第五编　承继<br>第三章　遗产之承继<br>第二节　遗产承继人 |
| | 五年上字第九八八号 | 入赘时承继宗祧之约定,不能认为有效 | 第五编　承继<br>第二章　宗祧之承继<br>第二节　宗祧继承人 |

续表

| 《大清现行刑律》条款 | 大理院判例、解释例字号 | 判例、解释例提要 | 所附载之《民律草案》章节 |
|---|---|---|---|
| 6.82.(3) **男女婚姻条例第三** | 五年上字第一一一六号 | 所继人不得为遗产全部之遗赠行为 | 第五编 承继<br>第六章 应留财产 |
| | 七年上字第二五〇号 | 律载“族长议立”，即为亲族会议 | 第五编 承继<br>第二章 宗祧之承继<br>第二节 宗祧继承人 |
| 6.82.(4) **男女婚姻条例第四** | 七年统字九〇六号 | 抢婚依律尚不能为撤销婚约原因 | 第四编 亲属<br>第三章 婚姻<br>第一节 婚姻之要件 |
| 6.83.(1) **典雇妻女条例** | 八年上字第四一一号 | 妇女被夫典雇，不能当然视为业已离异 | 第四编 亲属<br>第三章 婚姻<br>第四节 离婚 |
| 6.84.0 **妻妾失序条律** | 五年上字第一一六七号 | 有妻欺饰更娶者，后娶之妻应离异 | 第四编 亲属<br>第三章 婚姻<br>第一节 婚姻之要件 |
| | 七年上字第八四号 | 有妻更娶者，后娶之妻离异 | 第四编 亲属<br>第三章 婚姻<br>第四节 离婚 |
| | 六年统字第六二四号 | 《现行律》于妻故后之扶正不加禁止，但定婚专有之律例于此亦不适用 | 第四编 亲属<br>第三章 婚姻<br>第一节 婚姻之要件 |
| | 九年统字第一二〇一号 | 纳妾后补行定婚、成婚仪式，仍可认有婚姻关系 | 第四编 亲属<br>第三章 婚姻<br>第一节 婚姻之要件 |

续表

| 《大清现行刑律》条款 | 大理院判例、解释例字号 | 判例、解释例提要 | 所附载之《民律草案》章节 |
| --- | --- | --- | --- |
| 6.86.0 居丧嫁娶条律 | 五年上字第一一一七号 | 有主婚权人强嫁孀妇者,其婚姻之成立与否,视事实上已未成婚为断 | 第四编　亲属<br>第三章　婚姻<br>第一节　婚姻之要件 |
| | 八年上字第一〇七二号 | 律载"居丧身自嫁娶者",指居丧本人而言 | 第四编　亲属<br>第三章　婚姻<br>第四节　离婚 |
| | 九年上字第一五二号 | "居丧嫁娶"门所称"已成婚"之解释 | 第四编　亲属<br>第三章　婚姻<br>第二节　婚姻之无效及撤销 |
| | 九年上字第四九二号 | 夫死未久即欲改嫁者,依律在禁止之列 | 第四编　亲属<br>第三章　婚姻<br>第一节　婚姻之要件 |
| | 六年统字第五七六号 | 居丧嫁娶,非私人所能告争 | 第四编　亲属<br>第三章　婚姻<br>第一节　婚姻之要件 |
| | 七年统字第八二九号 | 居丧嫁娶应行离异,不以身自主婚为要件 | 第四编　亲属<br>第三章　婚姻<br>第一节　婚姻之要件 |
| 6.86.(2) 居丧嫁娶条例第二 | 六年上字第九六九号 | 孀妇改嫁时,其主婚权有一定之次序 | 第四编　亲属<br>第三章　婚姻<br>第一节　婚姻之要件 |
| | 四年统字第二五三号 | 律例所谓"夫家余亲"者,系以该律"妻为夫族服图"内之尊亲为限 | 第四编　亲属<br>第三章　婚姻<br>第一节　婚姻之要件 |

续表

| 《大清现行刑律》条款 | 大理院判例、解释例字号 | 判例、解释例提要 | 所附载之《民律草案》章节 |
|---|---|---|---|
| | 四年统字第二五三号 | 童养媳未成婚而夫死者，其主婚权准用“孀妇改嫁”条例；但已解除关系者，不在此限 | 第四编 亲属<br>第三章 婚姻<br>第一节 婚姻之要件 |
| | 六年统字第七三五号 | 孀妇已大归者不适用夫家主婚之规定；孀妇自愿改嫁，主婚人故意阻难者，依统字第三七一号解释办理 | 第四编 亲属<br>第三章 婚姻<br>第一节 婚姻之要件 |
| | 七年统字九〇九号 | 改嫁妇之私产，不归夫家作主 | 第四编 亲属<br>第三章 婚姻<br>第二节 婚姻之效力 |
| 6.86.(2)居丧嫁娶条例第二 | 八年统字第一〇五二号 | 孀妇改嫁，夫家之胞伯母如仅为余亲身分，则依律自应由母家父母主婚受财。母家父母对婚姻如未主张撤销，可仅判归财礼 | 第四编 亲属<br>第三章 婚姻<br>第一节 婚姻之要件 |
| | 八年统字第一〇五二号 | 招夫入赘，虽不能有承继人之效力，而本身及其直系卑属要已发生家属之关系，援照养亲子关系之例，孀媳改嫁，如其母家无父母、祖父母为之主婚，入赘家之余亲是自可主婚受财 | 第四编 亲属<br>第三章 婚姻<br>第一节 婚姻之要件 |
| | 十年统字第一六二三号 | 子订立继母归宗字据无效 | 第一编 总则<br>第五章 法律行为<br>第五节 无效、撤销及同意 |

续表

| 《大清现行刑律》条款 | 大理院判例、解释例字号 | 判例、解释例提要 | 所附载之《民律草案》章节 |
| --- | --- | --- | --- |
| 6.88.0 **尊卑为婚条律** | 八年统字第一〇〇三号 | 尊卑为婚不在法律禁止范围以内者,其婚姻有效 | 第四编 亲属<br>第三章 婚姻<br>第二节 婚姻之无效及撤销 |
| | 九年统字第一四〇五号 | 再醮婚书记载前夫之女嫁后夫之子有效 | 第四编 亲属<br>第三章 婚姻<br>第一节 婚姻之要件 |
| | 十一年统字第一六七八号 | 法禁尊卑为婚,系用列举方法,不应比拟 | 第四编 亲属<br>第三章 婚姻<br>第一节 婚姻之要件 |
| 6.89.0 **娶亲属妻妾条律** | 三年上字第五九六号 | 同宗不得为婚 | 第四编 亲属<br>第三章 婚姻<br>第一节 婚姻之要件 |
| | 四年上字第一一七四号 | 不许娶同宗亲之妻 | 第四编 亲属<br>第三章 婚姻<br>第一节 婚姻之要件 |
| | 四年上字第二四〇一号 | 同宗亲已出之妻亦不得娶 | 第四编 亲属<br>第三章 婚姻<br>第一节 婚姻之要件 |
| | 六年统字第五六九号 | 叔嫂缔婚,其婚姻关系不成立 | 第四编 亲属<br>第三章 婚姻<br>第一节 婚姻之要件 |
| | 七年统字第九一七号 | 娶亲属妻妾为妻妾者,族人得拒绝其妻妾入谱。无效婚姻所生之子应许入谱 | 第四编 亲属<br>第一章 通则 |

续表

| 《大清现行刑律》条款 | 大理院判例、解释例字号 | 判例、解释例提要 | 所附载之《民律草案》章节 |
| --- | --- | --- | --- |
| 6.89.0 娶亲属妻妾条律 | 七年统字第九一七号 | 娶亲属妻妾之婚姻无效 | 第四编　亲属<br>第三章　婚姻<br>第一节　婚姻之要件 |
| | 九年统字第一二六六号 | 亲属结婚,非经法律上利害关系人告争,不得审判 | 第四编　亲属<br>第三章　婚姻<br>第二节　婚姻之无效及撤销 |
| 6.95.0 出妻条律 | 四年上字第一七九三号 | 妻犯七出者,离异 | 第四编　亲属<br>第三章　婚姻<br>第四节　离婚 |
| | 五年上字第一四七号 | 协议离婚为法所许 | 第四编　亲属<br>第三章　婚姻<br>第四节　离婚 |
| | 五年上字第五九八号 | 有一去不返之意思者,为背夫在逃,应准离异 | 第四编　亲属<br>第三章　婚姻<br>第四节　离婚 |
| | 五年上字第八七二号 | 妇虽犯奸,夫不愿离,不得由舅姑嫁卖 | 第四编　亲属<br>第三章　婚姻<br>第四节　离婚 |
| | 六年上字第八五号 | 出外不告舅姑,尚非不事舅姑 | 第四编　亲属<br>第三章　婚姻<br>第四节　离婚 |
| | 六年上字第七三五号 | 协议离婚必须出于夫妻之情愿,非父母所可强制 | 第四编　亲属<br>第三章　婚姻<br>第四节　离婚 |

续表

| 《大清现行刑律》条款 | 大理院判例、解释例字号 | 判例、解释例提要 | 所附载之《民律草案》章节 |
|---|---|---|---|
| 6.95.0 出妻条律 | 六年上字第九四七号 | 确有不孝事实,训诫不悛者,为不事舅姑 | 第四编　亲属<br>第三章　婚姻<br>第四节　离婚 |
| | 十一年上字第八一〇号 | 妻之在逃,非立意背夫者,不得离异 | 第四编　亲属<br>第三章　婚姻<br>第四节　离婚 |
| | 五年统字第四三七号 | 舅姑抑勒子妇通奸,其夫知情不阻者,许其离异 | 第四编　亲属<br>第三章　婚姻<br>第四节　离婚 |
| | 六年统字第五七六号 | 出妻与义绝应离不同 | 第四编　亲属<br>第三章　婚姻<br>第四节　离婚 |
| | 六年统字第五七六号 | 义绝之事例可援据《唐律疏议》,非限定律文内离异各条 | 第四编　亲属<br>第三章　婚姻<br>第四节　离婚 |
| | 六年统字第五九一号 | 《现行律》"出妻"条所称"无子"之义系指妻年五十以上,除其夫另娶外,无得子之望者而言 | 第四编　亲属<br>第三章　婚姻<br>第四节　离婚 |
| | 七年统字第八二八号 | 妻受夫不堪同居之虐待,应准离异 | 第四编　亲属<br>第三章　婚姻<br>第四节　离婚 |
| | 八年统字第九三七号 | 抢亲,如察其情形已难相处者,得劝谕离异 | 第四编　亲属<br>第三章　婚姻<br>第四节　离婚 |

续表

| 《大清现行刑律》条款 | 大理院判例、解释例字号 | 判例、解释例提要 | 所附载之《民律草案》章节 |
|---|---|---|---|
| 6.95.0 出妻条律 | 八年统字第一一三四号 | 虐待舅姑为离婚原因 | 第四编 亲属<br>第三章 婚姻<br>第四节 离婚 |
| | 九年统字第一二〇三号 | 妻诬告其夫或助人诬告其夫，为离婚原因 | 第四编 亲属<br>第三章 婚姻<br>第四节 离婚 |
| | 九年统字第一二三一号 | 一方诉请离婚，他方表示承诺，即属两愿 | 第四编 亲属<br>第三章 婚姻<br>第四节 离婚 |
| | 九年统字第一三六二号 | 夫逃亡有据，始终毫无踪迹音信，其年限又合法者，改嫁有效 | 第四编 亲属<br>第三章 婚姻<br>第四节 离婚 |
| 6.95.(1) 出妻条例第一 | 八年上字第六四号 | 妻于夫故后，有淫乱情形，翁姑得令其退回母家，脱离亲属关系 | 第四编 亲属<br>第三章 婚姻<br>第四节 离婚 |
| | 六年统字第五七六号 | 出妻与义绝应离不同 | 第四编 亲属<br>第三章 婚姻<br>第四节 离婚 |
| 6.95.(2) 出妻条例第二 | 三年上字第三二九号 | 因贫出外谋生，不为逃亡 | 第四编 亲属<br>第三章 婚姻<br>第四节 离婚 |
| | 三年上字第一一六七号 | 夫逃亡三年属实者，虽未告官，亦得改嫁 | 第四编 亲属<br>第三章 婚姻<br>第四节 离婚 |

续表

| 《大清现行刑律》条款 | 大理院判例、解释例字号 | 判例、解释例提要 | 所附载之《民律草案》章节 |
|---|---|---|---|
| 6.95.(2)出妻条例第二 | 四年上字第八一〇号 | 自约定成婚时起,五年无过不娶者,得解除婚约 | 第四编　亲属<br>第三章　婚姻<br>第一节　婚姻之要件 |
| | 八年上字第四三四号 | 夫逃亡,而存有资财,足供妻之生计,或有赡养之人者,不得谓为逃亡 | 第四编　亲属<br>第三章　婚姻<br>第四节　离婚 |
| | 十年上字第八四三号 | 所谓"夫逃亡三年"之解释 | 第四编　亲属<br>第三章　婚姻<br>第四节　离婚 |
| | 四年统字第三五〇号 | 合定婚条件之童养媳,可准用夫逃亡三年不还之例改嫁 | 第四编　亲属<br>第三章　婚姻<br>第一节　婚姻之要件 |
| | 九年统字第一三六二号 | 夫逃亡有据,始终毫无踪迹音信,其年限又合法者,改嫁有效 | 第四编　亲属<br>第三章　婚姻<br>第四节　离婚 |
| | 九年统字第一四一五号 | 生死不明确已三年以上,其妻改嫁即属合法 | 第四编　亲属<br>第三章　婚姻<br>第四节　离婚 |
| | 十一年统字第一七四四号 | 判处徒刑开始执行,他造得解除婚约 | 第四编　亲属<br>第三章　婚姻<br>第一节　婚姻之要件 |
| 9钱　债 | | | |
| 9.124.0违禁取利条律 | 三年上字第七九三号 | 利率每月三分之限制 | 第二编　债权<br>第一章　通则<br>第一节　债权之标的 |

续表

| 《大清现行刑律》条款 | 大理院判例、解释例字号 | 判例、解释例提要 | 所附载之《民律草案》章节 |
|---|---|---|---|
| 9.124.0 违禁取利条律 | 三年上字第八四二号 | 债权人为自力救济夺取债务人财产，告于官司，或实际上无官司可告者，亦非违法 | 第一编　总则<br>第八章　权利之行使及担保 |
| | 三年上字第八四三号 | 利不得过本 | 第二编　债权<br>第一章　通则<br>第一节　债权之标的 |
| | 四年上字第九三〇号 | 滚利之预约或债权人任意滚利，均为法所不许 | 第二编　债权<br>第一章　通则<br>第一节　债权之标的 |
| | 四年上字第一四六四号 | 已付利息不计入一本一利之内 | 第二编　债权<br>第一章　通则<br>第一节　债权之标的 |
| | 五年上字第四五七号 | 巧避重利之名违禁取利行为，其违禁部分无效 | 第一编　总则<br>第五章　法律行为<br>第一节　意思表示 |
| | 五年上字第一二一六号 | 律载“私债免追”之规定，不适用于妓女之自愿借债 | 第二编　债权<br>第一章　通则<br>第二节　债权之效力 |
| | 五年私上第三九号 | 因私债强夺债务人孳畜产业者，除本利外，应归还余物，即返还不当利得之法理 | 第二编　债权<br>第七章　不当利得 |
| | 六年上字第一〇二号 | 钱庄亦应受一本一利之制限 | 第二编　债权<br>第一章　通则<br>第一节　债权之标的 |

续表

| 《大清现行刑律》条款 | 大理院判例、解释例字号 | 判例、解释例提要 | 所附载之《民律草案》章节 |
|---|---|---|---|
| 9.124.0 违禁取利条律 | 六年上字第七〇〇号 | 约定利率超过月利三分时,在三分之限度内有效 | 第二编　债权<br>第一章　通则<br>第一节　债权之标的 |
| | 七年上字第二七七号 | 利息计算之结果如已超过原本,应受法定之限制 | 第二编　债权<br>第一章　通则<br>第一节　债权之标的 |
| | 八年上字第六七号 | 债权人得债务人同意,得滚利作本,但应受三分之制限 | 第二编　债权<br>第一章　通则<br>第一节　债权之标的 |
| | 八年上字第二七三号 | 取利过三分,即得债务人同意,亦属违法 | 第二编　债权<br>第一章　通则<br>第一节　债权之标的 |
| | 八年上字第一三二八号 | 不碍及律例防止重利盘剥之精神,可将利息滚作原本 | 第二编　债权<br>第一章　通则<br>第一节　债权之标的 |
| | 九年上字第一一八号 | 无约定利率者,不得遽以三分计利 | 第二编　债权<br>第一章　通则<br>第一节　债权之标的 |
| | 十二年抗字第一一八号 | 执行时计算利息仍应遵守一本一利之规定 | 第二编　债权<br>第一章　通则<br>第一节　债权之标的 |
| | 十二年统字第一八四七号 | 利息不必与原本同一种类;利谷之计算以订约时之市价为准 | 第二编　债权<br>第一章　通则<br>第一节　债权之标的 |

续表

| 《大清现行刑律》条款 | 大理院判例、解释例字号 | 判例、解释例提要 | 所附载之《民律草案》章节 |
| --- | --- | --- | --- |
| 9.124.0 违禁取利条律 | 十三年统字第一八七七号 | 利息包含迟延利息在内 | 第二编　债权<br>第一章　通则<br>第一节　债权之标的 |
| | 十五年统字第一九七九号 | 约定元豆付利有效,但不得超过月息限制 | 第二编　债权<br>第一章　通则<br>第一节　债权之标的 |
| | 十五年统字第一九七九号 | 算利之钱跌价,应按当时钱价折算 | 第二编　债权<br>第一章　通则<br>第一节　债权之标的 |
| 9.124.(4)违禁取利条例第四 | 四年上字第九三〇号 | 滚利之预约或债权人任意滚利,均为法所不许 | 第二编　债权<br>第一章　通则<br>第一节　债权之标的 |
| 9.125.0 费用受寄财产条律 | 七年上字第九一号 | 受寄物因水火盗贼费失,而系受寄人怠于注意,不抗避者,仍应认赔偿 | 第二编　债权<br>第二章　契约<br>第十三节　寄托 |
| 9.125.(1)费用受寄财产条例第一 | 四年上字第二〇八三号 | 典商失火,以值十当五,照原价计算赔偿 | 第二编　债权<br>第八章　侵权行为 |
| 9.125.(2)费用受寄财产条例第二 | 五年上字第六〇一号 | 典物因兵变被劫,典铺主仍应赔偿 | 《商人通例》<br>第一章　商人 |
| 9.126.0 得遗失物条律 | 三年上字第二九二号 | 得遗失物、埋藏物者,可依法取得其所有权 | 第三编　物权<br>第二章　所有权<br>第三节　动产所有权 |

续表

| 《大清现行刑律》条款 | 大理院判例、解释例字号 | 判例、解释例提要 | 所附载之《民律草案》章节 |
|---|---|---|---|
| 10 市廛 | | | |
| 10.129.(3)把持行市条例第三 | 六年统字第六七七号 | 把持私地井水之习惯为律例所禁 | 第一编　总则<br>第一章　法例 |
| 20 斗　殴 | | | |
| 20.276.0 妻妾殴夫条律 | 三年上字第八六六号 | 妾冒成婚与殴妻至折伤及抑勒通奸者,离异 | 第四编　亲属<br>第三章　婚姻<br>第四节　离婚 |
| | 四年上字第三七八号 | 尊长、舅姑抑勒、殴伤,须本夫知情参与,始得离异 | 第四编　亲属<br>第三章　婚姻<br>第四节　离婚 |
| | 六年上字第一八号 | 殴打而不能认为虐待者,须至折伤、废笃,始得离异 | 第四编　亲属<br>第三章　婚姻<br>第四节　离婚 |
| | 九年上字第五三七号 | 夫被妻殴,得请离异,无须至折伤之程度 | 第四编　亲属<br>第三章　婚姻<br>第四节　离婚 |
| 20.280.0 殴祖父母父母条律 | 六年上字第一八号 | 殴打而不能认为虐待者,须至折伤、废笃,始得离异 | 第四编　亲属<br>第三章　婚姻<br>第四节　离婚 |
| 25 犯　奸 | | | |
| 25.324.0 犯奸条律 | 五年统字第五五六号 | 奸生子依律责付奸夫收养 | 第四编　亲属<br>第四章　亲子<br>第五节　奸生子 |
| | 八年统字第一一六二号 | 孀妇犯奸确实有据者,得令退居母家或令大归 | 第四编　亲属<br>第二章　家制<br>第二节　家长及家属 |
| 25.324.(1)犯奸条例第一 | 六年统字第六〇九号 | 未婚夫和同被人鸡奸,可为解除婚约之原因 | 第四编　亲属<br>第三章　婚姻<br>第一节　婚姻之要件 |

续表

| 《大清现行刑律》条款 | 大理院判例、解释例字号 | 判例、解释例提要 | 所附载之《民律草案》章节 |
|---|---|---|---|
| 25.325.0 **纵容妻妾犯奸条律** | 三年上字第八六六号 | 妄冒成婚与殴妻至折伤及抑勒通奸者，离异 | 第四编　亲属<br>第三章　婚姻<br>第四节　离婚 |
| | 四年上字第三七八号 | 尊长、舅姑抑勒、殴伤，须本夫知情参与，始得离异 | 第四编　亲属<br>第三章　婚姻<br>第四节　离婚 |
| | 五年上字第六五四号 | 买休卖休离异 | 第四编　亲属<br>第三章　婚姻<br>第四节　离婚 |
| | 五年上字第六五六号 | 买休他人妻之契约无效 | 第二编　债权<br>第二章契约<br>第一节　通则<br>第一款<br>契约之成立及其内容 |
| | 六年上字第一〇六八号 | 买休卖休，无论出于诈欺、胁迫或自愿，皆离异 | 第四编　亲属<br>第三章　婚姻<br>第四节　离婚 |
| | 九年上字第八六号 | 纵容妻妾通奸或为娼，若事出两愿，即不得请求离异 | 第四编　亲属<br>第三章　婚姻<br>第四节　离婚 |
| | 四年统字第三五八号 | 抑勒童养媳卖娼，应准离异 | 第四编　亲属<br>第三章　婚姻<br>第四节　离婚 |
| | 五年统字第四三七号 | 舅姑抑勒子妇通奸，其夫知情不阻者，许其离异 | 第四编　亲属<br>第三章　婚姻<br>第四节　离婚 |

续表

| 《大清现行刑律》条款 | 大理院判例、解释例字号 | 判例、解释例提要 | 所附载之《民律草案》章节 |
| --- | --- | --- | --- |
| 25.325.0 纵容妻妾犯奸条律 | 六年统字第五六六号 | 夫妇先经协议离异,再嫁他人为妾者,无许其翻异之理 | 第四编　亲属<br>第三章　婚姻<br>第四节　离婚 |
| 25.326.0 亲属相奸条律 | 七年统字第九一七号 | 奸生子亦得入谱 | 第四编　亲属<br>第四章　亲子<br>第五节　奸生子 |
| 25.332.(2) 买良为娼条例第二 | 九年上字第八四六号 | 买良为娼及原系为娼复行转卖为娼之契约无效 | 第一编　总则<br>第五章　法律行为<br>第一节　意思表示 |
| 30 河　防 | | | |
| 30.387.0 失时不修堤防条律 | 三年上字第五四〇号 | 人民有修堤之义务 | 第三编　物权<br>第二章　所有权<br>第二节　不动产所有权 |
| 《户部则例》田赋门 | | | |
| 撤佃条款第二 | 二年上字第六九号 | 人民佃种旗地不得无故增租夺佃 | 第三编　物权<br>第五章　佃权 |
| | 四年上字第一七三一号 | 旗地撤佃应补偿兑价 | 第三编　物权<br>第五章　佃权 |
| | 五年上字第五〇一号 | 旗地已与民地一律者,得因不敷纳粮请求增租 | 第三编　物权<br>第五章　佃权 |
| | 五年上字第九五九号 | 旗地因自种撤佃,须地主在生活上实有自种必要 | 第三编　物权<br>第五章　佃权 |

# 附录六　各种"《现行律》民事有效部分"文献汇录

# 目　录

# 1.《现行律例》关于民事有效部分

奉天民商事习惯调查会编印，载《司法公报》第90期(1918年)

## ○户　　役

### 4.63 立嫡子违法

**律　文**

4.63.0.1 其嫡妻年五十以上无子者，得立庶长子。

4.63.0.2 若养同宗之人为子，所养父母无子(所生父母有子。)而舍去者，发付所养父母收管。〔若〕(所养父母)有亲生子，及本生父母无子，欲还者，听。

4.63.0.3 其乞养异姓义子以乱宗族者，若以子与异姓人为嗣者，其子归宗。

4.63.0.4 其遗弃小儿，年三岁以下，虽异姓，仍听收养，即从其姓。(但不得以无子，遂立为嗣。)

4.63.0.5 若立嗣，虽系同宗，而尊卑失序者，罪亦如之。其子〔亦〕归宗。改立应继之人。

4.63.0.6 若庶民之家，存养(良家男女为)奴婢者，即放从良。

**例　文**

4.63.(1) 一、无子者，(须)〔许〕令同宗昭穆相当之侄承继。先尽同父周亲，次及大功、小功、缌麻。如俱无，方许择立远房及同姓为嗣。若立嗣之后，却生子，其家产与原立子均分。

4.63.(2) 一、无子立嗣，除依律外，若继子不得于所后之亲，听其告官别立。其或择立贤能及所亲爱者，若于昭穆伦序不失，不许宗族指以次序告争，并官司受理。若义男、女婿，为所后之亲喜悦者，听其相为依倚，不许继子并本生父母用计逼逐，仍酌分给财产。若无子之人家贫，听其卖产自赡。

4.63.(3) 一、无子立嗣，若应继之人平日先有嫌隙，则于昭穆相当亲族内，择贤择爱听从其便。如族中希图财产，勒令承继或怂恿择继，以致涉讼者，仍将所择贤爱之人，断令立继。其有子婚而故，妇能孀守；已聘未娶，媳能以女身守志；及已婚而故，妇虽未能孀守，但所故之人业已成立；或子虽未娶，而因出兵阵亡者，俱应为其子立后。若支属内实无昭穆相当为其子立后之人，而其父又无别子者，应为其父立继，待生孙以嗣应为立后之子。其寻常夭亡未婚之人，不得概为立后。若独子夭亡，而族中实无昭穆相当，可为其父立继者，亦准为未婚之子立继。如可继之人亦系独子，而情属同父周亲，两相情愿者，取具阖族甘结，亦准其承继两房宗祧。

4.63.(4) 一、妇人夫亡无子守志者，合承夫分，须凭族长择昭穆相当之人继嗣。其改嫁者，夫家财产及原有妆奁，并听前夫之家为主。

4.63.(5) 一、凡乞养异姓义子，有情愿归(族)〔宗〕者，不许将分得财产携回本宗。其收养三岁以下遗弃之小儿，仍依律即从其姓，但不得以无子遂立为嗣，仍酌分给财产，俱不必勒令归宗。

4.63.(6) 一、因争继酿成人命者，凡争产谋继及扶同争继之房分，均不准其继嗣，应听户族另行公议承立。

## 4.69 别籍异财

### 律 文

4.69.0〔若〕居父母丧，而兄弟别立户籍、分异财产者，“处罚”。〔或〕奉遗命，不在此律。

### 例 文

4.69.(1) 一、祖父母、父母在者，子孙不许分财异居。其父母许令分析者，听。

## 4.70 卑幼私擅用财

### 律 文

4.70.0 凡同居卑幼，不由尊长，私擅用本家财物者，“处罚”。若同居尊长应分财物不均平者，“罪亦如之”。

### 例 文

4.70.(1) 一、嫡庶子男，分析家财田产，不问妻、妾所生(之子)，止以子数均分。奸生〔之〕子，依子量与半分；如别无子，立应继之人为嗣，与奸生子均分；无应继之人，方许承继全分。

4.70.(2) 一、户绝财产，果无同宗应继之人，所有亲女承受。无女者，听地方官详明上司，酌拨充公。

# 〇田　宅

## 5.72欺隐田粮

### 例　文

5.72.(2)一、将自己田地应纳钱粮，洒派别户者，其洒派钱粮，照年分、亩数追征，还给代纳之户。

## 5.73检踏灾伤田粮

### 例　文

5.73.(2)一、凡沿河沙洲地亩，被冲坍塌，即令业户报官，勘明注册。遇有淤涨，亦即报官查丈，照原报之数拨补，此外多余涨地，不许霸占。如从前未经报坍，不准拨给。至隔江远户，果系报坍有案，即将多余涨地，秉公拨补。若坍户数多，按照报坍先后，以次照拨。倘补足之外，尚有余地，许召无业穷民认垦，官给印照。其报坍报涨在两县接壤之处者，委员会同两邑地方官，据实勘验，秉公拨补。如有私行霸占，将淤洲入官。

## 5.75盗卖田宅

### 律　文

5.75.0.4盗卖与投献等项田产及盗卖过田价，并各项田产中递年所得花利，各应还官者还官、应给主者给主。

### 例　文

5.75.(2)一、凡人民告争坟山，近年者，以印契为凭。如系远年之业，须将山地字号、亩数及库存鳞册，并完粮印串，逐一丈勘查对，果相符合，即断令管业。若查勘不符，其所执远年旧契及碑谱等项，均不得执为凭据。

5.75.(3)一、军民人等将争竞不明，并卖过及民间起科，僧道将寺观各田地，若子孙将公共祖坟山地，朦胧投献王府及内外官豪势要之家，私捏文契典卖者，投献之人“依律问拟”。其受投献家长，并管庄人，“参究治罪”。各省空闲地土，俱听民尽力开种，照年限起科，若有占夺投献者，“亦照律治罪”。

5.75.(4)一、凡子孙盗卖祖遗祀产，并义田，及历久宗祠者，房产收回，给族长收管；卖价入官。

5.75.(5)一、凡雇工、庄头人等，因伊主外出，私自盗卖所遗田产，房(屋)〔产〕给还原主，卖价入官。

## 5.76典(卖)〔买〕田宅

### 律　文

5.76.0.2若将已典卖与人田宅，朦胧重复典卖者，追价还后典买之主。田宅从原典买主为业。若重复典买之人及牙保知其重典卖之情者，追价入官；不知者，不坐。

5.76.0.3 其所典田宅、园林、碾磨等物，年限已满，业主备价取赎。若典主托故不肯放赎者，限外递年所得多余花利，追征给主。仍听依原价取赎。其年限虽满，业主无力取赎者，不拘此律。

**例　文**

5.76.(1) 一、告争家财、田产，但系五年之上，并虽未及五年，验有亲族写立分书已定、出卖文约是实者，断令照旧管业，不许重分、再赎，告词立案不行。

5.76.(2) 一、卖产立有绝卖文契，并未注有“找贴”字样者，概不准贴赎。如契未载“绝卖”字样，或注定年限回赎者，并听回赎。若卖主无力回赎，许凭中公估找贴一次，另立绝卖契纸。若买主不愿找贴，听其别卖，归还原价。倘已经卖绝，契载确凿，复行告找、告赎；及执产动归原先尽亲邻之说，借端掯勒，希图短价；并典限未满，而业主强赎者，“治罪”。

5.76.(3) 一、民间置买产业，如系典契，务于契内注明“回赎”字样；如系卖契，亦于契内注明“绝卖、永不回赎”字样。如有混行争告者，“治罪”。

### 5.77 盗耕种官民田

**律　文**

5.77.0 凡盗耕种他人田园土地者，〔仍〕追所得花利官田归官、民田给主。

## 〇婚　　姻

### 6.82 男女婚姻

**律　文**

6.82.0.1 凡男女定婚之初，若或有残废或疾病、老幼、庶出、过房、同宗。乞养、异姓。者，务要两家明白通知，各从所愿，不愿即止，愿者同媒妁。写立婚书，依礼聘嫁。若许嫁女已报婚书，及有私约，谓先已知夫身残疾、老幼、庶养之类。而辄悔者，其女归本夫。虽无婚书，但曾受聘财者，亦是。

6.82.0.2 若再许他人，后定娶者男家知情，财礼入官；不知者，追还财礼。给后定娶之人。女归前夫。前夫不愿者，倍追财礼给还，其女仍从后夫。男家悔而再聘者，仍令娶前女，后聘听其别嫁。不追财礼。

6.82.0.3 其未成婚男女，有犯奸盗者，男子有犯，听女别嫁；女子有犯，听男别娶。如定婚，未曾过门，私下奸通，免其离异。不用此律。

6.82.0.4 若为婚而女家妄冒者，谓如女有残疾，却令姊妹妄冒相见，后却以残疾女成婚之类。追还财礼。男家妄冒者，谓如与亲男定（姻）〔婚〕，却与义男成婚；又如男有残疾，却令弟兄妄冒相见，后却以残疾男成婚之类。不追财礼。未成婚者，仍依原定。所妄冒相见之无疾兄弟、姊妹及亲生之子为婚，如妄冒相见男女先已聘许他人，或已经配有室家者，不在仍依原定之限。已成婚者，离异。

6.82.0.5 其应为婚者，虽已纳聘财，期约未至，而男家强娶，及期约已至，而女家故违期者，“处罚”。

6.82.0.6 若卑幼或仕宦或(价)买〔卖〕在外，其祖父母、父母及伯叔父母、姑、兄姊，自卑幼出外之后为定婚，而卑幼不知。自娶妻，已成婚者，仍旧为婚。尊长所定之女，听其别嫁。未成婚者，从尊长所定。自定者，从其别嫁。违者，仍改正。

**例　文**

6.82.(1) 一、男女婚姻各有其时，或有指腹、割衫襟为亲者，并行禁止。

6.82.(2) 一、嫁娶皆由祖父母、父母主婚。祖父母、父母俱无者，从余亲主婚。其夫亡携女适人者，其女从母主婚。若已定婚未及成亲，而男女或有身故者，不追财礼。

6.82.(3) 一、招婿须凭媒妁，明立婚书，开写养老或出舍年限。止有一子者，不许出赘。其招婿养老者，仍立同宗应继者一人，承奉祭祀，家产均分。如未立继身死，从族长依例议立。

## 6.83 典雇妻女

**律　文**

6.83.0.1 凡将妻妾受财立约出典、验日暂雇与人为妻妾者，“处罚”。

6.83.0.2 若将妻妾妄作姊妹嫁人者，“处罚”。

6.83.0.3 知而典、娶者，〔并〕离异，女给亲，妻妾归宗。财礼入官。不知者，追还财(祷)〔礼〕。仍离异。

## 6.84 妻妾失序

**律　文**

6.84.0.1 凡以妻为妾者，“处罚”。(凡)妻在，以妾为妻者，〔并〕改正。

6.84.0.2 若有妻更娶妻者，后娶之妻离异。归宗。

## 6.85 逐婿嫁女

**律　文**

6.85.0 凡逐已入赘之婿嫁女，或再招婿者，“处罚”。后婚男家知而娶或后赘者，未成婚者，财礼入官。其女断付前夫，出居完聚。

## 6.86 居丧嫁娶

**律　文**

6.86.0.3 其夫丧服满，妻妾果愿守志，而女之祖父母、父母，及夫家之祖父母、父母强嫁之者，未成婚者，追归前夫之家，听从守志，追还财礼。已成婚者，给与完聚，财礼入官。

**例　文**

6.86.(2) 一、孀妇自愿改嫁，由夫家祖父母、父母主婚；如夫家无祖父母、父母，但有余亲，即由母家祖父母、父母主婚；如母家亦无祖父母、父母，仍由夫家余亲主婚。

## 同姓为婚兼妻、妾言

**律　文**

凡同姓为婚者，离异。妇女归宗，财礼入官。

此修订法律馆修改之律文，经宪政编查馆删除。宣统二年〔1910 年〕二月二十八日，奉旨：修订法律大臣沈家本等奏《议复御史崇芳奏“同姓为婚，未可弛禁”》一折，“着依议，钦此”。是“同姓为婚”之律文，又经奏复矣。①

## 6.88 尊卑为婚

**律　文**

6.88.0.1 凡外姻有服或尊属或卑幼，共为婚姻，及娶同母异父姊妹，若妻前夫之女者，各以亲属相奸论。

6.88.0.2 其父母之姑舅两姨姊妹，及姨，若堂姨；母之姑、堂姑；己之堂姨及再从姨；己之堂外甥女；若女婿及子孙妇之姊妹，虽无服。并不得为婚姻，违者，〔并〕离异。妇女归宗、财礼入官。

## 6.89 娶亲属妻妾

**律　文**

6.89.0.1 凡娶同宗无服姑、侄、姊妹之亲，〔同宗，谓同宗共姓，不论支派之远近、籍贯之同异皆是。〕②及无服亲之妻者，〔若〕娶同宗缌麻亲之妻，及舅甥妻，小功以上，〔之妻〕。及收父、祖妾者，各以奸论。其亲之妻曾被出，及已改嫁，而娶为妻妾者，无服之亲及伯叔母、兄弟妻不与。“处罚”。

6.89.0.3 若娶同宗缌麻以上姑、侄、姊妹者，亦各以奸论。

---

① 《清实录·大清宣统政纪》卷三十，宣统二年〔1910 年〕正月下：又谕：御史崇芳奏“同姓为婚，未可弛禁”一折，着修订法律大臣复核具奏。寻奏：“折衷众说，当以同宗为断。凡受氏殊者，不在禁限。拟请‘同姓为婚’一条，仍照宪政编查馆之议删除。至原奏所称‘同姓莫辨’各节，查后条本有‘娶同宗无服’之律，毋庸过虑。惟律文简易，每易误会，拟于‘娶亲属妻妾’律文‘同宗无服之亲’句下，增注‘同宗，谓同宗共姓，不论支派之远近、籍贯之同异皆是’二十一字，以示限制。”从之。参见《清实录》(第 60 册)，中华书局 1987 年影印版，第 547 页。宣统二年〔1910 年〕四月初七日宪政编查馆会奏《呈进〈现行刑律〉黄册定本请旨颁行折》所附《〈现行刑律〉修改各条清单》据此修改“娶亲属妻妾”律文，而“同姓为婚”律文仍予删除。参见《政治官报》第 924 号(1910 年 4 月 19 日)第 16～17 页。

② 律注“同宗，谓同宗共姓，不论支派之远近、籍贯之同异皆是”句，原件附于本段之末，现据《大清现行刑律》，仍附注于“同宗无服之亲”句下。

6.89.0.4 并离异。

## 6.95 出　妻

### 律　文

6.95.0.1 凡妻于七出无应出之条及于夫无义绝之状，而擅出之者，“处罚”。虽犯七出，无子、淫佚、不事舅姑、多言、盗窃、妒忌、恶疾。有三不去，与更三年丧、前贫贱后富贵、有所娶无所归。而出之者，追还完聚。

6.95.0.2 若犯义绝，应离而不离者，“处罚”。若夫妻不相和谐，而两愿离者，不坐。情既已离，难强其合。

6.95.0.3 若夫无愿离之情，妻辄背夫在逃者，听其离异；其妻因逃而辄自改嫁者，其因夫弃妻。逃亡，三年之内不告官司而逃去者，擅自改嫁者，“处罚”。

6.95.0.4 若立契议雇之使女背家长在逃者，给还家长；因而嫁人者，追缴未满工值，免其离异。

### 例　文

6.95.(1) 一、妻犯七出之状，有三不去之理，不得辄绝。犯奸者不在此限。

6.95.(2) 一、期约已至五年，无过不娶，及夫逃亡三年不还者，并听经官告给执照，别行改嫁，亦不追财礼。

## 6.96 嫁娶违律〔主婚媒人罪〕

### 律　文

6.96.0.5 其违律为婚各条称“离异、改正”者，虽会赦，但得免罪。犹离异、改正。离异者，妇女并归宗。

6.96.0.6 财礼，若娶者知情，则不论已、未成婚，俱追入官；不知者，则追还主。

### 例　文

6.96.(1) 一、凡绅衿庶民之家，如将使女年至二十五岁，不行婚配者，即令择配。

# ○仓　　库

## 7.119 隐瞒入官家产

### 例　文

7.119.(4) 一、凡亏空入官房地内，如有坟地及坟园内房屋、看坟人口、祭祀(由)〔田〕产，俱给还本人，免其入官变价。

# 〇钱　债

## 9.124 违禁取利

### 律　文

9.124.0.1 凡私放钱债，及典当财物，每月取利，〔并〕不得过三分。年月虽多，不过一本一利。

9.124.0.3 若豪势之人，（于违约负债者，）不告官司，以私债强夺去人孳畜产业者，（无多取余利，听赎不追。）若估（所夺畜产之）价过本、利者，计多余之物，依（多余之）数追还。（主。）

### 例　文

9.124.(4) 一、放债之徒，用短票扣折，违例巧取重利者，其银照例入官。受害之人，“许其自首免罪”，并免追息。

## 9.125 费用受寄财产

### 例　文

9.125.(1) 一、凡典商收当货物，自行失火烧毁者，以值十当五，照原典价值计算，作为准数；邻火延烧者，酌减十分之二；按月扣除利息，照数赔偿。其米麦、豆石、棉花等粗重之物，典当一年为满者，统以贯三计算，(即值十当三)①照原典价值，给还十分之三；邻火延烧者，减去原典价值二分，以减剩八分之数，给还十分之三；均不扣除利息。至染铺被焚，即着开单呈报地方官，逐一估计，如系自行失火者，饬令照估赔还十分之五；邻火延烧者，饬赔十分之三。均于一月内给主具领。其未被焚烧及搬出各物，仍听当主、染主照号取赎。

9.125.(2) 一、典铺被窃，无论衣服、米豆、丝棉、木器、书画，以及金银、珠玉、铜、铁、铅、锡各货，概照当本银一两，再赔一两；如系被劫，照当本银一两，再赔五钱；均扣除失事日以前应得利息。如赔还之后，起获原赃，即给与典主领回变卖，不准原主再行取赎。染铺被窃，照地方官估报赃数，酌赔十分之五。如系被劫，酌赔十分之三。均令于一月内给主收领。如赔赃之后，起获原赃，给与该铺具领，由地方官出示晓谕，令原主归还所得赔赃之资，将原物领回，仍查明已染、未染，分别付给染价。

## 9.126 得遗失物

### 律　文

9.126.0.1 凡得遗失之物，限五日内送官。官物（尽数）还官。私物召人识认，于内一半给与得物人充赏，一半给（遗）〔还〕失物人；如三十日内无人识认者，全给。（五日）限外不送官者，官物，

① 此注“即值十当三”不见于《大清现行刑律》。

追物还官。私物，〔其物〕一半入官，一半给主。若无主，全入官。

9.126.0.2 若于官、私地内，掘得埋藏无主之物者，并听收用。若有古器、钟鼎、符印、异常之物，非民间所宜有者。限三十日内送官。违者，其物入官。

## 〇礼　制

### 12.155 丧　葬

#### 律　文

12.155.0.1 凡有尊卑丧之家，必须依礼定限安葬。若亡殁远方，尊长、卑幼不能归葬而烧化者，听从其便。

## 〇厩　牧

### 16.198 宰杀马牛

#### 律　文

16.198.0.2 若故杀他人马、牛者，官畜产同。追价给主。若伤而不死，不堪乘用，及杀猪、羊等畜者，各追赔所减价钱。还官、给主。其误杀伤者，〔但〕追赔减价。

16.198.0.4 若官、私畜产毁食官、私之物，因而杀伤者，追赔所减价。还畜主。畜主赔偿所毁食之物。还官、主。

16.198.0.5 若故放官、私畜产损食官、私物者，各赔所损物。还官、主。

16.198.0.7 若畜产欲触抵踢咬人，登时杀伤者，〔亦〕不赔偿。兼官、私。

## 〇斗　殴

### 20.276 妻妾殴夫

#### 律　文

20.276.0.1 凡妻殴夫者，夫愿离者，听。

20.276.0.3 〔其〕夫殴妻，至折伤以上，先行审问夫妇，如愿离异者，断罪离异；不愿离异者，验所伤应坐之罪，仍听完聚。

# 〇犯　　奸

## 25.325 纵容妻妾犯奸

### 律　文

25.325.0.1 凡纵容妻妾与人通奸(者)，抑勒妻妾及乞养女与人通奸者，妇女离异归宗。

25.325.0.3 若用财买休、卖休，因而和同娶人妻者，妇人离异归宗；财礼入官。若买休人与妇人用计逼勒本夫休弃，其夫别无卖休之情者，妇人给付本夫，听其离异。

## 25.332 买良为娼

### 律　文

25.332.0 凡娼优，买良人子女为娼优，及娶为妻妾，或乞养为子女者，财礼入官，子女归宗。

# 〇河　　防

## 30.388 侵占街道

### 律　文

30.388.0 凡侵占街巷道路，而起盖房屋，及为园圃者，〔各〕令拆毁，修筑复旧。

# 2.《现行律例》关于民事有效部分〔存目〕

北京大学1918年版

## 说　　明

1. 本件原书封面题为《〈现行律例〉关于民事有效部分》，封面页另标有"民国七年九月至八年六月"字样；书口标有"法科二年级德日法班"字样，无著作者、出版者、出版时间等相关信息。原书现藏复旦大学图书馆。1918年前后，大学法科设置德日法班者，所见仅北京大学法科。① 本书据此综合封面、书口信息，将之推定为北京大学（法律系）1918年出版的教学参考书。

2. 本件与前录奉天民商事习惯调查会编印《〈现行律例〉关于民事有效部分》（原载《司法公报》第90期〔1918年〕；本书附录六·1）所择取的《大清现行刑律》律例条款、文字全然一致（仅略去了各律文、例文所属门类名），故不另著录，仅存其目。

---

① 1917年底，北京大学法科4年级分英法班、德日法班、法法班。参见李贵连、孙家红、李启成、俞江编：《百年法学：北京大学法学院院史，1904～2004》，北京大学出版社2004年版，第62页。

# 3.《现行律例》关于民事有效部分〔存目〕

(原载《民律大意》,文蔚阁印)

## 说　明

1. 本件原书封面题作"暂行民律大意",正文首页题作"民律大意",书口题作"民律大意",编著者及出版项均不可知,仅书口印有"文蔚阁印"字样。原书现藏华东政法大学法律史研究中心。文蔚阁为民国年间山西太原的出版商。在华东政法大学法律史研究中心的藏本中,书口印有"文蔚阁印"的同一封面、版式、纸张、印刷字体的书籍尚有《法制大意》、《诉讼须知》、《刑律释要》、《地方自治要鉴》、《违警罚法讲义》数种。经多方检索,文蔚阁印《地方自治要鉴》有著录为1917年者,本书据此将《民律大意》的出版时间大致推定为1917年前后。①

2. 本件原书第三章"《现行律例》关于民事有效部分"在著录《大清现行刑律》律例条款之前,有以下数语:

《现行律例》者,即前清所颁之《现行律》是也。是书大部分属于刑律。自《暂行新刑律》颁行后,此书已废止不用。但其中关于民事部分,而与共和国体不相抵触者,在民律未编订以前,裁判民事,自不能不与援用。兹就审判时常用之律,分列于下。

3. 本件原书所择取的《大清现行刑律》律文、例文均见于奉天民商事习惯调查会编印《〈现行律例〉关于民事有效部分》(原载《司法公报》第90期〔1918年〕;本书附录六·1),所收录的《现行律例》律文、例文的择取删改亦与奉天民商事习惯调查会编印《〈现行

---

① 另,在本套书中,标明作者的有《法制大意》(崔廷献述)、《行政执行法讲义》(陈受中著),崔廷献、陈受中均系日本早稻田大学毕业生。又该套书均系铅印本,唯《违警罚法讲义》一册中订入石印的"治安警察法"、"警察强制法"、"警察学讲义"、"警察之作用"、"修正行政执行法"、"警察之意义"6篇。(书口均标明"山西区行政讲习所印"字样)

律例〉关于民事有效部分》完全相同，故不另著录，仅存其目。

4. 本件原书未收录的奉天民商事习惯调查会编印《〈现行律例〉关于民事有效部分》的条款分别为：

(1) 5.73.(2) 田宅门检踏灾伤田粮条例文第二；

(2) 9.126.0 钱债门得遗失物条律；

(3) 12.155.0.1 礼制门丧葬条律文第一节；

(4) 25.332.0 犯奸门买良为娼条律；

(5) 30.388.0 河防门侵占街道条律。

# 4.《现行刑律》关于民事有效部分

[载余绍宋、李祖虞、余棨昌合辑《实用司法法令辑要》(中),《司法公报》发行所1919年版]

## 说　明

1. 本件原件载余绍宋、李祖虞、余棨昌合辑《实用司法法令辑要》中册(《司法公报》发行所1919年版)。

2. 余绍宋执笔的该书弁言称:

民国以来八年矣,《民律》犹未颁定。而《大清现行律》关于民事部分,何者应适用,何者不应适用,迄未见诸明文。此外则各地方所定关于民事之单行章程复不少,亦未辑有成书。至前清法律馆所订各种法律草案,虽未颁行而实际已采用,或足供学人参考者,则坊间辗转翻刻,讹舛已多,且有向未刊行,仅存原稿者。又如《理藩院则例》等前清法令,虽属通行,而坊间并无刊本。凡类此者,余曩为司法部辑《司法例规》曾拟一并纂入,嗣因官书别有体裁,不容相混,概从割弃。然年来友人之为法官、律师及任法学教习者,辄以无成书可稽为苦,来书询问,月必数起,因思另辑一册,以自便便人。适吾宗戟门[棨昌]及李君梦驺[祖虞]亦有斯意,遂相约汇集纂订,并烦戴君君亮[修瓒]执编辑之劳,复取现行法令节要录入,旁及废止失效者,以备实用上参考之资,书成名曰《实用司法法令辑要》,并记其端末如此。民国八年[1919年]十月余绍宋。

3. 本件原书"凡例"与本件相关者如下:

前清《现行律》关于民事现尚有效部分,尚未有明文规定,兹篇系编者依据大理院历来解释及判例细加厘剔而成,属于私家纂述,应行声明。《户部则例》关于司法法规门多为现行律所采入,余者无多,且适用时颇少,故从略。

凡法令文字因他种法令之修正或废止失效应归消灭或更改者,

均仍其旧，惟于其旁作一直线，①以促注意。

4. 本件原件篇名之下尚有如下文字：

此本律本前清宣统二年〔1910年〕所编定，民国元年〔1912年〕(二)〔三〕月十日临时大总统命令，除与民国国体相抵触各条外，暂行援用。

5. 本件原件正文之前有注文如下：

本律既经删节，律目本□□。兹为便利检阅起见，仍行全录，并将有效部分注出，亦使阅者知编者取舍煞费苦心也。

## 〔《大清现行刑律》卷目〕

| 卷〔号〕 | 律　目 | 〔卷号〕 | 〔律目〕 | 〔卷首〕 | 〔律目〕 |
|---|---|---|---|---|---|
| 卷首 | 服制图(有效) | 卷首 | 服制(有效) | | |
| 卷一 | 名例上 | 卷二 | 名例下 | 卷三 | 职制 |
| 卷四 | 公式 | 卷五 | 户役 | 卷六 | 田宅 |
| 卷七 | 婚姻 | 卷八 | 仓库上 | 卷九 | 仓库下 |
| 卷十 | 课程 | 卷十一 | 钱债 | 卷十二 | 市廛 |
| 卷十三 | 祭祀 | 卷十四 | 礼制 | 卷十五 | 宫卫 |
| 卷十六 | 军政 | 卷十七 | 关津 | 卷十八 | 厩牧 |
| 卷十九 | 邮驿 | 卷二十 | 贼盗上 | 卷二十一 | 贼盗中 |
| 卷二十二 | 贼盗下 | 卷二十三 | 人命 | 卷二十四 | 斗殴上 |
| 卷二十五 | 斗殴下 | 卷二十六 | 骂詈 | 卷二十七 | 诉讼 |
| 卷二十八 | 受赃 | 卷二十九 | 诈伪 | 卷三十 | 犯奸 |
| 卷三十一 | 杂犯 | 卷三十二 | 捕亡 | 卷三十三 | 断狱上 |
| 卷三十四 | 断狱下 | 卷三十五 | 营造 | 卷三十六 | 河防 |
| 附 | 禁烟条例 | 附 | 秋审条款 | | |

① 因版式由原书竖排现改为横排，直线相应改为下划线。

# 《大清现行刑律》卷首

## 律　目

4.66 禁革主保里长　4.67 点差狱卒　4.68 私役部民夫匠
4.69 别籍异财有效　4.70 卑幼私擅用财一部有效　4.71 收养孤老

## 田　宅计十条

5.72 欺隐田粮一部有效　5.73 检踏灾伤田粮一部有效　5.74 功臣田土
5.75 盗卖田宅有效　5.76 典买田宅一部有效　5.77 盗耕种官民田有效
5.78 荒芜田地　5.79 弃毁器物稼穑等有效　5.80 擅食田园瓜果有效
5.81 私借官车船

## 婚　姻计十五条

6.82 男女婚姻有效　6.83 典雇妻女有效　6.84 妻妾失序有效
6.85 逐婿嫁女有效　6.86 居丧嫁娶有效　6.87 父母囚禁嫁娶有效
6.88 尊卑为婚有效　6.89 娶亲属妻妾有效　6.90 娶部民妇女为妻妾〔有效〕
6.91 娶逃走妇女〔有效〕　6.92 强占良家妻女有效　6.93 娶娼妓为妻
6.94 僧道娶妻有效　6.95 出妻有效　6.96 嫁娶违律主婚媒人罪

## 仓　库计二十三条

7.97 钱法　7.98 收粮违限　7.99 多收税粮斛面
7.100 隐匿费用税粮课物　7.101 揽纳税粮　7.102 虚出通关硃钞
7.103 附余钱粮私下补数　7.104 私借钱粮　7.105 私借官物
7.106 挪移出纳　7.107 库秤雇役侵欺　7.108 冒支官粮
7.109 钱粮互相觉察　7.110 仓库不觉被盗　7.111 守支钱粮及擅开官封
7.112 出纳官物有违　7.113 收支留难　7.114 起解金银足色
7.115 损坏仓库财物　7.116 转解官物　7.117 拟断赃罚不当
7.118 守掌在官财物　7.119 隐瞒入官家产

## 课　程计四条

8.120 盐法　8.121 私茶　8.122 匿税
8.123 人户亏兑课程

## 钱　债计三条

9.124 违禁取利一部有效　9.125 费用受寄财产有效　9.126 得遗失物有效

## 市　廛计五条

10.127 私充牙行埠头　10.128 市司平物价　10.129 把持行市有效

10.130 私造斛斗秤尺
10.131 器用布绢不如法

## 祭 祀计六条

11.132 祭享
11.133 毁大祀丘坛
11.134 致祭祀典神祇
11.135 历代帝王陵寝
11.136 亵渎神明
11.137 禁止师巫邪术

## 礼 制计十九条

12.138 合和御药
12.139 乘舆服御物
12.140 收藏禁书
12.141 御赐衣物
12.142 失误朝贺
12.143 失礼
12.144 奏对失序
12.145 上书陈言
12.146 见任官辄自立碑
12.147 禁止迎送
12.148 公差人员欺陵长官
12.149 服舍违式
12.150 僧道拜父母一部有效
12.151 失占天象
12.152 术士妄言祸福
12.153 匿父母夫丧
12.154 弃亲之任
12.155 丧葬一部有效
12.156 乡饮酒礼有效

## 宫 卫计十五条

13.157 太庙门擅入
13.158 宫殿门擅入
13.159 宿卫守卫人私自代替
13.160 从驾稽违
13.161 直行御道
13.162 宫殿造作罢不出
13.163 辄出入宫殿门
13.164 关防内使出入
13.165 向宫殿射箭
13.166 宿卫人兵仗
13.167 禁经断人充宿卫
13.168 冲突仗卫
13.169 行宫营门
13.170 越城
13.171 门禁锁钥

## 军 政计十八条

14.172 擅调官军
14.173 申报军务
14.174 飞报军情
14.175 漏泄军情大事
14.176 失误军事
14.177 从征违期
14.178 军人替役
14.179 主将不固守
14.180 纵军虏掠
14.181 不操练军士
14.182 激变良民
14.183 私卖战马
14.184 私卖军器
14.185 毁弃军器
14.186 私藏应禁军器
14.187 纵放军人歇役
14.188 从征守御官军逃
14.189 优恤军属

## 关 津计二条

15.190 关津留难
15.191 盘诘奸细

## 厩 牧计十条

16.192 牧养畜产不如法
16.193 孳生马匹
16.194 验畜产不以实

16.195 养疗瘦病畜产不如法　16.196 乘官畜脊破领穿　16.197 官马不调习
16.198 宰杀马牛　16.199 畜产咬踢人有效　16.200 隐匿孳生官畜产
16.201 私借官畜产

**邮　驿**计十五条

17.202 递送公文　17.203 邀取实封公文　17.204 铺舍损坏
17.205 私役铺兵　17.206 驿使稽程　17.207 多乘驿马
17.208 多支廪给　17.209 文书应给驿而不给　17.210 公事应行稽程
17.211 乘驿马赍私物　17.212 私役民夫抬轿　17.213 病故官家属还乡
17.214 承差转雇寄人　17.215 乘官畜产车船附私物　17.216 私借驿马

**贼　盗**计二十七条

18.217 谋反大逆　18.218 谋叛　18.219 造妖书妖言
18.220 盗大祀神御物　18.221 盗制书　18.222 盗印信
18.223 盗内府财物　18.224 盗城门钥　18.225 盗军器
18.226 盗园陵树木　18.227 监守自盗仓库钱粮　18.228 常人盗仓库钱粮
18.229 强盗　18.230 劫囚　18.231 白昼抢夺
18.232 窃盗　18.233 盗马牛畜产　18.234 盗田野谷麦
18.235 亲属相盗　18.236 恐吓取财　18.237 诈欺官私取财
18.238 略人略卖人　18.239 发冢　18.240 夜无故入人家
18.241 盗贼窝主　18.242 共谋为盗　18.243 公取窃取皆为盗

**人　命**计二十条

19.244 谋杀人　19.245 谋杀制使及本管长官　19.246 谋杀祖父母父母
19.247 杀死奸夫　19.248 谋杀故夫父母　19.249 杀一家三人
19.250 采生折割人　19.251 造畜蛊毒杀人　19.252 斗殴及故杀人
19.253 屏去人服食　19.254 戏杀误杀过失杀伤人　19.255 夫殴死有罪妻妾
19.256 杀子孙图赖人　19.257 弓箭伤人　19.258 车马杀伤人
19.259 庸医杀伤人　19.260 窝弓杀伤人　19.261 威逼人致死
19.262 尊长为人杀私和　19.263 同行知有谋害

**斗　殴**计二十一条

20.264 斗殴　20.265 保辜限期　20.266 宫内忿争
20.267 宗室觉罗以上亲被殴　20.268 殴制使及本管长官　20.269 佐职统属殴长官

20.270 上司官与统属官相殴　20.271 九品以上官殴长官　20.272 拒殴追摄人
20.273 殴受业师　20.274 威力制缚人　20.275 雇工人殴家长
20.276 妻妾殴夫一部有效　20.277 同姓亲属相殴　20.278 殴大功以下尊长
20.279 殴期亲尊长　20.280 殴祖父母父母　20.281 妻妾与夫亲属相殴
20.282 殴妻前夫之子　20.283 妻妾殴故夫父母　20.284 父祖被殴

**骂　詈**计八条

21.285 骂人　21.286 骂制使及本管长官　21.287 佐职统属骂长官
21.288 雇工人骂家长　21.289 骂尊长　21.290 骂祖父母父母
21.291 妻妾骂夫期亲尊长　21.292 妻妾骂故夫父母

**[22]诉　讼**计十条

22.293 越诉　22.294 投匿名文书告人罪　22.295 告状不受理
22.296 听讼回避　22.297 诬告　22.298 干名犯义
22.299 子孙违犯教令有效　22.300 见禁囚不得告举他事　22.301 教唆词讼
22.302 官吏词讼家人诉

**[23]受　赃**计十条

23.303 官吏受财　23.304 坐赃致罪　23.305 事后受财
23.306 官吏听许财物　23.307 有事以财请求　23.308 在官求索借贷人财物
23.309 家人求索　23.310 风宪官吏犯赃　23.311 因公科敛
23.312 克留盗赃

**[24]诈　伪**计十一条

24.313 诈为制书　24.314 诈传诏旨　24.315 对制上书诈不以实
24.316 伪造印信时宪书等　24.317 私铸铜钱　24.318 诈假官
24.319 诈称内使等官　24.320 近侍诈称私行　24.321 诈为瑞应
24.322 诈病死伤避事　24.323 诈教诱人犯法

**[25]犯　奸**计九条

25.324 犯奸一部有效　25.325 纵容妻妾犯奸有效　25.326 亲属相奸律注一部有效
25.327 诬执翁奸　25.328 雇工人奸家长妻　25.329 奸部民妻女
25.330 居丧及僧道犯奸　25.331 官吏宿娼　25.332 买良为娼有效

**[26]杂　犯**计十条

26.333 拆毁申明亭　26.334 夫匠军士病给医药　26.335 赌博
26.336 阉割火者　26.337 嘱托公事　26.338 私和公事
26.339 失火〔一部有效〕　26.340 放火故烧人房屋有效　26.341 违令
26.342 不应为

**27 捕　亡** 计七条

27.343 应捕人追捕罪人　27.344 罪人拒捕　27.345 狱囚脱监及反狱在逃
27.346 稽留囚徒　27.347 主守不觉失囚　27.348 知情藏匿罪人
27.349 盗贼捕限

**28 断　狱** 计二十八条

28.350 囚应禁而不禁　28.351 故禁故勘平人　28.352 淹禁
28.353 陵虐罪囚　28.354 与囚金刃解脱　28.355 主守教囚反异
28.356 狱囚衣粮　28.357 功臣应禁亲人入视　28.358 死囚令人自杀
28.359 老幼不拷讯　28.360 鞫狱停囚待对　28.361 依告状鞫狱
28.362 原告人事毕不放回　28.363 狱囚诬指平人　28.364 官司出入人罪
28.365 辩明冤枉　28.366 有司决囚等第　28.367 检验尸伤不以实
28.368 决罚不如法　28.369 长官使人有犯　28.370 断罪引律令
28.371 狱囚取服辩　28.372 赦前断罪不当　28.373 闻有恩赦而故犯
28.374 妇人犯罪　28.375 死囚复奏待报　28.376 断罪不当
28.377 吏典代写招草

**29 营　造** 计八条

29.378 擅造作　29.379 虚费工力采取不堪用　29.380 造作不如法
29.381 冒破物料　29.382 带造段匹　29.383 织造违禁龙凤文段匹
29.384 造作过限　29.385 修理仓库

**30 河　防** 计四条

30.386 盗决河防〔有效〕　30.387 失时不修堤防　30.388 侵占街道〔有效〕
30.389 修理桥梁道路

以上通计三百八十九条，附例一千三百二十七条。

**附：禁烟条例** 计十二条

**秋审条例** 计一百六十五条

职官门　服制门　奸盗抢窃门　杂项门　矜缓比较门

# 服制图

丧服总图、本宗九族五服正服之图、妻为夫族服图妾为家长族服之图、出嫁女为本宗降服之图、外亲服图妻亲服图、三父八母服图

<table>
<tr><th colspan="4">0.0.1丧服总图</th></tr>
<tr><td></td><td colspan="2">斩衰<br>三年</td><td></td></tr>
<tr><td colspan="4">用至粗麻布为之，不缝下边</td></tr>
<tr><td></td><td colspan="2">齐衰</td><td></td></tr>
<tr><td>五月</td><td>杖期</td><td>不杖期</td><td>三月</td></tr>
<tr><td colspan="4">用稍粗麻布为之，缝下边</td></tr>
<tr><td></td><td colspan="2">大功<br>九月</td><td></td></tr>
<tr><td colspan="4">用粗熟布为之</td></tr>
<tr><td></td><td colspan="2">小功<br>五月</td><td></td></tr>
<tr><td colspan="4">用稍粗熟布为之</td></tr>
<tr><td></td><td colspan="2">缌麻<br>三月</td><td></td></tr>
<tr><td colspan="4">用稍细熟布为之</td></tr>
</table>

## 0.0.2 本宗九族五服正服之图

凡嫡孙父卒，为祖父母承重，服斩衰三年。若为曾、高祖父母承重，服亦同。

凡姑、姊妹、女及孙女在室，或已嫁被出而归，服并与男子同。出嫁而无夫与子者，为兄弟姊妹及侄皆不杖期。

| | | | | | | | | |
|---|---|---|---|---|---|---|---|---|
| | | | | 高祖父母 齐衰三月 | | | | |
| | | | 曾伯叔祖父母 缌麻 | 曾祖父母 齐衰五月 | 曾祖姑 在室缌麻 出嫁无服 | | | |
| | | 族伯叔祖父母 缌麻 | 伯叔祖父母 小功 | 祖父母 齐衰不杖期 | 祖姑 在室小功 出嫁缌麻 | 族祖姑 在室缌麻 出嫁无服 | | |
| | 族伯叔父母 缌麻 | 堂伯叔父母 小功 | 伯叔父母 期年 | 父母 斩衰三年 | 姑 在室期年 出嫁大功 | 堂姑 在室小功 出嫁缌麻 | 族姑 在室缌麻 出嫁无服 | |
| 族兄弟 缌麻；族兄弟妻 无服 | 再从兄弟 小功；再从兄弟妻 无服 | 堂兄弟 大功；堂兄弟妻 缌麻 | 兄弟 期年；兄弟妻 小功 | 己身 | 姊妹 在室期年 出嫁大功 | 堂姊妹 在室大功 出嫁小功 | 再从姊妹 在室小功 出嫁缌麻 | 族姊妹 在室缌麻 出嫁无服 |
| | 再从侄 缌麻；再从侄妇 无服 | 堂侄 小功；堂侄妇 缌麻 | 侄 期年；侄妇 大功 | 长子 期年；长子妇 期年；众子 期年；众子妇 大功 | 侄女 在室期年 出嫁大功 | 堂侄女 在室小功 出嫁缌麻 | 再从侄女 在室小功 出嫁无服 | |
| | | 堂侄孙 缌麻；堂侄孙妇 无服 | 侄孙 小功；侄孙妇 缌麻 | 嫡孙 期年；嫡孙妇 小功；众孙 大功；众孙妇 缌麻 | 侄孙女 在室小功 出嫁缌麻 | 堂侄孙女 在室缌麻 出嫁无服 | | |
| | | | 曾侄孙 缌麻；曾侄孙妇 无服 | 曾孙 缌麻；曾孙妇 无服 | 侄曾孙女 在室缌麻 出嫁无服 | | | |
| | | | | 元孙 缌麻；元孙妇 无服 | | | | |

凡男为人后者，为本生亲属孝服皆降一等，本生父母亦降服不杖期。父母报服同。

凡同五世祖族属在缌麻绝服之外袒免亲。遇葬则服素服，尺布缠头。

## 0.0.3 妻为夫族服图

| | | | | | | | | | |
|---|---|---|---|---|---|---|---|---|---|
| 夫为祖父母及曾、高祖父母承重者，并从夫服。 | | | | 夫高祖父母 缌麻 | | | | | 夫为人后，其妻为本生舅姑服大功。 |
| | | | 夫曾伯叔祖父母 无服 | 夫曾祖父母 缌麻 | | 夫曾祖姑 无服 | | | |
| | | 夫族伯叔祖父母 无服 | 夫伯叔祖父母 缌麻 | 夫祖父母 大功 | | 夫祖姑 在室缌麻 出嫁无服 | 夫堂祖姑 无服 | | |
| | 夫族伯叔父母 无服 | 夫堂伯叔父母 缌麻 | 夫伯叔父母 大功 | 舅姑 斩衰三年 | | 夫亲姑 小功 | 夫堂姑 在室缌麻 出嫁无服 | 夫族姑 无服 | |
| 夫族兄弟 无服 | 夫再从兄弟 无服 | 夫堂兄弟及妻 缌麻 | 夫兄弟及妻 小功 | 妻为夫 斩衰三年 | 夫为妻 齐衰杖期 父母在不杖 | 夫姊妹 小功 | 夫堂姊妹 缌麻 | 夫再从姊妹 无服 | 夫族姊妹 无服 |
| | 夫再从侄 缌麻 | 夫堂侄 小功；夫堂侄妇 缌麻 | 夫侄 期年；夫侄妇 大功 | 长子 期年；长子妇 期年 | 众子 期年；众子妇 大功 | 夫侄女 在室期年 出嫁大功 | 夫堂侄女 在室小功 出嫁缌麻 | 夫再从侄女 在室缌麻 出嫁无服 | |
| | | 夫堂侄孙 缌麻 | 夫侄孙 小功；夫侄孙妇 缌麻 | 孙 大功 | 孙妇 缌麻 | 夫侄孙女 在室小功 出嫁缌麻 | 夫堂侄孙女 在室缌麻 出嫁无服 | | |
| | | | 夫曾侄孙 缌麻 | 曾孙 缌麻 | | 夫侄曾孙女 在室缌麻 出嫁无服 | | | |
| | | | | 元孙 缌麻 | | | | | |

## 0.0.4 妾为家长族服之图

| | | | | |
|---|---|---|---|---|
| 嫡孙、众孙为庶祖母，小功五月。 | | 家长祖父母 小功 | | |
| | | 家长父母 期年 | | |
| | 家长 斩衰三年 | | 正妻 期年 | |
| 家长众子 期年 | | 家长长子 期年 | | 为其子 期年 |
| 家长众孙 无服 | | 家长嫡孙 无服 | | 为其孙 大功 |

## 0.0.5 妻亲服图

| | | | | |
|---|---|---|---|---|
| | | 妻祖父母 无服 | | |
| | 妻伯叔 无服 | 妻父母 缌麻 | 妻之姑 无服 | |
| 妻外祖父母 无服 | 妻兄弟及妇 无服 | 己身 为婿 缌麻 | 妻之姊妹 无服 | |
| | 妻兄弟子 无服 | 女之子 缌麻 | 妻姊妹子 无服 | |
| | | 女之孙 无服 | | |

# 0.0.6 三父八母服图

**同居继父**

- 自己亦有伯叔兄弟之类
- 两有大功亲谓继父有子孙、
- 齐衰三月
- 期年
- 己身亦无伯叔兄弟之类
- 两无大功亲谓继父无子孙、

**从继母嫁**

- 齐衰杖期
- 谓父死继母再嫁他人随去者

**不同居继父**

- 无服
- 自来不曾随母与继父同居
- 齐衰三月
- 先曾与继父同居，今不同居

**慈母**

- 斩衰三年
- 谓所生母死，父令别妾抚育者

**继母**

- 斩衰三年
- 谓父娶之后妻

**嫡母**

- 斩衰三年
- 谓妾生子女称父之正妻

**养母**

- 斩衰三年
- 谓自幼过房与人

**出母**

- 齐衰杖期
- 谓亲母被父出者

**嫁母**

- 齐衰杖期
- 谓亲母因父死，再嫁他人

**乳母**

- 缌麻
- 谓父妾乳哺者，即奶母

**庶母**

- 嫡子众子齐衰杖期
- 所生子斩衰三年
- 谓父有子女妾

### 0.0.7 出嫁女为本宗降服之图

| | | | | |
|---|---|---|---|---|
| | | 高祖父母<br>齐衰三月 | | |
| | | 曾祖父母<br>齐衰五月 | | |
| | 祖兄弟<br>缌麻 | 祖父母<br>期年 | 祖姊妹<br>在室缌麻<br>出嫁无服 | |
| 父堂兄弟<br>缌麻 | 伯叔父母<br>大功 | 父母<br>期年 | 父姊妹<br>在室大功<br>出嫁小功 | 父堂姊妹<br>在室缌麻<br>出嫁无服 |
| 堂兄弟<br>小功 | 兄弟<br>大功 | 己身 | 姊妹<br>在室大功<br>出嫁小功 | 堂姊妹<br>在室小功<br>出嫁缌麻 |
| 堂侄<br>缌麻 | 兄弟子<br>大功 | | 兄弟女<br>在室大功<br>出嫁小功 | 堂侄女<br>在室缌麻<br>出嫁无服 |

## 0.0.8 外亲服图

| | | | | |
|---|---|---|---|---|
| 妻为夫外亲服降一等。 | | 母祖父母 无服 | | |
| | 母之兄弟 小功 | 外祖父母 小功 | 母之姊妹 小功 | |
| 堂舅之子 无服 | 母舅之子 缌麻 | 己身 | 两姨之子 缌麻 | 堂姨之子 无服 |
| | 舅之孙 无服 | 姑之子 缌麻 | 姨之孙 无服 | |
| | | 姑之孙 无服 | | |

# 服　制

## 0.1.1 斩衰三年

0.1.1.1 子为父母。女在室并已许嫁者，及已嫁被出而反在室者，同。子之妻同。

0.1.1.2 子为继母、为慈母、为养母。子之妻同。继母，父之后妻；慈母，谓母卒父命他妾养己者；养母，谓自幼过房与人者。

0.1.1.3 庶子为所生母、为嫡母。庶子之妻同。

0.1.1.4 为人后者为所后父母。为人后者之妻同。

0.1.1.5 嫡孙为祖父母及曾、高祖父母承重。嫡孙之妻同。

0.1.1.6 妻为夫。妾为家长同。

## 0.1.2 齐衰杖期

0.1.2.1 嫡子、众子为庶母。嫡子、众子之妻同。庶母，父妾之有子女者。父妾无子女，不得以母称矣。

0.1.2.2 子为嫁母。亲生母父亡而改嫁者。

0.1.2.3 子为出母。亲生母为父所出者。

0.1.2.4 夫为妻。父母在不杖。

## 0.1.3 齐衰不杖期

0.1.3.1 祖为嫡孙。

0.1.3.2 父母为嫡长子，及嫡长子之妻，及众子，及女在室，及子为人后者。

0.1.3.3 继母为长子、众子。

0.1.3.4 前夫之子，从继母改嫁于人，为改嫁继母。

0.1.3.5 侄为伯叔父母，及姑、姊妹之在室者。

0.1.3.6 为己之亲兄弟，及亲兄弟之子女在室者。

0.1.3.7 孙为祖父母。孙女在室、出嫁同。

0.1.3.8 为人后者，为其本生父母。

0.1.3.9 女出嫁，为父母。

0.1.3.10 女在室，及虽适人而无夫与子者，为其兄弟姊妹及侄与侄女在室者。

0.1.3.11 女适人，为兄弟之为父后者。

0.1.3.12 妇为夫亲兄弟之子及女在室者。

0.1.3.13 妾为家长之正妻。

0.1.3.14 妾为家长父母。

0.1.3.15 妾为家长之长子、众子与其所生子。

0.1.3.16 为同居继父，而两无大功以上亲者。

### 0.1.4 齐衰五月

0.1.4.1 曾孙为曾祖父母。曾孙女同。

### 0.1.5 齐衰三月

0.1.5.1 元孙为高祖父母。元孙女同。

0.1.5.2 为同居继父，而两有大功以上亲者。

0.1.5.3 为继父，先曾同居今不同居者。自来不曾同居者无服。

### 0.1.6 大功九月

0.1.6.1 祖为众孙。孙女在室同。

0.1.6.2 祖母为嫡孙、众孙。

0.1.6.3 父母为众子妇及女已出嫁者。

0.1.6.4 伯叔父母为侄妇及侄女已出嫁者。侄妇，兄弟子之妻也；侄女，兄弟之女也。

0.1.6.5 妇为夫之祖父母。

0.1.6.6 妇为夫之伯叔父母。

0.1.6.7 为人后者，为其兄弟及姑、姊妹之在室者。既为人后，则于本生亲属服皆降一等。

0.1.6.8 夫为人后，其妻为夫本生父母。

0.1.6.9 为己之同堂兄弟、姊妹在室者。即伯叔父母之子女也。

0.1.6.10 为姑及姊妹之已出嫁者。姑，即父之姊妹；姊妹，即己之亲姊妹也。

0.1.6.11 为己兄弟之子为人后者。

0.1.6.12 出嫁女为本宗伯叔父母。

0.1.6.13 出嫁女为本宗兄弟及兄弟之子。

0.1.6.14 出嫁女为本宗姑姊妹及兄弟之女在室者。

### 0.1.7 小功五月

0.1.7.1 为伯叔祖父母。祖之亲兄弟。

0.1.7.2 为堂伯叔父母。父之堂兄弟。

0.1.7.3 为再从兄弟及再从姊妹在室者。

0.1.7.4 为同堂姊妹出嫁者。

0.1.7.5 为同堂兄弟之子及女在室者。

0.1.7.6 为祖姑在室者。即祖之亲姊妹。

0.1.7.7 为堂姑之在室者。即父之同堂姊妹。

0.1.7.8 为兄弟之妻。

0.1.7.9 祖为嫡孙之妇。

[0.1.7.10] 为兄弟之孙及兄弟之孙女在室者。

[0.1.7.11.1] 为外祖父母。即亲母之父母。〇[0.1.7.11.2]为在堂继母之父母；庶子嫡母在，为嫡母之父母；庶子为在堂继母之父母；庶子不为父后者，为己母之父母；为人后者，为所后母之父母。以上五项，均与亲母之父母服同。外祖父母报服亦同。其母之兄弟姊妹服制及报服，亦与亲母同。姑舅两姨兄弟姊妹，服亦同。为人后者，为本生母之亲属降服一等。再，庶子不为父后者为己母之父母服一项，若己母系由人家所生女收买为妾及其父母系属贱族者，不在此列。

[0.1.7.12.1] 为母之兄弟姊妹。兄弟即舅；姊妹即姨。〇[0.1.7.12.2]其义服详载为外祖父母条下。

[0.1.7.13.1] 为姊妹之子即外甥。及女之在室者。〇[0.1.7.13.2]其义服详载为外祖父母条下。

[0.1.7.14] 妇为夫兄弟之孙即侄孙。及夫兄弟之孙女在室者。即侄孙女。

[0.1.7.15] 妇为夫之姑及夫姊妹。在室、出嫁同。

[0.1.7.16] 妇为夫兄弟及夫兄弟之妻。

[0.1.7.17] 妇为夫同堂兄弟之子及女在室者。

[0.1.7.18] 女出嫁为本宗堂兄弟及堂姊妹之在室者。

[0.1.7.19] 为人后者，为其姑及姊妹出嫁者。

[0.1.7.20] 嫡孙、众孙为庶祖母。女在室者，同。

[0.1.7.21] 生有子女之妾，为家长之祖父母。

### [0.1.8] 缌麻三月

[0.1.8.1] 祖为众孙妇。

[0.1.8.2] 曾祖父母为曾孙、元孙。 曾孙女、元孙女同。

[0.1.8.3] 祖母为嫡孙、众孙妇。

[0.1.8.4] 为乳母。

[0.1.8.5] 为曾伯叔祖父母。即曾祖之兄弟及曾祖兄弟之妻。

[0.1.8.6] 为族伯叔父母。即父再从兄弟及再从兄弟之妻。

[0.1.8.7] 为族兄弟及族姊妹在室者。即己三从兄弟姊妹所与同高祖者。

[0.1.8.8] 为曾祖姑在室者。即曾祖之姊妹。

[0.1.8.9] 为族祖姑在室者。即祖之同堂姊妹。

[0.1.8.10] 为族姑在室者。即父之再从姊妹。

[0.1.8.11] 为族伯叔祖父母。即祖同堂兄弟及同堂兄弟妻。

[0.1.8.12] 为兄弟之曾孙及兄弟之曾孙女在室者。

[0.1.8.13] 为兄弟之孙女出嫁者。

[0.1.8.14] 为同堂兄弟之孙及同堂兄弟之孙女在室者。

[0.1.8.15] 为再从兄弟之子及女在室者。

[0.1.8.16] 为祖姑及堂姑及己之再从姊妹出嫁者。祖姑，即祖之亲姊妹；堂姑，即父之堂姊妹。

[0.1.8.17] 为同堂兄弟之女出嫁者。

0.1.8.18.1 为姑之子。即父姊妹之亲子。〇0.1.8.18.2 其义服详载为外祖父母条下。

0.1.8.19.1 为舅之子。即亲母兄弟之子。〇0.1.8.19.2 其义服详载为外祖父母条下。

0.1.8.20.1 为两姨兄弟。即亲母姊妹之子。〇0.1.8.20.2 其义服详载为外祖父母条下。

0.1.8.21 为妻之父母。

0.1.8.22 为婿。

0.1.8.23.1 为外甥男。女同。即女之子女。〇0.1.8.23.2 其义服详载为外祖父母条下。

0.1.8.24 为兄弟孙之妻。即侄孙之妻。

0.1.8.25 为同堂兄弟之子妻。即堂侄之妻。

0.1.8.26 为同堂兄弟之妻。

0.1.8.27 妇为夫高、曾祖父母。

0.1.8.28 妇为夫之伯叔祖父母及夫之祖姑在室者。

0.1.8.29 妇为夫之堂伯叔父母及夫之堂姑在室者。夫之堂姑，即夫之伯叔祖父母所生也。

0.1.8.30 妇为夫之同堂兄弟姊妹及夫同堂兄弟之妻。

0.1.8.31 妇为夫再从兄弟之子。女在室同。

0.1.8.32 妇为夫同堂兄弟之女出嫁者。

0.1.8.33 妇为夫同堂兄弟子之妻。即堂侄妇。

0.1.8.34 妇为夫同堂兄弟之孙及孙女之在室者。

0.1.8.35 妇为夫兄弟孙之妻。即侄孙之妻。

0.1.8.36 妇为夫兄弟之孙女出嫁者。

0.1.8.37 妇为夫之曾孙、元孙及曾孙女、元孙女之在室者。

0.1.8.38 妇为夫兄弟之曾孙。即曾侄孙。曾孙女同。

0.1.8.39 妇为夫之小功服外姻亲属。

0.1.8.40 女出嫁，为本宗伯叔祖父母及祖姑在室者。

0.1.8.41 女出嫁，为本宗同堂伯叔父母及堂姑在室者。

0.1.8.42 女出嫁，为本宗堂兄弟之子，女在室者同。

# 1 名　例

## 1.2 十　恶

1.2.7 七曰不孝。谓告言、咒骂祖父母、父母，夫之祖父母、父母；及祖父母、父母在，别籍异财，若奉养有缺；居父母丧，身自嫁娶，若作乐释服从吉；闻祖父母、父母丧，匿不举哀；诈称祖父母、父母死。

### 1.18 给没赃物

1.18.0.1 取与不和，用强生事，逼取求索之赃，并还主。谓恐吓、诈欺、强买卖有余利、科敛及求索之类。

### 1.32 称期亲祖父母

1.32.0 凡律称期亲及称祖父母者，曾、高同。称孙者，曾、元同。嫡孙承祖，与父母同。其嫡母、继母、慈母、养母，有犯。与亲母律同。改嫁、义绝及殴杀子孙，不与亲（父）〔母〕同。称子者，男、女同。

### 1.35 称日者，以百刻今《时宪书》每日计九十六刻。

1.35.0 凡律称一日者，以百刻。计工者，从朝至暮。不以百刻为限。称一年者，以三百六十日。

### 1.36 称道士女冠

1.36.0 凡律称道士、女冠者，僧、尼同。若于其受业师，与伯叔父母同。其于弟子，与兄弟之子同。

## 4 户　　役

### 4.63 立嫡子违法

4.63.0.1 凡立嫡子违法者，处八等罚。其嫡妻年五十以上无子者，得立庶长〔子〕。不立长子者，罪亦同。俱改正。〇4.63.0.2 若养同宗之人为子，所养父母无子所生父母有子。而舍去者，处十等罚，发付所养父母收管。若所养父母有亲生子及本生父母无子，欲还者，听。〇4.63.0.3 其乞养异姓义子以乱宗族者，处六等罚。若以子与异姓人为嗣者，（同）罪〔同〕。其子归宗。〇4.63.0.4 其遗弃小儿，年三岁以下，虽异姓，仍听收养，即从其姓。但不得以无子，遂立为嗣。〇4.63.0.5 若立嗣，虽系同宗，而尊卑失序者，罪亦如之。其子亦归宗，改立应继之人。〇4.63.0.6 若庶民之家存养良家男女为奴婢者，处十等罚，即放从良。

**条　例**

4.63.(1) 无子者，许令同宗昭穆相当之侄承继。先尽同父周亲，次及大功、小功、缌麻。如俱无，方许择立远房及同姓为嗣。若立嗣之后却生子，其家产与原立子均分。

4.63.(2) 无子立嗣，除依律外，若继子不得于所后之亲，听其告官别立。其或择立贤能及所亲爱者，若于昭穆伦序不失，不许宗族指以次序告争，并官司受理。若义男、女婿为所后之亲喜悦者，听其相为依倚，不许继子并本生父母用计逼逐，仍酌分给财产。若无子之人家贫，听其卖产自赡。

4.63.(3) 无子立嗣，若应继之人平日先有嫌隙，则于昭穆相当亲族内，择贤择爱，听从其便。如族中希图财产，勒令承继，或怂恿择继，以致涉讼者，地方官立即惩治，仍将所择贤爱之人断令立继。其有子婚而故、妇能孀守，已聘未娶、媳能以女身守志，及已婚而故、妇虽未能孀守、但所故之人业已成立，或子虽未娶、而因出兵阵亡者，俱应为其子立后。若支属内实无昭穆相当为其子立后之人，而其父又无别子者，应为其父立继，待生孙以嗣应为立后之子。其寻常夭亡未婚之人，不得概为立后。若独子夭亡，而族中实无昭穆相当可为其父立继者，亦准为未婚之子立继。如可继之人亦系独子而情属同父周亲，两相情愿者，取具阖族甘结，亦准其承继两房宗祧。

4.63.(4) 妇人夫亡无子守志者，合承夫分，须凭族长择昭穆相当之人继嗣。其改嫁者，夫家财产及原有妆奁并听前夫之家为主。

4.63.(5) 凡乞养异姓义子，有情愿归(族)〔宗〕者，不许将分得财产携回本宗。其收养三岁以下遗弃之小儿，仍依律即从其姓，但不得以无子遂立为嗣，仍酌分给财产，俱不必勒令归宗。如有希图资财，冒认归宗者，照例治罪。

4.63.(6) 因争继酿成人命者，凡争产谋继及扶同争继之房分，均不准其继嗣，应听户族另行公议承立。

## 4.64 收留迷失子女

4.64.0.1 凡收留良人家迷失道路乡贯子女，不送官司，而卖为奴婢者，徒三年；为妻、妾、子孙者，徒二年半。被卖之人不坐，给亲完聚。○4.64.0.4 若买者及牙保知情，减犯人罪一等，追价入官。不知者，俱处八等罚，追价还主。

## 4.69 别籍异财

4.69.0 凡祖父母、父母在，子孙别立户籍、分异财产者，处十等罚。若居父母丧而兄弟别立户籍、分异财产者，处八等罚。奉遗命，不在此律。

### 条　例

4.69.(1) 祖父母、父母在者，子孙不许分财异居。此谓分财异居尚未别立户籍者。其父母许令分析者，听。

## 4.70 卑幼私擅用财

4.70.0 凡同居卑幼，不由尊长，私擅用本家财物者，十两处二等罚，每十两加一等，罪止十等罚。若同居尊长应分财物不均平者，罪亦如之。

### 条　例

4.70.(1) 嫡庶子男分析家财田产，不问妻、妾所生，止以子数均分。奸生之子，依子量与半分。如别无子，立应继之人为嗣，与奸生子均分。无应继之人，方许承继全分。

4.70.(2) 户绝，财产果无同宗应继之人，所有亲女承受。无女者，听地方官详明上司，酌拨充公。

# 5 田　　宅

## 5.72 欺隐田粮

### 条　例

5.72.(2) 将自己田地应纳钱粮洒派别户者，按数计赃，准枉法论，田地入官。其洒派钱粮，照年分、亩数追征，还给代纳之户。

## 5.73 检踏灾伤田粮

### 条　例

5.73.(2) 凡沿河沙洲地亩被冲坍塌，即令业户报官勘明注册，遇有淤涨，亦即报官查丈，照原报之数拨补。此外多余涨地，不许霸占。如从前未经报坍，不准拨给。至隔江远户，果系报坍有案，即将多余涨地秉公拨补。若坍户数多，按照报坍先后以次照拨。倘补足之外，尚有余地，许召无业穷民认垦。

## 5.75 盗卖田宅

5.75.0.1 凡盗他人田宅卖、将已不堪田宅换易及冒认他人田宅作自己者，若虚写价钱实立文契，典买及侵占他人田宅者，田一亩、屋一间以下，处五等罚。每田五亩、屋三间，加一等，罪止徒二年。系官田宅者，各加二等。○5.75.0.2 若强占官民山场、湖泊、(荼)〔茶〕园、芦荡及金、银、铜、锡、铁冶者，不计亩数。流三千里。○5.75.0.3 若将互争不明及他人田产，妄作己业，朦胧投献官豪势要之人，与者、受者，各徒三年。○5.75.0.4 盗卖与投献等项田产及盗卖过田价并各项田产中递年所得花利，各应还官者还官、应给主者给主。

### 条　例

5.75.(2) 凡人民告争坟山，近年者，以印契为凭。如系远年之业，须将山地字号、亩数，及库存鳞册，并完粮印串，逐一丈勘查对，果相符合，即断令管业。若查勘不符，又无完粮印串，其所执远年旧契及碑谱等项，均不得执为凭据，即将滥控侵占之人，按例治罪。

5.75.(3) 军民人等将争竞不明并卖过，及民间起科僧道将寺观各田地，若子孙将公共祖坟山地，朦胧投献王府及内外官豪势要之家，私捏文契典卖者，投献之人，依律问拟，其受投献家长并管庄人参究治罪。

5.75.(4) 凡子孙盗卖祖遗祀产并义田及历久宗祠者，俱照盗卖官田宅律定拟，罪止徒三年。知情谋买之人，各与犯人同罪。房产收回给族长收管，卖价入官。不知者不坐。其祀产义田，令勒石报官，或族长自立议单公据，方准按例治罪。如无公私确据，借端生事者，照诬告律治罪。

5.75.(5) 凡雇工、庄头人等，因伊主外出，私自盗卖所遗田产，至五十亩者，流三千里。

不及前数者，照盗卖官田律治罪。盗卖房屋，亦照盗卖官宅律科断。谋买之人与串通说合之中保，均与盗卖之人同罪。房产给还原主，卖价入官。其不知者不坐。

### [5.76]典买田宅

[5.76.0.2]若将已典卖与人田宅，朦胧重复典卖者，以所得重典卖之价钱计赃，准窃盗论，追价还后典买之主，田宅从原典买主为业。若重复典买之人及牙保知其重典卖之情者，与犯人同罪，追价入官。不知者，不坐。〇[5.76.0.3]其所典田宅、园林、碾磨等物，年限已满，业主备价取赎，若典主托故不肯放赎者，处四等罚。限外递年所得多余花利，追征给主，仍听依原价取赎。其年限虽满，业主无力取赎者，不拘此律。

**条　例**

[5.76.(1)]告争家财田产，但系五年之上，并虽未及五年，验有亲族写立分书已定、出卖文约是实者，断令照旧管业，不许重分再赎，告词立案不行。

[5.76.(2)]卖产立有绝卖文契，并未注有“找贴”字样者，概不准贴赎。如契未载“绝卖”字样或注定年限回赎者，并听回赎。若卖主无力回赎，许凭中公估找贴一次，另立绝卖契纸。若买主不愿找贴，听其别卖，归还原价。倘已经卖绝，契载确凿，复行告找、告赎，及执产动归原先尽亲邻之说，借端掯勒，希图短价，并典限未满而业主强赎者，俱照不应重律治罪。

[5.76.(3)]民间置买产业，如系典契，务于契内注明“回赎”字样；如系卖契，亦于契内注明“绝卖”、“永不回赎”字样。如有混行争告者，均照不应重律治罪。

### [5.77]盗耕种官民田

[5.77.0]凡盗耕种他人田园地土者，不告田主一亩以下处三等罚，每五亩加一等，罪止八等罚。荒田减一等，强者不由田主各加一等，系官者各又加二等，仍追所得花利官田归官、民田给主。

### [5.79]弃毁器物稼穑等

[5.79.0.1]凡故意弃毁人器物及毁伐树木、稼穑者，计赃，准窃盗论。官物加二等。若遗失及误毁官物者，各减三等，并验数追偿。还官、给主。若遗失、误毁私物者，偿而不坐罪。〇[5.79.0.2]若毁人坟茔内碑碣、石兽者，处八等罚；毁人神主者，处九等罚。若毁损人房屋、墙垣之类者，计合用修造雇工钱，坐赃论，各令修立。官屋加二等。误毁者，但令修立，不坐罪。

### [5.80]擅食田园瓜果

[5.80.0]凡于他人田园擅食瓜果之类，坐赃论。弃毁者，罪亦如之。其擅将挟去及食之者系官田园瓜果，若官造酒食者，加二等。主守之人给与及知而不举者，与同罪。

# [6]婚　姻

## 6.82 男女婚姻

6.82.0.1 凡男女定婚之初，若或有残废或疾病、老幼、庶出、过房同宗、乞养异姓者，务要两家明白通知，各从所愿，不愿即止，愿者同媒妁。写立婚书，依礼聘嫁。若许嫁女已报婚书及有私约，谓先已知夫身残疾、老幼、庶养之类。而辄悔者，女家主婚人处五等罚。其女归本夫。虽无婚书，但曾受聘财者，亦是。〇6.82.0.2 若再许他人，未成婚者，女家主婚人处七等罚；已成婚者，处八等罚。后定娶者，男家知情主婚人与女家同罪，财礼入官。不知者不坐，追还财礼。给后定娶之人。女归前夫。前夫不愿者，倍追财礼给还，其女仍从后夫。男家悔而再聘者，罪亦如之。仍令娶前女，后聘听其别嫁。不追财礼。〇6.82.0.3 其未成婚男女，有犯奸盗者，男子有犯，听女别嫁；女子有犯，听男别娶。如定婚未曾过门，私下奸通，男、女各处十等罚，免其离异。不用此律。〇6.82.0.4 若为婚而女家妄冒者，主婚人处八等罚，谓如女有残疾却令姊妹妄冒相见，后却以残疾女成婚之类。追还财礼。男家妄冒者，加一等，谓如与亲男定婚，却与义男成婚；又如男有残疾，却令弟兄妄冒相见，后却以残疾男成婚之类。不追财礼。未成婚者仍依原定，所妄冒相见之无疾兄弟姊妹及亲生之子为婚，如妄冒相见男女先已聘许他人，或已经配有室家者，不在仍依原定之限。已成婚者离异。〇6.82.0.5 其应为婚者，虽已纳聘财，期约未至，而男家强娶，及期约已至，而女家故违期者，男女主婚人并处五等罚。〇6.82.0.6 若卑幼或仕宦或买卖在外，其祖父母、父母及伯叔父母、姑、兄姊自卑幼出外之后为定婚，而卑幼不知自娶妻，已成婚者，仍旧为婚；尊长所定之女，听其别嫁。未成婚者，从尊长所定，自定者，从其别嫁。违者处八等罚。仍改正。

### 条　例

6.82.(1) 男女婚姻各有其时，或有指腹割衫襟为亲者，并行禁止。

6.82.(2) 嫁娶皆由祖父母、父母主婚。祖父母、父母俱无者，从余亲主婚。其夫亡携女适人者，其女从母主婚。若已定婚未及成亲，而男女或有身故者，不追财礼。

6.82.(3) 招婿须凭媒妁，明立婚书，开写养老或出舍年限。止有一子者，不许出赘。其招婿养老者，仍立同宗应继者一人承奉祭祀，家产均分。如未立继身死，从族长依例议立。

6.82.(4) 凡女家悔盟另许，男家不告官司强抢者，照强娶律减二等。其告官断归前夫，而女家与后夫夺回者，照抢夺律徒三年。

## 6.83 典雇妻女

6.83.0.1 凡将妻妾受财立约出典验日暂雇与人为妻妾者，本夫处八等罚。典雇女者，父处六等罚。妇女不坐。〇6.83.0.2 若将妻妾妄作姊妹嫁人者，处十等罚；妻妾处八等罚。〇6.83.0.3 知而典娶者，各与同罪。并离异，女给亲，妻妾归宗。财礼入官。不知者不坐，追还财礼。仍离异。

### 条　例

6.83.(1) 将妻妾作姊妹及将亲女并姊妹嫁卖与人作妻妾、使女名色骗财之后，设词托故公然领去者，照本律加一等，徒一年。赃罪重者，仍从重论。若瞰起程中途聚(重)〔众〕行凶邀抢人财者，除实犯死罪外，余俱流二千五百里。媒人同谋邀抢者，罪同。

### 6.84 妻妾失序

6.84.0.1 凡以妻为妾者，处十等罚。妻在，以妾为妻者，处九等罚，并改正。○6.84.0.2 若有妻更娶妻者，亦处九等罚。后娶之妻离异。归宗。

### 6.85 逐婿嫁女

6.85.0 凡逐已入赘之婿嫁女，或再招婿者，处十等罚。其女不坐。如招婿之女通同父母逐婿改嫁者，亦处十等罚。后婚男家知而娶或后赘者，同罪。未成婚者，各减五等，财礼入官。不知者，亦不坐。其女断付前夫，出居完聚。

### 6.86 居丧嫁娶

6.86.0.1 凡男女居父母及妻妾居夫丧，而身自主婚嫁娶者，处十等罚。若男子居父母丧而娶妾，妻居夫丧、女居父母丧而嫁人为妾者，各减二等。若命妇夫亡虽服满再嫁者，罪亦如之。亦如凡妇居丧嫁人者拟断。追夺敕诰。并离异。知系居丧及命妇而共为婚姻者，主婚人各减五等。财礼入官。不知者，不坐。仍离异，追财礼。若居祖父母、伯叔父母、姑、兄姊丧除承重孙外而嫁娶者，处八等罚。不离异。妾不坐。○6.86.0.2 若居父母、舅姑及夫丧，而与应嫁娶人主婚者，处八等罚。○6.86.0.3 其夫丧服满，妻妾果愿守志，而女之祖父母、父母及夫家之祖父母、父母强嫁之者，处八等罚。妇人及娶者，俱不坐。未成婚者，追归前夫之家，听从守志，追还财礼。已成婚者，给与完聚，财礼入官。

**条　例**

6.86.(2) 孀妇自愿改嫁，由夫家祖父母、父母主婚。如夫家无祖父母、父母，但有余亲，即由母家祖父母、父母主婚。如母家亦无祖父母、父母，仍由夫家余亲主婚。倘夫家主婚受财，而母家统众强夺，及夫家并无例应主婚之人，母家主婚改嫁，而夫家疏远亲属强夺者，均处八等罚。

### 6.87 父母囚禁嫁娶

6.87.0 凡祖父母、父母犯死罪被囚禁，而子孙自嫁娶者，处八等罚。若男娶妾、女嫁人为妾者，减二等。其奉囚禁祖父母、父母命而嫁女娶妻者，不坐，亦不得筵宴。违者，依父母囚禁筵宴律处八等罚。

### 6.88 尊卑为婚

6.88.0.1 凡外姻有服，或尊属、或卑幼，共为婚姻，及娶同母异父姊妹，若妻前夫之女者，各以亲属相奸论。○6.88.0.2 其父母之姑舅两姨姊妹，及姨若堂姨，母之姑、堂姑，己之堂姨及再从姨，己之堂外甥女，若女婿及子孙妇之姊妹，虽无服并不得为婚姻，违者男女各处十等罚，并离异。妇女归宗，财礼入官。

**条 例**

6.88.(1) 男女亲属尊卑相犯重情，或干有律应离异之人，俱照亲属已定名分，各从本律科断。不得妄生异议，致罪有出入。其情犯稍有可疑，揆于法制似为太重，或于名分不甚有碍者，听各该原问衙门临时斟酌拟奏。

## 6.89 娶亲属妻妾

6.89.0.1 凡娶同宗无服姑侄姊妹之亲同宗，谓同宗共姓，不论支派之远近、籍贯之同异皆是。及无服亲之妻者，男女各处十等罚。若娶同宗缌麻亲之妻及舅、甥妻，各徒一年。小功以上之妻及收父、祖妾者，各以奸论。其亲之妻曾被出及已改嫁而娶为妻妾者，无服之亲及伯叔母、兄弟妻不与。各处八等罚。〇6.89.0.2 妾父、祖妾不与各减妻二等。〇6.89.0.3 若娶同宗缌麻以上姑侄姊妹者，亦各以奸论。〇6.89.0.4 并离异。

## 6.90 娶部民妇女为妻妾

6.90.0 凡府、州、县亲民官任内娶部民妇女为妻妾者，处八等罚。若监临官娶为事人妻妾及女为妻妾者，处十等罚。女家并同罪。妻妾仍两离之，女给亲，两离者，不许给与后娶者，亦不给还前夫，令归宗。其女以父母为亲，当归宗。或已有夫，又以夫为亲，当给夫完聚。财礼入官。强娶者，各加二等，女家不坐，不追财礼。若为子孙、弟侄、家人娶者，罪亦如之。男女不坐。

## 6.91 娶逃走妇女

6.91.0 凡娶犯罪逃走妇女为妻妾，知情者，与同罪，至死者减一等，离异。不知者，不坐。若无夫会赦免罪者，不离。

## 6.92 强占良家妻女

6.92.0 凡豪强势力之人，强夺良家妻女，奸占为妻妾者，绞。妇女给亲。妇归夫，女归亲。配与子孙、弟侄、家人者，罪归所主。亦如之。所配男女不坐。仍离异给亲。

## 6.94 僧道娶妻

6.94.0.1 凡僧道娶妻妾者，处八等罚，还俗。女家主婚人同罪。离异。财礼入官。寺观住持知情，与同罪。以因人连累，不在还俗之限。不知者，不坐。〇6.94.0.2 若僧道假托亲属或僮仆为名求娶，而僧道自占者，以奸论。

### [6.95]出　妻

[6.95.0.1]凡妻于七出无应出之条及于夫无义绝之状而擅出之者，处八等罚。虽犯七出，无子、淫佚、不事舅姑、多言、盗窃、妒忌、恶疾。有三不去，与更三年丧、前贫贱后富贵、有所娶无所归。而出之者，减二等，追还完聚。〇[6.95.0.2]若犯义绝，应离而不离者，亦处八等罚。若夫妻不相和谐而两愿离者，不坐。情既已离，难强其合。〇[6.95.0.3]若夫无愿离之情妻辄背夫在逃者，徒二年，听其离异。其妻因逃而辄自改嫁者，加二等。其因夫弃妻逃亡三年之内，不告官司而逃去者，处八等罚；擅自改嫁者，处十等罚。妾各减二等。有主婚、媒人，有财礼，乃坐。无主婚人，不成婚礼者，以和奸、刁奸论。〇[6.95.0.4]若立契议雇之使女背家长在逃者，处八等罚，给还家长；因而嫁人者，处十等罚。追缴未满工值，免其离异。〇[6.95.0.5]窝主及知情娶者，各与妻妾、使女同罪。财礼入官。不知情者，俱不坐。财礼给还。〇[6.95.0.6]若由妇女之期亲以上尊长主婚改嫁者，罪坐主婚，妻妾止得在逃之罪。余亲主婚者，余亲谓期亲卑幼及大功以下尊长、卑幼主婚改嫁者。事由主婚，主婚为首，男女为从；事由男女，男女为首，主婚为从。

**条　例**

[6.95.(1)]妻犯七出之状，有三不去之理，不得辄绝。犯奸者，不在此限。

[6.95.(2)]期约已至，五年无过不娶，及夫逃亡三年不还者，并听经官告，给执照，别行改嫁，亦不追还财礼。

## [9]钱　　债

### [9.124]违禁取利

[9.124.0.1]凡私放钱债及典当财物，每月取利并不得过三分。年月虽多，不过一本一利，违者处四等罚，以余利计赃，重者，罪止十等罚。〇[9.124.0.2]违禁取利以余利计赃，重者，准不枉法论，并追余利给主。其负欠私债，违约不还者，五两以上违三月，处一等罚，并追本利给主。〇[9.124.0.3]若豪势之人，于违约负债者不告官司，以私债强夺去人孳畜产业者，处八等罚。无多取余利，听赎不追。若估所夺畜产之价过本利者，计多余之物，坐赃论，依多余之数追还主。〇[9.124.0.4]若准折人妻妾子女者，处十等罚；强夺者，加二等；因强夺而奸占妇女者，绞。人口给亲，私债免追。

**条　例**

[9.124.(4)]放债之徒，用短票扣折，违例巧取重利者，严拿治罪。其银照例入官。受害之人，许其自首免罪，并免追息。

### [9.125]费用受寄财产

[9.125.0]凡受寄他人财物、畜产而辄费用者，坐赃论，减一等。诈言死失者，准窃盗论，减一等，并追物还主。其被水火盗贼费失，及畜产病死有显迹者，勿论。若受寄财物而隐匿不认，依诓骗律。如以产业转寄他人户下而为所卖失，自有诡寄盗卖本条。

## 条 例

9.125.(1) 凡典商收当货物，自行失火烧毁者，以值十当五，照原典价值计算，作为准数。邻火延烧者，酌减十分之二，按月扣除利息，照数赔偿。其米麦、豆石、棉花等粗重之物，典当一年为满者，统以贯三计算，照原典价值，给还十分之三。邻火延烧者，减去原典价值二分，以减剩八分之数给十分之三，均不扣除利息。至染铺被焚，即着开单呈报地方官，逐一估计。如系自行失火者，饬令照估赔还十分之五；邻火延烧者，饬赔十分之三。均于一月内给主具领。其未被焚烧及搬出各物，仍听当主、染主照号取赎。倘奸商、店伙人等，于失火时，有贪利隐匿、乘机盗卖等弊，即照所隐之物，按所值银数计赃，准窃盗论，追出原物给主。若只以自己失火为邻火延烧，希图短赔价值者，即计其短赔之值为赃，准窃盗为从论，分别治罪。如典商、染铺及店伙人等，图盗货物，或先有亏短，因而放火故烧者，即照放火故烧自己房屋盗取财物，及凶徒图财放火故烧人房屋，各本律例，从重问拟。

9.125.(2) 典铺被窃，无论衣服、米豆、丝绵、木器、书画，及金银、珠玉、铜、铁、铅、锡各货，概照当本银一两再赔一两。如系被劫，照当本银一两再赔五钱。均扣除失事日以前应得利息。如赔还之后，起获原赃，即给与典主领回变卖，不准原主再行取赎。染铺被窃，照地方官估报赃数，酌赔十分之五。如系被劫，酌赔十分之三。均令于一月内给主收领。如赔赃之后，起获原赃，给与该铺具领，由地方官出示晓谕，令原主归还所得赔赃之资，将原物领回，仍查明已染、未染，分别付给染价。倘奸商、店伙人等，于失事后，有贪利隐匿、乘机盗卖等弊，即照所隐之物，按所值银数计赃，准窃盗论。若只以窃报强，希图短赔价值者，即计其短赔之值为赃，准窃盗为从论，分别治罪。

### 9.126 得遗失物

9.126.0.1 凡得遗失之物，限五日内送官。官物尽数还官。私物召人识认，于内一半给与得物人充赏，一半给还失物人。如三十日内无人识认者，全给。五日限外不送官者，官物坐赃论，罪止徒三年，追物还官。私物减二等，其物一半入官、一半给主。若无主，全入官。〇9.126.0.2 若于官、私地内掘得埋藏无主之物者，并听收用。若有古器、钟鼎、符印异常之物，非民间所宜有者。限三十日内送官，违者处八等罚，其物入官。

## 10 市 廛

### 10.129 把持行市

10.129.0.1 凡买卖诸物两不和同，而把持行市，专取其利；及贩鬻之徒通同牙行共为奸计，卖己之物以贱为贵，买人之物以贵为贱者，处八等罚。〇10.129.0.2 若见人有所买卖，在旁混以己物，高下比价，以相惑乱而取利者，虽情非把持。处四等罚。〇10.129.0.3 若已得利物，计赃重者，准窃盗论。

**条　例**

10.129.(1) 各处客商辐辏去处，若牙行及无藉之(徒)〔徒〕用强邀截客货者，不论有无诓赊货物，依本律处八等罚。如有诓赊货物，仍勒追完足发落。

10.129.(3) 京城官地井水，不许挑水之人把持多家，任意争长价值，及作为世业私相售卖。违者，许该户呈首，将把持挑水之人照把持行市律治罪。

10.129.(5) 大小衙门公私所需货物，务照市价公平交易，不得充用牙行、纵役私取。即有差办，必须秉公提取，毋许借端需索。如有纵役失察，交部分别议处。所得赃私货物，分别给主、入官。

# 12 礼　　制

## 12.150 僧道拜父母

12.150.0.1 凡僧、尼、道士、女冠，并令拜父母，祭祀祖先。本宗亲属在内。丧服等第，谓斩、衰、期、功、缌麻之类。皆与常人同，违者处十等罚，还俗。

## 12.155 丧　葬

12.155.0.1 凡有尊卑丧之家，必须依礼安葬。若亡殁远方尊长、卑幼不能归葬而烧化者，听从其便。

## 12.156 乡饮酒礼

12.156.0 凡乡党叙齿及乡饮酒礼，已有定式，违者处五等罚。乡党叙齿，自平时行坐而言；乡饮酒礼，自会饮礼节而言。

**条　例**

12.156.(1) 乡党叙齿，士农工商人等平居相见，及岁时宴会揖拜之礼，幼者先施坐次之列，长者居上。如佃户见田主，不论齿叙，并行以少事长之礼。若亲属，不拘主佃，止行亲属礼。

12.156.(2) 乡饮坐叙，高年有德者居于上，高年纯笃者并之，以次序齿而列。其有曾违条犯法之人，列于外坐，不许紊越正席。

# 16 厩　　牧

## 16.199 畜产咬踢人

16.199.0.1 凡疏纵马牛及犬，因而杀伤人者，以过失论。若故放，令杀伤人者，减斗殴杀伤一等。其受雇医疗畜产，无制控之术，及无故人自触之，而被杀伤者，不坐罪。○16.199.0.2 若故放犬，令杀伤他人畜产者，处四等罚，追赔所减价钱。给主。

## [20]斗　殴

### [20.276]妻妾殴夫

[20.276.0.1]凡妻殴夫者，处十等罚。夫愿离者，听。须夫自告乃坐。○[20.276.0.2]若妾殴夫及正妻者，又各加一等。○[20.276.0.3]其夫殴妻，非折伤勿论。至折伤以上，减凡人二等。须妻自告乃坐。先行审问夫妇，如愿离异者，断罪、离异；不愿离异者，验罪收赎。仍听完聚。殴伤妾至折伤以上，减殴伤妻二等。

## [22]诉　讼

### [22.299]子孙违犯教令

[22.299.0]凡子孙违犯祖父母、父母教令，及奉养有缺者，处十等罚。谓教令可从而故违、家道堪奉而故缺者，须祖父母、父母亲告乃坐。

## [25]犯　奸

### [25.324]犯　奸

[25.324.0.4]奸生男女责付奸夫收养，奸妇给付本夫，听其离异。若嫁与奸夫者，奸夫、主婚之人，各处八等罚，妇人仍离异，财物入官。

### [25.325]纵容妻妾犯奸

[25.325.0.1]凡纵容妻妾与人通奸，本夫、奸夫、奸妇，各处九等罚。抑勒妻妾及乞养女与人通奸者，本夫、义父各处十等罚，奸夫处八等罚。妇女不坐，并离异归宗。○[25.325.0.2]若纵容抑勒亲女及子孙之妇妾与人通奸者，罪亦如之。○[25.325.0.3]若用财买休卖休，因而和同娶人妻者，本夫、本妇及买休人各处十等罚，妇人离异归宗，财礼入官。若买休人与妇人用计逼勒本夫休弃，其夫别无卖休之情者，不坐。买休人及本妇各徒一年。妇人给付本夫，听其离异。妾减一等。媒合人各减犯人罪一等。

### [25.326]亲属相奸（律注）

[25.326.0.5]惟同宗奸生男女，不得混入宗谱，听随便安插。

### [25.332]买良为娼

[25.332.0]凡倡优买良人子女为倡优，及娶为妻妾，或乞养为子女者，处十等罚。知情嫁卖

者，同罪。媒合人减一等。财礼入官，子女归宗。

**条　例**

25.332.(2) 私买良家之女为娼，及设计诱买良家之子为优者，俱徒三年。知情卖者，与同罪。媒合人及串通说合之中保，减一等。奸宿者，照抑勒妻女与人通奸奸夫律治罪。子女不坐，并发归宗。

## 26 杂　犯

### 26.339 失　火

26.339.0.1 凡失火烧自己房屋者，处四等罚。延烧官民房屋者，处五等罚。因而致伤人命者，不分亲属、凡人。处十等罚，罪坐失火之人。

### 26.340 放火故烧人房屋

26.340.0.1 凡放火故烧自己房屋者，处十等罚。若延烧官民房屋及积聚之物者，徒三年。○26.340.0.2 若放火故烧官民房屋及公廨、仓库系官积聚之物者，皆绞。监候。须于放火处捕获，有显迹证验明白者，乃坐。其故烧人空闲房屋及田场积聚之物者，各减一等。○26.340.0.3 并计所烧之物减价，尽犯人财产折剉赔偿，还官给主。除烧残见在外，其已烧物，令犯人家产折为银数，系一主者全偿；系众主者，计所故烧几处，将家产剉为几分而赔偿之。即官、民，亦品搭均偿。若家产罄尽者，免追；赤贫者，止科其罚。

## 30 河　防

### 30.388 侵占街道

30.388.0 凡侵占街巷道路而起盖房屋及为园圃者，处六等罚，各令拆毁，修筑，复旧。

# 5. 前清《现行刑律》关于民事有效部分〔存目〕

（载周东白编辑《前清〈现行刑律〉民事有效部分·商法合刻》，上海世界书局1924年版）

## 说　明

1. 本件原载周东白编辑《前清〈现行刑律〉民事有效部分·商法合刻》（上海世界书局1924年印行）。

2. 本件原件内容与余绍宋等编辑《〈现行刑律〉关于民事有效部分》（载余绍宋、李祖虞、余棨昌合辑《实用司法法令辑要》中册，《司法公报》发行所1919年版；本书附录六·4）全然相同，①故不再另行著录，仅存其目。

---

① 仅将余绍宋本原列于篇名之下的"中华民国元年〔1912年〕三月十日临时大总统命令，除与民国国体相抵触各条外，暂行援用。"一段文字附于全文之末。

# 6. 前清《现行刑律》关于民事有效部分〔存目〕

（载周东白编辑《大理院判例解释·民法汇览》，世界书局1924年增修再版）

## 说　　明

1. 本件原载周东白编辑《大理院判例解释·民法汇览》（世界书局1924年增修再版）原书之末。

2. 本件原件内容与余绍宋等编辑《〈现行刑律〉关于民事有效部分》（载余绍宋、李祖虞、余棨昌合辑《实用司法法令辑要》中册，《司法公报》发行所1919年版；本书附录六·4）全然相同，故不再另行著录，仅存其目。

3. 附录该书"例言"如下：

一、我国民律尚未颁定，前清《现行刑律》与民国国体不相抵触之部分尚继续有效。惟前清《现行刑律》法条既不详备，意义尤多含混，适用上常滋疑义。本书特采录大理院历年关于民事案件之判例及解释例，俾全国人民知所遵循。

一、本书章次依照前清修订法律馆《民律草案》所定，但亦有酌量情形加以修改之处。如不动产典物经判例认为系我国固有之(种)特〔种〕独立物权，与所谓"不动产质权"之性质迥不相同；又习惯法上之先买权、铺底权，亦有独立物权性质，均不能不另列为章。

一、重复各例不录，但互有详略者，酌存之。

一、关于宗祧承继之例除嗣子之权利义务列入亲属编嗣子节外，余均列入承继编宗祧承继章内。

一、前清《现行刑律》有效部分之原文列于书末。

一、关于民事之单行法令，均按其性质分别列于各编之末。

一、书末附有解释例号数检查表，俾便检查。

# 7.《大清现行律》民事继续有效部分及《户部则例》

(载黄荣昌编辑:《最新司法法令判解分类汇要·民例之部》,中华图书馆 1923 年版)

## 说　　明

1. 本件原载黄荣昌编辑《最新司法法令判解分类汇要·民例之部》(中华图书馆 1923 年版)第 1 册“民律”部分。①

2. 本件原件虽于原书目录单独列名,实则非单独文件,而是附于原书所录《民律草案》各条之后。现遵从原件体例,按原件顺序摘录相应全文。

3. 本件原件《现行律》各条之后同时附录“注”、“辑注”等,本书同时著录。

## 民　　律

### 第一编　总则　第三章　法人　第三节　财团法人

附《现行律》名例门〔称道士女冠条〕、户役门〔私创庵院及私度僧道条〕、《户部则例》田赋门寺院庄田条

### 名例门

### 1.36 称道士女冠

1.36.0 凡[律]称道士、女冠者,僧、尼同。若于其受业师,与伯叔父母同。其于弟子,与兄弟之子同。

---

① 从全文文字及误引《现行律》条文看,该件应与沈尔乔、熊飞编辑《〈现行律〉民事有效部分(附〈户部则例〉)》(武林印书馆 1918 年版;本书第一部分)同源,或直接节取自沈尔乔、熊飞本亦未可知。

## 户役门

### 4.62 私创庵院及私度僧道

4.62.0 凡寺、观、庵、院，除现在处所先年额设外，不许私自创建、增置，违者，处十等罚，僧、道、尼僧、女冠还俗。地基、材料入官。若僧道不给度牒，私自簪(雉)剃者，处八等罚。若由家长，家长当罪。寺观住持及受业师〔私〕度者，与同罪，并还俗。

**条　例**

4.62.(1) 一、民间子弟，户内不及三丁，或在十六以上而出家者，俱照不应重律治罪，并罪坐所由。僧道官及住持知而不举者，各罢职、还俗。

4.62.(2) 一、僧、道招徒，除应付、火居等项，不准滥行收受外，其非应付、火居，而为例应招徒之僧、道，亦须年逾四十，方准招徒一人。若所招之人，无罪犯而病故者，准其另招一人为徒。如有年未四十，即行招受，及招受不止一人者，照违令律治罪。若招受之人，身犯奸盗重罪，伊师亦不准再行续招；其有复行续招者，亦照违令律治罪。僧道官容隐者，罪同。地方官不行查明，交部照例议处。所招生徒，俱勒令还俗。

4.62.(3) 一、僧道犯罪，该还俗者，查发各原籍安插。若仍于原寺〔观〕、庵院或他寺观、庵院潜住者，并照不应重律治罪，照旧还俗。其僧道官及住持知而不举者，照违令律治罪。

4.62.(4) 一、僧道如有为匪不法等事，责令僧纲、道纪等司，随时举报。倘瞻徇故纵，别经发觉，犯系逆案者，将该管僧纲、道纪，照知情故纵逆犯本律，分别已行、未行定罪。若止失于觉察者，照不应重律治罪。

## 又〔《户部则例》〕田赋门

### 寺院庄田

一、各省丛林古刹、旧经报官入册斋田，不许私相售卖，违者治罪。凡有续置，亦令报明地方官，申报上司，载入清查册。其庵观、茶亭、社庙、净室等处产业，令该住持开具数目，赴州县呈明立案。

一、盛京实胜寺等七庙庄地、园地共二万六千五百三十余亩，每亩征银八分，作为各庙喇嘛每岁应支口粮之用。各界官经征完欠考成并遇灾蠲缓，均照奉天加征余地例，一律办理。

一、盛京实胜寺等七庙喇嘛自置私产并香火地一万三千八百二十亩，令该喇嘛自行召佃取租。倘有苛求(耆)〔夺〕佃等事，随时(征)〔惩〕办。

一、盛京实胜寺等七庙各庄丁、园丁名下领种地亩，拨出十分之一交该管之庄头、园头，随缺管业，官给执照，载明顷亩数目、坐落村庄，仍按亩交银八分，不准私行典卖，违者究治。

## 第二编　债权　第一章　通则　第一节　债权之标的

附《现行律》钱债门违禁取利条

### 〔9.124 违禁取利〕

9.124.0.1 凡私放钱债，及典当财物，每月取利，并不得过三分。年月虽多，不过一本一

**利。违者，处四等罚。以余利计赃，重者，罪止十等罚。〇[9.124.0.2]若监临官吏于所部内举放钱债、典当财物者，处八等罚。违禁取利，以余利计赃，重者，准不枉法论。并追余利给主。其负欠私债违约不还者，（亦须照数处罚。中略）并追本、利给主。〇[9.124.0.3]若豪势之人，于违约负债者，不告官司，以私债强夺去人孳畜产业者，处八等罚。无多取余利，听赎不追。若估所夺畜产之价过本、利者，计多余之物，坐赃论；依数追还。〇[9.124.0.4]若准折人妻妾、子女者，处十等罚。**

(辑)**注**① 放债典当以通缓急之用，取利之中有相济之义。然必有乘人之急而罔利无度者，亦必有迟欠违约、负赖不还者，故立此禁限也。凡民间私放钱债及典当财物者，每月取利并不得过三分。如借当银一两，每月止许出利银三分。年月虽多，不过一本一利。如借银一两，按每月三分取利，积至三十三个月以外，则利钱已满一两，与本银相等，是谓“一本一利”。虽年月之多，不得复照三分算利，即五年、十年，亦止还一本一利。此债当取利之禁限也。〇总承两节言之，既已违禁，即属取与不和，故并给主。其民间私债，必有归还期约。其负(其)〔欠〕私债有故违原约之期不还，未至(二)〔三〕月(勿)〔弗〕论。至三月者，以所欠多寡，（分等数处罚。中略）并追本钱并应得之利给主。〇若豪强势要之人私放钱债，因其违约不还，不告官司而恃强夺去欠债人之孳畜产业者，处八等罚。若(占)估所夺畜产之价过于应还本利之数者，计所多余之物，坐赃论。如至七十两，则重于处八等罚，应从赃论，依所多之数，照追还主。不言准折孳畜产业者，所欠本利，原应偿还，畜产价值相当，彼此情愿，自(勿)〔弗〕论也。〇若欠债人之妻妾子女，则非畜产之比可以准折还债者。若豪势以私债而准折欠债人之妻妾子女，虽非强夺，亦必有逼迫不得已之情，故处十等罚。

辑注“年月虽多，不过一本一利”，谓本利皆未还而积至年月久远者也。若年年纳利，本钱未还，不得统计已还之利而算一本一利也。

**辑注** 一本一利犹名例，债钱虽多，不过其本价之意。

**辑注** 强夺畜产者，即估计所值，不及应还本利之数，亦处八等罚，恶其强夺也。畜产之价未过本利，则无余利可追。然本利应偿而畜产不应强夺，故注云“听赎不追”也。

**辑注** “准折人妻妾子女”节，承上“豪强之人”而言。“准折”者，谓将他物准照其数而折作钱债以还之，系两相和同之事，非由逼勒也。然在他物(各)〔如〕畜产之类则可。至准折妻妾子女，其人甘于离散骨肉，则豪势之声势可以想见。虽曰“和同”，必非本心；虽无逼勒，必非得已也。

**辑注** 律不曰“以妻妾子女准折还债”，而曰“准折人妻妾子女”，其义可见。故既坐罪，给亲而债亦免追，以倍罚之也。

## 条 例

**[9.124.(1)]一、监临官吏于所部内举放钱债，典当财物者，即非禁外多取余利，亦按其所得月息，照将自己货物散与部民、多取价利，计赃，准不枉法论；强者，准枉法论；不枉法，各主者，折半科罪律，减一等问罪。所得利银，照追入官。至违禁取利，以所得月息，全数**

---

① 本件“注”、“辑注”、“全纂”等部分据《大清律例增修统纂集成》（陶东皋、陶晓贯增修，上海：文渊山房光绪三十二年〔1906年〕版）校订。

科算，准不枉法论；强者，准枉法论；并将所得利银追出，余利给主，其余入官。

9.124.(2)一、佐领、骁骑校、领催等，有在本佐领或弟兄(左)〔佐〕领下，指扣兵丁钱粮放印子银者，照官吏于所部内举放钱债违禁取利律，加一等治罪。伙同放印子银者，以为从论，减一等。如非在本(左)〔佐〕领下举放重债，勒取兵丁钱粮；及民人违禁向八旗兵丁放转子、印子、长短钱，扣取钱粮者，照私放钱债本律，加一等治罪，利银均勒追入官。佐领、骁骑校、领催等，代属下兵丁指扣钱粮保借者，照不应重律治罪。

9.124.(3)一、听选官吏人等借债，与债主及保人同赴任所取偿，至五十两以上，借者革职，债主及保人照不应重律治罪，债追入官。

9.124.(4)一、放债之徒，用短票扣折，违例巧取重利者，严拿治罪，其银照例入官。受害之人，许其自首免罪，并免追息。

## 第二编　债权　第二章　契约　第二节　买卖　第一款　通则

附《现行律》市廛门把持行市条

### 〔10.129把持行市〕

10.129.0.1凡买卖诸物，两不和同，而把持行市，专取其利；及贩鬻之徒，通同牙行，共为奸计，卖己之物以贱为贵，买人之物以贵为贱者，处八等罚。○10.129.0.2若见人有所买卖，在旁混以己物，高下比价，以相惑乱而取利者，虽情非把持，处四等罚。○10.129.0.3若已得利物，计赃，重者，准窃盗论。

**条　例**

10.129.(1)一、各处客商辐辏去处，若牙行及无藉之徒用强邀截(各)〔客〕货者，不论有无诓赊货物，依本律处八等罚。如有诓赊货物，仍勒追完足发落。

10.129.(3)一、京城官地井水，不许挑水之人把持多家，任意(增)〔争〕长价值，及作为世业私相售卖。违者，许该户呈首，将把持挑水之人，照把持行市律治罪。

10.129.(5)一、大小衙门公私所需货物，务照市价公平交易，不得充用牙行，纵役私取。即有差办，必须秉公提取，毋许借端需索。如有纵役失察，交部分别议处。所得赃、私货物，分别给主、入官。

## 第二编　债权　第二章　契约　第十三节　寄托

附《现行律》钱债门费用受寄财产〔条〕，〔杂犯门失火条〕、〔放火故烧人房屋条〕

### 〔9.125费用受寄财产〕

9.125.0凡受寄他人财物、畜产而辄费用者，坐赃论。诈言死失者，准窃盗论，并追物还主。其被水火、盗贼费失，及畜产病死，有显迹者，勿论。（下略）

**注**　凡受人寄托之财物、畜产而辄擅费用者，犹有偿还之心，非遂干没之也，故坐赃论，减一等。若诈言畜死财失者，欺骗而隐匿之，有盗之心矣，故准窃盗论，减一等。盖受寄之物，原在其家，与取(之)〔诸〕外者，稍有不同，故坐赃、准盗，皆减一等。"并追物还主"承"费用"及"诈言死失”两项言。其所寄财物、(寄)〔畜〕产若被水火、盗贼费失及病死，各有显迹可据者，勿论，不坐罪，亦不追赔，事出不测，非受寄者之过也。

**条 例**

9.125.(1)一、凡典商收当货物，自行失火烧毁者，以值十当五，照原典价值计算，作为准数；邻火延烧者，酌减十分之二；按月扣除利息，照数赔偿。其米麦、豆石、棉花等粗重之物，典当一年为满者，统以贯三计算，照原典价值，给还十分之三；邻火延烧者，减去原典价值二分，以减剩八分之数，给还十分之三；均不扣除利息。至染铺被焚，即着开单呈报地方官，逐一估计，如系自行失火者，饬令照估赔还十分之五；邻火延烧者，饬赔十分之三。均于一月内给主具领。其未被焚烧及搬出各物，仍听当主、染主照号取赎。倘奸商、店伙人等，于失火时有贪利隐匿、乘机盗卖等弊，即照所隐之物，按所值银数，计赃，准窃盗论，追出原物给主。若只以自己失火为邻火延烧，希图短赔价值者，即计其短赔之值为赃，准窃盗为从论，分别治罪。如典商、染铺及店伙人等，图盗货物，或先有亏短因而放火故烧者，即照放火故烧自己房屋盗取财物，及凶徒图财放火故烧人房屋，各本律例，从重问拟。

9.125.(2)一、典铺被窃，无论衣服、米豆、丝棉、木器、书画，以及金银、珠玉、铜、铁、铅、锡各货，概照当本银一两，再赔一两；如系被劫，照当本银一两，再赔五钱；均扣除失事日以前应得利息。如赔还之后，起获原赃，即给与典主领回变卖，不准原主再行取赎。染铺被窃，照地方官估报赃数，酌赔十分之五。如系被劫，酌赔十分之三。均令于一月内给主收领。如赔赃之后，起获原赃，给与该铺具领，由地方官出示晓谕，令原主归还所得赔赃之资，将原物领回，仍查明已染、未染，分别付给染价。倘奸商、店伙人等，于失事后，有贪利隐匿、乘机盗卖等弊，即照所隐之物，按所值银数计赃，准窃盗论。若只以窃报强，希图短赔价值者，即计其短赔之值为赃，准窃盗为从论，分别治罪。

## 杂犯门

### 〔26.339失 火〕

26.339.0.1凡失火烧自己房屋者，处四等罚；延烧官民房屋者，处五等罚；因而致伤人命者，不分亲属、凡人。处十等罚；罪坐失火之人。

### 26.340放火故烧人房屋

26.340.0.1凡放火故烧自己房屋者，处十等罚。若延烧官民房屋及积聚之物者，徒三年。○26.340.0.2若放火故烧官民房屋及公廨、仓库、系官积聚之物者，皆绞。监候。须于放火处捕获，有显迹证验明白者，乃坐。其故烧人空闲房屋，及田场积聚之物者，各减一等。○26.340.0.3并计所烧之物减价，尽犯人财产折锉赔偿，还官、给主。除烧残见在外，其已烧物，令犯人家产折为银数，系一主者，全偿；系众主者，计所故烧几处，将家产锉为几分，而赔偿之；即官、民，亦品搭均偿。若家产罄尽者，免追。赤贫者，止科其罪。

## 第二编 债权 第七章 不当利得

附《现行律》钱债门得遗失物条

### 〔9.126得遗失物〕

9.126.0.1凡得遗失之物，限五日内送官。官物尽数还官。私物(招)〔召〕人识认，于内一半给与得物人充赏，一半给还失物人；如三十日内无人识认者，全给。五日限外不送官者，官物，坐赃论；私物，减二等，其物一半入官，一半给主。若无主，全入官。○9.126.0.2若于官、私地内，掘得埋藏无主之物者，并听收用。若有古器、钟鼎、符印、异常之物，非民间所宜有者。限三十日内送官。违者，处八等〔罚〕，其物入官。

## 第三编　物权　第二章　所有权　第二节　不动产所有权

附《现行律》田宅门欺隐田粮〔条〕、〔检踏灾伤田粮条〕，《户部则例》田赋门开垦事宜条

### 田宅门

#### 〔5.72欺隐田粮〕

5.72.0.1凡欺隐田粮，脱漏版籍者，罚；（上略）其田入官，所隐税粮，依数征纳。○5.72.0.2若将田土，移丘换段、挪移等则，以高作下，减瞒粮额，及诡寄田粮，影射差役，并受寄者，罪亦如之。○5.72.0.4其还乡复业人民，丁力少而旧田多者，听从尽力耕种，报官入(藉)〔籍〕，计田纳粮当差。若多余占田而荒芜者，罚；（中略）其田入官。若丁力多，而旧田少者，告官于附近荒田内，验力拨付耕种。

**条　例**

5.72.(2)一、将自己田地应纳钱粮，洒派别户者，按数计赃，准枉法论。田地入官。〔其洒派〕钱粮，照年分、亩数追征，还给代纳之户。

5.72.(4)一、州县征收粮米之时，预将各里、各甲花户、额数的名填定联三版串：一给纳户执照，一发经承销册，一存州县查对。按户征收，对册完纳，即行截给归农。

#### 5.73检踏灾伤田粮

5.73.0.1凡部内有水旱霜雹及蝗蝻为害，一应灾伤应减免之田粮，有司官吏应准告而不即受理申报上司、亲行检踏，及本管上司不与委官复踏者，各处八等罚。（中略）○5.73.0.3其冒免之田合纳税粮，依额数追征入官。

**条　例**

5.73.(1)一、凡被灾地方，米船过关，果系前往售卖，免其纳税，给予印票。责令到境之日呈送该地方官钤盖印信，回空查销。如有免税米船，偷运别省，并未到被灾地方先行粜卖者，将宽免之税，加倍追出，仍照违制律治罪。

5.73.(2)一、凡沿河沙洲地亩，被冲坍塌，即令业户报官，勘明注册。遇有淤涨，亦即报官查丈，照原报之数拨补，此外多余涨地，不许霸占。如从前未经报坍，不准拨给。至隔江远户，果系报坍有案，即将多余涨地，秉公拨补。若坍户数多，按照报坍先后，以次照拨。倘补足之外，尚有余地，许召无业穷民认垦，官给印照。仍令各属按数造报，统俟五年大丈，再行履勘，造册送部，以定升除。其报坍报涨在两县接壤之处者，委员会同两邑地方官，据实勘验，秉公拨补。

5.73.(3)一、赈济被灾饥民，以及蠲免钱粮，如有官员侵吞入己，数在一千两以上者，照侵盗钱粮例，拟绞监候。

## 《户部则例》田赋门

### 开垦事宜

一、各直省实在可垦荒地，无论土著、流寓，俱准报垦。一地互报，尽先报者。凡报垦，必开具界(趾)〔址〕、土名，听官查勘，出示晓谕后，五个月如无原业呈报，地方官即取结给照，限年升科。贫者酌借牛、种，升科后带还。每于岁底，州县将岁垦荒地填用司颁印照各数，造册申司，汇报督抚具题，仍于升科时核实奏销。倘垦户将实有业户之地串通捏垦、朦官给照及指他人承垦之地冒认己业者，均依隐占他人田宅律治罪。垦户不请印照，以私垦论。官勘不实，并予议处。至承垦后或实在垦不成熟，仍准报官勘明，销照退业。凡垦荒值有古冢，周围四丈以内不得开垦。

一、各直省开垦荒地，仍从民便，地方官不得稍涉抑勒，或以少报多、以多报少，或以熟报垦、以荒报熟，或飞(涨)〔洒〕钱粮、捏报升科，或抑勒首报，或托名清厘田粮、无故查丈，致滋扰累者，均予严究，从重处分。

一、各直省荒地，州县官册报开垦，该督抚即另委隔属贤员履亩丈勘，所垦与所报之数果属相符，取结送部，分别年分入额起科。倘丈勘不符，将原报官议处。（下略）

## 第三编　物权　第四章　永佃权

附(现行律)〔《户部则例》〕田赋门撤佃条款

### 〔撤佃条款〕

一、民(田)〔佃〕官赎旗地，官给印照，开写地亩及应征租银各数，于秋成后征收解司，汇解部库。佃民遇有事故，准其报官具退，听官招佃，不得私相授受。倘有典卖，〔照盗卖官田〕律治罪，仍撤地另佃。遇灾按照分数分别蠲缓。如有荒瘠应行除租，令该管道员亲勘，加结出具印文，申报总督衙门咨部。

一、民人佃(租)〔种〕旗地，地虽易主，佃户仍(属)〔旧〕，地主不得无故夺佃、增租。如佃户实系拖欠租银，许地主撤地另佃。倘佃〔户〕(捐)〔措〕霸，呈官勒退。(地)若并无前项情事，而庄头、地棍串唆夺佃、增租者，严加治罪。

一、民佃地亩或因欠租、或因自(租)〔种〕，原业撤回地亩之内，如佃户已盖(屋)〔房〕建坟占用地基，即丈明亩数，令原佃照上等地交租，地主不得勒令迁移及额外需索，违者治罪。凡佃户欲于现种纳租地内盖房葬坟，地主允从者，听之。

一、民人佃种八旗入官地亩应纳官租，准照原业所收租数，每银一两减纳银一成三分，交官报解，地方官不得多收。其银两随解藩库，分季汇册解部，每年另册奏销。各官经征督催不力，指名参处。

一、民佃地亩，业户因建坟茔占地若干，准其撤地。其余地亩，仍租给原佃承(租)〔种〕。如撤地后，并不立坟，另行招佃者，照夺佃例办理。

一、大粮庄头及旗人看坟管地家奴，如系在屯居住，实无养赡，呈请撤地承种者，查系庄头、亲丁以及在(挡)〔档〕家奴，与本村居住在十里以内者，准将该地按亩撤给三成。其撤地原佃，如将(佃)〔地〕亩全行撤出，准其在于未曾撤地各佃名下照前成数拨补。如该庄头、家奴等撤地后，承种一二年，另佃与人，一经控发，照夺佃例断给原佃承种，仍治以应得之罪。

一、内务府庄头、园头拖欠钱粮革退后，亲丁、另姓、孤户等三限无人接充，派令现充庄头、园头就近认领，计亩交差。若庄头、园头不愿认领，责成地方官照每亩交租银一钱八九分之数按年交纳。六月交纳三成，十月交齐。由内务府派委员役前往各州县牌取，以备差需。

一　革退庄头地亩无人接充，准令现充庄头并无拖欠钱粮者具呈，先交现年钱粮整分者，撤领官地九顷，半分者，撤领官地十八顷，按额加差交粮。其陈庄头如有愿领加地者，止准撤领半分。倘有拖欠，一体查抄，备抵治罪。

### 第三编　物权　第六章　担保物权　第四节　不动产质权

附《现行律》〔田宅门〕盗卖田宅〔条〕、〔典买田宅条〕

### 〔5.75 盗卖田宅〕

5.75.0.1 凡盗卖、换易及冒认，他人田宅作自己者。若虚写价钱实立文契典买，及侵占他人田宅者，田一亩、屋一间以下，处五等罚；每田五亩、屋三间，加一等；罪止徒二年。系官田宅者，各加二等。〇5.75.0.2 若强占官民山场、湖泊、茶园、芦荡，及金、银、铜、锡、铁冶者，流三千里。〇5.75.0.3 若将互争不明及他人田产，妄作己业，朦胧投献官豪势要之人，与者、受者，各徒三年。〇5.75.0.4 田产及盗卖过田价，并递年所得花利，各应还官者还官、应给主者给主。

**辑注**　“争竞不明”，即所谓“互争”也。卖过者，虽系己业，既卖于人，即所谓“他人田产”也。民间起科，系其开垦乏业。寺观田地，非僧道己物，祖坟山地，非子孙一人可专者，亦犹“他人田产”也。私捏文契，即所谓“妄作己业”也。子弟受人投献，必由家长纵容；而奸徒投献，不能自达，必有管庄人招致引进，故罪坐家长并及管庄人，亦《春秋》“诛乱贼必绝其党”之义。

**辑注**　屯田系给卫军耕种之业，各有定额，亦官田也。强占、典卖必至五十亩以上，又不纳子粒者，方依此例问发。

**条　例**

5.75.(1) 一、各省丈量田亩及抑勒首报垦田之事，永行(禁)〔停〕止。违者，以违制律论。

5.75.(2) 一、凡人民告争坟山，近年者，以印契为凭。如系远年之业，须将山地字号、亩数及库存鳞册，并完粮印串，逐一丈勘查对，果相符合，即断令管业。若查勘不符，又无完粮印串，其所执远年旧契及碑谱等项，均不得执为凭据，即将滥(捏)〔控〕侵占之人，按例治罪。

5.75.(3) 一、军民人等将争竞不明，并卖过及民间起科，僧道将寺观各田地，若子孙将公共祖坟山地，朦胧投献王府及内外官豪势要之家，私捏文契典卖者，投献之人依律问拟。其受投献家长，并管庄人，参究治罪。直隶各省空(间)〔闲〕(土)地〔土〕，俱听民尽力开种，照年限起科，若有占夺投献者，亦照律治罪。

5.75.(4) 一、凡子孙盗卖祖遗祀产，并义田，及历久宗祠者，俱照盗卖官田宅律定拟，罪止徒三年。知情谋买之人，各与犯人同罪。房产收回，给族长收管；卖价入官。不知者，不坐。其祀产、义田，令勒石报官，或族长自立议单公据，方准按例治罪。如无公私确据，借端生事者，照诬告律治罪。

5.75.(5) 一、凡(家奴)〔雇工〕、庄头人等，因伊主外出，私自盗卖所遗田产，至五十亩者，流三千里；不及前数者，照盗卖官田律治罪。盗卖房屋，亦照盗卖官宅律科断。谋买之人，与串通说合之中保，均与盗卖之人同罪。房产给还原主，卖价人官。其不知者，不坐。倘不肖之徒，借端讹诈，照诬告律治罪。

5.75.(6) 一、用强占种屯田，五十亩以上，不纳子粒者，照数追纳完日，照强占官民山场律，流三千里。其屯田人等，将屯田典卖与人，至五十亩以上，典主、(卖)〔买〕主各不纳子粒者，俱照前问拟。若数不满五十亩，及上纳子粒不缺，或因无人承种而侵占者，照侵占官田律治罪；典卖与人者，照盗卖官田律治罪。管屯等官，不行用心清查者，参奏，依违制律治罪。

5.75.(7) 一、凡租种山地棚民，除同在本山有业之家，公同画押出租者，山主、棚民均免治罪外；若有将公共山场，一家私召异籍之人搭棚开垦者，照盗卖官田宅律治罪，租价入官。承租之人，罪亦如之。为从，并减一等。父兄子弟同犯，仍照律罪坐尊长。族长、(嗣)〔祠〕长失于查察，照不应重律科罪。至因召租、承租酿成事端，致有抢夺杀伤者，仍各从其重者论。

## 5.76 典(卖)〔买〕田宅

5.76.0.1 凡典(卖)〔买〕田宅，不税契者，处五等罚，仍追契内田宅价钱一半入官。不过割者，一亩至五亩，处四等罚；每五亩加一等，罪止十等罚。其不过割之田入官。○5.76.0.2 若将已典卖与人田宅，朦胧重复典卖者，以所得重典卖之价钱，计赃，准窃盗论，追价还后典买之主。田宅从原典买主为业。若重复典买之人及牙保知其重典卖之情者，与犯人同罪，追价入官；不知者，不坐。○5.76.0.3 其所典田宅、园林、碾磨等物，年限已满，业主备价取赎。若典主托故不肯放赎者，处四等罚。限外递年所得多余花利，追征给主。仍听依原价取赎。其年限虽满，业主无力取赎者，不拘此律。

**注** 税契者，典(卖)〔买〕之契当报官照价纳税，印发存照也。过割者，典(卖)〔买〕之后当报官，彼户推出，收入此户，纳粮当差也。凡典买田宅不税契，则亏损官课，(应拟罚)追田宅之价一半入官。典买田宅不过割，则混淆版籍，(亦应处罚)其田(宅)入官。〔宅则止科其罪〕。《笺释》谓“宅无粮差，故不言过割、不过割之罪”，非也。“典(卖)〔买〕田宅”四字总冒不税契、不过割两项而言。罪与罚，律文原是两层。论罪则承上“典(卖)〔买〕田宅”论，罚则另言。故“不税契”下亦有“田宅”二字，非但曰“价钱一半”也，“不过割”下则(上)〔止〕曰“其田”，文义甚明。〔宅〕虽无差役，亦有地粮，岂得不过割耶！○田宅已经典卖与人，即是他人之业矣。若朦胧重复典卖，与盗何异！故以所得价钱为赃，准窃盗论。追价还后典买之主，田宅听从原典(卖)〔买〕之主管业。在重复典(卖)〔买〕之人，被其朦胧，多系不知情。若知情，则与典买者通同矣，故与同罪。牙保亦然。其价即系彼此俱罪之赃，例应入官。不知不坐。〇其所典田宅、园林、碾磨等物必先议明年限，开载契中。限满后，业主备价取赎，若典主托故不放，则有占护其利之心，故处四等罚。业主既已备价，即同赎回，故限外递年所得花利，俱应追给也。业主无力取赎，则非典主之故，仍听管业，故曰“不拘此律”。

**辑注**　《笺释》谓“不税契主买者言，不过割主卖者言”，又云“不过割，多由卖主留根作难，故买主不坐”，非也。本律明言“典卖”，原无分别。若谓卖者留根作难，则买者何罪而受入官之罚乎？盖不税契者，虽亏课程，止损于官，其罪小。不过割者，故留粮差遗累于民，其罪大，故罪罚有轻重。律意皆指典买之人言。若有典卖者留难不放过割，自当酌拟不应，不得概引此律，将其田入官也。

**辑注**　必税契所以杜异日假捏之弊也，必过割所以清各户赋役之籍也。

**辑注**　重复典卖，犹盗卖也。而盗卖他人田宅，罪止八等罚，徒二年。原典房屋契载物件，至回赎时，或有塌倒、损坏，照原价酌减。〔典〕当田房契载年限，至多以十年为率。倘多载年分，一经发觉，追交税银，照例治罪。（见《户部则例》）凡典契而原主不愿找〔赎〕、卖契而现业主不愿找贴者，均听原主别售，归还典卖本价。(自)〔至〕典契并原卖听赎之产，现业主果有急需，原主不能回赎，亦听现业主转典。倘有冒称原主之原主，隔手告找、告赎，或原主于转典未满年限以前，强行告赎，及限满而现业主勒赎者，均治其罪。（见《户部则例》）民人佃种旗地，地虽易主，佃户仍旧，地主不得无故夺佃争租。如佃户实系拖欠租银，仍许地主呈官另佃，或地主实欲自种，佃户虽不欠租，亦应退地。若并无前项情事，而庄头、地棍串唆夺佃、增租者，审实严加治罪。〇地主因欠租撤地或自种(退)〔退〕地，而地内旧有佃户所建房院并葬坟占用地基，应丈明丈尺亩数，令原佃照上等地交租，地主不得勒令迁移及额外需索，违者治罪。凡佃户欲于现种纳租地内盖房、葬坟，地主允从者，听。（见《户部则例》）

**集注**　重在“契载不明”四字，谓契内既无“绝卖”字样，又无“找赎”字样，含混不明，故以三十年为断。若契载“绝卖”，即不论年月久近矣。若契有“找赎”字样，即三十年以外，尚非绝业也。照例分别找赎，即前条所谓“并听回赎”及“无力回赎，公估找贴”云云也。

凡租房失火，例不赔偿。凡典产延烧，其年限未满者，业主、典主各出一半，合起房屋，加典三年。年限满足，业主仍将原价取赎。如年限未满，大主无力合起者，典主自为起造，加典三年。年限满足，业主照依原价加四取赎。如年限未满，而典主无力合起者，业主照依原价，减四取赎。如年限已满者，听业主照依原价减半取赎。如年限已满而业主不能取赎，典主自为起造，加典三年。年限满足，业主仍依原价加四取赎。活卖房屋与典产原无区别，如遇火毁，一例办理。其或被火延烧，原、业两主均无力起造，所有地基公同售价，原主将地价偿还业主三股之一。起造典屋，其高宽丈尺、工料装修，俱照原屋，以免争执。至租屋出有顶首银两，如火系租户自起，则既累业主起造，其顶首银两不应给还。如延烧者，业主起造后，或另租他人所有顶首银两，量偿三股之一。

## 条　例

5.76.(1) 一、告争家财、田产，但系五年之上，并虽未及五年，验有亲族写立分书已定、出卖文约是实者，断令照旧管业，不许重分、再赎，告词立案不行。

5.76.(2) 一、卖产立有绝卖文契，并未注有"找贴"字样者，概不准贴赎。如契未载"绝卖"字样，或注定年限回赎者，并听回赎。若卖主无力回赎，许凭中公估找贴一次，另立绝卖契纸。若买主不愿找贴，听其别卖，归还原价。倘已经卖绝，契载确凿，复行告找、告赎，及执产动归原先尽亲邻之说，借端措勒，希图短价，并典限未满，而业主强赎者，俱照不应重律治罪。

5.76.(3) 一、民间置买产业，如系典契，务于契内注明"回赎"字样；如系卖契，亦于契内注明"绝卖、永不回赎"字样。如有混行(告)争〔告〕者，均照不应重律治罪。

5.76.(4) 一、凡州县官征收田房税契，照征收钱粮例，别设一柜，令业户〔亲自〕赍契投税。该州县即粘司印契尾，给发收执。若业户混交匪人代投，致被假印诓骗者，照不应重律治罪，责令换契重税。倘州县官不粘司印契尾，侵税入己，照例参追。该管之道、府、直隶州知州，分别失察、徇隐，照例议处。

## 第三编　物权　第七章　占有

附《现行律》河防门侵占街道条

### 〔30.388 侵占街道〕

30.388.0 凡侵占街巷道路，而起盖房屋，及为园圃者，处六等罚，各令拆毁。修筑复旧。

## 第四编　亲属

附《现行律》服制图（丧服总图、本宗九族五服正服之图、妻为夫族服图、妾为家长族服之图、出嫁女为本宗降服之图、外亲服图、妻亲服图、三父八母服图）、服制

<table>
<tr><th colspan="4">0.0.1 丧服总图</th></tr>
<tr><td colspan="4">斩衰<br>三年</td></tr>
<tr><td colspan="4">用至粗麻布为之，不缝下边</td></tr>
<tr><td colspan="4">齐衰</td></tr>
<tr><td>五月</td><td>杖期</td><td>不杖期</td><td>三月</td></tr>
<tr><td colspan="4">用稍粗麻布为之，缝下边</td></tr>
<tr><td colspan="4">大功<br>九月</td></tr>
<tr><td colspan="4">用粗熟布为之</td></tr>
<tr><td colspan="4">小功<br>五月</td></tr>
<tr><td colspan="4">用稍粗熟布为之</td></tr>
<tr><td colspan="4">缌麻<br>三月</td></tr>
<tr><td colspan="4">用稍细熟布为之</td></tr>
</table>

## 0.0.2 本宗九族五服正服之图

凡嫡孙父卒，为祖父母承重，服斩衰三年。若为曾、高祖父母承重，服亦同。

凡姑、姊妹、女及孙女在室，或已嫁被出而归，服并与男子同。出嫁而无夫与子者，为兄弟姊妹及侄皆不杖期。

| | | | | | | | | | |
|---|---|---|---|---|---|---|---|---|---|
| | | | | 高祖父母 齐衰三月 | | | | | |
| | | | 曾伯叔祖父母 缌麻 | 曾祖父母 齐衰五月 | | 曾祖姑 在室缌麻 出嫁无服 | | | |
| | | 族伯叔祖父母 缌麻 | 伯叔祖父母 小功 | 祖父母 齐衰不杖期 | | 祖姑 在室小功 出嫁缌麻 | 族祖姑 在室缌麻 出嫁无服 | | |
| | 族伯叔父母 缌麻 | 堂伯叔父母 小功 | 伯叔父母 期年 | 父母 斩衰三年 | | 姑 在室期年 出嫁大功 | 堂姑 在室小功 出嫁缌麻 | 族姑 在室缌麻 出嫁无服 | |
| 族兄弟 缌麻<br>族兄弟妻 无服 | 再从兄弟 小功<br>再从兄弟妻 无服 | 堂兄弟 大功<br>堂兄弟妻 缌麻 | 兄弟 期年<br>兄弟妻 小功 | 己身 | | 姊妹 在室期年 出嫁大功 | 堂姊妹 在室大功 出嫁小功 | 再从姊妹 在室小功 出嫁缌麻 | 族姊妹 在室缌麻 出嫁无服 |
| | 再从侄 缌麻<br>再从侄妇 无服 | 堂侄 小功<br>堂侄妇 缌麻 | 侄 期年<br>侄妇 大功 | 长子 期年<br>长子妇 期年 | 众子 期年<br>众子妇 大功 | 侄女 在室期年 出嫁大功 | 堂侄女 在室小功 出嫁缌麻 | 再从侄女 在室小功 出嫁无服 | |
| | | 堂侄孙 缌麻<br>堂侄孙妇 无服 | 侄孙 小功<br>侄孙妇 缌麻 | 嫡孙 期年<br>嫡孙妇 小功 | 众孙 大功<br>众孙妇 缌麻 | 侄孙女 在室小功 出嫁缌麻 | 堂侄孙女 在室缌麻 出嫁无服 | | |
| | | | 曾侄孙 缌麻<br>曾侄孙妇 无服 | 曾孙 缌麻 | 曾孙妇 无服 | 侄曾孙女 在室缌麻 出嫁无服 | | | |
| | | | | 元孙 缌麻 | 元孙妇 无服 | | | | |

凡男为人后者，为本生亲属孝服皆降一等，本生父母亦降服不杖期。父母报服同。

凡同五世祖族属在缌麻绝服之外袒免亲。遇葬则服素服，尺布缠头。

## 0.0.3 妻为夫族服图

| | | | | | | | | | |
|---|---|---|---|---|---|---|---|---|---|
| 夫为祖父母及曾、高祖父母承重者，并从夫服。 | | | | 夫高祖父母 缌麻 | | | | | 夫为人后，其妻为本生舅姑服大功。 |
| | | | 夫曾伯叔祖父母 无服 | 夫曾祖父母 缌麻 | | 夫曾祖姑 无服 | | | |
| | | 夫族伯叔祖父母 无服 | 夫伯叔祖父母 缌麻 | 夫祖父母 大功 | | 夫祖姑 在室缌麻 出嫁无服 | 夫堂祖姑 无服 | | |
| | 夫族伯叔父母 无服 | 夫堂伯叔父母 缌麻 | 夫伯叔父母 大功 | 舅姑 斩衰三年 | | 夫亲姑 小功 | 夫堂姑 在室缌麻 出嫁无服 | 夫族姑 无服 | |
| 夫族兄弟 无服 | 夫再从兄弟 无服 | 夫堂兄弟及妻 缌麻 | 夫兄弟及妻 小功 | 妻为夫 斩衰三年 | 夫为妻 齐衰杖期 父母在不杖 | 夫姊妹 小功 | 夫堂姊妹 缌麻 | 夫再从姊妹 无服 | 夫族姊妹 无服 |
| | 夫再从侄 缌麻 | 夫堂侄 小功；夫堂侄妇 缌麻 | 夫侄 期年；夫侄妇 大功 | 长子 期年；长子妇 期年 | 众子 期年；众子妇 大功 | 夫侄女 在室期年 出嫁大功 | 夫堂侄女 在室小功 出嫁缌麻 | 夫再从侄女 在室缌麻 出嫁无服 | |
| | | 夫堂侄孙 缌麻 | 夫侄孙 小功；夫侄孙妇 缌麻 | 孙 大功 | 孙妇 缌麻 | 夫侄孙女 在室小功 出嫁缌麻 | 夫堂侄孙女 在室缌麻 出嫁无服 | | |
| | | | 夫曾侄孙 缌麻 | 曾孙 缌麻 | | 夫侄曾孙女 在室缌麻 出嫁无服 | | | |
| | | | | 元孙 缌麻 | | | | | |

## [0.0.4]妾为家长族服之图

| | | | | |
|---|---|---|---|---|
| 嫡孙、众孙为庶祖母，小功五月。 | | 家长祖父母 小功 | | |
| | | 家长父母 期年 | | |
| | 家长 斩衰三年 | | 正妻 期年 | |
| 家长众子 期年 | | 家长长子 期年 | | 为其子 期年 |
| 家长众孙 无服 | | 家长嫡孙 无服 | | 为其孙 大功 |

### 0.0.7 出嫁女为本宗降服之图

| | | | | |
|---|---|---|---|---|
| | | 高祖父母<br>齐衰三月 | | |
| | | 曾祖父母<br>齐衰五月 | | |
| | 祖兄弟<br>缌麻 | 祖父母<br>期年 | 祖姊妹<br>在室缌麻<br>出嫁无服 | |
| 父堂兄弟<br>缌麻 | 伯叔父母<br>大功 | 父母<br>期年 | 父姊妹<br>在室大功<br>出嫁小功 | 父堂姊妹<br>在室缌麻<br>出嫁无服 |
| 堂兄弟<br>小功 | 兄弟<br>大功 | 己身 | 姊妹<br>在室大功<br>出嫁小功 | 堂姊妹<br>在室小功<br>出嫁缌麻 |
| 堂侄<br>缌麻 | 兄弟子<br>大功 | | 兄弟女<br>在室大功<br>出嫁小功 | 堂侄女<br>在室缌麻<br>出嫁无服 |

## [0.0.8]外亲服图

| | | | | |
|---|---|---|---|---|
| 妻为夫外亲服降一等。 | | 母祖父母 无服 | | |
| | 母之兄弟 小功 | 外祖父母 小功 | 母之姊妹 小功 | |
| 堂舅之子 无服 | 母舅之子 缌麻 | 己身 | 两姨之子 缌麻 | 堂姨之子 无服 |
| | 舅之孙 无服 | 姑之子 缌麻 | 姨之孙 无服 | |
| | | 姑之孙 无服 | | |

## 0.0.5 妻亲服图

| | | | | |
|---|---|---|---|---|
| | | 妻祖父母 无服 | | |
| | 妻伯叔 无服 | 妻父母 缌麻 | 妻之姑 无服 | |
| 妻外祖父母 无服 | 妻兄弟及妇 无服 | 己身 为婿缌麻 | 妻之姊妹 无服 | |
| | 妻兄弟子 无服 | 女之子 缌麻 | 妻姊妹子 无服 | |
| | | 女之孙 无服 | | |

## 0.0.6 三父八母服图

**同居继父**

自己亦有伯叔兄弟之类 两有大功亲谓继父有子孙、 齐衰三月

期年 己身亦无伯叔兄弟之类 两无大功亲谓继父无子孙、

**从继母嫁**

齐衰杖期 谓父死继母再嫁他人随去者

**不同居继父**

无服 自来不曾随母与继父同居

齐衰三月 先曾与继父同居，今不同居

**慈母**

斩衰三年 谓所生母死，父令别妾抚育者

**继母**

斩衰三年 谓父娶之后妻

**嫡母**

斩衰三年 谓妾生子女称父之正妻

**养母**

斩衰三年 谓自幼过房与人

**出母**

齐衰杖期 谓亲母被父出者

**嫁母**

齐衰杖期 谓亲母因父死，再嫁他人

**乳母**

缌麻 谓父妾乳哺者，即奶母

**庶母**

嫡子众子齐衰杖期 所生子斩衰三年 谓父有子女妾

# 服　制

## 0.1.1 斩衰三年

0.1.1.1 子为父母。女在室并已许嫁者，及已嫁被出而反在室者，同。子之妻同。

0.1.1.2 子为继母、为慈母、为养母。子之妻同。继母，父之后妻；慈母，谓母卒父命他妾养己者；养母，谓自幼过房与人者。

0.1.1.3 庶子为所生母、为嫡母。庶子之妻同。

0.1.1.4 为人后者为所后父母。为人后者之妻同。

0.1.1.5 嫡孙为祖父母及曾、高祖父母承重。嫡孙之妻同。

0.1.1.6 妻为夫。妾为家长同。

## 0.1.2 齐衰杖期

0.1.2.1 嫡子、众子为庶母。嫡子、众子之妻同。庶母，父妾之有子女者。父妾无子女，不得以母称矣。

0.1.2.2 子为嫁母。亲生母父亡而改嫁者。

0.1.2.3 子为出母。亲生母为父所出者。

0.1.2.4 夫为妻。父母在不杖。

## 0.1.3 齐衰不杖期

0.1.3.1 祖为嫡孙。

0.1.3.2 父母为嫡长子，及嫡长子之妻，及众子，及女在室，及子为人后者。

0.1.3.3 继母为长子、众子。

0.1.3.4 前夫之子，从继母改嫁于人，为改嫁继母。

0.1.3.5 侄为伯叔父母，及姑、姊妹之在室者。

0.1.3.6 为己之亲兄弟，及亲兄弟之子女在室者。

0.1.3.7 孙为祖父母。孙女在室、出嫁同。

0.1.3.8 为人后者，为其本生父母。

0.1.3.9 女出嫁，为父母。

0.1.3.10 女在室，及虽适人而无夫与子者，为其兄弟姊妹及侄与侄女在室者。

0.1.3.11 女适人，为兄弟之为父后者。

0.1.3.12 妇为夫亲兄弟之子及女在室者。

0.1.3.13 妾为家长之正妻。

0.1.3.14 妾为家长父母。

0.1.3.15 妾为家长之长子、众子与其所生子。

0.1.3.16 为同居继父，而两无大功以上亲者。

### 0.1.4 齐衰五月

0.1.4.1 曾孙为曾祖父母。曾孙女同。

### 0.1.5 齐衰三月

0.1.5.1 元孙为高祖父母。元孙女同。

0.1.5.2 为同居继父，而两有大功以上亲者。

0.1.5.3 为继父，先曾同居今不同居者。自来不曾同居者无服。

### 0.1.6 大功九月

0.1.6.1 祖为众孙。孙女在室同。

0.1.6.2 祖母为嫡孙、众孙。

0.1.6.3 父母为众子妇及女已出嫁者。

0.1.6.4 伯叔父母为侄妇及侄女已出嫁者。侄妇，兄弟子之妻也；侄女，兄弟之女也。

0.1.6.5 妇为夫之祖父母。

0.1.6.6 妇为夫之伯叔父母。

0.1.6.7 为人后者，为其兄弟及姑、姊妹之在室者。既为人后，则于本生亲属服皆降一等。

0.1.6.8 夫为人后，其妻为夫本生父母。

0.1.6.9 为己之同堂兄弟、姊妹在室者。即伯叔父母之子女也。

0.1.6.10 为姑及姊妹之已出嫁者。姑，即父之姊妹；姊妹，即己之亲姊妹也。

0.1.6.11 为己兄弟之子为人后者。

0.1.6.12 出嫁女为本宗伯叔父母。

0.1.6.13 出嫁女为本宗兄弟及兄弟之子。

0.1.6.14 出嫁女为本宗姑姊妹及兄弟之女在室者。

### 0.1.7 小功五月

0.1.7.1 为伯叔祖父母。祖之亲兄弟。

0.1.7.2 为堂伯叔父母。父之堂兄弟。

0.1.7.3 为再从兄弟及再从姊妹在室者。

0.1.7.4 为同堂姊妹出嫁者。

0.1.7.5 为同堂兄弟之子及女在室者。

0.1.7.6 为祖姑在室者。即祖之亲姊妹。

0.1.7.7 为堂姑之在室者。即父之同堂姊妹。

0.1.7.8 为兄弟之妻。

0.1.7.9 祖为嫡孙之妇。

0.1.7.10 为兄弟之孙及兄弟之孙女在室者。

0.1.7.11.1 为外祖父母。即亲母之父母。○0.1.7.11.2 为在堂继母之父母；庶子嫡母在，为嫡母之父母；庶子为在堂继母之父母；庶子不为父后者，为己母之父母；为人后者，为所后母之父母。以上五项，均与亲母之父母服同。外祖父母报服亦同。其母之兄弟姊妹服制及报服，亦与亲母同。姑舅两姨兄弟姊妹，服亦同。为人后者，为本生母之亲属降服一等。再，庶子不为父后者为己母之父母服一项，若己母系由人家所生女收买为妾及其父母系属贱族者，不在此列。

0.1.7.12.1 为母之兄弟姊妹。兄弟即舅；姊妹即姨。○0.1.7.12.2 其义服详载为外祖父母条下。

0.1.7.13.1 为姊妹之子即外甥。及女之在室者。○0.1.7.13.2 其义服详载为外祖父母条下。

0.1.7.14 妇为夫兄弟之孙即侄孙。及夫兄弟之孙女在室者。即侄孙女。

0.1.7.15 妇为夫之姑及夫姊妹。在室、出嫁同。

0.1.7.16 妇为夫兄弟及夫兄弟之妻。

0.1.7.17 妇为夫同堂兄弟之子及女在室者。

0.1.7.18 女出嫁为本宗堂兄弟及堂姊妹之在室者。

0.1.7.19 为人后者，为其姑及姊妹出嫁者。

0.1.7.20 嫡孙、众孙为庶祖母。女在室者，同。

0.1.7.21 生有子女之妾，为家长之祖父母。

### 0.1.8 缌麻三月

0.1.8.1 祖为众孙妇。

0.1.8.2 曾祖父母为曾孙、元孙。曾孙女、元孙女同。

0.1.8.3 祖母为嫡孙、众孙妇。

0.1.8.4 为乳母。

0.1.8.5 为曾伯叔祖父母。即曾祖之兄弟及曾祖兄弟之妻。

0.1.8.6 为族伯叔父母。即父再从兄弟及再从兄弟之妻。

0.1.8.7 为族兄弟及族姊妹在室者。即己三从兄弟姊妹所与同高祖者。

0.1.8.8 为曾祖姑在室者。即曾祖之姊妹。

0.1.8.9 为族祖姑在室者。即祖之同堂姊妹。

0.1.8.10 为族姑在室者。即父之再从姊妹。

0.1.8.11 为族伯叔祖父母。即祖同堂兄弟及同堂兄弟妻。

0.1.8.12 为兄弟之曾孙及兄弟之曾孙女在室者。

0.1.8.13 为兄弟之孙女出嫁者。

0.1.8.14 为同堂兄弟之孙及同堂兄弟之孙女在室者。

0.1.8.15 为再从兄弟之子及女在室者。

0.1.8.16 为祖姑及堂姑及己之再从姊妹出嫁者。祖姑，即祖之亲姊妹；堂姑，即父之堂姊妹。

0.1.8.17 为同堂兄弟之女出嫁者。

0.1.8.18.1 为姑之子。即父姊妹之亲子。〇0.1.8.18.2 其义服详载为外祖父母条下。

0.1.8.19.1 为舅之子。即亲母兄弟之子。〇0.1.8.19.2 其义服详载为外祖父母条下。

0.1.8.20.1 为两姨兄弟。即亲母姊妹之子。〇0.1.8.20.2 其义服详载为外祖父母条下。

0.1.8.21 为妻之父母。

0.1.8.22 为婿。

0.1.8.23.1 为外甥男。女同。即女之子女。〇0.1.8.23.2 其义服详载为外祖父母条下。

0.1.8.24 为兄弟孙之妻。即侄孙之妻。

0.1.8.25 为同堂兄弟之子妻。即堂侄之妻。

0.1.8.26 为同堂兄弟之妻。

0.1.8.27 妇为夫高、曾祖父母。

0.1.8.28 妇为夫之伯叔祖父母及夫之祖姑在室者。

0.1.8.29 妇为夫之堂伯叔父母及夫之堂姑在室者。夫之堂姑即夫之伯叔祖父母所生也。

0.1.8.30 妇为夫之同堂兄弟姊妹及夫同堂兄弟之妻。

0.1.8.31 妇为夫再从兄弟之子。女在室同。

0.1.8.32 妇为夫同堂兄弟之女出嫁者。

0.1.8.33 妇为夫同堂兄弟子之妻。即堂侄妇。

0.1.8.34 妇为夫同堂兄弟之孙及孙女之在室者。

0.1.8.35 妇为夫兄弟孙之妻。即侄孙之妻。

0.1.8.36 妇为夫兄弟之孙女出嫁者。

0.1.8.37 妇为夫之曾孙、元孙及曾孙女、元孙女之在室者。

0.1.8.38 妇为夫兄弟之曾孙。即曾侄孙。曾孙女同。

0.1.8.39 妇为夫之小功服外姻亲属。

0.1.8.40 女出嫁，为本宗伯叔祖父母及祖姑在室者。

0.1.8.41 女出嫁，为本宗同堂伯叔父母及堂姑在室者。

0.1.8.42 女出嫁，为本宗堂兄弟之子，女在室者同。

## 第四编　亲属　第二章　家制　第二节　家长及家属

附《现行律》户役门别籍异财〔条〕、〔卑幼私擅用财条〕、〔斗殴门妻亲殴夫条、妻亲殴故夫父母条、殴祖父母父母条〕、〔诉讼门子孙违犯教令条〕

### 〔户役门〕

### 〔4.69 别籍异财〕

4.69.0 凡祖父母、父母在，子孙别立户籍、分异财产者，处十等罚。若居父母丧，而兄弟别立户籍、分异财产者，处八等罚。

**条 例**

4.69.(1)一、祖父母、父母在者，子孙不许分财异〔居〕。此谓分财异居，尚未别立户籍者。其父母许令分析者，听。

**辑注** 别籍、异财是两项，或别籍而财未分，或异财而籍未别，并坐罪。故《唐律》云“别籍异财不相(同)〔须〕”。

**辑注** 祖父在而别籍异财，恶其有离亲之心也。父母亡，兄弟虽许分析，然三年之丧未满而即别籍异财，恶其有忘亲之心也。

(辑)**注** 祖父母、〔父母〕在，子孙不得有私财，礼也。居丧则兄弟犹侍乎亲也，若遂别立户籍、分异财产，均为不孝，故有处十等罚、处八等罚之罪，仍令合籍共财。注曰：“须祖父母、〔父母〕亲告乃坐”，若系祖父许令分析，则祖父必不自告。曰“期亲以上尊长亲告乃坐”，若系祖父遗命分析，则尊长亦必不告。所以通人情也。

### 4.70卑幼私擅用财

4.70.0凡同居卑幼，不由尊长，私擅用本家财物者，十两，处二等罚；每十两加一等，罪止十等罚。若同居尊长应分财物不均平者，〔罪〕亦如之。

**条 例**

4.70.(1)一、嫡庶子男，分析家财田产，不问妻、妾所生，止以子数均分。奸生之子，依子量与半分；如别无子，立应继之人为嗣，与奸生子均分；无应继之人，方许承继全分。

4.70.(2)一、户(籍)〔绝〕财产，果无同宗应继之人，所有亲女承受。无女者，听地方官详明上司，酌拨充公。

## 〔斗殴门〕

### 20.276妻妾殴夫

20.276.0.1凡妻殴夫者，处十等罚，夫愿离者，听；至折伤以上，各(依)〔验〕其伤之重轻，（处罚略）。〇20.276.0.2若妾殴夫及正妻者，又各加妻殴夫罪一等。（中略）〇20.276.0.3其夫殴妻，非折伤勿论；至折伤以上，减〔凡人二等〕。先行审问夫妇，如愿离异者，断罪离异；不愿离异者，验罪收赎。至死者，绞。殴伤妾至折伤以上，减殴伤妻二等；至死者，徒三年。妻殴伤妾，与夫殴妻罪同。过失杀者，各勿论。（下略）〇20.276.0.4若殴妻之父母者，徒一年；折伤以上，各加凡斗伤罪二等；至笃疾者，绞。

### 20.283妻妾殴故夫父母

20.283.0凡妻妾夫亡改嫁，殴故夫之祖父母、父母者，并与殴舅姑罪同。其旧舅姑殴已故子孙改嫁妻妾者，亦与殴子孙妇同。

### 20.280殴祖父母、父母

20.280.0.1凡子孙殴祖父母、父母，及妻妾殴夫之祖父母、父母者，皆绞；过失杀者，流三千里；伤者，徒三年。〇20.280.0.2其子孙违犯教令，而祖父母、父母，非理殴杀者，处十等罚；故杀者，徒一年。嫡、继、慈、养母杀者，各加一等；致令绝嗣者，绞。若非理殴子孙之妇及乞养异姓子孙，致令废疾者，处八等罚；笃疾者，加一等；并令归宗；子孙之妇，追还(家)〔嫁〕妆，仍给养赡银一十两；[①]乞养子孙，拨付合得财产养赡；至死者，各徒三年；故杀者，流二千里。妾，各减二等。○20.280.0.3 其子孙殴骂祖父母、父母，及妻妾殴骂夫之祖父母、父母，而殴杀之，若违犯教令，而依法决罚，邂逅致死，及过失杀者，各勿论。

## 诉讼门

### 22.299 子孙违犯教令

22.299.0 凡子孙违犯祖父母、父母教令，及奉养有缺者，处十等罚。谓教令可从而故违，家道堪奉而故缺者。须祖父母、父母亲告乃坐。

## 第四编 亲属 第三章 婚姻 第四节 离婚

附《现行律》婚姻门男女婚姻条、〔典雇妻女条〕、〔妻妾失序条〕、〔逐婿嫁女条〕、〔居丧嫁娶条〕、〔父母囚禁嫁娶条〕、〔尊卑为婚条〕、〔娶亲属妻妾条〕、〔娶部民妇女为妻妾条〕、〔娶逃走妇女条〕、〔僧道娶妻条〕、〔出妻条〕、〔嫁娶违律主婚媒人罪条〕、〔《现行律》犯奸门犯奸条〕、〔纵容妻妾犯奸条〕、〔亲属相奸条〕、〔买良为娼条〕、〔《现行律》斗殴门妻妾殴夫条〕

### 〔婚姻门〕

### 〔6.82 男女婚姻〕

6.82.0.1 凡男女定婚之初，若或有残废或疾病、老幼、庶出、过房、同宗。乞养、异姓。者，务要两家明白通知，各从所愿，写立婚书，依礼聘嫁。若许嫁女已报婚书，及有私约，而辄悔者，处五等罚；其女归本夫。虽无婚书，但曾受聘财者，亦是。○6.82.0.2 若再许他人，未成婚者，处七等罚；已成婚者，处八等罚。后定娶者知情，与同罪，财礼入官；不知者，不坐，追还财礼，给后定娶之人。女归前夫。前夫不愿者，倍追财礼给还，其女仍从后夫。男家悔而再聘者，罪亦如之，仍令娶前女，后聘听其别嫁。不追财礼。○6.82.0.3 其未成婚男女，有犯奸盗者，男子有犯，听女别嫁；女子有犯，听男别娶。如定婚，未曾过门，私下奸通，男、女各处十等罚，免其离异。不用此律。○6.82.0.4 若为婚而女家妄冒者，处八等罚，追还财礼。男家妄冒者，加一等，不追财礼。未成〔婚〕者，仍依原定。已成婚者，离异。○6.82.0.5 其应为婚者，虽已纳聘财，期约未至，而男家强(取)〔娶〕，及期约已至，而女家故违期者，男、女主婚人，并处五等罚。○6.82.0.6 若卑幼或仕宦〔或〕买卖在外，其祖父母、父母及伯叔父母、姑、兄姊，自卑幼出外之后为定婚，而卑幼不知。自娶妻，已成婚者，仍旧为婚。未成婚者，从尊长所定。违者，处八等罚。

(辑)**注** 男女为婚，必须两家情愿。残疾则非完人，老幼则年不相称，俱非人情所愿。庶出则妾婢所生子也，过继则本宗别房子也，乞养则异姓义子也，虽与残疾老幼不同，终与嫡子、亲子有异，男女或亦有不愿者。定婚之初，如有上项，不许隐瞒，务要男女两家明白通知，各从所愿，写立婚书，依礼娶嫁。此残疾等项，定婚之法也。若女家已经许嫁，或报过婚书，或立有私

---

① “仍给养赡银一十两”八字见于《大清律例》、《〈大清现行刑律〉案语》、《核订〈现行刑律〉》仍因之，《钦定大清现行刑律》不载。

约，或(愿)〔曾〕受聘财，而辄悔者，处五等罚，仍令为婚。此言但悔而未再许他人者也。○虽有悔婚之心，尚未再许或犹未定也，若再许他人，则其盟已悖而悔心决矣。虽有再许之事，尚未成婚，则犹可改也。若已成婚，则其身已失而悔事成矣。故分处七等罚、处八等罚，坐罪有差也。其后为婚之男家，若知其悔婚之情，定而未成婚者，亦处七等罚；娶而已成婚者，亦处八等罚，其罪同也。财礼即系彼此俱罪之赃，故入官。不知者不论，已、未成婚，皆不坐罪，追还财礼。女虽已嫁，仍归前夫。前夫不愿娶者，照原定财礼加倍追还，其女仍从后夫完聚。以上皆言女家悔婚及后定娶人之罪也。若男家悔者，罪亦如之。此“悔”字包再定、娶在内。悔者，亦处五等罚，再定他人女，亦处七等罚，已娶成婚，亦处八等罚。其罪不在女家，故不追财礼。本律不言发落之事，注内补出，仍令娶前女，后聘听其别嫁。然止曰“后聘”，不(得)〔曰〕“已娶”，与前注“后定娶”不同，则止指未成婚者言也。若已成婚，难以断离，仍娶前女。盖女家悔而再许已成婚者，其女前夫不愿，听从后夫。此男家后娶之女既已失身，无所归着，其事不同也。若必离异别嫁，不惟非人情，亦非律意矣。未成婚，则断娶原聘，(者)〔听〕后聘者另嫁；已成婚，则断与后娶完聚，听原聘者另嫁，俱不追财礼，则情法两尽矣。○其婚姻已定、尚未成婚之男女，有犯奸、盗者，各听别娶别嫁，不在无故悔婚之限，故曰“不用此律”。盖奸、盗系不齿于人之事，非残疾等项之比也。○(冒)妄〔冒〕者，假借欺诳之谓。冒妄之情不一，注但举一二端以例，余可类推，非必如注所云始为妄冒也。男女同一妄冒，如女家处八等罚，男家加一等者，女虽妄冒，其男可以再娶，男若妄冒，其女遂致失身，情更重也。其财礼一追还一不追者，女家得受财礼，而男家受诳自应追还，女家受诳自不追还也。未成婚者，减已成婚罪五等，仍依原定，即与(冒)妄〔冒〕相见之人为婚，从所愿也。其男女或以聘娶，自听别为婚配，故注曰“不在仍依原定之限”。已成婚者离异，不得因已成婚即听完聚，而遂奸为之愿。若女子不愿别嫁，亦应免其离异。○男女既无妄冒等故，于律亦无违戾之处，其应为婚者，虽已纳过聘财，而男可娶、女可嫁，自有其期。原经约定，若期未至而强娶，期已至而故违，主婚人并处五等罚。○卑幼婚姻必由祖父、尊长为主。若卑幼出外之后，尊长为之定婚，而卑幼在外不知，自又定娶，已成婚则不可改矣，故仍旧为婚。未成婚则自应从尊长所定者为婚，违者，处八等罚。若祖父母、尊长出外，卑幼在家，两有聘定者，亦依此断。律文简严，义可互见也。

**辑注** 婚姻适两家之好，必从所愿。男女有残疾等项，若不通知而隐瞒为婚者，即同妄冒矣。因此而悔婚者，不在此限。其不通知者，照妄冒科断。

**辑注** 按：《周礼》有媒氏以司婚姻之事。古制男女定婚后，即立婚书报于所司，其不报者，即私约也。今不行此法。解者谓，有媒(人)〔妁〕通报写立者为婚书，无媒妁私下议约者为私约。

**辑注** 聘财不拘轻重，但同媒妁言明、纳送礼仪者方是。若相见为(贽)〔贽〕之物，如巾帕之类，不得即为聘财。

**辑注** “依礼聘嫁”以上兼男女两家言。谓“有残疾”等项者，必须如此也。“若许嫁女”以下，乃泛言女家悔婚之事，非止承上文而言也。

**辑注** 女归前夫，前夫不愿，其女即从后夫。此指已成婚者言之。若未成婚，不得听其不愿，而即断从后夫也。悔由主婚，女固无罪。既已失身于后，不得复归于前。若再离异，使无所归矣。听从后夫，所以全其节也。

**辑注** 男家悔者，罪亦如之，不追财礼。注曰“仍令(取)〔娶〕前女”云云，乃一定之法。〔若〕其中有情事不同者，亦当分别断之。如男家虽悔犹未再聘，断其婚娶不待言矣。若已再聘他人，原聘女家仍愿为婚，则断娶原聘之女。不愿为婚，则断娶后聘之女。男家既已悔婚，女家又复不愿，强之使合，非人情矣。至于已成婚者，自不得断离复娶。盖原聘之女尚是完人，可以另嫁，后娶之女既已失身，难以别配，与女家悔者，自不同也。故本律但云“不追财礼”，谓其罪独在男家。或应娶原聘，则不追后聘之财礼；或听婚后聘，则不追原聘之财礼也。其后许婚之女家，亦与后定娶之男家不同。律不言知情不知情之法则，概勿论矣。若亦曰“后许婚者知情，亦同罪，财礼入官”，则何止言不追财礼乎！

**辑注** 犯奸盗者，男止言“盗”，女兼“奸、盗”。或曰“奸盗分贴男女，女止言奸”，非也。后“出妻”条“七出”内，盗居其一。已娶尚应出，况未成婚者乎！然律止称“奸盗”，若犯别罪，不在此限。

**辑注** 妄冒者，注内独指以人妄冒之(笔)〔事〕为例，以后有“仍依原定”之法也。然亦有不以人妄冒者，如本尚幼小而诈言长，本已老迈而假言壮，本有隐疾而讳言无，及系庶、养、过房之子而指为亲子、嫡子之类，亦是。即以本人妄冒与指他人妄冒，其情一也。

**辑注** 婚姻当正。其始妄冒相见之人，亦属非正，何以未成婚者，仍依原定？盖在此虽为妄冒，在彼实愿为婚，乃不正中之正也。

**辑注** “仍依原定”谓曾相见之人，男女情愿也。若妄冒之人，除女已聘、男有室者外，或非本家男女，其门第不同、贫富各异，有不情愿者，亦当听之，不得据此强断也。

**辑注** 律不(曰)〔言〕妄冒相见人之罪，以事由主婚，罪当独坐，应勿论也。

**辑注** 祖父母、父母及伯叔父母、姑、兄姊、外祖父母，皆应主婚之人也。若其余尊长亲属，不在此限。

**辑注** 已受聘未娶之女与夫亲属犯奸，应依凡论。或谓“即依亲属者”，非也。礼必成〔婚〕，庙(婚)见之后，始得称妇。未成婚者，固不得以妇道责之也。

**辑注** 媒人知男女残疾等项，不通知明白，及知妄冒之情者，照(依)〔后〕嫁娶违律法各减犯人罪一等。不知不坐。

《据会》云：“官职定妻，女家悔嫁他人已婚，止倍追财礼，女从后夫，以封诰不加于再醮之妇也。”又曰：“媒人同去抢夺，方问充军。”

祖父母、父母在两处，各不知情，而两许其女，当从先许者。后许之家，听其别娶。若后许已成婚者，则当从后。可比依卑幼在外律。

**辑注** 余亲当仅伯叔父母、姑、兄姊、外祖父母，如无，则从余亲尊长。其卑幼不得为尊长主婚也。

## 条 例

6.82.(1) **一、男女婚姻各有其时，或有指腹、割衫襟为亲者，并行禁止。**

6.82.(2) **一、嫁娶皆由祖父母、父母主婚。祖父母、父母俱无者，从余亲主婚。其夫亡携女适人者，其女从母主婚。若已定婚未及成亲，而男女或有身故者，不追财礼。**

6.82.(3)一、招婿须凭媒妁，明立婚书，开写养老或出舍年限。止有一子者，不许出赘。其招婿养老者，仍立同宗应继者一人，承奉祭祀，家产均分。如未立继身死，从族长依例议(处)〔立〕。

6.82.(4)一、凡女家悔盟另许，男家不告官司强抢者，照强娶律减二等。其告官断归前夫，而女家与后夫夺回者，照抢夺律，徒三年。

## 6.83 典雇妻女

6.83.0.1凡将妻妾受财典、雇与人为妻妾者，处八等罚；典、雇女者，处六等罚；妇女不坐。〇6.83.0.2若将妻妾妄作姊妹嫁人者，处十等罚；妻妾处八等罚。〇6.83.0.3知而典、娶者，各与同罪，并离异，财礼入官。不知者不坐，追还财礼。

**注**　以价易去，约限赎回，曰“典”。此仍还原价者，如典田宅之类也。计日受值，期满听归，曰“雇”。此不还原价者，如雇佣工之类也。本夫将妻妾典雇与人为妻妾，已则无耻，而驱之失节，实败伦伤化之甚者，故处八等罚。父母典雇女与人为妻妾者，处六等罚。虽陷其女失身，而天性至重，不得与夫之妻妾同也，故轻二等。专制在本夫、父母，非妇女之所得已，故不坐罪。〇若将妻妾妄作姊妹嫁人，既失人道之正，兼有欺骗之情，重于典雇，故处十等罚。妻妾亦处八等罚者，为其同情欺罔，甘心失节也。〇其典雇人之妻妾与女者，及知人以妻妾妄作姊妹之情而娶为妻妾者，各与同罪，典雇人妻妾同。本夫处八等罚，典雇人女同其父母处六等罚，娶人(妾)〔妄〕作姊妹之妻妾同本夫处十等罚，并离异。不但典雇与娶之人应离异，而典雇与嫁之本夫亦不得完聚，女给亲，妻妾归宗。如女已许聘，应归原夫。原夫不愿娶者，听别嫁。若妻妾，则本夫义绝，故不得复令完聚。原典雇与嫁之财礼入官。其娶者，不知情不坐，追还财礼。典雇原无妄冒之情，应无不知之理，盖典雇以为妻妾，即属违例之事，应同犯人之罪，与知情娶者不同。本文虽冠“知”字于上，典娶并言，而知不知则止指娶者言，典无不知可言也。典雇之价，亦称“财礼”者，典雇以为妻妾，亦即财礼也。

**辑注**　典雇妻妾犹明言为妻妾也。妄作姊妹，则又有诈冒之情矣。典雇与人，犹暂也，嫁人则永离矣，故其罪重。妻妾和同为奸，弃夫从人，故亦坐罪。皆与典雇不同也。

**辑注**　妇人义当从一而终，和同本夫妄作姊妹嫁人，则夫妇之伦已灭绝矣。后夫不能正其始，前夫不能正其终，故并离异。至于典雇者，妻妾虽无罪，而忽去忽来，犹得称夫妇之正乎！故亦离异。

**辑注**　必立契受财，典雇与人为妻妾者，方坐此律。今之贫民将妻女典雇与人服役者甚多，不在此限。

### 条　例

6.83.(1)一、将妻妾作姊妹，及将亲女并姊妹嫁卖与人作妻妾、使女名色，骗财之后，设词托故，公然领去者，罚。

## 6.84 妻妾失序

6.84.0.1凡以妻为妾者，处十等罚。妻在，以妾为妻者，处九等罚，并改正。〇6.84.0.2若有妻更娶妻者，亦处九等罚，后娶之妻离异。归宗。

**注**　妻(在)〔者〕，齐也，与夫齐体之人也。妾者，(按)〔接〕也，仅得与夫接见而已。贵贱有分，不可紊也。以妻为妾，则压贵为贱；以妾为妻，则升贱为贵，皆悖伦蔑礼之事，故处十等罚、九等罚之罪。“妻在”云者，谓妻尚在而复以妾为妻，所以别于妻亡者也，(故)〔并〕改正。○有妻更娶妻，并耦匹嫡，有乖正义，故亦处九等罚，后娶之妻离异归宗。

**辑注**　以妻为妾，则贱辱之矣。其义虽绝，其恩未离，故仍改正而已。

**辑注**　妻在以妾为妻，是妻仍为妻也，故比以妻为妾之罪稍轻。有妻而更娶妻，与妻在以妾为妻，其情同也，故其罪亦同。

## 6.85 逐婿嫁女

6.85.0 **凡逐婿嫁女，或再招婿者，处十等罚，其女不坐。男家知而娶者，同罪。不知者，亦不坐。其女断付前夫，出居完聚。**

**注**　此条指入赘之婿言。谓无故逐离赘婿，或将女另嫁他人，或再招他人为婿者，并处十等罚，其女不坐。谓事由父母专制，非其罪也。若女通同父母以逐婿改嫁者，则其情重，亦处满罚，终以其父母为主也。至后为婚之男家知有逐婿之情而娶者，同处十等罚。不知者不坐。其女断付前夫，听其出居完聚。翁婿之义虽绝，夫妇之恩未离也。

**辑注**　曰“嫁女”，曰“再招婿”，则但逐婿而其女未许嫁、未再招者，当酌科不应，不在此限。

## 6.86 居丧嫁娶

6.86.0.1 **凡居父母及妻、妾居夫丧，而身自主婚嫁娶者，处十等罚；若男子居父母丧而娶妾，妻、居夫丧。女居父母丧，而嫁人为妾者，各减二等；若命妇夫亡，虽服满。再嫁者，罪亦如之，追夺，并离异。知系居丧及命妇而共为婚姻者，主婚人各减五等。财礼入官。不知者，不坐。仍离异，追财礼。若居祖父母、伯叔父母、姑、兄姊丧，除承重孙外。而嫁娶者，处八等罚，不离异。妾不坐。○6.86.0.2 若居父母、舅姑及夫丧，而与应嫁娶人主婚者，处八等罚。○6.86.0.3 其夫丧服满，妻妾果愿守志，而女之祖父母、父母，及夫家之祖父母、父母强嫁之者，处八等罚。期亲加一等，大功以下又加一等。妇人及娶者，俱不坐。未成婚者，追归前夫之家，听从守志，追还财礼。已成婚者，给与完聚，财礼入官。**

**条　例**

6.86.(1) 一、孀妇自愿守志，其期亲以下卑幼，谋占资财，贪图聘礼，用强抢卖尊属、尊长，已成婚者，均拟绞监候。如系祖父母、父母，夫之祖父母、父母，图财抢嫁，照强嫁本律加一等定拟；有服尊属、尊长，照强嫁本律加二等定拟。未成婚者，各减已成婚一等。若中途夺回，及娶主自行送回，未被奸污者，均以未成婚论。如并非为图财、图产起见，但因家贫不能养赡，或虑不能终守，辄行强嫁者，祖父母、父母，夫之祖父母、父母，及亲属人等，仍照强嫁本律治罪。倘妇女不甘失节，因而自尽者，不论已、未被污，系图财案内，期亲以下卑幼，均仍拟绞监候；祖父母、父母，夫之祖父母、父母，照强嫁本律加二等问拟；有服尊属、尊长，照强嫁本律加三等问拟。娶主知情同抢者，减〔正犯罪一等〕；不知者，不坐。若亲属别无主令改嫁之人，而用强求娶，逼受聘财，致令自尽者，流。

6.86.(2) 一、孀妇自愿改嫁，由夫家祖父母、父母主婚；如夫家无祖父母、父母，但有余亲，即由母家祖父母、父母主婚；如母家亦无祖父母、父母，仍由夫家余亲主婚。倘夫家主婚受财，而母家统众强夺；及夫家并无例应主婚之人，母家主婚改嫁，而夫家疏远亲属强夺者，均〔处八等〕罚。

## 6.87 父母囚禁嫁娶

6.87.0 凡祖父母、父母犯死罪被囚禁，而子孙自嫁娶者，处八等罚。若男娶妾、女嫁人为妾者，减二等。其奉囚禁祖父母、父母命而嫁女、娶妻者，不坐，亦不得筵宴。

## 6.88 尊卑为婚

6.88.0.1 凡外姻有服或尊属或卑幼，共为婚姻，及娶同母异父姊妹，若妻前夫之女者，各以亲属相奸论。○6.88.0.2 其父母之姑舅两姨姊妹，及姨，若堂姨；母之姑、〔堂姑〕；己之堂姨及再从姨；己之堂外甥女；若女婿及子孙妇之姊妹，虽无服，并不得为婚姻。违者，男、女各处十等罚，并离异。妇女归宗、财礼入官。

〔注〕 按：服制图〔外姻〕有服之亲除外祖父母、外孙之外，尊属卑(幼)〔属〕共为婚姻，惟母舅与外甥女、母姨与姨甥耳，及娶同母异父姊妹与娶妻前夫之女，此四项皆有关伦理，故各以亲属相奸律论罪。娶母之姊妹者，绞。娶外甥女及同母异父姊妹、妻前夫之女，并处十等罚，徒三年。○其外姻无服尊属，一曰父母之姑舅姊妹，一曰父母之两姨姐妹，一曰父母之姨，一曰父母之堂姨，一曰母之姑，一曰母之堂姑，一曰己之堂姨，一曰己之再从姨，以上凡八项。其外姻无服之卑亲，一曰己之堂外甥女，一曰女婿之姊妹，一曰子孙妇之姊妹，以上凡三项。虽无服制，俱有尊卑名分，并不得为婚姻，违者各处十等罚。○若己(云)〔之〕姑舅两姨姊妹，虽不系尊卑，而亲属未疏，犹有服制，故亦不得为婚姻，娶之者，处八等罚。○通前外姻违律，各亲属并离异归宗，其罪男女同坐，财礼入官。盖亲属则无知不知之别也。

**辑注** 前二节所言皆尊于己、卑于己者，其"幼"字带言之耳。

**辑注** 外姻有服尊卑之亲，尊则母舅、母姨，卑则外甥、姨甥，此二项皆小功服。同母异父，犹姊妹也；妻前夫之女，犹女也，此二项虽无服而情重，有为婚姻者，渎乱已甚，故直以奸论也。

**辑注** 父母之姑舅两姨姊妹，己之表姑表姨也。己之堂姨与再从姨，即母之堂姊妹、〔从姊妹〕也。此皆尊于己一辈者。父母之姨与堂姨，即己之祖姨也。母之姑与堂姑，即己之外祖姑也。此皆尊于己两辈者。己之堂外甥女，若女婿之姊妹及子妇之姊妹，此皆卑于己一辈者。孙妇之姊妹，则卑于己二辈者。外姻无服，名分尚存，论凡奸则失之轻，依有服则失之重，故折衷处十等罚也。

**辑注** 己之姑舅两姨姊妹，指亲姑亲姨所生者，故注曰"有缌麻之服"，此外等辈无服外姻，〔固〕不在禁限也。

《示掌》云：如前夫子女与后夫子女异父异母者，若从尊长主婚，毋概拟离，应援大分不甚有碍例科之。

**辑注** 〔以〕前夫子与后夫女成婚，则子之母乃女之继母，女之父乃子之继父也。以前夫女与后夫子成婚，则子之父乃女之继父，女之母乃子之继母也。然愚民不知礼法，鳏夫再娶、寡妇再嫁，往往有将子女苟合者，故特著此例。

**条　例**

6.88.(1) 一、男女亲属尊卑相犯重情，或干有律应离异之人，俱照亲属已定名分，各从本律科断，不得妄生异议，致罪有出入。其情犯稍有可疑，揆于法制似为太重，或于名分不甚有碍者，听各该原问衙门临时斟酌拟奏。

一、前夫之女，与后夫之子苟合成婚者，以娶同母异父姊妹律科断。①

## 6.89 娶亲属妻妾

6.89.0.1 凡娶同宗无服（姑、侄、姊妹）之亲，（同宗，谓同宗共姓，不论支派之远近、籍贯之同异皆是。）及无服亲之妻者，（男、女）各处十等罚。若娶（同宗）缌麻亲之妻，及舅甥妻，各徒一年；小功以上，（之妻。）及收父、祖妾者，各以奸论。（自徒三年至绞。）其（亲之妻）曾被出，及已改嫁，而娶为妻妾者，（无服之亲及伯叔母、兄弟妻不与。）各处八等罚。○若收父、祖妾，及伯叔母者，（不问被出、改嫁。）各绞立决。若兄亡收嫂，弟亡收弟妇者，（不问被出、改嫁，俱坐。）各绞监候，入于秋审情实。② ○6.89.0.2 妾（父、祖妾不与。）各减（妻）二等。（被出、改嫁者，递减之。若原系妻，而娶为妾，当从妻论；原系妾，而娶为妻，仍从妾减科。）○6.89.0.3 若娶同宗缌麻以上姑、侄、姊妹者，亦各以奸论。○6.89.0.4 除（(听)〔应〕死外。）并离异。

**注**　同姓不得为婚，况同宗乎！无服之亲所包者广，凡五服之外，谱系可考尊卑长幼，名分犹存者皆是，所谓(祖)〔袒〕免亲也。“亲”指女言。娶无服亲之女及夫亡娶其妻者，各处十等罚。缌麻之服，〔虽〕轻，(虽)本宗之义则重；舅甥之姓虽异，外姻之亲最近。故娶缌麻亲之妻及舅甥妻者，各处六等罚，徒一年。小功、大功、期亲之妻，则名义尤重矣，渎乱无纪，故各以奸论。期亲内，除伯叔母兄弟妻下文另论外，惟兄弟子妻一项，小功内惟从祖祖母、从祖伯叔母二项，各绞，其余各处十等罚，徒三年。其无服有服各亲之妻，有先曾为夫所出及夫亡改嫁后夫又亡而娶之为妻妾者，各处八等罚。以与前夫义绝，故不复分别，而概得从轻也。○若收父祖妾、伯叔父母兄弟之妻，则灭绝伦常，非复人类矣。故不曰“娶”，而曰“收”。各斩、各绞，皆立决。注曰“不问被出、改嫁俱坐”，其情至重，不得以此原之也。○若娶同宗缌麻、小功、大功、期亲之姑及侄女、姊妹者，渎伦甚矣，故亦各以奸论。期亲内姑、姊妹、兄弟之女，各斩；大功内从父姊妹，小功内从祖祖姑、从祖伯叔姑，各绞；其余各处十等罚，徒三年，曰“姑侄姊妹”，则本宗之女尽矣。上之祖姑、曾祖姑并姑也，下之侄孙女、曾侄孙女亦侄也。○“(亦)〔并〕离异”通承上言，财礼俱入官。

**辑注**　此条专言娶同宗无服有服亲之女及妻妾之罪。内舅甥在外姻中为至亲，故不入前条“尊卑为婚”内，而于此带言之。若其他异姓之亲，则前条备矣。

**辑注**　舅甥妻者，舅娶甥妻、甥娶舅妻也。

**辑注**　被出、改嫁与前夫已义绝矣，故止照凡奸处八等罚罪坐之。

---

① 本例见于《大清律例》、《〈大清现行刑律〉案语》主张“应仍其旧”，《核订〈现行刑律〉》拟请删除，《钦定大清现行刑律》不载。

② 本节律文（“若收父、祖妾”以下）文字系《〈大清现行刑律〉案语》所拟改，《核订〈现行刑律〉》拟请删除，《钦定大清现行刑律》不载。

**辑注** “被出、改嫁”通承上各亲之妻言。既已义绝，则非亲之妻矣，故特末减。若亲属之女被出、改嫁，但义绝于夫家，在本宗犹是姑侄姊妹也，岂得同论乎！

## 6.90 娶部民妇女为妻妾

6.90.0 凡府、州、县亲民官，任内娶部民妇女为妻妾者，处八等罚。若监临官娶为事人妻妾及女为妻妾者，处十等罚。女家并同罪。妻妾仍两离之，女给亲。财礼入官。强娶者，各加二等；女家不坐，不追财礼。若为子孙、弟侄、(人)家〔人〕娶者，罪亦如之，男、女不坐。

## 6.91 娶逃走妇女

6.91.0 凡娶自己犯罪已发在官，而逃走在外之妇女为妻、妾，知逃走之情者，与同其所犯之本罪。妇人加逃罪二等，其娶者不加罪。至死者，减一等，离异。不知者，不坐。若无夫，又会赦免罪者，不离。一有不合，仍离。

## 6.94 僧道娶妻

6.94.0.1 凡僧道娶妻妾者，处八等罚，还俗。女家主婚人同罪，离异。财礼入官。寺观住持知情，与同罪；不知者，不坐。〇6.94.0.2 若僧道假托亲属或僮仆为名求娶，而僧道自占者，以奸论。

**注** 僧道不应娶妻妾，女家不应嫁〔与〕僧道，住持不应纵容其娶，故俱同处八等罚之罪，其女离异归宗。娶者，既已不守戒律，不当仍为僧道，勒令还俗。住持止是知情，非本身自犯，故注曰“不在还俗之限”。不知者，不坐。

**辑注** 或谓“假托而娶者，应如男女婚姻律内妄冒之法，即将女断与所假托之人”，此说亦是。但律文言“假托”而不言“妄冒”，亦微有不同，既无正文“当归宗”为是。

## 6.95 出　妻

6.95.0.1 凡妻于七出无应出之条及于夫无义绝之状，而擅出之者，处八等罚。虽犯七出，有三不去，而出之者，减二等。追还完聚。〇6.95.0.2 若犯义绝，应离而不离者，亦处八等罚。若夫妻不相和谐，而两愿离者，不坐。情既已离，难强其合。〇6.95.0.3 若夫无愿离之情，妻辄背夫在逃者，徒二年，听其离异；其妻因逃而辄自改嫁者，加二等。其因夫弃妻。逃亡，三年之内不告官司而逃去者，处八等罚；擅自改嫁者，处十等罚。妾各减二等。〇6.95.0.4 若(婢)〔立契议雇之使女〕背家长在逃者，处八等罚，(因而)给还家长；因而嫁人者，处十等罚。〇6.95.0.5 窝主及知情娶者，各与妻妾、使女同罪。不知情者，俱不坐。〇6.95.0.6 若由妇女之期亲以上尊长主婚改嫁者，罪坐主婚；妻妾止得在逃之罪。余亲主婚者，事由主婚，主婚为首，男女为从；事由男女，男女为首，主婚为从。

**注** 七出三不去，皆《家礼》所载也。于七出之中，又有三不去之义，乃所以存厚也。义绝者，谓于夫妇之恩情礼意乖离违碍，其义已绝也。律中未曾备详其事，而散见于各条之中。其所指义绝者，亦复不同。有于法应离不许复合者，如所云“离异归宗”、“仍两离之”之类，即本条应离不离亦是也。有其事可离，犹许复合者，如所云“愿留者听”、“愿离者听”之类，即本条从夫嫁卖亦是也。凡出妻者，惟犯七出与义绝耳。若于七出无犯，则无应出之条；及无义绝之状，则无当出之罪。而无故擅出之者，其夫处八等罚。虽犯七出，而于三不去之中有一焉，则亦无可出之理，而径情以出之者，减二等，处六等罚，并追还完聚。〇若所犯义绝之事，既系法在必离，义无可合，而不离异者，亦处八等罚。若夫妻不相和谐，两愿离者，其情不洽，其恩已离，不可复合矣。虽无应出之条、义绝之状，亦听其离，不坐以罪也。〇妇人义当从夫，夫可出妻，妻不得自绝于夫。若背弃其夫而逃走出外者，处十等罚，从夫嫁卖。因在逃而辄自改嫁者，绞。夫为妻纲，弃夫从人，人道绝矣。其因夫逃亡在外，音信不通，不知去向生死，亦须待三年之外，明告官司，为之判理。若三年之内，不告官司而逃去者，处八等罚；擅改嫁者，处十等罚。此因夫逃亡不归，则与背夫者不同。然在逃犹或可归，改嫁则已终绝，故罪有轻重之差也。若妾犯上项罪者，各减妻罪二等。背夫在逃则处八等罚，因而改嫁则处十等罚，徒三年，亦从夫嫁卖。因亡夫逃而逃去者，处六等罚，擅自改嫁者，处八等罚。〇若婢背家长在逃之，罪与妾同，处八等罚；而婢改嫁，则止处十等罚，减妾五等。妾、婢与家长名分相同，恩义则异，故逃罪同科，而独轻于改嫁也。

**辑注** 夫妇之伦，联之以恩，合之以义，持之以礼，三者备而后正始之道无愧焉。七出者，礼应去之也。三不去者，礼应留之也。义绝必离，姑息不可也。恩绝听离，强合不能也。不应离而离，则悖于礼。应离而不离，则害于义。其违律一也，故其罪同。若背逃改嫁，则恩绝义绝礼绝矣，岂复有人道乎？故即坐重典所以维风化也。

**辑注** 或曰：“古有因蒸梨叱狗之故而去其妻者，岂必拘七出三不去之礼与义绝之状乎！”曰：否。此古人忠厚之道也。君子交绝，不出恶声，况于妻乎！与吾(敲)〔敌〕体之人，非有犯于礼义，岂得轻出！

**辑注** 义绝而可离可不离者，如妻殴夫及夫殴妻至折伤之类。义绝而不许不离者，如纵容、抑勒与人通奸及典雇与人之类。

**辑注** 七出乃礼可以出者，非谓必应出也，与义绝不同。故次节但曰义绝应离也。

**辑注** 出妻但出之使归耳，观三不去中“有所娶无所归”之义可见。若妻有犯夫义绝之状，律不曰“从夫嫁卖”者，但可出而不卖也。卖者依卖休买休律。

**辑注** 不相和谐，止是情意不合，恩绝非义绝也。曰“不坐”者，听其离耳，妻止归宗。如出妻者，非谓“听其别嫁”也。若妻思别嫁而不和谐，则岂得听之哉！

**辑注** 妻固无自绝于夫之理，夫亦不得憎厌其妻而无故出之，故必两愿离者，始不坐。

**辑注** 已出之(娶)〔妻〕与犯事离异从夫嫁卖之后，有与夫族亲属相犯者，皆以凡论。

**辑注** 若夫贫不能养赡，愿离其妻，及逋欠无偿而卖妻者，虽非得已，亦问不应，仍断归完聚。

**辑注** 注曰“夫无愿离之情”，止言其无故背夫耳，非夫有愿离之情便可背逃不论也。

**辑注** 改嫁者，必有主婚以司其事，媒人以通其情，纳送财物，以成其礼。明白嫁娶者，方坐此改嫁之罪。若淫奔苟合，不得谓之改嫁也。被人收留苟合者，自有收留在逃律。因奸被人拐去者，自有刁奸和奸律。

**辑注** 夫逃亡者，谓或因犯罪或遭兵乱或值凶荒等事。若(谓)〔为〕别事，如出外贸易、访亲之类，不得谓之逃亡，虽年远不归，不在此限。

**辑注** 本夫逃亡不回，其妻无所依倚。夫之生死不知，归期无望。必令终守，则非人情所堪；许令改嫁，则非法令所宜。特于此(徵)〔微〕示其意，曰"三年之内"，则三年之外不同矣。曰"不告官司而逃去"，则其告官司必有所以处之矣。曰"擅改嫁"，则当有非擅改嫁之法矣。后"逃亡三年不还，许告官改嫁"之例，可谓善体律意矣。

**辑注**　必因夫逃亡不归不能(成)〔存〕立，别无他故者，方合此律。

**参注**　"义绝"谓殴妻祖父母、父母及杀妻外祖父母、父母、(但)〔伯〕叔父母、兄弟、姑、姊妹，若夫妻祖父母、父母、外祖父母、伯叔父母、兄弟、姑、姊妹自相杀，及妻殴伤夫之祖父母、父母，杀夫外祖父母、伯叔父母、兄弟、姑、姊妹及与夫之缌麻以上亲，若妻母奸及欲害夫者，虽会赦亦义绝。妻虽未入门，亦从此令云云。

### 条　例

6.95.(1) 一、妻犯七出之状，有三不去之理，不得辄绝。犯奸者不在此限。

6.95.(2) 一、期约已至五年，无过不娶，及夫逃亡三年不还者，并听经官告给执照，别行改嫁，亦不追财礼。

## 6.96 嫁娶违律主婚媒人罪

6.96.0.1 凡嫁娶违律，若由祖父母、父母、伯叔父母、姑、兄姊及外祖父母主婚者，独坐主婚。余亲主婚者，事由主婚，主婚为首，男女为从。事由男女，男女为首，主婚为从。①至死者，主婚人，并减一等。○6.96.0.2 其男女被主婚人威逼，事不由已，若男年二十岁以下，及在室之女，亦独坐主婚，男女俱不坐。○6.96.0.3 未成婚者，各减已成婚罪五等。○6.96.0.4 若媒人知情者，各减犯人罪一等；不知者，不坐。○6.96.0.5 其违律为婚各条称"离异、改正"者，虽会赦犹离异、改正。离异者，妇女并归宗。○6.96.0.6 财礼，若娶者知情，则〔追〕入官；不知者，则追还主。

### 条　例

6.96.(1) 一、凡绅(给)〔衿〕庶民之家，如将使女年至二十五岁，不行婚配者，照不应重律治罪，即(行)〔令〕择配。

6.96.(2) 一、凡嫁娶违律，应行离异者，与其夫及夫之亲属有犯，如系先奸后娶，或私自苟合，或知情买休，(强)〔虽〕有媒妁、婚书，均依凡人科断。若止系居丧嫁娶，或有妻更娶，或将妻嫁卖，娶者果不知情，实系明媒正娶〔者〕，虽律应离异，有犯，仍(照)〔按〕服制定拟。

6.96.(3) 一、八旗、内务府三旗人，如将未经挑选之女，私行许(配)〔聘〕者，将主婚之人，照违制律治罪。

## 犯奸门

## 25.324 犯　奸

25.324.0.4 凡奸生男女，责付奸夫收养。奸妇给付本夫，听其离异。若嫁与奸夫者，奸夫、

---

①　此处"事由男女，男女为首，主婚为从"12字，为《大清律例》原文，《〈大清现行刑律〉案语》仍其旧，《核订〈现行刑律〉》拟删，《钦定大清现行刑律》不载。

主婚之人，各处八等罚；妇人仍离异；财物入官。

### 25.325 纵容妻妾犯奸

25.325.0.1 凡纵容妻妾与人通奸，本夫、奸夫、奸妇，各处九等罚。抑勒妻妾及乞养女与人通奸者，本夫、义父，各处十等罚；奸夫，处八等罚；妇女不坐，并离异归宗。○25.325.0.2 若纵容抑勒亲女及子孙之妇妾与人通奸者，罪亦如之。○25.325.0.3 若用财买休、卖休，（因而）和（同）娶人妻者，本夫、本妇及买休人，各处十等罚；妇人离异归宗；财礼入官。若买休人与妇人用计逼勒本夫休弃，其夫别无卖休之情者，不坐；买休人及本妇，各徒一年；妇人给付本夫，听其离异。妾，减一等。媒合人各减犯人罪一等。

### 25.326 亲属相奸

#### 律 注

25.326.0.5 惟同宗奸生男女，不得混入宗谱，听随便安插。

### 25.332 买良为娼

25.332.0 凡娼优，买良人子女为娼优，及娶为妻妾，或乞养为子女者，处十等罚。知情嫁卖者，同罪。媒合人，减一等。财礼入官，子女归宗。

#### 条 例

25.332.(2) 私买良家之女为娼，及设计诱买良家之子为优者，俱徒三年。知情卖者，与同罪。媒合人及串通说合之中保，减一等。奸宿者，照抑勒妻女与人通奸奸夫律治罪。子女不坐，并发归宗。

## 斗殴门

### 20.276 妻妾殴夫

20.276.0.1 凡妻殴夫者，处十等罚，夫愿离者，听。○20.276.0.2 若妾殴夫及正妻者，又各加一等。○20.276.0.3 其夫殴妻，非折伤勿论；至折伤以上，减凡人二等。（须妻自告乃坐。）先行审问夫妇，如愿离异者，断罪离异；不愿离异者，验罪收赎。（仍听完聚。）殴伤妾至折伤以上，减殴伤妻二等。

## 第五编 承继 第二章 宗祧之承继 第三节 承继宗祧之效力

附《现行律》〔户役门〕立嫡子违法条、〔收留迷失子女条〕，《户部则例》民人继嗣条

### 〔户役门〕

### 〔4.63 立嫡子违法〕

4.63.0.1 凡立嫡子违法者，处八等罚。其嫡妻年五十以上无子者，得立庶长子。不立长子者，罪亦同。○4.63.0.2 若养同宗之人为子，所养父母无子（所生父母有子。）而舍去者，处十等罚，发付所养父母收管。〔若〕（所养父母）有亲生子，及本生父母无子，欲还者，听。○4.63.0.3 其乞养异姓义子以乱宗族者，处六等罚。若以子与异姓人为嗣者，罪同。其子归宗。○4.63.0.4 其遗弃小儿，

**年三岁以下，虽异姓，仍听收养，即从其姓。**但不得以无子，遂立为嗣。○[4.63.0.5]**若立嗣，虽系同宗，而尊卑失序者，罪亦如之。其子亦归宗。改立应继之人。**○[4.63.0.6]**若庶民之家，存养**良家男女为**奴婢者，处十等罚，即放从良。**

**辑注**　凡立嗣者，先尽嫡长子，不与庶子论长幼。所谓立子以（不）贵不以长，立嫡以长不以贤也。若嫡子有故已有子者，以嫡长孙承重，不得立次嫡子与庶出子也。

**辑注**　无子而立应继之人，亲疏远近有一定次序。此条首节但言“立子”，而不言“无子立后”者，第二节养同宗之人但论听去不听去之法，第五节立嗣虽系同宗，但论尊卑失序之罪，俱不指出应继次序，盖非有官员袭荫之事，则应继之法稍宽故。后条例既著昭穆相当承继之例，复又择立贤能及所亲爱之例，所谓礼顺人情也。

**辑注**　不曰“立嗣”，而曰“养同宗之人为子”，则所养之子未必即应立嗣之人也。但既自幼抚养，恩义为重，所养父母尚未有子分当奉事，不得即舍去耳。

**辑注**　若有亲生子及本生父母无子是两项，或所养有子或本生无子，并得听还。非谓必所养有子而又本生无子也，观及字义可见。《指南》诸书皆谓“欲还者听”兼三件说，一则所养父母有亲生子，欲将其子送还；一则本生父母因无别子欲讨还其子；一则为子者因所养有子、本生无子自欲还也。否则，二处父母欲还者，何以断之耶！此说可谓推原入微。但本文“欲还”字与上“舍去”字对照，“舍去”者径情决绝之词，“欲还”者，不敢自专之词，实则皆指为子者言之。若二处父母欲还，亦可引断。

**辑注**　三节重在改姓乱宗上。若但养为义子，不从姓、不为嗣者，固所不禁也。别律多有言“乞养异姓子孙”者，后附例亦有“义男为所后之亲喜悦者，听其相为依倚”之文，其义可见。

**辑注**　四节收养遗弃小儿，《笺释》谓“四岁以上，不报官收养，以收留迷失子女论”，非也。遗弃者，父母舍置以去，听其死生不顾。三岁以下，尚不能言语饮食，无人收养，必致填于沟壑。许令收养者，重在全其生也，与收留（失）迷〔失〕之义大相悬绝。但四岁以上，或能自言其姓氏、里居，应当报官追查。若遂收养，亦无大过，岂可照收留迷失论？假如收养四五岁遗弃小儿，即科以杖徒重罪乎！遗弃必是小儿，然亦有不止三岁；迷失必非小儿，然亦或有小儿者。总之，遗弃与迷失不同，收养与收留亦异。收养遗弃意在哀其死，收留迷失意在利其人。

**辑注**　“虽异姓”云者，谓遗弃小儿大概不知其姓。然亦有书留姓氏、年岁者。虽知是异姓，亦听收养从姓。

**辑注**　收养遗弃小儿，虽许即从其姓，而注谓“不得为嗣”，盖收养遗弃与乞养异姓相等，皆可以为义男者，养育之恩同也；皆不可以继嗣者，宗族之派不容乱也。

**辑注**　此例是无子立嗣之法，所以补律之未备也。

**辑注**　宗庙之礼，父昭子穆。昭穆相当，谓尊卑不失其序也。

**辑注**　承继之法，由亲而疏。若应继之房当出继、不当出继，须依大宗小宗法议之。小宗可绝，大宗不可绝也。

**辑注**　应继次序，既有一定之法，而继子不得于所后之亲，又听择贤能亲爱者别立。至于义男、女婿为所后之亲喜悦，听其相倚，不许继子逼逐。曲体人情，至此可谓仁至义尽矣。

全纂世俗每有“长房无子、次房不得有子”之说，即汉小戴所谓“大宗不可绝，族无庶子，则当绝父以后大宗也”。例又有“独子不准出继”之说，今已不載。此条承继两房，则恩义兼尽。《通典》所谓“以长子后大宗，则成宗子。礼，诸父无后，祭于宗家，后以其庶子还承其父”是也。然则承继两房，专为长房无子、次房止有一子者，曲为两全。俟其子复生子，则以其次者还继次房。是又法外之意，吻合典礼者也。若次房无子而以长房之子两承，虽同父周亲、两相情愿，然大小宗之别，究应斟酌轻重于其间，不可以一例论。至阵亡之人、孀守之妇，向例准继。独子者，尤应变通，类推办理。

收养三岁之义男，成人后生父告认，问以冒认良人为子之罪，不准断还。盖自幼不顾婴儿之生死，恩义已绝。议者谓，“子无绝亲之礼，不必问法可矣。”若四岁以上，生父告认，则准给领回。若年已四岁，不必乳哺，已能行动，非(是)〔如〕应乳哺之婴儿也。若非遗弃，乃系走失，则养父应送官而不送官，养父合问以收留迷失子女之罪。

嗣后凡独子两祧者，查明如系小宗独子兼承长房大宗，则大宗不可绝，应仍照向例令子承祧父母丁忧三年，所生父母降服期年。其同属小宗，而以独子兼承两祧，自应仍以所生为重，应比照长房独子兼承次房之案，为其所生父母丁忧三年，子兼承宗祧之父母持服期年。期年内不准应试、出仕。其平日考试、报捐，三代仍填所生父母姓名。庶情义兼尽，于风俗人情，均有裨益。①

## 条　例

4.63.(1) 一、无子者，许令同宗昭穆相当之侄承继。先尽同父周亲，次及大功、小功、缌麻。如俱无，方许择立远房及同姓为嗣。若立嗣之后，却生子，其家产与原立子均分。

4.63.(2) 一、无子立嗣，除依律外，若继子不得于所后之亲，听其告官别立。其或择立贤能及所亲爱者，若于昭穆伦序不失，不许宗族指以次序告争，并官司受理，若义男、女婿，为所后之亲喜悦者，听其相为依倚，不许继子并本生父母用计逼逐，仍酌分给财产。若无子之人家贫，听其卖产自赡。

4.63.(3) 一、无子立嗣，若应继之人平日先有嫌隙，则于昭穆相当亲族内，择贤择爱听从其便。如族中希图财产，勒令承继或怂恿择继，以致涉讼者，地方官立即惩治，仍将所择贤爱之人，断令立继。其有子婚而故，妇能孀守；已聘未娶，媳能以女身守志；及已婚而故，妇虽未能孀守，但所故之人业已成立；或子虽未娶，而因出兵阵亡者，俱应为其子立后。若支属内实无昭穆相当为其子立后之人，而其父又无别子者，应为其父立继，待生孙以嗣应为立后之子。其寻常夭亡未婚之人，不得概为立后。若独子夭亡，而族中实无昭穆相当，可为其父立继者，亦准为未婚之子立继。如可继之人亦系独子，而情属同父周亲，两相情愿者，取具阖族甘结，亦准其承继两房宗祧。

4.63.(4) 一、妇人夫亡无子守志者，合承夫分，须凭族长择昭穆相当之人继嗣。其改嫁者，夫家财产及原有妆奁，并听前夫之家为主。

4.63.(5) 一、凡乞养异姓义子，有情愿归宗者，不许将分得财产携回本宗。其收养三岁以

---

① 本段非《全纂》内容，应为嘉庆二十年〔1815年〕五月新例。参见《大清律例增修统纂集成》（陶东皋、陶晓筼增修，上海：文渊山房光绪三十二年〔1906年〕版，卷八“户律·户役”条。

下遗弃之小儿，仍依律即从其姓，但不得以无子遂立为嗣，仍酌分给财产，俱不必勒令归宗。如有希图资财，冒认归宗者，照例治罪。

4.63.(6)一、因争继酿成人命者，凡争产谋继及扶同争继之房分，均不准其继嗣，应听户族另行公议承立。

### 4.64收留迷失子女

4.64.0.1凡收留人家迷失子女，不送官司，而卖为奴婢者，徒三年；为妻、妾、子孙者，徒二年半。被卖之人不坐，给亲完聚。○4.64.0.2若收留在逃子女，而卖为奴婢者，徒二年半；为妻、妾、子孙者，徒二年。被卖在逃之人，各减一等。若在逃之罪重者，自从重论。○4.64.0.3其自收留为奴婢、妻、妾、子孙者，罪亦如之。隐藏在家者，并处八等(罪)〔罚〕。○4.64.0.4若买者及牙保知情，减犯人罪一等，追价入官。不知者，俱处八等〔罚〕，追价还主。○4.64.0.5若冒认良人为奴婢者，徒三年；为妻、妾、子孙者，徒二年半。

**辑注**　“娶逃走妇女”律，“凡娶犯罪逃走妇女为妻妾，知情者，与同罪”，又“出妻”条内“妻妾背夫在逃，因而改嫁，窝主及知情娶者，各与同罪”，如收留在逃妇女系犯罪与背夫者，或卖人或自留为妻妾，与买者知情，又当参(议)〔拟〕从重论。

### 《户部则例》

### 民人继嗣

一、民人无子，许立同宗昭穆相当之侄为嗣。先尽同父周亲，次及五服之内，如俱无，方准择立远房。若继子不得于所后之亲，听其告官别立。其或择立贤能及所亲爱者，于昭穆伦序不失，不许宗族指以次序告争。凡继立不以同姓（中略）及尊卑失序者，贪图财产将独子出继与人者，独子借〔称〕已经出继不(愿)〔顾〕本生者，本生父母有子、所后之亲无子而舍去者，均照律治罪。若〔所〕养父母有子、所生父母无子，欲还者，听。（下略）

一、义男、女婿为所后之亲亲爱者，听其相为依倚，酌给财产。若招婿养老者，仍立同宗应继一人承奉宗祀，财产均分。

一、乞养异姓义子，愿归宗者，不许将所得财产携回本族。其收养三岁以下遗弃小儿，即从其姓，但不得以无子遂立为嗣，仍酌分财产，不得勒令归宗。至抱养之子，除初生抛弃者不准捐考外，如果在周岁以后非初生、暧昧不明，准其应考报捐，即用养父三代。

# 8.《现行律》关于亲属、继承部分

(载余棨昌《民法要论:亲属·继承》,
北平朝阳学院1932年版)

## 说　　明

1. 本件原件载余棨昌著《民法要论:亲属·继承》(北平朝阳学院1932年版)附录。

2. 本件虽名为"《现行律》关于亲属、继承部分",但从内容来看,并不限于亲属、继承内容。

## [4]户　役　门

### [4.63]立嫡子违法

**律　文**

[4.63.0.1]凡立嫡子违法者，处八等罚。其嫡妻年五十以上无子者，得立庶长子。不立(庶)长子者，罪亦同。

[4.63.0.2]若养同宗之人为子，所养父母无子(所生父母有子。)而舍去者，发付所养父母收管。若(所养父母)有亲生子及本生父母无子，欲还者，听。

[4.63.0.3]其乞养异姓义子以乱宗族者，处六等罚。若以子与异姓人为嗣者，罪同。其子归宗。

[4.63.0.4]其遗弃小儿，年三岁以下，虽异姓，仍听收养，即从其姓。(但不得以无子，遂立为嗣。)

[4.63.0.5]若立嗣，虽系同宗，而尊卑失序者，罪亦如之。其子亦归宗，改立应继之人。

[4.63.0.6]若庶民之家存养(良家男女为)奴婢者，即放从良。

**例　文**

[4.63.(1)]无子者，许令同宗昭穆相当之侄承继。先尽同父周亲，

次及大功、小功、缌麻。如俱无，方许择立远房及同姓为嗣。若立嗣之后却生子，其家产与原立子均分。

4.63.(2) 无子立嗣，除依律外，若继子不得于所后之亲，听其告官别立。其或择立贤能及所亲爱者，若于昭穆伦序不失，不许宗族指以次序告争，并官司受理。若义男、女婿为所后之亲喜悦者，听其相为依倚，不许继子并本生父母用计逼逐，仍酌分给财产。若无子之人家贫，听其卖产自赡。

4.63.(3) 无子立嗣，若应继之人平日先有嫌隙，则于昭穆相当亲族内，择贤择爱，听从其便。如族中希图财产，勒令承继，或怂恿择继，以致涉讼者，仍将所择贤爱之人断令立继。其有子婚而故、妇能孀守，已聘未娶、媳能以女身守志，及已婚而故、妇虽未能孀守、但所故之人业已成立，或子虽未娶而因出兵阵亡者，俱应为其子立后。若支属内实无昭穆相当为其子立后之人，而其父又无别子者，应为其父立继，待生孙以嗣应为立后之子。其寻常夭亡未婚之人，不得概为立后。若独子夭亡，而族中实无昭穆相当可为其父立继者，亦准为未婚之子立继。如可继之人亦系独子而情属同父周亲，两相情愿者，取具阖族甘结，亦准其承继两房宗祧。

4.63.(4) 妇人夫亡无子守志者，合承夫分，须凭族长择昭穆相当之人继嗣。其改嫁者，夫家财产及原有妆奁并听前夫之家为主。

4.63.(5) 凡乞养异姓义子，有情愿归宗者，不许将分得财产携回本宗。其收养三岁以下遗弃之小儿，仍依律即从其姓，但不得以无子遂立为嗣，仍酌分给财产，俱不必勒令归宗。

4.63.(6) 因争继酿成人命者，凡争产谋继及扶同争继之房分，均不准其继嗣，应听户族另行公议承立。

## 4.64 收留迷失子女

### 律　文

4.64.0.1 凡收留〔良〕人家迷失道路乡贯子女，不(告)〔送〕官司，而卖〔为奴婢者，徒三年；〕为妻、妾、子孙者，徒二年半。被卖之人不坐，给亲完聚。

4.64.0.3 其自收留为奴婢、妻、妾、〔子孙〕者，罪亦如之。

## 4.69 别籍异财

### 律　文

4.69.0 凡祖父母、父母在，子孙别立户籍、分异财产者，处十等罚。若居父母丧而兄弟别立户籍、分异财产者，处八等罚。奉遗命，不在此律。

### 例　文

4.69.(1) 祖父母、父母在者，子孙不许分财异居。其父母许令分析者，听。

### 4.70 卑幼私擅用财

**律　文**

4.70.0 凡同居卑幼，不由尊长，私擅用本家财物者，〔十两〕处二等罚〔，每十两加一等，罪止〕(至) 十等罚。若同居尊长应分财物不均平者，罪亦如之。

**例　文**

4.70.(1) 嫡庶子男分析家财田产，不问妻、妾所生，止以子数均分。奸生之子，依子量与半分。如别无子，立应继之人为嗣，与奸生子均分。无应继之人，方许承继全分。

4.70.(2) 户绝，财产果无同宗应继之人，所有亲女承受。无女者，酌拨充公。

## 5 田　宅　门

### 5.75 盗卖田宅

**例　文**

5.75.(4) 凡子孙盗卖祖遗祀产并义田及历久宗祠者，房产收回给族长收管，卖价入官。

### 5.76 典(卖)〔买〕田宅

**例　文**

5.76.(1) 告争家财〔田产〕，但系五年之上，并虽未及五年，验有亲族写立分书〔已定、出卖文约〕是实者，断令照旧管业，不许重分再赎，告词立案不行。

## 6 婚　姻　门

### 6.82 男女婚姻

**律　文**

6.82.0.1 凡男女定婚之初，若或有残疾、老幼、庶出、过房同宗、乞养异姓者，务要两家明白通知，各从所愿，不愿即止，愿者同媒妁。写立婚书，依礼聘嫁。若许嫁女已报婚书及有私约，谓先已知夫身残疾、老幼、庶养之类。而辄悔者，〔女家主婚人〕处五等罚。其女归本夫。虽无婚书，但曾受聘财者，亦是。

6.82.0.2 若再许他人，未成婚者，〔女家主婚人〕处七等罚；已成婚者，〔处〕八等罚。后定娶者，男家知情〔主婚人〕与女家同罪，财礼入官。不知者，不坐，追还财礼，给后定娶之人。女归前夫。前夫不愿者，倍追财礼给还，其女仍从后夫。男家悔而再聘者，罪亦如之。仍令娶前女，后聘听其别嫁。不追财礼。

6.82.0.3 其未成婚男女，有犯奸盗者，男子有犯，听女别嫁；女子有犯，听男别娶。如定婚未曾过门，私下奸通，免其离异。不用此律。

6.82.0.4 若为婚而女家妄冒者，〔主婚人〕处八等罚，谓如女有残疾却令姊妹妄冒相见，后却以残疾女成婚之类。追还财礼。男家妄冒者，加一等，谓如与亲男定婚，却与义男成婚；又如男有残疾，却令弟兄妄冒相见，后却以残疾男成婚之类。不追财礼。未成婚者，仍依原定，所妄冒相见之无疾兄弟姊妹及亲生之子为婚，如妄冒相见男女先已聘许他人，或已经配有室家者，不在仍依原定之限。已成婚者，离异。

6.82.0.5 其应为婚者，虽已纳聘财，期约未至，而男家强娶，及期约已至，〔而〕女家故违期者，〔男女主婚人〕并处五等罚。

6.82.0.6 若卑幼或仕宦或买卖在外，其祖父母、父母及伯叔父母、姑、兄姊自卑幼出外之后为定婚，而卑幼不知自娶妻，已成婚者，仍旧为婚；尊长所定之女，听其别嫁。未成婚者，从尊长所定，自定者，从其别嫁。违者仍改正。

## 例　文

6.82.(1) 男女婚姻各有其时，或有指腹割〔衫〕襟为亲者，并行禁止。

6.82.(2) 嫁娶皆由祖父母、父母主婚。祖父母、父母俱无者，从余亲主婚。其夫亡携女适人者，其女从母主婚。若已定婚未及成亲，而男女或有身故者，不追财礼。

6.82.(3) 招婿须凭媒妁，明立婚书，开写养老或出舍年限。止有一子者，不许出赘。其招婿养老者，仍立同宗应继者一人承奉祭祀，家产均分。如未立继身死，从族长依例议立。

6.82.(4) 凡女家悔盟〔另许〕，男家不告官司(而)强抢者，照强娶律减二等。

# 6.83 典雇妻女

## 律　文

6.83.0.1 凡将妻妾受财立约出典验日暂雇与人为妻妾者，本夫处八等罚。典雇女者，父处六等罚。妇女不坐。

6.83.0.2 若将妻妾妄作姊妹嫁人者，处十等罚；妻妾处八等罚。

6.83.0.3 知而典娶者，各与同罪，并离异，女给亲，妻妾归宗。财礼入官。不知者不坐，追还财礼。仍离异。

# 6.84 妻妾失序

## 律　文

6.84.0.1 凡以妻为妾者，处十等罚。妻在，以妾为妻者，处九等罚。并改正。

6.84.0.2 若有妻更娶妻者，亦处九等罚。后娶之妻离异。归宗。

# 6.85 逐婿嫁女

## 律　文

6.85.0 凡逐已入赘之婿嫁女，或再招婿者，处十等罚。后婿男家知而娶或后赘者，同罪。不知者，〔亦〕不坐。其女断付前夫，出居完聚。

## 6.86 居丧嫁娶

### 律　文

6.86.0.1 凡男女居父母及妻妾居夫丧，而身自主婚嫁娶者，处十等罚。若命妇夫亡〔虽服满〕再嫁者，罪亦如之。并离异。〔若〕居祖父母、伯叔父母、姑、兄姊丧〔除承重孙外〕而嫁娶者，处八等罚。不离异。

6.86.0.3 其夫丧服满，妻妾果愿守志，而女之祖父母、父母及夫家之祖父母、父母强嫁之者，未成婚者，追(还)〔归〕前夫之家，听从守志，追还财礼。已成婚者，给与完聚，财礼入官。

### 例　文

6.86.(2) 孀妇自愿改嫁，由夫家祖父母、父母主婚。如夫家无祖父母、父母，但有余亲，即由母家祖父母、父母主婚。如母家亦无祖父母、父母，仍由夫家余亲主婚。

## 6.87 父母囚禁嫁娶

### 律　文

6.87.0 凡祖父母、父母犯死罪被囚禁，而子孙自嫁娶者，处八等罚。其奉囚禁祖父母、父母命而嫁女娶妻者，不坐，亦不得筵宴。

## 6.88 尊卑为婚

### 律　文

6.88.0.1 凡外姻有服，或尊属、或卑幼，共为婚姻，及娶同母异父姊妹，若妻前夫之女者，各以亲属相奸论。

6.88.0.2 其父母之姑舅两姨姊妹，及姨若堂姨，母之姑、堂姑，己之堂姨及再从姨，〔己之〕堂外甥女，若女婿及子孙妇之姊妹，虽无服并不得为婚姻，违者〔男女〕〔各〕处十等罚。并离异。妇女归宗，财礼入官。

## 6.89 娶亲属妻妾

### 律　文

6.89.0.1 凡娶同宗无服姑侄姊妹之亲及无服亲之妻者，〔男女〕各处十等罚。〔若〕娶同宗缌麻亲之妻及舅、甥妻，各徒一年。小功以上之妻及收父、祖妾者，各以奸论。其亲之妻曾被出及已改嫁而娶为妻妾者，无服之亲及伯叔母、兄弟妻不与。〔各〕处八等罚。

6.89.0.3 若娶同宗缌麻以上姑侄姊妹者，亦各以奸论。

6.89.0.4 并离异。

## 6.90 娶部民妇女为妻妾

### 律　文

6.90.0 凡府、州、县亲民官任内娶部民妇女为妻妾者，处八等罚。若监临官娶为事人妻妾及女为妻妾者，处十等罚。女家并同罪。妻妾仍两离之，女给亲，财礼入官。若为子孙、弟侄、家人娶者，罪亦如之。

## 6.91 娶逃走妇女

### 律　文

6.91.0 凡娶犯罪已发在官，而逃走妇女为妻、妾，知逃走之情者，与同罪。离异。不知者，不坐。若无夫，又会赦免罪者，不离。

## 6.93 娶娼妓为妻

### 律　文

6.93.0 凡文武官吏娶娼妓为妻者，处六等罚，并离异。若官员子孙应袭荫者。娶者，罪亦如之。

## 6.94 僧道娶妻

### 律　文

6.94.0.1 凡僧道娶妻妾者，处八等罚，还俗。女家〔主婚人〕同罪。离异。

6.94.0.2 若僧道假托亲属或僮仆为名求娶，而僧道自占者，以奸论。

## 6.95 出　妻

### 律　文

6.95.0.1 凡妻于七出无应出之条及于夫无义绝之状而擅出之者，处八等罚。虽犯七出，无子、淫佚、不事舅姑、多言、盗窃、妒忌、恶疾。有三不去，与更三年丧、前贫贱后富贵、有所娶无所归。而出之者，减二等，追还完聚。

6.95.0.2 若犯义绝，应离而不离者，亦处八等罚。若夫妻不相和谐而两愿离者，不坐。情既已离，难强其合。

6.95.0.3 若夫无愿离之情妻辄背夫在逃者，徒二年，听其离异。其妻因逃而辄自改嫁者，加二等。其因夫弃妻逃亡三年之内，不告官司而逃去者，处八等罚；擅自改嫁者，处十等罚。

6.95.0.4 若立契议雇之使女背家长在逃者，给还家长；因而嫁人者，处十等罚。追缴未满工值，免其离异。

### 例　文

6.95.(1) 妻犯七出之状，有三不去之理，不得辄绝。犯奸者，不在此限。

6.95.(2) 期约已至，五年无过不娶，及夫逃亡三年不还者，并听经官告，给执照，别行改嫁，亦不追还财礼。

### 6.96 嫁娶违律主婚媒人罪

**律　文**

6.96.0.5 其违律为婚各条称“离异、改正”者，虽会赦，但得免罪。犹离异、改正。离异者，妇女并归宗。

6.96.0.6 财礼，若娶者知情，则不论已、未成婚，俱追入官；不知者，则追还主。

**例　文**

6.96.(1) 一、凡绅衿庶民之家，如将使女年至二十五岁，不行婚配者，照不应重律治罪，即令择配。

## 12 礼　制　门

### 12.155 丧葬

**律　文**

12.155.0.1 凡有尊卑丧之家，必须依礼定限安葬。若亡殁远方，尊长、卑幼不能归葬而烧化者，听从其便。

## 20 斗　殴　门

### 20.276 妻妾殴夫

**律　文**

20.276.0.1 凡妻殴夫者，处十等罚，夫愿离者，听。

20.276.0.3 其夫殴妻，至折伤以上，减凡人二等。先行审问夫妇，如愿离异者，断罪离异；不愿离异者，验所伤应坐之罪收赎。仍听完聚。

## 22 诉　讼　门

### 22.299 子孙违犯教令

**律　文**

22.299.0 凡子孙违犯祖父母、父母教令，及奉养有缺者，处十等罚。谓教令可从而故违，家道堪奉而故缺者。

**例　文**

22.299.(1) 子（孙）游惰不能营生养赡父母，因致父母自尽者，流三千里。

22.299.(2) 其有祖父母、父母呈首子孙，恳求发遣，及屡次违犯、触犯者，即将被呈之子孙发极边足四千里安置。如将子孙之妇一并呈送者，即与其夫一并发遣。

# 25 犯　奸　门

## 25.324 犯　奸

### 律　文

25.324.0.4 奸生男女，责付奸夫收养。奸妇给付本夫，听其离异。若嫁与奸夫者，奸夫、主婚之人，各处八等罚；妇人仍离异；财物入官。

## 25.325 纵容妻妾犯奸

### 律　文

25.325.0.1 凡纵容妻妾与人通奸（者），本夫、奸夫、奸妇，各处九等罚。抑勒妻妾及乞养女与人通奸者，本夫、义父，各处十等罚；妇女不坐，并离异归宗。

25.325.0.2 若纵容抑勒亲女及子孙之妇妾与人通奸者，罪亦如之。

25.325.0.3 若用财买休、卖休，因而和同娶人妻者，本夫、本妇及买休人，各处十等罚；妇（女）〔人〕离异归宗；财礼入官。若买休人与妇人用计逼勒本夫休弃，其夫别无卖休之情者，不坐；妇人给付本夫，听其离异。

# 9. 民国继续适用《现行律》民事部分

（载郭卫辑校《中华民国国民政府六法全书》第二册，上海法学编译社、会文堂新记书局1932年版）

## 服　　制

### 0.1.1 斩衰三年

0.1.1.1 子为父母。女在室并已许嫁者，及已嫁被出而反在室者，同。子之妻同。

0.1.1.2 子为继母、为慈母、为养母。子之妻同。继母，父之后妻；慈母，谓母卒父命他妾养已者；养母，谓自幼过房与人者。

0.1.1.3 庶子为所生母、为嫡母。庶子之妻同。

0.1.1.4 为人后者为所后父母。为人后者之妻同。

0.1.1.5 嫡孙为祖父母及曾、高祖父母承重。嫡孙之妻同。

0.1.1.6 妻为夫。妾为家长同。

### 0.1.2 齐衰杖期

0.1.2.1 嫡子、众子为庶母。嫡子、众子之妻同。庶母，父妾之有子女者。父妾无子女，不得以母称矣。

0.1.2.2 子为嫁母。亲生母父亡而改嫁者。

0.1.2.3 子为出母。亲生母为父所出者。

0.1.2.4 夫为妻。父母在不杖。

### 0.1.3 齐衰不杖期

0.1.3.1 祖为嫡孙。

0.1.3.2 父母为嫡长子，及嫡长子之妻，及众子，及女在室，及子为人后者。

0.1.3.3 继母为长子、众子。

0.1.3.4 前夫之子，从继母改嫁于人，为改嫁继母。

0.1.3.5 侄为伯叔父母，及姑、姊妹之在室者。

0.1.3.6 为己之亲兄弟，及亲兄弟之子女在室者。

0.1.3.7 孙为祖父母。孙女在室、出嫁同。

0.1.3.8 为人后者，为其本生父母。

0.1.3.9 女出嫁，为父母。

0.1.3.10 女在室，及虽适人而无夫与子者，为其兄弟姊妹及侄与侄女在室者。

0.1.3.11 女适人，为兄弟之为父后者。

0.1.3.12 妇为夫亲兄弟之子及女在室者。

0.1.3.13 妾为家长之正妻。

0.1.3.14 妾为家长父母。

0.1.3.15 妾为家长之长子、众子与其所生子。

0.1.3.16 为同居继父，而两无大功以上亲者。

**0.1.4 齐衰五月**

0.1.4.1 曾孙为曾祖父母。曾孙女同。

0.1.5 齐衰三月

0.1.5.1 元孙为高祖父母。元孙女同。

0.1.5.2 为同居继父，而两有大功以上亲者。

0.1.5.3 为继父，先曾同居今不同居者。自来不曾同居者无服。

**0.1.6 大功九月**

0.1.6.1 祖为众孙。孙女在室同。

0.1.6.2 祖母为嫡孙、众孙。

0.1.6.3 父母为众子妇及女已出嫁者。

0.1.6.4 伯叔父母为侄妇及侄女已出嫁者。侄妇，兄弟子之妻也；侄女，兄弟之女也。

0.1.6.5 妇为夫之祖父母。

0.1.6.6 妇为夫之伯叔父母。

0.1.6.7 为人后者，为其兄弟及姑、姊妹之在室者。既为人后，则于本生亲属服皆降一等。

0.1.6.8 夫为人后，其妻为夫本生父母。

0.1.6.9 为己之同堂兄弟、姊妹在室者。即伯叔父母之子女也。

0.1.6.10 为姑及姊妹之已出嫁者。姑，即父之姊妹；姊妹，即己之亲姊妹也。

0.1.6.11 为己兄弟之子为人后者。

0.1.6.12 出嫁女为本宗伯叔父母。

0.1.6.13 出嫁女为本宗兄弟及兄弟之子。

0.1.6.14 出嫁女为本宗姑姊妹及兄弟之女在室者。

### 0.1.7 小功五月

0.1.7.1 为伯叔祖父母。祖之亲兄弟。

0.1.7.2 为堂伯叔父母。父之堂兄弟。

0.1.7.3 为再从兄弟及再从姊妹在室者。

0.1.7.4 为同堂姊妹出嫁者。

0.1.7.5 为同堂兄弟之子及女在室者。

0.1.7.6 为祖姑在室者。即祖之亲姊妹。

0.1.7.7 为堂姑之在室者。即父之同堂姊妹。

0.1.7.8 为兄弟之妻。

0.1.7.9 祖为嫡孙之妇。

0.1.7.10 为兄弟之孙及兄弟之孙女在室者。

0.1.7.11.1 为外祖父母。即亲母之父母。〇0.1.7.11.2 为在堂继母之父母；庶子嫡母在，为嫡母之父母；庶子为在堂继母之父母；庶子不为父后者，为己母之父母；为人后者，为所后母之父母。以上五项，均与亲母之父母服同。外祖父母报服亦同。其母之兄弟姊妹服制及报服，亦与亲母同。姑舅两姨兄弟姊妹，服亦同。为人后者，为本生母之亲属降服一等。再，庶子不为父后者为己母之父母服一项，若己母系由人家所生女收买为妾及其父母系属贱族者，不在此列。

0.1.7.12.1 为母之兄弟姊妹。兄弟即舅；姊妹即姨。〇0.1.7.12.2 其义服详载为外祖父母条下。

0.1.7.13.1 为姊妹之子即外甥。及女之在室者。〇0.1.7.13.2 其义服详载为外祖父母条下。

0.1.7.14 妇为夫兄弟之孙即侄孙。及夫兄弟之孙女在室者。即侄孙女。

0.1.7.15 妇为夫之姑及夫姊妹。在室、出嫁同。

0.1.7.16 妇为夫兄弟及夫兄弟之妻。

0.1.7.17 妇为夫同堂兄弟之子及女在室者。

0.1.7.18 女出嫁为本宗堂兄弟及堂姊妹之在室者。

0.1.7.19 为人后者，为其姑及姊妹出嫁者。

0.1.7.20 嫡孙、众孙为庶祖母。女在室者，同。

0.1.7.21 生有子女之妾，为家长之祖父母。

### 0.1.8 缌麻三月

0.1.8.1 祖为众孙妇。

0.1.8.2 曾祖父母为曾孙、元孙。曾孙女、元孙女同。

0.1.8.3 祖母为嫡孙、众孙妇。

0.1.8.4 为乳母。

0.1.8.5 为曾伯叔祖父母。即曾祖之兄弟及曾祖兄弟之妻。

0.1.8.6 为族伯叔父母。即父再从兄弟及再从兄弟之妻。

0.1.8.7 为族兄弟及族姊妹在室者。即己三从兄弟姊妹所与同高祖者。

0.1.8.8 为曾祖姑在室者。即曾祖之姊妹。

0.1.8.9 为族祖姑在室者。即祖之同堂姊妹。

0.1.8.10 为族姑在室者。即父之再从姊妹。

0.1.8.11 为族伯叔祖父母。即祖同堂兄弟及同堂兄弟妻。

0.1.8.12 为兄弟之曾孙及兄弟之曾孙女在室者。

0.1.8.13 为兄弟之孙女出嫁者。

0.1.8.14 为同堂兄弟之孙及同堂兄弟之孙女在室者。

0.1.8.15 为再从兄弟之子及女在室者。

0.1.8.16 为祖姑及堂姑及己之再从姊妹出嫁者。祖姑，即祖之亲姊妹；堂姑，即父之堂姊妹。

0.1.8.17 为同堂兄弟之女出嫁者。

0.1.8.18.1 为姑之子。即父姊妹之亲子。〇 0.1.8.18.2 其义服详载为外祖父母条下。

0.1.8.19.1 为舅之子。即亲母兄弟之子。〇 0.1.8.19.2 其义服详载为外祖父母条下。

0.1.8.20.1 为两姨兄弟。即亲母姊妹之子。〇 0.1.8.20.2 其义服详载为外祖父母条下。

0.1.8.21 为妻之父母。

0.1.8.22 为婿。

0.1.8.23.1 为外甥男。女同。即女之子女。〇 0.1.8.23.2 其义服详载为外祖父母条下。

0.1.8.24 为兄弟孙之妻。即侄孙之妻。

0.1.8.25 为同堂兄弟之子妻。即堂侄之妻。

0.1.8.26 为同堂兄弟之妻。

0.1.8.27 妇为夫高、曾祖父母。

0.1.8.28 妇为夫之伯叔祖父母及夫之祖姑在室者。

0.1.8.29 妇为夫之堂伯叔父母及夫之堂姑在室者。夫之堂姑即夫之伯叔祖父母所生也。

0.1.8.30 妇为夫之同堂兄弟姊妹及夫同堂兄弟之妻。

0.1.8.31 妇为夫再从兄弟之子。女在室同。

0.1.8.32 妇为夫同堂兄弟之女出嫁者。

0.1.8.33 妇为夫同堂兄弟子之妻。即堂侄妇。

0.1.8.34 妇为夫同堂兄弟之孙及孙女之在室者。

0.1.8.35 妇为夫兄弟孙之妻。即侄孙之妻。

0.1.8.36 妇为夫兄弟之孙女出嫁者。

0.1.8.37 妇为夫之曾孙、元孙及曾孙女、元孙女之在室者。

0.1.8.38 妇为夫兄弟之曾孙。即曾侄孙。曾孙女同。

0.1.8.39 妇为夫之小功服外姻亲属。

0.1.8.40 女出嫁，为本宗伯叔祖父母及祖姑在室者。

0.1.8.41 女出嫁，为本宗同堂伯叔父母及堂姑在室者。

0.1.8.42 女出嫁，为本宗堂兄弟之子，女在室者同。

# 名　　例

## 1.18 给没赃物

1.18.0.1 〔若〕取与不和，用强生事，逼取求索之赃，并还主。谓恐吓、诈欺、强买卖有余利、科敛及求索之类。

## 1.32 称期亲祖父母

1.32.0 凡[律]称期亲及称祖父母者，曾、高同。称孙者，曾、元同。嫡孙承（重）〔祖〕，与父母同。其嫡母、继母、慈母、养母，有犯与亲母[律]同。改（嫡）〔嫁〕、义绝，及殴杀子孙，不与亲母同。称子者，男、女同。

## 1.35 称日者以百刻

1.35.0 凡[律]称一日者，以百刻。计工者，从朝至暮。不以百刻为限。称一年〔者〕，以三百六十日。

## 1.36 称道士女冠

1.36.0 凡[律]称道士、女冠者，僧、尼同。如道士、女冠犯奸，加凡人罪二等，僧、尼亦然。〔若〕于其受业师，与伯叔父母同。如俗人骂伯叔父母，徒一年；道、冠骂师，罪同。受业师，谓于寺观之内，亲承经教，合为师（生）〔主〕者。其于弟子，与兄弟之子同。

# 户　　役

## 4.63 立嫡子违法

4.63.0.1 凡立嫡子违法者，处八等罚。其嫡妻年五十以上无子者，得立庶长子。不立长子者，罪亦同。俱改正。○4.63.0.2 若养同宗之人为子，所养父母无子所生父母有子。而舍去者，处十等罚，发付所养父母收管。若所养父母有亲生子，及本生父母无子，欲还者，听。○4.63.0.3 其乞养异姓义子以乱宗族者，处六等罚。若以子与异姓人为嗣者，罪同。其子归宗。○4.63.0.4 其遗弃小儿，年三岁以下，虽异姓，仍听收养，即从其姓。但不得以无子，遂立为嗣。○4.63.0.5 若立嗣，虽系同宗，而尊卑失序者，罪亦如之。其子亦归宗。改立应继之人。○4.63.0.6 若庶民之家，存养良家男女为奴婢者，处十等罚，即放从良。

**条　例**

4.63.(1) 一、无子者，许令同宗昭穆相当之侄承继。先尽同父周亲，次及大功、小功、缌麻。如俱无，方许择立远房及同姓为嗣。若立嗣之后，却生子，其家产与原立子均分。

4.63.(2) 一、无子立嗣，除依律外，若继子不得于所后之亲，听其告官别立。其或择立贤能及所亲爱者，若于昭穆伦序不失，不许宗族指以次序告争，并官司受理。若义男、女婿，为所后之亲喜悦者，听其相为依倚，不许继子并本生父母用计逼逐，仍酌分给财产。若无子之人家贫，听其卖产自赡。

4.63.(3) 一、无子立嗣，若应继之人平日先有嫌隙，则于昭穆相当亲族内，择贤择爱听从其便。如族中希图财产，勒令承继或怂恿择继，以致涉讼者，地方官立即惩治，仍将所择贤爱之人，断令立继。其有子婚而故，妇能孀守；已聘未娶，媳能以女身守志；及已婚而故，妇虽未能孀守，但所故之人业已成立；或子虽未娶，而因出兵阵亡者，俱应为其子立后。若支属内实无昭穆相当为其子立后之人，而其父又无别子者，应为其父立继，待生孙以嗣应为立后之子。其寻常夭亡未婚之人，不得概为立后。若独子夭亡，而族中实无昭穆相当，可为其父立继者，亦准为未婚之子立继。如可继之人亦系独子，而情属同父周亲，两相情愿者，取具阖族甘结，亦准其承继两房宗祧。

4.63.(4) 一、妇人夫亡无子守志者，合承夫分，须凭族长择昭穆相当之人继嗣。其改嫁者，夫家财产及原有妆奁，并听前夫之家为主。

4.63.(5) 一、凡乞养异姓义子，有情愿归宗者，不许将分得财产携回本宗。其收养三岁以下遗弃之小儿，仍依律即从其姓，但不得以无子遂立为嗣，仍酌分给财产，俱不必勒令归宗。如有希图资财，冒认归宗者，照例治罪。

4.63.(6) 一、因争继酿成人命者，凡争产谋继及扶同争继之房分，均不准其继嗣，应听户族另行公议承立。

## 4.64 收留迷失子女

4.64.0.1 凡收留良人家迷失道路乡贯子女，不送官司，而卖为奴婢者，徒三年；为妻、妾、子孙者，徒二年半。被卖之人不坐，给亲完聚。○4.64.0.4 若买者及牙保知情，减犯人罪一等，追价入官。不知者，俱处八等罚，追价还主。

## 4.69 别籍异财

4.69.0 凡祖父母、父母在，子孙别立户籍、分异财产者，处十等罚。若居父母丧，而兄弟别立户籍、分异财产者，处八等罚。

**条　例**

4.69.(1) 一、祖父母、父母在者，子孙不许分财异居。此谓分财异居，尚未别立户籍者。其父母许令分析者，听。

### 4.70 卑幼私擅用财

4.70.0 凡同居卑幼，不由尊长，私擅用本家财物者，十两，处二等罚；每十两加一等，罪止十等罚。若同居尊长应分财物不均平者，罪亦如之。

**条　例**

4.70.(1) 一、嫡庶子男，分析家财田产，不问妻、妾所生，止以子数均分。奸生之子，依子量与半分；如别无子，立应继之人为嗣，与奸生子均分；无应继之人，方许承继全分。

4.70.(2) 一、户绝财产，果无同宗应继之人，所有亲女承受。无女者，听地方官详明上司，酌拨充公。

## 田　　宅

### 5.72 欺隐田粮

**条　例**

5.72.(2) 一、将自己田地应纳钱粮，洒派别户〔者〕，按数计赃，准枉法论。田地入官。其洒派钱粮，照年分、亩数追征，还给代纳之户。

### 5.73 检踏灾伤田粮

5.73.(2) 一、凡沿河沙洲地亩，被冲坍塌，即令业户报官，勘明注册。遇有淤涨，亦即报官查丈，照原报之数拨补，此外多余涨地，不许霸占。如从前未经报坍，不准拨给。至隔江远户，果系报坍有案，即将多余涨地，秉公拨补。若坍户数多，按照报坍先后，以次照拨。倘补足之外，尚有余地，许召无业穷民认垦，官给印照。仍令各属按数造报，统俟五年大丈，再行履勘，造册送部，以定升除。其报坍报涨在两县接壤之处者，委员会同两邑地方官，据实勘验，秉公拨补。如有私行霸占，将淤洲入官，该户照盗耕官田律治罪。地方官不查丈明确，以致拨补舛错，查出，照官吏不用心从实检踏律，分别议处。

### 5.75 盗卖田宅

5.75.0.1 凡盗（他人田宅）卖、将（(自)己不堪田宅）换易及冒认，（他人田宅作自己者。）若虚（写价）钱实（立文）契典买，及侵占他人田宅者，田一亩、屋一间以下，处五等罚；每田五亩、屋三间，加一等；罪止徒二年。系官（田宅）者，各加二等。○5.75.0.2 若强占官民山场、湖泊、茶园、芦荡，及金、银、铜、锡、铁冶者，（不计亩数。）流三千里。○5.75.0.3 若将互争（不明）及他人田产，妄作己业，朦胧投献官豪势要之人，与者、受者，各徒三年。○5.75.0.4（盗卖与投献等项）田产及盗卖过田价，并（各项田产中）递年所得花利，各（应还官者）还官、（应给主者）给主。

(下略)

### 条　例

5.75.(2) 一、凡人民告争坟山，近年者，以印契为凭。如系远年之业，须将山地字号、亩数及库存鳞册，并完粮印串，逐一丈勘查(封)〔对〕，果相符合，即断令管业。若查勘不符，又无完粮印串，其所执远年旧契及碑谱等项，均不得执为凭据，即将滥控侵占之人，按例治罪。

5.75.(3) 一、军民人等将争竞不明，并卖过及民间起科，僧道将寺观各田地，若子孙将公共祖坟山地，朦胧投献王府及内外官豪势要之家，私捏文契典卖者，投献之人依律问拟。其受投献家长，并管庄人，参究治罪。

5.75.(4) 一、凡子孙盗卖祖遗祀产，并义田，及历久宗祠者，俱照盗卖官田宅律定拟，罪止徒三年。知情谋买之人，各与犯人同罪。房产收回，给族长收管；卖价入官。不知者，不坐。其祀产、义田，令勒石报官，或族长自立议单公据，方准按例治罪。如无公私确据，借端生事者，照诬告律治罪。

5.75.(5) 一、凡雇工、庄头人等，因伊主外出，私自盗卖所遗田产，至五十亩者，流三千里；不及前数者，照盗卖官田律治罪。盗卖房屋，亦照盗卖官宅律科断。谋买之人，与串通说合之中保，均与盗卖之人同罪。房产给还原主，卖价入官。其不知者，不坐。

## 5.76 典买田宅

5.76.0.1 凡典买田宅，不税契者，处五等罚，(仍追)契内田宅价钱一半入官。不过割者，一亩至五亩，处四等罚；每五亩加一等，罪止十等罚。其(不过割之)田入官。○5.76.0.2 若将已典卖与人田宅，朦胧重复典卖者，以所得(重典卖之)价钱，计赃，准窃盗论，追价还(后典买之)主。田宅从原典买主为业。若重复典买之人及牙保知(其重典卖之)情者，与犯人同罪，追价入官；不知者，不坐。○5.76.0.3 其所典田宅、园林、碾磨等物，年限已满，业主备价取赎。若典主托故不肯放赎者，处四等罚。限外递年所得(多余)花利，追征给主。(仍听)依(原)价取赎。其年限虽满，业主无力取赎者，不拘此律。

### 条　例

5.76.(1) 一、告争家财、田产，但系五年之上，并虽未及五年，验有亲族写立分书已定、出卖文约是实者，断令照旧管业，不许重分、再赎，告词立案不行。

5.76.(2) 一、卖产立有绝卖文契，并未注有“找贴”字样者，概不准贴赎。如契未载“绝卖”字样，或注定年限回赎者，并听回赎。若卖主无力回赎，许凭中公估找贴一次，另立绝卖契纸。若买主不愿找贴，听其别卖，归还原价。倘已经卖绝，契载确凿，复行告找、告赎；及执产动归原先尽亲邻之说，借端掯勒，希图短价；并典限未满，而业主强赎者，俱照不应重律治罪。

5.76.(3) 一、民间置买产业，如系典契，务于契内注明“回赎”字样；如系卖契，亦于契内注明“绝卖、永不回赎”字样。如有混行争告者，均照不应重律治罪。

# 婚　姻

## 6.82 男女婚姻

6.82.0.1 凡男女定婚之初，若或有残废或疾病、老幼、庶出、过房、同宗。乞养、异姓。者，务要两家明白通知，各从所愿，不愿即止，愿者同媒妁。写立婚书，依礼聘嫁。若许嫁女已报婚书，及有私约，谓先已知夫身残疾、老幼、庶养之类。而辄悔者，女家主婚人处五等罚；其女归本夫。虽无婚书，但曾受聘财者，亦是。○6.82.0.2 若再许他人，未成婚者，女家主婚人处七等罚；已成婚者，处八等罚。后定娶者男家知情，主婚人与女家同罪，财礼入官；不知者，不坐，追还财礼。给后定娶之人。女归前夫。前夫不愿者，倍追财礼给还，其女仍从后夫。男家悔而再聘者，罪亦如之，仍令娶前女，后聘听其别嫁。不追财礼。○6.82.0.3 其未成婚男女，有犯奸盗者，男子有犯，听女别嫁；女子有犯，听男别娶。如定婚，未曾过门，私下奸通，男、女各处十等罚，免其离异。不用此律。○6.82.0.4 若为婚而女家妄冒者，主婚人处八等罚，谓如女有残疾，却令姊妹妄冒相见，后却以残疾女成婚之类。追还财礼。男家妄冒者，加一等，谓如与亲男定婚，却与义男成婚；又如男有残疾，却令弟兄妄冒相见，后却以残疾男成婚之类。不追财礼。未成婚者，仍依原定。所妄冒相见之无疾兄弟、姊妹及亲生之子为婚，如妄冒相见男女先已聘许他人，或已经(婁)〔配〕有室家者，不在仍依原定之限。已成婚者，离异。○6.82.0.5 其应为婚者，虽已纳聘财，期约未至，而男家强娶，及期约已至，而女家故违期者，男、女主婚人，并处五等罚。○6.82.0.6 若卑幼或仕宦或买卖在外，(有)〔其〕祖父母、父母及伯叔父母、姑、兄(弟)〔姊〕，自卑幼出外之后为定婚，而卑幼不知。自娶妻，已成婚者，仍旧为婚。尊长所定之女，听其别嫁。未成婚者，从尊长所定。自定者，从其别嫁。违者，处八等罚。仍改正。

### 条　例

6.82.(1) 一、男女婚姻各有其时，或有指腹、割衫襟为亲者，并行禁止。

6.82.(2) 一、嫁娶皆由祖父母、父母主婚。祖父母、父母俱无者，从余亲主婚。其夫亡携女适人者，其女从母主婚。若已定婚未及成亲，而男女或有身故者，不追财礼。

6.82.(3) 一、招婿须凭媒妁，明立婚书，开写养老或出舍年限。止有一子者，不许出赘。其招婿养老者，仍立同宗应继者一人，承奉祭祀，家产均分。如未立继身死，从族长依例议立。

## 6.83 典雇妻女

6.83.0.1 凡将妻妾受财立约出典、验日暂雇与人为妻妾者，本夫处八等罚；典、雇女者，父处六等罚；妇女不坐。○6.83.0.2 若将妻妾妄作姊妹嫁人者，处十等罚；妻妾处八等罚。○6.83.0.3 知而典、娶者，各与同罪，并离异，女给亲，妻妾归宗。财礼入官。不知者不坐，追还财礼。仍离异。

## 6.84 妻妾失序

6.84.0.1 凡以妻为妾者，处十等罚。妻在，以妾为妻者，处九等罚，并改正。○6.84.0.2 若有妻更娶妻者，亦处九等罚，后娶之妻离异。归宗。

## 6.85 逐婿嫁女

6.85.0 凡逐已入赘之婿嫁女，或再招婿者，处十等罚，其女不坐。如招赘之女，通同父母，逐婿改嫁者，亦处十等罚。后婚男家知而娶或后赘者，同罪。未成婚者，各减五等，财礼入官。不知者，亦不坐。其女断付前夫，出居完聚。

## 6.86 居丧嫁娶

6.86.0.1 凡男女居父母及妻、妾居夫丧，而身自主婚嫁娶者，处十等罚；若男子居父母丧而娶妾，妻、居夫丧。女居父母丧，而嫁人为妾者，各减二等；若命妇夫亡，虽服满。再嫁者，罪亦如之，亦如凡妇居丧嫁人者拟断。追夺，敕诰。并离异。知系居丧及命妇而共为婚姻者，主婚人各减五等。财礼入官。不知者，不坐。仍离异，追财礼。若〔居〕祖父母、伯叔父母、姑、兄姊丧，除承重孙外。而嫁娶者，处八等罚，不离异。妾不坐。○6.86.0.2 若居父母、舅姑及夫丧，而与应嫁娶人主婚者，处八等罚。○6.86.0.3 其夫丧服满，妻妾果愿守志，而女之祖父母、父母，及夫家之祖父母、父母强嫁之者，处八等罚。期亲加一等，大功以下又加一等。妇人及娶者，俱不坐。未成婚者，追归前夫之家，听从守志，追还财礼。已成婚者，给与完聚，财礼入官。

**条　例**

6.86.(2) 一、孀妇自愿改嫁，由夫家祖父母、父母主婚；如夫家无祖父母、父母，但有余亲，即由母家祖父母、父母主婚；如母家亦无祖父母、父母，仍由夫家余亲主婚。倘夫家主婚受财，而母家统众强夺；及夫家并无例应主婚之人，母家主婚改嫁，而夫家疏远亲属强夺者，均处八等罚。

## 6.88 尊卑为婚

6.88.0.1 凡外姻有服或尊属或卑幼，共为婚姻，及娶同母异父姊妹，若妻前夫之女者，各以亲属相奸论。○6.88.0.2 其父母之姑舅两姨姊妹，及姨，若堂姨；母之姑、堂姑；己之堂姨及再从姨；己之堂外甥女；若女婿及子孙妇之姊妹，虽无服。并不得为婚姻，违者，男、女各处十等罚，并离异。妇女归宗、财礼入官。

**条　例**

6.88.(1) 一、男女亲属尊卑相犯重情，或干有律应离异之人，俱照亲属已定名分，各从本律科断，不得妄生异议，致罪有出入。其情犯稍有可疑，揆于法制似为(大)〔太〕重，或于名分不甚有碍者，听各该原问衙门临时斟酌拟奏。

## 6.89 娶亲属妻妾

6.89.0.1 凡娶同宗无服姑、侄、姊妹之亲，同宗，谓同宗共姓，不论支派之远近、籍贯之同异皆是。及无服亲之妻者，男、女各处十等罚。若娶同宗缌麻亲之妻，及舅甥妻，各徒一年；小功以上，之妻。及收父、祖妾者，各以奸论。自徒三年至绞。其亲之妻曾被出，及已改嫁，而娶为妻妾者，无服之亲及伯叔母、兄弟妻不与。各处八等罚。○6.89.0.2 妾父、祖妾不与。各减妻二等。被出、改嫁者，递减之。若原系妻，而(嫁)〔娶〕为妾，当从妻论；原系妾，而娶为妻，仍从妾减科。○6.89.0.3 若娶同宗缌麻以上姑、侄、姊妹者，亦各以奸论。○6.89.0.4 除应死外，并离异。

## 6.91 娶逃走妇女

6.91.0 凡娶自己犯罪已发在官，而逃走在外之妇女为妻、妾，知逃走之情者，与同其所犯之本罪。妇人加逃罪二等，其娶者不加罪。至死者，减一等。离异。不知者，不坐。若无夫，又会赦免罪者，不离。一有不合，仍离。

## 6.92 强占良家妻女

6.92.0 凡豪强势力之人，强夺良家妻女，奸占为妻妾者，绞；监候。妇女给亲；妇归夫，女归亲。配与子孙、弟侄、家人者，罪归所主。亦如之；所配男、女不坐。仍离异，给亲。

## 6.94 僧道娶妻

6.94.0.1 凡僧道娶妻妾者，处八等罚，还俗。女家主婚人同罪。离异。财礼入官。寺观住持知情，与同罪；以因人连累，不在还俗之限。不知者，不坐。○6.94.0.2 若僧道假托亲属或僮仆为名求娶，而僧道自占者，以奸论。以僧道犯奸，加凡人和奸罪二等论。妇女还亲，财礼入官。系强者，以强奸论。

## 6.95 出 妻

6.95.0.1 凡妻于七出无应出之条及于夫无义绝之状，而擅出之者，处八等罚。虽犯七出，无子、淫佚、不事舅姑、多言、盗窃、妒忌、恶疾。有三不去，与更三年丧、前贫贱后富贵、有所娶无所归。而出之者，减二等。追还完聚。○6.95.0.2 若犯义绝，应离而不离者，亦处八等罚。若夫妻不相和谐，而两愿离者，不坐。情既已离，难强其合。○6.95.0.3 若夫无愿离之情，妻辄背夫在逃者，徒二年，听其离异；其妻因逃而辄自改嫁者，加二等。其因夫弃妻。逃亡，三年之内不告官司而逃去者，处八等罚；擅自改嫁者，处十等罚。妾各减二等。有主婚、媒人，有财礼，乃坐。无主婚人，不成婚礼者，以和奸、刁奸论。○6.95.0.4 若立契议雇之使女背家长在逃者，处八等罚，给还家长；因而嫁人者，处十等罚。追缴未满工值，免其离异。○6.95.0.5 窝主及知情娶者，各与妻妾、使女同罪。财礼入官。不知情者，主娶者言。俱不坐。财礼给还。○6.95.0.6 若由妇女之期亲以上尊长主婚改嫁者，罪坐主婚；妻妾止得在逃之罪。余亲主婚者，余亲谓期亲卑幼，及大功以下尊长、卑幼，主婚改嫁者。事由主婚，主婚为首，男女为从；事由男女，男女为首，主婚为从。

条　例

6.95.(1) 一、妻犯七出之状，有三不去之理，不得辄绝。犯奸者，不在此限。

6.95.(2) 一、期约已至五年，无过不娶，及夫逃亡三年不还者，并听经官告给执照，别行改嫁，亦不追财礼。

# 犯　奸

## 25.324 犯　奸

25.324.0.1 凡和奸，处八等罚；有夫者，处九等罚；刁奸者，无夫、有夫。处十等罚。○25.324.0.4 其和奸、刁奸者，男、女同罪。奸生男女，责付奸夫收养。奸妇给付本夫，听其离异。若嫁与奸夫者，奸夫、主婚之人，各处八等罚；妇人仍离异；财物入官。

## 25.326 亲属相奸

25.326.0.5 惟同宗奸生男女，不得混入宗谱，听随便安插。

## 25.325 纵容妻妾犯奸

25.325.0.1 凡纵容妻妾与人通奸，本夫、奸夫、奸妇，各处九等罚。抑勒妻妾及乞养女与人通奸者，本夫、义父，各处十等罚；奸夫，处八等罚；妇女不坐，并离异归宗。○25.325.0.2 若纵容抑勒亲女及子孙之妇妾与人通奸者，罪亦如之。○25.325.0.3 若用财买休、卖休，因而和同娶人妻者，本夫、本妇及买休人，各处十等罚；妇人离异归宗；财礼入官。若买休人与妇人用计逼勒本夫休弃，其夫别无卖休之情者，不坐；买休人及本妇，各徒一年；妇人给付本夫，听其离异。妾，减一等。媒合人各减犯人买休及逼勒卖休。罪一等。其因奸不陈告，而嫁卖与奸夫者，本夫处十等罚；奸夫、奸妇，各尽本法。

## 25.332 买良为娼

25.332.0 凡娼优，买良人子女为娼优，及娶为妻妾，或乞养为子女者，处十等罚。知情嫁卖者，同罪。媒合人，减一等。财礼入官，子女归宗。

条　例

25.332.(2) 一、私买良家之女为娼，及设计诱买良家之子为优者，俱徒三年。知情卖者，与同罪。媒合人及串通说合之中保，减一等。奸宿者，照抑勒妻女与人通奸奸夫律治罪。子女不坐，并发归宗。

# 钱债

## 9.124 违禁取利

9.124.0.1 凡私放钱债，及典当财物，每月取利，并不得过三分。年月虽多，不过一本一利。违者，处四等罚。以余利计赃，重于四等罚者，罪止十等罚。○9.124.0.2 若监临官吏于所部内举放钱债、典当财物者，不必多取余利，有犯即处八等罚。违禁取利，以余利计赃，重于八等罚者，准不枉法论。并追余利给主。兼庶民、官吏言。其负欠私债违约不还者，五两以上，违三月，处一等罚；并追本、利给主。○9.124.0.3 若豪势之人，于违约负(责)〔债〕者，不告官司，以私债强夺去人孳畜产业者，处八等罚。无多取余利，听赎不追。若估所夺畜产之价过本、利者，计多余之物，罪有重于八等罚者，坐赃论；罪止徒三年。依多余之数追还。主。○9.124.0.4 若准折人妻妾、子女者，处十等罚。奸占加一等论。强夺者，加二等。徒一年半。因强夺而奸占妇女者，绞。监候。所准折、强夺之人口给亲，私债免追。

9.124.(4) 一、放债之徒，用短票扣折，违例巧取重利者，严拿治罪，其银照例入官。受害之人，许其自首免罪，并免追息。

## 9.125 费用受寄财产

9.125.0 凡受寄他人财物、畜产而辄费用者，坐赃论，以坐赃致罪律，减一等。罪止徒二年半。诈言死失者，准窃盗论，减一等；罪止徒三年。并追物还主。其被水火、盗贼费失，及畜产病死，有显迹者，勿论。

若受寄财物而隐匿不认，依诓骗律；如以产业转寄他人户下，而为所卖失，自有诡寄盗卖本条。

### 条　例

9.125.(1) 一、凡典商收当货物，自行失火烧毁者，以值十当五，照原典价值计算，作为准数；邻火延烧者，酌减十分之二；按月扣除利息，照数赔偿。其米麦、豆石、棉花等粗重之物，典当一年为满者，统以贯三计算，照原典价值，给还十分之三；邻火延烧者，减去原典价值二分，以减剩八分之数，给还十分之三；均不扣除利息。至染铺被焚，即着开单呈报地方官，逐一估计，如系自行失火者，饬令照估赔还十分之五；邻火延烧者，饬赔十分之三。均于一月内给主具领。其未被焚烧及搬出各物，仍听当主、染主照号取赎。倘奸商、店伙人等，于失火时有贪利隐匿、乘机盗卖等弊，即照所隐之物，按所值银数，计赃，准窃盗论，追出原物给主。若只以自己失火为邻火延烧，希图短赔〔价〕值者，即计其短赔之值为赃，准窃盗为从论，分别治罪。如典商、染铺及店伙人等，图盗货物，或先有亏短〔因〕而放火故烧者，〔即照放火故烧〕自己房屋盗取财物，及凶徒图财放火〔故〕烧人房屋，各本律例，从重问拟。

9.125.(2) 一、典铺被窃，无论衣服、米豆、丝棉、木器、书画，以及金银、珠玉、铜、铁、铅、锡各货，概照当本银一两，再赔一两；如系被劫，照当本银一两，再赔五钱；均扣除失事日以前应得利息。如赔还之后，起获原赃，即给〔与〕典主领回变卖，不准原主再行取赎。染铺被窃，照地方官估报赃数，酌赔十分之五。如系被劫，酌赔十分之三。均令于一月内给主收领。如赔赃之后，起获原赃，给与该铺具领，由地方官出示晓谕，令原主归还所得赔赃之资，将原物领回，仍查明已染、未染，分别付给染价。倘奸商、店伙人等，于失事后，有贪利隐匿、乘机盗卖等弊，即照所隐之物，按所值银数计赃，准窃盗论。若只以窃报强，希图短赔价〔值〕者，即计其短赔之值为赃，准窃盗为从论，分别治罪。

## 9.126 得遗失物

9.126.0.1 凡得遗失之物，限五日内送官。官物（尽数）还官。私物召人识认，于内一半给与得物人充赏，一半给还失物人；如三十日内无人识认者，全给。（五日）限外不送官者，官物，坐赃论；（罪止徒三年，追物还官。）私物，减（坐赃）二等，其物一半入官，一半给主。（若无主，全入官。）〇9.126.0.2 若于官、私地内，掘得埋藏（无主）之物者，并听收用。若有古器、钟鼎、符印、异常之物，（非民间所宜有者。）限三十日内送官。违者，处八等罚，其物入官。

# 服制图

0.0.1 丧服总图

| | | | |
|---|---|---|---|
| 斩衰 三年 | | | |
| 用至粗麻布为之，不缝下边 | | | |
| 齐衰 | | | |
| 五月 | 杖期 | 不杖期 | 三月 |
| 用稍粗麻布为之，缝下边 | | | |
| 大功 九月 | | | |
| 用粗熟布为之 | | | |
| 小功 五月 | | | |
| 用稍粗熟布为之 | | | |
| 缌麻 三月 | | | |
| 用稍细熟布为之 | | | |

## 0.0.2 本宗九族五服正服之图

凡嫡孙父卒，为祖父母承重，服斩衰三年。若为曾、高祖父母承重，服亦同。

凡姑、姊妹、女及孙女在室，或已嫁被出而归，服并与男子同。出嫁而无夫与子者，为兄弟姊妹及侄皆不杖期。

| | | | | | | | | | |
|---|---|---|---|---|---|---|---|---|---|
| | | | | 高祖父母<br>齐衰三月 | | | | | |
| | | | 曾伯叔祖父母<br>缌麻 | 曾祖父母<br>齐衰五月 | | 曾祖姑<br>在室缌麻<br>出嫁无服 | | | |
| | | 族伯叔祖父母<br>缌麻 | 伯叔祖父母<br>小功 | 祖父母<br>齐衰不杖期 | | 祖姑<br>在室小功<br>出嫁缌麻 | 族祖姑<br>在室缌麻<br>出嫁无服 | | |
| | 族伯叔父母<br>缌麻 | 堂伯叔父母<br>小功 | 伯叔父母<br>期年 | 父母<br>斩衰三年 | | 姑<br>在室期年<br>出嫁大功 | 堂姑<br>在室小功<br>出嫁缌麻 | 族姑<br>在室缌麻<br>出嫁无服 | |
| 族兄弟 缌麻<br>族兄弟妻 无服 | 再从兄弟 小功<br>再从兄弟妻 无服 | 堂兄弟 大功<br>堂兄弟妻 缌麻 | 兄弟 期年<br>兄弟妻 小功 | 己身 | | 姊妹<br>在室期年<br>出嫁大功 | 堂姊妹<br>在室大功<br>出嫁小功 | 再从姊妹<br>在室小功<br>出嫁缌麻 | 族姊妹<br>在室缌麻<br>出嫁无服 |
| | 再从侄 缌麻<br>再从侄妇 无服 | 堂侄 小功<br>堂侄妇 缌麻 | 侄 期年<br>侄妇 大功 | 长子 期年<br>长子妇 期年 | 众子 期年<br>众子妇 大功 | 侄女<br>在室期年<br>出嫁大功 | 堂侄女<br>在室小功<br>出嫁缌麻 | 再从侄女<br>在室小功<br>出嫁无服 | |
| | | 堂侄孙 缌麻<br>堂侄孙妇 无服 | 侄孙 小功<br>侄孙妇 缌麻 | 嫡孙 期年<br>嫡孙妇 小功 | 众孙 大功<br>众孙妇 缌麻 | 侄孙女<br>在室小功<br>出嫁缌麻 | 堂侄孙女<br>在室缌麻<br>出嫁无服 | | |
| | | | 曾侄孙 缌麻<br>曾侄孙妇 无服 | 曾孙 缌麻<br>曾孙妇 无服 | | 侄曾孙女<br>在室缌麻<br>出嫁无服 | | | |
| | | | | 元孙 缌麻<br>元孙妇 无服 | | | | | |

凡男为人后者，为本生亲属孝服皆降一等，本生父母亦降服不杖期。父母报服同。

凡同五世祖族属在缌麻绝服之外袒免亲。遇葬则服素服，尺布缠头。

## 0.0.3 妻为夫族服图

| | | | | | | | | | |
|---|---|---|---|---|---|---|---|---|---|
| 夫为祖父母及曾、高祖父母承重者，并从夫服。 | | | | 夫高祖父母 缌麻 | | 夫为人后，其妻为本生舅姑服大功。 | | | |
| | | | 夫曾伯叔祖父母 无服 | 夫曾祖父母 缌麻 | | 夫曾祖姑 无服 | | | |
| | | 夫族伯叔祖父母 无服 | 夫伯叔祖父母 缌麻 | 夫祖父母 大功 | | 夫祖姑 在室缌麻 出嫁无服 | 夫堂祖姑 无服 | | |
| | 夫族伯叔父母 无服 | 夫堂伯叔父母 缌麻 | 夫伯叔父母 大功 | 舅姑 斩衰三年 | | 夫亲姑 小功 | 夫堂姑 在室缌麻 出嫁无服 | 夫族姑 无服 | |
| 夫族兄弟 无服 | 夫再从兄弟 无服 | 夫堂兄弟及妻 缌麻 | 夫兄弟及妻 小功 | 妻为夫 斩衰三年 | 夫为妻 齐衰杖期 父母在不杖 | 夫姊妹 小功 | 夫堂姊妹 缌麻 | 夫再从姊妹 无服 | 夫族姊妹 无服 |
| | 夫再从侄 缌麻 | 夫堂侄 小功；夫堂侄妇 缌麻 | 夫侄 期年；夫侄妇 大功 | 长子 期年；长子妇 期年 | 众子 期年；众子妇 大功 | 夫侄女 在室期年 出嫁大功 | 夫堂侄女 在室小功 出嫁缌麻 | 夫再从侄女 在室缌麻 出嫁无服 | |
| | | 夫堂侄孙 缌麻 | 夫侄孙 小功；夫侄孙妇 缌麻 | 孙 大功；孙妇 缌麻 | | 夫侄孙女 在室小功 出嫁缌麻 | 夫堂侄孙女 在室缌麻 出嫁无服 | | |
| | | | 夫曾侄孙 缌麻 | 曾孙 缌麻 | | 夫侄曾孙女 在室缌麻 出嫁无服 | | | |
| | | | | 元孙 缌麻 | | | | | |

## 0.0.4 妾为家长族服之图

| | | | | |
|---|---|---|---|---|
| 嫡孙、众孙为庶祖母，小功五月。 | | 家长祖父母 小功 | 《家礼·仪节》载：妾为其父母降服期年，为其私亲如路人；庶子为其母之父母、兄弟姊妹皆无服；庶子之子为其父之生母止服不杖期。① | |
| | | 家长父母 期年 | | |
| | 家长 斩衰三年 | | 正妻 期年 | |
| 家长众子 期年 | | 家长长子 期年 | | 为其子 期年 |
| 家长众孙 无服 | | 家长嫡孙 无服 | | 为其孙 大功 |

① 此段注文，见于《大清律例增修统纂集成》（陶东皋、陶晓篔增修，上海：文渊山房光绪三十二年〔1906年〕版），《大清律例》、《大清现行刑律》皆不载。

## 0.0.7 出嫁女为本宗降服之图

| | | | | |
|---|---|---|---|---|
| | | 高祖父母 齐衰三月 | | |
| | | 曾祖父母 齐衰五月 | | |
| | 祖兄弟 缌麻 | 祖父母 期年 | 祖姊妹 在室缌麻 出嫁无服 | |
| 父堂兄弟 缌麻 | 伯叔父母 大功 | 父母 期年 | 父姊妹 在室大功 出嫁小功 | 父堂姊妹 在室缌麻 出嫁无服 |
| 堂兄弟 小功 | 兄弟 大功 | 己身 | 姊妹 在室大功 出嫁小功 | 堂姊妹 在室小功 出嫁缌麻 |

| | | | |
|---|---|---|---|
| 堂侄 缌麻 | 兄弟子 大功 | 兄弟女 在室大功 出嫁小功 | 堂侄女 在室缌麻 出嫁无服 |

## 0.0.8 外亲服图

| | | | | |
|---|---|---|---|---|
| 妻为夫外亲服降一等。 | | 母祖父母 无服 | 为外祖父母，《礼部则例》载，继母多则服在堂继母之党。① | |
| | 母之兄弟 小功 | 外祖父母 小功 | 母之姊妹 小功 | |
| 堂舅之子 无服 | 母舅之子 缌麻 | 己身 | 两姨之子 缌麻 | 堂姨之子 无服 |
| | 舅之孙 无服 | 姑之子 缌麻 | 姨之孙 无服 | |
| | | 姑之孙 无服 | | |

① 此段注文，见于《大清律例增修统纂集成》（陶东皋、陶晓篔增修，上海：文渊山房光绪三十二年〔1906年〕版），《大清律例》、《大清现行刑律》皆不载。

## 0.0.5 妻亲服图

| | | | | |
|---|---|---|---|---|
| | | 妻祖父母 无服 | | |
| | 妻伯叔 无服 | 妻父母 缌麻 | 妻之姑 无服 | |
| 妻外祖父母 无服 | 妻兄弟及妇 无服 | 己身 为婿 缌麻 | 妻之姊妹 无服 | |
| | 妻兄弟子 无服 | 女之子 缌麻 | 妻姊妹子 无服 | |
| | | 女之孙 无服 | | |

0.0.6 三 父 八 母 服 图

| | | |
|---|---|---|
| 同居继父 | 齐衰三月 | 两有大功亲谓继父有子孙、自己亦有伯叔兄弟之类 |
| | 期年 | 两无大功亲谓继父无子孙、己身亦无伯叔兄弟之类 |
| 从继母嫁 | 齐衰杖期 | 谓父死继母再嫁他人随去者 |
| 不同居继父 | 无服 | 自来不曾随母与继父同居 |
| | 齐衰三月 | 先曾与继父同居，今不同居 |
| 慈母 | 斩衰三年 | 谓所生母死，父令别妾抚育者 |
| 继母 | 斩衰三年 | 谓父娶之后妻 |
| 嫡母 | 斩衰三年 | 谓妾生子女称父之正妻 |
| 养母 | 斩衰三年 | 谓自幼过房与人 |
| 出母 | 齐衰杖期 | 谓亲母被父出者 |
| 嫁母 | 齐衰杖期 | 谓亲母因父死，再嫁他人 |
| 乳母 | 缌麻 | 谓父妾乳哺者，即奶母 |
| 庶母 | 嫡子众子齐衰杖期 | 谓父有子女妾 |
| | 所生子斩衰三年 | |

## 10.《现行律》民事有效部分

（载谢振民编著、张知本校订《中华民国立法史》，正中书局1937年初版，第五章第一节）

清末外侮迭乘，海禁大开，与列强缔结条约，每损及法权。光绪二十八年〔1902年〕，吕海寰、盛宣怀在沪修订各国商约，英、日、美三国均允许俟中国律例情形，审断办法，及其他事宜皆臻妥善，即放弃其领事裁判权。于是直隶总督袁世凯、湖广总督张之洞、两江总督刘坤一会衔奏请派员修订法律。清廷遂于同年四月初六日明发谕旨略谓："现在通商交涉，事愈繁多，着派沈家本、伍廷芳将一切现行律例，按照交涉情形，参酌各国法律，细心考订，妥为拟议，务期中外通行，自裨治理。"时伍氏方充美、日、秘三国公使，尚未回国。沈氏任刑部左侍郎，以编纂新律，恐扞格骤难施行，于光绪二十九年〔1903年〕奏请将《大清律例》交刑部先行删节，以备过渡之需。

光绪三十年〔1904年〕四月初一日，沈氏等酌定办法，请拨专款，正式开馆治事，修订《大清律例》，即交由该馆继续办理。其修订办法分删除、修改、修并、续纂四项，逐次草拟，陆续缮单进呈。至光绪三十一年〔1905年〕，删除一项完竣，综计三百四十五条。至其余三项，以适值官制变更，提调、总纂各员，均先后迁调，未及属稿。沈氏拟踵续其事，以竟前功，并奏陈办法四则：

> 一、总目宜删除也。刑律承明之旧，以六曹分职。……现今官制，或已改名，或经归并，与前迥异，自难仍绳旧式。兹拟将吏、户、礼、兵、刑、工诸目，一律删除，以昭划一。
>
> 一、刑名宜厘(定)〔正〕也。律以(苔)〔笞〕、杖、徒、流、死为五等，而例则于流之外，复增外遣、充军二项。……迭届变通，渐趋宽简。质言之，即死刑、安置、工作、罚金四项而已。……兹拟将律例内各项罪名，概从新章厘(定)〔订〕，以免纷歧。
>
> 一、新章宜节取也。新章本为未纂定之例文。……兹拟分别去留，其为旧例所无，如毁坏电杆、私铸银元之类，

择出纂为定例；若系申明旧例或无关议拟罪名，或所定罪名复经加减者，毋庸编辑。

一、例文宜简易也。律文垂一定之制，例(则)因一时权宜，量加增损。……其中与现今情势未符者，或另定新章，例文已成虚设者；或系从前专例，无关引用者；或彼此互见，小有出入(者)，不胜缕举。凡此之类，拟请酌加删并。

至光绪三十四年〔1908 年〕，《大清律例》修订完竣，共删除三百四十五条，综计篇目三十，律文共三百八十九条，例文共一千三百二十七条，附《禁烟条例》十二条、《秋审条款》五门一百六十五条，名曰《大清现行刑律》，于宣统元年十二月二十三日〔1910 年 2 月 2 日〕具奏，二十四日奉旨依议，并于宣统二年〔1910 年〕四月初七日奉上谕："着即刊刻成书，颁行京外，一体遵守。"

此律虽经颁行，年余而清室遂亡。民国成立，以法制未定，暂行援用前清施行之法律，参议院于元年〔1912 年〕四月三日开会议决："嗣后凡关于民事案件，应仍照前清《现行律》中规定各条办理。"民国三年大理院上字第三〇四号判例有云："民国民法法典尚未颁布，前清之《现行律》除制裁部分及与国体有抵触者外，当然继续有效。至前清《现行律》虽名为《现行刑律》，而除刑事部分外，关于民商事之规定，仍属不少，自不能以名称为'刑律'之故，即误会其为已废。"吾国旧律民事与刑事不分，此律关于刑事部分，几全未施行，而关于民事部分，至民国仍继续有效。此有效部分，可谓吾国之民事实体法。

此律关于民事部分如次：

0.0 服制图：0.0.1 丧服总图；0.0.2 本宗九族五服(巫)〔正〕服之图；0.0.3 妻为夫族服图；0.0.4 妾为家长族服之图；0.0.7 出嫁女为本宗降服之图；0.0.8 外亲服图；0.0.5 妻亲服图；0.0.6 三父八母服图。

0.1 服制：0.1.1 斩衰三年条；0.1.2 齐衰杖期条；0.1.3 齐衰不杖期条；0.1.4 齐衰五月条；0.1.5 齐衰三月条；0.1.6 大功九月条；0.1.7 小功五月条；0.1.8 缌麻三月条。

1 名例：1.18.0 给没赃物条；①1.32.0 称期亲祖父母条；1.35.0 称日者以百刻条；1.36.0 称道士女冠条

4 户役：4.63.0 立嫡子违法条，附条例六则[4.63.(1)；4.63.(2)；4.63.(3)；4.63.(4)；4.63.(5)；4.63.(6)]；4.64.0 收留迷失子女条；4.69.0 别籍异财条，条例一则[4.69.(1)]；4.70.0 卑幼私擅用财条，条例二则[4.70.(1)；4.70.(2)]。

5 田宅：5.72.0 欺隐田粮条，条例二则[5.72.(2)]；②5.75.0 盗卖田宅条，条例五则[5.75.(2)；5.75.(3)；5.75.(4)；5.75.(5)；5.75.(7)]；③5.76.0 典(卖)〔买〕田宅条，条例三

---

① 原件仅写明"××条"或"××条，条例×则"，据此大体可以推断，仅写明"××条"者，仅指该条律文，不含该条例文。本件据此在"××条"之前仅标注《大清现行刑律》律文序号。

② 《大清现行刑律》"欺隐田粮"条共有例文四则，除例文第二[5.72.(2)]外，其余三则例文，与民事殊无关联。所谓"例文二则"未知确指。

③ 《大清现行刑律》"盗卖田宅"条共有例文七则，查例文并结合各种《现行律》民事部分文献，所谓"例文五则"或指例文第二[5.75.(2)]、第三[5.75.(3)]、第四[5.75.(4)]、第五[5.75.(5)]、第七[5.75.(7)]。

则[5.76.(1); 5.76.(2); 5.76.(3)]；①5.79.0弃毁器物稼穑等条。

6婚姻：6.82.0男女婚姻条，条例三则[6.82.(1); 6.82.(2); 6.82.(3); ]；②6.83.0典雇妻女条；6.84.0妻妾失序条；6.85.0逐婿嫁女条；6.86.0居丧嫁娶条，条例一则[6.86.(2)]；③6.87.0父母囚禁嫁娶条；6.88.0尊卑为婚条，条例一则[6.88.(1)]；6.89.0娶亲属妻妾条；6.90.0娶部民妇女为妻妾条；6.91.0娶逃走妇女条；6.92.0强占良家妻女条；6.94.0僧道娶妻条；6.95.0出妻条，条例二则[6.95.(1); 6.95.(2)]；6.96.0嫁娶违律主婚媒人罪条，条例二则[6.96.(1); 6.96.(2)]。④

25犯奸：25.324.0犯奸条；25.326.0.5亲属相奸〔条〕律注(条)；⑤25.325.0纵容妻妾犯奸条；25.332.0买良为娼条，条例一则[25.332.(2)]。⑥

20斗殴：20.276.0妻妾殴夫条；20.280.0殴祖父母父母条，条例一则[20.280.(7)]。⑦

9钱债：9.124.0违禁取利条，条例一则[9.124.(4)]；⑧9.125.0费用受寄财产条，条例二则[9.125.(1); 9.125.(2)]；9.126.0得遗失物条。

以上各部分，连同《户部则例》中“户口”之“民人继嗣”项三条，及“田赋”之“开垦事宜”项二十四条、“坍涨拨补”项五条、“牧场征租”项二十条、“寺院庄田”项四条、“撤佃条款”项八条、“滩地征租”项十一条，⑨均谓之“《现行律》民事有效部分”，直施行至民国十八年〔1929年〕十月以降《民法》公布施行后，乃当然废止，实民国以来之实质民法。

---

① 《大清现行刑律》“典买田宅”条共有例文四则，因该条例文第四[5.76.(4)]无关民事，可知此处所谓“条例三则”应指本条例文第一[5.76.(1)]、第二[5.76.(2)]、第三[5.76.(3)]。

② 《大清现行刑律》“男女婚姻”条例文四则，因该条例文第四[6.82.(4)]无关民事，可知此处所谓“条例三则”应指本条例文第一[6.82.(1)]、第二[6.82.(2)]、第三[6.82.(3)]。

③ 《大清现行刑律》“居丧嫁娶”条共有例文二则，查例文并结合各种《现行律》民事部分文献，此处所谓“条例一则”应指本条例文第二[6.86.(2)]。

④ 《大清现行刑律》“嫁娶违律主婚媒人罪”条共有例文二则，查例文并结合各种《现行律》民事部分文献，此处所谓“条例二则”应指本条例文第一[6.96.(1)]、例文第二[6.96.(2)]。

⑤ 本条律注甚多，结合各种《现行律》民事部分文献，该律注应指本条律文第五节律注“惟同宗奸生男女，不得混入宗谱，听随便安插。”

⑥ 《大清现行刑律》“买良为娼”条共有例文二则，查例文，大体可知所指例文应为该条例文第二[25.332.(2)]。

⑦ 《大清现行刑律》“殴祖父母父母”条共有例文七则，除例文第七[20.280.(7)]外，其余六则例文，与民事殊少关联。

⑧ 《大清现行刑律》“违禁取利”条共有例文四则，查例文并结合各种《现行律》民事部分文献，此处所谓“条例一则”应指本条例文第四[9.124.(4)]。

⑨ 《户部则例》相应全文，参见本书第一部分《〈现行律〉民事有效部分(附〈户部则例〉)》所录“户部则例”部分。

## 11. 民国继续适用《现行律》民事部分〔存目〕

（载《中华民国民法制定史料汇编》，
“司法行政部”1976年印行）

### 说　　明

1. 本件原文载《中华民国民法制定史料汇编》下册（台湾“司法行政部”1976年印行），第3～32页。

2. 原书未注明本件出处，①经编者核对，本件与郭卫辑校《中华民国国民政府六法全书》（上海法学编译社、会文堂新记书局1932年版）所载“民国继续适用《现行律》民事部分”（本书附录六·9）择取的《大清现行刑律》相关条款全然相同（误字亦大体一致），可确定系源自郭卫本。故不另行全文著录，仅存其目。

3. 本件原件文末另有附注如下：

注：以上各部分，连同《户部则例》中“户口”之“民人继嗣”项三条，及“田赋”之“开垦事宜”项二十四条、“坍涨拨补”项五条、“牧场征租”项二十条、“寺院庄田”项四条、“撤佃条款”项八条、“滩地征租”项十一条，②均谓之“《现行律》民事有效部分”，直施行至民国十八年〔1929年〕十月以降，《民法》先后公布施行后，始当然废止。③

---

① 该书所载其他文献大多具明出处。

② 《户部则例》相应全文，参见本书第一部分《〈现行律〉民事有效部分（附〈户部则例〉）》所录“户部则例”部分。

③ 该段文字应全文采自谢振民编著、张知本校订《中华民国立法史》第五章第一节（正中书局1937年初版，第898页；本书附录六·10）。

# 附录七　民国纪年与公元纪年对照表

| 民国纪年 | 公元纪年 | 民国纪年 | 公元纪年 | 民国纪年 | 公元纪年 | 民国纪年 | 公元纪年 |
|---|---|---|---|---|---|---|---|
| 元年 | 1912 | 十一年 | 1922 | 二十一年 | 1932 | 三十一年 | 1942 |
| 二年 | 1913 | 十二年 | 1923 | 二十二年 | 1933 | 三十二年 | 1943 |
| 三年 | 1914 | 十三年 | 1924 | 二十三年 | 1934 | 三十三年 | 1944 |
| 四年 | 1915 | 十四年 | 1925 | 二十四年 | 1935 | 三十四年 | 1945 |
| 五年 | 1916 | 十五年 | 1926 | 二十五年 | 1936 | 三十五年 | 1946 |
| 六年 | 1917 | 十六年 | 1927 | 二十六年 | 1937 | 三十六年 | 1947 |
| 七年 | 1918 | 十七年 | 1928 | 二十七年 | 1938 | 三十七年 | 1948 |
| 八年 | 1919 | 十八年 | 1929 | 二十八年 | 1939 | 三十八年 | 1949 |
| 九年 | 1920 | 十九年 | 1930 | 二十九年 | 1940 | | |
| 十年 | 1921 | 二十年 | 1931 | 三十年 | 1941 | | |

# 索　　引

# 《现行律例》(附《户部则例》)条文索引

## 说　明

为免繁琐,本索引直接使用编校者编排的《大清现行刑律》律文、例文编号制作,编号规则参见本书附录三"《大清现行刑律》民事部分"的说明。

## 附:《户部则例》条文索引

# 大理院判例索引

# 大理院解释例索引

# 最高法院判例索引

# 最高法院解释例索引

# 司法院解释例索引

**图书在版编目(CIP)数据**

“《现行律》民事有效部分”集解四种 / 沈尔乔等编著;陈颐点校. —北京:法律出版社,2016.11
(比较法文丛 / 何勤华主编)
ISBN 978 -7 -5197 -0316 -5

Ⅰ.①现… Ⅱ.①沈…②陈… Ⅲ.①民法—研究—中国—民国 Ⅳ.①D923.04

中国版本图书馆 CIP 数据核字(2016)第 288996 号

**“《现行律》民事有效部分”集解四种**

沈尔乔 等编著
陈 颐 点校

编辑统筹 财经出版分社
策划编辑 沈小英
责任编辑 解 锟
装帧设计 李 瞻



**出版** 法律出版社
**总发行** 中国法律图书有限公司
**经销** 新华书店
**印刷** 北京京华虎彩印刷有限公司
**责任印制** 吕亚莉

**开本** 720 毫米×960 毫米 1/16
**印张** 64.25
**字数** 1192 千
**版本** 2016 年 12 月第 1 版
**印次** 2016 年 12 月第 1 次印刷

---

法律出版社/北京市丰台区莲花池西里 7 号(100073)
网址/www.lawpress.com.cn
投稿邮箱/info@lawpress.com.cn
举报维权邮箱/jbwq@lawpress.com.cn
销售热线/010 -63939792/9779
咨询电话/010 -63939796

---

中国法律图书有限公司/北京市丰台区莲花池西里 7 号(100073)
全国各地中法图分、子公司销售电话:
统一销售客服/400 -660 -6393
第一法律书店/010 -63939781/9782 西安分公司/029 -85330678 重庆分公司/023 -67453036
上海分公司/021 -62071010/1636 深圳分公司/0755 -83072995

---

**书号**:ISBN 978 -7 -5197 -0316 -5 **定价**:198.00 元
(如有缺页或倒装,中国法律图书有限公司负责退换)